青春之花 绽放基层

高校毕业生基层就业卓越奖学（教）金人物事迹（2022年）

教育部学生服务与素质发展中心 组编

‖ 上册 ‖

北京师范大学出版集团
BEIJING NORMAL UNIVERSITY PUBLISHING GROUP
北京师范大学出版社

图书在版编目(CIP)数据

青春之花绽放基层：高校毕业生基层就业卓越奖学（教）金人物事迹.2022年/教育部学生服务与素质发展中心组编. —北京：北京师范大学出版社，2024.8
ISBN 978-7-303-29892-1

Ⅰ.①青… Ⅱ.①教… Ⅲ.①高等学校－毕业生－先进事迹－中国－2022 Ⅳ.①K820.7

中国国家版本馆 CIP 数据核字(2024)第 077447 号

图书意见反馈：gaozhifk@bnupg.com 010-58805079
营销中心电话：010-58802755 58800035
北师大出版社教师教育分社微信公众号 京师教师教育

出版发行：北京师范大学出版社 www.bnup.com
北京市西城区新街口外大街 12-3 号
邮政编码：100088
印 刷：鸿博睿特（天津）印刷科技有限公司
经 销：全国新华书店
开 本：787 mm×1092 mm 1/16
印 张：69.75
字 数：1600 千字
版 次：2024 年 8 月第 1 版
印 次：2024 年 8 月第 1 次印刷
定 价：180.00 元(上、下)

策划编辑：王建虹 责任编辑：林山水
美术编辑：焦 丽 装帧设计：焦 丽
责任校对：段立超 陈 民 责任印制：马 洁

编委会名单

编委会主任：刘玉光

编委会副主任：唐小平

编写组成员：王　红　羌　洲　周新杰　李纪言
　　　　　　宋思宇　任奕璇　赵鹏宇

前　言

　　"年轻充满朝气，青春孕育希望。"习近平总书记指出，"广大青年要厚植家国情怀、涵养进取品格，以奋斗姿态激扬青春，不负时代，不负华年"。基层是高校毕业生成长成才的大舞台，也是吸纳高校毕业生就业的重要渠道。党的十八大以来，以习近平同志为核心的党中央高度重视引导鼓励高校毕业生到基层工作，教育部等有关部门推出一系列政策措施，积极引导毕业生到基层就业。

　　青春的力量，就在于那股子不畏不惧舍我其谁的闯劲儿，在最需要的时刻迸发而出，在最需要的地方挺立潮头。近年来，越来越多高校毕业生积极响应国家号召，奔赴基层干事创业，涌现出一大批先进典型。他们怀抱梦想又脚踏实地，敢想敢为又善作善成。无论是南海三沙还是雪域高原，无论是"大国重器"的乌东德水电站还是向着地下挺进的万米深地科探井，在今天中国的最基层，有着无数年轻奋斗者的身影。

　　他们在基层中书写人生乐章。随着价值感成为影响青年人择业的重要因素，越来越多的年轻人作出"把个人的理想追求融入党和国家事业之中"的青春选择。中国石油大学（北京）毕业生曹立虎说，"我还是希望到祖国石油事业最需要的地方去，因为我始终相信，只有荒凉的沙漠，没有荒凉的人生"；硕士毕业后扎根矿山一线的江西理工大学毕业生邱金铭说，"但愿青春之花绽放在祖国最需要的地方"；坚守三沙支教岗位7年的琼台师范学院毕业生吴泉穗说，"一滴水只有放进大海里才永远不会干涸。我愿做三沙的一滴水，和这里的军警民一起，守护好祖国'南大门'"。

　　他们在基层中厚植家国情怀。一批批年轻人奔向基层，让那里焕发新的生机活力，为基层的发展作出了自己的贡献。江苏农林职业技术学院毕业生华梦丽回村创业，接手了父亲在江苏省句容市的农场，如今已累计带动就业357人次，2022年实现人均增收超3万元。四川职业技术学院毕业生庄永春回到家乡四川省凉山州盐源县，成为一名特岗教师，完成了盐源县村级幼教点辅导员招聘、考核考试系统的建立，帮助盐源县城南幼儿园成功申创"凉山州示范幼儿园""四川省示范幼儿园"。

　　他们在基层中筑牢复兴之路。基层是国之基础，是人才诞生的摇篮，拥有基层工作经验，在基层历练过的人，更能了解百姓的需求，群众的需要。北京大学毕业生余渔放弃一线城市的优厚待遇和中部省份公务员的稳定工作，毅然奔赴南疆，成为北京大学首位直接赴新疆南疆基层岗位工作的博士毕业生。作为国际关系学专业的博士毕业生，余渔觉得："这个专业不同于其他专业，它始终需要与社会、国家结合到一起，不到基层去，很多东西搞不清楚"。同样，国家第一批农村订单定向全科医学生、广西医科大学毕业生梁驹回到家乡，把全县最偏远、最困难的乡镇作为自己职业生涯的第一站。现如今，由于工作表现出色，梁驹已成为县里医疗卫生人才中的一把好手。回望过去，他感激自己当初的选择："我是从这里真正成为一个独立的人。基层给了我们年轻人最宝贵的成长空间和经验，一线天地广阔，大有可为。"

"百围之木，始于勾萌，万里之途，起于跬步。"没有等出来的成功，只有干出来的精彩。习近平总书记指出，"奋斗是青春最亮丽的底色。"高校毕业生要立志服务人民、扎根人民，做到脚下有泥、心中有光，要力争做一个有志气、骨气、底气的人，干卓越的事，做有趣的灵魂。以"请党放心、强国有我"的信念逐梦未来，让青春之花在基层一线绚丽绽放。

教育部党组始终高度重视引导鼓励高校毕业生赴基层就业创业工作。2022年，由教育部高校学生司、教育部学生服务与素质发展中心共同指导，中国长江三峡集团出资，中国教育发展基金会设立"全国高校毕业生基层就业卓越奖学（教）金"。2023年1月，教育部部署各地各高校开展首届"全国高校毕业生基层就业卓越奖学（教）金"推荐活动，经各省（区、市）遴选推荐，共确定奖励优秀高校毕业生398人，优秀指导教师60人。本书全方位展现了近年来赴基层就业表现优秀的高校毕业生和指导教师典型，记录了当代就业工作者与高校毕业生立志民族复兴，不负韶华，不负时代，不负人民，在青春的赛道上奋力奔跑的感人故事。希望本书能充分发挥典型引路作用，充分发挥获奖者榜样示范效应，引导鼓励更多高校毕业生到基层建功立业。

编　者
2024 年 1 月

目　录

上　册

山西省

内蒙古自治区

辽宁省

吉林省

黑龙江省

上海市

江苏省

浙江省

安徽省

山东省

下　册

湖北省

湖南省

广东省

广西壮族自治区

贵州省

云南省

西藏自治区

陕西省

甘肃省

新疆生产建设兵团

北京市

一线工作三十年
甘做学生基层就业的引路人
——中国政法大学教师解廷民

解廷民自 1988 年参加工作后，连续从事高校毕业生就业指导服务一线工作长达 35 年（其中，1997 年 6 月起任校学生处副处长，分管分配就业工作，2003 年 5 月起任学生就业指导服务中心主任）。

解廷民坚持为党育人、为国育才，忠于职守、尽职尽责，致力于建立健全就业工作机制，健全完善就业创业指导服务体系，提高专业化指导服务水平，促进毕业生更加充分更高质量就业。学校和所在部门先后被评为教育部"全国高校毕业生就业典型经验高校""全国高校实践育人创新创业基地"，北京市教委"北京地区高校毕业生就业工作先进集体""北京地区高校示范性就业中心""北京地区高校示范性创业中心""北京市德育工作先进集体"等。他也先后多次荣获教育部"全国高校毕业生就业工作先进个人"、北京市教委"北京地区高校毕业生就业工作先进个人"等荣誉称号。

一、理想信念坚定，政治合格，始终坚持为党育人、为国育才

解廷民坚持以习近平新时代中国特色社会主义思想为指引，牢固树立"四个意识"，坚定"四个自信"，坚定拥护"两个确立"，坚决做到"两个维护"；坚持不懈培育和弘扬社会主义核心价值观，做社会主义核心价值观的坚定信仰者、积极传播者、模范践行者。工作中，他坚持立德树人根本任务，执行党的路线方针政策，关心关爱毕业生，将解决学生思想问题与解决就业和职业发展的实际困难紧密结合在一起。

1995 年以来，他先后开设并讲授"司法职业道德""职业生涯发展与规划""大学生职业素养提升"等就业指导课程；主编《大学生就业求职法律指导》《法学专业大学生职业发展与就业指导》等教材。2012 年他所负责的"毕业生就业权益保护"项目获得北京地区高校就业特色工作项目立项；2019 年他所承担的"大学生职业发展与就业指导"课程被列入学校首批"课程思政示范课"建设项目。据不完全统计，1997 年以来他接待咨询学生逾 3000 人次，开展校内外就业讲座 200 余场，讲授大学生职业发展与就业（创业）类课程 2000 余课时，受众超过 25000 人次。

二、爱岗敬业，作风优良，做学生奉献祖国的引路人

解廷民能以"四有好老师""四个引路人"为标准，自觉用良好的师德风范和道德行为影响教育学生。多年以来，他以高度的责任心和使命感，从讲政治的高度来看待毕

业生就业工作，认真贯彻落实上级和学校的工作部署。2020 年以来，他更是主动创新工作方式，积极开展线上就业指导、组织网上招聘活动，开展"法大就业·云讲堂"等系列活动，保证就业指导服务不间断。他坚守就业工作第一线，直接接听 24 小时就业热线电话，帮助困难群体毕业生解决就业求职实际问题。他十余次开展就业线上讲座分享求职应对之策，在线开设就业创业指导课等，学生评价反馈良好，满意度高。因其在 2020 年教育部 24365"互联网＋就业指导"公益直播课工作中的贡献突出，荣获教育部高校毕业生就业创业工作领导小组办公室感谢状。

三、服务一线，专心、专注就业工作三十年

解廷民爱岗敬业、勤于学习、努力钻研业务，把学习、工作、创新三者有机地结合起来。他不仅将学生工作作为职业，更将毕业生就业指导服务工作视为一项事业，专心、专注就业工作 30 年。

他不断学习、钻研业务。近年来，他先后应邀参加《光明日报》智库答问专栏，解读"就业优先"政策［就业优先：政策推进有序，红利释放可期.《光明日报》（2019 年 5 月 28 日 07 版）］；应邀参加《中国教育报》新闻·特别报道，就战"疫"中如何破解大学生就业难题献言献策等；应邀参加中国教育电视台《一职为你》直播节目，为毕业生提供指导与建议；参加高校毕业生就业服务领域第一项国家标准《高校毕业生就业指导服务规范》(GB/T 33667—2017) 的起草、制定；发表相关论文、撰写相关报告 20 余篇。

他主动作为，创新工作。2001 年，他提议发起创立全国政法院校学生工作协助组，每年召开年会交流促进工作；2015 年发起成立全国政法院校就业工作联席会，加强政法院校毕业生就业工作的协作交流；担任教育部全国毕业生就指委法律行业就指委秘书长以来，大力组织开展分行业调查研究、市场拓展、专场招聘等就业工作，为 2022 届高校毕业生就业局势的持续稳定作出了积极贡献。学校毕业生去向落实率长期保持较高水平，在同类院校中位居前列。

四、用心用情，勤恳务实，引导毕业生基层就业成效显著

新时代，解廷民先后主持起草、制定和修改学校毕业生赴基层就业奖励办法、就业引导基金制度，加大引导力度；与基层就业毕业生谈话、精准指导；举办基层就业

训练营、国际组织人才训练营、就业能力培训班，提升就业能力；校地合作，共建大学生基层就业实践基地 20 余个，组织开展学生暑期基层就业实习实践活动；组织走访西藏、新疆、宁夏、甘肃、广西、黑龙江等地基层就业校友活动十余次，跟踪关怀毕业生的成长发展；学校有 4 万多名优秀毕业生到各级党政机关、企事业单位和律所、仲裁机构发挥所长，实现价值。其中有 3300 多人响应号召到西部去、到边疆去，扎根基层，服务群众。

心怀家国　建设边疆

——北京大学余渔

余渔，新疆维吾尔自治区克孜勒苏柯尔克孜自治州乌恰县乌恰镇党委书记。2019年，他从北京大学博士毕业，放弃一线城市的优厚待遇和中部省份公务员的稳定工作，毅然奔赴南疆，成为北京大学首位直接赴新疆南疆基层岗位工作的博士毕业生。从北京出发，他坐了三天两夜的火车，就任新疆克州阿图什市阿扎克乡（2021 年撤乡设镇）提坚村党支部副书记。村里条件简陋，没有办公室，没有暖气，即使是冬天，为了节约煤炭也只能晚上才烧一两小时。全村只有一台电脑，大家排着队用。可余渔就是这样义无反顾地来到这个村子里，他清楚地知道，选择边疆意味着什么，但他说，人总要有些精神追求。

作为国际关系学专业的博士毕业生，余渔觉得："这个专业不同于其他专业，它始终需要与社会、国家结合到一起，不到基层去，很多东西搞不清楚。"他说："新疆对于中国的未来发展太重要了，从新疆出发，到中亚、到欧洲比到广州、上海还要近。新疆如此重要，这不正是自己以一身所学报效国家的时候吗？"

心怀家国，建设边疆。余渔怀揣一颗赤子之心，从村党支部副书记做起，全心全意干事创业。他所在的提坚村是深度贫困村，为了打赢脱贫攻坚战，余渔和村干部一起一户一户地走访，一点一点了解村里的情况，踏踏实实落实政策。艰巨的工作任务让加班、熬夜成为家常便饭，有时睡个囫囵觉也是种奢望，在他的宿舍里，被子时刻都是打包状态，他随时准备着前往工作第一线。

在自己的理想面前，余渔是坚强的、坚定的、无所畏惧的，但在家人面前，他是柔软的、温情的、满怀愧疚的。2021 年 3 月，余渔与妻子各自请了一天假，骑着电动车去民政局领了证，之后又各奔东西，回到了工作岗位上，这也是两人几个月来为数不多的一次相见。余渔和妻子是高中同学，两人相知多年，当余渔放弃大城市工作打定主意去新疆时，妻子虽然震惊，却理解、支持他的选择——"我既然选择了他，就要尊重他的理想和抱负"。2020 年年底，妻子选择跟随丈夫来到新疆，同样做了一名基层干部。

时刻把群众放在心头。余渔常常奔走在田间地头，想群众之所想，急群众之所急。边疆基层的工作多是一波未平一波又起。深秋时节，邻县突发牲畜疫情，来势凶猛，危害巨大，尽管大家都知道疫苗是最佳防疫办法，但疫情期间，要在这么短时间内打完疫苗可以说比登天还难，每个人心里都紧张到了极点。更要命的是凛冬将至，大面积的葡萄还没埋藤，而葡萄藤必须埋进土里才能顺利过冬，否则将会冻死，来年重新栽种不仅投资巨大，更需要三五年时间才能成熟结果。面对棘手的局面，余渔没有退缩，他带领干部自学打针，挨家挨户入圈接种、防止疫病，又组织干部群众下地埋藤，夜以继日赶在大雪前完成2万余亩葡萄的销售和埋冬，保住农民生计，增加农民收入。2019年，在余渔和大家的共同努力下，提坚村完成了整村退出贫困村的任务，他成功实现了让乡亲们过上好日子的梦想。

开拓进取，实干兴业。出任阿扎克镇党委副书记后，他千方百计发展生产、引进资源，助力乡村发展。本来连小超市都没有几个、餐馆只有传统食物的小街道，在他和乡镇干部的努力下快速发展起来，有了机器轰鸣的工厂，超市、夜市、餐馆也如雨后春笋一般冒了出来。2021年，产业一条街的产值突破了2亿元。他积极对接北京大学、新疆医科大学等力量，与当地签协议、建基地，助力文化教育和乡村振兴事业的发展。实实在在的改变让余渔有信心继续奋斗下去，他将自己比作一名即将高考的学生，要做好每一道题。余渔说，只要工作在一点点推进，事业在一点点进步，那理想便在眼前。

在被借调州委组织部期间，余渔积极谋划，与同事们一起研究制定"帕米尔英才"培养计划、"帕米尔英才"引进计划、《自治州人才发展"十四五"规划》等一系列人才发展政策性文件，从平台搭建、引才引智、完善政策、优化环境等方面入手，形成上下衔接、左右配套的人才政策规划体系，推动全州人才工作走深走实。他深入基层做调研、找办法，总结经验，解决问题，调研成果荣获自治区一等奖。疫情期间，余渔担任疫情防控指挥部副主任，负责四个村近2万人的防疫任务，他不惧挑战、艰苦奋斗，带领大家多次打赢疫情阻击战，胜利保卫全镇公共卫生安全。

2021年7月，新疆维吾尔自治区党委批准授予余渔同志"优秀共产党员"称号。就在近期，余渔又有了新的身份，他被任命为乌恰县乌恰镇党委书记，将在新的岗位上继续服务人民、建设边疆。他说："不是每个科学家都能成为爱因斯坦。我只希望能够为国家、为社会添砖加瓦，哪怕只贡献一粒尘埃，也是值得的。如果有更多像我这样的人，那合起来的力量将会无比巨大！"

实现理想　守护家乡

——北京建筑大学白玛多吉

白玛多吉，男，藏族，出生于西藏日喀则市桑珠孜区，2016年7月，他从北京建筑大学给水排水工程专业毕业，通过西藏自治区统一招考，被分派到亚东县住建局工作。作为党和国家"智力援藏"等一系列民族教育政策的受益者，在北京学习生活的白玛切身感受到大学里老师的关爱与同学的友善，更感受到家乡与首都城市巨大的发展落差，这些触动促使他不断克服语言文化以及生活上的种种困难，在周围师生的帮助下，把给水排水工程这块难啃的"骨头"硬生生啃了下来。出生在美丽壮阔的日喀则，高原少年白玛一直有个理想：让壮美宁静的家乡更有活力，让乡亲们的生活更加富裕。

一、扎根高原　攻坚克难

白玛在两年的公务员岗位工作中发现，受制于当地特殊的自然气候条件和建筑类专业人才匮乏等问题，很多政府惠民的中小型基础建设施工项目推进迟缓，落地困难。为此，他不但重新拾起了书本，还经常就高原冻土施工难题等技术问题联系母校专业教师，多方寻求解决策略，施工技术人才缺乏成了白玛眼中"卡脖子"的大问题——"什么时候当地也能有一支技术过硬的施工队伍就好了！"这样的念头经常在年轻的白玛的脑子里出现。

2018年，经过多番思想斗争的"公务员"白玛选择辞职，在亲友乡邻不解的眼神里，放弃"铁饭碗"，端起"泥饭碗"——注册了日喀则市新芽建筑劳务有限公司（名下有日喀则市东嘎珠努建筑队）及桑珠孜区东嘎乡拉姆喇孜民族手工业加工专业合作社。从一个坐办公室的行政人员转型为自己拿主意的"领头人"，白玛确实有过很多不适应："创业不一样了，自己不稳定不说，那么多乡亲跟着我一起干，要操心很多人的吃饭问题呢！不努力怎么行！"功夫不负有心人，2019年，历经层层选拔，白玛多吉被桑珠孜区委、区政府确定为大学生创业代表，他的努力获得了社会的肯定。

2020年，在经营劳务公司及合作社的基础上，他注册成立了日喀则市东嘎珠努建筑队，之前积累的丰富建设运营经验和艰苦不辍的努力，让建筑队很快走上正轨，不断发展壮大。公司现有26名员工，主营房屋建筑工程、水利水电工程、建筑劳务分包、市政公用工程，兼营建筑机械租赁、房屋室内装修、园林绿化工程、电力安装等一系列业务。这支技术"专业""过硬"的队伍就这样从无到有，慢慢形成了。

二、不忘初心　反哺乡土

渐成规模的事业并没有让白玛停下不断探索的脚步，钱包渐渐鼓起来了，名气慢慢打出来了，但这些显然不是创业的全部意义！作为同时感受过西藏边疆地区和北京这个国际化都市差异的本乡人，白玛一直有一个帮助乡亲们过上更好生活的梦想。他不仅常给当地深度贫困村的建档立卡贫困户送去温暖，更希望通过企业的发展壮大来增加就业岗位，帮助贫困户脱贫，解决本乡劳动力外地务工造成的人员流失问题。

让他更加欣喜的是，响应政府"大众创业、万众创新"的政策号召和"脱贫攻坚""乡村振兴"等行动部署，自己的建筑劳务公司一直致力于农牧民就业转移这个方向，面向农村富余劳动力开展了大量专业技能培训，切实提高了本乡农民工的职业素养和就业能力，同时建立起渠道畅通的劳务用工供求对接机制。公司先后与日喀则市人社局、桑珠孜区人社局、东嘎乡人民政府形成了紧密合作的关系，吸纳东嘎乡 28 个行政村的富余劳动力，为地方发展源源不断地提供动力，实现农牧民增收创收。农牧民以工代训及转移就业岗位 300 人次，平均务工时长 6 个月，人均年工资 3.9 万元（2021 年度日喀则地区农村居民可支配收入 15217 元，工资性收入人均 5253 元），兑现工资共计 865万元。公司切实解决了当地农民工就业难问题，得到了上级主管部门的认可与较好的评价，白玛也因此荣获"东嘎乡脱贫攻坚突出贡献奖""逆行出征践初心　大爱无疆担使命"先进个人等。

比之于慢慢壮大成熟的建筑公司，拉姆喇孜民族手工业加工专业合作社承载了白玛更多的热情与期待——以为政府分忧、助农增收为己任。他一直将提高发展效益、增加群众收入作为出发点和立足点，不断探索经营之道、谋求壮大规模，有效增加股东、社员、群众收入。目前，合作社在日喀则地区发展股东 5 户、社员 32 人。合作社自成立以来，累计增加农牧民群众现金收入 85 万元，先后为贫困户股东分红86704 元。

三、担当有为　驰援疫情

在经营好自己公司的同时，白玛多吉不忘回馈社会，利用劳动力转移就业的契机，积极有效地推动"精准扶贫"事业，尽自己所能地为贫困群众带去资金、物资等，每年利用合作社分红的契机为贫困户送上生活补贴以及家具、面粉、菜籽油等物资。

2022 年 8 月，西藏日喀则地区暴发了新冠疫情。在抗击疫情期间，白玛积极报名担任志愿者，化身"大白"连续服务 60 余天，负责转运阳性人员接送方舱等任务，并免费为政府提供 2 辆转运车辆，捐赠各类救灾物资 2 万余元。

　　在白玛多吉看来，自己无疑是幸运的——得益于党和政府的民族教育政策，自己有机会出去见世面、长本事。所以更加不能忘记初心——"在自身发展的同时，我希望能替党和政府分担一点责任，为父老乡亲干实事、谋福利，去真正帮到那些需要帮助的人！"

　　展望未来，白玛多吉的惠民理想是遵从"岗位需求与技能匹配，就业需求与个人意向相符、岗位空缺能够及时补齐"的原则，创办日喀则市新芽职业技能培训学校，将建筑劳务公司的业务范围逐步扩大，持续做到为政府排忧解难，为农民创收增收，为家乡的建设继续贡献力量！

"新农人"助力乡村振兴

——北京农学院龚双情

　　龚双情，男，1987年10月出生，中共党员。2012年毕业于北京农学院园林学院，大学期间参军入伍。2012年7月，担任平谷区大学生村官。

　　他现任北京市平谷区刘家店镇江米洞村党支部书记、村委会主任。先后当选北京市平谷区青联常委、平谷区团区委副书记（兼）、北京市第十二次党代会代表、北京市平谷区政协委员、北京市第十二届青联委员、北京市第十六届人大代表。2018年荣获"北京青年榜样人物"称号。2019年荣获共青团中央组织评选的"全国向上向善好青年"称号。2021年12月，共青团中央、农业农村部授予他"全国乡村振兴青年先锋"称号。他还荣获北京市平谷区优秀大学生村官、北京市平谷区优秀共产党员、北京青年榜样·时代楷模年度人物、北京市第三十三届五四青年奖章、北京市先进工作者、北京市优秀退役军人、首都精神文明建设奖、北京市最美退役军人、北京榜样等荣誉。

　　他扎根服务基层多年，从一名"大学生村官"干到村里当家人，用无微不至的服务赢得了群众信任。他目前已3届连选连任，担任党支部书记和村委会主任以来，民主评议满意率100%，受到全村百姓和各级领导的一致好评，是江米洞村历史上唯一一位满票当选的党支部书记，更是刘家店镇首位"大学生村官"书记，高票当选江米洞村村委会主任。村两委换届完成后，他成为北京市唯一一位既担任村党支部书记又兼任村委会主任的"大学生村官"。

　　他工作期间立足平凡岗位，在服务群众的一线默默耕耘，勤勉工作，带领百姓进行人居环境整治，将"脏乱差"的问题村整治成平谷区首批"环境样板村"；扩宽出村路，圆了百姓盼望十年之久的"公交车入村梦"；建设高端民宿，打造高品质旅游休闲综合体，助力产业振兴。他既是圆

梦人，也是追梦者，曾在 2017 年顺利考上北京市公务员，但因家乡父老极力挽留，他放弃了大学毕业五年后成为公务员的机会，继续留任江米洞村工作，为江米洞村服务。在他的带领下，江米洞村逐渐成为全区乃至全市知名的"五好党支部""全国文明村""首都绿色村庄""北京市垃圾分类示范村""北京市接诉即办先进集体""北京市防灾减灾示范村"，荣誉纷至沓来。

在荒凉的沙漠扎根
在火热的基层出彩

——中国石油大学曹立虎

党的二十大报告强调，要加大油气资源勘探开发和增储上产力度，确保能源安全。曹立虎树牢"只有荒凉的沙漠，没有荒凉的人生"的人生观，八年扎根新疆大漠天山，奋战在我国油气能源保供的基层科研一线，在深地油气科研岗位上团结协作、攻坚克难，在急难险重工作中冲锋在前、恪尽职守，支撑了塔里木3300万吨大油气田的效益开发，为国家端牢能源饭碗、新疆经济社会发展作出了突出贡献，以实际行动践行了习近平总书记对高校毕业生"把个人的理想追求融入党和国家事业之中"的殷殷嘱托。

一、牢记嘱托，挑战大漠"死亡之海"

"我为祖国献石油"是曹立虎在中石大受到的教育，但"到底去哪里才能为祖国石油事业多做贡献，同时实现自己的人生价值"，这个疑问一直困扰着他，因为他不但要为自己选择毕业去向，更要为自己所带的本科生提供可信赖的职业规划辅导。为此，他利用暑假时间带领学生到塔里木、大庆、冀东等油田进行社会实践，他清晰地认识到，有石油的地方大多是戈壁荒漠、高山峻岭、大海深处等区域，但也是最有希望的地方。2014年他获得原石油工业部部长王涛英才奖学金，老部长十分肯定他到新疆工作的想法，并鼓励他"到祖国石油事业最需要的地方去"。2015年他放弃北京留校任教、科研院所工作的机会，带领自己的5名学生到塔里木油田工作，这里有号称"死亡之海"的塔克拉玛干沙漠，也有雄鹰都飞不过去的高大山体，是世界公认的"生命禁区"。面对恶劣的自然环境，曹立虎没有退缩。他迅速转变角色定位，从钻井队、采气队等最基层工种干起，钻台上挥汗如雨，掏罐后满身泥泞，板房中挑灯夜战，成功将井完整性理念应用于高压注入工况中，为安全注水作业提供保障。如今，他已成为塔里木油田承担急难险重任务的青年领军人才，牵头完成富满钻完井等百余份工程技术报告，积极推动工程方案优化设计，节约投资4.2亿元。近三年曹立虎业绩考核均为优秀，塔里木油田授予他"优秀共产党员"称号。

二、团结协作，勇攀深地科技高峰

塔里木盆地恶劣的自然环境可以克服，但地下超深复杂的工程地质条件导致油气开发属于"世界难题"，有储量无产量，让曹立虎难以释怀，其中两项关键问题是井筒屏障失效和流动通道堵塞，严重影响油气保供。为此，曹立虎带领团队深入"问诊"，一口井一口井摸排，一个数据一个数据核对，通过系统的实验分析和方案论证，终于形成超深高温高压井筒安全控制和化学高效解堵两项关键技术，经同行院士专家鉴定达到国际领先水平，其牵头开发的国内首套井完整性管理系统，打破了国外软件"只租不卖、水土不服、数据泄密"的困局，支撑了塔里木油田油气产量当量攀升至 3300 万吨，为国家打赢"天然气保供战""脱贫攻坚战"贡献了石油科研力量。曹立虎所工作的塔里木油田被党中央、国务院授予全国脱贫攻坚先进集体称号，并受到习近平总书记视频连线慰问。总书记指出："大家长期在艰苦的环境下工作，在挑战'生命禁区'，任劳任怨、默默付出，为我国的油气勘探开发、西气东输作出了重要贡献，功不可没。"这是对曹立虎等扎根边疆基层石油人的最大鼓励。虽在基层科研岗位，但曹立虎十分重视技术有形化，他先后发表高水平论文 16 篇，获授权发明专利 4 件、软件著作权 16 件，出版著作 6 部，制修订标准 6 项，获批中国石油自主创新重要产品 1 项，获得国家级管理创新成果二等奖 2 项、省部级科技奖励 12 项。

三、初心如磐，锻造青年科研铁军

在学校期间，曹立虎受聘为石油工程专业本科生辅导员，用心用情带领 251 名大学生顺利完成学业，同时作为骨干发起并举办了中国石油工程设计大赛，为石油教育事业作出积极贡献，坚定了"永远积极向上、永远热泪盈眶"的人才培养情怀。到油田工作后，他依然没有忘记辅导员的职责，鼓励帮助他带到油田的 5 名毕业生扎根基层、努力奋斗，他们如今都已成长为塔里木油田不同领域的基层技术或管理骨干。在担任油田化学室负责人后，曹立虎根据生产问题和青年员工成长需求，一人一个方向，细化专业分工，引导青年科研人员树牢"没有忠诚担当，能力一文不值"的价值导向，培养出了"油井保健医"徐海霞、"始终为蜡"刘己全、"科研路上追梦人"孙涛等年轻技术专家。曹立虎常说："这些年在组织的培养和大家的支持下，我很多次站上领奖台，但最让我热泪盈眶的就是看到身边的同志们站上领奖台、享受聚光灯。"功夫不负有心人，他所在的团队荣获新疆维吾尔自治区工人先锋号、中国石油集团青年文明号等荣誉，团队成员入选中国石油青年科技人才培养计划和塔里木油田"十百千"拔尖人才等。2018 年曾有调入北京的机会，曹立虎再次放弃，他说："我不走，否则当初就没必要来。"此后他和团队更加坚定了奋战基层科研一线，为祖国加油、为民族争气的信念。

这就是曹立虎，扎根边疆，志存高远，在我国油气能源保供基层科研一线，勇于担当，挑战"生命禁区"和世界难题，当好了荒漠中的石油人，唤醒了地下油气，点亮了万家灯火，书写了中国梦、边疆情、石油魂。

乡亲们口中的"娃娃书记"

——中国劳动关系学院赵军章

赵军章，1990 年 12 月生，中共党员，2013 年 6 月毕业于中国劳动关系学院，2013 年 10 月参加工作，现任青海省化隆县巴燕镇纪委书记。

2016 年 12 月，在党的号召下，26 岁的他放弃原单位的"安稳日子"，主动请缨，申请驻村，被选派到化隆县巴燕镇上吾具村当起了扶贫驻村干部。上吾具村是巴燕镇重点贫困村和后进村，全村分散分布在脑山山腰，平均海拔 3200 米。全村共 143 户 554 人，其中，建档立卡贫困户 63 户 267 人。由于受自然条件的限制，产业结构单一，贫困人口较多，村民收入来源有限，脱贫攻坚任务艰巨。驻村工作以来，他"不忘初心、牢记使命"，攻坚克难、认真履职，扛着"精准扶贫"这份重任，把自己当作一名"村里人"，始终把群众当亲人，依靠真挚情感扑下身子狠抓脱贫攻坚、实施乡村振兴战略，按照党建促脱贫总要求，紧紧围绕上吾具村面临的困难和问题，以加强基层党组织建设作为抓手，将党建工作与中心工作、日常工作、特色工作有机融合，探索出适合本村发展的脱贫之路，使基层党建与精准扶贫"同频共振"，实现了上吾具村美丽的"蜕变"。

抓党建创品牌，增强组织战斗力。按照党建促脱贫的思路，赵军章紧紧围绕村党支部面临的困难和问题，加强思考、对症下药，以新思路、新机制、新手段谋划和推进基层党建工作，推行"能人治村"和"三培两带"工程，选拔培养后备干部和致富带头人，选优配强了村"三委"领导班子。同时，在他的积极谋划、协调争取下，上吾具村利用向县委组织部申请的 18 万元专项经费成立了化隆县首家"农民夜校"和村史馆。通过积极有效施策，村党支部的堡垒引领和党员的先锋模范作用得到彰显，凝聚力、战斗力都有了较大提高，村党支部也实现了提档升级，成为县级基层党建示范点。省委组织部工作组来村检查工作时对该村基层党建工作取得的成效给了高度肯定和评价，并采集了相关经验交流材料。

办实事帮民富，谋划脱贫新思路。他在加强基层组织建设的同时，针对村主导产业特色不明显、村民经济收入来源有限的现实情况，经过和村"两委"多次的分析研判后，撰写了 3 个特色产业项目实施方案。在项目获得立项审批后，他牵头成立了村集体企业（化隆裕民农业开发有限公司），同时先后争取了 100 多万元项目扶持资金，采取"党支部＋合作社＋农户"的模式大力发展土鸡散养、生猪养殖、青稞和中药材种植等特色产业项目。功夫不负有心人，经过几年的探索和尝试，当初探索的种植养殖项目都取得了成功并产生了良好的经济效益和社会效益。全村人均收入由 2016 年的 3600

元增长到 2020 年的 9300 元，村集体经济年收入达 20 万元，实现了村集体经济"破零"和村民收入倍增"双赢"。如今，村里有了集体收入，小规模经费支出再也不用去"化缘"了，许多原来想办而没办的事办成了，村干部威信也有了极大提升。

重基础强设施，村容村貌换新颜。为加快美丽宜居乡村建设步伐，切实改善农村人居环境，提升全村人民群众幸福指数，他积极协调帮扶单位和相关部门争取了总投资达 600 万元的"高原美丽乡村"建设项目。他和村"两委"立足本村实际，以加快推进水、电、路、房等基础设施建设为突破口，大胆探索实践，牵头成立了项目实施领导小组，从规划、建设、管养等方面入手，大力开展村庄整治，加大村庄道路硬化、旧房改造、垃圾收集、河沟清淤、村庄绿化等基础

投入，先后完成了村级综合服务中心、卫生室、文化广场、射箭场、戏台建设，以及村道硬化、危房改造等基础设施项目，使整体村容村貌得到全面改观。如今村民都住上了宽敞明亮的新房，独具特色的大门设计、干净整洁的村道、亮丽的村庄绿化、完善的基础设施、图文并茂的"文化墙"，更为美丽乡村增添了浓郁的民俗气息。房屋新了，路灯亮了，文化广场建起来了，村民们的精神面貌也发生了很大的改变。

事有千件，贵在实干。作为一名"90 后"，他积极响应国家的号召投身基层，把最宝贵的 5 年青春奉献给了脱贫攻坚事业。5 年来，他勤于奔走，从陌生到熟悉，从熟悉到至亲，从忐忑不安地上任到帮助上吾具村脱贫，在脱贫攻坚的时光中得到了锤炼和洗礼。翻开这 5 年的民情日记，字里行间有辛苦、有快乐、有感动、有责任，那都是基层一线坚守初心、奋斗成长的印记。这期间有酸、有苦也有甜，身在基层，只要沉下心来，怀揣梦想，收获的一定是沉甸甸的幸福。因工作事迹突出，赵军章先后被评为青海省脱贫攻坚工作先进个人和海东市民族团结进步先进个人，多次作为全省第一书记代表参加了相关座谈会向中央和省委领导汇报了工作，其先进事迹也先后被《焦点访谈》《光明日报》等各类媒体宣传报道并被选编进《青海省脱贫攻坚工作纪事》。作为全面建设小康社会的见证者、亲历者、推动者和决胜者，驻村扶贫这段特殊的经历，将是他人生中最难忘的一段岁月，成长中最宝贵的一段时光，工作中最充实的一段经历，终将成为他青春岁月里最珍贵的回忆。

小我融入大我　与时代同频共振

——北京工商大学嘉华学院赵娇娇

　　赵娇娇，中共党员，北京工商大学嘉华学院金贸系2017级金融学专业毕业生。她在校期间学习成绩优异，积极向党组织靠拢，毕业之际积极响应党和国家号召，报名到南疆基层一线建功立业。

　　2017年毕业在即，赵娇娇响应国家号召，报名到南疆基层工作。她的第一个岗位就是乡镇民政服务中心的干部，负责统计和发放各类惠民补贴。她继续发扬在校期间刻苦学习的精神，钻研各类惠民政策，从低保申请的程序开始学起，协助分管领导严格审核申请人的资格，按照动态管理的原则，每月对辖区享受低保群众的状况进行评估，通过入户走访、与群众座谈等方式，提升评估的质效，确保低保金保真贫。在脱贫攻坚战如火如荼进行时，她也积极发挥自己的岗位优势，秉承全心全意为人民服务的理念，主动为符合政策的重疾家庭申请大病救治补贴，有效防止因病致贫的风险。为切实提升群众的生活幸福感，她与同事一起到村、社区宣讲全民医保政策，提升群众对参加医疗保险重要性的认识，切实提升群众的参保率。她奔走在全民免费体检的第一线，组织群众按时参加免费体检，将党提升群众生活幸福感的措施不折不扣地落实好。在此期间，她走访调研过1200余户农牧民家庭，办理各类惠民补贴的申请103人次（户），她真诚的服务态度、严谨的工作作风、高效的办事效率赢得各族群众的认可，各族群众亲切地称呼她为"娇娇古丽"。

　　经过工作的沉淀，赵娇娇的工作能力得到了组织的认可，在2021年时调到温宿县依希来木其乡人民政府，分管社会事务工作。她迅速进入工作角色，结合城郊接合区的地理优势，组织辖区富余劳动力到就近工厂参加就业。她就工种需求、工资标准、住宿条件等内容与企业洽谈，结合群众自身特长，为他们提供合适的就业岗位选择，先后组织2000余人次参加就业，创收800余万元，有效巩固了脱贫攻坚成果。

　　在"全面从严治党永远在路上"的信号越来越强烈的今天，赵娇娇又肩负组织的重托和群众的期望踏上新的工作岗位，成为一名分管纪检监察工作的领导干部。她充分运用自己基层经验丰富的优势，与科室干部一起落实全面从严治党的监督责任。她以身作则，以扎实的工作作风带动干部开展作风建设，以敢于动真碰硬的勇气查处了一批损害群众切身利益的党员干部，监督干部真正做到权为民所用。其间，帮助追缴各类款项约5万元，挽回国家损失50余万元，打击了侵害群众利益的势头，维护了群众的切身利益。

　　赵娇娇说选择到南疆工作是偶然的机会，但是坚持在南疆基层历练是必然的选择，她将个人价值的实现与国家需求相结合，与时代号召相契合，持之以恒赓续共产党人的优良品质，她坚信在平凡的岗位上用心经营也可以干一番不平凡的事业。现在的她依然工作在基层一线，穿梭村头巷尾、在田间地头，继续践行着入党誓词，并乐此不疲。

愿做西极乌恰的一棵胡杨

——北京培黎职业学院郭力铭

　　郭力铭，1991 年 1 月出生，山西交口人，2012 年 11 月入党，本科学历，2018 年 7 月参加工作，现任新疆克孜苏柯尔克孜自治州（简称克州）乌恰县波斯坦铁列克乡乔尔波村党支部书记。

一、践行胡杨精神，执着选择边疆

　　2013 年 7 月郭力铭作为北京高校优秀毕业生从北京培黎职业学院法律专业圆满毕业，学业暂时完成，接下来呢？那时的他，站在人生的十字路口并不迷茫：十载寒窗，锤炼成才；一朝参军，继往开来。他毅然选择了参军，2013 年 9 月开始，两年部队生活更加锤炼了他的爱国情、报国志，那时的他心中已然萌生了去边疆的想法。2015 年结束服役的他，并没有马上投身边疆，而是选择继续学业，因为他清楚地知道，现在的边疆更需要的是人才，他想以更优秀的状态投身心中期盼的地方。2018 年 7 月他完成了北方工业大学的学业，积极响应国家号召，到边疆去、到祖国最需要的地方去。他愿像胡杨一样选择到祖国最艰苦的地方去生根发芽、茁壮成长。经过多次与家人沟通，他最终获得了家人的理解和支持，也顺利地通过了面试、政审、体检等各环节，去到了祖国边疆——南疆克州，成为克州一名基层干部。他把个人理想融入祖国边疆建设的进程中，奋力书写人生精彩华章。

二、践行胡杨精神，坚韧扎根边疆

　　郭力铭现在工作的地方是祖国的最西部，冷空气持续时间较长，能从头年 10 月冷到来年 4 月，四季不是很分明；南疆土质偏碱性，戈壁滩覆盖面较广，空气干燥，沙尘暴频发，导致南疆发展相对落后。正因如此，他认为更应该扎根这里，用自己的青春滋养这片土地，用自己的年华去耕耘这片土地，用自己的一生去热爱这片土地。当然，扎根不只是说说那么简单，首先他最要过的就是语言关，克州全名为克孜勒苏柯尔克孜自治州，这里主要是柯尔克孜族，说的是柯尔克孜语，基层工作很大一部分是群众工作，所以学习柯尔克孜语十分必要。如果说每天跟着办公室的本地干部学习、下载翻译软件学习、翻看民汉对照翻译课本学习是他的学习方式，那么走访入户面对面跟老百姓交流就是他的实战练习，慢慢地他可以用简单的民族语言跟老百姓进行交流了。其次就是生活关，克州距离他的家乡山西约 4000 公里，饮食、住宿习惯有着很大的差别，他从小不爱吃羊肉，而那里又是主吃羊肉；他从小生活在县城，现在工作的地方是乡村，用电、用水、交通的不便都要一一克服。面对这些困难，他没有退缩，而是更加坚定了自己留下来的决心，吃不惯的就慢慢习惯，住宿条件差就想办法去改善，带着老百姓一起改善。正逢国家好政策，家家户户都住进了富民安居房，实现了"两不愁三保障"，而他很骄傲自己是这些改变的参与者。胡杨生而千年不死，死而千年不倒，倒而千年不朽，被誉为"沙漠英雄树"，他说愿像胡杨一样以坚韧不拔的毅力和无畏艰险的胆略，在克州大地成长成才，深深扎根在祖国的边疆、克州的基层。

三、践行胡杨精神，默默奉献边疆

一代人有一代人的历史责任，一代人有一代人的使命担当。青年一代有理想、有本领、有担当，国家就有前途，民族就有希望。他说："既然选择踏上西陲新疆的征程，就要让自己在这片锦绣土地上尽情绽放。"而今，他进疆已经五年，先后在乡镇党政办、纪委监委、扶贫办多个岗位接受过锻炼，2019年他主动申请到最基层、最边远的村委会开展工作，作为村党支部书记，群众的幸福生活就是他的工作目标。他带领村干部天天入户走访，了解百姓实际困难，认真协调解决；积极申报项目，邀请专家指导，因地制宜，大力发展畜牧业、旅游业；深入推进移风易俗、农村人居环境整治工作；进一步加强组织建设，转变干部工作作风。现在村民的生活已经发生巨大变化，家家户户住进了富民安居房，村里实现了"五通七有"，劳动力就业率得到了很大提升，人们脸上的笑容也多了起来。他说这五年只是开始，未来他会继续努力，坚持把人民答不答应、高不高兴、满不满意作为基层工作的出发点和落脚点，着力结合自身实践帮助群众解决所需、所想、所思、所盼，让基层建设更加牢固，为实现中华民族伟大复兴添砖加瓦。

好儿女志在四方，有志者奋斗无悔。人的青春只有一次，青春不只有眼前的潇洒，还有家国与边疆，要不遗余力地挥洒青春汗水，放飞青春的梦想，为实现中华民族伟大复兴贡献绵薄之力；要将个人理想与国家需要相统一，投身祖国的建设事业。让我们一起努力，一起奔跑，一起做一个追梦人。

天津市

高原三尺讲台　书写奉献人生

——天津师范大学杨营营

　　在杨营营的回忆中，大学期间她就怀着好奇与激动的心情参加了一次西藏专招的宣讲会，那可是素有"世界屋脊"和"地球第三极"之称的神秘而又圣洁的西藏啊！她想着，如果能在西藏教书，既能领略不曾见过的高原风采，又能实现当一名人民教师的愿望，绝对是人生一大幸事！但她觉得自身储备不足，决定继续读研，便错失了这次机会。但一颗到西藏教书的希望种子悄悄在她心里萌芽。研究生期间，她一方面刻苦学习为将来做教师打好基础，另一方面又时刻关注着西藏教育事业的发展。机缘巧合下她认识了曾在西藏昌都援藏的陈老师，从他那里得知，西藏教育水平相对落后，条件较为艰苦，急需富有责任感和奉献精神的教师。作为一名党员，"责任"二字早已深深刻在杨营营心中。她更加坚定了去西藏教书的信念，躬耕三尺讲台，潜心立德树人。

　　2016年毕业后，她被天津一家条件非常好的教育机构录用，但她始终心系西藏。2017年，当她再次看到西藏教育系统人才引进的公告后，决心不能再错过这次机会！哪怕是条件再优越的工作单位，哪怕是家人的苦口劝阻，哪怕是生活了20多年的天津老家，也不及西藏的呼唤。这是初心，更是使命！作为一名党员，应自觉走到国家需要的地方，以"时时放心不下的责任感"，担当起教师的育人使命。于是，杨营营怀着满腔热血，义无反顾，带着自己的教育梦想，飞到了西藏昌都。

　　群山环绕，白雪皑皑，落地昌都，她虽然早已做好心理准备，也难敌海拔4300米的稀薄氧气，喘着粗气、昏昏沉沉地上了大巴车，便开始了将近三小时的崎岖山路。大山环绕的小村庄，土坯的几间房舍，她料想这便是当地居民的家吧。杨营营意识到：越是落后的乡村越是迫切地需要好的教育，此行真的是来对了。她被分配到昌都职校，这是一所海拔3200米的中职学校，距离市区20公里，地处偏远，只有在主干路上的两条街道，生活条件也很艰苦，时时会停水停电，但在当时已经算是昌都市内条件比较好的学校了。这些算不得什么，关键是办学条件，现代化的教学资源匮乏，大多数学生的学习基础很差，有些学生甚至没有上过学。在这种情况下，杨营营不畏艰辛，决心扎根边疆，努力教育好每一个孩子。

　　雪域高原坚守初心。初到西藏之时，最让杨营营感到紧迫的是适应授课方式。当时学校的中职学生，学习能力一般，学习习惯不佳，纪律意识淡薄，个别学生甚至书写自己的名字都有点困难。教育对象的变动考验着备课上课方式的转变，于是，杨营营逐渐将内地的教学方法与当地的教学实践相结合，进一步改进和尝试新的有效教学模式。同时，她还与同事结对听课，指导当地教师备课，传递所学先进教学理念。五年中，她两次被评为优秀教师，所写教案被评为优秀教案并在全校所有教师办公室张贴以供其他教师参考学习。五年的教育生涯让杨营营学会了在艰难中前行，更让她明白了教育的意义。2022 年 12 月，在完成了五年合同之后，杨营营选择继续留在西藏，她将继续坚持教育初心，将不悔青春挥洒在雪域高原上。她立志要像石榴籽一样和藏族同胞紧密团结在一起，为西藏昌都的教育事业奉献出自己的一份力量。

用爱心温暖学生。来到昌都职校后，杨营营一直关注孩子们的生活。昌都职校是寄宿学校，对于这些远离家庭长期住校的学生，杨营营总是尽可能地多和他们交流，包容他们的任性，关心他们的生活。冬长夏短，学生的手被冻得开裂，杨营营为他们送去保暖衣、棉手套、棉鞋；因父母年迈、家庭收入微薄而产生辍学想法的学生懂事得让杨营营心疼，她积极联系学校，申请助学基金，为学生免除后顾之忧；有的学生没有手机，杨营营每到周末便借出手机让学生联系亲人，缓解他们思家情绪，也让家长放心。为了能够更加了解学生，更好地帮助学生，她已连续三年承担班主任工作，其中有中职班，也有昌都职校唯一的一个大专班。她一视同仁，因材施教，不仅为学生创造学习上的快乐情境，让学生提高学习的乐趣，同时更关心他们的成长，及时作出良好的引导。她希望每一名藏族学生都能像漫山遍野的格桑花一样，绽放出美丽的色彩。

践行党员使命。作为一名中共党员，杨营营始终记得铮铮誓言，不能辜负母校的栽培，将在天津师大培养起来的责任担当意识带到昌都职校，党员先锋岗、党员"三助"帮扶活动次次不落，为家庭困难学生赠送棉衣、学习用品，为重症同事捐款，资助当地贫困家庭，市职教月活动、校运动会、工会活动等总是冲在前头。她处处以党员标准严格要求自己，积极起到先锋模范带头作用，时时把党员责任放在心间。2020 年杨营营担任毕业班的班主任，距离高考只剩最后半个学期的时候，她怀孕了。考虑到高考学生的学习，孕期反应严重的她即使抱着垃圾桶吐也不曾落下过一节课。这对于一个身高 158 厘米、体重不足 45 公斤的瘦弱孕妇来说，多么不容易啊，更何况是在缺少氧气的高原之上！多少次家人的劝阻，杨营营也不曾点头答应回家。她想着，自己走了谁来带领这些藏族孩子们走向更广阔的未来呢？他们的父母同样渴望着孩子有美好的发展啊。杨营营说，即将成为一个母亲，更能理解一个孩子对于父母的重要性，在高考的关键时刻，学生就是她的孩子。这是一名教师的责任，是一名党员的责任。

作为一名党员教师，应该有慈母般的爱心。

在西藏工作虽然艰苦，但杨营营发扬"特别能吃苦、特别能战斗、特别能忍耐、特别能团结、特别能奉献"的老西藏精神，发扬"两路"精神、孔繁森精神，把教育工作真正落到了实处。夜以继日的努力工作让她收获了藏族学生的成长和感谢，收获了学校老师们的认可和肯定，真正实现了个人价值和教师职业价值的统一，也成为她人生经历中的宝贵财富。

情系老年安康　致敬最美"夕阳"

——天津职业大学黎露露

　　黎露露，中共党员，2013年毕业于天津职业大学公共管理学院社区管理与服务（老年方向）专业，现就职康宁津园养老院。她响应党的号召，积极服务应对人口老龄化国家战略，毕业后主动放弃高薪岗位，扎根养老行业十年，从老年人日常护理、一站式服务到团队培育、养老服务项目开发、护理服务体系建设，她事无巨细，躬身实干，致力于打造老人依赖、家属信赖、有爱有温度的专业养老服务。因工作突出，先后获得国家级荣誉称号1项，市级奖项5项。她用专业技能践行"敬老在心，养老在行"的初心，用扎实细致的服务砥砺"尊老敬老爱老"的使命，已经成为高等职业教育服务天津养老事业的发展绽放的绚丽之花。

一、坚定信仰　扎根基层：以一颗红心服务最美夕阳

　　习近平总书记在党的二十大报告中强调："实施积极应对人口老龄化国家战略，发展养老事业和养老产业，优化孤寡老人服务，推动实现全体老年人享有基本养老服务。"一颗红心忠于党，黎露露听党话跟党走，在校期间曾多次参与养老志愿服务活动，在养老实践基地打磨专业技能，每学期志愿服务时长都超过100小时。作为天津职业大学养老专业的首批毕业生，毕业前她就收到了多家养老机构发出的就职邀请。但她不忘初心，毅然放弃高薪，选择了扎根养老一线，服务耄耋。工作期间，她充分发挥党员的模范带头作用，精心培育出一支年轻的养老团队。她们专注养老护理服务体系建设工作，潜心研究护理服务细节，开发"养老院服务项目"，制定养老院规章制度、服务标准和员工培训课件，将护理部打造成老人依赖、家属信赖的专业团队。纵非吾父母，亦尽爱心，伸援手，九州遍看夕阳红。2022年年底，随着新冠疫情防控政策的变化，养老院的工作挑战凸显，她虽身怀六甲，但舍小家顾大家，带领团队恪尽职守，从健康状况监测到饮食营养搭配，无不亲力亲为，将每一项工作落实落细。她创下了院内连续封闭在岗超过20天的纪录，确保疫情封闭期间养老院的绝对安全，为老人的健康筑好防疫屏障。她日常工作中任劳任怨的精神、踏实肯干的韧劲和周到细致的服务受到老人、家属和同事的一致好评，连续多年被评为年度优秀共产党员。

二、青春之火　温暖人心：以辛勤耕作守护最美夕阳

　　风华正茂的她，虽干着人们眼中为老人服务的最辛苦的工作，但她从来没有后悔和抱怨过，"90后"的她是养老院的服务明星，她有40多个"爷爷""奶奶"，还有"爷爷"

"奶奶"给起的"嘟嘟""乐乐""妞妞"等几十个小名，执着的职业精神始终激励着她在养老事业中辛勤耕耘。毕业时 21 岁的黎露露是这里最年轻的护理员，初入职场，她兴奋期待，但养老院工作的辛苦还是让她始料未及。她负责照料的第一位老人是 84 岁的耿爷爷，患有糖尿病和下肢静脉血栓，不能下床，每天要从床到轮椅往复搬动三四回。看着身高一米八几体重 90 公斤的老人，身形瘦小的黎露露没有退缩，冷静思考后运用所学专业指导老人和自己一起合力完成挪动。在她的精心照料下，老人血糖日渐平稳，虽长期卧床却没有发生压疮。在校期间通过产教融合的教学方式，她熟练掌握了系统的老年心理学、护理学知识，通过细致观察，发现老人感兴趣的话题，每次聊天，她总是带

着甜甜的笑容，老人不时伸出拇指表示鼓励和称赞。就这样，她默默地陪伴、倾情地服务，在养老院一干就是十年，从护理员、护理长到护理主管再到团队带头人和副院长，一线的护理工作她始终没有放下。如今的她，不仅对老人的生活照料驾轻就熟，还成了所有老人的"知心宝贝"。她工作至今，从未出现过一例投诉事件，从未发生过一起安全事故，满意度调查高达 100%。她的事迹曾先后被天津电视台、天津广播电视台、《中国青年报》、天津广播新闻等多家媒体采访和报道。

三、春华秋实 锤炼技能：以模范传承托举最美夕阳

习近平总书记号召广大青年要立志做有理想、敢担当、能吃苦、肯奋斗的新时代好青年，当前中国的养老行业即将迎来关键的黄金时期，作为新时代服务在养老行业一线的有志青年，黎露露传承了"民之所忧，我必念之；民之所盼，我必行之"的实干精神，在基层坚守本分、开拓进取、锤炼技能，传承工匠精神。她用尊老爱老的初心、扎实娴熟的技艺、持之以恒的定力为养老事业的发展作出了不平凡的贡献。黎露露多次获得公司"优秀员工"荣誉称号；2016 年，她参加家庭服务职业技能大赛暨"京津冀首届家庭服务职业技能大赛"，获得天津选拔赛第一名；2017 年，她荣获天津市"三八"红旗手、天津市创新创业创优先进青年荣誉称号；2018 年，她荣获天津旅游集团五四青年优秀共产党员、天津旅游集团优秀共产党员荣誉称号；2020 年，她荣获天津市技术能手、全国"敬老爱老助老模范人物"荣誉称号。十年磨剑的辛勤工作，她早已将继承中华民族传统美德的"根"厚植于当代青年复兴民族的"魂"中。在养老事业日新月异的发展道路上，她步履不停，带领无数的后起之秀投身到提高社会公共服务质量的发展中，为天津市"十项行动"计划的开展贡献青春力量。

扎根津城热土
做好群众的知心人

—— 天津工业大学王莉

王莉，1996 年 8 月出生，现任天津市滨海新区第四届人大代表、太平镇后十里河村党支部书记兼村委会主任。别看她年纪不大，面对困难却勇往直前，用实际行动诠释了"巾帼不让须眉"。在村工作四年，她先后获得"滨海新区三八红旗手""滨海新区未成年人思想道德建设工作先进工作者""滨海新区优秀党务工作者""滨海新区党建引领共同缔造治理体系先进个人"等荣誉称号，一次次嘉奖激励着她继续不忘初心，这位"95 后"小书记为民服务的脚步从未停下。

一、聚焦党建引领强乡村，做基层治理"排头兵"

选岗分配时，王莉怀揣一腔热血，申请要到一个最有挑战的村学习、干事、成事。初到大道口村，村内拧成一股绳的工作氛围深深感染着她，与村"两委"攻坚克难，真抓实干。她探索建立"平安家园帮帮团"，创建"吐槽大会"的模式，面对村民提出的问题，与"两委"一起当场解释，暂时无法解决的问题，及时与上级沟通，一周内给予答复，实现村内无纠纷、无刑事案件，他们为村民排忧解难的身影也被记录在《天津日报》评论专刊中。"村里有突发疾病致贫的村民，不符合条件申请低保，怎么保障基本生活呢？村委会能不能帮帮忙？"面对"吐槽大会"上提出的问题，王莉记在心里，每日入户走访，做好全面调研，在"两委"例会时提出建立"红徽结对帮帮团"，结合 12 个生产队代表上报的致贫原因，筛选确有困难无法享受低保的家庭，召集 30 名优秀党员加入帮帮团，王莉还主动拿出 2000 元作为帮扶资金。凭借基层治理的创新举措，王莉为大道口村两次摘得"五星村"荣誉称号。

肩负组织信任和重托，王莉被推荐到后十里河村任职。她到任后深入全村村民家中走访，"书记虽年轻但踏实、靠谱"的印象传到各家各户，2021 年 3 月，在民主程序换届选举中，她成为滨海新区为数不多的"双全票一肩挑"。王莉以提升组织力为重点，带领"两委"成员在复杂工作的磨合中树立标杆，合力锻造"红色排头兵"，结合党史学习教育，设立"老中青"课堂、"五问五答"比赛，激发党建新活力；设立党员微事互助网格、红徽邻里协助网格，村内零事故，发挥在基层治理中的党建引领作用，两年内为后十里河村摘得滨海新区文明村、滨海新区健康村称号。

二、聚焦民生发展兴乡村，做服务百姓"领头雁"

如何践行乡村振兴梦，是王莉投入农村工作制订的目标之一，也是她作为天津市第五期"青马工程"培训班学员的学习任务，更是初任第四届滨海新区人大代表的履职要求。她用四年时间坚持融入环境，从"地道塘沽人，说普通话"实现"讲太平方言，无障碍交流"。

做好壮大村集体经济的为民实事。王莉在大道口村任职期间，服务国家级龙头企业共建的"奶牛公社"，以租赁方式流转整合土地万亩，农民每亩可获租金500元。她在年复一年的烈日下晒得黝黑，在田间地头研究苜蓿、水质，旱涝天气抢收增收做在前，通过"奶牛托管养殖"模式，每年向参股饲养奶牛农户返还收益6000元，直至新一轮困难村验收合格，老百姓收入翻了一番。到后十里河村任职后，她巧"借"东风，打破后十里河村企业为零的局面，积极争取就业机会，与大道口村、企业集团签订共建协议，实现后十里河村村民增收"双金"共赢；为破解"失地村"发展难题，联合农作物合作社，探索"土地托管"新模式，完成2000余亩土地托管服务，实现每年增收近60万元；积极对接新城镇梁子村等共建单位，引进妇女钩织产业，成立"微家巧手坊"，通过培训辅导、订单加工带动妇女掌握一技之长，创造居家劳作致富的条件，既解决收入问题，又促进家庭和谐。

做好防风险保民生的为民实事。2022年9月27日滨海新区全面打响疫情防控阻击战，王莉第一时间扛牢防控责任，她深知自己肩上的职责和使命，探亲访友如何劝阻、消杀工作如何进行等细节问题，迅速在她脑子里聚拢汇集。在她的带领下，村"两委"和党员志愿者冲锋在前、迅速行动，开展核酸检测、卡口值班、政策宣传等工作。连续多日紧张而繁复的工作，让事无巨细的王莉备感疲惫，阑尾炎、颈椎病复发，即便这样，她仍不断鼓励自己与其他工作人员："这个特殊时期，守护村民的生命安全，是咱们的使命与责任。"村内一名外租户自风险场所返回，是密接者，需集中隔离，家中妻子和两个孩子居家隔离管控，隔离转运时，王莉作为区疾控中心、隔离点和转运人员三方的联络人，在30分钟内完成转运，保证"快、准、零风险"。王莉还积极安抚居家隔离人员情绪，当起"外卖员"，送菜上门，她说："作为一名人大代表，这种时候我只能往前冲，因为这关系到老百姓的生命健康，这是大局需要。"

三、聚焦实践品牌育乡村，做乡风文明"带头人"

王莉充分利用亲和力强的优势，与村内老人、妇女儿童拉近距离，打造"妇老乡

亲""红钥匙微家"实践品牌，成立"红钥匙微家"等社会组织，凝聚各方面力量嵌入乡风文明建设，沉浸式实践服务调动村民积极性。

为让文明乡风落地生根，王莉以身作则，繁重工作之余考取初级中学《思想品德》教师资格证，撰写《以社会主义核心价值观引领农村未成年人价值观教育》一文在《未来科学家》杂志发表。面对村里的未成年人，她是指导活动的小王老师，更是街头巷尾偶遇时一声问候的知心朋友。在她的带领下，后十里河村与北大港湿地、天津工业大学生命科学学院联合打造生态环保和实践育人基地，"公益赶大集"活动吸引近千名村民，多样化满足"一老一小"精神文化需求，在"天津支部生活""学习强国"等平台展出。

为引领文明新风之"气"，王莉深挖身边群众的好人好事，用身边人、身边事教育大部分群众，培育选树"全国最美家庭""天津文明家庭""天津好人"等一系列先进典型。王莉积极争取资金支持，依托文明实践平台，常态化组织"家门口"便民服务，开展联动课后服务活动60余次，传统节日开展群众喜闻乐见的特色实践活动48次，每逢节日都为村内80岁以上老人送温暖，春节前为全体村民发放福利，不断丰富群众的精神生活，用先进文化占领乡村的思想阵地，引领成果落地生花。

在王莉看来，村民的生活幸福安稳是对她工作最大的褒奖，为实现津城滨城双城格局注入青春力量，绘就靓丽青春底色！

让青春的旗帜在南疆飘扬

——天津职业技术师范大学解学鹏

习近平总书记在党的二十大报告中指出"青年强，则国家强。当代中国青年生逢其时，施展才干的舞台无比广阔，实现梦想的前景无比光明"。天津职业技术师范大学电子工程学院 2018 届毕业生解学鹏，响应党和国家的号召，在天津招录进疆大学生时，他义无反顾地选择到和田、到基层、到祖国最艰苦最需要他的地方，扎根基层、服务边疆、放飞梦想。一腔热血，对未来满怀憧憬的青年来到了属于自己的第二故乡——新疆和田，成为一名奉献基层的人民公仆。

一、负箧天职师大，远赴他乡，他乡变故乡

解学鹏，男，汉族，中共党员，1996 年 3 月出生，2018 年毕业。他一直想到祖国西北服务奉献，当得知和田到天津招录基层公务员时，他即刻立下决心，主动向招录组表明态度，选择踏入南疆大地。

二、扛起责任，背上担子，不怕艰苦，越挫越勇

在来和田前，招录组曾提醒他当地条件艰苦，解学鹏也做好了心理准备，但恶劣的自然环境和时差还是让他吃尽苦头。刚到和田的他经常因地域环境和时差而咳嗽不止、入睡困难，甚至流鼻血。但解学鹏没有向恶劣的条件屈服，改变不了时差，就去调整作息；改变不了风沙，就去融入气候。他怀揣理想，在南疆克服重重困难，光荣地成为一名基层公务员。

到岗后他很快进入工作角色，为了打通与当地群众之间的"最后一公里"，他主动学习当地语言，坚持以服务群众为根本，把下村入户作为自己工作的立足点，进农家院、吃农家饭、睡农家炕，与群众拉家常、问冷暖、聊生产，如此接地气的工作方式，逐渐拉近了他与群众的关系。

三、心中有爱，立志带领群众走向致富路

2021 年，解学鹏收到组织任免通知，前往洛浦县恰尔巴格镇阿依丁库勒村担任村党支部书记，这是组织对他的信任，更是一种考验。来到阿依丁库勒村后，他操着一口不标准、不流畅的当地话跟群众努力交流，总是逗得大家哈哈大笑，但他的满腔热忱却深深感动着每一位乡亲。

为了增加群众收入，他与"访惠聚"驻村工作队及村两委开会商议农业改革发展，

利用春耕之际开垦荒地 191 亩。他积极向镇党委书记请教土地发展思路，通过申报项目让荒地变杏园。"我们不能对杏园一建了之、项目一报了之，后续要把村子打造成以观光娱乐为引领、采摘休闲为主体、餐饮娱乐及垂钓为一体的旅游村庄，增加百姓收入。"他还激励群众打造花卉村庄，将家门口的杂树一次性清理完毕，提升村民居住环境和村落整体建设，强基固本，与群众画出共同理想"同心圆"。他召开村民大会，保持干群统一思想、统一行动，去杂工作完成后，将杂树变废为宝，结合群众实际情况，统一制作可用十余年的外观式葡萄架 300 余架、统一修建门前小花池 300 余个、种植外墙爬山虎 5000 余株、修建园内小拱棚 300 余座，带领群众享受房前有花、园内有果、屋后有菜的花园生活，群众的幸福指数大幅度提高。

解学鹏还引进科技人才并注册公司帮助种植管理蔬菜棚，该公司派驻农业技术专家到阿依丁库勒村，开展农业种植技术推广、病虫害防治和农业设施使用及日常管理的全过程技术指导。为开阔群众视野，解学鹏先后带领党员、群众代表、青年代表到大棚进行观摩学习，"我们要学科学技术，在改革中寻找契机，只有把种植技术学好学到手，才能实现永久造血功能"。

解学鹏带领村子完成脱贫攻坚、全面建成小康社会的历史任务，2021 年，村集体经济总收入是上一年的 2.5 倍，年人均总体收入增长 1000 元左右。他鼓励村民就业创业，增收致富，巩固拓展脱贫攻坚成果，帮助村民送医送药、申请医疗救助，邀请医疗专家到村义诊，保障人民生命安全。这让村民看到了阿依丁库勒村的未来。2021 年他荣获第四届"闪亮的日子——青春该有的模样"大学生就业创业先进人物称号，在 2019 至 2021 年度考核中连续三年被确定为优秀等次，被中共洛浦县委员会、洛浦县人民政府授予三等功一次。

四、追逐梦想，让人生丰富多彩

2022 年 9 月，解学鹏调任洛浦县团委副书记并主持日常工作，他仍不忘初心、牢记使命，以春节为契机，联合当地多个部门组织返乡大学生、中学生等青年群体开展足球赛、篮球赛等活动，丰富青年学生的假期生活。为进一步增强中华民族共同体意识，团县委探索"主题团日"新模式，组织返乡大学生到博物馆、村史馆、支青馆交流学习，通过开展沉浸式主题团日活动，边走，边学，边讨论，引导广大青年团员坚定

理想信念，牢记中国共产党、中国共产主义青年团的光辉历程，传承红色基因、赓续红色血脉。青年学生纷纷表示，家乡的变化离不开党和政府的好政策，自己将为全面建设社会主义现代化国家而努力奋斗。

习近平总书记指出，广大青年要立志做有理想、敢担当、能吃苦、肯奋斗的新时代好青年。解学鹏表示，南疆已经成为自己的第二故乡，这里已经成了他的家。他会在南疆一直工作下去、生活下去、奋斗下去，将青春全部奉献在南疆的建设当中。他将继续发扬"我将无我"的奉献精神，让青春的旗帜在南疆屹立不倒，高高飘扬。

立功基层一线　绽放无悔青春

——南开大学潘晓晨

习近平总书记强调："同人民一道拼搏，同祖国一道前进，服务人民，奉献祖国，是当代中国青年的正确方向。好儿女志在四方，有志者奋斗无悔。"2017 年 7 月，怀揣着到祖国最需要的地方砥砺品质、成长成才的夙愿，26 岁的应届硕士研究生潘晓晨毅然放弃东部优越的工作生活环境，投身西部基层建设；2018 年 6 月，他又响应国家号召，前往乌蒙山国家级贫困县叙永县枧槽苗族乡群英村担任驻村工作队队员，驻村参加脱贫攻坚决胜冲刺工作。2021 年 5 月，基层换届期间，他被交流提拔为泸州市纳溪区大渡口镇副镇长。

一、聚焦经济发展，做推动产业发展的"工作员"

经济工作是基层的中心工作，也是考验青年干部的"磨刀石"。驻村伊始，他着眼壮大集体经济，带动农户脱贫增收，从拓宽营收渠道、调整产业结构、发掘特色产业三个方面入手，先后成立经营 2 家农业开发公司，销售国家地标性产品乌骨鸡、生猪、蜂蜜等农副产品，实现增收 26.2 万元，并实现集体、农户增收双提高。他与村"两委"推进产业多元化，引入油茶、板蓝根等新产业，实现贫困山区种植业由烤烟向油茶、中药材等多种经济作物转变。驻村苗乡，传统苗族扎染、蜡染等非遗工艺极具特色，他又积极争取推动四川省文旅厅扎染、蜡染非遗项目落地。2018—2020 年，他先后争取各类资金，修复传统工坊，成立扎染蜡染苗绣工坊，连续举办五期学员培训班；生产作品参加国内外展销，带动增收 10 余万元。该基地先后被授牌"泸州市巾帼脱贫示范基地"，被全国妇联授予"全国巾帼脱贫示范基地"。任职旅游产业重点镇，他着眼镇域旅游经济中长期规划，以旅游环线并轨、基础设施建设、增强品牌效应为重点，打造茶旅、酒旅等产业融合旅游线路，积极推进镇域旅游小环线与区内全域旅游大环线相衔接。《长江到泸州第一站：装不完的大渡口》《大渡口镇：飞瀑古寺藏深山》等被《人民日报》、新华社和省、市主流媒体广泛报道，品牌建设成果显著，辖区内民强村获评四川省天府旅游名村，民生村获评四川省乡村旅游重点村、泸州市乡村文化振兴样板村，2022 年全镇获评四川省天府旅游名镇。

二、聚焦乡村教育，做改善办学环境的"热心人"

作为从农村走出来的大学生，他深知良好的教育对一个人成长、成才意味着什么。在基层参加工作以来，他始终关注着乡村教育。驻村期间，他加大教育支持力度、改善乡村办学环境，打通教育扶贫"最后一公里"。他先后为120余名高职、大专学生申请发放新生助学金60余万元，让全村无一人因贫困辍学。他争取各类资金为贫困村小学建设1间微机室、7间现代远程教育教室，配备300套课桌板凳，为乡村教师改善办公及住宿环境，配齐师生体育器材。他借助母校资源，主动联系南开大学四川校友会等单位捐赠学生用书2000余册，联系南开大学"途梦"教育公益项目向全乡学校无偿捐赠远程教育资源。任职乡镇分管教育以来，他响应上级号召，服从教育发展大局，以优化校点布局，集中优质资源为目标，推动全镇基本形成"两校一园"格局，高标准建设中心小学图书阅览室、录播室等配套功能室，推动大渡中心小学建成全市乡镇寄宿制小学试点学校，教育质量稳居全市乡镇学校前列。为建设平安校园，营造良好的校园环境，他牵头投入78万元为全镇各学校购买安保服务；为激发乡镇教育活力，激发乡村教师积极性，他又牵头制定完善全镇教育激励与保障政策，每年投入专项资金用于表彰优秀教师、促进教育质量提升。

三、聚焦民心守护，做基层服务民生的"守护人"

民心是最大的政治，服务基层就是服务民生。初到贫困村，他面临道路、医疗卫生等基础设施条件差，群众出行不便，基本就医条件差的窘境。他与村"两委"以强化基础设施建设为重点，积极推进农村道路硬化改造提升，2018—2020年共硬化入户便道7.3公里，升级改造公路2.5公里，路面宽度由3.5米拓宽至4.5米，总计投入各类资金200余万元。目前，全村主要交通干线已全部升级为4.5米宽的水泥路，打通了群众出行"最后一公里"。为改善村卫生室条件，他又组织相关专业人员对村卫生室进行标准化、规范化建设，为疫情期间推动公共卫生服务奠定了基础。任职乡镇分管疫情防控以来，面对疫情严峻形势和基层干部专业能力不足的难题，他主动在全镇建立定期培训机制，运用"接地气"的方式将政策要求转化为具体措施要求，让基层干部群众转变认识，从被动防疫转化为主动防疫。他带头在一线建立应急保供机制，建立应急就医保障、生活物资保供"绿色通道"，让"抗疫"有力度也有温度。他曾连续40余天坚守一线，亲自统筹调度物资保障、医疗保障、核酸检测等，与广大干部群众并肩战斗，打赢了疫情防控阻击战，创造了疫情暴发以来，全镇社会面"零病例"、本土"零疫情"的重大胜利，牢牢守住了全镇人民群众的生命健康屏障。

　　工作以来，潘晓晨始终牢记"允公允能，日新月异"的南开校训，扎根西部基层，用脚步丈量中国大地，在脱贫攻坚、疫情防控一线，真诚奉献，勤勉履职，让青春之花绽放在祖国最需要的地方！

十年基层路　初心永不改

——天津城建大学叶文涛

　　叶文涛，1989 年 8 月出生，中共党员，2013 年 6 月毕业于天津城建大学能源与安全工程学院。他在毕业后，积极响应"到基层去、到西部去、到祖国最需要的地方去"的号召，积极参加西部计划，服务期结束后考录为当地选调生，目前担任新疆昌吉市佃坝镇党委副书记、镇长。扎根基层的十年间，从青涩的高校毕业生到成熟的乡镇领导干部，他始终把个人的理想与党和国家事业结合起来，默默耕耘、勤勉工作，用坚守和实干，诠释了新时代青年的责任与担当。

　　一是用忠诚担当的初心守好党委政府的"前哨后院"。叶文涛在市委、市政府办公室工作四年，主要负责文字和综合协调工作，经常加班加点甚至通宵工作，工作强度远远超过了一般岗位。工作再难，压力再大，他始终以赤诚之心对待每一项工作。单位和家相隔仅一公里，但他仍然习惯"每周只回一次家"，他办公室的灯总是最后一个灭。他坚持极端负责的作风，作为综合秘书，在公文撰写、审核方面做到一字一句斟酌、一行一段推敲，在会议组织和督查落实等方面严谨细致、严把关口，把细节做到了极致。他坚持当好参谋助手，在做好日常服务同时，能够根据实际情况提出合理决策建议，并主动跟踪督办领导批示及会议决定事项，做到"有批示必督查，有督查必反馈"。据统计，四年来经他撰写的文字材料近 1000 份，累计超过 200 万字，提出合理化建议 30 余条，迎接重大调研、检查活动 50 场次。正如他所说："艰难困苦长本事，做难事才有所得，我的工作习惯、解难事和抗打击能力正是那段时间锻造的。"

　　二是用坚韧不拔的恒心坚守疫情防控阵地。新冠疫情发生后，叶文涛被抽调至防控组任综合办主任。在没有经验可借鉴的情况下，他第一时间分析全市防控组基本情况，梳理了信息推送、研判处置、隔离留观等七项任务，制定了《防控组内部分工方案》《人员管理八条准则》，成立"一办三组"，明确值班、出勤、考核、奖惩纪律要求，迅速搭建起职责明晰、纪律严明的工作班子。在他的坚持下，防控组成立日研判制度，就精准核查、隔离人员推送等问题进行协商，牵头召开研判会议，确保形成防控系统的闭合回路。最艰难的时候，一个拥有 53 万人口的昌吉市，防控组每天推送数据多达 1 万条，他每天仅能休息 2 小时，累了就趴在桌子上眯一会儿，在他看来"没有什么是熬几个夜不能完成的"。在被抽调至防控组的三个月内，他累计向指挥部提交 100 余份工作日报、工作建议，其中有 12 份材料获得主要领导批示，2000 余名隔离人员得到及时转运，有力筑牢了疫情防控基础屏障。

　　三是以干事创业的专心筑牢基层战斗堡垒。2020 年 4 月，他被组织任命到人口最多、情况最复杂的乡镇担任党务副书记。作为工科生的他，一开始对党务工作还是"门外汉"，但他认为"活到老、学到老"，要像上大学时对待自己的专业一样对待工作，坚持每天学习党务知识，熟悉掌握基层党建工作体系，为开展好工作打牢理论基础。他坚持每月将各村走访一遍，主动与村"两委"干部谈心谈话，了解人员结构、思想状况，督促工作进度。他设立党建例会制度，带领党建办集体审议组织人事、发展党员等议题，分析和解决各村党建存在的问题。他制定《村派大学生严管理十条》，强化村派大学生管理；运用统筹的工作方法，梳理落实党员干部队伍管理、党组织整顿、组织人事、基层组织建设、壮大村集体经济等十大党建工作任务。他担任乡镇副书记两年多时间，共发展党员 110 名，培训党员干部 5000 余人次，引进硕士研究生 13 名，村软弱涣散党组织全部"脱帽"，圆满完成全州乡镇党委换届，所在的乡镇获评自治区先进基层党组织。

四是以心系百姓的真心为乡村振兴贡献力量。在基层工作的十年里，他工作过三个乡镇，在每一个乡镇都十分关心百姓生活，想方设法提高群众生活水平。为壮大村集体经济，他积极向上级争取资金，率先在全市成立了村级农机服务合作社，全镇村级物业公司达到 7 个。万事开头难，为确保物业公司顺利运行，他亲自起草村级物业公司财务、人员管理制度，甚至带着村党总支书记一家家企业跑业务、签合同，在不懈地努力下全镇当年村集体收入突破 600 万元。在担任镇长后，为了确保群众基本生活不受影响，他一手抓疫情防控一手抓经济发展，在封闭式管理期间积极协调批发市场，将农户 2000 吨蔬菜一车一车送出，解决了农产品滞销难题。为提升老百姓的生产生活环境，他将人居环境整治作为推进乡村振兴的突破口，设立"每月村庄清洁日""环境卫生巡查"制度，发动村民主动开展环境卫生整治，倒逼农村改善人居环境。他大力推进清洁能源改造和下水入户工程，在疫情传播风险交织和工人隔离的双重困难下，为抢回延误的工期，他每天跑遍所有项目工地，亲自协调物资和车辆，白天盯进度、晚上分析问题，全镇"下水"和清洁能源覆盖率分别达到 90%、60%，1144 户村民告别了冬天劈柴烧煤取暖的历史，50% 的行政村被评为自治区级重点示范村。

扎根雪域高原　奉献青春力量

——天津大学邓韶辉

2019 年 2 月，刚刚完成博士阶段学业的邓韶辉，就投身到国家重点工程两河口水电站工程建设一线工作中。工作以来，他时刻牢记青年党员身份，长期坚守雪域高原，立足岗位，主动担当，为推动国家重点工程优质建设和世界高坝建设挥洒汗水，取得了多项重要科技创新成果，为国家绿色清洁能源开发事业的技术进步贡献了青春力量。

一、主动担当，争做技术岗位上的党员先锋模范

邓韶辉时刻以优秀共产党员的标准严格要求自己，深刻学习领会习近平新时代中国特色社会主义思想和党的二十大精神，不忘初心、勇毅前行。他牢记习近平总书记对广大青年的殷殷嘱托，"到基层去、到西部去、到祖国最需要的地方去""在真刀真枪的实干中成就一番事业"，坚持将所学知识与实际工作紧密结合。作为一名水电工程建设者，他坚持冲锋在前、吃苦在前，毅然来到西部高原海拔 3000 米的两河口水电站建设一线，尽己所能推动国家重点工程优质建设和科技创新；他爱岗敬业，踏实肯干，发扬"缺氧不缺精神、艰苦不怕吃苦"的两河口作风，长期坚守工程一线，为世界高坝建设奉献青春。

作为两河口工程建设大团建的组织委员，邓韶辉将团建活动与工程建设相结合，组织工区各单位团员青年瞻仰雅江县烈士陵园、教育帮扶献爱心，开展五四优秀青年、青年突击队表彰活动，传承革命精神，激发青年的爱国情怀，树立优秀青年榜样，带动参与两河口水电站工程建设的广大青年坚定不移地听党话、跟党走、怀抱梦想、脚踏实地，敢想敢为、善作善成。

二、迎难而上，切实保障两河口工程蓄水安全

两河口水电站作为四川省唯一一座多年调节水库，从工程施工建设到三阶段蓄水的安全，都面临巨大考验。为保障两河口工程建设安全，邓韶辉迎难而上，主动担当，在两河口三阶段蓄水过程中发挥了榜样作用。

2020 年 12 月，两河口水电站初期导流洞下闸，下闸成败事关 2021 年蓄水发电的目标能否顺利完成，关键时刻，邓韶辉组织两河口工区团总支开展青年突击队夜间三方联合值班和现场碰头，带头向急难险重任务发起突击。他及时俯拍河道地形、测算导流洞内水量，实时检查导流洞闸门及库水位上升情况，实时提供蓄水位信息，为尾水清渣提供了第一手材料支撑。同时，他组织工区参建单位 6 支青年突击队，在 8 天

的极限工期内调配了 34 台挖掘机、130 辆自卸车，运输 9600 余车次，清理 16 万方石渣，填筑 5 万方土石料，强排 20 万方积水，确保了尾水闸门关闭、尾水河道清理和出口围堰填筑，为第一阶段下闸蓄水创造了有利条件。

两河口工程 2021 年第二阶段和 2022 年第三阶段蓄水期间，邓韶辉积极策划蓄水重大专题技术咨询，科学安全有序推进工程蓄水目标。他组织行业内知名专家现场开展大坝工程和库岸工程重大技术问题的咨询和评审，组织对两河口水电站第三阶段蓄水安全进行鉴定，为安全科学和依法依规有序推进两河口工程第三阶段蓄水提供了扎实的技术保障。

两河口水库第二阶段、第三阶段蓄水期间，最大水头达到 265 米，库岸再造导致地质灾害频发。作为安全监测预警的吹哨人，邓韶辉不分昼夜，每次接到群众反映险情，都在第一时间赶赴现场，穿行在高山峡谷与房屋田间，对影响交通安全和影响老百姓居住安全的每一处裂缝进行监测，分析研判现场地质情况，及时应对蓄水过程中的突发事件。中秋佳节夜晚，当城市的万家灯火亮起、亲朋团聚时，他在匆匆与家里联系后，继续奔走在水库岸边，组织村民撤离受影响的房屋。他还根据库区情况编制了 10 余项蓄水应急预案和各地灾情应急处置方案，组织群众开展两次应急演练，深入每家每户调查后开展危险区域避险工作，确保了两河口库区群众生命财产安全和电站三阶段蓄水的安全。

三、技术创新，为中国高土石坝建设保驾护航

近年来，我国的砾石土心墙堆石坝已由 200 米向 300 米级发展，设计理论和施工技术也达到了国际先进水平，但是高土石坝监测仪器存活率普遍偏低，两河口大坝安全监测也面临着"高水压、高土压、大变形"等技术难题。面对挑战，邓韶辉创新研发应用多项监测新技术，构建了两河口特高砾石土心墙坝"空·天·地"一体化安全监测体系，对 300 米级特高坝安全监测关键技术及仪器保护措施进行系统研究，并对合成孔径卫星雷达监测技术（空间监测）、地空雷达及超宽带雷达实时监测技术（地空监测）、柔性测斜仪、光纤 F-P 压力传感器、管道机器人等做了研究及应用，有效提升了传统监测仪器存活率（电磁沉降环及测斜管存活高度创国内纪录），推动了高土石坝安全监测技术发展。他组织参与申报的"堆石坝变形监测和变形预测关键技术及应用"获得

2021年度中国大坝工程学会科技进步奖一等奖，"高海拔高寒地区特高土石坝安全监控关键技术及应用"获得2022年度中国电力企业联合会电力创新奖二等奖。

踔厉奋发风正劲，笃行不息再扬帆。邓韶辉将继续以"时不待我"的紧迫感和"冲锋在前"的姿态，敢闯敢拼，投身国家西南水电建设一线，为国家绿色清洁可再生能源开发事业作出新的贡献。

河北省

导航青春
做新时代青年创业的引路人

——河北工程大学教师崔巍

崔巍，中共党员，讲师，博士研究生。现任河北工程大学管理工程与商学院教师、正科级辅导员，是国家二级创业咨询师、河北省高校就业创业指导名师、河北省先进德育工作者。

一、创新实干，刻苦钻研

崔巍主讲多门大学生创新创业类通识课程，授课形式开放、灵活、多样，她精通中英文双语教学，深受学生喜爱，常年位居学院课堂教学质量测评前列。她主持及参与多项纵向及横向课题，发表大学生创新创业类、教学管理类及思想政治方向论文多篇，参编著作两部。她辅（指）导大学生参加创新创业类比赛获校级以上奖项近50项；所带河北工程大学管理工程与商学院会计1502团支部被校委会评为2017年度五四红旗团支部、2018—2019学年河北省省级先进班集体。她多次在河北工程大学年终考核中被评为优秀，多次在教师基本功大赛中获奖，曾获邯郸市"优秀共青团干部"、河北省德育先进工作者等荣誉。如今，她已成为助推大学生创新创业团队建设专业化、专家化的典范。

二、进德修业，言行典范

自2015年5月参加工作以来，崔巍始终坚持党的理论知识学习，不断加强党性修养和锻炼，以热情的心态和饱满的工作态度投身党的教育事业。她不断提高青年学生在创新创业方面的专业、理论水平，建设思想理论阵地。在从事教学工作的2400多个日日夜夜里，她先后为6个年级2500余名学生讲授大学生创新创业类通识课程。她以"立德树人、践育协同"为工作思路，业务知识不断增长，工作有条不紊地开展。她深知"学高为师，德高为范"的教师基本要求和"传道、授业、释惑"的工作要求。

三、创效增益，实践育人

心中有梦，眼里有光，脚下有路，未来可期。如何做新时代青年创新创业的引路人？崔巍一直在找寻，并不断地努力前行。

2021年9月，崔巍带领学生组建了一个以电子商务为抓手的公益助农团队，打造"专业＋实践"育人模式，带领学生将专业所学用于实践，组建"E程山水"直播助农创业团队，支持国家乡村振兴建设，牵手四川凉山等地区，运用团队经营所得资助四川凉山彝族自治州儿童，她的事迹多次被《人民日报》《中国青年报》《河北农民报》等媒体报道，在社会上获得了广泛好评。

初识凉山——心理振兴火种。一次偶然的机会，崔巍来到四川大凉山，发现这里人民生活和经济条件落后。她在凉山调研发现，当地物产丰富且优质。然而，当地交通不便、信息滞后，村民不懂有效电商手段，导致农产品难销。面对此情此景，崔巍决定为凉山发展尽绵薄之力。

深入凉山——点燃振兴火焰。返校后，凉山的一桩桩、一幕幕时常浮现在她的眼前，她决心要用自己的专业为这里的人们做些实实在在的事情。她着手组建电商团队，以电商助农为抓手，推动乡村振兴和民族团结，促进民族地区经济、文化、教育发展。为此，团队制订了以电子商务运营和网络直播带货为龙头，以基础教育帮扶和专业知识帮扶为重点的"3＋2"助农模式，充分发挥团队的专业优势和智力资源，全面推进大凉山的振兴开发与教育帮扶。

创业之初，崔巍带领团队通过电商运营和网络直播等形式对大凉山农产品进行销售。为建立高效、可持续的振兴模式，团队将直播带货的收益无偿捐献给当地经济困难的家庭。其中，所资助的一位少数民族学生，在今年以优异的成绩考上了当地重点高中。

情系凉山——传递振兴火炬。崔巍带领团队开启线上直播，通过直播讲解公益助农，激发公益力量。崔巍深知推广普通话可促进当地人与大山外的世界进行交流。于是，她带领团队在当地推广普通话，让农户用普通话直播带货。

"纸上得来终觉浅，绝知此事要躬行。"帮扶大凉山既是河北工程大学学子发挥专业所学，结合服务地需求开展公益帮扶的成长路径，也是这群影响中国社会未来发展与变革的青年学生在真实社会情境中思考创新、了解创业，触摸创新创业解决实际问题的宝贵机会。崔巍多年来始终坚持"专业＋实践"的育人模式，团队中多名学生纷纷表示，"牵手"四川凉山使青年学生深刻体会和了解到创新创业专业知识是落地于实践。

崔巍通过实践育人，让学生进入真情景、解决真问题、创造出真成果，在助人的同时实现学生的自我成长、自我发展。她引导学生利用在校所学习的专业知识将"作业"写在祖国大地上，扎根基层，在实践中理解创新创业的内涵，实现自我价值。其中，团队的核心成员崔皓然同学，在帮扶大凉山之后深受启发，返校后，决定利用互联网新机遇创新创业。借助凉山直播带货的宝贵积累，崔皓然同学在崔巍老师的帮助下逐渐在直播中摸索出了一套属于自己的创业新路径，大学三年级的他逐渐寻找到自己今后择业的新方向。

在大学生创新创业教育的路上，崔巍充满了希望。团队的诸多做法收获了社会的好评。她深知大学生是民族创新创业的生力军，未来育人将充分发挥自身优势，不断探索创新创业新模式，为实现祖国振兴不懈努力。

挺膺担当厚植家国情怀
守本正源铸就时代新人

——华北电力大学教师宣兆卫

就业是民生工程、民心工程。习近平总书记多次指出，要热情支持高校毕业生在各自工作岗位上为党和人民建功立业，转变就业择业观念，引导高校毕业生将自己的命运同国家民族的命运紧紧联系在一起。宣兆卫作为华北电力大学长期坚守在就业工作一线的一名教师，始终坚持把落实学生就业、推进学生就业服务国家战略发展作为工作重心，扎根一线开展就业指导和服务工作。多年来，他恪尽职守、诲人不倦，引导无数毕业生赴基层就业，在服务国家发展的道路上成长为有理想、有担当、有本领的支柱型人才，取得了突出的工作成绩。

一、政治作风过硬，做学生成长的"示范者"

培养什么人、怎样培养人、为谁培养人是教育的根本问题，作为学生工作者，认清这一根本问题，坚定理想信念、站稳政治立场是首要条件，更是引导学生成为国家发展需要的人才所必备的素质。从事学生工作 11 年来，他始终立场坚定，以身作则，保持着高度的责任感和事业心，做到讲政治、讲学习、讲正气，坚持加强理论学习，自觉用新理论、新知识武装思想，在工作中注意理论联系实际，在作风扎实的同时坚定为党育人、为国育才的初心，将学生成长成才作为工作的中心，坚持勤奋工作、言行雅正，做学生学习的优秀榜样。多年来，他多次受到学校表彰，获得学校优秀党务工作者、优秀班主任和保定市优秀共青团干部等荣誉称号。

二、专攻基层就业，做学生思想的"引导者"

高校毕业生是宝贵的人才资源，是民族的希望、祖国的未来。引导和鼓励高校毕业生到基层工作，对深入实施人才强国战略和就业优先战略、推动基层事业高质量发展具有重大而深远的意义。从华北电力大学就业指导中心的普通职员，到院系团总支书记，再到学生处分管就业工作的副处长，他对引导学生到基层工作、服务国家战略发展目标的重要性有着深刻的认识，始终坚持扎根就业指导一线，在引导学生树立正确就业择业观、做好职业生涯规划和塑造到基层发展的就业文化等方面作出了很多成绩。

一是引导学生树立正确就业择业观。一方面他作为就业指导课程授课教师，积极发挥就业形势与政策、就业能力培养、职业技能提升等在学生思想政治教育中的作用，在课堂中引导学生明确定位、立志用自己的专业技能为国家各项事业发展作贡献，将个人价值的实现与民族复兴伟大梦想相结合，树立远大理想服务国家战略发展，到祖国最需要的地方建功立业；另一方面作为辅导员，他积极开展与毕业生一对一谈心谈话、座谈会等交流活动，鼓励学生发掘专业优势，把握时代契机，以务实的态度就业择业，引导学生看到基层发展的无限可能，愿意到基层大展拳脚。此外，他带领学生到基层开展实习实践活动，亲身感知基层工作环境，积累理论转化为实践的经验。就业工作多次受到教育部和河北省表彰，学校荣获"全国就业 50 强""全国毕业生就业典型高校""河北省就业工作先进集体""河北省普通高校示范性就业指导中心"等荣誉称号，电火花众创空间被评为国家级、省级和市级众创空间。

二是积极引导学生做好职业生涯规划。作为一名躬耕一线多年的辅导员，他深知生涯规划对学生发展的重要性，确立科学的生涯目标对引导更多学生前往基层就业具有重要意义。因此，他以就业育人理念为核心，长期从事一线生涯规划指导课程研究和教学，对学生开展科学有效指导，提升学生基层就业综合竞争力；他积极参与建设河北省首批辅导员工作室——"彩虹人生"生涯工作室，"大学生职业生涯发展与规划"课程被评为河北省高校就业创业指导"名师金课"，教育学生探索职业目标，引导学生全面、细致地探索自我，完善自我，使学生科学合理安排大学学习生活，有意识、有目的、有目标地提升自我，成为基层工作需要的全面型、复合型人才。

三是塑造到基层发展的就业文化。每年春夏季学校都会积极组织各院系报送就业先进人物事迹，旨在通过朋辈榜样力量引导更多学生了解基层就业，立志到基层成就梦想，成长为国家需要的人才。环境科学与工程系 2017 届毕业生孙晓慧被评选为河北省高校毕业生基层就业典型案例，与此同时，在校园内公告栏中张贴参军入伍、"三支一扶"等政策宣传海报，通过"指尖华电""华电就业"等新媒体公众号加大对基层就业宣传力度，并组织开展基层就业政策专项交流会，积极联络和邀请基层就业优秀代表到学校开展讲座，引导更多学生加入到基层就业的洪流当中。

三、工作成效显著，做学生人生的"导航者"

他始终坚定立德树人的育人初心，以推进基层就业、服务国家发展为己任，引导学生主动到国家发展需要的岗位上发光发热，学校与三峡集团、中核集团、中广核实施联合培养计划。一分耕耘一分收获，在推进基层就业上成效显著，学校每年去往基层就业的毕业生保持在 5% 左右，学校的就业工作多次被教育部网站报道。

今后，他将在一线岗位上继续发力，不断引导更多的学生参与到基层就业当中，为中国式现代化建设，为实现中华民族伟大复兴而不懈奋斗。

积极践行立德树人使命
多措并举引导毕业生到基层就业

—— 河北师范大学教师黄学兵

河北师范大学培养的师范生已遍布全国各级各类学校，成为支撑基层教育高质量发展的重要力量。据悉，目前我国81％的在岗中小学专任教师来源于师范生，而其中3.08％的师范生来自河北师范大学，排在全国普通高校首位。作为一名从事就业创业工作二十余年的党政干部，黄学兵积极践行立德树人使命，多措并举引导毕业生到基层就业。

一、做好顶层设计，完善体制机制

黄学兵坚持以立德树人为根本任务，不断健全"就业思政"工作体系，并纳入学校发展规划和工作要点。一是常年举办"青春建功新时代"专题活动，通过基层就业政策解读和基层用人单位推介，提升学生的思想水平、政治觉悟和职业素养，引导学生把小我融入祖国的大我、人民的大我之中，到国家需要的地方建功立业。比如，每年邀请新疆喀什、克州、生产建设兵团和西藏阿里等专项招录工作组到校举办专场宣讲，引导毕业生把个人理想追求融入国家和民族事业之中。二是围绕经济社会发展对教师教育提出的新命题，推动构建"政府—大学—中小学—教研机构"四位一体的师范生培养机制，助力以顶岗实习为特色的师范生能力培养提升工程，精准对接区域150多个基层教育单位，建立优质生源基地和就业实习实践基地，促进招生培养、就业创业与基础教育开放协同、深度互动。三是推动制定出台《书记校长访企拓岗促就业实施方案》《研究生支教团管理实施办法》《学生应征入伍及退出现役后复学实施办法》《大学生创业实践项目资助管理办法》等多项就业创业规章制度，为鼓励学生到基层就业创业提供了有效支撑。

二、做好帮扶指导，推动三全育人

黄学兵根据学生在不同生涯发展阶段的特点和需求，针对性地开展帮扶指导，采用学生喜闻乐见的方式方法将理想信念、价值理念、道德观念等以潜移默化的形式传递给学生。一是构建覆盖学生培养全过程的"四横三纵"职业生涯课程体系，在学生大学四年的学习生活中，将生涯课程、就业启航、基层实践作为就业育人的重要渠道，帮助学生消解生涯发展障碍，厘清职业发展脉络，在心中深植"鸿鹄之志"与"成才之种"。该课程体系获评教育部2022年全国高校就业创业金课，在省内外10余所学校进行推广。二是建构"校外名师专家—企业生涯导师—校内生涯咨询师"三级联动的全方位、全过程精准就业指导体系。从大一到大四设置不同阶段的生涯任务，每年常态化开展简历诊断、模拟面试、卡牌时光、形象设计、妙语人生、时光絮语等工作坊112场，依托3个专家工作室、80余名校内外生涯导师开展个体咨询200余例，推进"人岗匹配"与"生涯发展"的有机融合。三是积极邀请和发动生涯导师、创业导师、学术导师以及专业教师、班主任和辅导员等各方力量参与就业创业指导工作，形成"校院联动、协同推进、全员育人"的工作机制，精准落实"一生一档一策"，推进基层就业观念与行为的价值性主导与倾向性引导。

三、做好典型示范，强化价值引领

黄学兵坚持正确的政治方向，强化师德和职业理想教育，积极引导毕业生"到基层去、到西部去、到祖国最需要的地方去"。一是挖掘选树基层就业典型，通过"榜样力量""青春正能量"等大型活动展现当代大学生在基层就业创业过程中的真实风貌，激励更多学子用实际行动践行青春誓言。近三年，34.6%的毕业生到县城及以下基层地区就业，256名毕业生选择西部计划、选调生等国家和地方基层项目，429名毕业生到新疆、西藏地区就业，21名毕业生选择研究生支教团到新疆、西藏地区服务支教。二是整

合全校资源，协调联动，将创新创业教育教学、成果转化和竞赛孵化有机衔接，深入打造"双创"实践平台、科技创新平台和区域协作平台，以此推进创业带动就业。近三年，94名毕业生选择自主创业，毕业生创办的企业直接带动就业500余人。其中2021届毕业生封志杰回到家乡平山县创办的"志梦残疾人之家"项目，为残疾人年增收100万余元，其以残助残的创业事迹被央视新闻报道。三是加强就业创业工作考核，激励学院凝心聚力，见贤思齐，真抓实干，促进就业创业工作增量提质。就业创业工作考核既注重毕业去向落实情况，又关注毕业去向结构，也关注创新性、示范性、开放性的工作举措，尤其是引导毕业生到基层和重点领域就业、引导毕业生报名参军入伍、引导毕业生到新业态新领域创新创业灵活就业、帮扶重点群体就业、支持毕业生以创业带动就业，等等。

就业是最大的民生。作为学校就业创业部门负责人，黄学兵将始终以促进毕业生更加充分更高质量就业创业为己任，把毕业生基层就业作为立德树人的重要环节，作为"三全育人"的重要内容，不断健全"就业思政"工作体系，努力做到"为党育人、为国育才"。

乡村振兴路上的
"灵芝小伙"创业记
——华北电力大学韩子夜

　　韩子夜，华北电力大学科技学院 2013 届毕业生，任丘市悬圃灵芝种植专业合作社总经理。任丘市 2018 年新型职业农民培育工程学员，现任河北省青年联合会第十二届委员会委员，河北省科协第十次代表大会代表，共青团沧州市第十四次代表大会代表，沧州市青年联合会第六届委员会委员，沧州市青年企业家人才库入库人员，任丘市青年联合会第二届委员会常务委员，华北电力大学科技学院大学生校外创业指导教师，任丘市创新创业先进个人，教育部大学生创业典型人物，河北省"冀青之星"，河北省农村青年致富带头人，河北省返乡入乡创业典型，河北省青联履职优秀委员，十大任丘工匠等。

　　韩子夜 2009—2013 年在华北电力大学科技学院农业电气化与自动化专业学习，学院一直以来重视对学生的创新创业教育，韩子夜在这一氛围的影响下，积极寻找创业项目，抓住创业时机。他是农民的儿子，无论走到哪里都对土地有着一种挥之不去的眷恋，农村天地如此广阔，他决定去闯一闯，于是于 2015 年创办任丘市悬圃灵芝种植专业合作社，2017 年注册任丘市秋云农业发展有限公司，入驻任丘市共诚创业孵化基地，并在孵化基地帮扶下开启网络销售及合作社有限公司互相配合模式，自己也成为新型职业农民，带领父老乡亲在乡村振兴的路上一步一个脚印地踏踏实实努力向前。

　　经过八年的发展，如今，任丘市悬圃灵芝种植专业合作社已经成为一家专注于灵芝种植、研发、销售、服务的农业企业，通过研究灵芝规模化种植的技术与灵芝种植，带动周边乡村农民共同创业致富。目前合作社流转 300 亩土地进行灵芝规模化种植，撑起"以菌富农"产业。灵芝栽培正逐渐成为发展农村经济、促进农民增收的新产业。合作社已经成为集灵芝种植、加工、销售于一体的观光型生态园，吸引了当地 500 余名农民在此就业，带动了周边老百姓增收致富，灵芝产业已被打造成任丘的特色产业。目前，合作社种植规模总磅数达到了 30 万磅，灵芝产品销往北京、天津、上海、广州、苏州、内蒙古、四川等地，以灵芝孢子粉、灵芝盆景为主。仅广州、上海灵芝盆景年销售量就有 6000 余株，灵芝孢子粉两吨，整体全年收入可达到 1000 万元。合作社目前正加强和高校及科研院所的合作，培育更新的产品，带动附近的村民共同致富，助力乡村振兴。

　　合作社对全产业链推行标准化，建立产品可追溯体系，确保产品质量安全，产品多次参加省内外展销，获得多项荣誉。灵芝种植专业合作社这一创业项目获得河北省首届邮储杯创业创新大赛全省第七名、保定市大学生创新创业大赛优秀奖、2018年任丘市全国科普日系列活动——创客成果展项目展演一等奖，产品获得第三届京津冀中药材产业发展大会大健康产品优秀奖、第四届京津冀中药材发展大会河北省道地药材精品奖。2019年基地产品代表河北参加在北京举行的世界园艺博览会，获得2019年北京世界园艺博览会金奖；作为任丘名优特色农产品参加在邯郸举办的第四届京津冀蔬菜食用菌产销对接大会暨河北省特色优势农产品推介大会，参加第二十三届中国（廊坊）农产品交易会。

该种植基地被评为华北电力大学科技学院大学生创业示范基地、任丘市农产品质量安全追溯试点、任丘市科普示范基地、任丘市新型职业农民培育工程实训基地、任丘市农业产业化先进单位、沧州市农业产业化龙头企业、沧州市级示范社、沧州市农业创新驿站、河北省巾帼农业园区、河北省农业科技"小巨人"企业、河北省定制药园、河北5A级优秀品牌、河北省农产品质量追溯标杆企业、河北省农业创新驿站、河北省省级示范社、河北省科普示范基地、河北省青年民营企业家商会会员单位、河北省冀商商会会员单位、河北省人大常委会优化营商环境固定监测点。国家地理标志证明商标"任丘灵芝"已经获批，是任丘市首批国家地理标志商标企业。目前，公司全年食用菌产量26万斤，是市委、市政府重点支持发展食用菌产业带动群众脱贫致富的最具代表性的龙头企业。团中央、省政府、省农业农村厅领导先后到公司视察，对合作社发展、产业扶贫给予了指导和充分肯定。

韩子夜的创业项目及创业故事先后登陆中央电视台一套《新闻联播》、河北电视台、《河北日报》、《燕赵都市报》、河北乡土网、沧州电视台、《沧州日报》、任丘电视台等国家级、省级、市级主流媒体，省市各级领导多次到参展展位或基地检查指导工作。

悬圃灵芝制定了自己的灵芝行业地方种植标准，并获沧州市质量监督局审批，采用种植全程生长控制体系，对灵芝生长的温度、水、含氧量均有明确规范与管控。

在灵芝的种植研究与实践中，悬圃灵芝通过源头研发，获得独特培养基质配方配比，成就杰出功效与安全且100%纯正无添加的灵芝产品。悬圃灵芝科学地解决了过去灵芝种植土壤重金属污染的问题，实现离土栽培，采用低温物理破壁技术可实现破壁率98%以上。

经过多年的研究，悬圃灵芝成功培育了吉祥灵芝盆景，采用国内首创的灵芝嫁接技术，使灵芝呈现形神兼备、姿态万千的艺术造型，同时还攻克了制作大型盆景所必需的二次组装技术，成功培育出大型观赏盆景。

至今，悬圃灵芝种植基地共接待大学生参观考察 1000 余人，创业培训者 200 余人，为他们传播、讲解创业知识、创业历程。

悬圃灵芝合作社坚持以科技创新为引领，充分发挥专家技术优势，通过新技术、新产品试验示范、推广、观摩和培训等手段带动任丘农业产业结构调整及农业产业增效，培训了一批乡土技术骨干；基本形成科技产业带动扶贫、科技示范引领扶贫、科技支撑扶贫的新格局。合作社对任丘及周边各县的贫困户进行技术帮扶，培训产业扶贫带头人 100 人次；带动小农户（贫困户）人均收入增加 1500 元；辐射带动保定、沧州周边县市食用菌产业面积 0.3 万亩。同时合作社公司实行"企业＋合作社＋农户"的经营模式，建立了利益连接机制，带动当地灵芝产业化种植合作社社员 107 人，农民 500 余人，通过技术示范、辐射带动，增加农民收入。

合作社将继续扩大种植面积和辐射带动力度，围绕灵芝产业关键技术需求和瓶颈，以科研院校为技术依托，组建专家团队，以推动区域特色产业发展为建设目标，以企业（园区）为运营主体，开展科技攻关、技术集成和示范推广，全链条推进生产标准化、经营集约化、产品高端化、品牌知名化，通过创新驿站的辐射带动，引领特色产业提档升级，为特色产业发展提供科技支撑。继续为乡村振兴和农民增产增收贡献力量。

永葆军人风采　服务群众文化
——河北美术学院董小亮

董小亮，1992 年 4 月生，甘肃西和人，2014 年 5 月加入中国共产党，2016 年 6 月毕业于河北美术学院书法学院书法学专业，本科学历，艺术学学士学位。在大学期间担任班级、院级、校级各级学生干部，荣获校级"三好学生"、省级"优秀学生干部"、省级"优秀毕业生"等荣誉称号。

2016 年 9 月，他放弃众多优越条件，响应党的号召，携笔从戎，应征入伍，先后参加执行"天宫二号""神舟十一号"等国家重大任务，荣立集体"三等功"一次。

2018 年 9 月，他从部队退役后，从事群众文化工作，积极贯彻落实党和国家文艺方针政策和省市相关部署工作，永葆军人风采，服务群众文化，退役不褪色，无私奉献，热心公益事业，不辞劳苦，工作成绩突出。他勇于承担社会责任，长期为边远地区和艰苦工作人员送文化下基层，送温暖、献爱心、热心服务、志愿奉献。他团结带领广大青年书法家和工作人员，策划组织送文化下乡、送文化进校园、边远山区慰问、大型文化展览等志愿服务公益活动累计 100 多次，取得了圆满成功与社会各界的好评。其中开展了 10 多次"共克时艰·战胜疫情"爱心物资捐赠活动和"战胜疫情"系列主题书法展览；开展了 60 多次助力精准扶贫"乡村振兴·送文化、送春联、送祝福"下乡志愿服务公益活动；开展了 30 多次送文化进校园、军营（警营）、机关、企业、社区文化公益活动。共计书写捐赠书法作品 1 万多件。

董小亮持之以恒推进主责主业，用心用力服务中心大局，锐意创新深化改革攻坚，推动各项工作取得了新进展，获得了新成效。在董小亮的组织带领下，相关活动得到上级的肯定赞扬，被甘肃省委宣传部、省退役军人事务厅、省文旅厅、省文联、省文化馆、陇南市委宣传部、市文明办、团市委、市青联、西和县委宣传部、县文旅局、团县委先后表彰奖励，个人多次荣获"最美志愿者""优秀青年志愿者"荣誉称号。他组织策划的相关活动被国家、省市县各级多家媒体、刊物报道宣传。

董小亮 2019 年代表甘肃省出席"陕甘川三省青少年书法联赛联展"开幕式，陇南市荣获"优秀组织奖"；2020 年被推荐参加共青团甘肃省委全省青年社会组织骨干培训班，并当选为班委、组长、主持人；2022 年参加甘肃省文旅厅、甘肃省文联、甘肃省文化馆、甘肃省书协举办的全省书法专业培训，荣获优秀学员称号。2023 年被推荐为中国民间文艺家协会优秀骨干培训会员代表。

他的工作事迹、文艺作品、理论文章，被各级媒体刊物报道多次。其书法作品在中国美术馆、中国书法院展览馆等多家专业展览馆展出。

个人荣誉：西和县文旅系统"优秀中国共产党党员"；陇南市委宣传部、团市委"书法·优秀奖"；团陇南市委、陇南市青联"优秀青年志愿者"；河北美院"优秀共青团员""三好学生"、四次"优秀学生干部"、"先进个人"、"优秀社团干部"、"大学生创新创业优秀奖"、"优秀校友"；河北省省级"优秀大学生干部"、河北省省级"优秀毕业生"；甘肃省委宣传部、省文联、省书协"张芝书法奖"；甘肃省文旅厅、甘肃省文联"乡村振兴全省书法专业培训优秀学员"；河北省第二届草书大展；甘肃省第四届新人书法展；甘肃省退役军人事务厅"老兵书法展"；共青团甘肃省委"全省青年组织骨干班成员"；中国民协"全国百名骨干班成员"；国家退役军人事务部"全国老兵宣讲团百名首批成员"；国家三次"励志奖学金"；国家退役军人事务部、甘肃省人民政府"光荣之家"；中共中央组织部"特殊党费缴纳"人员等各级表彰奖励多次。

一日参军，终生光荣，退伍不褪色，永葆军人风采，服务群众文化。老兵董小亮将不忘初心，牢记使命，砥砺前行！认真学习习近平新时代中国特色社会主义思想，积极贯彻落实党和国家文艺方针政策，弘扬中华国粹，繁荣书法文化，培塑文明新风，践行社会主义核心价值观。

多肉小植物　振兴大乡村

——河北师范大学路翰静

　　路翰静，河北师范大学生命科学学院 2013 届学生，现任邯郸市植多多农业科技有限公司总经理。创业九年以来，她扎根农村一线，深耕多肉植物领域，目前已建成多个大型多肉植物种植基地，年销售额数千万元。直接、间接带动 1500 余名农民在家门口就业，解决了不少农村剩余劳动力的就业问题。她带动周边创业者 40 余人参与到多肉植物生产、销售行业，曲周县多肉植物种植总面积已达 3000 亩；带领团队致力于打造曲周多肉产业新名片，让带有曲周特色的多肉特色农产品走向更广阔的市场。2021 年，路翰静作为代表参加曲周县第五次妇女代表大会，2022 年获邯郸市"创新创业好青年"称号。企业曾获"邯郸市农业产业化重点龙头企业"称号，基地曾获"河北省巧手脱贫示范基地"称号。

一、专业学习，激发创业梦想

　　2009 年 9 月，路翰静进入河北师范大学生命科学学院生物技术专业学习，上学期间学习到了很多动植物、微生物的知识。在大学第一学年的暑假，学院组织学生到张家口的山区进行野外实习，学习植物分类、植物特性、标本制作等知识。满山遍野的各类植物，老师的系统讲解，亲身采集鉴别……这段难忘的实习经历激发了路翰静对植物种植的浓厚兴趣。从此，在课余时间她会经常关注花卉和绿植的品种及种植知识。

　　2014 年，一次偶然的机会，路翰静在一档电视节目中接触到了多肉植物，多肉植物外观可爱，观赏性很强，又容易养护，非常适合家庭种植，当时国内还很少能见到多肉植物，她预判这类植物在国内很快会流行起来。于是从 2014 年开始，她和团队开始了在多肉植物种植领域的创业。那时，她还在读研究生，一边忙学习，一边参与团队创业工作。

二、与时俱进，拓宽销售渠道

　　路翰静研究生毕业后直接进入当地银行系统工作，一边忙工作一边忙创业。由于对多肉植物种殖和创业的热爱，两年后，她辞去别人眼中的"铁饭碗"，全身心投入创业中。

　　创业初期，路翰静与创业团队主要做多肉植物的销售市场，以批发和售卖多肉植物为主。赚得人生第一桶金后，她带领创业团队开始探索自己种植多肉植物的模式，一边搞种植，一边搞销售。她积极学习电商零售模式，从 2018 年全面开始电商经营，经过 3 年相关领域的积累和发展，她的多肉产品在"淘宝""拼多多"等电商平台做到同类产品排名领先。电商的竞争是异常激烈的，行业发展变化极快，平台层出不穷，规则不断更新，新产品不断冲击市场，想在市场上占有一定份额，需要不断学习新知识去适应行业发展。路翰静团队从不放弃，主动学习新媒体技术、探索新种植模式。为了更好地提供产品和服务，团队成立了邯郸市植多多农业科技有限公司，专门在"抖音"及"快手"App 上开展短视频及直播的业务。目前公司在主播培训、产品升级等方面积累了经验，以多肉植物大棚种植为基础，不断拓宽公司销售渠道。

三、扎根基层，助力乡村振兴

从 2014 年到 2018 年，路翰静团队陆续在多肉种植上扩大规模，在 2018 年年底多肉大棚面积达到了 200 亩，培育品种 100 余种。2018 年，在曲周县政府的支持下，团队拿到了 1000 万元的政府贷款，租了 200 亩地，开始第二个多肉植物种殖基地的建设。目前，公司在邯郸市曲周县拥有 3 个大型多肉植物养殖基地，总计占地 500 余亩，培育多肉植物品种 200 余种，每年产出多肉植物价值 2000 多万元，产品服务于全国各地的多肉植物大棚主及多肉植物爱好者，电商平台平均每天 4000 单，批发主要销往江浙沪及云南。

公司日常聘用员工 150 余名，春秋季节需求员工 300 多人，带动 1500 多名留守妇女从事种植、浇水、养护、打包等工作，村民每月收入可达 3000 元，实现了"家门口就业，挣钱又顾家"的梦想。

在壮大公司发展的同时，团队致力于推动当地多肉植物产业的发展，带动身边朋友 40 多人投入多肉植物领域创业，曲周县多肉植物种植总面积达 3000 亩，初步在县域形成了多肉植物种植网和从事多肉植物种植关联行业的全产业链生态圈，团队打造曲周多肉植物全国品牌，服务曲周县区域经济发展。

四、科技助力，用知识服务"三农"

作为返乡创业的新农人，路翰静及团队结合多肉植物种植实际，以"智能大棚＋工业设计"智慧工业为平台支撑，确立"公司＋基地＋农户"的发展模式，参与创办的公司自主研发了 40 多项多肉植物工艺产品，其中新型阴阳面棚、便携式多肉植物提篮、便携式多肉植物补光灯等 10 余项产品获国家发明专利。

"选择创业就需要不断地学习、不断地提升自己。这个过程虽然很苦，但收获满满。幸福来自于自身不断学习进步带来的快乐、团队成员的认可、客户对公司产品和服务的认可。"面对未来的希望和挑战，路翰静常常用这份信念和追求来激励自己和团队。她将继续与这些小小的多肉植物为伴，在努力奋斗中实现一名创业者的人生理想和社会价值。公司能有今天的发展，离不开党和政府好的政策，离不开乡亲们的配合和支持，在今后的发展中，企业会努力承担更多的社会责任。

学以致用 回报家乡

——河北建材职业技术学院张冠辉

　　张冠辉，1993年10月生人，来自河北省张家口市蔚县，2015年毕业于河北建材职业技术学院财经管理系市场营销专业。

　　蔚县地区脱贫摘帽前是国家扶贫开发重点县、燕山—太行山特困片区县。张冠辉家庭条件较为困难，在校期间表现优异，在以优异成绩完成学业的同时，坚持通过勤工俭学、微创业等形式锻炼自己的职业能力，先后做过产品地推、物流跟车员等工作，通过校内外实践积累了丰富的职业经验和职业技能。

　　2015年6月从河北建材职业技术学院毕业以后，张冠辉将所学专业和个人职业规划相结合，在北京市选择了短视频新媒体领域工作。通过三年的个人努力，成立了自己的新媒体创业团队，主要从事短视频拍摄、公众号打造等新媒体工作，积累了丰富的工作经验和创业经验。在三年的个人职业积累期，个人收入也有了显著的增长，初步在竞争激烈的新媒体领域内站稳了脚跟，但是张冠辉始终记得在校期间贯穿专业主线的"学以致用、服务社会、回报家乡"的职业理念。在我国脱贫攻坚的关键年——2019年，张冠辉携带工作三年积累的70万元资金，将自己的新媒体团队带回家乡蔚县，成立了北京鼹鼠科技文化传播有限公司，通过移动互联网平台，帮助家乡父老乡亲振兴家乡产业，共同致富。

　　张冠辉所在的蔚县代王城镇大德庄村，其畜牧业是当地农村提质增效、增加农民收入的重要产业，但是由于地处偏僻，家乡优秀的农产品和畜牧业产品宣传力度不够，农户和养殖户缺乏将优质产品转化为优质收益的技术和职业培训。张冠辉紧密结合区域产业发展政策，依托家乡农场，创建了昵称为"园长先生"的"抖音"账号，他把家里原有的养殖场扩大到200亩，当起了"动物园园长"，养着野猪、马、牛、羊、驴、鸡、鸭、鹅、兔等各种动物。他用年轻人喜闻乐见的短视频，拍摄记录并分享自己的"田园生活"，激起了年轻人的共鸣，经过三年多的运营，其抖音矩阵账号已经拥有了500多万粉丝，主账号拥有了315.6万粉丝，视频累计获赞数达到1.2亿。

　　张冠辉的视频风格在时下年轻人中引起了热烈反响，其"恬淡但不躺平、将个人发展和家国情怀相结合"的人生态度，对年轻人特别是刚步入社会的年轻大学生发挥了重要的指引作用。在返乡创业过程中，张冠辉深深体会到只有优美的环境、干净的空气、肥沃的土壤才能产出符合消费者需求的优质农产品，为此张冠辉在带领创业团队实现家乡父老共同富裕的同时，还积极从事家乡环保事业，义务担任村里的护林员，和家乡父老一起守护好青山绿水，共同打造金山银山。

2019 年 12 月，张冠辉在"我要更好——抖音和 ta 的朋友们"分享计划河北站的专题演讲中说："我想通过我的镜头，不光是我的动物，还有我的家乡，被更多人看到。我们村里的小米、黄豆、黑豆也同样有特色，希望可以通过直播电商平台把它们销售出去，让村子里的父老乡亲都能多一份收入来源，生活得更好。"在这种理念指导下，张冠辉和他的新媒体团队，通过直播带货、短视频引流等方式，带动家乡畜牧业产品实现了 4000 余万元的销量，家乡人均年收入增收 3000 元。同时张冠辉带领的团队还坚持"授人以渔"，将自己的新媒体运营经验、直播技巧传授给家乡人，带领家乡父老，共享互联网经济红利。

从河北建材职业技术学院毕业以来，张冠辉的就业——创业——带动家乡人民共同富裕的经历，发生在党的十八大到党的二十大之间，是我国实现从脱贫攻坚伟大事业到乡村振兴、共同富裕的时代缩影，是广大青年将个人发展和国家民族振兴相结合的优秀代表。其事迹在年轻人中引发了热烈的反响，也获得了社会的充分肯定。其视频作品广受好评，被新华社、《河北青年报》、"网易新闻"等多家线上线下媒体报道，其本人也被中国农业电影电视中心、山东卫视制作的《乡约》节目邀请，节目以"九万里鹏程悟道、终归诗酒田园"为题对其进行了报道。这些事迹也在河北建材职业技术学院的师弟师妹中引发了热烈讨论和学习。在他的事迹鼓舞下，多名河北建材职业技术学院的毕业生都选择了返乡创业的道路，比如 2019 级电子商务专业的谢宇波等同学，受到张冠辉的影响，返回家乡赵县，成立了"远达水果合作社"，将家乡鸭梨种植户资源进行整合，取得了良好的经济效益。

张冠辉是高校毕业生基层就业、创业的优秀代表，相信在未来，在党的二十大关于乡村振兴的精神指引下，张冠辉必将和家乡人民一起，将青春和热情挥洒在中华民族伟大复兴的事业中，取得更大的成绩。

当一位脚下有泥土的第一书记

——河北传媒学院李智

翻开李智的工作笔记，他在扉页上这样写道："到村里干工作的初衷，就是为村民多做点事；让百姓富起来，产业抓起来，治理好起来，幸福指数升起来，这是我感到最开心的事儿。"

李智是河北传媒学院2015届毕业生，毕业后做了一名西部计划志愿者，服务期结束后毅然选择留在西部，建设西部。李智现为四川什邡市蓥华镇天桥村第一书记、驻村工作队队长。他充分发挥"第一书记"下情上达、联系左右、协调各方的桥梁和纽带作用，扑下身子常驻村里，埋头苦干乡村振兴，走户串巷做工作，用自己的真情和汗水，使天桥村发生了较大变化，乡村振兴工作取得了显著成效。

天桥村位于蓥华镇西南，距什邡城区约40公里，共有村民642户1390人，村民主要经济来源是外出务工、农作物种植、民宿经营收入等。

一、用心交流，探索村民自治新方向

刚到村里，李智在走访中发现，村民对村规民约了解不够详细直观。为了让村规民约飞入寻常百姓家，李智将走访中收集到的问题，与村规民约相结合，让村民在潜移默化中进行自我行为规范。同时，李智积极争取资金，用于文化墙和宣传栏改建翻新，不仅及时为群众提供劳务输出、致富产业等方面的信息，还发挥出自治"红黑榜"的宣传教育作用，使其成为村民自治信息发布的"主阵地"。

村民自治的基础在于对群众精神文化生活层次的提升，为此，李智向上级申请，争取了30余套会议桌椅、2个专用书柜和2000余册图书，一座"五脏俱全"的小型图书馆在大山深处应运而生，成了村民们日常"充电"的好去处，从精神方面夯实自治之基。

成事之道，亦是践行之法。在工作中李智始终坚持党性原则，强调用心用情，做与群众交心的表率。村民看病就医比较困难，李智就积极奔走协调市人民医院专家团队到村开展义诊活动，并签订《健康帮扶暨分级诊疗合作协议书》，村民在"家门口"就能享受到优质的医疗服务，看病难、就医难的问题得到了有效解决。

心相通、情相连，李智用心与村民沟通、为村民服务，积极申请筹集资金10余万元，修通了村上唯一未通车的道路，让村"两委"在加强村民自治工作上，与村民架起了一座"连心桥"。

二、用情探索，谋划乡村治理新路径

大盘取厚势，落子开新局。乡村振兴，产业先行；产业兴旺，治理先行。李智在产业项目谋划上下大气力，做好"绣花人"，下足"绣花功夫"，开拓创新绣出乡村振兴锦绣新篇章。

在产业发展上，李智将目光聚焦到第二进山通道和猕猴桃、药材产业上，明确发展规模化、特色民宿，以"支部引领＋协会主导＋示范户示范＋群众参与""四位一体"抱团发展的模式，实现一、三产业融合发展，切实有效促进农民增收。

借他山之石，攻己身之玉。李智通过科学技术调整药材种植结构，引进 2 万余株黄柏苗作为村民增收致富的新亮点，积极引导和鼓励村民进行新品种的试验示范推广。有了规划蓝图，李智积极谋划，2022 年 3 月，组织村"两委"代表、民宿业主前往周边区县考察特色民宿产业发展。同时，与旅游民宿公司签订《天桥村旅游项目资源开发合作协议》，投资万余元用于天桥村旅游开发和壮大集体经济，逐步实现旅游与文化、农业等相关产业和行业有效衔接，助力村民增收致富。

三、协和聚力，党建引领治理新效能

李智着眼发挥天桥村党总支核心作用，强化政治功能。他坚持政治功能与服务功能相结合、组织覆盖与工作覆盖相结合、依靠群众与教育引导群众相结合、加强党组织自身建设与加强对村级各种组织的领导相结合，进一步提升党建引领在乡村治理中的核心地位。

如何强化党建引领乡村治理，李智不断摸索，探索建立了管理主体化、信息互通化、参与社会化的"三化工作模式"，自治、政治、德治、法治、智治五大方面同时加力，全面推动社会治理水平迈上新台阶。

李智进一步推动"大喇叭小微信"治理监管建设，村组监管加上了 24 小时的眼睛。"2 组的张大哥，你的三轮车停到路边上，影响其他村民出行，赶快挪一下。""肖大姐，你们门口的野草长高了，抽空清理一下。"借用"大喇叭小微信"这个得力助手，李智一遍一遍不厌其烦耐心劝说，车辆乱停乱放、流动摊贩"游击"作战、"小广告"乱张贴、出店经营、私搭乱建等问题得到了有效解决。

近年来，天桥村"以创建推动发展、以创建提升实力、以创建改善民生，以创建促进和谐"，深入开展"四大"创建活动。通过大力弘扬红色文化、旅游文化和天桥文化，以先进文化促进乡村治理建设，天桥村的面貌明显改观，村民素质明显增强，治理成效明显提升，乡村品位明显提高。天桥村先后获得德阳市和什邡市级的"先进基层党组织、共产党员示范单位""先进党组织、先进村（社区）"等荣誉称号。

"在这里生活了几十年，家乡的环境是越来越美了，我们的生活也是越来越好了。"天桥村村民陈洋笑着说。

因为有了像李智这样尽心尽力，一心为村落谋管理、谋发展的乡村振兴"引路人"，多维度地为乡村发展服务，如今的天桥村，正沿着高质量蓬勃发展的方向阔步前行！

践行志愿理想　奉献无悔青春

——河北金融学院董源

董源，中共党员，1991 年 11 月生，2013 年 6 月毕业于河北金融学院。大学毕业后，他放弃了大城市人人羡慕的稳定工作，积极响应国家号召，参加大学生西部计划，先后服务于库尔勒市党委组织部和库尔勒市团委，在业余时间积极投身各类志愿服务活动，参加志愿服务活动累计时长超过 1500 小时；志愿期结束后，他选择扎根西部基层，在多个基层岗位得到历练，在担任艾力坎土曼村第一书记期间，创新开通"基层书记话乡村振兴""乡村旅游路线"等项目，率先提出"巷道长"工作制，帮助农民销售"滞销货""土特产"，帮助市民找到周末休闲的新去处，为乡村振兴建设作出了贡献。

他曾获自治区、自治州、库尔勒市优秀共青团员和"优秀西部计划志愿者"称号，库尔勒市"五四青年奖章"等荣誉，其先进事迹被多家新闻媒体报道。

一、回到新疆

2013 年 4 月，他即将从河北金融学院毕业，在参加了学校组织的"大学生志愿服务西部计划"宣传后，义无反顾地选择回到故乡，不仅是为了积极响应国家西部大开发和团中央"到西部去、到基层去、到祖国和人民最需要的地方去"的号召，更多的是想带着自己所学和经历及"团结、友爱、互助、进步"的志愿精神回到新疆这块生他养他、给他梦想的土地，为新疆的建设贡献一份力量。成为大学生西部计划志愿者队伍的一员，这不仅是他的荣幸和骄傲，更是义不容辞的责任。董源满怀着青春的激情，奔赴西部这块充满希望的地方，回到新疆去实现自己的人生价值和青春理想。

在参加志愿者的培训后，董源被分配到库尔勒市党委组织部基层办，当时对于刚刚走出校门的他来说是相当迷茫的，但既然已经选择了这条路，就要用实干证明自己。在领导、同事的悉心帮助和自己坚持不懈的努力下，董源从一个懵懵懂懂的大学生，成长为一个"事事留心、处处留意"的社会人。每天看似简单的工作，背后却隐藏着很大的学问，从组织各乡镇填写、提交报表，组织村组干部参加培训，撰写活动文件及信息，到各项工作事宜，没有一件事是轻轻松松完成的。面对时间紧、任务重、要求高的临时性工作，董源从没有放弃，经常和领导、同事加班加点地工作，有时工作到凌晨 4 点，虽然累，但他认为"志愿者"三个字不仅仅是一种荣耀，更是一种沉甸甸的责任和使命。

二、扎根基层

　　三年服务期满，他通过考试进入托布力其乡人民政府工作，到乡政府后主动要求下村工作，在托布力其乡艾力坎土曼村担任第一书记。刚到农村工作，董源难免有些不适，面对基层各族群众，每天工作的重点不是在土里，就是在树上，"三农"工作啥也不会，心里多少会有些落差，而正是志愿者经历和志友们的鼓励、支撑他度过了那一段低迷的时光。慢慢地，董源开始接受新的工作身份，在工作上认真向老同志学习处理问题的方法技巧。

　　2020年，疫情突袭，水果销量不如往年，眼看村民们自家院子里的葡萄和果园里的桃子就要烂在地里，大家心急如焚。为解决村民水果销售难的实际问题，董源主动邀请州市两级多个单位到村参与爱心消费活动5场，共为群众创收近3万元。他还建立"点对点"的销售方式，帮助村民推广销售水果，号召社区干部或小区居民"开团"，每日订单近千份，彻底解决了村民们的销售难题。在15天的时间里，董源帮助近50名村民销售了40余吨桃子、20余吨葡萄和5356个柴火馕等农产品。

　　2021年，董源把人居环境提升作为实施乡村振兴战略的重要任务，采取"全员发动、分片包干、点面结合"的方式，突出各小组自然特点，打造一组一特，全面推进人居环境整治工作，提出"院外有花、院内有菜、房内有绿"的口号，发动村民家家门口摆放花草，房前屋后空闲土地栽种绿植，把废旧轮胎改造成特色景观花盆，沿巷道一路排开，打造四季常青的美丽村路，让游客一走进村就能感受到扑面而来的绿意，边走边看一路风景、满眼乡村风光。艾力坎土曼村先后举办了3次市级美丽乡村观摩会，并被定为自治州级美丽乡村示范点。

　　董源之后被抽调至市委组织部先后负责抓党建促乡村振兴工作、乡村红色旅游路线工作等。他利用梨城党建微信公众号帮助"城里人"了解"农村事"，利用专题节目，帮助农民销售"滞销货""土特产"，帮助市民找到周末休闲的新去处，获得干部群众的一致好评。

　　2022年8月，面对疫情，董源被派往新城街道办事处担任主任助理，投身抗击疫情的一线工作，先后从事物资保供、转运病人、内地务工人员出疆返乡工作。无论何种工作，他都能够根据分工有条不紊地开展。身为留疆志愿者，现在他还坚守在库尔勒这片热土上努力地奉献着，为库尔勒贡献着属于自己的力量。

　　这就是董源，一个踌躇满志、斗志昂扬的青年，用理想和信念燃烧青春的热情，用知识和能力来报答祖国的培养，实现着人生的价值。

勇于担当　不负韶华

——河北农业大学胡李杨

　　"一样的年纪一样有梦想，别问我为什么选择去远方；看一看迎着太阳的方向，我们的忠诚在国旗上飘扬；听一听青春大声在歌唱，我们把青春挥洒在边疆。"这首改编自《军歌飞扬》的歌曲不仅是胡李杨喜欢的一首歌，而且还是他的人生信条，他把青春奉献给祖国的边疆。

　　胡李杨是河北农业大学机电工程学院机械电子工程专业 2019 届毕业生。在这所赓续"太行山精神"的大学里，"艰苦奋斗、甘于奉献、求真务实、爱国为民"的"太行山精神"融入胡李杨的血液。他毅然选择祖国边疆——喀什，经过四年历练，如今成长为一名维吾尔族群众认可的基层党支部书记。

一、苦寒历练，奔赴边疆

　　胡李杨出身农村，从小家境贫寒，在没有母亲且父亲患病的情况下，是爷爷奶奶抚养他成人。他常常说，自己能够走到今天，离不开党的关怀，亲人的支持和学校、社会的爱心。2015 年，他考入河北农业大学，为了减轻家庭负担，在校期间勤工俭学，并获得校奖学金和校励志奖学金等多项资助，来自学校的温暖帮助他在大学期间顺利完成了学业。在校期间，他积极向党组织靠拢，加入了中国共产党，在国旗班担任升旗手。他每天五点起床训练，三年来从未间断，这段经历铸就了他军人般的性格，让他成为一名有责任、有担当、懂得感恩的人。毕业择业之际，校就业中心的老师了解到他志愿从军、边疆就业时，向他推荐了新疆喀什基层就业的招聘信息，他听完宣讲，欣然选择到祖国西部基层就业，用实际行动报效祖国。

二、不畏艰险，勇挑重担

　　2019 年 8 月，胡李杨在喀什地委党校进行任职前培训的三个月里，面对来自全国各地 600 多名优秀的毕业生党员，他在保证学习的同时积极锻炼自己，主动担任班委，加入国旗护卫队，当别人休息的时候，他一刻也没有闲着，不是在训练，就在写活动方案、组织活动比赛，就这样度过了忙碌而又充实的岗前培训。他的努力和付出也得到回报和认可，在结业之际被授予"优秀护旗手"和"优秀班委"荣誉称号，为之后扎根基层工作打下了坚实的基础。

　　2019 年 11 月，岗前培训结束后他服从组织安排，到喀什岳普湖县艾西曼镇人民政府工作。2020 年 9 月，胡李杨响应党的号召，再次请缨下沉到村，担任村支部书记，在党组织的信任和支持下，他被任命为艾西曼镇和谐村党支部书记。

　　和谐村地处艾西曼镇南部，村情复杂，是全县有名的"三界村"。作为一名刚参加工作不久的大学生，胡李杨面对千头万绪的工作倍感压力，对如何发展村里产业、如何做群众的思想工作、如何化解邻里的矛盾等，缺乏工作经验。刚开始，村里的干部和群众对这个刚毕业的大学生并不认可，认为他是进村镀金，这一度让他不知所措，但是他没有轻言放弃。作为一名党员，一名农大学子，他始终牢记"崇德、务实、求是"的校训和"艰苦奋斗、甘于奉献、求真务实、爱国为民"的"太行山精神"，积极克服语言、习俗、饮食等多方面的困难，把科技送给农户，把知识教给农民，将爱心献给群众，推动脱贫攻坚与乡村振兴相衔接。农民的收入增加了，生活更好了，村民有了更多的获得感、幸福感、安全感。

三、一心为民，比肩胡杨

　　上面千条线，下面一根针。面对基层维稳和乡村振兴工作，在农忙季节，他每天到田间地头，向村干部和农民请教农业生产种植的知识，晚上再将了解和学习到的知识汇总整理，有不懂的，再及时请教。农闲季节，他就入户走访，了解每一户农民的家庭生产生活状况，及时解决群众困难诉求。在日常工作中，他团结班子，依靠群众，凡事带头干，给干部和群众做榜样，干部和群众也逐渐改变了对他的看法。

　　2021年9月底，胡李杨在到本村2组红枣地查看红枣树生长情况时，发现大部分外表看起来很好的红枣里边有虫子，于是及时报告上级部门，对红枣树进行检查，结果发现村里红枣树全部染上了病。他及时对染上病虫害的40亩红枣进行妥善处理，挽回经济损失300多万元。

　　时间总能证明一切。农民心里都有一杆秤，胡李杨把自己变成农民，把农民的困难诉求和急难愁盼的问题放在心里，落实在行动上。如今的和谐村，在胡李杨的带领下，形成了以畜牧养殖为主的合作社＋农户的养殖产业、棉花种植产业、蜂蜜产业，并已经初具规模。农民的收入不断增加，人均收入由2020年的11980元增加到2022年的14157元。

　　在担任和谐村党支部书记期间，他曾先后两次在县优秀青年座谈会上作为代表发言，2021年4月被选派到山东省泰安市宁阳县乡村振兴学院参加"燎原计划"培训学习，并且在建党100周年之际，被评为县级"优秀党员"。

　　作为一名新疆喀什基层工作者，作为一名农大学子，胡李杨正如他名字中的胡杨一样，坚韧不拔、扎根基层、勇于担当、不负韶华。

创业助力家乡建设
担当彰显青年使命

——华北理工大学李明原

李明原，1993 年 11 月出生，2015 年毕业于华北理工大学迁安学院工商企业管理专业。在校期间他多次参加学校举办的创业培训活动，学以致用，利用课余、寒暑假时间，实现三年大学生活费、学费自给自足，并攒下人生第一桶金。怀揣着对家乡的热爱和对创业梦想的孜孜追求，2016 年 5 月，他创办唐山市天合亿农业发展有限公司，2019 年 10 月，他创办唐山市华诚管理咨询有限公司，实现学业、就业、创业职业生涯跃迁。

一、沃野逐梦，为乡村振兴添砖加瓦

李明原毕业后像所有刚毕业的大学生一样，思考着毕业后的去向和将来的发展，最后他回到农村，扎根农村，依托家乡的资源，按照政府引导、企业投资、市场运作的思路，牢牢立足第一产业，树立惠农为民理念，创办了唐山市天合亿农业发展有限公司。该公司充分利用技术人员的力量，为农户进行全程跟踪服务，带动家乡蔬菜产业发展和产品结构调整。同时，依托"北方城市冬季设施蔬菜规模化种植基地"项目，力争打造现代化绿色育苗，辐射带动周边村镇发展绿色有机蔬菜，推进蔬菜产业的绿色无害化进程。目前，已形成"示范园＋基地＋农户"的产业化生产模式，工厂化蔬菜育苗能提高产品附加值每公斤 0.4 元，提高蔬菜育苗综合生产能力 15％，同时也加速了项目及周边农业结构的调整，解决劳动力就业 100 多人，直接带动农户 10000 余户，间接带动农户 20000 多户，每年产能在 6000 万株以上。李明原作为天合亿的创始人，曾多次接受丰南电视台及唐山市《直播 50 分》节目采访，2019 年，河北省农业创新驿站蔬菜项目落户该公司，年底被评为省级五星休闲农业采摘园；2021 年，该公司成功申请地标——丰南西红柿；2022 年该公司被认定为第一批省级现代农业园区。

二、披荆斩棘，为家乡企业安全生产保驾护航

第一次创业的成功，并没有让李明原安于现状，依托大学生创业优惠政策，2019年10月李明原又创办了新公司，经历了业务上的各种碰壁，他从没想过放弃。2020年年初，公司在全市范围内顺利开展安全生产培训工作。随着公司业务不断扩大，李明原于2021年设立分公司，后相继在多地成立驻地办事处。发展至今，公司共计2万多平方米，包含教、学、研、实践的实训考场，业务范围也随之扩大，现已通过（省）市应急、市场监管、卫健等部门依法持证上岗培训资质。

三、担当作为，为疫情防控贡献力量

越到危难时刻，越显责任担当，越显人间真情。疫情防控工作牵动社会各界的心，李明原作为一名普通的群众，多次参加社区志愿活动，为疫情防控贡献着自己的一份力量。他同时积极投身公益，共计向镇养老院捐赠大白菜1000斤、芹菜1000斤、草莓60斤、水果番茄100斤等。同时李明原为母校华北理工大学迁安学院捐赠了价值10万元的抗原试剂检测盒。面对疫情，李明原做到了主动亮明身份，带头服务，无私奉献，尽绵薄之力，护一方平安。

作为一名基层创业大学生，他通过自己的努力，先后获得唐山市"2018年度农业产业化经营先进个人"、第七届中国县域现代农业发展高层会议"县域农村合作组织杰出人物奖"、2019年度"服务三深化、助力三提升"新时代万名"冀青之星"等荣誉称号。

青年是社会最鲜活的血液，时代最激昂的力量，是崭新篇章的书写者，是家国梦想的铸造者，是现在正努力向前的你我。李明原一直以青年"海阔凭鱼跃"的朝气、"铁棒磨成针"的毅力、"俯首甘为孺子牛"的担当，在风吹浪打中锤炼能力，在破解难题中提升本领，在远大志向与奋进中磨砺锋芒，积极投身到家乡和社会的建设与发展当中，不断实现人生的理想和价值！

到祖国最需要的地方去

——华北电力大学吴嘉楠

吴嘉楠，1991 年 1 月出生，中共党员，华北电力大学电气工程及其自动化专业 2009 级毕业生，现任国网青海省电力公司超高压公司西宁运维分部变电运维一班班组长，曾任西宁 750 千伏变电站站长，是全省所辖 750 千伏变电站年龄最小且唯一的女站长。

入职以来，她先后获得国网公司"优秀共青团员"、青海省职工职业技能大赛组委会第十二届职工职业技能大赛"优秀选手"、青海省工会"女职工建功立业岗位标兵"、国网青海省电力公司第八届技术比武运维专业"优秀选手"、国网青海省电力公司"青年五四奖章""优秀共青团员""劳动模范"、国网青海省电力公司第五届"最美青电人"，以及国网公司"劳动模范"等荣誉称号。2022 年，荣获"第二十一届全国青年岗位能手"表彰。

一、扎根一线，一路前行

2013 年，毕业于华北电力大学电气工程及其自动化专业的吴嘉楠积极响应国家和学校"到祖国最需要的地方去"的号召，扎根青海，投身电力事业，在变电运维专业挥洒青春热血，留下了自己的足迹。

2014 年 7 月，玉树 330 千伏变电站迎来第一次年检，这是吴嘉楠第一次以工作负责人的身份参加年检，她不顾高原缺氧和恶劣的气候条件，对照验收方案细则，仔细查阅技术资料，虚心向前辈请教，其间持续 30 个日夜坚守在玉树直到变电站全站首检工作结束，顺利供电。两年间，她先后 13 次奔赴玉树，总是以"打破砂锅问到底"的态度，抓住每个细节，弄懂每个问题，对工作的负责和对事业的执着，让她迅速成长。

从 330 千伏杨乐变、向阳变、玉树变、达坂变、思明变，到 750 千伏塔拉变、西宁变，她用 9 年的时间摸爬滚打在变电站验收投运最前线，先后参与 7 个变电站的验收工作，投运新建间隔 218 个，独立发现缺陷 376 条，完成各级电网保电任务 279 次，进行各类设备特巡 1896 次，累计进行倒闸操作 25789 项次，一次次的现场磨炼，让她吃透弄懂电网设备的"习性"与"好恶"，从一名"小白"成长为一名技术兼管理"双修"型人才。

二、奋楫笃行，一路创新

2020 年，年仅 29 岁的吴嘉楠在岗位竞聘中脱颖而出，勇敢担任起西宁 750 千伏变电站站长一职，毅然挑起整站管理的"大梁"。

担任青海750千伏主网架的枢纽变电站的站长，是她人生中一项巨大的挑战。聪慧与勤奋并存的她迅速转变角色，逐步从一名技术骨干向队伍"领头羊"转变。她带领站内人员对日常运维工作进行全面梳理，对重复性工作进行合并，灵活采用"工作评定＋绩效激励"的管理方法，打造创新型站所，大幅度提升公司变电运维人员的运维能力。她以"驻站日"活动为契机，严抓人员培训工作，用先进的工作理念指导实践工作，根据站内人员专业知识、技术特长细化分工，将队伍综合能力发挥到最佳水平。

她主导研究的"管母安装支架"项目获得国家实用新型专利，她带领的创新团队研究的"电缆沟巡检装置"创新成果获得国家电网公司优秀QC成果二等奖，让封闭式电缆的传统巡检模式实现了由人工到智能的转变。

三、携手共进，一路成长

日常工作的积累和勤学苦练成就了如今英姿飒爽、顽强拼搏的吴嘉楠。作为青海所有750千伏变电站中年纪最小的站长，她早已身经百战，成为大家眼中的"老师傅"。

西宁变值守队伍以"90后"青年为主，吴嘉楠爱学习、爱钻研、主动作为的精神感染着整个团队。面对这些选择奉献高原的年轻人，她一对一地传、手把手地教，把各大检修投运现场变成大家学习成长的平台。她用行动感召身边的青年打起十二分精神，主动承担责任和工作任务，"件件有落实，事事有回音"，把敬业乐业的精神用自己的实际行动书写在变电运维岗位上，成为作风过硬的青年岗位能手。

2021年，"90后"站长吴嘉楠不负韶华，到祖国最需要的地方去，立足地方特色、扎根生产一线、助力社会经济发展的故事在央视新闻播出。

四、砥砺前行，一路绽放

2021年9月，750千伏西宁变五期隐患治理工作如期开展，成为"新手妈妈"不久的她尚在哺乳期，每天清晨就前往变电站，夜深方归。西宁变的隐患治理工作持续了45天，一天未停；吴嘉楠的奔波就持续了45天，一天未歇。"有困难我上，有疑问我来！"她是站上的顶梁柱，是专业的带头人，更是同事们的主心骨。

2022年，疫情让本就错综复杂的工作更显艰难，面临人手短缺的难题，她提出跨专业补位，发挥"设备主人"的优势，带领运维人员穿梭于不同作业面，连续在岗47天，在保障青海主电网安稳运行的同时圆满完成各项重大工作任务，在"全科医生"的道路上不断进步。8月，疫情再次席卷而来，吴嘉楠又一次挺身而出，带头驻站，在西宁变深入开展"党建＋同心抗疫""党建＋安全保供"，号召身边的青年员工投身战"疫"攻坚战，组织青年突击队全面开展设备特巡，保

证备班力量，守好电网安全防线，随时应对突发状况，持续发挥党员示范作用，以实际行动书写青春担当。

她用脚步丈量高原，用行动渲染青春，在繁忙的工作中，脚踏实地地积累、沉淀，不断完善自我，突破自我，用独有的温柔、善良和明媚为家庭撑起温暖港湾，用坚韧、果敢和责任担当撑起电网运维的半边天，以严于律己的人格力量、勤勤恳恳的工作态度书写敬业乐业的巾帼篇章，让青春在祖国最需要的地方绽放。

学以致用青春梦
返乡创业助发展

——河北东方学院海涛

海涛，1994年3月出生，曾就读于河北东方学院文物鉴定与修复专业。学习期间，他在学校领导的关心和老师们的精心培养下，严格遵守学校的各项规章制度，勤奋学习，严于律己，积极参加各项活动，在思想、学习、生活、实践等方面都取得了很大进步，受到学校师生的一致好评。2017年毕业后，他始终保持着在校期间的优良品质，谦虚好学，力求上进，积极参加社会实践活动，在实践中增强本领才干，将自身所学专业知识与家乡建设发展紧密结合进行自主创业，助力家乡发展。

一、淬炼思想，锻造专业技能

他在思想上始终坚持以身作则、树标立杆，要求自己学习更深一步，认识更高一层，标准更严一些，实践更先一着。他努力提升政治判断力、政治领悟力、政治执行力，突出担当实干，淬炼"筋骨"力量。他在学习上加强专业技能学习，注重专业知识的系统性，深入全面学；注重专业知识的针对性，有的放矢学；注重专业知识的多样性，创新方式学；注重专业知识的实践性，结合实际学，在专业方面精益求精，掌握了把握文物特征、分析文物内涵、理解文物历史价值、识别文物艺术风格等学习方法，通过实践锻炼修复文物的基本技能。他在行动上坚持严字当头，秉承求学期间优良作风，踏实认真做事，勤勤恳恳做人，时刻做到自省自警，能够真诚接受朋友员工提出的中肯意见和建议，面对创业过程中出现的各种苦难挫折，他总是第一时间进行自我剖析，提高认知能力。这些举动，为他深入开展个人创业工作奠定了扎实的思想和专业基础。2014年10月学校举办校内首届大学生个人书画收藏展，展出了海涛个人收藏的书画，通过展览提升了学生的书画鉴赏力，引起强烈反响，他接受了廊坊市广阳区电视台采访；在2022年张家川县第十四届人大和政协委员会议上他提出提案《通过文餐融合模式推动张家川县特色餐饮高质量发展》，得到委员们的大力肯定，同时接受了张家川县电视台采访。

二、响应号召，返乡创业助发展

他响应国家"大众创业、万众创新"的号召，毕业后回到家乡自主创业。张家川县属于甘肃省天水市，位于甘肃省东南部，是国家级重点贫困县和民族自治县，自然条件差、基础设施滞后、经济发展缓慢、社会发展程度低，他立志用自己的力量助力家乡发展。创业期间，他注重把所学专业知识与家乡文化和经济发展相结合，严格按照县域经济发展要求，用所学专业知识服务家乡建设。他坚持以"服务人民"检验创业成效，结合年初目标计划，除了自己创业创新，还积极主动加快培育新兴经营主体，大力争取奖补资金，支持家乡文化发展。2018 年，他在家乡甘肃省张家川县创办观海听涛文化传播有限责任公司，公司自筹资金，于 2018 年至 2019 年以"构建张家川县收藏平台振兴张家川县收藏市场"为主题连续举办两届甘肃省张家川县收藏品交流会，促成当地文化艺术品交易额近 1200 万元，致力

于促进家乡文化艺术发展；2020 年，为增强劳动者的就业能力与工作能力，促进家乡社会经济发展与劳动就业，他创办张家川县食源餐饮服务职业技能培训学校，两年内培训劳务技能人员 700 余人，其中包括进城陪读妇女和农村低收入人群 450 人；2022 年 10 月，他创立伊兰海掌柜文化民俗火锅品牌，创办的老掌柜、海掌柜火锅店为当地提供了近 100 个就业岗位。他为家乡的振兴与发展发挥着光和热，把小我融入大我，受到乡亲们的喜爱。2021 年，他当选张家川县政协委员（文化艺术界），致力于提升家乡文餐融合发展水平。他主动积极缴纳企业税收，大力支持职业技能教育、社会经济发展等工作，有效推动脱贫攻坚成果与乡村振兴有效衔接。

三、强化责任，以创业带动就业

创业初期他也经历了各种挫折和挑战，一度让他陷入迷茫，但想想跟着自己创业的一大批员工，他还是咬牙坚持了下来，如果他放弃，就有一大批人就业无法解决，所以他树立了强烈的责任意识和进取精神。他要求自己坚决克服不思进取、得过且过的心态，将自我要求调整到最严，认认真真、尽心尽力、不折不扣地履行职责，养成认真负责、追求卓越的良好习惯，强化时间观念和效率意识，弘扬"立即行动、马上就办"的工作理念，切实增强服务人民群众的责任感、使命感。创业创新、服务人民没有"暂停键"，只有"快进键"；没有"休止符"，只有"催战鼓"。他时刻举一反三、吸取教训，增强服务意识，强化担当精神，提振起百倍信心，焕发出冲天干劲，以开局就是决战、起步就要冲刺的劲头，苦干实干、再接再厉，全力抓好年初工作计划确定的各项目标任务，为更好地服务家乡人民作出新的更大贡献。

四、注重实干，服务家乡亮成绩

他牢固树立功成不必在我的意识，进一步增强责任感和使命感，热心公益事业，践行责任担当，取得了一系列荣誉。2019 年 6 月获天水市 2019"创客中国"天水中小企业创新创业大赛企业组优秀奖；2020 年 5 月获张家川县中小企业创新创业大赛优秀奖；2020 年 6 月散文《一块武魁匾额见证的民族团结情》获中共张家川县委宣传部、中共张家川县委统战部举办的第二届《民族团结趣话》有奖征文大赛佳作奖；2020 年 7 月获张

家川县首届电子商务大赛三等奖；2021年9月《战国西戎铜马车》获第四届张家川县文化旅游创意产品设计大赛优秀奖。创业过程虽然艰辛曲折，但他始终把服务家乡发展作为第一要务。同时，他热心公益事业，竭尽全力为张家川县公益事业做力所能及的事，先后向孤儿院捐赠名家书籍上千套，用自己的善良与爱心熏陶孩子，让他们从小有一颗美好的心灵。他爱好收藏，将收藏的文物捐赠给张家川县博物馆，让这些文物能够在博物馆"活起来"，发挥应有的价值，让更多人感受红色魅力。

他用自己微薄之力，投身于家乡发展的建设之中，致力于以创业带动就业、促进家乡文化餐饮融合发展，将小我融入大我，用满腔的热情和矢志不渝的追求在家乡的热土上书写着自己的篇章。

好男儿志在四方

——河北体育学院李响

　　李响，籍贯河北承德，1995 年 4 月出生，中共党员，2019 年毕业于河北体育学院运动人体科学系，同年参加新疆维吾尔自治区内招生项目，就职于喀什地区巴楚县，初任巴楚县三岔口镇政府干部，后经县委选拔在巴楚县人民政府招商局从事招商工作。大学期间，他曾获得"2019 年河北省优秀毕业生"等荣誉称号。工作后他先后获得"2019 年喀什地委党校优秀干部""2020 年上海市中小企业上市促进中心优秀挂职干部""2022 年招商局优秀干部"等荣誉。在新疆工作期间，他能听从组织安排，在多个岗位进行锻炼，能力得到提高，并取得突出成绩。

一、坚定信念，追寻梦想

　　"青年当有志，立志在四方，祖国需要处，皆是我故乡。"作为一名河北体育学院毕业的大学生党员，他积极参加新疆内招项目，因为这不仅是一个实现个人梦想的舞台，同时也可以把在母校学到的知识与经验用于实践去服务社会，从而真正践行"崇德、砺能、笃学、拓新"的体院精神。工作后他积极响应组织安排，决定把理想的种子播撒在新疆这片广袤的土地上，努力与边疆的父老乡亲共同奋斗，为边疆做贡献，实现自己的人生价值，用自己的勤劳和智慧为巴楚县社会稳定和发展贡献力量。

二、加强理论学习，提高工作能力

　　在日常的工作、生活中他十分注重理论知识的学习和更新，利用业余时间和岗位锻炼的机会，不断加强学习；他刻苦钻研业务知识，对党的理论知识有更深刻的认识和理解，善于洞察新的形势，具备较好的政治、业务素质和政策水平。他积极参与干部教育培训、作风效能建设等活动。同时，他注重学习与实践相结合，通过学习，使个人的人生观、价值观得以升华，使理论转化为生产力，表现出良好的理论功底、业务水平和工作能力。

三、不畏困难，积极参与疫情防控工作

　　巴楚县作为喀什地区东大门，是喀什地区公路交通最前线。2020 年年初疫情在全国各地扩散，南疆医疗卫生条件较差，如果疫情来袭那后果将是不可想象的，喀什地区防疫形势严峻。因情势危急，他被组织抽调到三岔口高速检查站进行一线疫情防控工作。在疫情防控初期，由于检查站基础设施不完善，2020 年 1 月李响与其他 3 名抗

疫同事晚上居住在车里，白天就在高速路旁戈壁滩的临时检查点工作。防疫组工作任务是负责途经货车、客车的人流、物流的检查登记，滞留人员服务及检查站环境消杀等。疫情前期防疫组日均检查车辆约 200 辆，手工登记人员约 400 名。由于防疫任务多、责任重，他与防疫组工作人员一道坚持"五加二、白加黑"的工作模式，充分发挥了一名共产党员临危不惧，不怕苦不怕累并且不忘初心的优秀品质，为巴楚及喀什地区疫情防控工作作出了贡献。

四、转变思想，积极投身经济工作

巴楚县委、县政府坚持经济建设和社会稳定两手抓的工作方针，决定大力发展巴楚县经济。作为祖国最西部的地区，巴楚县想要发展经济，不能只依靠国家财政输血，更要发挥自身的主观能动性，大力开展招商引资工作，吸引民间资本来巴楚投资兴业，才能实现巴楚经济高质量发展。因此巴楚县委、县政府决定从全县范围内选拔 10 名干部，组成巴楚县招商组从事招商工作，经过组织部推荐与县委选拔，李响成为巴楚县招商局一员。

良好的营商环境是招商引资的重要基础，也是一个地方发展招商引资的金字招牌。2021 年 6 月李响被安排到新成立的巴楚县招商引资帮办代办专班任负责人。专班由巴楚县商工局、发改委、自然资源局等招商引资相关部门组成，由李响统一协调调度。专班成立后共梳理巴楚县各单位招商引资帮办代办事项 61 项，为巴楚县招商引资后续服务工作提供了有效支持。巴楚县招商引资帮办代办专班成立以来共帮助企业 59 家，帮办代办各类事项 123 件，极大地优化了巴楚县的营商环境。

自 2020 年 6 月巴楚县招商组成立以来，巴楚县招商工作有了长足进展。2019 年招商引资到位资金 3.38 亿元，2020 年招商引资到位资金 8.63 亿元，2021 年招商引资到位资金 20.85 亿元，2022 年招商引资到位资金 34.79 亿元。2020 年至今巴楚县年均投资到位资金增长率达 200%。优势产业不断进步，纺纱产业由 2020 年 50 万锭规模发展到 2022 年年底 150 万锭规模，织布企业实现了"0"的突破。纺织服装产业等主导产业

延链补链效果不断增强，巴楚县产业不断升级，工人工资不断提高。巴楚县招商引资工作取得长足进步。

时光似水，涤淡青春色，奉献如歌，唱响报国音。在新疆巴楚县工作的近四年中李响得到了锻炼，全方位提高了自身的综合能力和综合素质，实现了自己对社会的承诺，书写了充实而高尚的精彩人生。

只争朝夕　不负韶华

——河北地质大学黄迪

黄迪，河北海兴人，2014 年 11 月加入中国共产党。2012 年进入河北地质大学，时任水资源与环境学院团委书记王伟引领她经历了不一样的大学生活。作为学生骨干，黄迪先后三次带队参加"体验省情，服务群众"三下乡社会实践活动，奔赴基层。她看过安平丝网厂，蹚过武安洺河水，走过海兴盐碱地，爬过崇礼翠云山，用脚步丈量出的 300 公里化成 5 篇高质量调研报告，先后荣获河北省大学生"调研河北"一等奖、河北省百万大学生和青年教师千乡万村"体验省情·服务群众"主题实践活动优秀社会实践队员、河北省优秀学生干部、"创青春"河北省创业机会大赛特等奖。

一、怀揣梦想，投身基层

由于积累了丰富的基层实践经验，黄迪被校团委聘请为社会实践辅导员。在担任二级学院学生会主席期间，她组织 200 位同学前往敬老院、学校等开展志愿服务活动 15 次，高票当选 2013—2014 年度校园之星。一时间，她成了校园的风云人物。就在大家认为黄迪会留在城市中大展拳脚时，她怀揣着服务群众、奉献基层、实现价值的梦想，背起行囊踏上了参加西部计划的列车。她积极响应"到基层去、到西部去、到祖国最需要的地方去"的时代号召，成为一位特殊的"逆行者"。

让梦想的光照亮前进的路，怀抱希望才能努力向前奔跑。2016 年 8 月，黄迪成为一名西部计划志愿者，在共青团泊头市委主要负责加强基层广大青年团员组织建设工作。正因为在校期间积累了丰富的实践经验和活动组织经验，她在极短的时间内适应了工作环境。

"我想要一套四大名著""我想要一支钢笔"……这里的孩子有很多小小的心愿，一个个心愿重叠在一起就是一个美好的未来。为了实现这群孩子的微心愿，黄迪收集了他们的心愿发起了"圆梦小小心愿"爱心认领活动。孩子们的心愿虽然微小，却很闪亮。送一份礼物，就能换来他们更多欢笑；备一份心意，就能给他们更多温暖；存一份温馨，就能带来更多爱的感召。在个人梦想与社会价值愈发交融时，黄迪更坚定了投身基层、服务一线的决心！

二、燃灯引路，育人无声

2017 年 9 月在西部计划期满以后，带着对乡村学生教育教学的使命感，黄迪登上了建设家乡的"特岗教师"专列。她站到了家乡的"三尺讲台"上，用自身的学识、经历

为乡村学生推开一扇认识"外面世界"的新窗户。

黄迪无私地把自己所有的时间都留给了学生和家长们。课上，她善于创新教学方式、寓教于乐，通过一个个精心设计的课堂小活动带领孩子们畅游知识海洋；课间，哪个孩子没洗脸，哪个孩子系错扣子，都没能逃得过她的"法眼"；课下，她又化身家庭教育导师，不厌其烦地与家长沟通交流、答疑解惑。据不完全统计，她的日回复家长消息数远超 50 条，她把所有的爱都给了班上的孩子，也成了孩子口中的"黄妈妈"。她在 2019 年荣获海兴县政府颁发的"教育新秀"荣誉称号。

三、初心如磐，奋楫笃行

2020 年 9 月在特岗期满后，黄迪通过层层选拔成为沧州市常规选调生，担任海兴县高湾镇后良章村党支部书记助理一职，把"调研报告"写到家乡的大地上。

奋斗一线，无悔青春。由于工作需求，黄迪经常自己开车下村。2021 年 4 月，已经怀孕 29 周的她在为后良章村发放党建宣传材料的路上，一不小心将车前轮开进了村里的水沟。微信群里一张现场实拍图配上一句"大肚子的小黄掉沟里啦"，在五分钟内迅速发酵，引来了大量的围观群众。黄迪便就地取材，在"车祸"现场为村民们进行了一场别开生面的户外宣讲，一时间，全村都认识了这个挺着大肚子的村支部书记助理，也觉得这个小姑娘"不娇气、接地气"。

这次的宣讲是个契机，很快黄迪就成了高湾镇的骨干政策宣讲员，获得群众和同事的一致好评。2022 年 5 月通过层层考察，黄迪被推荐加入了海兴县兴海之翼青年讲师团，两个月内先后赴海兴县供电公司、张会亭中学、龙海热力集团等开展基层宣讲 7 次，并受邀为河北地质大学水资源与环境学院学生进行线上分享，宣讲受众 800 余人次。兴海之翼青年讲师团的讲师们为基层群众宣讲的事迹也被《人民日报》、新华社、人民网等多家主流媒体报道。黄迪等 17 人荣获 2022 年度海兴县兴海之翼青年讲师团优秀讲师荣誉称号。

扎根基层沃土，绽放一缕微光。青春应该是"春蚕到死丝方尽，蜡炬成灰泪始干"的无私奉献，也是"人生自古谁无死，留取丹心照汗青"的献身精神，更是"天下兴亡，匹夫有责"的责任担当。黄迪的故事既是个人的故事，也是千千万万个扎根基层毕业生的故事缩影，在中国广袤的大地上，他们坚定信念、心怀理想，不断把异乡变故乡、把思路变出路，坚持用热忱的赤子之心化为报国之行，用自身行动的点滴微光照亮无数乡村振兴之路。

在梦想轨道上奔驰的
铁路"蜘蛛侠"

——石家庄铁路职业技术学院孟荣

　　动车、道岔、供电接触网、信号灯及线路标识——30多平方米的沙盘上，福州铁路枢纽的各种行车设备栩栩如生。这是中国铁路南昌局集团有限公司福州供电段职工孟荣制作的沙盘模型。福州供电段利用这个沙盘多次组织培训，为专业教学、模拟设备、实作演练等提供了平台。

　　"绿灯，出站信号开放。"中国铁路南昌局集团有限公司福州供电段青工孟荣话音刚落，复兴号列车鸣响风笛，启动后平稳加速，通过岔区，爬上坡道，驶过福州地标建筑合福高铁跨西岭互通特大桥，随后穿越隧道，在福州站二站台对标停车。

　　"这个沙盘就是一本大'书'，有了这本书，我们段的职工培训工作如虎添翼。"沙盘制作小组组长、福州供电段党委书记熊焱球高兴地说。

　　1990年出生的山东小伙儿孟荣从小痴迷于研究火车，单是收藏的火车头小模型就有近百个。火车飞驰为什么需要铁轨？它靠什么产生动力？不同样式的火车头作用一样吗？……孟荣从小就对这些问题非常感兴趣，带着这些问题，2010年，孟荣慕名考入了石家庄铁路职业技术学院电气自动化技术专业学习。

　　在校期间，孟荣如鱼得水，在老师的支持和鼓励下，他率先创建了科技型学生社团——铁道社。这样一个创新型社团，让很多像孟荣一样有着火车梦的同学聚在一起，利用课堂上学到的理论知识，亲自动手，亲身实践，尽情施展。大三下学期的实习期间，孟荣放弃了大家都在考虑的寻找有薪酬的实习工作，留在学校社团并且自愿垫钱买些工具材料带着大一大二的社员们一起继续制造完善电气化铁路模拟沙盘，在师生的共同努力下，大家攻坚克难，自主设计研发、制作完成了学院首套电气化铁路教育教学综合实训平台。

　　项目应邀参加了第十二届中国国际轨道交通展览会和第十届中国国际隧道与地下工程技术展览会，受到同行业界的高度评价，申请国家发明型和实用新型专利各1项、国家软件著作权2项。在项目实践过程中，孟荣与其他同学一起昼夜奋战、废寝忘食，不仅将专业知识运用得炉火纯青，还熟练掌握了木工、泥瓦工、焊工、电工等多个工种的基本技能，为他在毕业短短几年时间里迅速成长为单位的技术骨干，奠定了坚实的基础。

　　2013年，孟荣毕业进入中国铁路南昌局集团有限公司福州供电段工作，成为一名接触网工，正式成为一名铁路"蜘蛛侠"，这是孟荣的新绰号。铁路"蜘蛛侠"是铁路接触网工的别称，工作时他们的身体几乎完全悬空，全身的重量都悬挂在只有拇指粗细的承力索上，对电气化铁路上的空中供电设备——接触网进行检修。这是一项高危作业，但他们身轻如燕，在纵横交错、状若蛛网的铁路线上全神贯注地工作，确保运输大动脉的安全畅通。

开始工作后，孟荣用了半年时间，研读布满了密密麻麻公式的专业操作手册。这些外行人看似"天书"的操作手册，却是每一位铁路"蜘蛛侠"的宝典。为了熟练运用这些操作技能，孟荣又花了半年的时间。

在这个过程中，孟荣感到这种"啃书"的方法既枯燥又难懂，不是年轻人该用的学习方式，随着新设备大量投入运营，供电段新人中高职生占比逐年提升，职工难以适应当前形势的情况日益凸显，特别是在应急处置中，现场抢救人员的业务不过硬，可能贻误线路开通时间。善于思考的孟荣又陷入了沉思，"我为什么不能把每一个接触网线、每一条铁轨、每一个知识点、每一张图汇集成一个铁路沙盘模型，让新人直观地触碰到'天书'的精髓呢?"有了高仿真度、高精度沙盘，救援演练方案的优化、事故现场的回放能够实现"真刀真枪"，就可以大幅度提升培训质量。在长时间思考后，孟荣将他的想法告诉了同事赵昀，两个人一拍即合，同时也得到福州供电段党委书记熊焱球的大力支持，从此两人开始了历时两年的"造梦工程"。

两年时间、700 多个日日夜夜、30000 多个纯手工零部件，孟荣把所有的业余时间用在了后来被誉为"中国首个电气化铁路沙盘"的工程上。他以福州铁路枢纽为原型，将小时候收藏的近百个火车头模型装上"翅膀"，在梦想的轨道上奔驰穿梭。

电气化沙盘模型虽然很小，但在教学实践中起到了大作用。这套系统不仅大大缩短了新人上岗培训的时间，还促进了实操应用，接触网抢修时间从原来的 1 小时，缩短为现在的 40 分钟。"在沙盘上学到的知识，只要有一次遇到突发故障，他们在应急抢修中能够用到，我的努力就有价值，我的奋斗就有意义!"孟荣这样说。

两年来，福州供电段利用这个沙盘组织了 18 期培训，为 308 名新职人员开展了 20 批次累计 1400 多个学时的沙盘模拟现场讲解。2020 年，孟荣被聘为中国国家铁路集团有限公司兼职培训师。

孟荣也因为这份坚持和热爱，获得国家实用新型专利 5 项，多次获得路局优秀共青团员、路局先进生产者等荣誉称号；2018 年，央视新闻频道《建设者说》节目和央视新闻移动网"五一"特别报道《无奋斗·不青春》节目以"铁路'蜘蛛侠'孟荣：小沙盘，大梦想"为题进行专题报道；2019 年孟荣获得福建省百万职工"五小"创新大赛二等奖。

芳华，在三尺讲台上绽放

——唐山师范学院年菁菁

2014 年 6 月，作为河北省优秀毕业生，年菁菁离开母校唐山师范学院，带着青春的无限激情，饱含对教育事业的真诚，满怀对未来人生的憧憬，踏上三尺讲台，成为一名光荣的人民教师。在这九年的教育生涯中，她始终怀着一颗感恩的心，勤勤恳恳，兢兢业业，以培养人才为己任，在默默无闻的工作中奉献着自己的点点滴滴。

一、扎根山区，做乡村教育的"播种者"

大学毕业后，为了让家乡孩子能够接受更好的教育，她不顾家人反对，毅然选择了离家 40 公里的偏远山区小学。由于学校教师人数较少，她不仅教全校的音乐课，还是一年级的班主任，并承担语数双科教学工作。为了更好地开展教育教学工作，她几乎每天都"驻扎"在教室里，不知疲惫，无论冬夏，最早来到学校，最晚一个离校回家。因为只有这样，她才能挤出时间，帮助学困生和后进生完成学习内容；因为只有这样，她才能腾出精力，与学生畅谈学习和生活中的点点滴滴。但是时间一长，健康还是败给了忙碌，清亮的嗓子开始变得沙哑，消炎药、润喉药成为抽屉里的常备物品。最严重的时候是在一次学期末，嗓子沙哑到近乎失声，她坚持完成最后的复习任务，在假期做了声带手术。术后医生反复叮嘱她，要保护好嗓子，不能再让嗓子频繁"工作"了。可开学后看到孩子们一双双求知的眼睛，她又忘记了医生的叮嘱，开始了忙碌的工作。

为了不耽误第二天的教学，她经常把作业带到家里，坐在饭桌前进行批改，不知不觉就到晚上 12：00，常常感到腰酸背痛，眼睛灼热。母亲看到她的辛苦，心疼地劝她："你这样拼命，身体会吃不消的，这么辛苦值得吗？"她回答道："我的工作虽是辛苦些，但看到那一双双求知的眼睛，我觉得一切都值得。我希望在我的努力下，这些农村的孩子有一天能够摆脱贫困，拥有和城市孩子一样的美好生活！"

二、将心比心，做学生心灵的"守护者"

学校里有很多留守儿童，孩子的父母选择外出打工，很长时间才回家一次，甚至有的父母常年在外不回来，忽视了与孩子的心理沟通与交流，导致孩子对父母很陌生，亲子关系出现了问题，孩子产生了许多不良的习惯和叛逆的行为。对于这些孩子，她经常换位思考："假如我是孩子，或者他们是我的孩子，我要怎么做呢？"来自内心深处的认同和理解，让她对他们少了一些苛求，多了一些宽容；少了一些埋怨，多了一些理解；少了一些指责，多了一些尊重。她努力创设着宽松、和谐、积极向上的班级氛围，使孩子们感受到家的温暖。

班上有一名叫张雨涵（化名）的留守儿童，家庭条件非常贫困。有一次午餐时间，年老师去班里取作业，看到大家都在开心地吃着可口的饭菜，而张雨涵却低着头吃着手中的馒头。年老师走过去问她："你怎么没有菜啊？"她低着头小声说："我只有馒头。"年老师听后顿时心疼不已，便给她买来面包、牛奶、火腿肠，可她却低头不作声。年老师觉得张雨涵可能是不好意思，便把她带到了办公室，对她说："孩子，现在办公室只有我和你，快吃吧。"这时张雨涵小声地哭了起来，说："老师，谢谢您！"年老师抱着她，安慰道："孩子，以后有什么困难跟老师说，没有吃的也可以跟老师说。老师从一年级开始教你们，这么多年的感情，早已经把你们当成自己的亲生孩子一样，不要和我见外。"孩子轻轻地点了点头。从那以后，年老师总会给她带些可口的饭菜，买一些漂亮的衣服和文具，和她在课间谈天说地。每次到了教师节，年老师都会收到一份精心制作的手工贺卡，上面一笔一画地写着："年妈妈，节日快乐，愿您永远身体健康，我爱您！"那一刻，她感到自己特别幸福，学生的爱消除了她所有的劳累和辛苦。

三、研精致思，做学生学习的"引领者"

在常规的教学工作之余，年老师经常思考：如何能让学生形成良好的学习习惯？如何能让学生对学习产生兴趣？为了实现这个目的，她做了一些尝试：在带一年级的时候，她给班里的孩子立下了很多规矩，包括握笔的姿势、书本的摆放、回答时的站姿、集合时出门的顺序等，希望学生在潜移默化中形成良好的习惯，这个要求一直延续至今；为了提高学生的学习兴趣，她从一年级开始，先后在班内实行了积分排名赛、挑战模式、互帮互助等措施。在她的不断努力和尝试下，班里的学生对学习产生了很浓的兴趣。

有一次，班里的学生小强生病了，发高烧，却非要来上课，可到了学校，难受得实在坚持不住，又请假回家了。听到这个消息，年老师很是奇怪："既然发高烧，就别来了，直接跟老师请假不行吗？为什么要来了又走呢？"后来，学生跟她说："老师，他很喜欢听您讲课，要是不来的话就听不到了。"听到这个原因，她很意外，也很感动，就问了一句："你们喜欢听我讲课吗？""喜欢——"整齐、响亮的回答震耳欲聋。刹那间，她不禁眼睛湿润了，一股暖意涌上心头。

任教以来，年老师在领导和同事们的帮助和支持下不断进步，先后获得国家、省、市、区级奖励 30 余项，所带班级在年度教学质量监测中名列前茅，并于 2019 年被评为秦皇岛市先进班集体。站在三尺讲台上，没有如舞台般耀眼的闪光灯，也没有来自观众席雷鸣般的掌声，但她收获了许多无言的感动：有孩子们对她的敬爱、有家长们对她的认可、有领导们对她的赞赏……而这些都将成为她一辈子的荣耀！她的芳华，在三尺讲台上尽情绽放！

在深爱的土地上绽放青春

——河北大学工商学院朱蕊

根据组织安排，朱蕊于 2014 年 10 月至 2020 年 10 月在石家庄市正定县正定镇塔元庄村任大学生村官、党支部书记助理，2020 年 10 月至 2022 年 10 月作为选调生在塔元庄村基层锻炼。朱蕊在村工作八年来，时刻严格要求自己，在镇党委、政府的统一领导下，在村领导和同事的指导下，始终牢固树立全心全意服务农村、为人民服务的宗旨，努力做到与农民群众融为一体，充分发挥所学之长，为农民群众服务，以顽强的精神和坚韧的意志艰苦奋斗、扎根基层，同时积极认真地做好镇、村两级领导交代的各项工作。

一、坚定理想信念，增强政治意识

一是注重理论学习，打牢思想基础。她坚持以习近平新时代中国特色社会主义思想为指导，深刻领会"两个确立"的决定性意义，增强"四个意识"，坚定"四个自信"，做到"两个维护"，不断提高政治判断力、政治领悟力、政治执行力。她深入学习贯彻党的十九大、二十大精神，习近平总书记的重要讲话精神，重视"学哲学、用哲学"，用理论武装头脑、指导实践。二是深化学习领悟，提高政治素养。在村基层锻炼期间，她深入学习习近平总书记对河北、对正定、对塔元庄的重要指示精神，专题学习《习近平治国理政（第三卷）》重要著作；积极参加党组织的学习活动，专题学习省委一次、二次、三次全会精神，结合正定经济发展状况实际，先后学习了《习近平在正定》《知之深爱之切》等与正定有关的著作，努力做到学思用贯通、知信行统一。三是扎实工作作风，强化规矩意识。她自觉遵守党风廉政建设有关要求，筑牢思想防线，坚守廉政底线，不提特殊要求，不搞特殊对待，始终保持谦和严谨的工作作风及生活作风。

二、深入扎根基层，助力乡村振兴

一是坚持脚踏实地，规范基层党建。她深度参与乡村综合治理、疫情防控等工作，每月 5 日定期召开村党员大会，对重大事项集体研究；协助塔元庄村"两委"对党员开展党员户挂牌示范、党员联系户、党员志愿服务工作，通过实行党员积分管理制，由群众定期对全村党员进行评比打分，加强对党员的监督激励。她全程参加村"两委"换届工作，达到换届选举一次性成功，新一届村干部"学历高、年轻干部占比高、女性占比高"。二是坚持扎根群众，拓宽乡风建设。她充分发挥"自治、法治、德治"的积极作用，把发现、培养、树立、宣传先进典型摆到村民素质提升工作重要位置来抓，协助村"两委"制定相关制度，加强政策宣传讲解，组织开展寻找"最美家庭""好妯娌""好婆媳"等评选活动，大力提倡尊老爱幼、邻里和睦、团结互助的家庭美德教育，普遍形成"人人争当好村民，家家争当文明户"的良好氛围。三是挖掘光辉历史，打造鲜活名片。她依托塔元庄村长廊和村史馆，大力发展红色旅游，扎根一线参与日常村史馆接待来访工作，2022年塔元庄村共接待游客60万人次，旅游综合收入800多万元。她参与筹备央视建党百年乡村振兴人物系列纪录片，参与组织全体村民拍摄"全家福"，筹办塔元庄文化旅游推介会等工作，全力塑造塔元庄村的靓丽名片。

三、参与村内事务，认真履行职责

自担任塔元庄村党支部书记助理以来，朱蕊用脚丈量土地，走进群众，真正牢记群众给她的信任，不辜负组织对她的期盼，更加细致为民服务。

一是参与招商选资工作，为企业提供"妈妈式"服务。她以最优惠的政策、最优质的服务、最诚挚的情谊，真情真心为企业排忧解难，让各位企业家在正定投资安心、生活舒心、发展更有信心，真正感受家一般的温暖。近两年来，与村"两委"班子共同引进多家优质企业入驻塔元庄，增加村民就业岗位同时增加村集体经济收入。2022年，村集体经济收入达到3200万元，村民人均收入3万元。二是扎实做好村里的各项民政工作，增加村民的幸福感。她积极参与每年的老年人补贴、低保户审核、新农保的新入及缴费、残

疾户的情况摸底审核等，响应"农民办事不出村"项目，让老百姓在村里就能办好以前去镇里县里办的证件，真正为老百姓办好事、办实事。每个月25日她同村委会成员一起为老百姓免费发放米、面、油等生活物资，真正与老百姓近距离接触。2022年，她创办"解民忧　惠民生"养老服务中心，解决60岁以上村民早、午餐及日间照料问题，真正做到老有所养、老有所爱。三是培养青年爱农业爱农村的意识，吸引青年到村发展。乡村振兴，人才是关键。塔元庄村把培育人才作为一项重要工程，近年来，党组织发展党员30多名，培养入党积极分子60多人，并为部分大学生提供学费。特别是她担任团支部书记以来，开展一系列青年活动，宣讲一系列助农爱农的优惠政策，并积极引进博士工作人员，为塔元庄村的发展注入新的生机与活力。在朱蕊的带领下，塔元庄村团支部先后荣获"全国五四红旗团支部""河北省优秀农村团支部""石家庄市五四红旗团支部"等荣誉称号。

如今，朱蕊已成为塔元庄村一分子，无论是工作上还是生活上，塔元庄村的村民都愿意跟她一起探讨。与塔元庄村"两委"班子共同将塔元庄村打造成更加美丽、和谐的村庄已成为朱蕊的目标，她将继续在自己深爱的这片土地上绽放青春的光彩。

韶华赴疆心许党
不辞长作都护人

——沧州职业技术学院赵国跃

赵国跃，中共党员，1997 年 4 月出生，河北省沧县人，现任新疆维吾尔自治区巴音郭楞蒙古自治州轮台县委组织部人才（援疆）办主任，曾在乡镇社区事业服务中心和扶贫办、项目办等多岗位工作。赵国跃在校期间和参加工作以来荣获各级荣誉表彰和奖励 23 项，主要荣誉奖励有 2016"挑战杯——彩虹人生"全国职业学校创新创效创业大赛三等奖、河北省优秀学生干部、沧州市最美大学生、沧州市狮城好青年、全国高职学生"劲牌励志奖学金"优秀奖，连续入选全国第二届、第三届"闪亮的日子——青春该有的模样"大学生就业创业人物事迹，个人事迹材料先后被《沧州日报》、河北共产党员网、自治区微信公众号"小疆有话说"、《中国教育报》等媒体广泛宣传报道。

2017 年 10 月，即将进行毕业实习的赵国跃受到多家名企的青睐，他却作出了一个让大家都意外的选择，到沧州市对口支援的新疆轮台县去参加基层工作！赵国跃说："作为一名面临毕业的共产党员大学生，到基层和人民中去建功立业，让青春之花绽放在祖国最需要的地方，这是我的梦想！"

一、服务基层群众的暖心亲人

"大妈，您的病情耽误不得，我现在就带您去医院！""小兄弟，你家现在经济困难，我可以帮你申请助学贷款。"参加工作以来，赵国跃坚持以党员干部志愿服务村（社区）活动、包联指导社区党建工作、组工干部联系乡镇党委机制等为抓手，定期下沉村社区一线服务群众、了解民情。他说："办公室坐久了就离群众距离远了，工作思路也容易跑偏，所以要进百姓门、知百姓情、管百姓事、暖百姓心，在协助党的基层组织解决群众的困难诉求的同时，也要注重汲取群众智慧，听群众给出的建议，更能对标对表、结合实际夯实党在基层的执政基础。"到新疆工作以来，他和村里的各族群众一起逛过巴扎，喝过奶酒，也一起放过羊、喂过牛，还垒过围墙、采过棉花、打过核桃……不但能握得住笔杆胶棒、敲得了键盘鼠标，更能扬得起钢叉铁锹、抓得稳砖头瓦块，这成了赵国跃作为一名基层干部的基本功。当他行走在乡村的路上，脚沾地气、身染土气，换来的是群众竖起拇指夸他是新疆儿子娃娃。通过"民族团结一家亲"活动赵国跃还与两家维吾尔族群众结成了亲戚，逢年过节时，他都会精心准备一些具有特殊意义的精美礼物去看望亲戚，春节时的对联、元宵节的汤圆、中秋节的月饼都满含着他对亲戚们真挚的情感。亲戚库尔班大哥逢年过节都要打来电话，叫他出来一起吃饭。另一个亲戚吐尔隼大叔更是把自家钥匙给了赵国跃，跟他说："你跟我的亲娃娃一样，放假就回家来，给你做好吃的！"

二、践行初心使命的基层干部

2023年1月22日春节当天，《沧州日报》刊发了赵国跃赴疆6年，在疆过了4个春节的报道。当"知行合一 厚德强技"的母校校训和新时代组工干部"讲政治、重公道、业务精、作风好"的工作准则碰撞在一起，赵国跃做到了把工作当作事业干，将岗位当成阵地守。多年来，他坚持以党管人才为基本原则，组织编制并稳步推进《轮台县人才发展"十四五"规划》49类人才专项工作；研究制定并牵头落实《轮台县关于加快推进乡村人才振兴实施方案》36项重点任务。他构建人才引进、培养、激励、使用等各类县级项目35个，牵头申办和参与落实地州级及以上重点人才项目计划20余项。他通过调整优化县委人才工作领导小组成员单位职责，修订人才引进、联络、宣传、报告、督查、统计等6项工作制度，出台人才各类政策21条，在全县形成县委统一领导，组织部门牵头抓总，成员单位各司其职，相关部门密切配合，社会力量广泛参与的人才工作格局。他还研究制定《关于进一步发挥援疆干部人才"传帮带"作用的实施方案》，明确沧州市援疆干部人才发力点；深入挖掘援疆干部人才先进典型、经验做法并在各级媒体广泛宣传报道百余次；圆满配合沧州市委组织部每年赴疆对援疆干部人才的考察考核任务；坚持按期为援疆干部人才报销医药费、开展体检、购买保险服务，在重大节日慰问，及时关注和解决他们在日常生活和工作中遇到的难题，切实将轮台县委组织部建设为"沧州援疆干部人才之家"。

三、敢于奉献担当的抗疫勇士

2020年1月24日晚，此时赵国跃正在库尔勒机场宾馆等待第二天清晨飞往河北老家的航班。"家里社区刚刚通知，疫情形势严峻……"听到手机另外一头父母急切的声音，赵国跃突然意识到问题的严重性，全国各地迅速展开自我隔离，赵国跃没有丝毫犹豫，在大年初一清晨毅然地返回轮台县的工作岗位，担起了疫情防控期间的系列重任。疫情期间，赵国跃曾组织党员干部志愿服务队到包联村（社区）为群众测量体温、宣传防疫知识、开展核酸检测，有效缓解了基层防疫压力；积极参与临时隔离点防疫

工作，负责物资保障，及时与县疫情防控指挥部物资保障组、就餐保障队、中药房沟通协调，确保防疫物资配备充足、伙食精准供给、用药监督准时 3 个到位，强化群众安全保障；驻守重点商区统筹区内防疫工作 3 个月，联合警务室、包片干部、物业负责人等多支力量，有效协调解决企业和个体工商户在静默管理期间的各项困难，与 44 家个体工商户共克时艰。每当有急难险重任务时，他总是第一个报名参与。"一代人有一代人的长征，一代人有一代人的担当，"他曾在日记中写道，"当自己在追寻生命的价值意义刚好和时代的需要发生真诚的交织时，会发现在自己的生命中增加了很重的分量，而这些分量，更能证明自己选择的是正确方向。"

沧州的亲人朋友常说"国跃，回来吧，大家都想念你了"。可是他却舍不得走。在将近 5 年多的时间里，赵国跃早已把自己融入了新疆轮台县这个第二故乡。他说："当我与同事和各族群众迎着朝阳，唱起国歌，看着国旗冉冉升起的时候，能感受到有一种灿烂的力量伴随着阳光，温暖人心，这种意义令人隽永而饱满。"

学以致用报桑梓
专业产业助振兴
——石家庄学院赵华

一、文化反哺　回报家乡

赵华，石家庄学院文学与传媒学院 2010 级广播电视新闻学专业学生，为丰富村民精神文化生活，促进乡风文明，自 2012 年起义务在河北沧县多个乡镇带领乡亲办"村晚"，用所学知识回报家乡，作为中国大学生举办"村晚"典型人物，被《光明日报》刊选为"乡贤文化代表"，作为 2013 中国大学生年度人物河北省唯一入围者，先后被评为 2014 年河北省优秀毕业生、2014 年度"美在校园"河北省感动校园十大人物。

十多届"村晚"节目融入了以赵华为代表的大学生对乡村振兴的理解、尊重和责任。"村晚"真正地把讲文明树新风带到了基层，圆了农民的"春晚梦"。他身边许多大学生也逐渐加入办"村晚"的队伍中，家乡的"村晚"已经是遍地开花，活跃农村文明健康的文化生活，形成了一种新民俗。2023 年"村晚"演出乡亲涉及 30 多个乡村的 200 多位，其中超过 80 岁的参演老人 5 人，现场观众逾千人，是全国首个通过新媒体面向乡亲直播的，线上观看人数超 4000 人，收获点赞留言 15000 余条。赵华办的"村晚"画出线上线下同心圆，牵系村内村外桑梓情。

赵华办"村晚"被中央及多个省市 30 余家媒体、政务平台报道，其先进典型事迹，转发阅读量突破 500 万，河南、安徽、浙江、广东等全国多数省份农村，逐渐学习筹办起了形式多样、内容丰富的地方性春晚。赵华"新农村公益村晚"被文化和旅游部列为 2022 年全国"村晚"示范展示活动。

二、经济反哺　回乡创业

2014 年大学毕业后，有着两年省级媒体、互联网公司工作经验的赵华带着专业知识和技能，回到河北沧县创业，2016 年带领村民创办了沧州市宏深互动互联文化传媒有限公司。

在举办"村晚"的过程中赵华需要亲自指导孩子排练文艺节目，他被孩子们对文化艺术的渴望深深触动，创业的第一个业务方向就指向了少儿文艺活动策划与执行。他们设定的经济模式是由地方企业出赞助费，创业公司搭建演出平台，邀请孩子们来舞台免费表演并赠送学习文具和颁发奖品，这样的业务模式一经推出就得到了企业客户、学校老师、家长的高度认可，从幼儿园到高中生很多孩子都喜欢来这样的舞台表演锻炼。经过第一年的发展，创业公司共拿到了约 50 万元的订单。

2017 年 3 月赵华将业务带到石家庄鹿泉山区乡镇，这次活动被合作方集团领导赞誉，随着合作方集团分公司业务的拓展，赵华带领团队开始将业务范围布局至河北保定、邢台、邯郸等六地市，在当地创办企业和开设分公司。作为广播电视科班毕业生，他用专业理论指导实践，创办了河北少儿网络春晚、河北少儿文艺盛典等影响全省青少年文艺事业发展的活动品牌。截至 2023 年年初，他创办企业 10 家，其中多家企业被评为纳税 A 级企业，纳税额超 100 万元，带动就业 400 余人。

创业就业过程中，赵华心系母校发展，坚持社会公益事业。2018 年 5 月，在母校河北沧县黄递铺乡中学设置"承志奖学金"，每年为母校捐赠数千元；2018 年 9 月向石家庄学院捐赠大型日晷一座，作为首位校友捐赠，感恩母校的同时成为一代又一代学弟学妹奋发图强学习的榜样。多年来，赵华坚持用自己挣的钱投入支持家乡"村晚"活动，义务为家乡拍摄宣传片，助力乡村振兴。

三、产业反哺　带动振兴

2022 年是全面推进乡村振兴的关键之年，赵华着眼国家重大战略需要，带领团队加入接续全面推进乡村振兴战略的队伍中。乡村是赵华自小长大的地方，特色农产品是他熟悉的家乡味道，文化艺术是他的爱好特长，数字融媒体是目前发展的趋势，为努力打造全国首家地市文农旅融合平台示范项目，赵华以专业知识和从业经验焕新起航，利用数字传播技术、互联网大数据等高新技术发展文化产业开发平台，策划创立了沧州多之彩数字传媒有限公司，打造"多彩沧州文农旅融合平台"。

项目致力于打造"多彩沧州"特色农产品和"沧州游礼"文创产品品牌，实施"特产＋文创"线上线下展馆建设，拓宽沧州特色产品的销售渠道，做强做大沧州市文农旅融合品牌效应，项目产品涉及 19 个县市区、700 余种农产品、260 余种文创产品，促使 110 余家农业产业化龙头企业、30 多家骨干文创企业提质增效，以文化产业带动乡村振兴。

多彩沧州成为新农村建设和乡村振兴工作的多维助手，开发文化产品种类 35 种，形成"多彩沧州"特色农产品品牌，品牌数量增加 100 家；带动大学生回乡就业、农村

人口再就业 2000 人以上；直播总场数超 1500 场，短视频播放量超 8000 万，带动新农人的崛起；带动沧州特色农产品和沧州文创产品年度销售超 300 万元，年度利润超 120 万元；为中国（沧州）大运河旅游宣传和产品开发，增加至少百万流量和百万元收益。

2022 年 1 月成立以来，多彩沧州先后荣获 2022 年第五届"中国创翼"创业创新大赛"河北创翼之星"奖，入选 2022 年"创青春"中国青年创新创业项目（乡村振兴头雁计划）支持计划，河北省第一批文化产业赋能乡村振兴"五个 100"典型案例、中国北方电商文化节 2022 年河北省首届电商行业（青年）职业技能竞赛十大新锐品牌。赵华带领团队踔厉奋发，建成全国首家地市文农旅融合平台示范项目。

西藏雪域循初心
情寄边陲勇担当

——河北建筑工程学院李杜荣

如何让我遇见你，在最美的时刻。

——题记

岁月无语，青春有言。柳青在路遥《人生》的序言中说，人生的道路虽然漫长，但紧要处常常只有几步，特别是当人年轻的时候。河北建筑工程学院 2016 届毕业生李杜荣大学毕业后，义无反顾选择扎根边疆，秉承着为民服务的宗旨，发扬勤奋务实的作风，认真完成各项任务，履行岗位职责。她像一朵盛开的格桑花，在阿里绽放属于自己的美。

一、心之所向是初心

"少时，在电视里看到令人向往的西藏，特别是看到孔繁森书记的先进事迹时，感动到热泪盈眶。在录音机里听到悠扬深情的《天路》，一次次动心，一次次跟着哼唱。想去西藏。"

"大学即将毕业时，我看到了阿里地区发到学校的一份基层公务员招录公告，特别心动。"她激动地说。2016 年 7 月，在国家政策的积极号召下，在父母"趁年轻去锻炼"的鼓励下，她和其他 64 名怀揣梦想的河北籍毕业生一起来到魂牵梦萦的西藏阿里，成为河北省到阿里地区工作的第一批专招生。在组织的培养下，她从一名高校毕业生变成了一名基层干部，和千千万万的基层干部一样从事着平凡的工作，她一直记得年少时那个指引她走进西藏、走进阿里、投身基层的梦想。投身阿里基层，是她遵从内心的选择，是与群众一道，在奋斗中追求人生价值。

二、行之所往显担当

"在拉萨、在阿里，组织为我们安排了一堂堂精彩的课程，给我们的心里种下了家国情怀的种子。在基层，我真正理解了什么是家国情怀，什么是群众感情。基层虽小，只要用心就能感受到时代的脉搏、群众的真情。边疆虽远，只要融入就不会感到寂寞。脚底沾着泥土的感觉，让人既踏实又充实。"

三、勇于磨砺提升自我

基层是块磨刀石，要想更好地实现人生理想，更好地服务群众，就必须在这块磨刀石上磨炼，立志气、去娇气、接地气、存锐气。"在基层有幸接触和服务过各类群体。工作中，我也得到了群众的支持。"来到阿里地区后，她先后在噶尔县狮泉河镇、阿里地区应急管理局、噶尔县委组织部、噶尔县委宣传部、噶尔县左左乡工作。她是"不忘初心、牢记使命"主题教育实践活动的宣传"小能手"，她是学习《习近平谈治国理政》、"四讲四爱"群众教育实践活动的负责人，她是安全生产一线的监管员，她是县乡换届、党建工作的中坚力量。她把磨砺当作提升自我的"助推器"，再苦、再累、再艰巨的任务，她都以饱满的热情投入工作中，虚心学习、踏实肯干，拓宽了知识视野，提升了工作能力。

四、"16字"箴言满满收获

她把"提笔能写、开口能讲，问策能对、遇事能办"作为干好工作的处事箴言，严格要求自己，不断锻造自己。六年里，她的文字功底和组织协调能力都得到明显提高。她被评为阿里地区"四讲四爱"群众教育实践活动"先进工作者"，2018—2021年连续三年被评为"优秀公务员"，荣获三等功。她积极协调各支部、单位做好"不忘初心、牢记使命"主题教育实践活动文艺汇演和知识竞赛等。网评文章《老师，我想对您说》被共产党员网加精刊登，《年青干部的"学习手册"》被共产党员网编辑推荐。个人先进事迹被《西藏日报》文章《璀璨明珠耀藏西》报道。她撰写的噶尔县扎西岗乡典角村村民尼吉拉姆先进事迹《笑对风雨绘就美丽人生》、团县委西部计划志愿者徐嘉文先进事迹《做高原公益事业的使者》等被《西藏日报》采用。《派送"廉政套餐"涤荡党员心灵》《基层干部的"苦"味》等文章在微信公众号发表，相关简报信息在微信公众号刊发。党建工作、作风改进、妇联工作、国家通用语言文字推广……她都干得有声有色。她还积极打造左左乡新旧西藏对比展室，征集老物件30余件，收集新旧对比图片60余张，以真实的史实、生动的教材揭露封建农奴制的残酷与黑暗，热情讴歌中国共产党带领农牧民群众当家作主，过上稳定、发展、富裕的美好生活。

五、爱之所寄多真情

"我也是从大山走出来的孩子，我懂他们，所以很愿意为他们做些力所能及的事。"2019年，在组织的信任培养下，她被调整为噶尔县左左乡政务综合办公室主任。2021年，在本职岗位工作两年后，她被调整为噶尔县左左乡党委副书记、组织委员。岗位

的变动对她来说，就是有更多的机会为老百姓服务。一次走访入户中，她了解到朗久村有一个只有兄弟两人的孤儿家庭，哥哥无法按时拿到毕业证，致使不能参加工作招聘。弟弟还未申请到孤儿补助，生活和学习需要一定的费用。她和村干部一起，收集两兄弟的相关材料，递交到县民政局。在县民政局工作人员热心帮助下，弟弟的孤儿补助已通过审批并发放。哥哥顺利申请到临时救助金，拿到毕业证，现已就业。

她积极参与疫情防控工作，主动和扶贫干部一起，了解贫困户需求，想方设法解决困难。她积极参加噶尔县左左乡"藏羚羊"志愿服务活动，帮残疾人做家庭卫生，和农牧民群众一起收割青稞……她把群众放在心上，以真情换真情，老百姓亲切称赞她"呀咕嘟"。

夏衍在散文名篇《野草》中，赞叹植物的种子是世界上力气最大的。种子的力量来源于向往阳光的"向上"，更来源于扎根沃土的"向下"，种子的本质是质朴，种子的精神是坚韧，种子的品格是奉献。她是一粒种子，没有惊天动地的举动，却有默默无闻的付出。

她说："一代青年有一代青年的职责，相信每一位投身边疆的青年学子都能在平凡的岗位上干出不平凡的成绩，聚木成林，点缀边陲，实现人生价值，绽放最美芳华。"

雄关漫道　播撒希望的种子

——河北外国语学院孟鹏

孟鹏，是一名优秀的中共党员，2014 年毕业于河北外国语学院工程造价专业，现为定州市盛图种子有限公司董事长、定州市为农农产品农民专业合作社理事长、定州市盛鸿家庭农场农场主。曾获"河北省农村青年致富带头人""新时代'冀青之星'优秀青年典型"等荣誉称号。

一、学习工作经历

大学毕业后，孟鹏积极投身农业生产，2016 年在定州市农业局、大辛庄镇政府的帮助下，他成立定州市盛鸿家庭农场，获得 2017 年省级示范家庭农场荣誉。

二、取得的主要成绩

孟鹏创办的公司承担实施了节水麦新品种技术试验示范、玉米新品种展示、高油酸花生新品种展示等，每年召开 10 次以上新品种新技术观摩会，接待 5000 多名新型农业经营者前来观摩学习。他的产品产量高、抗旱性强、抗病力强、综合表现突出，深受广大种植户的喜爱。新品种新技术观摩会发挥了很好的示范带动作用，加快了定州市农作物新品种新技术的推广。据专家测算，采用新品种及配套新技术的农户，亩均增收 50 元以上，全市实现增收 1000 万元。

三、勇于承担社会责任

习近平总书记说过，"小康路上一个都不能少"。定州市虽然是非贫困县，但是一些农户因劳动力弱或家庭成员得大病等，成为贫困户。他看在眼里，急在心里，竭尽所能，帮助贫困户增加一些收入。

（1）农场常年安排 4 名有一定劳动能力的建档立卡贫困户，在农场从事浇水、施肥、看护等简单农事田间管理；合作社雇用从事农业生产浇水、施肥、打药、看护等田间管理的工人达 300 人次。

（2）2020 年他为武汉红十字会捐款 5000 元，为大辛庄镇政府、西城区王会同村、明月店镇刘家店村捐物价值 6380 元。

（3）2021 年他为定州市农业农村局、西城区王会同村村委会、明月店镇刘家店村村委会捐物价值 12000 元。

（4）2022 年他为定州市大辛庄镇政府、明月店镇政府、砖路镇政府、西城区王会同

村捐献物资价值 10000 元。

　　"雄关漫道真如铁，而今迈步从头越"，孟鹏在党的惠农政策指引下，认真贯彻落实习近平总书记"三农"工作重要论述。孟鹏扎根农村，脚踏黄土，勤奋耕耘，用自己的心血和智慧，诚信经营农场，提升农产品品质，着力发展特色农业，带动更多的农户致富。

山西省

维护核心　服务中心
锐意创新　踔厉奋发
做党和国家复兴伟业巨轮上的
一枚合格螺丝钉

——山西师范大学教师高兵

多年来，高兵始终坚持以习近平新时代中国特色社会主义思想为指导，深入贯彻党的教育方针政策，以学习贯彻落实党的十八大、十九大、二十大精神和全国教育大会精神为主要任务，以维护党的领导为核心，以服务学校重点工作为中心，秉持改革创新的工作思路，以"撸起袖子加油干"的工作作风，秉承"管理育人、服务育人"的育人理念，积极研究新理论，发现新情况，运用新方式，全力推动学校毕业生就业工作深入发展，为培养出"德智体美劳"全面发展的社会主义建设者和接班人贡献着一名基层党员的力量。

一、天下至德，莫大于忠

高兵对共产主义信仰真学、真信、真实践。他严格按照党中央和学校的部署要求，主动进行"四史"学习，自觉贯彻"学史明理、学史增信、学史崇德、学史力行"的要求，积极将学习融入贯彻落实习近平新时代中国特色社会主义思想和党的十八大、十九大、二十大精神的实践中，在此过程中牢固树立了"四个意识"，坚定了"四个自信"，坚决拥护"两个确立"，坚决做到"两个维护"。

二、以对党的赤诚之心，做好大学生思想教育工作

紧抓理想信念，厚植爱国主义情怀，引导学生践行社会主义核心价值观。高兵从参加工作到 2019 年赴基层学院任职的 14 年中，无论春夏秋冬，都始终如一地参加学校周一清晨的升国旗仪式，他说"共产党员就是要在工作中锤炼党性和品格"。他先后起草了 10 届《毕业生毕业教育及安全文明离校方案》，重点强调以理想信念为主线，弘扬时代主旋律，深入开展世界观、人生观和成才观教育，鼓励广大毕业生将自身的职业理想融入实现中华民族伟大复兴梦想的奋斗中。近年来，学校已有上百名学生主动到祖国西部建功立业。

三、以对青年大学生的珍爱之心，创造性地开展就业工作

1. 创造性拟定了一系列计划、方案

他积极解决就业工作中的难题，系统总结了山西省的派遣分类原则，一举解决了多年来派遣分类原则口口相传的问题，有效提高了派遣准确率，得到了省厅有关部门的肯定。他拟定了《山西师范大学就业工作评优暂行办法》和《山西师范大学就业工作评

优指标体系》，为学校就业管理工作奠定基础，提升了学校就业工作管理水平。2022年，他拟定了《山西师范大学2022届毕业生就业工作方案》等多篇促进毕业生就业创业的通知文件，确保了学校就业工作"一把手"工程的实施，健全了"全员参与、全程指导、全力帮扶"就业工作机制，全方位为毕业生就业工作保驾护航。

2. 突破了"校园招聘会"局限，为毕业生搭建了求职新平台

为摆脱疫情对校园招聘会的局限，他想方设法打破原有形式，主动加强与地方的合作，发挥社会资源优势，采取自办和合办形式先后举办线上线下8场招聘会。一是举办了4场大型"网络视频"双选会，共吸引了来自全国的25个省市811家用人单位，提供就业岗位7912个，岗位需求达46375人。二是与太原市人力资源和社会保障局联合主办了攻坚行动山西师范大学站云招聘活动。三是对接运城市绛县教育局等多家用人单位开展线下校园招聘，帮助40余名毕业生落实了就业去向。

3. 举办了学校首届大学生职业生涯规划大赛

为提高毕业生生涯规划意识，提升毕业生职业生涯规划水平，他主动谋划、精心组织，开创性地组织了我校首届大学生职业生涯规划大赛，从中选出3名参赛选手在山西省选拔赛中取得了两个一等奖和一个二等奖的好成绩，学校也获得"优秀组织奖"。

4. 启动了毕业生创新创业培训

为提升毕业生的创新创业能力，他积极对接属地部门，借助地方力量共同开办了"大学生创业培训班"，填补了大学生从"创新创业教育"理论课程到正式创业之间的鸿沟，激发了更多有创业意愿的青年大学生加入创业大军。

5. 拟定了《大学生职业生涯规划和就业指导课程》实施方案

为进一步帮助青年大学生树立正确的职业理想、择业观、成才观，增强职业生涯规划的能力，提高职业素质和职业能力的自觉性，高兵通过请教兄弟院校、对接社会资源，拟定了符合学校校情的《大学生职业生涯规划和就业指导课程》实施方案，为学校就业指导工作课程化、体系化建设，就业指导教师的职业化、专业化建设奠定了良好的基础。

6. 改革了毕业生就业思想状况调研工作

他将原先零敲碎打的毕业生思想调研工作进行了改革，明确了毕业生就业思想状

况调研指标和调研频度。2022年形成了《山西师范大学2023届毕业生就业形势分析》等三篇调研报告。

四、以对高等教育事业的责任之心，担当作为，勇挑重担

高兵坚守着一名党员就是一枚始终为党和国家工作的螺丝钉的信念。他始终微笑着接待每一名毕业生、家长和用人单位，耐心地接听着每一个来电，认真地办理每一份就业手续。这些年中他共接待了4500多家用人单位，往返于临汾和太原，行程9万多公里，办理派遣手续52000余人次，从未影响一名毕业生就业；在他工作期间学校毕业生就业去向落实率始终保持在山西省高校前列，学校曾被省教育厅评定为"山西省普通高等学校毕业生就业工作先进集体"。

近两年来，面对疫情防控和学校迁建工作双重压力，高兵直面困难，勇于担当。2021年实现了毕业生就业落实率止跌回升。2022年在校党委、校行政的指导和帮助下，通过科学分析、精准调研、创新思路、压实责任、持续发力，顺利完成了省委省政府和学校制定的就业工作目标，毕业生就业去向落实率达到了近三年来的新高，确保了学校就业局势稳定。

青春之花绽放雪域高原

——山西林业职业技术学院崔卓

　　崔卓，1994年3月出生于山西太原一个普通的工人家庭，她的光芒绽放于2010年山西省第四届职业院校技能大赛上，她在市场营销项目（中职组）中取得了全市第一、全省第二的好成绩。尝到了知识的甜头，崔卓于2012年9月考入了山西林业职业技术学院经济贸易系会计电算化专业，继续她的专业梦想。大学三年，她刻苦钻研，成绩优异，综合素质突出，得到了老师和同学们的认可和赞誉。

　　学习之余，崔卓积极参加社会志愿服务工作。2014年9月，通过层层选拔，崔卓成为山西省博物院的一名志愿者，她认真搜集馆藏资料，了解展品的文化内涵，挤时间背诵讲解词，把一件件文物背后的文化故事传递给每一位来参观的人，为传播中华优秀传统文化、传播三晋文化贡献了自己的力量。

　　2016年4月，崔卓在网上看到了"喜马拉雅救助小组"招募支教老师的公益帖，目的地是西藏那曲地区尼玛县。对于22岁的崔卓来说，"支教"+"西藏"有种无法言说的魅力，呼唤着她奔赴。尽管当时的她对西藏的了解仅限于书上的介绍，但看到网上一张张照片里孩子们的笑脸和渴望知识的眼神时，她深深被震撼了，她觉得必须为这些孩子们做点什么。在等待审核结果的日子里，她着了魔似的搜索那曲尼玛的资料。尼玛，藏语的意思是"太阳"，她第一次知道那是一个平均海拔5000米，基本没有植被，靠近无人区的偏远小城，如果说西藏是世界屋脊，那么尼玛便是世界屋脊的脊梁。她问自己：真的要去吗？不久她接到了项目组潘老师的电话，通知她尽早入藏。而此时的她经过深思熟虑，下定决心入藏支教，她这样说服家人："人这一生总要做点有意义的事情，尼玛是我实现人生理想的地方。"

　　到达拉萨，尼玛县教育局局长亲自开着车来接他们，同行的还有另外3名志愿者，早上8点出发，晚上11点终于到达了尼玛县城。尽管做了充分的心理准备，尼玛还是以各种方式考验着崔卓。她刚到的一个月，高反、感冒、支气管炎轮番上阵，崔卓的应对方法很原始，能扛就扛，扛不住就去卫生院挂个盐水，一个月下来体重减了30斤。当时学校没有自来水，老师们天天忍着高反，顶着凛冽寒风，对于从小生活在城市，没怎么吃过苦的"90后"来说，其痛苦程度不言而喻。而尼玛的孩子们已经习惯了在结着冰的河水里洗头洗衣服，女孩子来例假了，同样也泡在冰水里，这让崔卓这些志愿者们无比心疼。孩子们没有语言环境，基本上不会说汉语，也听不懂普通话，崔卓渐渐琢磨出了一套自己的教学方法。牧民的孩子们天生爱唱歌，她就把古诗词编成一首首动听的歌曲；孩子们最喜欢故事，她就把书本上的知识和做人的道理编成故事；

学校没有乐器，她就用自己攒下的生活费买竖笛，教孩子们吹奏。孩子们病了，她就给他们买药，带他们去看病打针；衣服破了，她就一边帮他们缝补，一边教他们针线活儿；冬天孩子们没有棉衣棉被，她尽己所能买衣服鞋袜，想尽办法四处募捐，不仅解决了孩子们的冬衣棉被，还给当地的牧民送去了爱心衣物。

日复一日，崔卓成了尼玛孩子连接外面世界的纽带。带孩子们去草原唱歌时，她会告诉他们，翻过一座一座的山，内地的城市里车水马龙，人来人往，灯火通明，就像赛马节时的篝火和人群。越过一座一座的城，最东边就是一望无际的大海，那颜色就跟看不到边的色林措一样。

年复一年，孩子们回报给崔卓以海拔 5000 米的浪漫和依恋，崔卓说："我永远记得那个画面，夕阳西下，牛羊成群，雪山皑皑间歌声嘹亮，孩子们拉着我一起跳锅庄，灿烂的笑容像盛开的雪莲花！"孩子们对着雪山许愿：老师，我们最大的愿望就是跟你永远在一起！于是，崔卓就真的再也不舍得走了，她是唯一一个在支教结束后主动返回尼玛县小学的志愿者。

她这一待就是七年。七年间，同行的人来来去去，崔卓却像高山上的雪莲花，顽强地扎根在海拔 5000 米，从一名支教志愿者成长为尼玛小学正式编制教师，再成长为尼玛小学校长，见证着那曲地区教育事业的发展变化。一说到那曲的教育，崔卓滔滔不绝："国家在西藏全面普及基础教育的政策真的很有效果，潜移默化中改变了牧民的生产和生活方式，也改变着新一代牧民的命运。现在那曲的基础教育设施改善很大，新建了学校综合楼、宿舍楼、办公楼、多媒体互动阅览室、互联网远程教学平台，孩子们真的赶上好时代了！"说起自己的故事，她轻描淡写地说："其实我也没做些什么大事，就普普通通地做了些力所能及的小事。"

崔卓把人生中最美好的年华献给了那曲尼玛，不仅适应了尼玛的风沙、寒冷以及稀薄的氧气，也收获了孩子们的信任、依恋以及为之奋斗一生的事业。她说这就是她的理想，海拔 5000 米，她将为之奋斗终生。

扎根乡村　助农脱贫

——山西财贸职业技术学院王亚妮

王亚妮，生于 1995 年 1 月，山西平顺人。她于 2013 年 9 月进入山西财贸职业技术学院就读，2016 年毕业后留校任专职辅导员三年，2019 年返乡创业，带动父老乡亲种植和销售当地的五谷杂粮，现任平顺县龙溪镇南坡村党支部书记、村委会主任和平顺县安达种植专业合作社理事长。2020 年荣获"长治市十大青年致富标兵"称号，2021 年在长治青年创新创业大赛中荣获乡村振兴示范奖和实创组三等奖，2022 年荣获"山西五四青年奖章"。

一、刻苦学习，精益求精，全面发展

在山西财贸就读期间，她思想政治积极向上，专业学习刻苦研读，与人相处和谐友善，能够积极参与学校组织的各项活动，多次获得"励志奖学金"和"学习标兵""三好学生""文艺标兵"等荣誉称号。同时作为会计系的一名学生干部，她更是为广大同学提供力所能及的服务，凭借优异的成绩和大家的认可，在 2015 年 6 月 30 日加入了中国共产党。

2016 年毕业后经过学校选聘，多层次筛选，她成为学校的一名专职辅导员。她业务突出、工作负责，获得了领导和同事的一致好评，多次被学院评为"优秀班主任"。

二、不忘初心，扎根农村，助力精准电商脱贫

2019 年，平顺县脱贫攻坚工作进入决胜之年，也是全县电商蓬勃发展的关键之年，在得知此消息后，她积极响应政府号召，毅然回到家乡，从零开始，发展农村电商。回乡后，她抓紧学习扶贫政策和电商知识，走访入户统计群众滞销农产品的种类和数量，积极联系农产品企业进行收购，在搞好销售的同时，通过"合作社＋农户＋企业"的模式形成集种植、销售为一体的订单式种植模式，确保了群众的稳定增收，同时也为广大群众提供各类农产品包装袋、农资、农产品等服务工作。2019 年，她帮助群众销售小米 6000 余斤、核桃 500 余斤、党参 500 余斤，还有豆类、玉米糁、土豆、花椒、软枣、柿饼、萝卜丝、西红柿酱等农副产品若干，直接带动群众增收 14 万元。2020 年，合作社根据往年的经营销售情况，同周边五个村的农户签订种植收购协议，种植黑小米 200 余亩、辣椒 100 余亩，直接参与合作社的农户 400 余户，其中含 120 余贫困户，每户年增收约 4000 元。

三、服务平台不断完善，基层电商服务队伍不断壮大

为了使农村电商真正在农村扎根，不断成长壮大起来，2020 年 1 月她自费建设了小作坊，购置了真空包装机，设计了包装袋，对产品进行了提档升级，为产品进入超市、上架京东、做企业员工福利等奠定了基础，使产品整个销售流程更加规范化。9 月她和弟弟又说服了父母一起加入到农村电商中来，他们一起将成品带到长治各县（区）进行展销推广，与此同时和弟弟共同在淘宝、微店上申请了店铺，并通过朋友圈、惠农网等新媒体进行大力宣传推广。

四、抓培训、提素质、强基础、稳增长

为了更好地提高电商业务水平，她先后 13 次参加省、市、县举办的各类电商技能培训，不断学习网店销售新思路、新办法，真正做到了边学边用，确保了店铺的规范化和职业化。随着直播和短视频的发展，2020 年 1 月在县电商办的指导下，她开通了淘宝直播账号，姐弟俩开始学习各种直播技巧，购买简单的直播设备，一起做直播。之后带动自己的父母，全家四口人一起做直播。他们白天收购和整理农户的产品，晚上一起做直播，一开始观看人数很少，没有销量，通过坚持和不断地学习技巧，慢慢地粉丝增加了，也有了不错的销量，最好的一次直播销售是 2020 年 9 月，直播四小时售出五斤装的黑小米 98 单。晚上直播后她还利用 1～2 小时自学 PS，用于店铺图片的设计。

五、牢记使命、不畏艰难，富民项目初见成效

随着业务的发展，她不限于帮助本村的百姓销售产品，也开始在邻村甚至整个镇里跑来跑去。为了拓宽农产品销售渠道，她没有足够的资金，于是向县政府求助，申请低息授信额度，用于农产品收购、包装设计、店铺运作和日常周转。作为一个"90 后"女孩，她在农业农村的发展上可谓呕心沥血，从创业初期到现在遇到过很多困难，也像许多女生一样哭过，但是她从不放弃，始终坚信方法比困难多，每每想起老百姓拿到销售产品的现金收入时的笑容，想起老百姓说"只要你收我们就种，这是我们唯一的收入来源"，她就力量十足，重新回到奋斗的路上。2021 年，合作社销售额突破百万

元。2022 年合作社还试种了黑糯玉米、水果玉米、豆类，以及其他杂粮和季节性农产品，销售额突破 150 万元，乡亲们的收入也翻了一番。

六、敢担当，勇作为，推动乡村振兴发展

2021 年 11 月她当选南坡村的党支部书记、村委会主任，她不限于电商发展，更着力于谋划家乡振兴，上项目、解难题、干实事。一年半的时间，家乡有了明显的变化，未来她还要多"走出去""引进来"，走出一条属于南坡村的乡村振兴道路，努力做一名让广大父老乡亲满意的农村工作者。

扎根边疆　投身教育事业

——运城师范高等专科学校闫忠伟

　　闫忠伟，2012 年 9 月至 2015 年 7 月在运城师范高等专科学校中文系语文教育专业学习，在接受教育期间他始终做到校训所说的"端本诚中，乐善为师"。他始终以成为一名优秀的教育工作者为己任，抓住每一个可以增加自己知识积累的时刻，坚实走好每一步，为自己未来从事教育工作打下坚实的基础。他积极参加社会实践与各项活动，丰富自己的业余生活，增长见识，开阔眼界。

　　2015 年 3 月至 2015 年 6 月他在艾力西湖镇中心幼儿园实习。作为一名实习教师，他把每一个孩子都看作自己的家人，在孩子的心目中，他也是一位非常和蔼的大哥哥。在学习上，他有无限的耐心帮他们解决任何难题，每天早出晚归、甘于奉献，在他看来这是己任。在生活上，他会了解每一个孩子的家庭情况，经常自掏腰包帮助孩子解决经济上的困难，实习期间微薄的收入都被他用来帮助孩子，在学生、家长、同事的心目中，他是最优秀的实习工作者。

　　2015 年 8 月至 2017 年 3 月他担任莎车镇中心小学教师。去了新的学校，虽然环境陌生，但他有了更大的舞台去展现自己，"春蚕到死丝方尽，蜡炬成灰泪始干"是对他的真实写照。有了之前的教育实习经验，他知道和家长沟通在教育工作中十分重要，由此便去学生家中实地走访，了解情况，和家长沟通。在大家心中，他更像是生活中一位不可缺少的朋友。

　　2017 年 4 月至 2017 年 10 月他担任莎车镇中心小学副校长，成为一名教育管理工作者。他肩上的担子更重了，学生、教师的生活和工作，都成为他生活的一部分。

　　2017 年 11 月至 2020 年 3 月他担任莎车县城中街道办事处中心小学校长。几年工作总结，让他分析出普通话在教育中的重要性，只有做好普通话教育，学校才有更好的发展，学生才有更好的未来。普通话工作的突破，让学校的成绩也迎来了新的飞跃，由全县四十多名一跃到了前十名，他的努力也得到了大家的肯定。他于 2018 年 10 月在新疆乡村中小学校长培训中被评为"优秀学员"，2019 年 9 月 3 日被莎车县教育局授予"优秀教育管理者"荣誉称号，

2019 年 9 月 9 日被中共莎车县委员会授予"优秀教育工作者"荣誉称号。

2020 年 4 月至今他担任阿瓦提镇中心小学党支部书记，虽然工作调动了，但他为教育事业奉献的决心依旧坚定。来到新的学校，他先摸排清楚学校各方面存在的问题，该校的学生成绩一直处于全县的中等水平，他发现学生有很大的进步空间，只要给学生创造更好的学习环境，他们势必会进步。因此他制订了一系列的规则与措施，继续大力推行普通话教育，让大家在日常交流中不断进步。教育的进步不是一蹴而就的，经过点滴积累才能引发质变，这就要求他每时每刻抓紧落实，不能有丝毫懈怠。他是一名合格的监督者，时刻提醒大家语言环境的重要性。阿瓦提镇整体经济水平落后，部分学生家庭情况不理想，购买学习用品对他们来说并不容易，闫忠伟经常带头组织募捐，所筹善款用来给这些学生购买衣物和学习用品。他曾经说过：看到学生的笑脸就是最高兴的事。他一直也是这样做的。他还告诉学校教师，作为一名教育工作者，要对得起阿瓦提镇的乡亲。他引导教师以教书育人为己任。经过他的努力，阿瓦提镇中心小学成绩突飞猛进。他于 2021 年 2 月 26 日被莎车县教育局授予"教学双达标先进个人"荣誉称号，2021 年 9 月 16 日被莎车县教育局授予"教学双达标个人"荣誉称号，2022 年 9 月 6 日再次被莎车县教育局授予"教学双达标个人"荣誉称号。

在他看来，这几年的经历是平平淡淡的，他只是做了自己该做的事情，但在周围的人看来，他值得大家敬佩，因为他始终如一、不忘初心。他的经历激励了运城师范高等专科学校的莘莘学子，鼓励他们相继来到祖国的西部，在这片土地上发光发热。

扎根雪域献青春
勇做时代初心人

——山西工商学院畅豪

畅豪，1993 年 8 月生，山西运城人（籍贯山西浑源），2015 年 12 月加入中国共产党，2016 年 7 月参加工作，山西工商学院毕业，本科学历，工商管理学士学位，现就读于中共西藏自治区委员会党校公共管理专业（在职研究生）。

畅豪本科毕业后响应国家号召，参加"专招计划"被分配到西藏自治区林芝市波密县玉许乡，历任玉许乡科员、四级主任科员、机关党支部书记、团委书记、政法统战委员、组织宣传委员等职务，现任玉许乡党委副书记、机关党支部书记。基层工作近七年的时间里，畅豪在脱贫攻坚、疫情防控、基层党建、平安建设、经济发展等急难险重工作中充分发挥了党员先锋模范作用，先后荣获林芝市公务员岗前培训"优秀学员"、林芝市"特别优秀专招生"、波密县"优秀公务员"（2 次）、玉许乡"优秀党务工作者"等荣誉。他真抓实干、勤恳务实，用实际行动践行了一名共产党员的初心使命。

一、坚定理想信念，争做党员表率

畅豪自参加工作以来，一直重视理论学习，始终坚持用党的理论和习近平新时代中国特色社会主义思想武装头脑，随时针对自己所处的不同工作岗位和工作特点，挤出时间学习相关报告和辅导材料，不断提高思想认识和政治素养，树立了踏踏实实做人、勤勤恳恳做事的思想理念，具有较强的公仆意识，是一名合格的中共党员。作为一名党员干部，他始终以党员的标准严格要求自己，出色地完成各项工作任务，能时时处处以党员干部的标准严格要求自己，在思想政治、工作作风、服务群众和遵章守纪等方面充分发挥共产党员的先锋模范作用，以饱满的工作热情、扎实的工作作风、优异的工作成绩，赢得了广大农牧民群众的一致好评。

二、坚持真抓实干，认真履职尽责

近七年的基层工作，畅豪时刻培养自己"难事面前不低头，大事难事敢担当"的精神品质，成为玉许乡干部队伍中勇立潮头、善站排头、敢于亮剑的"冲锋尖兵"。一是在驻村下村工作当中，畅豪担任玉许乡麦差村驻村工作队长、第一书记期间，起早贪黑、任劳任怨，先后协助村"两委"规划村集体经济发展前景，本着"授人以鱼不如授人以渔"的工作理念，帮助麦差村群众建设了本村的养猪场、农家乐等村集体经济发展项目，改变了当地群众"等靠要"的落后思想，为当地群众的致富增收提供了新的发展路

子。他驻村期间先后走村入户 400 余次，帮助群众调解矛盾纠纷 100 余起，厘清基层党建、精准扶贫、安全生产、驻村重点任务等 200 余项工作资料，完善了"四议两公开"工作机制，得到了麦差村群众的一致认可。二是在脱贫攻坚工作中，畅豪争勇创新、兢兢业业，协助乡党委政府积极开展广州市黄埔区对口支援玉许乡工作。三年中他先后与广州市黄埔区对接工作 70 余次，完成各类支援项目 20 余个，各类支援物资、资金、设备等 1000 余万元，玉许乡从此在文化旅游、基层党建、经济发展、精准扶贫、基础设施、教育卫生、干部交流等各方面焕然一新，改变了曾经的"老、旧"面貌。特别是他创新提出的"异地产业发展模式"，在广州市黄埔区夏港街道、鱼珠街道和玉许乡的三方努力下，玉许乡在广州市生物岛建立了异地光伏电站项目（系林芝市首个乡镇级异地产业），帮助玉许乡（林芝市第二大乡镇）突破了财政零收入的历史困局。三是在疫情防控工作中，西藏疫情暴发初期，畅豪受乡党委委托，主持乡政府工作，采取了一系列措施，在广大农牧民群众的积极配合和广大干部的真抓实干下，玉许乡未曾出现一例阳性患者。在疫情中后期，畅豪负责的小组涉及 3 个行政村、7 个乡直单位、3 所寺庙、2 个集镇的疫苗接种、人员管控、消杀消毒、核酸检测等一系列防疫工作，涉及人员 1000 余人。玉许乡地处偏远农牧区，许多农牧民群众思想较为落后，对于防疫工作的配合认识不足，防疫工作推进难度很大。针对这些困难，畅豪积极作为，不辞辛劳组织干部通过走访、电话沟通等方式，连续工作 120 余天，宣传疫情政策、开展疫苗接种、组织核酸检测等，让广大农牧民群众明白了防疫工作的重要性、紧迫性，同时也圆满完成了防疫工作任务。四是在基层党建工作中，畅豪发扬"三牛"精神，甘于奉献、创新有为。他创新设计建设了玉许乡智慧党建展厅（系林芝市首个乡镇级党建智慧展厅），因为工作单位在西藏农牧区，很多党员群众不认识汉字，展厅设计中，他本着实事求是、群众路线的想法，将展厅涉及文字全部使用藏汉双文。许多党员群众到展厅培训和学习后，纷纷表示藏文的翻译有利于他们进一步加深对党史、红色历史人物、当地政府政策的了解，有利于他们更好地自主学习党建知识，有利于他们加快国家通用语言的学习。西藏的很多农牧民党员没有去过内地城市，也没有机会去红色历史景点进行学习参观，通过展厅 VR 设备，很多党员群众参观了"毛泽东故居""周恩来故居""天安门广场"等红色景点，学习了"狼牙山五壮士""飞夺泸定桥"等红色历史的精神，开阔了视野、丰富了精神、坚定了信仰。

三、坚守清正廉洁，不忘党的培养

蓝图已经绘就，重任仍在肩头，近七年的基层工作中，畅豪始终把党、国家和人民放在心头，一个不满 30 岁的年轻干部，已有了少许白发，这些白发代表着他对党和国家的忠诚、对人民的责任。畅豪是新时代清风正气的坚持者和受益者，玉许乡的干部群众说：畅豪是一个有原则、有底线，能秉公办事、公私分明、干干净净的好干部。

藏西一隅的扶贫故事

——山西财经大学谷涛

谷涛，山西大同人，1995 年 8 月出生，2017 年 6 月加入中国共产党，本科学历，山西财经大学国际贸易学院贸易经济专业 2018 届毕业生。毕业后，为响应国家新一代青年支援边疆建设的号召，他主动加入西藏阿里地区 2018 届专招生队伍，任噶尔县昆莎乡人民政府科员，同年 10 月被借调至噶尔县扶贫开发办公室参与脱贫攻坚工作，并以扶贫干部、乡村振兴干部的身份在海拔 4500 米的西部边陲工作至今。

一、做慎思笃行、臻于至善的扶贫干部

参加工作以来，谷涛主要从事党务、文字材料撰写工作，负责噶尔县小额信贷和钻石卡办理等金融扶贫业务，参与办理小额信贷业务 364 笔，总金额达 1667.5 万元，通过助推金融扶贫，极大提高了本县建档立卡户的生产生活水平。他经常深入贫困群众家中进行慰问，宣传扶贫政策，发放纪念品，了解群众的生活状态和需求。2019 年他与同事合力举办"我的脱贫攻坚故事"演讲比赛、"噶尔县脱贫攻坚知识竞赛"等活动，让扶贫理论宣传深入人心，把雪域高原上脱贫攻坚的强音讲出来，将脱贫攻坚的模范推举出来。2020 年，他参与了噶尔县"新时代青年说——我与祖国共成长"主题演讲比赛，以《扶贫路上的梦与星火》作为演讲主题，把扶贫干部的心路历程写进文章中、讲述在舞台上。他还到左左乡朗久村、扎西岗乡扎西岗村及狮泉河镇藏布居委会等地进行宣讲，按照以案示警、以案明纪的原则，指明扶贫领域腐败和作风问题的特点。在参与阿里地区学习《习近平谈治国理政》第三卷暨迎国庆演讲比赛时，他以《我与我们的长征》作为演讲主题，把扶贫路上的情感体悟讲述出来、把扶贫精神宣扬出来，荣获第一名的佳绩。

二、做学思用贯通、知信行统一的践行者

高原上的生活同家乡有很大差别，特别是高寒缺氧的生存条件带来了严苛的挑战，谷涛在 2020 年年初罹患肺水肿，尽管如此，他仍出色地完成了上级交办的各项任务，他的努力给噶尔县的党员干部留下了深刻印象，获得了领导同事的一致好评。谷涛曾荣获"噶尔县 2019 年度优秀共产党员""噶尔县 2019 年度脱贫攻坚成果巩固先进个人""教育部学生服务与素质发展中心 2022 年第五届'闪亮的日子——青春该有的模样'大学生就业创业先进人物"等称号。鉴于谷涛在脱贫攻坚工作中的优异表现，2021 年 10 月至 2022 年 4 月，他被借调至阿里地委组织部工作，其间，他完成两期《藏西先锋》杂

志的编印工作，完成第一期党务工作者履职能力提升培训班开班式上的讲话、全地区组织部长会议新闻稿等材料的撰写，形成了《培育锻造符合"四个特别"要求的民族地区干部队伍》《续写羌塘腹地牧区改革新篇章——抢古村深化牧区改革工作见闻》等理论文章、信息简报。其中，《阿里地区抓住"三个关键期"提高抓党建述职评议考核"含金量"》刊发在《西藏组工信息》（第 46 期）上，《在戈壁滩上走出的小康示范村——噶尔县昆莎乡噶尔新村建设小康示范村纪实》刊发在《藏西先锋》杂志上。

三、做热心公益、乐于服务的志愿者

多年来，谷涛积极参与志愿服务，担任噶尔县扶贫联合团支部书记，加入噶尔县青年志愿者协会，多次参与"守护母亲河""慰问困难党员"等活动，策划了以"以读书增智慧，以智慧促振兴"为主题的读书倡学、荐书导学、赠书助学活动和"走好'最后一公里'，连通'最后一公里'"主题党日活动。2022 年 8 月西藏出现疫情，谷涛主动报名参与抗疫，严格按照组织安排，深入街巷开展抗疫工作、接受闭环管理，累计参与抗疫 105 天。在闭环管理期间，他同其他同志一起化身"勤务员"，逐户摸排返乡意愿、逐张填写出藏人员审批表和居家健康监测表、逐日将居民送出小区、逐个打电话确认是否平安回家，挨家挨户敲门，提醒居民倾倒垃圾，为他们配送生活物资和用水并详细询问其需要及诉求，背负沉重的喷雾器进行消杀，打起手电筒踏遍社区的每个角落，时刻准备参与居民的接送任务，受到了网格领导和广大居民的一致好评。

四、做严于律己、不断追求的写作者

在工作之余，谷涛坚持写作，将写作内容同自己的本职工作相结合，以写作的形式歌颂脱贫攻坚，以演讲的方式颂扬阿里地区的新发展新成就。他在共青团阿里地区委员会"青春向党·奋斗强国"演讲比赛、阿里地区党史学习教育"'红动阿里·我心向党'红色故事我来讲"主题演讲比赛、

噶尔县新时代文明实践之"永远跟党走"演讲比赛等活动中均取得佳绩。他的个人作品《扶贫路上》在共青团西藏自治区委员会"庆祝中国共产党建党 100 周年 西藏和平解放 70 周年青年主题活动'Ta 改变我的生活'征文比赛"中荣获三等奖，撰写的文章《大熊猫的未来，我们的未来》《棉被传递的温暖》入选"学习强国"平台，《德吉的糌粑故事》荣获国家粮食和物资储备局宣传教育中心举办的征文比赛优秀奖，《送别》刊发在《科幻画报》（2021 年第 6 期）并收录在知网中。

作为一名在高寒缺氧艰苦地区参与扶贫、乡村振兴工作的党员干部，谷涛的工作实践体现了一名共产党员应有的品质和风采，也彰显了一名年轻干部应有的精神和意志，他的品格和信念正在影响、感染着更多的干部群众。

脱贫攻坚第一线绽放青春之花

——中北大学吕伟儒

2021年2月，中共中央、国务院授予打安镇人民政府"脱贫攻坚先进集体"荣誉称号。当象征着荣誉的牌匾被传递到打安镇所有扶贫工作者手中时，之前的过往如电影般一幕幕闪过，同时也激荡起他们心中磅礴的力量，激励着他们沿着党和政府锚定的人民群众对美好生活的向往继续踔厉奋发、勇毅前行。该镇扶贫工作站负责人、现任南开乡副乡长、中北大学2017届本科毕业生吕伟儒就是其中的一员。

吕伟儒一直任职于海南省艰苦边远地区乡镇，2017年为响应打赢脱贫攻坚战，全面建成小康社会的号召，选择并考入了海南省唯一深度贫困县（国家级重点贫困县——白沙黎族自治县）的艰苦边远乡镇工作。踔厉奋发，勇毅前行，在基层一线展现新时代青年干部的风采，任职脱贫攻坚大队部负责人期间，打安镇人民政府荣获中共中央、国务院授予的全国脱贫攻坚先进集体称号，得到了人民群众的认可和支持，也得到了组织的肯定并委以重任。

一、夙夜在公，用真心服务换取真情拥护

海南省白沙黎族自治县是黎族苗族等民族聚居的山区县、革命老区县、国家级重点贫困县。吕伟儒入职乡镇后就立即投入了脱贫攻坚工作，在入职后的第五个月，被派出贫困行政村（朝安村）驻村工作组副组长，也迎来了真正意义上的"难题"——自然村（长流村）整村改造。

民族地区人口密度不大，但是脱贫攻坚情况极为复杂，特别是涉及土地问题。长流村共83户344人，其中54户213人为贫困户，因住房问题未能顺利脱贫，随处可见土坯房、狭窄泥泞的村道，解决住房保障问题和村庄基础设施建设迫在眉睫。吕伟儒作为该贫困村驻村工作组副组长，主动带领村委会对该自然村进行摸排调研，一户一户地走，一户一户地核实，加班加点摸清了长流村民房布局和群众意愿，情况比想象的还要严重，前期原址重建的想法不可能实现，只能重新整村规划分配宅基地。

方向变了，难度大了，但是他打赢脱贫攻坚战的决心没变，由易到难，不分昼夜和村民交换意见化解矛盾。他坚定了路虽远行则将至，事虽难做则必成，最终经村民大会表决同意，无偿重新规划使用整村建设用地，在项目实施后，他研究制定了危房改造进度控制表，对危房改造进度、资金拨付、施工单位进行统一管理，得到了县领导的肯定并推广，保障了整村改造项目如期完成，54户贫困户如期实现脱贫，群众获得感、幸福感和安全感得到极大提升。

二、担当作为，用实际行动换实效先进

自投身基层一线后，吕伟儒表现出新时代干部的担当作为，忠诚于党和国家，全心全意服务人民。他在乡镇工作时，如履薄冰、兢兢业业，组织交办的工作高质高效完成，人民群众的要求也积极回应，即便夙兴夜寐也毫无怨言。

2020 年是全面建成小康社会目标实现之年，是全面打赢脱贫攻坚战收官之年，在这一年里，组织决定给他压压担子，将他调整到镇脱贫攻坚大队部担任负责人，统筹全镇脱贫攻坚工作。脱贫攻坚大队部是全镇脱贫攻坚的中枢，意义非凡、责任重大、使命光荣。管理全镇建档立卡脱贫户 1217 户 5100 人防返贫工作和四个脱贫村的帮扶工作难度巨大，任职后他通宵达旦梳理历史遗留问题并提出解决建议。全镇顺利通过了脱贫攻坚督查普查、数据质量考核、全省乡镇"大比武"、国家资金绩效考核等，全年梳理完成问题整改 121 项，全镇扶贫工作成效显著。

吕伟儒在脱贫攻坚大队部任职期间，得到了人民群众的认可和党委政府的肯定，2020 年度被评为"优秀公务员"并获得其他表彰。他任职期间打安镇人民政府先后获得"全省脱贫攻坚大比武优胜乡镇"流动红旗（2020 年 11 月）以及中共中央、国务院授予的"全国脱贫攻坚先进集体"荣誉称号（2021 年 2 月）。

三、矢志不渝，用青春年华换人民幸福

吕伟儒用实际行动践行初心使命，诠释了新时代青年忠诚于党和国家，忠诚于人民。在五年多的时间里，吕伟儒还兼任过镇武装干事、镇纪委委员、镇党建办主任等职务，其中在武装部工作时，共将 32 名适龄青年送进军营并做好国防教育工作，任职期间镇人武部获得全县征兵先进单位称号；在 2020 年年底，为做好 2021

年村级换届工作，组织将其调整兼任镇党建办公室主任，统筹全镇村级换届工作和党员发展教育管理工作，最终全镇 10 个村（居）"两委"顺利完成换届。

2021 年 10 月在乡镇换届中，组织对他委以重任，将他调整为南开乡提名副乡长候选人，并经乡人大会议全票当选。那一天，他对着全乡的代表，用"忠诚、干净、担当"这三个词进行表态。吕伟儒始终秉持为民服务初心和"功成不必在我，功成必定有我"的责任感和使命感，把个人的理想追求融入党和国家的事业中，怀抱梦想又脚踏实地，敢想敢为又善作善成。当选后主动要求分管乡村振兴、民政等重难点工作，义无反顾继续扛起乡村振兴的旗帜，向着党和政府的锚定的工作目标和人民群众对美好生活的向往继续踔厉奋发、勇毅前行。

立足岗位践初心
不懈奋进担使命

——太原理工大学侯真谋

一直以来，侯真谋在就职的西藏自治区班戈县，工作兢兢业业、尽职尽责、一丝不苟，很好地完成了上级交办的各项工作任务，得到了领导同事们的一致肯定和好评。特别是"十三五"期间，他坚持"严谨、务实、创新"的工作作风，出色地完成了脱贫攻坚农村饮水安全工作，为圆满完成全县脱贫攻坚、建设全面小康社会作出了一名青年干部应有的贡献，并于2022年3月被授予西藏自治区"全区水利系统先进个人"荣誉称号。

一、聚焦项目，狠抓建设管理

（一）深入基层、踏实苦干

2017年以前，班戈县农村饮水安全工作仍处于落后阶段，已建设施覆盖面极不均衡，且因工程设计、施工技术标准不高，又长期缺乏科学有效的管理，多数未正常发挥效益。为切实解决此项牧民群众最关心、最直接的生活问题，确保班戈县打赢脱贫攻坚战，侯真谋积极发挥专业特长优势，坚持以基层调研为核心，先后多次带队进行人饮工程摸底排查，通常一下去就是十天半个月不回县上，吃住都在村里，真正做到了深入群众、贴近群众。根据调研成果，他总是第一时间向局领导班子汇报，建议相关工程规划部署。为做好后续跟进，他对于自己实地发现的问题点做到经常询问，有机会就再次奔赴现场予以复核，时刻保持"服务""负责"的心态。2017年至2021年，班戈县累计实施饮水工程14050余万元，实施工程点1553处。在农村饮水工程监管中，侯真谋不辞辛劳，足迹遍布全县10个乡镇86个村（居）以及500余个自然组。

（二）因地制宜、作出实效

根据县内饮水安全工作中出现的问题，侯真谋积极探索解决的方法措施，主动与有经验的领导同事、施工人员、设计人员、监理人员等碰头探讨，勇于摒弃老旧的思想理念，向局领导班子讲真话、建真言、献良策。班戈县平均海拔4700米，手压井等工程类型难以达到供水保证，在侯真谋等人的有效调研成果的支持下，及时改变了施工方案，确保了工程资金不浪费。考虑到牧区人口分散的实际情形，侯真谋建议实施太阳能简易机电井项目，具有成本相对较低、出水相对较好、供水相对稳定、水质相对较优等优势，较好地解决了分散住在上坡等难出水地方的牧民群众饮水困难问题。

（三）立足当下、谋划未来

侯真谋具有一定前瞻性眼光，在水利项目规划时既立足当前现状，又积极着眼未来发展。他发现水利工程落地实施和规划设计存在衔接不当的问题。为此，他积极做好水利项目规划储备，在下乡过程中认真思索、寻找水利工程切实需求，在乡镇、村居申报项目时做好备案，及时复核论证，凡是符合要求的一一纳入本级储备清单，填写清楚建设内容、建设规模、初步投资、受益情况、需求等级，确保后续及时申报，尽早解决群众急难所盼。

二、不忘初心，践行服务宗旨

水利是一项直接面向基层一线，面向牧民群众的民生事业，时而有群众到单位询问和申报项目需求，侯真谋总是热情接待，乐于直面群众的需求，能解决的当面予以回复，不能直接解决的总是做好备案，耐心告知缘由，并在工作中时时挂念，一有办法及时解决。作为汉族同志，他也时常受到语言不通的影响，但是都会积极寻求藏族同事的帮助，绝不因为困难而不作为、慢作为、乱作为。

工程建设难免有劳资纠纷问题。为确保各族农民工合法权益得到有效保障，他十分注重施工单位的监督管理，每年工程开工建设前，均认真做好施工台账登记，并且交代企业做好工资结算与劳动合同签订工作。时间允许时，他会请示单位领导，派专人或自己前往现场监督民工工资发放，做好支付凭证保存。每一次，他收到有拖欠工资现象反馈时，总是第一时间进行核实，如果属实就当成自己的事来办，积极向司法部门、人社部门人员咨询学习有关法律法规、工作经验，协助其合法讨薪。在水利岗位期间，经由他办理的信访案件均实现了实体性化解。

三、积极进取，不断完善自我

侯真谋参加工作以来，立足工作岗位需要，始终坚持学习党的优秀理论和各类业务知识，守正创新、勇毅前行，立志做一名有理想、敢担当、能吃苦、肯奋斗的新时代好青年、人民公务员。

离开水利岗位到县委政研室工作后，他第一时间体会到"写作水平不高和视野格局不大"等弱项，于是积极向身边的领导同事请教写作技巧和方式方法，了解掌握通报、通告、请示、简报、讲话、主持词、致辞等各类公文格式。除此以外，他每天坚持通过"学习强国""网信班戈""羌塘先锋""西藏发布"微信公众号等平台，了解党政大事，认真读书、读报，着力提高写作水平；积极向县委办同事学习办文办会知识，不断丰富自身知识结构。受益于此，他参与完成了班戈县委九届三次、五次、六次全会报告及县委经济工作报告等大型材料保障工作；在西藏疫情暴发后，他主动加入县疫情防控指挥部综合文秘组工作，坚守岗位 110 余天，很好地完成了疫情防控领域材料撰写、日常值守办

公等各类工作。2023年，侯真谋被评为"班戈县疫情防控工作先进个人""年度优秀公务员"。

正是本着这种不忘任职初心，牢记职责使命的精神，侯真谋才能数年如一日地保持艰苦奋斗、踏实工作、勇往直前的工作作风。在海拔4700米的班戈，他永远充当深入基层第一人、贴近群众第一人，在牧民群众、在基层单位、在党员领导干部中赢得了口碑与赞扬。

扎根边疆守初心
建功立业担使命
——山西大学张剑敏

张剑敏，1992 年 3 月出生，山西朔州平鲁人，2016 年 12 月加入中国共产党，2017 年 6 月毕业于山西大学历史文化学院，大学毕业后，他积极响应党和国家的号召，到边疆去，到祖国最需要的地方去，毅然踏上赴南疆的列车，自此将个人命运与祖国、民族命运紧密相连，开启了在边疆建功立业的征程。入职以后，他凭着对工作的热爱、执着与忠诚，工作中兢兢业业，尽职尽责，始终以居安思危的忧患之心、责无旁贷的担当之心、时不我待的紧迫之心对待工作，保持思想上与时俱进，作风上求真务实，工作上开拓创新，出色地完成了组织交给他的各项工作任务，赢得了干部群众的一致好评。

一、践行忠诚使命　奉献青春誓言

2018 年，在家人的支持与朋友的鼓励下，他勇敢地踏上赴南疆的列车，他坚信，在服务奉献边疆的征途上，始终有着一群跟他一样流着滚烫热血，怀揣家国情怀的高校毕业生在为建设边疆而不懈努力。在学校他是一名好学生，在地方他同样是一名好干部，经过学校的培养，他干工作雷厉风行，发扬了"不怕苦、不畏难、勇攻坚、冲在前"的战斗精神，在辖区社情复杂的环境中，遇事沉着，善于思考，不仅战胜了"条件差、任务重、矛盾多"的艰难，而且展现了"比成绩、比贡献、比作为"的工作热情。从事政法工作的 3 年里，他牢记全心全意为人民服务的宗旨，把党和人民的利益放在首位，坚决维护了社会大局和谐稳定，带头践行民族团结、拉近群众距离，不断树牢"三个离不开"和"五个认同"思想。他牢固树立廉洁自律意识，自觉抵制歪风邪气，为人厚道，公道正派，深入群众，待人诚恳，团结同志，在干部群众中有良好的形象和口碑，用实际行动践行了一名共产党员敬业奉献的铮铮誓言。

二、扎根基层岗位　发扬实干精神

"上面千条线，下面一根针"是乡镇工作最真实的写照，面对如此局面，身为高校毕业生的他，充分发扬了大学时期养成的优良传统，保持了良好作风。说到工作，大家都称他为"拼命三郎""百事通"，社区干部遇到工作上的难题，首先想到的就是向他请教，之所以如此，跟他辛勤的付出是分不开的。政法维稳工作任务繁重，加班加点、通宵达旦成了家常便饭，有时身边同事问他"政法工作那么累，为什么还在坚持"，他总是笑着说："年轻苦点累点不要紧，不能因为这点苦累放弃了自己热爱的工作。"工作中他敢于较真，尽心尽力，时常勉励大家说："你对工作付出几分，工作就对你回报几分，如果暂时没有回报，只能证明你付出的还不够。"面对突如其来的疫情，他放弃难得的假期，自觉回归岗位，主动请战上前，挨家挨户走访查看居家隔离户落实疫情防控措施情况，危难面前显身手，越是艰险越向前。面对疫情，他豁得出、顶得上、扛得住，不退缩、不畏惧；他干一行、爱一行、钻一行、精一行，做了一名共产党员应该做的，做了一名大学高校毕业生应该做的，做了一名政法干部应该做的。

三、牢记宗旨使命　全心为民服务

在日常的工作中，他始终以群众为中心，了解群众的困难诉求，并及时予以解决，同时加强自身的业务学习，强化自身的工作能力，对同事不懂不会的问题进行帮助和指导。在党员干部民族团结一家亲、入户走访、实名制结亲帮扶等工作中，充分发挥榜样典型的示范带头作用。在一次加班中，他接到包联亲戚古丽博斯坦·艾尼瓦尔电话，夫妻两人因一些琐事闹矛盾，希望他能够帮忙调解，他放

下手头工作，第一时间和同事走上调解员的工作岗位。在他耐心劝导下，夫妻两人重归于好。每次到结亲户家走访慰问时，他总是给结亲户孩子带一些学习用品及益智玩具，用心用情和包联户谈心，了解其思想动态，分析致富路径，对未工作的结亲户，找门路让其就业，通过就业增加其家庭收入，并向结亲亲戚宣讲近几年的政策及发展变化，其包联亲戚总是亲切称呼他为好兄弟，有什么事都愿意给他打电话询问意见和建议。

四、严守纪律底线　道德品行过硬

张剑敏始终带头遵守党章党规和国家法律，始终坚持把纪律和规矩摆在前面，严守政治纪律和政治规矩，严守组织纪律，坚持民主集中制，严守廉洁纪律，克己奉公，严守群众纪律和工作纪律，坚决反对"四风"，积极传播正能量，严格遵守保密纪律，坚决不碰纪律底线，坚决不踩纪律红线，在管好自己的同时，对家人和同事同样从严要求。同时，他本人坚持以德为先，把政治品德、职业道德、家庭美德、社会公德贯穿工作、学习、生活的方方面面，坚持大事讲原则，小事讲风格，加强民族团结，邻里关系和谐、家庭和睦。

入疆工作以来他总能以身作则，认真对待工作中的每一件事情，全心全意为居民排忧解难，时时刻刻以群众为中心，在工作中用自己的行动证明一切，对所负责的综治维稳工作及单位领导安排的各项工作认真钻研，兢兢业业，勇于创新，敢于担当，用自己的实际行动践行一名共产党员扎根边疆、服务奉献边疆的铮铮誓言。

扎根边疆不忘初心
倾心奉献绽放青春

——山西师范大学张首政

张首政，中共党员。1992 年 2 月生，山西太原古交人，山西师范大学体育学院社会体育指导与管理专业 2018 届学生，在校期间各方面表现良好。身为新时代的大学生，张首政曾经说过："去最边远的地区，用脚步丈量祖国大地；到最艰苦的基层，用实践锤炼意志。"去祖国最需要的地方贡献力量，是挑战，是磨炼，更是无悔青春的生动注脚。

扎根边疆，倾心奉献，张首政选择在艰苦边疆绽放青春。2014 年 9 月，张首政响应国家号召在校入伍。两年时间扎根在我国的北疆黑龙江省，在连队各项军事素养均名列前茅。在 2016 年荣获优秀义务兵并退役返校。"以平等、尊重和真诚去打开每一个孩子的心门。"2018 年大学毕业之后，张首政带着这样的初心，毕业后只身一人来到新疆阿克苏地区库车市齐满镇中学开启了教师生涯。2018 年 9 月他开始担任齐满镇中学的教学班的班主任。齐满镇中学是一所民族学校，张首政也是本校有史以来的第一位汉族班主任。南疆地区的艰苦环境和民族学生的学习情况让张首政感到，教书是需要用爱去坚守的高尚事业。入疆 4 年多，除了环境和生活习惯，最让张首政感到有挑战性的是如何夯实学生的基础素质。张首政因材施教、积极创新，慢慢摸索出合适的教学方式，也逐渐找到了自己的归属感。在张首政的课堂上，别致的设计、幽默的语言、活跃的气氛贯穿始终，孩子们学在其中、乐在其中。心有大爱，张首政默默奉献。为了更好了解学生，他每周往返几十公里进行家访，坚持 4 年风雨无阻；为了帮助贫困学生，他逢年过节都会去孩子们家里送温暖。"希望用自己的绵薄之力，让维吾尔族聚居区的孩子们了解外面更精彩的世界。"张首政说。通过张首政敢打敢拼的努力，班级部分孩子从一开始的不会说普通话，听不懂普通话，到最后和老师交流完全无障碍，并且本班中考的升学率在学校名列前茅。张首政多次被学校评为"优秀班主任""优秀青年教师"。

2019 年，张首政被学校任命为政教室副主任兼任

班主任，2020 年被学校任命为年级主任兼任班主任。张首政通过自己的努力得到了全校师生的认可，2019 年至 2021 年，年度考核连续三年被评为优秀。多年来张首政和他的学生及家长结下了深厚情谊，像胡杨树一样深深扎根在了南疆大地上。

从一名"大学生士兵"到"退役复学大学生"再到"基层教师"，张首政在基层奉献青春的初心始终不变。

师者为师亦为范

——太原师范学院华红玉

华红玉，2014 年 7 月毕业于山西太原师范学院学前教育专业，本科学历。

一、多年前的梦想和期望

第一眼看见华红玉，亲切的笑容和满脸的率真给人留下了深刻的印象，很难想象她是在海拔 3000 米高的藏北高原上的一名老师。当问起华红玉去西藏的原因时，她笑了笑回答说："抱着我多年前的一个想法和期望，我觉得能够为民族教育事业挥洒青春是我的光荣，我的幸福！而且，就个人来说，这是一个很好的机会可以让我去领略不同的生活，丰富自己的人生。"为了这个梦想，她一直在努力，希望在年轻时能赴藏支教，奉献青春。2014 年 7 月，她得知学校鼓励青年毕业生参加西部计划，去祖国需要的地方奋斗青春。她说："人在成长过程中就得抓住关键的几次机遇。"学校组织大家报名时，她毫不犹豫地第一个报名，得到了导师、家长和朋友们的关心和支持。

经过 10 多天各方面的充分准备，7 月 26 日，山西省的西部计划志愿者准时出发，70 多个带着美好愿景的青年走进了这个深藏在高原上的学校。

二、志愿生活丰富多彩

自从成为一名志愿者，她就一直在想"什么是志愿者，志愿者精神是什么"。2014 年 7 月底到西藏，来到林芝，她深深感受到了自己的责任，也渐渐明白了志愿者精神，那就是"奉献、友爱、互助、进步"。

为爱而奉献。2014 年 9 月，她和几个朋友一起协助林芝志愿者自管会创立了福利院"宝贝计划"项目，为在福利院的孩子们送上温暖和关爱，让他们感受到有这么一群大哥哥姐姐在陪着他们成长。第一次去福利院的时候，孩子们高兴地说："姐姐，你能经常来吗?"她的回答是"能"。一个小小的承诺，她与孩子们结下了很深的情缘。每次不管刮风还是下雨，只要想到孩子们期盼的眼神，她都咬牙坚持。现在，孩子们慢慢从最开始不懂得礼貌到现在知道跟大家打招呼，从不认真写作业、希望辅导他们的志愿者直接告诉答案到现在一点点学着自己完成作业、不懂就问;从开始不讲卫生到慢慢学会了讲卫生。孩子们一点点地改变，她都记在了心里，觉得所有的付出都是值得的。

在同一时期，她参加了另一个项目——"职校(林芝市职业技术学校)辅导"，给高二的孩子辅导功课，也为学生提供生活方面的帮助。职校的学生基础差，她就和其他志愿者一起利用周日放假时间去给学生补课；学生差异大，学习兴趣和基础不一样，她就根据每个学生特点，制订不同的学习计划，并在辅导过程中引导学生养成良好的学习习惯。她也会和学生一起做游戏，为他们与志愿者老师的篮球比赛当啦啦队队员。现在，她都亲切地叫学生"孩子们"，虽然比他们大不了多少。旦增曲觉是她在职校带的第一个学生，他是个很好动的男孩，经常因为打篮球受伤，每当看到曲觉受伤了，她总是拿药给他，小心翼翼地将药涂在伤口；还经常提醒他注意保暖，给他带一些能够御寒的衣物等。有时因为一些事没能去职校给孩子们辅导功课，总有志愿者老师跟她说："今天你没来，旦增曲觉一直在问，他说他好想让你给他辅导功课。"每次听到这样的话，她心里都暖暖的，有了继续坚持下去的动力。

除此之外，她一直积极参加林芝团市委组织的各项志愿活动，在防艾滋日宣传活动、2015年环巴松措湖山地自行车越野竞技赛、林芝桃花节志愿活动等活动现场都能看到她的身影；她积极组织志愿者活动，和其他热爱环保的志愿者一起创办林芝市志愿者环保协会，参加林芝市创建卫生城市大清扫活动。随着时间的推移，她和所有志愿者都体会到，志愿精神光口说是不行的，要从一点一滴做起，从小处展现志愿精神。

奉献与锻炼同行，行动与喜悦相伴。有爱就有希望，华红玉在工作和生活中发扬"奉献、友爱、互助、进步"的志愿者精神，用爱心与双手共筑和谐友爱，让爱无限传递，让更多需要帮助的人得到帮助，并在各种志愿活动中收获快乐，提升自己的能力，为社会创造更多的爱心，更多的温暖，更多的笑声。从而实现自己真正的人生价值，谱写人生新的篇章。

三、申请留藏，扎根基层

2016年8月，她志愿服务期满后，经过向组织部门申请，通过考试，留在了西藏，成为一名幼儿园教师。作为一名幼儿教师，她热爱自己的职业，与孩子们建立平等、和谐、融洽、相互尊重的关系，关心、呵护、尊重每一个幼儿。在幼儿园里，她认真做好各项工作，在担任班级班主任的同时，兼任幼儿园中层教师工作，并积极帮扶贫困儿童，参与送教下乡活动。2016—2022年，她积极帮扶贫困儿童，为他们购买新衣、书包以及学习用具等，让孩子们能安心上学，在爱的包围中完成学业。作为培训教师，她勇挑重担，始终坚持师者为师亦为范，积极开展各项培训工作，为老师们带来新的技能，并到边境偏远乡镇开展送教下乡活动。5年间共开展多媒体软件应用、教育信息化2.0、幼儿园一体机使用等专业技能培训10余次。同时，她积极提升自己的专业技能，先后于2017年在林芝市第三届幼儿教师教学竞赛中荣获三等奖，2021年4月在米林县学前教育教师教学大赛中荣获一等奖，2021年5月在林芝市第五届幼儿教师教学竞赛

暨全区第三届幼儿教师教学竞赛初赛中荣获科学领域二等奖。在日常工作中，她注重对园内青年教师的培养和指导，所负责指导的 2 名青年教师均获得幼儿园及县级荣誉。她积极参加每年对乡镇、村级幼儿园送教下乡帮扶指导活动，为促进米林县学前教育均衡发展、逐步缩小城乡幼儿园办园差距作出了贡献。在基层工作中，努力地奉献和志愿服务使她收获了许多快乐；在日常工作中，全心地付出使她增强了服务人民的责任感和使命感。她认为，这正是对志愿精神的诠释，志愿精神，不仅能促进当地群众的生活和谐，还能够推动自身工作和学习能力的提高。在志愿服务帮助他人的过程中，她提高和丰富了自己。

组织在对她进行教育和培养的同时，对她的工作给予了充分的肯定。她在 2015 年 12 月被共青团西藏自治区委员会评为"大学生服务西部计划西藏专项优秀志愿者"，2018 年被米林县委员会、米林县人民政府联合授予"骨干教师"称号，2018 年 11 月被米林县教体局授予"四讲四爱先进个人"荣誉称号，2020 年年度考核为"优秀"，2021 年 9 月被米林县幼儿园评为"优秀教育工作者"。

她积极投身县区卫生城市创建工作和疫情防控工作中，在县区多次护河行动中，总能看到她的身影。2019 年以来她负责幼儿园办公室信息统计工作，每天认真统计各项数据并做好上报工作。同时，她参与社区疫情防控工作，负责核酸采样信息统计，无论刮风下雨，都每日深入核酸采样第一线，做好志愿服务工作。作为一名志愿者，她的感受是不深入社会，就会丢失展示自己才能的舞台；不深入基层，就会错过很多磨炼自己的机会；不深入群众，就不能更好地体会自身的价值。10 年的志愿服务，使她收获了沉甸甸的基层工作经验，这已成为她最宝贵的人生财富。

她通过志愿服务，通过在艰苦的基层经风雨、见世面，丰富了阅历，磨炼了意志，提高了综合素质。她坚信，只有始终坚定信念，勤于学习，努力工作，才能收获更大的进步。

扎根西北边陲　争做时代新人

——太原科技大学仝沛

仝沛，山西运城人，1992 年 7 月出生，2015 年 11 月加入中国共产党，2016 年 7 月毕业于太原科技大学华科学院社会体育专业，2018 年 11 月参加工作，目前担任新疆阿克苏地区阿瓦提县拜什艾日克镇纪委专职副书记、监察办副主任。2018 年 11 月他作为阿克苏地区招录内地高校毕业生中的一员，来到西北边陲，赴乡镇基层工作。

一、出发：从中原腹地山西到西北边陲南疆

2018 年 11 月在学校的宣传引导下，在家人的全力支持下，仝沛踏上了去往新疆维吾尔自治区阿克苏地区的列车，在路途中领略了新疆美丽的风景和极端气候。因突如其来的大风天气，在途中滞留了 14 小时，即使这样也无法阻挡他的脚步，未曾浇灭他内心熊熊燃烧的热情。很快他就来到了阿克苏地委党校进行为期三个月的乡镇基层公务员岗前培训。

二、转变：从高校毕业生到基层公务员

仝沛是太原科技大学华科学院 2012 级社会体育专业的学生，从入学开始他就被学校丰富的党员服务活动感染，积极主动向党组织靠拢，及时向校委党组织提交入党申请书，经过党组织的教育培养，他日常的学习、工作、生活表现都尤为突出，2015 年 11 月他光荣地成为中共预备党员。2018 年 10 月，在接到省委组织部关于号召高校毕业生到基层工作的相关通知后，他第一时间响应号召，在经过阿克苏地委组织部的严格审核后，他被录用为阿克苏地区招录内地高校毕业生赴基层工作的乡镇公务员。

三、成长：从初出茅庐到独当一面

从 2019 年年初来到阿瓦提县拜什艾日克镇人民政府成为一名乡镇基层干部开始，仝沛就快速地转变身份角色，始终把为人民服务的宗旨牢记在心。阿瓦提县作为贫困县，岁末年初是开展脱贫攻坚大摸排工作的关键时期，他被组织派到苏格其喀拉塔勒村，开展大摸排工作。初到南疆村庄，面对语言不通，工作不熟练的情况，他认真向结对村干部学习语言，详细记录每家每户的收支情况和困难问题，快速融入干部和群众中，通过镇党委的协助和自身努力，帮助 5 户 7 名群众解决就业问题。结合工作实际，他对扶贫领域的腐败问题，经常开展监督检查，实地查看扶贫项目的使用和收益情况，确保每笔资金、每个项目都发挥出价值，协助领导查办 3 起扶贫领域案件，警

示教育广大党员干部"莫向扶贫资金伸黑手"，保质保量完成脱贫攻坚任务，确保与全国各族人民一同步入小康社会。

在疫情防控期间，他坚持疫情就是命令，防控就是责任的要求，日夜坚守在疫情处置和防控工作的一线岗位，全力以赴配合镇疫情指挥部，做好村级防疫物资发放工作，保障群众的生产生活所需，按时向群众发放防疫物资和生活物资，做好全村 800 余人的核酸检测工作，及时发现、及时处置。他通过发放《疫情防控工作手册》，引导群众做好疫情防控各项措施。他经常深入群众，到农户家中、田间地头，耐心听取群众反映的问题和需求，紧密围绕群众所急所盼的事情开展工作，解群众之所急、想群众之所想，认真完成好关于群众工作的每件事。

在日常工作生活中，民族干部互相学习语言，他手把手教村干部使用计算机，学习普通话。为了更好地学习语言、了解风俗、融入群众，他与村干部、党员、村民同住同劳同餐。他能很好地团结同事，尊敬领导，工作上有困难，他会主动帮助同事解决实际问题，教方法、给思路，对待领导交办的工作任务，都能按照高标准、严要求及时完成，主动对接上级工作，遇到难点和问题也能虚心请教，同事对他的人品和工作作风，都有着很高的评价。

为适应新形势、新任务、新工作的要求，他始终站在"讲学习、讲政治、讲正气"的高度，坚持把学习摆在重要位置，认真学习习近平新时代中国特色社会主义思想及党的二十大精神，切实把知识学到精、学到心，不断丰富政治素养，提高思想站位，自觉加强党性锻炼和党性修养，努力提高政治思想觉悟，他的政治理论学习笔记已经写满了 2 个笔记本。他始终把心思和精力放到工作上，在发展上聚神，在攻坚上聚焦，在落实上聚力。他认真贯彻落实习近平总书记的重要讲话和重要指示批示精神，确保在政治上同党中央保持高度一致。参加工作以来，他凭借踏实肯干、任劳任怨、艰苦奋斗的优良品质，深受同事认可、领导赏识。

在工作中他认真负责，经办的每一起案件都经得起检验，也都取得了良好的效果，在侵害群众利益、克扣群众钱款的典型问题中，他及时追回群众的财物 5 万余元，得到群众的认可和赞赏。他通过自身的不断努力，得到组织的认可，2019 年度至 2021 年度连续三年考核优秀，荣记个人三等功一次。

2023 年是他坚守在南疆基层工作的第五个年头了，在工作中，他始终做到严于律己、以身作则。他时刻以一个共产党员的标准严格要求自己，坚定理想信念，不忘初心使命，自觉遵守党的纪律和国家的法律法规，模范执行廉洁自律的各项规定，决不搞以权谋私、以案谋私；牢固树立廉洁自律意识，不断增强党风廉政建设和反腐败斗争的自觉性和责任感，从自身做起，从小事做起，时刻自重、自省、自警、自励，切实过好权力关、金钱关、人情关，把端正党风的任务，落实到自己的一言一行中。

内蒙古自治区

扎根北疆　倾情奉献
铺就学生成长成才之路

——内蒙古科技大学教师唐巍伟

唐巍伟，中共党员，现任内蒙古科技大学招生就业处处长。他自2002年7月毕业留校在学生工作部毕业生就业办工作，至今从事毕业生就业工作。多年来，内蒙古科技大学毕业生去向落实率和就业质量长期保持较高水平。这也是他扎根北疆，倾情奉献，奋力开创学生成长成才之路的探索历程。

唐巍伟认真贯彻执行党和国家有关高校毕业生就业工作的方针政策，政策理论水平较高，业务能力强，全心全意为用人单位和毕业生提供优质服务，工作任劳任怨，乐于奉献，为毕业生就业排忧解难，在就业工作中取得了突出成绩。唐巍伟曾荣获全区普通高校毕业生就业工作先进个人、包头市优秀教育工作者、包头市青年岗位能手、优秀共产党员等荣誉称号。他发表就业创业指导、职业生涯规划相关论文10余篇；承担教育部、教育厅、包头市相关课题6项，教育部就业育人项目3项，内蒙古科技大学课题5项；主编参编《大学生职业发展与就业创业指导》等教材3部，累计20余万字。

一、着力明确工作职责，清晰学校毕业生发展定位

多年来，唐巍伟时刻不忘初心，明确工作职责，牢记毕业生就业工作是学校可持续发展的生命线这一理念，以及"培养高水平应用研究型人才"的培养目标，通过不断宣传学校教育理念和人才培养目标，让学生一入学，就潜移默化地受到专业目标定位教育，确立适应社会的人生理想，确定比较实际的职业定位，积极主动就业，在学校提供的众多的就业岗位中，找到与自己匹配和满意的岗位。

二、着力推动学科专业整合，打造优势学科专业集群

近年来，因负责招生和毕业生就业工作事关学校的入口和出口，唐巍伟深知"出口畅、入口旺"的道理，每年及时把招生和毕业生就业数据分析统计反馈给教学和学生管理部门。学校已经形成了"招生—培养—就业"的人才培养全过程联动机制。他认真落实校党委决策，连续三年着力推进学科专业整合和专业招生规模调整。近三年停招工程力学等10个专业，新增能源化学、应急管理、城市设计等新兴专业，扩大稀土、新能源、电子信息、化工制药、生命科学等社会需求旺盛、新兴专业招生人数，打造学校优势特色学科专业集群。他打通文理界限，部分专业实行文理兼招，有效促进学生建构合理的知识体系，提升复合型、综合型人才培养水平。用人单位对学校人才培养

质量认可度逐年提高，进校招聘的用人单位数量逐年增多。"上手快、留得住、后劲足"已经成为内蒙古科技大学毕业生响亮的广告语。

三、着力推进就业育人教育，提升学生的成才自信

针对学校农村牧区学生多、民族学生多的实际，他着力推进就业育人教育，帮助学生科学地进行自我人生定位，树立正确的、合理的人生目标，连续五年在全校范围内开展以"树立人生理想、谋划职业生涯、明确奋斗目标、激发学习热情"为主题的"职业规划大赛"。他帮助学生从一年级开始就建立起成才自信，逐步建立起人生的职业规划，激发专业学习热情，增强目标学习的自觉性，为以后就业、择业奠定了思想基础，减少了择业的盲目性。他主动承担教学任务，组织并制订了统一的教学计划和教学大纲，有计划组织实施"大学生就业创业指导""大学生职业生涯规划"课程。通过认真开展"宏志助航""彩虹桥"就业能力提升培训，组织"百场就业指导课"等，实现了学生全专业、全学程、全方位、全员参与的全覆盖工作目标。

四、着力鼓励下基层就业，服务家乡父老

多年来，他着力推动毕业生下基层就业工作，经常邀请到基层就业创业的校友回学校为毕业生做"人生的选择"等讲座，鼓励毕业生下基层就业，到家乡就业。全方位服务社会、报效国家的生涯和就业指导，增强了学生的专业工作能力和服务意识，使学生从依赖的学习者变为独立的学习者，进而成为成功的社会建设者。通过这些工作，学校报名"农村教师特设岗位计划""参军入伍""西部计划"的学生人数逐年增加。各类主题教育、专题活动逐年开展，到西部去、到最艰苦的地方去、到祖国最需要的地方去已逐渐成为学生们的共识。

五、着力拓展就业市场，为毕业生就业搭建平台

作为留校工作的毕业生，同时又是就业工作的主要负责人，他深入了解到学校的

毕业生主要服务冶金、煤炭两大行业，毕业生就业行业性很强。随着学校的不断发展，学校已从单一工科院校发展为工、管、文、理、经、法共同发展的多科性大学，学科门类和专业的多样化以及毕业生人数的增加，对学校的毕业生就业工作提出了新的挑战。结合学校实际，他带头确定了"既咬住行业不放松，又要学会吃百家饭"的开拓毕业生就业市场原则，采取"走出去、请进来"等多种办法在巩固扩大冶金、煤炭两大行业市场的同时不断开拓铁路、建筑、电力、化工、电子信息等新的就业领域，加强与地方中小企业、民营股份制企业的联系。通过不断努力，有 5000 多家用人单位与学校保持着密切的人才供需合作，为毕业生搭建了广泛稳定的毕业生就业市场。

雄关漫道，迈步从头。唐巍伟将不断总结经验，开拓奋进，继续在就业工作岗位上辛勤耕耘，不断作出新贡献。

脚踏实地服务基层
仰望星空永攀高峰

——河套学院杜星宇

　　他是老师和同学眼中的自治区"三好学生"、自治区"优秀学生干部""优秀团干部""优秀团员"。他是同行和同事心中的"巴彦淖尔市创业先锋""巴彦淖尔市青年创业代表"。他拥有人社部高级"电子商务师"资质，是工信部"工业和信息化领域急需紧缺人才培养工程"和"全国工业和信息化应用人才培养工程"成员，被工信部纳入中国人才交流中心人才库。他带领创业团队和企业先后获得"巴彦淖尔创业先锋企业""天赋河套杯创业大赛二等奖""第六届创青春内蒙古青年创新创业大赛优秀奖""内蒙古自治区全区向上向善好青年——创新创业好青年""教育部第五届——闪亮的日子，青春该有的模样大学生就业创业人物"等各类奖项，他还在 2022 年 7 月 20 日登上《人民日报》专栏，讲述他扎根基层的创业故事。

　　他就是内蒙古天赋策略咨询有限公司董事长，内蒙古星蕴信息科技服务有限公司总经理，巴彦淖尔市心蕴社会工作服务中心主任，巴彦淖尔市青联副主席，河套学院大学生创新创业协会荣誉主席、优秀毕业生——杜星宇。

　　作为新时代的青年，他扎根祖国北疆，不负青春年华；作为敢想敢拼的创业者，他立志科技报国，服务乡村振兴；作为自立自强的奋斗者，他勇于承担责任，努力回报社会。在创业路上，他攻下三重难关，立下三段标杆，在自身成功创业的同时，也带动更多大学生实现就业，从脚踏实地到仰望星空，实现创业者的蜕变与涅槃。这些，就是他的成长经历。

一、技术创新第一难，科技创新树标杆

　　杜星宇的创业梦想始于大学阶段。2015 年，他积极响应"大众创业，万众创新"的号召，利用假期在巴彦淖尔市五原县隆兴昌镇电子商务园区帮助农户和本土企业进行线上平台设计宣传和议价售卖，在大学这一创业理论的练兵场上小试牛刀。2018 年毕业后，他与多名大学毕业生基于 3D 打印技术研发的想法以及大学期间的创客咖啡、开展商贸等创业基础，在河套学院大学生创新创业基地提供场地、办公文化等硬件支持和创业扶持政策帮助下，成立了内蒙古星蕴信息科技服务有限公司。怀揣着创业梦想，他和他的创业团队努力拼搏、不断提升。但想法成为现实，必须攻克技术创新难关。团队成员通过研究 3D 打印机的原理、设计过程、部分附件选型、部分机械计算、主板固件编写过程，在各种机型 3D 打印机的原理对比中采用机床结构功能分配式，成为该

项目一个创新点。此时的 3D 打印机已经完成设计、固件调试、计算验证等过程，制造出相比市面上机器减少 30％能耗的产品。

创业初期，在河套学院创新创业中心的推介下，3D 打印机项目参与了多项创新创业活动并多次获奖，先后在巴彦淖尔市、内蒙古自治区获得了创业奖项，达到了前期良好的宣传效果，满足了高校、青年宫、科教机构等的需要。

二、持续发展第二难，基层服务擎标杆

依托科技创新这一闪亮的名片，团队逐渐成长，但项目落地并实现市场推广成为团队持续发展的"第二难"。团队在河套学院创新创业基地和学校创业服务中心的资源对接和资金支持下，在多名技术成员的加入下，业务拓展到网站设计与小程序、软件定制开发、App 开发等技术集成服务，并从软件延伸到硬件的供应与安装服务，大多数的服务对象是基层乡镇的电子商务服务站点，为基层的信息化建设贡献出了青春的力量。在企业业务发展逐步稳定的同时，他的创业团队也吸引了更多毕业大学生。

三、扎根基层第三难，社会服务举标杆

创业初心不忘使命，社会志愿服务担当。作为扎根西部基层的创业企业，立足于服务西部基层创新是当前公司发展的重要目标。在创业公司形成了稳定的业务和完善的组织架构之时，公司核心业务围绕西部乡村振兴的基层实践展开，实现从产品到服务全面区域推进经济活动。从硬件计算机集成供应到软件开发，从直播带货、乡村创业培训到社区服务，他的企业通过各种方式服务基层、回报社会。同时，他也积极承担社会责任，努力增加就业岗位，帮助更多人实现就业。巴彦淖尔五原县是他创业梦想开始的地方，2018—2022 年，公司先后为巴彦淖尔市五原县各乡镇策划并开展了退伍军人、社区妇女等创业就业直播带货、农技推广、无人机驾驶等创业就业培训，创业团队设计并编排了丰富生动的新媒体运营、直播带货课程，并做了现场教学与后期随访，他的精力更多地投入基层乡村建设中。通过几年的努力，2021 年他在五原县成立了巴彦淖尔市心蕴社会工作服务中心。服务中心在五原县贫困乡镇招募了多名具有

社会工作者资质的员工，并吸纳多名农村妇女就业；在巴彦淖尔市五原县开展社区养老、康复训练、青少年发展以及社区教育活动，现阶段已与五原县旧城社区达成了战略合作，开展了多次敬老上门服务，为旧城社区老年人上门理发、提供家政服务等，获得良好的社会评价。2022 年，服务中心的残疾人创业就业车间助残项目如火如荼地开展，羊毛手工产品、假发生产等助残培训和完整的成品对接服务已经为 15 名残疾人士打通就业梗阻。

创业的路并不平坦，但挡不住创业者到达彼岸的决心。

奋斗的路并不顺遂，但抵不过奋斗者实现梦想的努力。

杜星宇，一个坚韧的创业者，一个顽强的奋斗者，他将始终扎根基层，服务社会，努力承担企业的责任，为实现科技创业、报效祖国的初心而不懈努力。

执青春之笔绘巴音乡奋进图景

——内蒙古工业大学王蔷

一身深色的衣服、被风吹乱的头发，王蔷这个刚毕业没几年的大学生已然一副乡干部"土里土气"的样子。王蔷是乌兰察布市察哈尔右翼中旗巴音乡党委组织委员，之前兼任西水泉村党支部副书记、驻村第一书记。她既承担着乡里的工作任务，又想尽一己之力帮助村民过上更好生活，休息日也很少回家。2017 年 9 月王蔷参加了选调优秀毕业大学生回村任职计划。几年来，她访农户、助攻坚、强党建、促治理、兴产业，以实实在在的行动和成效，赢得了群众的信任和支持，和乡亲们一起见证巴音乡发生的可喜变化。她也先后获得旗乡两级优秀党务工作者、第四届"闪亮的日子——青春该有的模样"大学生就业创业人物事迹典型荣誉，获得全国表彰。

一、初心如磐，引领村民致富奔小康

产业振兴是乡村振兴的重中之重，刚参加工作的她便赶上了全乡快速发展村级集体经济的起步时期。

因地制宜探索发展模式。巴音乡地处察右中旗西北部，特色的农畜产品——红萝卜、贝贝南瓜、肉牛肉羊是村民安居乐业的根本，但近几年来，新型购销方式的出现给传统农业的发展带来新的挑战，更多线上的订单让农民出现了销售难的问题。

沟通协调发挥专业优势。得知此情况的她联系到本科期间教授电子商务的老师为巴音乡规划电商服务中心、成立电商平台。结合发展壮大村级集体经济的要求，2018 年 5 月西水泉村电商服务中心落地建设，2019 年便投入运营。家门口的电商平台不仅为村民提供了多元化的销售渠道，更有山东、河北等地的大客户提前签约订单，让村民们稳定增收提前吃下了"定心丸"。在此基础上，她联合小海子村驻村工作队，将村级电商服务中心扩大至 7 个，覆盖全乡 35 个自然村 3125 户村民，辐射周边 3 个乡镇。

多措并举提升发展质效。短短两年，巴音乡村级集体经济通过大胆探索、盘活资源、资源开发，项目增至 15 个，内容涵盖电商服务、农资农机买卖租赁、恒温库（保鲜库）出租、投资入股等多重内容，不断发展壮大的村级集体经济使得村民收入不断增加，幸福感满意度不断提升。

二、信念如炬，让党组织成为核心力量

强化村"两委"班子建设。她担任乡党委组织委员伊始，正好赶上五级书记换届之年，于是选优配强党组织带头人成了她当年的工作主线。通过她多方协调、认真谋划，

全乡7个行政村的支部书记全部实现"一肩挑"。换届完成后，她又把建强支部堡垒、提升组织力作为工作重点，通过"三会一课"、主题党日、培训学习等方式，村"两委"干部政治意识和业务能力显著提升。

提升基层治理能力。她创新推行网格化治理模式，推行党建引领"三治融合""三务公开""一约四会"网格化管理工作法，探索实施"网格管理＋爱心超市积分管理"相结合的治理模式，探索"一网三联"基层治理与打造"党建联合体"、建立村企信用体系和规范村民福利相结合，形成"一网三联"赋能乡域发展"内循环"新模式，构建起基层精细治理"一张网"。

打造特色党建品牌。通过在工作中不断摸索，她逐渐提炼出"主题党日＋"的工作模式，如"主题党日＋党员议事""主题党日＋志愿服务""主题党日＋基层治理"等，依托主题党日活动，通过延伸其内容，搭载不同的开展形式，从而达到预期的效果。巴音乡以西水泉村为试点，全面推进"主题党日＋"的党建引领工作模式，2022年被旗委组织部评为"优秀党建品牌"。

三、待民如亲，用心用情为人民服务

基层工作纷繁复杂，涉及诸多方面，涉猎各种领域，她忙起来连饭都顾不上吃一口。几年的工作中，她也得到了多岗位的历练。

助力打赢脱贫攻坚战。2019年，她担任驻村第一书记，给自己打上"你若脱贫、我再脱单"的标签，白天入户走访，晚上写材料填报表，那段时间母亲说她堪比"大禹治水"，五过家门而不入。村民老李的妻子患了胃癌，听说这个情况后，她几次入户为他们申请临时救助，通过提高报销比例、组织党员捐款、申请"水滴筹"等帮他家解决了燃眉之急，并在2019年最后一次动态调整中按政策要求，把老李一家纳入了贫困户。

冲锋疫情防控第一线。2022年，疫情时，从带头援助其他旗县到服务隔离酒店再到投身本土防疫工作，她始终践行着自己的承诺，体现年轻干部担当奉献的精神。夏日里，闷热的防护服浸透了衣衫。冬日里，哈气已经完全模糊了面屏，不断用酒精消毒的双手也失去了知觉，但她仍然不折不扣地完成了组织交给她的任务。

着力整治农村人居环境。为提升巴音乡农村人居环境水平和生态生活质量，她充

分发挥资源优势，形成"党支部＋党员＋群众"的工作模式，动员党员干部进村入户示范带动，以党员带头、全民参与、全域推进的方式，持续开展"三清一改"工作，彻底解决了垃圾乱倒、污水乱倒、粪土乱堆、畜禽乱跑、柴草乱垛等"五乱"现象，营造"环境整治人人参与、美好环境家家受益"的浓厚氛围。

这些看似简单琐碎的小事，都是关乎人民群众的大事，也正是国家政策在基层落地落实的"最后一米"，干好"千头万绪的事"，为的正是"千家万户的事"，这样深厚的为民情怀也根植在了她的心中。这五年的基层历练只是起点，她知道在今后的工作中，会有更大的考验在等着她。她将继续脚踏实地、奋楫笃行，在青春的赛道上践行"选调"誓言，努力奔跑，书写时代华章。

勇担当 善作为
以青春之名扎根基层

——内蒙古财经大学巴雅尔

巴雅尔，1994年6月生，现担任共青团乌海市海南区委员会书记。从乡村到街道，他无论在什么岗位，担当什么职务，都始终把联系服务群众作为工作的生命线，把群众满意度作为衡量工作成效的根本标准，把居民生活中的一件件"小事"当作心中的"大事"，始终以良好的工作状态和饱满的工作热情，踏踏实实地践行职责，实实在在地为民服务，做到了干一行、爱一行、钻一行、精一行。

一、善创新、重实干，彰显青年干部使命担当

开展驻村工作三年多，巴雅尔深知要想让该村党组织"活"起来，必须狠抓党建工作，只有拥有一个富有活力的支部班子，才能激发党员的责任感，真正让村党组织这个"引擎"焕发活力。他从健全完善规章制度入手，不断加强该村基层组织建设，探索推行"双提双带双示范"党建工作模式，激发了村级党组织和党员的内生动力，有力保证了全村各项工作的顺利、有序、高效推进。为脱贫攻坚更加强基固本，他又探索推行贫困户"感恩"主题教育活动，创新党员"2+1"工作模式，实实在在为群众解决实际困难。万亩滩村党建工作在他的带领下，得到了上级党委的充分肯定，2019年被上级党委评为"十星级党组织"，他所在的党总支荣获全市创建"五好"基层关工委先进集体、巴音陶亥镇先进基层党组织、自治区文明村等荣誉。

在担任拉僧仲街道党工委副书记、政法委员时，巴雅尔凡事想在前、走在前、干在前，坚持以党建统揽全局、引领街道发展，打造"全领域融合党建，多方位服务群众"党建品牌。为延伸基层治理触角，他建成7家党群服务"红色驿站"，打造集"民族团结""两新组织基地""共享时代""红色物业""为老为小服务"等综合服务为一体的一站一特色多功能的党群服务矩阵。融合"一刻钟生活圈"，聚合现有资源，创新思路、拓展方法、赋能亮点，努力为社区居民提供个性化、多层次、宽领域的生活服务。

二、强担当、务实效，凝聚干事创业强大动力

基层工作千头万绪，面对困难，他迎难而上，反复思考，反复琢磨，深入一线、小区，与居民群众谈心交心，了解群众反映强烈的问题，找准制约提升基层治理水平的关键点，将"五治融合"作为推进市域社会治理现代化的基本方式和重要抓手，以"三级组织体系"为基础，打造街道—社区—物业—小区"四级监控管理体系"和"网格通"平

台，以数字赋能基层治理智能化、绿色化。他全力推行"14365"提升工程，整合服务资源，集聚服务力量，健全服务机制，形成信息和资源的共享机制，着力解决好居民群众反映突出的物业问题，使之既发挥物业服务功能，又发挥政治引领功能作用。他推行"为老为小服务""爱心代办帮扶""错时服务""志愿服务日"等精细化、多样化服务措施，助力"幸福社区"建设，推动基层治理更具方向、更加科学、更有高度，让基层社会治理现代化辐射群体更多、范围更广。

三、惠民生、暖人心，诠释为民服务崇高责任

精准助力脱贫攻坚。巴雅尔始终把"为基层办实事，把百姓服务好"作为工作的出发点和落脚点，以打赢脱贫攻坚战为目标，充分发挥党组织书记脱贫攻坚政治引领核心作用，深入调查研究，走遍了全村的每家每户，全面了解全村的产业发展现状，针对贫困户致贫原因，制订具体脱贫计划，与群众共同探讨脱贫致富的路子。他不断探索扶困、扶志、扶智、扶德、扶勤相结合的办法措施，为贫困户争取到帮扶资金 31.91万元，帮扶慰问建档立卡贫困户和困难家庭 24 户 65 人，协助申报 6 户贫困户 41 万元金融贴息贷款，进一步坚定了贫困户拔穷根、奔小康的信心和决心。通过开展具体的扶贫帮扶措施，万亩滩村建档立卡户无一户一人返贫，贫困户全部找到了发家致富的路子，日子过得越来越有方向，奔小康的劲头越来越足。

有效化解群众矛盾。他始终以百姓之心为心，全心全意、全力推动解决群众急难愁盼问题。创新形成"1＋4＋N 工作法"，充分发挥"1＋6"型矛盾纠纷调处中心和 6 个社区 8 个特色矛盾纠纷调解室作用，他创新"六步调解"法，构建"一核多元　联动联调"的"大调解"工作格局，强化信访矛盾源头预防化解，成功调解矛盾纠纷 194 起。他创新"融合党建＋信访"工作模式，分类建立非建制性党建联合体，打造资源共享、责任共担、难题共解的"说事团""帮帮团"，累计协调解决 32 件矛盾事件，合力推动解决群众信访矛盾问题。

"青年如初春，如朝日，如百卉之萌动，如利刃之新发于硎。"他不负时代召唤，勇挑重担，志存高远、敢于担当。在他身上展现出了年轻干部敢想、敢干、敢拼的务实担当，求真、达善、致美的青春诺言。身处繁华盛世，恰逢最美青春，他勇于放弃"小我"、追求"大我"、做到"无我"，奋力书写无愧于党、无愧于人民、无愧于时代的青春篇章。

青衿之志　履践致远

——通辽职业学院周艳梅

周艳梅，通辽职业学院优秀毕业生，内蒙古赤峰市宁城县大明镇城东村贫困农民家庭的孩子，现就职于宁城县中心医院。

一、怀揣孝道，爱暖世界

周艳梅从小被父母遗弃，受到养父母的关爱与照顾，生活赋予了周艳梅坚毅的品质、朴实的性格和面对挫折的勇气。因为一场意外，母亲从此高位截瘫，整日与轮椅为伴，她承担起照顾母亲的一切。然而厄运又一次降临，父亲因为重度脑血栓倒下了，丧失了劳动能力，她不得不再次休学，年少的她用稚嫩的肩膀扛起家庭重担。周艳梅用课余时间给小卖部打工，在家里的二亩六分地里辛苦劳作，帮别人薅草、捡山杏、劈柳树杈、拔谷子，赚取生活费。

党和政府知道周艳梅的情况后，充分动员社会力量，学校和爱心人士纷纷向她伸出援手，帮她继续完成学业，分担家庭重担。在党和政府的帮助下，父母享受了低保，还给她家翻建房子，为她家送来了米面粮油和生活用品，学校免除了她的学费，社会上的好心人也经常给她生活费。虽然生活艰辛，她却从未放弃学习，2016 年考上通辽职业学院护理专业。入学后，在学习上她从未懈怠，方方面面表现得十分出色，成绩一直名列前茅。在校期间积极参加各项比赛，并获得"互联网＋"大学生创新创业大赛区级金奖和国家奖励的 3 万元助学金。她常说：我会珍惜每一项荣誉，不断提高自己，回馈社会，用自己的实际行动去感谢帮助过我的人。

二、初心如磐，笃行致远

在许多人的帮助下，她的故事越飘越远，越来越多的人被她的真情打动。社会的聚光灯慢慢聚焦于这个平凡的女孩，荣誉接踵而来。她成为 2015—2016 年感动内蒙古提名人物，荣登中国好人榜；2017 年，她被评为全国第六届道德模范。11 月 13 日，她接到了去北京接受表彰的通知，作为全国孝老爱亲道德模范代表，17 日上午九点半，习近平总书记在人民大会堂与她亲切见面。同年，她被评为内蒙古年度大学生桃李之星。2019 年，她被评为全国向上向善好青年。

三、爱岗敬业，不负韶华

毕业后的她，为了方便照顾父母，到赤峰市宁城县中心医院工作，成为麻醉手术科的一名护士。工作后，她时刻想着回报社会。麻醉科日常的护理工作紧张而烦琐，重症患者多，气管插管患者的病情瞬息万变，每次抢救病人，她总是最先到达患者身边。工作中她积极配合上级领导和同事，共同完成了多台大小手术，麻醉科护理质量管理多次获得全院第一。

她得知医院开展"宁医金丝带健康行"科普宣传志愿服务活动，主动向院领导申请，加入宁医金丝带宣讲团，与同事们一起编排小品、快板、歌曲。她通过寓教于乐的方式将医学知识讲给百姓听，手把手地教给他们心肺复苏、海姆立克急救，自编自演小品《从心开始》。正是她们的宣讲，让一些老人成功完成自救，她希望用自己的技术和知识去帮助更多的人，更好地回报党和国家，现在她做到了。

四、大爱无疆，医者仁心

燕帽顶头上，誓言记心底，辛酸藏在心，微笑挂脸上。她常说："习近平总书记在全国劳动模范和先进工作者表彰大会上的讲话让我受益匪浅。我将不断学先进赶先进，自觉践行社会主义核心价值观，用劳动模范和先进工作者的崇高精神和高尚品格鞭策自己，恪守职业道德。"她深爱着自己的职业，无论多苦多累，总是面带微笑，以温暖的双手和一颗圣洁的心抚慰和救治着患者。她用真诚和爱心书写着平凡的人生，用自己的行动获得了领导的认可和患者的信赖。

五、请党放心，强国有我

2020年2月，她的父亲过世了。面对突如其来的疫情，她放下悲痛匆匆回到工作岗位，与医院同事一起抗击疫情。医院党委向全院发出倡议书，她第一时间递交请战书，请求参加援鄂医疗队支援武汉。虽然她没有成为其中一员，但她对参加援鄂的同事说，"武汉你们去守护，家乡我们来保护"。周艳梅利用休息时间到工作区协助帮忙，24小时不停歇，对出入医院的人员、物资、交通工具进行卫生检疫防疫，密切关注身边群众的身体状况，全面做好监测、救治等各项工作，确保疫情防控有序有效开展，完美地阐释了"最美逆行者"，以大无畏的精神和钢铁般的意志，谱写了一曲光辉壮丽的人生赞歌。

六、不忘初心，抗击疫情

"一方有难，八方支援，救死扶伤是我们的初心，守护健康是我们的使命，面对严峻的疫情，作为一名医护人员，同时又是一名市政协委员，我责无旁贷……"疫情就是命令，面对形势异常严峻的疫情，她曾多次主动请缨，作为一名年轻的医务工作者，她冲在抗疫第一线。

她通过积极学习防控知识与技能，圆满完成了隔离点的各项隔离防疫工作，在隔离点期间共收治了1000多名外地返乡隔离人员，得到了隔离人员的一致好评。

　　"生活以痛吻我，我却报之以歌。"她是一名弃婴，她的养父母把她抚养成人；长大后，是党和政府抚育和培养她，把她培养成一个对社会有用的人；走向工作岗位，是宁城县中心医院为她提供了施展才华的舞台，使她成为一名救治和保护他人生命健康的医务工作者。她怀揣一份坚毅，心存一种感恩，用责任和坚强奉献社会，用行动抒写着青春最美丽的华章！

植根北疆　筑梦草原

——内蒙古农业大学乌德乐呼

乌德乐呼，1995 年 2 月生人，赤峰市巴林右旗人，毕业于内蒙古农业大学经济管理学院农林经济管理专业，现任内蒙古赛诺种羊科技有限公司育种部实验羊场场长一职。

一、坚守初心一线，塑造坚强意志品质

乌德乐呼，一名来自赤峰的牧区男孩，作为内蒙古农业大学农林经济管理专业的毕业生，怀揣着继续学习牲畜饲养知识、改变家乡面貌的梦想，于 2017 年入职内蒙古赛诺种羊科技有限公司。从杭锦旗分公司的实习生成长为一名正式饲养员，他虚心学习，用艰苦的劳动磨炼意志品质，每天凌晨五点到羊圈观察羊只，饲喂时细心观察有无异常，逐步了解羊的饮食作息习惯，下班后查阅关于饲喂与疾病防治的书籍丰富实践经验。他工作经常加班加点，因为行业原因，羊只一旦调拨进场无论几点都必须进圈卸羊，经常干到凌晨还要继续第二天的工作，虽然十分辛苦，但是因为对工作的责任心和对事物的求知欲，他每天都过得充实快乐。他不断在工作中总结经验、优化流程、创新方法，向老牧民请教学习，结合所学专业知识指导实践，找到了属于自己的一套饲养方法，拥有了丰富的实践经验，也进一步磨砺了脚踏实地、兢兢业业、吃苦耐劳、不惧困难的品行。在两年的基层工作中，他始终坚守着用科学技术增加牧民收入、改变家乡面貌的梦想，积极探索，努力工作。

二、勇于担当作为，锤炼过硬工作本领

2019 年 5 月，乌德乐呼由于在养殖一线认真好学的工作状态，得到了领导、同事和牧民的一致肯定。他从杭锦旗分公司养殖部升调到四子王旗总部的生产二部任职饲养主管。两年来他积累的知识和技能有了更大的展示平台，从一名普通饲养员到区域主管，考虑问题的角度也发生了巨大变化，从生产到管理，还要考虑带出一支优秀的团队，职位的变化使他身上的担子变得更重了。白天他深入生产一线，从羊只的饲喂到日常护理、防疫、销售等都亲自带队细心工作。下班后他整理羊只信息，下圈巡场观察羊只情况。业余时间他经常带领职工一起研究如何低成本、高效率、高标准地完成工作。面对艰苦枯燥的工作环境，他还要时常关心团队的心理活动并给予纾解。2019 年 8 月，为保证燕麦品质，公司紧急储存燕麦青贮，近半个月时间里，他在收割、运输、存储、配益生菌、发酵等每个环节都亲力亲为，每天到凌晨一点送走最后一辆青贮运输车才能安心休息，整个过程没有出现任何问题，保障了冬季羊场的正常运行。

2020年疫情来袭，他常驻场区坚持在岗，积极配合政府与公司的"抗疫"号召做好抗疫工作。作为地区内较为大型的羊肉生产企业，为了坚决完成政府下达的保供任务，他连续三年主动申请春节期间留驻厂区，在疫情期间确保负责区域正常生产，为自治区疫情防控大局和顺利完成保供任务贡献自己的力量，2020年6月，因工作突出，被授予乌兰察布市五一劳动奖章。

三、敢于迎难而上，积极开展科学研究

随着工作经验的逐年增加，乌德乐呼发现要想提升牧区生产力，改善种质资源是一条行之有效的路径。他积极参与了一些省部级研发性和公司标准化项目，一是在《绵羊人工授精及同期发情技术操作规程》中将旧有操作流程重新标准化，在地方期刊上发表文字版的标准，为畜牧业从业者提供了有效的参考资料。二是在与中科院合作的"培育牧区杜蒙萨三元杂交高品质雪花种羊实验"中主要负责杜蒙萨实验羊的饲喂管理环节，核心饲料的配方需要精确到克，草料需要精确到日采食量小数点后两位，一点点的称量失误和数据遗漏都有可能影响实验最终结果。他在实验中不断调整操作方法，评估各个环节对结果影响的程度，每天记录与验证实验数据，确保数据实时性，为下一步的实验工作夯实基础，为项目组提供宝贵的参考资料。三是在"杜柏、萨福克母羊本交繁殖及羔羊生长发育研究项目"中从下放母羊、挑选公羊、同期发情开始亲自参与到各个环节，严格每一个时间节点，按照实验排期有序进行，确保拿到真实有效的一手数据资料进行整理总结。四是目前进行的"模拟牧区杜蒙羊自繁实验"中，他只身前往条件艰苦的牧区进行模拟实验，为下一步建立的标准化配套系统提供真实有效的资料。因为优秀的工作业绩和丰富的科研成果，他获得内蒙古自治区五一劳动奖章，多次被内蒙古卫视、《内蒙古日报》、乌兰察布市蒙语广播电视台报道。

他认真学习习近平新时代中国特色社会主义思想，认真研读习近平总书记在中国共产主义青年团成立100周年大会上的重要讲话精神，并以此鞭策自己为振兴中国畜牧业奋斗。他坚持认为要将习近平总书记交给内蒙古建设农畜产品生产基地的任务落实好，按照自治区党委聚焦"扩大数量、提高质量、增加产量"的总要求，不断培育、改良、优化出适应本地的抗病能力强、繁殖率高、经济效益高、具有良好的发育表型的新品种，标准化饲养流程，努力建设好与环境和谐发展的新畜牧业，为内蒙古乃至中国的畜牧业插上腾飞的翅膀。

扎根基层守初心
用心为民办实事
——内蒙古医科大学王俊博

王俊博，中共党员，2019 年毕业于内蒙古医科大学卫生管理学院，在校担任校学生会主席，内蒙古自治区第十一期青年马克思主义者培养工程学员。毕业后以选调生的身份来到了科尔沁右翼前旗巴日嘎斯台乡，现任团委书记、组织干事。北疆青年讲师团成员。

在毕业时，王俊博时刻铭记——"在哪里落地就在哪里生根，在哪里生根就在哪里绽放"。作为一名基层青年干部，王俊博始终以习近平新时代中国特色社会主义思想为指导，围绕聚焦共青团主责主业及乡党委中心工作，全面夯实基础，全力活跃基层，用心用情用力传承"红色革命老区"的红色血脉，扎实推进各项工作。

一、初心坚如磐，以红色教育为主线，聚焦强化思想政治引领

王俊博重点做的第一件事，就是强化全乡青年思想政治引领，牢牢把握思想政治引领这个首要任务。他紧紧抓住团属主阵地，以党建带团建，传承红色基因，讲好红色故事。在乡党委的支持下，在全乡范围内挑选了一批政治素质高的团员青年，组建了"青年红色讲解员"队伍，在兴安农村第一党支部纪念馆青年红色讲解员队伍已经出色完成 670 批 2 万余人次的讲解任务。同时，他积极创新扩充讲解员队伍，在全乡六所中小学选拔了二十名"小小红色讲解员"，让少年们讲红色故事，在潜移默化中增强少年儿童对"红色文化"的认同感和荣誉感。

同时，由王俊博担任编剧、巴乡各领域青年共同组成的演员队伍"自编自导自演"共同打造科右前旗首创的革命历史故事"情景式话剧"《半扇门板》，《半扇门板》已经演出 60 余场次，观看人数 5 万余人次。盟旗乡村四级共有 300 多个党、团组织在巴乡开展主题党日、团日活动，并相继被《兴安日报》《内蒙古日报》《人民日报》以及新华网等各级新闻媒体报道，体现了"当地人演绎当年事"的初衷。

二、使命永在肩，以红色行动为抓手，聚焦竭诚服务青年成长成才

在服务青年方面，王俊博重点做的是精准服务青年，播撒爱的种子。基层青年的需求在哪里，他们的工作就聚焦在哪里，面对家庭教育中遇到的困惑，集中在哈拉黑社区积极探索家庭、学校、社区"三教"结合的全新教育模式，成立了社区"家长学校"，紧紧围绕"三教"结合的科学理念，定期开展亲子活动与家庭教育讲座活动，将党支部

与团支部活动向服务社区家长学校靠拢，实现青年服务青年。另外为更好地推动家长学校工作，他还在哈拉黑社区成立了"家庭教育指导中心"与"未成年心理辅导站"。

青年利益无小事，微小之处总关情。王俊博启动了圆梦微心愿行动，依托水库村"红巴乡·绿庭院"联合社创建"圆梦微心愿"爱心基地并同步成立了"圆梦微心愿"爱心基金。从发出倡议，到广大志愿者、爱心人士积极响应，在一个月时间里，全旗征集微心愿320个，首批认领280个。有262名志愿者参与"圆梦微心愿"行动，捐赠物资总价值约3万元，目前已实现130名孩子的微心愿。

三、赓续红血脉，以红色人才为引领，聚焦服务全乡党政工作大局

人才振兴是乡村振兴的关键一环。巴日嘎斯台乡依托乡土人才孵化中心，把乡土人才孵化作为围绕中心、服务大局的重要抓手。王俊博担任孵化中心党支部副书记，负责学员日常培养。孵化中心探索形成了"三位一体"培养模式和"3345"运转模式，对全乡400余名青年人才进行集中培养。培养模式方面，采取政治集中授课、现场观摩教学、分类实践锻炼三种培养模式；讲师团队方面聘约盟级专家、旗级讲师、乡级干部、村级"秀才"构成四级讲师团队；基地设置方面设置党性红色教育、村级后备干部课堂、庭院经济、药材种植、水稻种植五大点对点孵化培养基地。目前，按照不同培养方向，巴日嘎斯台乡乡土人才孵化中心成立以来发展党员92人，31名村级后备干部进入村"两委"，实现"一肩挑"4人，33人成立种植养殖专业合作社，12人成为蔬菜种植大户，培养各类优秀"土专家、田秀才"81名，辐射到了全旗5个乡镇，有效带动脱贫户381户1157人，带动普通群众987户2467人增收，切实为实现乡村振兴提供人才保障。

作为一名红色革命老区的基层干部，王俊博不仅在引领、服务、凝聚各族青年的路上做到了"点亮一盏灯，照亮一大片"，而且真正将自己扎根一线的青春寻根融进了民族团结奋斗的底色当中，在基层一线干事担当、增长才干，努力在新时代新征程上留下许党报国的青春足迹。

扎根彝乡初心不改
倾情为民担当作为

——呼伦贝尔学院徐云启

徐云启，33 岁，中共党员，硕士研究生，退伍军人，现任马边彝族自治县三河口镇党委委员、副书记，马边彝族自治县第十届政协委员。本科毕业于呼伦贝尔学院思想政治教育专业，研究生毕业于西华大学社会工作专业，中级社会工作师。徐云启于2009 年 9 月考入呼伦贝尔学院思想政治教育专业，2010 年 12 月积极响应国家号召携笔从戎参军入伍，服役于原北京军区 66391 部队，历任战士、军械器材保管员兼文书、通信员、连队司务长等职，服役连续两年被评为"优秀士兵"，2012 年 12 月光荣退伍返校复学，2014 年 7 月完成大学学业，同年 8 月通过公开招考被录取为四川省乐山市马边彝族自治县永红乡人民政府科员，2015 年 11 月加入中国共产党，从此扎根彝乡近10 年，一心为民守初心，始终不忘军人的执着与坚持，始终不忘共产党员的责任与担当，在平凡的岗位上践行着共产党人的铮铮誓言。

一、携笔从戎，为祖国铸长城

徐云启从小立志参军报国，2010 年正值 20 岁青春年华，在读大二的他毅然选择携笔从戎参军报国。经过体检、政审等层层选拔，他最终成为一名光荣的大学生士兵。徐云启在部队期间尊重领导、团结战友、训练刻苦，历任战士、军械器材保管员兼文书、通信员、连队司务长等职，专业技术和体能考核稳居连队前列。他在任军械器材保管员兼文书期间，坚持每周认真仔细保养装备，装备保养一"布"到位。在党的十八大召开前夕，他积极协助连队领导开展内部管理教育和战备训练、战备值守工作，高标准完成了安全保卫工作，所在连队被评为"先进连"，本人也因表现优秀连续两年被评为"优秀士兵"。

二、扎根基层，把彝乡作故乡

徐云启大学毕业后，主动放弃了到大城市工作的机会，果断选择到边远的马边彝族自治县工作，通过公开招考被录取为四川省乐山市马边彝族自治县永红乡人民政府科员。马边彝族自治县是中纪委对口帮扶的国家级贫困县，自然环境恶劣，交通环境落后，从县城到市里要 4 小时的车程，永红乡更是马边最偏远的乡镇。他在乡镇工作期间，兢兢业业，负责安全工作期间，始终坚持"安全第一、预防为主、综合治理"的方针，时刻绷紧安全生产这根弦，认真组织开展安全隐患排查治理工作，加强安全运输监督管理，认真开展安全检查，他负责的 1 年期间未发生任何安全生产事故。

2015 年因工作需要他调动到县政府工作，任电子政务股股长，负责全县的网站管理和信息化工作。面对人手不足的问题和纷繁杂乱的工作任务，他敢于挑大梁，担重任，一个人加班加点完成了网站改版建设和信息保障工作，所负责的网站建设管理工作 2016、2017 年连续两年在乐山市综合考核中排名全市第一，所负责的信息公开工作 2015、2016 年连续两年被评为市级优秀，他本人 2015、2016 年连续两年被单位评为"优秀共产党员"。

在马边 2016 年"8·16 洪灾"中，他主动请缨连夜赶往灾区，积极投身防汛救灾中，为受灾群众运送和发放救灾物资，帮助群众解决生活困难。在马边 2017 年"8·23 洪灾"中，他不顾个人安危，带头收集被大水冲到街上有爆炸危险的煤气罐，确保了人民群众的生命财产安全。

在担任行政审批局副局长期间，他牵头开展全县相对集中行政许可权改革工作，主动担当作为，通过 2 年的努力，实现了"一枚印章管审批"，让群众从"进百家门，办百件事"到"进一家门，办百件事"，从"多头办理"到"一窗办理"，用实际行动践行了"让人民群众最多跑一次"的服务理念。

在任乡镇党委副书记期间，他积极发挥党建引领作用，带领党员干部在脱贫攻坚、乡村振兴、基层治理和疫情防控等工作中冲锋在前，主动履职尽责，全镇贫困户 562 户 2710 人如期高质量脱贫。在 3 年抗疫过程中，他坚持"外防输入、内防反弹、联防联控"的总方针，所在乡镇"零感染"。他因工作表现突出，2020、2021 年连续两年年度考核优秀并被县委通报嘉奖。

三、担当作为，舍小家为大家

说起他最遗憾的事，莫过于愧对家人。在脱贫攻坚期间，他坚持深入联系贫困户家中摸清家底，用心帮扶制订帮扶措施和脱贫计划，把贫困群众当成自己的亲人来对待，甚至比自己的亲人还亲，常常一年也不能回家看望父母和年迈的爷爷奶奶一次。他在乡镇负责残联工作期间，下村时了解到偏远高山（5 小时陡峭山路）上面有一名瘫痪智力残疾儿童因无法下山体检未办理残疾证，随即认真记录了她的情况，经过多方的协调和努力，为其办理了残疾证并帮其申请了残疾人护理补贴。妻子不远千里从内蒙

古跟随嫁到四川，可结婚的前一天他还在坚守岗位，让妻子一人筹备婚礼所有事宜，婚后更是因为工作原因多年未能陪妻子回内蒙古老家探望亲人。女儿出生时因脱贫攻坚正处在关键时期，他没来得及陪妻子到医院生产，仅仅在女儿出生后住院期间到医院匆匆看了一眼就立即返回了工作岗位，确保了所在乡镇如期高质量脱贫，在马边全面建成小康社会的进程中贡献了自己的青春和汗水。

筑梦北疆　用爱灌溉基层之花
——包头师范学院段乐

　　段乐，1992 年生人，出生在祖国边疆——内蒙古包头市达尔罕茂明安联合旗（简称达茂旗），小时候父母想让她从教育上受益，一边打工一边陪伴她在市里接受教育。虽生活有些辛苦，比不上身边同龄人的生活条件，但她的理想信念始终如一。她在接受义务教育的年纪就有了成为一名人民教师的理想，高中毕业时毅然选择了师范院校。她在大学期间努力学习，积极到市区学校实习，尽己所能把当时最前沿的教育教学知识学到手，她的心里还挂念着像她一样普通的孩子。

　　大学毕业时，她选择到条件不太优越的城郊小学教书。虽然是以支教教师身份去的，但在日常的教学中她饱含激情。学校经过考核委任她当四年级二班的班主任。自从这位年轻教师接手这个班后，班级整体氛围变得活跃了。支教期间她带领 21 人的团队到包头市参加经典诵读比赛，虽仅获得优秀奖，但能让孩子们到外面看看优秀展演，对孩子们也具有教育意义；区团委有展演时，学校首先想到的是她，她让孩子们表现出小学生的童趣，在展演结束时得到主办方和观众的赞赏。

　　随着乡村振兴的政策扎实落地，她决定要为家乡的教育振兴贡献自己的一份力量，再次选择到条件更加艰苦的边陲小镇——达茂旗石宝镇去执教。刚到石宝镇，她就领教了那里恶劣的天气和荒芜景象，但这反而让她更加坚持要留下来了解这里的家庭和孩子，想办法帮助这里的孩子。从老教师口中得知，这里有个铁矿，但近几年铁矿经济效益不好，好多人选择离开这里到外面务工，出不去的不是还在铁矿上班的，就是身体残疾不便外出务工的，要不就是农牧民，家里种些地、养些牛羊够生活也就不考虑外出了。

　　有了这些了解，她心里就有了准备。完成入职培训后，她见到了分到她班上的 22名学生。她从孩子们的眼睛里感觉到了淳朴二字，他们对这位年轻教师很好奇但又有些害羞不敢使劲抬头看，那样子可爱极了。课前她经常和孩子们交谈，从交谈中她了解到班里 87％的孩子涉猎的图书少，于是她有了教学目标。她带的是四年级，正是学写作的关键时期，她给孩子们推荐了《稻草人》等"快乐读书吧"里的阅读书目，一并教给了他们读课外书的方法：精读、泛读、跳读、浏览等，根据自己的需要选择不同的读书方法。她根据不同的作文类型在相应的作文课上展示提前找好的范文，给孩子们深入讲解后再让孩子们动笔。薛渊等 5 位同学的作文有了显著提升，每次写作课她都会用他们的作文当范文让同学们学习，他们几位同学的写作水平保持得很好，其他同学心中也有成为榜样的志气，所有学生在作文方面提升效果明显。在小学毕业时孩子们的作文从起初的语无伦次到均分 22 分完美收官，其中姚锦艺和薛渊得到满分作文成绩。

她从学生课堂和课间行为习惯中发现，这里的孩子行为习惯不尽如人意。最突出的是一个男孩，在课堂上不管老师叫没叫同学回答问题，他都会时不时自己站起来大声喊一句，有时他喊的内容和课堂内容吻合。段乐经过长时间的观察分析，认为这孩子是认真听课了，但是没有形成好的纪律和师生互动习惯。经过课上的管束和课后谈心谈话，这名学生的行为习惯有明显好转，课堂上懂得了举手回答问题，虽然还有时大吼大叫但次数少了很多，单腿盘坐在凳子上的习惯也随着谈心谈话慢慢消失了。像他这样课堂上带有小动作、不遵守课堂纪律的同学占全班人数的 27%，通过谈心谈话这些同学的情况好了很多，教师们集体听课时学生在纪律方面还能得到大家的夸奖。

她班上的单亲家庭学生占全班的 50%，残疾家庭 2 户。通过三年的教学、行为习惯培养和家访，家长对段乐表示衷心的感谢，毕业时家长亲口对她说："我们这个班从一年级到三年级每年换一个班主任和语文老师，幸亏你来了，要不然我们都不知道咋办了。"她松了一口气，笑了。

作为一名年轻教师，她紧随党和国家的政策，心系家乡的教育振兴，她始终对工作和学生们充满激情。虽然工作上没有干出轰轰烈烈的业绩，但她始终对职业、岗位有着无限的爱。她将以实际行动继续践行自己的本职工作。

几许报国心　戍边终不悔
——内蒙古大学杨宁

杨宁，中共党员，1993年11月出生于河北唐山，2013年9月考入内蒙古大学经济管理学院金融学专业，2017年9月大学毕业后应征入伍，在中国人民武装警察部队内蒙古边防总队服役。他退役后就职于国家移民管理局内蒙古出入境边防检查总站巴彦淖尔边境管理支队，现为一级警员，三级警司警衔。自退役以来，他一如既往地保持部队优良作风，不忘初心使命、砥砺奋斗前行，出色完成了党的二十大安保、建党100周年安保、疫情防控、"北疆2022"全区反恐怖综合演习等各项任务，用自己的青春和一颗赤诚之心，在祖国北疆书写着忠诚履职、一心为民的壮丽篇章。他先后荣获嘉奖2次，被评为优秀公务员1次。

一、绽放青春光彩，铸就绿色人生

为什么要当兵？一千个军人，会告诉你一千个理由，每一个理由，都裹着他的情感，刻着他的理性，藏着他的青春。而杨宁的理由是对军人气质的羡慕，是心中埋藏的军人情节，是对军旅生活的向往，更是要为国家奉献自我的责任。2017年杨宁怀揣着向往踏入了军营，成为了一名光荣的军人，开启了他人生中的光荣征程。

入伍之初，切身对军旅生活的体验打破了杨宁美好的幻想。作为一名新兵，凡事都要从头学起，大到军队的训练强度，小到内务要求的"豆腐块"，一切都需要他慢慢地摸索学习。最让他感受到心理落差的，是军队的纪律性。军营的一切都被纪律约束着，只有时间，才能让一个新兵接受新的生活、新的环境。当问到杨宁觉得难熬、后悔吗，他说："从没后悔过，选择了这条路，再苦再累我也要坚持走下去，那段经历带给我的收获很多，对我来说意义很大。"

军营的锻炼，让杨宁有了很多改变。2018年3月，中共中央印发改革方案，明确公安边防部队集体退出现役，转成移民管理警察。一方面是选择跟随部队集体转制，在距离家乡1500余公里且工作环境艰苦恶劣的边关驻守，另一方面是选择退役回家继续读研深造，作为独生子女陪伴年老多病的父母。面对退役回家的优越条件，短短一年的军旅生涯，让杨宁明白边境安全的重要性，有国才有家的道理，他毅然选择扎根祖国北疆。他不断和父母做工作，终于赢得了父母的支持。改革期间，杨宁负责战士档案审查、报考资格审查等工作，他本着对组织、对历史、对转改士兵负责的态度，审查士兵档案263卷，补充相关材料1200余份，确保士兵档案"零错情"。转改考试前夕，他严格按照上级招录考试加分政策相关要求，核定支队全体士兵加分情况，连续半月加班加点，确保转改士兵加分核算准确。同时他利用工作间隙积极复习备考，并把自己的学习方法、学习技巧传授给战友，耐心地为战友解答问题，转改考试后，自己成绩位列总队前茅，所在中队考试录取率为 100%，大多数转改士兵成为共和国第一代移民管理警察。

二、聚力实战练兵，锻造过硬队伍

转改后，曾经的战士成为新一代移民管理警察，但队伍年轻、业务能力弱，是不可忽视的问题。杨宁结合全警实战大练兵工作，积极发挥自身警务训练特长，投身支队训练工作，先后起草各类政策性文件，把党委决策理论转化为切合实际、便于操作的具体动作。面对转改后基层一线日益复杂的执法环境，杨宁常常利用空闲时间练思维、学战术、强体能，主动更新教学方法，创新训练方式。一句警告语、一个规范动作，揣摩研究到凌晨也是常有的事。为了做到实战与理论不脱节，他多次进行纠纷类警情规范化执法、暴力类警情最小作战单元的训练与教学，做到以练为战、以战促练、战训结合。在他的努力下，支队民警实战能力大幅提升，在总站历次大练兵年度考核中，支队成绩均位居全区前列。

同为战士出身的杨宁知道新警文化水平低、知识储备不够、公文能力处理欠缺等，他将士兵转改民警业务能力素质提升工作作为自己工作的重点，经常与同事们进行交流，并主动向领导建议，推行机关基层双向联动机制，让新警可以根据自身兴趣特点和薄弱环节，有选择地前往机关进行实践锻炼，学习办文办会。就这样，他在成为"多面能手"的同时，还带着单位整个"队伍"一起进步，在他的辐射下，新警队伍培训率覆盖 100%，适岗率在 90% 以上。

三、立足本职岗位，践行初心使命

疫情暴发以来，杨宁深知自己肩上的责任与重担，于是带头向党组织递交请战申请，扛起党员民警带头模范的大旗，自觉投身疫情防控阻击战中，主动请战到疫情防控工作第一线。他深入牧区、矿山企业走访排查，积极参与防疫检查点执勤任务，以实际行动圆满完成了疫情防控任务。期间，他共参与执勤 360 余次，查验车辆 153102 辆，人员 738625 人，劝返车辆 1495 辆，劝返人员 3192 人，消毒车辆 2038 辆，发放医用口罩、消毒液等防疫物资 3000 余件（个），为牧民代购各类生活急需品 600 余次，妥善处置 3 起堵卡点出现核酸阳性货车司机事件，做到岗位不空转、工作不断档，队伍内部安全稳定，在关键时期发挥关键作用。

党的二十大安保工作开展以来，杨宁忠实地履行一名移民警察的神圣职责，先后深入边境一线 9 次，开展清边巡边

13 次、矿山专项清查 6 次，共排查化解各类隐患 23 处，有效解决各类突出问题 56 处，配合开展集中清查 4 次，清查商业网点 100 余家、洗浴场所 50 余家次、出租房屋 300 余间、危爆单位 7 家，下达整改通知书 8 份，收缴各类子弹 114 发、弩 1 把，确保了党的二十大期间边境辖区社会大局稳定、治安秩序良好。

不必等候炬火
做一个在黑暗里发光的人

——兴安职业技术学院董桂莹

董桂莹，1994 年 10 月出生，大学本科毕业，现任内蒙古兴安盟突泉县中医医院护理部干事，2015 年毕业于兴安职业技术学院，2016 年担任兴安职业技术学院中专部外聘教师，2017 年毕业于赤峰学院护理学本科。她在校期间表现优异，2013 年荣获兴安职业技术学院"专业知识竞赛"三等奖，2013 年荣获校级三好学生称号，2014 年荣获自治区护理技能操作大赛三等奖，2014 年荣获国家励志奖学金，2014 年获得校级三好学生称号，2015 年荣获国家励志奖学金，2015 年荣获校级优秀实习生称号，2015 年大专毕业荣获自治区优秀大学毕业生称号，2015 年本科入学荣获军训标兵称号，2016 年荣获优秀学生干部称号，2017 年获兴安职业技术学院附属中专"优秀指导教师"称号。2017 年参加工作以来一直从事护理专业，并兼任突泉县职业高中护理专业外聘教师。她工作期间，2018 年荣获"5·12 护士节"护理技能一等奖，2018 年荣获突泉县医学科普大赛三等奖，2018 年获得兴安盟首届医学知识科普大赛演讲组三等奖，2019 年荣获突泉县中医医院"5·12 护士节"技能操作二等奖，2019 年获得全盟"盖亚·兴安天使杯"急诊急救操作组优秀奖，2020 年荣获全盟第二届医学科普大赛语言类三等奖，2020 年荣获全盟第二届医学科普大赛表演类优秀奖，2021 年被评为突泉县中医医院优秀护士，2021 年获得突泉县中医医院双人心肺复苏二等奖，2022 年 4 月获得吉林省抗疫表彰荣誉证书及荣誉奖章，2022 年 4 月获得内蒙古自治区表彰支援吉林抗疫荣誉证书。她积极参加医院组织的各种活动，并多次主动申请参加疫情防控工作。

2020 年 1 月 26 日，她接到院领导的通知，突泉县组建抗疫分院一线小组，她被分配为小组第一梯队的护士，接到通知后她立即整理行装，赶往一线。27 日第一名患者进入隔离病房，当晚她为患者送去晚餐，发现患者生命体征异常，心率每分钟 150 次。由于物资紧缺，她身着三级防护服，蹲在疑似阳性患者床旁为患者手动静推西地兰 10 分钟。她在隔离区连续工作了 6 小时以上，在外出陪同患者前往定点医院进行检查时，她穿着单薄，防护服里的汗珠结成了冰，夜间的温度是零下 10℃左右，领患者检查回来，她的手已经被冻得麻木。为了预防感冒，当晚，她服用感冒药，喝姜汤出了一身汗，第二天依然不畏艰险，冲在最前面。

2022 年 3 月 13 日晚，接到医院紧急指令支援吉林，她立即报名参加。因为有丰富的临床和抗疫经验，医院顺利批准，她说"那一刻感觉肾上腺素飙升，不是害怕，是激动、是紧张，作为一名积极分子，能被选中支援吉林，这是代表内蒙古人民送出的关心关爱，是白衣天使的光荣和使命"。她随即前往医院检查身体，次日随队伍出发，经考核后，于 16 日参加吉林省第四方舱医院 4 楼工作组开展工作。

第一次进入隔离医院，第一次接触阳性确诊患者，她怀着忐忑的心情，虚心学习，开展工作。兴安盟医疗队负责的 4 楼病区共有患者620 余人，她所负责的病区共有 154 名患者，有老人，有孩子，有重症患者，也有心理脆弱身心煎熬的人群，她翻阅病例，尽快了解患者基本情况，做到因人施护，在承受艰巨的护理工作同时还要做患者心理疏导，鼓励大家树立痊愈决心。一位高龄阿姨因为焦虑，严重失眠，情绪十分不好，不配合治疗，她通过了解，知道这位阿姨的情况找到症结所在，于是和家人取得联系，通过相互配合，阿姨建立自信，对董桂莹信任和依赖大增，11 天后康复出院。随着工作的顺利开展，她不再紧张、害怕，做好本职工作，做好个人防护，作为一名白衣战士，她感到无比光荣。

在病区，每天都有着感动。第一次接手一号护士站，34 区志愿者大叔，告诉她"护士，有事你叫我，在门口一摆手就行"。当每一次需要志愿者帮忙时，他们都会说"你别动，把你衣服刮坏了，一边看着就行""太谢谢你们来支援了，能帮你们干点活是我们的荣幸""几名白衣天使，照顾几百名病人，你们辛苦了"。"记得那天夜里，一个小女孩拿来一个苹果一盒酸奶，对我说，'大白'姐姐，给你吃点水果补充抵抗力，要不然你倒下了，谁来救治我们呢?"她说，一场突如其来的疫情，让我们重新见证了生命的脆弱，也见证了人与人之间的温暖。

2022 年 4 月 22 日，兴安盟医疗队完成 38 天援吉医疗救治工作，返回内蒙古通辽市进行 14 天隔离，5 月 5 日她返回兴安盟突泉县家中，妈妈眼含泪水说"我姑娘瘦了"，那一刻她只能给妈妈一个拥抱。她选择了护理这个行业，就选择了奉献和担当，特殊时期，每一名护理工作岗位上的"大白"，都是逆行而上的战士。

辽宁省

满腔热情为学生圆梦的
基层就业人

——大连海事大学教师李德静

1986 年刚刚毕业的他毅然选择留校任职。他曾先后担任学院办公室主任、副院长，2005 年时任学生管理副书记的他走进一线，开始致力于大学生就业指导服务工作，潜心进行大学生就业教育相关研究。

稻谷有根，深入大地，他的根沉入学生之中，始终为学生办实事，始终牵挂着学生就业工作。他爱岗敬业、恪敬职守、化作春泥用心、用情呵护大学生成长、成才，为数以万计的毕业生成功就业保驾护航。他不忘初心，牢记就业育人使命，教育引导毕业生到基层去、到海上去、到祖国最需要的地方建功立业。

他，就是李德静，一名忠诚于党、忠诚于教育工作的平凡基层就业人。

一、坚守"育人"初心，他实现知行合一与课程思政两相长

他注重就业指导理论研究，教研相长、成果丰富。在这近 20 年的时间中，他担任"职业生涯规划""就业指导"两门课程教师，累计授课 500 余学时。同时作为两门课程的教学负责人，他带领课程团队多次进行教学内容与教学方法的探索改革，引进"翻转课堂"教学法，让学生能够专注于主动探索学习。他注重对大学生就业观念的研究，深挖课程思政元素，将大学生基层就业指导深植课堂教学。2022 年，他所讲授的"职业生涯规划"课程获评辽宁省就业创业金课。

他牵头编写并出版《大学生职业生涯规划与就业指导》教材等著作 3 部、撰写毕业生就业工作论文 7 篇、主持参与就业相关课题 7 项，并多次在《中国大学生就业》等相关期刊发表就业指导文章。同时他也获得教育部、辽宁省教育厅、大连市、学校等先进集体、优秀思想政治教育工作者、优秀指导师、优秀论文等荣誉 12 项。

二、勇担"师职"重任，他创新就业指导载体增进育人实效

根据学校就业"五航计划"，以强化就业育人实效为着力点，他创新性地打造了"全程化、全方位""线上＋线下"立体式高校毕业生就业指导工作新模式，有效推动了基层就业指导深入开展；依托学校国家级"育鲲成鹏"职业生涯咨询特色工作室，发挥学校就业四级联动机制作用，他牵头搭建大连海事大学就业信息网线上咨询平台、"闪光青年"咨询平台，"线上＋线下"开展基层就业指导，年均指导学生百余人次。同时他带领咨询团队走到学生中去开展基层就业指导系列活动，基层就业指导在双选会现场、在

学生宿舍、在食堂……甚至当随校船远洋时，他也会在大海上宣讲基层就业，将学生的基层就业观贯穿就业指导中，贴近学生实际、学生需求，提升基层就业指导工作育人效果。

他深入一线开展基层就业创业指导讲座、赛事指导、基层求职训练营、基层就业沙龙等多项基层就业专项活动；组织多场全校就业形势解读讲座暨基层就业宣讲会，为有意向赴基层就业的学生群体答疑解惑，教育引导毕业生树立正确的就业观、职业观、成才观，到祖国最需要的地方去建功立业；收集整理教育部、各省市出台的基层就业政策公告，整理成政策汇编发给各学院宣传，同时，通过学校就业信息网、就业微信公众号专题宣传基层就业政策，加强思想政治教育，培育家国情怀。

三、践行"教育"使命，他是学生基层就业路上的引路人

他先后指导扶持 10 余个大学生创业团队，其中如大连昌农科技有限公司。大连昌农科技有限公司的核心技术是农业大棚智能温度控制器集成产品，完全取代人工，使樱桃、草莓等提前成熟 15 天，产量提高近 15%，果农每年创收 1.5 亿元，该创业团队获得辽宁省大学生创业大赛一等奖。

他把自己的智慧和真情融入学生基层就业中，近几年，学校不断涌现出一批又一批赴基层就业的毕业生典型。航海学院 2021 届毕业生王滔、环境与科学工程学院 2018 届毕业生张艺飞在他的指导下，分别入选教育部"应征入伍人物名单"和"创新创业人物名单"，成为"闪亮的日子——青春该有的模样"大学生就业创业人物；"三支一扶"典型代表辜耀强担任长海县长海乡海洋岛扶贫专干，在艰苦的条件下服务残疾人、低保群众，克服困难、履行使命，先进事迹被《辽宁日报》报道；大学生村官代表郝秋萌在大连金普新区光明街道胜利西社区平凡的岗位上，立足本职、勤奋务实、埋头苦干；参军入伍的南宁投身军营、攻坚克难、实现梦想；远洋航海典型代表韩春雨，立足航海事业，在星辰大海中百折不挠；响应国家号召奔  赴西部支教的代天伦，在祖国最需要的地方奉献青春；就职于交通运输部北海航海保障中心大连航标处的航海学院毕业生周鹏，一直从事"奉献青春，照亮航程"的海上工作；就职于中铁渤海铁路轮渡有限责任公司大连分公司的轮机工程学院毕业生于熙，立足航运事业、坚持梦想；在那曲市担任乡镇公务员的闫沛兴、冉启飞，把自己的所学运用到基层工作中……他们在基层锻炼中磨砺自己的意志，在服务社会、奉献基层中体现自身价值，在祖国最需要的地方绽放青春。

李德静始终在转变学生就业观念，引导大学生到西部、到基层、到祖国最需要的地方去就业的路上奋力前行，以提升学生职业素养与就业能力为己任，努力成为学生就业路上最值得信赖的引路人，担当新时代人民教师的时代重任，满腔热情为学生圆梦未来，他期待并继续着，在平凡的就业育人岗位中作出更大的贡献。

不忘初心　忠于职守
为毕业生就业工作砥砺前行

——渤海船舶职业学院教师吴晓峰

吴晓峰，1965 年 8 月出生，中共党员，在职研究生学历，工学硕士学位，2001 年以来一直从事毕业生就业工作。他热爱毕业生就业工作，22 年如一日，忠于职守、勤勤恳恳、任劳任怨，关键时刻见真情，危难时候肯担当，无论就业形势如何变化，始终坚持为毕业生就业工作服务奉献。

作为工作在就业战线的老同志，他先后为 157 个班级讲授"大学生职业生涯规划""高职学生就业创业教程""大学生就业与创业指导"等课程，共完成教学课时 3000 课时以上，为 236 名再就业毕业生提供帮助，为 473 名贫困家庭毕业生提供就业支持和帮助，主持校园招聘活动 567 场，为 3 万多名毕业生提供就业指导，亲自为 638 个企业主持校园招聘活动，走访企业 865 家次，开发新就业单位 182 个，和就业团队一起建立就业基地 269 个，带领就业团队获得辽宁省 2022 年度普通高校毕业生就业工作奖励"一等奖"，他先后多次被评为辽宁省普通高校毕业生就业工作"先进个人"、辽宁省普通高校毕业生就业工作"优秀工作者"、渤海船舶职业学院"毕业生就业工作先进个人"、"优秀共产党员"。

一、政治合格，抓实基层就业

他入职以来一直奋战在基层就业最前沿，深入贯彻落实党的教育方针，始终坚持为党育人，坚持以习近平新时代中国特色社会主义思想为指导，树牢"四个意识"，坚定"四个自信"，坚决做到"两个维护"，把政治合格、技能过硬作为培养学生的基本点。他严格按照习近平总书记关于就业工作的系列指示精神，积极推进毕业生基层就业，通过落实"一把手"工程、院领导包系、系领导包专业、专业教师包学生、班主任抓落实等措施层层推进落实。在疫情期间，他以高度的责任感和使命感，克服各种实际困难，陪同学院党委书记、院长走访企业 202 家，拓展基层就业岗位 5000 多个，引导毕业生到基层就业、到船舶军工行业等重点领域就业，学院近 5 年平均就业率 98%，一直名列省内前茅，基层就业率 95% 以上，毕业生深受用人单位好评和欢迎。

二、作风优良，坚守初心使命

秉承学院"立足船舶，面向军工，服务社会"办学定位，他和就业团队一直致力于服务毕业生更高质量就业。他和就业团队共完成就业指导课时 2000 多课时，通过就业指导课、课下咨询、单独辅导等形式加强引导教育，使大多数毕业生能够从实际出发，从国家发展大局着眼，根据自身实际情况选择就业单位。他采取"一对一"精准帮扶、订单式培养、现代师徒制等办法提高就业率，全面加强就业指导，选树一批就业典型，通过典型引领促进毕业生到祖国需要的地方建功立业，基本上树立了"先就业、后择业、再创业"的正确择业观，为渤海造船厂集团有限公司、沈阳飞机工业（集团）有限公司、大连船舶重工集团有限公司等企业培养输送基层人才 1 万余人。

三、服务一线，培养技能人才

他始终坚持为用人单位和毕业生服务，亲自组织专场招聘会 567 场，服务用人单位累计 2000 家次，服务毕业生 3 万余人，以学院利益和毕业生权益为重，在毕业生就业季每周工作 80 小时以上，牺牲了大量业余时间和节假日，把全部心血都用在了毕业生就业工作中。用人单位来校招聘时，他坚持用专业就业指导教师组织专场招聘活动，细致、耐心解答用人单位提出的各种问题，为他们创造最好的招聘环境，认真负责地向用人单位推荐毕业生，利用学院网站、微信群、橱窗宣传用人单位，重点宣传企业现状、发展前景、需求信息、招聘条件、福利待遇等基本情况，帮助毕业生找到适合自己的基层就业岗位。2019年渤海造船厂集团有限公司来校招聘时，他带领就业团队从上午九点开始，连续 18 小时为企业和毕业生提供现场招聘服务，现场完成签约 152 人，得到毕业生和企业高度赞扬。

在他和就业团队的努力下，学院涌现了以"全国技术能手"耿伟华、2021 年第四届"闪亮的日子——青春该有的模样"全国大学生就业创业典型人物刘星彤、2022 年第五届"闪亮的日子——青春该有的模样"全国大学生就业创业典型人物陈江涛为代表的数以万计的基层就业优秀毕业生。

投笔从戎入军旅　驻守边疆献青春
永葆本色守基层　淬炼成钢铸警魂

——沈阳体育学院刘铁林

　　他出身农村，对绿色军营充满向往；他投身军旅，用自己的力量报效祖国；他历经挫折，用坚强的毅力实现梦想；他始终坚信，有付出就一定会有收获。他就是沈阳体育学院体育教育专业 2018 届校友刘铁林。刘铁林，2018 年在本科毕业后，选择投笔从戎，参军入伍，现转改为一名移民警察，继续驻守边疆。

一、毕业入伍，投笔从戎

　　青春正当时，毕业先入伍。刘铁林毕业后放下笔墨，怀着参军报国的梦想，积极报名应征，并顺利通过了体格检查和政治考核及理论测试，成为一名边防军官，从此选择扛起钢枪，奔向军旅人生。

　　虽然大学的经历为刘铁林积累了宝贵的经验，但是入伍便意味着一切都是新的开始。队列训练、擒敌训练、止血包扎等一系列科目都要从零开始。在训练中，他发扬一不怕苦二不怕死的精神，刻苦严格地训练自己，同时帮助班长充当小教员的角色，帮助班里其他新同志纠正动作，共同提高训练水平。长跑、单杠、双杠这些部队的必考科目，对于之前毫无锻炼的新兵来说简直就是噩梦。他对自己严格要求，每日加强训练，同时把训练方法分享给身边的战友，并在训练中为他们加油鼓劲。

　　作为"大学生党员"来到部队，刘铁林从踏入军营的那一刻起就下定决心：一定要发挥好党员带头模范作用。他每天坚持学习党的创新理论，学习习近平强军思想，严于律己、以身作则。他与班内战士在训练生活中互相帮助、互相监督，共同提高，充分发挥了党员的"领头雁"作用。来到部队，他主动把个人特长发挥出来，为大家制作各类标签、撰写新闻稿、制作目标小卡片等，用实际行动诠释了一名共产党员勇于奉献、敢为人先的担当精神。

　　这个优秀的沈阳体育学院学子，用崇高的信仰与不屈的意志，诠释了一个大学生的爱国之情。用青春担当，书写铁血荣光；崭露锋芒，点亮和平曙光！

二、为民服务，永葆初心

　　军旅生涯结束后，他选择投身边防建设，成为了一名边防民警，继续实现他守护一方平安的保家卫国热血梦！他更加接近人民群众，在打击违法犯罪、服务人民群众的职业生涯中践行誓言、不吝时光、不负盛世。

面对陌生的环境，他有点不知所措，但在战友们的帮助下，他很快融入了紧张却有规律的民警生活。凭着当兵磨炼出的坚强毅力和铁脚板，他走访团场的职工群众家，嘴甜、记性好，让他与职工群众打成一片。靠着勤能补拙的精神状态，他逐渐摸到了工作方法和门道，从群众眼里的"毛头小子"变成了职工群众交口称赞的"小刘警官"。

社保窗口经办、劳动保障监察、劳动争议调解、公共就业和人才服务……他进社区、走工地、入企业、访群众。社保年检工作涉及千家万户，直接影响待遇享受人员的生活质量，他坚持为居住本地的长期卧病在床、高龄等行动不便、上网不便的人群提供上门入户认证，确保认证不遗漏、社区全覆盖。借助扶贫结对帮扶的契机，挨家挨户、细致耐心地为民众面对面核对姓名、身份证号码、出生年月、电话号码等重要信息。

他说，作为中国青年，应紧跟党的步伐。基层才是更好实现人生价值，也是更好走进人民群众、了解人民群众的好地方。他也切切实实做到了为民服务、永葆初心，管辖区域内民众对他的称赞便是见证。

三、巡边踏查

从穿上一身藏蓝那一刻，他顿感肩上的责任重大，作为人民警察就要有"粉身碎骨浑不怕，要留清白在人间"的觉悟，做一名对党忠诚、服务人民的人民警察将是他毕生的追求和坚守。

在那片广袤的边疆土地上，除了绝美的风光，以及浓郁的民族风情，还有绵长的边境线。为守护一方平安，他驻守在国家边境线，用脚步丈量着祖国的每一寸山河。边境天气严寒、路途艰难，他克服零下 20℃的严寒天气，采取"步巡＋马巡"的方式，踏着近数十厘米厚的积雪，翻越山岭、达坂，对山口要道等地段进行巡逻踏查。他通过实地查看，了解积雪对边境基础设施和辖区居住用房、道路的影响，确保边境一线安全稳定。他采用徒步的方式，对边境一线山貌地形、人行便道情况进行检查，掌握边境动态。他克服天气带来的不利影响，顶风冒雪对边境区域重要路段、重要山口开展巡逻，有效排除了管段内的各类隐患。

因为驻守边疆，他与家人总是聚少离多，但是他从未后悔过，他的心中不只有"小家"，更有"大家"！他总说巡边的路长且难，但我们不走谁来走，再难再苦都要走，守好祖国的边境，才能对得起"移民管理警察"的称号。

身处校园，他是积极进取的青年学子；穿上军装，他是保家卫国的中国军人。无论头顶军徽，还是警徽，无论戍守边疆，还是守护一方，他都始终保持着一颗报国的赤子之心。

四、家人分居，守卫"大家"

他因为要守卫边防，父母在老家东北，妻子孩子在南方居住，但是他从未有过一丝一毫的抱怨。父母生病，他未能在病床前尽孝，妻子顾家辛苦他也不能帮忙太多，但是他们一家人都心怀大爱，家人理解他的辛苦，支持他的工作。

他肩负着全家的重任，在边防保卫国家安全；祖国昌盛有他的贡献，也有家人的贡献；国泰民安，是他的心愿；万家团圆，亦是他一生的心愿！

　　岁月易逝，青春易老，但他仍执着于心中的军人梦。如今的他脱下军装，穿上警服，变的是岁月和角色，不变的是初心与情怀。因为军人的烙印，永不褪色，而他也将继续在警营里恪尽职守，续写芳华。

接力扶贫梦　振兴再出发

——沈阳工业大学郭子涵

郭子涵，中共党员，山西省晋城市陵川县委组织部派驻平城镇秦家庄村第一书记。三年多前，她的父亲在台北村第一书记岗位上不幸因公殉职。就在父亲去世仅十天后，她主动申请到脱贫攻坚一线去完成父亲未竟的扶贫事业。在父亲去世整整一个月那天，她正式接到组织任命，到台北村担任第一书记，从此走上了扶贫道路。

一、女承父志，接棒到攻坚战场扶贫

受良好的家风影响，郭子涵从小到大一直是优秀的学生和出色的学生干部。2014年，郭子涵考入沈阳工业大学文法学院法学专业，在校期间担任法学 1401 班班长、院团委学生会学术部部长职务。她是文法学院 2014 级学生中第一批加入中国共产党的学生党员，她用自己的坚守、努力、拼搏，在学术、科技、文艺、体育、社会实践、志愿服务等多方面积极进取，参加省市校各项竞赛活动，取得优异成绩，曾获校优秀毕业生、优秀学生干部、一等奖学金等荣誉，充分展现了一名优秀学生党员的先锋模范作用。

23 岁的郭子涵带着父亲对台北村父老乡亲难以割舍的牵挂，带着父亲的"遗愿"，毅然放弃考研深造的机会，放弃留在大城市工作的设想，女承父业，踏着父亲生前的足迹，走上了充满艰辛与挑战的扶贫之路。

二、扑下身子，接力为贫困群众解难

郭子涵到村后，白天入户走访，夜晚学习政策，加班加点与村干部商量工作、解决问题成了家常便饭。为了支持她的工作，母亲辞去自己的工作，陪着她住进了贫困村，奔波在扶贫路上。

村民侯小毛身体残疾，父亲郭建平为他争取来了轮椅，郭子涵接力，为侯小毛办好了残疾证；"五保户"侯春明住进养老院后父亲郭建平时常去看望他，郭子涵接力，继续看望老人，嘘寒问暖；村民侯同法在父亲郭建平帮助下种了连翘、白皮松，郭子涵接力，帮他扩大连翘、白皮松种植规模，增加了收入；村里的青壮年劳力有很多在市内打工或陪孩子上学，父亲郭建平经常用自己的车载村里的老人到城里看孩子或帮他们捎东西，郭子涵来了之后继续私车"村用"，为村民办妥一件又一件小事。

扶贫以来，她接着父亲想做而没有完成的事情，继续推进台北村的各项工作。她因地制宜，扩大苗木种植规模；新建两个蓄水池，完成了台北村到观村的道路改扩建

工程，实现村内街道硬化；顺利完成了危房改造，新增连翘茶加工扶贫车间；连续两年引进物资，为各家各户送去米、面、油等春节慰问品，并多次开展义诊活动；凉亭、步道、文化长廊相继落成，全面进行公厕改革，建设 8 个通风改良式公厕和一个高标准水冲厕；增设太阳能路灯，在村内实行统一风格粉刷，打造特色文化墙；积极筹备老年日间照料中心、文化活动中心；与芒果 V 基金积极联系，为村里争取到一台旅游观光车；完成"煤改电"项目，解决了老百姓冬季取暖问题；修缮招贤馆，保护历史古迹；建设升级支部阵地，修建仿古式门楼、烈士塑像，新建郭建平精神教育基地，发展红色教育基地和民宿旅游业……

三、任重道远，接续绘乡村振兴蓝图

在圆满完成脱贫攻坚任务后，郭子涵积极响应组织号召，来到平城镇秦家庄村担任第一书记，继续拼搏在乡村振兴一线。

秦家庄村是"全国文明村"，交通便利，文旅资源丰厚。郭子涵与村干部一道，请专家、想点子、出规划，秦家庄文旅康养融合发展的步伐明显加快。

看着秦家庄智能玻璃温室大棚，电子屏上记录着光照、温度、湿度，生菜、圣女果、草莓等果蔬生机盎然。更神奇的是，大棚里还"长"出了鱼。这是有机菜、生态鱼，立体种养，一水两用，鱼菜共生体系。为了产业兴旺，村里建起了有机肥生产线，发展"设施蔬菜＋有机肥生产＋观光采摘"，新增了冷链仓储保鲜库、17 座春秋大棚等项目，促进现代农业循环发展。她以省级乡村振兴示范村创建为抓手，扎实稳妥推进乡村建设，民俗一条街、窑洞餐厅、亲子农耕体验园、高标准公社民宿研学接待中心等项目也在如火如荼地建设之中。她应湖南卫视邀请，拍摄《这十年·追光者》党建专题片，把村里的特色蔬果带到湖南。在现场，主持人和来自南湖红船党支部的几位基层代表以及现场观众都品尝了村里的蔬果，作了一致好评，她为村里日后线上线下销售打开了新局面。

她在抓党建促基层治理能力提升专项行动中，开展"四星联创"、党员积分制管理，运用"1＋4＋6＋15"红色网格体系，为村民提供精细化服务。在工作实践中，她构思出"一心双环三元四区"的发展方向，集中打造集现代农业观光、农耕体验、农科研学、田园采摘、休闲度假为一体的特色康养田园综合体。

她的事迹被《人民日报》、新华社、央视新闻频道、《焦点访谈》等多家媒体栏目宣传报道，她本人也先后荣获"全国向上向善好青年""全国脱贫攻坚先进个人""全国三八红旗

手""中国青年五四奖章""全国道德模范提名奖""山西省优秀共产党员"等光荣称号。

曾经，是父亲对扶贫事业的执着牵引着她走上了扶贫之路。如今，把青春写在大地上，把个人理想融入国家梦想，是她无悔的选择。她将继承父亲的遗志，弘扬伟大的脱贫攻坚精神，让青春之光继续闪耀在乡村振兴的新征程中！

扎根基层践初心　实干善为暖乡亲

——大连海洋大学宋禹

宋禹，1996 年 3 月生，2019 年 7 月参加工作，2017 年 12 月加入中国共产党，大学本科学历(2019 年 7 月大连海洋大学计算机科学与技术专业毕业)，工学学士。他曾获国家级荣誉 3 项，省级荣誉 5 项，市局级荣誉 20 余项，获批国家计算机软件著作权 3 项。他现任新疆墨玉县喀拉喀什镇古勒巴格社区第一书记、"访惠聚"工作队队长。

一、"我要到边疆去！到和田去！"

为实现报国志向，2019 年，刚毕业的宋禹拒绝学校提供的读研深造机会，毅然放弃世界五百强企业开出的优厚条件，主动远赴新疆支援建设。"作为新时代青年党员，我的青春更应该挥洒在边疆的发展上！"谈起是什么让他作出这个决定，宋禹只用这一句话回答，而他也用行动证明了自己的选择。

三个月公务员岗前培训让他快速进入了工作状态，2019 年 11 月，宋禹正式到喀拉喀什镇人民政府党政党建办任职。作为核心部门，党政党建办工作任务十分繁重，作为新人的宋禹无疑压力巨大，但他却从不懈怠，通宵加班更是家常便饭。有一次，宋禹因扁桃体发炎突发高烧，身体都已无法保持平衡了。"只要还清醒，就能继续干！"怀抱着这样的信念，他仍然选择带病坚持，只为尽快解决村民的"急难愁盼"事。这份执着与拼劲为他赢得了全镇通报表扬，也让他在领导与同事心中留下了"拼命三郎"的印象。"作为基层党员干部，这是我应该做的！"面对荣誉，宋禹这样说。

2020 年，宋禹当选喀拉喀什镇向阳村党支部副书记。秉持着"把好事做细、把细节做好"的工作理念，他每天走访入户，深入调研，核实更正数据错误。"一看见拎着公文包的背影，就知道小宋书记又来摸情况了！"宋禹扎根基层有力推进各项工作，赢得了村民的信任。

同年 5 月，宋禹当选为阿亚克阿特巴什村党支部副书记。阿亚克阿特巴什村地处偏远，历史遗留问题较多，党建工作难以开展。"工作哪有那么多容易事，得啃得下硬骨头！"面对如此复杂的工作情况，宋禹的斗志更是昂扬。为深入摸清问题情况，他多渠道追根溯源；为最快速度建立工作台账，他几天几夜不曾合眼。凭借着宋禹的坚持与努力，阿亚克阿特巴什村党建工作得到极大提升，并被树立为党建工作优秀典范。"我们的村子因为有了小宋书记都变样了！"阿亚克阿特巴什村村民笑着说。

二、"看到他的改变，我很欣慰！"

因对基层群众的挂念与关怀，2022 年，宋禹申请参加"访惠聚"驻村工作队，任喀拉喀什镇古勒巴格社区第一书记。为了解社区情况，无论白天黑夜、酷暑严寒，宋禹都坚持走家串户开展走访，耐心听取居民意见。针对困难家庭，宋禹特别以"一户一档"的方式记录情况，并定期上门慰问探访。

在这些家庭中，一个维族小伙子最让宋禹印象深刻。小伙子自小与父亲、哥哥相依为命，性格也较为敏感。大学毕业后，误入歧途，沉迷网络赌博，多次欠下赌债。在债主多次催债后，他扛不住心理压力，选择了离家出走。他的爸爸和哥哥急疯了，在自寻无果后，到社区寻求帮助。"各支力量立刻配合警务室全力搜寻，务必把孩子找回来！"宋禹马上带人开展地毯式搜寻，调取路边监控、走访群众、沟通兄弟乡镇，不放过任何孩子可能去的地方。终于，孩子在邻村被找到，但他仍不想回家。"我留在家里也没有用！只会给爸爸添麻烦。"宋禹明白，孩子的内心仍是迷茫的，他需要更多的引导与鼓励。为了让孩子走上正途，宋禹主动用自己的工资帮孩子还债，多次上门与孩子谈心交流。"年轻人都有犯错误的时候，知错能改才是正道。"温情的话语打动了孩子。宋禹主动联系用人单位，以第一书记的身份为其担保，终于让这个迷途的孩子获得了稳定的工作，戒掉了多年的赌瘾，生活也走上了正轨。

"真的很感谢宋书记！是他让我重新开始了人生。"孩子说。看到孩子如今的景况，宋禹心中无比安慰："看到人民群众生活得如此幸福，是对我工作最大的肯定。"

三、"只要你们健康，付出就是值得的！"

"在疫情防控这一块，只要居民平安，我觉得付出就是值得的。"在无疫社区创建成功的那天，宋禹欣慰地说。

自疫情发生以来，宋禹充分发挥基层党组织战斗堡垒作用和党员先锋模范作用，广泛动员群众、组织群众、凝聚群众，全面落实联防联控措施，构筑群防群治的严密防线，全力守护着人民群众的生命安全。

古勒巴格社区被评定为高风险区域。"我是第一书记，我先上！作为党员干部要坚守岗位，疫情不退我不退。"面对突如其来的疫情，他始终坚守在抗疫第一线，天未亮便与志愿者一同准备社区 2200 多名居民的全员核酸工作，夜已深还在与社区干部一同调配生活物资，每天只能睡一两小时，甚至几天几夜不曾合眼。在他的带领下，社区疫情防控工作高效有序地进行着，12 月 6 日，古勒巴格社区成功打赢疫情防控阻击战。"这是大家共同努力的结果。"他说。

　　三年来，他扎根基层，默默奉献，用责任担当践行共产党员的初心使命，认真细致履行第一书记的职责。"我将一如既往，坚守初心，解决更多群众急难愁盼的问题，提升群众的获得感和幸福感。"宋禹表示，立足时代新要求，他将久久为功，善作善成，走好基层发展新道路。

扎根基层　在雪域高原
演绎青春最美的模样

——大连民族大学赵岩

　　蓝天白云雪山冰川是我们向往的西藏模样，对于从大连民族大学毕业后前往雪域高原工作的赵岩来说，却有更深层次的理解：青春之路，始于足下。要想读懂布达拉宫庄严神秘的回廊，读懂文成公主超越时空的眺望，读懂祖国辽阔大地上的这片雪域传奇，就要弯下腰俯下身扎下根，用心去感受高原人民心里的热度，用奋斗的力量描绘西藏最美的模样。

一、让青春在边疆闪烁，到祖国和人民最需要的地方去

　　赵岩，男，1993 年 3 月出生，蒙古族，家乡位于内蒙古自治区东部一个半农半牧的小村庄。2011 年，他从科尔沁草原来到了被誉为"北方明珠"的大连，在大连民族大学"团结、自强、求是、进步"的校训熏陶下度过了最美的校园时光。

　　2015 年 7 月，拍下毕业照的那刻，本就怀揣扎根基层、建设祖国边疆的赤子之心的赵岩被西部计划服务西藏专项活动"到西部去！到基层去！到祖国最需要的地方去！"的号召打动，毅然踏上了进藏路。"我要到边疆去，到祖国最需要的地方去，同各族群众一起奋斗！"2015 年 7 月 14 日在前往西藏的火车上，赵岩在《少年中国说》这本书的扉页写道。

　　进藏后，赵岩被安排到日喀则市谢通门县旅游局的宣传岗位上工作。他快速适应岗位，推出了一批高质量的宣传稿件和摄影绘画作品，宣传工作做得有声有色。赵岩还聚焦民生问题，立足为群众办实事，尽己所能解民忧、纾民困。县里的生活条件相对艰苦，赵岩积极争取资金，带头成立了"雪域爱心小组"，借助微信平台发起捐助衣物、文具、药品的爱心公益活动，把兄弟省市的爱心凝聚到西藏来。2015 年 8 月至2016 年 4 月，累计收到价值 20 余万元的物资，分发给了县里的 19 个乡镇和 4 所学校、2 个养老院、2 个寺庙的困难群众。

　　2016 年 5 月，赵岩从谢通门县旅游局调到了西藏自治区政协办公厅工作。岗位的变动，使他意识到身上责任更重了。2016 年 6 月至 2017 年 12 月，得益于赵岩的多方协调，在西藏自治区政协办公厅及全国各行各业爱心人士帮助下，那曲市那曲县油恰乡 4、5 村，古露镇 1 村，罗马镇 5、6、7 村建档立卡贫困户收到了价值 5 万余元的爱心物资和学习用品。2017 年 7 月赵岩从一名西部计划志愿者正式转型为一名扎根西藏的基层干部。

二、用行动践行铸牢中华民族共同体意识

2018 年，赵岩又被派到那曲市申扎县申扎镇姜戎村任党支部第一书记。那曲市平均海拔 4500 米以上，是中国平均海拔最高的地级市。因气候恶劣、高寒缺氧，绝大部分绿植生长期只有三个月，鸡鸭无法存活。一些援藏干部来到那曲之后由于恶劣的自然条件身体无法适应，有的甚至倒在了工作岗位上。

赵岩始终坚信，无论环境多苦，与各族群众并肩作战，改善人民的生活水平，就是有形、有感、有效践行铸牢中华民族共同体意识，一切就是值得的。到那曲后，他一边克服身体不适一边学习藏语，努力熟悉掌握姜戎村的方方面面。驻村的一年间，赵岩集中多方力量为申扎县申扎镇 4、5、7、8 村和双湖县多玛乡嘎喀玛村建档立卡贫困户捐助了价值 70 余万元的物资和学习用品。涓涓细流汇聚成一片充满爱心的汪洋大海，滋润着这里的每一位老百姓。"从青春追逐山川日月到因职责而留恋基层与使命，我很庆幸自己选择成为一名西部计划志愿者，到过西藏最基层，成为一名与群众离得最近的人。这些经历也将是我以后工作的丰富营养和重要支撑，我会以只争朝夕的劲头和久久为功的恒心不断践行初心使命。"在结束驻村返回西藏自治区政协办公厅工作时，他信心满满地向同事说道。

三、秉承初心使命，扎根雪域高原

赵岩在驻村期间走村入户拜访群众时，了解到高原性疾病困扰着当地群众，他多方打听，联系到安徽相关医院对那曲市、日喀则市五个村庄捐赠了价值 3 万元的药物。2022 年 8 月，西藏突发疫情，面对疫情防控点多面广的严峻形势，赵岩组织汇总"雪域爱心小组"中兄弟省市和西藏爱心人士的捐款捐物，借助各方力量，将筹集到的防护服、隔离衣、N95 口罩等约合人民币 9000 元的防疫物资通过疫情防控部门协调运送到日喀则各地。在这次疫情大考中，"雪域爱心小组"最终为西藏自治区各地市共筹集到价值 52165 元的物资和钱款，为进一步打赢疫情防控阻击战作出了努力。这也让赵岩更加坚定了要把这份爱心继续坚持下去，把为基层群众服务的宗旨贯彻下去的决心。

2023 年伊始，回到拉萨后的赵岩，远方的人和事，仍会拨动他的心弦。他挂念着日喀则谢通门的天气有什么变化，在那曲市申扎县姜戎村帮扶过的老人、孩子……"内蒙古是我的第一故乡，西藏是第二故乡，我在西藏工作过的地方遇到的人都是我的亲人。"爱心的传递是相互的，高原上他帮扶过的亲人们也挂念着他。逢年过节他都会收到牧民朋友的照片，寄托着"故人何不返"的思念。

赵岩的事迹先后被《光明日报》《中国民族报》《西藏日报》等多家媒体宣传报道。八年扎根雪域高原，他很少有时间照顾父母，每次提及亲人，他的心中都带有愧疚，但依然无悔于自己的选择。他说："扎根基层，才能汲取向上的力量。选择进藏就是选择责任和担当，能够在雪域高原奉献力量，是我一生最宝贵的经历和财富。"

追光而行　在西部绽放最美韶华

——大连理工大学木合亚提·木巴热克

木合亚提·木巴热克，男，哈萨克族，中共党员，大连理工大学2017届土木工程专业本科毕业生，现为新疆维吾尔自治区伊犁哈萨克自治州特克斯县委组织部组织二科副科长（自治区党委组织部、老干部局驻阿克苏地区乌什县依麻木镇玉斯屯克和田村工作队队员）。

党和国家的好政策让他走出了新疆的小山村，家庭经济困难的他在母校得到了无微不至的关怀。"海纳百川、自强不息、厚德笃学、知行合一"的大工精神激励着他奋勇向前。毕业后，他回到家乡，投身基层，在县、乡、村三级不同基层岗位发光发热，用实际行动回报党和国家的培育之恩，践行着一名青年党员矢志不渝为民服务的初心。

一、追"初心"之光，春雨润物书写基层工作的浪漫

"到祖国最需要的地方去。"他始终记得自己走出大山的初心，毕业择业之际，他没有选择收入丰厚的企业，而是回到了梦想出发的地方。

2018年，他积极响应自治区党委号召赴南疆喀什地区贫困乡镇乌达力克镇幼儿园支教。当地很多父母认为上学无用，维吾尔族小朋友因为缺乏语言环境，汉语水平薄弱，知识水平低。但他心里始终明白，只有从娃娃抓起，才能收获新疆美好的明天。

他用业余时间自学维语，走进10余个辍学儿童家庭，耐心细致做家长工作，不放弃任何一个幼儿受教育的机会。他联络多家爱心组织，为全镇78名困难家庭儿童捐助衣物、学习用品，而自掏腰包给孩子买新衣和学习用品更是家常便饭。

在幼儿园里，面对这些获得了来之不易学习机会的孩子们，他深感责任重大。他全身心投入工作，课上课下坚决抵御和防范"三股势力"、宗教极端思想向幼儿园渗透，他告诉孩子们，大家要像石榴一样，小小的石榴籽，紧紧地抱在一起，团结在一起。吃饭的时候，他一边教给孩子们各种食物的汉语说法，一边告诉孩子们，这些美味的餐食和舒适漂亮的教室，都是党和国家的关怀。

每周一的升旗仪式是幼儿园一周中最庄重的事情，孩子们站得笔直，声音洪亮地唱着国歌，这是木合亚提最欣慰的场景。他以润物无声般的爱与坚守，为南疆的孩子们带来了春暖花开，他获评过"自治区南疆学前教育优秀支教干部"，但是他最骄傲的"荣誉称号"还是孩子们口中的"哈萨克哥哥"。

二、追"奋斗"之光，朝花夕拾践行扶贫帮困的决心

2022 年 5 月，小夫妻新婚不满 1 个月，尚未来得及建设"小家"，他就因自治区党委组织部工作需要，再次踏上赴南疆的征程，作为伊犁州唯一代表赴南疆阿克苏地区国家级深度贫困村开展驻村工作。

作为党员，他认为这是一份义不容辞的责任，一个村子能否发展，关键在于党组织能不能发挥战斗堡垒作用，党员能否起到模范带头作用。驻村伊始，他发挥双语优势，抓紧熟悉村情，深入包联的 3 个村民小组 227 户家中，记下每家每户的生活状况，挨家挨户讲解政策方针，鼓励乡亲们发展产业、外出务工。不到半个月，就踏遍山沟沟的每一个角落，在"日日行，不怕千万里"的朝夕中，他倾听到了最真实的声音，了解到了群众最真实的需求，收获了乡亲们的信任和肯定。

维吾尔族独居老人米吉提·托合提是他的重点包联户，老人身体状况欠佳，木合亚提得知后第一时间为老人申请临时救助，自费带老人检查身体，定期帮助收拾院子、采摘出售核桃，米吉提老人亲切地称他为"我的进口儿子"。

乡亲们都信任这个真诚、能干的小伙子，他实地指导全县 76 个村(社区)盘活集体资产，规范实施村集体资产公开发包、壮大村集体经济扶贫项目，探索实行村级集体经济经营性增收普奖、增量再奖奖励模式，大力发展了旅游、特色种养殖产业，村均收入增长 28%，百万村达 5 个，百姓的日子更好了、笑容更多了。他被自治区党委组织部评为"优秀共产党员"，百姓的认可和肯定依然是他最引以为豪的嘉奖。

三、追"奉献"之光，善作善成做好疫情下的"心"答卷

疫情伊始，广大组工干部闻令而动，敢打头阵，争当先锋，木合亚提第一时间签下"请战书"按下"红手印"奔赴疫情一线。

值守包联小区 24 小时，帮助滞留人员疏导心理解决生活困难，帮助购买群众生活物资等是他下沉小区的日常工作。在疫情指挥部，他用"5＋2""白＋黑"坚守属于自己的"战场"，蹲点指导督促 8 个乡镇核酸检测采样，试行健康码管理，实地对全县 47 个

小区（家属楼）执行日常防疫措施情况进行指导；参与制订特克斯县小区居民下楼活动方案、"无疫情小区居民健康出入证"并在全县推广。他连续两年被县委组织部评为"优秀组工干部"。

他所服务的隔离点有 23 名高三学生，当时正值高考填报志愿关键时刻，他认为这不仅是 23 个家庭的大事，更是 23 颗建设祖国的小种子的破土萌芽。他"点对点"了解 23 名学子困难，提供电脑、答疑解惑，帮助每一个人顺利完成了志愿填报。面对学生们的感谢，他好像看到了当初即将走出大山的自己，他笑着说："你们一定要努力学习，四年后，期待你们用自己的力量回报家乡、报效祖国。"

你所站立的地方，正是你的中国；你怎么样，中国便怎么样。木合亚提说："从大山走出的自己，在大工累积能量，最终有幸可以成为一名'追光'的基层干部，恰在青春年华，恰逢祖国盛世，能为祖国建设散发光，贡献一己之力，感之幸之。"

以师者大爱滋养"格桑花"

——沈阳师范大学陈安

陈安，中共党员，2018 年毕业于沈阳师范大学美术与设计学院美术学（师范）专业，现为西藏那曲市第二小学美术教师。他曾获西藏那曲市"优秀志愿者"、西藏自治区"优秀志愿者"、那曲市"美术骨干教师"荣誉称号以及那曲教学竞赛三等奖，所教的综合科目连续两年获那曲市教学检测"第一名"，所带班级获那曲市小学阶段教学质量抽样监测市县组中（美术）学科"第一名"。

2018 年 6 月即将走出大学校门的陈安怀揣着一颗支教祖国西部的心报名参加了大学生西部计划志愿者，这是他大学四年的就业梦想。从上大学开始，他在学校老师的口中了解到我国西部藏区还有好多地方条件比较艰苦，很多孩子得不到好的教育，家庭困难的孩子小学都不能读完，从那个时候起，师范专业的他便立志服务祖国西部，用自己所学为藏区的孩子带去知识和希望。毕业后，他不顾家人的反对，毅然来到了西藏。

随着乡村振兴战略的提出，国家对基层发展愈发重视，作为当代青年，陈安身先士卒，到祖国最需要的地方去。到西藏那曲市基层教育工作的第一年，由于学校语文老师少，他担任五年级语文的教学工作，在一年的教学工作中，他利用自己的双休日给孩子们补课，制订了"培优补差"计划，使所带学生的学习成绩大幅度提升。这一年他当过指导老师，做过突击志愿者，积极参与团委组织部举办的各项活动，先后被评为"那曲市优秀志愿者"和"西藏自治区级优秀志愿者"，也光荣地成为一名共产党员。

"教师最大的快乐在课堂，教师最大的幸福是看到学生进步、成长、成才。"他是受学生们爱戴的好老师，他会坐在操场上给学生们讲解内地的文化；他会聆听孩子们的心声，走进他们的内心世界；他会结合内地的优秀课程和藏族文化给孩子们上民族色彩的美术课。通过他的努力，藏族大部分不了解美术、不喜欢美术的学生逐渐爱上了美术也理解了美育。为了激发学生学习美术的兴趣，他把内地艺术培训学校的创意美术课带到课堂来，自掏腰包为孩子们购置绘画学习用品，很多美术材料那曲市买不到，他就在网上购买。他向学校申请开设了美术特长班，从而建立了"世界海拔最高的美术特长班"，这是建在海拔 4300 米以上的画室，虽说条件简陋，但也能容纳 30 多名热爱画画的学生。美术特长班没有单独的教室，他只能借用空余的教师公寓给孩子们上课，每周星期六上午两节、下午两节。好多孩子没接触过专业美术知识，他从用笔、练线、勾图、造型、色彩、临摹、设计等一步步教他们，学生们的作品一天比一天好。他为美术特长班的孩子举办了"那曲市第二小学第一届美术作品展"，赢得了学校全体师生

和家长的赞誉，为学校的美育教育奠定了良好的基础。

"星光不问赶路人，时光不负有心人"，转瞬间来到了他在西藏支教的最后一年，他成为了班主任，肩上又多了一份使命感，他努力学习，不断提升自己，在首届班主任技能大赛中荣获三等奖。他主讲的道德与法治课在那曲市赛课中获得三等奖，他指导的学生获得国家级中小学艺术作品展览二等奖、西藏自治区"筑梦西藏·圆梦太空·爱我中华"活动优胜作品奖，获那曲市教育系统第二届艺术节师生美术展活动一等奖两项、二等奖六项、三等奖十项、优秀奖三项。那曲市第二小学从没有美术课能在全国中小学作品中拿奖，这是他用三年的教学实践换来的，是他成就了孩子们，也是他成就了西藏基层教育事业。在学校第三十六个教师节表彰大会上，陈安被评为"优秀教师"。

基层教育工作三年磨砺了他的意志，坚定了他为祖国边疆教育事业奉献的决心，他把最美好的三年青春贡献给了藏区的孩子们，三年基层服务期满，他和可爱的孩子们说再见了。但是在回家休整的半年时间里，他时常回忆在藏区和孩子们的美好瞬间，孩子们微信吐露的思念之情一直呼唤着他，于是2022年他再次带着那份"缺氧不缺精神的决心"奔赴西藏，奔赴他热爱的土地，他将用师者大爱滋养"格桑花"，他和西藏孩子们的教育故事还将继续……

技能成就梦想　勤奋改变人生

——渤海船舶职业学院耿伟华

耿伟华，1990 年 6 月出生，现就职于航空工业沈阳飞机工业（集团）有限公司标准件中心——钳工、高级技师、沈飞公司一级技能专家。他曾荣获"全国技术能手""全国青年岗位能手""中央企业青年岗位能手""航空工业技术能手""辽宁省技术能手""辽宁省青年岗位能手"等荣誉称号，还曾荣获"辽宁省五一劳动奖章"、第十四届振兴杯全国青年职业技能大赛装配钳工赛项第一名、辽宁省"技师杯"职业技能大赛装配钳工赛项第一名等。

一、从学徒工到业务尖兵

航空产品是一个国家高端制造业的集大成者，也是一个国家机械制造业的一个缩影。2014 年 9 月耿伟华以优异的成绩从渤海船舶职业学院毕业，进入航空工业沈阳飞机工业（集团）有限公司标准件中心方文墨班工作，师从"大国工匠"、"全国技术能手"、"中华技能大奖"获得者方文墨学习钳工加工技术，成为方文墨的第一位徒弟。

入厂后耿伟华就明显感觉到自身业务水平与实际工作需求存在较大差距，唯有继续坚持勤奋学习才能在短时间内弥补自身差距。"钳工干活不仅要会干，还要用脑子去干"，日常工作加工零件时，他会仔细琢磨加工方案和实践过程，并把师父和身边同事教授的技术要领全部吃透。待到师父和其他老师傅工作时，他也会在旁边仔细观看学习，琢磨自己加工工艺和原有工艺的不同点与可完善性。回家后他也认真学习钻研《钳工基础知识》《机械原理》《模具设计》等理论知识，这使他在短时间内可以独立开展工作，并有了自己的一套加工理论。他练就了一身过硬的钳工本领并夯实了理论基础。

他在工作中主动研究零件的加工原理并查阅相关资料提出改进方法，申报了"圆柱类零件一次定位夹紧钻模""游动螺母小件一次组装闭合胎模""3D 打印件镜面加工辅助工具的制造方法"等 3 项国家专利，提出技术改进方法 10 余项，保证了产品质量，确保了产品的顺利交付。他传承了老一辈航空人"航空报国、航空强国"的精神，用心苦练技术技能为我国航空装备制造业跨越式发展作出了重大贡献，展现出了一名航空人应有的品质与担当。

二、从技能成才到大赛夺冠

参加工作后他多次主动解决公司生产难题，每当自己有了新的加工方法和技术心得，总会将技术经验同工友们一起分享，使大家工作时少走弯路，少出废品，大大减少了技术原因造成的废品损失，从而使工作效率得到了大幅度的提高，实现了航空产品生产的优质高效。

正是有了工作上的技能提升和业务创新，入厂一年后沈飞公司便选派他参加各级别职业技能大赛。这又是一个全新的挑战。实际生产与技能大赛虽然属于同一加工方式，但其中的加工方法又不尽相同，唯有更加努力地学习，才能勤能补拙。耿伟华又开始了新一轮的学习，他继续了在学校时自觉努力、刻苦学习的劲头。他不仅努力工作，在业余时间的技能训练中也从不松懈。每当"技能竞赛季"来临时，他在练习钳工基本功时手上一次次磨出水泡，又一次次变成血泡，最后又变成厚厚的老茧。他身上的工作服也是干了湿，湿了干，全身肌肉酸疼依然咬牙坚持，在集训中加班到半夜，那都是家常事。他把平时工作中的实际经验与技能大赛相结合，找出最优化点，使自己的加工赛件达到图纸技术要求的"终极目标"。机会总是留给有准备的人，2016年，他获得沈阳市青年职业技能大赛第六名、第十二届"振兴杯"全国青年职业技能大赛辽宁省选拔赛机修钳工赛项第五名。2017年，他获得辽宁省"技师杯"职业技能大赛装配钳工赛项第一名。2018年，他获得第十四届"振兴杯"全国青年职业技能大赛装配钳工赛项第一名等全国、省、市比赛的多个优异成绩。

从职业院校的毕业生到全国一类技能大赛冠军，从一无所知的行业"小白"到全国技术能手，从学徒工到沈飞公司一级技能专家，他仅仅用了8年时间。

三、从单兵作战到技能传承

在取得成绩后，他觉得技能是需要传承和发扬的，不能循规蹈矩也不能故步自封，要让更多的年轻人看到只要肯奋斗就可以靠技能成才的现实。

他担任国家级"方文墨技能大师工作室"的技能培训教头，在工作室这一平台中辅助师父继续培养师弟，帮助他们明确自己的人生目标，树立成为优秀钳工的职业目标。他综合考察每一位成员的个人特点，充分了解每一名成员的技能短板，为他们制订一对一的学习及技能训练计划书，让他们能够打下坚实的钳工基础，注重练习钳工基本功、学习钳工理论知识。他深知打铁还需自身硬的道理，平日里注意发挥带头示范作用，带领工作室成员一块学习，一同发掘技能竞赛的优化点。

师弟中多人在全国、省、市技能大赛中争金夺银，创造了一个又一个的职业院校毕业生的历史最好成绩，多人获得"全国技术能手""全国青年岗位能手""辽宁省青年岗位能手"等荣誉称号。作为"工匠精神"的传人，他会继续坚守"工匠精神"，安心扎根一线，在青年技能人员中发挥模范作用。

海阔凭鱼跃，天高任鸟飞，他将继续坚守"技能报国"初心，继续加强理论知识学习和实际操作技能提升，在基层岗位上为航空事业作出更大的贡献。

从太湖南岸到西北边陲
用西部情缘诠释青年担当

——辽宁省交通高等专科学校郑修斌

郑修斌，1995 年 12 月生，浙江湖州人，中共党员，大学本科学历。现任博乐市委办公室秘书科四级主任科员。他曾获沈阳市优秀大学生、辽宁省普通高等学校优秀毕业生、全国优秀西部计划志愿者、自治区优秀支教干部、博州青年五四奖章等荣誉称号。

一、志愿西部心向往　迈出校门赴边疆

郑修斌作为家中独子，在浙江出生，湖州长大。大学期间，他刻苦学习，凭借出色的专业技能，从辽宁交专毕业后，进入北京一家国企工作。原本该陪伴父母左右，努力在一线城市打拼奋斗的南方孩子，因为一声召唤，毅然放弃了规划已久的人生，投身西北，扎根边疆。

开始有想法时，父母和亲人极力反对。郑修斌自己也动摇、犹豫、挣扎过。"到西部去，到基层去，到祖国最需要的地方去"，在人生岔路口上，郑修斌坚定了选择，说服了父母。2017 年夏天，他踏上西行的列车，怀揣着支援西部、报效祖国的热忱，加入建设边疆的队伍，也开始了他与西部的不解之缘。

初次来到新疆，郑修斌有对远离家乡的伤感，有对陌生环境的不安，也有对未知前途的迷茫。这一切的忐忑，终止于他参加的第一次岗前培训会。"欢迎大家选择西部计划来到塔城，团委永远是志愿者的家，是青年依靠的港湾，无论遇到什么困难，都有我们在。"塔城地区团地委书记真挚的承诺，让刚刚踏出大学校门来到祖国边疆的青年，找到了"家"的归属感。

服务期间，郑修斌在团地委负责西部计划地区项目办联络，他主动提出担任志愿者团支部书记，先后帮助志愿者协调解决困难诉求 80 余件，被近 300 名志愿者一致公认为"贴心队友"。同时，他还兼顾"塔城地区共青团"微信公众号运营，在本地新闻编发推送中，快速了解了塔城地区的大事小情、文化历史和当地的风土人情。

得知当地一名哈萨克族失聪儿童最大的心愿是有一个新书包时，他便发起"爱心传递　微心愿认领"活动，帮助 300 余名儿童与爱心人士对接完成心愿。活动中，他认领了失聪儿童的心愿，把书包送到孩子家后，小朋友用一幅画着哥哥牵着弟弟的蜡笔画表达了自己的感谢之情，郑修斌看着画湿润了眼眶，他坚定了留在新疆的决心，希望尽己所能帮助更多有需要的人。

二、满怀收获奔新岗　肩负使命赴南疆

两年时间让郑修斌对新疆产生了割舍不掉的情感。2019年，他报考了博乐市委办公室的岗位，顺利通过公务员考试。正式到岗前，他得知南疆四地州农村幼儿园师资力量短缺，便主动申请加入新录用公务员赴南疆四地州农村幼儿园支教的队伍中，于2019年夏天来到喀什地区泽普县的农村幼儿园。

没有教学经验的他，面对一个班普通话表达能力普遍较弱的幼儿有些手足无措。平日里，他虚心请教前辈，总结教学经验；课余时间，他在线上学方法，线下做教案。经过一个学期的摸索和实践，他耐心辅导教学的班级，普通话表达能力较开学提升了86.4%。

细心的郑修斌在教学之余，也时常关注学生的生活。他注意到班上有些孩子家长不重视教育，有的家庭条件不好，有的学生敏感自卑……便通过家校联动、入户走访、心理辅导等方式，帮助孩子和家长共同成长；他还组织募捐3000余元的衣物，发放给有需要的学生；他带出来的班级获得家长学生的一致好评，认真负责、热情的工作态度也感染着身边的教师。

在工作中，郑修斌发现他支教的幼儿园青年教师多，但长期没有团支部管理，便牵头成立了幼儿园团支部，当选为支部书记，带领青年教师开展政治生活。疫情初期，学校按下了"暂停键"，恰逢基层团委换届年，县团委人员力量薄弱，在职团干部都没有换届经验，急需像他一样熟悉业务的人来参与工作，他便主动请缨到县团委帮忙。

很多人都不理解他明明可以在南疆支教的后半段时间里"躺平"，却非要挑战这种苦差事，但他觉得青春就是要在党和国家最需要的地方绽放光彩，要为当地做些有意义的事。7月的泽普最高气温39℃，他带着县团委干部跑遍了14个乡镇，打造了基层团委换届观摩会。那时候他一个人坐着线路车到基层指导筹备，吃住在乡镇，帮着一起筹备。在他的指导下，全县所有乡镇团委顺利完成换届，泽普成为喀什地区第一个完成乡镇团委换届的县。基层团委班子的平均年龄下降了近20%，得到了当地党委和上级团委的认可。

三、扎根西部在新疆　青春绽放最闪亮

多岗位的历练和基层工作经验的积累，拓宽了他的眼界，也提升了他的工作格局。他发现教育系统团组织从"活动团"向"政治团"的回归没有达到预期效果，学校团干部业务生疏，在引导带领青年方面的作用发挥不到位。于是，在多部门的支持下，他分批为全县 100 余名教育系统团干部和 200 余名乡镇基层团干部开展了培训，提高了团干部的积极性。寻找失联团员、团费收缴等工作开展得更加顺利了；回归组织后，团员青年的获得感、使命感也不断增强。此外，他将快递员、外卖小哥等新兴领域青年团体聚拢，牵头成立了泽普县新兴领域团组织，让青年不仅过上了组织生活，更有了依靠的港湾。

2020 年年末，郑修斌结束支教任务回到博乐市委办公室，作为综合办事机构，处于承上启下、协调左右的中枢位置，平时工作任务繁重，三年多的团干部经历，让他成长得比同龄人更快。一直以来，他秉承着办公室干部"特别讲政治、特别敢担当、特别重实干、特别能奉献、特别守纪律"的工作要求，牢固树立"办公室无小事"的思想，从严从实做好"三办三服务"工作。日常工作中，他积极参与文件、汇报材料的起草，全力做好各项会议的准备，高标准完成上级各类调研、现场会等大型会议及赛事活动的接待保障。

"选择了西部路，亦是选择了艰辛路。路漫漫其修远兮，吾将上下而求索。"这是郑修斌日记里经常提的一句话，作为西部计划留疆志愿者，他用行动诠释"青年当有志，立志在四方；祖国需要处，皆是我故乡！"的青春态度，用自己的西部情缘诠释了青年担当。

海拔 4500 米的坚守

——辽宁中医药大学张艳蕾

张艳蕾是一位"90后"女孩，2017年12月加入中国共产党，2019年毕业于辽宁中医药大学医学检验技术专业，在校期间表现优异，被评为辽宁省优秀毕业生。在踏入医学学府的时候，张艳蕾就决心，救死扶伤，不辞艰辛，执着追求，为祖国医药卫生事业的发展和人类身心健康奋斗终身。她在临近毕业时作为党员参加了西藏专招计划宣讲会，没想到这次宣讲会使她久久不能忘怀。在宣讲会上她听到了西藏那曲地区紧缺医疗人才的问题，既然学医，要救死扶伤，那就去最需要、最艰苦的地方。她毅然报名参加了西藏自治区那曲市专招计划，经过层层选拔，最终脱颖而出，成功到那曲市人民医院检验科工作。

那曲市地处青藏高原腹地，平均海拔4500米以上，素有"世界屋脊的屋脊"之称，气候寒冷，空气稀薄，人烟稀少，交通不便，信息闭塞，经济落后，贫困面广，是西藏自治区最边远、最贫困的地区之一。在知道那曲市的条件如此艰苦之后，父母一开始不愿让她去，她做了很久父母的思想工作，最终得到了家里的全面支持。张艳蕾从未去过高原，骤然去到那曲，她高原反应严重，头疼、恶心、呼吸不畅等症状时刻伴随着她，但是她从未想过退缩。她更坚定了自己的想法，这里需要她，这里的人民需要她。

自2019年大学毕业以来，张艳蕾一直在那曲市人民医院检验科工作，作为一名中共党员，她能够以坚定的共产主义信念和高度的政治责任感、事业心，忠诚于党的事业，勤勤恳恳、兢兢业业、热爱本职工作、遵纪守法、廉洁自律，认真负责地对待每一项工作。工作虽然繁忙，但她利用休息时间考取了临床医学检验技术初级资格，并且作为科室里为数不多的大学生，张艳蕾担当起了新机器新技术学习研究的任务，得到了领导的表扬，她学得快，记得牢，很快成为了主任的得力助手。

虽然一开始那曲市还没有疫情，但张艳蕾仍积极参加了PCR技术人员上岗专业理论和实操培训，并顺利取得新冠核酸上岗资格。2022年8月，疫情来势汹汹，很快波及整个西藏自治区，那曲市也没能幸免。

疫情就是命令，防控就是责任，全市医护人员和疾控机构积极响应号召，前赴后继投入了与病毒抢夺时间、挽救人民生命的斗争中。

作为检验科的一名核酸检测技术员，张艳蕾接到工作通知时，没有犹豫，立刻投入了一线核酸检测工作中。自疫情开始，她始终坚持在核酸检测岗位的第一线，最初PCR实验室条件有限，只有4个人，需要24小时两班倒。哪怕在高海拔地区，要戴好

口罩、帽子、鞋套、手套、防护服等一系列防护设备，捂得密不透风，哪怕光是呼吸都要用尽全力，她也从没想过退缩。在疫情形势越发严峻，核酸检验样本急剧增加，压力极大的情况下，她始终处在疫情防控的一线，并且能保质保量完成每日的核酸检测任务，在工作中也没有出过纰漏，用小小的身躯为整个那曲市的疫情防控工作贡献自己的力量。

在疫情期间，她全程参与了那曲市全民核酸和重点人群核酸检测任务，包括样本的前期处理、核酸检测体系的配制以及核酸的提取和扩增工作。她穿上厚重的防护设备，在试验室里一待就是六七小时，最长十几小时，为了尽快出核酸结果，用最快的速度控制疫情的发展，通宵加样成了习以为常的事情。缺氧、痛苦、饥饿，但她始终不叫一声苦、不喊一声累，兢兢业业地完成全部工作。

在此期间，张艳蕾也不忘学习，努力学习新的仪器设备和试剂用法，用最快的时间上手操作，使核酸检测的效率更高，数据更加准确。她严于律己，严格遵守医院的规定，无聚集，无外出，不点外卖，严格执行闭环管理，在实验室内也完全按照要求，自觉做好防护和消杀工作。

"有一种使命叫坚守，有一种精神叫奉献，有一种责任叫担当"，虽然那曲市一年四季气候恶劣，风沙肆虐，生存环境极其艰苦。然而在这样的条件下，张艳蕾仍牢记初心，坚守在自己的岗位上，默默奉献。她用自己的行动诠释了什么是责任与担当，什么是初心与使命。她始终坚持人民至上、生命至上，把人民群众生命安全和身体健康放在第一位，全力以赴救治患者，始终冲锋在前、英勇奋战，展现了大爱无疆的崇高精神。

吉林省

深植基层一线
创建吉林区域就业市场

—— 北华大学教师李景华

李景华从事毕业生就业工作 26 年，能够深入落实立德树人根本任务，坚持就业育人理念，牢固树立"四个意识"，坚定"四个自信"，坚定拥护"两个确立"，坚决做到"两个维护"。工作中，他深入一线，认真负责、兢兢业业、为人师表，具有良好的职业道德，用心用情做好高校毕业生就业指导服务，勤恳务实，奋勉向上，在引导高校毕业生赴基层就业方面工作成效显著。

一、搭建就业平台，创立区域就业市场品牌

针对吉林地区高校毕业生就业力量分散、学生高质量就业难等实际，他积极创建了以北华大学为主体的吉林地区高校毕业生就业市场，带动驻吉高校，形成促就业、保就业工作合力。每年学校在春秋两季定期分类召开大型招聘会和专场招聘会，年均接待用人单位一千余家，为毕业生提供了高质量的就业平台，现已成为吉林地区人才供需的"集散地"，高校就业工作的特色品牌。学校就业率一直居全省同类院校前列，受到吉林省教育厅好评，2015 年学校被教育部遴选为"全国毕业生就业典型经验高校"。

二、实施"筑巢圆梦"计划，打造招培就创联动机制

他组织实施"筑巢圆梦"计划，建立了"招生、培养、就业、创业"联动人才培养机制。一是提出并践行"'三生'中心"理念。他将大学的"学生中心"理念前延后展，前延为以高中生为中心，后展至以毕业生为中心，拓展了"学生中心"理念的践行范畴。二是以学生未来发展为导向提出精准化人才培养的有效路径。他将学生学力、社会用人需求同时作为制定人才培养目标的主要依据，培养过程融入用人单位需求，实现培养精准；学生参与企业实践、参与师生团队共同为企业创新，使所学与所用充分结合，实现精准就业，最终使人才培养与社会需求精准对接。三是探索形成"两校三方一桥梁"联动模式。他通过找到大学、政府及用人单位利益共同点，调动各方参与联动的积极性和主动性。他建设"战略合作校"平台，实现高中—高校的"两校"合作；开展助力乡村振兴扶智行动，建设"人才工作站"平台，实现政府—用人单位—高校"三方"联动，提前使学生了解就业岗位的需求，增强学习实践的方向性和未来工作适应性与归属感；通过大学架起的"桥梁"，使高中生有机会更多了解行业、企业（用人单位），接触社会，加速成长。通过"两校三方一桥梁"的良好互动，使人才培养过程有机链接，形成连续

的人才培养链条并直达用人单位需求。他以立项形式获批省人社厅、财政厅专项资金扶持 100 万元，在校园内建立校、地、企联动"人才工作站"，两年来共获 26 万元资金支持，近百名师生与企业保持良好互动。2019 年，省委宣传部组织媒体对学校的招生就业工作进行专访，学校经验做法被《吉林日报》等主流媒体关注报道。

三、开展"四个专项"行动，保证毕业生高质量就业

针对疫情等不利因素影响，他组织实施了以"筑梦家乡""精准帮扶""线上指导""资源汇聚"为主要内容的"四个专项"行动，即承办了吉林省重大项目、重点企业大型网络招聘会；依托就业云平台，精准推送招聘信息，建立毕业生和用人单位信息数据库；举办线上双选会和宣讲会，疫情期间不间断推送就业信息；在北华"云就业平台"与毕业生互动，累计服务 3000 余次，组织召开 32 场线上座谈会。通过开展"四个专项"行动，2020 年学校就业率超过省平均值 4 个百分点，受到省教育厅书面通报表扬。学校是教育部"宏志助航计划——全国低收入家庭高校毕业生就业帮扶项目"实施基地学校，实施计划两年来，共计为吉林省 650 名毕业生提供了就业帮助。为了克服疫情对毕业生就业的影响，他还设计实施了"屏相见 向未来"就业抗疫系列活动，率先启动线上招聘，《人民日报》以《北华大学启动线上招聘系列活动》为题进行报道，中国教育在线等多家媒体也进行了相关报道。

四、针对问题精准施策，学生留省就业工作成效显著

他积极响应省委"创业有你 就在吉林"的号召，以"筑梦家乡"专项行动为载体有效推进。一是抓好宣传引导。他组织师生观看省委书记直播推介报告会，邀请吉林省、市各级领导来校进行现场推介报告会，多方宣传，积极营造氛围。他召开未就业毕业生座谈会以及毕业班辅导员就业工作研讨会，引导毕业生树立正确的就业观，合理调整就业预期，编印留省就业创业服务手册，宣传留省就业政策，组织开展就业创业比赛，鼓励和引导毕业生将个人发展与吉林省的发展紧密结合，全面提升学校留省就业工作实效。二是抓好渠道拓展。他组织省内就业市场走访活动，完成对省内 23 家单位的走访，签订《毕业生实习就业基地建设合作协议书》11 份，达成意向合作单位 21 家。三是抓好专项活动。实行高校与地方生源精准对接就业，召开省内各地市、区专场招聘活动。他策划承办了省人社厅、教育厅联合主办的"创业对接会"，全省 7 个地市部门、26 家创业园区、43 家创业企业及 2000 余名学生参加，有 132 名毕业生签约或达成入驻创业园意向。同时创建的北华大学创业园获批吉林省创业孵化（示范）基地，获批吉林省首批就业创业指导服务站。2021 年就业岗位稳定的毕业生实际签约率比 2013 年提高 4.18％，初次就业率提高 1.24％。2021 年毕业生留省就业人数较 2020 年增加

7.28％，贡献率居省属高校之首。2021 年学校就业工作在省属院校中排名第一，获得省委 10 万元的专项奖励；2022 年就业工作圆满完成任务，获得省教育厅书面表扬。新华网等国家媒体对学校留省就业工作给予了关注报道。

五、注重调查研究，不断提升就业工作能力

他一直讲授"大学生就业指导"课程，先后主持完成了全国特色教材研究课题 2 项、人社厅课题 1 项，并获批专项支持经费 100 万元，参与研究省级教改课题 4 项，主编就业指导教材 2 部，发表中文核心期刊论文 3 篇，主持省级科研项目 4 项，参与研究国家社会科学项目 1 项，参与研究省级科研项目 7 项。他负责并建设了"大学生就业创业教育创新研究中心"校级科研平台 1 个，获批教育部"就业育人"项目 2 项，2021 年获得吉林省委教育工委授予的"全省高校优秀共产党员"称号。

青春因奉献而精彩

——东北师范大学董路通

董路通，东北师范大学数学与统计学院 2020 届本科毕业生，2019 年 9 月作为东北师范大学公费师范生代表赴北京人民大会堂参加庆祝 2019 年教师节暨全国教育系统先进集体和先进个人表彰大会，获习近平总书记接见。他毕业时主动选择到位于大别山革命老区的湖北省麻城市第一中学任教。

一、弃笔从戎，用忠毅传承红色基因

一直以来，董路通最崇敬的人有两种，一是教师，二是军人。他认为教师和军人都是最能无私奉献的人，是能够牺牲小我、成就大我的人。

当得知公费师范生也可以参军入伍的时候，他毫不犹豫地报了名，他希望把青春投入祖国的国防事业中去，履行保家卫国的光荣义务，让自己的青春岁月过得更有意义。于是，他在读完大二之后，通过政治、身体等条件的严格筛选，成为一名守卫中国"最大的边境城市"——丹东的武警战士。

凭借优良的表现，经选拔他进入丹东支队特战中队，成为一名光荣的武警特战队员。特战中队的训练比机动中队辛苦很多，从五点半起床到晚上，每天光跑步就达到 20 千米。冬季的丹东，晚上室外温度低于零下 20℃，在经过一整天辛苦的训练之后，还要站两小时夜岗，回到床上之后，往往是被窝还没捂热，就听到起床的号声，新的一天便开始了……在这样高强度的训练之下，很多老士官都冒出了调走的想法，可是他却从未退缩、从未说过辛苦，不甘落下任何一次任务和训练，因为他时刻提醒自己，他是一个东师青年，他的表现会直接影响部队首长对东师入伍士兵的看法，况且在东师人眼中，任何困难险阻只要咬牙坚持走下去，就一定能战胜。直至退伍他都一直保持着这股信念，让部队首长刮目相看、由衷赞叹！

回想两年军旅生活，他经受了比同龄人更多的磨砺，但他无怨无悔，因为他始终坚信，把青春献给祖国的国防事业，是新时代青年的责任和担当，是镌刻一生的荣耀。

2018 年 9 月，董路通完成了两年义务兵役，光荣退役，回到了阔别两年的东师。数学学科课业繁重，学业又中断了两年，重新捡起无疑困难重重。但他坚信，只要勤奋努力、刻苦钻研，学习上的一切困难都不是困难。就这样，他开始夜以继日地努力学习，虚心地求教，只要没有课就整日泡在图书馆，经常学到闭馆才会离开。经过努力追赶，他的学习成绩直线上升。他说，这时才松了一口气，觉得自己能够成为一名合格的数学教师了！

二、签约老区，把青春扎根在祖国最需要的地方

2019 年 9 月 10 日对于董路通来说是终身难忘的，他有幸作为东北师范大学公费师范生代表，在北京人民大会堂参加了庆祝 2019 年教师节暨全国教育系统先进集体和先进个人表彰大会，受到了习近平总书记的接见。这是荣誉，更是鞭策。这次宝贵的经历，让他更加真切地体会到，作为未来的人民教师肩上的责任和使命。从此，他把所见到的全国模范教师和全国优秀教师作为自己学习的榜样，脚踏实地地朝着"有理想信念、有道德情操、有扎实学识、有仁爱之心"的"四有"好老师的目标不断迈进。他下定决心，要把青春献给祖国，扎根到祖国最需要的地方，为祖国的教育事业贡献自己的一份力量。

他志愿到中西部贫困地区工作，并签约到位于大别山革命老区的麻城一中，希望为革命老区的教育事业作出自己的贡献。对于这个选择，很多人都不理解，他坚定地回答说："我不怕苦，只有在祖国更需要我的地方，我的工作才更有价值！"

三、努力工作，在岗位上践行螺丝钉精神

"跟着您我们未来可期"，新学期已开学，忙碌的一天结束后，每天晚上董路通回到住处，都会拿出抽屉里学生写给他的贺卡，一张张仔细地看着。"高考就在远方，跟着您，我们未来可期。""在您的课堂上，我觉得数学很有意思。"……一句句朴实的话语，让董路通一天的疲惫一扫而光。

每次上课前，董路通都会花大量时间做好准备工作，逐字逐句地斟酌教案，观看经验丰富教师的授课视频，设计 PPT 时加入一些学生喜欢的元素……在他看来，高中是人生很关键的时期，"我必须要教好，不能误人子弟"。

董路通带教两个班级的数学课，分别是理化生班级和史政生班级。面对不同的学生，董路通有不同的授课侧重点："史政生相对比较畏惧数学课，觉得数学是一门很难学好的课程，所以在史政生的课堂上，我就会侧重提高他们学习数学的兴趣。"

"我也是农村走出来的学子，曾经遇到很多好老师，他们给了我很多帮助。"董路通清晰记得老师曾带给他的温暖：小学时，董路通生病了，班主任老师把他叫到办公室，督促他吃感冒药；初中时，老师怕他去银行取钱不安全，就骑摩托车载他去……这样的记忆一直深藏在董路通的心底。

送走第一批学生后，由于他优异的表现，校领导让他带 2025 届预录班。众所周知，带预录班担子重、压力大，以往都是由经验丰富的老教师来带，但是董路通并没有辜负领导的信任，在 2022 年的期末考试当中，他所带的班级有 4 人数学单科成绩进入黄冈市前十名。

董路通，一个平凡的东师青年，一个不平凡的人生选择，他用青春诠释家国情怀，他用行动践行社会担当，他把国家和社会的需要作为自己的人生追求，只要是对国家和社会有意义的事，他都义无反顾。他身上有东师青年的最美样子！

碧海丹心　奋战科研一线
油气勘探路上实现自我价值

—— 吉林大学白冰

　　白冰 2013 年自吉林大学地球科学学院硕士毕业后即入职中海石油（中国）有限公司天津分公司渤海石油研究院，十年间始终奋战在油气勘探科研一线，脚踏实地，目前已成长为渤海油田基层科研骨干。

　　白冰作为一名中共党员，以高政治站位积极发挥党员先锋作用，扎根科研一线基层，以海上钻井为基础，发挥专业特长，从"筛岩屑，看岩心，看薄片"出发，以"一丝一缕"的态度寻找油气发现，在油气勘探工作中"敢担硬目标，敢啃硬骨头，敢拼硬实力"，圆满完成油气勘探工作，其间负责、参与了渤海海域多个大中型油气田的发现。他以自身行动践行中海油"七年行动计划"，为增储上产贡献自己的一份力量，有力保障了国家油气能源安全。

一、小试牛刀，初露锋芒

　　入职之初他便在师父的指导下系统梳理了渤海海域中生界火山岩钻井，建立了渤海中生界火山岩储层发育模式，寻找中生界有利油气区位。在 2016 年，参与渤南海域垦利 16-1 油田的发现，在中生界火山岩获良好油气发现，测试取得高产。他获得渤海石油研究院青年科技论坛一等奖、集团公司基层青年技术交流三等奖，并获 2016 年度渤海石油研究院青年岗位能手称号。

二、拓展领域，转变思路

　　2019—2021 年，为响应中海油"七年行动计划"，渤海油田加大勘探力度，转变思路，在新近系连续发现垦利 6-1、垦利 10-2 两个亿吨级整装油气田，油气成果连续获集团公司科技进步特等奖，白冰在其所负责区块中新近系河流相部署多口探井，累计发现探明原油近 5500 万吨，目前油田已开发投产，实现良好的经济效益。

三、乘风破浪，再接再厉

　　2022 年，渤海油田再获渤中 26-6 太古界潜山亿吨级油田，白冰在其负责区块紧跟钻探状态，圆满完成钻探计划，在负责的钻井获太古界潜山最高油产能，为渤海油田连续第三个亿吨级油田贡献了自己的一份力量。

　　连续三年的亿吨级油田发现，在社会上获得了广泛关注，被央视、人民网等多家

媒体报道，形成了良好的社会反馈，身为其中的一分子，白冰也发自内心地感到自豪。

辛勤的工作换来丰硕的成果，也获得了各级领导、专家的肯定，工作期间他获"青年岗位能手"荣誉称号，获多项院级、分公司级、集团公司级奖励。

工作十年，他不忘吉林大学"求实创新、励志图强"校训，发表多篇学术论文，并于 2015—2019 年连续五年作为公司代表参加天津投资贸易洽谈会，宣传公司形象。

目前国际形势风云诡谲，国家能源安全至关重要，同时随着油气勘探进程的不断深入，复杂性日益凸显，勘探难度也越来越大。面对新时代新目标，白冰希望扎根科研基层，以更加积极主动的态度去迎接新的挑战，在工作上发挥更大的作用，寻找更多的油气发现，在油气勘探路上实现自我价值！

乡村振兴　勃勃生机的参与者

——延边大学徐方华

　　徐方华，1984年4月生，中共党员，高级农艺师，延边火星人生态农业发展有限公司总经理、吉林省延边州龙井市老头沟镇泗水村组织委员，2021年吉林省延边州党代表。

　　2014年，徐方华硕士研究生毕业后，放弃了安逸工作的机会，毅然选择了扎根延边这片黑土地，到龙井市老头沟镇大箕村进行基层创业，后被泗水村作为人才引进落户到村担任组织委员。创业过程中他运用自己所学的相关知识，依托农村玉米秸秆、玉米芯等农业废弃物建立了食用菌栽培—菌糠饲料再利用的循环经济生产模式。他的基地经历过火灾、水灾的洗礼，通过他八年多的坚持和奋斗，现有规模4.5公顷，入选2022年龙井市返乡入乡创业基地，年均带动农村劳动力30余人，累计促民增收100余万元，间接带动周边经济200余万元，累计培训农民150余人次，他已然成为一名优秀的农村创业青年。在村工作期间，他累计参与、培养发展农村党员8人，为村集体经济党支部领办合作社肉牛养殖项目建立肉牛养殖饲养体系规范、建立黑木耳栽培质量安全管理体系并完成黑木耳产品绿色食品成功认证、建立与科研院所的长期合作关系，得到了基层群众的广泛认可。其项目于2016年获得第三届"创青春"吉林省青年创新创业大赛现代农业成长组金奖，个人获得2016年延边州"返乡创业"十佳青年标兵、2017年延边州民族团结进步模范个人、2018年龙井市返乡创业"先进个人"、2019年延边州服务脱贫攻坚优秀科技特派员、2022年全国高校毕业生基层就业卓越奖等荣誉。

一、扎根农村

　　一名真正扎根农村的创业新农人。2014年3月，研究生未毕业的他想让所学得到最大的应用，就开始了市场调研和项目书拟定，通过对延边食用菌消费市场、延边黄牛饲料需求市场的调查，发现市场产品需求空缺量巨大，正所谓机遇是成功的最大资本，他怀揣着朋友、同学、家人支持的40万元启动资金开启了一个生态农业"梦"，得到延边大学农学院、吉林农业科技学院等多位导师的全力支持，学院还将实验室公用平台对其免费开放。这些都推动着他前进，但最终决定他扎根农村的却是农村废弃的秸秆、玉米芯，这些原料不仅是食用菌栽培的主要原料，还包含老一辈农村干部希望有知识有能力的人到村创业的那种渴望，因为周边有许多建设多年的农业设施没有人能管理，都处于荒废状态，不仅消耗着资源，也消磨着农村发展的信心。就这样在村领导的积极推进下，他把基地安放在了农村，并在后续基地扩大至另一个村时，被村领导以人才引进的形式落户到该村，自此成为一名真正扎根农村的创业新农人。

二、创业不易

当沉浸在美好愿景时，常会感叹戏不如人生精彩，创业更是。2014 年，在龙井市工商部门的帮助下，徐方华成立了延边火星人生态农业发展有限公司，8 月就开始了一期生产的筹备。就在憧憬产品的时候，基地的无电、无路现实情况几近让生产成了空谈。就在他绝望的时候，村镇等工作人员了解到情况，使得问题最终得到解决。正在他踌躇满志加快创业步伐的时候，2015 年 4 月一场森林火灾引燃了他的基地温室大棚，损失近 40 万元，巨大的损失让他一度怀疑能否撑得过去。在 9 月自救恢复的过程中，基地又遭遇了水灾的侵蚀，这让他一度怀疑这条路走得到底对不对。最终还是在镇政府的暖心鼓励和帮助下，在村民的关爱奉献中，基地渡过了难关，这也更加增强了他的社会责任感，他每年都会拿出几万斤饲料免费回馈村民及村养牛基地，一是间接促进村民和村集体收入，二是传递政府部门和热心村民关心和帮助创业青年的正能量。

三、新农人的意义

新农人就是新时代下将知识和农业实践结合的能够有带动作用的新农民。目前，徐方华已经开始了他的二期生产，基地面积扩大至 4.5 公顷，有效面积达到 1 万平方米，年食用菌鲜品生产能力可达 700 余吨，并且与泗水村开展肉牛养殖菌糠饲料供应测试评估，助力村集体经济项目发展。基地生产带动区域经济 200 余万元，解决村域劳动力 30 余人。这让周边的父老乡亲高兴得不得了，自从徐方华来到村上后，基地土建及生产雇工均以村劳动力优先，原料购进以村民手中的优先，让村民在家门口就直接增收 100 多万元。并且村民都愿意让徐方华到自家坐坐，因为他们遇到果树种植、中草药栽培、土鸡饲养及销售等问题时，都会找他帮忙，原来他身后还有好几个硕博生导师全力支持他。徐方华不仅将科技兴农的理念传递到村里，还成了基层农村需求和高校力量下放的一个连接点，在徐方华科技兴农的理念带动下，村里涌现了一批农村致富带头人，有志发展鲜食有机玉米产品的，有志发展延边黄牛养殖的，有志发展绿色、有机水果种植的，村里一下子有生机了。

严以律己　做群众的贴心人

——长春工业大学李国册

李国册，1994年12月出生，2017年8月参加工作，2016年12月加入中国共产党，长春工业大学电气工程及其自动化专业毕业，大学学历，学士学位，现任中共双辽市委组织部干部监督科(举报中心)科长（主任）。李国册主要事迹如下。

一、严守政治标准，立场坚定

李国册十分注重自身政治素质建设，能够增强"四个意识"、坚定"四个自信"、做到"两个维护"，不断加强党性修养，理想信念坚定。他不断用习近平新时代中国特色社会主义思想武装自己的政治头脑，能够坚持学习习近平总书记系列重要讲话精神和党的十九大、二十大精神，提高自己的政治本领。同时，他注重向周围同事学习，不断提高自身政治理论修养，努力使自身政治理论能力和岗位相适应。

二、踏实肯干，有敬业精神

李国册在工作中爱岗敬业，求真务实，有责任心，能够圆满完成各项工作任务。2017年8月，李国册入职双辽市委组织部，被分配到办公室任科员。办公室作为机关运转的中枢神经，工作烦琐，时效性强，小到报纸分发、后勤物资保障，大到文件阅办转送、公章管理都需要及时做好工作统筹。李国册能够把办公室日常工作当作锻炼提高的机会，坚持从小处着眼，把每一件事做实、做好。经过在办公室近两年的锤炼，李国册进一步端正了思想态度，提高了工作能力，强化了为民服务情怀，同时也得到了干部群众的一致认可。2019年7月，李国册被调整到干部科任科员，虽然工作内容有所变化，仍能够认真履行岗位职责，钻研新的业务知识，实现角色快速转变。面临科室负责的市管干部调配数量较多、工作强度较大的现实情况，他能够积极作为，有序完成市管干部考察、职级晋升以及其他临时性工作任务。2021年年底，因工作需要，他被调整到干部监督科工作。到岗初期，为避免科室人员变更给其他单位造成工作影响，李国册主动利用休息时间钻研科室业务，保证了有关干部政策的接续执行。2022年年初吉林省疫情防控期间，他能够服从组织统一调配，按照一手抓疫情防控一手抓本职工作的总体要求，在不耽误科室正常运转的情况下，在双辽市城区参与卡点值守、排查外来人员、核酸检测及督导等工作，累计下沉社区100余天。

三、严谨细致，有全局观念

李国册一直保持着严谨细致的工作作风，充分发扬组工干部"安专迷"精神。一是在双辽市党代会换届和两会换届工作当中，能够在会议程序把控、选票制作、人选名单核对等工作中潜心研究，确保大会选举过程平稳顺利；二是通过开展组工干部科长业务讲坛，积极发挥传帮带作用，向部内同志讲解全市股级干部任用操作程序，提升了其他科室工作人员的综合业务能力。参加工作以来，李国册工作任劳任怨，节假日加班加点是常态，尽心尽力做好本职工作，为新入部的年轻同志树立了榜样。同时，为帮助贫困群众解决实际困难，不管工作多忙，他都抽出时间下乡开展扶贫工作，深入包保贫困户家中，了解群众实际情况，并与贫困群众建立了深厚的友谊。

四、作风务实，工作有方法

李国册工作有思路、善于研究，到干部监督科任职以来，主要对科室的主责主业进行了梳理明确，提升整体运转效能。一是参照《省管干部任职前公示办法》制定《双辽市管干部任职前公示办法》，明确公示知晓范围，推动市管干部任前公示规范化、制度化；二是优化股级干部审核备案流程，按照市管干部报审程序将影响效率的堵点环节重新进行完善，减轻基层单位工作人员负担，提高全市各单位股级干部报审效率；三是向全市 75 家有股级任免权限的部门下发通知，统计股级干部职数、实际配备情况及职数设置依据，动态更新全市股级干部名册及相关信息，让全市股级干部职数和实际配备情况更加清晰，为市委选人用人提供基础数据；四是加强对干部八小时以外和日常表现的监督管理，建立市管干部重要事项及时报告制度，明确应当第一时间和三十日之内向市委报告的内容，着力实现对干部的全方位管理和监督。

五、自我要求严格，群众认可度高

李国册为人正直，作风正派，原则性强，干群关系融洽，能够严格遵守党风廉政建设各项规定，自我约束能力强，能够遵守党纪法规和党员领导干部的各项规定，在市委组织部机关干部队伍和群众中树立了良好的口碑。此外，在 2018 年、2020 年、2021 年、2022 年的公务员年度考核当中，李国册均获得优秀等次。按照《公务员奖励规定》有关公务员连续 3 年年度考核被确定为优秀等次的记三等功的要求，李国册被记三等功。

让青春在基层一线闪光

——通化师范学院王豪

2015年，跟许多毕业生一样，即将从通化师范学院美术学院毕业的王豪站在了人生十字路口。在周围同学纷纷选择去城市、到企业实现人生梦想时，他毅然放弃多家单位的聘请，怀着对农村的深厚感情，选择来到革命老区江苏省句容市，深入当地有名的乱村、穷村——虬北村任职。从最初的村党总支副书记，到村党总支书记，再到书记、主任"一肩挑"，王豪一干就是八年。

一、牢记初心，画好村级组织建设同心圆

过去的虬北村路不平、水不通、人心不振、步履艰难，是一个"村干部想起发愁，镇干部提起摇头的落后村"。刚入村时，村干部们一脸疑惑地看着这个瘦瘦高高的大学生，心里直犯嘀咕：组织上派这样一个小伙子下来能干啥。可是不出三个月，王豪的表现就让他们竖起了大拇指。

上任之初，王豪从基础工作做起，骑着自行车用三个月时间将全村700多户群众走访了个遍，翔实地记录每户的基本信息：谁家孩子在哪上学，谁家劳动力常年在外务工，谁家有几亩田地，哪些是低保户、五保户，哪些家庭生活困难。他各种数据"一口清"，俨然成了虬北村的"活字典"。

在2017年5月开展的村支部书记竞选上，王豪不负众望，成功当选虬北村党总支书记。当着全体村民代表的面，王豪许下了"村官虽小，责任重大，不干则已，要干就要干出个名堂，让村民满意，组织放心"的任职诺言。

在王豪的带领下，新一届支部从群众反映最强烈的基础设施抓起，先后实施了道路硬化、道路亮化、水利设施、电力改造和清洁能源等工程建设。同时，王豪还以村级党组织建设为核心，严格执行党务、村务、财务公开机制和监督制度，带领党员干部常态化开展"单车走访"，收集、解决群众问题，党组织建设也是屡创新高立新功。近年来，虬北村成功创成国家级防震减灾示范社区、江苏省健康村、江苏省文明村、江苏省民主法治示范村，虬北村党支部也被表彰为句容市"示范党小组"。

二、扭住中心，画好经济持续发展同心圆

发展经济，任何时候都是党的工作中心，基层党组织要当好强村富民的主心骨。

担任村党总支书记以来，王豪带领两委班子成员立足实际，因地制宜，从调整产业结构入手，将目光瞄向了虬北村虬山脚下的350亩荒地，借助句容地处丘陵地区的

农业产业优势，先后引进了水蜜桃、黄桃、山核桃、杨梅、葡萄等，通过丘陵种植、流转土地、抱团发展，打造出一块标准化种植核心示范区。如今，这 350 亩农业生态园已经成为村里的主导产业，虬北也走出了一条"党建引领、合作富民"的农业发展新模式，为老百姓提供了致富平台。

近两年，王豪又开始琢磨，除了卖果子还能不能卖风景？趁着当前休闲农业迅速发展的东风，依托虬北村依山傍水得天独厚的生态优势，王豪把目光聚焦在生态农业产业链延伸上，提出以大力推进农业产业化经营为主线，走"公司＋科技＋农户＋现代服务业"的发展思路，将农业生产、经营与观光、度假、娱乐、参与等旅游活动有机结合，在虬北打造"绿水环保、白鹭低飞、田园渔歌"的现代农牧生活。

为进一步培植发展后劲，发挥村集体经济带动作用，王豪组织群众开展科技培训，村里先后引进和培育出一大批有文化、懂技术、会管理、善经营的新型职业农民。2022 年，虬北村实现集体经济收入 171 万，其中经营性收入 129 万，村民人均收入31752 元，交出了一份令人满意的产业发展"虬北答卷"。2021 年 3 月他被句容市政府评为"全市脱贫攻坚先进个人"。

三、凝聚民心，画好三农协调发展同心圆

百姓事，贵就贵在一个"真"字，难就难在一个"实"字。

近年来，在大力发展集体经济，补齐基础设施短板的基础上，王豪坚持以"打造虬北村幸福家园"为抓手，以村容村貌整治为切入点，大力发展群众性文化事业、广泛开展生态文明乡村建设、星级文明户、"虬北好人"榜评选等活动，不断丰富群众的精神生活，用先进文化占领乡村的思想阵地。目前，全村共有

89 人进入"虬北好人"榜，星级文明户 80 余户。工作中，王豪还创造性地开展"综治银行"的社会治理模式，把村民的志愿服务、爱心善举以"道德积分"的形式"存蓄"，村民通过"道德积分"到虬北村综治银行免费"兑换"生活用品，在这样的机制激励下，虬北村 80% 的村民都加入了志愿者队伍，形成了"奉献—积累—回报"的帮扶新模式。这一创新做法多次被人民网、新华网、《新华日报》等国家和省级媒体报道，并在全市范围内广泛推广。

基层既是施展才华的舞台，又是历练人生的学校。在疫情防控初期，王豪刚刚做完肠镜息肉切除手术，作为村支部书记，他顾不上休息，连续值守在岗位，守护一方安全。在王豪的示范带动下，党员群众纷纷主动参与到疫情防控中。由于设置时间早，防控效果好，王豪所在的执勤岗被上级党委表彰为党员示范岗。

王豪干在实处，群众看在眼里。凭着满腔热情和干劲，经过几年的苦干实干，王豪用实际行动和实实在在的效果得到村民的认可，收获了村民的信任，大家真正把他当成了村里人、自家人。"城里少一个大学生没什么，村里多一个大学生就真的不一样了。"群众朴实的话语，对王豪而言，不仅是肯定，更是激励和鞭策。

在基层点亮梦想
让青春在基层闪光

——吉林铁道职业技术学院王铭宇

王铭宇，1998年1月出生，2019年7月毕业于吉林铁道职业技术学院管理学院会计专业，毕业后响应国家号召参加大学生志愿服务西部计划，成为一名光荣的志愿者，被分配至巴音郭楞蒙古自治州若羌县委组织部，现任若羌县技工学校党政办副主任。王铭宇能够一心扎根基层，用他丹心赤诚的精神，在基层岗位上默默奉献、辛勤耕耘。他无论是在担任志愿者还是在担任副主任期间，都具有一颗平常的心，有一种爱岗敬业的高度责任感，有一股开拓进取顽强搏击的干劲，有一种勤奋务实勇于开拓的精神，在平凡的岗位上干出了显著的成绩。

王铭宇作为志愿者服务期间，本着"奉献、友爱、互助、进步"的志愿服务理念，团结他人、勤于实践、刻苦钻研，把理论知识与实践相结合，真正做一名合格的大学生西部计划志愿者。服务期间他担任大学生西部计划志愿者团委书记，积极响应县团委的各项工作部署，认真组织志愿者参加"五四青年"主题徒步活动，组织志愿者团员认真进行青年大学习，带领志愿者参加胡杨林志愿服务，进社区慰问老人，筹划新春联谊等各项活动，团结所有在疆志愿者打造一支优秀的志愿者团队，曾多次获得"优秀团干部""优秀先进个人"等荣誉称号，2021年被评为"自治区优秀志愿者"。

一、吃苦耐劳，敢于担当，体现无私奉献的志愿精神

疫情期间，王铭宇积极响应号召，主动申请前往最艰苦的地方，多次前往依吞布拉克镇开展疫情防控工作。依吞布拉克镇海拔3000多米，气候严寒，空气稀薄，王铭宇克服各种困难，在依吞布拉克镇开展半年的疫情防控工作。他注重发挥表率作用，带头开展工作，有困难冲在前，多次帮助出疆的大车司机解决车辆滞留、核酸检测等困难，工作得到领导和群众的一致好评。他荣获"疫情防控优秀先进个人"。平时工作中，他不计较个人得失，能够拿出自己的休息时间来完成单位的工作，主动帮助其他同事完成工作，在其他同事因事无法值班时，代替其他同事值班。

二、坚定理想信念，树立党员形象

王铭宇作为一名共产党员，充分发挥了先锋模范作用，树立了良好的榜样。在工作中，他深知一举一动都会直接或间接地影响身边同志的工作热情。他坚持学习党的路线、方针和政策，深入系统地学习了党的二十大及十九届四中、五中全会精神、第

三次中央新疆工作座谈会精神，领悟实质，积极投入"两学一做"学习教育活动中，学原文、悟原理。他积极参加党支部各项学习、会议、主题党日活动，做到了带头学、经常学、认真学，时时刻刻用党员的标准严格衡量、约束自己的言行。作为党政办副主任，他主抓全校党建工作。打铁还需自身硬，王铭宇在做好个人学习的同时，还积极协助支部书记组织支部党员学习，采取集中学习和分散自学等多种办法，组织召开民主生活会，力争使学习覆盖到每个党员。按照"三会一课"制度，他协助支部书记每两个月召开一次支部党员大会，每次围绕一个专题组织讨论。为贯彻落实党中央关于"两学一做"创新方式讲党课的部署要求，他进一步深化"两学一做"学习教育的效果，通过组织支部党员讲"微党课"，以学习先进事迹推动"两学一做"学习教育活动。

三、身先士卒、身体力行，努力开创党务工作新局面

王铭宇在平时的服务工作和党务工作中，都身先士卒、身体力行，真抓实干，结合本职工作的实际特点，努力开创党务工作新局面，促进党建精神文明向深度和广度延伸。他通过广泛深入的学习，提高自身的理论修养，也增强党支部班子贯彻执行党的路线方针政策和法律法规的自觉性，为搞好党务工作奠定了良好的业务及政治理论基础。作为一名党务工作者，王铭宇在平凡的岗位中，以不为名利的高贵品质、客观公道的处事原则、耐心细致的工作作风、持之以恒的奉献精神，推动党建工作取得了不断发展，深受党员和群众的好评，同时也受到了上级党组织的好评。

四、严于律己，始终保持严谨的工作作风

王铭宇在工作中坚持实事求是，始终保持勤勉务实的工作作风，尊重领导，团结同事，不论思想上、工作上、生活上有什么问题和想法，都主动向领导汇报，争取领导的支持。在工作中经常与分管科室同事交心谈心，通过交流，在工作中达成共识，注重在团结中推动工作。他能够严格执行各项规章制度，确保各项工作有序开展。时刻铭记党员身份，时刻紧盯思想防线，做到不犯错、不出错。在处理各项急难险重的工作上，他能够沉下心来干工作，心无旁骛钻业务，做到干一行、爱一行、精一行，以高度责任感和使命感，用铁的肩膀负起该负的责任。他经常思考工作如何去做，切实提升自身的工作能力，紧紧围绕单位的中心工作，自觉营造团结和谐、积极向上的良好工作氛围。

作为新时代的青年，王铭宇无论身处何方，都一直铭记自身的身份，一直本着初心为祖国事业奋斗着，把党的事业作为自己最大的职责和最高的使命，不断在岗位上发光发热，贡献自己的一份力量，谱写属于他自己的人生诗篇。

拉日的格桑花盛开在三色湖中
无悔的青春托起洁白的哈达
——长春人文学院蔡圆圆

在海拔 4500 米的羌塘草原和念青唐古拉山的守护下，耸立着一座小城，它就是西藏嘉黎县，那里有巍峨的群山、湛蓝的天空、洁白的云朵、漫山的牛群、飘扬的风马旗和黝黑而淳朴的笑脸。嘉黎，藏语为"拉日"，意为"神山"，每到夏季，紧邻县城的嘉乃玉措湖在蓝天白云的映衬下，像一个圣洁的少女，呈现出三种不同的颜色，美丽而神秘。

蔡圆圆，1993 年 9 月生，中共党员，浙江台州人，长春人文学院（原东北师范大学人文学院）2017 届优秀毕业生，现工作于西藏那曲市嘉黎县委组织部，任职组织部副部长、事业登记管理局局长。

一、高原见证真情，奉献诠释大爱

不知不觉中蔡圆圆已来这座小城六年了，六年的经历犹如一朵拉日的格桑花在三色湖中美丽绽放，并持续镌刻在她记忆深处，时常点亮着她生命的旅程。一毕业就选择从沿海台州挺进西藏，对她而言，不仅仅是一种选择，更是一种责任和勇气，一种奉献与大爱。她想用青春的脚步去丈量祖国的土地，用无悔的年华去托起洁白的哈达，以钉子精神驻守高原，圆一个与众不同的青春梦。

二、贫瘠的土地上倔强绽放着的格桑花

"我就是社会主义建设的一块砖，哪里需要哪里搬。"因工作需要，2017 年，蔡圆圆在嘉黎县绒多乡党建办公室工作不到四个月，就被抽调到嘉黎县"四讲四爱"办公室跟班学习，2018 年 8 月又被安排到嘉黎县人大常委会办公室从事党建、纪检、党风廉政建设等各项工作，不到两年时间，工作调整四次，她就是社会主义的一块砖，真正做到了哪里需要哪里搬。因工作表现突出，2019 年 11 月她被破格提拔为嘉黎镇综治维稳办主任，并被委任为奔达村第一书记，负责脱贫攻坚的工作。由于工作能力强，表现突出，2021 年 4 月她被调整为嘉黎县嘉黎镇组织委员、宣传委员。2022 年 10 月被调整为嘉黎县委组织部副部长、事业登记管理局局长。

初来藏地，雪山、圣湖、藏语、藏族人民、酥油茶，还有那一朵朵低到伸手可触的云朵和蓝得让人窒息的天空，都是她未曾感知过的藏地风情。可是含氧量只有内地 49% 的高原，她加速跳动的心脏和抽扯着的前额神经让呼吸和睡觉变成了一件无比艰

难的事情，白天的美景不足以抵消身体对抗恶劣气候而产生的肾上腺素。持续几个月的睡眠匮乏，导致她的体重直线下降，身体暴瘦。"受不了就回家吧。"一打开视频，母亲眼圈就红了。乐观的她故作轻松，"当减肥了，多好!"身体单薄的蔡圆圆就像高原贫瘠土地上的一朵格桑花，从来不因生活的艰难而妥协，永远高昂、倔强地绽放着那属于自己的青春。

三、"忙"字背后是一份责任，一个牵挂，一种担当

"等这阵忙完，7 月初，该去看望白宗家庭了。"这段时间，她跟随巡察组进村入户，跨县到西藏申扎县各派出所、窗口进行党风廉政资料巡查。每次去，孩子们都腼腆地躲在父母身后，眼睛盯着蔡圆圆笑。"想为他们多做点什么。"提到对口扶贫的这户家庭以及帮扶乡的乡民，蔡圆圆总觉得自己做得不够多。蔡圆圆和同事联合县人力社保局工作人员，替这家男主人找到了一个月薪 2000 元的保安工作；村里有些大学生毕业后迟迟没有工作，她也和同事们一起主动联络；村里老人丢了一只羊，她和第一书记第一时间过去拍照核实……

"只要能多帮上一点就好。"蔡圆圆说，她只付出一点点，村民却报以巨大的热情。村民在自制的酸奶里，放了几大勺的糖，一直甜到了她心里去。

四、雪地里的身影，引领我前行的方向

"蔡老师好。""蔡老师，我们来了。"周末的文化活动室很热闹，村里的孩子罗布顿珠、晋美拉姆小声打过招呼后，匆匆坐下画画。绘画专业毕业的蔡圆圆，心里一直有一个"藏地艺术梦"。白雪皑皑的山脉，色彩绝佳的布达拉宫，虔诚的藏民，都激发着她的创作热情。"孩子们的眼睛里有光。"有一次，她正沉浸在色彩的世界，一个藏族小孩在她身边站了很久。当地娱乐设施较少，也没有少年宫等艺术学习场所，蔡圆圆就拿来宣传册，周末义务教孩子们绘画。

五、点滴之水可以汇聚成河，星星之火已显燎原之势

她在嘉黎镇的三年多来，扎实工作，开拓创新，作为一名基层的工作人员，她始终相信点点滴滴的工作终究会汇聚成河。她先后制作了《嘉黎镇，一个和谐美丽的小镇》平安宣传片 1 部；组织全镇 15 个村居开展了"百孝嘉黎镇，尊老孝亲"平安家庭创建活动；持续推进了信访工作，积极协调解决群众的矛盾纠纷 2 起，劳资纠纷 1 起；全力投身脱贫攻坚工作，2020 年年末，全村 9 户 49 人贫困户建档立卡户全部实现脱贫，为脱贫攻坚战役贡献出自己的一份力量。在点滴的工作中，她练就出一身不怕吃苦，迎难而上的本领。如今，她已成长为一名朝气蓬勃的基层优秀干部。

纵观这几年的援藏工作，蔡圆圆用实际行动始终践行着老西藏精神，从碧海蓝天的沿海重镇到藏北高原的拉日神山，她用无悔的青春托起洁白的哈达献给了藏地高原，她是一朵在三色湖中盛开并绽放的格桑花，耀眼夺目，芬芳氤氲。西藏嘉黎，已然成为她的第二故乡！

践行初心使命　振兴乡村建设

——长春汽车工业高等专科学校王鑫

王鑫，吉林省德惠市人，2014年毕业于长春汽车工业高等专科学校。从迈进大学的那一刻开始，王鑫就思索着未来想要成为一个什么样的人，怎样才能有意义地过完自己的一生。人生中有思索，行动便有了方向。

一、不忘初心　奋斗前行

在大学期间，王鑫积极参加学生会、社团活动，不仅如此，他还走出校门进行创业。大学毕业后，他也挣到了人生中的第一桶金。他每天接触形形色色的人，看到了每个人不一样的人生。到了夜深人静的时候，回顾接触的这些人，他发现城乡发展差距较大。对他来说，挣钱不是唯一目的，他希望自己的行为能够造福家乡，能够影响和带动身边的人，让他们的人生有意义，这才是成功的表现。

二、抢抓机遇　振兴乡村

2015年年初，国家政策和财政资金向农村倾斜，农村的现代化、机械化和城镇化程度日益加深，政府加大对规模化、集约化的生产模式的扶持力度，支持农村种植养殖合作社的发展，从而达到提高农民收入，吸收剩余劳动力和可持续发展的目的。同时，国内外的农产品消费市场普遍关注安全性，绿色食品、有机食品受到人们的普遍欢迎，以良好生态环境和生产有机食品为特征的现代生态农业应运而生。他相信，未来人们对绿色无公害食品的需求也会越来越大。

乡村振兴，人才是关键。要积极培养本土人才，鼓励外出能人返乡创业，为乡村振兴提供人才保障。王鑫自己就是土生土长的农民的儿子，他看到农村的大学生都往城市走，农村特别缺少有文化、有知识、想扎根农村，为农村发展做贡献的大学生。当时他想，这是振兴乡村的机遇，可遇不可求，回归农村，回归土地，既能够帮助自己实现理想也能够造福家乡。于是，他毅然卖掉城里的生意，发挥自身优势，结合自己工科专业知识，回农村创办家庭农场。他坚信在未来农业有很大的发展空间，而家庭农场是如今打开这个空间的一把钥匙。通过兴办家庭农场来创品牌、建基地、搞加工、促销售，可以逐步实现生态效益、经济效益和社会效益三者的统一。

三、做实产业　收获硕果

经过几年的努力，王鑫取得了有目共睹的成绩，现在家庭农场实有固定资产超过百万元，施行种植水稻和养殖种牛于一体的新型生态农业模式，与传统种植业和养殖业分离的养殖模式相比，新型生态农业模式不仅使养殖业的污水、污粪排放问题得到解决，还可以将其再利用于种植业，一举两得。

王鑫的家庭农场获得"省级示范家庭农场""市级示范家庭农场"的荣誉称号。此外，他每年都申报政府对农业扶持的各种项目，带动乡镇就业，也得到了政府的认可和推广。他本人所做出的努力也得到了当地政府和工商联的广泛认可，获得了"乡村振兴人才"等荣誉。

未来的农业农村发展，更需要像王鑫这样有能力、有知识的大学生来支援和建设。王鑫坚信在生他养他的这一片热土上，他能创造出自己的一片天地。王鑫说，无论未来有多难有多苦，他都会一直坚持下去，这是国家和政府对农村发展的大力扶持给他的信心，是他对国家建设现代化农村事业的一腔热忱赋予的信念！

青春无问东西　岁月自成芳华

——长春职业技术学院王周祺

　　王周祺，1991 年 3 月出生，中共党员，2012 年毕业于长春职业技术学院旅游学院旅游管理专业，现任职长春九台经济开发区（工业集中区）妇联主席。

　　一台小电瓶车，承载起大学毕业后扎根基层的梦想；一纸优秀大学生村官考核表，开启青春舞台的绚丽篇章。她曾在广播电视台实习，体验新闻中心记者的工作，也曾因专业对口被借调到区人民政府旅游局，多方面展示身为长职旅游学院毕业生的专业性。丰富的经历使她面对工作时能够不畏困难甚至迎难而上，在扎根基层的同时将青春热血挥洒在基层，她就是——王周祺。她的同事都亲切地称呼她"大祺"，说她不但工作大气，做人也相当大气。

　　村里人叫她"小王书记"，她又是大家的"王等等"。大学生村官报到后，她做的第一件事，就是"建档"。村支部书记和大队负责人非常清楚本村情况，但是没有形成资料，很多时候街道或区级领导考察时只靠村支部书记介绍不够直观。她便开着一台小电瓶车，拿着图画纸和笔，沿着村道一段一段地画，一家一家地走，这是谁家的地，这块又是谁家的房，哪块地待开发，哪座房屋是危房，通通标注在方位图上。路过正在耕种的村民，大家都很喜欢逗她："小王书记，又来考察呀？"同时她联系派出所打印村民户口册，这就是"基础档"。看到村工作人员整体年龄偏大，文件多且杂，手写机打混放，她便研究便签，分门别类归档，陈年旧档一目了然。村长说："要不怎么说小王书记是福将呢，工作有方法，这是给我们工作提供方便啊！"至于"王等等"，源自王周祺的一句口头禅"再等等"。她深知科学发展对新农村建设的意义，也认识到作为大学生村官必须做农村科技推广带头人，给农村基层注入新鲜活力。她将每周二下午定为村民网络学习日，利用现代远程教育组织群众学习惠农政策，帮助村民查找致富信息、实用技术和法律维权知识。有时候视频没播放完毕村民就说："小王书记，家里离得远，你先回家吧。"她总是说："再等等，我再等等不着急。"她协助村里建设标准化图书馆，主动担任起图书管理员的工作。她提议和协助村里修建了 5 个固定垃圾投放点，规划村级道路，美化乡村。她担任村官时，上台村发生了明显的变化和取得了一系列的成绩，在任期间为每户平均增收 2000 元。2016 年年底，她在大学生年度综合考核中被评为优秀等级。

　　毕业生叫她"王团委"，她又是企业的"王指导"。她担任卡伦湖街道团工委书记期间，立足青年实际，紧扣区域整体化建设目标，坚持党建带团建，开创"团建汇编"工作模式，组织"我是团员，正确佩戴团徽""高举团旗唱团歌，我与团旗合张影""重温入团誓词"等团建活动并编入汇编。在团建关爱帮扶上王周祺也做了大量工作，积极向上争取，在 2020 年 6 月 1 日，组织"关爱农村留守儿童和困境儿童"帮扶活动，用爱去滋润，用心去呵护，用情去温暖，让"留守儿童"走出心灵的荒漠，走进亲情的绿洲。在基础工作上，在毕业后开学前团员流转期间，完成卡伦湖街道 480 余条的团组织关系转接工作，通过"电话问询、微信确认、转出保障"的工作方法紧密联系区街团员动态动向，保证"智慧团建"正常运转。团员们不知她的职务称呼，只知道她是团工委负责人，都说："谢谢您王团委。"她在开展团工委工作的同时兼任开发区企业党建指导员，包保独立党支部、联合党支部、派驻党支部指导员，指导开展党建工作，参与企业党员活动日，聚德龙铁塔有限公司的联络员亲切地说："欢迎王指导随时指导，在王指导的指导下，党建工作有序开展，发展党员程序也清晰明确，不愧是王指导！"

她这辈子也没想到自己有一天会成为"王大夫"。2022 年 3 月，"二月二"那天的清晨 3 点，她接到电话要求快速返岗。爱人返岗、自己返岗，天还没亮便把母亲接到家里，留下 5 岁的孩子，来不及嘱咐几句便匆匆离开。疫情肆虐，她所在部门设置 1 个企业组检测点，全员上阵，吃住在单位。没有物资对接员，她说"我有车，我去"；没有信息采集员，她说"我参加过培训，我行"；上门采集阳性患者，她说"我年轻，我上门"。她爱人是党员先锋岗党员，她也是党员先锋岗的冲锋员，两口子并驾齐驱。因检测点不集中，每家企业都需要上门采集，她每天步行 2 万步以上，日均检测千人，她提出用"物资预准备，提前预通知，检测预排队，信息预上报"的策略完成核酸检测工作。她结合"敲门行动"摸排，做到"心中有人数，核酸对上数，隔离掌握数，上报准确数"。在医护人员短缺，政府培训工作人员可参与核酸检测时，她说"我来吧，检测我做到位，保证对大家负责，更是对咱们点位负责"，然后便开始了"医护"工作。"王大夫又来啦！""王大夫冷不冷？""王大夫明天还是你吗？"看到她，群众便热情地问她打招呼。最终，她以检测点无阳性病例圆满完成了此次抗疫工作。

青春无问东西，岁月自成芳华。她最美的青春从踏入长春职业技术学院开始，最正确的选择是在校报考吉林省大学生村官，最成功的坚持就是不骄不躁地扎根基层，服务于基层。王周祺的青春，经得起回想。

黑龙江省

助擎照路　倾心育才
做学生践行社会责任的引路人

—— 黑龙江大学教师李洪明

李洪明，中共党员，1979 年 9 月生人，2004 年参加工作。先后担任学院辅导员、就业市场部科长、招生就业指导中心副主任，2014—2015 年挂职江苏常州新北区基层乡镇党委副书记，连续 20 年从事毕业生就业工作。

二十载春华秋实，二十载风雨坚守。"培养对人民有感情、对社会有责任、对国家有担当的高校毕业生"是李洪明 20 年如一日坚守就业岗位的工作初心，更是他的职业信仰。20 年来，李洪明先后带动 3 万余名毕业生投身基层就业项目，引导 1.5 万余名毕业生留省就业，学校基层就业比率连续十年保持平稳增长。李洪明先后荣获全省大学生征兵工作先进个人、校优秀共产党员等荣誉称号，连续 16 次学校年度考核被评为优秀，为学校获评全国高校毕业生就业 50 强、创新创业 50 强、黑龙江省首批大学生就业示范性高校作出了突出贡献。2022 年 7 月，全国政协教科卫体委员会主任袁贵仁、教育部部长怀进鹏到校调研对就业工作给予高度评价。

一、坚守初心，用奉献护航学生成长

李洪明深知，引导和鼓励高校毕业生到基层就业是一项系统工程。20 年来，7000 个日日夜夜，10 万余个就业岗位，30 余万千米市场拓展行程……一串串数字背后，李洪明用最坚韧的态度，践行对学生就业工作的无上追求，以最直白的方式，抒发着对每名毕业生的无限热爱。

李洪明坚持与学生共行，用精准滴灌的方式，创立了早摸排、早分类、早动员、早帮扶"四早"基层就业跟踪指导模式，确保每名赴基层就业的毕业生真正愿意去、干得好、留得住。他深挖各类基层项目的示范引领作用，撰写"毕业生基层就业指南"，在吃透、学透、讲透国家各类文件和政策基础上，积极推动相关部门的协同联动，共同做好基层项目宣传和招录工作。他坚持为每名学生建立职业生涯规划和就业能力评估档案，以就业创业课程为核心，建成四年不断线就业创业课程体系，与团队一起申报获批全国高校毕业生就业能力培训基地、全国就业创业金课、黑龙江省就业创业服务站，指导学生在教育部职业生涯规划大赛中荣获二等奖和最佳风采奖。

李洪明策划组织"基层就业政策宣传咨询周"活动，20 年来，从阶梯教室到招聘大厅，从线下讲座到线上动员，他一个个项目讲，一个个学院跟，不放弃任何一个单位和学生，累计组织宣讲 1000 余场，带动 3 万余名毕业生参与"三支一扶""特岗计划"

"西部计划""基层选调生""应征入伍"等基层项目。2012年至今，累计推荐2191名毕业生报考黑龙江省基层选调生，409人被基层乡镇录取。先后培养出全国道德模范提名奖王丹阳，全国就业创业典型人物王旭，全国大学生基层就业新闻人物刘奕含、参军入伍典型代表谢昂宏等一大批优秀毕业生，相关事迹被央视、龙江先锋网等主流媒体宣传报道。

二、躬耕不辍，用实干彰显责任担当

在李洪明眼中，就业工作是"国之大者"。他时刻牢记为党育人、为国育才的初心使命，坚持"干字当头"，将就业工作与思想政治教育深度融合，先后推出了"基层就业助航计划"，打造了"最美青春献基层"品牌活动，推出"基层就业、成就梦想"等公益指导课，成立了全省高校首个"就业管培生团队"，组织召开"青春心向党，扎根新龙江"基层就业大型招聘会，为毕业生讲授"就业指导课"，"选、培、送、跟"全链条引导毕业生扎根基层、拼搏奉献。

既要点灯，也要引路。李洪明创新政校企人才合作模式，主动与省内齐齐哈尔、牡丹江、鸡西等地市政府部门合作设立学校"人才工作站"，促进留省基层就业工作，2019—2022年学校毕业生赴基层就业2000余人。他通过齐齐哈尔市"名校优生"选聘输送479余名毕业生到基层工作，通过与学生谈话、组织宣讲会等方式引导18名党员毕业生到新疆和田地区基层乡镇工作。他每年举办各类招聘会800余场，为黑龙江新和成、飞鹤乳业等企业输送毕业生300余人。他扎实开展访企拓岗就业调研，举办就业引才活动，实现黑大就业网入驻单位12693家，与国内150个城市建立人才合作关系，黑大就业微信号学生粉丝63976人。他带领辅导员深入政府、企业拓展就业岗位，千余名毕业生从中受益。

三、与时偕行，用创新铺就育才路

作为一名高校就业战线的"老兵"，李洪明深知只有与时俱进、不断学习，才能更好地服务学生。他先后考取了国家二级心理咨询师，教育部就业指导中级、高级资格证书，GCDF职业规划师，坚持就业工作理论研究，撰写发表报告、论文10余篇，并牵头制订了学校鼓励毕业生基层就业工作等一系列方案。2020年至今，李洪明发挥一名老党员的先锋模范作用，坚持为学生"办实事、办好事、办真事"，在连续坚守战疫一线的同时，竭尽全力做好疫情防控背景下毕业生就业服务工作。他放弃寒暑假和周末休息时间，亲自参与设计、施工，升级改造了学校3000平方米就业招聘场地，建成了全省唯一集数字化、信息化和智能化于一体的"就业一站式服务大厅"，打造了"云推介""云招聘""云直播""云指导""云面试"全链条基层就业平台体系，得到师生和用人单位的一致好评。

20年就业工作井井有条、兢兢业业，数千名基层就业毕业生"儿女"铭记感恩、亲如一家。未来，李洪明将一如既往，用初心铺路，以实干担当，为培养更多扎根龙江、扎根基层的新时代大学生贡献全部力量！

"身在最北方　心向党中央"

——牡丹江师范学院文竹

　　文竹，1989 年 10 月生，2009 年 8 月考入牡丹江师范学院英语专业，2011 年 6 月加入中国共产党，2013 年 7 月大学本科毕业，获学士学位。参加工作以来，她历任漠河市北极镇宣传委员、北极镇人大主席、北极镇镇长、北极镇党委书记等职务。2022 年 10 月当选中国共产党第二十次全国代表大会代表。2023 年 2 月担任大兴安岭地区漠河市副市长。

　　文竹在大学期间品学兼优，进入毕业季，同学们都在为就业择业反复斟酌之际，身为中共党员的文竹，选择了"三支一扶"国家基层项目。在等待成绩期间，她也向多家用人单位投出过个人简历，但是，当得知通过了选调生考试，并以大兴安岭地区第二名的成绩考上了漠河市北极镇洛古河村党支部书记助理岗位时，始终怀揣着一颗为家乡建设和服务基层贡献力量的初心的她，放弃了入职高薪企业的机会，欣然选择了去基层就业。

　　最初来到农村工作，她是带着理想主义和乐天心态的。"农村高山远黛，绿草飘香"，这是她的想象。洛古河村很小，小到只有 47 户 84 人。入职那天，负责对接的老支书对文竹说："我就一直盼望着能来个大学生，给咱村给咱支部添点希望！"就因为这句话，文竹感受到，这里多么需要年轻人去发展建设。从此，她下定决心要在基层踏踏实实地干，和乡亲们一起改变家乡面貌。

　　几年时间里，文竹鼓励大家开办农家乐，成立游艇公司，村集体收入连年增长。乡亲们对这个"文闺女"越来越信赖，2016 年，文竹当选为北极镇党委委员、宣传委员。2017 年，文竹又担任了北极流动党员驿站站长。流动党员驿站是北极镇景区的特色，也是文竹工作上的小骄傲，就是让所有来到中国漠河的党员都能够找到组织，找到家。有来自祖国宝岛台湾的游客，文竹就重点诠释赤子情怀；有外国友人，文竹使用英语介绍中国文化。驿站成立以来，有万余名党员报到登记。中组部原部长张全景视察时说："这个屋子虽小，但这就是最典型的看齐意识。身在最北方，心向党中央，驿站让成千上万的党员在精神上时刻受到洗礼！"在此期间，文竹荣获 2019 年"最美基层高校毕业生"称号，2020 年被授予第 22 届"黑龙江省青年五四奖章"。

　　文竹在担任北极镇镇长、镇党委书记期间，带领全镇壮大农村集体经济，巩固脱贫攻坚成果，谋划产业项目，助力乡村振兴，打造能吃、能看、能品的北极旅游产业链。吃漠北瓜果，打造庭院经济，引导传统农业向观光型农业转变；看漠北花海，引进寒地玫瑰、金莲花、赤芍、百合等，在美化环境的同时增加经济效益；品漠北风光，让游客在游览自然生态景观的同时，感受人文特色，让党旗时刻飘扬在祖国的最北方。2021 年 6 月，文竹被中共中央授予"全国优秀党务工作者"称号，2021 年 10 月，被评为全国向上向善好青年"爱岗敬业好青年"，2021 年 12 月，被共青团、中央农业农村部授予"全国乡村振兴青年先锋"称号。

2022 年 10 月，文竹当选中国共产党第二十次全国代表大会代表。作为黑龙江省代表团里年龄最小的一名代表，作为一名基层干部，能在天安门现场聆听总书记的讲话，文竹十分激动也倍感珍惜，作为一名边疆干部，确保边民生活幸福是她为之奋斗的目标。她在自己的岗位上，为维护边境安全与稳定贡献青春力量，用青春奉献北极，用信仰守卫边疆。

文竹作为一名基层党务工作者、青年干部，始终牢记初心使命，以实现中华民族伟大复兴为己任。从大学毕业参加工作至今，她深入基层、扎根泥土，一步步走来，每一步都是用青春的脚步奋斗出来的。在边疆工作的日子里，文竹用行动诠释了牡丹江师范学院学子的责任与担当，也逐渐成为大学生深入基层的楷模与榜样，激励着一大批优秀学子服务基层，扎根边疆。

文竹在回母校与在校大学生交流时曾表示，青年志存高远，就能激发奋进的潜力，青春岁月便不会像无舵之舟漂泊不定。正所谓"立志而圣则圣矣，立志而贤则贤矣"。青年一代的人生目标会有所不同，职业选择各有差异，因此，只有把自己的小我融入祖国的大我、人民的大我之中，与时代同步伐、与人民共命运，才能更好地实现人生价值、升华人生境界。这是文竹追求的精神价值，她也在用自己的实际行动和踏实的脚步诠释着投身基层、建设基层的初心使命。

用青春书写无悔答卷

——七台河职业学院王倩倩

王倩倩，1994 年 4 月 6 日出生，入党积极分子，七台河职业学院 2016 届毕业生，塔河县中医医院团支部书记、内科护士，现从事护理工作 6 年有余。在校期间，王倩倩勤奋好学，努力上进，以优异的成绩一次性通过护士资格考试。毕业后，她并没有选择去机会更多、薪水更高的大城市工作，而是希望能为家乡的卫生事业尽自己的一份力，回到了那个生她养她的小县城。

一、日常工作表现

在工作中她严格要求自己，对护理技术精益求精。作为大兴安岭塔河县中医院年龄最小的护士，她却能多次代表医院到地区和县里参加护理技能比赛并取得优异成绩。对待患者，她在用心的同时更能细心帮助患者解决每一件事情，认真对待每一位患者。她不抛弃、不放弃、不嫌弃，把每一位患者当成家人朋友；对待工作她牢记"三基"（基础护理、基本知识、基本技能）和"三严"（严肃的态度、严格的要求、严密的方法）。

工作以来她一直保持着良好的心理素质、任劳任怨的专业精神，从不计较个人得失，真正做到了敬岗爱业，全身心地投入护理工作中。她对护理工作精益求精，细致入微，从事护理工作以来从未发生过护理差错，对患者有高度的责任感和同情心，急患者所急，想患者所想，减轻了患者的病痛，给医院赢得了荣誉。她坚持做到理论联系实际，总结经验，不断提高护理操作技术水平，特别擅长疑难及无痛静脉穿刺术。她思想积极上进，永思进取，工作中踏踏实实，不怕苦、不怕累，全心全意为患者服务。

她在医院的哥哥姐姐叔叔阿姨心目中就是个小孩子。平时的她是一个爱美、爱笑，热情大方又勤学上进的小姑娘。可就是这么一个人们眼中的小姑娘，在人民有难、国家需要的关键时刻毫不犹豫地站了出来，用她的坚强勇敢，书写着青春无悔的诗篇。

二、支援湖北省孝感市

2020 年 2 月 11 日在得知湖北孝感需要援助而单位需要抽人前往的消息后，她第一时间递交了请战书，成为黑龙江省第三批支援湖北孝感医疗队的一员。出发前她没有一丝犹豫，剪短了心爱的长发，轻装上阵，只为那份执着与坚定！

从病毒无情，到人间有爱，从一方有难，到八方支援。她放下儿女情长，奔向大爱无疆。为了生命重于泰山的誓言，她把人民群众生命安全和身体健康放在第一位。

她说，国有战，召必回，战必胜。

她无畏无惧，面对疫情冲锋在前，把救治患者放在首位。她心中一直铭记党的教导，追随党的方针，吃苦在前享乐在后。援鄂以来，她坚持以认真负责自律的态度工作。到达湖北之后，她被分配到了应城市中医院，成为应城市中医院8楼新冠病区的一名外援护士，在轻症病区担任病房责护，给予患者生活上的照顾和承担观察治疗工作。她以精湛的医术救治患者，以医者仁心温暖患者，让他们积极配合争取早日康复，同时尽自己最大的努力多分担当地护士的工作，争取让他们得到更好的休息。

后因工作需要她被调配到2楼重症病区，每天给患者吸痰，监测呼吸机心电监护，晨晚间护理。终于在她精心的照顾下，陷入昏迷的90多岁的奶奶病情有所好转，由镇静状态到有意识，虽然瞳孔对光反射还是慢，但这已经给了她很大的回报。当救治全面完成准备返回黑龙江时，奶奶还是她最担心最割舍不下的。

她救死扶伤、甘于奉献、大爱无疆，以饱满的热情、温暖人心的言语、真挚的眼神、悉心的护理为患者排忧解难，送去温暖的爱心。她对工作、对病人认真负责，赢来了病人、家属及各级领导的赞誉，先后获得孝感市疫情防控先进工作者、最美逆行者、全市优秀共青团员、爱心大使等荣誉称号。

三、支援后回到家乡继续为卫生事业做贡献

有了援鄂的经验，她回到家乡积极投入紧张的工作中。即将开学复工，全县师生和企事业单位人员都要持核酸证明上岗。县里人手紧缺，有经验者又少，她就和一起援鄂的大夫主动承担起了为他们进行核酸采集的任务。在疾控中心人手不够的情况下，她申请下乡采集核酸，乡里居民分散，有时候一个上午也就能采集20户人家，她有时候连续工作8小时以上，工作结束还要坐1个多小时车回到县里送样本，她却从不喊累。

在2020年年末，县里出现一例境外输入病例时，她积极响应政府和组织号召，第一时间投身到疫情防控工作和新冠患者治疗工作中，用自己的经验协助专家组快速建立三区两通道，帮助同事学习穿脱防护服与个人防护等技能。

2022年刚生产完不久的她，还没有休完产假就又投入紧张的工作中。面对病毒的变异和更强的传播力，四处都是卡口、隔离、采核酸，单位工作任务繁重，人手紧缺，

她毫不犹豫主动替同事和领导分担重任。

她作为一名入党积极分子，充分发挥堡垒和先锋模范作用，积极担当作为，大胆尽责。

没有人生而英勇，只是选择了无畏。

她既是全民战疫的普通一员，也是百万大军的工作缩影。面对疫情，她是坚定的"逆行者"，面对病魔，她展现出了白衣战士的善良与勇敢。在没有硝烟的战场上，她用信仰谱写赞歌；在与病魔的搏斗中，她用青春书写无悔的答卷！

扎根煤海练本领　立足本职作贡献

—— 黑龙江科技大学王海默

王海默，33岁，中共党员，大学本科学历，2014年毕业于黑龙江科技大学采矿工程专业，2014年9月参加工作，先后担任过开拓二区采掘技术员、开拓一区技术副区长等职务。无论在哪个工作岗位，他始终把强本领、提素质、精技术、促提升作为工作方向，坚持探索先进技术和先进工艺在矿区的应用，提出并落实很多具有建设性、前瞻性、实用性的技术意见，推动了新建煤矿技术进步，得到了上级领导的好评，用实干创新走出了闪亮的人生足迹，荣获2021年省"五一"劳动奖章、2020年度七矿公司"功勋矿工"、局先进生产工作者、矿劳动模范等荣誉。

一、勤奋务实，积极钻研业务

王海默既有基层干部的稳重又不失年青人的青春活力，是众多优秀青年大学生中的杰出典型。他大学毕业后一直在生产一线工作，经过几年来的摸爬滚打，积累了宝贵的工作经验，深刻地认识到技术创新对煤矿企业的重要意义。几年来，他从来没有松懈过对理论知识的学习，并多次在集团公司举办的安全知识竞赛中取得优异成绩。他并没有满足于自己在学校中所学的知识，而是利用工余时间继续坚持学习，为了给自己多充电，他利用大部分休息时间进行学习，并能根据工作的需要，把所学的理论知识与生产实践有机地结合起来，通过不断地深入思考，寻找解决制约生产问题的办法。每次遇到生产难题时，他总是能提出自己的观点和想法，为破解生产难题作出了突出贡献。2019年11月，他所在的开拓一区7063掘进队施工三水平103层左零片区段巷，三水平顶板压力大，顶板破碎严重，同时，103层煤厚在1.8m～2.3m，巷道要求顶板掘煤，大大增加了施工难度。在揭露煤层之前，他通过对施工现场的围岩观察和上覆岩层应力的理论分析，向矿里提出了合理的加强支护及掘煤后掘进队施工方案，取消了巷道原有的锚杆支护，顶板和帮壁采用锚喷加金属网、架设U型钢矩形棚子联合支护，并对顶板破碎冒落处及时使用半圆木接顶刹严，同时缩小循环进度、减少炮眼装药量。过构造带期间，他连续几天，不分昼夜深入井下现场指导施工，保证了三水平103层左零片区段巷顺利施工。

二、注重实践，提升技术水平

他坚持学习和实践相结合，通过井下实际测量观察，为矿井开拓设计提供有力的技术保障。他任开拓二区技术员期间完成了老九采区开拓工程设计、规程编制、签批、贯彻等工作，参与了老九采区回风道改造工程、底部水仓设计工程等。他任开拓一区技术员期间完成了三水平 103 层避难硐室设计，三水平两吨及三吨煤仓设计，三水平火药库设计等工程的规程编制、签批、贯彻工作，参与三水平五采区设计工程，完成了三水平五采区人车站及避难硐室设计施工工程。他任开拓一区技术副区长期间，对新建煤矿三水平 103 层煤的地质资料进行了收集和整理，为地测科掌握 103 层赋存情况提供了大量帮助，为 103 层采区设计及回采提供了可靠的理论技术依据。同时，他完成了三水平二采区 103 层初步设计，配合龙煤设计院完成了三水平二采区 103 层全部设计，为新建煤矿的长远发展、系统优化、系统调整作出了贡献。

三、积极探索，精进技术本领

他常说"干技术就得保持终身学习研究的状态"。他任新建煤矿开拓一区技术副区长期间，积极探索"全断面一次起爆技术"的应用，新建煤矿炮掘工作面都采用分次爆破方式施工。分次爆破存在较多问题，如炮眼打设时间长、多次爆破对围岩损伤大、易造成围岩破损，分次联炮时工作面易出现岩体伤人风险，同时，分次放炮对钎杆、钎头、火药、电管消耗大等，因此矿里各工作面都在研究"全断面一次起爆技术"，但无一例外，都难以达到理论效果，循环进度难以满足实际生产需要。他与工人同上同下，在工作面紧盯打眼装药等环节，现场指导工人炮眼打设角度及装药量。通过连续几天的不断实验，终于在全矿第一个实验成功，这也意味着彻底改变了新建煤矿炮掘传统施工模式，有效地提高了掘进工作面循环进度，减少了材料消耗，降低了掘进生产成本，同时该项目被列为公司重点科技创新项目，可创效 230 万元。新建煤矿三水平二采区开拓工程正在施工，随着矿井逐渐向深部发展，地应力不断增大，围岩地质条件不断恶化，从而造成巷道支护的复杂化和困难化，使得支护问题突出。正常采用的喷射混凝土的喷浆工艺，存在喷射过程中粉尘大、回弹高、辅助运输量大、所需工人数量多及劳动强度较大的问题；薄喷技术无粉尘、不回弹，能够满足煤矿快速支护、安全及环保的要求。基于以上原因，他积极推广薄喷技术在矿区的应用，通过在三水平 103 层左一片岩抽巷的多次实验研究，终于完全解决薄喷材料难以附着到巷道帮壁等难题，使薄喷技术应用到新建煤矿三水平开拓工程项目中，极大推进了整个项目的施工速度，同时能够保证工人施工期间的身体健康及生命安全，该项目被列为公司重

点科技创新项目，可创效 197 万元，为新建煤矿高产高效矿井作出了贡献。

四、爱岗敬业，永葆职业忠诚

他对自己的职业始终充满热情，把对党忠诚、对企忠诚作为人生信条，每当企业需要的时候，他总是义无反顾、守岗奉献。2019 年 9 月，王海默任开拓一区技术副区长期间，为迎接国家一级标准化矿井验收工作，连续一个多月没有回家，奋斗在工作岗位上，展现了新建煤矿、新建人的技术风采。2019 年 10 月，国家一级标准化矿井验收工作完美收官，新建煤矿成为七台河市唯一一家一级标准化矿井，这意味着他对技术工作的追求与执着有了一份完美的结果，为新建煤矿技术人员树立了新的榜样。

学以致用，方显技术人员本色。多年的现场实践，他积累了许多宝贵经验，也深刻认识到技术创新对煤矿企业的重要意义，未来的日子里，他将致力于解决制约高质量发展的难题，把所学的理论知识与现场实践深度结合起来，推进科技创新，加快安全高效矿井建设步伐，为企业高质量发展作出更大贡献。

青春待灼　砥砺深耕

——哈尔滨学院刘彦阳

刘彦阳，1991 年 3 月出生，中共党员，现任哈尔滨铁路公安局牡丹江铁路公安处林口站派出所民警。他担任林口站派出所民警以来，工作勤勤恳恳、任劳任怨，是一名工作作风严谨、专业技术出众，年轻有活力、干劲足的好同志。他一直默默无闻，扎实工作，甘当幕后英雄，在平凡的岗位上，干出了不平凡的业绩，多次受到单位领导和同事的一致好评，得到了广大干部、民警和群众的充分认可。

一、善于攻坚克难，展现基层民警担当

"肯干、肯学，身上有股钻劲儿、有股闯劲儿。"这是同事们对刘彦阳的印象。林口站派出所是一个基础所队，辖区内包含 11 个车站、180 多千米线路，日均旅客客运量 1500 余人，警力少、任务重。刘彦阳深知自己肩上承担的责任，工作一直冲在一线。他始终坚持"防得住、打得牢、治得好"这九个字，以防患于未然作为自我检验的工作标尺。工作中，刘彦阳主动抓住重点时间、重点区段的安全防范，坚决不放过任何一个可能造成不安全的环节。线路治安是铁路公安工作永恒的重点，只有保障了线路治安稳定，才能保障旅客平安出行，保证铁路运输生产安全。面对开放的线路、众多的道口、复杂的周边线情等，他每天坚持不懈地巡控线路、签约回访。他教育宣传，不断加强线路治安工作，真正防患于未然、保证安全。

二、勇于挑战未知，成就办案能手

作为"90 后"的年轻党员民警，刘彦阳虽然 2018 年才入警，但是他凭借踏实肯干、任劳任怨、不断学习、刻苦钻研的精神，逐渐成长为派出所的业务骨干。刘彦阳在工作中也是一名"多面手"，在缉逃工作中，他通过认真学习和虚心求教，不断提高缉逃本领并应用到实战当中。他坚持学中干、干中学，孜孜不倦地投入时间与精力，也收获着悄然成长的喜悦。在治安工作中，他不懂就问，不断钻研和丰富自己的业务知识，逐渐成为所里的办案主力，在辖区内，前后参与办理案件 100 余起，破获刑事案件 5 起，行政案件 50 余起，行政拘留 30 余人，治安罚款 40000 余元，抓获逃犯 90 余人，积累了丰富的业务工作经验。入警以来，他办理的案件数量高居全所第一，业务得到了领导的认可。由于出色的工作表现，四年内立三等功 3 次，获得个人嘉奖 1 次，获得"哈尔滨铁路局集团有限公司优秀共产党员""查缉之星""金盾之星""追逃能手""四优单警""优秀公务员"等荣誉称号。

　　宝剑锋从磨砺出，梅花香自苦寒来。刘彦阳的成长和成绩都是有目共睹的，面对领导的赞许和同事们的祝贺，他没有骄傲自满，而是以更加饱满的热情，全身心地投入工作中，以更扎实的工作态度，全心全意投入到为人民服务中去，在平凡的岗位上，他用对党和人民的无限忠诚、对警察职业的无比热爱和满腔热血，书写着自己无悔的人生。

扎根基层担当使命
踔厉奋发不负韶华

——哈尔滨工业大学高凯歌

　　高凯歌，男，汉族，山西大同人，1991 年 7 月出生，中共党员，硕士研究生学历。2016 年黑龙江省委组织部选调生，现任黑龙江省佳木斯市郊区人民政府副区长。曾获第一届抚远市青年五四奖章、抚远市脱贫攻坚突出贡献奖等荣誉，被聘为山东大学深圳研究院特聘导师。高凯歌 2016 年从哈尔滨工业大学毕业后，毅然来到黑龙江抚远市（国家级贫困县），成为了一名基层选调生，工作以来无论何时何地都始终冲锋一线，在脱贫攻坚、乡村振兴和疫情防控等重点工作中攻坚克难，践行着一名选调生的"初心"和"使命"。

一、主动作为，当扛硬的人

　　在抚远市贫困县脱贫退出关键时期，他主动请缨参战，到全市人口第四大村东红村驻村扶贫，总结"3＋1"扶贫工作法和"三个三"党建工作法，精准施策，一举摘掉了村里戴了多年的"软弱涣散"帽子。在全省贫困县退出督导工作中，他积极担任总联络人，负责综合协调、问题梳理、报告撰写等工作，利用近半个月时间将 2700 页材料研读了 2 遍，真正成为"业务专家"。2018 年春节期间他退掉了回山西老家的车票，留守省扶贫办加急撰写并整理上报全省贫困县退出材料，圆满完成了各项工作任务。在桦南县工作期间，他率先构建乡村振兴推进体系和疫情防控流程范式，优化农村工作领导小组"1＋18"领导架构和"9＋17"工作机制，创新"1＋12＋N"乡村建设模式，推进"十项提升行动"，落实"1234"增收举措，实施"五项联动机制"，有力推动乡村振兴工作走深走实；在"动态清零"阶段，成立数据统计专班，实施"1＋2"运行模式，制发工作提示 92 份、专报 139 期，建立"1＋19＋N"挂图作战模式、"3＋X"流程指引等 5 项应急机制，编制流程 37 册；疫情防控实施"乙类乙管"以来，建立"1＋14"工作模式，形成制度汇编 26 册、专报 31 期，为疫情防控平稳转段提供保障。同时，他组织拍摄《向振兴出发》和《紫苏花开　多彩桦南》专题片，编纂《新时代　新光芒》文集和《走向乡村振兴新时代》画册，系统总结并详尽展现大美桦南现代化强县建设和全面推进乡村振兴的工作成绩，高效总结乡村振兴"桦南模式"，得到了国省考核评估组和省市乡村振兴部门的高度认可。

二、精准务实，干吃苦的活

　　在抚远市迎接贫困县退出国家评估期间，他担任市脱贫攻坚指挥部督导培训组长，两个半月深入全市 9 个乡镇 68 个行政村 92 个自然屯和 353 名驻村队员、500 多农户排查督导，规范各类档案 1300 余册，组织培训 26 场次 2300 余人次，真正做到不落一户一人。同年 6 月，抚远市以 98.94％的群众满意度高质量脱贫摘帽，他被授予抚远市脱贫攻坚突出贡献奖。他在佳木斯市扶贫办工作期间，主要负责全市业务培训、督导考核和信访工作，结合实地工作经验，编发了佳木斯市贫困县退出指导建议等 9 本指导用书，总结归纳了"入户十步法""问题整改六要素"等工作方法和技巧 20 余项，其间多次到省扶贫办承担省迎接国考筹备工作，经常 1 天讲 3 场大课，连续工作到凌晨是常态。他走过了全省 8 个地市和 30 多个县，累计培训 3 万余人次，最长连续出差 110 余天。2022 年佳木斯发生疫情，他第一时间奔赴前线进行数据分析、材料综合、沟通协调等，累计驻扎指挥部连夜工作 77 天。2022 年年末，他在桦南县开展"三大"攻坚、"2＋N"稳增收和乡村振兴"大起底"行动，召开迎评会议 17 次，专题培训 10 期 2380 人次，督查指导 36 次，制发专报 25 期，整改问题 92 项，模拟演练 15 次，梳理档案 4 大类 50 分项 148 本，总结提炼典型经验做法 13 个，脱贫户人均收入增幅达到 17.2％，仅 30 天内代表省市迎接国省评估 3 次（历时 23 天），考核均取得好等次。

三、持之以恒，做为民的事

在驻村扶贫期间，他学习盖大棚、铺院子、种草莓、清理村庄垃圾污水等，练成了"多面手"，利用 1 年时间，将村里旧貌换新颜。他在扶贫督导期间，解决低保应纳未纳、医疗报销滞后、未获扶贫收益等侵害群众利益问题 370 余个。在疫情防控期间，赴社区防疫卡点值班值守、协助网格员入户排查、帮助隔离人员采购生活必需品、处理日常生活垃圾等，帮助最需要的人办最需要的事。在桦南县工作的 5 个月里，他累计走访 12 个乡镇 39 个行政村，深入一线调研 47 次，解决 622 户农户住房安全隐患、农户 20 万元医疗报销、项目建设延期等具体问题 31 项，建立防贫监测数据建模平台，实时对全县脱贫户、监测户等低收入群体进行动态监测、分析和管理，第一时间帮助他们消除风险隐患，分别设立 500 万元房屋维修基金和 500 万元防返贫监测救助基金，建立月排查工作机制和县乡村三级救助管理体系，从根本上解决了农户"三保障"问题，真正杜绝了致贫返贫现象的发生。同时，他积极谋划建设湖羊养殖、黏玉米加工等乡

村产业项目 7 个，新建村内水泥路 5.8 千米、路边沟 28.62 千米、农田路 8.9 千米，覆盖全县 12 个乡镇 42 个村，累计投入资金 6100 万元，极大改善了农村生产生活条件，持续培育壮大村集体经济，稳定带动农户实现增收。

青年志存高远，就能激发奋进潜力，青春岁月就不会像无舵之舟漂泊不定。"当抗硬的人、干吃苦的活、做为民的事"，是高凯歌作为一名选调生始终坚持并践行的信念。他将继续以战士的担当、战斗的姿态坚守一线，随时听从党的召唤"哪里需要就到哪里去"，把初心落在行动上、把使命担在肩膀上，努力在新时代中国特色社会主义建设的生动实践中交出无愧于党、无愧于人民、无愧于自己的高分答卷！

巾帼绽芬芳　建功正当时

——黑龙江大学徐鑫

　　徐鑫，1990年5月出生，汉族，中共党员，毕业于黑龙江大学法学专业，现任双鸭山市集贤县兴安乡党委副书记、政府乡长。十年来，她始终在乡镇淬炼，先后担任妇联主席、组织委员、党政秘书、乡长等职务，曾被授予县级优秀妇女干部、三八红旗手标兵、优秀"第一书记"和省级巾帼建功标兵等荣誉称号，2015年度、2016年度、2017年度考核等次为优秀，受嘉奖并记三等功一次。

　　千仓万箱，非一耕之所得；干天之木，非旬日之所长。从初出茅庐的一张白纸，到如今乡村振兴路上的"领头雁"，徐鑫身在基层、长在基层、心在基层、干在基层，始终以矢志报国的使命锚定航向、以忘我奉献的初心坚守航标、以锐意进取的奋斗驰骋航道，在乡镇这片星辰大海里勇毅笃行。她是风雨兼程、百磨志坚的基层干部典范，也是不计名利、甘于奉献的乡镇干部缩影，每一份从容都是脚踏实地的拼搏成果，每一份殊荣都是广大干部群众的认可肯定。

一、"兴"业在公，锤炼党性，把稳理想信念"方向盘"

　　从黑龙江大学青年志愿者协会副主席到省委选调生，再到乡镇领导班子成员，不论身份如何变化，唯一不变的是她扎根基层、服务群众的信念。"让青春在奉献中闪光"——这句话写在徐鑫刚参加工作时的日记扉页上。她是这样鞭策自己的，也是这样实践的。担任兴安乡组织委员的两年时间里，她一心扑在基层党务工作岗位上，用自己的青春智慧，以优异业绩展现了基层党务工作者的风采。

　　"如何做好新时期党务工作"是徐鑫常常思考的课题。按照上级部门的总体要求，结合本乡镇具体实际，凭借数年的组织工作经验，徐鑫科学制定了《兴安乡基层组织能力提升工作三年规划》，建立了工作目标管理责任制，健全了村干部管理"三项制度"，乡党建工作开展得有里有面、有声有色。她注重培养选拔村级后备干部和发展党员工作，先后培养后备干部20名，发展党员27名。她为提高农村党员的综合素质，投入教育培训经费，通过线上线下形式培训党员300余人次，组织各党支部学习100余次。

　　"天热大树下，天冷书记家"是2018年前的柳河村党组织"居无定所"的真实写照，支部阵地堡垒作用难以发挥，干部群众颇感无奈。为此，徐鑫积极推动村办公活动场所规范化建设，组建远程教育站点20个，协调翻修村办公室6个，确保了"党建工作有场所、党员活动有阵地"。同时，她致力于发展壮大村级集体经济，多举措增加集体经济积累，努力破除积累少、负债多、底子沉等一系列制约乡村发展的"拦路虎""绊脚石"。2019 年至 2020 年，指导全乡开展"清化收"工作，收缴金额 416.6 万元；申请中央专项扶持资金共 150 万元，发展农机项目和异地置业；申请民族村建设资金 469 万元，促成鲜兴村果蔬大棚、腌菜厂、田间路等项目建设，使得村集体年增收 18 万元。

二、"安"身立命，敢为人先，架起融入基层"连心桥"

2020 年年初，面对突如其来的疫情，徐鑫冲锋在前，积极投身疫情防控，用实际行动证明了党的干部"召之即来、来之能战、战之必胜"。她带领村干部和党员志愿者，紧紧依靠群众，积极担任"宣传员"、"排查员"和"值班员"。其间，她与村"两委"干部共同悬挂标语、张贴海报，利用广播站宣讲防疫知识，及时有效通知公告，共同构筑起抗击疫情的"防护墙"。

她号召各村组建党员便民服务队，解决村民采购难题，第一时间联系对接多家超市，为村民提供充足的粮油、肉蛋、果蔬。村干部、党员志愿者们"客串"乡村"快递员"，专程为群众代买代送药品和生活用品。徐鑫作为乡防疫指挥部工作人员，对防疫物资的登记发放一丝不苟，2020 年累计发放药品 736 盒，口罩 1 万余个，酒精 2450 斤，护目镜、防护服若干，保障了一线人员防护供给安全。她还动员为武汉地区捐款 11 万余元。疫情防控三年来，她督导重点地区返乡人员居家隔离，部署推进"地毯式"排查和防疫信息日报工作，组织全乡 8000 名村民完成多轮核酸检测……这些早已成为她的工作常态。扎实服务、默默坚守，每一次宣传讲解、登记造册、汇总数据、跟踪反馈情况都是她对全乡群众最大的责任。

三、"乡"方设法，心系群众，甘当一方百姓"贴心人"

乡镇工作十年，角色不断转变，却改变不了她有毅力、肯吃苦、有思想、爱奉献的品格。在担任乡妇联主席期间，她努力协助解决妇女儿童最关心、最直接、最现实的利益问题，不顾惜自己身患疾病，不听同事说劝毅然带病工作，直至自己被查出患有肾上腺肿瘤疾病，还是心心念念着妇女儿童工作，成功为 3 名"两癌"患者申请补助金 3 万元。同时她还依托各村妇联、社会爱心人士，组织村内妇女关心关爱村内弱势群体。2020 年，徐鑫了解到某村留守儿童由于母亲离家出走，父亲外出打工，姐弟俩和身体残疾的爷爷奶奶留守在家，生活困难，于是组织几个同事一起，持续三年资助这姐弟俩，2022 年姐姐以优异的成绩考入高中。同时，徐鑫曾组织 500 余名妇女参加编织、烘焙学习，提升妇女就业技能。在巩固和拓展脱贫攻坚成果推进乡村振兴的进程中，徐鑫成为产业发展的领路人，建成精神村、笔架山村两个花卉项目，2019 年以来，共为乡内脱贫户分成 15.65 万元。徐鑫心系家乡企业发展，连续多日沟通协调，亲自上阵为永乐村豆制品企业直播带货，甘当企业服务员。

从学生到选调生，从看客变为行者，她视乡事为家事，以乡事应国事。行者无疆，无论是光阴里的风雨还是晴暖，都激励着徐鑫积极投身基层建设的伟大进程，奋力书写乡村振兴的"青年答卷"。

扎根基层沃土　绽放韶华之光
——黑龙江八一农垦大学韩成龙

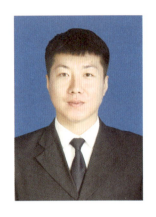

　　韩成龙，2013 年至 2017 年就读于黑龙江八一农垦大学，大学四年里，他深受"艰苦奋斗、无私奉献、务实求真、负重致远"的八一农大精神鼓舞，以热情洋溢、刻苦钻研的精神状态，不断勇攀高峰，其间曾担任体委、信息学院田径队队长等职，通过在校知识的积累，逐渐成为一名优秀的学生干部，为学院获得多次荣誉。

　　毕业以后他义无反顾投身热爱的"黑土地"农业发展事业中，2018 年顺利通过黑龙江北大荒农业股份有限公司八五九分公司招聘考试，正式成为八五九的一名基层技术人员，2020 年光荣加入中国共产党。他时刻牢记党员的责任和义务，严于律己，以身作则，自觉维护党员的形象，用行动深刻诠释了红色文化中爱党信党、坚定不移的精神自信。参加工作 5 年以来，他从农业技术推广中心的一名基层农业技术推广技术员到第五管理区农业副主任，后到农业发展部，得到部门领导的充分认可。

一、耕耘田地、硕果累累，迈科技兴农之步

　　他基层工作经验丰富，专业技术水平高，受到农场领导和种植户一致好评，曾多次获得八五九农业生产工作科技"先进个人"等荣誉，参与申报"全球环境基金第八增资期——中国自然向好与低碳韧性大食物系统示范项目"，参加选育的水稻新品种米都 1 和建粳 197，已申报 2023 年黑龙江省农作物品种审定委员会审定，有望通过审定并推广。2022 年度他参加了中央引导地方科技发展专项"三江稻区绿色优质水稻品种及其双减栽培体系示范推广"。同时他积极参与院校合作 10 余项，其中与农垦科学院合作开展水稻、大豆新品种示范，水稻轻减施肥及计划栽培模式研究项目；与华中农业大学合作，进行红香米、高产红米、抗病软米以及长粒香稻米低肥栽培研究项目；与黑龙江八一农垦大学合作开展寒地水稻免浆深施肥技术、旱平垄作双侧双深技术、优质水稻抗倒伏及抗低温冷害技术研究项目；与东北农业大学合作，开展密植机插下寒地水稻碳汇过程监测模拟与固碳减排技术示范。他通过课题项目研究全面提升了科技成果转化效率，为农业生产发展"快班车"提供了技术支撑。

二、踔厉奋发、勤学善思，树求真务实之志

　　"心有鸿鹄之志，当孜孜不倦"，他树立了学习者生存发展的理念；树立了学习则强、学习则胜的理念；树立了工作学习化、学习工作化的理念；树立了学习为本、终身学习的理念。他坚持不懈地学习钻研水稻栽培新技术，工作之余刻苦自学，向书本

学习，向专家请教，做到了对水稻的生育进程、长势长相、营养元素丰缺及病、虫、草、害的正确诊断、识别、预测、防控，为搞好技术指导奠定了基础。系统的学习丰富了他的科学栽培技术，使他能够更优质地服务广大农户，更高效地以精湛的技能和科学的方法完成工作任务，敢于挑重担的精神帮助他克服困难和解决问题。

三、聚焦目标、砥砺前行，践履职尽责之行

2018 年 10 月至 2021 年 10 月，他作为一名农业技术推广工作者，牢固树立服务宗旨，进一步增强服务意识，以"为农业插上科技翅膀"为目标，紧紧围绕"粮食增产、结构调优、农业增效、农民增收"为中心，每年完成田间试验示范及技术推广 20 余项、布置耕地地力养分监测点 20 个、采集土壤样品 1310 份、完成土壤化验 13100 项次，根据化验数值丰缺指标制订施肥配方，使种植户按测土配方施肥，从而提高了作物肥料利用率，减少了施肥成本投入，为农业生态可持续发展、实现农业"三减"奠定了基础。

2021 年 10 月至 2022 年 11 月，"栉风沐雨，扎根沃土"，他在田地里穿行，根据航拍图进行土地面积核实工作，完善了第五管理区繁杂的土地类型，完成土地面积核实率在 98％以上，解决了土地承包掣肘问题，同时深入基层蹲点服务，大力推广技术应用，提高综合服务能力。在水稻生产的关键时期，他起早贪黑深入一线田间地头，做到"早晨 3 点半，晚上看不见，地里三顿饭，小雨继续干"，"想稻农之所想，急稻农之所急"，帮助种植户解决农时问题、标准问题、科技含量问题，积极推动水稻机插侧深施肥、叠盘暗室育秧、宽窄行插秧、有机肥替代化肥、分段收获等 20 多项新技术应用，并撰写相关科技论文，努力提升技术标准，实现农业生产节本增效 120 元/亩左右，带动农业提档升级。

2022 年 11 月至 2023 年 3 月，他以丰富的栽培技术服务于农户，以精湛的技能和科学的方法完成工作任务。同时他增强技术服务辐射，强化技术员、种植户的技术培训，不断提高整体栽培水平。采取集中培训与分散培训相结合、室内讲课与田间观摩相结合、农艺与农机相结合、新技术推广与典型经验介绍相结合，培训达到 1314 人次，使种植户达到"两知、三懂、四会"，即知农时标准、知生育进程，懂栽培技术、懂农机技术、懂经营管理，会诊断、会预测、会调控、会使用，农户栽培技术水平逐年提高。

以奋斗精神迎接挑战，以开拓精神创造未来。作为北大荒人，他深知老一辈垦荒人对党忠诚为国奉献的初心，把北大荒精神传承给下一代的责任和使命依旧在，正是这种传承、这种精神鼓舞着他前行、感染着他奋进。

无悔青春　筑梦基层

——牡丹江医学院韩淼

　　韩淼，吉林德惠人，1993年3月出生，2014年12月加入中国共产党，牡丹江医学院护理学院毕业，大学本科学历，医学学士，2016年黑龙江省委选调生，先后任宾县永和乡组织干事、妇联主席、组织委员，现任政协黑龙江省宾县委员会农业和农村委副主任，宾安镇太阳村驻村第一书记、工作队队长。

一、求学雪城　不负韶华

　　2012年她就读于牡丹江医学院护理学院，在校期间她积极参与学生会和社团活动，担任护理学院学生会纪检部部长。她学习成绩优异，连续三年获得奖学金、助学金，多次荣获校级"三好学生""优秀学生干部""优秀团干部"等荣誉称号。她积极参与科研活动，以"护理工作中男护优势的调查研究"为选题参加牡丹江医学院第四届大学生科研立项活动，通过层层审批准予立项，作为课题负责人、第一作者撰写的《男护在护理工作中的优势》发表在国家级医学专业性综合学术期刊。她荣获牡丹江医学院2016届"优秀毕业生"。

二、植根农村　燃烧青春

　　2016年大学毕业后，她放弃了在大城市工作的机会，作为一名省委选调生，深入基层到乡镇工作，成为一名新时代基层青年干部。在基层工作的时间里，她先后在乡、县、村等多岗位锻炼。几年间，组织为她提供了广阔的舞台去充分施展自己的才能，为她锻炼能力、提升修养创造了良好的条件。她也时刻告诫自己：要不负组织的培养和嘱托，用自己的真情为基层老百姓耕耘奉献、用自己的人格感染带动基层干部，在平凡岗位上实现自己的人生价值，筑牢"无悔青春　筑梦基层"的决心。在宾县永和乡她先后任民政档案管理员、扶贫专干、农业普查员、宣传干事、组织干事等职务，参与民政、组织宣传、政治巡察、脱贫攻坚、全国农业普查、扫黑除恶、村"两委"换届选举、秸秆禁烧、人居环境整治、"厕所革命"等重点工作。2019年她被组织破格提拔为宾县永和乡党委组织委员，在脱贫攻坚最艰难的那段时间，她想方设法彻底根除贫困户不思进取、好逸恶劳的坏习惯，变"要我脱贫"为"我要脱贫"。通过由她提出方案并负责执行，乡党委牵头组织5个村党支部，探索创建以"社会捐助、以物代奖、积分兑换、激发动力"为核心理念的扶贫"爱心超市"，贫困户的惰性问题得到有效解决。在此期间，她所撰写的多篇信息被《黑龙江日报》"龙江政务""哈尔滨党员之家""哈尔滨新闻网"等多个媒体刊发。2020 年她刚怀有身孕，在疫情防控过程中，始终坚持站在防疫一线，卡口执勤，下乡巡逻，带班值班，在和大家共同奋斗的过程中，她得到了领导与群众的认可，她的事迹发表在哈尔滨党员之家微信公众号平台"三八"特辑中。

三、转岗机关　升华自我

2020 年 10 月，基于组织对她工作的认可，她被任命为政协宾县委员会农业和农村委副主任。在机关，她主动向领导、同事学习业务知识，学习领导的办事风格、思路意图、领导艺术，她的组织协调和人际沟通能力得到锻炼。经常与身边的领导和同事学习、交流、借鉴，养成了优秀的工作习惯，现在的她，能结合工作体会，提高站位去谋划思考工作亮点，在领导、同事的指点帮助下付诸实践。虽然在县里工作，但她从未脱离农村，负责农业农村工作期间，经常深入基层参与调研视察，她所撰写的《关于加强黑土地保护利用的调研报告》荣获 2021 年度省市县政协农业委联动调研一等奖。

四、重返基层　服务群众

2021 年 7 月她被组织选派到宾安镇太阳村驻村工作，担任驻村第一书记、工作队队长。她是从农村出来的，更了解农民生活的不易，更想用自己所学改变农村的面貌。用三个字概括她在村里的表现，就是"接地气"，她把村民当成自己的亲人，村民也非常疼爱和怜惜这位小姑娘，经常邀请她来家做客，在村民的眼中她没有一点架子，她就是农民的女儿。为了让每家每户都满意，她与工作队员遍访农户，挨家挨户了解基本情况，与镇、村两级协商将符合条件的农户纳入低保家庭，为生活困难的家庭送去米、面、油等生活物资。她还经常组织县政协委员深入孤寡老人和留守儿童家中进行走访慰问，送去米、面、油等生活物资和慰问金，并协调县团委、县妇联为留守学生发放助学金。在担任驻村第一书记的一年多时间里，她的性格变得成熟、稳重了，与村"两委"共同做好秸秆离田、"厕所革命"、人居环境整治、机动地发包等各项中心工作，受到广大群众和村"两委"成员的认可。

韩淼出身于农民家庭，参加工作之前她家是低保家庭，所以她深深理解父母的辛勤付出，始终坚持努力学习积极工作。从共青团员到共产党员，从大学学生到选调生、基层公务员，从普通科员到副科级领导干部，她通过自己的行动和努力得到了各级领

导和同事的认可。工作期间她多次荣获宾县城乡妇女岗位建功先进个人、宾县公务员嘉奖、宾县机关工委系统优秀共产党员、宾县优秀党务工作者、宾县巾帼建功先进个人等荣誉，这些荣誉都是组织对她工作的肯定。在组织的关怀、领导的重视、同事的支持和群众的信任下，韩淼通过不同岗位的锻炼，完善了工作履历，丰富了人生阅历，在最短的时间内最大程度丰富了基层工作经验，现在的她已然成为乡镇的"政策通"和机关的"多面手"、备受群众信赖的"贴心人"和领导器重的"好干部"。

不忘初心　扎根基层教育

—— 齐齐哈尔高等师范专科学校李传财

李传财，32 岁，2013 年 7 月毕业参加工作，在宁安市镜泊中学担任教务处副主任一职，2015 年考入黑龙江省海林农场学校。他常挂在嘴边的一句话就是"教育是良心活，我要对得起我的学生"。他任职以来始终奋斗在教学第一线，勤勤恳恳、忘我工作，在平凡的教学岗位上默默耕耘着、收获着、成长着。

一、不忘初心，扎根乡村教育

从走上三尺讲台那天起，他就把工作目标定在了管好班级、上好每节课、爱每位学生。为了做一名合格的班主任，他始终不断地学习，平时会看一些教育教学、心理学方面的相关书籍，这些书使他受益匪浅，也使他管理班级更加得心应手。同时他也会抓住一切向老教师学习的机会，多探讨、多观摩；积极参加各种培训，学习先进的教学理念，努力提升自己的教育教学水平。他深知没有坚实、厚重的业务功底，没有准确的知识结构，没有先进的教育思想，就无法胜任太阳底下最光辉的教师职业。他在教学中力争做到有清晰透彻的思路，耐心地启发，深入浅出地讲解。比如在讲授《济南的冬天》这一课时，他就带着学生在操场上感受冬天，让学生与课文做对比，他觉得这堂语文课上得很生动。更多的时候，他更愿意领着学生去生活中，去大自然里学知识。他愿意做一名陪着学生春看万物复苏、夏观云彩变化、秋拾落叶作画、冬赏银装戏雪的老师，他和学生一起成长一起进步。

二、爱是雨露，陪伴成长

他所任职的学校是坐落在长汀镇旁边的一所乡镇学校，到这里来上学的孩子们，父母大多是农民或进城务工人员，没有太多的时间陪伴自己的孩子，所以李传财既是他们的老师也慢慢变成了他们的父母。在教育教学工作中，他养成了一颗细致的心，能及时发现学生身上的问题，并能及时纠正、教育、开导他们。他所带的班级里始终洋溢着一股暖流，渗透到每个学生的心中。在 2020 年中考中，班级语文平均分是全市第二、乡镇中学全市第一，得到了学校和家长的高度评价和认可。

三、恪尽职守，任劳任怨

他始终默默奉献在三尺讲台，恪尽职守、任劳任怨。那是他刚上班的第一年，他的脚在家摔伤了，当时无法下地走路，可是由于他是第一次担任班主任工作，学生也是刚入学的新生，他总是不放心他们，所以在家只休养了半个月，他就坚持拄拐到学校上班了。

四、党旗所指，就是团旗所向

除担任班主任以及承担两个班的语文教学工作外，他还担任学校团委书记一职，有时团委工作要干到深夜，但工作再忙也没有耽误一节课。在党委的正确领导下，团委连续三年荣获五四优秀团支部称号，他连续两年获优秀团员、优秀团干部荣誉称号。

作为 21 世纪的青年，他将努力成为一个思想活跃、求知上进的有为青年，成为祖国未来的中流砥柱。他会用饱满的热情不断完善自己，加倍地努力，为广大青年教师树立榜样。

赤诚不改　步履不停
在扎根基层中书写青春华章

——齐齐哈尔大学冯志成

冯志成，1992 年 8 月出生，中共党员，2015 年毕业于齐齐哈尔大学物理系，2019 年哈尔滨理工大学物理学专业硕士研究生毕业，同年考录省委选调生，现任黑河市爱辉区二站乡党委委员、宣传委员。参加工作以来，他先后任职于爱辉区西岗子镇、二站乡人民政府，荣获共青团黑龙江省委"抗击新冠肺炎疫情志愿服务纪念证书"，荣获黑河市"优秀党务工作者"、爱辉区"优秀共产党员""优秀公务员""优秀团干部""优秀信息工作者"等称号。

一、不忘初心，一腔赤诚扎根故土

2019 年，他放弃就读博士研究生机会，考录省委选调生，回到热爱的家乡——爱辉区西岗子镇东岗子村，任村党支部副书记。他日思夜想如何让产业旺起来、让农村美起来、让农民富起来，带着这份执念，他实地走访全村 150 户 442 人，翻阅了近 10 年的党建材料，详细了解了全村发展状况和村民生活情况。

任职 1 个月，他创新党建工作思路，在全镇 10 个村屯推行"1＋10＋N"党建工作法、村级后备干部"四定培养"模式，率先完成村"两委"换届工作，东岗子村成为区级党建示范村。2020 年年初疫情造成农产品滞销，他借鉴学习"网红经济""直播销售"的经验，打造"互联网＋农业"产销模式，销售村内大鹅、大米、有机蔬菜等特色农产品，盈利 20 余万元。他向上争取专项资金近 300 万元，新建 140 平方米文化活动室，硬化活动广场 2000 平方米，安装铁栅栏 2700 米、路灯 20 盏，组织村干部栽种树木 20000 棵、花草 60000 余株，改善乡村面貌、丰富农民生活，并获得爱辉区人居环境卫生评比第三名。因业务能力强、工作成绩突出，他先后被抽调到爱辉区委办公室、黑河市政府办公室负责专项工作，其间，他刻苦钻研业务，悉心学习理论知识，得到了部门领导和同事的一致好评。

二、担当有为，一心为民抗击疫情

抗击疫情，他不分昼夜、不讲条件、不计得失，从东岗子村，到西岗子镇，再到二站乡，不同的岗位，同样的责任和担当。作为东岗子村党支部副书记，他主动担当、冲在一线，成为全村疫情防控的领头人和主心骨，第一时间组织村"两委"值班值守、流调转运，第一时间下村入户宣传科普、发放物资，第一时间部署核酸检测、消毒消杀工作，用爱和勇气筑起全村战胜疫情的坚强防线。2020 年 2 月，他被调入西岗子镇疫情防控工作组，组建西岗子镇青年突击队，组织青年干部职工、志愿者 39 人持续开展志愿服务，发动爱心企业、党员干部捐款捐物，筹集价值 3 万余元的捐款和物资，累计志愿服务时长超 20000 小时。他每天 24 小时待命，用坚守和担当筑牢全镇战胜疫情的稳定后方。2021 年 4 月，他被调入二站乡负责宣传工作，举办了"爱在疫线 温暖同行"线上主题党日活动，开展乡、村两级疫情防控应急演练，进一步提高基层疫情防控应急处置能力。他组建一线采访小分队，采集并宣传抗疫先进典型、感人事迹，积极向市区报送典型材料 21 篇，微信公众号等新媒体累计刊发转发相关文章 110 余篇，极大鼓舞了全乡人民抗击疫情的信心和决心，用真情和感动筑牢全乡战胜疫情的宣传阵地。

三、敦本务实，一以贯之助力发展

他始终坚持"立足当下、责重若山、行胜于言、实干为要"的工作准则，积极投身脱贫攻坚、乡村振兴、重大项目建设等重要工作。在西岗子镇任职期间，他每周至少走访贫困户 3 次，全镇 118 户贫困户的情况他烂熟于心。他对每一个贫困户所求所需优化分类、因需施策，为 52 户贫困户申报购置生产资料补贴 4.9 万元，为 5 名省外务工贫困户申报生活补贴 5000 元，为 37 名贫困户争取在周边合作社务工机会，实现增收 11 万元。为聘用贫困户务工的合作社申报补贴 4.1 万元，聘用 19 名贫困户参与疫情防控值班值守和消杀工作，申报临时岗位补贴 2.8 万元，争取专项资金 15 万元，为 94 户贫困户房屋进行安全维修。因为走得勤、帮得准，干部"小冯"成为全镇贫困户口口称道的人。他聚焦项目建设与乡村振兴同向发力、同频发展，用 1 个月的时间走访辖区 537 户村民，广泛征求意见，商讨建设方案，投资 3245.48 万元的污水管网工程项目顺利开工，西岗子村、西沟村两个贫困村 5 千米沥青罩面、20 余千米农田路修建项目顺利完工。

四、勤学奋进，一丝不苟锤炼本领

他始终坚持把学习作为立身之本，制订学习计划并严格实施，注重向书本学、向同事学、向群众学、向实践学，以学习成效推动工作发展，如今已成为市、区小有名

气的学习骨干。他潜心研究乡村振兴、基层党建、宣传报道等业务知识，提高驾驭各领域工作的能力，并将学习成果运用到"我为群众办实事"实践活动中。作为优秀选调生代表，他多次参加省、市选调生岗前培训，参加市、区青年干部座谈会和黑河市电台专访，分享工作经历和感受，同优秀同事交流工作方法、向资深前辈学习工作经验。基于对工作的总结思考，他先后在《黑龙江日报》客户端、《黑河日报》等发表署名文章20 余篇，在黑河市内部信息、爱辉信息等载体发表信息 130 余条，以驰而不息的学习激情、持之以恒的学习毅力修炼品性、充实内心，不断提高为人民服务的能力。

不负韶华　让青春在基层绽放

——哈尔滨商业大学杨玉莹

　　杨玉莹，中共党员(2013年5月入党)，1993年7月生人，哈尔滨商业大学法学院2012级毕业生，2016年9月通过黑龙江省委选调生选拔考试，被分配到丰乐镇人民政府参加工作，曾任丰乐镇宣传干事、扶贫办主任、太华村第一书记、丰乐镇党委组织委员，现任团集贤县委书记。自参加工作以来，她始终坚定信念，勤于学习，乐于奉献，分管的工作受到领导、同事和上级部门的一致认可。

一、加强学习，努力提升自身素质

　　作为一名基层干部，她能够积极参加各级部门的业务培训，坚持记好学习笔记，及时对学习中遇到的重点、难点进行梳理，并通过各种渠道了解学习、加深掌握，真正做到政策理论清，了解掌握实，政策宣传到位。她坚持学习打头，学习贯穿，并扎实推进学习教育常态化制度化，参加"解放思想、振兴发展"研讨4次，参加党委理论中心组学习14次，组织机关干部职工学习50余次，参加党的二十大集中学习两次。她组织青年宣讲团到各村屯采取多种形式开展党的二十大宣讲16次，组织各驻村工作队、第一书记、村党支部书记开展宣讲24次。

二、扎根基层，尽心尽力务实创新

　　由于组织的信任，到岗半年她便担任了驻村第一书记，初来乍到，她深知需要学习的地方还有很多，只有实践才能让自己快速成长，因此从担任第一书记那天起她便吃住在村，认真履行第一书记职责，勤奋努力、扎实工作，实地研究了解村情、民情，想方设法为群众排忧解难。通过她近两年的不懈努力，村情况发生了很大变化，尤其是党建工作和村容村貌得到很大改善，群众的认可度和满意率大大提升，2018年年末她在全县"三支队伍"考核中获得优秀第一书记荣誉称号。

　　一是强班子，带队伍，凝心聚力抓发展。规范党支部的活动和行为，定期开展"三会一课"，同村内党员一起学习新的理论知识。在她的争取下，在县委组织部以及镇党委政府的帮助下，村委会于2018年8月完成了办公室的翻修改建工作，增加了文化书屋(共计藏书2500本)以及10套电脑远程设备，协调资金为村委会修建办公室，完善广场健身器材，并成功举办了"太华村第一届广场舞大赛"。一方面借助"主题党日"、远程教育学习等平台，全力抓好全村党员干部思想政治教育，分层次建立学习计划，确保教育学习全覆盖；另一方面通过每年"七一"活动，选出1~2名优秀共产党员，并组织先进典型开展先进事迹宣讲活动，不断扩大先进人员、典型事迹对基层党组织建设的带动和辐射作用。

二是转观念，促新风，改善村容村貌。村屯环境卫生的整治一直是一个老大难的问题，但是这项工作的推进功在当代、利在千秋，在镇党委政府的支持下，她同包村干部、村干部决心开展环境整治。她利用每月党支部主题日，开展环境集中整治，结合开展"清洁家庭·美化庭院"家庭卫生大清洁行动，大力宣传教育广大村民积极参与创建"清洁家庭·美化庭院"，以家庭面貌的改善促进村庄整体环境的提升。她专门设置了 4 个公益性岗位，每周定期清理各家各户的垃圾以及清理维护垃圾点，努力营造清洁整齐舒适优美的美丽家园。她指导完善村规民约，促进和谐稳定。在 2018 年的全县村屯环境评比中该村取得了第一名的好成绩，获得了 10 万元奖金，县电视台对她的驻村工作也进行了专题报道。

三、爱岗敬业，扎实开展各项工作

一是提高政治能力和学习能力。她主动学习党的方针政策，提高自身理论素养，完成日常信息报道工作，创建"丰乐微言"微信公众号，发布消息 330 余条，粉丝数达 1000 人，通过后台留言解答群众问题 30 余个。丰乐镇 2018 年荣获市级"文明乡镇"、2019 年荣获省级"文明乡镇"荣誉称号。

二是提升群众工作能力和改革攻坚能力。她通过不断加强基层团组织建设，团结组织青年团员、志愿者开展"环境整治""精准扶贫情暖童心""敬老孝亲"等系列活动，提升共青团助力脱贫攻坚的能力，坚定青年投身乡村建设的信念。2019 年团委率先完成双鸭山地区基层团组织换届，团省委书记苑芳江提名表扬，丰乐镇团委获得 2019 年市级"五四红旗团委"荣誉称号。她建立了丰乐镇镇、村、户近 300 本扶贫档案，20 户贫困户信息被准确地录入到扶贫信息系统。她多次被抽调到市扶贫检查组从事贫困县脱贫退出检查工作，扶贫业务能力强，经验足。丰乐镇在省、市各项扶贫工作检查中均获得一致好评。

自 2020 年疫情发生以来，作为镇扶贫办主任和太华村第一书记，她第一时间回到工作岗位，排查全镇贫困户有无因疫情存在生活难、用药难等问题，为贫困户累计送药 12 次，自费购买口罩、酒精等防疫用品发放给全镇贫困户。她深入太华村，组织成立了一支 6 人的"党员先锋队"，开展防疫知识宣传、卡点值班值守等疫情防控工作，通过悬挂条幅、张贴公告和标语等方式，用实际行动引导群众科学有序地应对疫情，不造谣、不传谣，及时制止和纠正不明不实言论 15 起。她在疫情防控最重要的时刻坚守岗位和初心，发挥了党员的先锋带头作用，增强了党支部的凝聚力、向心力，为今后工作的开展打下了一个良好的基础。

三是发挥党建引领带动作用。她定期指导全镇党（总）支部制定主题党日和组织生活计划，并实行月培训、月例会制度，对"三会一课"进行评审、评鉴，每季度下发 1 次"三会一课"整改通知单。她对 16 个村党支部"三会一课""四议两公开"的落实、图版的更新和党建工作经费的使用情况逐村检查，列出整改清单，督促按期整改，保证了基层党建工作的开展。她在组织党员自愿捐款支持疫情防控等工作中，动员 600 余名党员捐款 6.9 万多元，农村党支部党员捐款率达 100%。她指导 16 个村党支部按程序完成换届选举任务，圆满完成丰乐镇党委换届工作，全面认真做好省、市巡视巡察和主题教育等各项整改整治方案和台账，收集佐证材料。

上海市

牢记"为党育人 为国育才"使命
坚守高校就业岗位二十余载

——上海第二工业大学教师经晓峰

经晓峰坚守高校基层就业岗位二十余载，在就业的岗位上服务了两代人，曾获得全国普通高等学校毕业生就业工作先进个人、上海市高校毕业生就业工作优秀典型等十余项省市级以上荣誉，被誉为上海高校就业战线的"常青树"。他拥有众多职业身份：全国首批高级职业指导师、入选教育部全国首批优秀创新创业导师人才库、中国商飞上海飞机有限公司兼职廉政监督员、上海市浙江商会高校引才联盟秘书长、中国教育在线"就业桥"专家组成员、上海市"乐业上海"就业服务专家志愿团成员、浦东新区就业服务专家、上海市青创导师、中国浦东干部学院特聘贵州江口县扶贫职业生涯与创业讲师。在上海市教委学生处、上海学生事务中心、上海人才服务中心的支持下，他组织承办了由上海市委组织部、上海市教卫工作党委、上海市教委等十余个委办局共同主办的"上海市 2022 届高校毕业生春季校园招聘会暨少数民族毕业生专场招聘会"与"上海市 2022 届高校毕业生秋季校园招聘会暨港澳台侨毕业生专场招聘会"，搭建了专属高校毕业生的线上求职直聘面试、就业育人平台——"毕业申"，通过线上线下结合，每年为上海市高校毕业生提供 170 万个岗位。该平台已云集近万家企业，提供 50 多万个岗位，吸引了来自国内外千余所高校的近百万人在线求职，实现了"一键直达一键总揽""招聘岗位云游览""人岗智能匹配"等功能，提升了毕业生求职精准度和成功率，该案例入选中央教育工作领导小组秘书组 2022 年第 33 期专报。

一、听党指挥，为党尽责，将家国之情融入促就业大局之中

经晓峰自参加工作以来，就一直牢记自己的党员身份，听党指挥，为党尽责，将自己的家国情怀融入促就业的大局之中。20 世纪 90 年代中期上海产业转型、转移，导致大批工人下岗分流，就业问题显现。彼时，他被任命为上海冶金青年再就业学校教务长。面对棘手的青年再就业难题，他没有退缩，而是积极对接、了解上海各类产业转型发展的用人需求，在各级政府的支持下，把"双下岗"家庭列为重点对象，通过拓展就业渠道、组织技能培训、提升求职能力、兴业带头等举措充分实现下岗工人再就业，为家庭生活托底。时隔二十年，一位毕业生家长对他说："你还认识我吗？感谢当年你帮我下岗再就业，现在你又帮孩子找工作，真的非常感谢。"二十多年来，经晓峰在就业的岗位上服务了两代人，他一直将"就业是最大的民生"这句话放在心上，始终紧跟党和国家关于就业的政策方针，努力为每一个学生的高质量就业保驾护航。

二、爱生如子，实干笃行，用敬业之心恪守就业助力者之责

迈入 21 世纪后，经晓峰成为二工大浦东新校区首任就业中心主任，这一干就是二十多年。虽然岗位有所变动，但不变的是他爱生如子的敬业之心和实干笃行的工作作风。当时学生自主就业意识不强，学校就业合作单位少，交通也不便利，他就随身携带学生简历，乘坐公交车跑遍上海各大工业园区和知名企业，为学生寻找合适的就业机会。后来有车了，他还带着毕业生"一起去面试"，学生的就业始终是他心中最重要的事。2021 年 11 月，恰逢上海市高校毕业生秋季校园招聘会筹备期，经晓峰父亲病故，在告别仪式的第二天，他就回到了学校，组织沟通协调招聘会的各项事宜，没有因为家事耽误任何一项工作，圆满完成了这项大型招聘会的组织工作。二十多年来，他始终保持一颗对就业工作恪尽职守的心，兢兢业业履职尽责，累计走访了 5000 多家企业，修改的简历上万份，为学生指导咨询 3000 余人次，建立了有近 3 万家企业的资源库和 1000 多位 HR 的"朋友圈"。

三、扎根一线，立德树人，守育人初心勇担
"为党育人 为国育才"之使命

经晓峰始终秉持"从基层中来，到基层中去"的宗旨，多年来一直扎根就业工作的一线，关注和追踪学生就业需求和求职状态的变化，有针对性地开展就业育人工作。面对诸多学生缺少就业渠道和机会的问题，他主动组织承办上海市春秋两季招聘会，在市教委党委和市教委的指导下，逐渐将该招聘会做成品牌项目，每年有近 3000 家企业来此招聘，提供 10 万多个岗位，吸引 4 万多名学生前来应聘。

面对有创业理想的同学，他也积极协同校内外资源，努力为学生搭建创业平台，先后创建了上海市大学生创新创业实践基地、大学生创业指导站等一批市级项目，在校内创建了第一条创业实践街，培养出了渔书、云瓣科技、飞蚂蚁等校友创业企业。

作为上海市双创导师、"乐业上海"就业服务专家志愿者，他在给学生做职业规划时提到最多的就是要把个人理想追求融入党和国家事业发展，鼓励大家到西部、边疆、基层、军营绽放青春光彩，唱响基层就业"主旋律"。在他的指导教育之下，越来越多的学生选择到基层就业，为基层的建设发展贡献自己的一份力量。从学校 2022 届毕业

生基层就业的情况来看，共有 198 人选择到中西部地区就业，其中西藏、新疆专招生录用 5 人，西部计划志愿者 5 人。共有 63 名毕业生应征入伍，毕业生基层就业人数在全市高校中名列前茅。

四、"疫"不容辞，砥砺前行，以奋斗之姿善谋疫情下的就业推进之策

疫情的冲击使得就业形势更加严峻复杂。经晓峰迎难而上，第一时间带领团队学习党和国家对疫情期间就业工作的指示精神，调查分析毕业生在疫情下的就业困境，积极谋划就业推进之策。他主动创新疫情下的就业工作方法，搭建专属高校毕业生的线上求职直聘面试、就业育人平台——"毕业申"，通过线上线下结合，每年有 11 万家企业为毕业生提供 170 万个岗位。同时还根据各校人才培养和专业学科特点，设置了一校一站、一院一网，将就业岗位匹配到专业，提升了毕业生求职精准度和成功率。实现了"一键直达一键总揽""招聘岗位云游览""人岗智能匹配"等信息桥功能。向全市毕业生"送政策、送岗位、送指导"，目前该平台已云集近万家企业，提供 50 多万个岗位，吸引了来自国内外千余所高校的近百万人在线求职。

"封控期间如何确保实习正常进行？""疫情之下就业的线下各种手续如何办理？""疫情之下如何寻找就业机会？"……面对毕业生遇到的各种难题，经晓峰积极协同校内资源，搭建就业工作"云矩阵"，包括"云咨询""云辅导""云签约""云推荐"，保障就业服务 24 小时不断线，让毕业生"零跑动"；推出"一生一策一案"，一对一帮助特殊群体学生解决就业困难，做好精准就业帮扶；他用有温度的就业服务，让慢就业、懒就业毕业生重回就业跑道。在经晓峰的不懈奋斗和努力下，近五年来，学校毕业去向落实率均高于上海市平均水平，为上海高校就业实现全国三连冠作出了应有贡献。2022 年疫情期间，学校代表上海高校参加教育部 2022 届高校毕业生就业工作视频座谈会并进行交流发言，这是教育部对学校就业工作的充分肯定。

经晓峰坚守在就业一线岗位，把就业路当长征路，倾情投入，用实际行动诠释了共产党员的初心和使命，他在自己的岗位上付出了自己最大的努力，在平凡的岗位上作出了不平凡的业绩。他曾经说，只要勇于挑最重的担子、啃最硬的骨头，就一定能助力毕业生高质量充分就业！

笃志扎根基层　逐梦赣鄱青春

—— 复旦大学王波

　　王波，1988 年 5 月生，中共党员，复旦大学环境科学博士，2018 年江西省定向选调生，2019 年 3 月至 2021 年 4 月挂职鹰潭高新区白露街道党工委副书记，挂职期间荣获 2019 年度全市农村人居环境整治工作新农村建设优秀个人、鹰潭市首届最美"双创"人提名奖、2019 年度高新区优秀公务员、2020 年度高新区优秀公务员等荣誉。他挂职期满主动向组织申请继续留在基层一线服务群众，现任鹰潭高新区白露街道党工委副书记、办事处主任。

　　王波坚持以习近平新时代中国特色社会主义思想武装头脑、指导工作，坚决捍卫"两个确立"，树牢"四个意识"，坚定"四个自信"，做到"两个维护"，始终将讲政治作为最首要、最核心、最基本的要求，自觉在思想上政治上行动上同以习近平同志为核心的党中央保持高度一致。他坚持在基层一线践行人民至上的宗旨，发扬复旦大学"服务、牺牲、团结"的精神。

一、工作中留下的伤疤是一种光荣

　　面对城乡接合区域农村环境"脏乱差"、新农村建设工作欠账多、基础设施不达标等问题，为积极回应百姓所想、所盼、所急，王波主动带头参加环境整治。在一次集中行动中，王波被隐翅虫咬伤，右半边脸颊出现严重溃烂和脓疮，为了不耽误全市创建工作进度，他仅在街道做了简单处理后便继续投入工作中。3 天后到医院看病时，医生惊讶问道："现在才来，就不怕留疤吗？"王波笑着说："轻伤不下火线，留下伤疤那也是光荣的。"正是秉持对党和事业的无限忠诚和热爱，他带领全办仅用不到 5 个月的时间，顺利拆除露天旱厕 1722 座，完成双凤村秀美乡村项目建设，使得当地村民彻底告别"雨水漫街走，污水遍地流"的历史。担任街道主任期间，王波进一步推动惠民工程增进民生福祉，致力白露街道建立从"水源头"到"水龙头"的饮水安全保障体系，积极争取上级资金 3174 万元推动农村人饮工程，率先在鹰潭市实现乡镇一级城乡供水一体化全覆盖，解决 5480 户 20070 余人的饮水安全问题。

二、没有周末的波书记

　　疫情期间，王波始终保持临战状态，多次凌晨上门做好居家隔离重点对象防控工作，查看他们身体状况。某次凌晨 1 点，王波收到疑似病例与双凤村村民有过密切接触的消息，便立即赶赴村里，冒雨和村支部挨家挨户进行排查，在找到相关人员后，立马做通村民工作并布置防控措施直到天亮。除做好常态化疫情防控外，他还统筹街道疫苗接种、全员核酸等工作。正是由于王波怀着"人民至上、生命至上"的精神、秉持严谨的工作态度，白露街道干部群众生命财产安全得到有效保障，他本人更是被大家亲切称呼为"没有周末的波书记"。白露街道作为高新区唯一乡镇街道，一直以来是拓园建设的主战场，2022 年征迁任务更达到全区历史峰值，涉及白露街道 7 个自然村 332 户 11.7 万平方米房屋征收。王波保持"5＋2""白＋黑"的干劲，前期连续两个月早出晚归，耐心细致做群众工作，启动签约后仅用 3 天时间便完成桂山底村小组 17 户 8000 余平方米房屋的签约工作，创造了鹰潭高新区征迁逐户签约的最快纪录。王波不仅赢来了群众的锦旗，更得到了组织的认可，获得高新区征地拆迁先进个人荣誉称号，白露街道也在 3 个月的时间内，全面完成所有房屋征收的签约。

三、"白露老百姓日子越来越好，我们基层干部的辛苦就没有白费"

日常走访过程中，得知贫困户刘某妻子因瘫痪长期卧床背部出现大面积脓疮奄奄一息，王波立即跑到贫困户家中，做通贫困户思想工作，并与村干部一同将病患及时抬出村就医。秉持着"攻坚克难、不负人民"的脱贫攻坚精神，2020 年王波挂点的双凤村 19 户 39 人全面实现高质量脱贫，白露街道也获得江西省脱贫攻坚先进集体的荣誉。在巩固脱贫成果与乡村振兴衔接工作中，王波逐村设计方案、积极对接企业和部门，结合第十一届村（居）民委员会换届这个基层大课题，提前谋划、深入调研，推动上届全市进度最慢、问题最多的白露街道实现完美"逆袭"，进一步夯实基层党组织战斗力，街道全体村（社区）也在 3 年时间里由不足 5 万元的村集体经济收入提升为 15 万元以上，其中两个村集体经济收入更是超过 50 万元。街道范围内 206 国道与 320 国道交会，曾经交通事故、偷盗等事件频发，由于缺少科技手段，案件取证难、侦破难。为了确保辖区群众切身利益，王波着力抓实社会治安防控体系建设，在构建进村国道监控的"天网"、社区和居家监控的"地网"、网格员巡查的"人网"的同时，深入推进"智慧雪亮工程"建设，安装"视播一体"设备，实现了实时监控、实时调度、实时喊话、实时应急，大大提高了破案、调解效率，村民的获得感、幸福感、安全感显著提升，白露街道也被评为 2017—2021 平安江西建设示范乡镇（街道）。

王波政治素养过硬，工作认真负责，始终保持谦虚、谨慎、不骄不躁的作风，保持在困难面前不低头、艰险面前不退缩、重任面前不懈怠的精气神。他以饱满的热情、扎实的作风、优异的成绩，得到基层干部和群众的一致好评。

不当"金领""白领"，要当"牛司令"

——华东理工大学吴国邦

吴国邦，黎平县永从镇传洞村人，贵州省第十四届人大代表，华东理工大学社会与公共管理学院社会工作专业 2015 届本科毕业生。2018 年，他积极响应"积极培养本土人才，鼓励外出能人返乡创业"号召，放弃上海的工作，回乡创办黎平真牛农业发展有限公司，发展高标准现代化养牛产业，带领村民致富增收。几年来，养殖"黎平小黄牛"累计产值 1500 万元，流转开发 300 余亩荒田荒地，就近解决 48 名村民就业，直接带动 120 余户困难家庭增收近 40 万元，返乡创业事迹被《人民日报》、新华社等 20 余家主流媒体关注报道。

一、从"白领"到"牛倌"

吴国邦勤奋好学，在大学期间积累了丰富的知识技能，毕业后顺利获得高薪白领工作，但在学院"国情、实证、介入"的办学宗旨影响下，吴国邦心系家乡发展，毅然放弃一线城市令人羡慕的"白领"工作，返乡创业，立志用自己所学社会工作专业知识和技能反哺家乡，助推社区团结和经济发展。他说："每个人都有自己的价值追求，无论处在什么岗位、碰到什么逆境，都要始终保持一股劲、一股创业激情，要真正把自己的才智聚焦到有意义的事情上来。"放弃在一线城市的发展机会，回老家山旮旯里养牛，村民们的不理解并没有动摇吴国邦的人生目标，在他的不懈坚持下，他的扎实肯干打动了父老乡亲，村民们由过去对吴国邦创业的质疑、议论变为点赞、自豪，纷纷加入他的养牛队伍。

他先后在家乡成立了黎平县孺子牛种植养殖农民专业合作社，创办了黎平真牛农业有限公司，致力于带动百姓致富增收，帮助解决 48 名村民的就业问题，实现 20 多户农户流转 300 余亩荒山荒地，将牛舍扩建到 1200 平方米，还建设了库房 150 平方米、看护房 70 平方米。年存栏黄牛从 40 头到 300 头，再到如今的年存栏近 500 头牛，直接惠及近 200 户农户增收，以实际行动助力家乡乡村振兴。

二、从"门外汉"变"内行人"

吴国邦充分发挥勤奋求实的精神，从不懂养牛的"门外汉"到自学精通黄牛繁育、治疗、防疫、配种等技术，他凭借独特的养殖模式和经营理念，带领着大家种草养牛，通过鼓励农户代养，出栏时先扣除每头成本，再按利润分红，调动农户积极参与。为确保养殖质量，吴国邦提出由合作社统一向农户提供草种，统一开展技术指导，2022

年年底，合作社存栏牛增至 360 头，累计产值 1500 余万元。

2022 年，吴国邦作为返乡创业大学生优秀代表当选贵州省第十四届人大代表，参加贵州省第十四届人大一次会议，在黔东南州代表团讨论发言中，他作为七位发言代表之一提出"希望省级专家能对黎平肉牛生产进行深度调研和生产技术培训，帮助我们做好肉牛产业发展长期规划，同时在草地畜牧业相关项目资金上予以支持和倾斜，适当调整乡村振兴财政衔接资金政策，放宽资金使用人员群体范围，为草地畜牧业提供更多发展动能"的建议，得到了省委书记徐麟"金领白领不当，甘当牛司令"的评价，"牛司令"由此得名；传洞村党支部书记陆信昌也称赞"乡村振兴最重要的是靠人，中国式现代化离不开人，乡村振兴需要更多像吴国邦这样有想法、有能力、有勇气、有担当的年轻人返乡创业"。

三、从"新人"到"主心骨"

为示范带动群众参与，2023 年吴国邦在县、镇两级党委政府的支持下，通过自筹和申请项目启动资金改造、盘活 2019 年永从镇实施的凤凰山养殖场项目，继续扩大养殖规模，提升养殖效益。项目共分两期，总投入 500 万元左右，目标是打造一个标准化的肉牛养殖场。他计划养殖肉牛 500 头，年稳定出栏 280 头，覆盖脱贫户 43 户 208 人，项目实施带动脱贫户户均增收 3000 元以上。此外，为进一步带动群众发展，吴国邦将依托凤凰山养殖场，通过与豆洞村集体股份经济合作社合作，采取"村级合作社承接＋散户养殖＋集中管理"的模式带领群众发展肉牛养殖产业，计划年内带动散户养殖肉牛 200 头并带动更多农户加入"黎平牛"养殖产业，实现家家致富，户户小康。

同时，吴国邦结合自己学到的社会工作专业知识，通过合作社盘活人才存量、推广先进农业技术，积极搭建农村社会工作赋能乡村振兴战略新平台，带动乡村年轻人加入把黄牛养殖产业做强做大。由此他提出"黎平小黄牛"要充分发挥品牌效应，下一步他将通过整合各种资源，配齐全链条设备，完善优化产业链，建设高标准生产加工屠宰场，形成产销一体精细化管理模式，加快推动商品品牌效应，顺势而为、逆流而上、乘胜追击。吴国邦认为，大学生返乡创业就是要把先进的学科知识、理念带回家乡，让大学生成为家乡发展的"火车头""主心骨"。

四、被《人民日报》点赞的"牛司令"

吴国邦目前已经申请入党，用带头致富、乐于助人、无私奉献的实际行动积极向党组织靠拢，他的乡村振兴事迹受到《人民日报》点赞，也获得包括腾讯新闻、搜狐网、贵州改革等20余家主流媒体的广泛关注，相关推文阅读关注总量突破一百万次，《贵州"牛司令"吴国邦："农村的发展空间越来越宽广"》一文转载量突破千次，引起热烈反响。

吴国邦坚持初心、脚踏实地、扎根基层，在党的二十大精神指引下，撸起袖子加油干、一张蓝图绘到底，在乡村振兴路上久久为功，带动群众增收；他充分利用自己的学科优势，践行了学院"知行合一"的公共精神和"心系家国"的爱国情怀。在相关政策的大力支持，金融机构、相关农业及科技的扶持下，吴国邦在贵州大地掀起黄牛养殖热潮，帮助家乡百姓过上红红火火的小康日子，在乡村振兴的奋斗路上，谱写了新时代青年的责任与担当。

与珠峰对饮的青年

——上海应用技术大学高阳平

　　高阳平，上海应用技术大学机械工程学院 2017 届毕业生，抱着为祖国建设贡献青春的初心，选择了前往生活条件相对艰苦、经济发展相对落后的西藏工作。

　　党的二十大报告提出"青年强，则国家强。当代中国青年生逢其时，施展才干的舞台无比广阔，实现梦想的前景无比光明"。作为上应青年的高阳平，立志成为一名坚定不移听党话、跟党走，怀抱梦想又脚踏实地，敢想敢为又善作善成，有理想、敢担当、能吃苦、肯奋斗的新时代好青年。高阳平现任西藏自治区日喀则市定日县文旅公司副总经理，主要从事珠峰景区的管理和运营。他扎根基层、服务群众，守正创新、勇毅前行，以与珠峰对饮的诗情画意，为祖国地方的发展贡献一份力量。

一、思想上刻苦学习，毫不松懈

　　高阳平虽然已经暂别校园，但是依然刻苦努力学习理论知识，积极提高自身思想觉悟，系统学习了习近平新时代中国特色社会主义思想，贯彻落实总书记关于西藏工作重要论述及新时代党的治藏方略，领悟党的二十大及二十届一中全会精神。他弘扬贯彻老西藏精神、"两路"精神和珠峰精神，自觉增强"四个意识"、坚定"四个自信"、做到"两个维护"，将"为中华民族谋复兴，为中国人民谋幸福"作为己任，把为人民服务的思想深深印在脑海里、装在心中。他政治上坚定，逐渐成为一名能够为党和人民办实事的国家公务人员。

二、工作上勤勤恳恳，不留余力

　　高阳平自从参加工作以来，竭尽全力完成领导交办的各项任务，团结同事，苦干实干拼命干、撸起袖子加油干，以攻城拔寨、滚石上山的劲头，抓铁有痕、踏石留印的态度开展日常工作。先后被借调到县委办公室、县政府办公室、县文旅公司工作，分别在党建、办文办会、材料撰写、督察、珠峰景区运营管理、国企发展，财会、后勤、驻村等方面历练，取得了一定的成绩。

　　一是 2018 年他被借调到定日县委办公室，作为党务工作者，他克服人手紧缺的困难，通过创新支部理论学习方式，改善工作方法，提高办事效率，增加了支部党员的学习乐趣和参与度。他从实际出发，贴合群众，经过努力，县委办党支部年度考评获得了全县第三名的好成绩。

　　二是 2019 年他被借调到定日县政府办公室，其间，按照组织的安排部署，负责政府督察工作，通过下发工作提醒函、督办单，及时与相关单位沟通，善于发现工作中的梗阻，做到早请示早汇报早解决，为政府工作的提质增效贡献了一份力量。

三是他在脱贫攻坚结对帮扶工作中，通过与定日县第九批上海市松江区援藏领导小组及定日县卫健委汇报沟通申报，一起帮助其结对帮扶对象益西进行了免费白内障手术，让益西的双眼得到康复，恢复了劳动力，为益西一家脱贫起到了积极作用。

四是 2020 年他被借调到定日县文旅公司（行使副总经理权力），及时梳理公司发展中的困难和问题，配合公司董事长进行了公司支部改选、人才招聘、职工工作素质能力提升、规范文字材料、严抓项目建设和财务财会，让文旅公司焕发出了新的活力，年底他被组织评选为定日县 2020 年度优秀公务员。

五是 2021 年 6 月，他结合文旅公司实际，守正创新，拓展珠峰景区智慧化服务，促成与拉萨布达拉旅游文化集团的合作，在珠峰景区推行了"智游宝"网上售票系统及旅行社团队优惠政策，将珠峰景区带进了西藏旅游协同发展的大家庭，极大地提高了游客购票效率和体验感，进一步提升了珠峰景区的现代化。

六是 2021 年 7 月，珠峰景区北大门迎来了投资 100 余万元的升级改造，他主动作为、敢于担当，按照县委县政府的安排部署，合理规划、完善附属设施，在珠峰景区北大门扩建了游客停车场，增设了"318 此生必驾"地标、景区超市、应急救援室，丰富了景区标识标牌等。同时注重以党建为引领，支部被评为日喀则市市级党建示范点，年底他被组织评选为定日县 2021 年度优秀公务员。

七是 2022 年坚定以党建促业务提升，以"以党旗红守护生态绿、以生态绿托起致富路"为党建口号，继续拓宽发展渠道，促成与日喀则市农投集团的合作，在珠峰景区开设了特色奶茶店、特色农副产品店，进一步提升了珠峰景区的对外形象，丰富了游客的体验感，年底支部成功创建成日喀则市"高原经济高质量发展"示范党支部。

八是在 2022 年定日县疫情防控工作中，他主动申请成为志愿者，在集中隔离观测点服务隔离的群众，在菜市场装卸蔬果粮油并运送物品至干部群众家里，志愿服务时间达 2 个月。

三、生活上克己奉公，战战兢兢

高阳平严格遵守"党要管党、全面从严治党"的要求，无论在工作上还是生活上，都能够做到严于律己，拒绝腐败堕落，不断用共产主义武装头脑，始终以一名优秀共产党员的标准严格要求自己，不给中国共产党丢人，不给祖国和组织添麻烦，坚决遵守中央八项规定，维护好党员干部的形象。

工作以来，高阳平得到了极大的锻炼成长，他坚信"方法总比困难多"，对所做的每一项工作、遇到的每一个麻烦和困难，都尽心尽力、不留余力地去完成和解决，受到定日县组织和领导的肯定。

群众健康的"守门人"

——上海健康医学院卢婷

卢婷，中共党员，全科主治医师，2014年进入嘉定镇街道社区卫生服务中心工作至今，被列为医院青年后备干部人选，现任中心工会委员，全科医生。她恪守救死扶伤、治病救人的神圣职责，以高尚的医德、过硬的医疗技术和对基层医疗工作的执着追求与奉献，扎根社区服务九年，与居民建立起互尊互信的服务关系，深得社区居民的赞誉。

一、思想上进，传递先锋"红色力量"

卢婷政治立场坚定，坚决拥护中国共产党的领导，深入学习贯彻习近平新时代中国特色社会主义思想及党的二十大精神，及时掌握新知识、新技术，适应新形势和新任务。作为青年党员，她有理想、敢担当、能吃苦、肯奋斗，发挥先锋模范带头作用，获评2019年"上海市优秀共青团员"。作为基层医务工作者，她坚守初心使命，全心全意为人民健康服务。作为工会委员，她发挥好密切联系群众的职能优势，倾听职工呼声，关心职工生活，解决职工困难，实现精准化服务，激发职工创新动能，用智慧和汗水共同推动中心的高质量发展。

二、恪尽职守，争当"健康守门人"

作为一名全科医生，卢婷勤勤恳恳、爱岗敬业，协助卫生服务站的家庭医生做好门诊诊疗、慢性病管理及残疾患者、精神疾病患者康复上门随访工作，通过健康讲座、黑板报、宣传册等形式开展健康教育。从关注疾病到关注健康，再到关爱患者，她认真履行着社区健康守门人的职责。有一位左侧肢体瘫痪的刘先生，离异后一人居住，每次上门访视时，她除了体格检查外都会进行一小时以上的心理疏导，成为他康复的后盾。在她一年的关心照护下，以前足不出户的刘先生性格开朗了许多，并积极参加残疾人运动会。除了应访的患者，她还会主动上门为辖区内的孤寡老人或行动不便的老人测量血压，并给予健康指导。考虑到老年患者记忆力不佳，她给慢性病患者建立自管卡，记录每次测量的血压数值，以便就诊时能让医生准确地了解他们的血压情况，一个个小小而温暖的举动赢得了辖区老年患者的心，大家都亲切地称呼她"小卢医生"。2018年她参与拍摄了嘉定区WHO初级卫生保健工作纪实宣传片《强化基层卫生服务推进全民健康管理》，展现青年基层医生风采。2020年她获得嘉定区健康卫生委员会的嘉奖。

三、学无止境，"科教研"齐头并进

卢婷牢固树立梦想从学习开始、事业靠本领成就的观念，勤奋好学，钻研业务，增进本领。她 2014 年从上海医药高等专科学校（2015 年与上海医疗器械高等专科学校、上海健康职业技术学院合并，组建上海健康医学院）临床医学（乡村医生方向）专业毕业，荣获国家奖学金以及"上海市优秀毕业生""优秀学生干部"等称号，并获学校推选赴美国芝加哥学习交流。在助理全科医师规范化培训期间，荣获"优秀学员"称号。2018 年她于上海交通大学医学院本科毕业，取得医学学士学位。2022 年起她在同济大学攻读临床医学专业学术型研究生，参与多项课题研究，并撰写论文，不断提升科研能力。此外，她参编《社区全科常见工作案例解析》，并参与全科教学工作，将工作经验以案例的形式给见习医学生授课。她技能操作能力强，在医院知识技能大比拼中荣获第一，后与高年资的医生一起给青年医生培训各项技能操作。她利用业余时间，积极参加各类业务培训讲座，了解最新的医学进展和诊疗规范，提高知识储备和业务能力，在嘉定区"中医药法"知识竞赛中荣获综合组一等奖。

四、奋勇当先，架起战疫"连心桥"

面对疫情，卢婷白衣执甲、冲锋"疫"线，穿大街过小巷，开展核酸检测采样工作，她还为行动不便的老年人上门采样。封控期间，她加入嘉定镇街道社区卫生服务中心就医热线工作小队，平均每天受理 100 余次电话咨询。"我是癌症患者，要定期做化疗，现住在酒店，因疫情原因无法出行，该怎么办啊？"吴先生焦急地致电热线，请求帮助。卢婷接到求助后，第一时间联系了街道专管员与吴先生做好对接，由属地转运车辆接送吴先生至医院进行肿瘤化疗。居民的一条条求助信息，她都力求做到当日问题当日清，并根据群众普遍的求助和建议，梳理出热点、难点问题，及时向中心领导及相关部门报告，帮助群众解决其所需所求，保障疫情之下群众生病就医的生命线，让疫情防控"暖心热线"真正成为群众与党和政府的"连心桥"。

五、热心公益，无私奉献献爱心

卢婷热心服务社会，积极参加志愿者活动，发挥自己的能量。在校期间，她曾担

任校"心连心义工服务队"队长、嘉定区中心医院义工服务队队长，积极组织开展嘉定区中心医院义工服务、福利院助老服务、12320健康促进志愿者服务等活动。入职后，她主动加入中心志愿服务行动小组，参加创城志愿者、福利院志愿者、爱心暑托班志愿者等志愿服务活动，荣获上海市嘉定区优秀健康促进志愿者荣誉称号、嘉定区中心医院"志愿者服务铜奖"等荣誉。

　　作为一名中共党员、一名基层医务工作者，卢婷始终树立以维护人民健康为己任的观念，恪尽职守，为社区居民提供综合性的医疗照顾、健康维持和预防服务，用责任和爱心构筑社区健康堡垒。她以实事求是、踏实进取的实际行动诠释了基层卫生工作者执着、敬业、奉献的精神，为实现"健康中国梦"挥洒自己的青春！

激扬丝路边关"青力量"
奋进百年口岸"新征程"

——上海海关学院穆哈买提·达吾代

　　蜿蜒的霍尔果斯河，画出中国与哈萨克斯坦的边界，孕育出中国著名的西大门——霍尔果斯口岸。在这个千年驿站、百年口岸，有这样一位哈萨克族青年，他心系家乡发展、情牵民族团结，从上海海关学院毕业后，铭记着"致知、力行、慎独、忠诚"的校训，毅然选择回到新疆伊犁、回到边疆边境、回到口岸国门，并长期奋斗在边关工作一线。

　　他就是穆哈买提·达吾代，一名年轻的少数民族中共党员。他 2019 年毕业进入霍尔果斯海关以来，完整准确全面贯彻新时代党的治疆方略，始终扎根西北民族地区边境管控第一线和对外开放最前沿。因为热爱基层，他满怀赤诚忠心坚守"祖国西北边陲"；因为热爱基层，他激发青春能量擦亮"边关金字招牌"；因为热爱基层，他奋进青春征程赢得"金碑银碑口碑"。

一、以绝对忠诚为墨　书写民族团结实践"文章"

　　对党忠诚，是共产党人首要的政治品质。穆哈买提深知作为青年共产党员的使命和责任，矢志不渝将"强国有我"融入边关基层、边疆工作的方方面面。

　　作为党委理论中心组学习秘书，他把学习贯彻习近平总书记重要讲话和重要指示批示精神等作为理论武装的重中之重，立足岗位推进党委理论学习中心组和青年理论学习小组政治理论学习"双提升"，推动各族青年干部坚定理想信念。他连续两年获评乌鲁木齐海关思想政治工作"十佳宣传标兵"，推动"丝路驼铃"青年小组获评"全国工会职工书屋优秀职工读书组织"，努力将学习成效转化为守国门、促发展的实际举措。

　　脚下有多少泥土，心中就有多少真情。2019 年是打赢脱贫攻坚战、决胜全面建成小康社会的关键之年，穆哈买提立志在最需要的时刻冲得出来、顶得上去。格干牧业村位于中哈边境霍尔果斯市北部，又名"甲郎阿西"，翻译过来为"不长草的地方"，是个典型的边境贫困村落，村民 2992 人，仅建档立卡贫困户就有 1372 人。哈萨克族 2191 人，占 73.23％。

　　穆哈买提发挥少数民族党员优势，主动请战"上山"进入边关扶贫"先锋队"。他一次又一次地入户、一遍又一遍地交谈，到一点又一点地改变，争取 6 万余元资金新建大门、修整院落、硬化路面、种植菜苗，每一个暖心措施都让帮扶对象的笑容更加灿烂；开展庭院卫生整治、扶贫政策解读、疫情防控知识宣传等 30 余场次活动，与残疾儿童同过生日、共读一本书，用青春力量助力脱贫攻坚；聚焦意识形态安全，嘘寒问暖间开展"三史""三反"教育，点滴关心和真诚引导少数民族群众学普通话、听广播、看新闻，在彼此交往交流交融中将中华民族共同体意识根植村民心灵深处，如石榴籽般紧紧相拥。他的文章入选海关总署年度征文目录，一时让这个民族小村落得到关注，也让更多的优势资源源源不断地进入帮扶对象家中。"海关"这个原本在农牧民口中从未出现过的名词，变得越来越顺口，竖起的大拇指、"海关扎克斯"成了哈萨克族牧民对海关干部最朴实的感谢话语。

二、以攻坚克难为笔　描绘边疆安全稳定"画卷"

作为守护西北边陲国门安全的第一道关口，除了恶劣的自然环境和极端天气，还面临着边境管控、疫情防控、服务开放等多重任务挑战，使命光荣、责任重大。穆哈买提不仅从事过海关一线监管工作，在进出境卡口放行、巡查和司乘人员卫生检疫等多个岗位进行历练，还积极参与打击走私，加入"外防输入"梯队和"内防反弹"青年突击队，以战"疫"青春汇聚最大合力，为全力筑牢口岸安全防线贡献国门卫士力量。

伊犁州直区域有 437 千米边境线，受地缘区位因素影响，反奸防谍的政治安全风险、禁止洋垃圾入境的生态安全风险、防范疫病疫情的生物安全风险交织存在，维护国家安全任务艰巨。2021 年霍尔果斯海关破获"3·13"高鼻羚羊角走私案，查获高鼻羚羊角 2530 根，抓获犯罪嫌疑人 14 名，案值达 2 亿余元。鉴于该案案值巨大、涉案人员多、涉案地域跨度大，加之涉案货物系从国外走私入境，为防范疫病疫情叠加，工作组选派穆哈买提等骨干人员进行检测录证。他们在抓捕行动中听令而动、敢打敢胜，奔波三地连续作业 10 余小时，对涉案货物开展核酸、疫病检测及消杀，对犯罪嫌疑人进行核酸采样，用无畏的坚守和热血的担当，坚实有力筑牢国门检疫防线，保障了西向物流大通道的高效顺畅和中欧班列的全天候通行。这次行动为专案组提供了可靠依据，保证了 2021 年全国最大一起濒危动物走私案的办案时效。

疫情一线就是检验初心的火线，穆哈买提主动请缨、勇敢"逆行"，坚守国门前沿，在 40℃的高温下监管验放运输工具，检疫监管进出境司乘人员 1000 余人次；筑牢内部防线，4 次驻地疫情工作不停歇，建立 199 名干部职工健康管理台账，组织核酸检测 520 次共计 42405 人次，解决实际困难 31 项。防护服里的汗水早已浸透了衣衫，口罩下的脸颊被勒出了血痕，手套中的双手已经肿胀发白，但他依然奔波在一线，展现了

边关青年昂扬向上的良好精神风貌。

三、以躬身实践为犁　耕耘对外开放发展"品牌"

有责任有担当，青春才会闪光。在校期间，穆哈买提坚持提升综合素养能力，先后荣获国家励志奖学金、中国"互联网＋"大学生创新创业大赛上海赛区银奖，获评"知行杯"上海市先进个人。毕业后，他同样做到知行合一，满怀信心地奔跑在力克"闯关之难"、决胜"爬坡之艰"的青春赛道上。

他跟班作业挖掘素材事迹 40 余种，立足岗位建立荣誉培育台账 6 个，在平凡的岗位上默默奉献与担当，为霍尔果斯海关获评全国五一劳动奖状、全国文明单位、全国法治宣传教育基地、全国海关抗击疫情先进集体等省部级及以上荣誉贡献了青春力量。

作为霍尔果斯发展建设开放的亲历者和见证者，穆哈买提无比自豪与振奋。从边境小额贸易占据半壁江山的传统格局发展到成为丝绸之路经济带核心区重要支点，从安全保障中亚管输天然气连续 12 年供应沿线 5 亿居民需求到主动服务多元开放平台，从创新发展新贸易业态到全国首列"铁路快通"班列入境、全国第二个"关铁通"项目顺利实施……他都紧盯"一带一路"发展和国家外交外贸大局坚守岗位、讲好边关故事，以实际行动履行一名青年共产党员奉献西部边疆、维护民族团结和社会稳定的职责使命，以实际成效践行一名新时代海关人不忘初心、锐意进取的责任担当。

让优质农产品走向市场

——上海旅游高等专科学校王赛俊

王赛俊，上海旅游高等专科学校酒店与烹饪学院酒店管理专业 2017 届毕业生，现任轻兔星球（上海）食品科技有限公司总经理。在校学习期间，他积极参加各项实习实践，在不断学习中积累了多项职业技能，为日后创业打下了扎实的基础。

一、启航青春新征程

2017 年，王赛俊从旅专校园毕业。毕业后，在上海某院校餐旅服务学院担任西餐教师，任职期间，他兢兢业业，不断学习，丰富自身知识。凭借前期学习和工作的积累，2018 年夏天，他创立了"纷佐家"品牌。品牌主打线上轻食便当外卖服务，本着质优、物美、健康的品牌核心，开展以轻食便当为主的外卖业务。品牌秉承着顾客至上的理念与各企业开展合作，并获得好评；半年内发展品牌门店数十家，分布于江西、上海、杭州等地。

二、整装待发助乡村

2021 年伊始，业务开始调整。机缘巧合下，品牌开始接触红薯、紫薯产品。自身做的是轻食便当，因而客户主要是开在附近门店前后的连锁轻食品牌。起初他以供应生鲜地瓜为主，随之而来的问题是客户买回去后需要经过清洗、去皮、切块、蒸和烤等一系列复杂的流程后才可出餐及食用。有些客单量高的门店，例如把地瓜当主食，日销量 1000 份以上的门店，准备时间根本来不及且品质不稳定。于是王赛俊带领团队开始走访客户，了解需求和可接受的价格等。他刚开始也经历了各种失败，如产品形态不稳定、口味不对、成本过高等。克服种种困难后，品牌终于有了第一个红薯深加工客户。在不断磨砺和成长中，王赛俊和团队研发出了各种轻食类的地瓜冷冻深加工产品十余款，深受客户好评。2022 年，他在山东等地通过承包种植和合作种植等多种模式，带动周边群众尤其是贫困户种植公司指定的红薯、紫薯品种，为周边群众提供就业岗位 30 余个，谱写新时代乡村振兴新篇章，助力乡村振兴走上快车道。

三、特色产业引发展

近年来，随着人们生活水平逐渐提升，红薯的产品功能也随之发生了转变。红薯不再是人们填饱肚子的食品，而成为一种新型的健康食品，重回百姓的餐桌。中国红薯市场需求向高端化发展，以健康为目的的鲜食消费比例逐年增加，饲用比例持续下

降，淀粉加工用原料基本保持稳定，优质专用化鲜食品种正逐步取代传统品种。从红薯产业上看：在过去十几年，红薯产业出现了翻天覆地的变化，尤其是高端化红薯精深加工产品系列，目前属于新兴朝阳阶段，国内和国际市场潜力无穷。这为王赛俊今后持续深入基层探索乡村振兴，奠定了坚实的基础。

这些年，王赛俊坚定信心、锚定目标、勤劳创业、苦干实干，努力投入乡村振兴的事业中，希望能在基层就业中发光发热，做服务乡村的"领航员"、基层党建的"组织员"、基层治理的"助推员"、农民群众的"服务员"。他将继续发挥自身优势，在服务基层、振兴乡村中，因地制宜发展特色产业，形成绿色安全、优质高效的乡村产业体系，为农民持续增收提供坚实的产业支撑。

交出一份不负韶华的青春答卷

——华东政法大学周润东

2017年从华东政法大学毕业后，周润东报名了学校西藏专招计划且顺利通过考核，任职于祖国边境一线的亚东县堆纳乡人民政府。他表示，2023年已是进藏工作第六年，工作至今的一幕幕都深深地印在脑海里，每每回想起都令他心潮澎湃。进藏工作的六年，也是他扎根祖国边疆，不负青春韶华的六年。

一、守边固边，维护稳定

周润东工作地位于西藏亚东县，它三面临边，东南与不丹接壤，西与印度锡金邦相邻。他所在乡人民政府的重要工作之一就是守边固边，需要当地干部职工带领本地群众在边境线值守巡逻，以弥补边防部队的缺口。

巡逻值班点位置特殊，没有水电路讯网，值班室只有一部卫星电话用来报平安和联系基本生活物资。周润东不熟悉藏语，当地群众汉语知晓较少，每天记录工作报告和巡逻边境，也会因为语言不通而沟通艰难。

对于巡逻值守工作的疑惑，巡逻民警告诉周润东，这片土地看着偏僻，却是我国边境重要所在，只有我们经常组织群众巡逻，才能避免外国人员误入我国领土从事生产生活。看着五星红旗飘扬，周润东意识到了巡逻任务的重要性。原来他所走的每一步都是国境线，身后的每一寸都是国土。为国戍边的自豪感让他不觉得寒风凛冽、氧气稀薄，心里默默念诵着"祖国万岁"。"守土有责，守土担责，守土尽责"在这里不是一句口号，而是日复一日、年复一年的守护。

二、强基惠民，脱贫攻坚

全面建成小康社会的号角吹响后，为了了解基层、走进群众，助推农牧民脱贫致富，周润东在2019年主动申请了"强基惠民"驻村工作，担任亚东县堆纳村驻村工作队副队长一职。驻村期间，他时刻保持"充电"状态，积极学习惠农惠民政策，加强与农民交流，不断改进工作方式，针对村民提出的需求和问题，及时翻阅书籍、虚心请教村"两委"，耐心给村民答疑解惑。他经常走访建档立卡户贫困户，了解其经济情况、增收渠道、资源优势和精神状态等，搞清农牧民在增收致富方面的发展潜力和缺少的知识技能，并力所能及地给予帮助指导；深入矛盾纠纷农户，了解其思想动态，掌握影响农牧区稳定的主要因素，并努力化解潜在矛盾，及时回应群众关切，帮助群众解决难题。

2019 年年底，亚东县成为西藏自治区首批脱贫摘帽的五个区县之一，全县建档立卡贫困户人均收入达 17260.9 元，高出全区的 33.2％，脱贫攻坚取得阶段性成果。在工作中，周润东深刻认识到深入群众开展工作的重要意义。

三、思想帮扶，走出困境

2021 年 10 月，周润东带领 15 名农牧民增收致富带头人前往上海进行就业创业经验学习培训。培训进展顺利，大家不仅见识了大都市的繁荣，也见识了现代企业的发展规模。返回亚东后，大家纷纷向身边人传播在上海所学的各种致富经验，并尝试将经验转化为现实。

培训历时 15 天，结束当天援藏的上海干部提议自行前往市中心。大家一拍即合，但之前的培训参观都是定点往返，这次是临时起意，只能选择公共交通。当周润东向大家解释如何扫码、买票、坐地铁时，忽然意识到只需打开手机就能实现的事情，对于这群文化水平不高的农牧民来说竟是这样陌生。考虑到自发行程的不确定因素，他只得取消了前往市中心的安排。

事情很小，却让周润东印象深刻，也让他明白，西藏这片土地需要更多像他一样深入一线、乡村与群众的人，帮助当地群众开展"走出来"的活动，既帮助他们走出当下，开阔眼界，又帮助他们解放思想，拓宽选择面，探索走上幸福美好的道路。

四、疫情防控，服务群众

2022 年 8 月，面对突如其来的疫情，周润东第一时间投入辖区疫情防控点，主动请缨前往海拔 4600 米以上的夏季牧场群众放牧点开展疫情防控工作。当时全区疫情形势十分严峻，县内疫情管控严格，众多群众生活物资无法获得保障。为了最大化地利用有限的物资，他参与的志愿者团队深入 100 余户农牧民家中，逐户按照家庭实际情况将物资送到群众手里。志愿时间并不长，但临走时，群众都自发在路边欢送，甚至热情地送上哈达，那一刻令周润东十分感动，他只是做了工作范畴内的小事，却获得了群众如此的感谢。

通过全县上下共同努力，用时一个多月，周润东所在的县在全市率先复工复产、复商复市，实现动态清零。面对疫情，周润东用实际行动彰显了基层干部的职责与担当，为打赢这场疫情防控的人民战争贡献智慧与力量。

回想起赴藏的六年，最大的收获莫过于遇见爱情、组建家庭。从上海到西藏，从繁华大都市到雪域高原，落差感是有，但正是家人的支持和爱人的陪伴激励周润东一路前行。组织的特殊关照，也让他与爱人不再异地，在遇到困难时也不再孤独无措。

周润东也积极响应国家政策，目前有了两个可爱的女儿，父亲的责任时刻鞭策着他要成为更好的自己，为女儿遮风挡雨。

作为一名基层干部，周润东没有惊天动地的事迹，没有举世瞩目的成绩，但他时刻保持着脚踏实地、求真务实的精神，在基层中扎根，在微小处耕耘，勇挑重担，不负韶华。

他也表示，希望有更多的学弟学妹可以响应国家号召，在基层建功立业，到边疆奉献青春，这里需要大家！

十年坚守扎根雪域高原
一片赤诚共筑民族团结

——上海工程技术大学杨亚鑫

杨亚鑫系上海工程技术大学 2014 届毕业生，大学毕业后积极响应国家号召，参加大学生西部计划到西藏工作，两年西部计划结束后毅然留在西藏工作至今。在西藏工作近十年，杨亚鑫努力克服雪域高原含氧量低、降雨稀少、空气干燥等恶劣环境，战胜眼睛干涩、头疼恶心、入眠困难等高原反应，以老西藏精神和"两路"精神鞭策自己，把他乡当故乡、把群众当亲人，在维护民族团结稳定、精准扶贫、决策服务等方面用实际行动诠释了新时代新青年的使命与担当。

一、坚定坚决维护民族团结社会稳定

杨亚鑫身处祖国边疆民族地区，奋斗在反分裂斗争最前沿，他始终牢记"稳定、发展、生态、强边"四件大事，把维护社会大局团结稳定摆在第一位。每逢重大节日、重要时段，他积极做好维稳值班、矛盾纠纷排查化解、下沉蹲点等工作。他积极参与护苗、净网、固边、秋风等行动，先后 3 次到全市邮政快递网点、网吧、打字复印店等场所开展专项检查，净化了网络空间和出版物市场，维护了社会大局和谐稳定。他积极与分裂势力和西方势力争夺象雄文化研究领域的国际话语权，参与组织协调首届中国·西藏拉萨—阿里象雄文化国际学术研讨会各项事宜，第一次邀请国外专家来藏参加会议，第一次与阿里地区联合举办活动，第一次请专家到实地进行调研考察，在国内外收到了很好的反响。他还积极参与广泛宣传"民族团结一家亲，同心共筑中国梦"活动，连续两年参与筹办民族节庆雪顿节活动，积极参与雪顿节的组织策划、宣传推介、活动安排、上下协调等工作，为了不断创新丰富节日活动项目、扩大新闻宣传范围，使雪顿节的品牌影响力日益扩大，2018 年 9 月雪顿节荣获"纪念改革开放 40 周年"中国优秀节事奖。为了不断丰富群众文化生活，他大力参与推动拉萨市第三批国家公共文化服务体系示范区创建工作，协调领导多次召开会议研究相关事宜，对创建工作加大资金投入、完善工作制度、落实工作责任、强化过程管理贡献了力量。因工作突出，2019 年 7 月杨亚鑫被评为拉萨市创建第三批国家公共文化服务体系示范区工作先进个人。

二、尽心尽力打赢脱贫攻坚战

民族地区是国家脱贫攻坚的主战场和硬骨头，杨亚鑫同志主动请战，经常深入海拔 4000 米以上的偏远农牧区看望慰问建档立卡贫困户，对其经济发展、脱贫攻坚、生态保护、文化建设等给予帮助和指导，和他们拉家常，给他们送去米、面、油等生活必需品和慰问金，帮助他们解决面临的实际问题。如当农牧区易地搬迁贫困户扎西多吉的女儿白玛措姆反映自己听力受损影响学习时，他第一时间帮助协调联系北京医疗团队进行免费治疗，有效解决了其听力障碍问题。他充分发挥江苏援藏工作联络服务中心平台作用，加大与援藏省市对接协调，积极推动西藏籍高校毕业生特别是建档立卡户毕业生到区外援藏省市就业创业，让更多西藏籍学生"走出去"，进一步拓展就业渠道，在就业的同时促进民族间交往交流交融。近几年，拉萨市高校毕业生区外就业人数不断增多，全市高校毕业生就业率保持在 95% 以上。

三、全心全意做好决策服务工作

发挥自身优势，以文辅政助力民族团结进步事业高质量发展。在达孜县邦堆乡政府工作期间，杨亚鑫主要负责精准扶贫、综治、司法、党建等工作，在拉萨市政府办公室工作期间，杨亚鑫先后到秘书一科、秘书二科、研究室等科室工作，认认真真、勤勤恳恳干好本职工作，得到了同事和群众的认可，2017 年 4 月杨亚鑫被评为拉萨市
2016 年度政务服务工作先进个人。杨亚鑫平均每年深入一线、深入基层、深入群众就改革发展稳定等开展调查研究 10 余次，为领导科学决策提供了第一手材料。如面对拉萨市营商环境提升的问题，他深入办事大厅、项目建设现场开展暗访调研，发现问题、分析问题、解决问题，有针对性地提出了意见建议，营商环境显著改善。他每年起草报告、讲话、汇报等各类文稿 50 余篇，牵头起草了 2022 年、2023 年《拉萨市政府工作报告》，参与拉萨市"十四五"规划的编制，为拉萨长治久安和高质量发展出谋划策、贡献力量。特别是疫情防控期间，他主动下沉到城关区嘎玛贡桑街道俄杰塘社区，24 小时驻守在小区卡点上，积极开展消毒消杀、核酸检测、政策宣传、群众心理安抚等工作。后又被抽调到拉萨市疫情防控办参与疫情防控工作，连续 4 个月睡在办公室，经常加班加点、通宵工作、连续作战，积极做好疫情防控上传下达、左右协调、督导检查等工作，为疫情防控作出了重要贡献。

四、用行动实现着价值，用热情书写着精彩

杨亚鑫用近十年的青春岁月坚守扎根雪域高原，用一片赤诚担当民族团结的伟大使命，因工作突出获得了"拉萨市政务服务工作先进个人""拉萨市创建第三批国家公共文化服务体系示范区工作先进个人"等荣誉称号。他表示将继续坚守，努力争做一颗民族团结的"石榴籽"，坚决守护民族团结这条"生命线"，汇聚民族团结的磅礴之力，让民族团结像格桑花一样，开遍雪域大地。他为当代大学生树立了可比、可学的好榜样。

携笔从戎建功军营
不忘初心投身教育

——上海工艺美术职业学院张宇鹏

张宇鹏出生在内蒙古自治区赤峰市的一个小山村里，蒙古族，父母皆是农民。2014 年他就读于上海工艺美术职业学院视觉艺术学院，2016 年至 2018 年服役于中国武警第二机动总队机动第一支队，2018 年 9 月退役，2019 年 6 月毕业奔赴新疆成为一名特岗教师。作为一名退伍军人，他从校园到军营，再从军营重新回到校园，改变的是身份，不变的是忠于祖国、热爱奉献的心。

2016 年 9 月，张宇鹏怀着一腔热血来到军营，新的环境让他感到既陌生又兴奋，新兵连的班长对新兵们嘘寒问暖，战友兄弟们对他的照顾也是无微不至，虽然是新的环境，但是带给他的却是家的温暖。新兵下连后，各项军事技能相继展开训练。武装五公里越野、四百米障碍、单双杠器械、实弹射击等，每天早上 6 点到晚上 10 点，他和战友们都在训练场上摸爬滚打、刻苦训练。军姿站到两条腿不会动，擒敌术被误打到鼻子流血，器械训练磨出满手老茧，武装五公里越野跑得腰椎间盘膨出。

艰苦的训练没有磨灭军人的钢铁意志，在严酷的环境下，他深知自己肩上保家卫国的重任。入伍期间，他多次参加实兵对抗演习、建制比武、联合战役集训等活动，所在班 2017 年 9 月在军事比武达标月中获得团体第二名的好成绩。

经历过部队的淬炼与锻造后，2018 年 9 月，张宇鹏退役复学。他不忘军人本色，始终严格要求自己，再次回到学校后，没有了两年前的迷茫，心中有了坚定的方向，他积极地服务同学、奉献社会，努力成长为能担当民族复兴大任的时代新人，将个人价值的实现与学院建设紧密结合在一起，发扬部队优良传统，勤奋学习、自强不息。

新时代大学生，要知自己、知社会、知中国、知世界。大学培养的是学生的影响力、引导力，即奉献自己、服务社会、引领社会。让自己成长起来，成长为一个有思想、有引导力、有影响力，能够为国家为社会担当重任的人。现在，青春是用来奋斗的；将来，青春是用来回忆的。经过一年的学习后，他决定用自己的青春继续为祖国的发展，贡献自己的一份微薄力量。

2019 年年初，张宇鹏了解到新疆和田地区小学特岗教师招募活动，"到西部去！到基层去！到祖国最需要的地方去！"他积极响应国家号召，主动报名。2019 年 6 月 28 日，与老师和同学匆匆地道别后，他怀揣着报效祖国的理想，奔赴条件艰苦的西部边疆地区，教书育人、辛勤耕耘、默默奉献。经过层层审核、考察，张宇鹏被分配到新疆和田地区和田市第二小学，先后担任了语文教师、一年级 7 班的班主任、音乐和美术教师。

和田位于昆仑山与塔克拉玛干大沙漠之间，是新疆维吾尔自治区最南端的城市，给张宇鹏的第一印象就是这里独具特色的"土味"。这里的教育条件比不上内地，校舍都比较老旧，硬件配套设施也很紧缺。但是，他在孩子的眼神中，看到了对知识的渴望和对未来的期盼。从那一刻起，他就坚信自己一定是属于这里的，立志要扎根在祖国边疆，坚持为祖国教育事业贡献自己的一份力量。

在完成教学任务的同时，他也在不断地学习，努力提升自己的专业素养，虚心向老教师请教，仔细聆听同事的建议，吸取别人的优点，发现自己的教学短板，改善教育教学方法，让自己从一个实习教师转变为一名合格的教育教学工作者。对待学生，他坚持用爱的方式教育，多鼓励、少批评，从小给孩子树立自信心，激发他们的上进心和求知欲，让孩子在温馨快乐的环境下健康成长。通过两年的教学工作，张宇鹏认为教育是一项高难度的工作，要做好它十分不易。虽然远离家乡，工作烦琐，但是他始终不忘初心、坚定理想信念，退伍不褪色，勇于担当奉献，将所学知识充分运用到教学实践中，不断充实和提高自己，追逐梦想，实现人生价值，奋斗在祖国西部教育事业的第一线，让青春之花绽放在祖国和人民最需要的地方。

工作三年多以来，他始终不忘初心、砥砺奋进，在 2020 年和田市青少年活动中心"弘扬传统文化、书写爱国情怀"硬笔书法比赛中荣获优秀指导教师；在庆祝建党 100 周年"少年读诗"活动中，指导的节目《少年中国说》被评为和田市三等奖；在"2021 年少先队教育活动基地建设援疆项目"培训班中荣获"优秀学员"荣誉称号；2021 年，荣获全国高等学校学生信息咨询与就业指导中心与相关省市高校毕业生工作部门联合推荐的"2020—2021 全国大学生就业创业年度新闻人物"；在 2022 年疫情防控期间表现突出，被评为"疫情防控先进个人"。

张宇鹏作为一名蒙古族教师，扎根在新疆边疆地区，他是新时代青年基层就业的榜样，他的事迹鼓舞了学院一届又一届毕业生奔赴基层，报效祖国。

江苏省

用心用智用情
做引领大学生基层就业的生涯人

——南京航空航天大学教师沈雪萍

作为全国就业战线中为数不多的专业教师，沈雪萍深耕生涯教育19年，是南航生涯发展教育研究中心主任、教授，被聘为全国高校普通毕业生就业创业指导委员会职业生涯发展教育与就业指导专家委员、全国高校就业创业指导教师培训专家，是江苏省社会心理学学会生涯教育专委会秘书长、江苏省就业创业指导专家。她搭建基层就业育人平台，培养基层就业工作队伍，19年来输送了近3万名南航毕业生前往基层干事创业，用实际行动践行了"为党育人、为国育才"的光荣使命。

一、用心领航，做学生基层干事的引路人

"职业是我们实现人生意义和价值的重要载体。""人生价值的实现在于满足他人和社会的需要。""忠于理想，不落情怀，诚信、敬业、利他，是在基层工作的同学都有的职业骄傲。"每一个上过沈老师职业规划课的学生都能记得她的"名言"。她率先将服务国家战略、引导基层就业融入职业规划课，详细讲解参军入伍、基层就业、西部计划等多种就业政策，剖析基层岗位胜任素质要求，启蒙每一个南航学子将小我融入大我，与时代同步伐，与人民共命运。她主讲的"追寻人生的意义——职业价值观探索"获得江苏省教学技能大赛第一名及"优秀示范课"奖。她主持的职业规划课程被评为"全国高校职业发展与就业指导示范课程""全国高校就业创业金课"。她将课程成果总结成经验，主持教改项目，主编教材入选"十三五"江苏省高等学校重点教材、"十四五"省规划教材，获得教学成果奖。她每年为有志于就业基层的同学提供生涯咨询500小时，提供基层就业帮扶，所在咨询室被评为"全国高校职业生涯咨询特色工作室"。

二、用智护航，做托举学生基层发展的逐梦人

如何对学生进行基层就业的价值引领，是她19年来心心念念的研究课题。为此，她进行了学生职业使命感、职业价值观、职业决策研究，相关成果获批教育部、江苏省、学校各级课题20余项，发表论文20多篇，连续三年在亚太生涯发展学会年会上作报告。针对基层就业和国防人才培养，她"十年磨一剑"，进行职业使命感系列研究，总结了职业使命感形成机制，创建了"基于职业使命感培养的高校生涯教育体系"，相关成果在清华大学、中国人民大学的职业发展论坛上分享，为就业育人提供了思路与方法。"沈老师的研究特别好地解决了大学生就业中的实际问题"，中国人民大学周文

霞教授如此肯定。

她的研究成果和经验被传播到更多的学校，她被聘为全国高校就业创业指导培训专家、江苏省就创业指导专家，担任江苏省生涯教育专业委员会秘书长。她起草就业指导人员队伍建设文件，主持省人员培训，为省内外大学生基层就业引导贡献力量。她参与教育部学职平台职业测评开发项目，受众逾百万大学生。2021 年与 2022 年，她连续两年主持教育部学生中心委托课题"宏志助航计划"，成果被用于助力全国家庭困难大学生就业，她也收到了教育部颁发的"全国高校毕业生就业工作突出贡献"感谢状。

三、用情续航，做播撒学生基层梦想的传播者

沈雪萍从零起步建立了南航生涯教育体系，打造了100％全覆盖的基层就业育人平台。她将生涯教育与思政工作充分融合，在全国率先起草并出台《以职业生涯规划教育为主线的思想政治教育实施纲要》，将基层就业引导写进思政工作指南。她开创多路径生涯辅导，以基层就业为导向研究人才素质模型，将基层就业能力培养融入专业教育；她每年组织"职业素质训练营"九类平台项目 300 余个，提升学生干事创业的软硬能力；组织百余场以"凤回巢校友说""我在基层创事业"等为代表的"军工文化思政课堂"，将"到基层干事创业"的精神潜移默化植于学生心中。

她深知一个人的力量是有限的，一群人的力量是无穷的，她培养了一支基层就业引导的专业化队伍，培养生涯导师 400 多名，指导青年教师进行职业价值观教学研究，获得全国高校教学创新大赛二等奖、江苏省就业指导教学大赛一等奖、校课程思政教学竞赛二等奖。她带领教师、学生连续多年获得江苏省职业生涯规划大赛特等奖、优秀指导教师奖、最佳组织奖。陈华华、侯新闻、韩楚、康冲……这些"辅导员年度人物"、在引导学生基层就业上作出过突出贡献的老师，都曾是沈老师生涯导师团队的成员。

她带领着越来越多的工作伙伴，19 年来培养了 26000 名学生去国防行业建功立业，300 多名大学生应征入伍，2300 余名大学生参加各种基层项目。2011 年以来，研究生支教团累计选派志愿者 167 人赴西藏、新疆、贵州、四川开展教育扶贫，惠及学生 3 万余人次。学校荣获全国志愿服务项目大赛金奖、江苏省大学生职业生涯教育示范基地。她的做法也多次被央视、《光明日报》《新华日报》等主流媒体报道。

"四员"齐上阵
吹响基层就业集结号

——南京工业大学教师黎能进

　　黎能进扎根学生工作一线近 20 年，从辅导员到全校就业工作的组织策划者，他牢记为党育人、为国育才的使命，以思政引领、政策激励、渠道拓展和跟踪服务为抓手，全过程、全方位推进毕业生基层就业引导体系建设，唱响毕业生到基层就业主旋律。

一、担当"引航员"，构建全过程就业观教育引导体系

　　主持江苏省首批大学生职业生涯发展教育示范基地建设。他组织开展"生涯嘉年华""我的就业观"主题教育、校院两级大学生职业生涯规划大赛等活动，策划建设职业生涯咨询室，常态化开展"一对一"生涯咨询和团辅活动，组织编写《大学生就业指导》《大学生职业生涯规划》等教材，编印《大学生职业生涯发展指导手册》，构建了以就业育人为目标、课程教学为基础、生涯系列活动为载体、生涯基地为依托、师资建设为支柱的特色职业生涯教育体系。他组织开展"奋斗的青春最美丽"优秀校友基层就业展示活动 100 余场，汇编选调生、西部省区就业、"乡村振兴计划"等基层就业优秀毕业生事迹，邀请他们来校交流分享，以基层就业典型事迹激励大学生树立正确的就业观，将个人理想和中国梦的伟大实践有机结合起来，在基层工作实践中实现人生理想。

二、担当"指挥员"，构建基层就业政策激励体系

　　实施"西部省区就业援助行动"。他制定《西部省区就业援助行动实施办法》，给到西部省区就业的毕业生颁发"南京工业大学赴西部就业先进个人"，并每人奖励 3000元，在毕业典礼上进行表彰。邀请到西部省区就业的毕业生回校举办报告会，弘扬正确的就业观。与西部重点企业深度互动，邀请企业专家到校讲述扎根西部，奉献核事业的先进事迹，用榜样激励引导毕业生到祖国最需要的地方去，每年学校赴西部省区就业的毕业生稳定在 150 人以上。

　　开展毕业生"从戎报国行动"。他打造了以知识传授和氛围营造引导思想爱国、以第二课堂和征兵入伍激励行动报国、以国防特色学科建设和创新人才培养实现科技报国的国防教育工作体系，助力学校获批教育部国防教育特色学校。他组建校国旗护卫队，十多年不间断进行沉浸式国防体验教育，邀请优秀退伍大学生士兵走进军事理论课，分享"我的军旅青春"军营生活，用亲身经历讲好军营故事，激励大学生携笔从戎。他设立校、院两级征兵咨询点，在招聘会现场常设征兵宣传点，建设大学生士兵管理

系统，实现大学生征兵工作精准化、数据化和全过程管理。学校每年参军入伍毕业生在 20 人以上，连续多年获得地方人民武装部门表扬。

三、担当"推销员"，构建"一行十企"基层就业渠道拓展体系

构建"一行十企"基层就业工作体系。他引导一个专业面向一个行业，锚定对接十家以上具有一定规模和影响力的中小企业，通过深化校企在科学研究、人才培养、实习实践、人才输送等方面的合作，不断拓展毕业生基层就业渠道，将中小企业打造成学校毕业生稳定优质的就业基地。他依托"一行十企"构建校企人才对接平台，形成产教融合、校企合作联系制度，深化校企合作内涵，吸引企业积极融入学校人才培养全过程。他举办"一行十企"专场招聘会，确保毕业生总数与供给岗位达到 1∶10。目前，学校 86 个专业对接重点企业 900 多家，建设大学生就业创业实习实践基地 300 多个，每年近 30% 的毕业生到中小企业就业。

创建校地协同共建人才供需共同体。他推动学校与重点区县人社部门合作，常态化举办科技人才对接活动，推进校地双方就业人才培养、就业创业等深入交流，联合举办区域招聘会；与重点园区协同，联合举办行业专场招聘会；推进学校与省内外区县共建引才工作站 25 家，联合开展就业政策宣传行动，组织毕业生赴各地进行实习实践。学校毕业生每年基层就业的比例超过 40%。

四、担当"服务员"，构建全方位就业能力提升支持服务体系

构建"学校主导—部门联动—学院落实—全员推动"就业机制。针对近年疫情给就业工作带来的影响，他创新提出将就业岗位"引进"学生社区，就业指导"送进"学生宿舍。他组织举办线上线下融合双选会，并将就业岗位和就业政策送到学生社区；打造"云端直播室"，开展"直播带岗"，学生手机扫码，即可线上投递简历。他精心搭建"视频面试间"，学生与企业通过"屏对屏"实现"面对面""键对健"网上签约，"一站式"在线解决毕业生"一揽子"就业手续办理问题，毕业生网上签约率达 80%。他组织春招训练营和大学生核心就业能力培训，提高毕业生求职能力，开展"一对一"职业生涯咨询，举办专业六边形大赛、简历制作大赛和模拟面试大赛等，为毕业生提供全方位的就业指导。

近年来，南京工业大学的就业工作得到了江苏省委省政府和省教育厅的肯定，连续多年获评江苏省高校毕业生就业工作量化督导 A 等级，学校多次在省级毕业生就业创业工作会议上交流发言。学校毕业生基层就业成效明显，《中国教育报》《中国青年报》等多家媒体关注学校就业工作的做法和经验，《江苏教育工作简报》以《南京工业大学坚持"三个强化"切实做好高校毕业生就业工作》为题，报道了学校毕业生就业工作情况。

二十载风雨兼程
聚三才服务基层就业
——江苏航运职业技术学院教师崔顾芳

崔顾芳从事就业指导工作 20 载，甘于奉献，勤奋工作，锐意进取，在工作岗位上取得了扎扎实实的好成绩。

一、承天时，竭诚服务重大战略部署

（一）兢兢业业，基层就业工作成效显著

2003 年年底，崔顾芳由体育教学岗位进入就业工作岗位，面对完全不同的工作环境，她迎难而上、刻苦钻研，用实际行动践行了一名党员教师全心全意服务学生的诺言。她在就业岗位辛勤工作 20 年，就业率高，专业对口率高，学校连续多年获评江苏省教育厅"就业先进单位"。2013 年在全国就业典型经验高校迎评中，以她为骨干的学校就业队伍长期为基层企业和每一个学生精准助力，在国家统计局的满意度调查中，以用人单位满意度第二、毕业生满意度第四的优秀成绩成功入围"全国毕业生就业典型经验高校 50 强"。

（二）不遗余力，积极踊跃服务地方

多年基层就业指导工作的实践和理论研究，让她积累了大量的工作经验，整理归纳了许多行之有效的工作方法。她始终秉持为党育人、为国育才的原则，踊跃分享工作经验和方法。2021 年她受聘为南通市委人才领导小组"南通市青年就业宣导团专家"，为南通市的人才集聚贡献了应有的力量；多次作为就业专家受省招就中心和南通大学邀请为苏北片区毕业班辅导员进行《高校毕业生就业统计工作实务》专题讲座；在 2021 届全省普通高校毕业生就业创业工作网络视频会上，她撰写了《服务海洋与航运强国建设——江苏航院模式》代表高职院校作了会议交流。

（三）实干精谋，服务国家战略成绩斐然

伴随"一带一路"倡议、"海洋强国"战略的深入实施和外贸优势在疫情有效控制后的强势凸显，航运产业活力迸发，航海技术人才严重短缺。面对航海技术人才招募遇冷和需求剧增的矛盾，她坚决贯彻国家海洋强国建设战略决策部署，通过打造"红蓝相辉、心向海洋"的航海校园文化、航海技术人才"招募—就业直通车"、航海技术人才"境内—境外就业直通平台"，为更多的航海类毕业生提供走向深蓝的工作机会，累计为航海类中小企业输送毕业生上千名，多年保持航海类专业学生签约率 95％以上，对口签约率 90％以上。她的具体工作经验——"聚焦国家需求　创新工作举措为海洋与航运强国建设输送优质人才"案例，于 2021 年获评"全国普通高校毕业生就业创业工作典型案例"。

二、谋地利，苦心搭建坚实就业阵地

(一)凭据江海，挖掘全市优质就业岗位

为使学校毕业生精准、高质量就业，她始终把找寻与学生专业匹配、待遇优渥、满足学生期待的优质工作岗位作为自身的一项重大使命。多年来，依托实地走访、电话走访、网络视频对话等多种途径，邀约全市优质企业来校进行供需洽谈，仅智慧就业平台企业库入驻南通籍企业便达到 1250 余家，其中中小及民营企业 1139 家。她通过智慧就业平台、微信公众号、社群等方式有效地将岗位信息推送到学生手中，有力地组织企业和学生的"鹊桥会"，为学生谋福，为企业送才。

(二)攀登高原，打开西藏学子就业新局面

2018 年起，学校与西藏地方达成协议，开始招收西藏籍学生。许多西藏籍毕业生表示想要返回西藏就业，建设家乡。为西藏学子提供优质的生源地岗位显然是与西藏地方接触不多的高校就业部门面临的一个重大难题，经过学校领导的周密部署，她受命前往西藏开拓市场。她克服高原反应，通过多年的努力和积累，学校西藏籍毕业生累计就业 880 人，500 多人进入基层工作岗位，为西藏的发展作出了贡献。

(三)踏破四海，助推高校就业迈上新台阶

多年的工作实践，她的足迹遍布全国各地。上海、辽宁、山东、福建、广东、河南，东南西北中，哪里有优质的企业，哪里有学生想要的优质岗位，她的足迹便到哪里。她累计与 4500 余家企业达成多层次、多行业的合作，其中，基层中小企业 3482 家，为全国中小企业发展赋能。

三、居人和，争做就业指导战线标兵

(一)孜孜以求，基层就业人的成长纪实

2003 年年初她到就业工作岗位，一遇即是 20 载，从最初的一知半解，到工作之余自学"就业创业指导""市场营销策略""学生就业心理"等课程，到参加各类就业指导工

作能力培训,取得中级"创业指导师",一张张证书,是成长的见证,也是沉甸甸的责任。在工作过程中,她十分注重学习、归纳、总结,形成论文 18 篇,其中核心论文 2 篇,主持课题 4 项,参与课题 14 项。

(二)高效协同,做学生就业途中的引路人

为能够掌握学生不断变化的择业需求、及时地将国家、省市的就业政策传递给学生,她多年来与辅导员们保持着亲密的战友关系。他们一起探讨如何指导毕业生制作简历、指导学生如何做好自身职业生涯的规划,指导学生参加省创新创业大赛并获得省三等奖。她利用所学帮助指导就业困难学生如何择业就业,重点推荐适合他们的岗位,累计帮助 1000 名就业特殊困难学生圆职业梦,改善家庭生活。

(三)不辞寒暑,倾力服务学生和用人单位

平日里,她经常利用休息时间为每位同学做好源审核,就业数据上报审核,寄发报到证,争取更多的就业岗位;发表生源信息,通过微信平台、智慧就业平台等阵地发布招聘信息。她利用寒暑假实地走访企业拓展工作岗位,统计各类企业的用人需求,以便谋划来日的毕业生招聘会。她随时待命,对用人单位进行回访,做好毕业生跟踪调查、用人单位满意度调查。多年来,学校就业率均超过 98%,稳居全国各层次、各类别院校前列。她两次获得江苏省交通运输厅嘉奖。

(四)薪火传承,倾囊相授培育后来人

20 年的就业指导工作,让她对就业工作有了深厚的感情。在就业战线工作的这些年,她不管身处什么岗位,承担什么工作,始终相信"众人拾柴火焰高"的道理,坚持吃苦在前,享乐在后,让其他同志有更多的成长机会。面对初到就业工作岗位的新同事,她尽自己所能帮助其进入工作状态,将自己的经验、教训倾囊相授,多次被评选为"文明教职工"。

青春，在非洲"基层"一线闪光

——东南大学杜玉生

杜玉生，2015 年毕业于东南大学道路桥梁与渡河工程专业，后前往中国路桥科特迪瓦分公司工作，先后参与科特迪瓦—几内亚边境公路、铁比苏—布瓦凯高速公路等项目，从事一线施工管理和技术研发等工作。

一、烈日当空，外国朋友变黝黑兄弟

2015 年 8 月，刚刚走出校门的杜玉生乘上前往科特迪瓦的飞机，踏上那片陌生土地。彼时，"一带一路"倡议方兴未艾，非洲作为海上丝路的终点和中国传统友邦，亟须新鲜力量投入这一时代浪潮。可是刚下飞机，自然气候让他感到不适应，炎炎烈日高悬在西非的高空，大西洋海风炽热地扑打在他白净的脸上。更让他感到难以适从的是，当地非洲籍业主、监理和员工的言语中充满了对这位初出茅庐的外国小伙的怀疑，尤其是在国内外标准差异导致的施工方案与工艺的争论中，常遭到非方的"卡脖子"与不信任。

理想就在岗位上，信仰就在行动中。杜玉生并没有被这些吓倒，他穿上沉重的劳保鞋，系好反光背心，踩在一百七八十摄氏度的沥青混合料上，用流利的法语与摊铺机手沟通调整施工细节。杜玉生说："沥青路面施工时，温度和碾压工艺会影响路面的质量与美观。所以对当地工人必须在细节上再盯一盯，再教一教。"随着日复一日的耐心交流和渐渐达成的技术共识，面红脖子粗的争论越来越少，拍肩而笑的一致越来越多。伴随着肤色的加深，当地人对他的称呼也从"MON AMI"（我的朋友）变成了"MON FRERE"（我的兄弟）。合影中曾经异常显眼的他，已经深深融入了这个群体。

二、披星戴月，懵懂学徒成技术砥柱

任何一项工程都应当坚持自主创新。科特迪瓦使用的法国标准与国内标准有着巨大的差异，这要求一线施工的技术人员必须同时理解和掌握两种标准，并且能够快速制定既能满足法国标准要求又能体现中国工程品质的施工方案。杜玉生自加入团队起，晚上加班到深夜是常态。针对混凝土配比设计方法不同的问题，他参考中法两国理论文献和技术指南，牵头完成了法标 Q350 优质混凝土配合比设计方案；针对项目沿线红土粒料短缺及水稳红土粒料底基层易开裂的问题，他推动碎石统料替换水稳红土的路面结构层；针对浸水路基造价高昂的问题，他根据中国建造经验力主改为填石路基。

他白天站在路基上像指挥交响乐队一般调拨工程设备，夜晚时常不能躺下休息。

每一分努力都不会被辜负，每一分坚持都会有收获。他持之以恒地钻研，不仅获得了业主方和监理方的一致认可，更为自己积累了丰富的技术经验，成为团队的技术砥柱。他主笔撰写的《基于中法两国标准的 Q350 水泥混凝土配合比设计方法对比研究》一文，成功入选 2020 年度中交集团技术交流论文集。与此同时，技术的创新也节约了建造成本，产生巨大的经济效益。只 KAN 河浸水路基改造一项，就节约了围堰措施费用 200 余万美元，为项目增加利润 400 万美元。如今，杜玉生不再是工地上的学徒，而是十多个洋徒弟值得信赖的中国师傅。

三、逆行而上，危急关头显硬核担当

路桥的价值在于承载，而人生的价值在于担当。每一个海外工程建设者的背后都有着妻儿的支持、父母的牵挂，杜玉生也不例外。然而，作为一名来自中国的建设者，在危急关头往往能够勇敢地放下小家，展现责任与担当。2017 年科特迪瓦发生兵变，本已经做好探亲准备的杜玉生响应号召，主动放弃回国机会，与项目同事一同坚守岗位。夜间枪声四起，在和平年代成长的他难免心生畏惧。但是想到自己身上担负着的使命任务，自己代表的国家形象，他选择坚持。终于，在使馆经商处和联合国维和部队的共助下渡过危情。后来提及此，他却略带玩笑道"好不容易有假期能回国过个春节，还因子弹泡汤了"。

2021 年，境外疫情肆虐，往返国内的机票一票难求。公司出现亟须休假和滞留国内的同事，结构性缺员严重制约着项目生产。这时，杜玉生接到家人电话，他的第一个孩子即将出生。面对已经滞后的项目进度和空缺的工作岗位，他犹豫再三，最终放弃回国、积极补位，前后挑起项目的机务和前场生产等重担，凭着强烈的责任感顶住了工作压力，为公司在疫情防控和维持生产方面作出了贡献。

四、止于至善，八年青春筑友谊之路

时代各有不同，青春一脉相承。八年来，杜玉生秉承东南大学"止于至善"校训，以饱满的工作热情和创新精神投身基建，面对一项项挑战，他毅然选择了坚守和担当。如今的他，已经历练成为具有海外基建项目管理能力、商务谈判能力、跨国沟通能力的一线业务能手，也助力中国路桥科特迪瓦分公司从亏损到踏入千万美元利润俱乐部。

杜玉生洒下的汗水和留下的脚印，变成了一条条铺装公路，蜿蜒盘旋，穿行于科特迪瓦的森林、山川、河流间，形成连接千家万户的经济动脉，带来文明的交流互鉴与美好生活的希望。

2023 年是"一带一路"倡议的第十年。放眼望去，非洲大地上，活跃着一大批同杜玉生一样的年轻人，他们脚踏实地，扎实肯干，投身"一带一路"建设。他们胸怀"国之大者"，担当使命任务，勇做新时代的弄潮儿，用青春之火续写中非人民友谊的崭新篇章，用青春之力激荡民族复兴的澎湃春潮！

与帕米尔高原的相遇相知相守

——南京农业大学王嘉慧

王嘉慧，南京农业大学资源与环境科学学院 2019 届本科毕业生，毕业后参加"大学生志愿服务西部计划"，服务于新疆克孜勒苏柯尔克孜自治州（简称克州）阿克陶县，并在服务期满后留疆，现为新疆乌恰县融媒体中心一名编辑。

她在校时曾任资环学院 22 届团委学生副书记，曾赴团中央井冈山教育基地进行暑期实践，参与资环学院"三下乡"暑期社会实践，多次组织公益活动并获得各类荣誉，逐渐产生了较深的志愿服务情怀与基层工作热情。

王嘉慧说："当在生涯规划课上第一次听到'到西部去，到基层去，到祖国最需要的地方去'时，瞬间感觉被击中了，到边疆去的热情从此一发不可收拾。"毕业后，她毅然放弃不错的工作机会参加西部计划，远离家乡黑龙江，成为一名西部计划志愿者，扎根祖国大地，将青春和热血献给伟大的南疆事业。

她来到了克州，成为阿克陶县委组织部的一名成员，平时负责干部的选用、管理等工作，休息时间跟着村里的"访惠聚"工作队进行入户走访，了解老乡们的生活状况和困难诉求。她帮着砌羊圈、干农活、搭建厕所修整院落，去学校发表国旗下演讲，当阿克陶县于 2020 年宣布脱贫的时候，她热泪盈眶，因为见证了国家战胜贫困的伟大时刻，有了在一线工作的经历，她对南疆的这片土地爱得愈发深沉。

2020 年疫情暴发后，她报名成为社区志愿者，负责组织核酸检测及保障居民生活物资，一个多月的静态期，她努力克服生活上的各种不适，对大家有求必应，安抚居民情绪，不辞辛劳保证群众生活需求，获得街道"抗疫先锋"的荣誉，逐渐成长为一名优秀的援疆基层工作者。

克州地处帕米尔高原，又称万山之州，山地占全州总面积 90% 以上。按照原计划，一年的服务期满，她应该回归原本生活，但她没舍得走。因为老乡们的淳朴热情，因为同行志愿者和前辈们的关怀与坚持，她被深深打动了。她在帕米尔高原收获了许多温情，也感受到了前所未有的人生价值。时逢决战脱贫攻坚之年，她选择留在新疆，想要在基层一线见证祖国全面建成小康社会的历史性时刻。

留疆后，王嘉慧来到了祖国最西边的县城克州乌恰县，成为县融媒体中心的一名基层新闻工作者。她努力学习新闻采编知识与技能，并成为 2021 年乌恰县新闻宣传干部培训的优秀学员，目前她负责"乌恰好地方"手机客户端和石榴号等平台的内容更新、单位团支部的工作，并获得 2021 年"优秀个人"的荣誉。

在王嘉慧的新闻工作中，她曾经采访过感动中国人物、同样也是援疆志愿者的医

生吴登云老人。吴老退休不退岗，曾从自己身上抽血割皮救治病人，其女儿也因公牺牲在新疆。王嘉慧深受感动，她从吴老身上看到了共产党人为祖国边疆事业建设的赤诚，同时也坚定了自己留疆奉献的决心。

除了业务工作，王嘉慧也全身心投入基层工作，她和几名柯族结亲户相处成了真正的亲戚。她时常去探望结亲户，对结亲户家几个孩子的学业情况了如指掌，成了当地名副其实的孩子王。把"亲戚"的困难放在心上，"亲戚"们也会兴高采烈地让她尝尝家里的羊肉和土鸡蛋……她真正做到了成为百姓的知心人，党的传话筒。

在民族团结工作中，王嘉慧也获得了广泛的认可，获得了 2022 年单位颁发的"民族团结工作先进个人"的荣誉。一次，她正在一位半身瘫痪的柯族大叔家里帮忙，大叔说了一句柯语，她忙请来翻译问大叔说了什么，翻译告诉她，"大叔说想认你做他家的干女儿呢"，王嘉慧说："那一刻，我觉得自己就是属于这里的，我想能在这里为大家做更多的事情。"

在祖国最后一缕阳光落下的地方，王嘉慧不仅找到了自己热爱的事业，还遇到了自己的同路人——一名从空军部队退伍后仍然志在边疆、满腔热血的志愿者，现在，他们还有了自己的"疆二代"。王嘉慧曾说："我的青春能写在这片热土上真是太浪漫了！希望未来有更多的青年加入到志愿服务的队伍中来，感受青春扎根大地，小我融入大我所迸发出的蓬勃的生命力！"

绽放在雪域高原上的"雪莲花"
——南京邮电大学陈鑫远

陈鑫远，中共党员，1993 年 6 月出生，江苏淮安人，南京邮电大学 2016 届毕业生。2016 年，作为一名地地道道的江苏人，在毕业前夕，陈鑫远毅然报名了西藏专项招录基层公务员计划，并被成功录用。3800 多公里、2400 多个日夜，路虽远，他用信仰"开路"，时间很长，他以梦想"护航"。如今的他，担任西藏自治区拉萨市堆龙德庆区羊达街道办事处党工委委员、组织委员、党建办主任，工作期间记公务员三等功 1 次，获得拉萨市庆祝中国共产党成立 100 周年活动表现突出个人、拉萨市信息工作先进个人等荣誉称号。他用自己的青春在雪域高原坚定不移地走出了一条不负青春的"无悔之路"，成为西藏雪域高原上绽放的"雪莲花"。

一、星光不语，照亮梦想前行路

"西藏的群众给我的第一感觉是淳朴、善良，他们的生活贫困，我认为自己有义务有责任去帮助他们脱贫。"来到西藏，帮助当地困难群众脱贫成为陈鑫远的梦想。2016 年，他刚到西藏就开始对接第一个精准扶贫户，他深知作为援藏人员的重任，事无巨细地帮扶着这户困难家庭，也正是从这位藏族"亲戚"开始，陈鑫远毅然肩负起了"援藏"的光荣使命。纯净的雪域高原，守护着人们虔诚的信仰。在西藏工作的 6 年多时间，陈鑫远不畏前途坎坷，不惧世事消磨，执一盏心火笃定前行。为了使当地的贫困群众早日"摘穷帽"，他多次主动联系企业帮助群众积极就业，帮助 100 余名贫困群众通过稳定就业实现了脱贫致富，2018 年他工作的堆龙德庆区顺利实现了脱贫摘帽。在工作和生活中他努力践行和发扬"特别能吃苦、特别能战斗、特别能忍耐、特别能团结、特别能奉献"的老西藏精神，生动诠释了缺氧但不缺精神的优秀品格。

二、事虽艰苦，志走扶贫"长征路"

从江南水乡到雪域高原，面对环境的改变和生活的磨砺，陈鑫远坚定地前行着。西藏是世界的屋脊，高海拔和低氧气不仅是一场身体机能与大自然的较量，更是一次精神的马拉松。从平原到高原，初入基层，他的第一份工作便是扶贫工作。为了掌握贫困群众的第一手资料，他经常翻山越岭、入村入组、挨家挨户统计收集信息，面对严重的高原反应，他始终不吭一声，坚守在扶贫的第一线，"那个插着氧气管工作的男孩子"这是他在西藏的结对帮扶贫困户次旦一家对他的第一印象。基层历练是年轻干部的铺路石，从内地沿海到雪域边疆，初到乡镇，面对艰苦的生活和工作环境，他从不叫苦。面对工作中语言上的不通、民俗民情的不了解，为了更好地开展工作，他总是牺牲休息时间，走进基层、走入群众，主动学习藏语，几年时间，他已经成为同事老百姓口中的"西藏通"，也在西藏自治区专招大学生藏语考试中取得了自治区第一名的好成绩。2017 年，陈鑫远创办了地方微信公众号"马乡那些事"，并将其打造为实至名归的"网红"公众号。同时作为一名网宣员，他始终坚持写作，累计在共产党员网、《中国组织人事报》、中国西藏新闻网等权威媒体发布个人原创文章 100 余篇。他积极与当地藏民互动，建立结对关系，更是亲切地称之为在西藏"找亲戚"。西藏的脱贫攻坚工作，是一条艰难的"长征路"，陈鑫远这份"亲情式"的关怀，让"亲戚"们开始有了思想和行动上的转变，逐渐有了稳定的收入，也盖起了新房子。

三、萤烛之火，赤心点亮青春路

作为社会工作专业毕业的学生，陈鑫远看到了"社会工作"在西藏的职业空白，为此他充分发挥专业所学，成功试点建设堆龙德庆区村（居）社会工作者职业体系，打造了"1＋8"全链条制度体系，西藏首个社工职业体系诞生。职业体系建立以来，共帮助 69 名本地大学生实现在家乡就近就便就业、81 名村（居）干部转变身份，帮助村（居）干部薪酬增资每人每年 2 万余元，村居干部奔头更足，推动了社会工作在西藏的建设发展。作为街道组织委员，他创立羊达街道"党员四单服务制""区域联盟 360°＋服务 365"等党建特色亮点品牌，开展各类党员志愿服务 400 余场次，解决群众急难愁盼问题 1000 余件。同时在生活中他始终热心公益事业，坚持每月从自己的工资中拿出一部分钱用于资助贫困山区的小学生。谈到将来的工作，陈鑫远希望能走得更远，服务更多的老百姓，更希望用他的亲身经历向广大青年传送温暖的"青年之声"，唤醒更多青年学生的爱国热情。这份真诚是陈鑫远向党、向人民献上的一条洁白的哈达，一头是自己的青春，一头是人民的希望。正是这诚挚的初心和使命，支持着他为人民服务，携手藏族同胞不断前行……

扎根高原守初心　气象保障为人民

——南京信息工程大学陈志立

　　陈志立，1989 年生，南京信息工程大学大气科学学院 2013 届大气科学专业本科毕业生。中共党员，现任四川阿坝州金川县气象局气象台台长。他始终牢记党员使命和气象人职责，自 2013 年 6 月起至今连续十年扎根川西高原，坚守基层气象一线，心中装着理想，肩上扛着责任，在平凡的岗位上诠释"及时、准确、创新、奉献"的气象精神，用实际行动书写基层气象人的使命担当！

一、缺氧不缺精神，艰苦不怕吃苦

　　平均海拔 4000 米，空气中含氧量低——陈志立工作了十个年头的金川县气象局就在这川西高原之上。或许是出生在农村，对基层沃土心怀深沉的爱，又或许是大学期间多次参加社会实践和志愿服务活动，毕业那年的夏天，他义无反顾地选择了这里。

　　"越是艰苦的地方越是需要我们，越是年轻人越要到基层去挥洒青春、建功立业。"工作辛苦、条件艰苦、日子清苦，这些都没有能阻止他对气象事业的执着和热爱。

　　"海拔高斗志更高，冻土硬骨头更硬"，他把这句话铭记在心里，更落实在行动中。初到这里的他，克服高原反应带来的生理和心理双重压力，跋山涉水、日复一日地开展高原气象观测设备的巡检工作。"它们是气象人的武器，更是气象人的伙伴；只有确保它们的正常运行，才能确保气象服务和保障工作的平稳顺利。"

　　他勤学苦研，业务能力突出，曾连续两届获四川省气象行业综合气象业务职业技能竞赛个人全能三等奖，多次在四川省气象行业内各技能竞赛中荣获第一；更先后作为业务骨干完成了当地气象局 ISOS 综合观测业务软件应用与升级、北斗应急通信系统建设、应急气象观测系统建设、金川 X 波段天气雷达建设、人工影响天气标准化建设等气象服务和气象保障工作。

二、磨炼精湛业务，守护一方安全

　　"气象预报关系到人民生命安全，我们时刻为守护群众的安危而战！"陈志立的这句话把时间带回到 2020 年的 6 月。这一年金川县气候异常，刚进入主汛期就已遭遇 13 次降水时间长、分布范围广、局部雨势强的暴雨天气过程，小时雨强和日降水量更是突破历史极值。同样的降雨量在平原地区也许不足为奇，但在地形复杂的川西高原，极有可能引发山洪、泥石流等气象灾害。

　　办公室里灯火通明，陈志立目不转睛盯着显示屏上的气象数据与图像不断思考。

"今年异常的汛期形势给预报工作带来了很大考验，但越是这时候我们越要顶住压力，迎难而上。"基本确定了暴雨的发展态势后他当机立断进行了汇报，最终为全县提前做好防灾准备争取到了宝贵的时间。

此次暴雨天气过程，当地共安全转移群众 1336 人，金川县零伤亡。

"连日值守、熬夜加班都不算什么，及时准确地将暴雨预报出来，为群众转移抢到时间，才是最有成就感的事情。"说起气象业务，这个憨厚的大男孩不仅没有连续工作的疲倦，反而充满了自豪感和满足感。

发布高温预警、追踪暴雨过程、捕捉人工增雨时机——每一次气象保障都是一场无声的战斗，而陈志立和他的同事们以气象人的使命扛起"气象防灾减灾第一道防线"的重任，默默守护着这一片土地。

从金川县优秀共产党员、四川省气象局优秀共产党员，到全国气象部门优秀共产党员，从阿坝州气象部门优秀工作者，到四川省重大气象服务先进个人，荣誉是对他工作成效的肯定，更不断激励和鞭策他精进业务，更好地服务一方百姓。

三、十年扎根热土，助力脱贫攻坚

金川县位于青藏高原东部边缘，农业人口占 80％，少数民族人口占 75％。陈志立主动担当作为，承担了当地 3 户贫困户的脱贫帮扶工作。繁忙的工作之余，他到牧场、到山间、到村落，主动与老乡沟通交流，逐人逐户了解摸排群众的实际困难，而他的认真、贴心、负责也被老乡们看在眼里、记在心上。慢慢的，信任越来越深，心与心的距离越走越近。

"只有扎下根来，才能懂得他们"，业务上敢闯敢拼、严肃较真的陈志立谈起自己的扶贫工作多了一分温柔和深情。老乡家的水牛因灾致死未及时领取补助金，老乡因为不熟悉报销流程没有及时报销医疗费用……这些看似鸡毛蒜皮的事情，却是扶贫工作者需要沉下心来及时解决的问题。"群众的事情无小事"，本着这样的工作态度，陈志立主动到相关部门咨询办理，帮助老乡解决实际困难。

除此之外，他主动思考、积极作为，将自己的专业优势与当地雪梨产业相结合，主持和参与了"金川雪梨气候品质的初步研究"等 6 项科研课题，发表了"金川县气候条

件与雪梨品质的关系研究"等科研论文，以气象专业知识助力当地经济发展，被四川省气象学会授予"第六届四川省优秀青年气象科技工作者"荣誉称号。

在朝气蓬勃的岁月里，他选择了川西高原作为青春的战场，选择了金川县气象台作为奋斗的阵地，选择用日复一日的坚守和奉献诠释青春的含义。十年时光，他用脚步丈量这片土地；十年青春，他用激情点燃绚丽梦想；十年工作，他用汗水谱写气象华章。未来的十年，陈志立仍将立足一线岗位，不断学习和钻研业务，把握好时代赋予的机遇，脚踏实地干事，用奋斗诠释基层气象人的使命担当。

传承民族手工艺
"绣"出乡村新希望

——南京财经大学石贤

　　石贤，1994 年 10 月生，侗族，贵州从江人，无党派人士，从江县侗族服饰非遗传承人，毕业于南京财经大学外国语学院英语专业，现任从江县卧松云文化发展有限公司总经理、贵州省第十三届政协委员、黔东南州第十三届政协委员、从江县第十一届政协常委、共青团黔东南州第十三届委员、南京财经大学外国语学院创新创业兼职导师。

　　2013 年，这个寒窗苦读十余年的侗族女孩终于考上了心仪的大学，却不想家庭突遭变故，一时陷入困境。在政府、学校、公益组织和社会爱心人士的关怀下，石贤终于圆了大学梦。走出大山的经历，让石贤深刻感受到地域文化的多样性，更加领会了家乡民族文化的独特与珍贵，看着那么多珍贵的民族文化、精美的手工艺正快速消失，她下定决心要为家乡民族文化的传承保护发展贡献绵薄之力。大学期间，石贤自发创办"古梦清泉"少年侗歌班，利用每年暑假的时间组织高校师生深入家乡——贵州黔东南的民族村寨，开展暑期支教和民族文化传承志愿活动，牵线母校南京财经大学与从江县共建实习实践基地、探索文化教育精准帮扶，产生了良好、广泛的社会效应，曾获大学生暑期社会实践全国优秀奖、大学生暑期社会实践江苏省"先进个人"奖、"创青春"大学生创业大赛江苏省铜奖。

　　出于对民族文化和非遗手艺的热爱与思考，石贤心里始终放不下濒临失传的传统技艺和苦于致富无门的贫困群众，她意识到，要回到山里去，用当代青年的知识和力量，带领乡亲们重建文化家园。

　　于是，大学毕业后，石贤毅然决定回乡创业，从事民族非遗创意产品开发与民族文化传承推广工作，通过整理当地非遗工艺、对接设计力量，积极宣传推广家乡的民族文化。她走出大山，又回到大山，既是从这片大山走出来的侗族儿女，也是从城市回来发展非遗产业的青年带头人，她身上兼具着传统的烙印与现代的活力，成为当地一股发展的内生力量。公司创办六年来，面向当地农村少数民族妇女开展免费非遗技能培训，覆盖 1200 余人次，先后带领上百位家乡民间艺人到南京、上海等城市开展民族文化推介，具身开拓视野，助力少数民族妇女脱贫与发展；累计带动当地 200 余名农村妇女通过手工订单灵活就业，为少数民族女性独立发展赋能，助力家乡脱贫攻坚与乡村振兴。同时，公司与江南大学、南京财经大学、贵阳人文科技学院等高校达成战略合作，共同助力非遗产业化发展；积极参与"万企兴万村"结对帮扶工作，带动各

高校和公益组织向从江县山村小学、移民社区陪伴课堂陆续捐赠价值约 80 万元的物资。真正实现了在家门口创"薪",将"遗产"转化成"财产",让"非遗"助力"小康",给乡村振兴注入新动能、点燃新希望,让它们擦出致富的火花、智慧的火花和幸福的火花。

在石贤的努力下,企业成功孵化了 3 位非遗传承人,带出了一批批优秀的新型职业手艺人,拥有文化产业品牌 2 个、产品版权近 200 项,通过在江浙地区打造民族非遗传播基地,助力家乡特色产品和民族文化有效传播,充分将"指尖技艺"转化为"指尖经济",实现非遗奔小康、文化致富路。公司被评为第一批"贵州省非遗扶贫就业工坊""贵州省'双培'先进集体""黔东南州非物质文化遗产传承基地"。石贤曾获首届"中国创翼"从江县创业创新大赛一等奖,被评为贵州省第二届"最美劳动者",被从江县委、县政府授予"劳动模范"荣誉称号。

在民族文化传承发展的道路上,这位"90 后"侗族女孩怀着一颗赤子之心,一步一步地"绣"出乡村振兴新希望。

在希望的田野上
做田野上的希望

——江苏农林职业技术学院华梦丽

华梦丽，江苏农林职业技术学院 2016 届园艺技术专业毕业生，现任果牧不忘家庭农场句容有限公司总经理、镇江团市委副书记（兼职），怀揣"做田野上的希望"的梦想，她始终坚守在希望的田野上。她扎根农村、服务"三农"，将乡村振兴的种子撒遍 16 省 57 地，以实际行动践行着新时代新农人的使命。

一、坚守为农初心，做以农致富的"追梦人"

梦想，要壮志凌云。新时代下的农业工作者要做到"懂农业、爱农村、爱农民"，才能更好促进"三农"发展，实现"农村美、农业强、农民富"的目标。2013 年，她以优异的成绩考入江苏农林职业技术学院，主修园艺技术专业。她深知"纸上得来终觉浅，绝知此事要躬行"的道理，在平时的学习中刻苦认真，跟着老师钻研技术，参与科研项目，发表论文数篇，不断提升个人本领。2016 年她以优异的成绩毕业，并与四名同班同学扎根句容，合作创办了果牧不忘家庭农场。

她说："学习，不是为了逃离贫困的乡村，而是为了把所学的每一点知识都用来滋养土地，带着乡亲们一同致富。"

二、坚持拼搏奋斗，做科技兴农的"先行军"

创新，要砥砺奋进。刚创办企业，除了满腔热情和学到的理论知识，她对经营生产实际很是陌生，常感觉自己像一个插不上手的局外人，无所适从：果蔬价格提不上去，部分产品出现滞销，公司的账户勉强能支付员工工资……那一刻，华梦丽感受到了前所未有的压力。于是，她与团队开始探索，通过走访市场与调研农户，在完成稳定生产的前提下，开始探索农耕体验项目，将种养紧密结合，完成了传统农业向体验式农业的重大转变，并且立足果牧全年供应，做到了"游玩赏食宿"五位一体化，年游玩人数突破 10 万人，产值达 1500 万元。

华梦丽心系农民，为了农民她从"门外汉"转变为"土专家"，她的皮肤也慢慢染上了泥土的颜色。2018 年，几名农户发现自家草莓苗莫名其妙地大面积死亡，心急如焚的农户第一时间想到华梦丽。那天下着暴雨，农户本以为她只会在电话里询问下情况，谁想她立刻赶到现场查看，她说："农业技术问题，就得在田里面才能说得清楚。"根据观察，他们迅速查找到了病因，并商量出解决的办法是使用脱毒草莓苗。说干就干，她立刻筹备建立植物组织培养室。正值高温季节，实验室里温度高达 50 多摄氏度，然而她毫无怨言，在这样的"桑拿房"里一待就是三个多月，尝试了上百种配方，在学校植物病毒钝化器的配合下成功研制出了草莓生长的培养基配方。

与时间赛跑，华梦丽跑出了科技兴农新天地。她联合研发专利 10 余项，核心技术获得了国内国际的广泛认可。中国园艺学会草莓分会理事长张运涛老师更是高度肯定了她的技术与成果，表示："她示范推广的草莓脱毒种苗质量优、社会评价高，促进了草莓产业提升发展和转型升级，已成为全国脱毒草莓种苗企业的一张名片。"拥有如此核心的技术，华梦丽没有隐藏，而是倾囊相授。她的初心也在一组组数据中得到了见证：她自发组织成立了助农服务队，服务队由 36 名"90 后"、7 名"00 后"农学专业毕业生组成，她们将技术带到了内蒙古、辽宁省等 16 省 57 地，积极为农民提供技术指导与跟踪服务，先后免费技术性扶持农户 700 余户，辐射面积达到了 4.2 万亩，成为农民放心的"田保姆"。

三、坚信党的领导，做为民服务的"贴心人"

服务，要担当尽责。"土地租给她，地租年年涨，给她打工，工资一分不少，我和老伴儿一年能挣 10 万块钱。"64 岁的王世祖是天王镇的村民，他对华梦丽佩服不已，"跟着她干准没错。"

在她的影响下，乡亲们的日子越来越好。她免费开放农贸集市，让周边村民可以将农副产品在她的农场售卖。她将订单销售与线上销售相融合，打通"教产收供销"农业全产业链。她的农场已累计带动就业 428 人次，为村民增收 2000 余万元，累计带动农产品销售 513 万斤，2023 年实现人均增收 36000 元。

在她的影响下，新农人的队伍逐渐壮大。她为农学专业大学生提供实践场所传授实干经验，为中小学生打造第二课堂加强中小学生劳动教育，为全国农民打造田间课堂提供交流平台，先后培训学员 16000 多名，累计帮助农民增收 1.2 亿元。同时，在她的感染下，39 名大学毕业生回乡创业，服务乡村。

当前，全面推进乡村振兴是实现中华民族伟大复兴的一项重大任务，作为一名常年扎根在基层的大学生毕业生，这是她最初的选择，这条路仍需要继续走下去。

扎根西部高原服务基层
驻守新疆边防奉献青春

——无锡商业职业技术学院宋子昂

一、基层锻炼接地气

"到基层去，到祖国和人民最需要的地方去，用一段青春岁月换一辈子难忘回忆。"这是宋子昂走进社会的人生召唤，也是他成长的人生路标。

2018 年 7 月，刚从无锡商业职业技术学院毕业的宋子昂作为苏北计划的一名志愿者，来到了他人生成长的第一站——共青团泗洪县委。初到岗位，他就先后参加了"百名博士泗洪行"、重阳节共青团走进敬老院、中小学生自我保护情景剧大赛、青年人才拓展训练营、文明城市创建等活动。在共青团泗洪县委服务期间，他还负责权益部和志工部工作。暑假期间，他顶着烈日，冒着酷暑，身先士卒，带领志愿者走街串巷，广发传单，呼吁社会帮助因为贫困上学受挫的学生。他总是利用周末休息时间，加班加点筛查整理、核实申报符合希望工程的学生材料，整理上报"希望有约和困境青少年"名单，常常是刚忙完上一项工作，就马不停蹄地投入下一个项目。团县委的历练，让他感到帮助他人的充实和快乐。

二、钻研业务练技能

为了发挥会计专业特长，宋子昂在团县委工作了五个月后，根据组织安排，被调到泗洪县财政局工作，主要负责全县财政人员工资、财政扶贫资金动态监测平台以及起草财政局相关文件等工作。从团县委行政岗位到财政局服务窗口，工作岗位的变化带给他更多的挑战，每天面对不同的人，回复不同的问题，要求更高的专业能力，他更加废寝忘食，每天早出晚归，将办公室当成寝室，各项工作精益求精，深受科室领导和同事的肯定和好评。财务局的一线服务，让他深刻感受到工作的意义和服务的真谛。

三、结对帮扶重实践

2019 年 1 月，在泗洪县苏北计划志愿者座谈会上，宋子昂因出色的工作，全票当选泗洪县苏北计划志愿服务队队长。3 月 5 日，共青团江苏省委"青春建功苏北发展，志愿助力乡村振兴——江苏大学生志愿服务苏北计划推进会"在徐州举行，他代表泗洪县苏北计划志愿服务队参加本次活动，并和省委驻泗洪帮扶队队长、泗洪县委副书记李向阳结对，同时与泗洪县人社局签约苏北计划助力乡村振兴公益项目。他带领志愿服务队为公益项目付出艰辛努力，在平时的服务中，他时刻向领导学习、向同事请教，老手带新手、新手搀新手，众志成城助力乡村振兴，他服务基层服务乡村的站位明显提升，志愿服务团队更有凝聚力和战斗力。

四、扎根边疆献青春

2020年，基层服务多年的宋子昂，毅然报考了国家移民管理局新疆出入境边防检查总站，选择了帕米尔高原，选择了祖国边境第一线。2020年10月，他只身离开江苏，满腔热血来到国门口岸最前沿——卡拉苏出入境边防检查站。卡拉苏口岸在祖国西部边陲的帕米尔高原上；口岸饮用水需从70余公里外的县城运送；口岸正对面是"冰山之父"慕士塔格峰。作为我国与塔吉克斯坦之间唯一的陆路口岸，卡拉苏口岸承担着我国与塔吉克斯坦及周边国家政治、经济、文化交流交往的重任。宋子昂到岗之后，不畏环境恶劣，挑战自我、履职尽责，下定决心在雪域高原当一名合格的"冰峰卫士"，用青春和热血卫国戍边。

初入警营的他，完成了严格的高原军事训练。队列演练从低头碎步到昂首阔步，标准军姿从5分钟提高到1小时，5公里体能从50分钟跑进30分钟。高质量的集训后，宋子昂来到卡拉苏出入境边防检查站，这里天气寒冷，气候多变，"一年一场风，从春刮到冬"，保暖衣和棉袄常年不离身。夜哨执勤，更是寒风凛冽，垃圾桶被吹得满地跑，人走出岗亭随时会被大风吹倒，但他从没退缩，始终坚守执勤岗位。

曾有人问宋子昂："你离家这么远不想家吗？"宋子昂说："想是肯定的，但人都是在磨砺中成长，帕米尔高原的雄伟和神圣，更能磨砺我的意志。"有国必有边，有边必要防，他要做帕米尔高原的雄鹰，展翅翱翔在祖国的边境，做一名无怨无悔的边防卫士。

吃苦不怕艰苦，缺氧不缺精神！无论自然环境多么恶劣，宋子昂从来没有忘记自己的信念和坚守，无论是苏北计划的志愿奉献，还是边境一线，扎根边疆卫国戍边，这是宋子昂不负青春不负祖国的赤诚。

退役不褪色　振兴勇担当

——无锡城市职业技术学院郑莹

郑莹，国家二级茶艺技师、茶艺师考评员、中级评茶员、中级制茶师，浙江省农业技术能手，长兴县最美退役军人，湖州龙创文化发展有限公司副总经理。

一、勤奋学习　从戎报国

郑莹大学就读于无锡城市职业技术学院贸易金融学院金融管理与实务专业，在校期间学习成绩优异，各项表现突出，大三怀揣报国之情参军入伍，携笔从戎，志愿去到祖国最艰苦、最需要的地方，如愿服役于军委装备发展部第 21 试验训练基地（新疆马兰核试验基地）。服役部队属五类艰苦偏远地区，位于"死亡之海"罗布泊沙漠西端，是我国重要的国防科研装备试验训练基地。在自然条件恶劣和训练保障任务艰巨的情况下，郑莹发扬新时代大学生士兵肯吃苦、善思考、冲前锋的良好品质，参与保障了一系列国防重要装备试验训练任务，部队服役期间获嘉奖两次，获评优秀义务兵一次。郑莹义务兵服役期满，时逢新军改，她便主动脱下军装，回到地方。

二、退役基层　乡村振兴

退役后郑莹回到家乡浙江省湖州市长兴县，在基层工作岗位上兢兢业业、勤奋刻苦，投身乡村振兴的大潮中。郑莹认真学习茶叶知识，潜心钻研茶艺专业，身为一名茶行业工作者，坚持深入茶叶生产第一线，跑遍了长兴县 10 个产茶乡镇，足迹遍布全县 15 万亩茶园。郑莹参与拍摄央视乡村振兴公益广告，为家乡的"紫笋茶"代言，并先后代表长兴县、湖州市参加市级、省级农业职业技能大赛，获 2021 年湖州市农业职业技能大赛（茶艺师）赛项第二名、2021 年浙江省农业职业技能大赛（茶艺师）赛项第四名，取得"浙江省农业技术能手"荣誉称号。

三、刻苦钻研　精进业务

她刻苦钻研，精于业务，为进一步提高自身业务水平和专业技能，主动将学到的专业知识应用到工作实践中，虚心向行业内的老师前辈学、向茶农学，不断提高业务技术能力，并参与推广茶叶绿色防控技术，机械化修剪、无人机植保等省力化技术，协助茶产业大脑研发及优化。她组织长兴茶企参加茶叶生产绿色防控技术培训会、茶园生态管理和茶叶品质提升技术培训会等各类培训会十余次；组织长兴茶企参与两届长兴县紫笋茶茶王争霸赛、中国国际茶叶博览会、浙江绿茶博览会、千年紫笋西安行等一系列茶事宣传活动；参与"紫笋茶"证明商标和"长兴紫笋茶"地理标志的管理和使用；致力于提升紫笋茶品质，宣传紫笋茶品牌，促进茶产业提质增效。

四、直播带货　战疫助农

疫情期间，为了让更多受疫情影响的茶企、茶农增加经济收入，郑莹真心诚意为茶企、茶农出实招、办实事，利用"长兴鲜"公益主播身份，上茶山、下车间，实地走访长兴县茶叶基地，出谋划策，助农增收。同时她积极参与五项电商农产品选品标准的起草制定，从供应链选品着手保障长兴农产品出村入城，并通过直播带货的方式帮助茶企、茶农拓展销路，2021年为茶企、茶农及其他农业主体直播带货，直接销售76万元，间接带动销售148.32万元。2022年，郑莹和她的农创客伙伴们携手紫笋茶种资源最丰富的川步村，以强村富民为目标，盘活村集体存量土地，共建了茶文化交流中心和农村电商服务中心。中心运营不到一年，已完成了1769人次的相关培训，并帮助多名农创客、新农人提升技能水平；接待来自全国各地的学者访客3200多人次；中心内的助农直播间已为长兴的农业主体直播带货128万元，带动销售1085万元。入驻中心的企业营收已过1400万元，还

带动三县两区就业260多人次，并每年为村集体经济增收35万元。此外，环境优美独特的茶文化中心成为美丽乡村建设的样板，极大地提升了当地老百姓建设美丽乡村的积极性。

五、非遗传扬　忠诚担当

郑莹作为紫笋茶非遗团队成员，在长期参与紫笋茶品牌宣传和茶文化推广期间，通过非遗精品创作，参与编排复原了唐代煮茶和宋代点茶的古代经典茶艺。2023年除夕，郑莹所参演的节目《宫乐会茗》精彩亮相《古韵新声》春节节目，并在央视综合频道CCTV-1、央视频同步播出，节目所展现的唐代煎茶场景得到了一致好评。她在从事基层茶文化推广、茶产业技术指导、新茶品研发、农村电商服务期间坚持以高标准要求自己：退伍不褪色，忠诚显担当！发扬听党指挥、能打胜仗、作风优良的政治本色和扎根基层、乐于奉献、精干高效的优良品质，不忘初心，筑梦青春，在农业领域展示了一名新时代退役大学生士兵的风采！

"驻守过边疆荒漠，也缱绻过江南水乡，辽阔与婉约都是你。从一场试训的硝烟，到一枚青叶的执着，你都拿捏有道。侍茶品茗，曾经，你如水翻腾，现在，你伴紫笋留香。"这是在2022年长兴县最美退役军人颁奖仪式上，写给郑莹的颁奖词。这也是她扎根基层工作，不负璀璨芳华最生动的写照。

雪域高原，就是她心中的诗和远方

——江苏师范大学赵娜

"世界屋脊"西藏，是旅行者的诗和远方，也是"生命的禁区"、祖国的边防。赵娜 2016 年本科毕业后，主动放弃了留在东南沿海省份工作的机会，毅然选择扎根在西藏自治区乡镇基层岗位，一干就是 8 年，在雪域高原绽放了绚丽的青春之花。

一、她是藏族同胞口中的"小卓玛"

万事开头难，赴藏工作后，短暂的憧憬和兴奋很快就被语言听不懂、饮食吃不惯、工作强度吃不消等超出想象的困难、艰苦冲淡了，赵娜及时调整心态，加速适应环境，暗下决心要从最难的语言关入手来打开工作局面。她积极利用业余时间跟同事学藏语、练发音，逐渐也能够与藏族同胞用藏语问候"贡卡姆桑"（您好），祝贺"扎西德勒"，见面来一句"给啦"（敬语），再见道一声"佩修"，很快就收获了当地群众的信任和喜爱，大家还给她取了个亲切的藏语名字"小卓玛"。语言通了，和当地百姓的心就近了。熟练掌握了藏语后，赵娜逐渐在乡镇基层工作岗位上游刃有余起来，她积极向领导认领工作任务，虚心向同事请教工作经验，主动担苦担难，热心为群众服务，在一次次的调研、接访、调解中锻炼并迅速成长起来，先后参与化解各类基层矛盾 300 余起，调处重大纠纷案件 20 余起，受众达 900 余人次，没有收到过一起复议和投诉。赵娜所在单位被司法部授予"全国模范基层人民调解委员会"荣誉称号，她三次获评拉萨市城关区"年度优秀公务员"，工作经历入选《全国大学生基层就业人物典型事迹》丛书。"走，去调解所，找小卓玛"，已成为当地群众遇到矛盾纠纷常挂在嘴边的话。

二、她是农民工眼里的"大能人"

2019 年春节将至，赵娜在乡镇接访时遇到一位年过半百的老乡含泪来反映自己的工资被拖欠问题。赵娜深知，虽然 1.5 万元在城里人看来不算什么，但对于辛辛苦苦打拼了一年的农民工来说，每一分辛苦钱都弥足珍贵。她了解清楚情况后，立即多方奔走、协同力量，很快找到承包老板开展了三方调处工作，在她的执着努力下，老板把拖欠工资一分不少地付给了老乡。此后，赵娜又调处了多起农民工欠薪纠纷，也在工作中逐渐摸索出了一套简便高效的工作经验，工作之余她还经常深入周边工地向打工人宣讲相关法律知识，帮助农民工运用法律手段保护自己的权益。在乡镇工作几年来，她成功帮助农民工追讨工资 200 余次，涉及金额 2000 余万元，受众达 400 余人，久而久之，当地农民工老乡都知道调解所有个姑娘是能够帮打工人讨工资的"大能人"，甚至一些辖区外的农民工老乡也不辞路远慕名来找"大能人"解决困难，每当千辛万苦帮农民工兄弟讨回工资、双手被老乡们粗粝的大手紧紧握住，赵娜都会感动地和他们一起笑、一起哭。

三、她是群众心中的美"普莫（姑娘）"

2022年8月拉萨市突发疫情，赵娜主动请缨，第一时间下沉到社区参加疫情防控工作，一直战斗在最前沿。坚守基层一线的3个多月时间里，她每天上门入户为小区群众采集核酸，为了不浪费防护设备，她经常忍住不吃饭不喝水，多次晕倒在岗位上，仍然忘我工作，任谁也劝不退。小区楼道中，总能看到她瘦弱的身影帮居民分发蔬菜、大米等生活物资。无论多晚，群众一个电话她就会披衣而起及时买来奶粉、药品。每次在小区听到群众喊"普莫"时，她都会停下脚步，耐心了解群众需要什么帮助，第一时间解决居民的现实困难。一个深夜，封控小区内有孕妇突然临产，家属由于没做好准备焦急万分，接到求助电话后，赵娜冷静帮孕妇完成报备流程，边调度安排应急车辆边预定妇产医院，由于救治及时，产妇顺利诞下宝宝，家属专门为赵娜送来了洁白的哈达表示感谢。疫情结束了，"普莫"却没有停下忙碌的脚步，赵娜又投入紧张的新时代文明实践中心建设工作中。她结合各村（社区）资源的特点，积极开展"一村一特色文化品牌村（社区）"创建活动，教育引导各族群众追求科学文明健康的生活方式。尤其是她结合西藏茶馆特色策划打造的"茶馆书屋"志愿服务工作项目，因广泛的社会影响和良好的群众口碑被收录进中央文明办《建设新时代文明实践中心工作方法100例》，在全国得到宣传推广。社区居民口中那个有求必应的"普莫"，以她的热情之美、智慧之美为雪域高原增添了一抹亮色。

基层工作以来，赵娜也曾经迷茫过、胆怯过、沮丧过、动摇过，但每当想到习近平总书记在梁家河艰苦奋斗的燃情岁月，想到总书记经常提起的老西藏精神、"两路"精神，想到孔繁森、郭毅力等驻藏干部的感人事迹，赵娜都会在心中升腾起无穷的信心和力量。赵娜早已把雪域高原当成自己的第二故乡，未来，她还将继续用青春和奋斗书写自己的西藏故事，用赤诚和热爱去奔赴自己的诗和远方，正如她最爱的一首诗所写："既然选择了远方，便只顾风雨兼程。"

志存高远　厚积薄发

——常熟理工学院宋浩

宋浩，1991 年生，江苏徐州沛县人，2013 年 5 月加入中国共产党。2014 年毕业于常熟理工学院机械工程及自动化（电梯工程）专业，现任苏州德里克智能技术有限公司电气工程师。他政治过硬，积极发挥青年党员先锋模范作用，担任企业党支部与上级党委的联络员。他胸怀技能强国之志，以守护电梯安全运行为己任，深耕行业，在强手如林的苏州高技能人才队伍中取得了不同凡响的成绩：先后荣获"苏州市技能状元""苏州市青年岗位能手""江苏省劳动模范"等荣誉称号。"90 后"的他，用奋斗诠释青春，也让匠心薪火相传，用实际行动切实展示新时代青年"强国有我"的共产党员担当。

一、世界 500 强外企拓视野　扎根基层夯基础

高考时，他毅然选读全国首个本科层次的电梯工程专业方向。毕业后，科班出身的他认定了电梯行业，加入"快速电梯"（世界 500 强子公司），任职现场工程师。他从基层干起，忘我学习。农家子弟的淳朴与干劲，让他与电梯安装工友们在工地同吃同住。钻电梯井道、扛导轨（电梯运行轨道，单根约 50 千克）、搬对重、下底坑。他以电梯安装运维现场为家，任劳任怨。酷暑时节，他所工作的电梯机房、井道，40℃ 以上高温是常态，工作服被汗水浸透更是家常便饭。如遇投入运行的电梯突发疑难问题，他又常为尽快恢复电梯安全运行，一次次通宵鏖战。

同期入职的好多同事受不了苦而离开，宋浩依然选择坚守。在电梯这个艰苦高危特种行业，他始终以舍我其谁的责任感和时不我待的紧迫感，磨砺意志、涵养匠心、夯实基础。不到三年时间，凭借这股拼劲和扎实的专业学习，他已能独立完成公司全系列十多类产品的技术支持工作，而若按行业惯例，通常需要五六年的时间。

二、民营中小微企业挑大梁　练就本领成模范

2017 年 3 月，宋浩加入苏州远志科技有限公司。有很多人不理解他为什么从一个国际大公司到一个不足百人的小公司，从一个外企到民企。其实他非常认同远志"志存高远、行循自然"的核心价值观，认准选择远志这样一家"专精特新"企业有利于更好地服务民族电梯行业发展。宋浩不满足于此前积累的现场经验，摸爬滚打在电梯现场，攻克了一个个技术难题，成长为技术骨干。他创新客户需求，不断优化产品，主导完成了高难度的超高速电梯控制柜和应用于轨道交通特殊需求的大提升高度、大载重自动扶梯控制柜等项目。

宋浩酷爱电梯行业，工作之余系统总结经验，为行业编撰教材。由他担任副主编的《电梯修理与维护保养》以及参编的《电梯电气构造与控制》《电梯安装与调试》电梯专业技术人员培训系列课程规划教材由江苏凤凰教育出版社出版。三本教材全部入选"十四五"职业教育江苏省规划教材，同时被列入"十四五"首批职业教育国家规划教材江苏推荐项目名单。他在行业顶级赛事中检验专业技术技能，2020年加入苏州市"顾德仁电梯智能控制技能大师工作室"，参与了包括人社部"2020年全国行业职业技能竞赛—全国电梯行业职业技能竞赛"在内的十余场次国家级、省市级的职业技能竞赛技术支持工作。

持之以恒的积累，让他如鱼得水；追求卓越的工匠精神，成就了他在电梯行业争当标兵、成为模范的梦想。2019年，在由苏州市人民政府主办的第四届"苏州技能状元大赛"电梯安装维修技术赛项（企业职工组）中，他取得个人第一名的优异成绩。2021年，他所在的远志科技将智能设备业务板块独立为苏州德里克智能技术有限公司，宋浩的工作领域也由电梯控制扩展为更广泛的工业智能控制。

三、"技能型企业"建设探索　"传帮带"育人成效卓著

宋浩和他的同事们一起为民营中小微企业建设"技能型企业"探路，主动服务"多品种、小批量、定制化"业务属性的装备制造类中小微企业，以匠人之志传承"劳模精神"。2021年，苏州市总工会正式命名"宋浩劳模创新工作室"。他借助两个工作室的平台，围绕技术创新和管理创新，充分发挥自身特长，"传帮带"培育新人。他的工作室已培育出王进、王涛、彭耀伟、李青荣等四名市、区"五一劳动奖章"获得者。2022年9月，工作室与吴江中专联合培育的学生陶逸飞、马长龙荣获全国职业院校技能大赛中职组电梯维修保养赛项金牌。他所服务的单位也因此获得苏州市人民政府授予的"高技能人才培养贡献奖"。

他不忘母校培育之恩，多次回母校与学弟学妹们分享自己的职业成长故事，以身示范鼓励他们追求卓越、勇攀高峰。他还带领工作室骨干支持常熟理工学院承办的"常熟市职业技能竞赛电梯安装维修比赛"等多场竞赛，全面负责技术命题和支持工作，用实际行动回馈母校培养。

他立志让中国技术走向世界，向国际友人传授自己的精湛技术，展现新时代中国

工匠的风采。他全程参与指导 5 名南非留学生参加"2020'一带一路'暨金砖国家技能发展与技术创新大赛之电梯工程技术国际大赛"，两人获二等奖、两人获三等奖，一人获优胜奖；他本人荣获优秀翻译奖。

"城市，因电梯而长高；电梯，因我们而安全运行。"宋浩愈加坚定扎根基层，将自己所学回馈社会，用匠人之举为成就中国电梯行业的世界优势而努力奋斗。

用青春之华　筑基层之实
扬远航之帆
——苏州健雄职业技术学院高旭

　　高旭，中共党员，苏州健雄职业技术学院艺术设计学院广告与会展专业2015届毕业生。2017年，高旭积极响应国家号召，主动请缨投身"苏北计划"，成为连云港市连云区墟沟街道办事处的一名基层工作者。工作以来，高旭始终坚守服务基层、服务群众、服务百姓的初心，发扬实干精神、创新精神、担当精神扎根基层。他先后担任"苏北计划"志愿者、"三支一扶"志愿者、创卫创文宣传员、疫情防控调度员、新时代文明实践引导员、全民阅读推广员。多个基层岗位的实干和历练，高旭不仅收获了基层群众的口碑，也收获了实至名归的奖杯，先后荣获"2018年墟沟街道先进个人""2020年灌南县优秀共青团干部""2021年连云港市青年岗位能手""连云港市2021年上半年度青年大学习标兵""2022年连云港市疫情防控优秀志愿者""2022年连云港市花果山英才双创周优秀志愿者""2022年灌南县全民阅读十佳推广人""2022年连云港市优秀共青团干部"等荣誉。

　　作为青年干部，高旭坚持提高站位、树牢宗旨意识，发扬"三种精神"，一心一意地服务群众、服务基层、服务百姓。

一、撸起袖子，以实干精神服务群众

　　高旭能吃苦、肯吃苦，特别是在为基层群众解决急难愁盼的民生问题时，更是坚持"实"字当头，把实干实干再实干融入为民服务中，用心用情办好民生实事，解决群众问题。2022年，在担任团灌南县委宣传部、学少部负责人期间，恰逢团省委为深入贯彻落实习近平总书记对希望工程重要寄语精神，在全省启动实施"梦想改造＋"关爱计划，高旭牵头推进灌南县"梦想小屋"改造工作及后续关爱服务。在122间"梦想小屋"建成回访中，高旭发现部分受助者不仅有家庭经济困难、居住环境较差等物质上的匮乏，还存在监护缺失、亲情缺位导致的孤独、自卑、逆反、厌学、焦虑等心理问题。随即，高旭带领青年志愿者根据122位受助对象的兴趣爱好、生活需求，为受助对象量身定制了篮球、音乐、阅读等10余种个性化一对一课程，帮助小朋友养成良好的学习生活习惯，树立自信自立、自律自强的人生观。高旭的敏锐观察和创新想法，让这群处于边缘的小朋友，不仅收获了温暖舒适的居住环境，更获得了丰富多彩的精神食粮。他撰写的《122间梦想小屋点亮困境青少年成长之路》实践报告，先后被"学习强国"、《中国共青团》、《现代快报》、"灌南发布"等媒体和平台报道。

二、迈开步子，以创新精神扎根基层

新时代的群众问题是立足实际的，是遵循基本规律的。高旭一直注重加强理论学习，不断提高自身素质能力，在基层实践中创新工作方法，使基层工作得到群众信任支持。高旭一直以"有解思维"开展工作，勇于破难题、谋思路。在田楼镇宣传科工作期间，高旭发现团代表的流动性大，致使团组织的管理和团委的工作难度加大。于是他提出"团代表资源法"，为每一位团代表建立电子档案，鼓励团代表助力人才返乡、乡村振兴、招商引资等。经过宣传和推广，仅2021年，就吸引了12名团代表返乡创业和5条有效招商引资项目信息，为60余名待业青年提供了工作岗位。

为了丰富村民的精神生活，高旭充分调动村组干部干事创业的积极性，创建了"1123工作法"，即"村里申报1场活动、由1位团干部牵头、2个以上部门联合指导、面向3类以上群体展开"。"1123工作法"经实践后，已为各村留守儿童、空巢老人、失独家庭等群体提供文艺志愿活动累计16场，让党的政策以文艺活动的形式飞入寻常百姓家，为村民们的日常生活增添了文化色彩。

在他的影响下，70余名工作在基层一线的青年主动参与到科技助农、文化宣讲等志愿工作中，累计上岗500余人次，服务时长3000余小时，志愿活动逐渐在基层一线生根、发芽、开花。

三、沉下身子，以担当精神造福百姓

高旭既怀抱梦想又脚踏实地，既敢想敢为又善作善成。高旭时刻注重理论学习，他平均每年阅读20余本党政理论、社科法律等方面的书籍，不断从书中汲取知识，并以理论指导实践工作。他还搭建青年学习平台，加强身边青年团员的学习能力，共发起45场青年主题系列团课，覆盖26个村（社区），参与人员累计400余人，为基层服务工作赋能增效。疫情期间，高旭积极组建并参加基层青年突击队，带领身边的青年同志一起参与防疫志愿服务。他连续40多天每天凌晨4点赶到核酸检测点，认真做好核酸检测的调度工作，帮助医护人员分发防疫物资、拉警戒线，确认每个点位的志愿者是否到位，为疫情防控提供基础保障。一次，为迎接来灌南支援的医护人员，他带领青年志愿者从半夜11点一直忙到凌晨3点，在寒风中搬运抗疫物资近4小时，用周到细致的服务为医护人员争取更多的疫情防控服务时间。暑假期间，他牵头开展"暑你

行"青少年安全自护教育宣传活动，组织团干部和返乡大学生走村入户宣讲青少年暑期安全自护知识12场，带领青年志愿者开展巡河护河活动近80场，成功劝阻3名野泳的青少年。

"心心在一艺，其艺必工；心心在一职，其职必举。"高旭在基层岗位用实际行动践行了习近平总书记在党的二十大报告中对青年的寄语。他始终恪守着奉献不言苦，追求无止境的人生格言，在各个基层岗位上始终如一地奋斗着，用青春筑基层之实，在人生图册画下美好的一页。新的征程已经展开，高旭感到自己责任重大，路远且长，只有将基层工作耕耘得更扎实，才能不辜负群众的期望。

小个子　大情怀
脱贫攻坚战场上的青年担当
——南通大学胡贵鹏

　　胡贵鹏，中共党员，大学本科学历，2013 年 9 月进入南通大学学习，2017 年 6 月毕业，同年考入云南省昭通市残疾人联合会工作；2018 年 3 月，胡贵鹏响应组织号召，主动申请到基层一线担任驻村工作队员，一驻就是 5 年，村里人都亲切地叫他"大鹏"。身高 130 厘米小个子的他，是一位"90 后"阳光男孩，身残志坚，积极乐观，平易近人，在工作中克服诸多困难，吃苦尽责，对自己要求严格，吃住在村，一心一意抓扶贫，时刻战斗在基层一线，充分发挥驻村工作队员作用，以扎实的工作作风推进脱贫攻坚和乡村振兴的各项工作，以辛勤付出换来贫困群众的幸福生活。通大优秀毕业生与时代同频共振，在脱贫攻坚乡村振兴工作实践中书写时代答卷。

一、启航——理论之光，照亮前路

　　清晨进组入户走访了解掌握村情、社情、贫情、民意，认真做好民情日志记录，将全村村情和每户的家庭情况牢记于心，吃透百姓的贫困现状；夜晚系统学习习近平总书记关于脱贫攻坚工作系列讲话精神，全面了解掌握党和国家有关脱贫攻坚工作各项路线方针政策，以及各级各部门出台的帮扶政策，这就是驻村工作队员胡贵鹏刚到村里时的白天和黑夜。一本本厚厚的调研记录，一条条写了又改、改了又写的帮扶脱贫举措，记录着他驻村工作的思考与心得。他还利用召开村民小组会议的契机，开展"三讲三评"活动，把自己的工作思路与党和国家扶贫政策有机融合，用乡亲能听得懂、看得明的语言将国家政策沁入民心。

二、征途——实干苦干，矢志战贫

　　刚刚从大学毕业走上工作岗位的他，虽然个子小，但却是一个非常自信阳光的男孩，在驻村扶贫的五年时间里，从昭通市彝良县树林乡树林村转战到彝良县柳溪乡坪上村、桐林社区，胡贵鹏始终秉持一颗初心，情系驻村扶贫点，用自己的实际行动诠释了一名党员干部全心全意为人民服务的宗旨。刚到树林村时，他调研了解到当地海拔高、气温低，村民住的是土坯房，走的是泥土路，交通闭塞，发展滞后，产业单一，群众收入低，贫困程度深，贫困面大。他感到脱贫工作任务艰巨，前方道路艰辛，特别对于没有基层工作经验的大鹏来说，更是重大的挑战，但是身残志坚的他，在多年的求学之路上早已锻造了"困难面前不绕行，挫折挡道不屈服"的精神。他向村干部请教工作方法，每天学习练习当地方言，看到村民遇到困难立刻伸出援手，很快融入为村里的正式一员。在驻坪上村期间，他帮助协调民政部门为全村困难残疾人55人落实低保；针对村民黄泽礼年迈无劳动能力，仅靠妻子务农无稳定收入，儿子黄长鸿又就读大学的实际困难，协调县残联上门服务为黄泽礼办理残疾人证，协调乡镇民政部门为其落实最低生活保障；为营造整洁舒适的乡村环境，他联合驻村工作队、村"两委"主动去公共活动场所、公路沿线等地方打扫卫生，养护绿植，用实际行动为群众作表率，随后带领村民打扫村内和自家环境卫生；针对五保户、低保户居住条件差，生活无法自理的问题，他与村"两委"干部同民政部门沟通协调后将黄长春、王长发两位老人送到牛街公费养老院居住，使他们的生活有了保障。

三、远方——初心永存，恒者行远

胡贵鹏在坪上驻村的时间里，坪上村旧貌换新颜。他积极协调资金为全村实施了农村危房改造159户、易地搬迁22户、随迁户3户；按照"危房不住人，住人不危房"要求，为全村30户特殊困难户解决了安全住房问题；在村集体公司主导下，发展辣椒、竹笋种植业和黄牛养殖业，通过产业发展促进贫困户增产增收，实现人均纯收入增加；狠抓基础设施建设，协助村"两委"齐心协力同上级部门沟通对接，争取项目资金900余万元改善基础设施建设，为群众生产生活和出行提供了方便；完成村内2个移动通信基站的升级改造，使得村内交通和通信状况得到了极大的改善，群众生产生活质量大幅提高；积极主动向单位领导汇报争取支持，为彝良县树林乡树林村、柳溪乡坪上村、桐林社区争取项目资金100余万元，帮助解决了村民活动场所建设、残疾贫困群众无障碍改造、公共厕所建设，帮助坪上村解决办公缺乏电脑、打印机等难题；联系单位帮扶干部每年春节开展暖冬行动，为困难群众送去衣服、被子，发放慰问金；协调县残联上门服务，到柳溪乡各村巡回服务，对符合办证条件的残疾人进行当面评审、当场办证，切实做到应办尽办。对贫困听力有障碍的群众配备助听器。正是一心为民的实干精神，让村民眼里的"小个子"变成了"大鹏"，他以实际行动彰显了共产党员的初心和基层干部的使命担当。

斯土斯民，情之所系：我从人民中来，就要到人民中去。当代青年志愿到最基层、最艰苦的地方燃烧如火激情、唱响青春之歌，用知行合一践行不忘初心的誓言。胡贵鹏的点滴努力为服务过的乡村注入了渴望发展、不甘人后的精气神。未来，"大鹏"将会牢记使命，随风而起，在巩固脱贫成果，振兴美丽乡村，建设幸福中国的道路上持续奉献青春力量！

回苗寨当"村干"兴家乡
以青春之力报桑梓之情

——江苏电子信息职业学院石了阿

石了阿，江苏电子信息职业学院 2017 级学生，2019 年秋返乡工作，现为贵州省黔东南州从江县谷坪乡高武村村民委员会副主任、县团委兼职副书记，贵州省"最美劳动者"。他作为高武村第一个大学生，受惠党的脱贫攻坚政策完成学业，毕业后怀着反哺家乡之志，带领村民发展苗乡特色产业，用短短几年时间，就开创了建设富美苗寨、实现乡村振兴的良好局面。

一、受助求学江苏，立志学成建设家乡

他的家乡——高武村，群山环绕，交通不便，是大山深处的一个纯苗族村寨，曾是一个地地道道的贫困落后村寨。1996 年出生的石了阿，早年丧父，兄弟姊妹 5 人，因家境贫寒 2017 年高考后处于辍学的边缘，得益于江苏电子信息职业学院对贵州省学子学费全免政策，在北京大鸾翔宇慈善基金会帮扶下才得以继续学业，成为村里第一个大学生。从此，他始终牢记北京大鸾翔宇慈善基金会发起人、周恩来总理侄女周秉德女士在给他颁授"恩来助学金"时的教导："好好学习，学成归来，建设家乡，回报社会。"

二、努力学习实践，坚定反哺家乡之志

他大学入学后，一方面刻苦学习各门课业，夯实专业基础；一方面积极参加社会实践，锻炼工作本领，获评校大学生年度人物等荣誉。他平时利用晚上、周末等课外时间到中国联通等企业兼职实习，利用寒暑假期间作为志愿者协助村"两委"开展脱贫攻坚工作。在这些工作实践过程中，他亲身体验了江苏经济的高度发展和先进的发展模式理念，深刻认识到："高武村虽然撕掉了深度贫困村的标签，但主要依赖于党和政府的好政策和社会各界的大力帮扶。要保持住良好发展的势头，关键还是在于高武村要有人用新的发展理念带领村民发展自己特色优势产业，实现可持续发展。"村支部书记也曾跟他说："希望你用实际行动给高武后生树立榜样，多一些像你一样的大学生把所学的才智带回家乡，用苗语把党的政策讲清楚，带着父老乡亲继续苦干实干，为高武村的发展'添砖加瓦''添柴加油'。"这些都成了他大学毕业后毅然选择回到家乡，希望以青春之力报桑梓之情，为高武村乡村振兴奉献青春力量的原动力。

三、任职家乡基层，为民排忧解难

2019 年，他放弃了在科大讯飞江苏基地实习后高薪入职当地 IT 企业的机会，回到家乡谷坪乡政府见习，先后在党建办、医保办、养老、民政、综治办等股室轮岗，初步掌握了为民办实事的各项政策。2021 年 12 月 26 日，他通过民主选举，顺利当选高武村村民委员会副主任。此后，他更加努力学习习近平新时代中国特色社会主义思想，贯彻执行党的乡村振兴战略，还先后参加从江县贫困户致富带头人培训、黔东南州州共青团系统干部能力提升培训等，不断提高自己的理论水平和工作能力。面对文化水平低、基本不会讲普通话的群众，他积极请教老一辈村干部，将房屋审批、医保养老、拥军优属、重奖重学等政策转化为苗歌和苗语体系里的表达，在田间地头、院坝屋内传唱讲解。群众的小事、琐事，他牢记在心。一年多来，他风雨无阻坚持每晚鸣锣喊寨，每个星期探望弱势群体群众；利用法律知识先后为村民追账 6 例，化解民事纠纷 5 例，为群众办理建厨房、禾仓、房子、牛棚等手续 11 例；为村民开展上网、手机使用、电子商务平台操作等培训 26 次。

四、弘扬民族文化，建设富美苗寨

高武村有着原生古朴的民族文化和丰富独特的自然资源。他带领村民贯彻"绿水青山就是金山银山"的理念，退耕还林，加大生态环境保护力度，高武村森林覆盖率已在78％以上。他充分发扬优秀传统文化，发展特色旅游业，通过苗家情歌和原生民族节日(包括五年一度的芦笙节、鬼脸节、猪头节、牯藏节、苗年节和每年一度的四月节、洗牛节、新米节)丰富旅游特色，通过开发苗家刺绣工艺等文化创意产品增加旅游销售收入。他带头先试发展特色农业，提升群众收入，在前期做了大量调研基础上，先后发展灵芝种植 10 亩，板蓝根种植 15 亩，罗汉果种植 10 亩，油茶树种植 10 亩；一年后，村民们看到他的试种取得了显著成效，都积极参与进来，现如今他同村"两委"组织群众发展林下经济，种植板蓝根 300 亩、油茶树 270 亩、罗汉果 200 亩、灵芝 150 亩，稳步提升了群众收入。

五、扎根乡村振兴，赢得社会好评

几年来的工作体验，让他更加坚定了一辈子投身"产业兴旺、生态宜居、乡风文明、治理有效、生活富裕"家乡建设的决心。他的家距离村委会仅一百米左右，回村后一个多月没回家。妈妈打电话对他说"以前的村干部哪像你那样干，吃也吃村委会住也住村委会，人家的家比自己家重要"，他说："妈，我应该多干一点的!"回村任职后，他也遇到过许多较为复杂的问题，但是他积极主动处理，认真把群众工作做好，用实际行动赢得大家的认可和肯定，成为村民的"口头村长"。他先后获评从江县、黔东南州优秀青年代表，并在黔东南州庆祝中国共产主义青年团成立 100 周年优秀青年代表座谈会上作交流发言；他的先进事迹先后被贵州省黔东南州电视台报道 1 次、贵州省从江县电视台报道 4 次，并于 2022 年 11 月被贵州省总工会授予"最美劳动者"称号。

石了阿说，高武村有今天的成绩，离不开党的好政策和群众的苦干实干。在乡村振兴新的征程里，他将怀着初心使命继续带领群众锐意创新、开拓进取，不负时代、不负韶华、不负党和人民的殷切期望，为谱写百姓富、生态美从江新篇章贡献智慧和力量。

乡村旅游助力脱贫攻坚

——盐城师范学院王然玄

　　王然玄是红河州脱贫攻坚中涌现出来的优秀共产党员代表，是乡村振兴战略实施中的青年先锋模范。在盐城师范学院商学院求学期间，他也是一名赢得领导老师高度认可和赞扬的优秀学生。2013 年，王然玄放弃了江浙沪优厚待遇的工作，毅然决定回到云南，返回家乡为家乡尽绵薄之力。2018 年 7 月，王然玄被选派到元阳县新街镇爱春村委会阿者科村驻村，两年时间，阿者科村这个国家级传统村落、深度贫困村，在他的带领下通过"阿者科计划"发展乡村旅游，走出了一条"百姓富"与"生态美"相结合的减贫新路子，实现全村脱贫，"阿者科计划"也入选了世界旅游联盟"全球百强旅游减贫案例"。自驻村的第一天开始，他就坚定信心，一定要带领村民们脱贫致富，彻底摆脱贫困。他吃苦耐劳，住到村子里面，一次次走访调查、分析研判，结合阿者科独特的旅游资源编制了"阿者科计划"；他踏实肯干，为了计划顺利实施，挨家挨户做动员宣传，让全体村民都参与进来，享受发展红利；他一心为民，经常帮助困难群众、困难学生解决问题，真正地为民办实事好事，赢得了村民的信任；他不安现状，探索出阿者科留住人才、引进人才、培养人才新模式，切实解决了乡村发展中"授人以鱼"和"授人以渔"的问题，真正实现了人与生态可持续发展，做到了扶贫又扶智。阿者科发展旅游至今，举行了六次分红大会，创收 127.91 万元，村民直接分红 63.93 万元，户均分红一万余元。

一、勇扛使命彰显青年力量

　　王然玄虽是"90 后"，但是有着丰富的基层工作经历，他身上有着新时代青年的精神，他将习近平总书记对青年的寄托当成自己干事的信仰。在脱贫攻坚期间，王然玄被下派到元阳县新街镇爱春村委会阿者科村担任村长，面对阿者科特殊贫情村情没有打退堂鼓，而是坚定扛起组织交派的任务，在内心打定主意，要带领村民脱贫致富，彻底摆脱贫困。作为一个被下派的"村长"，王然玄的村长之路并不那么顺利。阿者科村内基础设施滞后、群众产业结构单一，是一个贫困面大、贫困程度较深的边远民族村寨。如何在保护好阿者科村自然和人文景观的同时利用好手中的资源打赢打好脱贫攻坚战、带领群众致富，这是王然玄时刻记挂心中的事。只要有机会，王然玄就向母校学院的专业课老师请教如何在困境之下寻找出路。王然玄与村"两委"干部们商量，阿者科村脱贫不仅要让群众致富，更要让阿者科成为典型、成为示范。通过向上级争取支持，在州、县各级领导的关心支持下，王然玄与保继刚教授研究团队合作，为阿者科村单独编制了"阿者科计划",科学确定阿者科村乡村旅游发展目标。时任商学院市场营销系主任周华谈及王然玄,频频点头说道:"然玄学习十分刻苦,他总是说,自己是从农村走出来的,他想用好这四年,在盐师学真知识、真本领,希望毕业之后能凭借自己的力量建设家乡,他真的做到了。"

计划实施的主体是群众,但是当时阿者科村的村民根本就没有发展旅游的概念,没有把自己当作计划的"主人"。为保证"阿者科计划"的落实,王然玄住到了村子里,每天挨家挨户去"家访",宣传"阿者科计划"、为村民解答疑惑,但是村民们还是不理解。通过了解和分析村民们的顾虑,王然玄于 2018 年 9 月组织全体村民成立了元阳县陌上乡村旅游开发有限责任公司,明确该公司股份归全体村民所有,公司法人由村民推选出代表担任,全村村民对公司运营进行监督并签订乡村旅游发展协议。有公司、有分红,村民们开始慢慢加入"阿者科计划"。2019 年 2 月 3 日阿者科村乡村旅游正式开始运营,仅一个月的时间,村集体收入达 16 万元。在 2019 年 3 月 8 日举行的第一次分红大会,户均分红 1600 元。王然玄的坚持不懈,给阿者科村群众创造了看得见、摸得着的实惠,大大激发了村民参与的积极性,王然玄也得到了群众的肯定,成为他们心中的"旅游村长"。

阿者科村先后获得国家农业农村部"2019 年中国美丽休闲乡村""中国少数民族特色村寨""全国乡村旅游重点村"等荣誉称号。"阿者科计划"入选教育部第四届直属高校精准扶贫精准脱贫十大典型项目;入选世界旅游联盟"全球百强旅游减贫案例";入选央视纪录片《告别贫困》;作为旅游扶贫案例被选入纪录片《中国减贫密码》;入选 2021 年 6 月全国高考乙卷地理题;2021 年 7 月 6 日,入选中国共产党与世界政党领导人峰会暖场视频《携手,为人民》;2021 年 9 月 13 日入选文化和旅游部《2020 年国内旅游宣传推广典型案例名单》。

二、创先争优树立青年典型

在人才助力乡村旅游上王然玄还提出了引进高端人才,他主动与知名高校协商,先后选派 10 名博士生、硕士生到阿者科村驻点指导,参与脱贫攻坚工作,制定了村落管理条例、旅游分红细则和"阿者科计划"等工作,开发出织布纺线、草编扎染、梯田

捉鱼、火塘烧烤等旅游体验活动，受到了广大游客的一致好评。同时，驻村研究指导当地妇女以学习小组的形式互助学习，教她们认字、写字，并利用村史馆等场所和来村的义工、志愿者一起，带领村内孩童读书、观影，利用网络平台做宣传，深化他们对民族文化的理解，增强文化自信，做到扶贫又扶智。

如今，王然玄仍然坚守在基层，"艰苦奋斗、自强不息、敬业奉献、追求卓越"的盐师精神时刻激励着他。他始终不忘自己青年基层党员的使命，心系群众发展，坚持深入群众了解乡情、村情，以踏实肯干的作风在乡村振兴中贡献青年人的力量。

青春三次"升华"

——扬州市职业大学夏长玲

每个人心中都有一段属于自己的芳华

每个人心中都有一段刻骨铭记的青春

只有经历过岁月的洗礼

才能沉淀美好的芳华

愿芳华永存，一路芬芳

夏长玲，毕业于扬州市职业大学信息工程学院计算机应用专业，现任扬州市菱塘回族乡武装部副部长、女子民兵班第一班长，在与学校、军人和军装的强烈"碰撞"过程中，实现了青春的三次"升华"。

一、安心军营彰显铿锵本色

2012 年，彼时的夏长玲成为扬州市职业大学信息工程学院大一新生，可她内心总有些许遗憾，就是未能圆儿时参军入伍的梦想。2012 年 12 月，她毅然在全国征兵网上报名，历时两个多月的过关斩将，她如愿收到了鲜红的入伍通知书，成为了一名女兵，服役于武警山西省总队医院。

军营让她懂得何为坚持。当兵之初的三个月，对于一个刚入军营的女兵来说，太多第一次显得过于沉重，是班长和身边的战友一次次的帮助让她一路坚持，是一名军人的神圣职责让她一直坚持到终点。

军营让她懂得何为生命。新兵下连后，初入陌生的环境，繁重的工作任务，紧张的工作节奏，使她面临新的挑战。在医院时她曾遇到一名江苏淮安的班长，他不幸患了滑膜瘤，疼痛使他蜷缩在病床上，甚至不能坐起，但他始终咬着牙没喊一声，这一刻她看到了军人铁的意志，也明白了生命的可贵。

离别让她懂得何为友情。岁月荏苒、白驹过隙，两年的军旅生涯短暂而又漫长。等到驼铃声响起的时候，离别的时刻也到了，所有人抱在一起嚎啕大哭，相见时难别亦难，大家说得最多的就是"聚是一团火，散作满天星"。

部队教会她做人的道理，弥补了青春的缺憾。两年的部队生活使她学到了很多，也收获了很多。2013 年，她被总队评为"优秀士兵"，2014 年，受到嘉奖。

二、潜心学习引领朋辈成长

重返校园后，军旅生涯的生活习惯、成长印记、军人气质让她与众不同。

学习态度不一样。从军的经历让她的学生生涯更有规律，别人出去逛街，她就泡在图书馆，学习对她而言是种享受。她明白能够坐在大学教室里读书，是一件多么奢侈而又幸福的事，有什么理由不去珍惜？

学习目标不一样。从军经历让她明白学校可以锻炼沟通能力、协调组织能力和社会应变能力。怀着对党的忠诚之心，她向学校递交了入党申请书，并经过党组织的考察和培养，光荣地成为了一名中国共产党预备党员。

学习劲头不一样。重返学校时她有两年的学习断层，在学院老师和同学的一路帮助下，在三年学习过程中没有掉过队。一分耕耘，一分收获，当毕业时收获优秀毕业大学生证书的时候，她的青春在校园再次得到了升华。

三、扎根基层赓续红色传承

再次抉择，让初心延续。2016 年，一次偶然的机会，获悉菱塘回族乡正在筹建回族乡女子水上救护民兵班，她决定重新穿上军装，作为大学生士兵的她从扬州军分区司令员的手上接过了民兵班的班旗。2016 年，以女子水上救护民兵班为原型的动漫《我的妈妈是女民兵》，记录了女民兵的训练、责任和担当，荣获中央军委"改革强军"动漫竞赛一等奖。

努力践行，让青春无悔。毕业后她毅然回到了基层，在高邮市菱塘回族乡继续负责女子水上救护民兵班。2018 年 7 月，作为教练员带领民兵班部分队员参加了全省民兵"四会"教练员比武竞赛，取得了个人成绩综合第一和两个单项第一的优异成绩，个人被评定为省优秀"四会"教练员。2020 年年初，她主动请缨，带领女子民兵班加入菱塘回族乡疫情防控应急分队，始终奋战在疫情防控第一线，以实际行动践行使命担当。

不忘初心，让热爱继续。多年来的努力终于得到了硕果，2019 年 2 月，她被任用为菱塘回族乡人武部干事；2021 年 12 月，被提拔任命为菱塘回族乡人武部副部长。从民兵到专武干部，角色的转变，不仅仅体现在岗位上，更是责任的转变。几年来她顺利完成市征兵办下达的男女兵征集任务，无一例责任退兵。让有梦想的青年没有后顾之忧，让每一个新兵家庭放心安心。

珍惜荣誉，让梦想起航。2018 年 12 月，她参加江苏省第十三次妇女代表大会，2019 年年初被省军区评为 2018 年度军事训练先进个人。同年 3 月，她参加扬州军分区基层专武干部和民兵营（连）长集训，被评选为"优秀学员"；4 月，参加第四届高邮"十佳"青年评选，入围"高邮市十佳青年"候选。2020 年 1 月，她被扬州市组织部和扬州军分区评为"优秀专武干部"，

还多次被高邮市人民政府和高邮市人武部评为"优秀专武干部"和"征兵先进个人"。

新时代，新起点，她始终坚决贯彻落实习近平总书记重要指示精神，以党的二十大强军思想为指引，在任何时候、任何情况下，都坚守"听党指挥"这个强军之魂。她不忘初心、牢记使命，充分发挥了人武系统的职能作用，在党委领导下，当好参谋助手，搞好联系协调，协助抓好工作，充分发挥职能作用。

青春是用来奋斗的，只有不遗余力地努力，才会看到不一样的自己，才知道在前进的道路上自己到底能不能、行不行，她坚信，用汗水浇灌的青春之花必然会绚丽夺目！

心系百姓　服务群众

——江海职业技术学院周文豪

周文豪，出生于1995年2月，本科学历，中共党员，2018年6月毕业于江海职业技术学院。他毕业后通过后备干部招聘考试进入江苏省南通市启东市吕四港镇天汾镇村工作，现任天汾镇村党总支委员、股份经济合作社理事。

一、思想要求进步、积极上进

在校期间他担任学院团总支副书记兼班级班长，踏实肯干，尽心尽责服务同学，从无怨言；积极组织参加各类迎新、运动会等校园活动，活跃于社团、院系及志愿者等社会实践活动；获得国家奖学金、国家励志奖学金、三好学生、"省级优秀学生干部"等一系列荣誉；拥护中国共产党的领导，在提高学习成绩的同时，注重思想道德建设、社会实践能力、创新能力和综合素质的提高，成为一名光荣的学生党员。成为一名共产党员后，他继续以高标准严格要求自己，思想一直要求进步、积极上进，不断进行政治理论学习，提升政治素养。

二、工作脚踏实地、爱岗敬业

走上工作岗位后，他不忘初心、牢记使命，始终以一名优秀共产党员的标准严格要求自己。目前，他扎根于村居基层工作，主要负责党建、宣传、人大等方面的工作。作为一名村干部，他工作脚踏实地、爱岗敬业，致力解决群众"急难愁盼"等问题，不断提升为民服务的能力，筑牢为民服务根基。工作以来，他获得了群众的广泛认可，获评吕四港镇党委"先锋党员"等多项荣誉。

一直以来，他以"党建＋网格化"的工作方式为核心，依托网格驿站、志愿者、社会组织为载体，开展了形式多样的红色志愿活动。根据村居实际情况，他牵头成立了"筑梦科技"工作室、"云上课堂""护苗"爱心志愿队、"依家"志愿送餐队等5个功能型党员团队，激发了基层社会治理"原动力"，取得了良好的成效。其间，网格驿站开展主题活动10余次、医疗救助2次、就业培训4次，关心帮助留守儿童4人、困难家庭9户，组织提供居家免费送餐服务260余次。疫情期间，他充分利用党组织的战斗堡垒作用和党员的先锋模范带头作用，协调资源向疫情暴发地的流动党员配送生活物资，巩固了党员、群众高举旗帜跟党走的决心。

回首过往，从家里8米的进出路，到全村30多千米的主要道路；从家门口的一盏路灯到全村的384盏路灯；从家里的一扇门，到全村2156户的一扇扇门，这一切都是他认真工作得到的财富。从开始的什么都不懂，到现在十分熟悉村居大小情况，能妥善处理好村里各项事务，解决老百姓的矛盾纠纷，这一切都离不开他一心为民的决心，和领导、同事对他的帮助与教导。大学毕业前他没有想过会成为一名村干部，工作到现在，也从未后悔过。有很多朋友问他，村居工作复杂又烦琐，是怎么坚持下去的。以前他回答不出来，现在却可以很自信地回答"我搞得定，也能做得好"。能完成好各项工作的前提是想群众所想，急群众所急，并且大家要互帮互助，有劲往一块使；要有大局意识，将格局打开，眼光放长远。农村工作最基础的是老百姓的切身利益，老百姓的利益维护好，各项工作自然能顺利开展。

他非常热爱这份工作，每次完成一项工作，或者解决一个邻里矛盾，或是帮助一位群众解决难题，都让他很有成就感。人生便是如此，要不断迎接新的挑战，方能行以致远。

三、生活作风优良、严于律己

生活上，他严格遵守国家的法律法规和基层单位的规章制度，艰苦奋斗、严于律己、勤俭节约、作风朴素。他平时乐于助人、尊敬领导、团结同事，待人诚恳。一句句真诚的关心问候，"我帮你把快递顺便带回来了""今天风大，电瓶车去厂里注意安全""吃了药后身体好点了吗"，让村里群众都喜欢他，把他当成自家的一个后辈。

欣逢伟大时代，他将以"抓重点、塑特色、促转型、补短板"为目标导向，作为一名党务工作者，他认为加强党建引领建设，是畅通农村服务"毛细血管"，激活基层"神经末梢"的重中之重，只有党的建设充满生机与活力，才能以"真心"换"真情"。新时代、新作为、新使命、新担当，他将紧跟党的步伐，走好新时代赶考之路。

拄杖创业新农人
与"菌"同行共致富

—— 江苏大学刘欢欢

刘欢欢，一位拄杖创业新农人，1990 年出生于徐州市铜山区棠张镇新庄村，2015 年毕业于江苏大学，2017 年辞去大城市高薪工作返乡创业，回馈乡亲，现为徐州琅溪农业科技有限公司法人、总经理，铜山区人大代表，从事珍贵食用菌品种研发、种植和销售工作。他历经两年艰辛，筹资 200 多万元，探索出了羊肚菌"南菌北种"种植方法，2019 年成立琅溪农业科技有限公司，注册"菌尚棠溪"品牌商标，提供百余个岗位，自建基地，羊肚菌最高亩产 1500 斤，位居全国前列，并与大量高端客户达成供销合作，年营收近千万元。他通过农业产业化联合体合作模式，带动 3000 多农户致富，产品种植面积超 3000 亩，每亩效益高达 5 万余元，人均年增收近 2 万元。他被授予"江苏省五一创新能手""江苏好青年""徐州好人""徐州十佳职业农民"等多项荣誉称号，创业项目获第六届中国国际"互联网＋"大学生创新创业大赛"青年红色筑梦之旅"赛道江苏省一等奖，创业事迹被中央电视台、江苏卫视及《新华日报》《中国新闻网》等多家媒体报道宣传。

一、身残志坚，不懈奋斗尽显人生芳华

五岁那年，他突遭意外，巨额的医药费让家人无力承担，一筹莫展之际，乡亲们为他凑齐了医药费，给了他第二次生命，这也在他心中埋下了一颗报恩的种子。但那场意外让他永远失去了左腿，从此再也没有离开过拐杖。

意外夺去了他自由奔跑的能力，但无法折断他追寻梦想的翅膀。他深知只有努力学习才能改变命运，才能回馈乡亲。靠比常人更坚定的恒心和更坚韧的毅力，他最终考入江苏大学。大学期间，他先后担任班级团支部书记和学院团委副书记，获评优秀团干部、优秀学生干部、社会实践先进个人。

2015 年大学毕业后，他到上海从事互联网工作。2017 年，在众人的不解和质疑中，他辞职返乡创业。这也圆了他心中的创业梦想——在生他养他的琅溪故土，干一番事业，为家乡农业发展贡献一份薄力，回馈曾经帮助过他的乡亲们。

二、敢闯会创，筚路蓝缕成就人生梦想

返乡后，虽然知道自己要从事农业，但具体做什么，他并没有清晰的思路。几经周折，他结合家乡徐州棠张镇的农业基础条件、市场调研以及自己的身体条件，决定

在当地率先引育种植食用菌中的"黑金子"——羊肚菌。

从写字楼到田间地头，尽管刘欢欢有思想准备，但农业创业的风险和艰苦是他始料未及的。羊肚菌作为一个新兴品种，培育难度极大，南方菌种长途运输后出现菌丝老化退化、气候不适应等情况，同时对羊肚菌种植缺乏科学认识和管理经验，他几乎将农业生产和羊肚菌种植过程中所能碰到的"坑"都踩过一遍，经历常人难以忍受的挫败和压力，但从未放弃。这也让他意识到实现菌种本地化培育至关重要。

于是，他阅读大量食用菌相关专业书籍，拄着拐杖四处求教，并不断摸索和实践。经过两年的艰辛，他终于探索出羊肚菌"南菌北种"的种植方法，每亩产量高达 1500 斤，每亩最高收益达 5 万元，位居全国前列。2019 年，他注册"菌尚棠溪"品牌商标，开拓大量高端供销客户，年营收近千万元，用单腿蹚出了致富路。

三、感恩乡民，特色模式促进富民增收

他没有忘记创业初心——感恩乡民，共同致富。随着羊肚菌种植技术的不断成熟、市场销售渠道的稳定拓展和订单的不断增加，他将自己的种植经验和方法汇编成技术视频和文字材料，联合友商组建农业产业化联合体，采取标准化的经营模式带领农户共同种植发展，和农户签订产销协议、免费提供技术支持和保底收购，既激发了农户的种植积极性，又保障了农户利益。当前，农业产业化联合体共带动 3000 多农户致富，种植面积超 3000 亩，人均年增收近 2 万元。他在拄杖与"菌"行的路途中，实现了感恩心愿，激发了创业动能。

此外，他的家乡棠张镇许多蚕农不愿摒弃传统的养蚕工作，但是除了春秋两季养蚕，其他时间都没有收入来源，大量桑蚕养殖棚长期闲置，加上蚕丝市场波动较大，蚕农收入不稳定。于是他和团队在全国首创"羊肚菌＋桑蚕"轮作、"羊肚菌＋大蒜"套种的种植模式，带动当地农户培养菌群、改造大棚，100 多农户每年每亩增收 2 万多元。这一模式不仅盘活了闲置资源、优化了产业结构，还增加了经济效益，被当地政府列为"富民增收"工程的重点项目。

四、示范引领，呼吁返乡创业振兴乡村

为了更好地带动农户发家致富，他开始培育更多适应市场需求和适合当地种植环

境的食用菌品种，并逐渐形成以羊肚菌、赤松茸、猴头菌、秀珍菇等为主营的产品线，通过电商、商超、餐饮等渠道进行销售，逐渐形成品牌效应。如今，食用菌成了当地除蔬菜、桑蚕外的又一特色产业，为富民增收作出了突出贡献。

接下来，他将在食用菌产业发展上持续创新增能，规划投资 1000 余万元建设现代化食用菌产业园区和农产品电商园区，助力家乡农业发展和优质农产品的销售。他希望自己只是一个窗口，让更多在外有学历、有知识、有技能的有志青年能看到自身优势和农村发展机遇相契合的可能性，愿意扎根农村、投身农业，全面推进乡村振兴，为中国农业农村现代化发展赋能助力。

做新时代的农牧匠人
——江苏农牧科技职业学院姚竹青

姚竹青从畜牧兽医专业毕业后就扎根到上海农场禽业公司养殖场，目前负责上海农场禽业公司蛋鸡养殖二分场的生产管理工作，凭借扎实的专业技能，先进的操作方法，所负责领域的各项生产数据均达到国内领先水平。作为一名勇于创新，肯于钻研的"90 后"，依托姚竹青创新工作室，他提出"进口设备国产化"的工作思路，以"定制加工"和"自主研制"两种方式来完善进口蛋鸡养殖设备的配件体系。2016 年以来，他先后牵头设计研发了"鸡舍巡棚车""疫苗恒温、冷藏一体预温锅"等配套设备，对鸡场净水系统和消毒设备等多项设施进行技术革新，提升了生产效率，填补了国内空白；同时他主动转变传统养殖模式，优化免疫程序，探索无抗养殖，打造安全、优质的鲜蛋产品。

由于公司养殖二分场使用的是老旧的国产设备，鸡舍湿帘、温湿度、风机等均采用的是人工控制，无法及时进行开关，造成消息滞后，无法了解鸡舍情况。他通过借鉴国外自动化设备安装智能化传感器，通过手机、电脑及时了解鸡舍情况。他通过发挥创新意识和动手能力，实现了进口设备引进消化吸收再创新，其中巡棚车项目获得国家实用新型专利和发明专利，获得上海市职工先进操作法创新奖，填补了国内空白。"姚竹青科技创新工作室"相继被评为光明食品集团"职工创新工作室""上海市劳模工作室"。

他注重团队的建设，全面提升创新工作室的全员素质水平，时常组织召开员工思想会，倾听职工的心声，让员工了解禽业的发展机遇，让员工增强主人翁意识，主动担责挑大梁。他努力打造一支冲锋在前、敢打敢拼的高素质高技能人才队伍，利用"创新工作室"这一平台，通过对技术革新和创新项目的研发，持续为蛋鸡养殖事业注入新鲜活力。在他的带领下，他和团队完成了"中草药减抗替抗实验"、完成了水线清洗消毒检测的流程制订及配套设备的开发、提高了冬季重点防控流程的有效性。

由于疫情原因，成本在显著上升，蛋价低迷。他在生产上加强监管、降本增效，及时修补料槽缺口，降低饲料霉变，减少饲料浪费。他全面落实生物安全防控措施，补齐生产管理中的短板，持续开展了蛋鸡科学饲养管理方面的实验，主要包括高温高湿对产蛋高峰期蛋鸡的影响、蛋品品质提升、减抗替抗等方面。他饲养的鸡群产蛋率最高达到 98％，产蛋高峰期高达 45 周，产蛋期料蛋比达到 2.15，这些优异的生产数据都远超海兰生产标准。

他切实履行使命担当，放弃与家人团聚时光，驻扎工作岗位，加班加点全力保障市场供应，为防疫阻击战做好后勤保障。疫情发生以来，他高度重视疫情防控工作，坚决遏制疫情扩散，保障生产一线员工的健康安全。他坚决贯彻集团及农场防控要求，特殊时期全面落实责任，维护鸡场生产的稳定，保障上海广大市民的"菜篮子"，承担起新时代青年人应有的社会责任。

他凭着对蛋鸡养殖事业的热爱，从一名初出茅庐的蛋鸡养殖技术员成长为"行业技术能手""上海市五一劳动奖章获得者"和"上海市劳动模范"。工作中他攻克了一个个技术难关，用实实在在的成绩为"青年工匠精神"代言。用青春浇灌热土，用农道耕种信任，姚竹青怀着对蛋鸡养殖事业的执着和热爱，在平凡的工作上成就了非凡的业绩，在农场建设中留下了坚实的青春印记。

浙江省

做基层就业引路人
担民族复兴大任

——浙江工业大学教师孙艳燕

　　孙艳燕，现任浙江工业大学信息工程学院党委副书记，曾任校就业指导中心副主任，从事专职就业工作十余年，系全球职业规划师、杭州市就业创业导师团成员，有丰富的大学生职业规划指导、就业指导经验。她担任浙江省教育发展中心高校就业辅导员培训特邀讲师、教育部宏志助航高校毕业生就业能力培训基地特聘导师，曾获首届浙江省高校就业指导课程教学创新比赛一等奖、2020年浙江教育年度十大新闻人物称号，是省内高校中的就业工作战线代表。

　　从事就业工作十余年间，学校共计毕业学生82000余名，年均就业率95%以上。参与社会就业的毕业生中，80%前往各基层单位就业，充分对接浙江省八大万亿产业建设，工大毕业生踏实肯干、勤奋好学的工作表现受到了用人单位的广泛好评，体现了学校服务国家战略，对接地方经济发展的育人目标。

一、胸怀国之大者，做基层就业的引路人

　　就业是民生之本。孙艳燕坚持以习近平总书记关于就业工作的重要讲话精神为指引开展工作，深入贯彻落实党的教育方针，积极响应国家号召，引导和鼓励优秀毕业生投身基层。2017年浙江省首次启动西部专项招录工作，孙艳燕精心制定校本方案，积极引导，最终学校共有15名毕业生脱颖而出，奔赴西藏日喀则各乡镇工作。近六年学校选拔前往西部地区工作、服务人数达68人，其中西藏专项招录19人，新疆专项招录2人，两项计划47人。孙艳燕还积极推进选调生工作，自2014年起就开始为学生报考中西部地区选调生提供指导服务；2019年浙江省启动县乡选调生招考，孙艳燕在思想上引导学生，在招考过程中指导学生，同时建立选调生反馈机制，为选调生提供考前、考后、岗前指导服务，近四年来全校共计277人入选县乡选调生队伍，总数为浙江省属高校第一，为浙江省美丽乡村建设贡献了工大力量。她通过录制"孙老师小课堂"系列微课，"你为什么选择当选调生""你为什么去西藏"等专题，宣传基层就业理念；改革学校职业生涯规划和就业指导课程，开展课程思政，引导毕业生立大志、成大才、担大任，服务国家战略，积极投身基层，为中华民族伟大复兴贡献力量。

二、串联千企万岗，做基层就业的营销官

　　孙艳燕在高校毕业生就业工作一线从事就业指导服务工作十余年，充分利用社会

资源，拓展就业渠道，提升工作水平，提高就业服务质量。她不忘初心，十年耕耘，从点到面的拓展，从线下到线上的改革，实现了量变到质变。她重点落实学校就业"百千万"工程，以"企业俱乐部"为载体，加强与用人单位的沟通联络，坚持每年走访百家重点合作单位，建立千人 HR 微信、QQ 联络群。她平均每年组织召开校园大型招聘会 3 场、专场宣讲会 1000 余场、行业招聘会以及校友社招招聘会 50 余场，为毕业生提供十余万基层优质就业机会，截至 2022 年学校岗位供需比超过 50：1。浙江工业大学每年春秋两季线下大型招聘会是全省高校中规模最大、企业层次最高、参与学生最多的招聘会。2020 年，在疫情和毕业生求职季双重压力下，学校在省内高校中率先启动空中双选会，为毕业生打通网络招聘渠道。学校积极推进学校就业信息化建设，2014 年在省内高校率先启用微信公众平台为毕业生和用人单位提供就业服务，经过近十年的升级迭代，学校就业信息化平台已经包括就业资讯、生涯咨询、业务办理等所有板块，为学生和基层单位开展校园招聘提供了高效对接的平台。

三、践行岗位创业，做基层就业的先行者

孙艳燕深入落实立德树人根本任务，坚持就业育人理念，在总结学生就业工作经验的基础上，不断创新工作方法，在自己的岗位上用创业的理念做好就业工作。疫情期间，她推出"孙老师小课堂""孙老师小客厅"，通过传授就业技能，开展与各类 HR、优秀校友、人社部门的访谈，传播基层就业正能量，为毕业生就业助力。微课被多家公众号转载，并参评第六届全国大学生网络文化节优秀作品；借助"朋友圈"资源，开设"孙老师人才小超市"，面向优质用人单位精准推荐毕业生。她在疫情期间的工作受到省教育厅的认可，被推选为 2020 年全省优秀就业指导教师，工作事迹在《浙江教育报》刊登，后荣获 2020 年度浙江教育十大新闻人物称号。她首创性推出"浙江工业大学雇主品牌联盟"项目，深化校企合作，探索校园招聘工作，通过每年举办校企合作研讨会，与各级人才市场、广大用人单位增进了解，形成"紧密合作、优势互补、资源共享、共同发展"的双赢局面，引导更多毕业生投身基层就业。2021 年浙江工业大学"打造'雇主品牌联盟'构建校企地合作'新模式'"案例入选教育部全国普通高校毕业生就业创业工作典型案例百强。

为人师表、爱岗敬业，孙艳燕坚持"四有"好老师标准，甘做学生锤炼品格、学习

知识、创新思维、奉献祖国的引路人。在平时工作中，她时刻把学生就业挂在嘴边、放在心上，懂守正、敢创新，用心用情做深做实高校毕业生就业指导工作。对于孙艳燕来说，高校毕业生就业工作是她终身的职业选择，实现每一位毕业生的高质量就业，为实现中国式现代化和中华民族伟大复兴输送更多脚踏实地、甘于奉献、敏于创新的优秀人才就是她最崇高的职业理想。

让生涯的种子根植心中
静待"破土发芽"

——浙江农林大学教师宣丰敏

宣丰敏，中共党员，现任浙江农林大学就业指导服务中心主管。自 2002 年起，她一直在学生处负责全校大学生的就业指导服务工作。二十多年来，她刻苦钻研业务，坚持管理和服务相结合，见证了一届又一届毕业生择业标准、就业去向、职业世界的快速变迁，深感责任重大，使命光荣。

"将生涯规划理念厚植学生心间，激发其内在就业动力"，是她经常挂在嘴边的一句话。为了让每一个学生有获得感，有行动力，她从生涯发展视角，发挥组织效能、创新工作机制，引导毕业生扎根基层。面向大一新生，她积极传达国家利好政策，引导他们明确学习目标，把个人理想追求融入国家和民族事业中；针对大二、大三群体，她常鼓励学生发挥专业优势，到基层去、到一线去。近五年，她所在高校毕业生选调县乡机关录取总人数居全省高校第一，每年有近 50％的毕业生服务全国各行各业的基层，涌现了全国就业创业人物王晓桢、"鳖司令"杨珍等为代表的基层就业创业典型。

一、使命在肩，引导青年扎根基层"留得住"

面对新生代大学生个性的剧烈变革，如何让服务乡村振兴的信念入脑入心，让学生有行动力，是她多年来思考的问题之一。她聚焦高校毕业生到基层工作动力不足、渠道不畅、服务保障不力等问题，连续十余年利用寒暑假以"走出去""请进来""云走访"相结合的方式，走访调研各省市地区基层大学生的待遇、晋升情况。她统筹校内外资源，与各市县、乡镇共建人才联络站，常态化开展招聘直通车、人才专项对接会、职场体验行等社会实践活动，给学生更多体验式学习的机会，让更多的学生在走基层中选择基层。

着眼当下，农林业领域就业前景乐观，但基层岗位"愿意来、留得住、用得上、干得好"是个难题。学校每年会招录一批定向培养的基层农技人员、林技人员，对这些学生免学费、包分配。随着越来越多的毕业生扎根基层，她在就业指导课上常鼓励学生："在基层一线这个'磨刀石'上了解世情国情、提升专业技能，大有作为，正当其时！"无论是线上还是线下，她都突出价值引领，引导毕业生牢固树立"小我融入大我"的家国情怀，积极到基层建功立业。她连续承办省教育厅"浙江省山区 26 县和海岛县专场招聘会"，举行学校与山区 26 县人才对接座谈会，建立山区 26 县人才工作联络站，组织学生参与就业实习实践、地方性创新创业大赛等活动，为地方引才和学生尽才搭建平台、创造机会，促进更多毕业生到山区 26 县就业创业。

二、掌舵引航，扎实打造生涯咨询"强引擎"

2019 年，她自发创办"宣姐说就业"大学生生涯发展与就业咨询工作室，组织 90 名校内外专家担任导师，分阶段、长链条、全覆盖为学生提供系统化、专业化"线上线下"个体咨询、"简历门诊"等 8600 余人次，有针对性地解决了学生的生涯迷茫和就业能力不强的问题。她坚持以就业为驱动力倒推课程教育教学转型与改革，积极探索推进就业指导与入学教育、专业教育、职业规划教育等深度融合，她多次牵头对"大学生职业发展""大学生就业指导"两门必修课程的教学大纲进行修订，组织 7 名教师历经 15 次改稿、研讨，编著校本教材《大学生职业认知与生涯规划》《大学生就业指导与实务》《浙江农林大学本科生分专业职业发展与就业分析指引》三本，并配套完成课件，构建了较为完整的课程体系。

三、多措并举，探索互联网时代"新出路"

为节省同学们的时间，实现办事、审批一次也不用跑，她带领部门的小伙伴们开始整理、构建全校师生的信息数据库，反复进行流程优化、打磨再造，梳理出高频事项、主体服务等清单，一个智能化就业"云平台"于 2018 年正式投入使用。随着"95 后"大学生进入校园，他们的个性鲜明独特，是移动互联网时代的"原住民"。她围绕这代毕业生特点，推动"云上就业"，通过"宣姐说

就业"抖音号、就业中心公众号、EPA 就协公众号、就业信息共享 QQ 群等宣传就业操作实务。疫情期间，她为不能到校的学生提供选调生笔试面试网络课程培训等，持续推进就业云指导系列活动 80 余场次，如"求职简历制作"专题培训，收获了学生上万次的在线点赞、几千条的互动交流，短视频、"直播带岗"、推送短文等千余篇。

四、有的放矢，精准扩容优质企业"蓄水池"

她优化校院两级就业工作专班，创建"大型综合类＋中小型企业＋区域行业企业宣讲"全方位覆盖的校园网络招聘模式，开源拓岗，累计为毕业生提供岗位 700 万余个。近年来，她以访企拓岗促就业专项行动为契机，创建并实施"英才优聘"伙伴计划，遴选优质企业 127 家（其中上市企业占比 83％），走访浙农控股集团等百家企业，实施"万企进校计划"。她每年承办"'金秋纳才　杭向未来'杭州市大学生校园招聘会""'英才优聘'伙伴计划精品招聘会"等 20 余场校园招聘活动，组织宣讲会 300 余场，提供就业岗位近 10 万个，每年组织学生赴 20 余家企业开展职场体验行活动，不断扩大基层就业岗位。

多年来，她以满腔的热忱和高度的责任感践行着"爱的教育"，在学生的心里埋下生涯的种子，静待"破土发芽"，用心用智耕耘不息，坚守在就业战线的最前方！

初心如磐践行职教育人使命
踔厉奋发护航一线就业之路

——浙江经济职业技术学院教师温雷雷

温雷雷，副研究员，现任浙江经济职业技术学院招生就业处处长。她扎根高职就业指导战线近 20 年，倾心服务毕业生 17 届，始终秉持"三全育人"理念，坚持做学生离校迈入社会、走上工作岗位的就业贴心人、领路人和护航人，积极引导学生到基层一线以"小我融入大我"，创新方式方法解决学生就业"最后一千米"问题，促进学校就业率始终保持在 98% 以上，带领并指导学生在创新创业路上取得一系列成果，是学生就业路上的最强后盾。

一、坚守初心，情注学生就业之路

温雷雷对高职就业指导工作满怀热情，始终坚守初心，扎根就业指导一线，潜心服务指导 17 届 47796 名学生顺利就业。为了学生能够精准、顺利就业，在指导学生就业的过程中，她双管齐下：一方面，注重持续关注脱贫家庭、低保家庭、零就业家庭的毕业生和残疾毕业生等，并将相关个人信息提前摸底、登记入库，及时结对，做好跟进，温情助力。经她指导顺利择业的学生遍布全国服务业、制造业、交通运输业、教育、文体领域等各行各业的一线岗位。另一方面，她紧扣高职院校属性，积极助力学生转变就业观念，鼓励学生走上合适的基层岗位，脚踏实地落地扎根，实现自我价值的同时为社会贡献力量。温雷雷初入就业指导战线时，恰逢国家"大学生志愿服务西部计划"实施，"三支一扶""大学生村官"等一系列支持高校毕业生下基层、到一线的政策相继出台，她迅速扎进支持大学生基层就业的政策学习宣传之中，勤走毕业班学生的教室、寝室，细心耐心地帮助学生打消基层就业疑虑、理解基层职业定位、确定基层就业发展方向。在此过程中，她先后鼓励和支持 391 名毕业生响应国家号召赶赴西部就业，另有 42 名毕业生担任"大学生村官"。

二、引领思想，鼓励学生建功一线

温雷雷始终秉持"三全育人"理念，将就业指导作为育人工作中的重要一环，自觉搭建"就业思政"工作体系，融思政工作于日常就业指导之中，贯穿人才培养始终。为此，她长期坚持组织开展以"成才观、职业观、就业观"为核心的就业育人主题教育活动，组织创设"企业课堂""生涯共创营""导师面对面""职场体验行""一起招聘会"等就业实践活动，形成了具有鲜明高职院校特色、鲜明基层一线导向的就业文化。

近 20 年间，她先后组织开展就业典型宣讲、形势政策讲座 1075 余场，受众 10 万余人；组织选树就业典型人物、创建就业育人优秀案例 122 个，培养学生"小我融入大我"的家国情怀，鼓励并引导他们热情服务国家战略，到祖国最需要的基层一线建功立业。

三、搭建平台，护航学生基层就业

针对高职院校学生的就业去向以企业一线基层岗位为主的实际情况，温雷雷多措并举，创新载体、挖掘资源，写好就业前、中、后三篇文章，为学生走出校园、走向社会基层搭桥铺路。

就业前，她一贯做好摸底工作，形成包括拟升本深造、拟创业、已就业、未就业等四大类要素在内的毕业生就业数据库，全力发动二级学院、校友等资源，联系企业、基层就业地区，先后提供实践实习基地 112 个，帮助毕业生提前了解就业环境、明确未来职业发展方向，精准匹配就业期望。

就业中，她积极搭线上线下招聘平台，年均在学校开展 50 余场招聘会，提供 20000 余个岗位，拓宽学生的择业面。特别是在疫情期间，她精心打造了集"云调研""云招聘""云课堂""云帮扶""云创业"于一体的"五大云服务"智慧就业云平台，形成"线上＋线下"立体化就业服务模式，年均总计为毕业生发布 15000 余个招聘岗位；联合企业举办"网络直播宣讲""线下直通宣讲"近 30 场，为毕业生提供优质岗位近 3000 个。

就业后，她积极做好毕业生基层就业后跟踪工作，通过校友平台，加强与基层单位的联系，对基层就业毕业生重点关注和跟踪，了解毕业生职业发展情况和地方基层紧缺人才需求，制订毕业生基层就业发展计划，做好学生到基层就业的全程服务，保障基层就业的稳定性、持续性。

近年来，学校就业工作得到了各方面的高度认可，先后获得"全国普通高等学校毕业生就业工作先进集体""全国高职院校就业质量 50 强"等称号，学校的就业创业工作还作为典型案例入选联合国教科文组织《创业学习指南》。

四、苦练内功，引领学生破难解新

温雷雷在工作中始终做到因事而化、因时而进、因势而新，与青年学生一起苦练内功、筑牢基础。一方面，她深耕就业创业理论研究，以理论指导实践，破解就业指导实践中的难题，先后主持省部级课题 2 项，荣获省级教学成果二等奖 1 项，省级思政教学案例一等奖 1 项；另一方面，她积极带领学生参加大学生创新创业大赛、职业生涯规划大赛，先后指导学生荣获省级以上竞赛金奖、银奖等 10 余项，个人被评为浙江省大学生职业生涯规划大赛"优秀指导教师"、中国"互联网＋"大学生创新创业大赛

"优秀创新创业导师"等。

就业稳，则民心安；基层稳，则全局安。温雷雷始终坚守"为党育人、为国育才"的教育初心，勇于担当，在高职就业创业服务工作领域不断探索，为毕业生高质量就业提供优质服务。未来，她将坚守初心、踔厉奋发，继续做细做精，引领更多青年学子投身基层一线，奉献青春，实现人生理想。

将书香融进稻香
用奋斗书写别样青春

——浙江大学赵赟

　　赵赟 2013 年从浙江大学农业与生物技术学院研究生毕业后，通过浙江省首批"大学生村官"择优选聘到浙江省最偏远山区县——庆元县，这一扎根便是十年。

一、他是主动扎根偏远乡村的"狗不叫"村官

　　热心投身基层。在浙大读研期间，学校提供的一次基层挂职经历让他意识到解决"三农"问题仅靠科技还不够，如何系统运用技术和制度为乡村振兴探路，是他一直思考的问题。带着这份思考，农村出身的他决定回到乡村。2013 年毕业时，恰逢浙江省开展首批"大学生村官"择优选聘工作，他立即报名并选择了全省最偏远的山区县——庆元县，将行囊里的书香融进田野的稻香，让青春之花在乡村绽放。

　　专心服务基层。作为一个外省人，刚入职的他首先要克服的就是基层工作的"三座大山"：方言、民情、融入。一是在主动学习中过"方言关"。庆元方言"十里不同音"。第一次召开的村民代表会议结束时，他的笔记本上只写了个"周二，小雨"。为学好方言，他用背诵英语单词的方法把常用方言翻译成普通话，贴在显示器上，每天上班练几遍。此外，他还"强迫"同事日常用方言与他交流。现在，他的庆元方言已和当地人一样讲得顺溜。二是在走村入户中过"熟悉民情关"。为尽快熟悉民情，他白天下村，晚上回办公室写民情日记、制作民情地图。村情民情熟悉后，他到村口狗也不再叫了，有群众亲切地称他"狗不叫"村官。三是在服务群众中过"信任融入关"。为解决村民反映的污水横流问题，他多方努力申请到资金给予解决。为践行"两山"理念，他带领党员群众 500 余人次投身"五水共治""三改一拆"一线。

　　一颗诚心赢得信任。扎实的工作，换来了党员群众的信任，在村级组织换届选举中，他以高票当选村党支部副书记。2015 年，其就业事迹入选教育部"奋斗·青春"大学生创业就业人物典型事迹，获评"浙江省优秀团员""庆元县十佳青年"。

二、他是奔走在基层宣讲新思想的"大脚板"宣讲员

　　党的创新理论是指导实践、推动工作的重要法宝，如何用新思想武装基层的党员群众，用心讲好新时代新征程新故事？赵赟花了不少心思，用小故事讲述大道理，用身边人讲身边事。赵赟一边要求自己读原著、悟原理，一边结合工作实践深入村社、学校、企业、机关研究文件落实转化情况，他步履不停，宣讲不止，既是走村入户的

"大脚板"，又是政策传播的宣讲员。让村民们乐意听、听而信、信而行，他在多年的基层宣讲中积累了丰富的经验。

2016 年，在浙江省第七届微型党课大赛中，他以全场最高分获得一等奖。2017 年，在浙江省"我最喜爱的习总书记一句话"主题宣讲大赛中，他又以全场最高分获得一等奖。2018 年，他的宣讲教案被浙江省委宣传部列入全省基层宣讲精品教案出版，获"丽水市基层宣讲名师""丽水市绿谷青英理论人才"称号。

三、他是用科技赋能产业推动乡村振兴的"泥腿子"书记

踏实做事，勤恳耕耘，心中一直装着群众，腿上时常沾满泥土。在最边远乡镇，做生态强村富民产业。赵赟现在工作的江根乡，位于浙闽两省交界，是浙江"最边远乡镇"，也是向海西区展示浙江共富成果的窗口。他坚持"群众利益无小事"理念，发挥农学专业优势，通过科技赋能产业、乡贤回归乡村、各村抱团发展，修新路、迁坟墓、争项目，盘活近 4000 亩高山油茶，做强高山油茶、高山白茶（"两茶"）生态产业链，相关做法入选省厅强村富民典型案例。他还牵头在乡里成立浙大共富实践基地、中国农科院茶叶研究所专家工作站，获全国首批"生态低碳茶"（荒野茶）认证。"两茶"产业每年为低收入农户和留守老人增收 600 余万元，为村集体增收 35 万元，相关做法被《人民日报》《农民日报》等党报党刊报道，走出一条边远乡镇强村富民、乡村振兴的新路径。

真正把人民群众放在心中，身上多些"土气"，心中才会多些"底气"。以全年"零"信访，打造浙闽乡镇现代化治理高地。赵赟带头化解群体访和信访积案，以干部高技能实现乡镇治理高水平，带领干部同村民结亲戚、为群众办实事，全乡实现全年无积案、无重大访、无越级访，信访量为"零"，《打造"零上访"乡镇助力共同富裕》案例在全省进行交流。他集全乡力量 3800 余人次，成功坚守全省疫情防控大门近 200 天；参与民政部基层治理课题，受邀参加国务院发展研究中心乡村振兴论坛并发表主旨演讲，对农村党员发展的探索经验受到省委激励。

实干为党，实干为国，实干更为民。变不可能为可能，揭榜挂帅打造山海协作标志成果。他从全县经济大局出发，带着班子一次又一次挑战不可能，揭榜"招引天能控股集团"项目，签约后，该项目在县主营业务超 10 亿元，上缴税收超 1000 万元，为全

县经济财税大局作出贡献。他提前 4 个月超额完成招商引资任务，列全县第一，获颁六争比拼全县首个"猛虎奖"，在年度目标责任制考核中，带领江根乡获得"优秀"等次，创下近二十年最好成绩。

十年坚守一线，十年玉汝于成。他用十年响应"到基层去，到祖国最需要的地方去"的号召，用脚步走遍绿水青山，用坚守践行为民初心。在乡村振兴的广阔天地，他用使命和担当书写了别样的青春。

致力于建设"美丽家乡"的"90 后"

——浙江工业大学王云峰

"朝则太湖晨晖晓旭，暮则方山霞光晚眺，红映千家知秋到，翠浮十里觉春来，人道江南好，亦如画溪哉。"这是"河小青"王云峰在工作之余写给家乡画溪村的一首小诗。在他看来，如今的画溪村就是他心中江南水乡应该有的样子。

2016 年，大学毕业的王云峰带着深深的"乡土情结"回到了家乡画溪村，看到的却是被破坏的河流，发绿发臭的水体，漂浮着的死鱼烂虾，他心痛万分。为了找回那个记忆中的美丽家乡，他毅然加入治水的工作中，成为一名参与保护母亲河、助力河长制的"河小青"。

一、做美丽河道的"守护者"：在"一河一策"中守护家乡

治水的起步就不是一件容易的事，摆在王云峰面前的第一道"难题"便是要摸清画溪村所有河道的"家底"和污染情况。画溪村河道众多，错综复杂，有些河道用于生产生活，有些用于灌溉，还有一些是村里的景观河，这就给治水工作带来很大挑战。

在村委会的支持下，王云峰带领着"河小青"们走遍了全村的河塘，了解河流形成的渊源、典故，绘制治水清淤作战图。在一遍遍走访调查下，王云峰对村里的每一条河都了如指掌，根据每条河流的用途，为它们量身定制"整治方案"，"一河一策"去治理。带着治水清淤作战图和"一河一策"的工作方案，凭着初生牛犊不怕虎的冲劲，三个月，王云峰和他的小伙伴们就一举完成了 138 个河道、池塘的治理，平均每天1.5 个。

河道清淤完成了，治水面临的"难题"依然没有全部解决。怎么动员全体村民一起来保护美好的河道环境，成了王云峰和村委会需要解决的难题。为此，王云峰和志愿者们挨家挨户上门做工作，给村民们讲解保护河道的重要性。为了让村民们形成自觉，村里在村规民约中专门加入了"污水不乱倒、垃圾不落地"等内容。王云峰还把环保知识编成顺口溜，让孩子们传唱。在"河小青"们和全体村民的努力下，画溪村的面貌如今焕然一新。

二、做志愿服务的"引领者"：在青春奉献中感召青年

做治水工作，王云峰并不是孤军奋战，从 2017 年开始，"河小青"的队伍越来越大。为了让村里的年轻人更好地参与乡村建设和保护，王云峰牵头成立了"长兴县银杏志愿者协会"，组织当地青年志愿者参加各类生态文明建设的志愿服务活动，做好日常

的河道保洁、古树保护、垃圾分类等工作。

王云峰在工大积累了丰富的学生工作经验与社会实践、志愿者活动经验。他曾担任教科学院团学会办公室副主任、主席助理和社团联盟分社主任等职务，组织过大大小小、丰富多彩的活动，也曾在大学期间前往浙江省安吉县和贵州省贞丰县支教，担任"春泥计划"支教社会实践团队副团长等。这些经历为他在画溪村的工作打下了坚实的基础。

为了让更多年轻人了解和喜欢农村，王云峰通过"团情摸排"，对全村 35 周岁以下的 400 多名青年进行摸底建档，并先后组建了"青年突击队""青年篮球队""春泥服务队"，在村里开展内容丰富、形式多样的活动千余场，深得老百姓喜欢。作为全国青年环保骨干宣讲员、湖州市新时代青年理论宣讲团成员的他，先后赴长兴、安吉、杭州等地开展宣讲活动 40 余场次，宣讲活动先后被"学习强国"、新华社报道。

2021 年 5 月，王云峰联合母校教科学院，组织青年党员、团员走进画溪村的田间地头，开展"稻田里的思政课"党史学习教育实践活动暨主题团日活动。同年 11 月，王云峰受邀作为母校研究生第七季"理论正当午"网络思享会第三讲主讲人，为大家带来《美丽乡村我的家》专题分享，分享会以线上线下结合的方式进行，线上直播观看人数300 余人。

三、做乡风文明的"推动者"：在扎根乡土中助力共富

2021 年，王云峰牵头成立浙江长兴云菲食品科技有限公司，致力于服务"三农"，通过直播带货、公益助农等形式，为广大的"三农"人员搭建网上销售平台，打通长兴本地农特产品滞销的"最后一千米"。2021 年以来，王云峰先后注册了"村口小王""村色满园""画溪香米"等品牌，目前在线销售本地农产品 14 件，先后与县内 13 家单位合作，帮助其进行农产品的线上推广及销售，完成长兴本地农特产品的销售已达 30万元。

同时，为了推进乡风文化建设，王云峰对家风家训、文化遗迹等进行深入挖掘，整理成《画溪诗集》《画溪记忆》两册图书，建立画溪村"村史馆"，将画溪村的人文历史

发扬传承。同时，王云峰热衷于基层文学创作，收集整理了大量的本土文化历史档案，先后整理了《小浦镇八都岕历史人文汇编》《八都岕文化基因库》等基层历史资料，撰写基层历史文化资料近百万字，把家乡的优秀文化传播得越来越远。

从走遍村里每一条河流到绘制"治水作战图"，从成立"长兴县银杏志愿者协会"到公益助农的"村口小王"，作为一名基层工作人员，王云峰紧跟党的步伐，顺应时代需求，积极改革探索，在服务"三农"中发现问题、解决问题，带头发扬攻坚克难精神，书写着新时代青年党员干事创业的新篇章。多年的坚守，源于他对基层工作的热爱与执着，正如他所说的，一代人有一代人的责任，能带领青年参与美丽乡村的建设，对他来说，是一件很有意义的事。

畲雁归巢　做畲乡的种梦人

——浙江师范大学雷佳凝

2018 年，身穿畲族服饰的雷佳凝作为共青团第十八次全国代表大会代表走进人民大会堂时，不少人问："小姑娘，你是从哪里来的呀？""我是畲族姑娘，来自全国唯一的畲族自治县——景宁。"

雷佳凝，一个"95"后研究生，毕业后回到家乡，专往基层一线钻，"畲乡的'亲人们'需要我"，对她来说，最需要的地方就是扎根的地方。

一、爱在畲乡的"领航雁"
——"我是畲雁，这里有广阔的天地"

2017 年 6 月从浙江师范大学音乐学专业毕业的她，选择参加全国大学生西部计划，扛起行囊，跨越 1800 多公里，走进一个距离越南仅 30 分钟车程的国家级贫困县——广西龙州。边城小镇生活的艰苦、留守儿童对关爱和陪伴的渴求让雷佳凝震惊，帮助贫困果农"触电"经销水果、成立留守儿童之家、打造"七彩课堂"的扶贫工作经历愈发坚定了雷佳凝扎根基层的心。

"我是畲乡的大雁，我要回到生我养我的地方。"2020 年研究生毕业后，她放弃大城市的工作机会，毅然选择回到家乡景宁县城甘作一名基层员工，助力乡村振兴。

"以党建引领，凝聚青年力量，走稳走实景宁共富路"，这是作为基层党建工作者的她努力的方向。为此，她以新思维、新模式成功打造了"阳光招引"基层党建品牌，在《中国组织人事报》等国家、省、市级媒体刊发经验报道 10 余篇；思考谋划了兼具职能特色、群众需求、青年服务为一体的"阳光乐民、清风惠民、雨露富民"的 3 个支部特色品牌，助力"加减乘除"支部工作法，成功打造了全国先锋服务窗口，最终荣获丽水市机关党建"十佳创新案例"。同时，在推进就业创业、脱贫致富、乡村振兴、青年工作和民生保障等领域都能看到她的影子。2022 年，雷佳凝被评为省优秀青年骨干，被推选为共青团浙江省第十五届委员会候补委员、共青团丽水市第五届常务委员会委员、景宁县第十次党代会代表。

二、群众青睐的"雷阿姐"
——"我想让更多人来到畲乡，留在畲乡，梦在畲乡"

"雷阿姐，听了你的分享后我很感动，等我毕业后也一定回到景宁！"在每次"畲雁归巢"交流分享会后，总有一群大学生围在雷佳凝旁边，这是她作为"畲雁归巢"导师幸福感最强烈的时刻。

"我相信宣讲的力量，更希望能从'一束光'到'一片亮'，动员更多的人回到景宁。"在基层一线，雷佳凝在工作之余，成为"浙里潮音"新时代浙江青年讲师团的一员，她以"让更多的有志青年回到景宁"为内容，走进学校课堂、企业车间、田间地头开展宣讲 60 余场次。通过畲族青年的精气神，让更多人能够关注景宁。在国家扶贫日浙江主场活动、浙江省民族乡村振兴示范建设推进现场会等多项活动中，她在全国的客人面前进行了专业的讲解，展示了靓丽的畲族青春名片。

雷佳凝不仅自己讲得好，还致力于让党的声音"声"动起来，让青年返乡创业就业的呼唤传到八方。2021 年，雷佳凝通过在共青团丽水市委挂职锻炼的契机，以"菜单式"＋"点单式"宣讲模式，推出线上宣讲作品共计 138 件，覆盖团员青年 138.8 万人次。"广阔基层天地大有作为，我们期待更多的青年返乡……"这是雷佳凝创新打造的"丽水青年说"青年理论宣讲直播间中的一段，用青年的方式让青年看见，雷佳凝组织策划的理论宣讲直播间在抖音号、视频号及 FM106.9 广播等媒体进行同步直播，累计吸引 3 万人次同步在线收听收看，阅读量超 80 万人次。

三、助力共富的"排头兵"
——"我要用青春来呵护大家的'畲乡梦'"

基层工作的三年时间里，从一声声带着乡音的感谢中，她发现老百姓的幸福感来得特别简单——是一张想尽办法帮助黑户老人拿到的社保卡，是农民工拿到拖欠工资安心过年的笑容，是一次次坚守在疫情第一线的行动。在一件件民生小事中，她找到了青年党员与实现中华民族伟大复兴的连接点，也找到了时代赋予她的使命：做实基层民生小事，助力家乡发展振兴，做畲乡的追梦人。

2022 年，浙江省委省政府把景宁作为全省唯一的山区县样本，专门出台实施方案，她主动申请成为 20 个三年行动计划中"就业创业拓展三年行动"的专班成员，反复修改实施方案 20 余稿，最终研究制定符合景宁实际、适应人民需求的八项重点举措、三大标志性工作，充分发挥枢纽作用。她组建"畲小帮 乐业共富"党员志愿服务队伍，主动下沉基层一线，

精准助力重点群体帮扶、重点企业纾困 162 次，确保了行动的有序推进，在一线啃硬骨头，在基层实践中磨砺成长。她举办"浙江省首届返乡入乡合作创业大赛暨项目对接会"，实现返乡创业带动高质量就业，新增就业 4097 人，排名全市第一。

人生就是一个不断行走、知行合一的过程，她坚信只要心中有梦，眼中有光，脚下便有路。家乡的呼唤是凝结在她血液里的基因，她永葆初心使命，助力乡村振兴，致力共同富裕，怀抱梦想又脚踏实地，敢想敢为又善作善成，立志做有理想、敢担当、能吃苦、肯奋斗的新时代好青年，让青春在全面建设社会主义现代化国家的火热实践中绽放绚丽之花。

扎根雪域　不忘初心

——浙江理工大学朱玲淑

朱玲淑，于 2017 年积极响应国家"治边稳藏"政策号召进藏工作，现就职于西藏日喀则市聂拉木县樟木镇人民政府文秘办，荣获"全国乡村振兴青年先锋人物""浙江省基层就业大学生典型人物""温州好人"等称号，勇担使命，敬业奉献，不忘初心。

一、积跬步　行千里

涓涓细流汇成大海，对待任何事情都高度投入的她将做好每一件小事刻进人生底色。

倾心志愿者服务工作。在大学校园生活中，她最难忘志愿服务工作经历，工作忙碌又充实，她常感慨："下课后，经常没吃饭就去南门站岗维持交通秩序。当志愿服务已成为一种习惯时，自己在日常生活中随时想参与其中。"她深入践行志愿服务理念，常腾出空闲时间承担校园志愿服务，从小事做起、从身边做起，这种持之以恒服务他人的经历，使她养成了换位思考、替人解忧的行为习惯。

扎实社会工作专业理念。志愿服务只是她大学生活的一小部分，她始终把学习放在首位，多次获得校级一等奖学金。社会工作专业"助人自助"的核心理念深深刻印在心，尤其是关注儿童未来心理取向、心理成长的儿童社会工作课程对她影响很大。毕业多年的她依然会探究儿童社会工作及儿童社会心理学，经常思考如何呵护儿童心理健康成长，并积极考取了高级育婴师、母婴护理员专项职业能力证书。

回想当初的选择，她认为冥冥之中有股力量鼓励她投身援藏工作，带去沿海的思想教育理念，发挥自身热量建设西部边疆。这股隐性的力量正是源自社会工作者"助人自助"的专业知识、服务他人的志愿经历和替人解忧的习惯日常。

二、援藏行　入基层

怀着在西部边疆发挥青年力量的决心及对"地球第三极"的憧憬，刚毕业的她在众人的不解中放弃了杭州发展的机会，从东海之滨浙江来到祖国边陲——西藏。当飞机降落在海拔 3600 米的拉萨贡嘎机场时，胸闷气短、头晕目眩等高原反应使她极度不适，窒息感让她至今难忘，但她时刻提醒自己："不忘来时路，不惧未知途。"

这仅是她面临的第一个考验，更多更复杂的挑战接踵而来。她颠簸九小时到达毗邻尼泊尔的边境县——聂拉木，黄沙遍地、草木稀少的荒凉景象映入眼帘。"经常停水停电。停水要到波曲河挑水，停电用蜡烛照明。"她选择入乡随俗，跟当地人一样从河里挑水、过滤，用沉淀水满足日常需求。

她把目光投向了扶贫工作，得知藏民巴桑为医治女儿的疾病负债累累，她主动开展结对帮扶，送去慰问金。扶贫工作要想成功，不仅要"输血"，更需扶志"造血"。巴桑没有工作，也没有长远的人生规划，喝点酒、打个盹是生活常态。她决心帮助他，常深入他家中，普及国家惠民优待政策，鼓励他抓住政府提供岗位机会，用自己双手创造幸福生活。在积极思想引导下，巴桑渐渐转变了观念，变得勤劳起来，通过放牧、打工的方式慢慢还清债务，生活发生了巨大转变。

三、赤诚心　递温暖

工作之余，她深入当地群众，解决群众生活实际困难。了解到当地教育资源匮乏、办学条件落后，对儿童社会工作高度关注的她主动与校方沟通，利用业余时间教学生汉语。"小朱老师"的身份赋予她强烈使命感，守护好孩子们眼中的光芒，率先发动身边人结合个人特长投身支教，组建首个公益支教团——雪域支教团，定期授课。

与孩子们接触越深入，她心底为他们做更多努力的想法越强烈。为了改善当地师生的学习条件，她牵头组织"心系西藏 大爱浙江"爱心募捐活动，常往返于西藏、浙江两地，致力于寻求更多爱心人士加入，大到单位公司，小到个人，她发动了身边所有可行的力量，从联络爱心人士、对接捐助资金，到寻找物流公司、分发爱心物资，亲力亲为。2020 年 7 月 1 日，首次大型公益募捐活动向聂拉木县小学捐赠物资总计 4.67吨、件数达 34289 件、价值达 35.13 万元、受惠学生达 1135 名，被《中国青年报》《西藏日报》等多家国家级媒体报道。截止到第二次"玉麦行"公益，活动已累计收到爱心资金100 余万元。

"授人以鱼不如授人以渔，思想上的饱满远比物质上的充实更加重要。"2023 年正月初一，她长途跋涉从市区赶去聂拉木县看望如今已升初二的央珍，送去了爱心慰问金5000 元，带着从未出县城的央珍第一次认识了日喀则市、拉萨市的面貌，体验第一次坐飞机、第一次去重庆，进行了 17 天交流学习，开阔了视野，激励了央珍更加坚定励志学习的决心。

四、迎逆境　献青春

"青年强，则国家强。"入藏工作已有五个年头，她从未忘记作为一名援藏工作者的职责与使命，将青年力量奉献基层，将专业知识应用实践。2022年8月，西藏疫情来势汹汹，她在工作中遇到了新挑战。作为一名抗疫工作者，在严峻的防疫形势下，她长期在办公室吃住，团结同事，顽强与病魔抗争、与时间赛跑，每日只休息3小时，做好消毒消杀、数据统计、物资配送等防疫工作，引导群众做好自我防护。

在高原上工作，最稀缺的是氧气，最宝贵的是精神。她始终把"缺氧不缺精神"牢记心底，将支撑自己前进的动力总结为四个字：不忘初心。她制定了每个阶段的人生规划，严于律己，立志做有理想、敢担当、能吃苦、肯奋斗的新时代新青年。

追梦现代农业的小农女

——浙江海洋大学田淑娴

一、眷念家乡　投身农业

田淑娴出生在赤壁市安丰村，内心怀着对家乡的真挚喜爱和深深眷念，高中时候就滋生了构建"现代庄园"的梦想，本科就读于重庆邮电大学的生物技术专业，后继续于浙江海洋大学渔业资源可持续发展方向进行硕士阶段的学习。面对家乡农业落后的现状，她在平时的学习中特别留意和关注科学水产养殖与农业生态发展的相关动态和理论知识，正是她平素的积累，让她在实践中能够信手拈来，快速让产业走上了正轨。

二、超级农人　央视展技

田淑娴利用专业背景和实践所得，采用系统专业的养殖管理调水和饲喂方案，根据小龙虾生长阶段和塘口条件不同，灵活施用不同微生物及调配饲料，实现农业生产专业的"临方调配"。

近年来田淑娴一直亲自进行养殖，丰富的养殖经验让她已经能抛开检测试剂，凭肉眼判断养殖水质，并且能综合天气、温度、养殖阶段等因素对症施用微生物。

2020 年，在央视主办的《超级新农人》全国 20 强盛典挑战中，从 100 种不同来源的水中找出自家虾池的水，在这场史无前例的辨水大挑战中，她冷静观察判断，凭借自己近几年科学务农所积累的经验，在 3 分钟之内快速准确地识别出自己家的虾池水，赢得央视节目组颁发的"超级新农人"奖杯！

三、创新经营　做强做优

田淑娴的目标是采用先进的生态养殖理念，推广运用新型农业经营模式，打造养殖池高效菌—藻—虾—鸭—稻生态系统，以菌治菌，生产出优质农产品，她于 2018 年发起成立赤壁市娴子生态种养殖专业合作社。目前，她打造的"稻虾鸭"生态产业链已具雏形，正在开展零排放生态循环种植养殖技术研发，致力于提升绿水青山的"颜值"，做大金山银山的"价值"，让山清水秀滋润家乡人民，实现百姓富、生态美的有机统一。她创办的现代农业基地已拥有生态农业实验室、田间微生物培养室、配备自动菌藻喷灌和田间作业无人机的 50 亩微生物稻虾鸭科研示范基地和 1000 平方米的禽蛋加工厂，其种养技术和生产能力征服了乡邻，产出的优质农产品受到市场欢迎，成为家乡亮丽的名片。

四、科技赋能　农业增效

通过不断实践和优化，她的微生物稻虾鸭试验田中一亩稻田可产出优质小龙虾 250 斤，无抗蛋鸭 35 羽，优质大米 450 斤，亩产值达到 10000 元。在科技振兴乡村上先行，她用工业化思维做农业，用高科技、数字化赋能传统农业，建设现代农业基地和与之配套的现代农业托管体系，进行系统化模块化的农业管理。她建立农技服务中心，联结最前沿的农业科技成果和农业经营主体，向农业经营主体和农户提供托管服务，进行全年农事规划和节点监督反馈，农业微生物集中传代培养和规模扩培，培养微生物稻虾鸭技术工人，培养懂农技的无人机飞手，内部推行全民学习培训。她的愿景是，中国千万亩的稻田，土壤越种越肥，在里面养

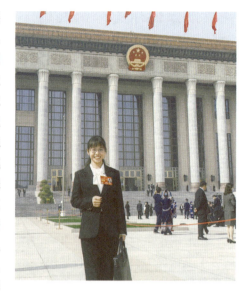

出肥硕健壮的小龙虾、无抗的鸭子，种出优质的大米。这些稻田又有极低的生产成本，共享一个管理大脑，无人机小分队是眼睛，采集水产水禽水稻的信息供服务中心分析，得到的指令显示为程序性农事任务，具体工作由熟练专业的工人和机械完成。她加强农技服务体系建设，推进家乡农业现代化、规模化、产业化、信息化，如今，农产品产地加工、线上线下一体化营销体系正在形成，让优质产品直连消费者，提高消费者的安全感、幸福感。

五、示范引领　共建共享

她不辞辛劳，耐心解说，坚持与农民共建，持续努力将普通农田建设成现代农业基地。通过低门槛的农民入股、托管方式，保障农民权益，提高传统农民参与现代农业基地建设的积极性。她领办的合作社总年产值 500 万元，自成立以来，累计收购销售小龙虾 120 吨，鲜鸭蛋 162 吨。合作社吸引了不少当时的贫困户，对他们采取减免分摊费用、免费提供技术及部分饲料、农副产品代销等扶持措施，帮助他们尽快走上脱贫致富之路。合作社每年吸纳农户发展产业、务工或土地流转增收近 50 万元，让农村最广大人民群众享受乡村振兴的成果，提高乡邻的获得感和幸福感。

雪域高原上的青春之花

——温州医科大学陈亚梅

陈亚梅，1994 年 12 月生人，籍贯甘肃省白银市会宁县，中共党员，2017 年 6 月毕业于温州医科大学，同年 8 月通过西部专招选拔赴西藏自治区日喀则市昂仁县，成为一名基层一线干部。她走出校门，奔赴西部，深入基层，逐梦前行。自参加工作以来，她一直扎根西藏，担起基层党建、脱贫攻坚、乡村振兴、疫情防控等各领域工作，先后在 2019 年、2020 年荣获县级优秀公务员等称号。2021 年 6 月她被借调至昂仁县人民政府办公室，担任县长专职联络员。她让自己的青春之花绽放在雪域高原上，绽放在祖国最需要的地方，在实现中国梦的伟大实践中书写着别样精彩的人生。

一、缺氧不缺精神，艰苦不怕吃苦

踏出校园的她选择响应党和国家的号召"到西部去，到基层去，到祖国最需要的地方去"——西藏昂仁县卡嘎镇。从浙江到西藏，从日喀则市到昂仁县，从昂仁县到卡嘎镇，海拔逐渐升高，氧气愈发稀薄，当时的她顶着胸闷气短、头痛欲裂的严重高原反应，怀着一股留下来干下去的冲劲，坚定了扎根雪域高原的信心和决心。在西藏工作的时间里，她在冰天雪地的高原上感受到了藏族同胞的热情。她与藏族同胞同学同吃同住同劳动，吃糌粑团，喝酥油茶，烧牛粪取暖，点蜡烛照明。她的足迹遍布卡嘎镇25 个行政村 2000 余户人家，宣讲党的方针政策，帮助解决群众急难愁盼问题。为群众开证明，为群众解决矛盾纠纷，为群众发放各种补助，一件件小事将全心全意为人民服务的宗旨深深镌刻在她的脑海深处。她矢志艰苦奋斗，不断为"特别能吃苦、特别能战斗、特别能忍耐、特别能团结、特别能奉献"的老西藏精神注入自己的青春风采。

二、扎根基层为民生，初心使命显担当

2017 年，她加入脱贫攻坚队伍，成为千千万万个坚守脱贫攻坚一线的基层干部中的一员。昂仁县作为集中连片贫困地区，脱贫任务十分艰巨。一本账，一双脚，她走遍了自己驻村的 42 户人家，认识了村里 248 位村民，深入分析贫困户致贫原因，研究脱贫方案，实行分类造册，落实后续跟进。其间，她结识了达扎一家，达扎夫妻二人都身患疾病，家里缺乏固定收入，但家里有位在内地上大学的女儿洛珍，生活非常拮据。她时刻牵挂达扎一家，在工作之余常抽空去看望他们，定期为他们送去些米面粮油和衣物，还主动承担洛珍在校期间的生活费。在她的帮助下，洛珍顺利完成了学业。西藏基础设施建设薄弱，特别是卫生医疗条件较差，很多当地的农牧民因地势高寒缺

氧患有风湿性关节炎、高血压等疾病，给日常生产生活及生命健康带来很大的影响。作为医科大学的毕业生，她结合自身所学坚持不懈地向群众宣讲疾病预防、健康保健、卫生常识等方面的知识，并积极主动联系镇卫生院，争取免费药物和义诊，尽自己所学所能帮助困难群众。

三、民族团结心连心，万众一心抗疫情

2022年8月，西藏疫情暴发，她以一名共产党员的使命担当，闻令而动、冲锋在前，主动下沉一线，听从组织疫情防控工作安排，参与核酸检测志愿服务、疫情防控值班志愿服务及后勤保障志愿服务等工作，每一天，她都要负责2000余人次的核酸采测。忙起来的时候，她一天下来喝不了一口水，吃不了一口饭。检测之余，村民们总说她瘦了些，变黑了许多，她总是笑笑，说这些都不是最重要的，重要的是她现在会说一些"固康桑""卡拉塞呗"等简单的藏语，重要的是她结交了许多的藏族朋友，重要的是她也有了自己的藏族名字——格桑梅朵，寓意幸福美好。这是藏族同胞对她最衷心的祝福。

四、青春绽放雪域高原，奋斗谱写繁荣伟业

2021年6月，她被借调到县政府办公室，担任县长联络员的同时负责办公室联络上下、服务左右等各项工作，加班加点成了她工作的常态，一路走来，她见证了昂仁县自2017年以来，实现地区生产总值从9.16亿元增长至13.52亿元的质的飞跃，农牧民人均可支配收入从8105元增长至14362元、社会消费品零售总额从2亿元增长至3.4亿元的翻天覆地的变化，特别是水电路网基础设施全面提升，群众生产条件和生活质量不断改善，充分见证了各族干部群众不平凡的奋斗历程。

她总说："我不去想是否能成功，既然选择了远方，便只顾风雨兼程。"今天的她，与西藏各族同胞共同见证西藏的繁荣和谐新局面，与西藏人民共同感受以习近平同志为核心的党中央的关心关怀。作为参与建设新时代西藏的幸运儿，扎根雪域高原，扛起新时代赋予新一代年轻人的责任担当，便是她奋力向前、书写最美好的人生规划。趁年轻，到基层。志不求易者成，事不避难者进，我们青年一代有理想、有本领、有担当，国家就有前途、民族就有希望，前进的道路从来都不会一帆风顺，实现中华民族伟大复兴的中国梦需要我们这一代年轻人肩负重责、矢志奋斗。

树人伉俪
把浪漫故事写在雪域高原

——浙江树人学院江松阳

　　江松阳、陈姝雅分别是浙江树人学院 2017 届和 2019 届毕业生，也是学校自 2017 年至今累计 3 批援藏毕业生中的典型代表。在这对小夫妻心里，在最青春的日子里，一起携手扎根西藏，建设雪域高原，就是最骄傲、最浪漫的事。从浙江到日喀则，地图上横跨大半个中国，海拔从不足 50 米上升至 4500 米，他们克服了长度与高度，在这座"最如意美好的庄园"中书写着他们的夫妻情和爱国情。

　　还记得那个 2017 年的 5 月，学校启动"两项计划"支援西部的工作，通知一发出，同学们都非常关注，一下子就有 20 多名同学踊跃报名。经过层层选拔，信息科技学院 2017 届毕业生江松阳过关斩将，如愿争取到了支援西部工作的一个名额。谈及过往，江松阳回忆道："去支援西部是我的梦想，是我一直以来渴望去完成的事。我认为只要是自己想去做的事，就一定要拼尽全力去实现。如今我实现了这个长久以来扎根在我心中的梦，这就是实现人生价值最好的证明。"

　　从东部来到西部，从学校迈入政府单位，这中间跨越的不仅是时间、距离，还有成长的门槛。江松阳刚开始就职于海拔 4000 多米的三类区——西藏日喀则市南木林县达那乡人民政府，主要负责综治以及双联户工作。"如何融入一个文化差异显著、语言交流不通的乡村？如何取得老百姓的信任和支持？"这是江松阳入门时最困难的一件事。为尽快融入基层生活，他坚持"一身土、两脚泥"，翻山越岭、走村入户为村民寻找水源；通过"蹭翻译"、比手势聆听村民意见，了解村民难处，解决村民问题；到拉萨、日喀则等地学习工作技能……

　　六年时间里，江松阳到过海拔 5000 米的村居查看危房情况；在大年三十挨家挨户排查安全隐患；在脱贫攻坚过程中，走过达那乡每一个建档立卡贫困户家庭。就这样，从最开始的不太熟悉，到现在村民们的真诚以待，他渐渐融入了他们的生活中，走进了他们的心坎里。这六年，江松阳多次被评为县优秀共产党员、县优秀公务员、县优秀巡察员。

　　在最接近太阳的地方，更能绽放青春，这是他无悔的选择！"在美丽的雪域高原，悠悠的白云下，有令人怦然心动的唐古拉山，满山遍野的格桑花，勤劳朴实的人民，志同道合的朋友……"江松阳经常和当时身处异地的女友陈姝雅互诉衷肠。因为朴素，所以生动，更能直达人心！被江松阳甘于奉献、勇于担当的精神打动，2020 年 11 月，陈姝雅毅然辞去了杭州的工作，紧跟他的步伐来到西藏南木林县完小，成为一名支教老师，和江松阳一起建设西藏、奉献青春。

当被问及为什么来西藏时，她说："青年不应该被短暂的利益左右，更应该看到社会的迫切需要与自身的长远发展，成为教师是我一直以来的梦想，尤其西部的孩子们更需要好的教育。当然，还有我爱的、爱我的他也在这里。"

通过一年的努力，陈姝雅也迅速融入了当地，俨然成为孩子们的"大姐姐"，不论是在课堂上还是生活中，他们都相处融洽。学生白玛曲珍说："陈老师是一位非常民主的老师，通过她的分享我们知道了很多新奇的东西，了解到以往不曾接触的世界！"陈姝雅经常和江松阳诉说工作上的点滴："这里的学校很是让我喜爱，领导们的工作方式各有风格，对我而言，打心底里佩服他们的坚持，他们也成为了我工作中的榜样。"

即便高原缺氧，血压没下过一百；即便条件艰苦，缺少清洁用水；即便交通不便，基础设施落后，幸福也还是多过苦涩。这几年，他们步入了婚姻的殿堂，享受着属于他们的幸福生活。他们一起主动结对帮扶四名建档立卡户，每年定期送去助学金和生活物资。为了不让大学生因为贫困而断了求学之路，他们还对一名大学生提供生活补助。援藏工作不易，但对于他们来说，只要两个人能在一起就是最好的浪漫。

他们把西藏当成了第二故乡，眼有星辰、心拥山海、精心耕耘、以梦为马，将青春融进祖国的大美西部，让青春之花在祖国边疆尽情绽放。

跨关山万里　作春泥护花

——温州大学胡周炎

　　胡周炎，于 2016 年 6 月毕业于温州大学，毕业后，他积极响应国家号召，到西部去，到基层去，到祖国和人民最需要的地方去建功立业，他时刻牢记"奉献、友爱、互助、进步"的志愿者精神。2016 年 8 月，他成为西部计划志愿者的一员，带着自己的理想与抱负来到了羌塘草原——那曲市，开始了自己的志愿服务生涯。

　　早在大一的时候，他有幸接触到几位在西部服务的学长学姐，聆听了他们在西部服务的感人事迹。正是这一次交流，使他更加坚定了"到西部去，到基层去，到祖国最需要的地方去"的想法。胡周炎的家乡在河南，到温州读书之后，他明显地感受到了中部和东部的教育差距，因此，他就萌生了去西部看看的念头——了解东、中、西部教育有什么差距，于是，在毕业时他毅然选择到西藏支教。

　　西藏那曲高寒缺氧、气候干燥是它最主要的气候特点，而且紫外线非常强，又因为这里大部分地区是冻土，种不活树，所以每年风很大，气候异常干燥。对他来说，恶劣的气候也是一个大挑战。在这种情况下，他没有放弃，依然怀揣着自己的理想，克服困难，坚守自己的岗位。

　　初到西藏时，胡周炎需要克服高原反应，除了"倒时差"外，最让他感到紧迫的是授课方式上的适应，特别是在新课标的要求下，再加上那曲的学情，因此备课环节中的"备学情"显得尤为重要。为解决这一问题，胡周炎利用课间、体育课时间与学生打成一片，了解他们的想法和现有知识，为自己的备课带来了全新的思路。

　　为了能使学生像内地学生一样快乐地学习，他尽自己最大努力去对待每一节课。由于条件限制，科学课没法像内地一样每节课都做实验，但是，能做的实验，他都会让孩子们去做，有些容易找的材料，他会提前给孩子说让他们带；有些不好找的材料，在他力所能及的范围内，就用自己的补贴去买。近年来，学校倡导全校师生养成课外读书学习的习惯，他发现很多学生喜欢看书，可就是资源太少，书的内容良莠不齐。于是，他每年都给学生买科普读物，拓宽他们的眼界。

　　刚到那曲市小学时，胡周炎便发现这里的学生普遍纪律观念较差，自制力差，学习接受能力一般，学生家庭教育效果不佳。很多老师对他讲："我们这里的孩子太调皮了，不写作业，不听课，那都是常事儿。"于是，胡周炎经常向学校的老教师请教经验。例如，学生不写作业，他总是想办法了解原因；学生知识点没有掌握，他总是利用自己的休息时间向学生讲解，直到学生弄明白；学生对科学热情极高，一到下课，总有很多学生围上来问问题，他都十分耐心地回答。

　　最令他感动的，还是那群与他日日相伴的学生。学生虽然平时有些顽劣，却也有着可爱的一面。每学期学校都会组织秋季爬山活动，山道陡峭，在山顶休息的时候，平日里话语不多的学生纷纷往他怀里塞吃的，并用不太流利的普通话说："老师，给你。"更意外的是，他在回程路上发现自己的书包竟然被学生偷偷塞满了零食。孩子们天真可爱，也许这就是他们表达亲近的方式——把自己最喜欢的零食送给亲爱的人。他被这群雪域高原的孩子深深地感动着。

　　于是，两年志愿者服务期满后，胡周炎选择参加了留藏考试，成为那曲市小学一名正式教师。正式参加工作以后，除了日常的教育教学活动，他也积极参加学校组织的各项活动，如教学大赛、60年校庆排练、学校植树活动、清扫校园积雪、六一排练等，也曾上过数学、科学、品德的公开课；同时也积极帮助其他老师解决学科上的难题。在多年的工作中，胡周炎能始终发挥着自己的优势，成为一名少先队辅导员，认真策划具有教育意义、时代特征的少先队主题活动；在他和其他老师的努力下，学校先后荣获"西藏自治区禁毒教育示范学校""那曲市禁毒教育先进集体""西藏自治区禁毒教育数字平台先进集体"等称号。

　　不知不觉，胡周炎已在那曲工作了七年，从曾经的西部计划志愿者成为如今的学校骨干力量。"艰苦不怕吃苦、缺氧不缺精神，与其苦熬消耗生命、不如苦干燃烧青春"，这就是当代那曲精神。胡周炎用自己的实际行动践行那曲精神、志愿精神。在党和国家的领导下，在团中央的号召下，会有越来越多的有志青年愿意到西藏这片净土上奉献青春，贡献社会！

架起离岛连心桥的"片儿警"

——浙江警察学院王佳辉

王佳辉，浙江警察学院 2018 届经济犯罪侦查专业毕业生。参加公安工作后，作为一名海岛责任区民警，他没有像别的民警那样一人要管几百几千人口，在他的辖区，只有 50 多名居民且多为老人，而他却在这里干出了自己的成绩，大家拿他当自己的孩子，他把这里当了家。一警一岛，他克服了种种困难，用自己的实际行动去服务群众，默默架起了离岛连心桥，赢得了老百姓的认可。在 2020 年到 2022 年，他连续获得"浙江省最美浙警""浙江省最美浙江人""浙江省最具影响力最美浙警""浙江省十大孝贤人物"等荣誉称号，2022 年获得"全国优秀人民警察"称号。

一、主动请战，啃最硬骨头、挑最重担子

2019 年，嵊泗县公安局壁下责任区选派民警问题又一次被拿上了桌面，大家深知这是一个"鸟不拉屎的地方"，比嵊山镇还要"远""难"，在这个问题上大多数人都保持了沉默。

壁下位于祖国最东有人居住岛屿——舟山市嵊泗县嵊山岛的西北侧，由壁下、大盘、安基三个岛组成，是个岛外岛，隔天的船班是进出岛的唯一方式，可一旦出现大风大雾，船班就要停航，是座典型的离岛。岛上基础建设较差，物质较为匮乏，时常断水断电，仅有 50 多名居民且多为老人，不少人都搬走了，小岛更加空荡荡的，工作人员也较少，驻岛工作、生活极为不便。

就在因选派民警问题陷入僵局时，当时的新警王佳辉主动请缨："我想去试一试！"大家以为这个刚分配来的新警在开玩笑，但当看到他在认真收拾行李准备赴任时，他们知道，这个"小年轻"要动真格的了。仔细想想这也是在意料之中的事情，工作中的王佳辉就像是一团火焰，总是充满了一股子韧劲与热情，他总抢着靠前，任劳任怨，积极履行人民警察的职责；在平时，他注重团结同事，帮助同事，去年所里有位民警伤了脚，只要去医院敷药他都会背着这名民警上下楼。就这样，关键时刻挑重担，这个"大忙人"凭借着"初生牛犊不怕虎"的精神踏上了远去离岛壁下的船。

二、扎根海岛，当好一家人、做好家里事

王佳辉刚上岛时，人生地不熟，就连吃饭睡觉都成了问题，岛上也没有什么娱乐活动，网络信号也不好，想打个电话都要跑到离信号塔近一些的山坡上去。而他想出来的解闷法子就是和老百姓"唠家常""混脸熟"，一户一户主动"串门"，自己学做饭，

学着做维修。凭借着吃苦耐劳这股子韧劲，他努力克服岛上各种艰难条件，在极短的时间内与当地的老百姓打成一片，对岛上居民的风俗习惯有了一定了解。

每次上岛之前，王佳辉都要提前准备好一周生活所需要的大米、蔬菜等食材，还有在那个密密麻麻的本子上记满的岛上老人托付他采购的东西，以及偷偷带给岛上阿公阿婆的"礼物"，当起了"带货小二"。王佳辉每次前往壁下的船班要靠岸时，阿公阿婆们都会在岸边翘首以待，他们早已把王佳辉当作自己的亲人、心里的盼头。

村里每天坐在社区门口乐呵呵的童大爷看不出有什么烦恼，但细心的王佳辉走访时了解到这位童大爷属于困难人群，膝下无子，没有什么收入来源，却患有严重的胃病，村子里没有像样的药店，再加上童大爷又不方便出岛，时常买不起药，胃病就这么一直拖着。虽然童大爷心态很好，每次王佳辉问及他平时的生活日常，童大爷从来不要求什么，但是在王佳辉看来，在自己的辖区，童大爷不能没人管。于是他就将此事默默记在心中，自掏腰包，承担起了童大爷的药费，每次回壁下时都会从嵊山本岛为童大爷带胃药。现在的童大爷还是每天坐在社区门口乐呵呵的，与之前不同的则是嘴里天天念叨着阿辉，逢人便夸阿辉的好。

三、矢志不渝，坚守做"管家"、守护岛外岛

一到渔汛时节，壁下岛上就会"热闹"一阵，部分在附近海域作业的渔民会临时到岛上休养，流动人口的大量涌入，再加上山路崎岖陡峭，存在着一定的治安与安全隐患。每到这个时候，王佳辉每晚都会打着手电筒出来巡逻，当起了"更夫"，守护着这座小岛的平安。岛上基本没有成形的路，都是人一步一步走出来的，大多随着山势起伏高低不平，路面崎岖，两旁杂草丛生。由于渔船散落在岛上各个岙口，王佳辉只能靠着一双脚板满山寻找，逐个核录这些"临时居民"，确保心中有数、治安稳定，还要将在小岛上的安全事项嘱咐给大家，这样他才放心。

疫情期间，王佳辉主动放弃休假，放弃与家人团聚的机会，选择和岛上的老百姓在一起，连续三个月没有回过家。"这个时候阿公阿婆们如果没人管，我就称不上是他们的孩子了。"岛上的部分居民是早年间从温州搬迁过来的，敏锐的王佳辉察觉到这一情况，就对岛上居民耐心劝导，说服他们尽量减少与外界人员的交往接触，同时他按时为岛上居民上门送上食物等生活必需品。几个月下来，他的工作确保了岛上居民的

零感染，受到了上级领导、人民群众的一致称赞。

　　"离岛不离民心，忘我不忘百姓"，王佳辉用自己的实际行动践行了一代代守边民警的铮铮誓言，用真心真情为离岛群众服务，架起了警民连心桥，树起了离岛新"枫警"，干出了青年民警的好样子。

手"走"人生

——杭州医学院陈斌

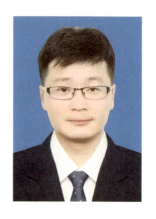

他用一双手，"走"过人生的第 46 个年头。

他用一双手，画出短途代步的电动小三轮设计图，圆了部分残疾人自由出行的梦想。

他用一双手，遨游书海十七载，六度参考终圆大学梦。

他的一双手，就是他的整个人生。

一、天降不幸，爱铸坚强

陈斌，一个平凡的孩子。1976 年，出生在温州市乐清农村一户清贫和美的家庭。四岁那年，陈斌突患小儿麻痹症，父母带着四处求医，但病情依然急转直下。他的身体慢慢恢复了，但无情的病魔并没有彻底认输，摆在懵懂的陈斌面前的，是一个无比残酷却不可逆转的现实——他的双腿永久瘫痪了。

不能走路，怎么上学？七岁时，陈斌的妈妈毅然弯起腰、弓起背，将陈斌背进了校门，伟大母爱化成强有力的"双拐"，撑着陈斌走向风雨求学路。一年 365 天，冬去春来，夏日秋光，每一天，陈斌的母亲除了辛勤劳动外，就是雷打不动地接送陈斌上下学。

四年级的一天，当母亲因手头忙，来不及接陈斌时，他作出了一个勇敢的尝试：坐在地上，用双手撑地，艰难地一步步挪动，向着家的方向，慢慢移动。

一步，二步，三步……当陈斌磨破手掌、满头大汗回到家时，母亲既高兴又心疼，眼泪止不住哗哗地落在他的头上。也是从这一刻，陈斌看到了新的希望，他自豪地对母亲说："妈妈，以后我就可以自己去上学了。"

从此，陈斌开始用双手"走"路，走完小学，走完中学，走进了大学课堂。

二、六度高考叩开"象牙塔"

一个自立自强的人，永远不会被磨难摧垮。

陈斌就是如此。1995 年，陈斌遇到了人生中又一个沉重的打击。当他还沉浸于高考上榜的喜悦中时，招录学校却以他残疾程度太重，难以完成学业为由，坚决拒绝录取。

面对这一般人无法理解更无法接受的事实，陈斌又一次拿出了自己的执拗劲头：不认输，继续努力！1997 年，他再一次参加高考，而命运又一次回应他相同的打击，

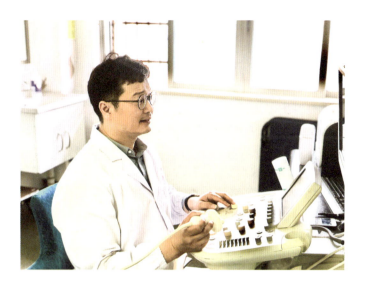

陈斌又一次被某高校拒录。

怎么办？怎么办？这条看似没有希望的大学之路还要不要走下去？无数次自问，陈斌最终选择了坚持。机会在 2003 年出现，这一年，国家出台高考体检新规，放宽对肢残考生的限制，取消年龄和婚姻的限制。

于是，怦然心动的陈斌再次拾起课本，在复习五年、连考三年后，却未能如愿。这一次，陈斌真的犹豫了，他问自己：在别人眼中，我有贤惠的妻子，有聪明的女儿，我的收入也相当不错，小日子过得无忧无虑、甜甜美美，为什么还一定要钻牛角尖上大学呢？

没人知道陈斌最后怎么说服了自己。人们只是看到，在 2011 年，35 岁的陈斌毅然暂停了开办多年、红红火火的补习班，第六次走进高考考场。这一次，他如愿以偿被杭州医学院临床医学专业（社区）录取，如今他已经成为一名受百姓信赖和喜欢的超声科医师。而且在他空余时间，还利用自己多年的教学经验和丰富的人生阅历，担任了部分学校的课外辅导员。

三、天使之心，悬壶济世

"我们是一家基层医院，我们每天要做的事就是与老百姓打交道。"陈斌说，因为年幼患病，他自小就奔波各地求医问药，接触最多的就是医生。他深知，在他人困难的时候，一个小小的善意之举，能给他人莫大的温暖。所以在平时接诊的时候，他要求自己对待病人要多点微笑，少点冷漠；多点解释，少点埋怨；多点耐心，少点急躁。

人生尚有梦，勤学日不辍，临床如履冰，求索无寒暑。作为一名超声科医生，正确的诊断是医学理论、临床经验和思维方法的有机结合。超声是一个真正手脑并用的工作，每一幅图像，都是靠超声医生亲自探查并采集的，每一个患者的诊断，都是在边探查、边思考的过程中形成的。要"想到并看到"需要的不仅是深厚的理论基础和丰富的经验积累，还需要不断打磨提升个人技艺。"手法一定要精湛，你才能看到你想看到的东西，得到你想得到的信息。"为此，陈斌孜孜不倦学习超声知识和其他临床知识，在医院首次开展了多项超声新技术新业务。他平凡又敬业，用自己的实际行动诠释了白衣天使的责任与担当，就像超声科"小暗室"里的一缕阳光，给患者送去温暖。

四、心怀仁爱，执着奉献，砥砺前行

医者，仁心仁术，坚守希望，这是他多年来行医的准则，他在超声诊断服务领域，把仁爱之心、仁术大爱普施于患，用心、用情、用爱守护着乐清群众的健康。"脑子里一定要有患者。"他就是这样一位优秀共产党员，兢兢业业，勤勤恳恳。他在日常工作中，彰显了共产党员的崇高品质。今后的路还很长，他仍会高举信仰之灯，踏踏实实地走下去，用实干与坚守诠释共产党员的高尚情怀。通过这些年的努力，他成功荣获"浙江好人""感动温州十大人物""感动乐清十大人物"等荣誉称号，成为一名受人爱戴的基层医务工作者。

他以医者仁心，以高尚情操，行仁爱之术。手"走"人生，"医"路走来，他是共产党员，是同事心中的好伙伴，是百姓眼里的好医生。

新时代乡村振兴的践行者

——浙江财经大学东方学院李春燕

实施乡村振兴战略，是党中央作出的重大决策部署。乡村要振兴，人才是关键。近年来，越来越多的优秀大学生响应党中央号召，积极投身到农业和农村现代化建设中，浙江财经大学东方学院 2017 届毕业生李春燕就是其中一人，她在校时就到浙江方园药业有限公司实习，涉农后她活学活用将理论与实践有机结合，获得 2016 年永康首届青年创业创新大赛三等奖。毕业后她放弃了待遇优厚的国企，决然返乡继续选择浙江方园药业有限公司就业，成立永康市曲川藏红花专业合作社。她决心投身农业，利用所学去探索一条乡村振兴之路。

一、刚毅坚卓，在乡土上绽放青春光彩

李春燕入职后，工作脚踏实地、认真负责，从乡村到工厂都留下了她奋斗的足迹。她不断学习农业知识和管理技能，力做管理和技术带头人。经过努力，她很快成长为公司的核心骨干。同时她还怀揣着"挖掘国之瑰宝，努力让百姓过上幸福健康生活"的情怀，入股成立永康市曲川藏红花专业合作社。她运用所学知识，以"公司＋供销社＋农民专业合作社＋跟种户＋加工基地"的产业化经营模式，通过现代智慧技术农业的运用，建立了集藏红花"研、产、供、销"于一体的农业产业化联合体，促进农业升级、产业增效，带动区域内农民增收。她 2017 年获全国农村创业创新项目创业大赛二等奖，2018 年获"创青春"浙江省青年创新创业大赛金奖、浙江省青年创新创业大赛乡村振兴组冠军、浙江财经大学第三届大学生创新创业大赛金奖，2019 年入选浙江省十佳农创客，获"农行杯"第三届浙江省农村创业创新大赛三等奖、永康市创新创业大赛一等奖、衢州市第三届全民创业创新大赛一等奖、衢州市"奇思妙想"创业大赛三等奖等荣誉。2020 年她当选为永康市青农联盟秘书长、永康市青年联合会委员会委员。

二、返乡逐梦，在乡村振兴中贡献青春力量

李春燕就任浙江方园药业有限公司人力资源部经理、永康市曲川藏红花专业合作社 CEO 后，积极发挥公司技术人员作用，运用现代科技手段解决种源、技术等问题，全面运营藏红花项目，依托市场发展农业产业，打造品牌——方园上品。她推动成立"博士工作站""院士工作站"，在新疆建立种源地，为藏红花种球的"脱毒"、细胞"提纯"、新品种研发奠定扎实基础。她深入开展保健食品、功能食品的综合开发利用研究，积极打响"浙产藏红花"品牌，做大做强藏红花特色品种，促进藏红花产业可持续发展。

她领导带动广大农户参与产业发展，实现共同增收致富。2019 年藏红花跟种农户的平均收益 2 万元/亩。她运用的组织形式主要有：以村为单位成立合作社，吸纳附近闲置农民或区域内特困户，解决闲置劳动力问题；与区域内种粮大户合作，以当地农业农村局为依托，推广藏红花产业、公司"三农"服务等，让大户以 10 亩/户的小规模种植稳步发展；大学生农创客跟种，以"就业＋创业"的方式，培养、孵化、稳定人才，即公司的技术员、项目经理同时也是藏红花的跟种户，实现公司个人双增收。

她助推产业形成规范示范效应，已经带动永康 100 多户种植 1800 余亩，为农民提供"三农"服务（包括提供健康的种源、种球，技术保障，培训服务，包收保障，置换健康种球，提供资金杠杆服务，办理种植补贴、保险补贴、高层次人才从农补贴等）。

她协助打造一流的农创客孵化园。2017 年起公司成为"青年创客农场"，致力于为区域内的农企打造电商或电商周边服务行业（包括微商、电商、第三方服务，APP 开发、科技信息化相关产业）、外贸销售、投资合作（创业创新，合作共赢）等。在她的策划组织下，方园青创农场定期开展创业沙龙、创业大会、人才峰会、农企之间互动交流会及农企与银行之间的合作等活动，让更多有创业梦想的年轻人得到发展机会。目前方园已吸收 81 名农创客，吸纳 200 余名大学生就业，为现代农业的发展储备人才。

三、产业扶贫，引入藏红花对口扶贫西部

李春燕有思想、有魄力，她 2020 年任海西青园卓玛药业有限公司负责人后，率领团队前往青海（果洛州、海东市群科镇、西宁市大通县、海西州德令哈市）进行藏红花试种，她克服海拔高、气温低、氧气少的生活困难，在海西地区收集了大量研究数据，掌握了通过温度控制打破休眠的技术，使青海的藏红花生长期延长 50 余天，引种优于浙江，更好地提高种球质量。为此她大胆制定出了"藏红花二段式设施栽培技术规程"，将藏红花一二三产融合项目在青海实现，目前整体项目规划占地有 170 亩。2020 年青园卓玛公司直接带动周边 6 个乡村近 170 户跟种藏红花，2021 年带动了周边 12 个乡村近 360 户，就业岗位超 30000 个。2022 年青海旅游管理部门将藏红花基地纳入当地特色景点，打响"道地药材"品牌，基地也被列为第四批浙江援青重大招商项目之一。

"青年人能在广阔的农村奋斗，从而实现自己的人生理想，将个人价值与国家发展联系起来，是一项非常有意义的事业。"李春燕是这么说也是这么做的，一路走来，李春燕不忘初心，选择在最好的年纪，到乡村、到西部、到祖国最需要的地方去书写无愧于时代的青春华章，虽时有挫折，但心之所向，素履以往。

到西部去，
到祖国最需要的地方去！

——金华职业技术学院薛刚

2014 年 5 月，当回校准备毕业论文答辩的薛刚看到张贴在宣传栏里团中央大学生志愿服务西部计划志愿者（下文简称：志愿者）招募的海报时，"到西部去，到祖国最需要的地方去！"这句宣传口号已然成为薛刚未来为之奋斗的目标。当天晚上，就读畜牧兽医专业的薛刚就填写了《大学生志愿服务西部计划报名登记表》，第一志向是农业科技，意向服务省是西藏，服务期限选的是最长时间——三年，这张报名表至今还在薛刚手中保存着。薛刚在 6 月的党支部大会上，向全体师生党员宣布：我要去西藏志愿服务三年！

2014 年 7 月 25 日，怀揣乡村振兴的初心，薛刚坐了 50 多小时火车到达拉萨。后来他才知道，在来自全国各地的 1700 名志愿者中，他是近些年金华职业技术学院第一个来到西藏志愿服务的毕业生。这 1700 名志愿者，期满一年就回去了三分之二，到第三年只有 20 多人仍然留在西部计划志愿者岗位上。

经过 6 天集训，薛刚被分配到拉萨市曲水县达嘎乡做基层服务。初入达嘎乡，他克服高原的不适应和高强度的工作压力，每天都和同事及村兽医员探讨当地畜牧业现状与问题。从写藏猪养殖扶贫项目方案、配制藏鸡牦牛养殖饲料、解决野性较强的藏鸡互相打架等问题开始，最终实现畜牧养殖产能、效益双双提高。

2016 年，西藏首个易地扶贫搬迁安置点——拉萨市曲水县易地扶贫搬迁安置点建成并准备迎接村民入住，薛刚自告奋勇申请担任第一批下沉干部。易地搬迁不容易，"留得住、能致富"是关键。从吃水难、用电难，一下雨山路就泥泞不堪，还经常发生泥石流的地方搬下来，看似容易，但新家能不能留得住人是关键问题。村民们习惯了放牧、种地的生活方式，刚住进新房时，门前不能种地，屋后不能放牧，不知道以后靠什么养活一家人，成了他们最担忧的事。薛刚和乡干部们一起，扎实做好巩固拓展脱贫攻坚成果同乡村振兴的有效衔接。他们根据贫困群众的文化程度、职业技能，提供了几个就业创业方向，组织村民进行特色种植养殖、家政服务、民族手工艺等职业能力培训，成立了藏鸡、奶牛养殖、种植业等合作社，开起了商铺用于经营，带动所有贫困户参与各种项目建设，把几个合作社做成一个联社，发展循环种植养殖产业，让更多人受益。到 2017 年年底，每个村民从合作社得到了超过 3500 元的分红。后来，他还和其他下沉干部一起试水电子商务，让村民搭上互联网的"快车"。在电子商务平台上线的村合作社种植的藏雪菊，上货一周就售罄。

　　新时代走好乡村振兴之路，党建与发展要深度融合、同向同力，这样才能迸发干事创业新活力，才能让老百姓有获得感。工作中，薛刚最大限度地发挥党建的组织优势，充分发挥党组织和党员先锋模范作用，用优良的党风政风带民风，用实际行动提升了党性与担当。他所负责的工作获全县团建工作一等奖，所在单位获西藏自治区乡镇（街道）工会规范化建设"八有"达标单位、"全国脱贫攻坚先进集体"等多项荣誉称号，工作事迹多次被中央电视台《新闻联播》《焦点访谈》以及新华社、《人民日报》《西藏日报》以及《拉萨晚报》等媒体报道。他本人获"优秀西部计划志愿者"、"优秀党务工作者"、"民族团结进步模范个人"、浙江省志愿服务"两项计划"优秀志愿者、"曲水县大学生志愿服务西部计划西藏专项志愿者贡献奖"等荣誉10多项。

　　烈日炎炎，融不化他乡村振兴的决心；路途遥遥，阻止不了他乡村振兴的脚步。三年服务期满，薛刚又选择去了海拔更高、条件更艰苦的当雄县牦牛冻精站工作，与当地科研人员共同科技攻关，突破了一项项技术难题，大大提高了牦牛的配种效率，为当地牦牛养殖高质量发展插上了科技翅膀。牧场有他的足迹，农家有他的身影，他工作态度谦和、负责、认真、热心，想方设法为农牧民解决疑问，是农牧民点赞的"呀咕嘟"。达嘎乡党委书记达瓦多次在乡干部会议上高度赞扬其工作态度，多次在全乡干部会议上提出全乡干部要向薛刚学习，他也被拉萨市委、市政府授予"拉萨市争先创优强基础惠民生活动第七批驻村（居）工作先进工作队员""当雄县农业农村局系统优秀工作者""当雄县农业农村局优秀共产党员"等荣誉称号。平凡的小事坚持下来就是不平凡。薛刚干着干着，三年的服务期就变成了六年，从志愿者到专业技术工作者，在西藏，他成长为一名脱贫攻坚、再到乡村振兴的人才。薛刚借助西部计划志愿者这个平台，尽己所能去祖国最艰苦的地方，服务基层、回报祖国，践行志愿者精神，为建设团结互助平等友爱、共同前进的美好社会贡献自己的力量。他以饱满的热情参与到工作以及志愿活动中，服务于民、奉献于民，在工作与志愿活动中树立党员和志愿者应有的形象。

　　2020年12月，在西藏完成了阶段性的脱贫攻坚工作后，薛刚带着专业特长和服务西部的工作经验，回到浙江省江山市贺村镇继续从事乡村振兴工作，以共同富裕示范区建设为目标，快速融入了乡村振兴新征程。基层党组织建设、乡村振兴、疫情防控、平安建设，处处都有他的身影。他在基层党组织建设工作中作为党支部组织委员，连

续两年被评为优秀共产党员；在乡村振兴工作中作为乡村振兴 A 岗，成功创建浙江省 3A 级景区村庄 1 个、浙江省垃圾分类示范村 1 个、市级新时代美丽乡村 15 个以及市级幸福乡村 5 个；在疫情防控工作中作为贺村镇疫情防控核酸检测组组长，圆满完成贺村镇全域 64 轮约 500 万人次核酸检测；在平安建设工作中作为平安法治办副主任，圆满完成各项平安护航任务。

筑梦乡村振兴，是他的初心。薛刚以朝气蓬勃、奋发进取的精神面貌，积极投身乡村振兴，在乡村这片广阔的天地中施展才干，积极作为，为巩固脱贫攻坚成果和共同富裕示范区建设发挥着新时代一名大学毕业生的青春使命与责任担当，贡献自己的青春力量。

国家脱贫攻坚与乡村振兴之路上，他在平凡岗位上书写着"薛刚式"卓越。

扎根浙西基层
同筑残疾人"共富梦"

——衢州职业技术学院宋莉莉

宋莉莉说："在'中国的现代化是全体人民共同富裕的现代化'这句话里，我看见了浙西山村身残志坚的残疾人，他们也需要一双搀扶的手，帮助他们筑起'共富梦'。"

一、勇担使命，他乡扎根

2012年，宋莉莉从异乡来到衢州职业技术学院求学，2014年毕业在衢州短暂工作后，因母亲生病，她匆匆赶回家乡尽孝。在家乡，她遇见了来自衢州开化，身有残疾但开朗自信的小邱。宋莉莉被他身残志坚的故事感动，两人逐渐走到了一起。和小邱在一起意味着要去浙江的最西部山村生活，但宋莉莉没有迟疑。她深信，只要是对社会有用的人，在哪里都能扎根发芽。小邱家庭经营着一家小服装厂，夫妻俩本可过上幸福稳定的生活，但是夫妻俩心系和他们一样的残疾家庭，仔细研读了浙江省2016年联合十部门发布的《关于进一步推进残疾人辅助性就业的实施意见》后，萌生了扶残疾家庭一把的想法。2017年，夫妻俩腾出服装厂的一块场地，成立了阳光庇护中心，为残疾人提供力所能及的日间照料、服装制作培训等服务，并吸纳符合条件的留厂上班。2018年，在开化县残联的帮助下，阳光庇护中心升级为残疾人之家，宋莉莉成为主要运营人。

宋莉莉说："服装厂的空间腾出来了，多少会影响到生意，但我却感觉到在衢州真正扎下根来了，残疾人之家是我和小邱，和残疾人们共同的家。"

二、心有微光，必能照亮

残疾人之家接受国家财政补贴，以残疾人为服务对象，为残疾人提供日间照料、辅助性就业、技能培训、康复治疗等服务，帮助残疾人更好地融入社会。这也意味着，宋莉莉要面对的服务对象更为复杂。第一批"家人"是谁？去哪里找？她搀扶着腿脚不便的丈夫，挨家挨户去做思想工作，希望残疾人家庭能放心地把家人送到残疾人之家，期间被误会是"骗子"，被赶出门的尴尬情况不在少数。但宋莉莉始终相信，只要怀揣一颗热腾腾的心去解释，肯定能得到理解和信任。慢慢地，村里人都知道了这一对四处奔走的夫妻，县残联和乡政府也一起陪着他们上门做工作，第一批10位"家人"慢慢汇聚而来，无疑给了她莫大的动力。因为她深信，照料一个残疾人，就是解放一个家庭。

残疾人之家的事务远比她想的复杂："家人"们除了身体残疾，还有智力残疾、精神障碍等情况，年龄从十八周岁到六十几岁，都有自己的脾气，有不同的照顾需求，稍有不慎就有可能出错；因沟通困难，他们的职业培训时间要长得多，工作效率偏低，无法按时完成企业订单，有时候甚至要多次返工；最难的是和被残疾家庭当负担，直接丢给宋莉莉的残疾人相处，这一类"家人"受到的伤害，要花很久的时间才能治愈，还要和残疾家庭做大量沟通。以上种种情况让夫妻俩全天都处在"连轴转"的状态。宋莉莉也会有压力大到崩溃的时候，自己的丈夫尚且需要照顾，还要照顾别人，有时候也会半夜哭鼻子，但是第二天一早，对着"家人"们，她又笑靥如花，马不停蹄。

渐渐地，"家人"们被他们的赤诚感动，开始积极配合，甚至开始参与到志愿服务中来，陪着宋莉莉上门为其他残疾家庭送温暖。那一簇被宋莉莉点亮的光，正慢慢照进每个人的心房。

三、不负韶华，砥砺前行

时光流逝，在平凡岗位上坚持着的宋莉莉夫妻，慢慢被更多人看到。社会各界对残疾人之家的支持越来越多，残疾人之家慢慢开始拥有了工疗室、康复室、文体活动室、培训室和休息室等服务功能区。五年来，残疾人之家成为衢州地区残疾人辅助性就业的重要实践基地之一，累计 50 余名残疾人、精神疾病等患者在此接受过帮助，累计发放劳务工资 200 余万元，"家人"在残疾人之家的工作收益从原来的几百元提高到现在的一千八百多元，其中 5 人顺利过渡至福利性企业工作。

五年来，残疾人之家共接待省、市、县各级领导和同行的指导调研 40 余次 1000 多人，举办市、县两级残疾人之家规范化建设现场会 3 次，在全省残疾人工作会议中作为先进典型被通报表扬。事迹多次获得省、市级媒体和平台的宣传报道，如"学习强国"、《浙江日报》等，为其他残疾人之家在规范化建设和服务品质提升方面提供了范本和指导。机构先后获得了"先进残疾人之家""巾帼共富基地"等荣誉称号，宋莉莉家庭也获评 2022 年度衢州市"文明家庭"，小邱先后获得第七届"最美开化人""十三五自强之星"等荣誉称号，并当选为开化县第十七届人民代表，为残疾人发声，为残疾人事业奔走。

宋莉莉说："我的'家人'用实际行动证明了可以为社会发展作贡献，为自己家庭谋幸福。我虽在基层就业，看不见城市的灯红酒绿，但是我看得见绿水青山，看得见'家人'的幸福蜕变，听得见一声声道谢，我觉得我的工作很有意义，我的人生很有价值！"

"90后"浙江小伙根扎在天山上
——温州科技职业学院赵奇

有这样一个"90后"浙江小伙，2013年辞别父母、远离故土，带着浙江人民的深厚情谊，不远万里来到天山脚下，在新疆阿拉尔市十四团林牧站以西部志愿者的身份成了一名畜牧兽医。在结束志愿服务后，这个小伙不但没有离开，还报考了新疆公务员扎根南疆当"村官"，一待就是十年。

他就是赵奇，生长在江南烟雨里，却扎根在南疆大地上的一棵"胡杨"。

一、他是初出茅庐的志愿者，一心一意用智援疆

"我之所以愿意走得那么远，源于大学时期的那一次次志愿服务。"2013年7月，赵奇毕业于温州科技职业学院。当大部分同学在内地找好工作时，在大学期间作为青年志愿者协会骨干的他却在亲朋好友一片反对声中背起行囊，万里迢迢跑到新疆，成为西部计划志愿者的一员。

绿皮火车把他送到了新疆阿拉尔市十四团的林牧站，畜牧兽医专业出身的赵奇很快成为林牧站给牛羊治病的"赵大夫"。"赵大夫"不仅治好了牛羊的病，还治好了当地村民们的"穷病"。他利用在大学期间参加电商运营社团学到的知识，通过开设网店、办快递公司等方式帮助当地农户打通线上销售渠道，把网络销售系统做得风生水起，原本被批发商以20元/千克的价格收购的新疆大枣，通过网络销售系统可以卖出40～50元/千克的价格，成功使农户们的农产品销量、收入翻番。

赵奇因此成为十四团的大红人，新疆兵团卫视对他进行了专访，阿拉尔电视台、新华网等新闻媒体对他做了专门报道。初尝成功，赵奇信心大增，踌躇满志，立志要在新疆大展身手。因此，当志愿者服务期满时，他决定留下。

"我也没想到，我是那51个人里留在新疆的唯一一人。"绿皮火车载来新疆的51个西部计划志愿者，其他人在两年时间里因为条件艰苦等都陆陆续续离开了，而赵奇成为唯一一个扎根在新疆的志愿者。

二、他是铆足干劲的公务员，一腔热血献给新疆

2015年1月，赵奇顺利通过公务员考试，成为阿瓦提县塔木托格拉克乡农业农村经济办公室的一名公务员。他也因此成为浙江省在志愿服务西部之后，通过考公务员扎根新疆的第一人。

考上公务员后，为了更快熟悉所在乡村的基本情况，赵奇在一年间足迹遍布全乡

18 个行政村、56 个村民小组，工作出行里程 11000 多千米，通过实地走访、基层调研了解民生痛点，争取、申报、监督、实施惠民项目 27 个，共修建太阳能路灯 550 盏，修建富民安居房 1356 套，修建灌溉防渗渠 74.8 千米，惠及群众 2.1 万余人。

"要想富，先修路。"在塔木托格拉克乡农业农村经济办公室任职期间，赵奇深知交通基础设施对于乡村振兴的重要性。他积极协调上级主管部门，共铺设柏油路村道 23.5 千米，修建机耕路 42.3 千米，获得了群众的一致好评。

三、他是情系民生的驻村人，一如既往根植南疆

赵奇致力于为新疆百姓修一条"乡村振兴致富路"，但在很多人看来，他自己走的却是一条"与致富相去甚远的路"：从西部志愿者到南疆公务员再到驻村干部，他一步步把自己推到最基层。当问到他为什么选择这样的人生道路时，他打开了心扉。他说，维吾尔族百姓朴实善良，他打心眼儿里想走近更多百姓，了解他们、帮助他们。繁忙的工作、艰苦的条件，没有使赵奇气馁，反而让他越来越喜欢这个地方了。在赵奇内心深处，有一种神圣的使命感："一带一路"建设在实施，怎样把它与这里的老百姓联系起来，他渴望去实现这个抱负。

2016 年，新疆实行派遣"驻村管寺"干部政策。听到这个消息以后，赵奇第一时间报名。很快，在当年 10 月，他如愿来到了托万克阿热勒村，成为这里的驻村干部。

托万克阿热勒村一共有 4 个自然村，386 户 1600 余人，几乎家家户户的情况他都了如指掌。当然，赵奇并不仅仅是个信息收集员，他是个特别有想法的人，渴望用自己的智慧和力量改变这里落后的现状。

2017 年，赵奇引进内地的甜高粱种子试播成功，同时推广种养结合模式。甜高粱作为优质的饲草作物，适应性强，水旱耐受性好，商产优势突出，饲料化利用价值高，通过饲喂甜高粱这一高生物量作物，每只羊每天可减少一半精料用量，且育肥周期缩短，出栏速度加快，产奶量、产羔率和羊毛生长速度均有增加。优质种子与先进技术的引进，使得托万克阿热勒村村民收入大幅增加。

"来疆为什么？在疆干什么？离疆留什么？"这是所有援疆志愿者共同面对和思考的问题。"来疆为什么？"对于赵奇来说，选择远赴新疆成为志愿者始于热爱、忠于责任；"在疆干什么？"他一直在用自己的实际行动来回答。对于"离疆留什么？"赵奇的回答是："我已扎根新疆，不会也不愿离疆。"2019 年，已经结束"驻村管寺"生涯回到塔木托格拉克的他，于这一年的 5 月迎娶了一位美丽的新疆姑娘，彻底在新疆扎了根。

在新疆，有一种生命力特别顽强的树——胡杨，它的根可以深入地下几十米，为的是能够汲取水分茁壮成长后反哺大地。看似文弱却无比坚毅的赵奇就像一棵胡杨，守护在这片曾经饱经风霜的大地上。

安徽省

用心用情　开拓创新

——六安职业技术学院教师高于十

高于十，1980 年 9 月出生，中共党员，安徽财经大学贸易经济系本科生，武汉大学硕士研究生。参加工作以来，一直从事基层就业、创业指导和专业教学工作，其间从事学生就业、创业指导服务工作 5 年。

一、综合表现

高于十政治素质过硬，坚持以习近平新时代中国特色社会主义思想为指引，深入贯彻落实党的教育方针，始终坚持为党育人、为国育才，牢固树立"四个意识"，坚定"四个自信"，坚定拥护"两个确立"，坚决做到"两个维护"。

他作风优良，坚守高尚情操，知荣明耻、严于律己、以身作则、为人师表、爱岗敬业、遵纪守法。他始终坚持"四有"好老师标准，甘做学生锤炼品格的引路人，做学生学习知识的引路人，做学生创新思维的引路人，做学生奉献祖国的引路人。

自 2005 年 9 月到校工作以来，高于十一直坚守岗位，服务一线，除了高质量完成自己所承担的专业教学工作外，分别担任过 2008 届、2011 届、2015 届和 2022 届（14 个班级）辅导员工作，2017 年至今，一直从事电商创业实验班建设、学生就业和创业指导服务等一线工作。工作期间兢兢业业、任劳任怨，积极投身教育改革浪潮，勇于探索，善于结合大别山区乡村振兴产业发展，开展创新创业实践，深化产教融合改革，培养了大批创业精英和高薪就业学生。

高于十充分利用电商创业实验班建设平台，凭借个人精湛的电商技术和用心用情的服务意识，在指导学生创业、毕业生就业等方面工作突出，成效显著。

二、突出贡献

1. 学生自主创业指导服务工作取得骄人的成绩

2017 年至今，高于十负责学校电商创业实验班建设，成功举办了 6 期电商创业实验班，培养学生 440 余人次，并充分利用电商创业实验班建设平台，指导学生积极开展自主创业。学生创办企业 14 家，吴超、张富贵、张瑜、刘贵、蒋大海、杨科伟、曹重阳、胡志远、刘浩浩等团队创业成效显著，创业业绩年交易额 8000 多万元。

其中，第一、第二两期电商创业实验班学生，在校期间实现销售近 37 万单，突破千万元总销售额，总利润额 200 多万元。第二期电商创业实验班蒋大海同学取得一天销售业绩突破了 3000 单，取得了日纯收入 2 万元以上的傲人战绩。第三期电商创业实验班学生吴超，与同学李五一、余翠平共同注册成立六安市鹏跃电子商务有限公司，时隔一年又新注册成立合肥池沙网络科技有限公司，团队目前已经发展到 11 人，共经营 6 个天猫店和 2 个淘宝店铺，拥有"三分钟""好家伙""垂钓将"等自主品牌，主营产品长期占据天猫等大型电商平台前列。该团队在校内设有 300 平方米的仓储中心，在阜阳设有 1000 平方米的配送中心，日基础发货量在 3000 单以上，活动日发货量超过 1 万单。2019 年总销售额达 1400 万元，利润超过 150 万元，2020 年、2021 年销售额突破 3000 万元，2022 年销售额 2400 多万元。

2. 毕业生基层就业指导服务工作成效显著

电商创业实验班已经毕业学生 261 余人，大三年级顶岗实习学生 88 人。在高于十的创业指导、引导和鼓励下，多数学生选择家乡特色产品作为创业项目，因此具备一定创业基础的学生，毕业后到家乡开展创业和就业。电商创业实验班学生就业率（包括自主创业率）达 100%。有的学生还将在校期间创办的企业变更回户籍所在地，助力家乡经济发展。

就业学生收入水平总体偏高，月收入在 7 千元到 1 万元之间的学生占比 20.56%（54 人），1 万元到 2 万元之间的学生占比 11.67%（30 人），其中杨科伟、吴超、蒋大海、张富贵等杰出的创业学生个人月收入已经超过 3 万元。电商创业实验班毕业生基层就业指导服务工作成效显著。

3. 毕业生跟踪指导和延伸就业服务工作突出

为了进一步开展毕业生跟踪指导和延伸就业服务，高于十开拓创新，将电商创业实验班的技术优势与来自六安四县三区的 2019 级电子商务社会扩招班学生的资源优势进行有效结合，为在校学生提供优质创业项目。同时，他将电商专业技术团队引进到社会扩招班学生项目建设中去，实现资源优势互补。同时，为了进一步帮助电子商务社会扩招班学生更好地开展基层工作，高于十到学生所在乡镇给农村人士和中小型村集体企业开展了 23 场电商专业技术指导，受益学员 4000 多人次，切实为该班学生基层就业、创业和乡村振兴工作赋能，深受社会各界欢迎。

另外，高于十率领在校创业实验班学生，分别深入社会扩招班吴彰林、刘盛发、蔡弱男等学生创业一线，开展产品开发和电商线上销售、直播电商等技术支持；深入其他社招班学生所在辖区企业开展一对一技术指导，分别为"山茶油""欣沃水果""六安瓜片茶饼"等多项创业项目开展技术服务，为地方中小企业拓展线上销售渠道提供技术支持。

为了做好创新创业教育、毕业生就业和自主创业工作，更好助力地方乡村振兴产业发展，高于十正着手推进六安职业技术学院电子商务产业园建设，结合他主持的安徽省职业教育创新发展试验区"打造大别山区农村电商扶贫创业基地"项目建设，联动打造电子商务产业发展平台。

十五年坚守
只因对学生的满腔热爱

——合肥工业大学教师韩新节

2008 年 7 月硕士毕业留校至今，合肥工业大学党委学工部学生就业指导中心就业市场与信息科科长韩新节，始终坚守在基层就业工作的第一线。从在学院主抓学生就业，到在全校就业工作中"挑大梁"，在韩新节心中始终不变的，是"以学生为本，誓与学生共同成长"的工作理念。他用对青年学子的满腔热爱，书写高校基层就业工作者的精彩华章。

一、为国家重点领域输送高水平人才

"本科生优秀辅导员""党校优秀班主任""三育人先进个人""优秀团委书记"……留校任教的第一个八年，韩新节在合肥工业大学电气与自动化工程学院取得了一个又一个荣誉。但在他心里分量最重的，是学院培养出的一届届青年学子，毕业后在国家电力能源战线上迅速成长成才，勇担重任。

"教育是根本、服务是基础、发展是核心、引导是途径"，担任学院思想政治辅导员的八年时间里，韩新节坚持"贴近学生、贴近生活、贴近实际"的原则，积极研究新形势下学生工作的新情况、新问题，探索就业工作的新途径、新办法，把日常思想教育和毕业生就业工作融为一体。

他以创新创业工作为抓手，指导的大学生科创项目在全国大学生创业大赛、中国大学生物联网创新创业大赛中摘金夺银；他带领青年学子积极投身社会实践，学院连续四年获得大学生暑期"三下乡"社会实践"优秀组织奖"，学院团委获校首届"五四红旗团委"称号，3 次获得 5A 级团委称号……

这一系列举措与成绩，不仅进一步提升了青年学生的综合素质，更激发了他们为国家建设奋斗终身的使命感，学校毕业生就业率始终保持高位，就业质量不断再创新高。八年里，韩新节带出的三届近 1700 名毕业生，95％以上进入与本专业对口的岗位，60％进入国家重点企业。电气工程及其自动化专业 2012 届 199 名就业生中，160人进入国企，其中 106 人进入电力系统主干行业单位；2013 届 194 名就业生中，152人进入国企，其中 71 人进入电力公司。同时，学院 2012 届、2013 届毕业生考研录取率分别达到 30.59％、33.10％。2012 年学院获就业工作"先进单位"称号，他也荣获2013 年、2015 年就业工作"先进个人"。

二、让用人单位和毕业生都满意

2016年，韩新节的岗位有了变化，但他并没有离开他最钟爱的就业事业，担任合肥工业大学党委学工部学生就业指导中心市场与信息科长，统筹全校就业工作，更大的责任压力，让韩新节有了更大动力。

如何把这份工作做得更好？韩新节的选择并不复杂，就是以用心、细心、暖心服务，让用人单位满意、学生满意。

在以韩新节为代表的就业人不懈努力之下，合肥工业大学瞄准国家重大战略需求和行业区域经济社会发展需要，构建起以央企、大型国企、500强企业为主体，其他单位为补充的校级多位一体就业市场体系，以及"以行业区域招聘为主体，以就业基地建设为依托，以校友资源及政府、科研合作单位为纽带"的院级多元招聘就业市场体系。

采取"请进来、走出去""线上线下相结合"的方式，学校主动走进园区、走进行业、走进企业，积极建立校企合作日常联系互访机制，全面深化校企合作、供需对接，2022年累计走访用人单位126家，建立就业实习基地122家。同时广泛推广"24365智慧就业平台"，积极推荐毕业生参加"国聘行动"，广泛收集就业岗位需求计划，全力做好选调生、应征入伍、特岗计划等各项就业工作。

针对家庭经济困难、学业困难、残疾学生、心理问题等重点群体实际需要，韩新节建档立卡，实行"一生一档"精准帮扶。疫情期间，他积极参与就业中心安排的全天候24小时不间断线上咨询服务值班，近三年来接听各类咨询电话20000余次，收发回复各类邮件10000余封，为全校学生和用人单位提供咨询服务指导。

2022年，来校用人单位数量已经从2016年的3196家增加到6560家；招聘场次从2016年的816场次增加到1443场次；招聘形式从传统的专场、组团、大型双选会拓展到线上线下、专场组团、行业精准、就业直推、校院两级大型市场的多元就业市场体系。用人单位对学校就业工作满意度达97.34%。

三、奋力为就业事业作出新贡献

培养"德才兼备、能力卓越，自觉服务国家的骨干与领军人才"，是合肥工业大学人才培养的总目标，也是韩新节从事基层就业工作的风向标。他秉承"工业报国"的工大精神，把毕业生推送到交通运输、航空、军工、航天、尖端技术等国家重点领域行业及单位就业。

针对新时代就业工作新特点，韩新节在工作中始终坚持紧盯国家重大战略需求和行业区域经济社会发展需要，科学研判毕业生就业形势，多措并举提高毕业生就业质量。业余时间，韩新节通过申报主持基金项目、参与全国大学生职业信息库建设课题和安徽省社科类重点课题、撰写发表高水平论文、参加专题培训等形式，不断提升就业工作的科学性、系统性。

2022年，来校招聘的央企、国企和各类500强企业占比从2015年的25.88%、45%提升到38%、53%，每年推送到央企、500强企业、上市公司、国企等制造业企业就业的毕业生达70%。同时，他积极响应国家号召，引导毕业生到艰苦行业、基层、西部地区就业，2022年，794名毕业生奔赴祖国最需要的地方。近七年来，合肥工业大学毕业生毕业去向落实率为95.64%，其中本科生毕业去向落实率为94.95%，研究生毕业去向落实率为97.90%，始终位居教育部直属高校前列。2022年，学校获批教育部供需对接就业育人项目6项。

同时，韩新节积极推动"智慧就业"管理服务平台建设，开发"重点单位招聘系统""空中双选会系统""学院精准对接会系统"，健全优化毕业生网上签约系统和"互联网＋就业"智慧服务一体化平台，实现就业信息精准推送、就业数据实时查询、就业服务互联共享、就业协议网络签约、本硕博一站式管理、档案材料有序转递、定向生按规登记去向等就业服务，实现就业管理服务信息化、智能化。他利用就业平台进行大数据挖掘，科学动态监测校园招聘会，将岗位信息精准送达毕业生，向用人单位直接推荐毕业生，实现"一生一网"。他按照"标准化、智能化"思路，建立校院两级重点用人单位库，搭建由就业信息网、微信公众号、短信平台和QQ群等组成的"互联网＋"就业空中走廊，打破疫情带来的"信息孤岛"，让用人单位和毕业生多走"网路"，少走"马路"。

学校先后获评"全国毕业生就业典型经验高校""全国创新创业典型经验高校""全国普通高等学校毕业生就业工作先进集体"，入选"全国普通高校毕业生就业创业指导委员会"成员单位，获批教育部宏志助航计划全国高校毕业生就业能力培训基地，就业工作入选"全国普通高校毕业生就业创业工作典型案例"。

花样年华　青春西行

——安徽工业大学刁凤

　　刁凤，安徽五河人，中共党员，安徽工业大学公共管理与法学院 2018 届硕士毕业生。她硕士毕业后响应服务基层、服务边疆的号召来到西藏的基层乡镇工作，现任山南市贡嘎县甲竹林镇党委委员、纪委书记。

一、用实际行动书写不一样的青春

　　刁凤在校期间是一名勤学踏实、积极上进的学生，她有干劲、有活力，在校期间一直担任班长，并且积极参加各类志愿活动，用自己的实际行动诠释当代大学生的责任与奉献。2014 年本科毕业后，她积极报名参加学校的第一届研究生支教团，从安徽到四川，从学生到老师，地点变了、身份变了，不变的是她那颗奉献、友爱的心。她在支教期间带着孩子们学习知识，与伙伴们开展志愿活动，向当地人了解四川的风土人情。她热情好学，对学生包容有爱，一年后，她所带班级的期末成绩在年级名列前茅，第一届研究生支教团发起的小信鸽活动依然在"飞翔"，志愿精神一直在传递。支教结束后，她一直保持与学生的联系，不断鼓励支持见证每一名学生的成长，2019 年，在西藏工作的她还专门请假去参加当年学生的毕业典礼。她一直用爱温暖着每一名学生，用真心、真情、真诚滋润着学生的心田。

二、再一次选择远走家乡奉献边疆

　　2018 年，刁凤研究生毕业了，即将从学校走向社会，未来的路怎么走？在人生的十字路口，她果断放弃选调生的面试，找准前进的道路，找到了自己的答案——奉献边疆。

　　2018 年她轻装上阵，倒了两班飞机，最终降落在西藏贡嘎机场。从安徽到西藏，28 岁的她觉得一切都那么不真实，但一切又像是命中注定。她选择来西藏，这次不再是以志愿者的身份或者短期援助的形式，而是带着家人一起在这里扎根奉献，开启新的人生征程。

　　2018 年她初到乡镇工作，赶上第三方对西藏自治区脱贫工作的评估，2016 年、2017 年她两次参加安徽省第三方评估，这次作为被评估对象，她轻车熟路，毅然决定接受挑战。一个月的时间，她从对基本情况一无所知到了如指掌，从无从下笔到完成 60 多页的汇报 PPT，那段时间她熬夜写工作总结、休息期间入户更新收入测算表、周末完善建档立卡户表，加班是家常便饭，周末不休息成为常态。她忘记了自己是"新人"，以高度的责任心投身于决战脱贫攻坚工作。

之后，因工作需要她成为一名乡镇纪委专干，并且被借调到山南市纪委跟班学习。这期间，她负责山南市纪检监察网站的信息审核工作，对各县区上报的信息进行规范、审核，这不仅锻炼了她的工作能力，还提高了她的写作水平，之后她撰写的多篇案件剖析稿件被中央纪委国家监委、自治区纪委监委采用。同时，她还负责"走进纪委监委"警示教育展览活动的讲解，3 天时间，14 场解说，1400 余人参观，她以过硬的知识储备完成了这场挑战，反面题材的解说让她觉得震撼和警醒，作为共产党员，作为一名国家工作人员，一定要扎实做好本职工作，干净做事、清白做人，始终做到慎初、慎微、慎独，锁住贪腐的缺口，筑牢拒腐防变的思想防线。

2019 年 10 月，她第一次参加贡嘎县委第六轮巡察工作，巡察期间，她以过硬的专业知识、高度的政治敏锐性，不放过任何蛛丝马迹，形成了多个问题线索上交县纪委。县纪委根据问题线索，查处县司法局原局长李某某、县住建局公益性岗位卓某，这些案件查办在全县范围内掀起反腐拍蝇的高潮。

刁凤作为纪检监察干部一直秉持着严明的政治纪律性、敏锐的分析研判能力，切实守护着地方的政治生态。森布日高海拔生态搬迁点，作为西藏幸福家园建设的典范之地，展现了一幅美丽、和谐的幸福新村画卷，但有些村级干部，却在侵占、挪用村集体和老百姓的血汗钱。刁凤作为这件案子的主办人员，每天梳理重点人员的银行流水，追踪每一笔钱的来源、去向，与工程老板周旋，经过 5 个月的不懈努力，格某最终因违反相关法律法规受到开除党籍处分，追回违规资金 39.99 万元。

她的故事不断在续写……

常年在海拔 3500 米以上的地方工作，刁凤练就了钢铁一般的意志，"缺氧不缺精神、艰苦不怕吃苦、海拔高境界更高"。几年来，她到过中国海拔最高的行政乡——普玛江塘乡，参与过西藏和平解放 70 周年大庆活动，近距离感受中印边界的紧张严肃。从一名纪委专干到乡镇纪委书记，她共参与办案 12 件，开展监督检查 100 余次，工作之余还积极参与植树造林活动、加入疫情防控队伍、开展日常巡逻、助力乡村振兴等。她深知，西藏的稳定需要人来守护，西藏的安全需要人来捍卫，西藏的绿水青山需要人来保护。

常常有人问她，何时回去家乡，她说，那颗西藏的种子已经发芽，现在已然健康成长，终有一天会长成参天大树。

如今，她走在乡镇的道路上，阳光洒在脸上，微风吹动头发，脸上洋溢着自信，眼中充满了坚定，注视着远方的路——那条属于她的路。

高原风雪急　青春报家国

——安庆师范大学王子洋

王子洋，安徽蒙城人，共青团员，安庆师范大学 2019 届毕业生；西部计划志愿者，曾在山南市共青团错那县委志愿服务一年；现为西藏自治区日喀则市仲巴县中学教师。

王子洋 2019 年大学毕业后，怀揣着志振边疆的梦想，放弃了留在城市工作的机会，选择去往西部，去往基层，去往祖国最需要的地方。大学毕业后，他始终坚守在海拔 4000 米以上的青藏高原，从海拔 4380 米的错那县到海拔 4900 米的仁多乡小学，再到海拔 4742 米的仲巴县中学，他将自己最热血的青春奉献给了他最热爱的边疆教育。在大多数志愿者服务期满选择离开时，王子洋却选择了扎根，他要扎根西藏，考取了仲巴县中学教师岗，坚定地用青春热血书写着绚烂的支教梦想。

一、一份支教梦，三载公益行

王子洋的大学是奔着梦想走的，或许是农村走出的他，理解农村孩子读书的不易。刚入大学，他就说出一定要去支教的梦想。同学们都以为这不过是年少冲动，可王子洋却在默默地努力着。大一暑假，他本想组建"三下乡"暑期支教队，实现自己的支教梦想，却由于种种原因没有审批通过；大二时，他通过中华支教网参加了作业本基金会的海子计划支教项目，通过选拔的他坐上了火车前往云南。来到云南玉龙一中支教，他感受到祖国之大和祖国之美，认识了纳西族的学生，也结识了来自全国各地志同道合的支教志愿者，他们一起挥洒汗水、一起探讨公益梦想。这次支教让王子洋成为"海子计划"的编外成员，成为考核新志愿者的面试官，甚至不富裕的他还曾多次资助比他更贫困的学生，这些让他看到了边陲教育事业的艰难，感受到祖国边疆教育需要像他一样的年轻人来努力，他下定了决心，要去更艰苦的地方锻炼。

二、公益错那行，扎根西藏心

2019 年，毕业前的王子洋参加了西部计划，他选择去了祖国边疆西藏。他来到了海拔 4380 米的边境县城错那县，开启了他在错那县团委志愿服务的历程。由于团委人手紧，再加上当时书记被借调、副书记休产假，王子洋没有时间来熟悉环境就必须独当一面开展工作。从关爱青少年到志愿服务活动的组织，从学生入团工作到全县的团、队建活动，王子洋努力做好每一件工作。工作忙碌而又充实，甚至都没有时间让他体会艰苦。一年的时间，让王子洋收获良多。随着西部计划服务结束时间的临近，王子洋决定要为扎根西藏努力。

他明白来错那县团委工作只是他实现梦想的第一步，来西藏的初心是为了志振边疆教育，他要回到教育战线上来。志愿服务结束前，他以西部计划志愿者的身份参加了西藏的2020年事业编考试，考到了日喀则市仲巴县中学，从此成为一名在高海拔边境县城任教的中学教师。

三、初心为学生，青春献教育

扎根西藏的第一年，王子洋来到了海拔4900米的仲巴县仁多乡小学，成了学校第一个汉族老师。仲巴县是日喀则最偏僻的县，仁多乡又是仲巴县最偏远的乡，那里公路不通，电路不通，用电全靠太阳能。乡里的生活艰苦可想而知。可他不畏艰辛，依靠顽强的意志陆续克服了高海拔带来的高寒缺氧，以及语言不通带来的沟通障碍，成了孩子们最喜欢的大哥哥老师。

在仁多乡小学结束一年支教工作后，王子洋回到仲巴县中学。在生活中，他关心孩子，特别是能关注到每一个孩子的情绪，每当孩子们想家时，王子洋就会陪着他们，或者用手机拨通孩子们家长的电话，让孩子与家长聊聊天。在教学方面，王子洋发挥自己物理学专业的长处，因地制宜地给学生们设计了很多科学课，用有趣的实验激发孩子们对科学的兴趣，点燃他们学习的热情，引导他们努力学习科学文化知识。他一直勉励当地的孩子，想要走出大山就必须要努力学习，成长成才后才能更好地建设自己的家乡。

王子洋在工作中踏实肯干，回到中学半年，他又担任了学校办公室副主任。虽然他的工作内容多了，任务重了，但他在教学上仍然一丝不苟。他负责两个班的物理课和五个班的美术、音乐课，同时他还主动负责管理物理实验室。语言上存在短板，他便用实践来延伸交流，和孩子们一起画画、一起唱歌、一起做实验。2022年王子洋在日喀则市学校教师"一考三评"中获得优秀等次。

西藏的生活有甜有苦，身为工作在西藏的内地人，王子洋对高原环境带来的各种不适深有体会。长时间置身高原，恶劣的风雪气候使他手脚冻伤，头晕目眩的高原反应很久才能适应。身体上的苦难还能忍受，精神上的煎熬却难以克服，远离故土，长时间见不到家人，思念之苦时常令他夜不能寐，和家人的一通电话一打就是几小时。王子洋的父母也常说西藏海拔太高，他们可能一辈子都不能去他工作的地方看他了。

远离故土，扎根高原，投身教育，西藏成了王子洋难分难舍的第二故乡，他从一个怀揣着支教梦想的大学生，逐渐蜕变成了青藏高原上的一位教师。他将自己的热情融入血液，将自己的青春献给国家，谱写了一首飘扬在雪域高原上的奉献之歌。

奔赴天山昆仑　笃行青春之志

—— 安徽大学王帅

　　王帅，在大学毕业那年积极响应"到西部去，到祖国最需要的地方去"号召，考取了新疆选调生，成为了一名光荣的"大学生村官"，目前已扎根基层一线，先后任乌尔禾镇哈克村支部书记助理、组织委员，乌尔禾镇武装部干事、综治中心干事、主任，柳树街街道办事处宣传干事等职务。在基层工作中，他深知将个人奋斗融入基层、融入群众、融入党的事业中才能擦亮青春底色，实现人生价值。

一、天山昆仑，心之所归

　　"青春在此，理想在望；追随本心，无问西东。"放弃高薪，投身基层，让祖国大地成为灿烂人生的最美画布，谈到毕业之际的人生选择，王帅忘不了自己的初心使命。在决定扎根基层之前，王帅有多条道路可以选择，既有留校任辅导员、和进国企的工作机会，也有在热门领域工作的岗位，更有攻读硕士学位的良机。站在人生的十字路口，他也曾感到迷茫。

　　青春之花应绽放在祖国最需要的地方，哪里有需要，就到哪里去。最终，王帅选择支援西部、支援边疆。在他看来，去新疆参与脱贫攻坚是祖国的号召，也是他追随本心的决定。"青春是用来奋斗的，奋斗的青春是幸福的。"于是他决定为摆脱贫困贡献力量，为西部发展助一把力。

　　2019 年 11 月，经组织批准，王帅来到了克拉玛依市乌尔禾区哈克村任书记助理。正如其名，"哈克"意为"干涸的盐碱地"，是一个边疆少数民族聚集的村落，从前这里社会文明程度低、群众受教育水平低、人均可支配收入低。在初步了解当地的情况后，前所未有的棘手问题扑面而来，但王帅并未畏惧困难，而是立刻开始了摸排到户的走访，带着满腔热情投入工作中。

二、初心如磐，致知力行

　　在实现理想的路途中，不免会有艰难险阻。刚进入新环境的王帅对这里感到陌生，时常在充实的工作和陡然的孤独感间作着斗争。为了深入了解村里的情况，王帅奔走在村前巷后，看村民转场放牧、犁地拉草，慢慢地和群众"打成一片"。

　　在村民遇到困难时，他总能竭尽所能伸出援手，从农田铺装滴灌带、适龄儿童上学问题，到常态化推进环境卫生整治行动，再到旧房拆除工作，每件事王帅都在尽心尽力贡献自己的力量。

疫情期间，他第一时间报名加入"党员突击队"，服从命令、听从指挥，认真细致地完成了组织安排的核酸采样、物资配送、小区值守等工作任务，帮助群众购买生活物资、充值水电、联系物业维修等相关服务 130 余次，用实际行动践行着自己的承诺。

在第七次全国人口普查期间，他认真学习人口普查相关法规政策，普查时辖区正在打造旅游民宿，有一大半地方还是建筑工地，流动人口多且来源地众多。在此次普查工作中，他迅速进入角色，认真走访调研，参与了普查前期方案的制定、区域划分、宣传制定等工作，为按时完成人口普查工作作出了积极的贡献。

三、经世致用，笃行致远

2020 年是脱贫攻坚战的收官之年，王帅在参与农村工作一年后，通过实际行动助力国家扶贫工作。"扶贫先扶志，扶志必扶智。"王帅和村"两委"以发展特色养殖业为突破口，鼓励村民从单户单干到依托村股份经济合作社抱团发展，进一步加快了村里特色优势农牧业资源和生态资源的转化增值。

他领办的褐牛养殖项目，向上级争取专项项目资金 45 万元，并吸纳全村 80 余养殖户开展规模化、集约化养殖，该项目初期已创收 75 万元，当年实现人均收入 35806 元，位居全疆前列。目前合作社从常规养殖发展到风干肉、熏马肉、驼奶等畜牧产品深加工，帮助村民鼓起了钱袋子。

王帅在担任乌尔禾镇综治中心主任期间，检查辖区工地现场 324 次，发现并现场整改一般安全隐患 31 余起，切实把安全隐患消灭在萌芽状态；组织排查化解矛盾纠纷 45 件，调解成功率 100％，协同配合解决了私搭乱建冬窝子、村民水电气排水、空挂户专项清理等难点问题 10 余件，不断夯实基层治理现代化基础，推动平安乡镇迈上新台阶。

"以人为本，执政为民是马克思主义政党的生命根基和本质要求。"新形势下，坚持群众工作依靠群众、为了群众、服务群众。坚持调研先行，作决策、办事情以民为本、从民出发、落脚在民，真正解决群众的急难愁盼，不断把群众的认可度、满意度，获得感、幸福感、安全感作为工作得失的衡量标准；致力于点滴，不遗余力解决好群众最关注的教育、医疗、养老、住房、环保和交通等重大民生问题，把小事做实、做好、做足；排出具体时间表，实行对账销号，解决群众问题过程中，做到沟通及时、处置有力，成果可见。讲政治懂奉献，以担当者、奋进者、开拓者之姿书写青春无悔篇章，他以实际行动践行着一名选调生的责任与担当。

甘做卫生院的"老黄牛"
争做新时代的"孺子牛"

——安徽医学高等专科学校邓凯伦

邓凯伦，中共党员，出生于 1991 年 4 月，现任太湖县天华镇中心卫生院副院长，挂任太湖县卫生健康委员会医疗服务股副股长。自工作以来，他不断提高政治素质，强化自身修养，树立医德医风，认真履行工作职责，促进卫生院平稳发展，积极解决群众"看病难、看病贵"的热点、难点问题，切实为民办实事，各项工作受到了领导和群众的认可。

一、扎根农村，他是守护人民健康的"老黄牛"

邓凯伦坚守初心，是"有情怀"的筑梦者。那初心是什么？邓凯伦又是如何坚守他的初心呢？出身于"因病致贫"家庭的他，自幼便立志从事医疗卫生事业。2012 年，原本达到本科分数线的邓凯伦决定继承父亲的遗志，选择可以缓解家庭困境的农村定向医学生免费培养项目。大学期间，邓凯伦成为一名志愿者，在一次次的助老、扶幼、助残活动中为他人送温暖、为社会作贡献。毕业后，邓凯伦放弃大城市抛来的橄榄枝，选择回到农村，为农村医疗事业的发展发光发热，用坚守体现大爱无疆，用行动诠释医者仁心。

他仁心仁术，是"有力量"的奋斗者。邓凯伦秉着无私奉献的医德医风，竭尽全力，救治患者，用仁心善待生命。2019 年，因下雪道路结冰，一村民在海拔近千米的高寒山区不慎摔倒，神志不清。邓凯伦得知后和派出所民警立即奔跑至现场并进行抢救，后陪同家属一起将病人护送到县医院进行诊治。2020 年，邓凯伦开车时发现路边一人晕倒，立刻下车查看情况，诊断患者脑出血并立即进行抢救。他诊治得当、救治及时，挽救了一个生命。同年，一名中学生因现金不够，放弃就诊，邓凯伦发现后，立即拿出自己的钱，并说道："再没钱，咱也得把病治好，以后好好读书，帮助更多的人。"他待患者如家人，时刻践行着自己的职业使命，用心用情用力为农村患者服务，2019 年当选"天华镇优秀中共党员"。

二、敢想敢拼，他是扶贫助困的"孺子牛"

邓凯伦从青年时期便树立远大理想、锤炼品德修为、练就过硬本领，积极投身于医疗卫生事业。

邓凯伦怀着至真至诚的民本情怀，进"百家门"行"万里路"，用脚步丈量民情。太湖县是国家深度贫困县，而天华镇贫困户就有 2895 户，贫困人口高达 9346 人。邓凯伦切身了解因病致贫的老百姓生活的艰辛，深知健康脱贫对全国脱贫攻坚的重要性，为改变当地村民"重盐重油"的生活方式，他挨家挨户帮助村民进行健康体检，进行健康宣传。对于住在山区的慢性病患者，他更是徒步入户、送医送药，为更多群众送去健康。他组织全院医务人员及乡村医生学习健康教育知识，开展病历书写培训、急救技能培训，将家庭医生服务工作与公卫服务项目有效结合，并结合县域医共体改革探索性地建立"慢性病门诊"，让原本需要坐车 1 小时到县城取药的患者在家门口就能拿到药。

他坚持精耕细作的工匠精神，执着"匠心"铸就"匠艺"，用勤奋提升实力。邓凯伦深知要想更好地服务百姓，就必须不断地提高自身业务能力。他积极参加医师规范化培训、医学技能培训、学历提升等，并将专业知识应用到临床实践中。在"2020 年度医疗质量控制中心技能大赛"中，他带领天华镇中心卫生院获得"病历评审一等奖"。在"太湖县首届医疗质量控制中心技能大赛"中，天华镇中心卫生院获团体三等奖，邓凯伦获个人三等奖。他兢兢业业，爱院如家，带领全院职工将天华镇中心卫生院创建为安庆市首批乡镇一级甲等医院、全国群众最满意乡镇卫生院。

他坚守爱岗敬业的工作作风，真抓实干、率先垂范，用苦干挑起重任。2020 年 1 月，太湖县紧急启动集中隔离医学观察点，邓凯伦推延婚期，深入病区，每天穿着防护服开展健康监测、区域消杀、医废处置、防控宣教和心理辅导等工作。疫情防控的关键时期，他带队支援六安、安庆等地，倾力做好协调工作，帮助兄弟市县快速实现社会面清零。他用自己的真抓实干得到了领导和人民群众的一致认可，人民群众送来锦旗，县委、县政府授予他"疫情防控工作先进个人"称号、首届"太湖最美医务工作者"称号。

老牛亦解韶光贵，不待扬鞭自奋蹄。邓凯伦兢兢业业的实干、只争朝夕的行动、夙兴夜寐的奉献，让他的青春在基层服务中绽放光芒。

舞台不在大小　关键在于干好
——安徽新华学院李刚强

李刚强，1990 年 6 月生，中共党员，安徽省蒙城县人，安徽新华学院土木与环境工程学院 2015 届工程管理专业毕业生，现任中共蒙城县委组织部农组中心工作人员、蒙城县板桥集镇大苑村党委第一书记（驻村工作队队长）。

事迹概述：一是有情怀。大学毕业，报考省内艰苦边远地区大学生村官，参与一线脱贫攻坚工作。二是重实干。任职期间，成立合作社，流转土地 600 亩，创建"新西湖"生态农业园，带动贫困户 20 余人务工，注册农产品商标，村官聘期考核优秀，分配至县直单位。三是勇担当。主动申请选派驻村，任蒙城县板桥集镇大苑村第一书记、驻村工作队队长，参与巩固脱贫攻坚成果和乡村振兴工作。四是有作为。驻村以来，新流转土地 700 余亩，发展果蔬种植 1300 余亩。累计争取项目资金约 2000 万元，建成保鲜库、分拣车间、电商中心、标准化厂房，引进 3 家企业入驻，形成村级返乡创业园，实现村集体经济收入 105 万元，带动群众就业近 200 人，完成大苑村、大鹿村两个省级美丽乡村建设。

一、一腔热血赴基层，满身情怀系"三农"

对于农村，李刚强并不陌生，生于斯长于斯的他对黄土地和农民充满了感情。临近毕业时，李刚强报考了大学生村官，在选择志愿地的时候，成绩靠前的他放弃了离家近的地方，主动选择了一个最偏远的地方——篱笆镇（位于蒙城、利辛、凤台三县交界）宋圩村。他从不后悔自己的选择，认为越是偏远的地方越是需要年轻人，越是艰苦的地方越能锻炼人。到村以后，李刚强扑下身子，走村串户，访民情、听民意，主动拉近与老百姓的距离。宋圩村曾是省级建档立卡贫困村，贫困人口较多，为了摸清贫困家庭实情，李刚强对全村建档立卡贫困户进行了一遍又一遍走访，并详细记录每家每户情况。几年下来，谁家住哪、几口人、啥困难，他如数家珍。由于底子清、措施准，宋圩村的扶贫工作一直走在全镇的前列。

二、创业富民勇担当，行健不息要自强

为了打破农村产业结构单一、村民思想保守的困境，李刚强做了努力尝试。为充分了解市场，汲取发展经验，李刚强先是将蒙城县的乡镇跑了个遍，后又组织村"两委"干部和村里种养大户实地参观学习，统一了思想。准备工作就绪后，2016 年 10 月，李刚强成立了蒙城县篱笆镇美供种植专业合作社，牵头创建"新西湖"生态农业园。农

业园占地 600 亩，从事中药材、果蔬种植和大棚养殖，按照集中管理、分散经营的模式，吸纳了多户农民参与其中。同时，李刚强还组织有劳动能力的贫困户成立了务工队，通过进园务工，解决了 20 多名贫困人员的就业问题。为了提高竞争力，李刚强还申请注册了商标，积极进行农产品品牌创建。三年村官期间，除了在村工作以外，李刚强先后到镇扶贫办、民政办、组织办锻炼，积累了宝贵的基层工作经验。

三、回首不忘来时路，砥砺奋进新征程

2018 年 8 月，李刚强村官任职期满，考核优秀，被分配到蒙城县公共资源交易中心，随后到蒙城县委组织部锻炼，并于 2019 年 11 月调入组织部工作。从农村到机关，李刚强并没有因工作岗位的变化而自满，依旧不忘初心，努力前行。在新的岗位上，他努力钻研业务知识，很快适应工作，成为单位的一名业务骨干。组织部工作节奏快、任务重、标准高，经常加班到深夜，但李刚强从不抱怨，而是将压力化为动力，以更高的标准要求自己，以更大的劲头奋勇争先。

四、筑梦沃野绘新景，振兴乡村正当时

2021 年 6 月，李刚强响应组织号召，主动请缨，从县委组织部来到蒙城县板桥集镇大苑村，担任第一书记、驻村工作队队长。大苑村面积大（1.55 万亩耕地）、人口多（近七千人），工作任务繁重。驻村一年多，从建强组织到引进人才，从产业发展到乡风文明，从化解矛盾纠纷到为民纾困解难，从改善基础设施到建设美丽乡村，李刚强把振兴乡村的梦想通过一件件实事化为现实。在建强村党组织工作中，李刚强制定村"两委"干部考评方案，调动干部积极性，结合村"两委"换届，吸纳两名年轻人进入村"两委"班子，储备培养村级后备干部 4 名，新发展党员 3 名，3 家非公企业成立了党支部。在每月的党员活动中，李刚强坚持上党课，开展政策理论宣讲，与党员谈心，让组织生活有质量、有温度。在他的努力下，村党组织凝聚力、战斗力显著增强。在巩固脱贫攻坚成果工作中，李刚强坚持常态化走访，组织并参与两轮集中排查，发现并解决问题 27 个，落实教育资助 6.69 万元，申请种植养殖奖补资金 12.72 万元，开发公益岗位 48 个。在发展产业和壮大集体经济工作中，李刚强牵头制定村级产业发展规划，协助流转土地 700 余亩，蔬菜种植面积由过去的 600 亩扩大为 1300 余亩。他积极

协调上级有关单位，累计争取项目资金约 2000 万元，建设了保鲜库、电商中心、分拣车间和标准化厂房，引进企业 3 家，收回被"侵占"的集体土地约 90 亩，村集体经济收入由 2020 年的 83 万元增长到 2022 年的 105 万元，被评为全县集体经济"十强村"。在化解矛盾纠纷工作中，李刚强印制 2000 张为民服务连心卡，送到每家每户，坚持做到"民有所呼，我有所应"，成功解决后李村民组"一块田"调整遗留问题，化解群众土地纠纷 10 余起。在为民办事服务工作中，李刚强定下"三年为群众办 300 件好事"的目标，一年多来，累计帮助群众解决"急难愁盼问题"160 余件，赢得了群众的信任与好评。在建设美丽乡村工作中，李刚强配合村"两委"干部做群众工作，督促施工单位严把质量、加快进度，如期完成大苑、大鹿两个自然村省级美丽乡村建设任务。利用项目资金，硬化村庄道路 2.1 千米，安装路灯 165 盏，栽植树木 1000 余棵，新建文化广场 2 个、公厕 3 个，通过硬化、亮化、绿化，村庄面貌焕然一新，群众生活环境质量明显提高。如今的大苑村，道路宽敞、村容整洁、环境优美，一路走去，一幅和美的乡村画卷展现眼前。

无论在哪，李刚强始终坚信：舞台不在大小，关键在于干好。

扎根家乡助脱贫
诚信浇出致富花

——安徽林业职业技术学院齐勇

　　齐勇，男，中共党员，滁州市人大代表，2013 年安徽林业职业技术学院园艺专业毕业，毕业后在多家园艺公司从事园艺（花卉）生产、培育及销售等一系列工作，在全国各地近百个城市学习探索园艺（花卉）栽培相关技术与经验。2015 年在合肥大杨镇创业，承包 10 多亩土地，从事花卉自主生产与销售。2016 年回到老家全椒县石沛镇再次创业，成立全椒县南塘花坊家庭农场，积极参与政府精准扶贫项目，扎根基层助力乡村振兴，带动当地百余户贫困户脱贫致富奔小康。

　　"90 后"的齐勇，由于姐姐身患癌症，其家庭一度欠下巨额债务，成为当时村里建档立卡的贫困户。2016 年，考虑父母中年丧女的沉痛打击，原本在合肥创业的齐勇决定返乡创业，他利用 5 万元扶贫贷款，购买了花苗、薄膜等，又和父亲到山里砍竹子，自制简易大棚，专门培植销售花卉、多肉植物。创业之初，他只有一个 240 平方米的蔬菜大棚，他积极与电商平台合作，当年就达到年销售额 220 万元。齐勇凭借自己的努力，还清了欠款，也成功摘掉了贫困户的"帽子"。

　　从 2016 年自制蔬菜大棚发展至今，基地面积拓展至 130 亩，从绿植花卉、多浆多肉植物种植，拓展到草莓、西瓜、猕猴桃、蓝莓等水果种植。发展至今总投资 1000 多万元，配套建设标准农业设施，注册"南塘记忆"品牌，打造集花卉、盆栽、盆景、休闲垂钓、特色水果采摘、主题餐厅于一体的多元化新型生态农业观光园，2022 年总产值突破 1000 万元。

　　脱贫之后，齐勇主动承担社会责任，积极参与脱贫攻坚，农场主动与镇、村联系，在贫困户自愿的前提下，将到户特色种养业补助资金入股到农场，与贫困户建立"现金入股保本＋分红"的联益机制，带动石沛镇白庙村、大季村、孤山村、黄栗树村、联盟村等八个村共 153 户贫困户享受分红。农场采取优先录取贫困户务工的原则，吸纳了近 10 户贫困户就业，每年为每户贫困家庭增收 2.2 万余元。他还积极参与石沛镇村企共建项目，每年为村级集体经济带来 20 余万元收益，全年支付劳务费用近 130 万元。2022 年，齐勇的南塘花坊与县残联共同成立"阳光助残"残疾人帮扶就业基地，吸纳了当地十来户残疾人就业。他将农场内工作进行有条理的拆分，针对不同残疾程度的残疾人进行单独培训，设计不同的工作岗位。腿脚不便的，教他们电商操作；手脚灵活的，安排他们浇水种花。

　　2020 年年初，疫情来袭，齐勇主动参加县文明办组织的疫情防控志愿服务活动。

从全椒县石沛镇到县城，有 40 多分钟的车程，每天早上，齐勇骑车赶到纬七路、全椒站等卡点，协助相关部门测温登记，风雨无阻，持续 30 多天。作为全椒县道德模范"星火燎原"志愿服务队的一员，他积极参加关爱弱势群体、理论宣讲等各类志愿服务活动，帮助他人、奉献爱心。

2018 年至今，齐勇的农场被评为"省级优秀创业创新项目""安徽省农民工'优秀创业项目'""全椒县电子商务扶贫示范点""全椒县巾帼创业示范点""全椒县放心消费示范单位"。农场创始人齐勇先后被评为"滁州好人""最美志愿者""滁州市优秀青年创业者""滁州市乡村振兴青年先锋""第七届滁州市道德模范""全椒县农村产业发展带头人""全椒县优秀共青团员""全椒县十佳科技致富带头人""全椒县优秀青年创业者""全椒县最佳脱贫户""全椒好人""全椒县人大代表""滁州市人大代表"等。齐勇的扶贫先进事迹分别被《人民日报》《安徽日报》、"学习强国"、新华网、中国经济网、中国青年网、《滁州日报》《皖东晨刊》等主要媒体平台多次报道，2020 年安徽卫视在《安徽新闻联播》栏目中对他的脱贫攻坚事迹进行了专题报道。

齐勇，这位家境贫寒的高职院校优秀毕业生，他创业奋斗，还清欠款，成功脱贫；他坚守信义，回报社会在姐姐生病时给予的关爱；他深耕艰苦行业，吸纳 20 余名村民就业，带动百余名贫困户顺利脱贫；他致富不忘本，用花卉、绿植撑起了一个家庭，富裕了一方百姓。接下来的十年，齐勇又有了新的目标。他计划在五年内将"南塘记忆"品牌在全省范围内推广，巩固拓展脱贫攻坚成果；十年内以县域为单位进行复制，跨省面向全国，助力乡村振兴谋发展。

扎根雪域高原七载
用奋斗书写青春赞歌

——合肥师范学院汪文斐

2016 年，即将从合肥师范学院电子信息工程学院毕业的汪文斐面临一个艰难的选择，是留在繁华的大都市，还是去贫瘠落后的西部。高原、高寒、缺氧、荒无人烟，一个个可怕的词语出现在搜索页面，让人犹豫不决。"人总是要突破自己的舒适区"，尽管明知困难重重，汪文斐还是说服了自己，并艰难地做通家人思想工作，果决地递交了报名表。直到飞机临飞前，他突然意识到这是一场长久的别离，亲人难舍、故土难别之情油然而生，但他依旧无悔自己的选择，同时，更加期待这段西藏之旅。

一、"专招生"初进藏一个月走遍山山水水

提起西藏，大多数人想到的是蔚蓝的天空、雪山、漫山的牛羊、淳朴的笑容。但提起进藏工作，大多数人看到的却是极高的海拔、凛冽的寒风、贫瘠的土地、缺氧的环境、沟通的障碍。这些，汪文斐都深刻感受到了。

刚进藏，汪文斐感到胸闷气短、眼睛胀痛，嘴唇干裂发紫，头痛得整夜无法入睡。高原纯净的美、大自然的震撼，伴随的是高寒、缺氧、莫名的孤独、刺眼的阳光、艰难的步伐，走同样的路需要付出更多的体力，做同样的事情需要作出更多的努力，生同样的病需要更多的时间来康复。虽然高原反应强烈，但他正是经历了这些，才更加深切地体会到那些长期在雪域高原工作生活的西藏干部群众是多么不容易，他们身上那种"特别能吃苦、特别能战斗、特别能忍耐、特别能团结、特别能奉献"的老西藏精神尤其值得我们学习和尊敬。

在多个单位部门实习后，汪文斐被分配到了加查县冷达乡。加查县平均海拔在3200 米左右，行政区域面积 4390 余平方千米，人口仅 2 万人，属于典型的地广人稀。经过一个多月的时间，他终于走遍了全乡每个行政村。半年后，汪文斐终于习惯了西藏的工作和生活方式，融入了这个大集体当中。

二、"第一书记"带领农牧民脱贫致富奔小康

最令他记忆犹新的是他受组织委派，担任冷达乡热当村第一书记、驻村工作队队长期间，与群众一起生活的日子。因条件有限，刚开始住在一间铁皮房内办公和住宿，冬季无水就拿着水桶去 3 千米外的山沟里提水，这对体力是个巨大考验。晚上的风像是无人区的狼嚎吹着铁皮房子呼呼作响，清晨的牦牛"哞哞哞"比闹钟还准时。"书记，

卡拉萨嘎咻"，热当村党组织书记江白每天都会带上糌粑和酥油茶和他一起吃早餐，讨论一天的重要工作，虽然大多数时间他们听不懂对方在说些什么，但是从肢体和神情大概也能知晓一二。两年来，热当村在汪文斐的带领下顺利完成了国家脱贫攻坚验收工作，全村农牧民群众过上了小康生活。为了增加集体收入，他带着村民去其他县区学习改良砖石制作工艺，壮大砖厂规模，当年就实现收入翻一番；他还积极争取县林业局项目资金 200 万元和县强基惠民项目扶持资金 170 余万元用于发展核桃林经济，预计挂果后将给村民带来每人每年 1000 元收入。

"晴天一身灰，雨天两脚泥，人走不了，牛出不去。"冷达乡热当村村民尼玛诉说着过往。"这里的路得修！"汪文斐暗下决心，一定要将村里未硬化道路修好。2020 年 3 月，汪文斐终于筹到资金并带领全村党员群众对村内近 3 千米未硬化道路进行了硬化，极大方便了村民的出行。看到村内水渠年久失修，村民日常饮用水困难，他又争取水渠维修项目，总投资约 30 万元，维修水渠总长度约 7000 米，村民不用再担心饮用水问题。说起汪书记，热当村村民纷纷竖起了大拇指，一句句"书记，托切切"是对他最好的肯定。

三、"党委委员"勇挑重担挺在维稳综治一线

2020 年 11 月，汪文斐经组织考察被提拔到拉绥乡担任政法委员。西藏地处反分裂斗争的最前沿，维护祖国统一和领土安全是重中之重，也是党中央提出的明确要求。汪文斐迅速熟悉环境，投身到维护稳定工作当中。辖区里的重点人员、矛盾纠纷、信访案件、安全生产、综合治理每一件工作他都身先士卒，做到心中有数。他经常和同事们说"维护稳定工作是一项长期、细心的工作，要坚决以大概率思维应对小概率事件"。因工作需要，2021 年 4 月，汪文斐又兼任组织委员，负责全乡稳定和党的建设工作，责任大、任务重，他从无一句怨言。"组织信任我，我不能辜负组织的信任。"拉绥乡社会大局持续和谐稳定，全乡党建水平较往年有了质的提升。

2016 年 7 月 22 日，汪文斐同众多安徽学子一道踏上了西藏这片神圣的土地，这一待就是七年。七年的春华秋实，七年的砥砺前进，在各级领导的培养和关心下，他把"缺氧不缺精神"悟在心坎里，把"艰苦不怕吃苦"落在行动中，积累了很多实践经验，为农牧民群众解决了很多实际问题。七年前，汪文斐作为合肥师范学院首批内地专招生赴西藏工作。七年来，他结合自身工作经历在线上线下向学弟学妹们宣讲，先后又有 20 余名合师学子赴西藏各地工作。今后，他将继续按照合肥师范学院"爱满天下，知行合一"的校训，严格要求自己，"做神圣国土守护者、幸福家园建设者"，努力为发展雪域高原尽自己的微薄之力。

在乡村振兴一线发光发热

——淮南师范学院陈光

陈光，生于 1996 年 7 月，本科学历，中共党员，现就职于定远县天和农机服务专业合作社，担任合作社理事长一职。

一、工作经历

2019 年大学毕业后，好不容易走出乡村的他，毅然回绝了众多企业的高薪邀请，回到家乡当起了农民。这一举动令亲朋好友们目瞪口呆，但陈光却一脸安然地说道："回乡创业是检验大学四年学习成果的最好实践，回家乡承包土地种植粮食是我深思熟虑后的结果。"

谈及回村创业，陈光说："由于从小生活在农村，并且家庭的主要收入来源是务农，所以我对农业有着特殊的感情。大学毕业后，为了响应国家号召，大众创业，万众创新，从基层做起，投身于最需要的地方，我回到了农村，开始了我的创业之路。"

"帮助河西村村民致富并非只是引进资金、修道路那么简单。探索一条能够增强村民自我造血功能的路径，才是致富的金点子。"想起在淮南师范学院学到的农业本领，陈光让村民们把目光瞄准"富硒水稻"。

"种植富硒水稻就能高产？后生，你行吗？你有能力、有技术吗？你靠谱吗？"面对合作社村民郝本友的疑惑，陈光笑了，"背靠大树好乘凉。有我母校这座大靠山，咱们还愁没技术支持吗？"

在陈光的穿针引线下，一场围绕富硒大米的种植探索在淮南师范学院与河西村之间展开了。学子、学校、村民强强联手，在河西村的田间地头共同奏响了一曲农民种稻的丰收曲。

在创业的次年，陈光跑到很多村民家游说村民种植富硒水稻，并承诺第二年免费给农户喷施富硒材料，最终有将近 15 户农户同意种植富硒水稻。村东头的张修顺年迈，身体状况不好，陈光就免费给他旋耕、施肥、插秧，并且给他用无人机喷药和喷施富硒材料。由于那年夏天雨水较多，在水稻收割时难以作业，普通农户没办法将水稻从田间运回家，陈光主动用自己的旋耕机将农户的水稻送回去。

在富硒水稻收获过后，陈光以高出市场价将近 1 倍的价格从农户手中回收富硒水稻，并且相比于往年水稻产量也增收 10% 以上，平均每亩增收 1000 元。在第二年，有许多的村民主动要求种植富硒水稻，甚至隔壁的黎安村和河北村的农户也主动加入。在 2020 年陈光已带动种植富硒水稻 800 亩。

二、主要成就和社会贡献

"富硒水稻年产量约为 30 万斤，加工成为大米后，约为 18 万斤，纯利润可以增收 70 万元，合作社的贫困户共有 40 户，平均每户增收约 8000 元。我们还为贫困户提供就业岗位，其中收入最高的村民沈强年收入约 3 万元。"陈光说。

"有了学校的支持，加上自己的打拼，事业终于走上正轨，家人和乡亲们都为我开心。"微风拂过，千亩稻田碧波荡漾，陈光黝黑的脸上泛起笑容。

因为受到村民信任和支持，陈光现在已经是定远县天和农机服务专业合作社（综合性全程农事服务中心）法人代表和公司理事长。公司拥有一个标准化育秧工厂，育秧软硬盘 15000 个，全自动育秧流水线 2 套，育秧大棚 10000 平方米，可栽插 3000 亩大田。在陈光的带领下，合作社年产水稻 220 吨，小麦 300 吨，玉米、黄豆各 20 吨，带动服务农户增收 20％以上。

对于下一步计划，陈光早已胸有成竹。"下一步，努力向绿色有机食品方向发展，同时带动更多的村民加入合作社，流转更多的土地，让更多的村民参与入股分红，尽力让每位村民的年收益相较之前增收 1 万元以上，带领村民致富。"

三、获得的荣誉

陈光在埋头苦干的同时并没有忘记学习，除了要学习先进的种植技术，还需要紧密与乡村政策结合起来发展，他经常参加政府组织的学习交流的课程，从中获得深刻感悟。2021 年 5 月，合作社获得滁州市示范合作社荣誉称号；2021 年 9 月，合作社获得滁州市大学生返乡创业基地荣誉称号；2021 年 11 月，他获得"安徽省农业大学最美乡村大学生"荣誉称号。

四、生活工作感悟及体会

2021 年是全面建成小康社会之年，是中华民族实现第一个百年奋斗目标之年，也是脱贫攻坚决战决胜之年。2023 年的任务是全面推进乡村振兴工作的开展：乡村产业振兴、乡村人才振兴、乡村文化振兴、乡村生态振兴、乡村组织振兴。

陈光说："目前农村农业的生产方式、组织方式和管理方式正在发生质的嬗变，我

们要牢牢把握住机遇，努力发展产业，合理利用互联网，依靠现代的科学技术，种植富硒米，加快将合作社变成新型农业经营主体，带动农村人口就业，提高农民的收入，最终实现共同富裕的目的。"

为乡村振兴筑牢消防安全"防火墙"

——安徽医科大学陆枭

陆枭，1993年6月出生，汉族，安徽合肥人，中共党员，2016年9月参军入伍，现任池州市消防救援支队仁里消防站政治指导员、三级指挥员。陆枭于2016年6月从安徽医科大学第一临床医学院医学影像学专业毕业后，怀着对军旅生活的憧憬和向往，主动报名应征入伍，并如愿被安徽省消防总队录取。2018年，消防部队改制后，他继续投身消防救援事业，在组织的教育培养下，已经从一名普通的消防战士成长为一名出色的基层消防指挥员，并多次获得上级表彰嘉奖。他长期工作在基层一线，为守护人民群众生命财产安全、助力乡村振兴贡献力量。

一、携笔从戎，矢志报国赴军营

2016年6月，即将大学毕业的陆枭面临着人生的再次选择。大学五年来，陆枭以成为良医为目标，认真学习医学知识，苦练临床操作技能。作为学生干部，他积极参加集体活动，2014年暑假，他还自告奋勇，主动和家乡合肥市包河区大圩镇学塘村联系，协助年级顺利开展了以"践行核心价值观，服务生态新农村"为主题的"三下乡"社会实践活动，受到老师、同学以及家乡政府、群众的一致好评。在向辅导员详细了解了大学毕业生征兵入伍的有关政策后，陆枭经过深入思考，和家人商量后，决定响应国家号召，携笔从戎，投身军营报效祖国。

二、加强学习，勤学苦练长本领

入伍后，陆枭被分配到安徽池州消防救援支队服役。一进入部队，他就将学习放在重要位置，他认真学习习近平新时代中国特色社会主义思想，贯彻党的十九大、二十大精神，坚决执行上级党组织的决议、指示、命令，在思想上、政治上、行动上与党中央始终保持高度一致，同时不怕苦、不怕累，苦练消防救援的各项工作本领，思想政治素质和业务工作水平不断提升。在被提拔担任中队干部后，他不但带头认真参加部队组织的各项政治学习，利用业余时间学习党的创新理论成果和科学文化知识，不断提高政治觉悟和思想素质，而且在中队积极开展艰苦奋斗、爱岗敬业等各项教育活动，带领同志们积极献身于消防救援事业。

三、爱岗敬业，以身作则严要求

陆枭热爱消防事业，工作积极主动，认真负责。任副站长时，他主要负责执勤训

练和队伍管理工作，任政治指导员后，更是单位党建思政工作的第一责任人。任职以来，陆枭以身作则，严格要求自己，带头遵守消防队伍的条令条例和规章制度，从不违反纪律，得到了领导和战友的一致好评。作为一名从基层成长起来的干部，他与其他消防员打成一片，时刻了解消防员的情况，掌握他们的思想动态，处处关心战友，加强与消防员的交流与沟通，积极稳妥地做好消防员的思想政治工作。在荣誉面前，他始终保持着谦虚谨慎的态度，把立功受奖的机会让给别人，表现了一名干部的优良作风。他的行为影响了许多消防员，起到了很好的模范带头作用，有力地促进了各项事业的发展建设。

四、牢记使命，筑牢消防"防火墙"

陆枭工作所在地池州市石台县仁里镇，东接七都镇，南与横渡镇、大演乡、仙寓镇毗邻，西临丁香镇，北与矶滩乡、贵池区接壤，昔为徽池、徽省通衢上的重镇，也是各类消防安全事故的多发地带。消防安全是乡村振兴的重要保障。陆枭坚守使命、不畏牺牲，为维护人民群众生命财产安全而英勇奋斗，初心不改、本色不变，体现了消防精神的不灭和传承。自加入消防救援部队以来，每一次警报拉响，他都冲在最前；每一次生死关头，他都挺身而出。他先后参加了2017年石台抗洪抢险、2019年"3·31"驴友落崖被困救援、2020年"1·8"木材加工厂火灾救援、2021年"1·1"大演乡西黄山茶厂厂房火灾救援、2022年"9·7"马村片区城中村旧城改造安置房建筑塔式起重机倒塌事故救援、2023年"2·15"仙寓莲花村失踪老人搜救等各类交通、消防事故救援和社会救助百余起，成功疏散营救遇险群众数百名。他用临危不惧、奋不顾身诠释了一名共产党员对人民的忠诚；用赴汤蹈火、出生入死书写了一名新时代消防战士血染的风采。

正是由于入伍以来的优异表现，陆枭先后荣获安徽消防总队"十九大"安保先进个人、安徽消防总队优秀共青团干部、安徽消防总队优秀基层干部等荣誉称号。作为一名安徽医科大学的毕业生，陆枭虽然没有和他的大学同学一样，成为一名白衣天使，但是在另外一条战线上，他忠实履行着自己的使命和承诺，和战友们一起，为人民群众生命财产安全和乡村振兴事业筑起了一道坚不可摧的"防火墙"。

到人民最需要的基层去服务

——蚌埠医科大学杨智浩

杨智浩拥护中国共产党的领导，积极践行习近平总书记对青年提出的各项要求，积极响应"到基层去、到西部去、到祖国最需要的地方去"的号召，全心全意为当地人民服务，努力实现人生价值。2018年7月，他参加大学生青年志愿者西部计划，被分配到陕西省宁陕县人民医院服务。

在宁陕县人民医院药械科的工作过程中，他始终践行"以病人为中心，一切服务临床"的理念，为患者提供更优质、更高效、更便捷的服务。他不是把自己简单地当作"药品取货员"，而是将对生命的敬畏贯穿始终。工作中，他严格执行各项法律法规和医院的各项规章制度，加强药品耗材质量控制，定期对储存药品耗材进行检查，保证临床供应安全、有效，不断自我提升，成为科室的中流砥柱。

活动中，他主动作为，得到了广泛的认可和赞扬。他积极参与东王镇下乡义诊活动、简车湾镇健康扶贫活动、城关镇老城村"敬老院送健康"活动、新场镇"健康扶贫，义诊送药"活动、"服务百姓健康"大型义诊活动、农民丰收节志愿服务活动、国家宪法日宣传活动、关爱贫困儿童"点亮微心愿"活动、纪念五四运动100周年主题宣传教育实践活动、全国助残日活动、"秦岭之心，绿都宁陕"文艺汇演志愿服务活动、第八届中国·大秦岭（宁陕）山地越野挑战赛志愿服务活动、"爱林护林"环保教育、走访贫困户和孤寡老人为他们理发活动等。在志愿活动中，让他记忆最深刻的是帮助贫困山区儿童"点亮微心愿"活动。他指导小朋友在卡片上填写信息和愿望，有一个孩子的愿望

是"希望自己的病能赶快好起来"。作为一名医生，他深刻感到自己的使命。他敢扛事，能干事，不怕事，别人"躲着走"的事，他勇挑重担。

2020 年，在抗击疫情中，作为一名具有医学知识的西部计划志愿者，他主动参加社区执勤、体温测量和疫情舆论宣传等志愿活动。3 月初，他加入西安居民小区消杀的抗击疫情线下任务，共参与了 8 个小区近 80 万平方米的消毒工作。回到工作岗位后，他负责科室的消毒工作，并自告奋勇负责感染科、急诊科的药物及医疗器械配送，为当地和单位的抗疫工作贡献了青春力量。疫情以来，他一直奋战在抗疫一线。无论身在哪里，他都时刻用行动践行着志愿者的使命和职责。

作为"大学生志愿服务西部计划"的实践报告者，他时刻铭记青年志愿者服务的宗旨：奉献、友爱、互助、进步。作为医疗工作者，他时刻铭记爱岗敬业，奉献社会的职业道德规范。作为基层服务者，他始终以饱满的工作热情、踏实的工作作风、出色的工作能力感染着身边的每个人。杨智浩以满腔的热情、真诚的服务、脚踏实地的作风、甘于奉献的精神，为西部、为基层医疗建设贡献了自己的青春力量。

愿做绽放在雪域高原的"格桑花"

——巢湖学院陈蒙蒙

陈蒙蒙，现任西藏自治区桑日县白堆乡党委委员、武装部长，巢湖学院 2016 届毕业生，在校期间，曾获"安徽省品学兼优毕业生""优秀学生干部"等称号，并获得过国家励志奖学金。"男儿不占鸿鹄志，空负天生八尺躯。"2016 年 7 月，陈蒙蒙鼓足"舍我其谁"的勇气和"功成必定有我"的信心踏上了雪域高原的援藏征途，唱响了"到边疆去，到祖国最需要的地方去"的奋斗之歌。

一、守土护疆的热切响应

习近平总书记指出，广大青年"要坚持学以致用，深入基层、深入群众，在改革开放和社会主义现代化建设的大熔炉中，在社会的大学校里，掌握真才实学，增益其所不能，努力成为可堪大用、能担重任的栋梁之材"。正因如此，2016 年，陈蒙蒙在收到西藏专项招录内地大学生到基层工作的通知后，就暗暗下定决心，一定要到基层去、到西藏去、到祖国的边疆去，在祖国最需要的地方施展才华，有所作为。"你去了就回不来了。""你甘愿放弃内地的优越环境吗？""你会后悔的。"面对家人的反对和同学们的不解，他并没有妥协，只是微笑说："你不去，他不去，总要有人负重前行。"从此，陈蒙蒙成了巢湖学院赴西藏基层工作的"先行者"，也是学校在基层就业的"明星"人物，在他的影响下，巢湖学院已有 50 多名毕业生陆陆续续赴西藏、新疆基层建功立业，一展抱负。"青春由磨砺而出彩，人生因奋斗而升华。"作为一名党员，陈蒙蒙正是把握住了这个时代赋予的人生际遇，接过了奋斗在西藏的先辈们的接力棒，以一名党员的责任与担当，出色完成了脱贫攻坚、基层党组织阵地标准化建设、扫黑除恶常态化暨四大行业领域整治等一个个目标任务，为援藏贡献了自己的一份力量，用"晴天一身土，雨天两脚泥"的真实写照阐释了巢湖学院学子的家国之情。

二、跨越千里的深情约定

"你要等我，我会去找你的。"陈蒙蒙的女朋友赵春雪在临别时哭着说。当时的赵春雪还是巢湖学院大三学生。正因为这份深情约定，一年后，同样作为共产党员的赵春雪参加了大学生西部计划志愿服务项目，加入了扎根雪域高原的奋斗之列，续写了两人的儿女情长。8 月的西藏，已是寒风凛冽，刚到西藏的赵春雪，由于高寒缺氧和气候条件的不适，倒在床上躺了几天。"跟我来西藏后悔吗？"看到脸色苍白的赵春雪，陈蒙蒙压抑住自己的情绪问道。"不后悔，一辈子都不后悔"，赵春雪坚定的语气，让陈蒙蒙再次立下了"誓死建设祖国西南边陲"的铮铮誓言。通过努力，赵春雪在 2 年志愿服务期满后考上了当地基层单位，坚定留藏笃定前行。6 年多来，陈蒙蒙和赵春雪保持初心不改，在各自岗位上挥洒着青春的汗水，用小我之力共同书写青春赞歌。如今，他们俩有了儿子，组成了圆满的家庭。他们坚信，自己的儿子会沿着也必将沿着父母的足迹，扎根于祖国边疆，守护雪域高原的一方绿水蓝天。

三、一枝一叶的鱼水情深

2020 年，陈蒙蒙接受组织选派，驻村搞扶贫工作，在与农牧民同吃同住同劳动中，他结识了生命中重要的人"阿玛啦"（在藏语中是妈妈的意思）。"阿玛啦"是村里远近闻名的困难户，本身行动不便的她，还照顾着七旬老母亲。"天下之大，黎元为本。"陈蒙蒙在了解其家庭情况后，便让她主动申请建档立卡贫困户，"阿玛啦"却总以"我们家没什么困难，你们扶贫干部那么忙，以后就不要经常过来了""我们家不需要国家扶持，把名额让给更多需要的人吧！"为由拒绝。最终在陈蒙蒙和村"两委"班子的再三劝说和推荐下，"阿玛啦"被识别为建档立卡贫困户，享受着党中央对困难群众的关心关怀。在驻村的日子里，"阿玛啦"总会把不舍得吃的东西送到村委会，陈蒙蒙也时常给"阿玛啦"买衣服和帽子，一来二去，"阿玛啦"成为陈蒙蒙最亲的人，无儿无女的"阿玛啦"也把他当成儿子看待。在扶贫结束离别之际，陈蒙蒙透过车窗看到渐行渐远的"阿玛啦"，强忍着的眼泪再也绷不住，滚滚而下。扶贫的结束不代表感情的消散，陈蒙蒙虽然调整了岗位，却时时牵挂着"阿玛啦"，放心不下的是她行走不便的双脚，经常打电话向村委会询问她的状况，平时也会找机会去看望或托人带药给她，"阿玛啦"也会通过村委会了解陈蒙蒙的情况，得知一切安好，会开心得像个孩子。每次提及此事，陈蒙蒙总会笑着说："我没有改变她，而她却深深影响了我。"这样的故事还有很多。陈蒙蒙用一枝一叶的小事、实实在在的付出，换来了村民们的信任、赢得了真情，祖国边境的小村庄上演着基层干群之间的鱼水情深。

事虽小，行则将至；事虽难，做则必成。正是因为这样的信念，陈蒙蒙在自己的岗位上兢兢业业、脚踏实地，得到了领导的肯定和同事们的认可，多次获得"优秀公务员""优秀共产党员""优秀基层干部"等荣誉称号。"择一事，终一生"，这一路必将因为陈蒙蒙的选择而精彩，我们的国家也会因为千千万万的基层工作者而繁荣昌盛。

拒绝平凡　艰苦创业

——皖南医学院周王义

2013 年，周王义大学毕业后就职于桐城市中医医院医教科，彼时正值食品安全问题被媒体和社会大量报道和关注，这激发了他从事食品行业创业的热情，他立志要打造出一个让大家放心满意的食品品牌。于是周王义同其他 7 名大学生集思广益，结合出生农村的仅有资源一起创立了安徽省金河湾生态农业有限公司，从食品源头做起，立誓打造安全放心的土黑猪、土鸡品牌。

创业之初，困难重重，他们选择挽起袖子自己干，从养猪、养鸡做起。每天清晨，当人们还在梦乡时，他们已经把自宰的新鲜猪肉、鸡肉送到集镇农贸市场开始销售。由于采用种植的蔬菜瓜果喂食自养的土黑猪、土鸡，品质和安全自然是过硬，但成本过高，销售价格得不到大家的认同，销售压力大，造成产品积压严重。在这种的情况下，他咬牙坚持，大胆开设自营专卖店，亲自干销售，同时坚持不懈地向前来购买产品的客户耐心讲解生产过程，解答产品品质和成本方面的疑问，逐渐得到了客户的认可和理解。此后更是注册品牌"草青山"，打造统一的店面形象和销售价格，对一线销售人员进行产品和销售技能培训。"草青山"产品的品牌和质量在业内和客户群里得到广泛的认可。

在开设四家门店拓展了销售，解决了产品库存问题后，又出现供不应求的状况，产品质量也出现了不稳定的情况。面对扩大产能的资金压力和生产成本居高不下的挑战，创业团队的伙伴们一起不断摸索改进、创新生产工艺，在保证品质的前提下降低生产成本，同时大家一起向亲戚朋友进行融资扩大生产基地和产能。经过几年艰苦打拼，公司已初具规模，并摸索出了一整套养殖致富经。他们响应国家乡村振兴的号召，创立养殖合作社，通过合作社大胆实践"公司＋基地＋农户＋销售"的合作共享、互惠互利经营模式，由公司统一提供猪苗、饲料和技术指导，养成后公司统一回收销售，带动大家一起致富。

2018 年，在资金、人才和技术三大核心要素完备的情况下，公司快速发展，周王义抓住机遇，形成规模化养殖，拓宽销售渠道，发展线上线下销售。在本地市场的门店饱和情况下，积极参加全国和地区的农产品展销会，挑战性地试水上海市场。在销售市场的拓展过程中，他们意识到产业链的重要性。新一轮的挑战和改革轰轰烈烈地展开。

凭借在本地市场的多年经营和品牌影响力，他们积极争取党和政府的支持，拓展了经营视野和格局。此后他们始终抓住生产和销售，积极布局土黑猪保种、屠宰加工、

物流运输、创新销售模式和拓展销售渠道。公司现有桐城市清水塘种猪场、滁州市明光种猪繁育基地、桐城市金河黑猪育肥基地和桐城市黄岗土鸡养殖基地四个养殖基地，桐城市区四家专营店、一家鲜肉批发部和上海 13 家专卖店，一家物流公司。经过几年发展，公司生产的"草青山"品牌系列农产品深受消费者青睐，畅销合肥、上海、杭州、苏州、广东等地区。公司被评为安徽省农业产业化龙头企业、安徽省农业产业化示范联合体、安徽省首批长三角绿色农产品生产加工供应示范基地、安徽省大学生创业示范基地、省级畜禽标准化养殖场。央视七套《致富经》栏目对公司做了专题报道，周王义的创业事迹也多次被国家、省、市新闻媒体报道。

痴心一片终不悔　只为桃李竞相开

——池州学院贾慧茹

　　自进入村小工作以来，她珍惜岗位，以校为家，在担任数学教师的同时兼任班主任、图书管理员，铭记"以德树人"的初心，把培育新时代的社会主义建设者和接班人作为重要使命，坚持以身作则，示范引领，用自己的言传身教引导和培育学生，书写了特岗教师人才培育的精彩篇章。

　　有人说：用心灵赢得心灵。贾慧茹老师就是这样一位具备奉献精神的教师典范，她把教育工作当作一个用爱心、耐心、关心、细心、热心来赢得孩子们亲近、感激、尊重和爱戴的伟大工程，不断在实践中探索，在管理中创新，在和谐中育人。

一、用爱心感染学生

　　巡视教室，爱心是具体的、琐碎的，贾慧茹每天总是早早到校，看看学生有没有到齐，没到校的学生及时给家长打电话询问原因。遇到天气变化，她关心孩子们衣服是否穿得合理。农村留守孩子基础太差，学习跟不上进度，她就想方设法挤出时间多讲一点，放学留下个别孩子帮他们查漏补缺……家长感激，学生感动，可她认为，作为教师，关心学生就应该像关心自己的孩子一样，既要关心生活，又要关心健康，还要关心是否懂得做人。这些看起来很平常，其实这正是一个教师"爱心"的具体表现，她就是这样播撒爱的种子，收获爱的硕果。

　　一连几天，她都发现班上有一个孩子情绪反常，上课心不在焉，把他叫起来根本不知道老师在问什么……难道这孩子有心事？她找孩子谈心，孩子却一直躲躲闪闪避而不谈。她只好采取迂回政策，询问孩子的妈妈。从他妈妈那了解到家庭出现了变故。对于一向生活在蜜罐中且自尊心强的孩子来说，这是一个很大的打击。她能理解孩子此时心中的矛盾与痛苦，却不能刺伤他那敏感的自尊心。她假装什么都不知道，只是尽可能地在课堂上照顾他、在生活中关心他，让同学们陪伴他。老师和同学的爱让孩子减轻了痛苦，渐渐变得开朗起来了。在学校为庆祝母亲节组织的班会上，贾慧茹让每个同学都给自己的妈妈写封信。孩子的妈妈看了信后哭了，因为之前不懂得关心别人的儿子竟然说出了那么多体贴的话，并表示自己会好好学习，让她放心。这封信后来在镇里举行的"感人家书"比赛中获得了二等奖。

二、用激励激发潜能

贾慧茹一直注重运用激励机制调动学生学习的积极性，使用智能班级管理工具激励学生班级管理与学习管理，涵盖德智体美劳等各个方面。例如在德方面的评价项：提前预习 1 学分、善于合作交流 1 学分、认真主动做值日 1 学分、个人卫生习惯好 1 学分、掌握 2 项劳动技能 2 学分等，也会有扣分项，但以奖励项为主。她还制定了总的评价制度。学生个人：（1）总分达到 10 学分，更换头像；（2）总分达到 20 学分，与老师谈心、下棋、掰手腕等；（3）达到 30 学分，免写一次家庭作业……班级总分：（1）达到 500 学分，观看一次电影；（2）达到 1000 学分，自愿选座位……

一周一小评，一学期一大评，每个学期结束时，总结本学期中的学分情况，开展拍卖会。由得分少的 10 名同学从家里拿旧书、旧玩具等进行拍卖，老师也会提供本子、笔等学习用品供学生拍卖。正因为如此，孩子们有了明确的追求目标，形成了集体主义精神，纪律性增强，班风优良，学习氛围浓厚。

三、用恒心刻苦钻研业务

抓好班级建设的同时，贾慧茹潜心钻研教材、教法和学法，精心处理好教学的每个环节，真正做到精益求精。课余时间她总是不断地充实自己，学习先进的教育教学理念。她知道欲给学生一杯水，自己先要有一桶水。她积极参与培训，曾参加在芜湖市举办的小学数学骨干教师培训，不错过每一个学习的机会，每当有比赛，总是第一时间报名，认真对待，收获颇丰。是孜孜不倦地学习，使她抓住了每一次机会，教学能力不断提高。

在其位、务其职、思其政。作为班主任，她时刻要求自己做到正确定位，牢固树立"两种意识"，努力做好校长的助手，在工作中，能以求真务实的态度，顾全大局，融合群体，在校长的指导下，制订好学校教学计划，并组织实施，使工作更有计划性、针对性、实效性，并注意总结经验，使学校教育教学工作运作更为顺畅。

一分耕耘，一分收获。近年来，无论是教学还是教研，她都赢得了学生和家长的普遍赞誉，多次受到上级部门的表彰。每次优秀评选对她都是未来工作的新起点，她会不断完善自身的综合素质，勤奋工作，开拓进取，为学校的教育教学工作作出更大的贡献。几年的教育生涯，她始终坚守着一腔热诚一腔爱。她庆幸选择了教书育人这一太阳底下最光辉的事业，将无怨无悔地耕耘在这片土地上，让生命之花永远绽放在这希望的田野上！

扎根农村基层工作的"拇指姑娘"

——安徽商贸职业技术学院章亚楠

章亚楠，1989 年 10 月出生，中共党员，大学专科学历，现任苏集村乡村振兴专干。曾获阜阳市巾帼建功标兵、阜阳市优秀共产党员、阜阳好人、颍泉青年五四奖章、颍泉区"优秀扶贫专干"、颍泉区"最美扶贫专干"、颍泉好人、颍泉区"讲述我的战贫故事"主题演讲比赛一等奖等荣誉。她的先进事迹被新华社、中国教育电视台、"学习强国"、安徽文明网、阜阳新闻网等多家媒体报道。

一、增强本领，同事眼中的"好帮手"

章亚楠大学期间所学专业是计算机多媒体，对电脑软件有一定掌握，通过对办公软件的进一步学习，在处理烦琐的业务尤其是数据业务时，得心应手，不仅能够按时上报各类统计报表，还积极协助同事以及邻村乡村振兴专干解决计算机相关问题，传授操作技巧，成为大家心中的"电脑达人"。钻研业务之余，她利用业余时间不断加强对各项理论知识以及习近平总书记关于脱贫攻坚、乡村振兴等重要讲话精神的学习，注重学习与实践相结合，通过学习，树立起正确的世界观、人生观、价值观。

二、走村入户，村民口中的"热心肠"

为了准确把握村里脱贫对象家庭状况，有针对性地开展相关帮扶工作，章亚楠时常跟着其他村干部一起走村入户，认真、细致了解脱贫家庭基本信息，观察脱贫户家庭环境，确保掌握第一手资料。她通过沟通交流了解户内需求，再结合致贫原因，协助帮扶责任人制定"一户一方案，一人一政策"，同时，向脱贫户宣传教育、医疗、产业、就业等各项帮扶政策，做到因户施策，因人施策。她深知村里不少老人的儿女不在身边，需要多一些关心和陪伴，因此，她经常去一些年纪大的脱贫户家中，陪大爷、大妈聊聊天、叙叙家常，叮嘱他们多多注意身体，下雨天尽量减少外出，以免摔伤。对于一些身体不太好的高龄老人家，她去得就更勤了，除了嘘寒问暖，还经常帮助他们打扫卫生。

三、克难攻坚，脱贫户心中的"小能手"

刘治强是苏集村的脱贫致富人物代表，曾多次被评为"最美脱贫户"。2014 年刘治强因患淋巴结核病申请成为贫困户，通过帮扶于 2016 年顺利脱贫。在了解到刘治强家中种植毛木耳、黑木耳、平菇较多后，章亚楠主动联系村级电子商务站点的负责人，

看看是否能通过电子商务站点拓宽销售渠道，以减少库存量，帮助其打通农产品销售"最后一千米"。同时，她还积极联系镇食堂和帮扶单位，多方联动助农销菜。

四、不畏质疑，服务群众的"贴心人"

残疾人当村干部，不免会遭到一些群众的质疑，原先大家都认为她的双手残疾了，不能拿笔写字、不能用电脑的，能干啥？可令大家意外的是，章亚楠早就克服了这些困难，许多正常人能做的事情她也能做到，甚至比他们做得更好。工作中，章亚楠不仅关心群众，对大家以诚相待，还注重倾听群众的意见和要求，并力所能及地帮助群众解决实际困难。她对自己各方面的要求也十分严格，处处以党员的标准规范自己的言行。作为一名基层扶贫一线干部，她以务实的工作作风、扎实的业务能力、认真的工作态度，得到了干部群众的认可，她展现出的顽强毅力得到大家发自内心的钦佩。

五、细心用心，村民生活的"小管家"

脱贫攻坚与乡村振兴工作容不得半点马虎，章亚楠在日常工作中注重工作细节，遇到不懂的问题及时跟相关负责人请教。担任专干以来，她认真做好每项工作：户基础信息核对，村级相关资料更新整理，脱贫户及监测户享受政策系统录入，年度信息采集、核对及录入，为村干部和帮扶责任人做好工作业务指导，完善脱贫户"一户一方案、一人一措施"，细化信息资料，对于重要的信息资料进行细化分类，做好标签注释以便查找。此外，她积极创新工作方法，在对村干部做好业务工作安排之前，先自己理清思路，琢磨出能让村干部简单易懂又容易操作的方式方法。

六、上传下达，镇村业务的"沟通桥"

作为乡村振兴专干，需要定期与镇乡村振兴工作站对接业务工作，做到心往一处想、劲往一处使。一方面要及时将上级文件精神传达给村"两委"干部，确保精准帮扶政策传达到位，不跑偏；另一方面，要多与镇乡村振兴工作站人员进行业务上的沟通，做到心中有数，并发扬不畏辛苦、不怕困难的精神，按时完成上级交办的各项业务工作。

一路走来，章亚楠以实际行动做到了民有所呼、她有所应，民有所求、她有所为，向我们展示了作为一个残疾人的坚韧不拔和作为一名共产党员及一名基层工作者的责任担当！

雪域高原展风采
扶贫路上勇担当

——安徽理工大学雷阿妹

雷阿妹，安徽宿州人，中共党员，1992 年 6 月出生，2016 年 7 月毕业于安徽理工大学医学院医学检验技术专业，现任西藏自治区山南市桑日县绒乡党委宣传委员。2016 年，她放弃了上海市三甲医院工作的机会，选择成为西藏山南市桑日县桑日镇的一名基层公务员。2020 年，中央电视台《新闻联播》以"巾帼不让须眉·扶贫路上展风采"为主题报道了她的扶贫先进事迹。

一、决胜脱贫攻坚——她是脱贫致富的领路人

2018 年，雷阿妹积极响应组织号召，主动申请到桑日镇洛村担任村党支部第一书记。驻村工作队轮换时，她又主动申请兼任驻洛村工作队队长。她把村子当成自己的家，始终坚守在扶贫一线，带领洛村群众"拔穷根""破穷障"，2019 年洛村提前一年完成"摘帽"任务。

为了尽快争取群众支持，她利用一个月的时间把在村居住的 49 户挨家挨户走了一遍，重点拜访村里的老干部、老党员和建档立卡贫困户，问计于群众、求策于村民，全面摸清村里的基本情况和群众的所思所盼。她通过党员联系群众网格化模式，以"支部＋基地＋群众"三级联动为抓手，依托产业基地着力打造村级特色产业，脱贫攻坚取得了显著成效，年均带动群众实现务工 3700 余人次，户均增收 8000 元以上。2019 年，她成功争取到 400 亩葡萄基地扩建项目、65 万元洛村生态果园项目以及 150 万元洛村村级生态文化广场项目，目前已完工并投入使用。洛村脱贫摘帽以后，她又扛起了巩固拓展脱贫攻坚成果同乡村振兴有效衔接的政治责任，因地制宜、精准施策，成功争取了 330 万元人居环境改造项目和 160 万元全村水渠建设项目，全面解决了本村道路狭窄、停车不便、灌溉困难等问题，为谱写乡村振兴新篇章打下坚实基础。2019 年她荣获桑日县驻村工作先进个人荣誉称号，2020 年荣获山南市脱贫攻坚先进个人荣誉称号。2020 年 3 月 8 日，中央电视台《新闻联播》以"巾帼不让须眉·扶贫路上展风采"为主题报道了她的扶贫事迹。

二、以人民为中心——她是为民解忧的服务员

群众身边无小事，雷阿妹走在前列、干在实处。农忙季节，她与群众一块儿劳动，很快成了熟练的"农民"；见村里老人、孩子头发长了，她买来理发设备，当起了"理发

师"；寒暑假期间，见孩子们没人辅导功课，她客串当起了"教师"；村里修路时，她和群众一道投工投劳，一起搬运建筑材料，当起了"搬运工"；得知村里部分群众外出务工时，因务工小票丢失，没领到工资，她立即当起了"讨薪员"，帮打工群众讨回了21.7 万元欠薪。此外，她自费购买了血压测量仪，利用所学医学知识，主动为全村群众义务测量血压，并定期为行动不便的老人送去药品和蔬菜等物资。村民德吉白玛因意外摔伤住院，急需医疗费，她送去了仅有的 5 万元积蓄。在疫情防控期间，她为留守老人儿童送去防护口罩等，手把手教群众正确佩戴口罩、正确洗手。她自学制作了藏汉双语防控宣传漫画手册，发放张贴到各家各户。2022 年 8 月至 11 月，西藏疫情防控形势严峻，她果断放弃休假，提前到岗到位，发挥专业优势，主动申请到核酸检测实验室，不分昼夜、满负荷工作，为打赢疫情防控阻击战作出了积极贡献。

在基层工作的六年多时间，她没有回家过一次年，几乎没有请过假，没有申请过轮休，每天待在乡里、村里与群众同吃同住同劳动。一名党员就是一面旗帜。担任村党支部第一书记期间，她实事、好事做了"一村子"。她以共产党员的担当，在群众中留下了好口碑。她在 2020 年度荣获桑日县"三八红旗手"荣誉称号，获得桑日县"民族团结先进个人"荣誉。

三、不忘初心使命——她是党的宣传者

作为乡党委宣传委员，雷阿妹积极采取措施，推动习近平新时代中国特色社会主义思想不断深入人心，深化农村基层宣传思想文化工作，采取群众喜闻乐见的方式和接地气的形式，打通宣传群众、教育群众、关心群众、服务群众的"最后一千米"。

创新学习方式，帮助党员干部补足精神之"钙"。党的十九大以来，为提高全乡干部职工学习的积极性和主动性，她创新开展"每日一早读""每周一夜校""每月一理论学习""每季度一测试""每年一分享""一隅读书角"等活动，采取"党委班子领学、党员干部领读"的方式，组织全乡干部职工学习习近平新时代中国特色社会主义思想、党的十九大历届全会精神、党的二十大精神以及中央历次西藏工作座谈会精神。让党的伟大精神补足干部职工精神之"钙"，把在理想信念中所汲取的力量用到为了人民幸福生活的事情上去。

丰富宣讲形式，让党的惠民声音"飞入寻常百姓家"。她以服务群众为主线，从大

处着眼、小处入手，把党的惠民声音与身边事例结合起来，把创新理论和群众身边亲身感受的变化结合起来，用具有"泥土气息"的语言，以田间地头谈政策、茶余饭后聊家常、走村入户"微宣讲"等形式，通过基层的视角、生动鲜活的案例、通俗易懂的语言，把农牧民群众关心的一个个小问题讲清讲明讲透，让党的创新理论在基层入脑入心，使党中央对西藏人民的关怀家喻户晓，提升广大群众的获得感、幸福感、安全感，引导广大群众更加自觉地听党话、感党恩、跟党走。

"能够从几千公里外的安徽来到最美'第三极'，把人生理想融入边疆建设、融入雪域高原长治久安和高质量发展的伟大事业中，用付出和汗水让群众过上更加幸福美好的生活，一切都是值得的。"乡镇工作经历，让她更加珍惜扎根基层、服务群众的机会，更加坚定了在藏工作的决心。她牢记党员干部的初心使命，以习近平新时代中国特色社会主义思想为指导，秉持以人民为中心的发展理念，把个人理想融入社会现代化建设的洪流，踔厉奋发，勇毅前行。

平凡岗位作奉献　忠诚履职耀警徽

—— 阜阳师范大学廖张延

　　廖张延，1991 年 9 月出生，2014 年 7 月毕业于阜阳师范大学汉语言文学专业，本科学历，文学学士；2015 年 10 月进入安徽省淮南市公安局谢家集分局工作，现任淮南市公安局谢家集分局杨公派出所副所长，二级警长，二级警司警衔。

　　曾获主要荣誉：2014 年 7 月被安徽省教育厅评为"安徽省品学兼优毕业生"；2019 年 1 月被安徽省公安厅评为"全省优秀人民警察"，荣记"个人三等功"1 次；2021 年 9 月被安徽省公安厅评为"全省公安优秀教官"；2022 年 9 月被安徽省公安厅评为"全省公安教育成绩突出教官"；2017 年 12 月、2018 年 12 月被淮南市公安局评为年度"岗位标兵"，荣获"个人嘉奖"2 次。

　　廖张延始终扎根基层公安第一线，凭着一颗强烈的事业心和高度的责任感，雷厉风行，锐意进取，创造性开展工作。无论是刑侦一线的昼夜追捕、政工战线的修炼内功，还是到派出所服务百姓，他到一个岗位爱一个岗位，埋头苦干、无私奉献，务实高效、敢想敢干，践行了一名青年民警的理想信念和责任担当。

一、披肝沥胆，历练刑侦业务

　　2015 年 10 月，廖张延考入淮南市公安局谢家集分局刑警队。他爱学习、肯动脑，为了侦破案件，常常披星戴月、跋山涉水、昼夜蹲守，经受种种常人难以忍受的考验，超负荷工作更是家常便饭。他因业务能力突出，工作不到半年即被选入"1999.3.12"命案专案组，每天天还没亮就前往涉案村庄采集血样，回单位后分析研判数据，常常工作到深夜。两个月的时间里采集血样数据 200 余个，逐个比对入库，成功破获了尘封 16 载的命案积案。

二、钻研政工，扎实修炼内功

　　进入政工工作后，廖张延钻研党建、队建等政工业务，很快成长为业务尖子。在政法队伍教育整顿、"不忘初心、牢记使命"学习教育、"两学一做"学习教育等重大活动中，他均担任局联络员，加班加点撰写文字材料，创新开展活动，宣传先进典型。仅在 2022 年度"夏季治安整治百日行动"中，他就连续发布了 23 篇表扬通报，挖掘身边同在基层一线的民警模范 33 人。他所撰写的分局网安大队大队长李军同志的事迹《李军：80 后"宅男"侦探》一文先后被新华社、《人民日报》等主流媒体刊发，感染了无数人，真正做到用身边事引领身边人，极大鼓舞了队伍士气。不断"种花""栽花"的背

后，却是廖张延没日没夜地辛勤付出，他试着用自己的"微光"，点亮同在基层拼搏的每一位战友。

三、创新思维，自主研发课程

2016 年，安徽省公安厅首次开展"公安微课程"比武，面对全新的工作，廖张延敢啃"硬骨头"，每天下班后自学视频制作，坚持了半年终于从一窍不通的"门外汉"，成长为独立掌握课程设计、脚本制作、拍摄剪辑、配音配乐等全流程的"技术流"。为找到视频变速的最佳参数，廖张延曾连续一个星期废寝忘食地坐在电脑前钻研。功夫不负有心人，他制作的 21 部"公安微课程"全都入选省厅"公安微课程"平台，其中 12 部被省厅评为"优秀"等次。入警第二年，他便作为淮南市局领队，接连五年带队参加安徽省"微课程"大比武，多次取得优异成绩。尤其让他感动的是这些微课程有效指导了很多素未谋面的同行的工作实践。看了他制作的微课程后，很多战友在省厅平台的留言板写下感想，其中有这样一段话："谢谢你制作的微课程《拯救如花的生命》，今天出警遇到跳楼自杀警情，按照课程的方法，我成功救下了一条鲜活的生命！"

四、学习交流，积极开展送教

2019 年 9 月，廖张延通过层层选拔入选第二届安徽省公安机关微课程制作管理团队，2021 年被聘为安徽省公安厅微课程学科组教官。他利用自身师范专业优势，结合多年的基层公安工作经验，制作省级公安"微课程"精品理论 PPT 2 套，先后受邀前往黄山、六安、阜阳等市公安局及淮南市各分县局送教交流，不仅将制作技巧和心得经验全盘教授，还把作为教官的责任担当、温暖感动传递给战友。他谦虚低调的处事作风、翔实丰富的课程内容、风趣幽默的表达方式，受到送教单位领导和同事的一致好评。

五、为民服务，忠诚履职担当

2022 年 6 月，廖张延被提拔为淮南市公安局谢家集分局杨公派出所副所长。面对新岗位、新挑战，他昼夜奔波在值班接处警、调解纠纷、社区巡逻的路上。2022 年一个冬夜，杨公派出所接村民报警，称 72 岁的老父亲从家去钓鱼失联已 7 小时。72 岁、

7 小时、河边走失，"快！去河边救人！"廖张延一边组织民警迅速调取沿河监控，一边赶往河边紧急搜救，老人的电话时通时断，是信号不好？是老人手机没电了？此时已经凌晨 2 点，气温在 0℃ 以下，河边寒风刺骨，廖张延和所里战友们搜救了 2 小时，终于在桥洞下找到了昏迷的老人。事后，老人的家人万分感谢，甚至拿着红包来派出所，廖张延坚决谢绝，并对他们说："不用客气，人民公安为人民，这是我们应该做的！"

金色盾牌，热血铸就。无论作为刑警、政工警还是派出所民警，廖张延心中始终装满了工作，装满了群众。他用一身正气维护一方安宁，用使命担当扛起肩上重任，用热血忠诚编织千家万户的幸福快乐。

让青春在基层广阔大地上闪光

——滁州学院潘平平

潘平平，男，中共党员，出生于 1992 年 12 月，2017 年 7 月毕业于滁州学院。毕业之际他积极响应祖国号召，毅然选择到基层去奉献青春、磨砺成长、回报社会，主动报名并入选 2017 年团中央大学生志愿服务西部计划，成为一名西部计划志愿者，来到省级扶贫开发重点县——安徽省定远县参加基层青年工作。2020 年 11 月，西部计划服务期满后，他再次选择投身基层，考录到安徽省怀宁县税务局，成为一名基层税务干部。在基层，他始终不忘初心，勤学勤干，与群众心贴心，在平凡的岗位上作出了不平凡的业绩。

一、走出校门：勤学苦干服务地方发展

潘平平从小生活生长在农村，感恩党的惠民政策。在校期间，他曾担任团支部书记、班长、社团会长。2017 年 7 月毕业之际，看着身边同学都去了大城市工作，他毅然选择到基层去锻炼，报名西部计划。面对刚参加工作时的"本领恐慌"，他勤学多问，白天工作忙，晚上学习到夜深，让自己从一名刚毕业的大学生成功转变为一名基层工作者。

工作上，他不怕苦不怕累，坚持干好每一项工作。刚到单位他发现单位微信公众号在全省县区团委评比中长期靠后，在领导和同事的鼓励下，他不断改进宣传工作，创新开展"青春悦读"等一批深受青年好评的活动，微信公众号粉丝数、阅读量快速增长，在 2017 年安徽共青团县区团委微信公众号评比中，定远县共青团微信公众号首次获得全省第三名、单篇文章第一名的好成绩，单位领导和同事纷纷给他竖起了大拇指。2018 年年初，定远县突降暴雪，严重影响交通安全和居民出行，他闻雪而动，立即向全县团员青年和志愿者发出铲冰除雪倡议书，积极动员组建应急志愿者队伍走上街头，他和大家不畏严寒，奋力清扫路面积雪。他连续几天上路清扫积雪，鞋子湿了一双又一双，他的抗击暴雪事迹被《安徽新闻联播》报道。

在基层工作岗位上，他组织开展了扶贫助困、尊老敬老、关爱留守儿童、铲冰除雪、"暖冬行动"、疫情防控等各类志愿服务活动 120 余次，参与志愿者达 2 万人，个人志愿服务时长 2000 多小时，先后荣获省、市、县多个荣誉，个人志愿服务事迹受到《安徽新闻联播》《安徽青年报》、安徽文明网等多家媒体报道，他深刻体会到了自己在西部计划岗位上的价值，在基层锻炼成长的快乐。

二、扶贫路上：心系群众助力脱贫攻坚

定远县是滁州市唯一的省级贫困县，90 多万人口中，2014 年建档立卡的贫困人口就有 11.16 万人，贫困发生率 13.43%，脱贫攻坚任务艰巨。面对这一县情，潘平平的内心很受震撼，心里想着一定要干点什么来助力脱贫工作。经过前期构思，2018 年 7 月他组织开展了定远县"扶贫济困·点亮心愿"活动，从全县建档立卡贫困户中摸排"微心愿"，采用征集"微心愿"、发布"微心愿"、圆梦"微心愿"的工作形式，积极动员社会爱心力量参与扶贫。活动在网上发布后，引起热烈反响，大家纷纷点赞活动，积极认领"微心愿"。那段时间他既兴奋又劳累，有时候忙着对接贫困户和爱心人士，顾不上吃饭，一头扎进工作，经常加班到很晚。当看到一件件爱心物资被送到贫困户手中，他觉得再苦再累都值得，能够多帮助一个贫困户改善生活，就是对他最大的奖励。

截止到 2020 年 9 月，他组织开展的定远县"扶贫济困·点亮心愿"活动已开展 10 余期，各界社会爱心人士和公益组织认领"微心愿"1100 个，捐赠物品价值 325000 元，帮扶全县贫困人口 4600 余人，有效助力了脱贫攻坚工作。活动得到滁州团市委、定远县委县政府主要领导的充分肯定，该项目先后荣获第四届安徽省青年志愿服务项目大赛二等奖，被评为全省优秀青年社会组织及创新创业公益项目。2019 年 5 月，定远县成功实现了省级贫困县的脱贫摘帽。

三、新征程上：兴税强国投身税收事业

在西部计划服务期满后，潘平平面临着转岗，是回到大城市工作还是继续扎根基层成为两难选择，深思熟虑后他再一次选择了投身基层，投身国家税收事业。在校期间学习财务管理专业的他，选择了报考税务部门，利用所学报效祖国，并成功考录到安徽省怀宁县税务局，成为一名基层税务干部。

他始终坚持竭诚为民的服务态度，把纳税人缴费人的事当作自己的事来办，总是热情接待前来办事的群众。负责社保业务的他，每次总是耐心向群众解释缴费政策，遇到办事的老年人，他尊老助老，细心帮助老人们完成缴费，多次得到缴费群众的感谢和肯定。退税减税工作开展以来，他主动上门走访，向纳税人发放减税降费宣传册，当面向纳税人宣传最新的政策，实地为纳税人解决难题。他用一颗真诚的心为民办实

事、为企解难题，从税工作以来，辖区广大纳税人缴费人对他"零差评"。

他向上向善，充分展示了当代青年应有的担当和责任。2021年7月的一天，怀宁县税务局门口来了两位村民，他们手持"见义勇为、勇于救人"的鲜红锦旗和感谢信，表示要来感谢该局的青年税干潘平平，至此，大家才知道他路遇交通事故勇敢救人的事迹。大家纷纷为他的英勇行为点赞，他先后被评选为"怀宁好人""安庆好人"。未来，他将牢记"兴税强国"的使命，在平凡的税务岗位上做不平凡的自己，在为民服务中实现人生价值，在税收事业中放飞青春理想。

福建省

因陋就简干大事　扶贫援外写佳话

——福建农林大学教师林占熺

　　林占熺坚持以习近平新时代中国特色社会主义思想为引导，始终坚持为党育人、为国育才，牢固树立"四个意识"，坚定"四个自信"，坚定拥护"两个确立"，坚决做到"两个维护"。他坚持"四有"好老师标准，甘做学生锤炼品格的引路人，做学生学习知识的引路人，做学生创新思维的引路人，做学生奉献祖国的引路人。他参加工作以来，长期奋斗在教学、科研和技术推广第一线，是菌草技术研究、教学和应用的开创者和带头人。他发明菌草技术，解决了"菌林矛盾"这一世界难题；创立菌草技术体系，开辟了生态产业新领域；创造性地将菌草技术应用于生态治理，开辟了生态建设新途径。

一、不畏艰难，开辟菌草生态治理可持续发展新途

　　林占熺为保护生态环境和摆脱贫困而发明菌草技术，又为实现山青水绿而投身戈壁高原和荒漠沙滩。自 1987 年以来，他率领老师和学生先后在福建、广西、重庆、云南、新疆、西藏、贵州等省和沿黄河九省区开展菌草治理水土流失、治理荒漠化、治理石漠化、防沙固沙、改良盐碱地、治理砒砂岩、治理洪积扇、修复矿山的研究与示范，攻克一个个难关，取得系列国际领先成果，形成菌草生态治理技术体系，同时利用菌草栽培食药用菌，生产菌草饲料、菌草菌物饲料、菌草菌物肥料，开发生物质能源和生物质材料，开辟了生态治理与新兴产业可持续发展新途径。菌草生态治理技术已被黄河水利委员会列为全流域推广项目，被卢旺达列为全国水土流失治理重点推广项目。他已选育出适合黄河流域生态治理的菌草品种，并在沿黄河上、中、下游九省区不同类型生态脆弱区建立菌草生态治理和产业发展示范基地，解决了关键技术问题，90～100 天就可把流动沙地固住，为黄河生态治理提供了科学依据和实用技术，为黄河筑起千里绿色菌草生态安全屏障和菌草产业发展提供了科学依据和配套技术，开辟了见效快、效果好、投入省、可持续发展的菌草生态治理新途径。

二、献身教育事业，桃李遍天下

　　林占熺是一名光荣的人民教师，至今奋战在科学教育第一线。他在团队教学科研工作中起主导作用，言传身教，对青年教师、学生发挥示范带头作用，共培养国内外博士研究生 21 人，硕士研究生 109 人，出版中英文教材 13 部，在校内开设"菌草学"等博硕留学生双语专业课程，为学校大学生开展科技讲座 80 余场，组织大学生科技实践和观摩活动百余场，国家菌草工程技术研究中心为数千名学生提供实践实习学习场所。

在林占熺的指导和带领下，博硕士研究生陆续攻克了"鲜草栽培食药用菌""菌草治沙""菌草治理水土流失""菌草治理崩岗"等关键技术难题，同时实现从理论到实践的快速转型升级。农民出身的他，笃信"把论文写在大地上、写在农民的钱袋子里"的理念，40 多年来言传身教、无怨无悔，把学习当成自己的战友、同志和朋友。在生活上，他经常向学生们了解生活中的困难并给予无微不至的关照，为贫困学子家庭提供奖学金帮助；疫情期间，为疫情重灾区学子家庭邮寄医用防护物品；为留学生家庭提供勤工助学岗位、协助子女入学和工作等，积极推荐和鼓励学生毕业后在国内外参与一线基层推广工作，包括前往福建农村一线开展食用菌栽培、贵州偏远地区开展菌草养畜及在宁夏、新疆等地开展菌草技术脱贫攻坚、乡村振兴等工作。他培养的留学生回国后，仍然投身到菌草技术在当地的推广、培训、示范中。通过承担科技部、商务部等国际培训项目共 341 期，林占熺作为团队带头人为 113 个国家的 14318 名学员授课，亲自带领学生参加实践和考察。如今，广大学生都活跃在国内外农业、林业、牧业、工业、信息产业等行业，为乡村振兴、生态文明建设和"一带一路"等作出积极的贡献。

三、服务"三农"，科技和产业扶贫产生显著效益

从 1986 年开始，菌草技术项目先后被列为国家级重点推广项目和国家级星火重中之重项目，被中国扶贫基金会列为科技扶贫首选项目，被福建省列为闽宁对口帮扶、智力援疆、科技援藏、帮扶贵州黔西南项目，以及福州市帮扶甘肃定西项目，取得显著的经济、生态和社会效益。林占熺带领着科技人员及学生团队，通过扶贫和示范，在我国 586 个县推广应用菌草技术，累计产值 310 亿元以上；"八五"期间仅福建省就增加产值 22.46 亿元，农民增收 17.8 亿元，节约木材 51.2 万立方米；1997—2007 年，宁夏菌草技术扶贫使 1.75 万个农户受益，户年均增收 5000 元以上，被国务院扶贫办列为典型扶贫案例。2008 年起，菌草业被福建、陕西延安、贵州黔西南列为重点发展的新兴产业，让一大批农民走上了脱贫致富之路。在老少边穷地区，菌草被誉为"致富草""幸福草""太阳草"。

四、在菌草产业国际减贫和援外事业中作出重要贡献

通过援外和合作，林占熺为发展中国家消除贫困、减少饥饿、促进就业、破解发

展难题作出了积极贡献，受到受援国领导的好评，被誉为"一带一路"合作典范。菌草技术项目 1994 年被中国商务部列为援外重点项目，2017 年被联合国经社部列为"和平与发展"基金重点项目，2019 年被列为第二届中国国际进口博览会中国馆展出的 12 个"一带一路"代表性项目之一，现已传播到 106 个国家，在巴布亚新几内亚、南非、卢旺达、莱索托、中非等 17 个国家建立了菌草技术示范中心（基地），已有中、英、俄、阿拉伯等 18 种文字传播这一技术。

林占熺数十年如一日，坚持每天工作 14～15 小时，呕心沥血、奋斗不懈，用发明创造和无私奉献践行为党为人民奋斗一生的忠贞诺言，身上散发出的是中国共产党人和中国优秀教师、基层工作者以天下为己任、不畏艰难险阻、勇攀科技高峰的时代精神之光。

扎根极地　服务一线

——集美大学董恒

董恒，1990 年 11 月出生，中共党员，集美大学轮机工程学院轮机工程专业 2013 届毕业生，现任中国极地研究中心（中国极地研究所）"雪龙"号大管轮、雪龙船党支部组织委员、极地中心团委副书记。自毕业参加工作以来，他从一名实习生到现在的大管轮，在数个岗位上锻炼了自我，始终秉持着"从基层中来，到基层中去"的宗旨，战斗在极地事业一线，时刻保持着勤学、敬业、律己的态度，始终坚信在平凡的岗位上能干出不平凡的事业。

一、勤学善思、锤炼身心，始终秉持坚定信念不动摇

立身百行，以学为基。董恒扎根基层工作，面对不断调整的岗位和分工，牢固树立勤于学习、善于学习、终身学习的理念，传承"诚毅"校训，始终把勤学、善思作为加强自身修养和履职尽责的重要途径。

一是坚持紧跟党的领导。他全面贯彻习近平新时代中国特色社会主义思想，深刻领悟"两个确立"的决定性意义，增强"四个意识"、坚定"四个自信"、做到"两个维护"。始终把政治理论学习摆在首要位置，坚持集中学习和自主学习相结合，全面系统学习党史以及党的十九大、二十大及历次全会精神，认真撰写学习笔记和心得体会，做到学而信、信而用、用而行，做政治上的明白人。

二是专注业务知识研习。他紧紧围绕船舶体系职责分工，重点学习船舶主机、船舶辅机、船舶管理、电气自动化等相关专业知识，不断更新知识结构，努力提升自身履职能力，做业务上的内行人，于 2020 年 10 月取得了无限航区一等大管轮适任证书。

二、聚焦目标、务实重干，兢兢业业履职尽责不松劲

2013 年 7 月董恒从学校毕业后顺利应聘进入招商轮船油轮船队，成为一名远洋船员，实习工作中理论与实践紧密结合，既磨砺了顽强的意志，又完成了角色的转变，获取无限航区一等三管轮适任证书。2015 年 4 月，他应聘进入中国极地研究中心，从此扎根我国极地事业，登上"雪龙"号成为中国南北极考察队的一员。历经 2015 年至 2023 年的近八个年头，随"雪龙"号和"雪龙 2"号共执行了中国第 32、第 33、第 34、第 35、第 37、第 39 次南极考察和中国第 7、第 8、第 9 次北极考察任务。

他先后履职轮机管理不同的工作岗位，在每一个岗位上都追求精益求精，通过努力，一步一个脚印，成长为"雪龙"号大管轮。他荣获中国第 8 次北极考察"优秀党员"

称号、中国第 35 次南极考察"优秀党员"称号、极地中心 2022 年度"优秀个人"称号。

多年的远洋航行工作中董恒始终秉持和传承着"爱国、爱船、团结、奉献"的"雪龙精神"，工作中恪尽职守，爱岗敬业，脚踏实地，甘于奉献。航渡期间他专注处理轮机各业务，协调部门与队务工作，可靠地保障船舶安全运行，积极推进极地事业发展。极寒地区的艰苦工作中他能充分发挥党员先锋模范作用，在做好轮机部设备维护保养工作的同时，合理安排部门人员参与中山站、长城站和罗斯海新站的保障作业，发挥和利用专业技术，以严谨的工作作风保障黄河艇作业和冰上卸货作业的安全顺利进行。大洋调查作业期间，他加大对科考支撑设备的维护力度，不惧严寒、不辞辛苦地带领轮机部人员对故障设备进行抢修，有力保障了大洋作业如期完成，展现了一线轮机技术业务水平。

董恒一直以来都坚信，"学习是增长才干提高素质的重要途径，是干好工作的基础"。他以身作则，感染着其他同志，努力提高理论素质和业务水平。"学以致用、以利其众"，他充分利用在船时间组织"轮机学院"，开展业务学习，宣传中心党委和上级业务部门下发的重大决策和重要文件精神；组织船舶安全体系、设备安全操作说明、机舱设备工作原理简介学习；对学习内容进行集中研讨并注重体现到工作中去，形成有效的学习体制，受到了一致好评。他在船舶航修业务工作中表现优异，坚持牢固树立一心为公，无私奉献的理念，保持良好的精神状态，不畏严寒、亲力亲为，能充分利用专业的业务知识主动与厂方交涉，做好协作、助修和安全工作，依照效用标准确保了船舶的维修质量。

三、扎根极地，服务一线，敬业奉献作风严谨树形象

极地事业是我国四个"战略新疆域"之一，建设海洋强国是实现中华民族伟大复兴的重大战略任务。董恒常年奔赴南北极一线，克服了常人难以想象的困难，真正做到舍小家、顾大局、重集体，履行本职工作的同时更是为了祖国南北极事业的发展，并且始终传承和发扬"爱国、求实、创新、拼搏"的"南极精神"，扎根极地，在冰封雪埋的世界里艰苦奋斗。作为新时代的新青年，他把创新发展理念贯彻到工作之中，无论是从事轮机管理工作还是党务工作，始终发挥一名中共党员的先锋模范带头作用，坚定不移听党话、跟党走，立足岗位职责、服务一线、履职尽责、攻坚克难、辛勤工作，铸造极地基层攻坚堡垒，为祖国的极地事业作出了积极贡献。

扎根戈壁坚守初心
中核工匠报效祖国
——华侨大学张华

张华，中共党员，现就职于中核集团四〇四有限公司第四分公司第九车间。2017年 7 月毕业以来，张华在西北戈壁滩上不断超越自我，在艰苦的环境中取得一项项突破，成为一名技术精湛的中核"工匠人"，在实现人生抱负的同时，也为祖国核工业贡献着自己的青春力量。

一、生活朝南，理想朝北

2017 年 7 月，张华从福建省厦门市华侨大学机电及自动化学院硕士研究生毕业。在大学本科和研究生阶段均成绩优异的他，本可以在南方找到一份收入丰厚的高新技术工作，但他却毅然踏上了开往祖国大西北的列车。在他心中，沿海城市优越的工作环境和优渥的待遇远远比不上戈壁滩上"中国核城"更能实现自己的人生抱负，因为投身祖国的核事业是他从小的梦想。

只身一人来到中核四〇四有限公司的张华成为了第五分公司的一名基层员工。起初的他对一名"核工匠"意味着什么并没有切身的体会，作为一名甘肃人，张华熟悉大西北环境和气候，但即便如此，坚守戈壁滩也需要很大的勇气和毅力。刚参加工作的他，经常在狂风肆虐的戈壁滩中工作到凌晨，这里风沙大，气候干燥，昼夜温差大，有时候通信还会中断，这些在普通人看来极其艰苦的条件，都成了张华日常的工作环境。但张华始终没有怨言，他相信自己的选择，为了心中"核梦想"，他从一名钳工做起，对机械设备设施进行定期检修。工作之余，他鲜有外出，总是坚持学习，和检修师傅们探讨各类技术难点，几个月内，他迅速熟悉了工作业务，在检修过程中保持零出错。他在心里对自己说："作为一名核工业人，要始终以最严谨的态度完成每一项工作，这是我的责任！"

二、坚守初心　砥砺前行

由于出色的工作业绩和极为认真的工作态度，张华很快便被公司看中，参与某工程。这让他倍感自豪，同时也深知责任在肩。他深知自己掌握的专业知识还远远不够，于是，他利用业余时间，自学了大量的核专业领域知识以及跨专业领域的相关技术。面对戈壁滩上艰苦的工作条件和高强度的工作压力，他严守保密、安全和质量底线，以核工业先辈"干惊天动地事，做隐姓埋名人"的崇高精神鞭策自己。在同事眼中，张华还是一位"拼命三郎"，在参与某工程的五年中，经常忙起来吃饭睡觉什么的根本顾不得。在项目建设初期，由于需要编制大量的技术文件，为了保证自己负责的项目按期高质量完成节点目标任务，张华花了大量业余时间调研文献，及时向有经验的老师傅们请教，慢慢地从跟跑变成了并跑，再后来又变成了领跑，编写技术文件变得精准高效。他说："干工作很重要的一点就是理清思路，搞清流程，心里才能踏实。"

2022年，面对矿区突如其来的疫情，作为技术负责人，张华坚决贯彻中核四〇四有限公司及第四分公司的工作部署，连续驻厂工作100余天。彼时正值女儿出生不满周岁，面对事业他倾其所有，但面对妻儿，他心生愧疚，在感谢妻子的支持和鼓励的同时，他内心更加坚定了自己的初心使命："我要做一名出色的'核工匠'！"张华从一名懵懂的大学生逐步成长为关键工艺的技术负责人，再到车间副主任，一步一个脚印，用实际行动为祖国核事业贡献着自己的力量。

三、中核工匠　精神传承

入职以来，张华加入"国家级技能大师工作室"，在师傅的言传身教下，逐步培养了扎实严谨的科研作风和"爱岗敬业、精益求精"的工匠精神，在平凡岗位中取得了不平凡的业绩。由于国外技术封锁，张华负责的某特种材料某工艺试验效果一直不理想，张华和同事没有因为艰苦的试验条件和不佳的试验结果萌生退却的想法，反而利用各种机会查阅国内外文献，加班加点调试新采购设备，积极开展模拟料试验。面对未达预期的试验结果，张华也曾彷徨过、犹豫过，但历经风雨洗礼后，他们越发坚定了最初的信念，对每个试验环节进行深入细致研究，由疏到熟，由熟到精，最终解决了工艺难题，并进行了几十轮优化改进。最终，工艺效果超过预期。

工作以来，张华先后获得"甘肃省技术标兵"（两次），"甘肃矿区青年岗位能手"（两次），"甘肃矿区技术标兵"（两次），中核四〇四有限公司第四分公司"优秀共产党员"（两次）、"同星员工"等多项荣誉；获得中核四〇四有限公司科学技术奖两项，发表多篇科技论文，获得多项国防专利及发明专利。

工作期间，张华在"同星精神"的指引下也延续四〇四"师带徒"的传统，先后带徒弟5人，培养出"同星英才"等优秀员工。张华说："这是一种中核精神的传承，培养更多的中核人，是我们共同的责任！"

雄关漫道真如铁，而今迈步从头越。张华心中为祖国核工业贡献力量的火焰越燃越旺，他说："作为一名中核工匠人，我要学习老一代核工业人以身许国的崇高品质，刻苦钻研，艰苦奋斗，不负强核报国使命！"

认认真真做好每一件事
争做学习廖俊波先进事迹的标杆

——泉州师范学院魏静

魏静是一名从贫困乡村考上大学的青年人。她大学毕业后回到生她养她的农村，立志做有理想、敢担当、能吃苦、肯奋斗的新时代好青年，始终以"听党的话、尊重领导、团结同志、努力工作"的标准严格要求自己，做政治坚定的明白人，先后荣获"全国脱贫攻坚先进个人"、"全国乡村振兴青年先锋"和全国"最美基层高校毕业生"等荣誉。

一、对标榜样，推动"好风景"

走进福建省政和县念山村，游人如织，梯田农家乐、民宿客栈处处可见，当地村民在自家门前出售自制的酸枣糕、地瓜干、红薯粉……随着年轻人返乡创业和游客增多，曾经冷寂的小山村热闹了起来。

这里，凝聚着魏静的孜孜不倦的努力。

政和县是廖俊波先进事迹传习地，魏静时常用廖俊波书记的话激励自己："别人能做到的，我们也能做到，而且要做得更好。"

2018年，魏静被组织委派到念山村任党支部第一书记。"刚来时，我以为它是一个村，其实它有7个分散的自然村。"为了尽快熟悉环境和开展工作，魏静经常骑着摩托车走村入户了解村情。"希望你把'黄念山'变成'黄金山'"。老党员张非常语重心长地对魏静说。

几个月的村路走下来，魏静晒成了"黑妹"，不过心里却有了一本"明白账"。"念山虽美，但景点分散，设施落后，游客进出不便，有时候兴冲冲来，疲倦而返，久而久之就不愿意再来了。"魏静说。找准根源后，她开始对症下药。她争取到1200万元项目资金，将其全部投入旅游基础设施建设和农业产业发展。

在魏静的努力下，昔日无人问津的小山村，成为旅游名地，获得"中国美丽休闲乡村"等多个国字号招牌。

二、创新引领，走向"好经济"

魏静学习先进，不忘初心，扎实工作。作为念山村党支部第一书记，她沉到田间地头，与党员群众因地制宜探索出念山"三变"改革的发展之路。

她发挥优势，流转梯田810亩，162户村民成为股东，并通过流转农田、茶山、古厝等资源，借助"生态银行"的作用，真正将"绿水青山变成了金山银山"，从而实现了念山第一变：村民变股东。

她通过保护完好的 1600 多亩的袖珍梯田景观和种植 500 亩油菜花，吸引近万名摄影爱好者前来采风、摄影和近十万游客前来观光旅游，引进了青岛（泽川）有限公司，投资新建的念山云谷鹊桥成为念山旅游新亮点，实现了念山第二变：梯田变景区。

为积聚人气，她以念山为大舞台，谋划了国际自行车爬坡赛、中国农民丰收节暨念山开镰节、旅发大会、闽浙赣三省冬泳赛等活动，引导青年返乡创业，目前已有 3 位返乡大学生在自家门口新建起民宿、开办农家乐。振兴乡村有了主力军，游客多了，村民在自家门口销售农产品也变为现实，每年村民的地瓜干、酸枣糕等在国庆节假日就能销售一空，其中 2020 年共销售胭脂红米 2.3 万余斤，收入 21 万元。2020 年村集体年收入达 26 万元，人均纯收入 1.5 万元，获得了省级"金牌旅游村"的称号，实现了念山第三变：乡村变舞台。

三、带领群众，迈向"好生活"

2021 年 5 月，魏静被组织任命到偏远的镇前镇任党委宣传委员，分管疫情防控工作，同时兼任洋厝村第一书记。新的岗位，新的挑战。作为分管疫情防控工作的党委委员，魏静兢兢业业任劳任怨，面对复杂的疫情形势，每一轮都是好几个星期不回家。特别是 2022 年上半年上海疫情期间，她所在的镇前镇是去上海经商人最多的乡镇，在隔离房间不足的情况下，面对乡亲们迫切返乡压力，她一面做好劝导，几乎每天都要接上百个电话，不厌其烦为乡亲们解释政策，一面联系上海商会帮助受困乡亲们运送物资。她由于工作忙碌，经常加班加点，答应家人共度节日、亲子周末都一次又一次食言。每一次当孩子在视频里问她什么时候回来时，她都不敢回答准确的日期，只能回答说妈妈打完病毒就回来。孩子说："那我要来帮妈妈一起打病毒。"其实，孩子根本不懂她的工作内容，只是需要母亲的陪伴。魏静说，这是她对家人最大的亏欠。

作为洋厝村第一书记，她年轻有活力，工作有干劲，在扮靓和美乡村的同时，让"长者食堂"等暖心工程落地见效。长者食堂开业那天，有位老人紧紧拉着魏静的手，

眼里噙满泪水说："我这一辈子还没吃过大队的饭。"同时，魏静引领青年返乡创新创业，成立专业合作社，流转闲置山垅田 100 亩，发展种植辣椒、豆子等高山特色农业，村里的村民都乐呵呵地在合作社务工，有个四川媳妇高兴地说在家门口就能赚钱，真好。乡亲们的回归，助力了乡村振兴，带领群众迈向"好生活"。

念山是魏静一辈子都忘不了的地方，倾注了很多心血，留下了太多记忆。她没想到会在工作中与念山结下深厚的感情，跟同事的，跟农民群众的，念山给她的生命注入了忘不了的底色。念山从穷乡僻壤的小山村，到让人向往的世外桃源……现在，她又回到了自己的老家乡镇工作，觉得一切努力付出都值得，她想说的是，她无悔最初回乡的选择，农村天地广阔，同样可以大有可为，希望更多年轻人积极投身到乡村振兴中来。

谱奋发创业之曲　书扎根基层之绩

——莆田学院王静辉

春华秋实二十载，俯首耕耘满芬芳。莆田学院自 2002 年升本至今，广大学子们满怀壮志走出校园，扬起事业的风帆，他们在各自的岗位上兢兢业业，努力拼搏，谱写了属于自己的精彩人生。

这一路上涌现了一大批乡村全域振兴的应用型人才，广大校友在各自领域辛勤耕耘、建功立业，为地方经济建设和社会发展作出重要贡献，也为学校赢得了良好声誉，更为在校学子提供了引领和榜样作用，更好地激励新时代莆院师生锐意进取、紧跟步伐、开拓前行的精神，共同谱写了学校教育事业高质量发展的新篇章。

王静辉就是优秀校友的代表之一。他 2013 年毕业于莆田学院外国语学院商务英语专业，曾获"省级返乡创业好青年""第十五届福建青年五四奖章标兵""2020 年度福建省乡村文化和旅游能人""全国乡村振兴青年先锋"等荣誉称号，曾入选全国农村创新创业优秀带头人典型案例。现任南靖县泓净茶叶专业合作社理事长、中共南靖县金竹村党支部书记、漳州市第十六届人大代表。

一、艰苦创业　建设家乡

受学校学习氛围影响，王静辉在校期间就热爱学习，积极向上。适当其时，国家鼓励大学生积极创新创业，莆田学院也顺势开展有关创新创业的课程，这让王静辉对创业有了基本的了解，也给他的创业想法提供了专业系统的指导与培训。

王静辉的家乡位于福建省漳州市南靖县南坑镇金竹村，这是一个有产业基础但地理位置偏僻的地方。村里的产品虽好但销量惨淡，因此村民普遍生活清苦，后来更因为台风的影响，山体滑坡和泥石流冲毁了部分屋子，王静辉在长达一年多的时间里无家可归，只得借住在亲戚家。在灾后重建期间，王静辉受到邻里乡亲的帮助，于是通过自己的知识回乡创业、回馈家乡的想法在他心中萌发了。

2013 年大学毕业的王静辉并没有立即回乡，而是有计划地在校园里尝试自主创业，同时担任创业导师助理，并借此机会，积极参加创业学习培训，为回乡创业打基础。一年后，他怀揣"保护生态，再造故乡"的信念，带着两个刚毕业的学弟学妹，3 人共筹集了 30 万元，回到家乡准备一展拳脚。

但创业之路却不那么一帆风顺，筹集到的 30 万元资金快花完了，整个项目却还没有起色，王静辉和团队此时感到迷茫无措，他们一时间不知道选择的这条路是否正确。但浅尝辄止不是他的个性，追求更远大的发展才是他的目标。王静辉觉得，什么都失

去了就不怕再失去了，无论多苦多难，一定要硬着头皮挺过去，人生如果不是到最后，还有很多触底反弹的机会。于是他们积极衔接资源，参加了漳州市的创新创业大赛并获得了荣誉组一等奖，由此受到了政府和社会的关注和认可。王静辉也通过参加活动认识了一位创业导师，导师为他争取了去北京演讲的机会，于是王静辉踏上了去往北京的路。通过他的不懈努力，在北京的演讲上，他筹集到了一百多万元的资金，解决了当时团队在经济上的困扰。"只要敢打敢拼，就没有办不成的事。"这是王静辉在多年打拼岁月中总结出来的经验，也是他一直以来遵奉的人生信条。正是凭着这种能吃苦、敢打拼的精神，他才能够成功地白手起家。

此后，王静辉扎根农村近八年，他带领着以返乡大学生和当地退伍军人为核心的创业团队，以合作社为平台，努力探索着家乡偏远山区村茶产业规模化、品牌化、生态化的发展之路。他立足地域优势，全力打造集茶园观光、茶叶加工、发展茶园生态旅游于一体的茶叶产业综合示范项目，同时注册商标，争取品牌认证，扩大种植规模，加强技术管理，带动当地农副产品的销售与旅游业发展，促进当地乡村面貌的改变，他本人也成为县镇实用技术骨干人才和当地群众脱贫致富的带头人。经过几年的不懈努力，王静辉成立的泓净茶叶专业合作社被评为省级优秀青年示范社，年产值近 4000 万元，辐射带动周边三个行政村 200 多户 1000 多人增收致富，用近三年的时间成功将一个软弱涣散村打造成省级农业科技示范村，个人被中共漳州市委组织部评为市优秀党务工作者。

二、工作卓越　回馈社会

在合作社做大做强之后，王静辉不忘以己之力回馈社会。作为大学生返乡代表的王静辉，深知"知识改变命运"的重要性，他将自己在创业大赛中获得的奖金作为启动资金，众筹建立了乡村公益图书馆，共筹集了图书近万册，供村民借阅。现下，公益图书馆已成为金竹、高港和葛竹 3000 多名茶农、200 多名茶农子女提升知识水平的重要场所。此外，他还积极投身扶贫产业，经常联合企业家入村慰问贫困父老乡亲，为贫困户送去米、油、肉等物资，用于改善贫困户生活。他所参加的"大地之子"项目被推荐为全国精准扶贫优秀案例，成为福建省民政厅发动"百社帮百村"的主要平台。

作为南靖县泓净茶叶专业合作社理事长，王静辉对于今后的发展方向思路清晰：

要将整个家乡打造成为一个田园综合体，将资金引进乡村，把人才带到乡村，以产业为核心，通过更加现代化、生态化的运作，打造一个现代化农业科技平台，把茶产业做大做强。同时，以旅游为先导，把茶园建设成为集观光旅游、农耕体验、休闲度假、教育培训等功能为一体的基地，吸引更多游客前来，辐射带动茶叶、餐饮、住宿等，促进一二三产融合发展。

对于有着创新创业热情的学弟学妹们，王静辉这样嘱咐："如果想去创业那就大胆地去做吧，年轻人大胆地去闯，经历的东西以及所走的每一步都是在为以后要走的路作铺垫，或许接下来会有更大的挑战在等着你，那就看你能不能跨过去了，总而言之，还是要提升自己的能力过好每一关，走好每一步。"

情留墨脱扎根基层
梦在西藏不负韶华

——福建农林大学刘震

一、情留墨脱扎根基层梦在西藏不负韶华

作为新时代的青年，刘震主动响应国家关于引导和鼓励高校毕业生到基层就业的决策部署，立志服务边疆、扎根边疆、创业边疆。2015 年 8 月，在硕士研究生二年时段，他休学参加大学生志愿服务西部计划西藏专项，被分配至全国最后一个通公路的县——墨脱县，志愿服务于墨脱县林业局，从事基层社会管理。作为一名志愿者，他始终用实际行动弘扬"奉献、友爱、互助、进步"的志愿精神。在志愿服务满一年后，他恢复学籍，主动申请在墨脱开展专业实践，并继续从事志愿服务工作。2017 年毕业后，他继续在墨脱县林业局志愿服务，在墨脱所有西部计划志愿者中，他是第一个服务满 3 年的志愿者。2019 年 1 月，他成为墨脱县林业局的一名干部。参加工作 8 年来他足迹遍布全县 8 个乡（镇）44 个村，为墨脱森林资源保育、亚热带经济林果和高端人才引进等方面作出了突出的贡献。

他获得的荣誉有大学生志愿服务西部计划西藏专项优秀志愿者（2016—2017 年度、2017—2018 年度共 2 次）、福建省优秀硕士学位论文（2018 年）、墨脱县党建促脱贫优秀共产党员（2020 年）、墨脱县 2021 年度优秀共产党员并作典型发言。

二、西藏唯一的第二批全国最美林草科技推广员

墨脱县以其生物多样性而素有"天然博物馆"和"植物基因王国"之称。刘震在县域内开展了如下工作。

一是参与国家重点保护野生动物调查。他深入林区放置红外相机，监测野生动物种类分布，拍摄到国家一级保护野生动物金猫、喜马拉雅鬣羚、豺等珍贵视频资料。他推动申报并建成西藏首个蚂蚁森林公益保护地——墨脱格当保护地。为了加强生态保护宣传，提高中小学生生态保护意识，他在墨脱青少年活动中心担任生态小卫士课程老师，重点讲解墨脱的野生动植物保护，推进自然科普宣教，培养学生保护动植物、爱护动植物、呵护动植物，树立人与自然和谐共生理念。

二是参与珍稀濒危植物调查与保护。他开展极度濒危植物折萼杜鹃就地保护和宣传；与社会公益组织山水自然保护中心共同编制《墨脱国家保护兰科植物识别手册》；通过调查首次发现松杉灵芝在墨脱野外分布；与福建农林大学、华东师范大学、中国

科学院植物研究所等科研院所合作，开展兰科植物资源调查，共同发现兰科新种墨脱金线兰和墨脱蝴蝶兰，分别发表在国际植物分类学期刊《Phytotaxa》和《PhytoKeys》。2022年5月9日，组织参与发现中国大陆已知最高的树不丹松，树高76.8米。

三是系统开展小果紫薇的种群生态学研究，提出了小果紫薇野生种质资源原生境保护策略，直接推动该种被列入2021年9月7日颁布的《国家重点保护野生植物名录》。

鉴于他在墨脱森林保育及野生动植物资源调查上取得的显著成效，2022年4月，被评为西藏唯一的第二批全国最美林草科技推广员。

三、推进枇杷成为墨脱特色优势产业

调查发现，墨脱县是全世界最具优势的早熟枇杷三大产区之一。为充分利用独有的区位优势和资源禀赋，他积极推动墨脱县与科研院所和高校合作，2021年引进居国际领先水平的白肉杂交枇杷新品种"白雪早""三月白""香妃"等7个，开展新品种示范推广。他们已完成枇杷高接换种1.14万株，推动枇杷苗木培育，嫁接枇杷小苗4.8万株，覆盖6个乡镇24个村，部分品种已开花结果品质表现优良，建设枇杷新能源智能栽培技术示范基地22亩，推动数字果业平台研发，培养乡土人才14名，为亚热带经济林果产业高质量发展打下了坚实基础。

他通过实地培训，让群众掌握蜜柚修剪、施肥、套袋等基本管护技术，管护积极性、主动性显著增强，实现了村集体经济收入超过万元。

此外，他还积极引进蜜柚、柑橘、油橄、百香果、荔枝、香蕉、龙眼、火龙果、芒果、桃、梨等果树，丰富了墨脱亚热带经济林果种类，改善了品种结构。

相关工作在中央电视台、《人民日报》、新华社、"学习强国"等媒体报道11次，产生良好影响。

四、推动引进院士专家高层次人才服务墨脱高质量发展

根据墨脱县委、县政府工作安排，他牵头负责推动墨脱县与浙江大学喻景权院士团队成功签约。2022年以来，墨脱县实现了枇杷的全程水肥一体化精准灌溉与无人值守控制平台，首创新能源智能化枇杷栽培技术新模式，在全国首次实现了五项技术突

破：一是山区 SAS 水肥精准动态配液技术；二是新能源"水势＋光伏"双供能灌溉技术；三是枇杷多介质无底盘控根栽培技术；四是低功耗 LORA 果园智慧控制技术；五是智能云控制监测平台。

他还推动引进全国杰出专业技术人才龙眼枇杷专家郑少泉团队，为墨脱高原枇杷产业先行地和固边兴边富民提供人才支撑。

因为热爱，所以坚守。因为坚守，所以奋斗。因为奋斗，所以美好。因为美好，所以幸福。在墨脱，他没有豪言壮语，只有默默耕耘。没有安于现状，只有务实创新。他时刻告诉自己，青春是用来奋斗的，是用来实现梦想的，是用来实现人生价值的。他时刻告诉自己，勤学敏思永远在路上，服务人民永远在心上，造福百姓永远在行动。

由于工作业绩突出，他得到县委、县政府和群众的认可，2022 年 5 月，被任命为墨脱县林业和草原局副局长、自然保护区管理局局长。

做一颗露滴，用青春的朝气
灌溉养育我的土地

——福建师范大学协和学院林露露

林露露，中共党员，1992 年 7 月出生，福建师范大学协和学院 2015 届商务英语专业毕业生，现任中共永泰县嵩口镇龙湘村支部书记兼村委会主任、福建省第十四届人大代表。基于对家乡的热爱，她响应党的号召，2015 年大学毕业毅然返乡建设，重点投身乡村的旅游文化发展，开发、运营古镇民宿，宣扬嵩口古镇优秀传统文化，给当地旅游业带来巨大的推动；2018 年，林露露当选嵩口镇龙湘村支书，继续扎根这片土地，打造了省级美丽乡村示范村，获评中国移动"平安乡村"示范村；2022 年，广受群众认可的林露露成为村支书、村主任一肩挑对象，她巩固扶贫成果，尝试丰富家乡的产业结构，在老屋改造、农产品加工、"互联网＋"销售等多个方面开拓创新，为乡村振兴带来更多的可能性。作为典型，林露露荣获"福州市优秀共产党员""第 19 届福建青年五四奖章""全国乡村文化和旅游带头人""福建省农村创新创业明星"等殊荣，央视《创意点亮嵩口》《我的村庄和我》等节目报道了嵩口建设发展与林露露的事迹。

一、一往情深，厚积薄发

作为土生土长的嵩口人，受家乡文化的耳濡目染，从小她便对这块土地有着深厚的感情，党对青年人投身基层建设的号召与她一拍即合。林露露深知，光有对家乡的情感是不够的，更需要学习与锻炼来提高自己的能力。2014 年，在校实习之际，她加入了当时负责嵩口古镇改造的设计团队，搜集和挖掘历史文化资源，梳理家乡文化。2015 年毕业后，带着对家乡的热爱，她毅然回到嵩口参与古镇建设，同时担任古镇文化宣讲员，致力于传播嵩口古镇的优秀传统文化，至今已完成 800 多场次的讲解任务。其中包含中日韩注册建筑师交流峰会、全省脱贫攻坚现场会、华文传媒论坛、世界海洋论坛、世界遗产大会等大型活动。作为嵩口古镇旅游发展有限公司负责人之一，她创新运营松口气客栈，引来省市县各级领导与媒体关注。她努力把自己作为窗口，参与拍摄中央电视台《创意点亮嵩口》专题栏目，实现将嵩口推入大众视野的第一步。她认为讲好乡村振兴故事，宣扬优秀传统文化，是自己义不容辞的重要使命。

二、积水成渊，砥砺前行

2017 年，作为一名普通党员，林露露主动负责家乡精准扶贫事业，带着村里看着自己长大的伯伯婶婶们就业创业。2018 年，在村级组织换届中，她被选任为龙湘村党

支部书记，成为当年全县最年轻、学历最高的村党支部书记，完成了从建设家乡的"执行者"到"决策者"的转变。基层工作并不容易，林露露不仅会用知识与毅力克服挑战，也懂得汇聚社会的力量。她坚持党建引领，积极开拓渠道，与福建师范大学、协和学院和福建省第三人民医院等成立融建党支部，为乡村发展提供智力支持和精神力量。她坚持资源整合，将大学生实践与村庄整治相结合，成立了巾帼志愿服务队，开展星级文明户和"美丽庭院"创建评比，获得良好的成效，村容村貌不断提升，龙湘村获评"省级美丽乡村"。2020 年，龙湘村与中国移动进行党群共建，在全村安装"移动看家"监控系统，率先探索乡村数字化治理新模式，将龙湘村打造为全省首个平安乡村示范村。她坚持守正创新，2021 年，龙湘村聘请专业改造团队以科学先进的眼光和专业能力为龙湘策划发展；2022 年，与小海狸文化艺术团队合作负责整村运营，改造村内旧小学，打造农学农展体验空间，开发多样的农业体验活动，并引入自驾车队美丽乡村游活动，努力实现三产转化，走出一条"龙吟水湘，再谱新章"的发展新路子。

三、福泽百户，踔厉奋进

　　林露露重视扶贫工作，坚信当地的村民是乡村振兴的参与者和受益者，应该实实在在享受到乡村振兴带来的好处。她创办微豆餐饮管理公司，进行资源整合，打造酿酒实验室、食养中心、文创文化中心，实现了对当地李梅物产深入研发的工厂化，运用科技力量提高李梅附加值。她改造了嵩口供销社，将其升级为嵩口对外的新窗口平台。在创办嵩口供销新社的过程中，她带动培养当地的妇女参与乡村发展，获得技能提升，改变思想认识，纷纷成为乡村发展的新主人。村民们有的成为民宿的运营者，有的成为餐饮服务人员……有一位只有小学学历的姐姐，一开始只会做民宿里最基本的客房收拾，现在已经成长为会做咖啡、糕点，在当地小有名气的民宿管家。村民们不但物质生活逐渐丰盈，精神世界也越发充实。

　　林露露在平凡的岗位上，把使命扛在肩膀，把责任放在心上，把有意义的事情做得有意思。她用实际行动证明乡村振兴并不单单是一项工作，更是青春事业，是青年人实现人生价值最好的方式。在林露露的带动下，永泰县近年来掀起了一波青年返乡就业创业的热潮，据统计已有 37 名"90 后"一肩挑扛起乡村振兴重任。林露露说："乡村振兴的路很长，也很美。这条路需要大家的共同努力，我只是基层建设大流中的一员，我愿意做一颗小露水，用青春的汗水灌溉养育我的土地。"

不忘初心坚守三尺讲台
一腔热血挥洒雪域高原

——福建师范大学林晓莉

林晓莉，中共党员，1991年8月出生，2014年毕业于福建师范大学，响应祖国号召参加大学生志愿服务西部计划到西藏自治区林芝市第二高级中学服务，2016年通过留藏人才考试进入林芝市教育系统工作。自入藏服务工作以来，她始终牢记福建师范大学校训"知明行笃，立诚致广"，不忘初心，牢记为党育人、为国育才使命，发扬老西藏精神坚守三尺讲台，表现优异，工作业绩突出，深受师生家长好评。

一、政治立场坚定，党员素质过硬

自参加工作以来，林晓莉始终坚定政治立场，坚信党的领导，紧跟党的路线，坚持党的教育方针，忠诚党的教育事业，贯彻落实习近平总书记关于教育的重要论述，充分发挥党员先锋模范作用，牢固树立"四个意识"，坚定"四个自信"，坚定拥护"两个确立"，坚决做到"两个维护"，牢固树立中国特色社会主义理想信念、终身学习理念和改革创新意识，坚持政治理论学习，在思想上、言行上和党保持着高度一致，牢记教师职业道德和社会公德，无违法乱纪行为，认真履行学校教代会成员职责。在西藏林芝市工作以来，她不断加强民族团结，与各族师生群众交流交融，在英语教学本职工作之余还努力学习藏语加强同少数民族群众的沟通，成功架起民族团结之桥，自觉传承爱国守边精神，像格桑花一样扎根在雪域边陲，争做神圣国土守护者和幸福家园建设者。2016年、2017年她被评为"优秀共产党员"，2018年、2021年党员民主评议为优秀等次。

二、潜心立德树人，站稳三尺讲台

在西藏林芝的教育教学工作中，林晓莉牢记"德为师之本"，立德树人，热爱学生，热爱工作，坚持"四有"好老师标准，以培养学生主动发展为教学工作思路，担任多年备课组长，有丰富毕业班教学经验，立足西藏民族学生学情，更新教育理念及知识结构，不断提高专业素养，认真设计每一堂课，用心备好每一堂课，专心上好每一堂课，批改好每一次作业。她发扬钻研精神，积极带头教研教改，借力援藏教师因材施教提出新的英语词汇教学方法，教学成绩突出，所授课班级均名列前茅，为人师表，尽职尽责，深受学生喜爱及教师家长肯定。她在林芝市市级教研活动中开展《高考复习词汇备考策略》主题讲座，其微课《人教版新教材必修一 Welcome Unit—Reading for Writing》被林芝市教育局评为"基础教育精品课市级优课"。她多次被授予"教学质量奖"，2022 年被林芝市第二高级中学评为"优秀教师"并已通过中小学教师中级职称评审。她严守师德师风规范，坚守教书育人岗位，努力成为一名令人民满意的教师。

三、不忘志愿初心，绽放雪域高原

林晓莉 2014 年毕业于福建师范大学，响应祖国号召参加大学生志愿服务西部计划，扎根雪域高原，投身教育事业。在志愿者服务期间，她认真履行福建省志愿者队伍副队长一职，带领福建省志愿者队伍积极投身各服务岗位，发扬"爱拼才会赢"不服输不怕苦的精神。她先后参与"庆祝西藏自治区成立五十周年活动""2015 年全国地方外办主任会议""2015 年西藏林芝雅鲁藏布生态文化旅游节""林芝桃花文化旅游节"等重要工作，用行动践行志愿者精神，先后被评为"林芝市优秀西部计划志愿者"及"西藏自治区优秀大学生志愿服务西部计划西藏专项志愿者"。

林晓莉现任林芝市第二高级中学办公室副主任。在学校办公室工作岗位上，她始终将"全心全意为人民服务"作为工作信条，作风扎实、勤于求知、真诚待人、表现突出，承担校园文化建设、师生信息档案、对外联络等重要工作，统筹学校作为高考、中考、研究生考试等重要考试的考点工作，参与"第七次全国人口普查""西藏自治区第十三届运动会暨第五届民族传统体育运动会"等重要工作。自 2020 年起，她坚持参与校园抗疫工作，团结群众，勇挑重担，守护平安校园。2022 年林芝市发生疫情之后，她不惧疫情，积极投身抗疫工作，作为校园防疫工作主要人员，承担三包志愿者服务组织、核酸检测组织、生活物资采购、数据统计上报、抗疫防疫宣传、三包联络对接等工作，用实际行动践行教育初心，继续发扬志愿者精神。2018 年、2019 年、2020 年被评为"先进教育工作者"，2021 年被评为"巾帼建功标兵"。2017 年度、2018 年度、2019 年度、2020 年度、2021 年度考核为优秀等次。

深入基层一线　挥洒青春汗水

——武夷学院赵奎

　　赵奎，贵州威宁人，系武夷学院茶与食品学院食品质量与安全专业 2018 届毕业生，2018 年 6 月参加新疆阿克苏地区内地优秀毕业生公务员招录，目前为拜城县布隆乡人民政府一级科员。

　　回想毕业那年，有很多就业机会摆在他面前，是选择繁华的城市还是扎根基层，站在人生的岔路口，他毅然选择到祖国边疆地区成为一名基层公务员，用所学知识为南疆建设贡献自己的力量。谈到基层，他说自己在面对选择时，也曾经迷茫过，但最终还是忠于初心。"因为我对这土地爱得深沉"，凡心所向，素履以往。他在基层工作的日子中，以"一枝一叶总关情"的情怀积极探寻为民服务的"深度"。日常工作中，他冲在基层一线，走村入户，与群众打成一片，努力做到"身入""心入""情入"。他把这些经历视作自己青春星辰大海中闪闪发光的明星，视作自己的骄傲。基层的工作千头万绪，纷繁复杂，但他满腔热血，不改初心。

一、竭尽全力，倾心服务

　　"一粒种子落入泥土，便开始努力成长，因为它懂得，那是它的责任"，赵奎把这样的责任写入心间。面对陌生的工作和环境，他不知从何做起，但深知要学思践悟、深学笃行，在广袤基层彰显青年风貌、武院学子风尚、基层干部的责任与担当。为了适应基层工作，他通过走访调研将全乡的村情民情、党建情况、产业状况摸清摸透。同时为了应对基层复杂的工作内容，他会经常跟着包村领导深入农户家中，和村民一起交谈、劳作，了解"三农"知识。夜晚临近，他还会俯首桌前，学习法律、经济、基层治理等基层工作知识。入职短短一年多时间，他的工作日志已有厚厚一摞。正是这种不怕吃苦、敢于吃苦的精神，让他慢慢成长为能熟练应对纷繁复杂基层工作的多面手。

二、扎根基层，叙写青春

　　基层是个大熔炉，是年轻人成长的沃土，然而基层工作千头万绪，事无巨细，赵奎始终秉承主动服务的工作理念，强化综合效能的发挥，把自己定位于当好群众的勤务兵和贴心人。入职第一年，组织委以重任，选派他担任贫困村拜城县布隆乡托万克布隆村党支部委员，他深知肩上的责任重大，所以经常深入田间地头，推进扶贫典型提升、党建示范点建设等工作，创新推出"早晚会"、无职党员设岗定责等机制，打造了多个党建引领脱贫攻坚和党建引领乡村振兴典范。入职第二年，他主动向组织请求下沉到"软弱涣散村"挂职村党支部副书记，指导村里抓实基层党建、壮大村级集体经济，破解"软弱涣散"难题，次年使其成功"摘帽"。

2019 年以来，赵奎先后在党建、财政所、政法等岗位锻炼。在任托万克布隆村党支部委员期间，创办了拜城县乡源酸奶加工农民专业合作社，2019 年 11 月到 2020 年 1 月，创收 5 万余元，2020 年，实现了量和质的突破，营业额达 50 万元，连续三年实现突破，有效带领 2 名脱贫户和 3 名普通群众就业，月人均增收 2000 元，拉动村集体经济年增收 3 万元。他发挥本村牛羊多、奶质好等特点，引导辖区群众成立了拜合提畜牧养殖合作社，从一开始的 10 多头牛发展到 300 多头牛，固定资产达 500 余万元，带动 5 人就业，拉动村集体经济年增收 5 万元。他发挥所在村"访惠聚"驻村工作队优势，牵头成立托儿所，有效解决了辖区部分群众因照顾孩子无法外出就业问题。托儿所成立以来，累计托养婴幼儿 100 余人，帮助群众实现增收 10 万元。2019 年以来，他先后荣获"布隆乡优秀共产党员""民族团结先进个人"等荣誉，2019—2021 年连续三年考核优秀，荣获三等功。

三、脚踏实地，仰望星空

为了做好基层工作，赵奎不断深入基层群众的生活，在实践中汲取养分，"也正因为这种紧绷的状态，逼迫自己不断学习不断进步"。学习如何撰写文字材料，他从最初的一窍不通，到如今可以独立完成重要的材料，"为了能让自己尽快上手，我不断阅读单位之前的公文、耐心整理领导的讲话录音，每天坚持研读好的文章脉络、熟悉街道全盘工作"。从一开始的焦虑、

迷茫，慢慢地，他也能独立起草讲话稿和汇报材料。写材料很辛苦，但他坚信，只要继续坚持多听多看多写，终会皇天不负苦心人。他撰写的材料多次被上级领导批示指示。

时光荏苒，经历了大学的青灯苦熬、奋发进取和孜孜求知，才成就了他的今天，他自始至终坚信"宝剑锋从磨砺出，梅花香自苦寒来"的奋斗哲理。或许他成不了像焦裕禄、黄文秀那样伟大的共产党人，但在初入乡镇的那段时光中感受党的温暖，让他收获太多的温馨与感动。他会一如既往用"路漫漫其修远兮，吾将上下而求索"来诠释未来的路，以更饱满的热情和创新的工作能力，在基层路上续写不悔青春，让青春在基层服务中绽放光彩。

"凤凰花"绽放在巴山蜀水

——厦门大学母利莉

母利莉，厦门大学政治学与行政学专业 2013 届毕业生，四川省 2013 年选调生，现任四川省绵阳市北川县纪委监委组织部部长。

"北川"承载着母利莉太多难言的感情：作为北川中学高 2008 级学生，在"5·12"汶川特大地震发生 40 多天后，她带着失去至亲的痛苦踏入高考考场，之后毫不犹豫地选择 2000 多公里外的厦门大学开启求学之路，当时的她"永远不想再回到这个地方"。然而，在求学岁月里，厦门大学的"自强不息"的精神，每时每刻都让她牵绊着远方同样在自强不息中重生崛起的家乡。2013 年，在看到四川省选调生招录的时候，她毅然决定放弃沿海城市高薪的工作机会，选择回到家乡北川。在毕业班会上，她说"错过了北川的灾后重建，不想错过她的振兴发展"。带着母校沉甸甸的祝福，母利莉成为北川县擂鼓镇的一名基层公务员。

一、一份关爱，助力成长

这份不曾间断的"关爱"来自省、市、县各级组织部门。从校门跨入机关门，基层工作没有母利莉想象中那么轻松，她觉得自己和身边那些从复杂环境中锻炼出来的干部相差甚远。幸运的是组织部门一直以来都很关注选调生的成长。一是注重倾力传教，经常邀请"田秀才""土专家"授课传技，安排领导一对一教授工作方法，同事中的业务骨干也倾心帮助，专家传、导师带、标兵帮，让母利莉迅速补齐基层工作经验短板。二是注重多岗锻炼，着力打造重点岗位锻炼平台，大力选拔年轻干部参与重点民生项目建设，到招商、维稳、脱贫攻坚等急难险重岗位历练；打造上级部门交流平台，大力选派年轻干部到省市部门开阔眼界。得益于这些平台，在较短的工作时间里，她能历经省、市、县、乡、村五级岗位锻炼学习提质提能。三是注重选拔任用，组织部门常态化开展选调生队伍调研，掌握年轻干部思想动态、工作表现，在优秀干部人才递进培养计划、治蜀兴川执政骨干递进培养计划中，也将选调生作为重点储备对象，积极推进轮岗任职。她常说："回望自己的成长之路，与其归因于自身幸运，不如说是得益于组织长期以来的关心厚爱。"

二、一份坚韧，引领坚守

这份甘于平凡的"坚韧"来自北川千百个扎根一线的干部。北川作为特大地震极重灾区、民族地区、革命老区、边远山区和连片特困地区"五区合一"的地区，它的抗震

救灾、灾后重建、振兴发展无不需要克服难以想象的困难，每一步发展都离不开一群兰辉式的干部群体。母利莉依然清楚记得 2013 年到乡镇报到的第二天，和同事下村查看水毁灾情，乘车走在不停坠石的通村公路上，惊魂未定。同事说，这样的路，他每周至少要跑两次⋯⋯看似轻描淡写的一句话，却在她心口烙下最深的印记："这是一群平凡却坚韧的人，我致力于成为他们中的一员。"在脱贫攻坚驻村帮扶期间，她跑遍联系村 300 余户人家，对 1000 余人的信息进行收集整理，手绘出全村住户分布图，帮助孤寡老人打扫卫生，陪上访户看病治疗，联系发展白及种植产业⋯⋯从最初的"耍笔杆子干部"蜕变成村民口中的"村花干部""狗不叫干部"。"直至今日，我依旧不曾后悔几次放弃离开基层的机会，我愿意坚守在最基层、最艰苦、最平凡的岗位上，实现自己的价值。"

三、一份赤诚，鼓舞前行

这份回报故土的"赤诚"，来自千万个基层人才。工作后，母利莉曾长期从事人才服务工作。针对北川人才难引、难留的"痛点"，她积极想办法、出实招：2015 年参与策划北川县首届创新创业大赛，成功吸引 178 支参赛队伍、500 余名创业人才参与；2016 年组织羌山英才人才评选，推选大批羌文化传承人才、农村实用乡土人才；2017 年协助启动"雁归羌山"北川籍人才回引计划，仅春节前一个月，就有 1000 余名在外北川籍人才入库，为北川发展建言献策；2018 年协助筹建院士（学部委员）、博士工作站，柔性引进 1 名学部委员、20 余名博士服务一线，打造乡村振兴人才"桥头堡"⋯⋯可以说，每一项人才工作的顺利开展，都离不开基层人才的赤诚之心，正是这份赤诚，鼓励她不断前行。

四、一份孤勇，护航发展

这份"孤勇"来自一群甘居幕后、孤勇前行的纪检监察干部。在县纪委监委工作的 5 年时间里，母利莉作为孤勇者，更作为孤勇者的守护者，始终默默付出、扎实工作：协助推进纪检监察体制改革，高质量完成县纪委监委机关及派驻机构改革工作；积极创新全员培训固根基、全员办案强实战、全员监督筑防线的"三全"模式；创新实施"赛马荟"人才培养项目，通过开辟"赛马道"、规范"相马观"、念好"育马经"、提升"策马术"，搭建纪检人才选育用平台；牵头编制全县纪检监察工作规范乡镇篇、村社篇，以规范组织设置、健全监督体系、完善工作机制、加强队伍建设、促进作用发挥为重点，织密基层"监督网"，打通基层监督"最后一千米"，不断提升人民群众的满意度和获得感……她说，北川跨越发展，需要领航者，更需要护航者，她愿意成为一名孤勇者、一名护航者。

时至今日，母利莉依然带着这份关爱、这份坚韧、这份赤诚、这份孤勇，坚守在北川基层，宛如厦门大学的一朵"凤凰花"绽放在巴山蜀水，用青春谱写一段山海情缘。

扎根基层不负青春
砥砺初心不负迷彩

——福建信息职业技术学院贾继鑫

　　贾继鑫，中共党员，1994 年 1 月出生于福建省武平县，现任福建省武平县中山镇老城村支部书记、村主任。他 2012 年 9 月就读于福建信息职业技术学院，2014 年 9 月入伍，2019 年 9 月退伍，2020 年 8 月通过省级"三支一扶"计划遴选，参加基层服务。2014 年 12 月他在新训期间获得"爱警精武好战士"称号、嘉奖一次，2015 年、2016 年各获得优秀士兵一次、嘉奖一次、2018 年 10 月在河北总队枪弹及危险品管理人员集训中获得优秀学员、2019 年 9 月获得优秀士官一次、嘉奖一次。2020 年 11 月他被学校评为就业典型，在 2021 年、2022 年省级"三支一扶"考核中被评为优秀，2021 年 12 月被福建省高校毕业生"三支一扶"工作协调管理办公室通报表扬。

一、携笔从戎，奔赴军营

　　2014 年正在读大二的贾继鑫积极响应国家号召，光荣投身国防建设，服役于中国人民武装警察部队河北总队承德支队。他在部队服役五年各方面表现优秀，多次获得荣誉，历任战士、卫生员、通讯员、文书、军械器材保管员等职务。贾继鑫多次调整工作岗位，面对纷繁复杂的工作任务和未知的困难，他始终不忘初心、勤勤恳恳，出色完成上级交办的各项工作任务，在部队多次担任急难险重任务，参加过河北总队"卫士"系列演习以及抗洪抢险工作，受到领导和战友们一致好评，并在部队入党，成为所在单位的首位义务兵党员。

二、光荣退役，重返校园

　　2019 年 9 月贾继鑫退役复学，在校期间担任班级团支书一职，五年没有在大学学习的他，拿出在部队时的作风，刻苦努力学习专业知识，努力提高专业能力，在 2020 年获得学院奖学金。他在学期间处处起到带头模范作用，急他人所需，奉献自己的爱心，将党员"全心全意为人民服务"的宗旨践行在平常生活里。在他的影响下，班级中 10 名同学参加 2020 年春季征兵体检，其中 3 人在 2020 年 3 月入伍。

三、不负迷彩，奔赴基层

　　毕业时贾继鑫被厦门高崎机场录取，但是为了回报家乡、振兴乡村，他毅然放弃在机场工作的机会，参加 2020 年福建省"三支一扶"计划遴选，被派遣回家乡武平县中

山镇政府工作。在镇政府工作期间，贾继鑫负责精神文明建设和宣传工作，先后发表《"一巴掌"打出的警醒》《@年轻干部 让我们以"牛"劲共赴春天》《2020！感谢你们！》《青春遇见"你"》《脱贫攻坚路上的"三朵花"》5篇文章，在他的努力下，中山镇2021年被评为市级文明乡镇。他本人连续两年被评为省级"三支一扶"优秀。

2021年9月贾继鑫兼任中山镇老城村支部书记、村主任一职。其所在村是省级乡村振兴试点村，也是所在镇人口最多的村，作为全镇最年轻的支部书记，在村里任职以来，他始终秉持"全心全意为人民服务"的宗旨，"退役不退志，退伍不褪色"，勇挑重担，勤恳为民，在两治一拆、人居环境、文明创建、疫情防控等工作一线奋力拼搏、争先创优。在村里他为群众办实事，解决群众实际困难，用军人的作风和实干，赢得了村民的交口称赞，村民们都说"退役军人就是不一样，最可爱的人就在我们身边"。为促进农民致富增收，他引导鼓励村民积极参加村社共建、村企共建，带领村民们与武平县百家姓农民专业联合社合作，把耕地流转给联合社发展百香果、烤烟、仙草等特色农产品，既增加了村集体收入，又吸纳了农村富余劳动力就地就近务工。

两年来，他争取古镇保护与开发征地资金40余万元，争取了800万元投资额的农综项目工程。他主持建设了月湖公园、西门路文化长廊、城内污水与路面改造、村庄道路提升改造工程，建设密集烤房群、生态鱼塘垂钓园、道路扩宽、水利维修等项目，改善了老城村交通拥挤情况，以及西门塘的周边环境，让原本是污水汇聚的鱼塘，变成生态鱼塘，给群众提供一个休闲的场所，让村民在家门口就可以开心地散步，带领村民走出一条"村强民富、景美人和"的乡村振兴路子，并对建于四百多年前的荫骘桥进行重修。2021年老城村党支部被武平县委授予先进基层党组织荣誉称号。

贾继鑫曾说"退役不退志，退伍不褪色"，"只有扎根泥土，才能懂得人民"。他正为乡村振兴奉献自己的力量；他也明白了作为当代青年需要在奋斗中释放青春激情、追逐青春理想，以青春之我、奋斗之我，为民族复兴铺路架桥，为祖国建设添砖加瓦。

江西省

奉献在岗位　无悔在青春

——江西财经大学教师吴小湖

吴小湖，中共党员，研究生学历，现任江西财经大学软件与物联网工程学院团委副书记。他曾获 2022 年全省优秀政务信息稿件撰稿人，2019 年度江西省大中专学生志愿者暑期文化科技卫生"三下乡"社会实践活动先进个人，2022 年江西省大学生职业生涯规划大赛优秀工作者、优秀指导老师，2019—2021 年度江西省高校思想政治工作优秀论文三等奖，江西财经大学辅导员年度人物、优秀教师团干、就业工作先进个人（4次）、宣传先进个人等荣誉；立项校级思政课题 3 项、校园文化建设项目 1 项、共青团特色项目 1 项，主持江西省教改课题重点项目 1 项（就业），参与教育部思政工作精品项目、教育部人文社科课题、江西省教改课题重点项目（就业）、江西省教育科学"十四五"规划课题（就业）、江西省思政工作精品项目、江西省高校党建研究项目；撰写的政务信息荣获全省一等奖（就业）（全省一等奖 5 篇）；指导的三下乡团队被共青团中央青年发展部评为全国优秀团队，职业生涯规划项目荣获省级金奖（2 项），"互联网＋"大赛项目荣获省级银奖，"挑战杯"项目荣获省级铜奖，"红色走读"项目荣获省级三等奖等。在江西省教育厅高等教育处挂职期间得到了江西省教育厅领导的肯定性批示表扬和省教育厅表扬信表扬，撰写的信息稿件多次得到省领导的肯定性批示。

他满怀激情地践行着青春使命，用创新与实干塑造了一个又一个工作品牌。他弘扬着奋斗精神，用坚韧和执着翻越了一座又一座高山。面对"90 后""00 后"大学生，他仰望星空，用"创新"引领自己的就业工作理念；他脚踏实地，用"恒心"履行自己的就业工作职责。他在做好大学生就业工作上完美地诠释了服务力、引导力、组织力，他把促进高校毕业生更高质量更加充分就业作为毕生的希冀和追求。

一、倾心尽力，做有干劲的"耕耘者"

吴小湖自 2015 年从事高校毕业生就业工作起，就主动融入学生，探索就业工作的新思路、新方法。在软件与物联网工程学院工作期间，他坚持"反向设计，正向施工"，创新实施以就业目标为导向的学风建设体系。在大一新生报到时组织全体学生开展职业生涯教育，填写"软件与物联网工程学院职业生涯规划系统"，系统囊括了学生本人大学目标、行动方案、班主任审核意见、学期目标、学期规划、学生自我评价与反馈、班主任评价，其中大学目标包括考研、出国留学、考公务员、签约就业、创业、其他就业。将大学四年的目标分解为每个学期的目标，每个学期的目标分解为每个星期的目标，每个星期的目标分解为每天的目标，大目标分解为小目标，小目标聚合成大目标。他在目标分解的基础上，由目标倒推施工，大一、大二、大三期间督促学生从每一天做起，从每一个星期做起，从每一个学期做起，从每一个学年做起，对一个个小目标抓落实，聚沙成塔，让学生实现其就业目标，大四期间对学生的目标进行成果检验。"软件与物联网工程学院职业生涯规划系统"先后共为 2000 多名学生提供服务。近年来，学院毕业去向落实率稳步增长，平均去向落实率稳定在 90%，升学率从 2017 年的 12.5% 增长到 2022 年的 26.67%，增幅 113.36%，从事大学生村官、三支一扶、西部计划、基层公务员的学生稳步增长，每年稳定在 15% 以上。

在省教育厅挂职从事全省大学生就业工作期间，他严格自律、锤炼内功，积极以"主人翁"心态融入就业工作，先后协助领导开展了"就业指导周周讲""就业育人大讲堂""就业工作体系创新试验区""大学生职业生涯规划大赛"等活动，推进就业育人建设，将省情教育、红色基因传承等元素融入就业指导教育中，鼓励学生留赣就业，让学生了解江西、热爱江西，增强服务国家战略的意愿。他先后负责起草文件共计 64件；负责起草全省高校毕业生就业创业工作会议、调度会议、新闻发布会等各级各类会议委厅领导讲话稿 36 篇；先后起草报送教育部、省委省政府的就业工作汇报和总结15 篇，撰写的《江西创新举措推进高校毕业生高质量就业》被中央教育工作简报 2021 年第 132 期刊登。《江西省 2022 届高校毕业生就业形势分析及建议》被江西省政府办公厅评为 2022 年 1—2 月优秀政务信息（全省 1—2 月政务信息共计 870 条，评选了 6 条优秀政务信息）；《江西省高校毕业生和农民工等群体稳就业面临的突出问题及建议》被江西省政府办公室评为 2022 年度全省优秀政府信息稿件一等奖（一等奖全省 5 篇）。

二、扎根一线，做有担当的"引路者"

"到祖国最需要的地方去！"这是吴小湖常挂在嘴边的话，他把这句话一遍遍告诉他的每一位学生。他为不同就业目标的学生制定了不同的职业生涯规划方案，帮助学生实现从"要我学"到"我要学"转变。他创新开展"就业论坛"，定期邀请企业 HR、校友进行专题讲座，累计开展 24 期，让在校生与毕业生"连成线、结成网、组成团"；开展"青春建功在基层"系列分享会，鼓励毕业生积极报考"特岗计划""大学生村官""三支一扶""西部计划"等项目，引导广大毕业生到基层、到社区就业，服务国家乡村振兴战略；个人每学年讲授的就业指导课程都达到 80 课时以上，利用就业指导课对学生简

历、面试技巧进行专题培训；每年组织学生前往深圳合众艾特、厦门中软、中至集团实习实训，学生累计参训 600 多人；组织学生开展生涯人物访谈，让学生了解创业的政策和所需能力，培养学生的创业意识、创业能力和创新精神；深入学生一线，了解学生的思想动态，积极与学生家长沟通，形成家校联动，打破学生的"安乐窝"思想。

张恒彪是他在南昌大学工作期间带的公共事业管理 131 班的学生，他得知张恒彪碰到职业选择困难后，主动前往张恒彪宿舍，详细了解张恒彪的困惑，为其进行耐心细致的解答。最终张恒彪放弃了家乡中国农业银行的工作，前往西藏山南市加查镇工作。工作以后，他还经常在微信上鼓励张恒彪，目前张恒彪已经是西藏自治区加查县加查镇四级主任科员，个人荣获了全国"2018—2019 大学生就业创业年度新闻人物"称号，就业事迹入选 2019 年全国第二届"闪亮的日子——青春该有的模样"大学生就业创业人物典型事迹，连续三年公务员考评等次为优秀，立三等功 1 次，成为服务基层的典型人物代表。类似他这样的学生，还有前往四川小金县支教的杜溯，前往宜春担任驻村干部的郭镇国、廖国超、刘鹏，基层干警刘子屹……

三、风雨兼程，做有情怀的"服务者"

"有问题找湖哥、有需要找湖哥"，这句话流行于江财软件青年学生中。为架起沟通桥梁，吴小湖打造了线上"听声"、线下服务的平台。平日，学生在微信群里一有诉求，他总是及时"上线"，为学生排忧解难。他用实际行动感染着学生：周末有空，他就会深入学生宿舍，了解学生的思想动态和职业发展困惑；平时有时间，他就会把学生请到办公室，与学生交谈；晚上有时间，他就会在办公室与学生一起打磨职业生涯规划大赛项目、就业相关课题；食堂里总是有他和学生一起吃饭讨论的影子，教室里总是有他和学生在课后交谈指导的影子，办公室里总是有学生排队来找他答疑的影子……在他的指导和鼓励下，两支团队荣获 2022 年全省大学生职业生涯规划大赛金奖、立项校级思政课题 2 项。疫情期间，他更是化身主播，积极做好线上辅导，缓解疫情期间学生的就业焦虑心理，制作拍摄的《青莲花开初心红》以引导大学生前往基层就业为主旨，入选全国高校思政网《百年珍贵记忆——全国高校庆祝中国共产党成立 100 周年原创精品档案》。他第一时间与企业联系，开展"云就业"线上招聘模式，引企"上线"拓岗位，破解毕业生难就业问题。

"作为一名基层就业干部，我深感荣幸和自豪，面对机遇和挑战，我时刻感觉重任在肩。我要在美丽的江财校园里，在'创新'与'恒心'的凝结汇聚中，为谱写新时代更加绚丽的篇章贡献自己的青春力量。"吴小湖在与其他高校就业干事交流时说。

初心如磐　护航毕业生就业之路

——江西科技学院教师肖芳

肖芳，中共党员。2005 年开始从事高校毕业生就业相关工作，现任江西科技学院招生就业处就业科科长、江西科技学院机关直属第七支部委员会书记。18 年来一直致力于高校就业与职业指导、职业生涯规划、创业教育等课程的教学与研究工作，是国家级创业培训师、高级职业指导师、二级心理咨询师、全球职业规划师、职业生涯规划师、网络创业培训讲师。她被评为江西省普通高校毕业生就业工作先进个人、国家创业培训新锐讲师、全国 50 强创业培训讲师、江西省创业培训十佳讲师，入选首批"江西省高校大学生创业指导专家库"。

一、爱岗敬业，恪尽职守

大学生就业是最基本的民生，一头连着万家灯火，一头系着经济大局。作为一名有着 20 年党龄且在高校就业工作战线奋战了 18 年的老党员，肖芳时刻牢记共产党员的先锋模范作用，以高度的责任感和事业心全情投入高校就业工作中，爱岗敬业，恪尽职守。在思想上，她自觉履行人民教师教书育人的职责，不断加强政治理论和业务知识的学习与提升，坚持结合工作实际，用先进的政治理论武装头脑，用精良的业务知识提升工作能力。她在就业行政管理工作中抓团结、讲纪律，做到身先士卒、为人表率，营造良好和谐的科室工作氛围和抓铁有痕、踏石留印的工作作风。2020 年，面对突如其来的疫情，在线下就业工作暂停服务的情况下，她带领科室工作人员积极转变工作思路，开通网上就业服务绿色通道，举办线上招聘会，保证就业工作不断线、就业服务不打烊。针对所有就业课程改为线上教学的情况，在寒假期间通过线上会议、录制短视频等方式组织教研室制定《疫情期间教学应急方案》，共同学习线上教学平台的使用，并带头采取分组负责制，独立承担"就业指导"课程的兼职教师管理、集体备课、教学监督等工作，圆满地完成了所有的教学任务。

二、勤于学习，潜心施教

大学生就业指导工作是高校教育教学的重要组成部分，也是一项与时俱进的工作。肖芳在从事行政管理工作的基础上，多年来一直致力于大学生职业生涯规划、就业与创业教育方面的教学及研究工作。本着"学高为师，德高为范"的准则，坚持在工作中学习，不断充实个人知识，提升教育教学能力，做到课前认真备课，深入钻研教材，提前了解学情；课上以学生为主体，创新教学方法，提升教学效果；课后总结反思，虚心请教，教学水平不断提升，得到了学生的一致好评。自 2005 年主讲"职业生涯规划""就业指导""创业教育"等课程以来，她主持、参与省级就业创业类课题 4 项，主编、参编就业创业类教材 5 本、专著 1 本，获得国家级教学竞赛三等奖 1 项，省级教学竞赛特等奖 1 项，二等奖 1 项，三等奖 2 项。2013 年 7 月，主讲课程"就业与创业教育"被评为 2013 年度江西省高校职业发展与就业指导示范课程，2022 年主讲课程"创业教育"被认定为江西省 2022 年本科一流课程，2015 年入选"江西省高校大学生创业指导专家库"成员，并获得 2013—2015 年江西省就业工作先进个人称号，被评为人社部国家创业培训新锐讲师、全国 50 强创业培训讲师、洪城创业培训十佳讲师、南昌市十佳创业培训讲师。

肖芳还是学校的"优秀创业指导老师"，多年来指导大学生创业团队完成创新创业训练计划国家重点项目 2 项，获得挑战杯、"互联网＋"创新创业大赛国家二等奖 1 项，国家三等奖 2 项，省级三等奖 6 项。其中"青鸟课堂"项目获得第十七届"挑战杯"全国大学生课外学术科技作品竞赛红色专项二等奖、江西省一等奖，实现了本校高水平竞赛国赛成绩新的突破。

三、用心用情，服务学生

就业是毕业生的"心头大事"，需要用心服务予以保障。近几年，高校毕业生规模和增量均创历史新高，加上受到疫情影响，毕业生就业形势复杂，就业市场压力不断增加，给高校的就业工作带来了挑战。本着用心、用情、用力做好高校毕业生就业工作的宗旨，肖芳身体力行深入学生当中，通过调研、走访、谈心等方式，做高校毕业生的知心人，了解学生真实需求，将就业管理与服务相结合，创新工作方法，带领科室工作人员开展了"征兵政策咨询周""就业服务进学院""就业直播助航""职场圆桌派"等系列创新就业服务，细化实化优化就业工作服务举措，架好毕业生就业"连心桥"，成为学生口中的"网红老师"，用实际行动答好高校毕业生就业"答卷"。

四、言传身教，春风化雨

其身正，不令则行。曾经是一名军嫂的肖芳，不仅要照顾家庭孩子，还要全力支持爱人在部队安心工作，但她依然全身心地投入高校就业工作中。长期以来，她自觉端正师德师风，坚持育人为本、德育为先的教育理念，严格遵守校内各项规章制度，用自己的一言一行为学生做示范，两次被评为江西科技学院师德标兵。

繁重的工作之余，肖芳还是江西科技学院"丹鸟领航"职业咨询工作室的一名咨询师，免费为在校学生提供专业的"一对一"职业咨询和辅导。面对一些就业困难的毕业生，她经常利用课余时间和节假日，不厌其烦，耐心细致地主动与学生交流沟通，在了解学

生的实际情况和内心想法的基础上，为学生提供有针对性的政策帮扶或者心理疏导，帮助他们树立就业的信心，提升就业能力，更快更好地步入职场。

"真的感谢肖老师，希望有一天也能成为跟老师一样给大家带来温暖又超优秀的人。"一名受帮助学生给肖老师发来了这样一条信息，这也是让她最开心的时刻。她说："学生的肯定就是我最大的满足，只要我们用心用情架好连心桥，用力用爱拓宽就业路，就一定能够助力毕业生好就业、就好业。"

"双创"国赛两连冠
产教融合树先锋

——江西环境工程职业学院教师周丽娜

周丽娜 ，1984 年 7 月生，中共党员，江西抚州人，2006 年 9 月参加工作，江西环境工程职业学院生态建设与环境保护学院就业干事。

作为一名共产党员，她政治上信念坚定，在原则、立场、观点和路线上始终与党中央保持一致，坚定维护以习近平同志为核心的党中央权威，以实际行动坚决拥护"两个确立"，坚定做到"两个维护"。

作为高校教师，她为人正派、生活朴实，把教书育人、管理育人、服务育人理念始终贯穿工作中。

2022 年 6 月，她被中共江西省委组织部选树为"新时代赣鄱先锋 群众身边好党员"；被江西省林业局评为 2021—2022 年度"优秀共产党员"。

她在平凡的工作岗位上，作出了不平凡的成绩，对学生们的实习、就业、创业、升学给予了无微不至的关怀。

周丽娜积极响应国家号召：以赛促学，培养创新创业生力军，激发学生的创造力，在创新创业中增长智慧才干，坚定执着追理想，实事求是创新路，把激昂的青春梦融入伟大的中国梦，努力成长为德才兼备的有为人才；以赛促创，搭建产教融合新平台，把教育融入经济社会产业发展，促进教育链、人才链与产业链、创新链的有机衔接，努力形成高校毕业生更高质量创业就业的新局面。

2021 年她作为第一指导老师带领学生团队"芬清科技"备战第七届中国国际"互联网＋"大学生创新创业大赛。2022 年她带领学生团队"净澈科技"备战第八届中国国际"互联网＋"大学生创新创业大赛。

备赛的过程是艰辛的，周老师与同学们时常深入一线，察看项目现场运行情况，对项目的各项数据进行分析、比对、总结。师生探讨问题和整理材料常常到深夜，周末、节假日更无休息一说。备赛的过程也是幸福的，为了节约时间，师生们经常在一起吃快餐，有时周老师还给大家包饺子或请大家去家里吃饭改善伙食，席间大家说说笑笑，师生俨然已是一家人。"净澈科技"在备赛中，项目负责人姚雨菡因为身体弱，周老师直接将她接家中照料、调养，姚雨菡在决赛中从容不迫、表现优异。

比赛获奖不是目的，锻炼学生，激励学生，将专业知识在实践中转化，发挥当代青年应有的担当才是参赛的真正意义。

秉承这样的理念，依托实用、前沿的技术，"芬清科技"团队的"芬清科技——现代养猪废水碧水工程引领者"项目在第七届中国国际"互联网＋"大学生创新创业大赛中获金奖；"净澈科技"团队"净澈科技——含铜废水净水工程领航者"项目在第八届中国国际"互联网＋"大学生创新创业大赛中获金奖，并获第八届江西省"互联网＋"大学生创新创业大赛职教赛道"金奖第一名""最佳创意奖"。

周老师本人2021年、2022年连续两年获评中国国际"互联网＋"大学生创新创业大赛"优秀创新创业导师"。

环境管理与评价专业2020年第一次招生，小专业新专业无基础。担任教研室主任的她深知好的实践平台是学生锻炼、提升专业技能和获得就业机会的重要途径。基于上述考虑，她主动跑市场，了解行业形势和动向，走访对接省内外多家从事智慧环保、环保管家的企业。目前该专业所有学生均进入专业对口公司实习，真正实现学以致用。

2019年在备战全国职业院校技能大赛高职组水环境监测与治理技术赛项比赛时，学生王鑫鑫因为意外摔断了腿，辛苦一年的训练，眼看就要付诸东流。面对这种情况，周老师除了在专业上给予王鑫鑫指导，还主动担任起照料她的后勤事务。在周老师悉心照料下，王鑫鑫恢复得很快，训练比以前更卖劲，在竞争激烈的国赛场上，一举拿下二等奖。同年，周老师指导的另两支参赛队获"北控水务杯"大赛二等奖。

2010级学生程灿辉，现已同济大学博士毕业，定居深圳。在写给母校——江西环境工程职业学院的感谢信中，特别提到周丽娜老师当年对他的帮助："那时我因为高考失利非常沮丧，周老师为人亲和，主动找我谈心。她说：过去已不能改变，现在是如何让以后更好，你可以努力专升本和考研。她还把自己的本科书和考研资料转赠给我。功夫不负有心人，专科毕业那年，我如愿考上了江西农大。在南昌的那两年，周老师也时常给我打电话，了解我的学习情况。我不能辜负周老师的期望，本科毕业那年我积极备战研究生考试。记忆非常深，那天初试成绩出来，我第一个就给周老师打去电话，报告好消息，她非常高兴。我很感激她，在艰辛的升本、考研路上，每每想放弃，总会收到她满满的鼓励。"

周老师常说，和学生相处，没有太多的大事，但其实件件都是大事，因为老师的一言一行，学生都看着、听着、感受着。积极地引导、用心地关怀、无私地付出，学生都会感受到。自己是一名教师，"尽心尽力，爱生如子"是必须做到的；与时俱进，不断探索、尝试新的育人方法和方式，努力让学生得到实实在在的成长和收获，是应当的。

学生好的就业、创业、升学归属，已毕业多年的学生仍对她满怀感激，连续两年两支团队都能在中国国际"互联网＋"大学生创新创业大赛中斩获金奖，这些都是她认真工作、用真心待学生最好的回馈。

踔厉奋发担使命　青春无悔向高原

——南昌大学张恒彪

张恒彪，1995 年 9 月生，中共党员，2019 年 6 月加入中国共产党，南昌大学公共管理学院公共事业管理专业 2017 届本科毕业生，2017 年 8 月毕业后到西藏自治区山南市加查县加查镇参加工作，现任加查镇人民政府四级主任科员。

一、把忠诚写进青春誓言

张恒彪坚持以习近平新时代中国特色社会主义思想为指导，深入学习贯彻党的二十大精神，深刻领悟"两个确立"的决定性意义，增强"四个意识"、坚定"四个自信"、做到"两个维护"，深入践行新时代好干部标准和民族地区干部队伍"四个特别"要求，不断夯实茁壮成长的思想政治根基。张恒彪在风华正茂的岁月里选择去了最艰苦、最困难的地方干一番事业，把人生理想融入党和人民事业之中，在基层广袤的土地上留下属于自己的奋斗足迹。他一到工作岗位后，首当其责、勇挑重担，2017 年至 2019 年，在乡镇持续深入开展农牧区基层党组织标准化建设工作，对辖区内所有村居实现了班子队伍、党员队伍、运行机制等规范化建设，基层党组织组织力进一步提升；深入开展农牧民党员"姓党不信教"和反分裂斗争等常态化教育引导工作，500 余名全体农牧民党员自我承诺、自我教育的成果初步显现，实现了加查镇辖区党员先锋模范作用发挥更加明显、反分裂斗争基础更加夯实、中华民族共同体意识更加牢固的良好局面。

二、把担当融入中心大局

雪域高原最稀缺的是氧气，但是从来不缺奋斗拼搏的精神。张恒彪坚定做老西藏精神和"两路"精神的传承者、践行者，在围绕基层中心大局的具体实践中勇于担当。2019 年"不忘初心、牢记使命"主题教育工作开展期间，他立足乡镇实际，把主题教育工作要求全面落实到基层干部队伍。他创新提出"在重大意义上理解实、在工作措施上抓实、在工作成效上做实"三个实工作特色，总结提炼 10 余项典型做法，实现了重点工作具体化、项目化、清单化，形成了一批可借鉴、可复制的好做法在全县范围内推广学习观摩。2020 年西藏昌都市"三岩片区"跨市易地搬迁群众来到了加查镇，千里迢迢远道而来的农牧民群众在生产生活过渡期内有诸多不便。作为加查镇机关党支部副书记，他把党建工作与为民服务相结合，形成"沉浸式、开放式、体验式"党内组织生活，春季帮种土豆、夏季林荫午话、秋季助农收割、冬季围炉夜话……四季交替、时光流转，搬迁群众感党恩、听党话、跟党走的信念更加坚定。2022 年中央第二轮环保督察工作开展期间，他认真梳理总结加查生态环保和生态文明建设好的经验做法 20 余篇，区市县稿件采用率达 80％以上，做到了既为一域争光又为全局添彩。因工作表现突出，他先后被借调至加查县委办、山南市委组织部、西藏自治区党委组织部跟班学习 2 年。个人就业事迹在 2019 年全国第二届"闪亮的日子——青春该有的模样"大学生就业创业人物事迹征集活动中入选典型事迹，展示了当代大学生的精神风貌。他先后荣获全国"2018—2019 大学生就业创业年度新闻人物"、2019 年"加查县优秀共青团员"等荣誉称号，2018—2020 年连续三年公务员考评评定优秀等次，立三等功 1 次。

三、把奉献化为前行动力

作为一名基层人民公仆，张恒彪始终怀着一颗赤诚之心在服务发展、服务决策、服务群众方面作出自己的贡献。加查虫草资源丰富，群众每年都要用 2 个月的时间到海拔 5000—6000 米的山上采集增收。他全力以赴保障好前线增收工作和后方生产生活，主动前往虫草采集营地向党员群众宣讲惠民利民、安全生产、医疗卫生等政策常识，让农牧民群众安心放心做好增收工作。他积极号召乡镇机关党员干部捐款 1 万元，为在村留守的老人、儿童弱势群体购买生活所需，解决生活上的"急难愁盼"，那些为困难群众量血压、做包子、过生日的场景他仍然历历在目。脱贫攻坚全面完成后，他主动与村级脱贫户结成对子，把困难群众当作自己的亲戚，定期走访了解生产生活、送去生活物资，鼓励脱贫户坚定信心，勤劳致富。2021 年正值乡镇党委、村"两委"换届期，时间紧、任务重，他放弃休假的机会，主动扛起换届选举工作政治责任，牵头负责 1 个乡镇和 11 个村居的换届工作，实现了所有党组织换届人事安排有力、工作程序到位、现场选举规范，乡村两级换届工作圆满完成。作为青年干部，张恒彪自觉对标"有理想、敢担当、能吃苦、肯奋斗"新时代好青年标准，努力加强自身修养，以务实作风踏踏实实为基层群众办好实事，永葆党员鲜红本色。

高原的天气总是神秘难以揣测，不管夜晚如何寒风瑟瑟，第二天，暖阳总会普照大地。这就像张恒彪这几年的感受一样，经过磕磕绊绊，最终迎来灿烂阳光。无论前路还有多少挫折与磨炼，他始终保持昂扬向上的精神风貌，扎根雪域高原，向下生长、向上飞翔，为推动现代化新西藏长治久安和高质量发展作出自己应有的贡献！

矢志矿业报国 绽放青春之花

——江西理工大学邱金铭

邱金铭，1989 年 11 月出生，中共党员，硕士研究生，采矿工程师、爆破工程师、注册安全工程师，2015 年毕业于江西理工大学采矿工程专业，现任崇义章源钨业股份有限公司大余石雷钨矿矿长、公司技术委员会委员、矿山培训学校讲师，曾任崇义章源钨业股份有限公司淘锡坑钨矿技术员、生产科副科长、总工程师、副矿长等，长期从事金属矿山安全生产技术管理。他曾获江西理工大学"优秀学生干部""综合奖学金"、中国有色金属科技论文二等奖、崇义章源钨业股份有限公司"优秀员工""模范党员""优秀共产党员"等荣誉；发表期刊论文 5 篇，专著 1 部，申请发明专利 5 项，授权实用新型专利 6 项。

一、扎根艰苦一线，矢志矿业报国

矿业是国民经济的基础产业，矿产资源是经济社会发展的重要物质基础，矿产资源勘查开发事关国计民生和国家安全。

2015 年从江西理工大学采矿工程专业硕士研究生毕业后，邱金铭并没有像其他研究生同学一样选择去设计研究院，而是怀揣"到基层和人民中去建功立业，让青春之花绽放在祖国最需要的地方"的信念，毅然选择留在赣南革命老区，扎根艰苦矿山一线，到矿山从事专业技术工作。从一线技术员到矿山主要负责人，他始终奋斗在生产第一线，时刻发挥着一名青年党员的先锋模范作用。长期以来，他沉下心、俯下身，干一行、爱一行、专一行，常常下到生产一线，从工人那了解生产工艺流程及现场变化状况，掌握每一个生产环节，合理优化作业现场技术与环境。在急难险重任务前，他敢于冲锋上阵，靠前指挥，及时解决现场存在的问题，不断让专业知识与实践相结合。他工作热情、敬业奉献、作风正派，工作成绩显著，在广大职工群众中具有较高威望。

二、肩负时代使命，构建平安矿区

邱金铭不仅在矿山技术管理工作中成绩显著，在安全生产管理中也善于营造良好的安全文化氛围，始终将安全工作放在一切工作的首位。他牢固树立"不安全、不环保、不合法、不生产"的红线意识，团结所有管理人员，通过强化安全教育培训、严格现场隐患整治、重奖重罚树立典型、严防坚守重点环节、规范职业卫生管理等手段建立起了齐抓共管的安全管理体系。近年来，其所在矿山持续保持了安全、环保平稳态势，矿山百万工时伤害率呈逐年下降趋势，近六年未发生工亡事故，保持了本行业的安全工作先进水平，被评为江西省"十三五"期间安全生产先进单位，邱金铭也在 2020 年获得赣州市五一劳动奖章。

为有效提升矿山全员安全意识，他以"我对岗位安全知多少"知识技能竞赛为载体，以每天早晚班前会为平台，从亲情教育、安全教育、思想帮扶、示范引领、文体活动等五个方面入手，狠抓职工思想，精心打造矿山安全文化体系，大力营造"人人抓安全、人人保安全"的浓厚氛围，有力助推了矿山安全稳定发展。

此外，他还是集团公司矿山培训学堂讲师。培训之前，他将所学知识与矿山实际充分结合，精心制作内容丰富翔实、通俗易懂的 PPT 课件，将各类安全管理专业技术知识深入浅出地传授给全体矿山管理人员，从法律法规、安全意识到双重预防机制一一解读，在推广安全管理经验方面发挥了带头作用，带动职工队伍共同成长，为总体提升矿山安全管理人员职业技能水平贡献了一份力量。

三、探索时代前沿，共创研发未来

他在科技进步与创新领域积极探索，充分利用工作之余不断为自己充电提升，以了解当代前沿技术、设备、工艺，开阔眼界。作为公司技术委员会委员，他积极参与推进公司重点研发项目，为公司技术创新出谋划策，围绕安全、高效、智能化矿山建设目标，先后参与完善了"地下矿山高效开采设备的应用与智能化建设""急倾斜脉状矿体采、选高效技术的应用与工艺变革""天井钻机在黑钨矿山的应用研究""智能选矿机在黑钨矿山的应用研究""井下自动化、智能化集中排水系统优化"等矿山工艺变革及技术革新研发项目，探索出了适合极薄急倾斜黑钨矿脉安全高效开采的采、掘、选等先进设备。其所在矿山先后引进了液压凿岩台车、天井钻机、智能选矿机等安全、高效、智能化矿山设备，减少了矿山直接作业人员。员工作业环境大幅改善，劳动强度显著降低，矿山生产效率及本质安全水平随之提升。

2017 年，他设计并指导建立的井下预抛废及充填转运系统，实现了在井下矿、废初步分离，提高了出蠪原矿品位。出蠪原矿品位由 0.388%（2016 年）提升至 0.520%（2018 年），同比品位提高了 34%。同时，分离废石直接干式充填采空区，做到井下废石不出蠪，在有效减轻提升运输压力的同时，井下采空区得到及时充填，深部地压得到有效控制，保障了矿山开采安全，具有较好的经济与社会价值。

在矿业精神的指引下，邱金铭时刻谨记青年使命，始终坚守矿业职业道德，对矿山事业有着强烈的事业心和高度的责任感。他爱岗敬业、甘于奉献、勇于创新、敢于担当，一次又一次地创造佳绩，充分展现了一名当代中国青年扎根基层、昂扬奋斗的风采。

扎根雪域西藏　守护边陲门隅

—— 井冈山大学邱建军

邱建军，1992年2月生，井冈山大学建筑工程学院工程管理专业2017届本科毕业生，2017年7月进藏参加工作，现任西藏自治区错那县麻麻门巴民族乡政法委员、统战委员，工作期间先后获得"民族团结进步模范个人""优秀公务员"等荣誉称号。

西藏相较于内地，发展相对滞后，经济条件、生活条件比较落后，需要有志青年支援西藏的建设。邱建军说，他时刻不忘在江西这片红土圣地上种下的希望和接受的红色熏陶，带着巍巍井冈山赋予的红色情怀，他会继续把青春汗水洒在雪域高原，把事业论文写在边陲门隅。

一、选择西藏，放飞青春梦想

"生命就这么长，要把最宝贵的时光献给祖国最需要的地方。"2017年7月，邱建军积极响应国家号召"到基层去、到西部去、到祖国和人民最需要的地方去"，带着对西藏的向往，奔赴到西藏文化的滥觞之地——藏源山南。他讲道：中国特色社会主义进入了新的伟大时代，青年一代正处于中华民族发展的最好时期，只有把个人理想与国家前途、民族命运相结合，把至诚至深的家国情怀镌刻进自己的生命年轮里，真正把自己的经历成长同民族发展相融合，我们的青春才最充实、无悔、闪耀。

西藏平均海拔4000米以上，空气中含氧量仅为平原地区的60%。强烈的高原反应，让很多人经常出现脸肿、流鼻血、头晕等症状。在高原工作，最稀缺的是氧气，最宝贵的精神。而对于扎根雪域高原基层一线的邱建军来说，青春所在的"西部"就是西藏，那个祖国和人民需要的地方。从小在甘肃农村长大的他，也深知祖国的哪里贫困，哪里还需建设和发展。在大学的四年里，他早已将井冈山精神那特殊的红色情怀深深地烙印在自己的骨子里。多年来，他始终都在践行"请党放心、强国有我"的青春誓言，诠释"清澈的爱，只为中国"的青年心声。

二、扎根雪域，彰显青春无悔

错那县位于西藏南端，东接印占珞隅地区，西邻不丹，南与印度接壤，是西藏自治区重要的边境县之一，县城所在地海拔4380米，属于典型的高寒边境县，冬春寒冷，气候恶劣。起初，邱建军被分到错那县住建局跟班学习，由于在项目单位，出差最多的就是下乡检查、调研。三个月的时间里，他跟着领导跑遍了全县的9乡1镇。2017年10月，初到错那的他主动请缨，前往海拔4600多米、离县城5千米的亚玛荣水厂、结巴水厂值班，拖着疲惫身躯，克服严重高反，即使没电没信号，依然用自己一个月的坚守，保障了党的十九大期间全县人民的饮水安全。

2019年9月，他被借调到县发改委，参与错那县"十四五"规划编制工作，期间经常深入基层、走进群众，认真聆听群众的所需所想所盼。经过十几天的跋山涉水，他沿着延绵数百千米的边境线环绕一圈，顺利拟定了全县16个边境小康村的项目选址。借调期间他与全县65家县直单位（含乡镇）沟通，初步梳理"十四五"时期项目需求556个，计划投资1200亿元。无论在什么岗位，邱建军始终以民族团结进步事业的参与者、边境小康示范村建设的推动者、文明和谐美丽乡村的建设者等诸多身份，将青春烙印在海拔4380米的祖国西南边陲。

三、守护门隅，诠释青春有为

在麻麻乡群众、同事眼中，邱建军是一个对工作有干劲、对群众有感情、对同事有热情的汉族同志。他认真做好职责范围内的工作，仔细撰写每一份文稿，相关文稿被纳入县志之中；作为民族乡的"少数民族"干部，邱建军并没有因为语言问题选择逃避，而是积极投身民族团结和乡村振兴工作中去。最终，他用自己的努力付出得到领导的认可，成为了麻麻乡旅游讲解员，向每位来勒布沟旅游的游客讲解门巴族特有的民俗文化和风土人情。2020年负责民族团结工作以后，他经常走村入户，深入群众，积极向群众宣讲党的惠民政策和民族宗教政策。在他的努力下，麻麻乡先后获得区市县三级"民族团结进步模范乡镇"荣誉称号，是错那县唯一荣获此殊荣的单位。

2022年8月，西藏疫情暴发。麻麻乡由于地处边境一线，外防输入、内防反弹的疫情防控局面更加复杂、严峻。作为党员干部，邱建军以身作则、身先士卒，防控卡点昼夜不停地坚守，边境线上没日没夜地巡逻，让麻麻乡的山山水水都留下了他奋勇前行的足迹。在重大考验面前、在党和人民最需要的时刻，他领命出发、逆向而行，一直在维护稳定民族团结上、在脱贫攻坚乡村振兴上、在防疫抗疫战疫一线上，让青春展现有为。

2022年12月，他不负众望，被提拔为乡党委政法委员、统战委员。在新的岗位上，他立刻完成角色转变，肩负起责任重担，主动向群众宣讲党的二十大精神、中央第七次西藏工作座谈会精神及中央民族工作会议精神。通过宣讲让群众明白"惠从何来、恩向谁报"，永远感党恩、听党话、跟党走，以实际行动争做神圣国土守护者、幸福家园建设者。

"求木之长者，必固其根本；欲流之远者，必浚其泉源。"邱建军所有的艰难困苦，终将在西藏玉汝于成，他也必将在西藏的锤炼中成长为建设祖国、建设西藏、建设边陲的有用之才、栋梁之材。我们也相信有这些如邱建军一般扎根雪域边陲的年轻人的接续奋斗，祖国的边疆会越来越好，祖国的边陲会越来越美，祖国的边民会越来越幸福！

退伍不褪色　扎根基层
绽放不一样青春

——赣西科技职业学院邢自强

　　邢自强，1997年出生，中共党员，2015年就读于赣西科技职业学院，2017年从学校入伍，在武警新疆总队服役，2019年服役结束后选择继续留在新疆工作，后通过考核培训在喀什地区叶城县洛克乡人民政府工作，工作以来一直在洛克乡阿克提什村驻村，负责乡村振兴工作。

　　思想是行动的先导，在思想上他始终坚持正确的人生价值观，坚定理想信念，坚持马克思列宁主义、毛泽东思想、邓小平理论、"三个代表"重要思想和科学发展观，全面贯彻习近平新时代中国特色社会主义思想，坚持中国共产党领导，坚决贯彻落实上级指示精神，传承红色基因。

　　学海无涯、学以致用，学习是履行好职责的基础，他始终坚持把学习作为提高素质、完善自我的首要任务。在基层工作，首要的就是要有好的群众基础，要有好的群众基础就要多和群众交流，他工作的阿克提什村是维吾尔族居民较多的地方，要想交流就要懂得维吾尔语，通过培训能够掌握一点入门，平时他自己加强学习，与维吾尔族同志交流，互相学习，现在能够独自入户走访，可以与群众进行简单交流，了解群众生活状况，为民解忧。

　　工作之初，正是脱贫攻坚重要时期，工作任务繁重，要保证村内每户收入达到脱贫标准，他在村内第一书记指导下开始制定"一户一策"帮扶计划，掌握村内农户基本情况，督促群众外出就业，通过各项措施提高农户收入，保证脱贫致富不漏一户，不漏一人。那时他经常加班至深夜，比对数据，录入修改信息，保证信息准确性。年底对农户进行挨家挨户收入核算，开展排查，通过努力全村农户收入都达到标准，完成了上级的验收。现在他依然在乡村振兴的岗位上开展乡村振兴各项工作。在村内他有包联户30多户，他通过走访熟悉掌握包联户的基本情况，对所包联的农户家庭认真开展群众工作，除了了解群众家庭基本情况、近期的生产生活情况以外，还和群众拉家常，了解群众生活中遇到的困难并竭尽全力帮忙解决。

　　在村委会工作这几年，他和村委会的其他干部也相处融洽，互帮互助，他的计算机应用水平相对好一些，其他干部遇到困难都会找他帮忙，他也会及时帮助他们解决困难。他们也会一块学习，他向维吾尔族同志学习维吾尔语，维吾尔族同志向他学习普通话。他在工作这几年里得到了群众与其他干部的一致好评，2021、2022年考核中都被评为了优秀。

他说在以后的工作中要更加努力地学习，更加高效地开展工作，更好地为人民群众服务，以饱满的工作热情投入工作，不懈地为各族群众服务。

战严寒斗酷暑
无怨无悔扎根戈壁

——江西电力职业技术学院王玉强

王玉强自 2016 年 8 月参加工作以来，努力学习、深耕细作、刻苦钻研、勤于思考，他所在的基层一线班组主要是和全疆 26 座 750 千伏交流变电站、±1100 千伏昌吉换流站、±800 千伏天山换流站变电设备打交道，主要负责一次设备的日常检修消缺、高压试验、油务检测、带电监测等工作，并能及时发现且消除设备隐患。

南至和田，北至阿勒泰，东至哈密，西至伊犁，贯穿 1500 多千米，其面积大，设备多，负荷重是目前基层班组管理的特点，王玉强自工作以来，每年平均有 230 多天都是在戈壁滩的各变电（换流）站出差，战严寒斗酷暑，疫情防控期间，出差最长的时间在库车站值守 60 天，在单位值守 120 天，保证了工作的顺利进行及设备安全稳定运行，发挥了"特别能吃苦、特别能奉献、特别能担当、特别能战斗"精神。在"带电检测，综合预判；状态检修，故障分析；技术监督，过程管控"方面不断突破，为新疆电网、西电东送的安全稳定运行贡献了力量。

一、全面把控，做好工作现场"稳舵人"

作为 ±1100 千伏昌吉换流站年度检修工作团队中的一员，王玉强带头在前，工作在"朝七晚十"中。在工作现场他每日不停地对作业面厂家的工作进行管控，关心现场人员的生活。党员就应该冲在最前面，就应该把稳舵，这是王玉强坚定的信念，而他也坚定不移地前进着。

二、全方位多维度支撑技术监督工作

王玉强从试验方法、试验接线、影响因素等多角度分析设备数据异常原因，从实际出发解决测试问题。昌吉换流站年度检修之前，他就已经着手技术监督工作准备，从仪器仪表、试验方法、试验数据、异常分析等多维度全方位去提炼技术监督要点，为全力做好本次年度检修打下坚实基础。

三、特点鲜明，专业中的翘楚

2022 年国网新疆电力有限公司组织油气竞赛，王玉强在单位选拔人员中脱颖而出，以试验专业第一的成绩获得正式参赛的资格。他常常挂在嘴边的是，我们新疆电网在不断地发展，我要不断地提升自我，服务好我们的新疆电网。在遇到每一个化学上的

难题时，他总会第一时间去查找问题并解决问题。他始终秉承作为一名党员就应该带头在前的态度，让所学专业更好地服务于电网的生产。

四、深耕细作，当好电网试验的"耕耘人"

王玉强作为电气试验专业的一员，常常为一次设备试验的"真理"奔走于天山南北，走进戈壁滩深处的变电站，为电网检修争分夺秒。他凭借严密的逻辑思维，从设备结构、运行工况等方面进行综合分析，查找问题根源并"对症下药"。做好电网检修的"耕耘人"是一种挑战，更是一种责任——这是他对电网检修的态度，十年如一日地坚持。

五、做一颗平凡的螺栓

王玉强先后参加多项新（扩）建验收，大型定检和技术改造工作。他总是说"一定要认真检查每一组试验数据，每一组数据都是至关重要的，很多大的缺陷都是由小缺陷逐步造成的，也正是我们的试验能够在数据上面找到设备劣化的趋势。我们是公司的一颗颗螺栓，我们紧固良好，公司就能平稳发展"。不争荣誉争奉献，他甘心做一颗小小的"螺栓"，践行着一名党员的默默奉献，时刻守护超特高压电网的安全稳定运行。

六、人生凡事须有度，经纬分明绘宏图

王玉强对技术有着一股钻劲。随着新疆超特高压电网近几年的跨越式发展，检修人面临着强度更高、风险更大的挑战，而王玉强作为试验专业的青年骨干，他以班为家、以岗为荣、以苦作乐，把青春和汗水挥洒在检修工作的第一线。百尺竿头，更进一步。如今，他正和电气试验专业的精兵强将一道，手执彩笔描绘着疆电检修人美好的明天！

七、检修现场的定海神针，心有猛虎细嗅蔷薇

作为一个有多年工作经验的"师傅"，王玉强用自己超高专业的素养和责任心支撑着现场工作的稳步推进。在合理安排工作之余，他也时刻关心现场同事的身心动态。从吃饭住宿到后勤车辆调配，他事无巨细，充分考虑到了所有工作人员的需求。有他在的现场大家都很放心，他是综检现场工作的定海神针，为同事们保驾护航。

八、精益求精中铸造工匠精神

自参加工作以来，王玉强参加了多个 750 千伏变电站电网升压新改扩建工程。验收期间他发现并消除多项缺陷，确保一次设备可靠投运，进一步完善了典型缺陷库，对后期验收工作开展具有指导性意义。为了严把新设备入网关，他对设备故障刨根问底，练就了一身"高超的"设备异常分析和故障消除本领，在新疆超特高压电网安全稳定运行中，挥洒青春和汗水，贡献着自己的力量。

九、每逢春节主动请缨

每逢春节假期，同事们都想回家和家人团聚，王玉强总是请示留下来，前往戈壁滩上的变电站进行值守，严格执行节日保电工作要求，每日对站内核心重载设备进行特巡测温，不断加强设备运行状况诊断分析，能高质量完成各项保供任务，做好迎峰度冬供电保障工作，全力做好疆电外送工作。

心中有信仰，脚下有力量。王玉强作为新时代电力青年，秉承革命先辈的遗志和精神，把个人志向同国家电力事业发展结合，努力成为实现中华民族伟大复兴的先锋力量，为建设团结和谐、繁荣富裕、文明进步、安居乐业的中国特色社会主义新疆作出新的更大贡献！

扎根基层　舞动青春的旋律

——江西工业贸易职业技术学院刘建峰

只争朝夕，不负韶华，以梦为马，扬帆起航。用青春的不懈努力，浇灌青春的绚丽华章。心存梦想，奋力追梦，不忘初心，砥砺前行。在农村这方他深爱的热土上，他就是小草，将青春热血聚于此处。

——题记

一、义无反顾　无悔选择

刘建峰，男，1994年3月出生于江西省上饶市余干县，2013年就读江西工贸学院机电一体化技术专业，在校期间，曾任系学生会副主席、班级干部等职。

他怀揣着一颗赤诚之心，与家乡共发展，积极响应党中央和政府的号召，到农村去，到基层去，到人民最需要的地方去建功立业。2016年他放弃了在沿海大城市的高薪工作，毅然报考了江西省"三支一扶"到基层就业，录取后被分配到进贤县前坊镇西湖李家村，主要负责红色文化景区宣传品牌确立、农副产品促销助产等工作。

凭借着对基层工作的执着追求，爱岗敬业、勤于学习、积极进取的作风，他不断在实践中磨炼成长，在困难中砥砺前行，迅速而顺利地完成了角色的转变，从毕业生到一名基层工作者，他很快得到休政回乡的老市长李豆罗的认可。他在老市长的身边潜心历练2年多，与老市长朝夕相处，在思想、工作、生活、作风等方面不断向老市长学习。横向到边，纵向到底，他不仅陪同老市长接待来客和各级领导，还负责整理资料、传达文件、制作及传送横幅和会标，在老市长的身边不仅学习到党和政府全局观，更感受到基层人民的召唤。

二、乡村振兴　点滴真情

刘建峰看到村里农副产品销售不好时常焦虑，通过充分调研发现农副产品销售的瓶颈主要是销售渠道，传统的经营模式制约了产品的销售。他把自己的看法和策划向老市长汇报后，得到了充分的肯定。在村干部的大力支持帮助下，他申请成立农村驿站，在微信公众号上添加功能并推出专栏，利用互联网让广大游客对景区的人、事、物、产品等有全面的了解，在一定程度上促进了景区的发展，拓宽了农副产品销售渠道。在扶贫中，他走遍了西湖李家村的每个角落，全村500户人家他走了一遍又一遍。村里常年在家的大学生少之又少，有知识文化的人不多，村内老龄化严重。驻村期间他一直都在坚持为群众做力所能及的事情，小到缴纳电费、电话费、网上购物、维修电器，大到脱贫致富助推农产品销售，得到老百姓的一致认可。

光阴似箭，岁月如梭，在他服务期满时，老市长邀请了村里代表在西湖李家乌岗山吃饭，那顿晚饭中他和村民都潸然泪下，他说，"我是党的干部，党和人民的号召在哪，我就在哪"。在村民的依依不舍中，他离开了挥洒青春汗水、收获人生阅历的西湖李家。

三、响应号召　服务退役

组建退役军人事务部，是习近平总书记亲自谋划设计、部署推动的大战略、大手笔。余干县退役军人事务局刚组建不久他就从进贤县人社局调入。这对所有的退役军人事务系统的工作者来说都是一个崭新的单位，筚路蓝缕，任重道远。随着单位的成立，退役军人及家属的期望值爆炸式提升，政策解读宣传不够，导致信访矛盾不断增加，新问题不断涌出，老问题不断涌现，呈现出点多面广的态势。

工作期间，刘建峰海绵吸水一样狂补政策法规，时刻向老兵学习，只有面对老兵，直面矛盾才能学到真本领，才能用活所学理论，才能用所学的知识解老兵心结，用所学的政策助老兵之所想，用所学的法规约束老兵的出格行为，在一定程度上夯实了信访稳定工作。在 2022 年度他所在单位做到了无一人赴京访，他的股室也被评为先进股室，这些成绩的取得，离不开他对工作的热忱，离不开他坚持不懈的学习，离不开他为老兵办实事的初心，更离不开局党组的领导和同事们的帮助和支持。他积极响应上级要求，在全市率先注册了余干县"新长征"退役军人志愿服务大队，现在全县共组建了 450 支"新长征"退役军人志愿服务队伍，志愿服务队员有 3800 多人。他们在爱国主义教育、安全培训、疫情防控、抢险救灾、城市文明建设、关心关爱困难退役军人方面作出了突出贡献，得到了省、市、县的表扬，上饶市电视台等媒体多次报道。

据不完全统计，志愿队伍入校园、企业、机关单位开展爱国主义教育、安全培训 50 余场，参与疫情防控累计人数上万人次。铅山县、万年县突发疫情，他即刻组织号召退役士兵志愿者亮身份，特别是万年疫情期间，全县有 189 名退役军人和退役军人志愿者主动请缨赴万年支援。

刘建峰关心关爱困难退役军人 760 余人，多方筹措资金 30 余万元，为他们解决燃眉之急，为建设开明开放、美丽幸福现代化余干贡献力量。他从办事员到股长一步一个脚印地成长，时刻牢记党和国家的号召，到基层、到祖国最需要的地方深耕，绽放

绚丽之花，工作中找着力点，总能干出闪光点。特别是他作为权益口的股长以来，总是高标准要求自己，工作谋划早，措施制定细，责任压实严，调处涉军信访矛盾多，在局党组的领导下他多次通过做工作，避免了极端和群体上访事件的发生。

他经常说，在应该奋斗的年龄就不该选择安逸，作为新时代青年就该"国家号召，我在行动"。青春需要以奋斗来定位坐标，用进取来成就无悔人生，在基层岗位上，才能干出不平凡的成绩。

扎根基层的乡村"三牛"书记

——江西工业职业技术学院林晨晖

　　林晨晖，中共党员，江西工业职业技术学院电子与信息工程学院 2015 级计算机应用专业毕业生，在校期间担任学生会组织部部长、班级学习委员、安全委员，获得优秀学生干部、优秀团干部等荣誉奖项；积极参加各种比赛竞赛，获得全国数学建模比赛二等奖。2018 年毕业后他便把党组织关系转回家乡，并于 2020 年回到家乡发展，立志为家乡建设出一份力，2020 年在村里负责收集和录入全村村民的信息，经常走访村民，了解村民的基本情况，并整理归档在电脑里。在基层工作是很苦很累的，但林晨晖有不怕吃苦的精神、敢于拼搏的勇气，用他的话说就是："既然决定了做一件事，那就把它做好！"

一、勇于担当有干劲，甘当"老黄牛"

　　2021 年换届，在村民翘首以盼的目光中，林晨晖成功竞选为江桥村委会书记。作为梅林镇最年轻的书记，林晨晖深知自身责任重大，坚持甘当"老黄牛"的初心，兢兢业业耕耘在工作岗位上，不知疲倦地为壮大村集体经济奔波。对内，他是村委会的"好把手"，把握处理各类项目计划、产值收入、土地流转、招标投标等工作。对外，他是外部协调的桥梁，加强与群众、建设部门、上级领导等的沟通联系。他几乎把全部的心思和精力都用在了工作上，加班加点是常态。白天他忙于村委会的事务处理，晚上则对各类工作、项目进行审核把关，他总说："只要有工作任务，就要全力完成，哪分上下班或是白天黑夜啊！"

二、攻坚克难有闯劲，勇当"拓荒牛"

　　民族要复兴，乡村必振兴。为壮大村集体经济，林晨晖坚持既当指挥员，又当战斗员，村内每一个项目现场都有他的足迹和身影，每一项精品工程都饱含了他的辛勤付出。他大力推动土地流转，增加村民收入；尽力做好营商环境，扩展老百姓收入的范围，同时让企业能更好地发展，助力乡村振兴；鼓励村民发展地域性经济，种植水稻同时发展养殖渔业、山茶油经济等。为方便偏远村组村民交通出行，2022 年林晨晖主动向上级汇报申请修路，终于在年中开始修建，于年尾完工。2022 年抗旱时期，林晨晖带头冲在抗旱第一线，哪里有需求，哪里就有他的身影，他购买输水管三千多米，购置两台柴油抽水机帮助抗旱，并修建两座小型水闸，为村民粮食生产保驾护航。

三、服务群众有亲劲，愿当"孺子牛"

林晨晖始终把群众满意作为衡量工作成效的根本标准，践行党员使命担当，尽心尽力为群众办实事、办好事，赢得了群众的理解和支持，受到领导和广大群众的一致好评。在基层工作，吃苦是少不了的，误解也是避免不了的，当碰到有村民对村委会的工作存在意见，林晨晖总是会第一时间上户用朴素的语言解释给村民听，记录每一个意见建议。疫情防控时期，很多村民都在家隔离，村里老人有子女在外地务工无法返乡，林晨晖在得知情况后，为缓解老人思儿念女之情，主动上户帮助老人，给老人的子女打视频电话，帮在外务工的村民嘱咐好老人，做到关心、关怀、关爱老人。

凭着对家乡的执着和热爱，林晨晖发挥"三牛"精神，坚守基层一线岗位，以自身表率行为影响着身边的群众，在他的感召下，村委会干部团结奋进，勇挑重担，出色地完成了各项任务，获得多种荣誉，但是他并没有因此而骄傲，时常挂在嘴边的话是"我要学的东西还很多，能为村里做点有益的事，我感到很荣幸"。

不畏艰苦奋斗青春
投身奉献地质事业

——江西应用技术职业学院林正钦

一、爱岗敬业，乐于奉献

"是那山谷的风，吹动了我们的红旗；是那狂暴的雨，洗刷了我们的帐篷……"唱着《勘探队员之歌》，怀着对地质事业的满腔热情，2016 年林正钦来到广东省地质局第三地质大队。

在广东省地质局第三地质大队，林正钦爱岗敬业、履职尽责、脚踏实地、甘于奉献，努力践行"服务、先行、求实、奉献"的服务宗旨，全心全意为当地群众服务，几年如一日，默默工作，只讲奉献，不求索取。2017 年他所在的集体被全国总工会评为"全国工人先锋号"。

在谈到自己的工作时，林正钦总是说："工作中每个人都要把握好自己的位置，要拥有一个良好的心态，态度决定一切。拥有一个良好的心态，拥有一个美好的心情，这样去工作，不仅能为别人带来温暖，更会为自己带来快乐。"习近平总书记给山东省地矿局第六地质大队全体地质工作者的回信充分肯定了地质事业的发展，体现了对国家资源安全的高度重视，对地质工作者的真挚情感。我们从中汲取精神动力、踔厉奋发、勇毅前行，在平凡的岗位上创造出不平凡的业绩，持续弘扬"爱国奉献、开拓创新、艰苦奋斗"的优良传统，更应该发扬"以献身地质事业为荣，以艰苦奋斗为荣，以找矿立功为荣"和"特别能吃苦，特别能忍耐，特别能战斗，特别能奉献"的"三光荣""四特别"精神。

参加工作以来林正钦长期从事一线野外工作，专注于岩土工程、地质灾害防治及生态修复治理相关工作，他善于学习、勤于思考，能将野外实际工作和理论知识进行深度融合。通过努力他于 2019 年获得中国地质大学（武汉）工学学士学位。任职期间他共完成地质灾害应急处置与治理 10 余处，地质灾害应急排查 60 余处，编制岩土工程、地质灾害防治及生态修复各类成果报告 100 余份。正是凭着扎实的基本功和专业技能，他成为勘察院最年轻的中层干部，曾获得"江西省基层大学生基层就业人物事迹三等奖""广东省地质科技技术奖二等奖""韶关市优秀工作勘察设计一等奖"，广东省地质局第三地质大队"优秀共产党员""先进工作者"优秀共青团干部"等荣誉。

二、以身作则，团结协作

"自己强不算强，要带领团队一起强才是强"，2021 年林正钦任地质灾害防治设计

部部长以来，不断加强部门技术人员的培养，提高技术人员的专业技术水平。作为部门负责人，他能够无私奉献，冲在一线。每年汛期，地质灾害排查任务重，他带领团队奔赴几个县市区为当地政府提供地质灾害防治技术支撑。2022 年 6 月韶关市经历 50 年一遇的强降水，多地发生滑坡、崩塌、泥石流等灾害，林正钦带领驻地技术支撑组 24 小时待命，参与应急处置工作，协助当地政府撤离受灾群众。单位承担的韶关市华南装备园三王片区边坡支护设计任务，在韶关市属规模最大的建筑边坡。因为涉及园区招商规划及招商环境问题，韶关市主要领导尤为重视，林正钦多次向市领导汇报工作，带领团队克服时间紧任务重的困难出色完成设计任务，得到市领导高度赞扬，为韶关招商引资保驾护航，该项目还获得广东省地质科学二等奖及韶关市优秀勘察设计一等奖。

三、勤于学习，务实创新

党的二十大报告提出坚持绿水青山就是金山银山的理念，坚持山水林田湖草沙一体化保护和治理。韶关市是广东省唯一入选试点城市，林正钦所在单位承担多个生态修复工程任务，在硫铁矿地质环境恢复治理工程中，他在非本专业的领域面前并没退缩，积极查阅重金属污染修复领域相关书籍及请教相关专家教授，可以说是"临危受命"担任项目临时党支部书记，带领团队攻坚克难解决场地多种重金属污染问题，恢复可开发利用耕地 120 余亩，让寸草不生的场地变成硕果累累的耕地，预计产生直接经济价值 0.9 亿元，经过多年的监测场地及产出的农作物均满足国家质量安全要求。项目团队研究的生态修复技术还获得国家知识产权局发明专利、广东省地质局工作创新大赛二等奖。该项目由于生态修复效果突出，被韶关市以"样板工程"在全省进行宣传推广。在乐昌峡库区两岸生态修复项目中，林正钦不畏艰险，带领团队穿越丛林爬上高位滑坡进行调查勘查工作，该滑坡高差约 230 米，属粤北地区第一高滑坡及生态修复治理项目，项目采用的措施获得行业权威专家好评。他参与的广东省新丰江流域陶瓷土矿历史遗留工矿废弃地复垦工程通过项目实施，工矿废弃地复垦利用 1534.5 亩，预计产生直接经济价值 11.5 亿元。林正钦主持参与完成的 10 余项生态修复治理项目均获评"优秀"等级，为生态环境、国土空间开发等自然资源行业高质量发展贡献了自己的力量。

　　林正钦凭着对事业的执着追求和敬业精神，在自己工作岗位上，默默地创造着不平凡的业绩，实现着自己的人生价值，充分展现了新时期青年的蓬勃生机和崭新风貌。他无怨无悔地把自己的青春、智慧和力量全部奉献给地质事业，继承与发扬了"爱国敬业、无私奉献、守正创新、勇毅登攀"的新时期英雄地质队精神和地质"三光荣"精神，为地质灾害防治、生态环境修复、国家资源安全、国家战略资源贡献自己的青春力量。

舰船"心脏"的守护者

——九江职业技术学院史龙飞

　　史龙飞，中共党员，工程师，高级船舶钳工，九江职业技术学院船舶动力工程技术专业 2014 届毕业生，同年应聘于江南造船（集团）有限责任公司工作，始终扎根在国防重点工程生产第一线，现任总装部现场技术员。他所在班组曾获得"全国质量信得过班组""上海市质量信得过班组"称号，所在团队获"上海市职工合理化建议创新奖"2 次，获公司科技与管理创新成果奖 4 次，获国家专利 8 项，个人获"优秀共产党员""青年岗位能手""优秀工会积极分子"等荣誉称号，发表技术论文 3 篇。

　　参加工作以来，史龙飞始终以"勤奋创新、强军富民、一生造船、终身奉献"自励，先后参与了多型国家重点高新产品、"远望"系列测量船、万吨海警系列船、液化气船和集装箱船的主动力建造工作，以精湛的技艺和坚持不懈的精神，成为一名舰船"心脏"的守护者，为我国造船事业与国防建设作出了较大的贡献。

一、苦心孤诣，批郤导窾

　　史龙飞热爱祖国舰船建造事业，善于洞察新形势，有较强的政治敏锐性，用烈焰熔岩般的热情将青春奉献在江南造船的最前线。他善于理论联系实际，具备较强的业务素质和创新能力，在船舶建造工程中发挥了重要作用，攻克了主动力装置安装方面的一系列难关。在某型水面舰船高新产品建造中，因物资纳期滞后 2 周，对舰船下水时间节点产生严重影响，为确保舰船按期下水，史龙飞决心找到突破口。考虑到原定方案会增加柴油机吊装次数，延长建造周期，史龙飞就冒着高温酷暑，带领团队迎难而上，昼夜摸爬滚打在生产一线，多次勘验现场，结合施工实际，探索出柴油机不吊装出舱进轴方案，通过反复分析比对船体结构，创造性地提出主轴以 45°斜角进舱及放置方案，经三维立体模型推演确定可行后顺利实施，避免了重大件的反复吊装坠落风险，并创造出多项推动主动力安装进程的新工艺，历时 27 天完成以往 42 天才能完成的任务，节省工期半个月，确保舰船按期下水。

　　疫情期间，正值"福建舰"主动力安装的关键阶段，史龙飞身先士卒带领 21 名员工以厂为家，住在江南厂，吃在船坞，每天八进八出船坞长达 50 余天，确保了"福建舰"重大下水节点的工期。码头安装阶段，经历了无数次推演与验证之后，他探索出了负荷计算新方法，顺利完成 4 条超长轴系负荷调整；解决了汽轮机组搭挂重心不平衡的难题，按期完成齿轮箱与机组整体式弹性对中定位，实现首台安装突破，为外围安装与调试同步推进奠定了基础。

二、务实控本，科创减负

近年来，为实现高效、经济和精细化造船，史龙飞努力在学习中找差距，在差距中进行反思，在反思中寻求突破与创新。他主导成立攻关小组，开展一系列创新和优化工作。如针对民品船舵机安装工序优化，在船台阶段完成舵机完整性安装与运转试验，实现江南造船历史上零的突破；成功完成了国内自主研制最大的调距船桨装置安装任务；通过改造镗平机，扭转柴油机焊接垫片长期依靠人工打磨的落后局面，使生产周期由 20 天缩短至 7 天，每船节省成本约 24 万元；采用"双刀镗孔法"将单刀排架改为对称双刀排架，降低了镗杆震动性，提高切削速度；研发的轴系法兰液压校中装置，实现 2 毫米内轴系法兰偏差快速找中紧固，缩短了轴系安装周期，每船节约成本 12 万元；研制的膨胀可调式平面刮排，解决了 3 毫米差值内不同尺寸铰制孔的通用性问题，解决了铜套配合间隙大、加工质量差的难题，缩短施工周期 5 天。在他的带领下，江南造船掀起了一股以"创新、减负、发展"为主题的革新热潮，极大地促进了造船事业的发展。

三、精益求精，提质增效

史龙飞在提升专业水平的基础上还积极开展管理创新，努力填补标准化作业管理空白，编制了"镗孔标准化作业规程""推进柴油机安装标准化作业规程""调距桨系统安装标准化作业规程"等 20 余个行之有效的作业规程，均在相关部门评审定稿后推广实施，规范了公司内主动力作业标准，为舰船的正常运行提供了有力保障。他推行的色标化管理方法，通过对工具工装进行颜色区分，实现了区域明确化和工装无锈化，有效提升了现场的辨识度、警示度。他独创的多维度立体化档案，将安装过程中的影像资料、数据记录、实名制等共计 18 项内容形成专项档案资料。他设立的特色工序停止点，对重要的施工项目进行质量控制，形成细节把控，使得安装质量和建造周期得到持续优化，实现了船舶批量建造的体系化，规范了施工标准，提高了产量与效率。

对难关有最深的执着，所以才不眠不休；对责任有最深的理解，所以才坚持不懈。他湿透的脊梁，是船台上、机舱里最美的风景。在多年的工作和学习中，史龙飞积累了丰富的工作经验，解决了生产一线的诸多技术难题。他不为名利的高尚品质、严谨细致的处事作风，持之以恒的奉献精神以及投身工作的满腔热情，深深打动了身边的每个人。作为新一代造船事业接班人，他正以无私的工作态度和忘我的敬业精神，在平凡的岗位上发挥党员先锋模范作用，为中国造船事业的腾飞、祖国海防事业的发展贡献自己的力量，谱写着劳动最光荣的新篇章！

扎根基层　脚踏实地

——南昌理工学院李贝贝

李贝贝，中共党员，在南昌理工学院求学期间获得播音与主持艺术专业和社会学（法律方向）双学位，现为新疆克孜勒苏柯尔克孜自治州乌恰县的一名基层干部。2018年 11 月她正式踏上了祖国西极这片土地，双学位毕业的她，放弃大城市的工作机会，来到乡村，投身脱贫攻坚和乡村振兴事业中，谱写新时代青春之歌。

一、不忘初心，选择基层

她出生在太行山脚下，她的家乡在党和政府的帮助下，凿山开矿，发展钢铁冶金，依托大自然的馈赠，发展旅游，使生活在这里的人们生活上有了质的飞跃，她的父亲常跟她说"要努力读书，要成为国家栋梁之材"。她在自己的工作笔记本中写下"国之大厦，愿做基石"以自勉。

大学毕业之际，她响应国家号召，考上了新疆内招干部，在参加完干部岗前培训，要正式分配岗位开展工作时，她选择了村或者社区岗。她对分配的干部说："既然选择为振兴乡村而奋斗，就要走到最前沿。很多人不想去，但总是要有人去，我就是要去的人。"基层面对的是群众生活、工作的方方面面，"俯下身，听诉求，群众事无小事，小矛盾，小纠纷，小诉求对群众而言或许就是大事；弯下腰，干实事，深入群众中去，知民之所想，察民之所虑，亲民之所爱，为民之所需；沉下心，多提升，主动去摸索、分析、解决处理问题，学习新技能，不断矫正自我，锤炼自我。"这也是她对自己的要求。

二、未负韶华，发光发热

2019 年 1 月她来到社区开展工作，在乌恰县纪委监委组织的"党纪法规，牢记于心"知识竞赛中与康苏镇干部共同努力取得第二名。2019 年 11 月她担任比尔列西米社区支部书记，在工作中发现这里干部干得多、宣传少，便积极参加各种演讲比赛，将工作中的事写成演讲稿，在"时代新人说——我和祖国共成长"演讲比赛"大家小官"主题赛事中获三等奖，在"时代新人说——我和祖国共成长"演讲比赛"改革前沿"主题赛事中获优秀奖，把西极新变化讲给全疆人听。在克州举办的"清风满天山"故事大赛中，她把工作、生活的故事搬上舞台，把小小村里趣事讲给全州听，获得优秀奖。2021 年2 月干部轮岗，她又担任了英加依社区的党支部书记。

同年，乡镇合并，康苏镇即将合并两个村，村里的位置距离镇有三十多千米，距县城五十多千米，每天往返县城只有一趟车，镇上以维吾尔族为主体民族，而村里则以柯尔克孜族为主体民族。原先这里叫玛依喀克，汉语意思是"太阳晒得冒油的地方"，从村里到镇上，一路上却是茫茫戈壁滩。此时李贝贝却主动请缨去村里开展工作，首先就要面对语言、距离、新岗位、恶劣环境四座大山。2021年3月下旬，她下派到阿依尔特村开展工作。村与社区不同，她一切从头开始。这里有地没土，但是她积极向戈壁要产业要土地，在开辟出的450多座大棚中尝试种植经济作物，开辟新土地，种植苜蓿改变土质，新一年的庄稼播种、浇水、除草、出售，青储饲料的种植、收割、发酵，调解村民田地浇水矛盾纠纷、农产品出售早晚矛盾纠纷，解决农产品集体销售问题。2021年换届年，9月20日在村民一张张的投票中，她从下派干部变成了村里支部委员。

三、学时代楷模，承奋斗精神

李贝贝所在的乌恰县，边境线长425千米，护边守边理念深入人心，这里有"人民楷模"获得者布茹玛汗·毛勒朵，有"最美奋斗者"吴登云，他们的故事传遍大江南北，他们的精神流传在天山南北。

布茹玛汗·毛勒朵用一生只做一件事，60多年的巡边历程，踏出几十万公里的巡边足迹，在十多万块石头上刻下"中国"二字，创下无一人畜越境的巡边业绩，被称为"活界碑"，她的故事不仅仅激励着党员干部，也激励着青少年。"每每讲述她的故事，都让我更加坚定信念，给我前进动力。"李贝贝讲述的布茹玛汗·毛勒朵的故事获得了自治区级视频巡展最佳作品荣誉，同时也入选中央共产党员网专栏。

吴登云是白求恩奖章获得者，有"最美奋斗者"称号，作为一名从内地扬州来到边疆的医生，曾为救治重度烧伤的两岁婴儿从自己身上割取13块皮肤，无偿献血30余次，总量7000毫升，是一个成年人全身血液的总量。他立下"十年树人计划"为乌恰县引进医学人才，手把手传帮带，还把他们送去乌鲁木齐医院进修，一批医生快速成长起来，电影《真心》、电视剧《帕米尔医生》和《理想照耀中国》之《白骏马》，都是以他为原型。李贝贝讲身边英模人物的事迹，学习他们的精神，融入实际工作生活中，她讲述的故事也入选全国党员干部现代远程教育网专栏。李贝贝曾说："能把西极故事宣传出去，让更多人在故事中有所感悟，如果能来西极乌恰参加工作或者旅游那就更好了。"

一个人的力量虽然不能改变世界，但星星之火可以燎原。一代又一代的干部群众，在原本苍凉的戈壁滩上，用铁锹植出绿林，用双手搭建大厦，用心用情营造民族团结的生命线，用使命和担当筑起维护社会稳定和长治久安的钢铁长城。

在新时代的发展潮流中，她很庆幸自己能够成为一名见证者、参与者，也会将自己的所有奉献给戈壁，建设美好的边疆。

我的讲台在新疆

——上饶师范学院邵盼

江西抚州，素有"才子之乡、文化之邦"的美誉。许多有志青年，都从赣抚平原走向全国各地，建功立业，奋发有为。共产党员邵盼就是其中一位，她来自抚州宜黄，2018 年入党，2019 年毕业于上饶师范学院汉语言文学专业。毕业后，她奔赴新疆，在我国最西端的县级行政区阿克陶县的红柳中学任教，书写了教育援疆的华丽篇章。

一、学习戴子清，赓续援疆情

几十年来，上饶师院一直有毕业生前往新疆任教。邵盼在上饶师院就读时，就多次听老师讲起 1978 级中文系毕业生戴子清主动要求去新疆执教三十多年的故事。她还在网上读到 1981 年 12 月 21 日《光明日报》头版头条刊登的戴子清的文章《我的心向往边疆》，并且多次聆听戴子清学长的报告。感动之余，她萌发了"学习戴子清，赓续援疆情"的理想。

毕业前夕，她报名参加了阿克陶县红柳中学顶岗实习，获得红柳中学 2018—2019 学年第二学期教师说课比赛优秀教师奖，亲身感受到党的民族政策的温暖。她决定留疆工作，文化润疆，长期建疆。

办完毕业手续后，她回到家乡做父母的思想工作。乡亲们听说她要去新疆，都不以为然，认为留在家乡一样可以工作，还可以照顾父母。但是，邵盼深知，才子之乡、文化之邦可能不缺她这个中学老师，而祖国的西部更需要大学毕业生勇敢奔赴。作为一名共产党员，她选择把青春贡献给祖国最需要的地方，这既是使命所在，也是责任所驱。父母最终还是理解并支持了女儿的抉择。

二、春风催桃李，热血育新人

开学后，学校给她分配了高二(7)班和高二(19)班，教两个班的语文并担任(7)班副班主任，协助班主任管理班级。在这之前，这两个班一直在不停地换语文老师，学生语文基础不扎实，而且比较调皮，因此邵盼的压力非常大，但她并没有气馁，而是积极向老教师学习取经，苦练教学基本功。为备好课，她总是认真确定"路线图"，制订"任务书"，绘好"时间表"，保质保量做好教学准备工作。

作为语文老师，邵盼总是想方设法地引导学生广泛阅读，她告诉学生，只有多阅读，提高自身的阅读能力，才能相应提高语文学习的效率。她还因材施教，新疆的学生能歌善舞，她就让学生以唱歌的形式背诵古诗词，还经常举行诗歌朗诵、演讲比赛。

作为班主任工作的参与者，为了更好地与学生沟通交流，她找学生谈心谈话，及时掌握学生的思想动态；周末她还去家访，了解学生的家庭情况，以便更好地帮助学生成长。

在生活的其他方面，邵盼知足常乐。学校给他们这些远道而来的外省青年教师准备了宽敞温馨的宿舍。饮食方面，邵盼有空就自己做饭。周末休息时，也会与同事逛逛街，或者与父母视频聊聊天。学校的关怀照顾，家人的理解支持，各族同事的热情好客，学生的青春可爱，都让邵盼更加坚定为新疆的教育事业贡献力量、书写华章的信心，并顺利地完成了从顶岗实习生到正式教师的角色转换。邵盼在阿克陶县红柳中学开始了美好的职业生涯。

三、担当多作为，共绘同心圆

身为党员，邵盼不忘"赓续援疆情"的初心，在高质量完成教学工作的同时，时刻牢记促进新疆发展、维护新疆稳定、培养社会主义事业合格接班人的重要使命。

邵盼深知，身处边疆，身为教师，要完成立德树人根本任务，首先要加强理论学习。她坚持每天登录"学习强国"平台，参与其中的学习答题，学习积分在同事中名列前茅。她积极参与党史学习教育，在2021年阿克陶县红柳中学党支部知识竞赛中成绩优异，表现突出，两次荣获一等奖。

因为普通话标准，邵盼被选为学校推普办主任。上任后，邵盼大力推广国家通用语言文字教学，在全校范围内制订普通话学习计划，帮助民族老师考取普通话等级证书，和民族老师打成一片。邵盼还被党支部选为年级"党建干事"，她每周组织政治理论学习，和年级老师和睦相处，在工作中和同事们互相学习，和各民族同事一起，共同铸牢中华民族共同体意识，促进各民族像石榴籽一样紧紧抱在一起。邵盼的努力，学校没有忘记。2022年3月，她被评为全校"民族团结先进个人"、全校"三八红旗手"，在2021年庆祝中国共产党成立一百周年暨"两优一先"表彰活动中，被评为红柳中学"优秀党务工作者"。

疫情期间，邵盼与大家进行了两个多月的网上教学，并积极参与校内外防控疫情工作。由于邵盼在抗疫工作中表现突出，她在2020—2021学年江西援疆"双语"教育优教优学"十百千"奖励项目中，荣获"抗疫一线优秀教职工"荣誉称号。

　　三年倏忽而过，邵盼在阿克陶县与一位同事成了家、置了业。她表示，将长期在新疆这片热土上挥洒汗水，为当地的教育事业和民族团结进步作出更大贡献，学习戴子清，赓续援疆情，不断书写别样精彩的人生。

坚守教育初心　扎根红土地

——南昌师范学院杨海军

一、坚守偏远山区，为孩子撑起一片希望的蓝天

杨海军出生于赣州市瑞金市，毕业后在瑞金市一所偏远的农村中学——谢坊初级中学任教。他参加教育教学工作以来，忠诚于党的教育事业，教书育人，诲人不倦，时时以一名优秀教师的标准要求自我，热爱学生、以校为家，勤勤恳恳、兢兢业业，团结同事。为了不断地提高自身的政治业务素养和教学水平，以适应新形势下教育工作的要求，在教学中他不错过任何一个能够提升自身业务素质的机会，积极参加师德师风建设活动，向优秀教师、先进教育工作者学习。参加工作后杨海军多次参加瑞金市组织的专兼职心理教师培训，经考核合格后获得初级心理辅导员证，在他的带领下，学校的心理咨询工作开展得有声有色，多次获得瑞金市教育体育局的好评，同时学校专职心理健康教师在瑞金市 2020 年心理健康教师模拟课堂比赛中获得农村组第一。2022 年 9 月，杨海军获赣州市"最美园丁"称号，同时被纳入赣州市师德师风宣讲团选拔库。

在与学生的交流中，他发现有不少学生是不愿学习、不想学习的，有部分学生厌学情绪非常严重。有人也告诉他："这种事情能少管就少管，吃力又不讨好，还有要注意一下身体，不要那么拼。"而他总是那句："这些工作是分内的事，我现在还年轻，累点没关系，拉回一个孩子拯救的是一个家庭。"担任班主任以来，虽然没有便利的交通工具，但他还是坚持隔三岔五去学生家里家访，了解他们的家庭情况，及时帮他们解决学习中遇到的各种难题，同时也帮助了很多家长解决与青春期孩子的沟通问题。2019 年有一名学生因厌学辍学，他对其家庭多次走访，在深入调查后了解到他的家庭较为困难，又是脱贫户，于是他向学校申请免除该学生的相关费用。正因为他对工作和学生的热情，他得到了谢坊镇人民政府和学校师生的认可，学生家长对他更是赞赏有加，他所教过的学生对他也非常感激，谢坊镇政府在 2020 年和 2021 年连续两年为其颁发了"优秀班主任"的称号，他在 2022 年被瑞金市评为"优秀班主任"。

二、农村体育老师教生物在市里名列前茅

杨海军 2019 年参加工作任农村体育老师时，就职学校生物科目缺少教师任教，校领导直接任命他同时担任七年级班主任，负责七年级生物和七年级体育科目的教学，对于这项艰巨的工作，他本可以拒绝，但他毅然接受了，他谨记着大学老师们的教诲：

"不会可以学，态度比能力重要。"他也明白教授非自己专业的科目是件非常困难的事，秉承教育初心的他，经常向其他老师请教上课技巧和听同学科优秀老师上课。他知晓自己的责任重大，常常废寝忘食地钻研教材，有看不懂的知识点就通过赣教云平台等找优秀教师的网课去学习，在备课中反复钻研教法。最终在他的不懈努力下，他所带的班级班风受到全校教师的好评，他所任教的生物科目的成绩全校排名第一，在瑞金市同样名列前茅。

三、立足专业，争做农村义务教育阶段的"全面手"

杨海军知道要给学生一杯水，自己要有一桶水，更要成为长流水。三年里，他参加的培训数不胜数，作为体育教师的他，经常是早 6 晚 11，每天的工作时间都近 15 小时，并且他还积极参加了瑞金市组织的篮球、足球、排球、羽毛球、花样跳绳、乒乓球、体操以及田径培训，经考核合格后，获得了足球的三级裁判员证书以及中国足协的 E 级教练员证。在他和其他体育老师的共同努力下，谢坊初级中学的各项体育水平再创新高——获 2021 年瑞金市中小学生田径比赛跳远第五名，团体总分第十四名；足球校队、篮球校队从无到有，从有到壮大，再到组织各种校内比赛和跨校交流赛。不断努力前行，杨海军还获得瑞金市"优秀裁判员"、瑞金市"学校体育、美育教师技能竞赛体育学科足球项目二等奖"和瑞金市"学校体育、美育教师技能竞赛中学组体育学科全能三等奖"。除了立足本专业，杨海军还担任学校校体艺卫主任，在艺体工作上，学校被评为 2021 年度体教融合工作先进单位，获得了 2022 年中学生瑞金市篮球赛女子亚军。

一分耕耘，一分收获。他始终坚守着一腔热诚一腔爱，眷恋边远地区的这片红土，更眷恋边远地区的孩子，参加工作以来，一直将南昌师范学院"厚德修身、博学育人"的校训铭记在心。他时常说很开心自己选择了"教书育人"——这一太阳底下最光辉的事业，他更将无怨无悔地耕耘在这片他深爱的故乡红土地上，让青春的生命之花永远绽放在这希望的田野上！

深耕教育守初心
扎根基层扬风采

——宜春职业技术学院邱良清

"小小的个子，大大的能量"是对邱良清最好的概述。30 出头的他，2014 年毕业于宜春职业技术学院初等教育专业。出身农村的他，带着对教师职业的憧憬和对乡村语文教育教学的使命感，毕业后来到江西省遂川县大汾中心小学工作。对他而言，教师是太阳底下最光辉的职业，从事乡村语文教学工作更是任重而道远。

一、对自己，他一丝不苟，精益求精

作为一名小学教师，邱良清深知学习的重要性，经常利用课余时间"充电"蓄能，积极参加各层次的教育教研活动，努力争取外出培训和网络研修的机会，将学到的方法应用于自己的教学中，逐步形成了独特的教学风格。工作以来，他多次获县、校教学质量奖，撰写的论文在《江西教育》《吉安教育》等教育期刊发表，多篇教学设计、教育故事、教学反思在省、市县评比中获奖，其中有 3 篇文章入选《遂川教育》系列丛书。他主持的 2 个省市课题顺利结题，参与编写《遂川县红古绿地方读本》《遂川故事》等，先后在《散文选刊》《井冈山报》等媒体公开发表文章，达二十余万字，2021 年被评为吉安市"师德师风先进个人"。

作为一名小学语文"县级骨干教师"，他特别注重孩子阅读习惯的培养。最开始没有书，他就号召全班同学捐书，自己带头捐，没有书柜，他设立"流动图书馆"……他总是想方设法让孩子们读书，同时在班级开展相应的读书交流活动，每次都开展得有声有色。后来学校的图书室建成了，教室也配了书柜，他每学期便从学校图书室借来一摞一摞的书补充班级图书的数量……他多年的坚持和引领让孩子们爱上了阅读，爱上了语文。

此外，他还特别重视学生写作兴趣的培养和方法的指导。他将孩子们的优秀习作张贴展示、汇集成册，自编班刊《小草》，组织学生参加省市县各类征文比赛，取得了优异的成绩，荣获"优秀指导教师"12 次。

二、对工作，他不畏困苦，迎难而上

他爱岗如己。工作中的他就像是一块砖，哪里需要往哪搬，除了教师他还兼任县责任督学、县作协秘书长、中心小学副校长等。有着众多"标签"的他，对待每一项工作都能认真负责，从活动开展到资料整理，再到总结宣传，他都亲力亲为。高效务实的态度得到了各级领导和同事的肯定。由他负责的工作，多次获国家、省市表彰。如学校获评江西省文明校园、市级平安校园等，撰写的案例《借"赣教云"回放直播，助孩子奔跑前行》获评中央电化教育馆优秀案例，并在其官网播报展示；德育案例《闲置校舍变基地，爬山文化助成长》被教育部评为首批"一校一案"典型案例；"双减"案例《作业管理四字诀》获评江西省第一批"双减"校内提质增效典型案例。

他爱生如子。教育扶贫期间，他所在的辖区内建档立卡贫困户多，为了做到"一个不漏、一户不少"，他主动担任扶贫宣传大使，负责国家资助政策宣传、贫困家庭情况摸排、大数据汇总、教育扶贫资金核对、送温暖等。为了精准识别和核对建档立卡户，把教育扶贫政策传达到每一户贫困户家中，他带领工作组成员过上了"5＋2""白加黑"的日子，但他从未抱怨过半句，而是带着队伍微笑前行。他说："扶贫工作没有退路，为了孩子们能够走出大山，让他们知道'知识改变命运'，我们责无旁贷。"疫情期间，他主动担当作为，报名参加卡点值守，分管学校安全工作，他总是冲在第一线，核酸检测、卡点测温、环境消杀都有他的身影。工作期间，他更是主动帮扶班上的孩子，累计帮扶次数达五十余次。

他爱校如家。2015 年，招聘考试选岗那天，原本总分排名靠前的他，可以自由选择在家乡附近的乡镇，可他却"舍近求远"，去了边远山区，他说："那里的孩子更需要我。"参加工作后，他更是主动作为。承担了学校诸多杂事，信息员、微信公众号运营甚至学校兼职保安他都干过；学校教科研基础薄弱，他便一边摸索，一边带领学校教师前行，最终主持申报的省市课题成功结题，打破了该校无课题的尴尬局面。2019 年，组织找到他，问他是否愿意到更加偏远的戴家埠担担子，他二话不说，毅然前行。他就是这样，哪里需要，就往哪去。

三、对生活，他积极乐观，有求必应

工作繁忙的他，却从未有过抱怨，而是以积极乐观的心态引领着大家，是学生心中的"好老师"、社会的"好青年"、同事朋友的"好邱哥"、社会家庭的"好男人"。

他出生于农家，成长于农村，单亲家庭的特殊经历让他深深地体会到了家人的不易，培养了他从事生产劳动、独立解决问题的能力，养成了他勤劳、俭朴、感恩、体贴、沉稳、勇于担当的品格。

他性格直爽，诚恳待人。工作期间，总是以自己特有的工作方法和热情带动身边的教师积极向上。办公室的同事在工作中、生活中遇到不顺心的事都愿意跟他诉说，听他的意见，他也乐意倾听，成了大家心中的"好邱哥"。

他常说："虽有幸取得些许荣誉，但更感谢在教育工作中对我提供帮助、予以鼓励的领导、老师、同学们。"他选择了与孩子们在一起，选择了用笔记录，选择了扎根乡村。这就是砥砺前行的教育追梦人——邱良清。

山东省

"积小流以成江海"
做基层就业的点灯人与引路人

—— 青岛大学教师李莹

出生和成长于内蒙古农村地区的李莹，感恩国家的师范培养和教育，立志成为一名教书育人、立德树人的"四有"好老师，同时，也深知祖国广大的基层地区需要优秀青年的才能和付出，也是青年成长发展的广阔舞台。

在多年一线就业指导工作中，她带着一身责任，携着满腔热情，把时间给了工作，把生活给了学生。她深入落实立德树人根本任务，将就业育人理念和基层就业引导进行"三融入"：融入课程建设，作为负责人，获评全国高校就业创业金课，这也是山东省唯一一门获此殊荣的课程；融入队伍建设，获评省级职业生涯咨询特色工作室，打造专业化就业指导教师队伍；融入指导行动，获评全国高校创业教育先进个人，指导的学生被教育部评选为大学生创业人物，连续两届获得省人社厅主办的胶东经济圈大学生职业生涯规划大赛"优秀指导教师"称号，指导学生获得大赛一等奖第一名和基层就业赛道奖。

她甘愿做推动基层就业的点灯人、传灯人和引路人，在引导毕业生到基层就业工作方面成效显著。

一、点燃火炬，做推动基层就业的点灯人

2023年是李莹从事专职就业指导工作的第十年，她是学校生涯教育工作的创始者，是学校就业育人工作体系的建设者，探索和实践"一核两基三全四温五成"就业协同育人体系，将就业育人融入课程、实践、文化、网络、管理、服务等人才培养全过程，建设全员参与、全方位推动、全要素协同的就业育人大格局，她也成为推动基层就业的点灯人。

她构建了"荣誉奖励激发、榜样力量带动、实践行动促进"三位一体基层就业促进机制。

荣誉奖励激发：将基层就业工作情况纳入学院就业工作考核评估体系，评选"基层就业先进单位"，给予到新疆、西藏基层就业学生每人一万元奖励，激发学院、辅导员促进基层就业的工作热情和学生到基层就业的激情。

榜样力量带动：策划在关注度和影响力累计超亿次的毕业典礼上举行基层就业出征仪式，邀请"最美支边人"梁楠郁和"中国青年志愿者优秀个人奖"蔡乐等基层就业典型人物在毕业典礼上发言，为全体毕业生上最后一课；通过校园道旗、微信公众号等

线上线下形式，宣传基层就业榜样，营造全时、全域的宣传氛围，调动学生基层就业的积极性。

实践行动促进：引导学生参与志愿服务和社会实践，在大学生职业生涯规划大赛中设立基层就业赛道，让学生在实践行动中体验到基层工作的需要和发展空间。

学校应征入伍人数不断增加，年度同比增长最高达 20%。在面向全校毕业生的就业意向调查中，毕业生到国家基层项目就业意愿 2023 届毕业生比 2022 届毕业生提高了 4 倍。

二、星火燎原，做推动基层就业的传灯人

个人力量是有限的，集体的力量是无穷的。辅导员是学生的贴心人，是引导学生基层就业的核心力量，促进基层就业，需要一支专业化的指导教师队伍。2014 年以来，李莹建设了省级职业生涯咨询特色工作室，开展辅导员培训学习、交流研讨、实践提高等活动，组织学校辅导员参与就业指导类培训 70 余项，覆盖达 1000 余人次。

她在培训中进行基层就业政策讲解，在生涯规划和就业指导课程集体备课中渗透就业育人和课程思政理念，在实际操作上，指导辅导员形成"一析二推三跟进"促进基层就业工作方法，即认真分析基层就业政策和要求，精准推送给符合条件的学生，持续跟进学生思想动态，持续谈心谈话引导，持续关注就业及就业后的生活和发展。

近几年，学校每年 90 余人应征入伍、500 余人到中西部就业，1000 余人到县级及以下基层就业创业。

三、燃烧自己，做学生基层就业的引路人

李莹将生涯规划理念贯穿学生从接到大学录取通知书到毕业的全过程，用"最理想的生涯规划就是将个人理想与国家需要相结合"的理念，策划线上线下混合式大学生职业生涯规划课，打造课程授课样板，通过集体备课进行推广，依靠全校专业化的师资队伍，累计开设 917 个班次，覆盖 7 万多学生，获得 2022 年全国高校就业创业金课荣誉。

2014 年，她创办校级大学生职业生涯规划大赛，在大赛中设立基层就业赛道，基层公务员、乡村教师、海军军官、军队心理师等职业规划目标不断涌现。在大赛中，

她注重赛训结合，精心指导学生，在市级和近两年省人社厅举办的胶东经济圈大学生职业生涯规划大赛上，她指导的学生纷纷闯入决赛，使青岛大学成为进入决赛人数最多的高校，共获得一等奖 2 个，二等奖 2 个，三等奖 6 个，"基层就业赛道奖" 1 个。每年她也被邀请在大赛上为选手做培训，线上培训视频观看量累计达到 2 万余人次。

她不断提高专业技能，获得教育部高校高级就业指导师、创业指导师、全球职业规划师等专业资质 10 余项，累计开展学生一对一个体咨询 500 余人次，能够给学生以精准指导。她代表学校到中国海洋大学、山东青年政治学院等学校进行交流分享，在北森生涯研究院举办的 2022 年秋季就业论坛、山东省生涯一体化论坛、河北省就业工作论坛等进行分享交流，获得高校和同行一致好评。

积小流以成江海，星星之火，可以燎原，她将一如既往地将对国家的感恩和对就业工作的热爱，投入到指导学生基层就业的工作中去。

初心如磐　坚守奉献——用心用情做好毕业生就业工作

——济宁医学院教师李晓

　　济宁医学院学生工作处李晓老师深入贯彻落实立德树人根本任务，坚持就业育人理念，用心用情为毕业生做好服务，勤恳务实，坚守在毕业生就业工作一线已经 20 年，先后服务了 7 万余名毕业生，尤其在引导毕业生基层就业方面工作成效显著。

一、爱岗敬业，勤恳务实

　　李晓 20 年来始终把学生就业发展放在第一位。2004 年刚参加工作时，信息传递还没有现在这么迅速便捷，那时候没有微信、视频会议等网络工具，她的办公桌上总是会放着两盒各个单位的名片，每天与用人单位的电话推介是她的工作重点，她总是不厌其烦地一遍又一遍重复着对自己学生的介绍，并了解用人单位的用人动向与岗位缺口。她说："电话打多了，人也会疲惫，对方虽然看不到我，但我都是笑着去沟通，想到每多联系一家单位，就能为毕业生多提供一个就业岗位，心里是很有获得感的。"渐渐地，电话也开始从打出去，变成用人单位主动打进来寻求推荐优秀毕业生。办公室同事曾开玩笑说："李老师电话 3 分钟内没响，那肯定是坏了。"随着时代的发展，联络的形式更加多元，QQ、微信、腾讯会议、钉钉等都成了工作的好帮手，线上招聘会、学校领导组团直播带人、毕业生线上面试等都缩短了距离，提高了就业成功率。

　　就业是最大的民生，千方百计促进毕业生就业成了李晓最大的目标任务。20 年来她付出了大量艰辛的劳动，从每年举办 1 场招聘会到每年 2 个校区 2 场大型、100 余场中小型及专场招聘会，参会单位从最初的十几家单位到现在的来自全国各地的 500 多家单位提供就业岗位 17000 余个。多年来用人单位和毕业生的满意度保持在 95% 以上。

二、赤诚仁爱，无私奉献

　　有人说就业不就是学生毕业的时候才有点儿工作嘛，但其实就业是一个几乎全年无休的工作，离校已就业的毕业生有的会办理二次派遣或改派手续以及开具各种证明等，离校未就业的毕业生要跟踪服务，持续推荐就业信息帮助就业，在校学生要在大一开设职业生涯规划课、大三开设就业指导课，假期要走访用人单位开拓就业市场，回访已就业毕业生。寒假筹备春季招聘会，暑假整理寄发学生档案，整理各种就业材料上报省级主管部门……这些都是李晓的重要工作。

　　为了让学生更了解国家政策，更好地规划自己的人生，更好地推荐自己、实现就业、奉献社会，她带领团队成立了职业发展与就业指导教研室，集体备课、小组讨论、试讲、听课，打磨教学内容与课件，生涯规划让学生尽快找准目标方向，就业指导让学生在有牢固专业知识基础上，学会自我推介与用人单位有效沟通，职业生涯规划与就业指导课成了迷茫学生的一盏灯，每年 4000 余名毕业生中，有 1500 名左右同学考研深造，有 2000 多名同学实现各种形式就业。

她还打造了"大爱济医　筑梦未来"就业育人品牌，鼓励引导毕业生到祖国最需要的地方去建功立业，近年来有 102 名同学赴新疆西藏基层就业，有 109 名同学应征入伍，这些同学中有的已经在边疆工作十余年，深深扎根在了边疆基层。相关的工作经验和活动被教育部、新华网、大众网、齐鲁晚报、省教育厅、"学习强国"等国家级、省级媒体宣传报道达 50 次。

三、奋勉向上，不断提升

李晓喜欢在工作中不断总结思考，近年来参与省部级课题 4 项，独立指导国家级创新创业训练项目 1 项。发表一类期刊文章 2 篇，主编《大学生职业发展与就业指导》教材一部、主编《大学生就业指导》教材一部。获得国家三级创业咨询师、国家中级就业指导师、SYB 创业培训师等资格，担任山东省第三届"互联网＋"大学生创新创业大赛评委，2017 年入选山东省创新创业教育导师库。2018 年被评为济宁市就业创业先进工作者，两次被评为山东省就业先进工作者，荣记三等功两次。

李晓 20 年的日常工作是众多就业战线人员的缩影，每天每年看似普通的工作，却是在用敬业书写着未来的新篇章。作为就业指导老师，她将继续贯彻落实立德树人根本任务，坚持就业育人理念，继续为大学生就业工作作出应有的贡献。

踔厉深耕学生就业创业工作
用心用情引导学生基层就业

——山东大学教师肖祥

肖祥，中共党员，大学毕业后一直从事毕业生就业工作。2016 年 12 月至今，他担任山东大学学生就业创业指导中心主任、党支部书记。多年来，他秉持"生涯教育全程化、人才合作立体化、就业服务精准化、队伍建设专家化、跟踪服务持续化"工作理念，以服务国家战略为目标，以实现学生充分高质量就业为己任，靠前指挥，统筹谋划，完善管理运行机制，强化就业育人功能，为学生成长成才保驾护航。他爱岗敬业，勤劳奉献，不图个人名利，为人随和亲切，具有较高声望和威信，积累了丰富的教育管理工作经验，在本职岗位上争先进、在日常工作中创优异、在内功修炼上求突破，致力于将学生就业创业工作作为展现学校人才培养质量的重要指标、教育改革成果的有效窗口，致力于将引导支持优秀大学毕业生基层就业作为服务国家发展战略、服务党的事业发展的重要基石。

一、坚持立德树人根本任务，引导毕业生赴基层就业

他深入学习习近平新时代中国特色社会主义思想，坚决贯彻落实"稳就业""保就业"决策部署以及鼓励高校毕业生到基层就业有关方针政策，制定发布了《山东大学关于引导和鼓励毕业生面向西部、基层和国家重点行业就业的意见》《山东大学关于面向国家战略需求加强毕业生就业引导的意见》等重要制度性文件，主动对接国家战略需求，引导学生将个人职业选择与国家发展需要相结合，弘扬"到祖国最需要的地方建功立业"的就业氛围，着力完善校院两级协同和"招生—培养—就业"联动机制，积极构建协同育人"大就业"工作格局，形成了全校支持和促进毕业生服务国家战略的良好局面。

二、强化就业育人思想引领，鼓励毕业生赴基层就业

他坚持"三全育人""五育并举"，聚焦学生生涯发展需求，构建全程化生涯教育体系和精准化指导服务体系，加强理想信念教育和就业价值引领，加强就业育人主题教育、基层就业政策宣讲，积极营造服务基层、奉献西部的就业氛围。学校连续多年对赴西部、基层和国家重点行业就业的优秀毕业生予以隆重表彰，颁发"励志先锋"荣誉奖章。自 2016 年以来已有 1500 余名毕业生获此殊荣，进一步增强了毕业生奉献青春、矢志报国的荣誉感和自豪感。

三、细化分类指导能力提升，助力毕业生赴基层就业

他聚焦国家重大发展战略人才需求，广泛拓展基层就业渠道，鼓励支持更多优秀毕业生投身西部、基层和重点单位建功立业。他定期开展成才报国"启航讲堂""基层就业指导周"等重点领域就业专家指导，推动校外基层就业导师队伍建设。他组织实施"学生公共管理能力提升工程"，精心打造能力培养"春苗计划"，提升学生从事基层服务和公共管理的职业认知、政治素养和业务能力；推行朋辈引领"领航计划"，着力培养学生职业素养与核心竞争力；开展岗前培训"启航计划"，帮助毕业生提前了解基层公共管理工作性质和职业要求；组织实训实践"扬帆计划"，每年组织多支学生骨干队伍赴西部、基层党政机关及重点企事业单位进行挂职锻炼和政务见习。

四、持续跟踪服务关心关爱，支持毕业生在基层成长

他实施选调生成长"护航计划"，每年学校领导带队走访看望选调生，同时每年安排学校就业记者团对基层就业毕业生进行实地回访，了解其工作生活情况并反馈学校，切实做到"扶上马、送一程、关爱一生"。他定期推出基层就业专题纪录片、疫情一线校友线上专访等，大力推介基层就业毕业生典型事迹。每年有400余名毕业生通过选调赴各级公共管理部门工作，选调录用人数在全国重点高校中名列前茅，在2020年中组部选调生工作座谈会上，山东大学做了题为"坚守初心担使命，为国育贤谱华章"的发言。

近年来，山东大学毕业生就业率始终保持在95％以上，就业布局持续优化，就业质量稳步提升，毕业生社会认可度高，毕业生就业满意度和用人单位满意度均在98％以上。毕业生志愿服务国家战略赴基层就业人数逐年递增，每年有近2000人到"一带一路"沿线18省份就业，其中有200余人在西部偏远地区的基层、重点行业和重点单位就业，他们在艰苦环境下磨炼坚强意志，在基层实践中淬炼无悔青春，用实际行动彰显着新时代青年的使命与担当。

肖祥三十余年如一日，兢兢业业、勤勉进取，任职以来曾获"山东省就业工作先进个人（二等功）""山东省普通高校毕业生就业工作先进个人（三等功）""山东大学优秀共产党员"等荣誉称号；主持和承担多项省级重点科研课题，曾获"山东省就业和人才服务领域研究课题一等奖"；所在单位曾获评"山东省就业创业工作先进集体"；就业创业工作典型经验获教育部网站多次宣传报道并在全国宣传推广。学校先后获评"全国普通高等学校毕业生就业工作先进集体"、"全国毕业生就业典型经验高校"、全国首批"深化创新创业教育改革示范高校"、"山东省普通高等学校毕业生就业工作先进集体"、"山东省创新创业典型经验高校"等多项国家和山东省荣誉表彰。

在乡村振兴的沃土上发光发热

——山东农业大学门大威

门大威，1995 年 1 月生，山东日照人，2017 年 7 月参加工作，中共党员，山东农业大学资源与环境学院土地资源管理专业毕业，现任山东省日照市莒县峤山镇人民政府副镇长。2017 年他通过山东省选调优秀高校毕业生到基层任职考试，历任莒县寨里河镇大翟家沟村党支部书记助理、副书记，寨里河镇扶贫办主任、人大秘书、寨里河社区党总支副书记，寨里河镇响水新村党总支书记。个人先进事迹被中国乡村振兴网、《中国农村科技》期刊、山东农业大学、《日照日报》等媒体报道。2021 年 6 月他被中共山东省委、山东省人民政府授予"山东省脱贫攻坚先进个人"称号。

一、摸清底子，精雕细琢，心里一本"民生账"

作为一名基层干部，门大威深知精准扶贫的重要意义。为了准确掌握各村的详细扶贫数据，他走遍了全镇 743 户脱贫群众，认真比对户内成员的银行流水，确保各项政策都落实到位、各项家庭收入数据准确无误，并用"拉家常"的方式，以通俗易懂的语言为脱贫群众讲解、梳理政策，确保脱贫群众尽知晓、全满意。

产业项目是确保脱贫群众增收致富的保障。他为全镇 20 个产业项目建立精细化档案，保障项目正常运行，实现年收益达 300 余万元，脱贫群众人均增收 1400 元。根据经验规律，他创造性实践并总结了项目档案化管理"七个一"工作法，被市扶贫办在全市范围发文推广；2020 年 8 月在寨里河镇召开的脱贫攻坚项目和资金管理现场培训会上，产业扶贫项目和资金管理使用两项工作被全市推广学习，档案规范化建设作为典型样板在全市推介；他主笔的《整档定数　循案稳效——扶贫项目档案化经验介绍》被中国乡村振兴网报道。

二、精雕细琢，精益求精，紧绷一根"民生弦"

他关爱关心每一位脱贫群众，不漏一户、不落一人。针对脱贫群众最关切的住房、饮水、改厕等问题，门大威和镇扶贫办的同事们到村到户，进行逐一走访、摸排，采取入户核查、外围调查、信息核对等多种方式，捋清了脱贫群众住房、饮水、改厕现状和提升点，并建立起台账，做到情况清、底子明，积极与各行业部门做好对接落实到位。他在职期间，对全镇 239 户脱贫群众的自来水站杆进行保温处理，确保脱贫群众在数九寒天也能用水便利；为 66 户住房吊天棚，为 187 户脱贫群众修缮院墙门窗，进一步提升脱贫群众的生活质量。

任职峤山镇期间，他持续完善防止返贫动态监测和帮扶机制，实行常态化、全方位记档跟踪掌握易返贫致贫人口"两不愁三保障"和饮水安全情况，做到早发现、早干预、早帮扶，2022 年度峤山镇脱贫群众人均纯收入 15461.34 元，全部稳定实现"两不愁三保障一安全"。他紧抓农业安全生产，全面开展农机、农村能源、农药使用、畜禽养殖等行业领域安全生产隐患排查整治，提升群众安全意识和应急处置能力，防患于未然。疫情期间更是切实抓好疫情防控工作，对外来人员细致排查，核酸检测确保应检尽检，严格落实居

家人员管控措施，持续监控重点区域消毒消杀情况。峤山镇荣获 2022 年度全县乡村振兴暨脱贫攻坚工作考核一等等次、全县疫情防控工作考核一等等次。

三、招科引技，提档升级，钻研一门"民生业"

"授人以鱼不如授人以渔"，门大威充分发挥自身专业优势，以高效农业技术推广作为重点，以创新农业发展模式作为方向，推动绿色生态农业发展。大姜是当地的重要经济作物，针对当地大姜产量较低的情况，他积极对接科研院校推广生姜高效栽培技术，建设科技试验田并特意将试验田设在人来人往的村头，向当地众多农户演示试验过程，展示农业科技成果。他持续关注前沿种植技术，帮助村民用上了"浇地神器"，提升了灌溉质量和效率。实现大姜亩产 12000 斤，每亩节省 500 余元，实现每亩增加经济收入 3000 余元；推广包膜缓控施肥技术，实现平均产量增幅达到 10%，一次性施肥无需追肥，减少化肥用量 15% 以上，节省工时 60% 以上，每亩综合收益 400 元以上，使两万余人通过新型农业技术收获了实实在在的经济效益。

他协助推动校地合作，促成峤山镇人民政府与山东农业大学合作共建乡村振兴产学研实训基地、山东农业大学教学科研实践育人基地等 9 个产学研基地挂牌运行，引进 6 个专家团队长期入驻。他创新峤山镇乡村振兴"安产学研用"机制，与山东农业大学全国样板党支部开展校地基层党组织结对共建，开办"乡村振兴论坛"和"田间课堂"，构建了具有峤山特色的"校地协同　实用至上"的乡土人才培养模式。

他负责"省级农业产业强镇"争创工作，依托峤山大姜的品牌优势，采取"企业连基地、基地带农户"的模式，加快推动大姜产品集散区发展壮大，积极推进省级农业产业强镇示范项目建设，促进产业提档升级。12 月 9 日峤山镇被山东省农业农村厅认定为省级农业产业强镇，大陈家沟村、徐家村、穆家沟村被认定为省级乡土产业名品村。

说起接下来的规划，门大威难掩内心的激动："作为一名基层青年干部，尤其是作为一名农业高校毕业生，我深知肩上的担子有多重，如何带村民增收致富是我每天都在思考的问题，家乡养育了我，母校培养了我，我一定要用自己所学的知识回报家乡，勇担知农爱农强农兴农时代使命，扎根基层，为家乡作贡献，更为母校增光添彩！"

扎根大漠深处　甘当祖国卫士

——山东中医药高等专科学校毕义鹏

2013 年 4 月，毕义鹏偶然看到了学校里西部计划的宣传海报，海报上"到西部去，到基层去，到祖国最需要的地方去"这句话牢牢抓住了他的眼球，一个热血的念头在他的脑海中挥之不去。他作出了一个"大胆的决定"——用一到两年并不长的时间做一件终生难忘的事。

一、义无反顾来到兵团

2013 年 7 月，带着一份志愿的情怀、对兵团的向往，毕义鹏踏上西去的列车，来到了兵团。因为自己是护理专业毕业，他一心要到基层救死扶伤，选择去了离师部铁门关市达 800 多千米的 38 团医院工作。他是建团以来的第一个男护士，对于这个人口规模相对较小的团场来说，也是"宝贝"了。他所从事的护理工作，没有轰轰烈烈的辉煌，却写满了简单而又平凡的爱。打针、发药、铺床、输液，在专业专注中呵护着生命；交班、接班、白天、黑夜，在时光交替中把握着生命的轮回。作为医院的唯一一个男护士，他主动跟护士长说："她们都有家人，有老人、小孩需要照顾，夜班我来值。"从此以后，他就成了夜班"专业户"。他还经常与同事一起深入社区开展健康知识宣教活动，为当地职工群众普及健康常识，被大家亲切称为"最美护士"。

2013 年 12 月，他参加了师市组织开展的民兵军事训练。第一次摸枪、第一次打靶、第一次匍匐前进，准军事化训练，让他在那时就埋下了保家卫国的种子，增强了"兵"的意识，感受到了作为一名兵团民兵的光荣与自豪。

在团场服务半年后，由于他工作积极认真，项目办领导将他调到了铁门关市政协继续服务。在机关，他掌握了一名公务员应该具备的公文常识、写作能力、档案整理知识等，承担起了政协办公室秘书的工作。特别是参加筹备两次铁门关市两会，他扎实过硬的工作作风、严谨认真的工作态度得到了领导的一致认可。

二、留在南疆扎根边疆

2014 年 7 月，服务期满后，他又作出了一个"大胆的决定"，放弃回到家乡在三甲医院工作的机会，选择了继续扎根留在兵团。2015 年 2 月，通过公务员考试层层选拔，他从一名留疆志愿者成为了一名兵团监狱人民警察。

从警以来，他在默默无闻中脚踏实地、在平凡中从容面对，前进的脚步更加稳健坚韧。从监区、指挥中心到办公室、团委，他一步步在成长，成为了"标兵"。2015 年

6月，他在兵团监狱系统第15期新录用国家公务员入警培训期间表现优秀，被评为"文艺标兵"；2017年，被监狱评为"优秀公务员"；2018年6月，因在救火工作中表现突出，荣获"个人嘉奖"；2019年，荣获第二师铁门关市政法系统集中开展忠诚教育"理论学习标兵"荣誉称号，被监狱评为"优秀公务员"；2020年，被兵团党委政法委评为兵团政法舆论宣传工作优秀通讯员，荣获兵团监狱系统"优秀团干部"荣誉称号，被监狱评为"优秀公务员"；2021年度，荣获兵团政法系统"理论学习标兵"荣誉称号。

疫情防控以来，他时刻牢记生命重于泰山，疫情就是命令，防控就是责任。他身先士卒、勇挑重担，争当表率、冲锋在前，积极应对疫情防控工作。尤其是2020年，他写下了请战书，加班加点起草撰写疫情防控工作实施方案、情况汇报，下发各类通知文件，印发会议纪要，编印每日动态，连续256天奋战在工作岗位上。他的作为体现了一名留疆志愿者无私奉献的伟大情怀，体现了一名新时代监狱人民警察的先锋模范作用。

负责团委工作以来，他始终坚持围绕团委中心任务和青年需求组织开展工作，认真贯彻落实团中央各项工作要求，积极探索创新，具有较强的团务工作能力。他积极组织开展主题团日活动、青年志愿服务活动、联谊活动、无偿献血、爱国主义教育等各项活动。因工作成绩突出，2021年他被选派参加新疆、兵团基层团干部井冈山革命传统教育培训班。

三、大爱无疆推介新疆

在工作之余，他还致力于公益事业，积极参加各类志愿服务活动。多年来本着"献出一份血、传递一份爱、温暖每颗心"的大爱精神，共计无偿献血5600毫升。2014年12月，他捐献了造血干细胞检测血样，获得了中国造血干细胞捐献者资料库管理中心、库尔勒市红十字会联合颁发的荣誉证书；2019年10月，他完成了人体器官捐献志愿登记。

现如今扎根新疆的他，骄傲地当起了一名西部计划宣讲员，当起了新疆的"推销员"，当起了兵团故事的书写者和讲述者，在他和一大批选择留在南疆、留在兵团的年轻人的影响下，越来越多年轻人来到兵团、建设兵团、扎根兵团。他说："无论来自哪里，我们都有一个共同的名字，叫志愿者。"2019年4月中旬，他参加了兵团西部计划招募宣讲工作。半个月的时间，他走过了全国五个省近三十所高校，和广大高校师生分享了他的青春故事之西部计划志愿服务。

宝剑锋从磨砺出，梅花香自苦寒来。在工作中，他常说的一句话是："这是我分内的工作。"多么朴实的语言，充分体现了一名监狱人民警察甘于奉献的精神。在理想信念上，他常说的一句话是："一生只做一件事，我为祖国当卫士。"一句豪言壮语，表达了他扎根边疆的坚定决心。从学校毕业后，他初心不改、扎根基层，在大漠深处一待就是十年，以奋斗姿态激扬青春，不负时代，不负华年。

扎根雪域边陲　矢志砥砺奋进

——齐鲁工业大学吕宝峰

吕宝峰，1993年4月生，汉族，中共党员，齐鲁工业大学（山东省科学院）机械设计及其自动化专业2017届毕业生，2017年9月，到西藏林芝市察隅县下察隅镇人民政府工作。

最艰苦的环境有最美丽的风景，最艰苦的环境锻炼最忠诚的干部。刚到西藏林芝时，吕宝峰高原反应强烈，鼻子常常流血，刚开始还有些害怕，后来就习惯了，工作的时候随身带些纸巾，流鼻血了就用纸巾简单处理一下。他进村第一天就被跳蚤咬得浑身是包，一晚上没有睡好。但是他始终牢记"缺氧不缺精神、艰苦不怕吃苦"，作为一名基层党员干部，就是要沉下心、扑下身为群众解决实际的困难。

一、顺利完成脱贫攻坚收官任务

他作为包村干部，所包的村庄是一个还没有确认民族的僜人村庄，也是国家级深度贫困村。2017年，全村71户，其中有19户建档立卡贫困户，5户边缘贫困户，整村发展比较滞后，部分群众光着脚，不穿鞋，部分群众经常喝酒，并存在"等靠要"思想，面对这种情况，他也很焦虑，加之语言不通沟通不畅，好多思想工作没法做，他便学着喝酥油茶、吃糌粑、喝米酒等，尽快融入群众。结合村里的实际情况，他多次与群众沟通研究，与企业签订茶叶产业360亩，投资资金648万元；争取边境小康村项目，为新村69户新修建房屋，新修建猪圈70户，投入资金825万元；他联系母校齐鲁工业大学（山东省科学院），母校也是鼎力相助，开展了"守望下察隅　你我共携手"爱心传递活动，向下察隅镇建档立卡贫困户群众捐赠各类衣物、玩具、学习用品共计1000余件，有许多衣服是崭新的，还有山区孩子们特别喜爱的书包、玩具等，爱心传递活动反响热烈，得到当地党员干部群众的欢迎；他联系内地企业为贫困儿童资助书包、书籍、篮球等物品，价值5万余元，多方沟通联系内地企业资助2名大学生就读，每年资助1万元学费和生活费。现贫困户全部脱贫摘帽，国家级深度贫困村已退出。除此之外，户外劳动也是他工作的一个重要部分，他经常和群众一起沿着公路沿线打扫过路游客扔的垃圾，一整天来回20千米，晚上回到住的地方，只想躺床上睡觉。基层工作虽然没想象中那么苦，但还是会有一些困难，特别是在西藏这种特殊环境中。但是，不管有多少困难，他始终没想过要放弃，他常常告诉自己，来这里是吃苦的，是奉献的，不是为了享乐。每当回到村里，群众都热情和他打招呼，拉上他到家里坐坐。看到村里的新貌、群众幸福的笑脸，他心里说不出来的高兴。

二、推进构建抵边党建新格局

他协助镇党委推进构建"守边先锋，固边堡垒，兴边主人翁"抵边党建新格局。在培育守边先锋队伍方面，他组织村干部掌握本村发展现状短板，厘清发展思路；协助完成镇党委 22 个行政村 110 个村干部换届工作；组织开展"揭批十四世达赖反动本质"大讨论活动 32 场次；组织 480 余名民兵和巡边员巡逻 24 场次，组织 150 余名护边员参与疫情防控、村庄维稳、应急值守。在建强固边战斗堡垒方面，他组织开展党的十九大、十九届历次全会和党的二十大精神集中学习 120 余场次；完成 8 个软弱涣散党支部整顿；规范全镇党员档案 1000 余份，发展党员 260 余名。为进一步挖掘整理好察隅县红色资源，他亲自参与打造了察隅县沙玛强边训练营红色教育展馆，深入各村走访老党员、老干部、支前民工和群众，收集对印自卫反击战材料瓦弄战役等红色史实，收纳图片 400 余幅，展览文字 2 万余字，展示历史物件 100 余件。他打造挖掘僜人感恩广场教育基地，生动展现了在党和政府帮助下僜人下山、翻身解放、脱贫奔小康的巨变；完成夏尼村"感恩共产党"、嘎腰村"美丽僜寨　奋进嘎腰"党建品牌打造；制定组织振兴方案 21 个，申报村集体经济项目 18 个，投入资金达 2000 余万元；推进"五共五固"，协助提炼了"扛枪荷锄守边防　犁剑和鸣兴边疆"红色基因和"军民同心 共御外敌"英雄血脉。他组织开展共建活动 80 余场次，协调军地共种猕猴桃 70 余亩，共建部队捐赠 6 万元农机具，帮助群众插秧 260 余亩、秋收 400 余亩；协助镇党委政府完善"党支部＋企业＋农户"党建促产业模式，组织群众参与产业发展，部分党员群众掌握了茶叶采摘和猕猴桃授粉、疏花疏果、套袋等技术。

三、宣传落实疫情防控各项措施

在疫情防控期间，他协助参与镇党委领导发动全镇 156 个联户单位户长、61 名网格员进行人员摸排管控、信息登记、核酸检测、政策宣传等疫情防控工作，确保不出现脱管漏管失管现象，落实网格管控全覆盖、无死角；严格按照要求，加大对小集镇 400 余名村民的疫情防控管理，对小集镇外来人员认真排查，疏导交通，消毒消杀，排查各类防控措施；负责镇卫生院核酸检测的秩序维护，加油站的安全管理以及疫情防控措施；发动各支部党员捐款 901 人，累计捐款金额 197949 元，营造凝心聚力共克时艰的良好氛围。

结合下察隅镇五年发展实际，他制定了"一个城乡中心、两翼农村齐飞"的"五彩田园"乡村振兴思路和方案，重点提出了"边疆茶园、有机果园、生态菜园、多彩花园、僜人民俗文化园"五彩下察隅打造，为西藏林芝市察隅县下察隅镇贡献出青春力量。

"网络特长生"闯出电商致富路

——山东管理学院朱家宝

朱家宝，中共党员，1995 年 11 月生，山东管理学院工商学院市场营销专业 2018 届优秀毕业生，现任山东省济宁市金乡县鱼山街道党工委委员、宣传委员、武装部长。他从"受助者"变为"助人者"，从被希望工程资助，到帮助农民脱贫；他是投身基层建设的"逆行者"，十年苦读跳出"农门"，学成归来又反哺乡村；他是"95 后"选调生，从寒门学子到乡镇干部，凭着年轻人的拼劲、干劲、闯劲，练就了一身能破困局的真本领。他，就是现任山东省济宁市金乡县鱼山街道党工委委员、宣传委员、武装部长朱家宝。

一、自强不息、求学寻梦，脱贫攻坚战中的受益者

作为一名"95 后"，朱家宝选择投身基层，这与他早年的成长经历分不开。1995 年，朱家宝出生在微山岛上的一个渔村，原本快乐无忧的童年却在 6 岁时因父亲病逝戛然而止，后经精准识别，他被列为建档立卡贫困学生。九年义务教育、贫困助学金、"希望工程"圆梦行动……他赶上了好时代！

十年寒窗苦读，终于在 2014 年夏天，邮递员送来了大学录取通知书，可是入学需要交纳学费，朱家宝家中拮据，全家人一筹莫展之际，由共青团济宁市委组织开展的"希望工程——再圆学子梦"爱心助学行动送来 5000 元助学金，才让他顺利进入山东管理学院市场营销专业学习。大学期间，他综合测评成绩一直保持专业第一，还多次获得国家奖学金、励志奖学金。四年风雨兼程，朱家宝抓住一切可以锻炼自己的机会，先后担任班长、学生会秘书处干事、学生会副主席，带领所在班级获得山东省先进班集体、校级先进班集体、校级优秀团支部称号，他成为学院学生组织的骨干力量，2017 年 7 月，他正式成为一名中国共产党党员。

二、心怀感恩、奉献筑梦，全面建成小康社会的见证者

特殊的成长经历在朱家宝心底埋下了回农村、反哺家乡的梦想种子。2018 年大学毕业后，他毅然放弃省城的工作机会，考取山东省选调生，到金乡县兴隆镇兴隆村担任党支部书记助理一职。"这一路都是受到党和国家的照顾，现在上班，到了我回报社会的时候了。"入职后，他做的第一件事就是退出建档立卡名单。

到村伊始，村干部和乡亲们都觉得这个大学毕业的小伙子来这里也就待两天就走了，对他并不在意，但他暗下决心，一定要在农村好好干出点成绩。那年 10 月，他主

持召开兴隆村党员大会，遇到村民冬桃滞销大难题，于是，他大胆提出"电商＋鲜桃"的发展思路，从此帮助村民开辟了网购直通车。两年间，线上销售冬桃 11 万斤，销售额达 45 万元，为此，他还得了"卖桃书记"的雅号。

2020 年，朱家宝驻村期满，转正成为金乡县兴隆镇一级科员。当地工业基础薄弱、地理位置不优、交通物流不畅，面对种种制约，朱家宝转变思路，争取镇党委、政府支持，发挥专业所学，规划建设数字兴隆直播基地、买卖兴隆物流中心、人才兴隆孵化平台，打造了 12 个电商直播间，招引 13 家电商企业入驻，对接 5 所高校、79 名大学生开展电商助农行动，当年实现网络销售额 3200 万元，以全市第四名的成绩成功创建了济宁市首批电商直播基地，荣获"山东农担杯"齐鲁青年乡村振兴创新创业大赛二等奖。他凭借年轻人的拼劲、干劲、闯劲，练就了一身能破困局的本领，在农村小乡镇做活了网络经济"大文章"。

三、投身乡村、履职追梦，助推乡村振兴的奋斗者

在带领群众脱贫致富的路上，朱家宝从没有停下过探索的脚步。"现在的兴隆镇，数字元素融入了基层社会治理的每个场景，正在改变群众日常的点点滴滴。"朱家宝介绍，兴隆镇以山东省数字乡村试点乡镇建设为契机，集中攻坚线下基础建设，包括覆盖全镇的 5G 网络和各种物联网终端传感器。同时，通过对居民信息、基础地理、卫星遥感等各类数据的收集整理和智能分析，搭建兴隆镇数字乡村信息服务平台，做全镇数字乡村指挥运营中心的"大脑"和"眼睛"，让社会治理、产业发展、民生服务数字化运营可见、可管、可控。

他扎根基层、热爱基层，几年间，历经了村党支部书记助理、镇政研室主任等多个岗位的锻炼，面对"事争一流、唯旗是夺"的工作要求，他组织申报并牵头打造山东省数字乡村试点乡镇、济宁市电子商务示范乡镇、济宁市快递进村试点乡镇等 10 余项改革亮点品牌，统筹研发了疫情防控防御跟踪、人居环境数字治理等一批可复制、可推广应用场景，被评为山东省数字乡村发展创新实践典型案例、山东省大数据优秀应用案例、山东省新型智慧城市优秀案例。在平凡岗位取得了不平凡的成绩，他也先后被评为"全国优秀共青团员"、"中国青年好网民"、山东省乡村"好青年"。"年轻有活力，上进又好学，不怕苦和累，工作交给他，放心！"是领导同事对他的一致评价。

2022 年 11 月，朱家宝来到了新岗位，他被任命为金乡县鱼山街道党工委委员、宣传委员、武装部长。鱼山街道是山东省首批乡村振兴齐鲁样板省级示范区，朱家宝深知自己肩上的责任，"我要用自己的文字宣传能力和数字治理能力，为打造数字乡村提供智力支持，利用自己'网络特长生'的优势，为乡村振兴注入数字动力。"站在新起点、踏上新征程，他将继续在基层这个最强"练兵场"磨炼初心、淬炼本领，为金乡这片土地倾情奉献，争做全面推进乡村振兴的排头兵。

当猪遇上互联网
乡村振兴梦成真

——山东畜牧兽医职业学院李勇

李勇，潍坊昌乐人，中共党员，1993年出生，2015年毕业于山东畜牧兽医职业学院，在校担任班长，获得国家励志奖学金表彰，山东省优秀毕业生。毕业后他返回昌乐老家，一头扎进养猪业，运用自己的专业知识开始了现代农业创业之路。他用五年时间打造了"生态养殖—屠宰—加工—生产—运输—销售"一体的现代农业产业体系，实行传统行业与新型模式结合的生产经营模式，得到了国家政策扶持，获得了显著的经济效益和生态效益，带动了周边农村劳动力就业，尤其是为本村贫困户提供了就业岗位，助其增收脱贫。凭借过硬的专业知识、丰富的社会经验，以及实业报国的梦想，他开启了人生的"猪"业。

他前期整合资源，打破原有的传统养殖（养猪）模式，成立合作社，将生猪和生鲜产业相结合，打造特色养殖，带动了周边养猪业的发展。有了"生产源头（猪种）"，接下来就开始建立自己的销售渠道。他在创业的初期设立生鲜专卖店，2015年7月第一家生鲜专卖店正式成立，经过一年的运营，共计开了15家生鲜专卖店，主要分布在山东、安徽、江苏。他同时开办网店，开展网络营销，相应的市场网络建设、物流配送、终端销售、售后服务等环节逐步完善建立。

2016年年底，他逐步实现猪肉信息全程追溯，推行"互联网＋养猪"模式，让用户吃上放心肉；后续推出私人定制"远程养猪"项目，使消费者通过APP客户端随时监测自己认养的猪饲养成长过程，备受客户欢迎，一年内私人定制猪达到400余头。

2017年他积极顺应环保趋势，公司大力修建沼气池、三级过滤平台等，并实行"三物循环"生态养猪，将畜牧业、种植业、加工业综合经营，打造新型多层次循环农业生态系统。公司利用优质蛋白桑进行生猪养殖，生猪所产生粪便通过微生物发酵进行还田再进行蛋白桑的种植，蛋白桑种植后进一步深加工，加工为桑叶制品，从而使动物（生猪）、植物（蛋白桑）、微生物（发酵菌种）三者相互循环。也正是这种模式，使生猪的养殖成本降低30%～40%，猪肉品质得到改善（胆固醇降低43.3%）并且生猪粪便气味大大减轻，使得环境污染得到极大控制。

目前李勇共有合作社养殖户203户，养殖场4处（昌乐2处、临朐1处、诸城1处），生鲜专卖店15家（山东、江苏、安徽等），年出栏生猪5万头，承包土地800亩，主要种植蛋白桑及有机果蔬，并且注册了有机认证、无公害认证以及多项指标的认证。他申请了19项专利、6类不同品类的商标，所生产的产品成为潍坊国际风筝联合会的

指定产品及"潍坊农品品牌"，同时公司 2020 年成为潍坊市重点龙头企业。

正是基于创业模式的创新，李勇在 2016 年获山东省"创青春"大学生创业大赛省赛金奖、年国赛铜奖，2017 年获山东省大学生创业大赛省赛三等奖，2018 年获"互联网＋"大学生创新创业大赛省赛团队银奖，2020 年潍坊市十三届青年创业大赛金奖。随后在潍坊市、昌乐县各种新型农民、大学生创业中获得一等奖一次、二等奖两次，并且荣获潍坊市十大创业之星、潍坊市十大创业青年、潍坊市十大返乡创业农民工、潍坊市青年岗位能手、昌乐好青年等荣誉称号。

他成立了潍坊市昌乐县昊浩农牧大学生创业平台，2020 年成立了"潍坊昊浩农牧有限公司工会委员会"，吸纳返乡大学生 50 名加入农村创业行列，拓宽当地农牧产品的销售渠道，带动乡村经济发展，带动就业岗位 200 余个，带动农民增收 56 户，为农牧业的发展贡献自己的力量。李勇每年举办献爱心的扶贫公益活动，为抗震救灾捐赠资金 2000 余元，资助贫困生 5 名（每人 1000 元），每年给村里 70 岁老人 50 余户及贫困户 5 户送生活日用品，并且为若干名环卫工人及老人赠送福字等。2020 年，他被红河镇委评为"最美志愿者"。

在母校导师的引荐下，他与农科院合作，第一家引进巴克夏猪并与本地土猪杂交繁育了"巴克夏 1 号"，使抗逆性高出 40％，繁育率提高 20％。他建立了全国首家巴克夏种猪繁育基地、全国首家"物联网＋人工智能"生猪养殖场。养殖场通过圈舍内数据采集分析，智能设备自动调节温度、湿度、空气质量，自动上料、粪便自动清理等科学方法，可使人与猪接触率降低 60％；综合计算，管理成本降低超过 15％，疾病防治成本降低超过 27％。创业以来，昊浩农牧的所有猪舍从未发生过猪瘟疫情。

2021 年他与省农科院王诚教授、省蚕桑研究所耿博士一起在农业领域做科技推广，蛋白桑循环农业种植示范基地在山东高密建立综合试验站，使蛋白桑饲料发挥最大效益。公司逐渐成长为区域畜牧重点龙头企业，获批蛋白桑循环农业示范基地，定期组织农民进行学习，深入乡村进行技术指导帮扶。

李勇带领团队，正以与时俱进的姿态，借力互联网资源，努力发展智慧养猪，投身于国家乡村振兴大业中。

用无悔的青春润泽生命

——淄博师范高等专科学校李文帅

　　为了让西藏稚嫩的格桑花灿烂开放，他把自己的青春献给了西藏，学习藏语，融入藏族文化，倾尽全力，无悔付出。他就是淄博师范高等专科学校外语教育系毕业生李文帅。

　　2014年大学毕业后，李文帅主动报名"全国大学生服务西部计划"项目，成为一名光荣的志愿者。7月，他被分配到了西藏日喀则市桑珠孜区第一小学工作，从此开始了他的教育生涯。

　　志愿服务期间，他在做好教育教学工作的同时，还主动参加区、市团委组织的志愿服务活动，时刻践行着志愿者服务精神。他曾在2015年4月日喀则市团委组织的"火车站志愿服务"活动中表现突出，登上了藏文版《日喀则报》。

　　两年里，他辛勤工作，兢兢业业，努力让自己成为一名优秀的志愿者教师。在服务期间曾荣获"日喀则市小学教师教学大赛英语组一等奖""日喀则市小学教师教学大赛数学组一等奖""日喀则市小学教师教学大赛数学组新秀奖""桑珠孜区小学教师课堂教学大赛数学组一等奖""2014年度日喀则市优秀西部计划志愿者""2015年度西藏自治区优秀西部计划西藏专项志愿者"荣誉称号。

　　在教育教学工作中，由于西藏的学生汉语水平较差，学生对汉语授课接受度有限，每次考试过后，他都会反思自己的教学方法，反思自己在上课过程中需要提高的技能。为了让学困生有所提高，李文帅利用放学时间，将孩子们带到宿舍里，义务辅导每个学困生做作业，用真心关注每个学困生的学习和生活情况。有一个叫巴桑旦增的学生，父母离异，每天只有奶奶接送他上下学，他的成绩很不理想。李文帅了解情况后，主动跟奶奶沟通，奶奶不会汉语，他就找学生做翻译。中午放学后带他到家里吃饭，晚上放学后，辅导他做完作业再骑电动车送他回家。就这样，坚持了一个多月，这个小男孩打开了心扉，在李文帅的帮助和鼓励下，逐渐找到了学习的自信，数学成绩有了很大的提升。奶奶看到试卷上的分数时，激动地握住了李文帅的手，用藏语不停地说："谢谢李老师，非常感谢，李老师您辛苦了！"李文帅对奶奶说，这是老师应该做的。经过一学期的关注与辅导，巴桑旦增同学的性格变得开朗起来，和同学相处也更加融洽了，上课时敢于主动举手回答问题，学习习惯也有了很大的改善，看到这个学生的变化，李文帅心中的成就感油然而生。

　　2016年7月，李文帅的志愿者服务期限满了。他发现，自己已经爱上了西藏，爱上了西藏的孩子，同时在西藏这片圣土上也找到了人生的舞台。他想，祖国西藏的教育需要像他们这样有活力的年轻人支援，此时正是他报效祖国，为祖国边疆教育事业做贡献的机会，于是便毫不犹豫地选择留在西藏。

成为一名正式的人民教师后，作为党员教师的他，对工作更是勤勤恳恳，默默耕耘。他担任过班主任、学校电教员、办公室干事和教务处干事等职务。

作为一名党员教师，他投身于教育事业，服务于教育事业，脚踏实地地做好本职工作，坚决拥护党的基本路线方针政策，不断提高自身理论水平和党性修养，虚心向领导和同事请教，为人师表，曾多次荣获学校组织的"师德师风"演讲比赛一等奖。

担任班主任工作期间，他努力成为学生心中的榜样，时刻注意自身对学生的影响，以身作则，言传身教，注重培养学生的思想道德，更注重培养学生良好的行为习惯。如见到老师敬队礼并问好，见到垃圾就随手捡起来，同学之间使用礼貌语言，不浪费粮食，节约用水用电等。他利用课余时间，关注学困生的学习情况，跟他们谈心，辅导作业。他所带的班级，学生朝气蓬勃，积极向上，学习成绩名列前茅，曾多次被评为"优秀班集体"。

作为学校的电教员，信息技术能力强的他总是帮助同事维护维修电脑，修改课件，提供优质教学资源等，每学期至少开展 3 次教育信息化校本培训。疫情期间他与教务处合作开展线上教研活动，老师们的信息技术水平有了明显提高，也使学校的教育信息化推进工作迈上新台阶。在 2016 年度全国中小学网校评选活动中，他荣获"全国优秀站长"称号，2021 年荣获第四届"华渔杯"全国中小学教师微课大赛一等奖。

作为一名教务处干事，他经常听新老师的课，尽心尽职做好"师徒结对"工作，新教师在他的鼓励和指导下得以快速进步。他还参与了"创设室外情景，提高学生自主学习能力的实践研究"市级课题研究，教育教学工作能力较强的他在 2019 年 4 月被聘为日喀则市小学教师教学大赛数学组评委。

如今，李文帅已经在西藏桑珠孜区第一小学工作了 9 年多，教育的路程对他来说还很漫长，但他对教育事业的初心和热爱矢志不渝。润泽生命，教育无痕，西藏的教育呼唤着更多年轻的毕业生奔赴边疆，奔向西藏，服务西藏，奉献西藏，祖国边疆会因加入更多新鲜的血液变得更有活力和魅力。相信他在今后的努力中，能做好学生锤炼品格、学习知识、创新思维、奉献祖国的引路人。他力争成为有理想信念、有道德情操、有扎实学识、有仁爱之心的新时代好老师，为党和国家培养出一批又一批的社会主义建设者和接班人。

扎根基层践初心
青春无悔为振兴

——滨州医学院李双秀

李双秀，1992年12月生，山东无棣人，2015年7月毕业于滨州医学院，现任山东省滨州市无棣县水湾镇副镇长。9年来，她担任过村党支部书记助理、社区主任、街道办事处办公室主任等职，在巩固脱贫攻坚、推进乡村振兴、实施基层治理、服务基层群众等方面成绩突出，曾荣获无棣县"优秀党务工作者""疫情防控一线工作表现突出个人""滨州市青少年普法教育工作先进个人"等荣誉称号，被县委县府嘉奖一次。

一、向下扎根，经风雨，见世面，长才干

2015年经学校推荐，她通过考试如愿以偿地成为一名选调生，被分配到无棣县棣丰街道办事处。当领导问她对工作地点有什么要求时，她斩钉截铁地回答："服从组织安排，请尽量把我派去最艰苦的地方！"其实当时她完全可以选择留在机关，但是她知道要想得到跨越式的发展，就必须跳出舒适圈，去一个艰苦的地方迎接未知的挑战。领导说："李白杨村比较落后，村班子薄弱，是有名的软弱涣散村，到那里锻炼一下吧！"就这样她来到李白杨村担任村党支部书记助理。

二、天道酬勤，以青年之力服务基层发展

她作为一个刚毕业的大学生，参加工作前对农业农村知识一窍不通。村民对她充满了期待和疑问，期待是因为镇政府派来了驻村"领导"，疑问是这个孩子到底能不能适应基层的工作。为尽快适应基层环境、了解村情，她吃住在村，在工作的第一个月通过入户走访调研将村情民情、班子软弱涣散原因、产业结构等基础信息进行了全面摸排，用极短的时间就把村情摸清摸透：原村"两委"班子因个人利益与集体利益处理不当，班子之间出现裂痕，丧失了凝聚力、战斗力、领导力、号召力，导致班子软弱涣散，干群矛盾日趋激烈，甚至出现集体上访事件。对此，她向党工委、办事处做了汇报，并建议对村"两委"进行调整。同时，她利用业余时间学习农业、法律、经济等基层工作相关知识。就好比白蜡树，在成长期拼命地向下扎根，为后面的快速生长提供充足养分，待时机来临时方能厚积薄发。

只要思想不滑坡，办法总比困难多。当时，李白杨村有324亩撂荒地，由于"班子"软弱，这些地都被群众瓜分。她了解此事后，就向新组建的村"两委"提出建议：将这些土地收回集体管理。通过现场勘查，与班子成员分头入户动员，利用所学知识做

思想工作，最终把失管的 324 亩集体土地全部收回，并通过盘活资源和引进外资，成功引进了无棣华州生态农业科技有限公司项目，该项目总投资 5000 万元，年产绿色无公害有机蔬菜 1000 吨，实现年利润 300 万元，吸纳了李白杨村及周边村庄闲散劳动力 200 余人。她在村时已建成 12 亩育苗智能日光温棚，李白杨村实现村集体经济收入 60 余万元，彻底扭转了村集体经济薄弱的局面。

三、趁热打铁

时任村干部的她，积极配合村"两委"聚焦抓党建、抓治理、抓服务，实施"民主议政"、党组织领办合作社、整治村容村貌等农村党组织分类推进整体提升行动。村内大小事务通过公开栏张榜公布，确保村级事务在阳光下运行，树立起新一届村"两委"干部威信。她以最困难问题为突破口，采取"上级补、集体拿、群众捐、企业垫"等形式筹集资金 240 余万元，狠抓环境综合整治，带领村"两委"班子和乡亲们一道把出了名的"后进村"变成全街道"先进村"，并被《人民日报》点赞。

四、向阳生长，守初心，牢底线，明方向

向阳生长的本质是担当，它既是国家危亡之际时少年周恩来的那句"为中华之崛起而读书"，又是脱贫攻坚战中女子中学校长张桂梅的一句"让孩子有方向，有出路，有希望"。于她而言，是疫情三年来盯靠一线全力保护人民安全，扛起"促一方发展、保一方平安"的政治担当。92 岁王德新老人，膝下只有一子，儿媳和孙子有智力残疾，工作调动后她仍然时常去看望老人，送去米面油、棉衣棉被。疫情三年，她顾不上父亲病重住院治疗，身为分管副镇长的她把挂念压在心底，只是有时间打个电话问候一声，病重父亲总嘱咐她"一定要把工作干细干实"，不让她牵挂。她把群众的安危放在心头，不分昼夜穿梭在抗疫一线，摸底排查、流调溯源、隔离转运，组织"全链条"防控"小病毒"，开展全员核酸检测 80 余轮，采样 300 余万人次，推动疫苗接种应接尽接，推广使用"场所码"1000 余个；规范消毒消杀 400 余万平方米；发布公众号文章 100 余条、发放宣传明白纸 8000 余份、喇叭广播 10 万余次。三年来她在与时间赛跑、与病毒较量，变化的是工作节奏、任务要求、业务能力，不变的是坚定信心、必胜决心和为民初心。

五、成就更有高度的人生，立大志，明大德，担大任

9 年的基层就业，她参与过三伏天里的旱厕改造，组织过三九天里的换届选举，守护过一方水土的三年安宁，见证了从脱贫攻坚到乡村振兴的一路发展。她坚信在黄河流域生态保护和高质量发展、京津冀协同发展、环渤海经济圈、绿色低碳高质量发展先行区等国家战略加持下，在全力打造融入京津冀、联通环渤海、面向东北亚的桥头堡的进程中，必定能在绿树花海中找到自己的"诗和远方"，在乡村振兴中感受到不一样的"人间烟火"。

爱岗敬业写忠诚
忠于职守献青春
——山东政法学院李亚萍

李亚萍，1994 年 11 月生人，中共党员，2017 年毕业于山东政法学院信息管理与信息系统专业，在校期间担任学生会主席，曾获山东省励志奖学金，校优秀学生干部，校优秀毕业生等荣誉，同年 12 月参加公安工作，现为东营市公安局特警支队行动一大队民警。

自参加公安特警工作以来，李亚萍秉承着"博学笃行，刚健中正"的校训精神，锐意进取、敢于担当，努力学习各项理论和业务知识，积极投身于各项练兵比武、专项任务等活动中；同时忠诚履职、甘于奉献，随队圆满完成了一系列急难险重的任务。她用实际行动践行"四句话、十六字"总要求，始终奋战在巡防处突、攻坚维稳、打击犯罪、为民服务的第一线，用坚定信念履行着人民警察的神圣职责，默默守护着百姓的平安。

一、筑牢政治根基，提高政治站位

李亚萍始终把政治建设摆在首位，深学细悟党的创新理论和党的二十大精神，深刻领会以习近平同志为核心的党中央对公安工作的殷切期望，切实把思想和行动统一到党中央精神上来，把智慧和力量凝聚到贯彻落实党中央各项重大决策部署上来。她积极参加组织生活，认真撰写笔记和心得，保持了政治上的清醒和立场上的坚定，在思想上、行动上始终与党中央保持高度一致。工作中，她勤学善思、勤恳付出，面对警徽庄严宣誓，面对人民许下承诺，以实际行动践行着自己的诺言，恪守着新时期公安特警的价值追求。

二、锤炼过硬本领，提升打赢能力

特警担负着特殊的职能，从事着特殊的工作，需要扎实过硬的本领作为有力的支撑。进入工作岗位后，李亚萍充分发扬东营特警顽强拼搏的品质和作风，认真研究各种突发事件处置预案，积极参加各种勤务的战术训练，逐步练就了一身过硬本领。2021 年 11 月，她参加了省厅特警总队特警比武的集训，在训练场上克服困难，努力突破身体极限。赛场上，她参加 5000 米武装负重和综合体技能科目。在进行综合体能定向越野时，她与其他队员团结协作，争分夺秒。但就在通过斜绳摆渡时，连日来的刻苦训练使她的手掌皮开肉绽，加之绳子湿滑，她一下从两米高的位置摔了下来，伴随着一阵剧烈的疼痛，她意识到自己的左膝盖可能受了伤。她抬头看了下赛场，心里只有一个信念，哪怕不能取得名次，也要坚持参加完比赛！她挣扎着站起来，咬紧牙关，在队友的协助下，坚持完成了比赛。

三、忠诚履职尽责，强化责任担当

李亚萍作为特警支队女子中队主要负责人，积极履行职责，全心全力投入应急处突、武装巡逻、值班备勤等各项工作中，用实际行动践行"特警立首功"的铮铮誓言。她带领女子中队积极参加支队 PTU 武装巡逻小组，持续做好安兴早市、东三路银座、三村小吃街等人车流量较大区域的巡逻管控工作。治安防范辖区街头"两抢"、撬盗机动车辆、打架斗殴、寻衅滋事等案件明显减少，群众的安全感不断增强，对社会治安的满意度不断提高。同时，她高标准完成好各类重大安保任务，近年来先后圆满完成青岛上合峰会、建党 100 周年、黄河口国际马拉松、党的二十大等安全保卫工作。特别是在"五一"、"十一"、党的二十大安保等重要时间节点，支队共出动警力 600 余人次，服务群众 1200 余次。她积极开展进社区、进校园等平安共建活动 40 余次，走访慰问退休老干部，立足女警特点，主动走近群众身边，暖心帮扶助力平安，把"我为群众办实事"落实落细，大力提升群众安全感满意度，树立了女特警忠于职守、爱岗敬业、乐于奉献的良好形象，并在 2022 年获得东营市公安局嘉奖。

四、疫情冲锋在前，展现巾帼力量

在抗击疫情阻击战中，她主动请缨，发扬共产党员"不怕苦不怕累，不怕艰难危险和连续作战"的精神，夜以继日地坚守在战"疫"一线。新春佳节，连续两年战斗在防疫一线的她总是到工作量最大、环境最艰苦的点位执勤。春节假期里，她在人员密集区域巡逻，做疫情宣传和人员疏导工作，同时将自己收藏的与疫情相关新闻报道和专家观点，逐条学习整理，利用巡逻执勤的时间，主动配合街道居委会、卫生防疫部门深入辖区住户，向公众宣传，做好防疫宣传工作让人民群众真正认识到疫情防范的重要性，尽可能让大家远离人员密集场所。在疫情防控跨区域拉动任务中，她先后带领女子中队奔赴滨州、济南，克服天气恶劣、条件艰苦、身体不适等困难，充分发挥不怕疲劳、连续作战的工作作风，坚守岗位、履职尽责，组建"巾帼党员先锋队"，在抗疫一线成立"巾帼党员先锋岗"。李亚萍与战友一起巡逻在全市的大街小巷守护着社会秩序，不畏疫情，勇冲一线，把坚守留给自己，把团聚留给别人，充分展现了女特警的责任担当和巾帼力量。

让青春在基层大地绽放绚烂花朵

——烟台大学吴浩然

吴浩然，1995 年 4 月出生，中共党员，山东济阳人，本科学历，毕业于山东烟台大学生命科学学院，2017 年考取山东省委组织部大学生选调村官，现任共青团宁津县委副书记。吴浩然自参加工作以来一直认真负责、担当实干，在乡镇期间他从相衙镇惺悟寨村大学生村官（党支部书记助理）到镇党建办组织干事、文化站长，从乡镇干部到团县委副书记，他以求真务实、开拓进取的精神投入工作，勤奋敬业为党分忧负重，悉心聚力为群众、团员解忧消愁，不记名、不图利、不攀比。他负责的每一份工作都扎扎实实地完成，得到群众和同事的认可。

一、大学生村官篇：精心谋划，勤于实践，与时俱进提民生

2017 年至 2019 年，吴浩然作为一名省委组织部大学生村官、惺悟寨村党支部书记助理，积极协助配合相衙镇党委、市派第一书记、村"两委"班子成员做好各项工作。吴浩然抓党建凝沙聚塔促发展，实行"两推一选"换届选举党支部书记 1 人、"两委"成员 5 人；实地走访全村 192 户 2014 年全国建档立卡的贫困户，动态调整脱贫享受政策贫困户 8 户 16 人，并认真撰写调研报告；通过"四议两公开"召集党员与群众代表民主议事，两年内先后协调为村内补修扶贫路 974 米、田间生产路 475 米、村级主干路 2657 米，绘制惺悟寨村村庄道路硬化平面图，实现全村"户户通"道路硬化 10.5 万平方米；组织迎春节秧歌表演 50 余场、"服务新农村，送戏到农家"等文艺汇演 39 次，共开展儒学讲堂、科技普及、普法教育等知识讲座 125 次；研究如何打造 74 亩流转土地的油菜籽菌类种植立体农业项目、完善"二虎摔跤"等传统民俗表演、丰富"刘家八大碗"等特色小吃、做好"真人 CS"基地等休闲游乐项目，将惺悟寨村打造成具有交通便利的地位优势、绿化区域种植特色的休闲旅游小村落；培训 149 人次网上开店基础操作、美工基础实操入门等 10 余项技能；进行"暖冬祥年"集中帮扶走访活动，分发米、面、油 113 份，床单被褥 1133 套，协助市派第一书记发放扶贫资金 13600 元整。他从大局出发，从需要出发，做好了助手，当好了配角。

二、乡镇党政干部篇：求真务实，开拓进取，科学领导抓工作

一是他担任包村干部时，每月"规定动作＋自选动作"开展"三会一课"及主题党日 25 次，10 名党员参学率 98％，举办"阳光村务"季度报告会 9 次，参会人数达 150 余人，收到书面意见 79 条；制订集体经济增收计划，通过突出党建引领，利用党支部领

办合作社、流转土地 300 余亩、发展边角经济 17 亩等，村集体经济突破 5 万元。二是作为乡镇党委工作者，他起草"'相'村振兴 '衙'里表现"、宁津县工作推进情况督查评议 8000 字观摩词等材料文稿 130 余篇，撰写各类通讯报道 138 篇，省、市、县收录、刊载、转发共计 262 次；完善党支部书记"千分制"考核奖惩机制；实现 67 个村集体收入全部达 5 万元以上，其中 10 万元以上村庄有 42 个。三是作为文化站长，他组建 7 人"相衙镇乡村文明巡讲团"围绕道德文明建设等 5 个大项 13 个小项进行宣讲，组织宣讲 32 场，听讲群众 2100 余人，现场答疑 310 余条，收集群众意见 843 条，组织迎春节表演、文艺汇演、电影公映等 170 余场，开展科技普及、普法教育等知识讲座 256 次，"戏曲进校园"6 场以及广场舞大赛、"流动图书馆"等活动，倡新风、树榜样。

三、团委副书记篇：围绕中心、服务大局，凝聚联系组织青年

2021 年，他高点定位抓谋划，精心部署抓实施，扎实推进工作并顺利通过全国基层组织改革试点验收。一是聚力团干部全域提优，重点探索构建了"3＋4＋9＋X"专职团干部体系，通过配齐 3 名团县委班子、优派 4 名挂（兼）职副书记、选任 9 名城市社区专职青少年事务社工、招募 24 位团（工）委兼职副书记等整合多方社会资源的方式，汇聚多方力量。二是聚合团组织全域建强，通过新建 3 个机关、卫生、国资团工委，打造近 400 处非公企业团组，派出 2 大经济区团工委等措施建"全"组织；依托 1 处团代表联络站，打造"青年议事厅"等，促进联盟共建形成集"校地合作—人才培育—创业孵化—成果转化"于一体的完整人才培育与产业发展链条，用"活"阵地。三是聚焦团员全域培养，通过出台《宁津县"双积双评"积分入团管理办法》（试行），明确"十步骤三公开六必须"流程，严把程序；印发《宁津县中学团校建设实施方案》，明确"十有"建设标准打造 22 所中学团校，搭建镇街教办小学、幼儿园联合团支部，夯实阵地扎好根；推动党团队一体化建设，打造新城实验学校试点工作，配套机制育好苗。四是聚心党建全域引领，实行"团建不合格、党建不评优"机制，将团建、队建纳入党建工作部署和年度考核，召开全县镇街青工委主任会议和团（工）委书记述职评议会议，研究重点工作推进成效，积极探索"党建带团建""党建引领网格化治理"两项工作融点，建立 561 个网格团支部，招募团支部兼职副书记（网格员），为社会治理注入青春力量。

党员同志吴浩然、大学生村官吴助理、党务工作者小吴、乡镇干部浩然、团县委吴书记，每一个角色都会在今后干事创业中，争取成为群众矛盾的"调解员"，社情民意的"督导员"，政策方针的"宣传员"，经济发展的"协调员"。吴浩然在基层中磨炼意志，在磨砺中增长才干，多一点"望、闻、问、切"，少一点"指点江山"，真正地践行权为民所用、情为民所系、利为民所谋的铮铮誓言。

奋斗在基层一线的"拼命三郎"

——青岛科技大学宋立健

在学校，他是一名学生干部，身兼数职，带领同学开展丰富多彩的校园活动；毕业后，他当过农村支部书记助理，接待过上访户，组织过全市项目观摩，奋斗在疫情防控一线，如今承担全市人才引进和干部教育培训等重要工作；生活中，他既是知心大哥，又是好师傅，竭心尽力、毫不吝啬地授人以渔。他有一句座右铭：一切皆有可能。毕业后，他一直充满激情地奔赴各个工作岗位，先后被青岛市委、市政府授予"担当作为好科长""青岛市抗击新冠肺炎疫情先进个人""青岛市优秀共产党员"等称号。他就是青岛市莱西市委组织部副部长宋立健。

宋立健，1989 年 12 月出生，中共党员，2013 年 7 月通过山东省选调生考试到青岛莱西市中沙格庄村工作，先后在莱西中沙格庄村、望城街道、信访局、市委办、市委组织部等单位工作，现任莱西市委组织部副部长。

一、履职尽责：守一颗初心，用心用情解百姓小事

他先后在多个岗位工作，无论干什么，都坚持在德上坚守、在能上提高、在勤上着力、在绩上见效，恪守服务为本，务求敬业尽责，干一行、爱一行、钻一行、精一行。他在信访局工作时，着力完善"市级领导开门接访、镇街领导随时接访、村级干部上门走访"三级接访机制，面对面接待群众，化解矛盾问题。他多次到北京、济南参与重大活动维稳，负责接待市行政办公中心的来访群众，两年来共接待来访群众 58 起 600 余人次，主动下访 20 余次，解决各类信访矛盾 10 余起。他在市委办公室工作时，认真研究市委督查工作，创新督查机制，督查市委常委会确定事项 400 余项、市委领导专题会议和调研活动决定事项 170 余项，办理各级领导批示 430 余件，办结率达到 100％。他编发《督查专报》260 期，指导各级建立全面从严治党主体责任清单 200 余份，确保市委工作有落实、不落空，连续两年获得青岛市单项工作考核第一。在组织部工作时，他牵头组织召开莱西市第十五次党员代表大会，起草党代会工作方案、工作分工、大会议程、选举办法、会议主持词、市委常委会及市委全委会汇报材料等各类材料，负责统筹组织各项工作，并承担与秘书组、人事组、宣传组、会务组、纪律监督组之间沟通联系的职责。在党代会期间，他工作高效、协调顺畅，顺利完成了市镇两级党代表推选及市镇两级党委换届，圆满完成了市党代会各项日程安排和组织保障任务。

二、战疫攻坚：逆行担千钧，舍己为人诠释使命担当

2020 年，疫情突发，他时刻牢记疫情就是命令，防控就是责任，大年初三，把年仅 2 岁的女儿留在老家，开车返回工作岗位，组织开展各类疫情督查 130 余次，发现问题 135 个，提出建议 51 个，全部予以交办，办结率达 100%。3 月 2 日，他被调任口岸入境安置隔离组负责人，牵头制定《口岸入境人员集中隔离工作实施细则》，全面推行"一批一策"，聚焦准备阶段、转运阶段、入住管理阶段，对酒店征用、人员配备、规范转运、食宿管理、垃圾处置等环节逐一明确职责，累计接收入境人员 58 批次 6170 人，收到隔离人员及家属感谢信 45 封，锦旗 14 面。"党建统领""病房化管理""平台溯源"等经验做法被青岛市推广使用。2022 年 3 月，莱西疫情发生后，他快速反应，制定隔离点常备用清单和应急处置预案，建立梯次启用机制，12 小时内启用 16 处隔离场所，创新配备督导专员、"三区三通道"物理隔离、院感专家巡查等机制，在一线连续奋战 30 多个日夜，累计协助隔离转运 18000 余人，全力打造"闭环式链条化"管控模式，确保隔离场所规范有序，所带团队被青岛市委组织部授予"战疫先锋示范岗"称号。

三、开拓进取：守正亦创新，勇毅前行闯无路之路

他在工作中自我加压、持续充电，着力把已掌握的知识与实践有效结合起来，运用新的理论研究新情况、解决新问题、探索新方法、创造新成效。他在负责"两新"组织党建工作期间，创新"市委两新组织工委—行业党委—两新组织综合党委—两新党组织"四级联动工作机制，形成市委两新组织工委牵头抓总、各行业党委具体负责、两新组织综合党委直接管理、两新党组织具体落实的党建工作格局。他建立党建指导员常态化联系服务机制，为 72 家市级两新组织培育对象选派 48 名党建指导员，把全市 14 个两新组织党建示范点纳入市委两新组织工委直接联系和服务，派出专人指导，赠送党建读物 400 余本，帮助解决各类问题 30 余个。他研究起草《关于建立助企员工制度的意见》，将 481 名市管干部精准匹配 481 家重点企业，下沉企业一线，主动解决企业发展中遇到的困难和问题。他聚焦加大组织工作宣传力度，主动研习组织、干部、人才等科室业务工作，创新建立"1/2 晨暮课堂"学习机制、"半日谈"提升机制、"党建沙龙"座谈机制、"以文打擂"工作机制等工作制度，全面总结新时代"莱西经验"，营造全市上下齐心协力抓组织工作的浓厚舆论氛围，相关工作经验在《新闻联播》《瞭望》《中国组织人事报》等中央级媒体发表，面向全国讲述"莱西党建"故事。

用汗水诠释奋斗之美
用辛勤传递美好生活

——青岛酒店管理职业技术学院宋丹阳

宋丹阳，2017 年毕业于青岛酒店管理职业技术学院市场营销专业。2017 年 10 月她任菜鸟网络科技有限公司青酒管站店员，2018 年 5 月至今任店长，承担着青岛酒店管理职业技术学院区域内的快递业务。

每天早上 7 点刚过，店里就已是一派热火朝天的繁忙景象。她与"快递小哥"们一起卸货、分拣，紧张有序。别看她是一名女孩子，做起事绝不"扭捏"，她与团队冲在工作的第一线，在她的努力下，2019 年 5 月，她的团队在全国 300 多所高校中脱颖而出，获得阿里巴巴举办的环保公益活动全国第一名；2020 年 11 月，她所在门店获菜鸟驿站最佳合作伙伴以及"双 11"最佳站点荣誉；2021 年 6 月她本人获得阿里智慧物流内训"优秀讲师"职称，为全国近万名快递从业者进行培训，并在阿里菜鸟网络全国快递行业演讲比赛活动中获得第一名；2022 年 9 月，团队参加"加油吧大学生"活动，在 300 多所高校中获得全国第一名。

一、她是快递小哥口中的"宋老板"

宋丹阳基本上没有正点下班的时候，"双 11""618"快到了的时候，每天要工作到晚上十一二点，平时快递量每天大约 1 万件，高峰时期每天 2 万件左右。她经常说："快递工作看似简单，真正做好并不容易。每天面对大量的快递包裹，分拣—入库—上架—出库，日复一日，年复一年，要做到精准投递、'零投诉'一直是我们工作的目标，每当看到老师和同学们拆开快递露出幸福的笑容，我们也感到特别欣慰，感觉这是对我们工作的一种肯定。"

几年来，无论是夏日的炎暑或冬日的严寒，她对工作的热情从未削减。她工作勤勤恳恳、任劳任怨，时刻记得公司服务标准，深受领导、同事和顾客的一致认可与好评。她每天工作都是稳中求快，尽最大努力提升客户的体验感，无论是高峰期间，还是日常送货，从未出现延误等状况。

2020 年，疫情暴发，快递行业受到了很大的冲击，更高更严的标准出台，更繁琐的工作流程开始制定，保卫学院安全，保卫师生安全，成了她每天的工作指南。包裹消杀、核酸检测、快递车辆领入单、隔离区设置、包裹静止、快递包装回收每一项工作她都要亲力亲为，她常常说："挣不挣钱是小事，校园安全是大事。"正是她这种大局观意识，使得快递驿站成为疫情防控的"安全区"，她就是校园包裹的"守护神"。

二、她是广大师生口中的"宋老师"

作为一名优秀的毕业生，宋丹阳从来没有忘记母校对她的教育与培养，基于她的菜鸟驿站平台，她与青岛酒店管理职业技术学院工商管理学院的现代物流管理专业与邮政速运管理专业合作，打造校内生产性实训基地，不但为母校提供了国内一流的实践性教学平台，还主动让师弟师妹们到站内进行技能实操，为母校在专业群建设上贡献自己的一份力量。

几年来，她的站点承接各类培训 100 多场，实践性教学参与学生近 5000 人，为学院创收近 100 万元，与此同时，她还是学院仓储物流等校内实训课程的主讲，还为"智慧树"学分课程运营服务平台录制课程，为广大物流管理专业的学生提供信息化与互联网教育资源，全国近 1 万人在线学习，点击量在 100 万以上，参与互动信息 7000 余条。她也积极参加学院组织的各项活动，学院组织的"数据赋能 电商助农"活动、大学生职业生涯规划及就业指导活动、大学生入企业"岗位体验日"活动、山东省高水平专业群建设项目等活动中，她积极参加、献计献策，为学院的发展尽力，助力推进学院发展再上新的台阶。

她默默无闻地做着喜欢做的事业，高标准、严要求地服务于广大师生，虚心接受广大师生的建议和监督，持续优化服务环境和条件，不断提升服务能力和水平。

近年来，我国快递业保持高速增长态势。这既得益于中国经济的迅猛发展，更离不开众多快递从业者的辛勤工作，宋丹阳就是其中的一位，她在快递行业与校园生活高度融合的今天，用青春和汗水传递给他人幸福，用勤劳和坚守创造着自己美好的明天。

用汗水诠释奋斗之美，用辛勤传递美好生活。她每天关注着一包一裹，一收一派，一转一运，每日往返于教室与课堂，亦师亦友；她是快递从业者，也是教育的参与者，她既是生活的守护者，也是知识的传播者；她像勤劳的小蜜蜂一样，用汗水诠释着自己的奋斗青春，同时也用辛勤劳动为每一位师生"传递"美好生活。

精进技术技能　成就大国工匠

——威海职业学院张旭阳

张旭阳，1994 年 12 月出生，中共党员，高级工程师，机床装调维修工高级技师，现任大田工业科技（威海）有限公司制造车间班长。

一、践行工匠精神，精进技能强素质

作为技能工人，他不断打磨匠心，坚守工匠精神，锻造过硬本领，不仅成为机床装调维修工高级技师，而且还获得数控车高级技师、高级程序员、电工技师等职业资格等级证书，不仅"一门精"，更"多门通"，凭借精湛技艺成为行业翘楚。他积极参加各级技能大赛，先后在 8 次国家级、省级技能比赛中获奖。

（1）2015 年参加山东省教育厅举办的山东省数控系统装调与维修大赛获得三等奖。

（2）2016 年参加教育部举办的全国飞机发动机拆装调试与维修赛项获得三等奖。

（3）2017 年参加全国机械行业协会举办的全国技能竞赛工业机械装调赛项获得二等奖。

（4）2018 年参加山东省人社厅举办的第八届数控技能大赛数控维修赛项获得一等奖。

（5）2018 年参加人社部举办的全国第八届数控技能大赛数控维修赛项获得二等奖。

（6）2018 年参加山东省总工会举办的第六届职工职业技能大赛数控维修赛项获得第二名。

（7）2018 年参加全国总工会举办的第六届职工职业技能大赛数控维修（智能车削技术）赛项获得第 7 名（一等奖）。

（8）2021 年参加山东省总工会举办的第七届职工职业技能大赛数控机床装调维修工赛项获得一等奖。

二、投身岗位创新，勇于攻关促发展

他在工作中善于钻研，勇于创新，共获得 8 项国家专利。发表论文 4 篇。他将各种发明创新应用于实际生产，优化生产工序，减少操作工人，生产效率提升，废品率下降，年节约用人成本 560 万元，产量提高 870 万元，累计年创效 1630 万元。他积极服务周边机械加工企业，维护维修机床设备，排除故障，平均每年解决问题 500 多次，使各企业及时恢复生产，不影响生产进度，累计帮助减少损失 370 多万元。

三、积极参与带徒，无私帮带促传承

他积极参与师带徒活动，在培养徒弟时，特别注重言传身教，在做好本岗位工作的同时，根据徒弟的性格、年龄、知识结构、技能水平等特点进行因人而异的教育培养，把自己的专业知识、实际经验、技能本领等一技之长灵活地、毫无保留地传授给徒弟。他工作中累计带徒 135 人，其中 68 人取得数控类高级工职业资格证书。

带领全村脱贫致富的"女娃娃"书记

——中国海洋大学阿依帕尔·艾斯卡尔

阿依帕尔·艾斯卡尔于 2017 年起任新疆克州阿克陶县巴仁乡巴仁村第一书记，自 2018 年 2 月起，兼任"访惠聚"工作队队长。在巴仁村工作以来，她始终以服务广大人民、维护社会稳定、促进脱贫攻坚为己任，爱岗敬业，忠于职守，以实干实绩赢得群众的信赖与认可。她先后荣获"新疆维吾尔自治区民族团结先进个人""新疆维吾尔自治区优秀共产党员"等称号。2020 年 10 月，她被评为"全国先进工作者"。她带领村民脱贫致富的事迹曾被《人民日报》、"学习强国"、全国妇联官微等多家媒体平台报道。

一、听党话、守初心的"海之子"

作为土生土长的新疆姑娘，阿依帕尔在校期间品学兼优并担任团支部书记，是一名优秀的"海之子"。2014 年 6 月，她从中国海洋大学毕业后，没有留在大城市工作，而是考取新疆选调生，用所学回报家乡，并主动申请到位置偏远的乌恰县牧区乡工作。她坚信在最艰苦的地方更能促进成长、淬炼成钢。因工作表现突出，她连跨两级被调入克州党委组织部工作。刚到新单位工作不满一年，她又主动向组织请缨，希望充分发挥懂双语的优势，到基层一线去。领导选派她到情况最复杂、脱贫任务最繁重的巴仁村，这一年，"阿书记"只有 27 岁。

二、脱贫攻坚的"智多星"

阿依帕尔站在人群中像是邻家妹妹一样俏皮可爱，在帮助村民致富时又变身"智多星"，发展产业、促进就业，帮助村民摘掉深度贫困村的"帽子"。巴仁村贫困发生率曾一度高达 43.3%，她也深刻感受到像巴仁村这样人口基数大的深度贫困村是脱贫攻坚中一块难啃的"硬骨头"。驻村 6 年，她致力稳岗就业和发展产业，通过争取各方资金成立一系列村办企业、合作社。她不仅壮大了村集体经济，创收近 500 万元，更是在村内解决就地就近就业岗位近 200 个，人均纯收入由 2017 年的不足 6000 元增长到了现在的近 12000 元，带领村民实现精准脱贫、增收致富。她还带着村里的妇女在江西省鹰潭市、九江市开起了"客来克州"新疆特产店，通过轮岗实践，培养出自主经营的妇女 14 名。"原来女人也能挣钱，阿书记是我的榜样，没有她就没有现在的我！"当上特产店店长的拜合提古丽激动地说。

三、为民排忧解难的"贴心人"

阿依帕尔是巴仁村群众的贴心人，是他们的女儿、姐妹、妈妈。她身上那种与生俱来的亲和力以及扎根基层锤炼出来的果敢，让人如沐春风。初到巴仁村时，她了解到许多留守儿童无人照顾，便筹资 20 万元，建立了全县第一家村级幼儿托管中心，安排 43 名无人看护的儿童入住。随后她又多方协调，争取 300 万元项目资金成立孝仁幸福大院，帮助 30 名无人照顾的鳏寡孤独老人入住幸福大院。村里的妇女说道："村里现在老有所养，幼有所托，阿书记解决了大家的后顾之忧。"提起阿依帕尔，村民阿曼古丽满是感激，2019 年 10 月，她在操作面粉机时，右手不慎卷进机器。得知此事后，阿依帕尔立刻将其送去医治，并动员干部群众和爱心人士捐款，为其凑齐了手术费，经过两次手术，阿曼古

丽的右手保住了。"像阿曼古丽这样需要帮助的情况这些年时有发生，阿书记带着我们一桩桩一件件办到老乡满意为止，办到老乡心坎儿里去！"村党支部书记曼苏尔·买买提如此评价阿依帕尔。

四、党员干部队伍的"主心骨"

阿依帕尔一直期待更加欣欣向荣的巴仁村，"巴仁村曾经是软弱涣散村，加强基层党组织和村干部队伍建设，才能带领巴仁村发展。"她上任伊始，对村"两委"班子进行"大换血"，先后吸纳 5 名优秀返乡大学生和 2 名内地招录国家干部充实到村"两委"班子。为解决村干部"不会干"的问题，她提出干部扁平化实名包户制度和网格化"双联户"制度，为农民党员设岗定责，亮身份、比贡献。在党员干部带动和努力下，巴仁村组建了社火表演队、旗袍秀模特队、黄梅戏曲演唱队和民间艺人队，村民们闲暇时有了丰富多彩的娱乐活动；家家户户有了水冲式厕所、家庭浴室；小队里的文化广场成了休闲娱乐之地，村容焕然一新。

对阿依帕尔来说，获评全国先进工作者意味着鞭策和激励。驻村以来，她用身上的汗水展现了新时代青年的使命担当，以扎根基层、服务群众的实际行动走出一条属于自己的成长奋斗之路。当看到巴仁村各民族群众像石榴籽一样紧紧抱在一起，一同追寻美好生活的和谐景象时，她明亮的双眸里，闪烁着对未来美好生活的希望，她的目光就像她的名字的含义一样纯洁而又清朗。

勇做新时代的"时传祥"

——山东建筑大学陈泉江

陈泉江，1994 年 6 月出生，现任山东斯通曼信息科技有限公司董事长。他 2020 年 12 月被山东省教育厅授予山东省第五届"山东大学十大创业之星"称号；2021 年 9 月被团省委授予""省级乡村好青年"称号；2021 年 11 月被团中央，农业农村部授予"全国乡村振兴青年先锋"称号；2022 年 9 月被教育部授予山东省"互联网＋"大赛国赛银奖。

他毕业后返回家乡创业，从事农村环保类智能化软件开发、厕改管护、粪污资源化、电商销售等业务，服务省内外农户 176 万余户，电商用户 70 余万户，中小型养殖户 400 余家，带动更多大学生回乡创业，其中仅厕改管护业务就带动当地群众就业 800 余人。公司签约种植基地 2.3 万亩，承包茶园 2000 亩，农产品产量提高了 30％以上，产品通过公司电商平台进行销售，使农民增收 1200 余万元。

公司厕改管护项目入选了 2020 年《农村厕所粪污处理及资源化利用典型模式》。项目先后获评"第一届全国厕改技术大赛"二等奖、"互联网＋大赛"国赛银奖；《大众日报》、新华网、《人民日报》等媒体多次报道。

一、返乡创业，解决民生问题

"小厕所、大民生"。党的十八大以来，习近平总书记在国内考察调研过程中，经常会问起农村厕所改造问题，详细询问村民使用的是水厕还是旱厕，在视察村容村貌时也会详细了解相关情况。一位青年大学生从这个民生问题中嗅到了商机。

2017 年，陈泉江毕业回乡后，发现农村厕所改造完成后，后续管护难的问题凸显，粪便满了没人抽，设备坏了没人修，成为农村改厕户幸福后的烦恼。陈泉江刚一回乡，便从这场"厕所革命"中看到了农村的痛点，注册成立了公司，主动与当地政府对接洽谈，承包了全县所有厕所的粪污抽运业务，专职从事厕所粪污抽取、加工、销售业务。

二、学以致用，智能化为农村赋能

陈泉江充分发挥在大学里学习软件的优势，自主开发了一套科学的软件系统免费提供给村民使用，农户有需求，可以扫码一键提交需求。同时开辟农村厕所后续管护"线上"监管渠道，通过互联网、二维码等技术，将 176 万余户农村厕所信息互联互通，形成"线上"管理平台。同时他组建厕所管护专业公司、设立办事处、建设粪污预处理点等"线下"实体平台，"线上"与"线下"平台同时运行服务，形成了"接受粪污抽取请求—安排人员处理—粪污预处理—粪污再利用—回访反馈—信息系统化"一整套完善的农村厕所后续管护平台，"线上"平台的先进性、及时性和"线下"平台的长期性、有效性得到有机结合。在陈泉江的农村厕所数字化监管平台上，时时更新着报抽数量，每天司机驾驶着吸粪车，根据厕改户的下单，穿梭在乡间小路上，将各类粪污拉到粪污预处理点。陈泉江建立的大众智能环保平台，通过数字

化手段对厕所抽粪等需求实施系统化管理，不但替当地政府解决了农村改厕后续管护难的问题，还成为农村改厕户的贴心人，使用户足不出户，就可以轻松享受方便快捷的上门粪污抽取服务。

三、变"粪"为"宝"，打造绿色循环产业链

为了对抽取的厕所粪污进行科学处理，实现资源化再利用，他通过添加生物菌对粪水进行发酵处理，再通过自己建立的电商平台进行销售。他把厕所粪污生产有机肥与绿色农业种植、电商平台推广结合起来，依托粪污处理点，签约种植大户和农户，将处理合格的粪污（粪水、干粪）销售给种植大户等用于生态有机农业种植，再通过自己公司的电商平台帮助种植大户推广销售有机农产品，形成了"厕所革命＋有机肥生产＋生态农产品基地＋电商推广"的完整产业链条，形成了良性的生态环保循环体系。

目前签约发展的种植大户，产业涵盖了茶叶、大豆、地瓜、花生、玉米等，由于有机肥的优势，生产出的产品品质好、价格高，收入随之增加；像玉米等附加值低的农产品，公司通过再加工，制成饲料以后再上平台销售，经济效益明显提高。

四、助人助己，帮助农民增产增收

对粪污实施生物资源化处理，实现了预处理点粪水资源全部回归土地再利用，提高了农作物产量，减少了化肥使用量，也提高了土地有机质养分含量，走出了一条废物再利用、资源再加工的可行之路。随着预处理点的建设，公司销售总额每年成倍增长。

"目前，平台注册用户400多万，活跃用户近200万。公司业务覆盖我市4个县区和济南5个县区，有3000多亩种植基地。今年在做好本职工作的同时，探索农村垃圾分类工作，不断扩大业务范围，推广有机肥与绿色农业种植。"陈泉江对公司未来发展充满了信心。

爱"谈心" 爱"八卦" 爱"磨人"

——山东科技大学骆海洋

"突切那……"在西藏自治区人民医院肿瘤科病房里，一名病人亲属把骆海洋的手放在额头上，反反复复地说着谢谢。这一幕发生在骆海洋入驻米吉村的第二年，当时米吉村的朗嘎卓玛身体不适，骆海洋急忙把她送到医院，挂号、做检查，为患者办理转院、联系医保、购买生活用品……他细致入微、全程陪伴，直到确定患者无大碍，才放心离开。

骆海洋，毕业于山东科技大学，在校期间曾担任班长、新生兼职辅导员等职务，获省部级及以上奖励 6 项。2017 年，他积极响应中央的号召，通过中组部西藏专项招录成为一名西藏林芝市的基层公务员。2019 至 2021 年在江达乡米吉村担任第一书记，先后被评为林芝市"第三批优秀村（社区）党组织第一书记"、林芝市"向上向善好青年"。在骆海洋的主动申请下，组织选派其驻米吉村任第一书记，为民解忧纾困成了他的工作信条。走村入户、上山进田，他成了群众口中爱"谈心"、爱"八卦"、爱"磨人"的海洋叔叔。

一、爱"谈心"，谈出一个好班子

村子强不强，要看领头羊。骆海洋深知抓好村级组织领导班子的重要性，他以定期开展党内谈心谈话为抓手，一对一跟每位村干部进行拉家常式的谈心谈话，了解其性格特点、思想动态，记录其意见建议，鼓励引导他们在财务管理、群众工作、产业发展等方面各施其能，这为引导米吉村村"两委"班子"心往一处想、劲往一处使"打下了坚实的基础。

农民要致富，关键靠支部。为了让米吉村党组织"活"起来，骆海洋狠抓党建工作，开办"红色夜校"，激发党员责任感，使村党组织焕发活力。每天晚上八点至十一点，群众的夜生活从以前在家里看电视、刷短视频转移到了新的"事业"上来。米吉村党支部以夜校为平台，在"一校四提升""三化四好"新概念的持续引领下，通过 2 期 6 个月的培训，全面提升党员的文化政治素养和致富技能，村党支部的战斗力、凝聚力不断增强。

此外，骆海洋带领村党支部组织开展喜迎国庆中秋"双节"系列活动，首次将 3 个自然村组织在一起开展文艺演出、民族体育竞技活动，参与干部群众 280 余人次，使自然村之间的隔阂逐渐消失，群众更加紧密地团结在一起。

二、爱"八卦"，扒出群众烦心事

在走访入户中，骆海洋随身拿着笔记本，每到一户就与家里大人小孩拉家常，聊"八卦"，看似工作效率低，却把群众的大小事问了个遍。骆海洋经常跟着群众去田间地头，帮群众锄地赶牛，给群众干农活搭把手的同时，不仅拉近了与群众的距离，也"八卦"到了村里很多的"一手情报"，靠着得来的"一手情报"，再逐一为群众解难题就方便多了。

他了解到村里群众冬天水管结冰、用水困难的问题，就挨家挨户了解查看，积极奔走联系县扶贫办、财政局等，先后争取资金 183 万元进行自来水改造，2019 年年底解决了全村安全饮水这一难题。得知村里农田网围栏破旧，总有牛钻空子进到田地里吃庄稼，群众的收成得不到保障，他立马带着村"两委"，顾不上脏和累，爬山、钻草测量网围栏长度，多次联系县农牧局、国土局，终于解决了近 2000 米长的网围栏问题。

针对米吉村 20 户贫困户和 4 户昌都"三岩"片区搬迁户，骆海洋积极向单位领导汇报，以"党建＋扶贫"的形式，开展结对帮扶慰问活动。派驻单位县财政局干部采用"一对一""一对二"的方式全部认领 24 户贫困群众；村"两委"班子每人认领 4 户建档户和 1 户搬迁户、驻村工作队每人认领 5 户建档户和 1 户搬迁户，实现了一户贫困多人帮扶的局面。2019 年以来，他先后组织开展帮扶活动 10 余次，为贫困户送去米、面、棉被等折算现金近 5 万元；为查出乳腺癌开展化疗的贫困群众朗嘎卓玛组织捐款 4520 元，并向县扶贫办申请解决治疗费用 2 万元，向县妇联、民政部门申请解决部分医疗费用……

三、爱"磨人"，磨出群众好生活

作为村党支部第一书记，骆海洋时刻牢记着带领全村群众打赢脱贫攻坚战的"硬"任务。在驻村工作中，他发现转变群众思想观念、激发贫困群众内生动力才是巩固脱贫攻坚成果的长久之策。

米吉村距工布江达县城不远，在走访入户过程中，骆海洋发现一些贫困户家里有剩余劳动力，就劝说他们外出务工、增加收入渠道，群众却不愿意，只想着靠虫草增收致富。恰逢虫草价格下跌时，骆海洋觉得这是劝导群众外出务工的好机会。他挨家挨户做工作、讲道理，一时说不通的，他就去第二遍、第三遍……直到群众"受不了"他为止。如今，村里的贫困户有 8 人通过转移就业过上了"挣工资"的日子，还有些开了茶馆、洗车场增加收入。

骆海洋广辟来源、多措并举，坚持农业、农村优先发展的理念，力求改善基础设施。他先后争取资金 327 万余元用于村级活动场所修缮、解决饮水用电问题、开展退牧还草项目和高产农田项目等，以加强基础设施建设和壮大村集体经济；多次与交通、政协、扶贫等部门沟通协调，争取到自治区扶贫办拨款 600 万元用于解决米吉村新建桥梁项目；申请批复了小康示范村援藏项目进行示范改造，为村集体发展增添了新的动力。

扎根边疆、建功新时代
志愿新疆、青春永无悔

——山东理工大学栾青胜

栾青胜，山东高密人，2013 年毕业于山东理工大学材料科学与工程学院，同年 7 月参加西部计划志愿者新疆专项，2015 年通过公招考试正式成为一名留疆志愿者，长期在县、乡基层开展工作，现任职新疆昌吉州木垒县木垒镇党委委员、组织委员。

一、动手干、用心看，山东小伙用激情"冲"到了边疆小城

大学毕业，栾青胜作为一名西部计划志愿者被分配至新疆木垒县规划局工作。他先后在城乡规划管理科、项目规划技术服务中心服务，熟悉了规划局大部分业务的操作流程和很多规划专业上的知识。时值木垒县城市建设大发展阶段，一批批公园广场、居民小区、商业楼宇等拔地而起，栾青胜通过自己严谨的工作风格和务实的工作作风，用年轻人的冲劲和激情，为新疆这座偏远县城贡献自己的一点光和热。工作中，他严格要求自己，虚心向同事学习请教，主动为领导、同事分忧，认真做好领导布置的任务，对群众委托的每一项业务都能保质保量地完成，赢得了领导同事和群众对这个"年轻外乡人"的认可与肯定，也换来了大家对他的关爱和鼓励。"吃饱了不想家"这是在木垒生活期间，他收获最多的一句话，每逢单位同事家中有聚餐活动都会把他"喊上去蹭饭"，这是大家对他的关心，更是为了排解他的"思家之绪"。2014 年，他获得自治区"优秀志愿者"、木垒县"60 周年县庆筹备先进个人"称号，2014 年 5 月，他被自治区团委推荐作为全国志愿者代表赴中央电视台参加节目。

二、为希望、为志愿，山东小伙为感动"留"在了山城木垒

木垒县是一座小县城，一句真诚的挽留"小伙子愿意留在木垒干吗？"他用实际行动作出了回应。2015 年，他考入新疆昌吉州木垒县住建局工作，从事建设工作质量监督和行政办公工作，负责对全县开工建设的土建项目工程进行施工质量监督检查，参与审查建设项目 45 项，参与验收的建筑有 120 余栋，所验收的项目没有发生一起违规建设问题，得到了单位领导高度认可。根据工作需要，他调整工作岗位至行政办公室主任职，承担行政办日常事务处理工作及住建局党委、行政材料撰写工作。2015 年 8 月，他被自治区团委选派作为全疆 4 名西部计划留疆优秀志愿者之一，参加自治区团委在乌鲁木齐市举办西部计划新疆专项第 12 期西部计划新志愿者现场交流会，代表留疆志愿者交流留疆经历，鼓励更多的年轻人在边疆挥洒汗水，扎根边疆建功立业。

三、为梦想、为成长，山东小伙用努力"换"来学习进步

栾青胜凭借扎实的文字功底和理论素养，通过不断地学习与努力，获得组织的认可，被调至县人民政府办公室工作。他主要从事文秘工作，先后服务县人民政府副县长和常务副县长，连续 4 年参与起草县人代会县人民政府工作报告，连续 2 年参与起草县委全会县委书记报告，获得了县领导和县政府办公室领导的高度认可。通过 4 年秘书工作的锻炼，他收获了县领导手把手的指导和培养，成了建设边疆小城新一批的骨干力量。2018 年 5 月，他被县政府办推荐参加全县为期 3 个月的中青年后备干部培训班。2019 年、2020 年连续两年他获得年度考核"优秀等次"评价。2019 年 11 月，他被县政府办公室推荐参加昌吉州党委在福建举办的党政干部学习培训班。

四、为理想、为生活，山东小伙用实干"长"在天山脚下

2021 年，他被提拔调整至木垒县木垒镇工作，任职镇党委委员、组织委员，主要负责抓好基层党的组织建设，建强基层战斗堡垒，推动各级党组织高效落实上级党委的决策部署，努力实现党的政策在村、社区一级得到落实。在疫情防控工作中，他独立研究制定镇疫情防控封闭管理方案，细化镇、社区、小区 3 级管控体系，实现了木垒镇疫情防控"零输入"。他统筹县直部门在职党员和居民党员共同开展社区联防联控，守住了"外防输入、内防反弹"的疫情防控目标。他常态化开展下沉社区入户走访工作，重点关注鳏寡孤独残等弱势群体，全体累计下沉社区开展工作超过 120 天，解决困难群众下水道堵塞、房顶漏水等各类困难诉求 300 余件，成了党委、政府的左膀右臂，成了群众生活上的贴心人。2022 年，他所在班子获得年度考核"好班子"称号，他获得公务员年度考核"优秀等次"评价。

栾青胜在工作中以高度负责的责任感，在每一个工作岗位上认真开展工作，不负党中央对青年大学生赋予的建功边疆的使命，不负组织对青年大学生赋予的志愿服务边疆的责任，不负领导和群众对其求进上进的期望。为了坚定坚决地响应党中央的使命号召，栾青胜与当地女同志结合成家，现育有 2 子。从他身上我们看到了新时代支边精神，栾青胜是千万留疆大学生中的一名，他的执着和努力，是大学生学习的榜样，未来我们希望有更多的"栾青胜"投身西部、投身边疆、投身到祖国最需要的地方去。

用一条腿"犇"跑出精彩的人生

——山东工商学院龚钰犇

一、大义：见义勇为之后，活着的每一天都是赚的

见义勇为，舍己救人——18 岁的篮球少年、风华正茂、满怀参军报国之志，上学路上突遇车祸，危急时刻奋力一推，大义舍己救同窗，痛失右腿和参军梦想，但他无怨无悔！

2012 年 11 月 3 日早上，读高三的龚钰犇搭乘同学的电动车在上学路上，一辆大货车突然朝他们急速驶来，生死关头，他奋力一把推开了同学，自己被碾轧在大货车轮下，右下肢遭受严重碾挫，骨骼、肌肉、血管神经外露，左腿也多处受伤。

他虽保住了生命，却失去了右腿和左脚的 2 根脚趾，也失去了很多原本触手可及的美丽梦想。他舍己救人的行为，在社会上引起强烈反响。著名诗人、原宣传部副部长、文化部代部长贺敬之老人为他书写"崇高青年 学习楷模"；原解放军副总参谋长李景上将为他书写"学习龚钰犇争做崇高人"。

二、自强：进入大学之后，他选择自立自强的拼搏人生

经历与死神搏斗的 7 个月后，高考如期而至，还在经历一次次大手术、仍然躺在病床上的他，忍着剧痛，毅然决然要求参加高考。在父亲和医生多次劝说要他放弃高考无果的情况下，由他父亲和医生用轮椅把他抬进考场，完成高考，他如愿考上山东工商学院。2013 年 10 月，他坐着轮椅"走"到大学门口，全校师生带着鲜花和掌声迎接他，为他喝彩加油。一段自立自强的人生旅程正式开启。

车祸前他家就靠父亲不足千元的月薪和低保维持生活，现在家里的境况更是把父亲压得喘不过气来。于是，他下决心通过创业自食其力。在老师的帮助下，他试着接触电商行业，一边学习一边创业，克服种种困难，一个项目不行就再换另一个，从一个月赚十几元钱到几十、几百、几千元钱，他从未停止自己前进的脚步。

2016 年大学毕业后，他创办了大犇网络科技有限公司，还被聘为烟台市果品总公司农特电商"双创基地"负责人，通过电商平台，销售烟台大樱桃、烟台苹果等特色农产品。2017 年"双 11"淘宝日销售额破百万。

他搭建"大犇心选"电商平台，秉承着"分享健康传递爱"的理念，经常挂着双拐亲自严选各地好物提供给顾客。他为客户分享健康生活理念，同时助力乡村振兴，帮助农民实现增收。中央电视台、山东电视台先后采访过龚钰犇。

追梦路上他不放弃任何一次机会，积极参加创业大赛，荣获"全国信息技术应用水平大赛"一等奖、山东省"互联网＋大学生创新创业大赛"银奖、山东省首届大学生医养健康创新创业大赛一等奖、烟台市第五届创业大赛二等奖，还荣获 KAB 项目全国推广办公室评选的 2019—2020 年大学生创业英雄 100 强。

三、大爱：自食其力之后，他选择扶弱济困的公益人生

感恩社会，投身公益。他时刻不忘在他急需手术费的时候，是社会上的好心人为他公益捐助；在他被伤痛折磨到"绝望"的时候，是社会各界通过各大媒体为他加油，给他带来勇气和力量。危急关头毅然将生的希望留给同学的英雄，心里从不会缺少大爱的火苗。龚钰犇积极参与各种公益活动，传递爱心，回报社会，也正是那段做志愿者的日子，让他第一次了解到孤独症。龚钰犇了解到孤独症对孩子和对家庭的影响后，坚定了要为这些家庭出一份力的决心，"我要帮助这些孩子！"

2020 年 4 月，他发起"蓝色计划"公益活动，并将创业大赛所获奖金全额捐出，用于孤独症儿童康复。2021 年 4 月 2 日世界孤独症关注日，他注册成立 NGO 组织——烟台大犇公益发展中心。

历经人生劫难的他深知孩子的身心健康对家庭、对父母有多么重要，他更深知患病儿童的家庭有多么需要来自社会大家庭的关怀帮助。截至 2022 年 12 月 31 日，大犇公益为 36 个孤独症家庭提供了 3393 次精准健康管理个案服务，带动 500 余名志愿者完成 200 余次公益活动，为 400 多个家庭提供免费的孤独症筛查，举办 15 次孤独症知识社会普及讲座，累计投入 50 余万元。龚钰犇说："如今我能重新站立起来，离不开社会对我的帮助。我只是传递者，我要把社会对我的爱传递下去，传递给更多的人。我的左脚只有三个脚趾，也许有一天我再也站不起来了，那就趁着现在还能走路多跑跑腿，把爱传递给这些孩子。公益不是一朝一夕，这件事值得我们一生去为之努力！"

龚钰犇连续三年受残联邀请，为烟台市残疾高校毕业生进行赋能培训；受邀在山东工商学院、福建农林大学、广东职业技术学院等多所高校开展宣讲活动，已为 1 万多名在校学子讲述他在基层的奋斗历程，鼓励大家学好本领、自强不息、扎根基层、服务社会。龚钰犇站起来之后的第一个 10 年，他成了那个能够创造正能量、同时也被社会需要的龚钰犇。

沂蒙女儿将最美好的青春献给祖国的边疆

——曲阜师范大学崔久秀

崔久秀生于1992年10月，山东莒县人，中共党员，2014年毕业于曲阜师范大学数学科学学院统计学专业，随即响应党中央号召，经新疆维吾尔自治区招录进疆，现任新疆维吾尔自治区喀什地区岳普湖县人民政府党组成员、副县长，十三届全国人大代表。

一、坚定理想信念，无愧青春选择

志愿奔赴边疆的沂蒙姑娘。作为一名土生土长的沂蒙山姑娘、大学生党员，崔久秀大学毕业时志愿选择从山东老家来到新疆喀什工作，背起行囊便扛起青年人的担当，成为一名新时代支边青年，从此在基层一线扎下根来。小时候因家庭经济困难差点辍学的她牢记的初心就是"让更多人过上好日子"。

把群众当亲人的乡村干部。崔久秀在乡镇、村（农场）、社区一线工作了八年，时刻提醒自己要真心实意把边疆群众当家人，把对父母的亏欠转化为建设边疆的动力，与各族群众建立了深厚感情。她主动融入当地群众，自学维吾尔语、麦西来甫舞蹈，尽心尽力为群众办实事，当地群众亲切地称她为"小崔古丽"，她以实际行动赢得当地各族群众的信任。

践行"胡杨精神"的新时代支边青年。作为新时代支边青年代表，崔久秀践行"胡杨精神"，多次参加各类宣讲宣传活动，以自己的青春经历动员、吸引大学生到新疆工作，许多高校的青年受到其事迹感染也志愿选择奔赴边疆。她的工作和行李到哪里，家也就安在了哪里，她把青春中最美好的年华留在了新疆，将新疆当作自己热爱和建设的第二故乡，在火热的一线实践中坚定政治立场。

二、聚力真抓实干，笃行为民造福

和群众打成一片的"小崔古丽"。社区工作期间，崔久秀坚持每天必须入户走访，及时发现群众困难诉求，与群众想在一起、干在一起，在朝夕相处中，成为群众的"贴心人""书记女儿"。她通过发放征求意见建议的信封广泛开展调查研究，倾听群众心声，在了解到辖区下岗职工较多，生活存在困难后，她带领辖区妇女开办下岗职工服装加工合作社，利用语言优势深入开展群众工作，协调解决矛盾纠纷，确保辖区社会稳定。她帮助辖区高中生伊布拉依木实现大学梦，从此多了一个维吾尔族弟弟。

为村民造福的丫头支书。农场工作期间，崔久秀深入到群众中，摸清辖区多年未能得到有效解决的各类困难。她帮助辖区 19 名退休职工解决多年来身份未得到确认、工资没有增长的问题，几位七八十岁的老人专门做了一面锦旗，送到了场党支部，拉着崔久秀的手说："这么多年了，我们终于盼到了这一天，党和国家没有忘记我们！谢谢帮我们挖空心思想办法、磨破嘴皮子做工作、真真正正解决问题的丫头书记！"崔久秀想方设法实现群众多年未能实现的心愿诉求，探索文明家庭评分机制，营造文明乡风家风民风，群众满意度显著提升。她经多方争取资金项目，实施了群众盼望已久的自来水、天然气、硬化路、"平改坡"房顶、人居环境改善、设施农业、十小店铺等项目，群众盖起了小别墅，安装了地暖。她在当地办"红领巾小课堂""幸福养老院"，创建农民专业合作社发展现代种植养殖业、戈壁农业，其所在农场 2019 年顺利脱贫，群众称这位厉害的丫头书记带领大家从人均收入 0.8 万元增长到 2.3 万元，农场面貌和群众精神面貌焕然一新。2021 年秋，崔久秀突然要离开农场的工作岗位，发现她正在悄悄"搬家"后，群众自发拎着葡萄、核桃，甚至是被子前来，大家抱在一起哭作一团，崔久秀到新单位工作很长时间后，还有群众到新单位来看她。

致力于"善治"的基层党务工作者。乡镇工作期间，作为分管党务的副书记，崔久秀注重加强基层组织建设，创办基层大讲堂，提高基层干部能力素质，推广"千户名人"、党员及公职人员亮明身份、"党小组之家"、积分制管理等促进基层有效治理，深入开展民族团结品牌活动，铸牢中华民族共同体意识，制作并发放群众服务连心卡，切实帮助群众解决急难愁盼问题。工作五年后，她考取了北京大学政府管理学院硕士研究生，不断完善履职尽责必备的知识体系，适应发展需要。

扛起沉甸甸责任的人大代表。作为全国人大代表，履职五年间崔久秀密切联系群众，提出议案及意见建议几十余件，开展巡回宣讲覆盖上万人，列席十三届全国人大常委会、参加全国各地代表培训和各地的集中视察、执法检查、专题调研等，联系内地选区的代表，为当地带来了大量物资和发展思路。2021 年年底，崔久秀与远在江苏的何健忠代表联系，作为爱心人士的何健忠代表向崔久秀所在的乌帕尔镇捐助三千余件衣服，两百多箱衣服从江苏空运到新疆，无偿发放给了乌帕尔镇各族群众，真正做到了"人大代表为人民，衣往情深暖万家"。江苏的欧阳华代表为疏附县寄来了南天竹的种子，联系爱心企业向新疆捐赠价值百万元的羊毛衫。崔久秀还主动照顾起了时代

楷模、帕米尔雄鹰——牺牲的拉齐尼·巴依卡代表的家人，与解放军和武警部队代表团代表联系，和两个孩子一起开展军营初体验，鼓励两个孩子心怀梦想，好好学习，长大像父亲一样，做对社会有用的人。她联系高校在疆设立石榴籽图书角，江苏大学捐赠一万册图书、建立产学研基地。崔久秀以实际行动真正践行：人民选我当代表，我当代表为人民。

三、不负群众期待，继续赶考前行

崔久秀于 2016 年 3 月荣获共青团喀什地区委员会喀什地区"争做五新青年"共青团宣讲员大赛一等奖，2016 年 3 月获得自治区共青团宣讲员大赛二等奖，2017 年 5 月获得十六届新疆青年五四奖章，2018 年 9 月被日照市文明办评为"德耀日照·系列先模"敬业标兵，2019 年 4 月被日照市委宣传部、共青团日照市委评为"新时代日照最美青年"，2019 年 5 月被山东省委宣传部、共青团山东省委评为"新时代山东向上向善好青年"。2020 年武汉暴发疫情后，崔久秀主动承担起所在农场所有家庭居家期间的疫情防控和外出物资采购工作，同时帮助温室大棚种植户联系果蔬销售渠道，抗疫期间她穿破了两双鞋子，嗓子每天都是沙哑的状态，在大家的共同努力下确保了全员平安健康，三十多户场民自发捐款一万多元，以"边疆儿女报党恩"的名义捐献到最需要的地方。2020 年 9 月崔久秀被全国妇联评为抗击新冠疫情"全国三八红旗手"，2021 年 5 月被评为喀什地区民族团结进步"先进个人"；2021 年 6 月被评为新疆维吾尔自治区"最美基层高校毕业生"，2022 年 4 月被中共中央宣传部、人社部评为全国"最美基层高校毕业生"。

如今，依然在基层岗位上奋斗的她，赢得了更多群众的信任，在新的赶考路上继续前行。秉持"让更多人过上好日子"的初心，这个沂蒙女儿将最美好的青春献给了祖国的边疆。

退伍不褪色
勇做大学生创业孵化器

——东营职业学院隋友强

隋友强，中共党员、中国人民解放军退役士兵、东营职业学院毕业生，山东商果佬信息科技有限公司董事长，东营市知行公益事业服务中心主任、理事长，曾获中国互联网新闻中心 2022 年度中国双创"创业创新典型人物"、山东省第六届十大创业之星等荣誉称号。他扎根基层创业，从田间地头到城乡社区、从基础教育到公益服务，创新打造"e 亩果园"、知行公益等品牌，业务涉及城乡 20 个社区、解决困难就业 300 余人，其中解决 55 岁以上农民工就业 88 人。他在大学生孵化园创立知行公益事业服务中心，支持青年大学生创业，累计支持 30 多个项目，先后吸引 500 多名大学生参与，培育孵化大学生企业 10 余个，先后在国家级大学生双创大赛中获奖 5 次，省级获奖 23 次，彰显出良好的带动大学生创业效应。

"农村的雨露养育了我，部队的生活磨炼了我，学校的教育提升了我——不忘初心，从哪里来，到哪里去！"这是隋友强在退役军人优秀创业典型座谈会上的发言。他这样说，恰好诠释了他的创业初衷——服务"三农"、投身公益、用科技改变生活。

一、农村情结催生创新创业梦想

2020 年，在参加退役军人自发组织的公益活动中，他发现"水果旺季，着实是果农的冬季"，由于水果旺季大量产品上市，果农手里 4 角钱一斤的梨子，到商超涨到 4 元。传统水果生产销售链冗长、损耗的弊端明显。隋友强决心发掘学校万余人的购买力，通过微信群接龙预购的方式，将滞销的 2000 斤水果在 3 天内顺利销售出去。

他创建了"学生宿舍分社区—建立团购群—团长负责分拣"的新型销售链，顺利解决了水果滞销问题。果农产品不断增多，陆续有土豆、洋葱的菜农也找他帮忙，简单的微信群接龙预购的销售方式已经无法高效、准确地完成销售任务。这时他组建团队、开发"e 亩果园"平台，把销售端向校外延伸至市内社区。团队将原本孤立的生鲜销售服务重构，开发了"线上线下＋社区团购"销售模式，显示出良好的社会效益。

他在创业孵化园成立了山东商果佬信息科技有限公司，经过一年运营，供应商覆盖东营本地水果农产品基地产业，销售业务涉及城乡 20 个社区，从线上运营到线下团长超 100 人，极大促进困难就业人员就业。项目获得全国高等职业院校"发明杯"大学生创新创业大赛二等奖，东营市创新创业大赛青年创业组二等奖。

二、军魂不断投身公益服务事业

在部队里，他参加过战备大演习 2 次，获得优秀士兵嘉奖 3 次。部队教会他一身本领，萌发了他的公益梦。退伍后，隋友强始终保持着军人优秀品质，累计组织、参与助老、助学、助农各种公益活动 60 余次。

大学期间，他发现大学生素质高、能力强、时间充裕，高校公益发展潜力巨大。隋友强觉得，公益不是一个人的事业，而是一个社会的事业，种下一个"公益梦"，从自身开始，从一个人影响到几个人，从几个人影响到一群人，把公益文化带入高校、带到大学生生活中去。在学校的支持下他创办了知行公益事业服务中心，总部设在大学生孵化园，先后吸引 500 多名学生参与公益活动。大学生也通过公益教育与实践，不断反思、修正自己的人生定位与理想追求，增强社会责任感。他在中心下设大学生创业基金，发掘有潜力的大学生创新创业项目，让大学生在创业路上少走弯路。获得iCAN 全国大学生创新创业大赛总决赛一等奖的项目负责人刘婧说："在学哥支持下，我们团队更有信心、项目更接地气，设计起来也更大胆。"他累计支持 30 多个项目，获得国家级大学生双创大赛获奖 5 次，省级获奖 23 次。

三、转化成果坚信科技改变生活

军队历练了他的意志、学校丰富了他的知识、创业经历更是开拓了他的视野，2021 年他决定再"创"一把。东营城市环卫市场化改革进程加速，环卫业务横纵向一体化发展，由传统居民生活服务的社区空间转向公共市政服务的城市空间，市场参与主体也越发多元化。在充分考察市场和分析团队优势后，他确定"与知名企业合作—技术转化提升服务能力—打造智能平台"的新型智慧城市环卫服务发展路线。他成立济南绿净园保洁有限公司东营经济开发区分公司，2 年来，公司中标、承担政府道路保洁管理等项目，顺利完成山东省科技惠民计划项目——城市生活垃圾资源化利用技术成果转化 3 项。

回顾自身的经历，隋友强说："学校里的创新创业经历，是我敢闯敢创的动力源泉，我由衷感谢学校的支持、老师的培养！希望更多的大学生在创新创业中增长智慧才干，在艰苦奋斗中锤炼意志品质，把激昂的青春梦融入伟大的中国梦之中，活出青春该有的模样！"

青春之花

之花

绽放基层

高校毕业生基层就业卓越奖学（教）金
人物事迹（2022年）

教育部学生服务与素质发展中心　组编

‖下册‖

北京师范大学出版集团
BEIJING NORMAL UNIVERSITY PUBLISHING GROUP
北京师范大学出版社

河南省

积极发挥职业发展教育引领
做基层医疗卫生工作的引路人
——新乡医学院教师李杰

李杰系就业创业指导专业教授，硕士生导师，长期从事职业生涯发展与就业创业指导的教学和研究工作，先后被聘为河南省科技创新创业导师和河南省首批大学生就业指导名师，入选河南省高等学校青年骨干教师培养对象和河南省大中专学校就业创业专家库成员等，先后荣获河南省大学生创新创业训练计划卓越成就奖、河南省毕业生就业工作先进工作者、河南省职业规划设计大赛最佳工作者、河南省职业生涯规划设计大赛优秀指导教师、河南省"互联网＋"创新创业大赛优秀指导教师、河南省高校优秀就业创业类学生社团辅导老师奖等荣誉。

为师之道，首在师德。从站在职业发展与就业指导讲台的第一天起，他就把教师这份崇高的事业视为自己的生命，立志为师，勤奋敬业，为学勇攀高峰。20年来，他扎根职业发展与就业指导教学科研一线，恪守从教初心，全面贯彻党的教育方针，落实"立德树人"根本任务，履教书育人之责、践传道授业之行，做"四有"好老师，努力培养社会主义合格建设者和可靠接班人。

一、矢志初心、默默耕耘，做党的教育事业的"铺路石"和"老黄牛"

李杰始终爱岗敬业、甘于奉献，淡泊名利、严谨治学，从未出现过教学差错和事故，赢得了同事的信任和学生的尊重，5次学校考评教学质量考核优秀，历年学生测评优秀率在98％以上，学校挂牌建设"李杰创新工作室"。

自2019年他担任创新创业学院副院长以来，作为学校职业生涯发展教育学科带头人，申报"大学生就业指导与职业素养（医学院校）"获批河南省一流本科课程，申报"大学生职业发展规划与就业指导"被认定为河南省本科高校课程思政项目建设样板课程，先后申报获批河南省虚拟仿真实验教学项目重点项目、校外大学生创新创业实践基地等省级教学质量工程9项，申报全国首家医学院校的职业生涯发展教育二级学科硕士点和全国高校毕业生就业能力培训基地两个国家级平台，为学校的职业生涯发展教育学科建设、课程建设和梯队建设等作出了奠基性贡献。

二、面向基层、以国为家，做基层医疗卫生人才的
"设计师"和"引路人"

李杰始终注重教育引导学生成为具有浓厚家国情怀、医德高尚、技术精湛的医学

卫生人才。学校 2010 年成为全国首批农村订单定向医学生培养高校，承担了河南省农村订单定向免费医学投放计划一半以上的培养任务。他依据定向医学生成长目标和培养特点，起草了职业生涯发展方案，并进行"5 年本科培养＋3 年执业医师规范化＋3 年乡镇基层医务工作"累计 11 年的学生职业发展教育和职业发展引路护航工作：入学之初注重激发"为家乡、为人民服务"的责任感和获得感，种下"用得上"的思想萌芽；在校全过程重点培养对临床专业知识的兴趣，提升临床逻辑思维能力，助力"干得好"的专业技能；毕业季和规培期积极选树典型、宣扬先进，追随榜样"冲在一线、扎根基层"，坚定"下得去"的信念决心；工作后开展中长期追踪和护航引领，帮助解决职业发展困惑，扩大社会影响力，增强职业自豪感，成为"留得住"的深根良木。学校共为基层乡镇卫生院培养了 1458 名临床医生，先后 6 次被河南省卫计委授予"农村订单定向医学生招生和培养工作先进单位"。毕业生中涌现了一大批优秀基层医务工作者，23 人被表彰为河南省十佳订单定向全科医生（全省 50 人），103 人被表彰为河南省优秀订单定向全科医生（全省 167 人）。就职于河南省永城市陈官庄卫生院的定向医学生张毛帅，优秀事迹被中央电视台报道；2015 年毕业生杜思远，2018 年执业医师规范化培训结束后到南阳市宛城区汉冢乡卫生院工作，扎根基层，从一名乡镇卫生院医生做起，通过健康扶贫、基本公共卫生服务、创建急诊科、健康科普、疫情防控救治以及医防融合等工作，深受辖区居民信赖；指导免费医学生定向生柴孟娇获 2020 年河南省大学生职业生涯规划大赛金奖，成为毕业生扎根基层、服务社会的典型。

三、潜心治学、广育桃李，做学生敬仰爱戴的"大先生"和"教书匠"

李杰始终秉持就业育人理念，强化就业育人实效，坚持为人师表、春风化雨，以学生为主体，时刻关注学生成长、关心学生生活，做学生的"人生导师、学习教师、生活良师"。他根据学生的兴趣点设计教学内容，激发学生的主观能动性，时刻关注学生成长，以学生为主体，积极引导学生将自身职业发展主动融入国家需要和社会发展。指导学生获大学生职业生涯规划大赛国赛二等奖 1 项，省赛金奖 2 项，个人获河南省大学生职业生涯规划大赛优秀指导教师；指导学生获中国国际"互联网＋"大学生创新创业大赛国赛铜奖 2 项、省一等奖 7 项，个人累计 7 次获河南省优秀创新创业指导老师。

四、砥砺不懈、笃行致远，做职业发展教育
教学改革的"思想者"和"践行人"

李杰积极投身职业发展与就业指导教育教学改革，不断完善课程体系建设，优化课程设计，提升教育教学质量。他主编出版了 3 本河南省"十四五"普通高等教育规划教材，大学生职业规划、就业指导等教育教材实现系统化。他主持的"高校创新创业教育的协同育人机制模型构建研究与实践"获河南高等教育教学改革研究与实践项目一等奖，项目研究成果应用于 12 个省(市)的 19 所高校。他创设新乡市唯一职业规划与就业创业指导研究的市级重点实验室和"新乡医学院北斗领航职业生涯咨询工作室"等 7 个职业发展与就业指导教学研究和服务平台，获批建设"河南省高校就业创业指导李杰团队名师工作室"，在教学引领、理论研究、课程研发、培训指导、咨询服务等方面起到了示范引领作用。

以免费医学定向生培养为重点的基层医疗卫生队伍建设，对改善城乡居民健康水平具有重要作用，是健全基层医疗卫生服务体系、提高基层医疗卫生服务水平的基础工程，基层医疗卫生工作任重道远，路在脚下。

打牢底色 诠释本色 彰显特色
用心用情用力做好毕业生就业
服务工作

——洛阳师范学院教师刘振中

刘振中，中共党员，现任洛阳师范学院国土与旅游学院党委书记，就业指导副教授。2006年7月他参加工作以来，先后任职于学生处就业中心、招生就业处、国土与旅游学院，始终聚焦"就业"这一永恒课题，致力引导学生坚持"就业第一"的理念，进行科学的职业生涯规划和就业创业指导，扎根基层，服务一线。他坚持以习近平新时代中国特色社会主义思想为指引，深入贯彻落实党的教育方针，始终坚持为党育人、为国育才的初心使命。

他参与探索农村小学全科教师的"洛阳模式"，得到教育厅充分肯定并向全省推广，引导200余名同学积极到新疆等边远地区就业，300多名毕业生考取农村特岗教师。他主持参与省部级就业创业项目10余项，撰写大学生就业相关论文15篇，获聘河南省高校就业创业工作专家库专家，获洛阳市优秀教育工作者称号。

一、打牢政治底色，做毕业生就业指导的"明白人"

刘振中深入学习习近平总书记关于就业工作的重要论述，树立"就业是永恒的课题"的思想认识，坚持把毕业生就业工作视为一项重大政治任务，不断增强引导学生转变择业就业观念，助力其找准定位，踏踏实实实现人生理想的主责意识。他积极钻研国家、省市大学生就业创业一系列支持政策，帮助学生迈好走向社会的第一步。他热爱、忠诚于党和人民的教育事业，团结同志，关爱学生，教书育人，为人师表，深耕业务，踏实勤奋工作，高质量、高标准完成分配的就业创业教学、科研等任务。

刘振中坚持"四有"好老师标准，积极参与学校组织各项活动，有强烈的集体荣誉感。2014年他获得洛阳市"优秀教育工作者"荣誉称号，近年来，先后获洛阳师范学院"优秀共产党员"、"创青春"大学生创业大赛"先进工作者"、征兵工作"先进个人"、"优秀教育工作者"、"文明教工"等称号。

二、诠释师者本色，做毕业生就业帮扶的"服务员"

刘振中扎根基层，服务一线，在学校招生就业处工作11年，在院系工作5年，有着丰富的就业创业工作实践和科研经验。在招生就业处工作期间，他曾参与探索了农村小学全科教师的"洛阳模式"，并组织招生录取工作，得到河南省教育厅充分肯定并向全省推广；建立健全学校就业工作的各项规章制度，如《洛阳师范学院毕业生就业工作量化考核办法》等实用政策，给毕业生提供了更加完善的服务。

2013—2017年他负责全校大学生职业规划、就业指导和创新创业课程安排与实施，通过多种形式的毕业生就业指导活动，引导毕业生学习领会"只要有志向就会有事业，只要有本事就会有舞台"的精神，转变就业观念。他授课过程中注重以人为本，能够从当代大学生实际出发，认真研究大学生就业指导教育教学的规律，采用辩论赛、演讲比赛、读书观影分享会等令学生喜闻乐见的方式开展教学工作，结合学生的专业特点，帮助其切实将理论知识与实践内容相结合。学生专业技术水平有较大提高，他所授课程广受学生好评。

在国土与旅游学院工作期间，他实施"国旅生涯论坛"，联系校外专家学者、知名企业家、创业成功人士、优秀毕业生等为学生进行职业生涯规划指导。他针对各年级学生不同特点和需求，全面布局，整体谋划，将生涯规划和就业指导贯穿始终，确保学生高质量就业。他利用课下谈话、心理辅导、宿舍走访等方式，引导毕业生立足当前，着眼长远，成为既能脚踏泥土，又能仰望星空的实干家，实现了面向基层就业的毕业生人数稳步增长的目标。

他通过多种途径积极拓展学院毕业生就业市场，先后走访上海、南京、苏州、新疆等地的70多家用人单位，每年组织多场校内人才招聘会，联系多家单位来校招聘毕业生，及时解决应届毕业生的就业与实习问题。近年来，学院毕业生就业率保持在95％以上。他每年对口帮扶指导2～3名就业困难同学，多次进行一对一谈心指导，成功指导他们考取公务员、特岗教师，在本专业行业领域落实就业。

三、彰显科研育人特色，做毕业生就业规律的"探寻者"

刘振中深耕大学生就业、思想教育科学研究等领域，不断提升做好毕业生就业服务工作的科学性、针对性。近年来，他主持完成就业创业相关省部级课题3项，参与完成省部级科研课题5项；主持厅级科研课题4项。他独著发表就业创业有关论文15篇，获河南省大中专院校就业创业教育与实践研究研究成果一等奖1项、优秀论文一等奖3篇。

他深入开展社会需求调查和毕业生就业状况跟踪调查，充分吸收用人单位和毕业生反馈的意见建议，推动学院优化专业设置，提高人才培养与社会需求的契合度。他主持完成了《专业调整与设置的价

值取向——基于我校招生就业现状的分析》专业咨询建设报告和《专业发展十问——基于招生、就业视角的反思》的调研报告和分析，积极引导10余人次青年教师参与就业创业研究工作，2013年5月获河南省第一届高校"优秀就业创业类学生社团辅导老师奖"。

无怨践行初心　倾情奉献就业

——济源职业技术学院教师雷玉梅

　　雷玉梅老师是坚守一线就业工作岗位的躬行者，作为一名就业指导教师，她深入贯彻落实党的教育方针，始终坚持为党育人、为国育才的初心。她爱岗敬业、以校为家，带着对教育事业的神圣感和使命感，立足岗位、执着追求，以饱满的工作热情，扎实的工作作风奋战在就业工作第一线，并以丰硕的成果和一流的业绩赢得社会各界的赞扬和敬佩，在就业创业工作中起到了示范引领作用。

一、恪尽职守，勤勉尽责，毕业生就业指导的优秀服务者

　　就业是最基本的民生，充分就业牵扯到了千家万户，关系到了社会的方方面面，它既是最大的民生工程，也是整个社会发展的关键支撑。雷玉梅老师作为在就业创业教育方面深耕多年的实践者，积极引导和鼓励毕业生面向基层就业，深入农村、扎根基层。她不断完善人才培养方案，制订切实可行的就业指导教学大纲，加强就业育人，提升大学生的职业认知感和职业能力，增强毕业生到基层就业的荣誉感和责任感。为了给学生提供更准确的就业信息，她搜集整理了大量资料，积累了丰富的实践经验，通过开展"互联网＋"就业指导公益课、就业创业讲座、求职简历、面试技巧、心理疏导、职业咨询、访企拓岗、直播带岗、精准帮扶等，广泛宣传"三支一扶""西部计划""特岗计划""参军入伍"等国家就业政策。同时，她用心用情挖掘基层就业的典型人物和事迹，通过榜样示范引导毕业生将个人价值理想融入党和国家需要，使毕业生深入基层、扎根基层、建功基层。

　　2019 级应用化工技术专业校企合作班学生李志远，由于对所学专业不了解，一度陷入迷茫，不知道该如何择业。后来，他通过学习雷玉梅老师主讲的"职业规划与就业指导"课澄清了职业认知，定期到企业实习实践，毕业时选择到校企合作企业工作。李志远扎实的专业基础和吃苦耐劳的精神，得到了企业的肯定，很快成为了优秀的化验员。李志远回乡到基层就业的典型事迹被《济源日报》、河南卫视等媒体宣传报道。

　　张喜平是 2015 年首届中国"互联网＋"大学生创新创业大赛总决赛"互联网＋鸡蛋"参赛项目银奖的获得者。他创办的沁河滩农村合作社，帮助山区农户解决了散养鸡蛋滞销的问题，带动就业 1200 余人。张喜平深有感触地说："如果没有学校提供给我创业实践的机会，没有雷老师对我精心的指导，就不会实现我的创业梦。"

　　在高校就业创业工作中，在历届"互联网＋"大学生创新创业大赛、职业规划大赛中，学校因组织有力，成效显著，曾多次被河南省教育厅授予"优秀组织单位"称号，

学校的就业创业工作经验多次在河南省就业创业活动中作为典型推广，并荣获全国毕业生就业典型经验高校(50强)、全国创新创业典型经验高校(50强)，河南省首批深化创新创业教育改革示范高校等称号。作为一线就业创业工作者，雷玉梅老师总是通过赛课融合、精准指导、帮助学生不断增强职业规划意识和创新创业精神。面对不同的学生，她采用灵活方法，因材施教，培养了像李志远、张喜平等一批批的毕业生勇于深入基层一线干事创业，在各自的岗位上奉献着青春。雷老师也因贡献突出，先后荣获校级、市级、省级、国家级优秀指导教师称号。

二、以校为家，爱生备至，在校学生 人生规划的引路人

雷玉梅老师爱校如爱家，爱生如爱子。在职业咨询中，她带领着团队教师深入学生中，对学生进行耐心讲解和实例示范。2020级美术专业(书法方向)的陈晨晨同学，是一名来自漯河的农村女孩，她十分喜欢书法，从小的梦想就是要当一名乡村小学教师。2021年，她积极参加学校组织的职业规划大赛，由于她性格内向，不善于表现，雷玉梅老师就利用周末的时间带领她深入幼儿园、小学进行岗位实践并从材料整理，综合演练等方面对陈同学进行训练，最终，陈晨晨同学荣获省赛银奖。她常说："雷老师教导我，努力的你难免会经受挫折，但努力的你终究会胜出。"

三、砥砺奋进，勇毅笃行，名副其实的就业创业领军人

雷玉梅老师认真研究国家就业创业政策，在教育教学工作中，她带领教师团队积极开展教研教改工作，促进了教研室各项工作的提升。她带领的职业指导教研室被学校评为优秀基层教学组织，多次被评为学校"五一巾帼奖"先进集体。她教科研成果丰硕，主持及参与编写《大学生职业规划与就业指导》等教材10余部，专著2部；发表就业创业相关论文30余篇；主持或参与各级教科研项目40余项；获得各类成果奖40余项；主持的"创新创业基础"在线精品课程，被评为"河南省高校就业创业金课"。

"为了学生的一切、一切为了学生"是雷玉梅老师恪守的信条，对工作的无限深情和忘我投入是她不变的初心和责任。也正是在这平凡的工作中，在基层就业创业的这片沃土上，她挥洒汗水，用心、用情、用全部的心血，默默无闻地奉献出大写的青春和人生，时时刻刻传递着独具魅力的光和热！

擦亮青春底色　贡献青春力量

—— 郑州大学张开鹏

张开鹏，1990 年 4 月生，中共党员，新疆克州阿图什市委宣传部副部长，幸福街道北山社区第一书记。在他的带领下，格达良乡库尔干村成功脱贫，并入选新疆维吾尔自治区"乡村振兴示范村"，他在 2022 年 5 月荣获克州青年五四奖章。

"我不后悔来到新疆，我很高兴能被村民称为'地道的新疆人'。"张开鹏面对记者采访时骄傲地说道。

2019 年，张开鹏选择辞去高校教师工作来到克州阿图什市，成为格达良乡的一名基层干部，他甘当公仆，无怨无悔。

在工作期间，有着军营经历的张开鹏靠着勤劳务实的工作作风，很快就融入群众当中，并被大家亲切地称呼为"地道的新疆人"。2021 年，在群众的推荐和组织的提拔下，张开鹏成为格达良乡的副乡长，并在 2022 年 5 月荣获克州青年五四奖章。

作为内招生，刚来到阿图什，张开鹏就和同批次的同事一起在州党校进行了为期三个月的基层干部培训。培训期间，张开鹏主动担任班长，认真学习理论知识的同时，帮助教师做好班级管理工作，积极向同学分享基层工作的方法和经验，获得了州党校颁发的"优秀学员"荣誉证书。

"培训结束后，组织让我们填写分配意向表，我没有填，而是请求组织把我分配到条件艰苦的地方，只有经受艰苦复杂环境的锻炼和考验，才能练就过硬的本领，所以我就到了格达良乡提坚村。"张开鹏说。

在提坚村，张开鹏主要负责村委会办公室工作，他将先进的文化知识传播给同事，把电脑操作技巧教给大家，并进一步创新了工作制度。后经组织考察，张开鹏被推荐到库尔干村担任村支部书记，他也是当时格达良乡第一批被任命为村党支部书记的内招生。

"库尔干村既是格达良乡的中心村，又是一个拥有 4000 多户居民的大村，那段时间我的压力很大。"张开鹏说。白天，他奔走在田间地头，倾听群众的心声；晚上，他挑灯夜战，研究村子发展思路。

让乡村产生变化先从村容村貌开始。经过一段时间的摸排，张开鹏对全村进行了规划，带领大家干的第一件事就是人居环境整治，发展庭院经济。2020 年，库尔干村下大力气建设美丽乡村，争取项目资金 1000 余万元，地面硬化 9 万余平方米，受益群众达 925 户，同时将 6 小队 40 余户集中连片点打造成库尔干村"美丽庭院"示范点。他们对房前道路、基础设施进行改造，在每户门前建造花坛围栏，支持村民在花坛内种植瓜果蔬菜，美化环境的同时拓宽增收渠道。那一年张开鹏收到了群众送的第一面锦旗。

　　"道路硬化后，下雨天地上不滑了，门前修好了菜园子，我们在家门口就可以吃到自己种植的蔬菜水果，志愿服务队还定期过来和我们一起打扫卫生，美化村容村貌，这些都离不开张书记的领导，他是好样的。"谈到张开鹏，库尔干村村民努尔阿利亚·艾尼瓦尔总是笑着竖起大拇指。

　　这一年，在村"两委"和全体村民的努力下，库尔干村贫困转移就业 929 人，棉花产量达 80 万公斤，产值约 960 万元，村集体收入 17 万元，农民人均年纯收入 7382 元，库尔干村被评为格达良乡优秀村。

　　"我很喜欢到村民家里面去做客，在了解大家诉求和困难的时候，也看到了大家身上发生的变化，大家经济收入更高了，精神面貌更好了，我相信只要勤劳肯干、脚踏实地，就一定能闯出新天地。"张开鹏说。

　　因工作表现优异，2021 年 1 月，张开鹏被提名为格达良乡副乡长，他身上的担子大了，工作也更忙碌了。

　　成为副乡长后，张开鹏大胆尝试，借助网络平台，在向广大群众宣传党的政策的同时，也对外讲述着格达良乡方方面面的变化。很多长期在外工作的格达良老乡看到视频后，都在留言区感慨格达良这些年变化很大，这些评论大大地增强了他好好工作的信心和决心。

　　张开鹏说："看到视频的还有我郑州大学的校友，今年 4 月校友向阿图什市农民专业合作社捐赠了电、气两种馕坑 27 个，价值 15 万元。我衷心感谢他们的善举，希望以后帮助我们格达良乡发展的人会越来越多。"

　　作为库尔干村的包村领导，张开鹏还身先士卒带领村民一起开展环境整治行动，改善农村人居环境，建设美丽乡村，努力实现房前美、屋后齐、室内净、环境优的农村人居环境，让乡村更美丽，让各族群众更有获得感、幸福感。如今库尔干村既是乡里的环境整治示范点，也是乡村振兴示范点。

　　他在 2022 年到市委宣传部任副部长，指导全市运用新媒体走好网上群众路线，效果显著。目前，全市 117 个村社区均运用新媒体开展工作宣传，极大凝聚了人心。

　　"奋斗是青春最亮丽的底色，今后的工作中，我将继续把基层作为最好的课堂，把实践作为最好的老师。"谈到今后工作想法时张开鹏说，要将个人奋斗的"小目标"融入党和国家西部事业的"大蓝图"，为老百姓多做实事好事，贡献青春力量，在新时代新征程上留下无悔的奋斗足迹，擦亮"青春底色"。

雪域高原上的热血青春

——河南农业大学陈龙辉

什么是青春的底色？是迎难而上的坚持，是勇于担当的责任，抑或是为民服务的信仰？"很荣幸，我的青春有雪域高原的印记。"陈龙辉说。

2016 年的毕业季，年轻的陈龙辉把目光投向西部。在西藏林芝市，他先后到巴宜区布久乡人民政府、八一镇政府任职，现任巴宜区人民政府办公室副主任、外事办主任。几年来，他历经了基层的锻炼、实践的检验，青春和格桑花一同绽放。他和民族干部组成了民族团结家庭，被评为首批林芝市民族团结进步模范家庭，个人获评 2019 年全国第二届"闪亮的日子——青春该有的模样"大学生就业创业典型事迹。

一、守"初心"，正"人民至上"之底气，践行"沾泥土带露水"的青春誓言

2020 年，陈龙辉主动申请到布久乡甲日卡村担任第一书记。他时刻牢记为民办实事解难事，获批林芝 500 千伏变电站争取水源地改造项目，解决饮水浑浊问题，项目帮助 300 余人次转移就业；为 2 户"三类人员"，争取资金 4 万元进行危房改造，争取 2 个工作岗位促进增收；积极向上级单位争取乡村振兴项目，开展葡萄、草莓种植培训 5 次，帮助销售草莓 500 斤，实现 8 户草莓种植户增收 17 万元。当农牧户将红红的草莓递到他的手中，这份甜，是他升腾着的青春火焰。陈龙辉还邀请熟悉"三农"工作的领导、专家走进田间地头讲解"三农"政策理论、强农富农惠农政策、特色农牧和园艺产业发展、民族宗教政策、农牧区基层维稳等方面的知识。他最终争取总投资 2000 万元的乡村振兴项目落地实施，让各族群众的获得感成色更足、幸福感更可持续、安全感更有保障。从一无所有到摆脱贫困，再走向富裕，忆苦思甜，更念党恩。"没有中国共产党，就没有社会主义新西藏"，这句话就写在家家户户比蜜还甜美的日子里。

二、守"臻心"，正"奋斗当时"之朝气，引燃"击水三千"的青春豪情

2022 年，西藏突发疫情，正在休假的陈龙辉主动返岗，眼看着医务人员紧缺，陈龙辉主动作为，在组织安排的包 1 个村基础上扩大为 3 个村，涉及 5 个自然村，他将核酸检测点设在群众最需要的地方，而自己每天长线奔波，起三更、睡半夜，披星戴月；在市人社局跟班学习期间，因人手紧缺，他一人负责人才引进、三支一扶、自主择业干部服务管理工作和公开招录、干部调动、借调等大量工作，正值高考前夕，为了保证在藏干部子女证明能及时开具，他 24 小时待命，毫无怨言。这就是陈龙辉，作为一名基层干部，处于西藏改革发展稳定最前沿，成为党的路线方针政策的具体落实者，

肩负着推动改革发展、服务各族群众的使命职责。他时刻注重以李元敏、朱仁斌等基层一线涌现出来的时代榜样为标杆，甩开膀子大胆实干，迈开步子踏实肯干，俯下身子埋头苦干，永葆攻坚克难的决心和勇气。这些年，他田间地头搞调研、四处奔走联络资源、不厌其烦做群众思想工作，他是大家眼中的"好青年"，而扩音的喇叭、御寒的棉衣、一本本随感诗篇、一页页家书日记……见证的正是他吃苦、战斗、忍耐、团结、奉献的林芝岁月。

三、守"匠心"，正"干事创业"之志气，舒展"我和我的雪域高原"的青春模样

2018年以来，陈龙辉潜心于党建工作、文件阅办、会议筹办、办公室材料撰写等，交出一份亮丽的工作成绩单：完成督查专报10余篇、通报8篇；设立监督举报电话和网络监督举报信箱，办理信访举报线索80余起；制定《林芝市委进一步改进作风狠抓落实百名义务监督员选聘方案》，做好义务监督员意见建议转办工作，办理意见建议100余条；撰写信息简报、典型事迹材料6篇，被西藏自治区党委办公厅头条采用3篇、《西藏日报》采用2篇。"老西藏精神的滋养，让我在面对困难时意志更坚定，面对复杂问题时头脑更清晰。这是对党性和能力难得的历练，这是高原独有的精神馈赠。"这精神，是特别能吃苦、特别能战斗、特别能忍耐、特别能团结、特别能奉献。而塑造了、传承着这些精神的人们，是吃苦的人、担当的人、奉献的人，是一茬接一茬、一代接一代富有青春活力和担当实干的陈龙辉们。他们扎根雪域高原，舍小家成大家，切实发挥青年干部的"头雁效应"，带领各族人民像"茶和盐巴"一样紧紧团结在一起。他是这样想的，也在这样身体力行当好民族团结的"引种者""播种人""育种员"。他与民族干部晋美拉姆在工作中相识、相知、相爱，喜结连理，育有一女，得到同事们的衷心祝福。

入藏漫漫青春路，有风有雨，更有光。2021年，布久乡甲日卡村的驻村工作结束，这一天是他与"新"书记交接的日子，得知消息的乡亲们，拎着自家农产品前来送行，400多天的朝夕相处，村民们早已把他视为村里的一员，分别时，阿佳为他献上哈达，

这位几近 1 米 8 的大男人早已哭成泪人儿。此后，他与村里群众一直保持着联系。

千里来疆岂惜身，情牵梦绕是扶贫。他年忆此应无憾，曾作昆仑逐梦人。陈龙辉将一如既往地坚定信仰再奋斗，担当实干再拼搏，深入扎根、不忘初心，做"靠得住、留得住、下得去、用得上、干得好"的边疆青年筑梦人。

扎根基层 让青春在奋斗中闪光

——河南牧业经济学院朱贺

朱贺，中共党员，河南范县人，2019年7月毕业于河南牧业经济学院动物药学专业，现任西藏自治区那曲市聂荣县下曲乡桑玉村大学生村官。大学毕业时，朱贺放弃了辛苦经营的创业项目，注销了自己的公司，同时也放弃了在郑州就业的机会，怀着满腔热忱来到了藏北羌塘草原聂荣县，他用足迹丈量着桑玉村的土地，用行动书写着最美逆行的青春故事。

一、扎根聂荣，绽放青春理想

志不求易者成，事不避难者进。基层是青年淬炼成长的试验场，是磨砺青春的理想国。初到工作岗位，朱贺就被组织分配到县委组织部，他虚心求教、勤奋好学，很快成了部门的业务骨干。2021年4月，他主动向组织申请，希望能够到基层最前沿发挥作用，去面对面接触群众，去硬碰硬解决困难，去实打实作出成绩。经组织批准，朱贺担任聂荣县下曲乡桑玉村大学生村官。每当别人问起朱贺为什么选择进藏工作同时又选择艰苦的驻村工作时，他总是自豪地回答："人总是要有点精神的，精神不是在温室里养育出来，而是要在艰苦的环境中，通过实干苦干磨炼出来的。"朱贺的职业选择，诠释了当代青年的理想信念与家国情怀，让青春之花绽放在祖国最需要的地方，在雪域高原书写青春赞歌。

二、创新务实，谱好乡村振兴曲

刚到村里工作时，由于朱贺不懂藏语，为尽快摸清村里情况，他就挨家挨户走访调研，建立了"一户一档"，掌握第一手的资料。通过近两年的驻村工作，朱贺在村中团结带领全村牧民群众，以"团结友爱、群众增收"为主线，以改善基础设施为根本，以民族团结为催化剂，打好"党支部凝聚力建设、群众意识形态教育引导、自然村道路实施、人工种草示范、文明家庭评选、尊师重教氛围营造、民族心连心桥梁搭建、固有生活方式转变、全心全意为民办实事"等九项组合拳，全村群众爱党爱国意识进一步增强、精神文化生活进一步丰富、基础设施进一步改善、民族团结进一步融洽、增收致富基石进一步夯实。

（一）基层党建作抓手，乡村振兴促团结

朱贺以建强支部堡垒为抓手，充分发挥好党建统领作用，形成业务提质、经济增速、群众满意的工作格局。一是带领广大群众深入学习贯彻习近平新时代中国特色社会主义思想、习近平总书记关于西藏工作的重要论述和新时代党的治藏方略。二是结合实际制订班子分工计划，增强党员干部的凝聚力和向心力，带领村"两委"走村入户60 余次，用心、用情解决群众的问题，切实做到按规定办事、用制度管人。三是以"两学一做""四讲四爱""不忘初心、牢记使命"教育常态化等活动为契机，切实提升村党员干部的党性意识和政治修养。四是以身作则，勇于担当奉献。朱贺用自己的工作补助经费 2 万余元为群众购买修路和防抗灾设备，为村民印刷发放政策法律法规和国家通用语言文字学习资料，对村中贫困户、村干部、老党员进行慰问，在疫情防控期间购买消毒液、口罩等抗疫物资，一直忙碌在抗疫工作一线。

（二）为民办事敢担当，践行初心作表率

在工作中，朱贺始终把为民办实事放在首位，坚持将服务群众、造福群众作为基层工作的出发点和落脚点。一是恢复糌粑加工厂生产运营。桑玉村糌粑加工厂因诸多原因已经停产，朱贺到村任职以后，带领群众改变经营模式，寻找县敬老院、学校食堂作为销售渠道。从购买青稞到糌粑销售，全程跟踪服务，两年来共盈利分红 10 余万元。二是发展壮大养殖场规模。朱贺结合大学所学专业知识为桑玉村养殖场经营出谋划策，经过发展壮大，桑玉村养殖场已由 168 头牦牛增加至 242 头，两年分红 40 余万元。三是解决就业岗位，增加群众收入。在朱贺的带领下桑玉村合作社的三个合作组织都在向上向好发展，不仅为全村群众提供了 46 个就业岗位，还为 72 户 363 人提高了收入，人均分红由 317 元提高到了 676 元，两年实现了分红翻番。下曲乡党委书记高世忠说："朱贺同志是一位很负责任的驻村干部，他总是想群众之所想急群众之所急，自从驻村以来，积极发展村集体经济，在他的带领下，现在的桑玉村合作社办得有声有色。"村民富了，腰包鼓了，群众更加紧密团结在党组织周围。

工作以来，朱贺的工作心得是：驻村干部要把所驻的村当作自己的家，要听民言、知民情、解民难、助民富。大学生村官工作尽管困难，但他依然坚守着自己的理想追求，并用自己的实际行动践行着"艰苦不怕吃苦、缺氧不缺信仰"的精神。踏实肯干的他凭借自己的拼搏奋斗，在聂荣这一片雪域高原上，绽放更加精彩的青春年华。

青春在祖国边疆熠熠生辉

——河南科技大学乔小全

一、圆梦援藏，践行志愿精神

2017 年 7 月，他踏上西行列车，奔赴西藏，实现了自己的"援藏梦"。出征仪式结束后，乔小全被分配到西藏自治区昌都市洛隆县服务。到服务单位后，他积极主动地向单位同事学习，第一时间熟悉了本单位的基本业务工作。他积极策划并主动参加"清洁家园，扮美洛隆""红领巾圆梦微心愿行动""情系敬老院，冬日送温暖""青春志愿行，温暖回家路"春运暖冬行动等主题志愿服务活动 25 次。同时，他深入中小学开展教育扶贫工作，助力教育扶贫"斩断"贫困代际传递，累计受益学生达 1000 余人次，爱心物资主要有《新华字典》、学习文具、防寒衣物等。服务期满后，他荣获 2017—2018 年度西藏自治区昌都市"西部计划优秀志愿者"称号。

一年援藏路，一生雪域情。在西藏的一年里，他在艰苦的基层岗位上磨炼了意志，在社会实践中锻炼了能力，在雪域高原感受到了独特的风土人情，在与志愿者的同甘共苦中收获了珍贵的友谊。

二、扎根西部，书写青春担当

2019 年 7 月，他再次踏上西行的列车，选择新疆克州，奔赴他的"援疆梦"。最终，乔小全被组织分配到国家级贫困县，是地处"三区三州"的深度贫困地区之一。在抗击疫情期间，他作为乡级疫情防控综合组成员之一，从一级响应到四级响应，一直坚守岗位，践行初心使命。期间，他主要负责疫情防控日报、文件起草、物资统计、个体工商户小额信贷等工作。

随着"战疫"形势持续好转，生产生活秩序的加快恢复，他的主要精力转移到脱贫攻坚主战场。2020 年 3 月，他坚定坚决服从组织安排，充实村"两委"班子力量，担任村党支部副书记，开始驻村生活，主要负责党建、工作简报、劳务输出、农村人居环境整治等。

2022 年 5 月，经组织考察，他任喀拉苏村党支部书记，负责村里全面工作。在2022 年 8 月至 2022 年 12 月，他带领全体村民和各支力量投入疫情防控工作，常态化核酸检测累计 265279 人次，通过引导全体村民共同参与疫情防控，实现群防群治，至全面解封之日，所管辖区域未出现 1 例阳性病例，得到了乡党委、政府的高度认可。做好疫情防控工作的同时，他还完成了其他各项重点工作，主要有积极搭建法治宣传

平台，在村里建设法治文化广场 1 座；建立村级爱心积分超市，结合本村实际，依法依规制定村规民约，对村民的日常表现进行量化打分，每月开展 1 次积分兑换活动；为村民出资 5.55 万元修建水渠 3.5 千米，切实解决了村民的烦心事；推进农村户厕所改造提升，组织召开 6 次"厕所革命"专题会议，扎实推进厕所革命，制定村级经费补偿机制，如期完成厕改工作；坚持水稻种植为主导产业，扩大水稻种植规模达 2200亩，打造良种水稻种植示范基地 280 亩；以"环境整治日"为抓手，紧紧围绕"三清三改两提升""院内院外六件事"，累计投入资金 7.3 万元，打造示范户 50 户、示范广场 2个、示范小队 1 个。

勇担青春使命，谱写青春华章，虽然他离家越来越远，但离梦想越来越近了。在内心深处，新疆已成为他的第二故乡。

三、展望未来，永固初心使命

乔小全领悟到了青年时代，选择吃苦就选择了收获，选择奉献就选择了高尚，只有为人民作出奉献的青春，才会留下充实、温暖、持久、无悔的青春回忆。

他说，在他的"双援梦"（援藏梦、援疆梦）中，他深深体会到了作为基层青年干部，要更加坚定不移紧跟党的步伐，把个人理想追求融入党和国家的事业中，在基层扛重担、打硬仗、涉险滩，做新时代的"知识青年"，让青春在党和人民最需要的地方绽放绚丽之花，以青春之我、奋斗之我，为民族复兴铺路架桥，为祖国建设添砖加瓦！

扎根墨脱绽芳华

——周口师范学院杨静怡

杨静怡，河南洛阳人，2017 年从周口师范学院毕业后，毅然选择到西藏自治区墨脱县中学任教。工作以来，她用爱和坚持把知识和希望的种子埋在学生心中，让一朵朵格桑花绽放得更加绚丽。

一、怀揣梦想，踏上征程

杨静怡从小就有一个教师梦，2013 年她考上了周口师范学院，在校期间努力学习，成绩优秀，通过了英语专业八级考试，获省"三好学生""优秀毕业生"等诸多荣誉；她积极参加社会实践，为乡村留守儿童辅导功课、进行心理疏导。

2014 年，杨静怡作为团支书，组织团员学习了习近平总书记给河北保定学院西部支教毕业生群体代表的回信，这让杨静怡产生了投身边疆、支援西部的想法。

2017 年，即将毕业的她通过学校开展的西部计划志愿活动宣讲得知，林芝市计划引进一批教师，她第一时间向招录单位递交了报名表。通过层层选拔，杨静怡如愿成为墨脱县中学教师，从此开启了她的西部人生。

她惴惴不安地把到西藏教书的决定告诉了家人和辅导员。家人虽有不舍，但最终还是支持了她的选择。辅导员对她的决定给予赞扬和鼓励："既然把青春和热爱献给西部教育事业，就要以坚韧不拔的奋进之姿努力成为一名优秀教师。"

离开家乡、告别亲友，她历时三天到达墨脱。尽管事先做了思想准备，但当越野车驶出隧道，泥泞不堪的道路、随处可见的塌方、泥石流的斑斑痕迹……让这个"女汉子"心里不免产生了一丝恐惧。

然而，当她初入墨脱县中学校园，看到学生对知识渴望的眼神，"帮他们走出大山"的铮铮誓言在耳边回荡，任何恐惧都抛掷脑后了。

二、培育祖国花朵，弘扬民族文化

"林芝有两条小路呀望不到头，我站在岔路口，伫立了好久，一个人没法同时踏上两条征途，而我选择了这一条，墨脱的小路……"在学校为新老师举办的欢迎仪式上，杨静怡首次听到这首在当地广为流传的歌，一下子就被歌词深深触动了。

杨静怡对这里的一切充满好奇，她开始深入了解墨脱的风土人情。

"墨脱的孩子长年生活在大山深处，他们对知识如此渴望、对外界如此向往，是我未曾想到的。"这坚定了杨静怡帮助孩子们走出大山的信念。

然而，万事开头难。因缺乏民族地区教学工作经验，尽管她起早贪黑、全身心投入，但学生成绩并不理想，这让她感到非常苦恼。

她发现要想提高学生成绩，首先要走进学生内心，拉近师生距离。她向学生讲述大山外面的世界，给他们做家乡美食，并加强与家长的联系。

她既当老师，又当家长，学生在哪里，教学服务就到哪里、关心关爱就到哪里。在她的不懈努力下，学生们更加开朗，学习热情高涨，成绩逐年提高。杨静怡也收获了珍贵的师生情，成为学生们的"知心姐姐"。第一次带完毕业生，杨静怡收到了一名考取内地西藏班的同学发来的消息，感谢她的辛勤付出和关怀，这令杨静怡很是感动。

与当地人民共同生活，她已经深深地融入了墨脱文化，主动加入墨脱文化宣传队伍，担任起文化活动主持人和讲解员，用心用情宣传墨脱文化。

杨静怡在教学上兢兢业业、在文化宣传上积极进取，得到了自治区的认可，荣获西藏自治区"一师一优课、一课一名师"等诸多荣誉。

三、安家高原，建设美好墨脱

2018年，杨静怡和同在墨脱工作的校友刘凯结为夫妻，从此把家安在了雪域高原，成为了名副其实的"藏一代"。

2019年年底，他们迎来了爱情的结晶，但随之而来，问题也出现了。把小孩留在家中让父母照顾有诸多不便，带孩子到墨脱生活会比较辛苦。思索再三，他们最终还是把孩子留在了身边。就这样，小小"藏二代"开始随父母在高原穿梭。

是校友，是夫妻，也是战友。杨静怡和刘凯一个是教师，一个是人民公仆，相濡以沫，携手同行，在平凡岗位上奉献青春，只为让墨脱变得更加美好。

望着那一朵朵盛开的格桑花，杨静怡说："不管路多难走，都会坚持，为格桑花绽放得更加绚丽、墨脱的明天更加美好贡献力量。"

风华在群众中放歌
乡村在提振中正茂

——郑州大学董艺文

一、理论结合实践，辩证思维规划人生

董艺文毕业于郑州大学，14 岁时，他利用课余时间与乡亲一起编节目、写剧本、谋发展。他始终坚信理论要与具体实践相结合、树大志做难事，让村子形成"会唱歌的村庄"文化符号。他创办乡村文化合作社，将传统文化与乡村产业相结合、再创新，将精神文明与物质富裕相结合。他因地制宜、与乡亲们建成大剧场并上演大型农村实景剧，让村里 600 余名留守妇女、老人成为"新农民"。他利用党建引领、以文化人、全民参与等方式化解了婆媳之间、邻里之间、干群之间矛盾，形成本村无一起治安案件、刑事案件的基层治理、产业带动的有效局面。董艺文作为一名农村到城市求学的大学生，既积累了一定的农村经验，更深切感受到了农村发展的需求。他扎根家乡帮助家乡父老学习大合唱、参加央视演出、排练"乡村春晚"等，课余在全国各地考察学习、深耕全国文旅特色区实践。他 2016 年毕业后不忘乡亲，毅然选择在农村赓续初心使命。

二、文化带动产业，守正创新鞭策理想

2016 年大学毕业，董艺文转让了创业正丰的互联网企业，带着创业积蓄深入全国各地考察，根据家乡情况因地制宜编制了村旅游发展规划。2019 年，他辗转多地、下足功夫来筹资运营。功夫不负有心人，当他带着投资人、规划师、村发展蓝图与老乡们见面。两年建设中，他发动村民不等不靠、点滴做起，建成了大剧场、小吃街等。一时间人流物流涌入、村民争相开办农家乐，700 多名群众就业，生意蒸蒸日上，研学游、乡村游、家庭游为主体的产业纷纷涌入。董艺文跟乡亲们讲："以前我们会唱歌，现在我们要发展成产业，发源于我们地区的现代豫剧市场基础好，但缺乏提质创新，我们发展任何产业要站在消费者的角度，看似在讲传统文化、实际在讲乡愁与振兴，我要为更多大学生敢返乡、能作为做个表率！"实践证明这条路子他蹚对了。

三、理想结合担当，为大众谋人生价值

2020 年，村委换届，董艺文当选村支部书记、村委主任，进一步承担起村庄发展致富的责任，他思路清晰、敢抓敢干，用农村实景演出为主的第三产业带动一二产业

联动，从产业上下手改变山村面貌。通过为大剧院跑市场、宣传再到出外宣讲、招商引资，民营企业、爱心乡贤等累计投入超 1 亿元固定投资到村，他也对发展家乡的思路、理念越发清晰。特别是他自编自导、为乡村文化建设投资近四千万的村大剧院，为村产业振兴迈出了巨大一步。理工科出身的董艺文做起文化总导演，将豫剧传统文化再创新，进一步扩大"会唱歌的村庄"品牌影响力，为村庄乡村文化旅游引流。

他深耕乡村、守正创新，为了建立新型农民文化合作组织，他提出打造乡村文化合作社，将农民合唱文化、豫剧文化、民俗文化、功夫文化等用新的组织形式结合产业发展，为丰富农民文化生活提供平台，将乡村文化影响力用"走出去"和"引进来"的方式形成联动。十几年来村里自办合唱文化节，建成非遗文化街、农产品作坊、农家乐、服装厂、纯净水厂等实体产业，让乡亲走上先是精神富足、再有物质富裕的双丰收式"一村一品"特色之路。2021 年 7 月，河南特大暴雨，他成立青年党员先锋队，紧急转移安置附近村民超 1500 名，群众转移后他在安置点开展"光亮行动"来鼓舞人心，筹集救灾物资让村民吃住有保障，在危机发生之时充分彰显了共产党员责任。

目前，村里群众已经家家户户报名农家乐、进剧场当演员、到文化街当店主、去研学基地做管理、农民文化培训、技能培训相互转化等，新农民、新职业、新增收，一个有大爱的年轻人正在用志向和奉献、责任与担当一步步改变家乡，他始终以一个党员的理想信念在农村基层奉献着无悔的青春。

用心用情脱贫攻坚
奋进奋战乡村振兴

——河南职业技术学院张延昭

张延昭，1993 年 1 月出生，中共党员，现任卢氏县汤河乡公共服务办公室主任。

乡村振兴，关键在人、关键在干。到汤河乡工作以来，他时刻以党员标准严格要求自己，以政治过硬、本领过硬、作风过硬为工作追求，视一线岗位为人生事业的广阔舞台，出色地完成了各项工作任务，用行动践行了乡镇干部攻坚克难、恪尽职守、甘于奉献、勇往直前的品格，在青春赛道上奋力奔跑出了为民谋福的成就。

一、勤奋学习，综合素质有提升

在基层一线磨炼本领、锤炼能力，强化学习是必要条件。

政治上，张延昭深入学习贯彻党的十九大、二十大精神和习近平总书记系列重要讲话精神以及习近平总书记关于基层干部工作的重要论述，进一步提升政治觉悟和理论水平。

思想上，他积极参与"不忘初心、牢记使命"主题教育、党史学习教育等思想教育活动，以为民担当为价值追求，将人生理想自觉融入为民服务的情怀中。

行动上，他不怕苦不怕累，不分日夜奔波在乡居民舍，听民需、解民忧，把服务人民的一桩桩实事做细、做好，甘当为民服务"马前卒"。

二、扎根基层，青春照亮深山路

卢氏县是河南省一个典型的深山区县，主要由中山、低山、丘陵和河谷盆地组成。

2017 年，根据组织安排，24 岁的张延昭来到汤河乡工作。汤河乡坐落在山沟里，"一沟十八岔，岔岔有人家，多则三五户，少则一两家"是这里的写照。自然条件严酷、生存条件恶劣，吃水难、出行难、上学难、看病难、就业难等问题，成了这片乡土群众奔向幸福生活的"拦路虎"。

到汤河乡，张延昭遇到的第一个"硬仗"是脱贫攻坚工作。

当时，河南脱贫攻坚已到爬坡过坎的关键时期，也发现有不少问题，贫困户台账不清楚、信息不准确是其中之一。河南发出建档立卡工作总动员，从各个方面作出整改，确保信息精准。

张延昭到基层还没来得及熟悉情况，就投身这项重大工作，一干就是一个多月。他每天天刚亮就出发入村调查，走家串户摸排村民信息，逐户走访、核查贫困户档案，每晚要将当天的核查情况汇总并上报，同时还要参加全省脱贫攻坚问题整改核查评估培训……每星期至少有三天要加班到晚上 12 点。

迎难而上，经受考验，张延昭圆满完成个人工作，为卢氏县顺利摘掉贫困帽作出贡献。

结束脱贫攻坚工作，张延昭又投入汤河乡易地搬迁安置点建设"攻坚"工作。

卢氏县自然条件差，搬出穷窝走向新的生活，是这方百姓日日夜夜的梦想和萦绕心头的期盼。随着脱贫攻坚战在卢氏县打响，易地搬迁成为群众摆脱贫困的有效途径。

汤河乡易地搬迁安置点是该乡脱贫攻坚的重点工作之一，共规划建设 5 栋住宅楼，并建设幼儿园、社区服务中心等配套服务设施，确保群众"搬得出、稳得住、能脱贫"。

张延昭在 2017 年投入安置点建设的攻坚阶段工作，连续两个月吃住在工地上，配合施工方全力赶进度，确保工程按期交工，群众如期搬进新居。

他进村受理村民申请，通过逐户调查核实，他和其他同志进一步摸清了搬迁户底子，精准识别搬迁对象 433 户 1714 人，高标准整理完成搬迁档案资料。当年年底，乡里首批贫困群众顺利乔迁新居。

他也曾对自己的职业选择产生怀疑，扪心自问"该不该从外地来到乡镇工作"，但怀疑一闪而过。他说服了自己：在乡镇工作，能为改变一方面貌、帮助群众过上好日子尽一点绵薄之力，这种收获和成就感是他人无法体会的。

2018、2019 年连续两年，他被卢氏县委、县政府授予"脱贫攻坚贡献奖"。

三、善于谋划，牢记乡村振兴事

奋斗是青春最亮丽的底色，青春因奋斗而精彩。

近年来，全国各地巩固拓展脱贫攻坚成果、全面推进乡村振兴。身处乡村振兴第一线，他想思路、谋项目、做规划，在平凡岗位发挥不平凡的作用。

汤河乡境内有一温泉，优质天然温泉和秀丽的森林风光，使汤河温泉成为中原地区一处胜地。

项目是乡村振兴的关键抓手，文化是乡村振兴的重要支撑。在乡社会事务办工作期间，他主动开展汤河裸浴申遗工作，填写资料、谋划发展、争取支持。一趟趟报送资料，一遍遍完善信息，一个个工作汇报，2021 年 7 月，汤河裸浴被省政府公布为省级非物质文化遗产保护项目，为汤河乡发展注入了动力。

四、劳其心志，增强本领记初心

他在平凡的工作岗位上踏实苦干，履职尽责，取得了骄人的成绩。

在文化中心工作期间，他负责的农村文明诚信家庭工作，被卢氏县委评选为"农村文明诚信家庭工作先进乡镇"；在党政办工作期间，开展的"乡村光荣榜"人物选树宣传活动和汤河乡"星级文明户"认领创建工作深入人心，开展"九九重阳节 浓浓敬老情"系列活动，评选出汤河乡"十大长寿之星"和"十大孝老爱亲之星"。

经过这些年的锤炼，他说："基层工作是简单的也是复杂的，但最重要的就是要弯下腰、沉下心、干实事，把群众心中的期盼扛在肩上，以切实的行动扎牢为民服务之'根'。只有这样，关键时刻才能和群众互相理解，群众才会信服。"

作为一名乡镇青年干部，张延昭愿意扎根基层"自讨苦吃"，在农村广阔天地中书写无悔青春。

扎根戈壁　无私奉献

—— 河南警察学院郭谭军

郭谭军，31 岁，河南警察学院治安系治安学专业 2014 届毕业生，于 2014 年参加国家公务员考试被乌鲁木齐铁路公安局录用，现任乌鲁木齐铁路公安局哈密公安处鄯善北站派出所副所长。

从警以来，郭谭军始终坚定理想信念，忠诚履职，确保了辖区高铁自开通起连续实现 2400 多天的"四无"目标。工作以来，他于 2017 年被评为"全国铁路公安机关优秀人民警察"，并荣立个人三等功一次；2018 年被乌鲁木齐铁路公安局评为"十大优秀高铁卫士"；2019 年被乌鲁木齐局集团有限公司评为 2018 年"感动乌铁十大功臣"；2020 年被公安部铁路公安局评为"全国铁路公安机关最美基层民警"。且连续三年被全国铁道团委和铁道党校聘请为铁路共青团"青年讲师"。

玉经雕琢方成器。荣誉背后，是满满的艰辛和无私的奉献。

一、秣马厉兵，奋战反恐一线

红山警务区地处祖国大西北的吐鲁番盆地，是一片茫茫戈壁。警务区管辖 50 公里高铁线路，沿线点多线长，毗邻的连木沁镇社情复杂、人员分布散乱、重点人口众多，是自治区反恐维稳重点乡镇。刚到警务区时郭谭军只有 24 岁，面对反恐压力、线路安全压力、自然环境压力、队伍管带压力，他夜夜卧不安枕，睡眠严重不足。

压力产生动力。在铁路公安处党委和包保处领导的关心帮助下，在所支部的支持鼓励下，郭谭军砥砺前行，与地方综治部门一次次沟通、一次次协商，逐渐压实地方护路责任，顺利推动建立护路工作站 4 处，护路工作室 13 个，配备专兼职护路人员 120 余人，将铁路线路分区段划分至沿线各网格，并在实践中不断磨合，创立了"五合一净"工作法，与地方各网格合"平台"、合"智慧"、合"力量"、合"优势"、合"技术"，强化地方主动管控，持续净化高铁沿线外部治安环境。特别是在"平安站车路，金盾护你行"专项行动和"百万警进千万家"活动中，郭谭军充分利用镇、村、小队已建成的治安防控网格，大力举办护路宣传和法治宣传，开展矛盾纠纷排查化解，沿线受教育群众超过 60000 人，发现并妥善化解各类矛盾纠纷 23 起。2023 年以来，派出所与各网格护路组织共进行联合巡线 70 余次，开展大型防洪联合演练 3 次，预警洪水灾害 6 次，联合管控各类治安重点人员 48 人，整改铁路外部防控风险因素 143 处。

由于郭谭军和战友们恪尽职守，其所在辖区一次又一次实现治安百日"四无"的工作目标。

二、政治引领，打造过硬队伍

辅警队伍是派出所线路治安防控的重要力量。鄯善北站派出所辅警都是维吾尔族，为了开创汉族民警与民族辅警之间互帮互助的良好局面，郭谭军在公安处团委的支持下，建立起"石榴籽青年突击队"，构建"书香警营"。郭谭军还带领大家观看红色经典作品，合唱红歌警歌，分享民族团结故事，组织辅警每日学习普通话，深刻理解践行"五个认同"，树立"三个离不开"思想。

天下大事，必作于细。郭谭军大处着眼，细处用心，带领战友们增强"四个意识"、坚定"四个自信"、做到"两个维护"，铸就了忠诚警魂。

三、心系群众，真心赢得民心

一个篱笆三个桩，一个好汉三个帮。工作中单打独斗很难取得成功，必须密切联系群众，从群众中来，到群众中去。

辖区沿线乡镇系民族聚居区，民族群众占比 95％以上。郭谭军刚到辖区开展工作时，周边村庄的许多村民对他这个"外乡人"都不认同。为了打开局面，郭谭军日夜坚守，走遍辖区边边角角，废寝忘食学习维吾尔语，见人就打招呼，见面就喊兄弟，还主动与辖区困难村民买买提大叔结了对子，认了亲戚。时间一长，村民们都认识了这位助人为乐的铁路警察。随着交往不断深入，沿线群众见到他越来越亲，有什么难事都愿意找他。郭谭军先后帮村民找回丢失牲畜 58 只，救助走失"五残人员"3 人，帮助牧民转场 200 余次。

一桩桩好事，群众看在眼里，记在心里。郭谭军先后收到群众感谢信 4 封、锦旗 2 面。

作为一名基层民警，郭谭军坚守平凡，忠诚履职，在平凡的岗位上创造出非凡的业绩，成为人民心中的英雄，也成就了自己的初心！

不负时代　不辱使命
他是采棉机国产化的垦荒人

——洛阳理工学院梁定义

梁定义，中共党员，洛阳理工学院 2014 届机电系材料成型及控制工程专业毕业生。大学期间他坚持勤工俭学，锻炼毅力和能力；担任院党支部组织委员，提升党性观念和党务工作能力；创办"机器人协会"，带领团队参加机器人双足竞步狭窄足印、机器人灭火等有关智能化、信息化的创新项目和课题。2015 年，他参与设计并制作国产三行自走箱式采棉机，到 2022 年几经升级换代，共生产 1600 余台，实现产值近 20 亿元。2020 年，他设计并制作第一台国产三行自走圆捆打包式采棉机，为国内国际首创，2021—2022 年共实现产值超过 10 亿元；同时设计研发制作四行、五行、六行自走箱式采棉机、棉花精量播种机等完全具有自主产权的产品。他取得授权专利 45 项，第一发明人 25 项，实质审查 7 项，发明申请 8 项。

一、祖国的需要就是我的使命

棉花是我国农业经济作物，新疆主要的产业之一。我国棉花生产全程机械化过程中，棉田的耕整、播种、中耕施肥、植保和灌溉等环节已基本实现了机械化作业，但收获环节却是短板。2013 年，棉田耕、种机械化率分别达到了 94.8％、65.7％，但棉花的机收水平只有 11.46％。当时市场上常用的棉花收获机依赖进口，数量有限、价格偏高，又缺少技术指导和售后服务，严重制约了生产效率和经济效益。

2014 年大学毕业后，梁定义就职于浙江亚特电器有限公司农机事业部。身在行业中更能了解到我国采棉机受制于人的窘困，他暗下决心为采棉机国产化出力。当公司决定在新疆开辟国产棉花机械研发生产基地时，刚满实习期的他毅然报名奔赴大西北，投身采棉机、播种机的革新和设计研发工作。他的个人理想、职业梦想从此就与祖国建设紧紧结合在一起。

"那是一切从零开始的摸索，能帮助我们的只有自己"。为了能找到和棉花种植模式相配套的机械采摘方法，梁定义和同事们深入田间地头、农户家中，从机采棉的种子选择到播种方式、采摘运作，他一边虚心向有经验的老师傅请教，一边根据用户的需求进行升级改造。为了掌握采棉机的采摘性能和工作效率，他和团队一行 4 人带了 2 台采棉机在轮台地区长驻，10 月沙漠的晚上奇寒，一人作业另一人就蜷缩在车上凑合一晚。万顷棉田记录着他们的辛勤汗水、智慧结晶。

二、在采棉机国产化路上只争朝夕

梁定义和团队通过技术创新将手动变速箱，改进为电液控变速箱，变手动挡为自动挡采棉；变输棉风路的曲折风道为直吹风风机形式，实现了采棉机不堵棉；变发动机散热风扇只能单向吸风，改进为可换向的电液控发动机散热风扇。他们树起了一道道国产采棉机的技术标杆，国产三行自走箱式采棉机成型。

2016—2018 年，在继续升级改进采棉机期间，对播种机穴播器尖嘴设计和玉米 5～15 穴可调穴播器进行技术创新。实现了一台穴播器可以实现 11 种不同株距要求的播种模式。

2019 年他主导研发针对国外市场的四行机，出口乌兹别克斯坦 3 台，迈出走向国际市场的第一步。他又再接再厉主导研发了经济款新型六行机，实现了低成本、低购买价格却能与大六行机的采摘效率相媲美的性能，每台价格节省 50 万元，深受国外用户欢迎。至此，伴随着采棉机国产化的不断突破，梁定义也由一名青涩的高校毕业生迅速成长为自主研发型技术专家和行业领军人物。

三、全球首创，中国采棉机领先世界

2020 年，为实现高效便捷的采摘模式，梁定义受命主导设计研发国内外首台三行自走圆捆打包式采棉机，相对于国外六行机，它成本更低，更适合小地块作业，但技术瓶颈也更多，因此一直是行业空白。

2020 年 2 月一接到任务，梁定义团队就在试验田里立下誓言。他们夜以继日地赶图纸，零配件加工打磨焊接，样机装了拆、拆了装。样机组装出来但还未到采棉花的季节，无法下地测试，只能通过人工加棉的方式测试，他们每天都是一身油污一身棉花。11 月样机正式下地，6000 亩测试完全成功，并取得农机推广鉴定认证，比原计划提前了整整 29 个月完成。随后经升级改进，将采棉机每采季采摘能力由 6000 亩提高到 1.4 万亩，在高效、节能、小型化方面大大优于国外六行机。

这台国际上首个完全自主知识产权的三行自走圆捆打包式采棉机横空出世，标志着我国采棉机国产化事业取得完全胜利，并占据世界领先地位。

在农机研发领域，梁定义在新疆广阔的土地上用自己的成长奋斗践行着自己的使命。

"医"心向党
做基层健康守门人

——新乡医学院杜思远

党的二十大报告提出，要发展壮大医疗卫生队伍，把工作重点放在农村和社区。农村订单定向医学生培养项目是国家重点为乡镇卫生院及以下医疗机构培养从事全科医疗的卫生人才，加强全科医师队伍建设的重大举措。杜思远就是国家首批农村订单定向医学生中的一员。

由于中部地区基层人才短缺，医疗卫生条件较差，急需有经验的优秀人才。2018 年，杜思远毅然报名到乡镇卫生院，做一名乡村全科医生。他认为，一个合格的共产党员，就应该到群众最需要的地方去，贡献自己的青春和才华。从那时起，他要么在门诊为村民看病，要么就奔波在两个村之间，开始一天的家庭医生寻访之路。

一、恪守医德，发挥所长，做居民健康守门人

立医先立德，为医先为人。杜思远在基层深切感受到老百姓就医不易，尽量为居民选择效优价廉的药品，为了居民少跑路，他开展家庭医生上门巡诊服务，累计签约居民 3620 人，履约服务 28560 次，真正做到小病不出村。在健康扶贫工作当中，他每周为所负责的 89 户贫困户体检，被誉为"贫困户的贴心人"，全部贫困户无一因病返贫。他还利用所学的急诊急救知识，在卫生院建立了急诊科，担任急诊科主任，心肺复苏、电除颤、气管插管、洗胃等急危重症抢救技术均能顺利开展，基层胸痛中心、卒中中心相继成立，累计接诊急诊病人 1285 人次，挽救急性心肌梗死、急性脑卒中等 206 个病人的生命。在他的努力下，国家高血压达标中心及国家标准化代谢性疾病诊疗中心也建立起来。"小病善治、大病善识、急病善转、慢病善管"这是他的工作目标和原则，正是他的这份坚持和奉献，守牢了基层居民的健康大门。锦旗和感谢信挂满了诊室，他也被评为河南省"十佳订单定向全科医生""河南省优秀全科医生"。

二、践行全科理念，坚持以健康为中心

从选择做一名全科医生起，杜思远就树立了以健康为中心的理念，在医疗工作中，不仅为治病救人，更为预防疾病助健康之完美。为了传播健康知识，提升居民的健康素养水平，他每周会在村里开展健康教育活动，从减油减盐减糖、预防高血压糖尿病讲起，累计健康科普时长 652 小时。他在全区健康科普演讲比赛中获得一等奖，被推选为河南省健康科普专家库成员，参加河南省"健康中原行 大医献爱心"乡村振兴专项

活动 10 场。他主持并参与制定河南省"村医健康素养与科普技能"标准化课件，并在全省乡村推广应用。

三、抗击疫情，在基层撑起健康保护伞

疫情袭来，杜思远作为党员，义无反顾地投入抗击疫情工作中。核酸采集、发热门诊接诊、卡口卡点值班，有疑似病例和确诊病例的地方就有他的身影。作为一名专业素质过硬的全科医生，他主动承担起辖区所有医疗机构院感防控及疫情防控培训工作，并与村医一起采取网格化管理，筑牢疫情防控屏障。在医疗救治阶段，他主动承担院内隔离病区阳性患者及重症患者救治，担任治疗组组长，累计救治患者 109 人，全部好转出院，无一人死亡。

四、扎根乡村是最无悔的选择

当乡村医生，事多、人忙、离家远、拿钱少，一起毕业工作的同学同事经过几年的打磨，已经在各自专业领域崭露头角，而自己仍然在基层，看的是小病、常见病，干的是走村串户建档立卡的琐碎事。对此，他后悔吗？杜思远说，他一点也不后悔。党和国家提出的以人民健康为中心，落实预防为主，加强疾病预防和健康促进，这目标必须从基层落实，必须有人来做！何况为村民服务，成绩感满满。由于他出色的工作，现被提拔为卫生院党支部书记，在新的岗位上，他锐意改革，将乡镇卫生院医防融合工作和慢性病中西医结合治疗作为课题。一花不是春，孤雁难成行。杜思远还参与"3+2 助理全科医生"的培养工作，多次参加中国医师协会全科高峰论坛和住院医师规范化培训师资培训班，并在大会发言，他所带教并毕业的 62 名全科医生也都回到基层工作。聚是一团火，散是满天星，基层医疗卫生的星星之火，正在形成燎原之势。他坚信，只有千千万万个全科医生扎根基层，才能实现健康中国的伟大蓝图。因此，一个有理想有作为的青年人应该以飞扬的青春迎接一个大健康时代的来临。

在乡村，杜思远深刻感受到当医生就是要为患者谋健康，而在乡村更能发挥作用。作为一名党员，不能计较个人得失，要用使命和责任撑起医者的身份，用实际行动彰显"医"心向党，踔厉奋进。

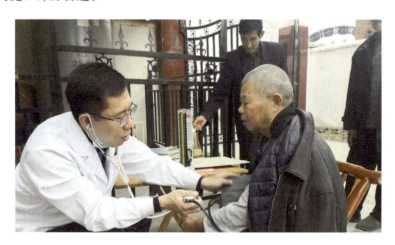

谱写青春梦想　牢记责任担当

——郑州铁路职业技术学院葛俊涛

葛俊涛，1990 年 2 月出生，中共预备党员，2013 年毕业于郑州铁路职业技术学院，现任中国铁路郑州局集团有限公司焦作车辆段长子南运用车间助理工程师，曾荣获全国技术能手、全路技术能手、火车头奖章、路局先进个人、星耀家园年度榜样等荣誉称号。

这位"90 后"如何从一名普通铁路新手成为全国技术能手？请看葛俊涛的成长经历。2010 年，葛俊涛怀揣着对大学的梦想来到了郑州铁路职业技术学院。他勤奋刻苦，对学习有着强烈的兴趣和特殊的爱好，从不轻易放过任何学习的机会，大学三年转瞬而逝，从这里结束，又从这里继续起航。2013 年 7 月 13 日，葛俊涛第一次来到了焦作车辆段，他被单位选派到焦作车辆段检修车间制动室班组工作，成了一名制动钳工。那一天，他的心情特别激动，他终于成了一名正式的铁路职工。他暗下决心，一定要好好珍惜这份工作。

一、万事开头难

走上岗位后，葛俊涛一直在生产一线与 120 制动阀相伴，这是铁路货车制动装置的核心部件，被称为车辆的"心脏"。他刚上班那段时间特别苦恼，看着周围师傅们在熟练地作业，他不是漏装就是错装，后来带着疑问就去请教班组的师傅，师傅告诉他工作不能急于求成，遇到了问题要多思考、多动手，学会掌握技巧方法。为了尽快定岗，葛俊涛白天跟着师傅学，拿着小本随时记，晚上回到宿舍再梳理总结。休息时他就拿着练功阀反复地拆卸、组装。没几年，他就凭着过硬的业务技能在车间崭露头角。

二、实干出业绩

日积月累的锻炼让葛俊涛拥有了扎实的业务功底，也因此成了班组的一名技术骨干。为了降低检修返工率，他整理了一本"故障日记"，详细记录工作中遇到的故障类型、特征和最优处理方法。其中，他总结的"眼要疾、手要快、心要细"的"三要"工作法，成功将制动阀返工率降至 5％以下，并在班组内推广，得到了同事的一致好评。为了保证检修质量，他主动要求把班组的每个岗位都学一遍，每个岗位都能够做到标准化规范化作业，也因此成了班组的副工长。为提升班组整体业务水平，在平时的练功比武中，他发挥自己的优势，分享经验，组织同事认真系统地学习作业指导书，把大家经常忘记的卡控项点指出来，规范班组作业顺序，对班组成员采用"一对一、老带新"

的形式，不断提升班组的整体战斗力。2018年，该班组获得"全路青年安全生产示范岗"和集团公司第十一届"中原铁道十大青年标兵集体"等荣誉称号。

三、奋斗无止境

耐得住寂寞才能厚积薄发，守得住岗位才能百炼成钢，机会是留给有准备的人的。经过几年的磨炼，葛俊涛从一个刚毕业的铁路新手成长为一名业务骨干，再到成功参加聘干考试成为一名助理工程师。2018年8月，中国铁路郑州局集团有限公司货车检修系统技能竞赛，葛俊涛经过班组选拔，代表焦作车辆段参加了比赛。整个过程他稳定发挥，细心排查故障，最终取得第一名的好成绩，获得了集团公司"技术能手"的荣誉称号。2020年10月，他代表郑州局参加了第六届全国铁道行业职业技能大赛技术比武。比赛前夕，他利用空闲时间，加强实作练习，每个步骤、每个动作都力求做到精益求精。回到宿舍，他依旧安心学习业务理论知识，积极备战。最终，在全国铁道行业职业技能大赛的赛场上，他凭借精湛的技术一举夺冠，荣获"全国技术能手"称号，并通过直选方式成为中国郑州局集团有限公司"2020·星耀家园年度榜样"。2021年，铁路总工会授予他"火车头奖章"。

"干就干好，干就干精，不然就觉得对不起自己，对不起工作。"在集团公司"2020·星耀家园年度榜样"发布仪式现场，葛俊涛作为技术创新类的代表接受了主持人的采访。他说："我人生最幸运的就是选择了一条好的道路，感谢学院对我的教育，感谢单位对我的培养和给我提供的平台，才让我取得这些荣誉，我就更应该把自己所学所得回报给岗位，不管以后干什么工作，我都会再接再厉，作出新贡献。只有这么做，才能对得起我的这份工作，也只有这么做，才值得！"

2022年3月，葛俊涛工作调整，来到了长子南运用车间，从检修车间到运用车间，这对他来说是一个新的挑战。他初到运用车间，由于没有任何的经验，很多专业知识对他来说虽然极具吸引力，但还是非常陌生，和同事们相比存在着很大的差距。在最初三个月，他把自己当作一名新学员，跟着班组师傅学现场业务，认真地学习作业指导书等内容。通过学习，他逐渐地掌握了现场技检作业和值班室的工作流程。

在获得荣誉的同时，葛俊涛也感受到了责任和压力，荣誉是对他的肯定，更是对他的期望、鞭策他前进的动力。成绩属于过去，面向未来再出发。在以后的工作中，他将继续带着责任，自信自强、踔厉奋发、勇毅前行，不断提高自身业务能力，在平凡的岗位上做好本职工作，用心用力去守护铁路安全。

用无悔的青春书写着测绘人生

——黄河水利职业技术学院张卫东

张卫东，1990 年出生，甘肃省定西市临洮县人，中共党员，大学本科学历，2011年 12 月入伍，2013 年 11 月退役，2014 年考入黄河水利职业技术学院测绘工程学院，2017 年 9 月入职自然资源部第一大地测量队，担任 2020 年珠穆朗玛峰高程测量冲顶队员，支援组成员，连续多年被评为自然资源部第一大地测量队安全生产先进个人。

他始终坚持工作在第一线，视事业为第一要务，竭尽所能、殚精竭虑，被誉为测绘系统上的"拼命三郎"。在测绘队工作的这些年，他始终能够保质保量地完成局领导、上级领导交办的各项工作。2019 年 3 月，张卫东承担了西藏的第三次全国土地调查的外调工作。尽管有心理准备，但雪域高原的"热情"还是超出了他的预料。高寒缺氧，天气变幻莫测，持续数日的干燥寒风……好在他有部队的历练，自身的身体状况也能适应高原作业。2019 年 9 月，听闻珠峰测量项目的筹备工作即将启动，他就开始每天坚持跑步，进行高强度体能训练，直到提交申请，完成一系列的考核，光荣成为八名测绘登山勇士中的一员！珠峰世界之巅，8848.86 米！这个神圣的数字是他和队友们在 2020 年珠穆朗玛峰高程测量中，头顶日月星辰，聆听风雪呼啸的极限环境测得的！他说："我想走遍祖国大地，把学到的知识用到实践当中，尽自己的一份力量。"

他具有和衷共济的团队合作精神，技能本领高强，临危不乱，屡建奇功。作为团队核心骨干，他始终坚持把测绘队员生命安全放在首位，关键时刻，沉着冷静，行动敏捷，善于排除各种风险。为了克服困难，测绘队友四人结组，凭借登山绳艰难行进。尽管做了周密准备，但在距离峰顶四分之一路程时，危险还是发生了。当时，队员在登洛堆峰，该峰坡度达 70 度，十分险峻，且山风强劲。猛烈的大风把一个队员吹倒，然后他迅速下滑，由于队员之间的路绳只有 8 米左右，突发的猛拽，致张卫东立马人仰马翻。但张卫东沉着冷静，在即将倒地瞬间，眼睛向后瞥了一眼，不好，后面的队员倒了，他意识到，不能把前面的队员拽倒，如果前面的队员倒了，那他们一组就会全部滑坠，有可能直接撞到后面的队员，大家都会掉入冰裂缝！一想到这里他就下意识运用教练平常教导的紧急制动方式，快速把冰镐反身压在雪里成功制动，避免了全队覆亡的危险。

他勇挑重担，甘于奉献。2020 年 5 月 27 日 11 时，测量登山队员们成功登顶后，下午 3 点张卫东接到任务。第一是负重雪深雷达探测器从 6500 米营地攀登 7028 营地进行雪深系数采集，第二是接应登顶人员，并送去给养物资。在到达北坳冰壁下面时，已经是下午 5 点半，他意识到时间紧迫，按照正常行进速度，要用四五个小时才能到达营地，要把数据尽快采集完送达大本营！为了赶时间，张卫东和队员们途中只用了 15 分钟的时间休息，仅用 2.5 小时就到达 7028 营地。傍晚 7 点 28 分左右到达 7028 营地后，经过短暂的休息他们在合适的位置挖了深 1.3 米，长宽各为 1 米的雪坑，这样的工程要在平原并不难，但是在海拔 7028 米挖这样一个坑是异常困难的，极端缺氧，体力不支是对队员的极大挑战。经过队员们的努力，晚上 9 点用于采集雪深系数的雪坑终于挖好了，9 点 40 分左右完成了雪深系数采集工作。紧接着，队员们需要立即下撤。下撤途中，因为积雪太厚，天又黑，张卫东脚底滑了一下，冰爪踩到另一只脚的高山靴，整个人拱了一个圈挂在了安全绳上，他下意识就抓住安全绳，还好人停住了，如果滚下去，旁边就是悬崖。现在回想起来，张卫东依然心有余悸！他们终于在晚上 11 点 28 分顺利地回到了 6500 米营地，小组的任务圆满完成。

2020 年珠穆朗玛峰高程测量饱含激情和泪水，张卫东作为基层一线党员，一名退役军人，泪往嗓子咽，困难脚下踩，努力完成了自己的使命。2021 年至今，张卫东任职自然资源部第一大地测量队测量员，奋斗在基层一线，足迹遍布祖国各地。

测东西南北，绘天地方圆。作为黄河水利职业技术学院的优秀毕业生，张卫东用无悔的青春书写着测绘人生，未来的征途必将是星辰大海，留给时代的是插在大地上的猎猎风旗！

在希望的田野上耕耘
在乡村振兴的道路上创出一片天地
——信阳农林学院王金合

王金合于 2015 年毕业于信阳农林学院，返乡后一直从事农业工作，目前有多个身份：全国青年马克思主义者农村班学员、河南省信阳市息县杨店乡龙庙村团支部第一书记、河南自然田智慧农业发展有限公司总经理、息县息半坡种植专业合作社理事长……但是，他最喜欢的称呼，还是"息县返乡创业青年"。

一、留守儿童立志学农反哺家乡，助力乡村振兴，造福留守儿童，幸福乡邻

2000 年，王金合上小学二年级，父母到南方打工，他成了名副其实的"留守儿童"。从那时起，就有一个想法在他幼小的心里生根发芽，一定要让爸妈留在老家种地，只要一家人能一起生活，生活再清苦一点他也愿意。随着年龄的增长，他渐渐发现村里留守儿童增加，他作为留守儿童并不是个例，他也比别人更能理解留守儿童。经过思考，他认为年轻父母之所以不愿意留在农村，是因为传统农业收益和吸引力不足。一定要改变农业种植模式，提高农业产业产能，才能把新一代农民留住。

2012 年，他高考填报志愿时选择了信阳农林学院园艺专业，可把他父母气坏了，全家人轮番给他做工作，但他坚持自己的选择。他如愿以偿地来到信阳农林学院学习。对农业喜爱和想依靠农业改变农村面貌的使命让他如饥似渴地学习。在实训基地干活，少不了顶着大太阳，大汗淋漓，有时还浑身是土和泥巴，他倒觉得实训基地是块"风水宝地"，每天在那里干活，研究果树种植，在实践中不懂就问，老师都愿意帮助他鼓励他，让他成长进步很快。

二、学有所用雁南飞，乡村振兴梦回，弃高薪返乡创业见行动

三年大学生活转瞬即逝，2015 年，王金合大学毕业了，因扎实的专业知识和老师的推荐，他获得了一个在园艺企业工作的机会。但是他放弃了，他想回到家乡发展农业，返回家乡、推动家乡农业发展的想法再次燃起。必须回老家，立刻，马上！就这样，他义无反顾地走上了返乡创业的道路。

万事开头难，王金合吃过一般人没有吃过的苦，碰过同龄人没有碰过的壁，有辛酸、有欢乐，个中滋味，只有自己心里体味。他向政府寻求帮助，党和政府给予了他优惠政策支持，他获得了河南省大学生创业开业补贴 5000 元、扶持资金 5 万元，也从

银行贷了 10 万元的大学生返乡创业贴息贷款，这些帮他解了燃眉之急。有了政策和资金支持，王金合捋起袖子开干了。他先拿自己家和伯伯家的地试种桃树。

桃树刚种下没有产出，他就套种了西瓜、番茄、辣椒、土豆和白菜，一是有事干，二是提高土地利用率，还能收回些成本。当他的西瓜收获时，市场上的西瓜很廉价，0.3 元/斤，但是品质很差，没有销路。王金合精心养护的瓜 1.2 元/斤，由开始的有价无市到后来的回头客拉网式推荐，供不应求，他就做了一个很大胆的尝试，在他们的西瓜上贴上了印有他联系电话的标签，开启了网络直播带货，承诺瓜有质量问题免费更换。都说好产品会说话，这话一点都不假。现在，他的瓜还在育苗阶段，已经有人打电话预订西瓜了。通过这种方法他们家的桃子，也不愁销路，每到成熟的季节，有许多客户上门采摘，也有客户从网上购买。也正是这种尝试，让他更加坚定了自己的发展理念，不管做什么产品，首先保证品质，其次保证服务。

三、独乐乐不如众乐乐，成立合作社，在实干中担大任
带动农民共同富裕，实现乡村振兴

乡村振兴，产业先行。王金合成立了农业专业合作社，通过合作社把农户联合起来，通过技术让农户在种植上减成本、在销售上增产值，从而达到引领、带动、示范作用。俗语说："有钱难买息县坡，一半米饭一半馍。"他就想着把息县的名气打出去，从中取字"息半坡"并注册了品牌，并成立了"息县息半坡种植专业合作社"。如今，合作社已经发展成为拥有社员 500 余户、托管流转土地万余亩、果树种植 3000 余亩、水稻种植 9000 余亩、水产养殖 2000 亩的大中型合作社，带动了当地近百户农民脱贫走上致富路。合作社也先后被评为省级示范农业合作社、省级生态农场。2018 年，王金合又注册成立了河南自然田智慧农业发展有限公司，2020 年拓展了飞机防治业务，每年为数万亩农田提供病虫害飞防业务，该公司被评为"第三批全国统防统治星级服务组织"。王金合因为在脱贫攻坚的工作中贡献了一份力量，也于 2023 年 1 月获得"河南省乡村振兴先锋"荣誉称号。

四、低头实干保基础，抬头看路求拓展，
在竞赛中学习，找差距，求提升

王金合还受邀参加了各类大学生创新创业比赛，以赛促学，以参赛寻求拓展。在"创青春"河南省大学生创业大赛中他获得了金奖，在中国纺织类高校大学生创新创业大赛"旭日杯"全国总决赛中获得一等奖。一下子，他成了息县当地小有名气的青年致富带头人，也正因如此，经过团组织的推荐，他获得了 2019 年信阳市"青年五四奖

章"。与此同时，他光荣地成为息县团县委的兼职副书记。在带领乡亲致富的同时，他还成立了大学生创业联盟。目前，联盟成员有180多人，企业有50余家，引领和带动更多的青年创业。

"现代农村是一片大有可为的土地、希望的田野。"他开启的网络直播带货模式，搭上"互联网＋"新时代的快车，带着乡亲们向着新生活努力奔跑！

辗转千里
奔赴高原只为一线牵

——郑州电力高等专科学校董宏飞

"我用心，爱如电。要让不知名的脸，在不知名地点。照亮种种幸福的一瞬间，我正海拔五千……"当校园广播里播出这首歌时，董宏飞正在校园的操场上跑步，那时的董宏飞满心希望着毕业后能够回到吉林白城，作为独生子的他承载着父母的殷切希望。

一、源起：梦开始的地方

这一切的变化在 2016 年，在西藏电力公司工作的学长回校探望师友，受邀给学弟学妹们做了一个讲座，正在读大一的董宏飞知道了藏中联网工程的重要性，也听出了西藏电力人才的紧缺，那时的董宏飞心中萌生出一个想法：我要去西藏，到祖国需要我的地方去，为建设西藏贡献青春力量。

此后董宏飞为了这一目标不懈努力，根据老师建议，他加入学校国防先锋连、参加军事训练、担任军训教官，为提高专业技能积极参加竞赛。暑假时董宏飞得到了一个机会，跟随学校就业调研队伍前去西藏，亲身体会了西藏电力联网的重要性。从此以后，董宏飞更加积极参加实践活动，刻苦学习，在校期间获得四次一等奖学金，并担任学生会副主席。

2018 年 6 月，董宏飞努力争取并最终入职国网西藏电力有限公司林芝供电公司。此年正是西藏"三区三州"电网建设工程启动年，这项工程将改善和解决 67.2 万农牧民群众的用电问题，为助力脱贫攻坚、巩固脱贫成果和全面建成小康社会提供坚强的电力支撑。当董宏飞了解到这些时，主动向组织申请去"三区三州"项目。他永远记得自己来西藏的初心，他正年轻，要去最艰苦的地方。

二、追梦：保电"最后一千米"

在董宏飞的多次申请下，组织最终同意了他的请求，2019 年他被任命为林芝供电公司"三区三州"项目安全专责。西藏"三区三州"电网建设工程大多地处偏远艰苦地区，工程建设环境恶劣。

林芝市波密县处于原始森林覆盖区内，大部分电力线路位于悬崖峭壁之上，施工条件复杂，由于雨季较长，导致道路湿滑，落石和泥石流等常有发生，对施工安全影响较大。

5 月 6 日，董宏飞第一次前往波密县八盖乡，由于正在修路，有的道路还是用木架固定的，极其危险。八盖乡的供电还是由当地小水电供电，供电质量不稳定，经常停电。为了解决当地百姓用电，需要新建 35 千伏变电站 1 座，新建铁塔 217 基，全部采用人工掏挖。

董宏飞说，解决深度贫困地区供电"最后一千米"，满足深度贫困地区用电需求，让深度贫困地区家家都能用上大电网，告别电灯忽明忽暗的历史，用上大功率家用电器和机电设备，农民生产生活普遍受益，就是他最大的愿望。

作为项目部安全员，董宏飞必须多方位考察地形，了解项目施工可能存在的安全问题，确保项目施工过程中无任何安全隐患。他每天对现场的安全施工进行检查，确保土建和安装作业的安全，最终实现了基建安全"零事故"目标。

三、续梦：为万家灯火通明

波密县项目竣工后，董宏飞只休整了一个星期，就投入了察隅县项目。这一次，逐渐成熟的董宏飞已担任项目部临时负责人。

董宏飞回忆起在察隅工作的日子：当地 35 千伏线路沿着地处悬崖峭壁的公路通道架设，线路多处为大档距、大跨越、大落差，施工难度大。特别是在雨后，沿途落石不断。泥石流、雪崩、飞石等对他们来说是家常便饭。董宏飞永远记得自己来西藏的初心。

当察隅县古拉乡南雪村第一台变压器通电后，南雪村村民放弃了上山挖虫草，为董宏飞和队员献上了洁白的哈达，董宏飞热泪盈眶。他说："这儿大部分都是藏民，一辈子没走出过大山，电网建设项目顺利完成，察隅县将结束孤网，接入大电网，大大提高了察隅县供电可靠性，为当地旅游业和农产品加工业的发展提供了坚强支撑，大大提高了当地经济建设发展速度。"

四、筑梦：扎根西藏，勇毅前行

2022 年至今，董宏飞在墨脱县业主项目部担任副经理，董宏飞说："每一次我都申请去最艰苦的地方，我正年轻，想为祖国作贡献、要为西藏贡献光和热。而支撑我一直前行的是淳朴的藏民，看着他们的笑容，让我觉得辛苦是值得的。"

董宏飞说："我要留在这片圣洁的土地上，西藏就是我的家，我要让我的家人们都能安全用上电。'我要让这跳动的血管，流动我的暖'。"

从"三支一扶"到"第一书记"
扎根基层书写青春

——河南城建学院乔旭阳

乔旭阳，中共党员，1993年出生，2016年毕业于河南城建学院。2017年9月至2019年9月，通过高校毕业生"三支一扶"计划选拔，于平顶山市卫东区进行两年基层服务工作。2021年9月，区委组织部选拔他担任平顶山市卫东区光华路街道程庄村第一书记至今。

自2017年9月参加"三支一扶"基层工作以来，他在工作中严谨求实，勤奋刻苦，兢兢业业，出色地完成各项工作任务，深得领导同事们的好评。先后荣获平顶山市2018年预算公开工作先进个人、平顶山市2018年地方政府债务管理工作先进个人、平顶山市卫东区2018年全区融资工作先进个人、平顶山市2019年地方政府债务管理工作先进个人、平顶山市2020年地方政府债务管理工作先进个人、卫东区财政局2020年度优秀共产党员、平顶山市2021年地方政府债务管理工作先进个人、2022年卫东区"我为群众办实事"党员服务标兵、平顶山市2022年地方政府债务管理工作先进个人等荣誉称号。

乔旭阳自2021年9月担任卫东区光华路街道程庄村第一书记以来，始终坚守"事事为民"的工作理念，把驻村工作作为人生的重要历练，牢记使命，主动担当。他坚持一线工作法，走进农户庭院、田间地头，与村民们面对面交流沟通，问村情、访民意，倾听村民们的意愿，了解村民急难愁盼的问题。

一、整修道路助出行

程庄村村内的道路基本都是小土路，宽窄不一、坑坑洼洼，遇到大雨天气到处都是泥坑，给村民出行带来极大困扰。在详细了解情况后，乔旭阳立即向上级部门反映，与相关部门联系。通过沟通协调，2021年10月程庄村村内道路修缮工作开工，2021年年末工程已基本完工。本次道路修缮共涉及程庄村域内6个自然村、8个村民组在内的34条道路，长度共计7134米，惠及村民910户。

二、修桥治河除隐患

村内河堤和桥面年久失修，每逢下暴雨，河水漫过河堤，流进河岸边的村民家里，严重危害村民们的生命财产安全。桥面则是受地面下陷影响，出现大面积折裂，附近村民都不敢从桥上经过，给大家的出行带来了极大不便。2022年，他通过申请政府专项资金、组织相关企业和党员募捐，筹集资金 300 多万元，迅速组织施工单位开始勘测动工，拆除了原来的危桥并进行重建，对沿线的河堤进行修复治理。2022 年年末，幸福桥主体已经建设完毕，桥面由原来的单车道扩建为双车道。河堤治理前期工程也基本完工，未再出现村民住宅被淹情况。

三、改善村容乐百姓

2022 年，在卫东区委五星支部创建工作的推动下，乔旭阳组织本村党员、群众义务清理了本村废弃荒地，又通过党支部多方筹集资金 8 万元，对地面进行硬化，搭建文化舞台，在路边竖起了一道孝文化墙。原来杂草丛生的垃圾场变成了村民文化活动的"欢乐场"，春节期间乔旭阳还邀请市豫剧院的演员在这里进行了精彩演出。此外他还经常组织义务的农业技能培训提升村民农业知识，每年寒暑假开展义务书法培训班丰富村内孩子们的文化活动。

四、发展产业促增收

2023 年，乔旭阳通过多方沟通，决定在村内试点种植经济效益高的五彩小麦 300 余亩，计划丰收后在全村进行推广种植。他谋划的程庄村农业产业融合发展建设项目在积极推进，项目落成后，将辐射带动周边区域农业经济的大幅提升，同时还可解决周边村民的就业问题，让大家可以在家门口参加工作。

五、勇于担当守家园

在防疫工作中，为有效控制和降低疫情传播风险，保障人民群众生命安全和身体健康，乔旭阳组织本村 60 余名村民成立程庄村防疫志愿者服务队并担任队长，第一时间带头冲锋在防疫前线，并根据上级党委和政府的战略部署，建立了行之有效的反应机制，坚决打赢疫情防控阻击战。

乐享诗意的特岗生活

——安阳师范学院任明杰

一、创意解决跨地区导致的生活问题

任明杰，在 2014 年以特岗教师身份跨专业、跨地区到当时的一个国家级贫困县的一个贫困村任教。

学校的地面没有硬化，晴天一身土，雨天两脚泥。全校只有他一个外地教师，住在一个十几平方米的房间，既是卧室，也是厨房，墙面斑驳、有电无网、地面不平、家具简单。

改变从身边开始，他将斑驳的墙面全部清理，把透风的窗户封上，更换老化线路，把自来水接到厨房门口，还在校园的一个角落里开出一片菜地，自己学锄地、翻地、打畦、种菜……刚开始自己种，后来带着同事种，最后带着师生一起种，种出了劳动教育，劳动教育主题班会入选全国班主任基本功展示交流活动典型经验。

学校没有食堂，他就自己学发面、蒸馍、炸油条、包饺子、包包子，琢磨学会了上百道菜品。在第四届河南省班主任基本功展示活动中，以美食制作的才艺展示赢得了评委的一致认可。

最难的是让家长信任他，让学生认可他，他迫切想要改变这种现状。他开始读书，最初坚持每月四十万字，后来坚持每月 100 万字，每年 1200 多万字，书籍涵盖语文教育、班级管理、心理学、传统文化等，能力的提升也让学生越来越喜爱他，家长也越来越认可他。

二、清闲的阅读，丰富的才艺，解决跨专业导致的工作困境

了解到留守儿童居多，很多学生性格孤僻、内向。任明杰，这个一米八六的大男生，开始和学生一起打篮球、踢足球、打乒乓球。他和学生一起踢毽子、跳绳、剪纸、绘画，拉近和学生的关系，培养孩子们积极阳光的心态。

任老师不在学校的时候，他就把钥匙留给学生，学生说任老师的房间就像是一个"欢乐窝"！这个曾经高冷的男生，变成了一个有亲和力的"孩子王"！孩子们开始变得积极开朗、阳光向上。

他一心想着少说话，多做事，没想到家长说，孩子回家第一句话就是"俺任老师可好了……"还有家长反映说："俺孩子今天早上醒来第一句话就是'我昨天梦到任老师了，我想任老师了'。"

到了后来，家长都担心他会调走，每到放假前，家长们都会问："任老师，你下学期还来吗？"2018 年元旦，几个家长在村委会琢磨了一天，用大红纸写了八张感谢信，只为写出一张最满意的送给他；连夜制作锦旗，只为第二天敲锣打鼓地将锦旗、鲜花和感谢信送到学校门口。在村民们看来，这是对一个人最高的赞赏。

任明杰说："其实，每个家长心里都有一杆秤，我们对孩子怎么样，他们都一清二楚。"

三、"我追求的就是和孩子一起健康快乐地成长"

他这颗年轻的赤子心，点燃了全国无数教师的心海。

他所在的学校，也引起了社会的广泛关注。

2018 年 2 月，任明杰的网文《特岗教师生活记录》因其朴素的情怀，乐观的心态，迅速传遍全国，教育部新闻办微言教育、《人民日报》、《中国教育报》、河南省教育厅、《教育时报》等全国数百家官微转发。

2019 年，他和千里之外的另一位女特岗教师相识、相恋，现在他们都在这个村小任教。有了孩子以后，他们以校为家，他说："我们一家三口都喜欢乡村生活，喜欢乡村教育。"

新华社两次对任明杰进行专访，他的事迹两次登上《中国教育报》、三次登上《人民日报》，《教育时报》更是为他推出四个专版，其事迹被《大学生基层就业典型人物事迹》丛书收录。

近十家公司为学校捐赠了物资，任老师也为一些建档立卡户学生寻求到了资助。

学校的教室全部得到了翻新，地面得到了硬化，并且新建了 6＋1 功能室，教室也配备了白板和空调，学校的人数从最初的 80 余人发展到 160 余人，一个濒临合并的教学点成为了完小，学校的教育生态越来越好，生源辐射周围多个村，生源出现了回流。

任明杰在工作的第四年，成为最年轻的"河南最美教师"，面对荣誉，他清醒地意识到，认真上好每一节课、让每一个学生成为最好的自己是最大的师德，而他还有很长的路要走。

任明杰戒骄戒躁，静下心来积淀自己，每年 1200 多万字的阅读量、数十万字工作日记、读书笔记、反思，还向老教师虚心请教。终于，他的育人故事被选登在国家教

育资源公共服务平台，国家教育行政学院也邀请任老师为他们录制班级管理课程。2022年，经省教育厅批准，他成立了省名班主任工作室。

教师是教育发展的第一资源，是国家富强、民族振兴、人民幸福的重要基石。而乡村教师是办好乡村教育的根本保障，更是推进乡村振兴战略的重要力量。任明杰，一个普通的乡村特岗教师，用行动证明了自己，用责任将爱和希望洒满整个乡村，这个曾经的国家级贫困村，还有这些曾经的贫困家庭的命运也因为教育而逐渐发生着改变。

用爱心和智慧
点亮乡村孩子的人生梦想

——商丘学院闫旭东

闫旭东，中共党员，2015年毕业于商丘学院对外汉语专业，现任河北省张家口市涿鹿县武家沟镇寄宿学校校长。从教以来，他一直扎根于农村教育第一线，用爱心和智慧点亮了乡村孩子的人生梦想。

大学毕业时，导师为闫旭东写下赠言："眼有星辰大海，心有繁花似锦。"希望他成为"眼里有爱，心中有暖"的人。2015年毕业后，闫旭东成了一名特岗教师，开始了大山深处的教育生涯。他"爱生如己，教生如子，待生如友"，谱写着一曲动人的乐章。

一、乡村教育的筑梦人

闫旭东任教的学校位于河北省西部山区，是一所农村寄宿小学。艰苦的生活条件，落后的教学设备，不但没有使他退缩，反而激发起他奋斗的决心和勇气。

在寄宿学校，老师就是孩子们的第二父母，吃穿住行都得操心。孩子拉了裤子，他会帮着换洗；孩子生病了，他会买药喂药；孩子受委屈了，会在他怀里哭上一会儿。他还尝试着给孩子们缝衣服、梳小辫儿……在孩子们身上，他完成了人生许多的第一次。"做的时候并不会想太多，因为他们是我的孩子，这些事儿我不做谁做？"自然朴实的话语，映照出爱生如己的美丽心灵。在闫旭东爱的浸润里，山区孩子心中的火花被点燃，爱上了闫老师，爱上了学校。

家访时，闫旭东发现许多孩子都是趴在土炕上写作业，没有专门的书桌。于是，他筹划了"将爱带回家——书屋改造计划"公益助学活动，向社会各界募集学习用品和家具，努力改造孩子们的学习环境。这项活动帮扶了妈妈是精神病患者的小鹏、父亲高位截瘫的雯琦等贫困学生，老师为他们置办书桌、文具、被褥，绘制墙面，打造温暖的书屋，去弥补孩子童年缺失的快乐。

闫旭东还发起了"十元钱，千份爱"活动，每位教师每月捐款10元，每月能筹集四五百元，足够两个学生一个月的伙食费，结余部分转入学校"公益基金"，帮助其他有需要的学生。三年中，他联合多家公益组织为学校和学生筹集各种物资累计约28万元，爱心团队还为孩子们打造了现代化的"青梅教室"和高规格的"阅览室"。

学生在学校感受到爱，又把爱传递给家人，传递给社会。慢慢地，孩子们的生活和学习环境充满了爱和欢歌笑语，孩子们亲切地称闫旭东为"老爸"。闫旭东深有感悟地说："只有教师心中有爱，孩子眼里才能有光，他们的生活才会有温暖。"

二、教育创新的先行者

与城市学校相比，乡村学校不具备资源优势，但闫旭东却以独特的方式开发出学生喜欢的课程。他善于从生活中撷取素材，引领学生体验生活的丰富多彩。他和学生们一起搭鸟窝，与学生在校园的墙壁上涂鸦，教孩子们本领和技能，为孩子们拍摄人生第一张艺术照。八年中，他拍摄了5万多张照片，记录着每个孩子的成长点滴。

闫旭东善于观察学生，了解学生，因材施教。他和学生做朋友，用一次次地陪伴贴近学生的心。

三、乡村振兴的践行者

厚德载物，天道酬勤。2020年，闫旭东被评选为"河北好人"，入选全国优秀特岗教师事迹报告团。三年中，他三次参与中国教育电视台节目的录制，为全国的教师和师范生讲述他的教育故事，鼓励青年学生扎根基层，助力乡村振兴。此外，他还受邀担任湖北省全省新教师入职培训辅导员，为雄安新区的新教师进行专题讲座。

他利用节假日参与策划和主持20余场惠民下乡演出，为村民们宣传党的好政策，携手各乡镇打造特色乡村文化。

2022冬奥会在他的家乡张家口举行，他作为志愿者，负责接待中外记者和冬残奥会火炬手，并主持了"四个一"家乡文化展演活动。工作之余，他和火炬手们分享了特岗故事。火炬手们被他的事迹所感动，火炬手王永辉带着火炬"飞扬"来到闫旭东所在的学校，让火炬在每个孩子手中进行了传递，让孩子们更加了解冬奥，更加热爱自己的家乡。

多年来，闫旭东用真情教书，用真心育人，得到了社会各界的赞许和认可，荣获"河北好人""张家口骨干教师""张家口市教学新星""张家口市教学工作先进个人""张家口市张桂梅式好老师"等荣誉称号。2021年，他入选"教育部乡村优秀青年教师培养奖励计划"，2022年，荣获"美丽青年乡村教师"寻访活动全国百强。他是全国优秀特岗教师事迹报告团成员、张家口市365百姓故事会报告团成员。他的感人事迹被人民网、新华社、"学习强国"、《中国教师报》、《中国青年报》等多家媒体报道。

面对荣誉，闫旭东不骄不躁，依然认真对待每一堂课、每一份作业，珍惜每一个帮助学生成长的机会。他坚守初心，锐意进取，用爱心和智慧点亮着乡村孩子的人生梦想，用实际行动践行着一名党员教师在党旗下的庄严承诺。大家公认他是"眼里有爱，心中有暖"的"美丽青年乡村教师"。

投身现代农业发展
助推美丽家乡建设
——河南财经政法大学张继强

张继强，河南郑云农业发展有限公司创始人、董事长，2016 年毕业于河南财经政法大学黄河商学院，作为一个高校毕业的优秀学子，他是如何扎根基层、投身农业，又是怎么实现造福家乡、奉献社会的人生价值呢？

2013 年，他响应党和国家引导鼓励高校毕业生到基层就业创业的号召，投身家乡的现代农业产业发展，并于 2014 年注册成立河南郑云农业发展有限公司。公司占地 56 亩，总投资 1200 万元，进行农场式的现代高效农业生产，定位为观光教育主题农场，以肉羊养殖、果苗繁育和特色果蔬生产作为主要产品，致力成为区域范围内小而精可复制的家庭农场经济模式典范。

在他返乡创业之初，除了家人和亲友的不解之外，也面临着理念模式、团队组建、技术应用等多重考验与困难。他首先确定了前期重点要做的三件事情：现代农业理念与信仰的树立、优质精致农副产品的生产、精诚所至的营销与社会服务。刚起步的时候，包括他的团队当中都没有几个人能够听懂或者愿意相信他的想法，但他毫不怀疑自己的选择和团队的能力。

他和团队一起开始了基层创业，他们同吃同住、加班加点、学习钻研、拼搏奉献。第一步组建和招募团队，稳定团队军心，确定和提升经营理念；第二步调整和优化公司定位，向市场和未来看齐；第三步借势时代主流，搭建互联网服务平台和营销；第四步突出核心主打产品，用品质和服务赢得市场；第五步注重服务和内涵，热情接待每一位嘉宾；第六步，时刻不忘学习，积极思考交流与发展……他始终相信，在发展现代农业的道路上，他们缺乏的不是生产，而是围绕市场需求和服务进行的创新与思考。

2016 年以来，公司顺利实现向观光教育农场定位的转型，截止到 2022 年年底，累计接待各类参观 810 批、35000 多人次；郑云农业网站、公众号正式上线，会员社群和公众号粉丝均超 5000 人；公司尝试和推行会员定制、互联网销售等订单农业模式，获得了市场和消费者认可；公司一举通过县级、市级、省级示范家庭农场认定，成为河南省农民田间学校，获得新型职业农民培训基地认定和青年农民创业基地认定；公司小而精可复制发展模式正式获得官方认可，团中央、省社科院、市县等政府部门主要领导多次莅临实地考察调研、指导工作。

同时，公司也及时担当起应有的责任，积极吸纳和解决毕业大学生实习实践、创业就业，组织和开展新型农业经营主体及职业农民培训，引导和帮助来自焦作、洛阳、鹤壁、新乡等多地的 100 多名青年创客投身现代农业发展，组织和联合 30 个村集体合作社、小微农业企业等联合进行订单生产、直供直销等，生产带动面积 6000 余亩，带动就业 150 多人，取得了良好的经济效益和社会影响，团中央、农业农村部、中国社科院和河南省、焦作市等各级党委政府、科研机构等多次莅临调研指导公司发展工作。

　　展望未来，他认为基层创业之路艰辛但又伟大，他始终不会忘记自己创业理想与信仰的真正意义，那就是投身国家乡村振兴和美丽乡村建设事业，这才是他个人的最大价值与理想。他的人生价值体现是让家乡百姓因为他的努力而更加富有和幸福，他将继续投身国家乡村振兴事业，不忘初心，不畏前行！

勇做新时代高素质农民的
"草莓硕士"

——河南农业大学王智豪

王智豪，中共党员，高级农艺师，河南省草莓新品种培育工程技术研究中心主任，河南省人大代表，河南凤彩农业发展有限公司总经理。他 2008 年考入河南农业大学经济与管理学院农村发展与管理专业，2013 年考入本校农村与区域发展专业硕士研究生。

一、学农爱农，知识赋能改变乡村面貌

来自乡村的王智豪，从小就看到：村里的萝卜、白菜滞销，粮食产量增长缓慢。他带着改变家乡现状的目标，选择报考河南农业大学学习农业知识、管理和技术。2011 年，他到大别山区罗山县楠杆镇檀岗村挂职见习大学生村官，利用本科时期所学进行实践锻炼。他在读研究生期间到民权县龙塘镇轩庄村担任校地合作联络员，同时开启个人的创业之路。他利用母校综合改革试验区开展麦茬番茄的种植，吃住在田间地头，开始从事农业，这一干就是十多年。

王智豪深知长期在农村基层创业，应充分发展自己作为知识青年的独特优势为老百姓生产服务，弥补产业链的短板和解决产业痛点难点，创业之路才能走长远。于是他深入河南省最大的草莓产区进行详细调研，了解到草莓行业伴随着城镇化的推进和居民生活水平的提高处于快速扩张期，市场效益良好。他从 2012 年开始参与申请组建了省市草莓工程技术中心，并参与发起成立了河南省草莓协会，2019 年成立了河南凤彩农业发展有限公司，参与了河南最早的草莓工厂化育苗、组培脱毒育苗和立体无土栽培技术的研发与推广工作，如今已成为国家高新技术企业。

二、育苗育人，团结青年助力脱贫攻坚

从 2016 年开始，他带领团队跑遍了全国各地的草莓主产区，了解草莓产业发展状况，逐步确立了早熟、脱毒草莓种苗产品定位，在郑州周边县区开展草莓穴盘基质苗和冷藏苗生产，在豫西山区高海拔地区开展草莓高山冷凉育苗，取得可以让草莓提早20 天上市的技术突破，获得了农户和市场认可。带着让更多农户受益的想法，2019 年3 月，他到睢县建立了草莓育苗基地，围绕河南省草莓产业发展的瓶颈问题培育脱毒种苗，解决普通农户"干不了、干不好、干了不划算"的产业共性技术难题。目前草莓育苗品种达到了 60 种以上，由他主导建设的睢县数字草莓现代农业产业园核心区占地520 余亩，目前已初步建成中原地区草莓产业研发与服务中心，带动周边农户发展草莓

种植 3000 亩，建设了草莓三级育苗四级示范推广技术体系，建设了省级草莓研发平台，服务全国多个草莓主产区。他发展草莓产业参与脱贫攻坚，通过多种形式累计带领贫困户 1642 户、4398 人脱贫致富，成为河南省级扶贫龙头企业。团队现有返乡青年大学生 36 人，参与技术指导和推广，同时建立了乡村振兴示范基地、草莓星创天地、高校产学研和社会实践基地，探索草莓产业共同富裕发展道路。

三、不忘初心，创新创业带动乡村振兴

作为乡村振兴的青年先锋，他不忘初心，带领团队致力科技赋能，助农增产增收，他还通过各类比赛，展示传播最新研究成果，让更多的农户与青年大学生参与草莓产业。

他带领团队在 2016 年荣获"创青春"河南省大学生创业大赛创业实践挑战赛特等奖(国赛铜奖)、2018 年荣获中国"互联网＋"大学生创新创业大赛河南赛区选拔赛一等奖(国赛铜奖)、2021 年荣获河南省高素质农民创业创新大赛成长组一等奖(第一名)。他参加了联合国开发计划署第二届亚太青年创新创业与领导力论坛，代表河南省参加全国第五届农村创业创新项目创意大赛总决赛入围 30 强项目。2022年，他入选河南省级特色产业科技特派员专家服务团、入选共青团中央 2022 年全国青年马克思主义者培养工程农村班培养对象，还获得"河南省农村青年致富带头人"荣誉称号，被聘为"河南省大众创业导师"，被授予"河南省五一劳动奖章"和"河南省乡村振兴青年先锋"等荣誉称号，作为基层就业创业典型当选河南省人大代表。他的事迹多次被新华社、中央电视台、《光明日报》、《河南日报》等媒体报道。

王智豪立志带领团队发展成为全国知名的草莓产业数字化运营服务商，用数字技术赋能草莓产业转型升级，更好地助力乡村振兴，实现他的梦想：让天下没有难种的草莓，让天下没有难卖的草莓，让天下没有难吃的草莓，让天下的莓农都能轻松当上"莓老板"！

湖北省

携笔从戎青春无悔
不忘初心砥砺前行

—— 武汉理工大学叶堃

叶堃，陕西汉中人，联合国"和平勋章"获得者，1990 年 1 月出生，2011 年 12 月加入中国共产党，2013 年 6 月毕业于武汉理工大学航运学院航海技术专业，毕业后参军入伍，现任中华人民共和国宁波出入境边防检查站综合执勤八队副队长（副科级），三级警长。

一、携笔从戎，西非大地展示中国军人风采

2009 年叶堃考入武汉理工大学就读后，很快就适应了航海技术专业半军事化管理机制，养成了守纪律、讲规矩的习惯，心中埋下了参军入伍、戍边卫国的种子。临近毕业时，当他获悉原浙江边防总队招录入警大学生时，他主动报考，但是面对已经被交通部属事业单位录用时他显得有些迷茫，时任辅导员张磊老师说："可以遵从自己的内心，勇敢地追逐梦想，作为一名理工人，只要肯吃苦拼搏，无论在什么岗位上都能建功立业。"一席话使他毅然携笔从戎，成为浙江边防总队的一名军人。

大学期间，他时刻以"同舟共济，乘风破浪，勇立潮头"的航运学院精神鞭策自己，以优异成绩通过大学四六级英语考试，打下了坚实的外语基础。2015 年 4 月，他通过了中国第四支赴利比里亚维和警察防暴队英语初试。11 月，他在中国维和警察培训中心集训，经过三轮筛选，最终顺利通过联合国考核，入选中国第四支赴利比里亚维和警察防暴队，担任小队长，赴利比里亚执行为期 1 年的维和任务。

初到任务区，叶堃和战友们就接到了利比里亚外交部定点驻守任务，利比里亚外交部是该国总统的办公地点，定点驻守的同时还需要担负总统出行时的外围警戒工作，这是中国维和警察首次在一个主权国家的核心政治部门负责一国元首的日常安全警卫工作。在执勤的 36 天里，需要 24 小时分三班不间断巡逻警戒。他们每天全副武装，背负重达 40 多斤的装备，在高温下一站就是 8 小时。该项任务结束后，防暴队的突出表现赢得时任利比里亚总统赞誉，并签令表彰"为利比里亚和平事业、警察能力建设以及中利友好作出巨大贡献"。

在任务区，他始终以防暴队党总支决策为行动指南，圆满完成了上级安排的任务。平日里，他用日记将点点滴滴记录下来。在公安部边防局组织的"我为党徽添光彩"征文活动中，其作品荣获全国一等奖。由于维和工作出色，他荣立个人三等功。

二、心系群众，边防一线秉承为民服务宗旨

在武汉理工大学就读期间，叶堃被校友支教边远山区的先进事迹感动，立志以后要做一个对人民群众有用的人。参加工作初期，他被分配到温州边防支队炎亭边防派出所工作，由于驻地偏远，就连快递都无法送到，他能够克服心理落差，脚踏实地开展工作。为了使自己尽快进入角色，他深刻领会大力推进社区警务战略的重大意义，联合驻地政府在居民集中区域设置"警民恳谈室"，每月举行警民恳谈活动，收集社区民情，服务辖区群众。

他走遍辖区 6 个自然村，走访 2000 多户群众，为群众提供咨询 300 余次。当他得知辖区有多位行动不便的老人由于无法亲自前往派出所办理身份证而无法办理社保时，他携带照相和指纹采集设备，挂好白色背景墙，为老人拍下身份证照片，待身份证制成后又为老人送证上门，赢得了辖区群众的一致称赞。他被评为浙江省边防总队优秀共产党员、优秀基层干部。

三、不忘初心，国门口岸践行移民管理使命

2018 年，叶堃到浙江边防总队梅山边检站工作，从事海港出入境边防检查工作。2019 年 1 月 1 日，原公安部边防武警官兵正式转隶为人民警察。脱下戎装，换上警服，他深知这次改革将使他和战友们承担起国家移民管理的新使命。

在全省边检业务比武竞赛中，他代表单位获得全省二等奖。在全国移民管理系统首次检查员等级评定中顺利通过了中级检查员考试，成为全国一百多名中级检查员中的一员。这些都得益于他在武汉理工大学养成的学习能力和踏实认真、刻苦钻研的好习惯。他凭借航海技术专业优势，撰写 2 篇信息专报，将快速判断船舶航行轨迹方法与同事共享。在理论和实践的加持下，他与同事先后查获口岸出入境船舶违法违规案件 3 起，维护了口岸安全稳定。

疫情暴发后，叶堃主动递交请战书奔赴口岸疫情防控第一线，执行口岸涉疫勤务50 余天，坚守防疫一线 4 个月没有回家。他由于表现优异，多次荣获嘉奖。

叶堃始终不忘初心，坚守基层一线，在不同的岗位上履职尽责，服务群众，守卫国门，书写着扎根基层、奉献一线的人生华章。

行走山水的"矿痴"

——中国地质大学（武汉）欧阳永棚

他在中国地质大学（武汉）完成本科和硕士学业后，毅然选择到江西省地质局地质队一线工作，十多年来，他一直围绕地质找矿事业忙碌着；从地质学府走入荒野山间，他的地质荣光烙印胸口；从基层地质工作者成长为副总工程师，他的地质初心从未改变；从行业蓬勃时期进入萧条阶段，他的地质使命永不褪色；面对能源资源安全"国之大者"，他勇挑重担，正积极投身国家新一轮找矿突破战略行动……他就是江西省地质局第十地质大队副总工程师兼自然资源调查院院长、中国青年地质科技奖——银锤奖获得者、江西省百千万人才、全国向上向善好青年（爱岗敬业）、中国好人（敬业奉献）、江西省最美科技工作者、江西青年五四奖章获得者、江西省科学家精神宣讲团成员——欧阳永棚。

一、一线报国寻大矿　敢为人先谋创新

2013年硕士毕业时，欧阳永棚没有像大部分同学那样选择大城市，而是坚定选择到基层的一线单位——江西省地矿局九一二大队，为国家地质找矿事业奉献青春力量是他的人生理想。

野外地质工作跋山涉水、风餐露宿、日晒雨淋，长年与荒野为伍，与寂寞为伴，但这些都阻挡不了他前进的步伐。刚办完报到手续，他就被派往景德镇浮梁县的大山里。他还来不及适应新环境，便投身到野外工作中去了，白天爬山测剖面、钻探编录等，晚上还要整理当天资料。他主动坚守在朱溪野外一线，由于专业知识扎实，很快得到了同事的认可。领导也对他的专业技术信赖有加，将很多科研课题和报告交到他手中。为了地质工作，他放弃婚假，新婚妻子更是默默支持他的工作，陪他在野外项目组度过"婚假"。在长期野外勘查实践中，他积累了丰富的实践经验，能准确把握存在的科学问题，精准提出先进理论与实践相结合的合理化建议，促进了找矿勘查工作，获得专家学者的认可。

10年间，他每年有近10个月的时间待在野外或出差。"地质工作是一件苦差事。但苦乐相伴，通过努力为国家找到更多的矿，即便是苦，也是一种享受。"作为核心骨干成员，他参与发现朱溪世界最大钨矿床、上水桥中型萤石矿床、阳家山中型钒矿床等，把朱溪经多次勘查开发的一个浅部小铜矿探成世界最大钨（铜）矿床，超额完成了我国找矿突破战略行动，增强了我国钨矿世界话语权，对矿产资源储备、指导钨矿勘查及开发均具有里程碑意义。

二、严谨治学求真理　心无旁骛研地"经"

近年来，地质找矿工作由"十年繁荣"进入调整阶段，给地质工作带来不小压力，但他始终将地质事业作为毕生追求，淡泊名利、潜心研究，为国家经济建设储备地学研究、积蓄地质力量。

一次踏勘矿化异常点，他看到途经的一辆卡车满载大理岩碎石，便追上去叫住司机，从交谈中分析这附近有"好东西"。他带大家驱车 2 小时终于找到了一处细腻均匀、胶结致密大理岩矿山，大步丈量距离后，感觉底下岩体肯定不小。随即又找到矿长交流，直到夜幕降临还意犹未尽，他立刻安排了人员收集矿区周边资料，为申报项目做好准备。一次重要项目投标，他挂心投标工作特意出差赶回来，凌晨一点半，同事们都倦意袭来，可他却仍精神抖擞，将文件认真检查了两遍，直到凌晨三点半才休息，第二天一大早又出野外、谈业务去了。

他主持并参与 20 余个课题，取得了一系列原创性研究成果和新认识。目前他已发表论文 50 余篇，参编专著 5 部；参加国内外学术会议 14 次，先后获得市级及以上奖励或荣誉 20 余项。

三、团结协作攻难关　甘为人梯育人才

2019 年 1 月，他开始担任自然资源调查院院长。他格外注重人才团队建设，经常组织开展各类专业讲座，邀请名校老师交流指导；面临人才断层的现实问题，他亲自去高校"招兵买马"充实队伍，在地质行业不景气时新招聘并留住了硕士 4 人、本科生 3 人。这几位学生都说："我们看中的就是欧阳院长的做事风格和学习态度，我们跟着他有干劲、有信心。"他把队伍安排得

职能清晰、术业专攻，让每个青年都有锻炼提升和发挥价值的平台。

当问到他为什么如此"拼命"，他说："在杨明桂、翟裕生院士等老一辈地质学家的感召下，'为国找矿、地质报国'的追求已经融入我的血脉。"正是在这种拼命三郎式的努力下，自然资源调查院不断拓展地质市场，并完成了一大批地质找矿项目。他带领的团队被授予"全国工人先锋号""全国质量信得过班组"等荣誉称号。

欧阳永棚始终不忘初心、牢记使命，带领团队在崇山峻岭中跋涉，在壮美山河间寻宝，在科研攻坚中攀登，以实际行动践行着他的初心。

一线造梦
建设新时代"大国重器"

——三峡大学乔雨

他是乔雨，三峡大学水利与环境学院毕业生；他是扎根于乌东德水电站工地的"一线造梦人"。

他的先进事迹曾被多家媒体报道，并在 2020 年五四青年节，作为重大工程复工复产基层一线青年代表受到 CCTV-1 直播采访，反响热烈，有效引导了广大青年群体敢于扎根基层，为打造新时代"大国重器"砥砺奋斗。

一、基层一线勇担当，水电禁区建高坝

乌东德水电站地处金沙江下游第一梯级。坝址最大风速达 42.9 米每秒，全年气温在 35℃ 以上，近百天相对湿度仅 10%，混凝土温控超难，综合技术难度位居世界前列。研究生毕业后，乔雨主动向公司提出到最艰苦的乌东德水电站工地一线锻炼。大坝建设高峰期，他长期带头现场夜间值班、雨季不休、大风不回、春节坚守，一线亲自指挥每一仓、每一车、每一铲混凝土，保障优质高效浇筑。他曾连续 35 天无休坚守一线工地，掐秒表寻找"漏洞"，最终实现每趟混凝土运输 15 秒，全坝工期节约 34.7 天，共节省投资成本约 450 万元。小雨及以上恶劣天气，他经常是彻夜不休，全天候坚守仓面一线，练就了一双"火眼金睛"。

二、匠心打造精品工程，精心铸就大国重器

他先后牵头组建大坝"双百"目标团队、样板工程红旗班组、温控防裂党员突击队，坚持以乌东德水电站蓄水发电安全为重点、大坝创精品目标为导向服务工程建设，积极推进大坝工程重点施工技术方案优化，组织研究提升浇筑效率，促进大坝智能建造科研成果实施落地。疫情期间，他主动协助做好工区工点疫情防控，助力复工复产，脚踏实地落实安全生产、严守质量关，确保进度受控。大坝实现提前 3 月到顶，创下单个坝段年上升高度 122 米、全坝年平均上升高度 90 米的行业最高纪录，连续两年上升高度超过 100 米、浇筑方量破 100 万立方米，混凝土温度合格率高达 99.7%，开创高拱坝建设"之最"，混凝土温控达到真正的"随心所欲"，未出现一条裂缝，高质量实现建设无缝精品拱坝的目标，大坝施工质量、安全、进度等各项指标均达到世界一流水平。

三、理论实践相结合，知识能力共提升

他在日常学习工作中，注重将所学理论知识和工程实践相结合，探索大坝施工过程管理中遇到的关键技术问题，积极思考解决方案，并及时形成创新性成果。他发明了红外热成像智能测温、仓面环境智能喷雾恒温、通水冷却智能降温控温装备，解决了混凝土温度控制从传统的散点式向集成式、人工向智能化转变的难题，实现了温控设备的完全国产化；组织研发了全面感知、真实分析、实时控制为一体的智能管控平台，破解了施工过程管控不足、质量评价追溯、跨单位协同管理的难题，填补了特高拱坝混凝土施工全过程智能控制技术空白；提出了 300 米级薄拱坝绿色筑坝原则、指标与支柱技术体系，破解了高拱坝混凝土开裂顽症，化解了施工进度的制约因素，累计节约投资约 5680 万元。

四、推动绿色建造，保护珍稀鱼类

乌东德 300 米级特高拱坝全坝采用绿色筑坝材料——低热水泥混凝土，在世界水电工程建设中尚属首次，他在这项技术研究过程中积极贡献智慧和力量。他全面组织研究低热水泥混凝土筑坝性能，先后攻克了适应 4.5 米厚升层的液压爬模自爬升、低热水泥常温混凝土筑坝、表孔溢流面一次成型、中表孔门槽台车研发、清水混凝土坝顶施工等关键技术，推动乌东德废弃骨料及表土回收利用和沿江绿化带建设。他参与了集运鱼系统研发和建设，用所学知识和技术，减少电站建设对长江珍稀鱼类生存环境的影响，并参与放流活动 11 次。

五、点亮微心愿，造福大民生

他先后 10 次对乌东德镇中心小学和附近新村进行调研，结合调研情况，连续六年组织团支部举行乌东德区域"暖冬关爱·点亮微心愿"活动，累计帮助 2000 多位留守儿童和单亲家庭学生。他深入基层一线调研 5000 余名农民工工资、生活需求，与其"打成一片"，俨然成为农民工的"一员"和朋友，组织专题会督促施工单位关爱关心农民工，连续六年所负责对接的工点无任何拖欠农民工工资行为。六年筚路蓝缕，大坝江中起，绿电万家送，他始终坚信建好一座水电站、带动一方经济、造福一方百姓的理念。

他的经历深深地鼓舞了广大青年基层工作者，很好地诠释了习近平总书记对当代中国青年的殷殷嘱托，他将认真学习贯彻党的二十大精神，继续扎根一线，以身作则，锐意进取，勇于创新，为祖国建设贡献力量，以青春之志，书写基层奋斗之诗！

做未成年人前行的"灯塔"

——长江大学卢文博

卢文博，1992年1月出生，中共党员，大学本科学历，现任荆州市四叶草社会工作服务中心理事长、法人代表，兼任共青团荆州市委副书记、共青团湖北省委第十四届委员会常务委员会委员、湖北省社工联合会副会长、长江大学硕士生导师、全国青年马克思主义者培养工程社会组织班首批学员。他曾获"共青团中央全国青少年事务社工2017年度榜样""2015年湖北省青年岗位能手""湖北省最美社工""湖北省五四青年"共青团中央全国青年马克思主义者培养工程"优秀学员""荆州市专业技术拔尖人才""荆州市五四青年奖章""荆州市突出贡献人才"等称号。

2013年卢文博开始从事实务工作，重点在未成年人保护、青少年事务、灾害以及司法社会工作等领域进行积极探索。他参与工作以来协助开展全国未成年人社会保护试点工作，2014年全国未成年人社会保护现场会在荆州召开，向全国推广荆州经验；2016—2017年，协助江陵县开展全省留守儿童关爱保护试点工作，探索出基层留守儿童关爱保护工作模式并向全省推广；在灾害社会工作领域，参与全省特大洪灾灾后安置工作。他积极参与未成年人保护标准化体系研究工作，作为主要起草人参与三项行业标准和六项地方标准的起草工作，促进困境人员救助保护工作的标准化和专业化发展。

一、突出工作重点，创新实践能力

多年以来，他在多个社会工作服务领域开展服务，如老年社会工作服务、青少年社会工作服务、灾害社会工作服务、危机干预社会工作服务、军休社会工作服务、社区矫正等。随着工作的逐步深入，他逐步以未成年人社会保护领域、社会组织孵化为重点核心领域。他积极提升自身能力，在几年的工作里，取得一定成绩。如配合荆州市开展全国未成年人社会保护试点工作；协助负责荆州市民政局开展志愿服务公益积分兑换项目，在志愿服务管理、志愿组织基本规范的制订及志愿服务公益积分兑换细则和流程的建设和实施上，提供智力支持和专业服务；协助负责荆州市"老人儿童快乐之家"建设项目，负责制定起草"老人儿童快乐之家"的建设标准和服务标准，负责制定"老人儿童快乐之家"建设规划和选址评估，破解"三留守"人员关爱保护的工作难点，创新城乡社区治理能力。如今全市已经建成并投入使用的"老人儿童快乐之家"示范点约1500家；2017年9月至2018年，他负责协助江陵县开展全省农村留守儿童关爱保护试点工作，向全省推广江陵经验。2019年6月，民政部全国现场会在荆州召开，机构负责的项目点全部为参访点。

二、发挥专业优势，深入救灾一线

作为全省灾害社会工作队的一员，在灾难发生时，他时刻牢记使命，心系受灾人员的生命财产安全和情绪心理的稳定。近年来，在湖北省民政厅、教育厅的领导下，他积极参与救灾工作，发挥自身专业特长。2016年，湖北省大部分地区遭受暴雨洪涝灾害，部分地区受灾严重，受湖北省民政厅委派，他前往荆门市沙洋县安置点开展灾后安置工作，配合安置点工作人员开展工作，机构安排 5 名社工参与。

三、提升专业能力，开展专业研究

积极发挥专业优势，开展专业工作研究。2016年3月，在荆州市扶贫办、民政局、团市委的指导和支持下，他协助精准扶贫工作深入开展，为精准扶贫工作提供政策建议和专业技术支持；他根据自身优势和业务范围，为农村未成年人尤其是困境未成年人提供专业的社工服务。

四、全面总结提炼，积极推广经验

他多次作为代表参加国务院、民政部、最高检、最高法、团中央等部委组织研讨会、项目论证会和意见征求会。在一路成长中，他积累工作经验，学习先进成果，同时总结提炼经验，不断地向全省乃至全国推广。

扎根基层创业　彰显使命担当

——湖北经济学院程科

一、苦练内功，打好创业硬基础

程科坦言，自己在中学时期成绩一般，直到高二将高考目标定为湖北经济学院后，他才努力学习，最终如愿。刚入大学，他为了提升自身的专业水平和综合能力，每天都投入大量时间去学习和参加学生活动，并加入了一些社团、学生组织。他开玩笑说："当年楼栋宿管阿姨肯定对我印象最深刻，因为我是整栋楼里面每天早上第一个催阿姨开门的人，也是每天最晚回宿舍的人。"刚上大一的他，就制订了系统的学习规划，也积极参加各项活动，过得十分忙碌。班主任王宏飞老师从专业角度、结合他的性格，认为他是一个富有"创业型人格"的人，这也更坚定了他创业的想法。他不断提高自己的专业水平、培养扎实的彩绘功底。因为他深知，没有坚实的专业基础，后续的创业就如空中楼阁，他在大学期间注册创办公司后，仍不忘"专业是创业的坚实基础"。

二、发掘志趣，奋进创业新征程

程科热爱自己的专业，高考后，他在一家画室当带班老师，由此开始萌生创业的想法。上大学时，他还拜师学习国画。他在网上发布绘制壁画的广告，不间断地接到一些业务。随着业务的发展，他开始着手准备壁画公司创业团队的组建。在装饰画中初次尝到甜头的程科十分兴奋，开始主动联系商家提供墙画设计制作的业务。"几次壁画装饰设计的成功是对我最好的肯定和鼓励，我知道创业是很辛苦的，但只要我坚持，那么就一定会成功！"他信心满满地说，"团队的6名骨干成员都是对室内环境软装饰设计及装修后期配饰设计极其感兴趣的学生，我们要做一支小而精的团队。"

创业开了头，就愈发催人奋进。2010年，还不满20岁的程科，成立了自己的工作室。在学校老师的帮助和指导下，他注册成立了公司，拥有了办公场地，主营业务就是卖自己的画作。一次偶然的机会，一位前辈对面临创业困境的程科说："创业者就要胆子大，你要学会每时每刻在各种渠道展示自己，展示公司的产品。"

茅塞顿开的程科一方面在自己的 QQ 空间和微信朋友圈持续高频地发作品，宣传公司业务，另一方面将作品装订成册随身携带，只要遇到潜在客户，他都会积极地介绍公司和作品。功夫不负有心人，业务越接越多，他从不懈怠任何一个项目。一次，他承接了鄂州的绘画项目，画完第一遍就受到客户肯定，但他感觉客户的花费不应该是这样的效果，于是又加画了两天，当最后的成果呈现在客户面前时，客户被他的认真执着所感动，并表示一定要多付报酬。

在他看来，很多同学都很有想法，想创业的人很多，但付诸行动的却甚少。行胜于言，在我们看到希望的时候更应该以希望为动力去迎接挑战，因为大学生迟早要面对社会，就像你加入一个社团或组织一样，是在为自己的"入世"而充电。

三、家国情怀，彰显使命与担当

从个体从业者，到创业者的导师；从零点起步，到创业者的集聚地；从籍籍无名，到晋升国家级孵化平台；从基础服务，到专业化创新创业生态体系打造。创业至今，程科先后荣获多项荣誉。面对荣誉，程科坦言，荣誉是对自己以往创业工作和成绩的肯定，同时也是鼓励自己不断突破自我的动力。程科始终将"做一个有社会责任的企业家"铭记于心，积极响应党和国家号召，充分发挥自身专业优势，深入开展各项工作与志愿服务活动，得到了社会各界的广泛赞誉。

程科深知，作为一名社会主义现代化的建设者，作为新时代的创业者，要勇于承担社会责任，大力弘扬企业家精神。2020年，疫情防控阻击战打响后，程科组建了一支100余人的青年志愿者队伍投入抗疫，连续在一线防疫50多天，募集74.62万元的防疫款物，为120多个村、社区等一线防疫单位送去20吨消毒酒精、1万余只口罩、2万余双手套、780箱饼干、600套保暖衣、36支测温仪等防疫物资。随后还组建青年志愿消杀突击队，累计为15个社区和单位进行消杀。他也因此被评为全国"百名疫情防控最美志愿者"之一。

无悔青春　青春无悔

——湖北文理学院吴顺喜

人生只有一次青春。现在，青春是用来奋斗的；将来，青春是用来回忆的。青春的选择有很多种，而吴顺喜的青春选择了雪域高原。

一、一株格桑花，做扎根西藏的新青年

2015 年 3 月，还是大三学生的吴顺喜担任湖北文理学院"格桑花"支教团队队长赴琼结县中学支教。他坚持每天天还没亮就到教室和孩子们一起晨读，和孩子们一起学习、一起生活、一起成长。那一年，他带领"格桑花"团队获得了"西藏青年五四奖章集体奖"。

2016 年 3 月，为了兑现他对孩子们说的那句"我会回来看你们的"承诺，在其他同学都在为找工作而忙碌时，他却选择再次赴琼结支教。他说，孩子们在教室看到他回来全部蜂拥而上，那一刻对家乡的不舍和高反带来的头疼等一切不适也都烟消云散了。

那一年，得知西藏在全国招聘公务员，他通过考核留在了琼结工作。因为支教，他爱上了那些纯真的孩子们，爱上了这片热土。他想继续留在琼结，离孩子们更近一点，教他们更多的知识，为孩子们做更多的事，继续贡献自己的青春力量。到西部去、到基层去、到祖国最需要的地方去，这是他面对理想、面对人生所作出的庄严承诺，将人生最宝贵的青春奉献在西藏这片热土上是最无悔的选择。

二、一段民族情，做民族团结的践行者

刚到琼结县工作时，吴顺喜就和支教时一直帮扶的县中学学生索朗加措结成对子，时常给他买些生活、学习用品，利用周末到学校或者他家里给他补习功课，2016 年的寒假和中考前夕他给索朗加措补习功课。2017 年，索朗加措顺利地考上了武汉西藏中学，而吴顺喜成了藏族班的唯一一个汉族"家长"，为了让索朗加措在外求学也感到家的温暖，吴顺喜利用休假探亲的机会把索朗加措接到湖北广水老家过春节。2020 年，索朗加措在吴顺喜的引导下报考了护理专业，立志为边疆地区卫生事业作出贡献。在帮扶资助中，吴顺喜收获了超越民族的兄弟情，深刻体会着"藏汉一家亲"这最为宝贵的人生财富。在索朗加措升学以后，仲堆居委会三组的村民挨个给吴顺喜献哈达，并一个劲地说着"呀咕嘟"。索朗加措的妈妈更是把吴顺喜当作孩子的恩人，她对驻村干部说："吴老师不仅给我家孩子买一些学习用品和衣物，还经常自己带着菜到我家来给加措补习功课，吃住在村里，这对于一个汉族干部来说太难得了。如果没有他无私的

帮助，加措肯定考不上内地高中，更别提考上大学了。"

三、一声"书记啦"，做群众满意的贴心人

吴顺喜作为汉族干部，努力调整饮食习惯和生活习惯，力争在生活上融入群众，拉近与群众的距离。他同群众一样吃糌粑、喝甜茶，和群众坐在一条板凳上拉家常、说变化，逐渐熟悉每一张面孔，了解各家的情况，吃透社情，做一名真正的本地干部。他作为汉族干部到基层做"第一书记"，最大的难关就是语言关，他主动向藏族同志、社区"两委"、群众学习藏语，用最朴实的、最接地气的话宣传党的创新理论精神和各项惠民利民政策，改变群众的思想观念，不断增强群众"知党恩、感党恩、听党话、跟党走"意识。同时教藏胞汉语，在相互帮助和学习中融入群众，同群众打成一片。自任仲堆社区党委第一书记以来，他把为群众谋幸福作为一切工作的出发点和落脚点，积极走村入户、察民情，开办"快乐寒假"补习班、召开青年分享会，扎实做好青少年工作；以"一体两翼三有"模式抓党建，夯实基层党组织；积极联系上级有关部门，多方筹措资金，为群众办实事40余件，时刻把群众安危冷暖记挂在心，想群众之所想、急群众之所急、办群众之所需，真正做到与群众同甘苦、共患难、心贴心，为民出实招、办实事，群众把他当作了最贴心的汉族"亲戚"。

2021年，吴顺喜从琼结县条件最好的乡镇调整到加麻乡工作，主要负责基层党建、团委、强基惠民等各项工作。他立足加麻实际和特色，建规章、打基础，不断规范完善基层党务工作，全乡党建水平有了质的提升；坚持红色引领，大力推行"一村一品"工程，把全乡资源变"资产"，将"青山"变"金山"，全乡6个行政村村集体经济取得较大突破，较2020年收入翻一番。同时，他结合党建引领基层治理工

作，在昌嘎村打造全县首个"红色驿站"，涵盖日间照料、儿童托管、红色书吧、周末课堂、党员夜校、民情收集、免费甜茶等服务功能，切实把"红色驿站"打造成传递党的声音的"前哨"、密切党群关系的"连心桥"，成为群众生活的便民服务站、村级治理的问题收集站、疑难问题的政策咨询站，不断提升群众的幸福感和获得感。

吴顺喜凭着坚强的意志力战胜了生理和心理的障碍，完全适应了藏区的气候与生活；在基层工作中，完成了大学生向基层公务员在能力和素养上的提升，更完成了汉族干部向藏区干部的转换。

吴顺喜是广大到基层和人民中去建功立业的青年中的一员，他的青春在雪域高原，投身祖国西部建设，让青春之花绽放在祖国最需要的地方。

西出阳关济伟业　筑梦克州是吾乡

—— 黄冈师范学院徐坦

徐坦，1995 年 12 月出生，湖北洪湖人，2017 年 6 月加入中国共产党，2019 年 6 月毕业于黄冈师范学院光电信息科学与工程专业，2019 年 8 月作为新疆在内地高校招录应届大学毕业生，进入新疆工作，现任新疆克孜勒苏柯尔克孜自治州（简称"克州"）阿克陶县皮拉勒乡一级科员。

一、教育引导，思想萌芽

到基层和人民中去建功立业，让青春之花绽放在祖国最需要的地方，在实现中国梦的伟大实践中书写别样精彩的人生。从向党旗宣誓的那一刻开始，这个理想信念，已经深深埋藏在他的心底。2019 年 4 月，即将毕业的他，在学院江老师告知下，参加内地高校应届毕业生到新疆基层工作的招录。到西部去、到祖国最需要的地方去，他用实际行动践行一名党员的初心使命。

二、初到新疆，扎根边疆

2019 年 7 月，他从湖北来到新疆，这是他人生第一次在火车上待这么长时间，一路上所见所想，他的心情一直无法平静。初入克州党委党校，他牢牢记住一句话"热爱边疆，守护边疆，奉献边疆，把爱国爱疆作为一生的信仰，像胡杨一样扎根祖国西部边陲。"在党校初任培训的 3 个月里，他学习语言、政策法规，参加各类活动，品尝特色小吃……从刚开始的不适应、不习惯到慢慢地爱上了新疆克州这个地方。2019 年 10 月 31 日分配时，他为了心中炽热的理想，毅然选择到新疆克州阿克陶县工作。

三、身体力行，履职尽责

（一）围绕中心、服务大局，全力以赴做好党建工作

初到皮拉勒乡，他被安排在皮拉勒乡党建办工作。他围绕机关党支部重点工作，协助支部书记开展乡机关党建工作；通过党员远程教育系统，抓好全乡党员线上网络学习，扩大党员教育的受众面；通过抓好克州基层基础党建信息化管理平台，有效督促全乡 25 个党支部党内组织生活制度落实；通过抓好全国党员管理信息系统，维护和管理好全乡 1000 多名党员信息。在党建系统平台建设、维护过程中，他时常骑着电动车到 22 个村检查、指导工作，多少次因村多距离远，直到很晚他才推着电动车返回乡政府。

(二)"疫"不容辞、众志成城，有效打好疫情防控阻击战

2020年年初，面对突如其来的疫情，刚回老家休假的他，转身投入疫情防控工作中，坚持每天在村道路卡口值班，定期给村民量体温、发口罩，用自己的实际行动保障家乡群众生命财产安全。2020年10月，在阿克陶县疫情防控工作中，他和自治区纪委监委支教老师组成志愿服务队，服务乡干部和两栋周转房群众，每天上门为他们量体温、送中药包，解决生活困难等，经过不懈努力，全乡疫情防控取得全面胜利，他的工作表现，得到了乡政府领导、自治区纪委监委支教老师的认可。2022年下半年，他下沉社区开展志愿防疫工作，每天工作超过16个小时，后因工作需要，回到县委组织部，留守单位工作，在领导安排下，积极对接各单位调配干部，为打赢疫情防控工作尽到自己的职责。

(三)信息采实、数据核准，认真做好党内统计工作

2019年度党内统计工作期间，他在冬天里每天坚持骑行近30公里往返于县乡之间，经过信息采集、核实和维护，在全县党(工)委中提前完成党员信息统计工作，得到了乡领导、同事的高度认可。2020年度党内统计工作期间，因疫情导致生产生活秩序尚未恢复，他为了不给组织添麻烦，在没有暖气、不通水电的房子里居住，加班加点电话沟通联系核准数据，15天内高质量完成全乡党员信息统计维护工作，得到了县委组织部的高度肯定。2021年度党内统计工作期间，他被委以重任，负责全县党员信息统计，他不负所望，工作成绩位于全州前列。2022年度党内统计期间，他加班加点，按时按质完成全县党内统计工作，协助州委组织部干部，完成全州年度党内统计工作。

(四)真情实意、热心付出，促进新疆民族团结进步

2020年，他积极下到阔苏拉村开展扶贫工作，努力解决村民遇到的各种困难。每逢节日，他购买生活物资到村结亲户家做客，跟他们拉家常。2021年，他结合党史学习教育活动，共入户走访20余场次，办实事好事6件。2022年，他积极到组织部驻村点参加各类活动，助力群众生产生活，努力服务好当地的人民群众。

(五)角色转变、履职尽责，持续提升个人综合素养

在阿克陶县委组织部跟班学习和借调期间，他学习各种业务知识，吃苦耐劳，积极配合科室长负责发展党员工作及"三会一课"等党内组织制度落实，负责全县党费的收缴、使用和管理，负责节日走访慰问活动和年度党内统计工作等。按照部领导的要

求，他主动参与干部考察、会务保障、疫情防控等工作，能立足岗位职责完成各项任务，得到部领导和同事们的一致认可。

四、初心如磐，奋楫笃行

工作以来，豁达的革命乐观主义精神一直支撑着徐坦在阿克陶县这片沃土上前行着，他清楚知道在基层工作会遇到很多困难，但他会努力克服各种难关，始终坚定前行，因为他相信在路的尽头，总会有梦想挥手相迎的样子。

在基层教育的三尺讲台燃烧青春热血

——湖北第二师范学院郑菲

　　郑菲于 2016 年 6 月毕业于湖北第二师范学院化学专业，本科，学士学位。在大学期间她积极参加各项志愿活动，并深受鼓舞，立志去基层从事教育。大四那一年，她通过全省特岗教师招考，毕业后踏入了郧西县关防乡九年一贯制学校任教。郧西县地处鄂西北边陲，而关防乡九年一贯制学校位于距县城 120 公里的一个边远乡村，她在这里开始了她的教育事业。这里的条件很艰苦，生活、交通极为不便，孩子们上学都是寄宿制，每周只放一天半假，而蜿蜒崎岖的山路让本就遥远的路程变得异常煎熬，每次回家就要花三个多小时，后来她就索性住到了学校，她说不能把用在孩子们身上的时间用在路上，艰苦的环境磨炼了她坚韧的意志，她说只要看见孩子的笑脸，她就有热情。

　　郑菲自参加工作以来，虚心学习，勤恳务实，努力钻研教材，认真备课上课，能够依据课程标准，结合化学学科特点及中考要求积极主动地向优秀教师学习，善于反思、认真踏实，不断提高自己的教育教学水平。自 2016 年 9 月参加工作至今她分别担任过化学教师、班主任、教研组长、县教育局中心教研组成员。她曾于 2017 年在关防乡青年教师教学技能大比武活动中荣获一等奖，参加郧西县初中化学同课异构活动并荣获二等奖；2018 年荣获十堰市初中化学教学展示评比说课类一等奖，荣获中考化学学科综合评估二等奖；2019 年荣获郧西县中考生物学科综合评估一等奖；2020 年荣获郧西县中考化学学科综合评估一等奖，郧西县中考生物学科综合评估二等奖，在郧西县初中化学优质课竞赛中荣获一等奖，全县中小学实验教学说课二等奖；2021 年荣获郧西县中考化学学科综合评估二等奖，郧西县网络教学常规评比二等奖，郧西县教育系统党史演讲比赛优秀奖；2022 年荣获郧西县"清廉村居"

演讲比赛一等奖，2022 年荣获郧西县中考化学学科综合评估一等奖。

  三尺讲台，一颗爱心，她性格开朗活泼，待人真诚友善，对教育事业有极高的热情，在教学中坚持用心引领学生的成长，志愿做学生的良师益友，本着对教育工作的执着和热爱，在教育这块领地里默默地燃烧着自己的青春，贡献着自己的力量。

投身乡村教育
为孩子推开未来世界之窗
——汉江师范学院蔡明镜

蔡明镜，1994 年 9 月生，汉江师范学院 2016 届校友，现任丹江口市杨山路小学副校长。

一、扎根"半岛"，开启执教生涯

2016 年，蔡明镜从汉江师范学院毕业，主动选择到南水北调库区半岛上一个教学点，开始了她"一颗丹心，青春铸梦"的人生历程。全校 49 名学生中，三十多名都是留守儿童。她教孩子们英语、语文、美术，还兼任幼儿班班主任、图书管理员、宿舍管理员。除了教学工作，她给每一个孩子洗过头发、剪过指甲、套过被子。她以校为家，一直和孩子们同吃同住。

她师德高尚、爱岗敬业。师德考核、教学质量测评中连续七年名列前茅；她潜心钻研、因材施教，发表期刊论文 3 篇，完成省级课题 1 个、市级课题 1 个；她淡泊名利、无私奉献，对一次次荣誉主动"归零"，以此鞭策自己追求卓越；她不忘初心、坚守信念，坚守在更需要她的乡村学校。

二、发挥优势，创建特色教育

小小的半岛山多水大，如何让库区的孩子和城里孩子享受一样的优质教育？她想方设法为乡村孩子创造条件，积极争取社会资源。她先后建起了刷脸借阅智能教室 1 间；太阳能热水器、光波加热浴室 2 个；空调宿舍 5 个；电脑教室 1 间；软化阅读区角 4 个班；音乐教室 1 间；美育教室 1 间；光影童年电影教室 1 间。让学校成为全市乡村办学水平最好的学校。她为 19 个家庭困难的学生争取到爱心助学基金，约 12.5 万元。

蔡明镜在汉江师范学院学习期间，学习刻苦、善于钻研，不仅专业基础扎实，绘画、手工、编舞样样在行。走上教学岗位后，她发挥特长，开设劳动实践、韵律舞蹈等创意课程，让孩子们在体验中认知，在实践中成长。孩子们学会了制作手工香皂、用石头拼画……在世界名画模仿秀课堂上，孩子们找来铲子、水瓢、帽子、大人的衣服，惟妙惟肖地模仿着名画中的人物，经网络发布以后，受到社会广泛关注。2020 年世界读书日，她和孩子们在网上发起了"大山里的读书会"直播活动，向全国观众展示乡村学校孩子们因为阅读而发生的巨大变化，一个多小时的直播，点击量达 30 多万。

她带着孩子们创立晨晓诗社，引导他们用诗歌表达情感。二年级的段欣怡同学用稚嫩的笔触写下"土地是小花的家，橘子树是知了的家，妈妈的心是我的家"，令人动容。中央电视台著名主持人鞠萍得到消息后，带着制作团队走进蔡明镜所在的学校，让孩子们与北京市小学生，用视频连线方式录制了云上诵诗会，并在央视少儿频道播出。

乡村孩子接触外面的机会少，蔡明镜抓住一切机会努力争取社会资源。2018 年，蔡明镜去三亚领奖时，她为孩子们直播大海；让全校孩子们能坐着飞机去北京研学七天。外出培训时，她善结良缘，让彭家沟小学和北京七一小学、江苏扬中市外国语小学成为手拉手学校，促进了城乡教育共同发展。

学校的办学成绩得到社会各界的充分肯定。丹江口市教育技术现场会、丹江口市教育高质量发展现场会先后在彭家沟小学召开。十堰市教育局领导说，别看这所学校小，先进的教育理念让孩子们在玩中学，学中玩，在探究中成长！

2021 年 9 月，在市文明办的支持下，她发动教育、卫生、民政、宣传等部门以及心理学会等社会组织组建成立了"蔡明镜送教上门工作室"，为 300 多名残障儿童、1900 多名留守儿童送教、送医、送温暖。

三、不改初心，积极服务社会

她的成长得到了组织的认可，先后当选丹江口市政协委员、团市委副书记（挂职）、丹江口市妇女联合会执委。她不改初心，积极投身社会工作：先后参加 10 多次调研，提交议案、建议 10 多个，其中 1 个议案被采用；参加进机关、下基层、入社区、进学校宣讲 20 多场次，听众达 8000 多人次。

2019 年起，连续 4 年她受湖北省教育厅的邀请，担任"湖北省新上岗教师"培训班辅导员，承担班级管理、项目策划、课程设计等任务。

2019 年 9 月，作为全国优秀特岗教师代表，她受教育部邀请到北京高校，讲述讲台上的青春故事，受益大学生达 5000 多人。9 月 10日，她在人民大会堂受到习近平总书记的亲切接见。

作为一名富有创新精神的新生代乡村教师，蔡明镜先后被组织选派到龙山镇耿家垭小学、三官殿中心小学担任副校长，引领学校发展。2022 年 11 月，她被选派到丹江口市郊区一所生源流失严重的薄弱小规模学校担任副校长。虽然使命艰巨、重任在肩，但她始终牢记"四有"好教师的标准，用努力回应新时代的要求与呼唤，不断突破过去、超越自我，始终如一，一步一个脚印地向上攀登。

"90后"新农人
用小柑橘成就大梦想

——武汉生物工程学院王旭

一、不服输，门外汉成能手

高中时，王旭被农业节目吸引，对农业有着深厚的情怀。2013 年，父母承包了 200 亩土地，种植水蜜桃，因为前期准备不足，200 亩桃园还未到丰产期便"夭折"。那时，王旭在一家餐饮公司任职。因不忍父母的努力付诸东流，2016 年，他辞职来到阳新，接手父母的农场。根据消费者需求，他引进高端柑橘品种。

作为一个柑橘种植的门外汉，王旭从零开始，没日没夜地学习专业技术，除了通过书本、网络等学习外，他还在 2017 年拜全国柑橘专家钟善东为师。钟善东所种植的沙田柚，产量是普通种植户产量的近 10 倍，独创的"钟式修剪"更是火遍柑橘产区十多个省份。王旭跟随师父，学习广西砂糖橘、沃柑、江西脐橙、四川"丑八怪"等品种的种植方法后，结合黄石福柑的物候期，独创了一套适合它的种植方法，并多次获得武汉农博会金奖农产品称号，2020 年获得湖北省柑橘品鉴会一等奖。王旭的家庭农场也由当初的单一种植柑橘，发展成现在集柑橘品种引进、种苗繁育、鲜果销售为一体的省级示范农场。

为了使黄石福柑走进百市千城，王旭积极搭建线上电商平台，通过网上平台的运作，单日突破 1200 单，黄石福柑平均售价 5 元每个，在 2021 年湖北农博会上，黄石福柑最高售价 50 元每个。与此同时，王旭还通过组织旅游团队，开展实地采摘体验等方式，促进农场销售。一些微商、电商平台也慕名而来，产品供不应求。通过电商拓宽销售区域、通过采摘提高产品价值、通过售前价格指导稳定销售价格，2022 年总体销售 500 万斤，销售额达 4000 万元。

二、助"三农"，做大柑橘产业

2017 年 12 月，在黄石市农业农村局的指导下，王旭成立了黄石市柑橘产业联盟。联盟成立以来，黄石市柑橘产业蓬勃发展，目前成员已达 300 多户。王旭瞄准市场需求，积极调整产业产品结构，持续以黄石福柑为抓手，充分发挥联盟在柑橘产业工作中总揽全局、协调各方的作用，通过产业聚集、资源共享、培训服务、技术指导等措施，推动全市黄石福柑种植面积迅速扩大。据统计，黄石市黄石福柑种植面积由 2017 年的 3 万亩猛增到 2020 年的 15 万亩，带动 7480 户群众增产增收。王旭制定了《黄石福柑种植技术规程》，指导盟员运用高位嫁接技术改造老品种近 3 万亩，进一步优化产品区域布局。目前已推广水肥一体化栽培、快速修剪、病虫害绿色防控、起垄栽培、夏季防晒 5 套成型的柑橘种植技术。

王旭根据柑橘生长、病虫害防治和扶贫政策等，有针对性地组织开展培训，目前已开展大型培训 2000 余人次，多次聘请国内知名柑橘专家授课，全面覆盖联盟成员，广受好评。他先后组织盟员赴广西、江西参加种植技术学习和交流，通过"走出去、讲出来、带回来"的方式向全国柑橘种植大省的优秀种植户学习。同时，联盟还成立专家团队，提供技术指导，组织专家上门开展"一对一"指导 500 余次，通过"面对面、手把手"的服务，教会果农专业知识，同时把相关惠农政策带给广大果农。

王旭在黄石市加快推进乡村振兴，大力发展特色优势产业，切实推动农业全面升级、农民全面发展工作中，真抓实干，取得了优异成绩。因工作成绩显著，王旭的基地被评为"省级示范家庭农场""黄石市农村实用人才实训基地""黄石市创业孵化基地"，他本人也在 2021 年被评选为"全国乡村振兴青年先锋"。

三、怀感恩，反哺回馈社会

在创业的过程中，王旭得到朋友、家人、政府、媒体等多方力量的支持。作为一名返乡创业大学生，作为一名共产党员，他也把收到的这一份份爱心反哺给社会。

2016 年 7 月，湖北防汛应急响应级别由 IV 级提升至 III 级。当地团县委书记在阳新县创客群发布了向灾区捐献物资的爱心倡议书，王旭第一个出来捐款，并募集到 5000 元物资。为了节省开支，王旭会同其他 8 名创客开车把物资分发到两个灾区。

2020 年，疫情阻击战拉开帷幕。王旭除了捐款捐物，做好疫情防控的同时，抢抓柑橘春季管理和扩种工作，利用网络在线上为联盟成员传授柑橘春季管理技术。王旭为黄石市扩大柑橘种植面积提供优质种苗 6 万株，配合黄石市委、市政府，组织联盟成员为贫困户提供优质种苗 20 余万株。

作为一名"90 后"新农人，王旭身上既有年轻人敢拼敢闯的冲劲，也具备一名新农人勇于创新的现代农业思维。在创业这条路上，王旭有自己的理念。他说："做农业一定要吃得了苦，耐得住寂寞，还要有坚韧不拔的毅力，要做一行爱一行，爱一行专一行。年轻人一开始进入社会不要总想着赚多少钱，比起赚更多的钱，首先要让自己成为一个有价值的人，这才是有意义的。"

昨日校园骄子　今朝铿锵女警

—— 湖北恩施学院张露

　　张露，1991 年 6 月出生，大学文化，2013 年 9 月参加工作，2018 年 6 月加入中国共产党，现任建始县公安局指挥中心教导员。她是警察队伍里的"铿锵玫瑰"，千里追案，足迹曾踏遍十余省，荣立个人三等功；她是网络特侦技术专才，政治过硬、本领高强，跟踪定位追踪研判无一不精，获评全国先进个人；她是建始建县以来的第一位女派出所副所长，是社区治理中的"尖兵"，扎根最基层冲锋最前线，获评恩施州"党建引领基层治理"先进个人，并当选建始县党代表，用自己的青春在鄂西大山里谱写着最绚丽的诗篇。

一、女警本色，巾帼不让须眉

　　2015 年，张露凭借过硬的综合实力被选派至湖北省公安厅跟班学习，她善于学习、积极奋进，在获得省、州、县各级领导认可的同时加班加点完成县局的业务工作，当年，她所负责的单项工作在全州排名第一。2017 年，她凭借在省厅的优异表现，被点名借调到中华人民共和国公安部参与党的十九大安保工作，坚持节假日不休息、病痛不下火线，以"山里娃"不服输的精神和零失误的成绩为党的十九大作出了"湖北贡献"，被公安部相关领导在全国会议上点名表扬。此外，她凭借精湛的业务能力，为湖北省争取到十项专项任务并牵头主持，其中三项任务更是获得全国优秀等级，短短一年内让恩施州相关业务数据量增加 20 倍。她迅速成长为恩施州"专家型"人才。

二、苦钻业务，成为网安技术"排头兵"

　　她非科班出身，但是她苦学业务，终成技术尖兵。她累计侦破案件 400 余起，勘验电子数据 200 余份，出具电子勘验报告 130 余份。她曾为命案破获提供有力证据，也曾两天两夜不眠不休在重要节点上多次精准锁定重要犯罪嫌疑人，更曾为恩施州最大传销案件的侦办及扫黑除恶系列案件的侦办提供了坚强有力的技术支撑。

　　作为全州当时唯一的女网络技术侦查员，她在岗期间，加班率长期在全局排名前三，每一个通宵、每一行代码、每一滴汗水都在诉说着她的坚守。她提供技术支撑时，只要一进实验室就忘了时间，有时一待就是几天几夜。人们都问她，一个女孩子为什么要这么辛苦，她却总是笑着摆手：不苦不苦。

三、扎根基层，穿警服的"村干部"

2020 年到 2022 年，她作为建始县建县以来的第一位女派出所副所长派驻安乐井社区，出任社区治理尖刀班班长和安乐井社区"大党委"副书记，她迅速转变角色、发挥专长，挨家挨户开展"敲门行动"，狠抓社区警务改革，深入推进城市社区治理，获评全州先进个人。她大力修建社区基础设施，争取资金百余万修缮公路 5 条、安装路灯300 盏、建水渠 1 条，极大改善了居民生活环境。她投身公益，创办"太阳班"绘本馆，组织各项志愿服务活动，惠及安乐井及周边 1900 余名妇女儿童。她管治安、排矛盾，狠抓火车站"脏、乱、差"的局面，逐门逐户开展"黑旅馆""黄赌毒""出租屋""七类重点人"等专项整治行动，在雷厉手段中用温情为群众排忧解难，广受群众好评，群众上门信送锦旗；成立联合执法队，成功打造"六无社区"，工作经验得到县、镇各级领导肯定并推广。她控疫情，勇冲锋，疫情来临，她全面主持安乐井社区疫情防控工作。她构建旅馆信息直报机制，保障火车站及周边流动人口在稳在控。两年间她管控市场主体 134 家，摸排返乡人员一万四千余人次，隔离中高风险区人员及密切接触者 140 余人，守好了建始火车站这个建始"咽喉"。她在社区各急难险重任务中冲锋在前，及时妥善处置各类突发事件，保护了群众生命财产安全。

张露将自己的电话号码贴在每家大门边，群众扯皮时找她，群众有难处时找她，群众告状时找她……她捧着群众的锦旗，拉着群众的手，笑容和幸福快要溢出来了。她总说，能为国家、为社会、为群众做一点事，难点算什么，我很幸福。

万里捐髓献大爱
扎根基层谱青春
——湖北医药学院药护学院富雁泽

富雁泽，1995 年 12 月 23 日出生于内蒙古兴安盟突泉县，中共党员，本科文化，毕业于湖北医药学院药护学院临床医学专业。2019 年毕业后，同年 8 月他就职于福建省漳州市东山县人民医院。参加工作以来，他扎根基层、服务基层，以守护当地居民健康为己任，在工作岗位上默默倾注大量精力和心血，尽自己最大能力为当地患者治病防病、除疾祛病、排忧解难，赢得了广大群众的信赖和赞誉。

一、不忘初心、牢记使命

就职于福建省漳州市东山县医院以来，他服从领导安排，担任呼吸内科住院医师，同时兼职 120 及急诊等多个科室的工作。在生活中，他不计个人得失，任劳任怨，深得同事好评；在技术上运用自己所学知识参与重症患者的抢救，力求为全镇及周边乡镇居民解决病痛。工作以来，他获得东山县县委授予的"谷文昌式好干部"称号，在呼吸危重症医学科工作同时，参加县内 120 急救任务 1000 余次。

他还协助承担向上级医院的病人转诊工作，病人全部安全地转运到上级医院治疗，无一例患者在中途死亡。他主动帮助患者家属转运病人、指引患者家属到具体的科室，为抢救患者争取了时间。他利用休息时间参加县域"110 联动"义诊 2 次，在学校、工地为学生、群众开展"心肺复苏及常见外伤紧急处理"培训，传播医学知识。

二、奔赴前线、最美逆行

2020 年，疫情暴发，他以医生的专业知识和共产党党员的奉献之心，数次逆行于抗疫一线，投身于核酸采样、病区消杀等疫情防控工作之中。2022 年 3 月中旬，医院接上级通知，需紧急组织医疗队伍驰援泉州，得知消息后他第 1 个报名，1 小时内完成集结。福建省泉州、漳州城区，因当地后勤保障能力有限，他每日凌晨 2 时出发，任务完成后当日返回住地，历时 27 天，总行程超 5000 公里。此次支援共完成省卫健委外出支援全员核酸采样工作任务 12 次，单人采样人数过万；为节省防护物资，尽可能减少重复上台次数，他平均上台时间 5 小时，为泉州、漳州疫情防控工作贡献了力量。2022 年 10 月末，福州疫情暴发，他又主动报名参加福州疫情核酸采集，并担任东山县驰援福州核酸采样队队长一职，开展采样工作 17 天，支援期间充分展现东山支援队的风采和专业素养，获得市卫健委的好评。

三、热衷公益、捐献骨髓

自大学至今，他共捐献全血 2000 毫升，血小板 9 个治疗量，并于 2014 年留下 HLA 血样给中华骨髓库，方便骨髓受捐者配型。2019 年 10 月，他接到高分辨配型的电话后马上应允，同时想尽各种办法做好亲属思想工作，2019 年 12 月完成高分辨配型及体检后于福建厦门成功捐献造血干细胞，成为中国第 9285 号造血干细胞捐献者，捐献过程包括数次抽血检查、5 天肌注药物血液细胞动员及长达 8 小时不间断造血干细胞采集，为远在吉林的血液病患者赢得了生机，救活了一个生命、挽留了一个家庭，并获得漳州市捐献造血干细胞优秀志愿者称号。相关事迹被《湖北日报》、十堰广播电视台、十堰文明网、厦门卫视等多家媒体报道。

四、危难之际、列车急救

2020 年 9 月 19 日，他外出参会，乘坐泉州开往深圳北的列车，发车没多久，就听到车上广播传来乘务员的求助广播，急切询问："车上有无医护人员，1 号车厢有病人突感不适，需要急救。"他迅速奔向 1 号车厢。只见身体不适者是一名 30 岁左右的男性乘客，身材偏胖，正背靠座椅，伴随着肢体抽搐和口吐白沫，已然丧失意识。危急关头，他深记医生使命与担当，经过详细地体格检查结合临床症状，考虑诊断"癫痫发作状态"，予头偏一侧，防误吸，保持呼吸道通畅等操作。患者转醒后他与厦门 120 急救中心交接病情，再次显现了医者仁心、勇于担当的救死扶伤精神。该事迹在《闽南日报》报道。

五、不负韶华，砥砺前行

入职以来，他勤恳地工作在基层一线，以病人为中心，不断强化业务学习，增强服务意识。面对疫情，他勇于"逆行"；热衷公益，克服困难，让爱在造血干细胞中传递；面对紧急救治，他利用自身专业知识，挺身而出。"行百里者半九十"，他的专业素养还有很大上升的空间，今后会不断精进专业技能，恪守职业道德，医者仁心，不辱使命，砥砺前行。

"女强人"万自钰：
勇闯男性把持的行当
——襄阳职业技术学院万自钰

万自钰，1995年出生，湖北保康人，2016年毕业于襄阳职业技术学院畜牧兽医专业，现就职于保康县农业农村局动物检疫和疫病防控中心，从事动物检疫检验工作。

作为一名女同志，她深入山区一线屠宰场，不怕苦不怕累、兢兢业业、勤恳踏实，时刻保持谦虚、谨慎、律己的态度，在工作中思维敏捷，精明干练，善于抓住主要矛盾，敢于谋划应对措施，观察问题深入透彻，研究问题细致周到，具有开拓创新精神。她工作踏实，作风正派，具有强烈事业心，获得领导、同事和群众的一致好评。

一、强化动物检疫知识库，扎根基层磨砺技能

立身百行，以学为基。万自钰秉持终身学习的理念，始终把勤学善思作为加强理论学习和提高实践能力的重要途径，把技能提升作为学习工作的最终目标。

万自钰作为检疫员，一是紧跟党的步伐，坚持用习近平新时代中国特色社会主义思想指导工作，在思想上、行动上与党中央始终保持高度一致，带头学法懂法，熟练掌握《中华人民共和国畜牧法》《中华人民共和国动物防疫法》《湖北省生猪屠宰管理条例》等法律法规；二是规范检疫操作，在屠宰场生产过程中，熟记操作规程，总结工作经验，在日常检疫工作中勤加练习，坚持理论与实践相结合，在平凡的工作岗位上贡献自己的力量；三是扎根学习，以赛促学，以赛促训，通过参加各种职业技能竞赛不断磨炼技能，汲取经验，强化本领，并收获多项荣誉。

二、严把动物检疫安全关，筑牢群众健康防线

动物检疫工作关系人民群众生命健康，重大疫病防控关系畜牧业健康发展。驻场官方兽医，被称为肉类上市前最后的安全把关人，关联着城区的"肉盘子"，关乎着千家万户的"小餐桌"。

万自钰作为一名山区驻场官方兽医，常年24小时不间断在一线驻场工作。上白班时严把屠宰场生猪"进场关"，对进场生猪按照规定进行查证验物和动态临床观察，做好非洲猪瘟防控工作；上夜班时严把动物"屠宰关"，对屠宰的生猪进行同步检疫，观察猪肉胴体是否发生病变，显微镜下看肉样是否存在寄生虫，通过仪器检测尿样是否含有瘦肉精；屠宰结束后，严把病死畜无害化"处理关"，按照"四不一处理"要求，一律不准宰杀，不准食用，不准出售，不准转运，就地进行无害化处理。尽管检疫员工

作昼夜颠倒、噪声刺耳、气味刺鼻，万自钰却习以为常，从未有丝毫懈怠，认真、严谨对待每一次检疫流程，只为守住"肉盘子"的安全防线，确保广大人民群众都能吃上放心肉。

三、推动动物检疫信息化，助力乡村振兴发展

作为山区基层为数不多的大学生，万自钰一心想运用自己的专业知识为动物检疫工作作出更大的贡献，在动物检疫信息化兴起时，她抓住机遇，迎难而上，勇敢站出来承担起在全县培训讲课的任务。

2018 年，为方便全县养殖户进行养殖档案填写及产地检疫申报，她在全县开展"动检通" APP 培训工作，通过开班授课及下乡现场指导，共培训养殖户 300 余人次。2021 年，根据省农业发展中心要求她在全县开展"智慧兽医" APP 培训工作，通过开班授课及下乡现场指导，共培训养殖户和动物经纪人 500 余人次。在团县委和局党组的领导下，她大力团结全局青年干部，紧密围绕单位实际工作，带领团员勤奋学习，勇于实践，不断进取，充分发挥团组织作用。万自钰的努力促进了保康县动物检疫工作无纸化发展，为全县的动物检疫工作提供了帮助，推动了乡村振兴的发展。

作为省赛一等奖选手，万自钰代表湖北省动物检疫检验行业积极备战第五届全国农业行业职业技能国赛（动物检疫检验员），此次比赛为国家级一类职业技能竞赛，是全国农业农村系统举办的最高规格竞赛，也是全国动物检疫人员的顶级赛事。她说参加比赛是为了以比促学，以赛促训，在与各省选手的交流中发现自己的短板，为以后的学习指明方向，进一步提升自己的职业技能。

驻场的每一天都平凡而充满意义，每一个藏在夜色和背影里的故事，都承载着万自钰作为一名基层动物检疫工作者为民服务的如磐初心。

"银"烛末光　增辉山乡
——恩施职业技术学院陈银芳

陈银芳，扎根基层，让青春之光，闪耀山乡。

陈银芳，女，湖北省第十四届人民代表大会代表，1996 年 7 月出生于重庆市云阳县，2014 年 9 月至 2017 年 7 月在恩施职业技术学院旅游管理专业学习；2017 年 3 月在宣恩仙山贡水城市建设有限公司任讲解员；2018—2020 年获湖北师范大学汉语言文学本科学历；2019 年 5 月晋升讲解员主管；2022 年 9 月任宣恩仙山贡水旅游有限公司副总经理。

一、政治坚定求进步

她不断增强政治判断力、政治领悟力、政治执行力，在工作实践中贯彻落实习近平新时代中国特色社会主义思想，深刻领悟"两个确立"重要意义，增强"四个意识"、坚定"四个自信"、坚定不移做到"两个维护"。2019 年她被评为宣恩仙山贡水城市建设有限公司"优秀员工"；2020 年，积极向党组织靠拢，成为一名入党积极分子；2022 年 6 月参加宣恩县委组织部开展的党员发展对象培训。作为公司副总经理，她全程参与锦江都城宣恩兴隆老街酒店商务区开业筹备工作。

二、当好代表献提案

2023 年 1 月，她顺利当选湖北省第十四届人民代表大会代表，作为一名"95后"能够当选省人大代表她深感荣幸，这是荣光也是挑战。人大代表为人民，关注民生大事，会上她的议案为《搞好基础设施建设，重视利用民族文化助力乡村旅游发展，实现乡村振兴》。在领导巡团的过程中，她的议案得到了第十四届全国政协委员、全国第十三届政协农业和农村委员会副主任王晓东的点赞。

三、实干工作出业绩

脱贫帮扶显担当。她作为公司委派的帮扶人员，对口帮扶宣恩县万寨乡伍家台村，她依托茶产业成立伍家台教育培训基地平台，紧扣村里茶产业，将学校所学的专业知识技能融入实际帮扶实践中，当好宣传员、讲解员，对口帮扶 8 名贫困户，实际解决他们的急难愁盼；以农家茶馆、生态农庄建设等载体带动百姓就业，促进帮扶对象增收，亲自培训 25 场，解决兼职的临时就业岗位 10 余个，为伍家台村"家家有产业，户户有就业"贡献自己的一份光和热。

接待工作显专精。2021 年 6 月 10 日，"全国关工委关心下一代工作现场会"在恩施州举办，她直接承担了接待工作，专业、精准、特色的高质量接待，得到了各级领导的高度肯定。

校企共建促发展。她作为公司副总经理及恩施职业技术学院旅游管理专业毕业生，身兼社会职务与学生双重身份，架起高校与企业合作桥梁，谋求校企命运共同体"双赢"发展。2022 年 9 月，公司挂牌"恩施职业技术学院产教融合基地"，当年解决 7 名学校毕业生实习就业问题，既为公司高质量发展储备了后备专业人才，又为母校搭建了优良的校企合作平台。

景区建设增效能。她组织团队开展一系列兴隆老街开街吸引流量活动，提升了旅游景区知名度，扩大社会影响力。2023 年元宵灯会期间，景区日接待游客总量达 6 万人次，非遗民俗表演活动大年初一至正月十五不打烊。

四、个人成长促提升

2018 年 3 月至 2020 年 7 月，她顺利修完本科课程，拿到湖北师范大学汉语言文学专业本科学历。同年她赴浙江旅游职业技术学院参加"恩施州旅游管理人才培训"；2020 年，通过跟班学习县委组织部举办的"全县壮苗培训班"，完成"全县电子商务进农村政企人才研修班"以及"全县国有企业干部培训班"的培训承办工作；2021 年 11 月，赴武汉市学习酒店运营管理经验；2022 年 1 月，参加宣恩县国有企业干部培训班学习。

她常思量自己工作来之不易，常掂量自己肩负的责任之重，以此增强荣誉感和责任感，爱岗敬业，不断强化宗旨观念和服务意识，严格执行廉洁自律的各项规定。她无论是在哪个岗位，都要体现国企担当，全心全意为人民服务，为公司服务，为公司的发展壮大贡献力量。她时刻保持自重、自省、自警、自励，养成文明健康的生活习惯和生活方式，做到言谈举止文明端庄，作风正派，为推进宣恩争当山区县城高质量发展标杆作出应有的贡献！

返乡大学生扎根基层创业
致富带头人展现青年担当

——鄂州职业大学吴金林

　　吴金林，湖北鹤峰人，中共党员，2017年，他从鄂州职业大学毕业后，返乡扎根乡村创新，带领村民致富。他现为官仓党支部组织委员、团支部书记、鹤峰县官仓农产品专业合作社理事长、湖北农情施意农业开发有限公司总经理。

一、大学毕业返乡扎根农村创业

　　吴金林出生于恩施州鹤峰县走马镇官仓村，家里曾经是建档立卡贫困户，在"雨露计划"扶持下，他走出了大山。2017年6月，他从鄂州职业大学商学院毕业还乡，不计报酬，将所学回馈到村里，帮助官仓村村支"两委"开展工作，始终总有一股子韧劲和似乎用不尽的体力。

　　官仓村地理、气候条件优越，适宜种植中药材。吴金林和合伙人筹集资金，考察市场，决定注册鹤峰县官仓农产品专业合作社，整合农村闲置资源和优势资源。他们的决定得到了村支书的大力支持。经过多年运营，该合作社常年吸纳100多户贫困户700余人就业，成为"湖北省农业科技'五个一'试验示范基地"，中药材白及与葛仙米（地理标志产品）获批湖北省农业科技试验示范项目。吴金林先后被表彰为恩施州脱贫致富榜样、恩施州乡村振兴战略实施工作先进个人，被共青团中央、农业农村部授予"全国乡村振兴青年先锋"称号。

二、发展电商带领村民共同致富

　　官仓村自古以来土地肥沃、物产丰饶，49家茶叶加工厂遍布全村，绿色水稻、生态养鸡、散养生猪、规模化养牛，遍地充满了"绿色"的商机。如何才能在家乡的绿水青山间觅寻出金山银山？吴金林想到发展电商，可是启动阶段，因为市场还未打开，销路并不好。他就前往中央财大、浙江丽水、安徽小岗、四川蒙顶山等地"取经"。为让农村电商更加正规化、运营标准化，他积极参加国家级农业职业经纪人、电子商务师培训，提高自身素养，通过工信部的考核成为一名高级电子商务师。

　　2020年1月，吴金林注册了湖北农情施意农业开发有限公司，开始了农村电商之路，他参与电博会、农博会、食博会等大型展销活动，拓展业务渠道。公司依托原有官仓农产品专业合作社，采取"企业＋基地＋合作社＋农户＋电商"合作模式，将村里农户的茶叶、腊肉、香肠、葛仙米、蜂蜜、葛粉纷纷搬上了网络，打开了销路，实现了农产品"出山"。为了辐射带动更多村民致富，吴金林团队累计开展中药材、有机茶、电子商务等技术培训千余人次，覆盖官仓村及周边多个乡村。

三、成立村青协展现青年担当

为挖掘凝聚更多青年力量，吴金林发起组建了官仓村青年志愿者协会，将在大学时期践行的志愿服务精神带回家乡，配合村新文明实践站开展志愿服务活动，以实际行动传递青春正能量，引领社会新风尚。平日里，他积极组织这群青年人开展清扫马路、清理河道、义务植树等志愿服务活动，为美丽乡村建设贡献"青春力量"。

2020 年疫情期间，他义无反顾地投身疫情防控工作，发动青年志愿者协会捐款购买医疗物资，捐献给鹤峰县医院、走马中医院，个人累计捐赠了一万多元的生活与医疗物资。同时，他充分利用电商渠道资源，与公益组织对接，拓展捐赠渠道，累计为鹤峰疫情防控对接募捐价值 20 多万元的医用级防护服、口罩、保暖内衣等物资。

四、组建"新农社"为乡村振兴"探新路"

吴金林致力探索新发展途径，组织新农人、电商主播、当地企业互助合作，建立一个平台，抱团取暖谋发展。他联络了一群志同道合的年轻人，成立了一个专门交流产销经验的"新农社"青年创业者联盟，由 30 多个新型农业经营主体负责人、新农人组成的"新农社"，定期举办精心策划的创业沙龙，用新思维、新视野审视企业做强与家乡发展之路，用电商平台销售特产，做特色民宿广揽游客，帮助家乡发声，走出了一条触网潮流的致富门路。他深信，有了党的好政策，将会有更多的知识青年回归乡村、扎根农村、建功农村，为探索新时代乡村振兴之路贡献力量。

扎根基层践初心
奉献青春担使命

——长江工程职业技术学院张致敏

一、躬身实践于偶然中结缘志愿，成为"五星级志愿者"

与志愿服务的结缘是在初二，在宜昌市争创"全国文明城市"评选表彰活动中，张致敏第一次接触到志愿服务。这一次的接触让张致敏了解了志愿服务的内容和奉献友爱的意义，并在他的心间撒下了助人为乐的种子。

2019年6月，张致敏大学毕业，毅然加入了宜昌市伍家岗区微炬社会公益服务中心，开启了他的公益之路。在接近三年的时间里，张致敏时刻以严谨务实的工作态度传递着"奉献、友爱、互助、进步"的志愿服务精神，现在的张致敏已经是一名志愿服务时长超过1500小时的"五星级志愿者"。

二、脚踏实地于实践中服务他人，获评"最美志愿者"

张致敏在大学时就已经是一名志愿者。大学期间，张致敏积极带领同学和朋友加入江夏区志愿者协会，一起参与"武汉市马拉松志愿服务""汤逊湖环保志愿服务""青春在这里"党员志愿服务等活动。2018年，在共青团伍家岗区委员会的指导下，在宜昌火车东站和宜昌长途客运中心站，张致敏和其他志愿者一起开展了为期28天的"暖冬行动"志愿服务，因为这个工作，他被宜昌市志愿者协会评为宜昌市"优秀春运志愿者"。

2019年起，以伍家岗各社区为阵地，张致敏组织开展了"暑期希望家园""贫困未成年人帮扶""农村留守儿童服务""五防教育"等活动。同时，以宜昌市中心血站为依托，张致敏还组织开展无偿献血和《中华人民共和国献血法》宣传，开展长江大保护——"清理江滩"、"文明典范城市创建"、腾讯"99公益日"、"孤儿募捐"、"发现·帮助·温暖"困难职工关爱行动，共组织筹备公益活动100余场。在宜昌市总工会的指导下，志愿工作得到了社会广泛好评，吸引了一大批青年志愿者加入，志愿服务队伍从原来的十几人增加到四十余人，志愿服务队伍规模不断壮大，社会影响力快速提升，受到了团市委、团区委的好评。

三、坚守初心于危难中勇担使命，获评"优秀共产党员"

2020年年初，张致敏如往年一样，在宜昌火车东站开展"暖冬行动"春运志愿服务。突如其来的疫情打破了原本的平静，已是伍家岗区微炬社会公益服务中心党支部书记、

副主任的他，带领志愿者，迅速成立了"宜昌火车东站抗击疫情志愿服务队"。

身为一名共产党员，张致敏不惧疫情，勇担使命。2020 年 1 月底，在宜昌火车东站管控期间，张致敏率领防疫志愿者开展体温测验、健康查验、紧急救援、文明劝导等志愿服务，妥善处置数十起旅客突发疾病等紧急事件。为期两个多月的疫情防控时间里，他吃住在临时板房，每天工作十多个小时。

2020 年 3 月，宜昌铁路恢复运营，张致敏带领志愿者，实行 24 小时轮岗制度，不间断地保障宜昌火车东站疫情防控工作的常态化。他带领团队共组织志愿者 29560 人次，累计志愿服务时长 236480 小时，服务进出站旅客共计 960 万余人次，为抗击疫情作出了重要贡献，也因此获得了中共宜昌市委授予的"全市优秀共产党员"、宜昌市人民政府授予的"抗疫先进个人"的荣誉称号，他带领的团队也获得了共青团中央授予的"全国抗击新冠肺炎疫情青年志愿服务先进集体"的荣誉！

四、扎根基层于追梦中砥砺前行，过"有意义的生活"

在疫情防控常态化背景下，张致敏 95％的时间都坚守在宜昌东站的现场，为筑牢宜昌疫情防控保护墙，2022 年他主动拓展服务阵地，将志愿服务延伸到宜昌高速收费站，负责重点人员的管控，在他的领导和志愿者的共同努力下，取得了宜昌疫情保卫战的阶段性胜利。疫情防控工作中，群众对防控措施的不解和对工作的误解经常上演，张致敏用自己的耐心一次次化解了群众的误解，用自己的爱心安抚旅客，这样的日子成了他的常态，而他从不抱怨，用自己的热心和善良，让更多旅客能够顺利回到自己的家。

2021 年除夕夜，他的爱人到宜昌东站探班，让张致敏惊喜又愧疚。也正是因为家人对他工作的支持的和理解，让张致敏更加坚定了做好公益事业的信心，守好宜昌"东大门"的决心，做好志愿服务的耐心。

张致敏践行"奉献、友爱、互助、进步"的志愿精神，扎根基层，融入社会基层治理，服务更多需要帮助的人。同时，张致敏也表示，希望用自己的行动吸引更多人加入志愿者行列，让志愿服务成为一种生活方式！

守护生命最后的尊严

——武汉民政职业学院田瑞雪

依世俗眼光，殡仪馆的收殓工作神秘且晦气。然而，有这样一名"90后"女生，坚持自己的职业理想，顶住压力，在亲朋好友惊骇的目光中，成为了一名殡葬工作者。她就是宜昌市殡葬管理所的收殓班班长田瑞雪。

自2016年参加工作以来，她为逝者洗澡、穿衣、化妆、缝合，凭借着吃苦耐劳的精神，默默地奉献着自己的青春，在遗体收殓一线岗位上扎实工作。

一、尽心尽力做好本职工作

三百六十行，行行出状元。毫无疑问，她就是收殓工里的佼佼者。日复一日，年复一年，她完全把自己融入收殓工这一平凡的岗位中，只要工作需要，立刻挺身而出。那是2017年10月的一天，宜昌市某景区滚石坠落，导致三位同志不幸被坠落滚石砸中身亡。遇难者所在地兄弟单位请求支援，希望能派出具有丰富经验的收殓人员前去支援和帮助。刚下夜班的田瑞雪接到通知后，不顾自己疲倦的身体，直接前往现场参与援助，为意外逝世的同志进行遗体整容、缝合复位等修复工作，整个收殓工作持续了12个小时。对这样高标准、强压力的工作安排她没有一句怨言，在她心里，没有什么比让逝者干净体面地走完人生最后一程更重要。

二、精益求精提升专业技能

精益求精的态度让她对待工作不随意、不懈怠，坚持高标准、严要求，持续不断地提升自己的专业技能。缝合是遗体收殓的难点和重点，同时也是衡量一名收殓工技术水平的关键。工作空闲之余，她利用网购的缝合练习模型，在操作室里钻研练习各类面部整容处理技术，清理、擦拭过后，根据损毁程度的不同采用不同的缝合手法，让面部看起来协调，尽量恢复原貌。

作为收殓班班长，她不仅提升自己的工作技能，还带动其他班组成员一起练习缝合技术，把自己网购的练习材料拿出来和大家一起分享，共同进步，形成了在工作中你追我赶的良好风气。与此同时，她还带领单位的同事积极参与各项赛事，以赛促学、以学促行、以行促效。

三、坚持理想不忘初心使命

遗体收殓是整个殡仪馆最累的工作，从遗体出入冷库，到为遗体更衣、整容、化妆、铺花，然后进入告别厅，每一个环节都需要亲自动手完成。田瑞雪从来没有想过转行，她爱一行、干一行、专一行，从来没有喊过一声苦、一声累。在工作中，她用心对待每一位逝者，让他们获得生命的平等和尊严；用真情抚慰生者，让他们尽早平复悲痛。

四、大爱铺洒天堂入口处

她用灵巧的双手还原逝者生前的模样，让他们走得更有尊严；她用耐心和大爱，做生者心灵的抚慰师，让生者得到精神的安慰。2020 年，一位高坠而亡的男孩送来时已近毁容。父亲远在外地，需要隔离 1个月才能赶回宜昌。母亲再三请求收殓师把孩子头部恢复一下，好让他父亲能看到他完整的样子。因为难度太大，谁也不敢答应下来，母亲悲痛难忍，哭着不肯离开。第三次上门时，正是田瑞雪当班。听了母亲的请求，她实在不忍心让失去孩子的父母伤心难过，安慰说："我不能保证能够恢复到什么程度，但我尽我最大的努力，好不？"母亲悲喜交集，连声道谢："只要你们愿意试试，我就很感谢了！"那是时间最长、难度最大的一次操作，冷冻后的遗体更加剧了操作的难度。清洗、复位、缝合，简单的词语无法描绘操作的难度和瑞雪的小心翼翼，"恢复原貌"是耐心、细心和技术的体现，她整整花了 6 个多小时，终让家属释怀而归。

她披星戴月，早出晚归，想他人之不愿想，为他人之不能为。她战胜恐惧，顶住压力，在岗位上恪尽职守，辛勤工作。她用温情抚慰着丧属伤痛的心、温暖着痛失亲人的家庭，用手中的针和笔，还原逝者生前的风采，给生命献上赞歌，为逝者生命画上完美句号。她把世俗最不能理解的工作当成自己的终身信仰，以悲悯之心，为远行不归者打点最后的仪容。

湖南省

基层就业拓荒人

——湖南农业大学教师徐锋

　　徐锋，1979 年 7 月出生，中共党员，现任湖南农业大学创新创业与就业指导处就业指导科科长。他在就业服务战线深耕细作近二十载，始终坚持把"立德树人"融入就业创业指导全过程，厚植学生"知农爱农"情怀，勇担"强农兴农"使命，探索建立了"引领—培育—服务"的基层就业育人体系，培养了一大批优秀的湘农学子，在祖国最需要的地方建功立业。

一、强化价值引领，当好基层就业"引路员"

　　在农业强国和乡村振兴的时代潮流中，他参与策划组织了由共青团中央、省委宣传部、省教育厅等部门主办的"畅通基层就业路"、"价值取向与就业选择"文化论坛、"湖南省扎根基层建功立业优秀高校毕业生"事迹报告会、"大学生志愿服务西部计划优秀志愿者事迹报告会"、"中国美丽乡村创新发展高峰论坛"等省部级高校毕业生基层就业创业活动，大力弘扬献身基层、服务西部的崇高精神。

　　他坚持定期跟踪寻访赴基层就业的校友，组织 40 余批次"基层就业调研组"赴基层开展回访调研；定期开展"强农兴农·湘农人"就业创业案例评选活动，遴选推广典型案例 100 余个；举办 5 期"湖南农业大学毕业生基层就业先进典型报告会"；每年在毕业典礼上对赴基层、西部就业毕业生进行隆重的表彰，发挥榜样力量引导学生到基层就业取得良好成效。学校超六成毕业生从事"三农"相关工作，赴基层、西部就业毕业生比例超过 20%，到基层就业人数连年攀升，为推进乡村振兴奠定了坚实人才基础。

二、聚焦创新培育，当好基层就业"业务员"

　　他坚持守正创新，为党育人、为国育才理念，用心用情当好基层就业政策的咨询师，开好基层就业良方，搭建基层就业双向奔赴桥梁。针对毕业生赴基层就业动力不足的现状，他提出"定向招录基层农技人才来拓展入口，给予编制解决公务员待遇来稳定队伍"两条新路径，得到了湖南省委省政府、教育厅、人社厅、农业农村厅的高度重视，"基层农技特岗、水利特岗定向招录计划"分别于 2019、2020 年开始实施，编制及待遇一并得以落实。在学校党政领导下，他先后起草制定了《关于进一步引导和鼓励毕业生面向西部和基层就业的意见》《面向西部和基层就业毕业生指导帮扶实施方案》等相关制度，设立基层就业专项奖励基金，建立一系列配套鼓励支持措施，营造良好的基层就业政策环境，有效解决了基层就业创业"下得去""留得住"的问题。

他始终保持与省内外各地州市人社局、组织部门联系，组织举办了 50 余场省级校级"服务三农·筑梦基层""乡村振兴人才招聘会""农林类高校毕业生专场招聘会"等基层就业招聘活动；他研发"3＋云就业"平台，创新搭建"基层就业云宣讲、云招聘、云指导"，发布基层招录、指导等资讯近万条，提供基层就业岗位累计 30 余万个；他创建校友"一带一建"基层就业创业帮扶体系，聘请了 151 位优秀校友担任基层就业创业导师，举办基层就业创业论坛、讲座 500 余场，"一对一"指导帮扶毕业生赴基层、西部就业创业。他坚守初心，搭建基层就业创业人才供需桥梁，铺通基层就业毕业生从"知农、爱农"到"事农、兴农"之路。

三、坚持全程服务，当好基层就业"护航员"

他深入探寻基层就业指导中的思政元素，充分发挥"课程思政"和"实践育人"作用，自主编印教材，创新开设赴基层、西部就业创业毕业生岗前培训班，坚持"请进来"和"走出去"，从学农爱农、服务基层、乡村振兴等方面量身定制课程，提升毕业生服务"三农"的工作技能。他连续二十年担任培训班的班主任，坚持跟堂学习，送考陪考，细致入微，一路呵护，培训了 1518 名参加国家、地方基层就业项目的毕业生。

他整合学校各类资源，建立、加入了 70 余个基层就业创业群、校友群，整合全省行业资源为基层就业创业毕业生的发展提供资源支持。他协助首批村官彭万贵落实了校村科研基地的建设、引入"稻生谷田园综合体"项目、打造了"相遇高桥老街·情定枫情小镇"美丽乡村旅游特色品牌；指导索南才让"冬虫夏草"创业项目，打造了具有独特少数民族文化风情的格桑花海旅游小镇；协助怀化市建构"怀化鹤城区乡村振兴服务平台"，助推鹤岗人才振兴、产业兴旺；指导莫博程、黄粤林、谢亮、黄奇永、张马兵等一大批有志青年基层创业，用农业科技为农民增收，为农业增效。

以青春之名服务万家灯火

——湘潭大学龙强军

　　"一个人的价值，应当看他贡献什么，而不应当看他取得了什么。"在龙强军的心里，"做一个对社会有用的人"是他矢志不渝的追求。2018 年 7 月，他顺利通过湖南省定向选调生考试，成为一名基层干部。他目前担任浏阳市龙伏镇党委委员、组织委员。他始终坚持以人民为中心的发展思想，扎根一线、服务群众，用担当、实干、奉献践行了对党的绝对忠诚、对人民的赤子之心，书写了新时代优秀青年的奋斗姿态，荣获了湖南省见义勇为先进个人、湖南省高校大学生就业创业优秀典型人物、湖南好人等荣誉 10 余项，记三等功 1 次。

一、始终保持对党忠诚的真情

　　龙强军出身于农民家庭。小小年纪的他就对伟大的中国共产党充满了向往，立志早日加入中国共产党，做一个对社会有用的人。2004 年，在入团申请书中，他写道："在未来的时光里，我一定会为国家作出贡献。"2010 年，在大学求学时，他郑重地向党组织递交了入党申请书，经过层层考验，成为一名中共党员，从此，他以优秀共产党员的标准严格要求自己。工作以来，他始终坚持把政治建设摆在首位，及时跟进学习习近平总书记系列重要讲话和重要指示批示精神，反复研读党的二十大报告，认真落实上级决策部署，不断提高政治判断力、政治领悟力、政治执行力，持续筑牢忠诚拥护"两个确立"、坚决做到"两个维护"的思想根基。

二、始终保持躬身为民的深情

　　龙强军是一名从大山中走出的农家孩子，始终保持着农家子弟淳朴善良的本色。在他的心中，"人民"二字重若千钧，群众的事就是天大的事。2022 年阴历正月初二，他在探亲途中，目睹一辆小汽车冲入池塘、侧翻下沉。他没有丝毫犹豫，飞奔跳入冰冷的池塘开展营救，在抢救出一名小男孩后，汽车已经彻底翻转，其余人被困在车里，情况万分紧急。他多次试图打开车门，都未能如愿。时间就是生命，他大声呼救，闻讯赶来的两位村民及时加入，一起用力把车身一侧翻出水面，并顺利救下其他 3 名乘客。在确认无碍后，才发现自己的双手血流不止、身体冻得直打哆嗦。"作为党员和组工干部，群众有危难时，就应该冲在第一线。"救人后，面对被救群众的感谢和记者的采访，他朴实地答道。他救人的事迹被央视新闻、《湖南日报》等中央、省市主流媒体宣传报道，得到了社会各界广泛点赞。新春上班第一天，他受到时任省委常委、省委组织部部长王成亲切接见；2月14日，省委组织部发出《关于向龙强军同志学习的倡议书》，号召全省组织系统要开展"学先进、见行动"活动，教育引导广大组工干部积极向龙强军同志学习，自觉弘扬伟大建党精神，牢记初心使命，平常时候看得出来、关键时刻站得出来、危难关头豁得出来，进一步展现新时代组工干部的新作为新气象。

三、始终保持干事创业的激情

龙强军始终保持干事创业的激情，坚决服从组织安排，多次参与中心工作、急难险重任务，取得良好成效。面对突发的事故，他第一时间参与事故应急处理，在救助受伤群众等方面发挥了积极作用；面对村（社区）"两委"换届选举矛盾纠纷，不逃避、不怯场，主动参与调处，为确保全市村级换届平稳有序做了大量工作。抽调在省派驻村办工作以来，他勤勉履职、兢兢业业，参与了全省乡村振兴驻村第一书记示范培训、基层党建工作专题调研、市州委书记抓基层党建述职评议等大事要事，出色完成了各项任务。到龙伏镇工作后，他推出"龙伏夜话"屋场会，持续推动党的二十大精神与党的政策方针"飞入寻常百姓家"；创新开展"党建聚合力"观摩赛马活动，有效激发干部队伍凝聚力、战斗力与干事创业精气神；分管的党建、宣传、乡村振兴等工作绩效考核排名全市前列。

四、始终保持担当奉献的热情

龙强军在大学担任学生干部期间，经常组织参与敬老孝老、义务支教、关爱留守儿童等志愿服务活动，获得了湖南省优秀毕业生、"中国大学生自强之星"提名奖等近30项荣誉。参加工作后，他积极与群众做朋友、结亲戚，帮助他们解决实际问题，群众把他当成了自家人。2019年5月，困难群众李某因未及时领取社保"一卡通"，导致其子就医无法现场报销医疗费，李某很是着急，龙强军了解情况后，立马与相关部门衔接，帮助办妥了报销事宜。在浏阳市委组织部工作时，他以单位为家，经常加班加点，但他总是毫无怨言、满怀热情、充满正能量。到龙伏镇工作后，他始终践行新时代党的群众路线，坚持每周一开展民情大走访，解决急难愁盼问题378个；建成美丽宜居村庄8处，惠及群众425户1357人；组织镇村干部与脱贫户573户1708人、监测户68户179人开展结对帮扶或结对联系，重点在产业、就业、健康、教育、住房安

全、饮水安全等方面予以帮扶。

青春正当时，奋进启新航。如今的龙强军正以崭新的姿态服务基层、服务百姓，奋力践行以人民为中心的发展思想，以只争朝夕的责任感，在全面推进乡村振兴的广阔舞台上踔厉奋发、勇毅前行，以实际实效向组织和人民交出一份更加优异的答卷。

山里娃诗意童年的引路人

——湖南第一师范学院李柏霖

一、坚定理想，勤学巧干，她是爱岗敬业的奋进者

李柏霖的爷爷是一位拥有 60 年党龄的老党员，受爷爷影响，她从小将党和人民装在心里。初中毕业后，得益于国家教育扶贫政策，她成为湖南第一师范学院免费师范生，立志做一名乡村语文教师为孩子带去更好的教育，为乡村振兴贡献青春力量。大学求学期间，她积极上进，学思互发，知行合一，成为一名光荣的中国共产党党员，2017 年被评为"湖南省高校优秀毕业生"。

毕业后，她回到家乡为"教育扶贫"事业贡献力量。任教期间，她发挥示范带头作用，积极从事教研教改，曾获得县优秀教师、县名师、县嘉奖等荣誉。

她坚持立德育人，德育为先的理念，坚持学生中心，帮助学生培养兴趣爱好，指导学生多次竞赛获奖。她利用假期休息时间多次赴北京、南京、香港等地游学，学习国内先进教育教学理念。她多次受邀到县教师培训中心上课，启发更多老师创新工作方法，尤其鼓励分配至农村的新教师回馈家乡、积极作为。

二、关爱学生，创新方法，她是留守儿童的守护人

刚到粟裕希望小学，李柏霖就发现，学校学生 1300 余名其中留守儿童占了半数以上。缺少父母的陪伴，他们大多腼腆、不善表达。以何种方式走进他们的内心深处，成了摆在她面前的首要问题。

为了成为这群孩子的良师益友，她付出了很多努力。针对孩子们语文基础差、缺乏学习兴趣等问题，她给他们讲故事，在班级进行特色活动：古诗词大会、编故事比赛等。为了让孩子们学会合作，她把团队游戏带进课堂，搭桥游戏、小组建设比拼、班级文化设计……慢慢地，孩子们各方面素质都有了不同程度的提高。

在与孩子们的相处中，她觉得引导他们观察世界、记录生活、表达情感，才能真正了解孩子、走近孩子。她开始带着孩子们阅读写作，更是用他们喜闻乐见的方式(户外游戏、思维训练等)教他们写诗，在这样的引导下孩子们开始大胆创作，用文字倾诉情感。

三、成立诗社，放飞梦想，她是文学教育的践行者

在李柏霖的诗歌课堂上，孩子们走出校园，奔向田野，在大自然的怀抱里寻找灵感，孩子们变得越来越喜欢写诗和阅读。一位小诗人说："我是一棵树，只有叶子陪着

我，到了秋天，连叶子也陪不了我了。"在这些纯真的文字里，她看到孩子们深藏内心角落的情绪和故事。她亲近他们帮助他们，让孩子们用笔化解自己的烦恼。

随着学校里越来越多的孩子加入进来，李柏霖成立了诗社。六年时间里，她带领孩子们写下了 1600 多首诗歌。有一天，她看到一个学习基础很差的学生在诗里对她写道："一想到要来学校，我就开心。"她忽然内心一颤。当她看到孩子们大胆地对她说出心里憋着、藏着的那些话；当孩子们因为写作变得积极；当家长们看见孩子诗句真情流露而态度发生变化，热泪盈眶地告诉她："你是我见过的最好的老师。"她决定要一直带孩子们写诗作文。

渐渐地，"小诗人"名气越来越大，作品登上了各种刊物。在她的帮助下，孩子们在《神州乡土诗人》《光明日报》《湖南日报》等不同平台上发表了作品百余首。诗歌让孩子们看到了更大的世界，"想成为一名作家""想读北大的文科""想当兵"……在此之前，他们是连县城有几所中学都不知道的孩子，现在有了更大的梦想。

四、照亮内心，开掘资源，她是乡村振兴的生力军

2022 年年初以来，李柏霖与孩子和诗的相关故事相继得到新华社、《人民日报》等多家主流媒体报道。她的"田野诗班"和教育教学方式被央视、湖南卫视报道。

2022 年 11 月，在中国文学盛典·鲁迅文学奖的颁奖典礼上，李柏霖带着孩子们和他们的作品在舞台上亮相，"小诗人"们为获奖大诗人们颁奖。孩子们在这场文学盛典里得到国内著名作家、诗人的认可和鼓励，山里"小诗人"的潜力和才华也被更多人所见，这是从大山里传出的文学的回响，是文化振兴工作中的优美旋律。2023 年 2 月 18 日，在李柏霖的牵线搭桥下，湖南科技大学人文学院湖南省语言文字推广基地会同工作站在学校成立，"大诗人""小诗人"牵手诗歌创作与语言文字教学。她希望能够把更多的资源联合起来，能更好地带孩子们走进文学，另外也希望通过"童诗＋"的形式，把更多的美育和文学的教育途径结合起来。

孩子们用诗歌记录了最美好的童年，这些文字甚至鼓励了很多成年人，更让大家看到山里孩子、留守儿童也才华横溢，也能绽放出熠熠星光。当然，乡村教育的道路依旧任重道远，李柏霖仍在跟着孩子们一起努力前行。她希望，能够通过自身影响更多的老师，都能够用自己的兴趣爱好来影响和带动孩子们。她相信，乡村教育的面貌一定会大有不同。

扎根乡村 放飞梦想

——湖南第一师范学院周春勇

一、迎难而上，坚守乡村教育初心

蔡里口小学是一所留守儿童占 90% 的山区寄宿制学校，且班多师少，一师多科，但周春勇没有因为乡村学校的艰苦条件而泄气，反而将这些不利的条件当作乡村学校获得支持的发展优势，他多方奔走，发动校友和当地群众，争取社会资源，募集了近 18 万元教育基金，为学校发展打下了基础。

县教育局、旅游局、县委宣传部先后想借调他去县城工作，都被他婉言拒绝了，为的是当初那份对乡村教育的初心与执着。在他与全校师生的共同努力下，这所面临撤并的乡村学校，一跃成为"全国教育系统先进集体"。凭着对乡村教育的热爱、坚守和卓越表现，他多次荣获奖励和表彰。

二、开拓创新，打造书画特色学校

周春勇潜心教学改革创新与研究，所带班级小升初从全县倒数跃居全县第一。他致力书画特色学校建设，把山区的孩子带进艺术的殿堂，指导学生书法、绘画、作文等在比赛中多次获奖。在中国教育学会主办的"第十九届华人少年作文大赛"中，2 名学生分别获二、三等奖，获奖学生前往北京领奖，并研学三天。在"2018 年希望之旅"研学活动中，他指导的 2 名学生成功入选，前往长沙研学三天，并进入湖南电视台录制节目。2018 年，在"全国贫困山区中小学美术大赛"中，他指导学生获一等奖 1 项，三等奖 3 项，山里娃再次登上北京的领奖台。2019 年，在"'明达杯'全国中小学师生书法大赛"中，学校 10 幅书法作品全部获奖，其中一等奖 3 项，二等奖 5 项，三等奖 2 项。

升任教务主任后，他的视野更加开阔，成功争取到了中国美术家协会、中国书法家协会、潭州墨阵书法团队的支持，孩子们第一次有机会享受来自省城里最前沿的美术、书法课，艺术素养得到大幅提升。他抓住机会，提炼总结，组织申报《乡村小学书法教育实施中的问题与对策研究》课题，撰写美育案例。学校也荣获"湖南省学校文化促进会会员单位"。

三、科技筑梦，放飞山区学子梦想

乡村学校、乡村孩子很难接触到当代前沿的科技课程。调至何家洞小学担任校长的周春勇克服重重困难引进了航模课程。为了提高老师的积极性，他自掏腰包发放课时费。如今何家洞小学航模课程开展顺利。不久，周唐静怡、李浩轩、彭雅芳等孩子

以航模为素材创作的科技绘画作品在"龙杯"第二十五届全国中小学生绘画书法大赛中，获 3 项三等奖，中国教育电视台报道对赛事进行了报道。2021 年 12 月，《永州日报》以《科普课堂放飞学子梦想》为题对何家洞小学的航模课程作了专题报道。2022 年 1 月，何家洞学子首登永州电视台进行航模科技表演。

四、助力成长，推行"四生四化"改革

2020 年，周春勇为提高教师的教学研究能力，提升课堂效率，进一步推进"双减"政策落地，他推行教学改革，打造"四生四化"课堂，即"贴近生活——生活化课堂""自主生成——自主化课堂""涵养生命——活动化课堂""促进生长——探究化课堂"。他经常组织教学研讨，深入课堂以身示范。他为年轻教师争取"个性化"培训资源，一年下来，6 名青年教师从乡村走向上海、重庆、长沙、四川、北京等地培训学习，13 名青年教师参加了市级以上培训。为了使培训外化于行，内化于心，达到促进教师专业成长的目的，他提出了"四个一"培训要求，即"每年培训一次，每次撰写一文，每次示范一课，每次改革一项"。

五、潜心钻研，收获教学教研成果

周春勇凭着一股子钻劲，在书法、微课、论文、课题研究、课件制作、散文、演讲等方面获奖丰硕，其中国家级 11 项、省级 7 项、市级 6 项、县级 15 项。

他撰写的《横向渗透教学法，引领乡村美育》《成为乡村教师的理由》分别在《中国好老师》《湖南教育》上刊载，他参编的《教师喜爱的 36 堂名师语文课》一书，获著名特级教师、清华附小校长窦桂梅老师的好评，称这是一部教学艺术看得见、用得上的语文教学实践指导书。

他负责的中国智慧工程研究会教育督导"十三五"科研规划重点项目《教学改革创新与研究》的子课题研究——"横向渗透教学法"顺利结题，学校也因此被中国智慧教育研究会、教育督导专业委员会授予"课改示范学校"。他组织申报的《新时代乡村小规模学校的发展策略研究》课题，已立项为省级资助课题。

他带着对乡村教育的执着与热爱，带着先进的教育理念，奉献着自己最美好的年华，以自己的微薄之力改变着乡村学校的面貌，放飞着山里孩子的梦想。这就是最美乡村教师周春勇的故事。

扎根边疆
以美育守护哈尼梯田文化
——湖南科技大学杨钰尼

　　杨钰尼，哈尼族，1996 年 5 月生，现任全国政协委员、钰尼文化艺术传承中心负责人，2018 年毕业于湖南科技大学。大学期间，在其家乡云南红河县创办钰尼文化艺术传承中心，开展民族歌舞教学和文艺志愿服务下乡活动，助力边疆孩子成长成才、基层群众实现精神富裕。她已累计培养基层学员 3000 余人，现有在校生 400 余人，有 50 多名孩子通过舞蹈艺术考上了大学。大学毕业后，她放弃站上更高舞台的机会，毅然选择返乡创业，扎根边疆，投身民族文化传承和乡村振兴事业。多年来，她义务担任当地多个小学的民族歌舞教学辅导员，定期到各地支教。本人曾获"中国优秀民族文化艺术传承人""美育先进教师""红河县侨乡乡土人才"等荣誉称号，创编作品多次荣获国家和国际级比赛金奖，带领哈尼儿童走进国家体育场，与"一带一路"合作伙伴代表团联欢，开展国际文化艺术交流。从当选红河县政协委员，到全国政协委员，杨钰尼跋山涉水、走村串寨，深入边疆各地走访调研，以青年力量促进乡村振兴，以专业美育传承民族优秀文化、助力民族团结进步。

一、生于梯田，根植梯田

　　从小便被梯田歌舞滋养着长大。热爱家乡、热爱舞蹈的她坚定地选择了湖南科技大学齐白石艺术学院，决心用专业知识进一步实现自己的理想。哈尼梯田文化这份厚重的文化遗产让她自信满满地走出大山。大学四年，她更是运用自身优势充分发展自我，习得文艺创作、美育教育等技能，为传承哈尼梯田文化、红河民族民间歌舞，以及促进乡村文旅建设奠定了坚实基础。

二、故土难离，以赤子心铸红河梦

　　大学期间，她利用课余时间拜访了上百位民间艺人，认真学习民间传统文化精髓。她在大一的时候就开始创业，成立钰尼文化艺术传承中心，一边开展多声部民歌、乐作舞、哈尼儿歌等民族文化的传承教学，一边开展文艺志愿服务下乡和青少年儿童美育教育。

　　"比起自己到处演出，我更愿意教授家乡的孩子们学习民族歌舞，让他们传承优秀民族文化，走出大山、登上更大舞台。"2018 年，她带领哈尼儿童参加"欢动北京·第七届国际文化艺术交流周"，在鸟巢国家体育场，现场表演哈尼儿歌《阿密策》传唱。

　　在文化传承上的努力使她以"红河县旅游形象大使"身份参与湖南卫视《天天向上》

节目，作为哈尼村落使团主讲，宣传推广哈尼梯田文化和红河文旅。

三、初心未改，用专业助力乡村振兴

她常年奔走于山村田野，化身"文艺轻骑兵"，积极推动文艺志愿服务由"偶尔下乡"向"常态服务"转变，凝聚文艺力量，助力乡村振兴。

她秉承着助力家乡发展、传播边疆文化的使命感，毅然投身家乡事业。作为弘扬民族文化及创新发展歌舞艺术的一个小载体，钰尼文化艺术传承中心在培育青少年哈尼文化、传播新时期哈尼文化魅力、普及边疆群众艺术知识、带动边疆群众参与文艺活动以及助力边疆群众实现精神富裕等方面起到了重要作用。杨钰尼表示将继续公益事业，坚持送艺下乡、公益培养艺术人才等，通过美育进校园、非遗传承进校园等方式传播正能量，为家乡培育栋梁之材。

2022 年 1 月，她当选红河县政协委员，将多年基层工作体会和调研走访心得整理成《关于送艺下乡贡献文化力量及产艺融合助力乡村振兴》的提案，希望能用美育发扬民族文化，用歌舞滋润边疆人民生活，用专业知识助力乡村振兴。

四、青春发力，守护哈尼人民的"幸福靠山"

"哈尼梯田是根，民族文化是魂。"作为土生土长的哈尼儿女，守护哈尼梯田文化，是她的天然责任；成为全国政协委员后，她希望能积极传递边疆民众心声，把哈尼梯田文化带向更大舞台。为此，她多次深入基层调研，广泛收集社情民意，结合自己从事非遗活态传承的丰富经验，提出了《关于加大世界活态遗产保护传承力度的建议》，努力让哈尼人民世代守护的"绿水青山"转化为"幸福靠山"，持续巩固拓展脱贫攻坚成果同乡村振兴有效衔接。

愿以吾辈之青春，复兴伟大之中华。为了完成这一青春使命，她正不断加强学习，为履职赋能，以热爱点燃青春、以奋斗砥砺初心、以专业实践美育，传播梯田文化、促进乡村振兴、助力民族团结。

云妹子学农助农
扩宽乡村振兴路

——湖南农业大学唐云云

唐云云，1994 年 12 月 21 日出生，中共党员，东安县水岭乡枧田村 12 组村民，毕业于湖南农业大学，大学本科学历。2019 年，唐云云获永州市人民政府表彰的"永州市十佳脱贫致富能手"荣誉。2020 年，唐云云获湖南省人民政府表彰的"湖南省劳动模范"荣誉。2021 年，唐云云获"湖南省优秀共产党员"荣誉，获共青团湖南省委表彰的"湖南省优秀共青团员"以及永州市共青团委表彰的"争做新时代永州向上向善好青年"中的创新创业好青年荣誉。2022 年，唐云云获湖南省妇女联合会表彰的"湖南省三八红旗手"荣誉以及中共东安县委东安县人民政府表彰的"十佳返乡创业青年"荣誉。

唐云云主要从事土特农产品（红薯、优质水果）种植、加工（红薯干）、电商销售。其公司种植了黄桃、奈李、桑葚等优质水果 200 多亩，使各种农产品增值，上万群众增加收入。公司合作种植的 600 亩红薯，带动了东安县枧田、下丰、三合、紫溪、大庙口等 20 多个村种植红薯，使村民增收，300 多名贫困户免费领取红薯苗以及部分人员保障就业，让他们脱贫致富。

一、学农助农，开始创业之路

唐云云在大山里长大，对家乡有一种融入骨子里的热爱，她还有强烈的自豪感，立志考上湖南农业大学，学农助农回乡建设家乡，谋划创业之路。她深知家乡良好的生态孕育出优质、特色、安全的农副产品，可是因为没有统一包装、统一品牌、统一的销售渠道，使原本很受欢迎的农副产品"养在深闺人未识"。2015 年，还在读大学的她开始谋划回乡创业。在东安县扶贫办、团县委、电商办等的支持下，她成立了永州市加隽食品有限公司。随着网店发展，唐云云不仅销售当地盛产的红薯，而且开始销售土蜂蜜、土鸡蛋、竹笋、东安鸡等各类优质农特产品，网货产品从单一化发展到多元化。

唐云云在畅通销售渠道的同时，还十分注重从业人员的培训，并建立加工车间、产品展厅。目前公司在东安县城开了一家实体体验店——云妹子特产屋实体店，让本地的客户来店里品尝，也可以去生产基地现场体验红薯干制作过程。

二、助农增收，践行社会责任

吃水不忘挖井人，创业有成不忘根。唐云云在企业发展的同时，思索如何在自己创富的同时也能带动更多的群众改变落后的生活状态，她多次赴外地学习、请教湖南农业大学相关教授以及借鉴他人的经验，尝试采取产业与电商结合的模式发展种植业。她按照"企业＋基地＋贫困户""前店＋后厂""线上＋线下"模式，带动乡亲们脱贫致富，扩大规模，先后与 10 镇 300 多户贫困户签订协议建立合作关系，赠送种苗，带动贫困户一起种植冰激凌红薯、沙田柚、冰糖橙。唐云云还手把手向贫困户传授种植技术，引导贫困户把红薯加工成纯手工芝麻红薯片、倒蒸地瓜干、冰激凌红薯淀粉等产品，以提高经济价值。2019 年，她带领村民种植红薯 600 亩，产量达 1500 吨，产值达 600 多万元，不仅带动周边 10 个行政村的红薯种植成规模发展，而且让农户收入翻了番。她在做大做强产业的同时勇担责任，发起集聚东安优秀企业，打造东安响亮品牌，抱团合作发展了 30 家当地优质农土特产，进行统一包装、统一销售，共同助力乡村振兴。

唐云云学农助农通过电商把家乡的农产品卖到城里，公司通过"基地＋农户＋工厂＋互联网＋扶贫"销售的创业模式带动更多的人就业。她致富不忘村里老年人和贫困户、村集体经济发展，提出与村委会合作为村里产业发展做贡献，将家乡建设成美丽乡村，让村民致富奔小康。

投身基层
在塞北大地书写中南担当

——中南大学杨冕

杨冕，1986年1月生，江苏人，2007年12月加入中国共产党，中南大学安全技术及工程专业毕业，研究生学历，工学博士。2017年6月，他主动申请到宁夏乡镇工作，历任吴忠市利通区金积镇干部、副镇长、吴忠市应急管理局副局长等职务，现任同心县委常委、张家塬乡党委书记。在宁夏工作以来，他始终坚守初心、踏实干事、清白为人，工作成绩突出。

一、加强理论学习，不断提升政治水平，坚持静心苦读涵养正气

他把阅读经典变成了生活习惯，无论白天事务多么繁忙，晚上也要静下心来研读，特别是习近平总书记的重要著作。除了平日里自学外，他还先后参加了自治区委党校中青年干部培训班、学习贯彻党的二十大精神专题班等。他说："过去自己从静心苦读中受益良多，未来仍将坚持读经典涵养正气、淬炼思想、指导实践，沿着总书记指引的方向为新时代西部大开发贡献力量。"

二、注重思路创新，不断增强干事本领，推动工作实践走在前列

（一）凭实干立身，争推项目、力促改革，当好主攻手和参谋员

任职利通区金积镇副镇长期间，他在项目和招商方面，高效完成了小微企业创业园、现代农业产业园和17个村集体经济发展等政府投资项目，精准招商吴忠绿博园、蔬菜冷链物流园等，年终考核位列全区前茅。在为企服务方面，他协调解决了园区招工用人、专项资金申请、产学研合作等多项难题。在深化改革方面，他作为吴忠市经济发达镇行政管理体制改革工作的主要参与者，主动牵头对接江苏省有关县乡，促成江苏省4个经济发达镇对口支援利通区金积镇，促成了经济发达镇"1＋4"改革模式在吴忠市落地生根。2017—2019年，他连续三年被自治区党委组织部选为代表赴中南大学、厦门大学、武汉大学、华中科技大学、吉林大学、哈尔滨工业大学等多所高校宣讲宁夏人才政策，宣讲效果反响热烈。他在2020年年初疫情防控期间奋勇争先，昼夜坚守在疫情防控第一线，获评"吴忠市新冠肺炎疫情防控工作优秀共产党员"。

（二）靠专业突围，排查隐患、打牢基础，注重科技引领和系统提升

任职吴忠市应急管理局副局长期间，他发挥专业所长，在重点工作中勇挑重担、攻坚克难，一是高标准推进安全生产专项整治三年行动，牵头制定了吴忠市"1＋2＋9＋8"的专项整治方案，组建专班盯着隐患抓整改，不断从根本上消除事故隐患，专项

整治取得显著成效。二是创造性开展安全发展示范城市创建工作。他邀请国家减灾委专家委副主任、国务院应急管理专家组组长为全市领导干部作专题辅导；组织带队赴合肥、洛阳等地学习安全发展示范城市创建经验。三是推进应急管理科技赋能和系统提升。他完成了覆盖全市域的城市安全风险评估项目，建设了应急管理综合应用平台，强化了城市安全风险管控。

（三）以创新争先，革旧立新、综合施策，实现山区展现全新气象

同心县张家塬乡地处宁夏中部干旱带，是典型的生态移民迁出区，农业薄弱、工业空白、服务业仅有几家商店，越是短板突出、弱项明显的地方，群众越渴望有一支坚强的组织带领大家走向振兴。任职张家塬乡党委书记以来，他坚持以习近平新时代中国特色社会主义思想为指导，务实创新、锐意进取：一是抓支部强基础，地理位置偏，政治站位绝不偏。他结合张家塬乡实际将组织振兴作为推进乡村振兴的"一号工程"，以党建引领产业发展，以项目助群众增收，让乡村振兴有了"主心骨"。2021 年，全乡 6 个村中有 5 个村创建为党建示范村，占比全县最高。经过针对性施策，张家塬干部队伍执行力不断提升，组织工作面貌实现了两个明显转变：从"用人"到"渡人"，干部的精神风貌明显转变；从"逐件成事"到"整体成势"，队伍的活力明显转变。二是抓招商提活力，瞄准拼命一跃才够得着的目标。虽是偏远山乡，乡党委和政府却把项目工作摆在中心位置，告别四平八稳、按部就班，实现陡然加速、跨越赶超，用看得见的变化赢得群众满意。首先，从沿海招商引资 1000 万元，打造窑洞宾馆、生态民宿、深坑赛道、火车餐厅，树立"旱塬秘境"区域品牌。其次，招商 2 亿元推进光伏小镇建设。最后，创新建设 5G 小镇，"新能源＋新基建"5G 小镇模式入选自治区党委创新案例。在同心县 2021 年度 12 个乡镇综合考核中，张家塬乡从排名"后进生"一跃位居第二，创历史最好成绩。三是抓思想促文化，敢于出非常之举、下非常之功。他明确提出"距离产生美，偏远也是生产力，一定要上下同心抓发展"短短半年后，张家塬乡样子变了，班子成员思想变了，干部队伍能力素质也跟着提升了，乡村文化不断繁荣。2022 年，张家塬村荣获"全国民主法治示范村"，张家塬村、折腰沟村双双入选国家级传统村落名录，获中央及自治区专项资金支持，书写了一段偏远山村蜕变佳话，乡村振兴的路越走越宽。

初心不忘　矢志为民

——湖南科技大学潇湘学院杨波

　　杨波，中共党员，湖南邵阳人，1994 年 11 月生，湖南科技大学潇湘学院 2014 级学生，2018 年湖南省非定向选调生，现任怀化市通道县万佛山镇人民政府副镇长，曾任万佛山镇杏花村第一书记兼扶贫工作队队长，曾获评 2020 年全国优秀共青团员，2021 年怀化市优秀共青团干部，2019 年通道县脱贫攻坚先进个人，2017 年湖南省优秀共青团员等多项荣誉。

　　2019 年 2 月，刚刚毕业参加工作才半年的杨波在通道县脱贫攻坚任务最重之时主动申请参加驻村扶贫工作，受万佛山镇党委选派以杏花村第一书记、扶贫工作队队长的身份参与脱贫摘帽工作。2021 年 5 月，他通过"五方面人员比选"被选拔为万佛山镇人民政府副镇长。

一、带着真心扎根基层

　　2020 年除夕夜，杨波与家人正在欢欢喜喜地准备着年夜饭。

　　"为积极落实省一级应急响应，根据市委市政府要求，全市公安、医疗、镇村一律取消休假，请大家明天上午 9：30 之前到岗到位。"一则信息的到来，让杨波放下了碗筷。

　　"你搞了一年脱贫攻坚工作都没回来过，家里有什么事情你也帮不上忙，现在才回来两天又回去工作，我长大以后说什么也不当公务员，我要留在家里照顾爸妈！"听着还在读小学的弟弟的埋怨，他的眼圈微微泛红。但疫情就是命令，没来得及多想，在匆匆安慰家人后杨波便冒着冬夜的冷雨，连夜驱车赶回工作岗位。

　　初一，他便成立了党员志愿者服务队，发动全村年轻党员立刻对全村进行网格化分片包干，地毯式排查疫情，联系到户、责任到人。在党员和村民们精诚配合下，构筑起抗击疫情的严密防线。

二、带着爱心扎根基层

　　万佛山镇人民纯朴善良，待人热情，不是亲人，胜似亲人，杨波与村民之间建立了深厚的感情，把村里大大小小的事情都当作自己家里的事情去做。

　　在村里走访时，他总是喜欢到五保老人吴永泰家里看看。除了节假日给老人送上慰问品，他还拿起笔和本子，跟吴老嘘寒问暖，记下老人的诉求。"吃住穿都好。就是家门口那条泥巴小路，下雨天路滑，我怕摔着。"老人随意一说，他便记了下来。

他带领驻村扶贫工作队和村支"两委"实地走访后证实，吴永泰老人家门口这条 100 余米泥巴小路与村组相通，相邻 7 个家庭的乡亲要从这条泥巴路经过。一到下雨、下雪天，村民出行不方便。于是他找来沙子水泥，在 2019 年 12 月初发动了坪上组的 7 户人家投工投劳完成了这一条"爱心路"的修建工作。事后附近的村民们给他送来了一面锦旗表示感谢。

正是因为他的付出，既收获了宝贵的工作经验，也获得了村干部和群众的认可，让他们看到了选调生和基层干部的责任与担当。

三、带着巧心扎根基层

基层工作既要"苦干"，又要"实干"更要"巧干"。他坚持在日常工作中用改革的思路、创新的办法去破解难题、化解矛盾，找到突破口。

他在走访杏花村坪上组时发现有一个贫困户杨某，因为 2008 年外出打工时被人骗走 3000 元钱，受不住打击而导致精神失常，被鉴定为精神二级残疾。他给杨某送去了保暖的棉被和衣服，联系有关部门鉴定了他家的房子后完成了危房改造，并为杨某申请了精神残疾看护，防止出现意外情况。同时他多次到杨某家里做沟通工作，有时候一天之内去了三次，最长的时候和杨某谈了两小时的心，但是杨某一言不发。

随后他改变了工作思路，自己购买了数本心理学的书籍，并认真向镇里心理学硕士毕业的同事请教。再次走访时，他以同姓为由认杨某做哥哥，经过不懈地努力，杨某也逐渐走出了阴影，并通过他的介绍找到了一份本村内的工作，在 2019 年顺利脱贫。

2020 年年初，杏花村内扶贫产业兰花园因疫情影响导致兰花滞销。他在了解相关情况之后，迅速联系了母校湖南科技大学的领导，开展校企合作成立了杏花村电商扶贫基地，帮助兰花园建设和运营公众号，同时开展了多场销售兰花的专题网络直播，以此带动农产品的网络销售。

参加工作至今，杨波累计帮助群众解决实际困难 77 个，助 73 户 270 名贫困户彻底摆脱了贫困，杏花村贫困发生率从最初的 17.56% 到 0；他组织开展防溺水巡查 1 万余次，管控危险水域 126 处；完成全镇 4 万多剂次新冠疫苗接种，管控风险地区返乡人员 3000 余人。他所做的努力获得了干部、群众的一致认可。

他一直说苦地方、累地方，就是践行初心与使命的好地方，尽管忙，尽管累，但每次看到那些困难群众得到帮扶露出笑容时，所有的辛苦和劳累都值得！

到西部去　到基层去
到群众最需要我的地方去

—— 中南林业科技大学冉起阳

　　冉起阳，现任中共旺苍县委办公室副主任，曾获四川省委省政府表彰全省优秀第一书记，广元市委、市政府表扬全市督查目标工作突出贡献个人，旺苍县委表彰首届"十佳青年"、全县优秀共产党员、全县先进工作者、记"三等功"公务员等多项荣誉。

　　为响应总书记的号召，青年人要到群众最需要地方去。大学毕业的他，义无反顾地来到了旺苍这个曾经的四川秦巴山区国家级贫困县工作至今，在这个地方他一待就是10年。

　　冉起阳说，他最骄傲的是，曾经作为第一书记和乡亲们共同见证脱贫奔小康的盛景。他最遗憾的是，父亲看不到他和乡亲们共同奋斗的这份来之不易的成绩。他说，父亲是一名人民教师，说得最多的便是要让他找到属于自己人生的意义。

一、以青春作笔，书写脱贫攻坚之凯歌

　　2017年，刚在旺苍县检察院参加工作的他，主动请缨担任派驻英萃镇学堂村（贫困村）第一书记。

　　为尽快熟悉工作，完成从机关干部到基层干部转变。从未行过山路的他，毅然决定驾车驶进陡峭山区。2个月的时间，他天天吃住在村，或驾车或步行，跑遍了全村321户群众和76户贫困户，让他这个从小城里长大的年轻人第一次了解到山区的困难。

　　为实现助农增收，让乡亲们的钱袋子鼓起来，他广泛宣传"以购代捐"政策，不仅通过微信群、朋友圈将朋友和同事转化为消费者，还主动到城里挨家挨户与餐饮店老板沟通，利用"原生态"特质和送货上门优势，与商家建立了稳定的产品对接合作关系。

　　为壮大村集体经济，他坚持以"输血与造血"相结合为理念从学堂村地处山区实际出发，在协调资金为贫困群众发放鸡苗的同时，争取资金建立青春养殖专业合作社，修建规模肉牛、鸡养殖场，支持培养返乡创业青年，有力地推动了村集体经济产业发展。

　　为方便群众出行，让乡亲们走上不沾泥的硬化路，他一方面组织村民自己动手挖出毛坯路，另一方面向政府争取硬化路指标。3年间，全村共计新建硬化路30余千米。同时，他积极推进跨河大桥项目建设，彻底结束全村渡船过河的历史，群众出行和交通运输得到极大改善。

　　为阻断贫困代际传递，打消外出务工群众的顾虑，在与乡镇中心小学充分沟通后，

他利用每周二、四下午放学后及周末时间对村上的 20 名 6 年级学生，以及其他愿意参加的学生进行作业辅导，帮助学生们进一步掌握学习方法与答题技巧。

为助力抗疫大局，确保全村群众人身安全。2020 年春节期间，他第一时间组建疫情防控党员突击队，迅速完成外来人员排查，在村口防疫检测点连续奋战坚守 40 余天，疫情期间全村无一病例。

二、以青春作词，书写枫桥经验新气象

在县检察院工作期间，他工作勤奋、敢于作为，共计办理案件 70 余件，无一瑕疵。特别是在受理 5 名 70 多岁的贫困群众长达 13 年的执行监督一案中，他历经三个月时间，凭着一股执着，最终帮助 5 名贫困群众拿到了欠款。随后，他又与银行多次衔接，为其中一名当事人（贫困户）争取贷款，落实司法救助金 1 万元，当事人最终成功修建砖混新房，告别了长期居住的土坯危房。

三、以青春作赋，书写社会治理新范例

在嘉川镇担任党委副书记期间，他抓牢意识形态主阵地，率先在全镇范围内建立"扫黄打非"三级网格，常态化开展进机关、进社区、进企业、进学校、进农村、进寺庙"六进"行动，意识形态工作成效显著。

他将"扫黄打非"融入新时代文明实践所（站）、融媒体中心、城乡基层综合治理体系建设，整合文化站、派出所等力量，组建网格队伍，形成"一镇、十村、百格"的"三级联动"网格管理体系。依托县融媒体中心"8＋1"平台，发挥"村村响""大喇叭"等宣传优势，立体式开展"扫黄打非"媒体舆论引导。他结合基层治安防控网络体系，加强与市场监管、公安等单位的沟通协调，形成联合执法、会商处置一体化联动运行机制，实现了对重点时段、重点场所全覆盖管控。2021 年年底，嘉川镇作为全省唯一获奖单位，荣获全国"扫黄打非"进基层示范标兵荣誉称号。

以炽热青春建功新时代

——湖南城市学院董振昊

董振昊，山东肥城人，现任新疆维吾尔自治区和田地区民丰县祥民街道安康社区党支部书记。2018年7月，刚从湖南城市学院毕业的他，怀揣着援疆兴疆的梦想，远赴千里扎根和田基层。工作以来，他践行初心、担当使命，不仅用敬业赢得了周围同事和群众的认可，更是用真心浇灌出了民族团结的友谊之花。

一、他是脱贫攻坚的奋斗者

（一）主动请缨，奋战一线

2019年是脱贫攻坚的关键时刻，刚参加工作半年的董振昊主动请缨到村工作，用他的话说，只有深入基层一线，才能更好践行全心全意为人民服务的宗旨。面对董振昊的热情和决心，镇党委任命他到甫甫克村担任支部副书记。任职第一天，他就投入脱贫攻坚工作中，对全村197户640名贫困户基本情况进行全面了解，做到心中有数。他吃在村里，住在村里，忙在村里，和班子成员谈帮扶、想对策，到老乡家里拉家常、讲政策，把扶贫工作做到老百姓的心坎儿上，通过遍访为今后的脱贫攻坚工作打下了良好的基础。

2019年7月，在入户走访过程中，董振昊了解到村民古丽罕家中比较困难，丈夫早亡，古丽罕的身体不好，家庭经济收入来源主要靠低保，女儿当年要参加高考，家庭经济压力特别大。为帮助古丽罕一家，董振昊前后奔走，帮助古丽罕的女儿和村里另外一名贫困大学生争取到了5000元的助学金，又通过、团委、妇联等途径取得了近万元的奖助学金，解决了他们的后顾之忧。古丽罕的女儿顺利考取了华东政法大学，村里另外一名贫困学生也被南京师范大学录取。正是他一心为公，10个月后他便挑起了村党支部书记的重担。

（二）把脉问诊，开方抓药

作为村党支部书记，董振昊坚持问题导向，聚焦甫甫克村的发展短板，科学谋划，着力破解"瓶颈"。第一步是建队伍、强班子。"给钱给物，不如建一个好支部"，选优配强支部班子，把村党支部建成脱贫攻坚的"战斗堡垒"，打造一支"永不走的扶贫工作队"，是打赢脱贫攻坚战的根本所在。上任伊始，董振昊把村里的返乡大学生拉进队伍，优化结构，充分发挥基层党组织作用，带领班子成员走家串户，在田间地头和群众家中，与乡亲们聊家常、话发展，鼓舞群众的斗志，也让班子成员打赢脱贫攻坚战的决心更加坚定。

班子建好了，接下来是为村发展"把脉问诊、开方抓药"。针对甫甫克村人多地少的短板，增加就业是最直接最有效的脱贫方式。他和班子成员结合甫甫克村实际，充分发挥甫甫克村离县城近的地理位置优势，把发展就业作为主攻方向，想方设法做好贫困人口就业帮扶工作。2020 年年底，甫甫克村贫困户就业率已达到 96.4%，实现贫困户一户一就业，工资性收入在人均收入中占比达到 60%。不到一年时间，甫甫克村集体经济收入增长 45%，该村人均纯收入也达到了 12000 元，顺利通过脱贫攻坚普查验收。

二、他是民族团结的助推者

（一）交流交融，促进团结

"作为援疆干部，维护民族团结是我们义不容辞的责任。"这是董振昊工作以来常挂在嘴边的一句话。在甫甫克村任职期间，董振昊积极协调自治区纤维检验局在村里搞了"民族团结一家亲"联谊活动，与亲戚同吃一顿抓饭，开展"我与亲戚游民丰"等各类文娱活动，增进民族间交往交流交融。汉族村民张应长是种地能手，维吾尔族村民图尔洪和奥斯曼家里都有温室大棚，双方结为朋友，张应长指导他们种菜，帮助他们提高收入。这种例子在村里比比皆是，通过典型引导、文化浸润，村民的民族团结意识进一步增强，精神文明生活显著提高，2020 年 9 月，村民齐娜罕·麦提卡斯木一家荣获"国家级文明家庭"，甫甫克村也荣获"国家级文明村镇"荣誉称号。

（二）解决难题，收获民心

董振昊始终高举民族团结的旗帜，把为群众办实事、办好事，解决群众的热点难点问题作为工作的重中之重。2021 年 5 月，听从组织安排，董振昊到民丰县祥民街道安康社区担任"访惠聚"工作队第一书记、社区党支部书记。"要想赢得群众的拥护，首先就要想群众所想、急群众所急。"作为社区的书记，董振昊认真调查研究，了解到社区居民有很多生产生活上的问题，主要集中在基础设施损坏、停车面积不足等方面。通过自筹资金、协调共驻共建单位援助、社会资源援助等方式，社区已更换楼道灯 364 盏，修整破损地面 11 处，拓宽老旧楼房前面道路，安装晾衣架，对居民常走的便道进行硬化，修整硬化 1200 平方米闲置空地用作小区停车场，极大地解决了当地居民生活难题。

把小事做好就是不平凡。董振昊用自己的实际行动让大家看到了年轻基层干部甘于吃苦、勇于奉献的精神面貌，向大家证明了身为一名共产党员聚焦总目标，维护民族团结的责任感和使命感。董振昊用自己心中对党的忠诚、对基层工作和群众的热爱铸就了民族团结情。董振昊将继续在援疆路上努力工作，奋力奔跑，用对党的忠诚、对群众的热爱作出无愧于党、无愧于人民、无愧于时代的业绩，跑出当代青年最好的成绩。

扎根乡村　以身立教　钻研进取

——湖南民族职业学院杜远薇

杜远薇，湖南民族职业学院2013届优秀毕业生，"90后"乡村教师，湖南省怀化市沅陵县明溪口镇芙蓉学校副校长。2013年毕业以来，她始终奋斗在教学一线，坚持以德立教、以身示教，从2017年起连续四年考核为"优秀"，赢得了广大师生的尊敬和爱戴。

一、以德育人，搭学生成长阶梯

位于湖南西北部的沅陵县是曾经的国家级贫困县，明溪口镇芙蓉学校处于险滩凤滩脚下。她爱护学生，把自己当成学生成长的阶梯，给予他们关怀和鼓励。

从2017年开始她与社会爱心组织共同对学校一名特困生进行帮扶，经过5年时间该生阅读量大大提升，并担任了学生会干部。从2018年至今杜老师任该校送教小组的核心成员，坚持为山区残疾儿童"送教上门"，与同事一起把课堂搬进学生家里，坚持"上学路上，一个也不能少"的理念。送教事迹先后被华声在线、《潇湘晨报》、凤凰资讯、西部点评、新浪湖南等媒体报道。2019年她把这些扶贫路上的故事在明溪口镇扶贫演讲比赛上与来自14个村的扶贫代表进行分享，获得了第一名。

2019年她指导学生杜欣媛的记叙文《溪边住着希望》火了，当地筹措资金300多万元，历时半年多建成了通溪桥。改变了一个村的交通，使得全村52户贫困家庭的油桃得以卖出，脱贫的劲头更足，实现了全村脱贫。

二、用心育才，创学生发展之路

任教以来，她不停地总结经验、反思不足，发现"杜郎口模式"比较适合现在所教的小班额班级，在班级中尝试以小组学习的形式来开展教学活动。在这种模式中，孩子们不仅在课堂上表现活跃，课下也开始自觉地去记生字词，背诵诗歌，阅读课外书籍。

她自己也积极参与学习，不忘自身发展，2018年参加沅陵县"百名优秀教师"和"青年干部"培训获评"优秀学员"。在2019年8月，她辗转两天赶赴扬州参加了为期10天的"整本书阅读工作坊"，2020年参加"校长能力提升"培训。与此同时，她积极把城市的教学经验带回乡村，2018年担任学校"书香校园"项目的执行者，组织全校进行班级个性晨诵、午读、暮省。她从儿童课程、教师发展、环境创设等方面大力推进师生阅读，组织教师阅读分享，学生阅读、诵读展示。活动开展后学校阅览室、教室、操场、宿舍多了很多阅读的身影。她把"让学生学会终身学习"定为目标，课上，以教材文本为引子，引领学生体验语文之美、生命之美、世界之美；课下，和学生"播种阅读，分享收获"，交流、写作、出班刊。她指导学生的文章被《怀化日报》刊载，参与的课题被选送怀化市优秀课题。

十年来，她和学生一同成长，2015 年获得县艺术节摄影比赛"优秀指导教师"；2016 年指导学生参加县主题教育演讲获得"一等奖"；2022 年指导学生参加"小小科普员"防震减灾讲解活动获怀化市"优秀指导教师"；2022 年获怀化市"新时代强国有我"主题教育活动"先进个人"。

三、以身践行，用行动散发"薇"光

参加工作以来她全身心投入教育教学中，形成了自己的教学风格。从教期间她坚持让阅读成为孩子和世界的链接，为孩子打开了一扇知识的大门。

2014 年至今，她教导过的班级多次获得学区和校公开课"一等奖"。2015 年，她获沅陵县"教坛新秀"称号。2017 年，她执教的初中语文课《金色花》被评为县级"示范课"。2018 年她参与组建乡村教师读书自组织——嫩芽读书社。读书社以书为桥，赋能乡村教育者。2021 年，她担任组织负责人，该组织成员现已覆盖乡村学校 54 所，参与读书讨论 219 人。

2020 年，她被中共怀化市教育工作领导小组评为"怀化市最美乡村教师"；被评为明溪口镇"先进个人"。2021 年，她成功入选教育部教师工作司、中国教师发展基金会"2021 乡村优秀青年教师培养奖励计划"；被沅陵县教师进修学校聘为青年教师成长课程"授课专家"，并获得县级"阅读名师"称号。2022 年，她被怀化市教育局评为"怀化市首届骨干教师"；被中共怀化市委教育工作领导小组评为"怀化市教书育人楷模"；被中国教育电视台以乡村教育"播种人"为名报道；被《光明日报》作为"我与祖国同奋进"典型人物报道。

2024 年，是她参加教师工作的第 11 个年头。她不断学习进步，用自己的经历告诉身边的年轻教师，在乡村一样能够得到发展，一样可以做有意义的事情。孩子们的成长让在农村扎根的她感受到教师的职业光辉，她将一如既往地努力工作，以身立教、扎根乡村，并为之奋斗一生。

苗寨"禾"生
社会工作照亮的人生
——长沙民政职业学院龙仙翠

　　龙仙翠曾经是湘西苗寨的一名留守儿童，十年前，受长沙民政职业技术学院社工师生团队的感召，她成为志愿者；十年后，作为湖南省"禾计划"的一分子——古丈县社工站站长，她正带领团队为家乡人民贡献社工的力量。

　　2018年，龙仙翠从民政学院社工系毕业后选择反哺家乡，回到湘西州古丈县乡镇社工站，参与家乡的社会工作服务。

　　在反哺家乡过程中，龙仙翠积极参与民政部古丈县"三区计划"项目，在古丈县翁草村农村社工站中参与农村社区治理、村庄基础设施建设、生态养殖合作社帮扶以及村中"三留人员"服务等工作，与项目团队链接资源，为村里链接"无线乡村"计划和"照亮乡村"计划，与村民们共同协作，一起拉线、建网、安装路灯，解决村里网络和照明问题，使翁草村成为当时湘西州第一个"Wi-Fi"覆盖全村和路灯照亮全村的村庄。

　　在基层社会救助领域，龙仙翠协助民政基层事务工作在低保、五保、残疾人、困境儿童、老年人、临时救助、医疗救助等领域中共服务480余人次。此外，在面对关爱留守儿童、优抚对象、老弱病残、贫困户等各类民政领域社工服务工作中，龙仙翠以服务群体需求为导向，累计上门探访3300次、开展重点个案12个，对社会救助对象开展照料护理、康复训练、社会融入、能力提升、资源链接等深度服务工作。

　　在农村留守儿童关爱保护领域，龙仙翠针对古丈县232位事实无人抚养儿童、2030位农村留守儿童开发了农村留守儿童关爱保护服务"禾趣计划"乡村夏令营项目品牌服务。龙仙翠依托社工站、学校、儿童之家，开展儿童安全教育、抗逆力培养、人际交往、心理疏导、苗族文化传承、暑期学业辅导等关爱服务，累计在湖南省湘西州古丈县多个村居累计开展20余场公益夏令营服务，现在服务已经覆盖到了古丈县92％的村居。社工服务得到了孩子们的喜爱，每期活动孩子们都积极报名，家长们也非常欢迎。在2022年9月，"禾趣计划"农村留守儿童关爱保护服务被《中国社会工作》报道；2023年3月，"禾趣计划"还被评为古丈县新时代文明实践优秀志愿服务项目。同时项目链接的古丈县团县委"圆梦工程"——助力青少年阳光成长项目，获17个申报区县市的"示范团队称号"。

　　在城乡社区建设领域，龙仙翠积极参与古丈县基层治理，通过实施"五社联动"，以"人民为中心"、以党建为引领、以社区为基础平台，以社工站和社会组织为载体，发挥社区工作者、社工人才、社会志愿者三支队伍作用，探索"五社联动"机制，形成

"一平台双载体三队伍"基层治理新模式。开展专业社工培训 21 场，督导服务 46 次，打造示范村居社工室 2 个，整合多方资源搭建服务体系，助力基层社会治理。同时在古丈县"儿童之家"建设工作中，完成 36 个村居儿童之家的建设，在古丈县古丈坪社区、栖凤湖村等为村社区居民开展"社区青春行动"重阳节、中秋节等文娱服务活动，服务时间累计 1000 余小时。

龙仙翠在古丈县残疾人居家托养服务工作中，开展"手心视界"助残服务，为县域辖区 100 名残疾服务对象提供心理咨询、康复、安全教育、卫生保洁等助残服务。她积极帮助服务对象做能力建设，落实党委政策，为服务对象送去党和政府的关怀，三年服务次数累计 2000 余次，专业服务时间累计 3000 余小时。

2020—2021 年的疫情防控工作中，龙仙翠与团队伙伴积极参与一线防疫志愿服务，联系防疫物资，同时跟古丈县民政局领导们一起将防疫物资送至一线抗疫工作人员手中。2021 年，龙仙翠通过入户走访、宣传、电话核对、核酸检测样本收集、检测数据录入、采买代购等累计服务 13800 余人次，联动志愿者 172 人次，为防疫工作奉献社工力量。

2022 年 9 月，她被《中国社会》专题采访，其事迹在《中国社会报》等多个媒体平台上报道；2023 年 3 月，在全省优秀社会工作者评选中，她被湖南省民政厅评为湖南省"优秀社工"，并被邀请为湖南省社会工作高质量发展论坛的分享嘉宾。

龙仙翠说，通过这几年的返乡服务，她在基层社工站体会到了专业的价值感和成就感。她们的社工服务也慢慢获得了服务对象、乡镇政府、民政局的认可，她和团队将不忘初心、牢记使命，继续以人民为中心，以社工站为平台，为乡村振兴和中国式现代化建设贡献一份社工力量。

愿为微光　坚守初心

——吉首大学张晓敏

张晓敏，汉族，本科文化，中共党员。2014 年 7 月，她响应团中央发出的大学生志愿服务西部号召，成为西部计划西藏专项志愿者，2016 年 1 月，考取西藏公务员，2018 年 12 月，自愿申请到村担任第一书记，现任曲松县堆随乡人民政府副乡长。她爱岗敬业，始终如一，凭着对志愿者服务工作的坚守和坚持，扎根西藏，勇毅前行，甘于用微光照亮他人，默默奋斗在西部基层一线，用行动坚守初心，用真情浇筑梦想，她的事迹曾被中国青年网、西藏电视台、《浏阳日报》等多个媒体平台宣传报道。

一、热心公益，微善传大爱

进藏以来，张晓敏坚持周末下乡走访，了解当地群众的所想所需所盼。2015 年至今，她积极与院校和红十字会联系，争取项目资金，为当地贫困中小学发放保温杯、冲锋衣、运动鞋等价值 100 余万元的爱心物资，2016 年 7 月，邀请中央财经大学支教团走进曲松县中学开展为期半个月的公益支教活动。

张晓敏募集到来自全国各地的爱心包裹 3000 多个。这些物资的接收统计、分类反馈、运送分发，都是她利用业余时间一件件发放到曲松县每一个乡镇。这些事情虽然琐碎、辛苦，但对她来说却也充满着快乐与幸福，充实着她的生活。

二、扶贫助困，真情暖人心

随着爱心行动的深入开展，张晓敏积极寻求社会帮助，以执着和坚定的信念感动着他人。她曾发动 17 名爱心人士以每月发放 200 元助学金的形式资助贫困学生 15 名，受助范围涵盖曲松县 5 个乡镇，累计发放爱心助学金 7 万余元。她积极与母校沟通联系，从 2014 年至今，母校吉首大学每年定期开展校园爱心义卖活动，所得款项全部用于西藏曲松县贫困学生。

张晓敏关爱弱势群体，曲松福利院、贫困家庭、周边学校以及偏远乡村处处留下了她访贫问苦的身影。她自掏腰包租车为福利院老人送去过冬衣物、为卧病老人及脑瘫女孩网购数千元物资；徒步翻越两座崎岖陡峭的高山，只为特困家庭受助学生能穿上过年的新衣；了解到下江乡有 4 位残障村民生活困难，她从自己微薄的志愿者补贴中拿出 1600 元，以尽绵薄之力。

三、助力振兴，智行显身手

2019 年年底，半年多没轮休过一天的张晓敏主动请缨、以身作则、团结带领下洛村党员、双联户长第一时间投入疫情防控工作中。防疫期间，下洛村村民白玛曲宗突发意外送进重症监护室，高昂的医疗费用使本不富裕的家庭雪上加霜。她带头拿出 1000 元并发动全村党员、群众为其捐款，几天时间，全村累计捐款达 17 万余元，解决了患者的燃眉之急，有效防止了其因疫因病返贫致贫。湖北疫情暴发，她组织开展"感党恩"教育活动，号召党员群众自愿为湖北抗疫捐赠，自己又一次捐款 1000 元，两天时间共募捐 25250 元。

堆随乡曾是深度贫困乡，乡村脱贫之后如何防返贫是张晓敏最担心的问题，她结合堆随乡的实际情况，精准开展就业帮扶工作。2021 年，她牵线搭桥想方设法让年轻大学生走出西藏，来到湖北省务工，年收入均达十几万元，实现援藏区外就业家庭年收入创新高。在下洛村，她积极衔接电影摄制组，鼓励群众就近务工当群演，促进群众多元化增收，带动群众 310 余人次，增收 64000 余元。为推动农村产业深度融合，培育新产业新业态，她积极对接蜜蜂养殖企业，高原成熟蜜试点项目成功落地。

四、勇挑重担，乡村焕新颜

自 2019 年担任曲松县曲松镇下洛村第一书记以来，张晓敏与驻村工作队队长和村"两委"群策群力，废弃的村部被她巧手改造成"爱心小屋"和便民服务站，爱心包裹通过她之手一一分发到了需要帮助的群众手中，村民们亲切地将"爱心小屋"称作"全村人的衣柜"。部分村民不懂汉语，于是工作之余她变身为义务"销售员"和"代购员"，代销了 9 万余元的药材，帮助 70 多位群众代购了约 5 万元的生活用品。为了在下洛村培育良好家风、淳朴民风、文明村风，她创立了党员群众志愿服务积分兑换超市，每一件"好人好事"都可以兑换小物品。她又协助乡党委、政府在各村成立了垃圾积分兑换超市，小积分汇聚"大动能"，人居环境大改善，如今的堆随乡的"颜值"和"气质"不可同日而语，正焕发出勃勃生机，成为村民的幸福家园。

作为一名基层干部，她愿为萤火，予人微光；她把初心写在行动上，把使命落在岗位上；她是当地人民群众心中的好干部，更是无数困难群众心目中的好闺女。

广东省

用爱与信仰为青春导航

——华南师范大学教师何雪梅

何雪梅围绕"培养什么人、怎样培养人、为谁培养人"这一根本问题，坚守就业工作一线，先后带了 10 个年级。她用心用情用大爱，引导高校毕业生赴基层就业，引领大学生将个人理想自觉融入国家发展伟业，培养了一大批扎根边疆、返乡支教、应征入伍、自主创业的优秀毕业生，中央电视台等多家媒体对其进行了采访报道，个人先后获评全国高校辅导员年度人物、广东省普通高校毕业生就业创业工作典型经验个人、中共广东省委教育工委优秀党务工作者、全国首届十佳辅导员博客、学校就业工作征兵工作先进个人等。

一、扎根基层：从"三尺讲台"到"田间地头"，让信仰的种子生根发芽

何雪梅乐于与大学生谈理想与信仰，将家国情怀贯穿日常工作。她坚持党建引领，立足学科特点，发挥师范优势，打造红色实践、社会实践、专业实践"三结合"的课程思政模式，连续七年组织党团员赴革命老区开展红色宣讲活动，带着广大学生走进基层、读懂中国，将就业指导前置到低年级，从校园延伸到了火车车厢、田间地头、街道社区、乡村舞台。无论是扎根中国大地的野外考察、聚焦乡村振兴的专业实践，还是助力防疫抗疫的志愿服务，何雪梅始终和学生们在一起，在广阔天地的"行走课堂"中讲好中国故事，引领广大青年切实感知中国特色社会主义的巨大进步和卓越成就，自觉做中国特色社会主义的坚定信仰者和忠实实践者。多名学生报考西部计划、支教团、三支一扶及应征入伍，涌现了一大批立志把服务祖国作为最高追求的优秀青年代表；其所在学院毕业生参军入伍和基层就业的人数均在学校名列前茅，其中 2022 届毕业生入选西部计划人数占学校入选人数的 45%。

二、倾情守护：从"仪式感"到"使命感"，让民族团结之花绚烂绽放

何雪梅全身心投入工作，陪伴留校生在学校过春节、利用假期远赴新疆家访、在基层实践中和学生们同吃同住、深入宿舍指导毕业生求职择业，细致了解学生个体，急学生所急、想学生所想，将平凡工作做到学生心坎上，被学生们称为"何妈"。2011年，何雪梅迎来了首批新疆籍民族学生，自此开始民族学生就业指导工作。面对全校人数最多的民族学生群体，她发起"追梦地理人"民族团结教育工作坊、民族生"石榴籽"返乡宣讲团，引领学生用地理视角读懂中国，带着广大学生在一场场富有仪式感的活动中迸发强烈的报国之志，铸牢中华民族共同体意识。她所带民族生 95% 以上回到

新疆和西藏从教，为促进边疆民族地区教育事业的发展贡献青春力量。

三、三全育人：从"屏对屏"到"心连心"，让青春的力量蓬勃向上

何雪梅注重调动全员支持和参与就业工作的积极性和主动性，打造了团结有力的班主任和本科生导师队伍，推动了就业工作的高质量发展；坚持每年邀请数十家中小企业到学院开专场招聘会暨生涯认知博览会，专设学院"基层就业服务奖"，开创"经纬故事会"邀请基层就业校友开讲。面对"00后"大学生的新学情、新特点，何雪梅在党和国家工作大局中找准就业工作的切入点、发力点、创新点，从"愿不愿意听、爱不爱听、听不听得进去"三方面入手，用青春方式深化教育的可感受性。从博客到微博、从微博到微信、从公众号到视频号，何雪梅多年来一直深耕网络思政，不断推出投身基层的优秀毕业生事迹，引导学生了解乡村振兴蕴含的发展机遇，树立"行行可建功、处处能立业、劳动最光荣"的科学就业观。她用四百多篇原创网文、观看量逾 20 万次的短视频赋予互联网更多的温度、深度和正能量，原创视频点击量最高达 3.1 万人次。在疫情最为严峻的时候，她发起了"特别毕业课"地理思政云课堂，将地理课讲成"人生课"，将毕业教育巧妙融入专业课堂和网络思政中，使知识传授与价值引领同频共振，被毕业生称为"最难忘的最后一课"。

毕业生小陈在邮件中真切地表达了感恩之情："支教的三年里，梦见你的次数大于毕业后遇见你的次数。"学生的褒奖源于何雪梅对学生深沉长远而又细腻睿智的爱——坚守一线、眺望远方，竭尽全力引领学生实现人生价值，用生命影响生命。何雪梅说："作为高校思想政治教育工作者，带好每一个学生意味着为地方发展输送人才、为祖国建设贡献力量；引领学生在服务祖国中实现人生价值，在成就学生中成就自己，正是我努力的方向。"

不忘初心　努力前行
专注就业创业工作二十载

——华南农业大学教师曾璇

曾璇，华南农业大学就业指导中心副主任（创新创业学院副院长），专注从事大学生就业创业工作 20 余年。曾璇深入实施基层就业"八个一"方案，基层就业创业、选调生、援藏援疆、三支一扶人数连续 5 年全省第一，3 名毕业生获国家表彰；毕业生就业率及满意度全省前五，精心组织宏志助航计划，累计培训学员 1000 余名。学校被评为全国毕业生就业、创业典型经验高校，首批高校职业生涯咨询特色工作室立项，首批全国高校毕业生就业能力培训基地，首批国家级创新创业学院建设单位。曾璇不忘初心，踔厉奉献，在就业创业领域精耕细作，学校毕业生最终就业率连续稳居 90％ 以上；在引导毕业生基层就业和精准帮扶方面孜孜不倦，为乡村振兴输送了一批又一批生力军。

一、坚持思想引领，深入实施基层就业"八个一"方案

曾璇坚持思想引领，践行就业育人理念，引导学生自觉地将职业理想与国家的前途命运结合在一起，立志做担当民族复兴重任的时代新人。近年来，她通过开展年度"最美基层就业创业人物"评选表彰、出版基层就业创业典型案例集、举办"微笑在基层"短视频大赛、举办基层就业主题班会、进行基层就业意向收集、走访基层工作校友、举行基层就业创业现场答疑、举办基层就业专题招聘会等举措，大力引导和鼓励毕业生到基层就业创业。据统计，华南农业大学报考广东省 2023 年度选调优秀大学毕业生专项 1318 人，报考其他省份选调生近 700 人，基层就业引导工作成效显著。

二、重视生涯发展，指导学生职业规划获奖硕果累累

曾璇在深耕就业工作中，深知就业全过程育人的重要性，坚持以生涯发展教育理念注入就业服务中。2004 年 9 月，曾璇担任华南农业大学就业指导中心主任科员。作为大学生就业指导和服务的一线工作者，率先开设就业指导课程，曾璇为大学生提供就业指导累计超过 5000 人次，曾连续四年指导学生参加广东省大学生职业生涯规划大赛获得一等奖。2021 年，曾璇担任校就业指导中心副主任，华南农业大学成为首批教育部全国高校毕业生就业能力培训基地，通过精心组织"宏志助航"计划，累计培训学员 1000 余名。曾璇用心组建的学校职业生涯咨询工作室，获评 2021 年高校职业生涯咨询特色工作室立项项目。

三、加强课程建设，专业指导助力学生基层就业

2009 年，曾璇担任校就业创业教育教研室主任，深度参与学校职业规划课程的开发，并牵头组建了学校的就业指导师资队伍。2009 年，华南农业大学开设就业创业必修课，累计开展培训 100 余场，团体辅导及个体咨询 5000 余人，获全国就业创业金课 1 门，广东就业创业特色示范课 2 门，主编参编教材 12 部，发表论文 30 余篇。曾璇还坚持以文化人、以文育人，多渠道持续性宣传扎根基层人物的先进事迹。2022 年，全校征集"最美基层就业创业人物"事迹和"微笑在基层"短视频作品 124 个，并开展评选宣传活动；选树朋辈典型，收集 42 个就业创业典型案例；遴选典型基层人物，3 名毕业生入选广东省第五届"闪亮的日子——青春该有的模样"大学生就业创业人物事迹。

四、创业带动就业，引导学生专创融合服务乡村振兴

2015 年，曾璇担任校创新创业学院副院长，累计指导学生参加中国国际"互联网＋"大学生创新创业大赛获得全国金奖 2 项、银奖 4 项、铜奖 6 项。2022 年，学校成为首批国家级创新创业学院建设单位。学校先后建设近 2 万平方米的校内孵化平台，共有 300 多个团队进驻孵化，其中 100 多个团队已经注册公司，已经培养出产值过亿和估值过十亿的学生创新型企业。曾璇通过大力培育学生投身创新创业，提升学生的创新思维、创业能力和综合素质，从而使学生不断提高就业竞争力。近年来，曾璇培育了"牧豆人""趣乡村""雨蔬农业""无人农场"等现代农业创业项目，这些项目先后获得了中国国际"互联网＋"创新创业大赛全国赛奖项，不仅为农林院校学生创造了就业岗位，还为农林院校学生投身基层就业和乡村振兴树立了良好的示范作用。

奋斗无悔　扎根在
高海拔边境牧场的广东姑娘

——广东外语外贸大学邵书琴

邵书琴，中共党员，1991 年 6 月生，广东乐昌人。2013 年毕业于广东外语外贸大学国际商务英语学院，同年参加大学生志愿服务西部计划，服务于新疆生产建设兵团第三师托云牧场，从事基层社会管理工作。服务期满后，她主动申请继续留在托云牧场工作。

一、到祖国最需要的地方去

2013 年 4 月，即将大学毕业的邵书琴偶然间在学校的宣传栏里看到一张海报，"到西部去，到基层去，到祖国最需要的地方去"，这句话牢牢抓住了她的眼球。当时，邵书琴已经得到去一家外资企业工作的机会，但她还是毅然奔赴新疆。

"我并不知道托云牧场在哪，是什么样子。在网络上查了之后才知道，它地处民族边境地区、边疆地区，自然条件恶劣。我想，既然来了，就要到祖国最需要我的地方去。"在她的坚持下，组织同意了她到托云牧场服务的申请。

牧场党委副书记来喀什见到这个看似弱不禁风的南方小姑娘时，半开玩笑地说："小姑娘啊，你可做好心理准备，我们牧场不比你们广东大城市，条件有限。你再好好想想，可别到地方了再打退堂鼓啊。"她想也没想地说："志愿者没有当逃兵的。"

二、志愿者没有当逃兵的

尽管有充足的心理准备，但当年牧场的艰苦程度仍令邵书琴"难以想象"。放眼望去，四周都是寂静的荒山戈壁。来到牧场，邵书琴发现，这里完全不是她脑海中"风吹草低见牛羊"的样子。"那时，牧场没有商店和饭馆，甚至买菜都要到 6 公里外的地方。牧场没有建广场，连路灯都没有，到了晚上外面黑漆漆的。牧场到喀什没有直达线路车，很难与其他单位的志愿者见面，后来从广东同来的伙伴陆续换岗、服务期满离岗，就剩我一个人了。"邵书琴说。

邵书琴学的是国际商务英语专业，看似在这里没有用武之地，但突出的写作能力、口头表达能力和组织协调能力，让她很快胜任了工会业务工作、纪委办公室工作。工作之余，她还为牧场学校的孩子们上"梦想公开课"，组织在喀什城区服务的 10 余名志愿者，为孩子们开起了周六周日"第二课堂"，每人固定为 5～6 名农牧民家庭的孩子作语文数学作业辅导、才艺爱好兴趣培养、心理关爱与梦想启发……

三、扎根西部发挥青春光热

2014 年 8 月，服务期满后，邵书琴选择了留场工作。回顾在基层成长的岁月，她和牧场一起经历了很多的"第一次"。担任社区党支部副书记期间，她认定牧场毗邻两个口岸的优势，想带动当地职工、青年销售边贸特色商品，看准牧场柯尔克孜羊绿色的独特品牌价值，想尝试发展电商，为牧民打开牛羊肉销路。但电商要做起来，营销文案、屠宰分割包装、物流寄送、平台建设都需要钱，更需要人，谁又愿意跟着她一起冒险呢？她大胆向场党委请缨，在场党委的大力支持下，她牵头运营起当地第一个青年创业就业电子商务孵化基地。基地建起来了，她又主动发展广东的亲朋好友为第一批客户，将价格适中、适合大众口味的格鲁吉亚红酒、吉尔吉斯白蜂蜜打造为热

销产品，将牛羊肉做成了"限量版"礼盒装……在本职工作之外做这些，她是个兼职不取酬的客服、文案、快递员，为了留住客源，更为了守住口碑，她总是要跟着职工一起去发货，反复叮嘱包装标准化。这个"冲动"的第一次，让她这个年轻的社区副书记因为"真心、实干、能成事"得到了社区职工的认同。

有了这个基础，邵书琴又有了后来的许多"第一次"，第一次带着职工种蔬菜大棚，第一次说服妇女在家门口集体当起"绣娘"……她也有了居民对她的爱称"小小书记""笑笑书记"……

邵书琴连年被当地党委评为"先进工作者""三八红旗手""爱岗敬业女干部""民族团结先进个人"。2014 年被评为"第三师图木舒克市优秀志愿者""新疆生产建设兵团优秀志愿者"，2016 年获得第十一届中国青年志愿者优秀个人奖、"全国最美志愿者"称号，2018 年获得第二十二届中国青年五四奖章，2019 年获得"全国最美基层高校毕业生"提名奖。

留在边疆的邵书琴骄傲地当起了一名西部计划宣讲员，当起了兵团故事的书写者和讲述者。这个拥有"一批铁粉"的广东女孩说："越来越多的青年人愿意来到兵团、奉献兵团，他们'粉'的不是我，是新疆、兵团发展的大好机遇和他们实现人生价值的更大舞台。我相信西部的明天会越来越好！"

扎根边疆　奉献无悔青春

——东莞理工学院王真

十年时光对于王真的职业生涯来说，是他扎根基层打击犯罪、服务人民，百经磨砺与青春飞扬的十年。

王真，新疆哈密市人，中共党员，2009—2013 年就读于东莞理工学院工商管理专业，在校期间曾担任 09 级工商管理 2 班班长，2009 级年级长，心理健康教育与咨询中心朋辈心理辅导员、讲师等学生职务，毕业后通过国家公务员考试入职乌鲁木齐铁路公安局。

一、情系桑梓，学成返疆

大学期间，王真利用寒暑假参与社会实践和调查工作，特别是在参与东莞市慈善捐赠现状调查以及对企业微博营销策略探讨方面的实践，让他看到了大西北的家乡与东莞的差距，也让他对未来的工作方向有了更多的思考：抓住一切可以学习实践的机会，增长学识，学有所成后回到新疆，趁青春还在，投身到家乡的建设中去。

有了回疆工作的想法之后，王真一方面积极备考国家公务员，一方面结合本专业学习方向和时下热门，注册了微博，研究企业微博的同时帮着家乡的网友寻人寻物、爱心募捐、加入公益团队等，慢慢地，王真成了网友们口中的"密哥"，"有困难找密哥"成了粉丝们的口头禅。因为用心维护，他的微博账号粉丝很快就过了万，他也成了哈密微博界的"大 V"。2013 年，王真考进乌鲁木齐铁路公安局，他的梦想也照进了现实。

二、初入警队，校训铭心

初入公安队伍，王真被分配到吐鲁番站派出所工作，在先后参与了几起刑事案件的侦办后，王真发现群众看公安，关键看破案。2014 年，哈密铁路公安处刑警支队成立情报研判室，因在派出所工作出色，组织安排王真负责此项工作。开创新领域，这让他既兴奋又倍感压力，工作中常以大学校训"学而知不足"来鞭策自己，几乎投入了全部的精力去学习研究。

为了能拓展思路、提高水平，王真想尽办法向单位里的专家能手请教，并且把学到的点点滴滴记录在笔记本上，这样的小本子他整整记满了 12 本。2014 年至 2019 年，在王真和同事们的共同努力下，哈密铁路公安处通过研判预警累计查获各类毒品 2200余克，抓获网上在逃嫌疑人 100 余名。

三、危险常伴，战功赫赫

如果说情报研判是打击犯罪的幕后一环，那么侦查破案就是直面犯罪挥剑斩魔。2019 年，王真再次转到一线的侦查破案岗位。他参与侦破过案值过百万元的系列盗窃案，破获过跨国拐卖妇女儿童案等，而让他最难忘的是参与侦破一起特大盗窃倒卖文物专案。

那是 2020 年 3 月 29 日，吐哈车站派出所民警在车站查缉中查获了数件"古楼兰"玉器、石器、青铜器等文物，公安局立即成立专案组开展侦查。随着侦查的深入，当年 5 月下旬，王真和其他 4 名侦查员受命押解 3 名嫌疑人进入盗窃现场开展取证工作。

他们驾驶着 3 辆经改装的越野车奔赴沙漠。刚到腹地边缘，罗布泊就给他们来了个下马威，盐壳地面犹如一片片刀片，他们开着车揪着心如履薄冰刚走出去，还没来得及松口气，就发现 GPS 定位系统怎么也测不出位置，卫星电话也时断时续。他们兜兜转转了几小时才找到方向。走进沙漠腹地，又是如沼泽般的流沙，车一开动就陷了下去，民警们只好铁锹挖、人力推，可刚推出来一截就又陷下去了，最终在沙海里报废了一辆车，另两辆车也故障频出。王真和同事们决定丢弃其他物资，只带着馕、水、汽油等必要物资，8 个人在两辆车上挤了又挤，才勉强开行。

沙漠里更可怕的是沙尘暴，有时一天能遭遇三四次，漫天的沙尘下能见度不足 1 米，他们只能停车等待，为了节约油料，也不能开空调，高温天气车里根本待不住，就下车躲在车轮旁避风。他们历时 7 天，最终在专案组的共同努力下，破获了新疆近 20 年来最大的盗窃、倒卖"古楼兰"遗址文物犯罪案件，打掉犯罪团伙 3 个，抓获涉案人员 66 名，追缴疑似文物 5000 余件，其中二级文物 17 件、三级文物 230 件。

四、使命光荣，不负青春

从罗布泊回来后，有人问王真："现在回想后怕吗?"王真说："虽然很可怕，但是我觉得刑警使命更光荣。"王真正是凭借对家乡和公安事业的热爱和执着，一路从基层走来，用实际行动践行初心使命，用他的赤诚让警徽闪闪发光，让他的青春在从警之路上熠熠生辉。

从警以来，因为工作成绩突出，王真先后荣立个人三等功 6 次、获得个人嘉奖 1 次，2022 年 5 月被公安部评为全国优秀人民警察。

从暨南园走出的"花仙子"

——暨南大学梁安莉

梁安莉，1991 年在香港出生，15 岁到美国求学。求学期间，梁安莉结识了许多来自内地的优秀青年，了解到内地日新月异的发展，对祖国的向往日益浓烈。2014 年大学毕业后，梁安莉选择回到国内发展，入读暨南大学管理学院会计学系，在学习生活中培养了对国家的深厚情谊。2016 年硕士毕业后，这个来自香港的"90 后"女孩扎根祖国大地，用 5 年时间在"贵州屋脊"种下花海，让梦想之花在大山深处绽放。

一、精准扶贫，"花种"播撒云贵高原

2017 年，梁安莉第一次踏上贵州省赫章县韭菜坪，她对这里一见钟情——百里花海、绵延山脉、崭新公路，"像是世外桃源一样的宝藏地"。赫章县地处乌蒙山，是全国深度贫困县之一，长期以来，许多人只能靠外出务工赚钱。"这里风景美、自然资源丰富，人们却因贫困而无法享受这种美，太可惜了。"梁安莉决定组建团队，加入中国东西部扶贫协作的帮扶队伍中，把个人发展创业融入国家发展战略。通过广东省第一扶贫协作工作组组长介绍，梁安莉和她的团队进一步了解了与脱贫攻坚有关的政策。在组长的盛情邀请下，梁安莉创建了港华公司，和她的团队一起，开始对赫章县进行对口帮扶。

为了确定产业方向，在广东省第一扶贫协作组干部陪同下，梁安莉和她的团队走过了赫章十几个乡（镇）。看到松林坡乡千年杜鹃和其他乡镇一片片长势喜人的万寿菊、薰衣草，回想到韭菜坪数十万亩野生韭菜，让梁安莉嗅到了商机，"有了花香就有了希望"，她将目光聚焦在花卉产业上，决心把发展花卉产业作为突破点。

二、共奔小康，"花根"扎牢赫章沃土

为了找到合适的种植基地，梁安莉邀请花卉专家团队一起走访，测试土壤，分析气候、降水、温差等因素；与乡镇接触，了解乡情、民情和劳动力资源等情况。经过一年的探寻，她最终将育苗和种植基地分别选定在赫章县的铁匠乡和兴发乡。2018 年5 月，港华公司与赫章县签订了投资协议，正式开启了"贵州屋脊"上的芳香产业扶贫计划——通过投资建设云海花田田园综合体和花卉育种育苗种植基地，带动当地贫困户脱贫致富。梁安莉和她的团队风雨兼程，从改变群众种植观念、培训群众种植技巧，到引导群众接受公司化管理，把当地的农民逐渐培养为鲜花产业种植工人，其中周巧和侯艳子等人已成长为基地管理人员，还带动家人到基地务工实现稳定脱贫；从改善

大棚种植条件、晾晒车间建设、冷库建设，到种植花卉的品种遴选、优化种植设施和种植品种，在中科院昆明研究所专家支持下，将初期种植的30多个菊花品种优化为更具有经济价值的薰衣草、芝樱、针叶天蓝绣球等新品种，基地的发展迈开了步子。

扶贫基础打下了，怎样让老百姓真正享受到家乡的美？这是梁安莉一直琢磨的问题。能"造血"、可持续的产业特别关键。梁安莉认为，发展花卉产业不能"靠天吃饭"，必须丰富花卉产品，做强深加工环节，延长产业链，才能增强扶贫产业的"造血"和抗风险能力。

她认为粤港澳大湾区对外开放、接轨国际的优势很明显，一方面，在贵州的鲜花种出来后，依托广州公司的渠道牵线搭桥，对接更多国外客户；另一方面，广州团队对全球花卉产业和芳香产品市场的关注更敏锐，为贵州基地引进和培育新品种、产品开发提供了许多前沿的信息，有助更精准开发产品。由此她把产品研发和市场开发的对接着眼于大湾区，着力打造"广东研发、广东市场＋赫章种植、赫章基地"的模式。

三、乡村振兴，"花香"飘溢祖国大地

2020年，梁安莉克服疫情影响，结合市场需求，大胆引进种植安娜贝拉绣球，并推进永生花花材项目，将种植的安娜贝拉绣球成功对接出口；同时逆势而上，增加投资薰衣草精油提炼设备，与专家团队成功研制纯天然车载香薰和家居香薰、精油等产品，还获邀参加广州博览会，在广州馆设置专柜展示了永生花、香薰、精油、花茶等产品，展位吸引了众多商家；公司的香薰产品也成功进入广州某知名车企采购名录，芳香产业发展迈上新台阶。

梁安莉带领港华公司在赫章县铁匠乡、兴发乡创建的两个基地共带动农户稳定就业80多人，约2475名普通农户参与阶段性种植，利益联结覆盖脱贫户796户3937人，务工人次达8.33万人次，共带动农户增收1347.26万元。

2022年5月，在广州市委办公厅、广州市国资委的引荐下，梁安莉带领港华公司以贵州赫章产业帮扶经验为基础，在广东省清远市投资建立香水柠檬种植基地，引进东南亚香水柠檬品种进行育种育苗和种植试验。未来将逐渐扩大种植面积，用实际行动以"联农带农"方式让村集体合作社和当地种植大户参与香水柠檬产业，共同助力乡村振兴和高质量发展。

梁安莉在参与乡村振兴过程中，体悟到作为一名中国青年的新时代担当，她在采访中深深地表达出对祖国强烈的认同感，她希望能够通过自身经历影响更多的香港青年加入，为祖国贡献青春力量。

渭河滩上的小白杨

——华南理工大学秦忠山

"我愿做新时代的白杨，扎根在渭河滩上，和大家一起为群众谋事创业，为百姓遮风挡雨，守护一方平安。"下庙镇镇长秦忠山在全镇干部大会上如是说。

2018年1月，华南理工大学博士毕业生秦忠山，毅然选调陕西华州区基层。工作满三年后，他主动下沉到乡镇"蹲苗"淬炼："我是个农村娃，回到农村为乡亲们干点实事，既是我的心愿也是我的本分。"秦忠山持续奋战在脱贫攻坚和乡村振兴最前沿，用实际行动践行着自己的初心。

一、勇挑重担，从工程师到"攻城狮"

他报到伊始，正赶上华州区筹备"纪念渭华起义90周年"活动。秦忠山牵头负责渭华起义教育基地提升改造项目，基地改造任务重、时间紧，涉及部门多，认真梳理施工任务后，他将整个项目划分为五大区块，88个细分工段，明确目标责任，落实施工主体，签订军令状。他根据工地现场实际情况，绘制节点施工进度横道图，要求各施工队严格按照节点进度倒排工期，日清日结。

紧邻教育基地的南北湖贯穿工程，原设计采用顶管施工，人工开挖，时间长、费用高。为缩短工期，他会同设计方、施工方和交通管理部门现场协商，将原管涵顶进方案调整为机械明挖施工，原计划20余天的工期优化为一夜完成，施工费用也只有原方案的20%。历经两个多月的日夜奋战，工程终于按时保质完工，纪念活动也如期顺利举办。

秦忠山还相继主持了310国道绿化提升工程、高塘镇"全国红色旅游经典景区"等重点建设项目，他高效务实、吃苦耐劳的工作作风得到区委的高度评价，并连续两年被渭南市委组织部评选为"基层优秀公务员"。在年轻干部交流座谈会上，他朴实地总结说："工作经验的积累没有捷径可走，只有在急难险重中磨炼意志，在摸爬滚打中增长才干，才是年轻干部成长成才的唯一途径。"

二、为民谋利，从农村来到农村去

为了深入基层深入群众，秦忠山主动要求到乡镇"蹲苗"淬炼，推门入户解决群众的急难愁盼问题，田间地头带领群众干实事谋发展。社区的刘雪妮曾经是贫困户，靠种植白草莓脱贫致富，但是每到大量草莓上市，价格开始一路走低，虽然销量很大，效益却不高。秦忠山多次走访调研，动员她将8个草莓棚改为育苗棚，草莓苗在7、8

月份就可以提供给周边农户，既延伸了草莓产业链，也带动周边农户共同增收致富。

清水莲菜项目是柿村重要的脱贫产业，为把百亩莲菜池变成老百姓的致富池，秦忠山带领村干部，脱掉鞋袜，卷起裤腿，走下荷塘，逐个检查池壁的施工质量和池底的防渗保水效果。从"攻城狮"到基层干部，虽然满身泥泞，他却乐在其中："我们做群众工作不能只满足他们眼前的利益，更要培育他们发展的潜力。只有把群众的利益放到心坎里，才能得到群众的拥护。"

疫情期间，秦忠山带领党员干部下沉社区，带头站岗执勤，测量体温、喷洒消毒、严格登记信息，成为有名的"硬核门卫"。从奋战脱贫攻坚到坚守疫情防控，从带领群众摆脱贫困到保护群众生命安全，他始终战斗在最前沿，个人事迹也多次被《陕西日报》《陕西先锋》等报道，并被教育部评为"全国大学生基层就业创业人物"。

三、扎根基层，改善民生践行初心

"上面千根线，下面一根针"，这根针指的就是乡镇工作。乡镇是距离群众最近的地方，也是矛盾困难最集中的地方。东下防汛路是下庙镇到县城的一条主干路，从 2019 年开始改造加宽，但因资金拨付和土地协调等问题，迟迟不能竣工通车，严重影响群众出行安全。秦忠山主动担当作为，把整条路一分为二，将已完成土地批复的 3.3 千米列为一期工程，和施工单位协商后继续开工建设；而未完成土地批复的 2.4 千米列为二期工程，暂不动工，待条件成熟后再行施工。经过半年的征地拆迁、施工建设，在当年 9 月一期工程终于顺利通车了，老百姓去县城再也不用绕路了。

渔池村二组宅基片区，由于没有科学的污水排水系统，巷道内长年污水横流。每逢大雨，村民宅院都会被积水倒灌，严重影响正常生产生活。村民担心排水、排污管道铺设会影响自家饮水管道和房屋安全，导致改造工程一直难以开展。为此，秦忠山逐门逐户走访调研，和群众推心置腹谈得失，在村部召开村民座谈会，详细介绍工程技术方案，确保饮水管道和房屋安全不会受到影响，消除了群众的顾虑，排污工程也顺利打开了局面。

历经基层的繁杂细碎，伴随群众的家长里短，秦忠山切身体会到：乡镇工作没有惊天动地事，只有群众的操心事和烦心事，面对矛盾困难，不但要有"狭路相逢勇者胜"的勇气和担当，更要有"实事求是谋发展"的智慧和实招。

青春是用来奋斗的，在奋斗中攻坚克难，在奋斗中追赶超越。肩负组织赋予的岗位重托和百姓的殷切期望，秦忠山和同志们将继续奋战在基层，把维护群众的根本利益作为自己工作的出发点和落脚点，用他们的青春汗水谱写乡村振兴的新篇章。

扎根雪域高原　奉献无悔青春

——广东财经大学黄海芬

黄海芬，广东惠来县人，2017 年从广东财经大学工商管理学院市场营销专业毕业后，参加了林芝专项招收计划，成为了一名乡镇公务员，现任西藏林芝市巴宜区直机关工委副书记。2021 年，习近平总书记赴林芝考察调研。在巴宜区林芝镇嘎拉村，黄海芬作为嘎拉村大学生村官、驻村工作队队员接待了总书记。

一、困难与幸福并存

刚到西藏时，黄海芬面临的最大的困难是如何融入当地，人生地不熟使得各方面的工作难以开展。"就像不能改变天气，但是可以改变自己的心情。"她下定决心通过向身边的领导、同事和群众学习，了解林芝的当地风俗、学习藏语基本用语，一番努力下，困难逐渐化解，她在群众和工作上找到了自己的存在感。

2018 年年底，巴宜区中学原党总支书记索朗朗杰在工作岗位上去世。黄海芬作为新闻采访团的一员，通过实地走访了解到，索朗朗杰与妻子的每月工资基本上都用于资助贫困学生。黄海芬说："通过大家的努力把索朗朗杰的先进事迹传播到基层，让更多的人了解，是一件极具正能量、有着重要意义的事情。"通过自己的努力帮助基层惠民政策落实，如帮群众跑大病医疗、帮学生兑现奖励和资助，把党的惠民政策传递到基层，让群众收到实惠、接受党的温暖和关怀也让她具有幸福感。她认为，这就是基层干部工作的意义所在。

在西藏，黄海芬也收获了诗意的爱情。她与爱人邹济民是分配到巴宜区工作后相识的，她认为二人的相处带有工作搭档的性质，在工作与生活上，二人互相照顾与扶持，他们在雪域高原上，共同为乡村振兴而不懈奋斗着。

二、知行合一，扎根基层

2018 年至 2021 年，黄海芬在巴宜区委组织部跟班学习，主要负责信息网宣工作。在黄海芬的努力下，2019 年巴宜区信息网宣工作取得了林芝市县区第一、自治区县区第三的好成绩。奋斗历程充实并丰富了黄海芬的人生经历，让她深刻感受到了自己存在的意义，工作生活的点滴更让她体会到了民族团结一家亲的深厚情谊。

黄海芬回想起自己初到嘎拉村，群众就送来酥油茶和牛肉饼，当地群众的热情和淳朴让她立刻充满了工作动力。她说："不好好干，对不起群众的支持。民族团结一家亲，这为群众做实事办好事奠定了基石。"

在嘎拉村工作期间，她立足嘎拉村作为旅游村的实际，充分发挥市场营销专业特长，帮助嘎拉村推出了文创产品桃花口罩、规范景区农家乐管理和嘎拉村红色研学主题教育展览馆运营等，获得了群众的一致好评。

三、心里的种子开了花

黄海芬多次提到在学校里她获得的专业知识是最宝贵的财富。大学期间她担任学生党支部委员，除了做好党员发展工作，还协助学院党委组织开展了多项志愿服务活动，不知不觉中她对基层工作也有了更深的了解，这也为她以后去往西藏工作的想法埋下了种子。

当时，工商管理学院副院长刘晓斌教授是黄海芬的班级导师，至今他仍对这个做事认真负责、乐于为集体服务的班长记忆犹新。大一时刘老师要求班上每位同学每周读一本书，并写读书报告，黄海芬每次都认真完成。得知黄海芬毕业选择去西藏时，刘老师特地赶到学校，当面对她的选择表示支持，希望她继续发挥做事认真、沟通能力强的优点，好好为当地群众服务。刘老师表示，培养有责任有担当有能力的学生，一直是学校坚持的信念，而黄海芬就是这个信念最好的体现。

郑冬瑜老师是黄海芬大学时的辅导员，也是黄海芬所在学生党支部的支部书记，郑老师见证了她无论是作为学生党员还是作为学生干部，都能出色地完成各种工作。毕业后，黄海芬每次回广州，都会和郑老师见面小聚，告诉郑老师她在林芝工作、生活的点点滴滴。

李文婷在大学期间与黄海芬在同一个学生党支部。令她印象最深的是大四毕业季，很多党员同学都忙于考研、考公或者准备出国深造，黄海芬也一样在为自己的毕业忙碌着，但她从来没有因为忙碌而疏忽党支部的工作，总是晚上跑回来一个人默默处理党支部的事情。大四即将毕业的时候，党员档案工作处理需要花费很多时间精力，但是黄海芬每次都不辞劳苦，每天实习结束后就立马回到档案室，一丝不苟地处理党员档案。

从学生党员再到基层干部，变化的是身份，不变的是初心。在前进道路上，黄海芬不断地用各种颜料填写自己的空白，但仍不忘组织那一抹鲜艳的红色。中国梦的种子深深地在她的心里扎下了根，最终在西藏破土发芽，成长为一棵能为人民提供荫凉的大树。

七年创业路　圆梦实干家

——广东工业大学车洲

车洲，生于 1991 年 5 月 14 日，共青团员，大学本科，于 2017 年毕业于广东工业大学人力资源管理专业，管理学学士，现任广州小车扬睿生物科技有限公司、甘肃小车百草原生态食材有限公司、青海肾藏草有限公司总经理。在校期间他为解决家乡陇西县药材滞销问题开始创业，曾多次获得创新创业奖项。

车洲，一个贫困药乡走出来的大学生创业者，他始终坚持习近平新时代中国特色社会主义思想，用理论和实践武装自己。他时刻心系故乡常年饱受滞销困扰而致贫的父老乡亲们，一直在想如何帮助家乡解决药材滞销的难题，在学校的帮助下，他成立了团队，尝试将甘肃的优质药材通过电商卖到广东。在经过几年的探索后，他成功打通了销路，帮助家乡药农解决了药材滞销的问题，年收入超百万元。为了帮助更多人脱贫，他还在家乡建立了 4000 亩的生产基地，6 个扶贫车间及 2 个公司化运营的农村合作社，提供了超 1400 个就业岗位，为脱贫攻坚作出了贡献。如今，项目已成功拓展到青海、云南等地。

一、寒门学子志高远，异地求学思故乡

车洲的故乡是陇西县，他从小就是一个懂得分担父母辛苦的好孩子，尽管每天求学走了几公里山路，车洲回家后帮父母晾晒党参条子，天黑后才自己挑灯夜读完成学业任务。功夫不负有心人，车洲在 2013 年以优异成绩考取广东工业大学，成为当时村里为数不多的大学生之一。

2014 年冬天，车洲得知父母因为药材滞销急得团团转，车洲赶回家乡，马上下地帮父母挖药材。车洲在微信朋友圈发了一条关于老家药材滞销的信息："今年家里药材产量不错，品质很好，但是药材价格偏低，辛苦一年的劳动又要付之东流。求大家出主意，打破谷贱伤农这一困境，让我家过一个大好年。"他的求助信息引起了学校师生的关注，大家都替他想办法，帮他宣传销售。滞销的药材马上就被一扫而空，一个扶贫创业的想法也浮现在车洲的脑海中。

二、铁肩道义担责任，凝聚共识做实事

车洲为了实现扶贫创业的想法，集结了一群志同道合的伙伴，在广东工业大学的大力扶持下，成立了团队，并在 2019 年成立了创业团支部，源源不断招纳新人一起投身脱贫致富的时代浪潮中。目前团队拥有成员 30 多人，团队具有彼此互补的专业技能

与知识，知识背景覆盖了企业管理、计算机技术、市场营销等领域，已建立 7 个高校营销团队，运营状况良好。

车洲和他的团队，结合所学理论知识、联系实际，进行了多方面的因素分析，并坚定了要将家乡绿色、天然、无硫的优质药材推向更广阔市场的信念。他了解到广东的饮食文化，中药材年需求量巨大。洞察力敏锐的车洲便开始对广州某中药材批发市场、商店甚至药店进行调查，了解到当地药材市场良莠不齐，甚至有熏过硫磺的药材。车洲静下心来分析，家乡销售模式单一，加上农村的乡亲不懂网络销售，大多是卖给中间药贩子，这种传统的销售模式受到了多方面的限制，一车车优质的好药材往往卖不到好价钱。团队坚信通过"互联网＋农业"，家乡原生态药材一定会有更好的销路，车洲也坚信在国家精准扶贫政策的指引下，家乡父老共同脱贫致富一定会早日实现。

三、致富思源干扶贫，自我造血是关键

在国家精准扶贫政策指引下，车洲团队在甘肃药材生产地建立了自己的公司，与 40 多位家乡父老合作成立农村合作社。公司与甘肃农业大学等高校合作进行种苗升级等技术改造，生产基地亩产量从 230 公斤增长到 300 公斤。解决了产量问题后，车洲与团队通过所学知识，打造多渠道营销策略，除了网店销售，他们还启动"内容营销"，在网上平台进行药材知识科普，提高了药材销量；线下团队链接到千家药企，向其提供优质的药材原料。目前，项目已经提供超 1400 个就业岗位，直接增加当地农民人均收入 8000 元，助农总增收高达 3300 万元，带动 3560 位药农脱贫致富。

但细心的车洲觉得，授人以鱼不如授人以渔，只有摸索出一套可持续发展的中药材扶贫模式才是重中之重。因此团队开始了对新农人培训的实践，通过新农人三步培训通路，从生产、销售、管理三个方面，对不同素质的药农进行分级培训，提高他们自行对抗风险的能力，达到持续自我造血的效果。目前，团队培训药农数达 96 户，种植生产效率提高 60％；参与电商技能培训班的人数共计 56 人，日均发货量 500 件以上，间接提升收入 100 万元；参与管理培训共达 32 人，开设线下讲座 10 余次。这一切都为陇西当地药乡的可持续发展注入了生命力。

四、踏破铁鞋行四处，药食圆梦长征路

车洲说："能力越大，责任越大。祖国的大好河山还有许多像自己家乡一样的药农

深受产地痛点的困扰，我们有能力有责任去将我们的成功经验推广复制到其他地区。"于是团队开始了全国各地的实地考察，发掘了青海虫草、宁夏枸杞、四川理塘土豆、西藏松茸等 11 种药食同源特色产品。在理塘，县农牧农村和科技局专门邀请车洲参与红皮土豆事业，把红皮土豆打造成川藏高原的地域性农产品品牌。不仅如此，车洲团队每到一地开展项目，都会制订专门的教学计划，为当地村民开设管理、电商等专项技能培训，将授人以渔贯彻到底。现在项目已覆盖西北六大省份，并持续扩张中，车洲的药食长征路不会结束，必定将继续走下去，越走越宽，越走越远，让扶贫的希望洒向每一片沃土，脱贫的明天一点点到来！

车洲，一个矢志前行的"逐梦人"，一个担当有为的"信仰者"，一个只争朝夕的"实干家"，为了自己的扶贫事业，他必将紧跟党的指挥，始终保持清醒的头脑，因为他深知荣誉已成过往，未来才是关键，一个又一个挑战和目标在激励着他脚踏实地，继续前行！

敢想敢做　梦在前方

——南方科技大学张至

张至，1995 年生人，是南方科技大学（简称"南科大"）培养的首届教改实验班 45 名学生之一，也是其中唯一一名毕业即创业、进行科技成果转化的学生。2016 年 3 月，张至与材料科学与工程系（简称"材料系"）孙大陟教授共同创办深圳南科新材科技有限公司，致力开发新一代高效表面活性材料与产品，解决医疗、农业等关键行业材料性能升级、国产化等问题，深耕科技创新，打破进口垄断。

2020 年，全国大众创业万众创新活动周（简称"双创周"），曾作为全国 3 个汇报项目之一，唯一科技创业、大学生创业项目代表，张至在启动仪式上向李克强总理汇报创业成果。2020 年，疫情期间，张至带领团队开发医用级防雾产品，解决了医护人员护目镜起雾问题，防雾湿巾作为深圳市科技战疫典型产品捐赠武汉等多地一线单位。近年来个人及团队获得多项荣誉。

张至作为大学生科技创业者，从科研成果转化起步，进行新材料技术的产品化、产业化、商品化工作。公司创办至今，他在实验室作为项目负责人，并带头完成多项技术开发，目前作为发明人已获授权发明专利 15 件，审查阶段发明及 PCT 专利 40 余件。

一、敢闯敢试，开启创业之路

"我们都想把实验室的技术给它走出去，做一些真正能应用的东西……"张至从小学开始就一路跳级，15 岁时，他从高中少年班提前入读南科大，成为南科大第一届学生。大三时选择了化学专业，后来又将研究方向聚焦于新材料，他与材料系从事软物质材料相关的科学研究及产业化工作的孙大陟教授志趣相投，并于 2016 年一起注册成立了深圳市南科新材科技有限公司，致力新材料技术开发、转化与产业化运作。

张至刚进入孙教授实验室时，就展现出对科技成果转化为产品的坚守与热爱。他经常会问老师和师兄：你们做这个有什么用？有些人会说发文章、申请专利。张至会继续问：真正有什么用呢？他们的回答是：确定有什么用之后交给公司来做，或者交给产业上的人来做，实现科技成果产业化。那时候的张至觉得自己做科研、做技术、发文章肯定没有问题，对于整个技术发展也肯定有推动作用。但是，张至更喜欢把技术变成看得见、摸得着的东西。毕业后，当其他同学都选择去国外攻读博士继续做科研时，张至选择创业，不仅仅是做科研，同时将自己做的科研成果产业化。当时还是学生的张至，学着做商业计划书，拿着在现在看来很幼稚的东西找学校领导聊创业规划，得到了校领导的大力支持，也正式开始了他的创业之路。2016 年，张至注册第一家公司，2017 年，与团队开始做一些商业化的运作，并成立了三家产品公司，拿到了1500 多万元的初期资金，2020 年开始有一定销售量，真正实现了将技术转化成产品。

二、与时间赛跑，助力科技战疫

2020 年年初，疫情来势汹汹。一线医护人员经常长时间无法更换防护装备，护目镜上布满雾气，影响工作效率，自身健康也受到威胁。得知这一情况，张至与合作伙伴孙大陟教授讨论后，第一时间成立攻关小组，冲在研发一线，在此前研究的基础上进行升级，研制出可有效解决医用护目镜起雾以及消毒灭菌难题的防雾产品。产品采用团队自主研发的安全无毒纳米材料，同时产品采用了 75％酒精作为溶剂成分，使之可以有效灭活病毒、细菌等。

张至将医用护目镜防雾产品捐赠给南科大第二附属医院，一线医护工作人员使用后反馈效果非常好。随后，张至与孙大陟教授带领团队 3 天完成研发，7 天实现批量生产，2020 年 2 月 26 日，60 万片防雾湿巾和 2 万瓶防雾喷剂作为深圳市科技战疫成果，紧急驰援抗疫最前线。团队的努力引起社会各界的广泛报道与关注，带动广大市民关注疫情，关心保护一线医疗工作者。

三、深耕科技创新，打破进口垄断

经过抗疫一线的"检验"，张至团队研发的护目镜防雾产品得到了医护人员的肯定。公司基于核心材料技术，陆续进行多项技术的产品化，如医疗内镜防雾清洁膜、农业无滴大棚防雾膜、液体卫生巾发泡吸收体材料等，解决医疗、农业等关键行业材料性能升级、国产化等问题。

张至将公司目标锁定在高性能表面活性剂的研究与开发上，使工业关键基础材料广泛应用于日化、涂料、纺织等领域。目前我国集中于中低端表面活性剂生产，高性能表面活性剂主要依赖进口。公司专注自主开发的"有机—无机杂化材料增效技术"，提供国产化高性能表面活性配方，有效提高活性材料的效率，降低材料消耗，突破传统表面活性材料的进口垄断。相较于传统活性剂具有安全无毒无刺激，高效能低用量、环保减碳的特点，未来将应用于清洁产品的减碳环保与个护卫生巾吸收体限塑降解

领域。

四、不忘初心，砥砺前行

从 2016 年在外场展台，公司项目第一次参加深圳双创周，到 2018 年成都双创周，公司项目入选主会场参展，到 2020 年公司项目从 3000 多个全国省部级单位推荐项目中脱颖而出，进入到最终的 3 个项目。这 4 年，在面对科技企业漫长的产品孵化期时，张至选择坚守在技术创新一线，每一步都走得艰辛又坚定。

从高考时选择了"零起点"的南方科技大学，到毕业后眼看同学大多出国深造，而自己毅然选择创业，张至似乎一直在选择"少数人走的路"。这条路固然能看到旁人看不到的风景，但注定崎岖、坎坷。但他敢于想、敢于尝试，坚定不移地坚持着自己认定的事情——将科技成果真正地投入应用，被社会所接受认可，可以推动材料行业的进步。张至用他钻研的韧性、服务的热情，坚定不移地为中国自主核心材料技术贡献着自己的力量。带动更多的青年大学生敢于投身技术创新一线、投身科技创业事业。

2022 年，张至向南方科技大学捐赠 100 万元支持母校发展。他感谢学校为学生提供的各种平台和选择机会，同时作为南科大首届毕业生一直支持、见证、陪伴学校和学生们更好地发展。他捐赠支持南科大，既是对母校一直以来的支持表示感谢，也希望通过实际行动帮助学校吸引更多社会资源。

以互联网＋扶贫"造血"模式
唱响基层就业路上的青春之歌

——广东东软学院杨旭康

杨旭康，1993 年 1 月生，中共党员，2014 年广东东软学院计算机学院软件开发专业毕业，现任中国移动佛山分公司顺德陈村网格副网格长、原中国移动佛山分公司驻湛江沙城村党总支第一书记、广东省首批农村乡土专家、广东省青年联合会第十二届委员会委员。

作为一名党员，杨旭康坚决拥护党的领导，毕业后自愿扎根基层偏远贫困村五年，探索"互联网＋合作社＋贫困户＋土地流转"扶贫"造血"模式，开办莲藕红薯轮种植示范基地，带领群众脱贫致富，乡村振兴成效明显。他为村民办实事，自驾带领贫困户到云南办理户籍；积极找项目引资金，共争取省市、政府投入扶贫资金 3000 万元，实现扶贫项目累计分红 111.8 万元，多方筹资 140 万元；建成沙城村农贸市场，大力改善村容村貌，加强基础设施建设；带领沙城村 108 户贫困户全部脱贫出列，高质量完成省定贫困村沙城村脱贫攻坚任务。

一、田间地头拉家常、踏实勤勉获信任

大学毕业后，杨旭康在中国移动佛山分公司任职。2016 年 5 月，他被单位选派湛江市坡头区乾塘镇沙城村任驻村工作队长，后任驻村第一书记兼工作队长。沙城村地处偏远，人多地少，共有 21 个村民小组，6000 多村民，但贫困户多达 108 户。村民主要种植番薯、莲藕、花生，但土地沙质、水源不足，自然灾害频发。

杨旭康深知自己资历尚浅，唯用双脚和头脑打消村民们的质疑。他虚心向村干部和村民学习，在田间地头与村民零距离接触，学耕作、拉家常、听民声，了解村民的需要。他说："我只有深入到村民中去，帮助他们解决实际困难，才能让他们相信我。"

二、自驾为民解困、精准脱贫不落一人

村中魏大姐于 1988 年从云南远嫁到村，父母相继去世，云南家乡户口簿遗失，户籍被注销了。这让魏大姐无法办理落户，也不能更换二代身份证。无户籍、身份证等证件，让她无法享受党和政府的各项扶贫政策。杨旭康想方设法联系上魏大姐家乡的户籍管理人员，并反复沟通、多方调查取证、核查档案，帮魏大姐补齐了办理户籍所需要的材料。去云南路途遥远，没有身份证的魏大姐无法住旅店和乘坐火车。杨旭康与两位村干部、魏大姐自驾前往云南。经过三天两夜，魏大姐终于回到阔别 32 年的家

乡，与亲人团聚并成功办理了二代居民身份证。

小林是一名 14 岁中学生，双亲早年因病去世，是沙城村的建档立卡孤儿贫困户。杨旭康驻村后经常与他谈心，了解他的生活、学习情况，关心他的所想、所盼、所需，鼓励他树立信心、自强自立。在杨旭康的关心下，小林的思想有了转变，性格越来越开朗，杨旭康协助小林申请了舒适的房子，为他安装了互联网电视，添置了书桌等用品，生活水平明显提高。小林在感谢信中写道："没有你们，就没有我安稳的生活。谢谢你们的无私奉献，我一定会努力学习。"

梁阿姨是沙城村贫困户之一，杨旭康在入户走访中发现，她的大女儿学习优秀，但患有中度地中海贫血，高昂医药费是压在她心中的大石头。经过多方的努力，杨旭康为梁阿姨筹集了善款，还请其到沙城村种养专业合作社务工，参与种植等工作，家庭收入日益增长。

三、互联网＋精准扶贫 大力发展特色农业

2017 年，杨旭康因地制宜，集约村中近 70 亩土地，集合数位莲藕种植大户、122 名贫困户，发展莲藕、番薯种植产业。2017 年 9 月，藕田首批作物大丰收，杨旭康与村干部开始了"地毯式"销售。杨旭康一边拜访企业寻找采购商，一边到农贸市场卖货。沙城村的莲藕得到了当地批发商、超市、企事业单位食堂青睐，有了稳定的销售渠道。

为帮助沙城村持续拓展市场，杨旭康利用自身专业优势，协助沙城村打造出"乾塘沙城莲藕番薯"自有品牌，提供产品设计、包装、联络商家收购一条龙服务；开通自建的电商平台上架销售农产品；建设了电商扶贫村级站点。

四、"每一个笑脸都是我坚持的动力"

沙城村贫困户现在已全部脱贫出列，从社会"输血"向自我"造血"阶段迈进，变成产业兴旺、乡风文明的社会主义新农村。

"2020 年我们帮扶的沙城村分红 41.8825 万元，有劳动力贫困户人均分红 1828 元。2017 到 2020 年累计分红 111.8 万元。争取省级扶贫资金共 389.58 万元，在保本的情况下，项目收益率达到 28％。"驻村以来，杨旭康成长为值得信赖和依靠的"当家人"，用赤子之心和响当当的成绩单，唱响扶贫路上的青春之歌。

不忘初心、扎根基层，以实际行动助力脱贫攻坚和乡村振兴

——广东技术师范大学林海滨

林海滨毕业于广东技术师范大学，怀揣回报家乡的梦想，参加了安徽省委组织部选聘大学生村官统一招考，并被选聘到六安市裕安区苏埠镇陵波村担任村党总支书记助理、扶贫专干。三年村官时期，他始终不忘初心、牢记使命、扎根基层、脱贫攻坚，充分发挥青年群体自身优势，跑遍了村里的田间地头，带领群众发掘自身潜力，抢抓发展机遇，所有村民都知道来了个"林村官"。在他的努力下，2016年陵波村既有建档立卡贫困户实现了100%脱贫，顺利通过省第三方评估验收。林海滨用实际行动为广大青年群体在精准扶贫和乡村振兴之路上树立了榜样。

一、发挥特长，助力扶贫

林海滨本科专业是市场营销，"如何通过电商的营销模式，让老百姓受益，让贫困户脱贫"一直是他想做的事情。善于将专业优势与实际工作相结合的他，在上级组织部门和上级团委的大力支持下，结合村官创业项目，在陵波村成立了苏家铺子电子商务有限公司，通过整合线上资源，创办了全市首个融便民服务、脱贫攻坚、电商服务为一体的便民"扶贫 e 站"，让村里的老百姓足不出户就能从网上买到所需物品以及办理代缴水电费、电话费等业务。同时他通过运用互联网思维，打造特色品牌，提高产品附加值，帮助贫困户销售农产品，直接帮助 12 户贫困户实现脱贫。该项目受到了国务院、安徽省扶贫办领导的充分肯定。因模范效应突出他受邀参加 2017 年国务院扶贫办扶贫开发论坛。

二、结对帮扶，亲力亲为

2016 年对陵波村的李从全家来说是灰暗的一年，他的孩子李孝明在工地发生意外，全身 70% 以上电烧伤，基本丧失劳动能力，治疗费需要 20 万元，全家感到了绝望。林海滨先从"扶志"入手，坚持陪李孝明聊天，进行心理疏导，帮助他重拾生活的信心，并手把手教他电商运营技能，积极帮助申报"351、180"健康扶贫项目。李孝明成为了"扶贫 e 站"的第一个受益贫困户，通过帮助村民代购代缴、经营爱心超市等，在"扶贫 e 站"实现稳定就业，每月固定收入逾 4000 元。李从全也是六安市首户通过电商扶贫成功脱贫的贫困户。"扶贫 e 站"项目为全区电商扶贫的发展提供了经验，也成为全区电子商务全覆盖工作的示范点。

三、放飞梦想，砥砺前进

一直以来林海滨始终不忘初心，不断在专业知识与基层扶贫和乡村振兴工作结合中寻找创新突破口，真正把农村这片广阔天地作为施展才华、体现价值的舞台，为乡村振兴高质量发展注入不竭动力。通过他的努力，所在乡镇村先后获评省级电商示范镇、3 个省级电商示范村，培养出一批优秀电商助农主播、电商企业，为地方农产品上行和农业现代化发展作出突出贡献。"双脚走出扶贫路，一心倾听百姓声"，他对基层工作的态度成为许多青年和大学生村官的座右铭。

2018 年 8 月，大学生村官聘期结束后林海滨主动向上级组织部门提出续聘申请，以实际行动彰显新时代的担当奉献精神，继续在脱贫攻坚与乡村振兴这片农村舞台上，扎根基层，助力百姓振兴梦。

白衣执甲　大爱无疆

——清远职业技术学院徐枚娟

徐枚娟，广东河源龙川人，1991 年 3 月出生，2013 年毕业于清远职业技术学院护理专业，现于中山大学孙逸仙纪念医院任职泌尿外科主管护师岗位。2020 年 2 月 18 日向党组织递交了入党申请书，2021 年 4 月 3 日转为中共正式党员。

一、政治素养好，人民健康立场坚定

她深入学习习近平总书记系列重要讲话精神，认真学习习近平总书记考察广州时的重要讲话精神，牢固树立"四个意识"，增强"四个自信"，坚决做到"两个维护"。一是深入学习，压实责任，持续深入学习习近平总书记重要文章，让每天打开"学习强国"学习成为必修课，提高政治觉悟，培养作为医护人员的使命担当。二是带头履职，发挥作用，在岗位上带头履职尽责，用自己实际的行动，实践全心全意为人民服务的宗旨，在增进团结、顾全大局上发挥模范作用，做团结互助、人民健康的宣传者。三是奋力拼搏，创新创业，立足岗位，开拓创新，在提高医疗水平和服务质量上继续积极作为，主动参加护理创新等系列竞赛和培训，带动群众上下一心，凝聚智慧共谋医护事业新发展。

二、彰显责任担当，全力支援疫情防控

她热爱医护行业，立足岗位作贡献。身为一线医务人员，她始终坚守岗位守初心，立志做人民健康的护佑者。2020 年，疫情暴发，全国上下紧急行动，她挺身而出，彰显医护人员的责任担当，在 2020 年新春之际踊跃报名，作为中山大学孙逸仙纪念医院第二批支援湖北疫情防控医疗队的一员驰援武汉协和医院西院的重症病房。在飞往武汉的航班上，她参与讨论全面接管协和医院西院病房的计划和工作思路。抵达武汉后全员紧锣密鼓地开展安全防护培训和考核，对每一个防护细节都不放过。她日常负责重症救治，了解最前线工作情况，必须深入隔离病房，在队长的带领下，医疗队全员发挥多学科合作的优势，与来自不同专业的医生打好"配合战"，针对每一名患者的具体情况逐一拟定个体化的治疗方案，历经 58 天，累计治愈重症患者出院达 600 多人。因为重症救治能力突出，她所在医疗队成为留守到最后的"国家队"之一，还从已撤离的其他医疗队接收 60 名患者。在接收到的患者中，大部分病情危重，或基础疾病非常复杂。作为医务工作者，她心中牢记人民至上，与队友拼搏奉献，奋力夺取疫情防控最终胜利。

三、青春续力奋斗，激扬热血奉献祖国

历经援鄂奋战，她深感人民对美好生活的向往，离不开健康，没有全民健康，就没有全面小康。新时代对医务人员提出了更高的要求。作为党员，她时刻高标准要求自己、高质量要求工作、高品质要求素养，坚持终身学习的态度，时刻不放松的思想意识，积极参加省协会、院内组织的各项护理培训、护理用品创新大赛、U医公益行等活动，以时不我待的精神，努力提高自身综合素质和专业水平，争做时代楷模。她始终不忘"一切以病人为中心"的宗旨，用自己的爱心、热心、诚心尽量满足每一位住院病人的需求，把救死扶伤的工作作风贯穿护理工作的全过程，努力争创"社会满意、病人满意、自己满意"的良好风尚。

四、践行医护精神，发挥党员先锋作用

疫情期间，她用行动为疫情防控贡献一份力量，先后到多市区支援参加核酸检测工作，累计检测人数达4000人，坚决筑牢疫情防控第一道防线。2022年11月，广州暴发疫情。她不惧困难，放弃团圆舍小家，义无反顾连夜响应集结，奔赴抗疫最前线。作为青年骨干护士，她担任核酸采样组组长，时常凌晨接到当天任务，及时协调队友做任务分配。即使肩上担子很重，她仍坚信这就是作为医护人员的青春使命，"山河无恙，人间有爱"是她心中坚持的信念。

未来，她将进一步发挥党员先锋作用，发扬救死扶伤、医者仁心的崇高精神，通过自身专业素质为广大群众提供高质量的健康医疗服务。在人民群众需要时彰显党员责任与担当，持续保持实干争先的风尚，践行医护初心，为保护人民生命安全和身体健康构筑防线，用心培养全心全意为人民服务的职业素养，培养新时代医疗工作者的接班人，为新时代医护事业发展贡献自己的力量！

扎根基层社区　绽放最美芳华

——广东环境保护工程职业学院关盛燕

关盛燕，1991 年 11 月生，中共党员，社会工作师。2013 年毕业于广东环境保护工程职业学院食品营养与检测专业，2017 年 11 月入职英德市浛洸镇人民政府，投身基层社会工作。2021 年 11 月，她成为英德市浛洸镇社会工作与志愿服务协会党支部书记。入职以来，她立足镇街，深入村居，以社区为本，以家庭为视角，统筹为民政对象和特殊群体提供政策落实、心理疏导、资源链接、能力提升、社会融入等专业服务，打通民生服务"最后一米"。

一、聚焦民政主责主业，提供精细服务

在大学期间就加入中国共产党的关盛燕作为学生心理协会第一届心理委员部部长，与协会共同创建了月刊，并在学院心理老师的指导下为同学提供力所能及的帮助。除此之外，她还加入了青年志愿者协会，在 2011 年参与过佛山市南海区创建文明城市的交通劝导志愿服务活动。从那时开始，为人民服务的这颗种子便已在她心中萌芽。2017 年，她看到广东省民政厅在推行"广东社工双百计划"——在全省 200 个镇成立社会工作服务站，鼓励高校毕业生投身基层建设，补充基层民政力量。得知她的家乡也是试点之一后，她既兴奋又期待，在仔细了解工作内容后，她毫不犹豫放弃了在深圳待遇相对优渥的工作，成为一名基层社工，直接为低保、特困、残疾人、孤儿等社会弱势群体提供服务。从志愿者到全职社工，她面对的不仅仅是身份的转变，更是对服务能力的挑战。当时，她所在的浛洸镇一共配备了 5 名社工，由于社工对于很多人而言是一个完全陌生的职业，这对她前期开展工作形成重重困难。她坚持在学习中成长，入职第二年便考取了初级社工证，次年考取了社会工作师，成为英德市双百计划中第一名持中级社工证的社工。除了走访困难群众，摸清他们的服务需求，为他们申请落实相关兜底政策外，她开始对服务需求突出的个人和家庭开展个案服务，联动镇妇联、团委、社区、家庭、学校等多方资源，共同出谋划策，为服务对象的成长保驾护航。她发现该镇留守儿童需求突出，便带领团队链接了儿童服务站，通过开设 630 课堂、周末公益课堂等服务小组，满足留守儿童学业辅导、朋辈支持等不同需求。节假日期间，她组织镇志愿者为孤寡老人送温暖，积极营造互帮互助的社区氛围。从一开始的被误会、不认可，到有困难群众主动找她寻求帮助，这不仅仅是对她服务的认可，更是对她工作的莫大鼓励。

二、孵化志愿服务团队，推动社区发展

在日常走访入户工作中，她一直践行双百文化扎根社区的理念。通过不断送服务进社区，她不仅收获了服务对象的高度肯定，更迎来了一群小粉丝。她深知光靠社工的有限能力要服务好全镇这么多的服务对象是十分吃力的，必须积极发动本镇志愿者充分发挥主人翁精神投身家乡建设，才能进一步提升服务能力。所以在开展儿童服务站期间，她有意识把高年级的服务对象培养成志愿者，协助她开展工作，并在工作过程中不断鼓励志愿者发现自身的优点，找到自身的价值，从而增强生活的信心，努力让志愿者从受助者转变为助人者，这也是社工一直所倡导的助人自助理念。在 2018 年校园禁毒志愿活动中，她招募了第一批学生志愿者，经过几次活动的锻炼培养，这批志愿者快速成长为儿童服务站项目的得力助手。她还注重与镇里各学校保持良好互动，并把学校学生会主席培养成志愿者核心骨干，为学生志愿者参与社区公益活动提供平台。在他们的带动下，每

年都会有新面孔加入服务队。她带领社工站共发展志愿者 277 人，并全部通过系统注册，服务时长累计 15734 小时，人均志愿服务时长达 56 小时。2022 年 6 月，她所在的浛洸镇发生洪灾，她与志愿者闻讯而动，挨家挨户深入群众宣传预警，大部分群众得以及时转移，她坚守岗位陪伴来不及转移的群众被洪水围困了三天三夜。刚一转移到安全区域，她又马不停蹄地在断水断电的困境下做好集中转移群众的心理安抚和后勤保障。终于等到洪水退去，她任劳任怨积极推动复工复产。自始至终，她都用自己的实际行动保障人民群众的生命财产安全，践行一名共产党人的初心和使命。2022 年 7 月，英德市发现新冠肺炎患者，浛洸镇辖区需配合开展大规模核酸检测，她马上通过志愿者群发布招募令，迅速得到超过 200 名志愿者的积极响应，在全市率先有序地完成了三轮大规模核酸检测筛查，该行动得到全市多方面的高度好评。2022 年，她所孵化成立的"浛洸青涵志愿服务队"被评为英德市优秀志愿服务集体，目前这支服务队依然积极投身季节传染病防治、邻里互助、大型活动等志愿服务。

三、发挥好传帮带作用，推动双百工程落地

2021 年，由于社工在基层的服务成效得到了强烈反响，"广东社工双百计划"升级为"广东兜底民生服务社会工作双百工程"。她所在的团队从原来的 5 人扩充为 19 人，这对于团队负责人的她来说既是肯定更是责任。在当地政府的支持和她的带领下，浛洸镇共设立了 5 个社会工作服务点，完成了在册对象 2000 多户的建档工作，实现了社

会工作服务点 100％覆盖、特殊和困难群体社会工作服务 100％覆盖的工作目标，社工服务已成功飞入寻常百姓家。2022 年，浛洸镇社工站成功创建成为清远市"双百工程"核心示范站。在从事社工期间，她凭借出色的表现曾获得英德市优秀社工、英德市优秀共青团干部、广东社工"双百计划"清远市优秀副站长、广东社工双百计划突出贡献奖、英德市志愿服务先进个人、浛洸镇优秀共产党员、全国社会工作督导人才培养计划实务督导等光荣称号，并连续两年在浛洸镇年度考核评定中确定为优秀等次。

青春可以有很多选择，关盛燕始终坚信，扎根基层社区，在这片生她养她的土地上绽放自己最炽热的青春就是最好的选择。

生活以痛吻他　他却报之以歌

——东莞职业技术学院李伟健

如果说生命是一首歌，那么，他生命之歌的前奏无疑是"痛"的基调，身为侏儒症患者，在成长过程中没少承受讥讽和挫折。对此，他没有消沉，更没有颓废，而是以乐观积极的态度、爱岗敬业的精神、扎根基层的决心，用欢快的曲式谱写了一首新时代创造美好生活的"奉献之歌"。作为东莞职业技术学院的优秀校友，他始终以"崇德、笃行、精技、创新"的校训为座右铭，激励自己砥砺前行。他就是东莞市 2022 年度"最美残疾人"荣誉称号获得者、厚街镇大迳社区基层员工——李伟健。

一、苦难磨意志——小身躯蕴含大志气

李伟健由于天生残疾，成长路上"荆棘丛生"，对常人来说无比简单的写字、拾物，却是他难以掌握的技能，但从忍着痛被母亲强握住手学习写字的那天起，他就决心藏起眼泪，勇敢面对生活。

他付出比常人更多的努力，于 2011 年考取了东莞职业技术学院社区管理与服务专业。他加倍珍惜这个来之不易的机会，在校期间，两次获得校级二等奖学金，两次被评为优秀团员，以积极的生活态度和认真的学习态度感染着身边人。

在专业学习中，社区残疾人服务的知识和社会工作"助人自助"的情怀，更是点燃了他的"志气"，从那时起，他便立志扎根基层，服务残疾人，让更多的"身障者"生活无碍。他坚信自己一定能做到，因为他比常人更懂"他们"。

二、实践证真心——小岗位散发大能量

2014 年毕业后，李伟健如愿进入东莞市厚街镇大迳社区，成为一名社区残疾人专职委员。在扎根基层的工作中，他在岗位上遭遇过质疑，面对过困难，遇到过难以解决的群众需求，但他以爱岗敬业的精神、服务基层的初心，攻破了这些质疑和困难。

面对质疑，他以"真心"待之。"他身材那么矮小能做得到什么？""他是不是对我别有用心，才那么事无巨细地问我生活近况？"……工作中的他总会面临着诸如此类的质疑，但同为残疾人的他明白，只有以真心待之才能换取信任。为了让每个身障者都能享受党和国家的政策，他详细了解每户残疾人情况，并认真搜寻相关政策，做到一人不漏；为了最有效率地进行上门康复，他对通往每户人家的道路都烂熟于心；为了给身障者一个干净整洁的家居环境，他甚至会亲自帮忙打扫。疫情防控期间，作为弱势群体的身障者一直是社区重点关注对象，对身障者情况了然于心的他是医护人员的"万

事通",协助社区工作人员及医护人员将身障者的需求一一落到实处。十年耕耘,他入户走访逾5600人次,他的脚步踏遍了大迳社区210户身障者的家,他是大迳社区210名在册身障者的"知心人"。

面对困难,他以"决心"克之。为了尽快把身障人士急需的辅助器具送到需求者手上,不能开车的他选择了借助大货车批量送货,但是怎么登上大货车却让他犯了难。于是,他匍匐在大货车的门上,用自己左脚踏在货车的轮胎上,右腿屈膝用膝盖作为支点去攀爬"高峰"——登上这对普通人来说平常不过的货车。尽管膝盖又肿又痛,他还是拒绝被司机抱上车。这样的行为旁人看来或许无法理解,但他是想给其他身障人士做个榜样,面对能克服的困难,要以"决心"攻克它,也正是这份"决心"让他解决了工作中一个又一个难题。每当看到足不出户的身障人士,在社区中自由穿梭的身影,是他最幸福的时刻。

面对需求,他以"创新"破之。残疾人就业需求是最大且难满足的需求,对此,李伟健不断创新,寻找新思路和方法。2014至2017年,他主动参加全国残疾人就业指导员培训项目,学习更多关于促进残疾人就业的知识,并成为一名残疾人就业指导员,为更多残疾人"筑梦之旅"建起桥梁。为了让残疾人实现更好的就业,从而自力更生,获得价值感,他让残疾人接触公众号、视频剪辑、图片处理等新媒体运营知识,协办东莞市残疾人电子商务培训班、残疾人茶艺师培训等,培训逾200人次,打开了残疾人就业新思路,为残疾人创业就业拓宽渠道,成为社区身障者就业路上的"引路人"。

三、信念照前方——小社区践行大梦想

"身残不忘报祖国,扎根基层绘梦想",李伟健认为自己有今天的生活和工作,离不开党和国家的培养,虽然他只是一名社区的工作人员,但他仍有一个大梦想——在小社区中、在基层的土地上激励和带领更多的残疾人创造美好生活。

作为东莞市残肢人协会副秘书长,他带领残友们以诗歌朗诵传承乡音文化,感受生活美好,他作为广东省大爱相髓慈善基金会的志愿者,关心脑瘫患者家庭,为他们送去帮扶。在2017年,他获得东莞市志愿者协会授予的"爱心个人"称号;2022年,获得了东莞市"最美残疾人"称号,并被厚街镇残疾人联合会评为"2022年度厚街镇优秀专职委员"。

十年基层耕耘,他的大梦想在小社区生根发芽,受他的影响,越来越多的人开始关注残疾人群体,越来越多的残疾人获得帮扶和支持,得到前行的力量,以坚定的信心做新时代创造美好生活的践行者!

新农人"大叔"的创业故事

——广东岭南职业技术学院吴岸发

吴岸发，广东岭南职业技术学院 2016 届工商企业管理专业毕业生。他，集多个代名词于一身。

敢于创新的创业者。他是广州农道信息科技有限公司创始人，2019 年创立"农道大叔""萤光兴农"品牌；"三农"自媒体电商的首批践行者；成立集果品零售、品牌营销、前端种植一体化的果品产业链企业。

脱贫就业带动者。2016 年项目开展以来，他累计销售特色果品超过 1 万吨，触达用户超过 1 亿人，带动就业 5000 余人，直接或间接推动 30 多个乡村脱贫，直播 1000 多场，点击率高达 20 亿。他为农户创收增收，取得良好社会效益，带动乡村振兴。

乡村振兴闪光者。2020 年，"农道大叔"荣获由农业农村部乡村产业发展司"中国美丽休闲乡村短视频大赛"优秀奖。

创业竞赛成就者。2021 年，"农道大叔"荣获广东"众创杯"创新创业大赛企业组银奖，第七届中国国际"互联网＋"大学生创新创业大赛铜奖。

他现为广东省乡村振兴宣讲团成员，广州市青年联合会第十三届委员，曾和广州市委书记面对面交流助农扶农经验。

出生于潮汕地区的吴岸发，骨子里自带"创业基因"。证明自己的创业能力，实现自己的创新梦想，是吴岸发一直以来的追求。在广东岭南职业技术学院就读工商企业管理专业的他，最早开始在微信朋友圈卖服装。在吴岸发看来，当自己勇敢走出舒适圈时，本身就是一种自我突破和成长。

吴岸发更享受不断成长带给他的满足和快乐。关于"生活中常有付出努力却没有回报的时刻"这一命题，吴岸发有自己的看法。他说："回报是在付出努力的过程中产生的。"他积累了一批忠实消费者，还发现了新商机：水果生意规模大、消费频次高，更需要苛刻的品质把控和物流保障。他作出了大胆的举动——创立了广州农道信息科技有限公司，更深入地了解生鲜农产品。在他看来，水果是刚需产品，不愁找不到消费者，但竞争也相当激烈。对比线下商超售价之后，他准备从源头做起，选取品质中上的种类，以更优惠的价格突围。

2020 年，出于对品质的自信和消费者的信任，吴岸发推出了"无理由售后"的承诺。消费者只要反映果品不好，无需证明就可以得到赔偿或补货。品控小组担心影响绩效考核而极力反对，但实践证明，在供应端做足工作以后，售后率依然维持在 1%，远低于行业平均的 3%。

数据表明，消费者需求在升级，认知也在改善。以往，人们总觉得进口水果更好，定价更高，但业内人都知道，无论哪一款，国内的水果品质都不落下风。受此启发，吴岸发认为，必须在消费者心中建立品牌认知，争取品牌溢价，支持返乡创业人员成为新农人品牌，进入营销新境界。

这是一个最美好的时代，一个最蓬勃的时代。青年，该有怎样的担当、怎样的面貌？对此，吴岸发的答案是："让农户笑起来，是我们的使命。"随着国家全面推进乡村振兴，公司运营进入良性循环，他坚信自己所从事的行业前途一片光明，"我们的品牌叫'萤光兴农'，期待更多的人加入进来，就像一只只萤火虫聚拢，一起为'三农'事业发光。"按照他的蓝图，接下来几年，开拓生产自营基地、进军线下开店等，他都有信心一一实现。

未来吴岸发计划带领团队继续打造网红产品，创新直播营销方式与更多农户、大学生合作，让更多人有机会代言家乡产品助力家乡脱贫，为乡村振兴发展贡献力量！

扎根基层服务八载
播种心中助人力量

——深圳职业技术学院林嘉敏

"选择从事社会工作，我是幸运的"，采访中林嘉敏说道。迷茫时给予引导，无助时伸出援手，这是在社工行业独有的一种温度和真实，在许多"引路人"的影响下他在心中埋下一颗助人自助的种子。

一、暖心陪伴，萌发助人的幼芽

十年前的一个夜晚，嘉敏跟随学校专业老师到校外开展服务，走访患有孤独症儿童的家庭。老师和家长做访谈，而他负责陪伴孩子玩耍，直到夜晚 11 点访谈才结束。等车期间，老师从包包里拿了一块饼干给他，说"我们做的事情有特殊的意义，虽然辛苦，但能够给到孤独症家庭'喘息'的机会"，饼干虽小却传递着一种社会工作助人的信念，每当回想此事嘉敏仍旧心感温暖。大二期间，林嘉敏接任社工专业师兄师姐传承下来的社团，在老师的指导下围绕"公益、学术"及社团理念，他拼命寻求各种资源并思考如何把这个社团发展、接力下去，他曾开展过亲子、青少年、特殊儿童、社区等领域活动 80 余次，期间有过欢笑、有过泪水，因为这个社团让他认识到了在社工行业拼搏的师兄师姐们，提早让他接触到了社工这份职业。

在他的印象里社区有各种服务，居民的满意是对社工们用心付出的肯定，小朋友的微笑增添了服务中的色彩，义工的配合很大程度上缓解了社工开展服务时的压力。在社区服务的几年，他看到了很多美好的事情，他也愿意为这份美好奉献一份力量。

二、专业服务，播撒阳光与希望

陈叔（化名）处于无业状态，生活拮据，据社区人员反映"陈叔脾气太急躁"。2017年，从事优抚社工的嘉敏接触到了陈叔。初次探访，陈叔没让嘉敏进门，嘉敏接连几次耐心地探访引起了陈叔的注意。通过建立专业服务关系，他了解到陈叔不希望别人觉得自己是爱闹事的人。经过反复地沟通，结合陈叔爱唱歌的特长，嘉敏培养出了社区第一支老兵红歌队。嘉敏运用个案管理模式，链接社区资源让陈叔得到帮助；提供情感支持，让平日性格急躁的陈叔情绪平稳下来，有效拓展陈叔的社会支持网络和解决一系列问题，陈叔自述"感谢社工付出的一切，让自己当初的愿望得以实现"，看着陈叔站在舞台上演出，他想，这或许是自己成为一名社工践行助人理念的珍贵画面。

2018 年，嘉敏有幸参与了深圳·湖南社会服务机构"牵手计划"项目督导工作，进行为期三年的"牵手"帮扶工作。历经上百个日夜，他与同事通过社工督导、培训演练、下乡走访等形式，有效提升了受援社工的专业水平和实务能力，促进了本土社工人才的培养，提升受援机构规范化管理与社工人才服务能力。值得高兴的是，在牵手双方的共同努力下孵化了首家本土社工机构，同时，他与受援社工机构积极为当地 300 余名困境儿童群体提供服务，捐赠书籍及相关学习用品价值 10 万元，开展涉及困境儿童、青少年等特色服务 2000 人次。

三、行业参与，收获幸福和肯定

全国企业社会工作专业委员会第二届年会在深圳龙华召开，嘉敏主动报名成为其中的一名志愿者，服务团队大多是来自龙华的优秀社工人才，他们大多是资深的社工督导和中心主任，作为年纪较轻的他，在优秀社工的身上学到了很多。志愿服务期间大家相互支持、相互关心、没有一丝懈怠，各个组别团结、高效地完成各自分配的工作。从他们身上，嘉敏感受到社工团队 1+1＞2 的力量。

他是"社工村"村民，他与"社工村"的村民们友好协作，积极探索共建共治共享社会治理新模式。在龙华区民政局、区社协的带领下，"社工村"从社区治理到营造共建共治共享，有了翻天覆地的变化。

四、感恩母校，培养技能和能力

每次回到学校为师弟师妹上就业指导课时，他总会分享自己的一些经历：工作后，会发现多一项技能是给自己加分，趁着大学时间充足，多做一些喜欢的事，也能给自己的未来多一些可能性。针对外界对于职业教育薪酬待遇低、工作辛苦的问题，他发表了自己的看法：没有一份工作是不辛苦的，行业性质不同决定了他的发展方向，而处在不同的位置会影响个人的视野，只有不断提升个人核心竞争力，才能在职场中应对来自不同方面的挑战，职业教育出来的学生一样可以站在更高的舞台，一样可以在从业领域中闪闪发光。2021 年，嘉敏受学校团委邀请拍摄了《技能成就美好》宣传片。工作以来他曾荣获龙华区社会工作行业评优"服务楷模"、"优秀社工"、深圳·湖南社会工作服务机构牵手计划"特别贡献"等荣誉 20 个。他善于反思总结，累计在国家、省级期刊发表文章 18 篇。林嘉敏埋在心里的助人种子生根发芽，感受到这份职业给予他的认可。风雨兼程、温暖相伴，未来他希望通过自己的努力推动社工行业的发展。

"成长的道路，是用汗水灌溉和时间积累的。脚踏实地，一步一个脚印地前进。再长的路，一步步也能走完，再短的路，不迈开双脚也无法到达。"他希望师弟师妹敢于迈出第一步，在青春岁月里，在为自己选择的职业面前无所畏惧、付出辛劳汗水。

广西壮族自治区

坚守一线 20 年，立志做
广西高校就业指导的"领跑者"

——桂林旅游学院教师蒙榴

一、甘当"就业螺丝钉"，执着坚守就业一线工作 20 年

2001 年开始，蒙榴老师始终秉持"毕业生扬鞭策马，愿做扶鞍人"的服务理念，默默耕耘 20 余载，专注就业输送、就业数据、就业市场开拓、就业教育、个性化指导等，成长为高级职业指导师、国家二级创业咨询师、广西首批联合国 SYB 中国项目培训师。树就业风向标，她是"双师型"教师、"教学名师"。

她为基层就业输送毕业生上万人，指导上千名毕业生创业，扶持 30 余名毕业生创业项目落地并成功创业，直接带动就业人数超 500 名，在毕业生中有口皆碑。

二、做一名"就业好工匠"，追求就业指导的职业化、专业化

她追求就业事业的不平凡价值，深入研究就业理论，主持和参与教学改革课题 6 项；教学成果 2 项获奖；出版学术专著 1 部；主编教材 1 部；公开发表就业学术论文 20 余篇，其中《论个性化就业指导和服务在高校创业教育中的应用》荣获区教育厅优秀论文评选一等奖。她多次参与区教育厅就业教材的编写，指导创新创业项目 20 余个，获得区级、国家级奖项。

创建课程和课程团队，致力土壤培育。她是学校职业生涯规划、就业指导、创新创业多门课程的组建人、负责人、带头人和主讲教师。2007 年她组建了 32 人的就业指导课程授课团队，开发了"新生入学就业指导""毕业就业教育"两门课，设计了富有特色的模块教学。她始终以"就业能力培养"为教学核心理念，2020 年组建了 31 人的创新创业课程团队，2021 年实现大面积小班授课，2007 年引入国际 SYB 创业课程，成为广西首个开设 SYB 训练的高校。

追求就业指导"灯塔效应"。从 2007 年开始，她创新性地将就业第一课融入新生入学教育，树就业"灯塔效应"，2021 年实现全面升级，创优质"就业从大一开始"课程，得到全体新生和辅导员的一致好评。

三、授课质量追求卓越，4 次作为广西唯一选手入围教育部
全国高校就业创业课程教学大赛并获奖

(1)2021 年 5 月，她主讲的创业课程获"全国高校就业创业金课"，全国共 21 个高

校课程获奖，桂林旅游学院是广西唯一获奖高校。

（2）2021 年 8 月，学院获得教育部重要教学赛事"首届全国高校教师教学创新大赛"就业赛道总决赛三等奖，是广西唯一获奖高校。

（3）2013 年 10 月—12 月，教育部"首届全国高校创业指导课程教学大赛"她荣获区级特等奖，全国总决赛二等奖第一名。

（4）2011 年 10 月—12 月，教育部"首届全国高校就业指导课程教学大赛"她荣获区级一等奖，全国总决赛三等奖。教育厅领导给予高度赞扬。

传帮带，带动就业创业工作 80 余人。2015 年她指导 3 位教师参加"全区首届创业指导课程教学大赛"，获一等奖 2 名、三等奖 1 名。2022 年，她指导 3 所高校 6 名教师在"广西高校首届就业创业精彩一课"上获 1 个一等奖、5 个二等奖。

四、创新招聘模式，推进扎根基层建设与就业市场国际化

主动出击推进基层就业。蒙榴老师始终认为引导毕业生投身祖国基层建设责无旁贷，主动联络优质基层单位。例如，2002 年她成功引荐青海某城市籍毕业生王双燕到广西灵山县电视台工作，为广西县城文传事业的发展贡献人才。

创新招聘模式——集群进校招聘。她大胆创新，从 2007 年开始采用"行业集群""市场集群""政府集群""校友集群"等模式进校招聘，先后引进江苏昆山人才市场、深圳珠宝行业、酒店品牌行业、东莞人才市场、桂林人社局、多地校友自创企业等集群进校招聘，增强了就业针对性、行业性、地域性。此举措得到了企业行业的高度认可，夸赞"就业蒙老师办法多"。

广西最早一批高校境外国外就业市场积极开拓者。2002 年，成功输送 22 名毕业生到越南就业；2004 年，成功输送 35 名优秀毕业生到澳门三家星级酒店就业。之后她锐意进取，先后开拓了美国、日本、英国、泰国等十几个国家就业途径，推进毕业生就业国际化。

五、树就业工作"窗口"效应，立就业专家品牌

立德树人、乐于奉献。她在就业各项工作中追求卓越，如宣扬"踏进校门——职业生涯规划；走向社会——服务终身"，实现找工作终身服务等理念，树就业良好示范窗口。

她研究就业作为人力资源内部的人才输送问题，探索就业创业作为商科的前沿技术。从业多年，蒙榴得到了业界认可。

2001 年至今，她受邀为云南、湖南、广西的 20 多所高校开展过就业指导专题讲座，包括云南大学、昆明医科大学、湖南科技大学、桂林电子科技大学、广西师范大学、广西民族大学等；2011 年，受区教育厅邀请，为全区高校教师做就业创业课程分享；2021 年，为全广西高校贫困毕业生做就业指导专题讲座。

情满就业 "花"开基层
——贺州学院教师李泳璋

李泳璋，从事大学生就业指导服务工作 20 年，热爱就业工作，本着"渡人亦渡己"的心态，全心全意引领和教育大学生成长、成才。她熟悉生涯规划、就业教育、就业指导和服务、就业统计管理监督等工作，擅长就业教育。她积极响应新时代要求，引导大学生把个人理想追求融入党和国家事业之中，不忘求学初心，怀揣报国信念，勇于到基层建功立业，她化身为推动基层就业的"引导员""宣传员""服务员"。

一、立足课程思政，做推动基层就业的"引导员"

为了使基层人才"勇于去，坚定去"，她善于做推动基层就业的"引导员"。她引导毕业生勇于承担社会责任，厚植家国情怀，投身基层，到祖国最需要的地方建功立业。

她起草制定《大学生职业生涯规划与就业指导课程教学方案》，开展就业课程和教学改革，把就业教育与基层就业引导纳入大学生思想政治教育，推动课堂育人、活动育人、宣传育人、服务育人、榜样育人相结合，搭建全员参与、全方位推动、全要素协调的就业育人生态系统。她组建教师团队，构建了以课程为"面"、专题讲座为"线"、团辅和个体辅导为"点"的立体式职业生涯与就业指导课程教育体系。她落实立德树人的根本任务，用爱心、耐心、热心为学生提供生涯辅导、就业指导，善于激发学生内生动力，带领学生探索自我、正确认识自己，坚定去基层发展的信念。她历年来担任"大学生职业生涯规划与就业指导"课程教师，举办讲座 100 多场，引导和鼓励一批批学生投身基层，在后期的校友回访中得到了毕业生的高度评价。

二、研透政策文件，做推动基层就业的"宣传员"

为了使基层人才"愿意去、乐于去"，她积极做推动基层就业的"宣传员"。她积极贯彻落实文件精神，将基层项目相关文件形成汇编放在案头随时学习。她精心组织各个项目的动员会，熟练为毕业生答疑解惑，使毕业生充分了解基层就业政策并作出科学决策。她组织和参与基层就业政策宣讲会共 80 多场，联合当地人社部门开展"就业政策宣传周活动"25 场，邀请基层就业优秀校友回母校开展座谈交流会 42 场，为众多选择基层就业的毕业生开启到基层建功立业之门。

2013 年，她结合学校实际情况，起草制定了《贺州学院关于引导和鼓励毕业生到基层就业工作实施办法》，学校设立毕业生到基层就业专项奖励基金，用于奖励选择到基层就业的毕业生，且对非广西生源到广西基层就业的给予奖励，促进毕业生选择基层就业。截至 2023 年，学校对到基层就业的毕业生，根据地区与基层就业项目不同，已将奖励提高到 1000～3000 元，累计奖励人数 2266 人、奖励金额超 200 万元。通过与贺州市面向区市共建高校人才培养项目，贺州市从贺州学院毕业生中引进区市共建基层人才从最初的 5 人到 2022 年已达 132 人，其中一些毕业生已经成为地方政府基层工作的骨干力量。

三、稳固就业市场，做推动基层就业的"服务员"

为了使基层人才"留得住、干得好"，她乐于做推动基层就业的"服务员"。她引导学生走向基层，既要当好学生的"服务员"，更要深挖就业市场、建立稳固的合作关系、当好用人单位的"服务员"。她深入用人单位开展基层项目宣传、开展调研了解当地用人需求、说服用人单位增加招聘指标、收集人才培养意见。在她的组织协调下，学校长期与多地教育局和人社部门达成稳固的合作关系，每年定期到校招聘一定数量的基层教师。近十年来，贺州学院为广西区内的梧州、玉林、贵港、南宁等地输送特岗教师 2500 多人、选调生 450 多人、西部志愿者 100 多人、村官 70 多人，其中成就了一批默默扎根基层教育的优秀毕业生。

她二十年如一日，如众多的就业工作者一般，在平凡的工作中成就事业。她通过用心引导、用力宣传、用情服务，扎扎实实引领每一名学生保持平实之心、找准自我定位、客观看待个人条件和社会需求，激发学生勇于到基层一线发光发热，让青春最亮丽的底色在祖国大地绽放芳华。

构建"三三三"育人模式
指导毕业生到边疆民族地区基层就业

—— 桂林理工大学教师唐承泽

唐承泽，副教授，桂林理工大学南宁分校党委副书记，一直从事就业指导工作。他是大学生创业就业课程带头人，主编《大学生职业生涯规划与就业指导》教材 1 部，发表就业指导论文 5 篇，主持就业指导课课件获第十四届全国多媒体课件大赛三等奖，组织推动毕业生服务基层的相关工作获中央电视台等媒体宣传报道，多次获学校就业工作先进个人。他深入学习贯彻习近平新时代中国特色社会主义思想和习近平总书记视察广西重要讲话精神，牢记就业是最大的民生，把指导学生到基层就业作为最大的责任，坚决落实就业优先战略和乡村振兴决策部署，指导毕业生到基层就业创业。

一、推动优化人才培养"三调整"，对接基层发展新需求

为促进毕业生充分高质量就业，解决用人单位招工难和学生就业难问题，他积极推动校内人才培养"三调整"工作。一是深入调研往年毕业生去向落实情况，积极带头对接学校驻地广西崇左市"十四五"规划，会同校内相关部门优化调整学科专业结构，以"扎根有色、服务地方"为主线组建专业群，将校内专业建设对接崇左产业发展，积极推动相关教学单位与政府有关部门、相关企业合作共建产业学院，签订产教融合协议，与企业一起制订人才培养方案、共同开发课程、编写活页式教材，提高人才培养的针对性。二是主动对接基层就业需求，调整大学生生涯规划和就业指导工作重心，通过组织教研室集体备课等形式，突出提升学生基层就业意识，引导毕业生树立正确的成才观和就业观，鼓励毕业生到西部地区和艰苦边远地区等基层就业。三是结合学校地缘实际和乡村振兴需求，调整第二课堂内容，打造"青春献基层"主题实践活动，组织学校志愿者与学校属地共建乡村少年宫，将基层志愿活动常态化。他组织了"万名学子看崇左"活动，根据学生专业和就业意向有针对性地组织学生到崇左县区开展社会实践活动和专业实习，让学生进企业，融入基层。近 5 年，他组织了 1 万多人次进行集中与分散相结合的社会实践，撰写实践报告 8000 余篇，新华网、广西新闻网等 10 余家媒体对他进行了报道。

二、推动强化科技创新"三融入"，服务基层发展新目标

面对崇左市大力发展战略性新兴产业、经济转型升级、赶超跨越发展的机遇，他积极推动校内科技"三融入"工作。一是将学科专业融入地方经济社会发展，重点围绕

新材料、新能源、智能制造、文化旅游等产业，开展技术研究与技术服务，推动科技成果转化，促进产学研用深度融合；二是将科研团队融入崇左行业企业发展，与行业龙头企业开展科研合作，聚焦解决企业面临的现实问题，推动学校创新成果向本地企业集聚，使核心技术更快地转化为现实生产力；三是推动学校融入崇左平台发展，推动校政企联合组建跨学校、跨学科的交叉创新平台，整合各方资源，围绕崇左支柱产业、优势产业，共同组建重点实验室、技术创新中心等研发机构，申报高级别科研项目，推动产业创新驱动发展。2022 年，学校与企业联合申报科研项目中，获批广西创新驱动发展专项项目、广西重点研发项目、广西科技重大专项立项。他组织推动校内构建创新创业导师库，紧密结合行业企业搭建创新创业交流平台，推动学校双创工作，激发学生创新创业思维，组织 2000 多人次参与创新活动，学生获省级以上科技竞赛奖 300 余项。企业的快速发展，为毕业生带来更多就业岗位，科研团队和优秀毕业生进入企业又推动企业发展，实现了科研创新、企业发展、学生就业的良性循环。

三、推动落实基层就业"三保障"，激活基层发展新动能

他响应崇左市"留人计划"基层就业号召，按照"让学生爱上崇左、留在崇左、奉献崇左"的工作思路，积极推动毕业生基层就业"三保障"工作。一是保障毕业生对基层就业情况的准确掌握。他每年邀请崇左市相关部门和单位到校开展基层就业政策宣讲 10 余场，同时，通过辅导员、班主任及专任教师把崇左市经济发展、社会文化、生态环境等优势融入课程教学中，把崇左市"留人计划"的优厚政策和暖心举措传达到宿舍、感化到个人。二是保障基层就业岗位对毕业生的精准供给。他每年带领校内相关人员主动到崇左市政府部门、产业园区、企事业单位及各县访问考察，

拓展就业岗位。同时，他把就业岗位供给情况和校内毕业生情况进行匹配，精准供给毕业生，亲自或督促相关就业指导教师跟踪指导相应毕业生求职面试。三是保障毕业生就业困难得到及时解决。他把就业工作列入重要工作，带领就业指导教师确立了"接诉—会商—解决—反馈"的学生就业困难快速解决机制，通过与组织部人社局协调简化了基层就业应聘程序。在他的推动下，在崇左就业、投身建设壮美广西已成为毕业生热议话题。2022 年，有 299 名毕业生选择到广西崇左市基层就业。

红衣为甲　倾情为民谋发展

——广西大学童聪

　　"刚来驻村的时候，对于刚毕业不久，又缺乏基层工作经验的我而言，具有极大的挑战和压力。既然组织信任我，我要想方设法让贫困户的日子好起来！"博白县东平镇文江村驻村干部童聪笑着说。

　　2018年11月，童聪被选派到博白县东平镇文江村担任脱贫攻坚（乡村振兴）工作队员。三年的时间里，他谨记肩上的使命、扑下身子、情系群众、不畏劳苦，奋力开展脱贫攻坚工作，为民谋幸福，为村谋发展。

一、沉下身子，关心群众暖人心

　　为在短时间内快速了解村情民意，深入群众当中，他带上笔记本，与村干部一同入户走访调查：贫困户、五保户、特困户、残疾户、低保户，他是户户到，家家过；通过一看、二问、三记录的方式，掌握了第一手资料：谁家有几口人、致贫原因、收入如何、孩子在哪读书等。不到半个月时间，童聪走遍了全村的每一个角落，了解每一户的情况，摸清文江村发展产业、基础设施、人居环境等。他认真分析每户致贫致困原因，统筹安排，因户施策，逐一为贫困户争取到政策扶持。

　　"当初得了这种病，就想到我们家迟早会倾家荡产。可自从享受80％以上的报销后，我再也不用为医药费发愁了！谢谢你啊！"贫困户江某患有慢性肾功能不全。她每个星期都要去医院三次做治疗，需花费2000元的费用，对他们家而言是难以负担这一大笔费用的。了解到这个情况之后，童聪亲自帮助她备齐相关材料，到有关部门办手续，让江某在短时间内拿到了门诊特殊慢性病就诊证，极大减轻了治疗费用上的负担。

　　"这个月我卖出牛啦，拿到了8000多元，这下，好日子更有盼头了。"贫困户朱某见到童聪后高兴地说。2019年年初，朱某想通过养殖肉牛来增收致富，苦于缺乏购买小牛和饲料的资金。童聪在走访过程中了解到这一情况后，主动帮助他申请小额信贷5万元，保障创业资金。最终，朱亮购买了几头小牛，开启了养殖产业，增加了家庭收入。

二、出谋划策，精准发力促发展

　　"童聪来了后，想方设法壮大集体经济，通过发展起博白县春秋家庭农场，今年的集体经济可达5万元，远远超过每年4万元的目标，既解决了村委无钱办事的困境，也给我们的村干部树立了信心！"谈起童聪，文江村支书朱桃材伸出大拇指表示肯定。

驻村后，童聪因地制宜，一方面，他在反复调查的基础上，不断总结发展壮大村集体经济的方法，先后通过畅通村集体合作社水果销售渠道、发展林下经济以及动员更多贫困户入股模式，让村集体经济不断发展壮大；另一方面，他还连同村干部一起谋划发展"铁索桥＋果园观赏"模式的乡村旅游，2019 年，文江村良草根屯在他和村干部的带领下被自治区党委政府表彰为绿色村屯。一套组合拳打下来，文江村发生了巨大变化，村庄旧貌换了新颜。

三、倾尽真情，辛勤付出得赞誉

"哪怕自己再辛苦，也要为群众做点实事。"这是童聪常挂在嘴边的一句话。坚守对工作的激情、对群众的热情，童聪赢得了赞誉，也感染了身边无数人。如今，只要他一进村子，村民们都会热情地和他打招呼。

在童聪的辛勤付出和带领下，2018 年文江村脱贫 18 户 100 人，2019 年文江村脱贫 32 户 125 人，落实助学补助 100 余人，落实低保 119 余户、残疾补贴 110 余人，全村铺设村屯道路 4 条，成立种植养殖合作社，实现了贫困户产业全覆盖。

由于出色的表现，童聪 2019 年、2020 年先后两次被博白县扶贫办推荐到玉林市参加脱贫攻坚主题演讲比赛，并取得优异成绩。

"作为驻村工作队员，我们以红衣为甲，紧密联系群众，为村民谋福利，带领全村贫困户打赢了脱贫攻坚战，这是高校毕业生回到基层就业报效祖国的体现。"童聪坚定地说。

扎根基层奋斗　绽放青春之花
——广西师范大学农继豪

　　农继豪，壮族，1990 年 8 月出生，大学本科，中共党员，2014 年 6 月毕业于广西师范大学，2014 年 9 月返回家乡广西百色平果市工作，先后担任平果市果化镇大学生村官、平果市果化镇那吉村党总支部副书记、果化镇果阳社区党支部书记、平果市旧城镇党政办主任等职务，现任平果市坡造镇团委书记。在基层工作的时间里，他刻苦奋斗，在脱贫攻坚、疫情防控、项目征地等急难险重工作中充分发挥党员先锋模范作用。他用实际行动践行"扎根基层、服务群众"的初心。

一、政治信念坚定，一颗红心近十年

　　农继豪从小就对农村抱有深厚感情，在完成大学学业后，他毅然选择回乡助力农村发展。2014 年毕业时，他毫不犹豫投身大学生村官事业扎根基层。一直以来，他深刻铭记习近平总书记的谆谆教诲，始终坚定共产主义信念、全心全意为人民服务。面对基层艰苦的环境、繁重的任务，他始终凭借坚定的信念，不忘初心，风雨无阻，砥砺前行。这些年来，无论岗位怎么调整、工作多么繁重、环境如何变化，他始终坚定信念，坚守扎根基层的初心，从没有因为工作标准高、任务繁重而退缩，从没有因为碰到困难和挑战而气馁和放弃，也从没有因为工作出色、立功受奖而沾沾自喜、停滞不前，而是坚定信念、保持本色、奋勇前进，用最质朴的真心、最果敢的行动，对群众尽心尽力尽责，见证一位共产党员对党和人民的无限忠诚。

二、躬身为民服务，扎根基层知冷暖

　　紧密联系群众，扎根基层服务，是他的工作信条。作为一名党政机关干部，他始终不忘基层这个"根"，始终牢记全心全意为人民服务的根本宗旨，始终把走好群众路线作为开展工作的"最佳路线"。他真情实意对待人民群众。2016 年 3 月，作为机关办公室人员的他，某日晚上一如往日地前往单位加班，途遇一位老人骑车跌倒，他毫不犹豫跑上前帮忙，询问情况，确认老人轻微受伤无大碍后护送其回家。老人的家庭对他十分感激，事后制作"心系百姓 拯危救民 弘扬正气 光照党徽"锦旗送至单位。

　　他兢兢业业投身脱贫攻坚战。作为一名共产党员，他始终就像一颗钉子一样，组织把他安排在哪里，他就在哪里发光发亮，汗洒青春。果化镇那吉村贫困户 145 户 508 人，组织派农继豪担任该村党组织副书记，他深感身上担子很重，经常深入村里，走访贫困户，充分掌握每一户的情况，帮助贫困群众树信心、搞产业、摘穷帽。他先后

担任平果市果化镇那荣村、旧城镇康马村挂村工作组长，两个村贫困户分别是 44 户 1728 人和 242 户 923 人，几年来他任劳任怨，扎根基层，认真履职。2022 年，他当了坡造镇内里村、都阳村挂村领导，也始终如一，甘做老黄牛，深入走访群众 2000 余次，用扎实的步伐和真情捂热群众的心，带领大家结合村、户情况发展产业、外出就业等，增收致富拔穷根。他无私奉献投身疫情防控阻击战。疫情发生后，他坚定认为"防控就是责任，疫情来了，我们不上谁上"。为此，他临危不惧、冲锋在前，以实际行动保障人民群众的生命健康安全。面对疫情，他以身作则，带头学习宣传防控知识，制作宣传牌，撰写宣传标语，在村民群、亲属群等网络群中发送疫情动态、防疫知识等信息。面对疫情，他带头落实各项防控要求，2021 年春节，家族欲举办家庭聚餐，他站出来反对，表示要落实党委政府关于"不聚众聚餐"要求，并耐心阐释各类防控要求，获得亲友支持。面对疫情，他亮明身份，带头发扬不怕困难、连续作战的作风，闻令而动、冲锋向前，按照"白＋黑""5＋2"的工作模式，坚守疫情防控第一线。2022 年，他放弃春节假期，坚守在防疫岗位上，舍小家为大家，无私奉献青春，积极开展防控值班执勤和人员排查等工作，尽心守护人民群众的生命健康。

三、敢于担当尽责，冲锋在前排万难

农继豪深刻认识到重大项目是农业农村和工业经济高质量发展的"压舱石"，也是实施乡村振兴战略的重要抓手。为此，他积极参与项目工作，尤其是全市重大项目落在自己所在的镇村，他深感责任重大，却不退缩、不止步，时时想着如何以最快的速度、最好的服务，把工作做好，造福更多的群众，为全市项目建设贡献更多力量。2023 年，项目征地工作，他充分发挥党密切联系群众的优势，带头利用晚上和周末休息时间，深入涉及征地群众当中，宣传土地及附属作物的补偿标准等相关政策，了解收集群众的困惑和要求，并及时化解征地过程中的矛盾纠纷，确保圆满完成各项征地任务。

农继豪是农村走出来的干部，是在党旗下沐浴成长的，他始终把基层当作自己的家，在平凡的岗位上扎实苦干，为基层乡村振兴发展贡献自己最大的力量。

扎根基层　守护基层群众健康
——广西医科大学梁驹

梁驹，1990 年 12 月出生，中共党员，2015 年毕业于广西医科大学临床医学专业（国家订单定向免费医学生），2018 年结束住院医师规范化培训后回到家乡融水县工作，曾任广西柳州市融水苗族自治县杆洞乡中心卫生院副院长、白云乡中心卫生院副院长，现任融水县人民医院科教科副科长。

一、不忘初心，到最基层去守护群众健康

全科医生作为群众健康的"守门人"，守护着基层疾病预防和重大防疫的"第一关"。毕业后的梁驹主动选择偏远的乡镇——杆洞乡。杆洞乡村屯散落、交通落后，人员、药品、设备严重不足。他组织卫生院医务人员走遍杆洞乡，开展群众体检诊疗、家庭医生签约、健康扶贫等工作。冬天，120 急救车在出诊接送患者的路上常遇到大雾、冰雪天气、道路塌方等情况，尤其是在出诊村屯时更为艰难，接病人、转诊病人至上级医院也是一个巨大的难题。环境是艰苦的，他没有退缩，只有想方设法、克服困难：大雾时牵头探路指引、冰雪天时步行推车运送病人、道路塌方时担架上路……只要有机会，他坚决不放弃一线生机。

疫情发生后，广西启动一级应急响应，他第一时间协助院长强化培训、统筹物资储备、全面审查医院感染管理工作漏洞。作为第一批进到大苗山桂黔乌英苗寨开展防疫的工作队成员，他走访村民 100 余人次，冒着冰雪封山、塌方的危险，徒步到各村屯开展重点人员排查、宣教、登记、诊治、随访，没有漏掉一户一人。

二、勇担责任，到最基层去奉献医疗事业

2018 年 8 月至 2021 年 9 月，梁驹先后在杆洞乡中心卫生院、白云乡中心卫生院工作。他深知"至上而下"改革才是乡镇医疗"治本"的关键，完善规范的诊疗制度和机制能够长效改进基层医疗状况。他潜心研究、认真钻研，根据国家规定，编制了符合当地卫生院的乡镇版规范诊疗（临床路径），双向转诊制度，认真落实医疗核心制度，还借助县域医共体管理模式，指导医务人员强化护理质量管理和院内感染控制，规范药品耗材管理，建立相关制度，如乡村出诊管理制度、科室主任查房制度等，规范了一套适合当地卫生院的临床诊疗流程，如当地各种常见病诊疗临床路径；建立了医护人员培训机制，如"学术星期一"、轮岗进修制度；改善了医疗环境和管理制度，诊疗水平得以有效提高，药占耗材比得到合理控制，医务人员幸福感得到满足，群众健康意

识得到提升。真正实现"基层首诊、双向转诊、急慢分治、上下联动"的诊疗模式，为群众提供高效、便捷、经济的医疗服务，一定程度上解决"看病难、看病贵"问题，约 1.3 万名当地常住群众受益，取得了显著的社会效益和经济效益。

三、难忘情怀，到最基层去带好医师队伍

梁驹始终坚持"人才是核心""技术是硬道理"的理念，利用上级下派专家驻扎帮扶工作的契机，定期组织学习、交流和答疑，指导医务人员学习远程心电、远程 DR、远程会诊等医疗服务。他还兼职 B 超、放射影像等带教工作，教会了卫生院的医生技术操作和结果分析，基层医生们的诊疗能力突飞猛进，急诊急救能力提升明显，一些外科手术从无到有，从有到优。2022 年，梁驹主动担任了科教科副科长，负责广西助理全科医生规范化培训基地的培训学员学习与管理。他积极协调广西医科大学附属医院等各种渠道的教学、医疗资源，更好地培养高质量、高水平，更适合基层的全科医生。目前共招收 62 名学员，有 25 名已培训结束返回乡镇卫生院工作，其中将近半数学员担任卫生院业务骨干或领导。同时梁驹还每个月定期到乡镇卫生院指导医务人员队伍的建设，包括教学活动指导、基本技能培训、诊疗经验教授、基本理论授课等，2022 年培训乡镇卫生院医务人员约 1000 人次，依托县医院"医共体＋人才上下联动"的模式，持续带动区域内整体医疗水平发展，为实现"健康中国 2030"贡献自己的一份力量。

梁驹扎根基层，全心全意服务基层民众，全力以赴积极奉献基层医疗事业的事迹被中央电视台、《人民日报》、中国新闻网、《光明日报》等多家媒体报道，并获得一系列荣誉与肯定：作为全国高校毕业生代表在全国高等院校毕业生就业创业电视电话会议上发言；被评为全国第三届"闪亮的日子——青春该有的模样"大学生就业创业人物；在教育部主办的就业公益课程上，被邀请作为大学毕业生代表分享基层工作经验；作为基层医生代表参加广西卫生健康委举办的系列新闻发布会并答记者问；作为广西定向生代表参加国家农村定向免费医学生能力提升项目调研座谈会，并发表独到见解。

潜心育人　砥砺前行

——玉林师范学院庞裕珍

　　庞裕珍，1990 年 6 月出生，中共党员，大学本科学历，现任广西壮族自治区浦北县平睦初级中学教导处副主任、县政协委员。她思想政治素质高、师德高尚、爱岗敬业、乐于奉献、为人师表、关爱学生，落实立德树人根本任务。2016 年毕业后，为建设家乡，她扎根乡村学校教育，坚守"教书育人"初心，践行新时代"四有"好老师使命，当好学生学习成长之路"四个引路人"，教育教学工作形成"培优辅差促中间"的良性循环。她教科研能力强，主持市级课题，指导参与县级课题各 1 项，多篇论文、教学设计荣获国家、区级一等奖；教育教学能力突出，曾荣获广西壮族自治区优秀教师、钦州市优秀共青团干部，多次县级优秀、先进个人等荣誉；先进事迹在《钦州日报》、钦州文明网宣传报道。

一、学高为师，身正为范

　　她潜心钻研、勤于学习、精于业务，提出系列教改新思路、新举措。她积极参加各级教科研活动，认真学习教育教学新理念、新技能、新技术，把理论、智慧和经验相融合，努力探索专业技能发展的新途径，革新"4 案"教学模式，受益学生 3000 多人。她坚持以研促教的原则，带领乡村教师创新开展教学改革研究和课题研究，主持在研市级，指导参与县级课题各 1 项；积极撰写教育教学论文、案例，3 篇论文荣获国家、区级一二等奖。同时，她注重青年教师的培养，积极开展综合教学技能指导工作，带领广大教师开发教案、课件、作业设计等教学资源，构建以生为本的高效课堂，充分调动学生学习的积极性、主动性和创新性，帮助学生自主构建认知结构图，实现化内创生和迁移创新，切实提高乡村教学质量。她设计的 3 篇教案荣获国家、区级一等奖，多次指导青年教师参加县级录课比赛。2022 年，作为乡村教师代表在钦州市教师节座谈会上发言。

二、锐意进取，开拓创新

　　坚持党建引领团队建设，贯彻落实立德树人根本任务，创新开展组织团队建设工作。任职学校团委书记，少先队大队总辅导员期间，她坚持"双带一创"的工作思路，深入组织开展团、队活动，积极实施素质教育，强化共青团团干部、团员、少先队队员、青少年学生队伍的建设。坚持以重大节日和纪念日为契机，以习近平新时代中国特色社会主义思想为指导，融合社会主义核心价值观，创新开展丰富多彩的校园文化活动 50 余次，引导广大青少年树立正确的世界观、人生观和价值观，不断强化青少年思想教育和团队建设。

坚持以研促教的原则，充分发挥优秀引领辐射、同伴互助学习、合作探究的核心力量，促进全面提升。作为学校教导处副主任，她领导教研组、学科教师创新开展教学改革实验和课题研究等科研活动，提高教育教学质量和提升教师的教育教学思想、业务素质和教学业务水平。同时，她持续深入落实素质教育，传承发展中华优秀传统文化。她组织教师挖掘岭南优秀传统文化，结合新时代精神，在继承中优化创新发展。她组织广大教师学习当地，被誉为"大山里的长明灯"李群生老师扎根偏远山区教学几十载，退休后仍坚守讲台（义教），只为守护孩子的读书梦的先进事迹。她引领广大师生以此为契机，以传承文德书院红色基因和优秀传统文化为己任，知行合一，踔厉奋发，为保护非物质文化遗产作出应有的努力和实现中国梦笃行不怠，勇毅前行。个人荣获 2018—2020 年度基础教育先进个人、2021 年浦北县义务教育学区制管理改革工作先进个人等荣誉。个人先进事迹在《钦州日报》、钦州文明网宣传报道。

三、用心服务，情暖人间

她统筹协调学校与社会服务，多举措助力脱贫攻坚与乡村振兴有效衔接，助推教育发展。2017 年以来，她多次入户走访，精准摸实帮扶户致贫原因，制定帮扶计划，宣传帮扶政策，协助申请助学贷款，鼓励外出务工就业、种植柑橘、生产经营，努力脱贫致富。扶贫先扶志，近年来，她利用课余时间走访 160 多户家庭，搭建"家校共育"的平台，关怀学生的学习生活情感成长。疫情防控期间，她攻坚克难，冲在抗击疫情前沿，扛起疫情防控职责，做好校园师生疫情防控、为学生送课本到家、上网课等工作外，作为当地疫情防控志愿者，她积极参与重点路段的交通管控、值班值守，协助当地政府、卫生部门做好核酸检测工作，为广大群众筑牢生命之墙，践行党员教师的使命担当。近年来，她荣获县、地方优秀帮扶人、优秀工作者、乡村振兴先进个人等荣誉。

庞裕珍以身作则、求真务实、敬业奉献、开拓创新开展教育教学改革、学生德育教育、教务管理、乡村振兴等工作，服从党委、政府、教育部门安排，统筹协调各项工作，真情为全体师生和广大群众服务，助推乡村教育发展，坚持为党育人，为国育才。

青春绽放扶贫之路

——广西财经学院曾祥波

"来了个这么年轻的第一书记，会不会干活？今年咱们村脱贫摘帽该怎么办？"2018年3月正式开始驻村工作，曾祥波给村干部的第一印象就是来了个这么年轻的第一书记，没有基层工作经验能不能胜任工作？独堆村能不能顺利实现脱贫摘帽？村干部心里面都打上了问号。不光是村干部，对于没有过基层工作经验的曾祥波来说，心里也没底，到底能为独堆村带来什么变化？他又该如何去开展驻村工作？

看到村干部的担心，曾祥波意识到驻村工作并不简单，从了解村情民意开始，独堆村有240多户贫困户，800多贫困人口，他一开始并不知道这些数字意味着什么，当了解到独堆村贫困人口数排在全镇21个行政村中的第三位时，他顿时感受到了压力。第一次入户是和村主任为独居老人进行养老待遇认证，第一次开展困难家庭申请低保核查，第一次走访贫困户……许多"第一次"仿佛就发生在昨天，但让他印象最深的是第一次开党员会，会议结束后一位老党员说"你是新来的第一书记，我们屯还没有互联网，你应该要先帮我们屯里拉网线……"话语很朴实且很实在，但像在曾祥波头上狠狠敲了一击。第二天，他就找到电信部门工作人员，一起到该屯了解情况，尽力为该屯通网，路上正好遇到那位老党员，老党员说"书记，不管我们屯能不能实现通网络，起码你有行动了"，此刻他知道应该从村里所需、群众所求上开展工作。为了方便和群众沟通，更好开展工作，他学会了村里的方言，努力融入村子。

一、加强基层党组织及村"两委"班子建设

任职以来，他坚持以身作则，严格落实各项规章制度，坚持"四议两公开"等工作制度，提高群众对村"两委"班子的信任，促进班子团结，增强组织的战斗力。他通过党建工作引领各项工作顺利开展，为基层党支部注入新鲜血液。按时开展"三会一课"、党员固定活动日学习，开展基层党组织星级化、党员星级化评定，开展组织生活会及民主评议党员，组织党员、志愿者开展疫情防控各项工作。2018年，独堆村党总支部获评三星级党组织，各项工作都走在全镇前列。

二、转变村集体经济发展方式

2018年以前独堆村集体经济以房屋租金、鱼塘租金、山岭租金等作为主要收入来源，发展和收入方式比较单一。如何发展独堆村集体产业，实现村集体经济收入多元化是一个难题。2018年，通过将扶贫资金入股龙头企业、合作社获取分红的形式，由

之前每年几千元集体经济收入增长到 3 万多元，这让曾祥波看到了希望。他静下心想想，即使是通过入股分红的形式增加收入，入股到期后岂不是又回到了原点？

不甘心只"吃"分红，为何不自己发展集体产业？曾祥波将想在村里发展集体产业的想法告诉了村干部，得到了村干部的认同，大家一起出谋划策。他们决定以土地流转的方式发展生态养殖，在土地流转过程中，个别村民不同意租赁，他和村干部想办法想对策。他通过不断做村民的思想工作，2019 年成功租赁了十几亩土地发展生态养殖。2020 年，独堆村集体经济发展方式实现了从"输血"到"造血"的转变，村集体经济收入多了些盼头。2021 年和 2022 年又分别投资了 50 万元到龙头企业发展肉猪养殖、澳洲坚果种植产业，进一步增加村集体经济收入。

三、落实扶贫政策、助力脱贫攻坚

独堆村山岭居多，几乎家家户户都种植玉桂，借此优势独堆村委联合龙头企业免费为村民发放玉桂苗，覆盖新种植面积两百多亩，并且和企业签订协议，由企业进行桂皮收购，为独堆村玉桂产业的发展提供了保障。

自脱贫攻坚工作开展以来，独堆村修建村屯道路 30 多条，合计 22 千米，投入资金 600 多万元，各屯均已实现水泥道路硬化。几年来，通过落实产业以奖代补、低保、特困供养、危房改造等政策，有效改善了贫困户生活条件，实现稳定脱贫。

2018 年以前，独堆村村干部主要集中在村委二楼办公室办公，地方小且不方便群众办事。通过向后盾单位桂平市人社局领导汇报，由后盾单位资助 2 万多元在独堆村委一楼大厅新建党群服务中心，改善办公环境，面向群众办事，增加工作透明度，方便群众办事，努力做到为人民服务。

四、精准扶贫实现"两不愁三保障"、助力乡村振兴

他结合独堆村村情概况，制定了独堆村扶贫实施方案，发展壮大村集体经济三年行动方案，按户制定了"一户一法"帮扶措施，将扶贫政策落到实处。2018 年以来，29 户建档立卡贫困户（含监测户）通过危房改造、4 户通过易地扶贫搬迁达到有住房保障，到 2020 年，全村建档立卡贫困户均实现有住房保障。适龄少年儿童均实现义务教育保障，建档立卡贫困人口均参加城乡居民医疗保险，实现了基本医疗保障，实现"两不愁三保障"。

五、疫情防控勇担当

疫情防控期间，他组织村干部以五户农户为一个小组进行联防联排联控联保的"五户四联"工作方法对全村群众进行逐户逐人排查，通过发放宣传资料、张贴标语等方式宣传疫情防控知识。他设置党员先锋岗，组织党员、志愿者在岗轮班值守，做好人员

去向登记，落实防疫政策。疫情防控期间，他所驻村未发生感染病例，做到守土有责、守土担责、守土尽责，努力守护全村群众生命健康安全。

他加强疫苗接种宣传，动员群众积极接种疫苗，对行动不便的老人，组织专车接送至乡镇卫生院接种疫苗。有基础病的老年人，联合市医院专家、乡镇卫生院医生、村卫生所医生上门对老人身体条件进行评估，适合接种疫苗的上门为其接种，做到应接种尽接种。

六、乡村振兴，继续前行

2021年正值脱贫攻坚工作队换届，此时曾祥波驻村已满一届，但是为了独堆村的发展，进一步改善独堆村的村容村貌，他选择了留任独堆村，继续投身乡村振兴工作中。2021年，独堆村有19个自然屯完成了基础整治型乡村风貌提升工程，村容村貌得到明显改善，人居环境进一步提升。独堆村在新一届村"两委"班子和驻村工作队的带领下，继续朝着乡村振兴迈进。

跨越千里求学　成就汽车梦想

——柳州职业技术学院房九林

　　房九林，1990 年 10 月 2 日出生于四川省广安市广安区大龙乡，毕业于柳州职业技术学院汽车工程系汽车检测与维修专业。

一、宝剑锋从磨砺出

　　从踏入学校的那一刻起，他就为自己定下了目标：学习为重，生活为轻。在人生的赛场上，勇者赢，勤者胜。他啃破书本，做知识的强人；他挤干时间，做时间的主人。对待学习，房九林始终保持着严谨认真的态度，时刻以高标准要求自己，他所有学科学业平均分达到 90 分，每年都保持本专业第一的好成绩，他动手实践能力突出，得到了老师和同学们的一致好评。汽车检测与维修技术专业带头人计端老师说："房九林是他教过的这么多学生中最稳重踏实、最勤学奋进的学生。他不怕累、能吃苦、好提问，是个喜欢打破砂锅问到底的学习尖子生。"同寝室的王飞同学在谈到房九林时说："无论是在学习还是工作中，踏实勤奋是九林留给我们所有同学的第一印象。无数个夜晚，我们都已经进入了梦乡，他却还打着手电在钻研他的专业书籍。他对学习充满了浓厚的兴趣，他的勤奋刻苦、苦心钻研，是我们很多同学都无法匹敌的。"

二、梅花香自苦寒来

　　大学毕业之际，房九林凭借优异的学习和大赛成绩收到了各品牌 4S 店抛来的橄榄枝。出乎大家意料，他选择了尚在起步阶段的柳州市瑞航汽车维修有限公司，从零开始，一步一步扎扎实实地往前走。初入职场，房九林还有着些许的彷徨和不适应，通过和领导的沟通，加上原来扎实的专业基础，他很快就融入了公司这个大家庭。他努力培养自己的服务意识，积累扎实的专业知识，经过一段时间的实践，在同一时期进入公司的员工中脱颖而出，深受领导和同事的信任与好评，成为公司不可或缺的一分子。

　　谈到房九林取得的佳绩，总经理陈哲峰啧啧称赞，丝毫不掩饰对他的欣赏："我一直非常欣赏并看好九林，2012 年我担任柳州市"高职院校技能大赛"汽车维修项目的裁判时，这个学生就给我留下了深刻的印象——沉着冷静的头脑、扎实的专业基本功、娴熟的故障判断及维修的技能。他在团队中发挥着核心的作用，有着超乎同龄人的稳重。九林是个对自己目标非常明确的孩子，还在上大学的时候，他就利用休息日及假期，到我们店里打工学习，非常勤快，脏活累活抢着干。"

三、艰难困苦　玉汝于成

2016 年年初，在积累了一定的维修经验和客户资源后，房九林与朋友合伙开办了公司，主营汽车维修、钣金喷漆、汽车保险代理等业务。他担任公司的技术经理一职，带着一个 20 多人的团队，年营业额约 360 万元。近年来，我国新能源汽车产业发展驶入"快车道"，仅提供传统汽油车维修服务已不能满足市场需求，结合柳州本地新能源汽车的保有量，房九林决定带领团队一起学习新能源汽车领域的相关维修知识，既能保证公司的经济效益，又能增强各技术人员的自身技术水平。

在成就自己的同时，房九林也不忘成就他人和回馈社会。他为母校的师弟师妹们提供汽车维修实习的岗位，每年都招收一批毕业生到公司就业。同时，他还组织公司员工到三江县和平小学进行公益助学活动，为当地留守儿童提供助学金、生活用品、文具等，为乡村助学贡献着自己的力量。

虽出身贫寒，但在房九林看来，物质贫乏是一种考验，也是一种财富。他在贫困中磨炼，在自强中成长，在乐观中收获，贫寒的家境赋予了他坚韧的性格和不屈的意志，让他体会到拼搏的快乐，懂得了成长的担当。

青春的脚步还未停歇，奋斗的激情之火熊熊燃起。在今后的工作中，他一定会继续努力，继续秉承"志当高、学当勤、能必强、技必精"的校训，带着光荣和梦想奋勇前行！

扎根基层守初心
实干担当创事业
——广西水利电力职业技术学院王振波

王振波，男，中共预备党员，2016 年于广西水利电力职业技术学院毕业。

一、厚积薄发，笃行致远

王振波于 2013 年 9 月进入广西水利电力职业技术学院学习，在学校理论与技能并重的教学理念的影响下，他刻苦钻研学习的同时重视技能培养，在专业课程中汲取丰富理论知识，在实训学习中打磨专业技能。他通过参加学科技能大赛，不断提升专业技能水平，通过第二课堂，在党的知识、创新创业、就业技能等方面得到提升。他在老师、同学们的帮助下，增长了学识才干、磨炼了坚韧不拔的毅力、培养了吃苦耐劳的奉献精神、砥砺了刻苦钻研的品格，并立志扎根基层，树立了做基层实干家的目标。

二、扎根基层，成长成才

2016 年毕业后，王振波到柳州片区电力施工基层项目部工作，他始终牢记广西水利电力职业技术学校"上善若水、自强不息"的校训，坚持从最基层的施工员做起。在工作上遇到难题时，他挑灯不寐，通过查阅专业书籍及联系学校老师，找到解决问题的最佳方案。项目部在条件艰苦的山区，当身边的同事一个个离开时，他坚持了下来，并通过不断学习和积累经验，成为片区项目的负责人，在他的带领下，班组不断壮大，承接的项目增长率达 350% 以上。

三、创新创业，带动就业

王振波积极响应国家创新创业的号召，于 2019 年 9 月，与志同道合的同窗好友，共同创办了公司，这是一支平均年龄约只有 25 岁的年轻队伍。

作为公司创始人之一，王振波坚持学习，用知识武装头脑，用行动践行初心，将"树企业形象、创优质工程"作为公司的企业宗旨，提出"以质量求生存，以信誉求发展，以创新求作为"的理念。在他的带领下，公司不断扩大，下设 3 个分公司，为广西的国家配网工程、新能源电力等国家支柱战略行业作出了突出的贡献，带动当地的经济发展。公司的发展事迹被人民网等专题刊载报道，并被认定为广西高新技术企业，2020 年王振波也被评为全国优秀企业家。

四、饮水思源，反哺母校

2016 年毕业后，王振波一直与母校保持紧密联系，与母校挂牌共建校企合作创新基地，他带领的企业技术团队和母校创新团队的师生们多次"蹲"在实验室中，共同开展智能电力装备技术研究，常常为了解决一个技术细节问题废寝忘食。

他始终怀揣着对母校培养的感恩之心，在学校 60 周年校庆之际，王振波回母校拜望恩师，并向学院捐赠了院训文化石、文化长椅及一套标准配电台架、高低压开关柜等。疫情期间，王振波顶住压力，先后共招录母校毕业生 25 名，彰显他反哺母校的优良品质。

五、党建引领，共创共赢

王振波在政治上立场坚定，积极向党组织靠拢，提出以党建引领企业发展。公司于 2021 年申请成立党支部并通过批复。为进一步发挥党建引领作用，促进企业高质量发展，他主动联系学校，请学校党委领导到公司实地指导，开展校企结对共建交流，构建"资源共享、优势互补、互相促进、共同提高"的党建工作新格局。通过党建和企业文化的有机结合，提供企业的管理能力，增强企业的凝聚力，帮助和引导员工树立正确的世界观、人生观、价值观。

六、践行公益，回馈社会

面对疫情，王振波仍然坚持践行公益活动。他向玉林市博白县捐赠抗疫物资共计 3 万元。王振波不忘故土养育之恩，出资 2.5 万元为乡村振兴贡献自己的一份力量，捐资助学金 1 万元助推博白县教育事业的发展。

王振波绽放青春理想，做扎根基层的奋斗者，用奋斗书写最美青春故事。

用智慧和担当做新时代的工匠

——广西交通职业技术学院赵俊智

一、甘当路石，扎根基层

赵俊智 2015 年 8 月参加工作以来，一直投身交通运输基础设施建设事业，历经测量员、施工员、安全员等一线艰苦岗位工作，参与了广西贵港市交通运输基础设施建设项目达 15 个。多年的一线工作，他积累了较为丰富的现场施工管理经验，处置了施工中较为棘手的技术问题，也筑牢了立足岗位、奋发进取、开拓创新、勇于奉献的职业操守。

二、业精于勤，行成于思

赵俊智多年一线工作的经历，养成了他一丝不苟，勤政务实的工作作风，作为一名共产党员，吃苦在前，奉献在前，任劳任怨。他在工作中善于思考，担当实干，充分体现了共产党员的先锋模范作用，为促进工程项目高标准建设和推动公司事业高质量展作出了突出贡献。他先后荣获 2016 年度贵港市"国资系统优秀共产党员"、2019—2022 年贵港市交投集团"优秀共产党员""技能提升奖""优秀管理者"诸多荣誉。

三、善作善为，攻坚克难

赵俊智始终按照党员的标准严格要求自己。他立场坚定，思想进步，把"做事先做人，万事勤为先"作为自己的行为准则，认真细致、艰苦奋斗、恪尽职守、以身作则，积极参与党组织的各项活动，坚决服从组织、公司的安排。他时时事事起到模范带头作用，保持坚定的共产主义信念和较强的党性。

2016 年贵港华奥项目，施工强度大、工程量大、工期紧，为了抢工期，他作为基层技术员工，发挥施工一线党员先锋模范作用，响应"让红旗飘在工地上"的号召，帮助并带动实习生克服动摇思想。他团结工地先锋队带头加班加点，克服各种技术难题，大大加快了施工进度，并出色地完成组织交给他的各项任务。

2016 年年底，赵俊智将安全工作进一步分解，安排全体管理人员的安全管理职责，实现安全管理人人抓、大家管的局面。抓安全要抓住关键点，赵俊智对抓好重大危险源的控制十分重视，在危大工程的管理上、安全投入上绝不含糊。从 2016 年到 2019 年，从学习到能够独立负责项目的测量与安全工作，他深刻意识到党员的先锋模范作用最终要体现在各自岗位上、工作中。他坚持问题导向，对各项生产工作开展全面排查，对发现的问题明确责任、强化举措，按照时间节点保质保量完成生产任务。

四、初心不改，使命担当

赵俊智积极参加党内组织生活，响应参与党组织的各项志愿服务活动。在疫情期间，他主动报名到贵港高速路口、社区小区开展消毒、登记排查等志愿服务工作，积极参与支部主题党日活动，深入社区开展垃圾分类宣传、为社区进行垃圾清扫等服务，充分发挥了模范带头作用。

赵俊智始终把努力学习、不断提高自身素质放在首位。他深知自己的一言一行，关系到一名共产党员在群众中的形象。他积极参加党组织的各项政治学习，主动接受政治教育，自觉加强思想锻炼，使自己在思想上政治上行动上同党中央保持高度一致。他学以致用，坚持以新时期共产党员先进性的具体要求鞭策自己。不管在哪里，无论工作任务多重，工作强度多大，他始终坚持战斗在第一线，以身作则。

赵俊智面对日趋激烈和复杂的竞争环境，始终牢固树立用心工作意识，恪守"奉献不言苦，追求无止境"的人生格言，认认真真做事，踏踏实实工作。他总结自己多年不同岗位的现场工作经验，坚持科学管理，提升了团队综合经营能力，带领部门积极地完成了各项业务指标。

唯有少年多壮志
助农脱贫振乡村

——广西生态工程职业技术学院钟坤林

　　钟坤林，广西生态工程职业技术学院经济贸易学院电子商务专业 2017 届优秀毕业生。一次与同学的闲聊让他记住了百色革命老区的红色故事，记住了香软可口的百色芒果。毕业后，他两度放弃高薪工作、一次回炉再造、两次创业，皆为了让百色老区的芒果飘香四方。2022 年，钟坤林所经营的芒果产业辐射带动 4 个行政村、50 户农户 100 余人、解决 200 多农村劳动力就业问题，在让更多的农民共享芒果产业的发展成果的同时，钟坤林也逐步实现了自己的人生价值。

一、闲聊杂谈识百色，助农坚心早萌芽

　　2016 年，读大二的钟坤林在和同学的聊天中，不仅被老区的红色故事深深地打动了，还第一次品尝到了百色芒果，第一次知道原来在百色就有近 30 多个品种的芒果，而且每一种芒果都有独特的口感和气味。百折不挠、奉献拼搏是老区红色故事留给他的百色印象；香软可口是百色芒果留给他的百色味道。

　　为破解发展难题，百色市从 2015 年起，扎实推进电子商务进农村项目，不仅建成了市、县、乡、村四级运营服务站点，同时还建立物流配送网点。浓厚的电商氛围，优质的"百色芒果"，加上勤劳朴实的农户，钟坤林有信心让百色芒果插上互联网的双翼振翅高飞。2017 年毕业实习结束，他毅然放弃了杭州的高薪工作，和同学到百色革命老区从事芒果电商销售。

二、躬行方知事艰难，离桂赴杭锻技能

　　钟坤林和所有创业者一样，体验到了初创的艰难。为了缓解经济压力，他身兼数职。每天早上 7 点他就前往水果市场找最好的果源。为了减少人力成本，他和同学承担起了采购、运营、客服、物流等工作。最忙的时候，他们一天要发上百个订单，即便如此，芒果产品月销售额始终保持在 10 万元左右，规模无法扩大。他经过认真反思，觉得个人能力有所欠缺，他说："我觉得自己电商运营能力欠缺，供应链、货源拓展和品质把控等方面无法及时跟进，整合资源能力还不足。"为了提升自己的电商运营能力，他毅然放弃刚刚起步的产业，踏上了赴杭州实践学习的路途。

　　经过在杭州电子商务公司的努力奋斗，他学习到了先进的电商运营理念，强化了个人电商运营技能。

三、初心不改情难舍，矢志乡村助振兴

2021 年，钟林坤再次回到了阔别已久的百色，和朋友一起创立公司。他将在杭州学到的专业知识和经营理念用到了公司运营上，创办了集电商运营、生鲜实体店、生鲜水果供应链、水果基地、林业种植等业务于一体的综合型专业农业公司。他依靠国家乡村振兴的政策支持，将实体店销售和电子商务网络销售相结合，拓宽芒果销售渠道，让芒果"销得出、销得好"。

钟坤林始终认为，一个企业的成功不算成功，带领千千万万的农户走上致富之路才算成功。他的公司与村民签订了芒果基地承包合同，每年定期向村民支付租金，同时招聘村民为采摘工人及打包工人，让村民拥有双份收入。2021 年以来，公司新增芒果种植面积 2000 亩，2022 年产值高达 800 万元。公司的芒果产业辐射带动 4 个行政村、50 户农户 100 余人。

2022 年 8 月，钟坤林受邀参加 2022 年全国青年（大学生）乡村振兴百色芒果网络营销创新创业大赛。大赛中，他带领团队获得全国社会青年组网店销售大赛二等奖。

四、功成难忘母校情，助农又添新传承

在公司规模不断扩大，助农振兴事业蒸蒸日上之际，钟坤林不忘母校的培育之恩，主动和学校建立校企合作关系。2022 年，他返回母校分享自己的经验和做法，一一解答同学们的问题，同时他为 18 名电子商务专业的学弟学妹提供了实习岗位。"也许学弟学妹中也有人偷偷在心中埋下了'芒果种子'，任何人需要，只要在我的能力范围内，我都愿意帮助'施肥、浇灌'"。钟坤林说，"我期待更多的毕业生勇于创业，参与到振兴乡村的建设中。"

钟坤林是是全国职业教育服务农村建设、农业发展、农民致富的一个典型案例，是广西生态工程职业技术学院长年来始终坚持"三全育人"、坚持课程思政教育、坚持培养学生主流价值观的成功典范。

巾帼不让须眉的
广西第一位大机女司机
——柳州铁道职业技术学院杨瑶

2019 年，杨瑶毕业于柳州铁道职业技术学院，现在中国铁路南宁局集团有限公司柳州工务机械段工作，在机械清筛车间任线路工。2021 年，杨瑶顺利考取了铁路机车车辆驾驶证，成为了一名大机女司机。这位姑娘在进入单位的两年时间里，还在岗位操作生产运动会中两次取得了第二名和第四名的好成绩。

在大学期间，杨瑶加入了中国共产党，从入党那一刻开始，杨瑶就始终谨记党的教诲，在工作生活中发挥着党员的先锋模范作用。在进入机械清筛车间后，杨瑶本着不怕吃苦的精神和对大机的浓厚兴趣开始了"大机之旅"。

与其他岗位相比，大机司机在劳动强度和工作环境上都面临很大挑战，尤其对女孩子来说，更是难上加难。好在刚上大机还有师傅的教导，女子当大机司机一时成为人们的热门话题。有的赞扬："这个女孩子不简单，果真是巾帼不让须眉！"也有人说风凉话："干这活累死了，真是自己找罪受，绣花的手也想开大机，等着看吧。"压力之下，从小就不服输的杨瑶，心里有些慌张，在这个以男同志为主的大机工作中，自己能不能做好？这工作我能否适应？我能坚持下去吗？她脑海里浮现出一连串的问号。虽然有很多疑惑，杨瑶还是不断鼓励自己。

万事开头难，跟着师傅学习了两个星期，杨瑶开始尝试独立操作，但刚上手就被各种按钮搞得惊慌失措，经过几次失误后，杨瑶心里暗下决心：一定要更加努力才行。师傅领进门，修行靠个人。于是，在别人周末去玩时，杨瑶捧着书本看电路图；在别人休息时，杨瑶拿着本子抄写工作记录；在别人已经进入梦乡时，杨瑶把自己的操作细节回想几遍；在别人还没出工时，杨瑶跟着师傅学习调车。有了师傅的帮助和辅导，她懂了更多东西，就更加理解大型养路机械工作岗位的重要性。

2021 年 1 月初，杨瑶抓住了一次机会，参加全段大机二号位操作技术比赛，同台竞技的全是有着十多年工龄的老师傅，比赛中杨瑶感到无比的紧张，但对每个工作环节都处理得非常仔细，最终赶超了许多老师傅，荣获了全段第二名的好成绩。

杨瑶吃的苦，熬的夜，终于有了回报，也更加相信只要付出就有收获。在接下来的工作中，杨瑶严格按照大机发展需要准确定位自己，端正个人工作目标，着力培养"自尊、自信、自立、自强"的精神，埋头练业务，扎实干工作。大机司机的目标激励着她去迎接挑战。强烈的事业心、责任感与进取精神化作巨大的驱动力，驱动着她去拼搏。

为了学好驾驶知识和技能，杨瑶把知识点记在卡片上随身携带，一有时间就拿出来学习。休息的时候，她与大家议论的主要话题就是如何提高操作技术，如何运用理论知识，如何理解安全规程，如何掌握检修、保养方面的技术知识。"每天改进一点、每天变化一点、每天进步一点、每天努力一点、每天超越一点"，已成为杨瑶对自己的要求。

面对艰苦的工作环境、繁重的工作任务，用她自己的话说就是："男同志能行的，我们为什么不行？男同志能干好的，我们一定干得更好！"作业现场灰尘多、风吹日晒。这样的环境下，杨瑶却能保持积极乐观的心情，上下班路上和宿营车里常常传出她爽朗的笑声。有人不解：这么爱美的女同志，干那么累的活不觉得苦，还能笑出来？她的回答很简单："在工作中寻找快乐，在快乐中努力工作。""不经历风雨，怎能见彩虹？"这是她敢于面对困难、勇于挑战自我的真实写照。

杨瑶定职后迎来了接受培训大机司机的机会，虽然过程并不顺利，但杨瑶没有想过放弃。"考司机很难，在我多次挣扎抱怨的时候，师傅都能及时开导我，和我谈心。"杨瑶通过不断地学习培训，渐渐地达到了当司机的标准，一个月的努力考上了副司机，又用了一个星期的培训考上了正司机。这一刻，大机司机这个梦想实现了。

杨瑶通过自己的努力完成了"司机梦"。她以自己坚韧不拔的精神展现了巾帼风采，描绘了新时代铁路大机司机最亮丽的风姿。她的付出，让生命更加多姿多彩！

边疆小胡杨

——柳州工学院黄毅

黄毅，1994 年 11 月出生，重庆巫溪人，中共党员，2017 年 5 月入党，2019 年 8 月参加工作，大学本科学历，现任伽师县克孜勒博依镇人民政府一级科员，恰瓦拉村党支部书记、工作队队长，2021 年获得克孜勒博依镇"优秀共产党员"称号。

自担任恰瓦拉村党支部书记以来，他紧紧围绕"产业兴旺、生态宜居、乡风文明、治理有效、生活富裕"的战略目标，做好巩固拓展脱贫攻坚成果与乡村振兴的有效衔接；认真宣传和贯彻执行党在农村的各项路线方针和政策，以共产党员标准严格要求自己，团结带领党员干部和群众克服一切困难，引导全村走上了致富的道路。

一、抓党建，促组织建设

以"五好党支部"为契机，深入贯彻落实习近平新时代中国特色社会主义思想。俗话说"火车跑得快，全靠车头带"，身为支部书记的黄毅深深明白这个道理，加强村"两委"班子建设，发挥强有力的战斗力，才能带动农村各项工作的开展；以"三亮、三比、三评"要求，强化党员队伍建设，发挥先锋模范作用；完善"三会一课"制度，健全组织生活，借助党员现代远程教育网络加强党员的思想教育理论和政策学习，提高党员的政治素质和理论政策水平；做好青年、民兵、妇女、综合治理、信访稳定工作，充分发挥党员先锋模范带头作用，促进社会主义和谐社会建设；有计划地培养发展新党员，给党员队伍注入新的力量；加强村"两委"班子建设，不断增强干部凝聚力，培养思想政治素质强和发展能力强的"双强"村干部，努力营造干事创业的良好氛围；抓好村组织活动场所建设，加强村委会基础设施建设，树立对外良好形象，不断完善村党群服务中心、图书室、娱乐活动室、会议室等场所的功能，充分发挥其提高群众科学文化素质和思想道德素质的作用，努力按照"五个好"村党支部的目标要求来加强基层组织建设。

他按照实际制订该村的村规民约，建立一套行之有效的管理机制。他真正地做好组织带头人，建章立制，廉洁奉公；政务、财务和村务公开，接受村民的监督。他加强整理政务、财务、村务公开公告栏，建立和健全工作制度，同时完善各种管理制度，让村委会懂管而且善管，形成良好的管理机制。

二、抓经济建设，寻致富门路

提高村集体收入是关键，发展一批思想先进的致富带头人，先富带后富，他带领

村集体打造特色优势产业。一是
790 亩林果产业，产值达 20.8 万
元。二是 1000 亩小麦良种产业，
产值达 40 万元，同时组织培养农
业技术人才 3 名和科技特派员 1
名，开展科普宣传和科技培训，提
高农牧民的科学文化素质，增强服
务区农牧民致富本领。三是带头开
展创业行动，开办合作社 1 家。四
是带领村集体改革创新，成立恰瓦
拉村股份经济合作社。进一步盘活

农村集体资源资产，让"沉睡"的农村集体资产变成让各族群众增收的"活资本"。五是
培养高素质农民，推进稳岗就业。做群众思想工作，培训各类技术人才 53 人。

三、抓思想教育，树文明新风

黄毅在领着村民抓经济建设的同时，时刻不放松对干部群众的思想教育，把党员
干部队伍建设始终作为一件大事认真抓好，首要的是坚持理想信念、宗旨意识教育，
解决为什么当干部、为谁当干部的问题，树立正确的人生观、世界观、价值观。在村
委会上，他经常说："我们共产党人的宗旨是全心全意为人民服务，一切工作的出发点
和落脚点都是为人民谋利益，当干部就不能怕吃亏，怕吃亏就不能当干部。"他是这样
说的，也是这样做的。在教育问题上，支部要给干部带好头，干部要给群众带好头，
强化干部党员的学习，提升干部党员的素质，充分发挥党组织和党员作用。他组织党
员开展志愿活动，让每位党员始终牢记党的宗旨，同时给每位党员定岗，提升乡村善
治水平，完善村民自治、村级议事决策、民主管理监督、民主协商等制度机制；组建
志愿服务队，推动农村精神文明建设落地见效；常态化联系走访群众，深入开展"我为
群众办实事"活动。在走访 6 组海批提木·卡地尔家中时，了解到他家中困难多，黄毅
非常热心为其解决困难。制度建设是长远性的工作，在学习、工作、会议、行为规范
等方面都有制度，保证每项工作都有章可循，他制订村规民约，加强宣传教育，通过
教育把遵守制度变成大家的自觉行动。

四、抓乡村治理，促建设发展

黄毅始终牢记社会稳定和长治久安总目标要求，强化重点人、重点区域、重点场
所、重点部位的管理，有效保障了社会治安稳定秩序；做好地区级民族团结示范村争
创，深入开展爱国卫生运动，厕所革命，深化"三新"活动，推进村庄绿化美化。他教
育引导群众接受现代文明的生活方式，帮助群众养成良好的生活习惯，让群众有获得
感和幸福感。

青春在脱贫攻坚一线绽放风采

——广西英华国际职业学院兰忠

兰忠，瑶族，中共党员，1993 年 9 月生，2017 年毕业于广西英华国际职业学院，2017 年 9 月至 2019 年 10 月在中国人民警察部队服兵役，2019 年 10 月至今在广西壮族自治区河池市巴马瑶族自治县东山乡工作。兰忠扎根贫困村，用充满朝气的青春热情，用无私付出的心血和汗水，带领村民成功脱贫；他因地制宜，带动村民发展特色种养产业，实现村民户均年增收 5 万余元，帮助三联村成功摘下"贫困村"帽子，赢得了村民的认可和信任。因工作出色，成效显著，他被评为巴马瑶族自治县基干民兵"先进个人"。

一、立下"军令状"：不获全胜 决不收兵

巴马瑶族自治县东山乡是典型的大石山区，山高路远，交通闭塞，属于国家级贫困乡。2019 年，当兰忠来到东山乡脱贫攻坚一线工作时，年轻气盛的他，豪情万丈，暗暗较劲，一定要把"拦路石"搬走，带领村民脱贫致富奔小康。

建档立卡、走家串户、寻找对策、身体力行，脱贫攻坚工作异常繁重，但兰忠从不喊苦喊累，常常废寝忘食，连续工作十几个小时。他说："我正年轻，有用不完的精力，不用在工作上就浪费了。"在实际工作中，他也始终冲在前头、沉在里头、走在后头，确保各项工作落实准确到位。

在一次会议中，兰忠表态："全力以赴，誓要脱贫，不获全胜，决不收兵！"豪言壮语，彰显自信和担当。

二、扎根三联村：发展特色产业摘下"贫困帽"

"三联村山高路远，生态优势明显，只有'靠山吃山'，发展生态产业，才能破解产业发展短板。"兰忠到三联村的第一步，便是走家串户，摸清三联村的基本情况和家庭收入结构。他决定因地制宜，把自然环境的劣势变为优势，发展特色种养产业。

刚开始村民并不信任他，认为兰忠说的根本不切实际。有一次，兰忠到村民韦大爷家做思想动员，劝他利用荒地种核桃，增加收入。韦大爷冷嘲热讽地说："大石山能种什么？种出来了你来收购吗？"兰忠没有生气，耐心解释核桃种植的优点、市场行情、种植成本，并拍胸膛保证："销路完全没问题，卖不出去我来收购！"并打开手机电商网站，给韦大爷看市场核桃行情，最终韦大爷答应，把自家的荒地全部种上核桃。

在种植核桃的那段时间，兰忠和村民们埋头苦干，早 7 点上山挖坑种树，晚上 8

点集中讲授核桃种植的技术要领，回到家往往已是深夜。兰忠用心用情用力为群众做实事、办好事，与村民融在一起、想在一起、干在一起，用心血和汗水，赢得了村民的信任。

截至 2022 年年底，全村种植核桃 1362 亩，实现户均种植核桃 3 亩、经济山林 85 亩，特色产业覆盖贫困户比例达 100%。功夫不负有心人，特色产业为三联村户均年增收约 5 万元，全村人实现脱贫，兰忠也因此赢得了村民的认可和信任，被村民亲切地称呼为"小兰书记"。

三、做群众贴心人：实现四个百分之百

在做好脱贫攻坚工作的同时，兰忠还牵挂着村民的民生保障。经过他的耐心动员和工作，三联村取得了合作医疗参保率 100%、应学尽学 100%、居民养老保险参保率 100%、60 周岁享受养老保险待遇 100%。

在疫情防控期间，为了解决外出务工村民的后顾之忧，兰忠还亲自接送每一位留守老人和儿童到乡卫生所接种疫苗。2021 年 8 月 4 日，71 岁高龄老人要到乡卫生所接种疫苗，当时村里通往乡上的道路正在扩建，车辆无法行走。兰忠主动背着老人，走过乱石，行走近 2 千米，护送老人到乡卫生所接种疫苗。

兰忠就是这样一直奋斗在艰苦的脱贫攻坚一线，与群众融在一起、想在一起、干在一起，用心血和汗水，展现了独特的青春风采，诠释了一名年轻村干部的担当和作为，诠释了人生的价值和追求，是新时代以实际行动坚守共产党员初心的典范，是新时代牢记使命为民服务的榜样。

海南省

坚守初心耕耘杏坛芬芳
就业育人助力学生成长

——海南师范大学教师李蔺

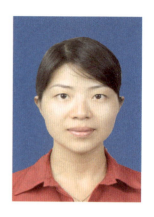

李蔺，1980年10月出生，中共党员，讲师，海南师范大学新闻传播与影视学院党委书记，国家高级职业指导师。她先后获海南省先进党务工作者、省大学生职业生涯规划大赛优秀指导教师、省高校优秀辅导员、省教育系统先进工作者等省级荣誉9项，校优秀辅导员、就业创业工作先进工作者等荣誉近30项。

二十年职业规划教育，二十年耕耘青年心田。2003年至今，她在高校辅导员岗位上工作，为近6000名学生"职"点迷津，加油蓄力，成就梦想。

一、精准施策促进生涯教育，精准服务增强就业指导

(一)精准施策唤醒学生生涯意识

她引导学生进行目标管理、时间管理和精力管理。她让每位新生计算家长的投入和学习收益之比，这让学习拖延的学生增强了生涯规划意识。

(二)精准引导解学生就业困惑

她使用"线上＋线下"工作模式，用QQ、微信、邮件与学生互动，主动了解亲近学生，乐于倾听学生学业就业烦恼。在2020届年级辅导员缺位的情况下，她毅然接手并一天添加153名毕业生微信，确保疫情期间就业工作不打烊，就业服务不断档。对建档立卡、身体残疾、学业困难、有心理问题的学生进行一对一帮扶，开通"良师有约"线上服务平台，共计完成约110人次就业指导咨询，指导学生修改个人简历100多人次，部分学生简历反复修改打磨达5次。毕业生小李经指导不仅获得全校简历大赛一等奖，还经过面试技巧训练帮助她找到了心仪的工作。

二、知心工程助力职业规划，导航工程提升就业能力

(一)实施知心工程，用心陪伴帮助学生规划职业

她与学生开展面对面谈心谈话，年均约200人次，聚焦学生学业规划、职业规划，做好谈话分类记录，制作四年成长手册，对学生学习生活的真实状态底数清、情况明。学生小翟家庭贫困，生病时为帮他节省熬药的钱，她每天在家熬药送给小翟；在小翟提出想退学时，她多次开导，送上励志书籍并写上寄语，正是在她细致入微的关爱和鼓励下，小翟顺利毕业并在定安县城一所中学当老师。

(二)实施导航工程，个性化提升学生就业能力

她将不同年级、不同发展层级学生纳入导航体系，实现对其学业、职业全过程跟

踪引导。她为低年级学生建立个性化职业生涯档案和学习目标管理图，帮助高年级学生掌握职业选择原则、企业选人思路，做好求职准备。她先后负责 5 届 46 个班级毕业生，就业率在 92％以上。

三、理论研究强化团队建设，实践指导提升就业实效

(一)课程化研究推进团队建设

2018 年 6 月，辅导员工作课程化工作坊获批成立，作为负责人，她带领团队致力把就业指导工作相关内容固化成课程，整个团队累计创建学业水平和专业能力提升、职场沟通、团队合作、自我管理、信息处理能力等职业核心能力方面 25 个主题课程，制作 30 余个课件、教案，开展 300 余个学时教学，受众面辐射 7 个学院学生，累计 6000 多人次。

(二)工作室运营提升就业服务

2020 年 7 月，李蔺"彩虹人生"职业发展指导室获批成立。她带领工作室成员着力实施"七个一"行动计划，每学期提供一项育人产品(项目)、每月举行一次学习沙龙、每年举办一次工作论坛、每年申请一项研究课题、开设一门通识课程、开展一系列专题讲座、主推一项大学生职业能力提升行动。她在招聘会现场开展"简历诊断"(近 600 人次)和就业咨询服务；面向 4000 多名本科生开展职业生涯体验周活动。

(三)受聘职业导师服务全省就业工作

作为海南省职业导师，她将求职指导服务送进园区、送进高校、送进社区，为求职者指路、铺路。残疾人专场招聘会现场，小唐在纠结是否换工作时，她耐心地指导，帮助其进行科学决策，在后续的跟进过程中，随时提供咨询和帮助；作为中央专项彩票公益基金宏志助航计划讲师团成员，为 2000 多名学生提供职业规划、职业探索、职业测评、简历制作、面试技巧、个体咨询等服务。

四、育人实效

(一)辛勤汗水在浇灌中熠熠生辉

她带过的学生和集体获得 14 个国家级集体奖项，40 多个省级集体奖项。她指导多名学生参加海南省两届大学生职业生涯规划大赛，并包揽毕业生组、非毕业生组两个一等奖。

(二)职业精神在新人中代代相传

她所带学生经过在各自岗位上的奋斗，逐渐成长为业界骨干、教育新秀、科研新星、优秀村官、企业高管……尤其值得一提的是，其中有 12 人先后回校成为她的战友，共同从事辅导员工作，像她一样继续教育引领、帮助鼓励、关照服务一批又一批青春筑梦者。

五、工作感悟

(一)"一点一滴"做良师润物无声

她时刻提醒自己，上好每一节职业生涯课，

开好每一次职业团辅，做好每一次个体咨询，善待每一个学生，服务学生、关照学生、激发学生、唤醒学生，努力成为学生的理想远之师、人格正之师、自律严之师、行动实之师。

(二)"一言一行"做益友春风化雨

她坚持在工作中增进互动，密切感情，坚持第一时间关注回应学生学业困惑、情绪变化、个性需求，努力成为学生信任、依赖、亲密的知心朋友。

(三)"一举一动"做榜样示范导引

她坚持将"六导"(政治领导、思想引导、情感疏导、学业辅导、行为教导、就业指导)融为一体，在对学生的"六导"中，努力践行师者风范，彰显"榜样带动、朋辈引领"的人格魅力，用她的三观影响学生的思维方式、为人方式和处事方式。

扎根基层践初心
踔厉奋进写忠诚

——海南大学徐辉

徐辉，1992 年 7 月出生，中共党员，海南大学 2019 届财务管理专业（企业理财方向）本科毕业生。在校期间，他投笔从戎，参军入伍，成为一名野战部队的战士，荣获两次"优秀义务兵"和"嘉奖"。退伍返校后，他依然服务部队、学院校友理事工作，2018 年 7 月，获得海南大学"优秀共产党员"荣誉称号。

一、振兴乡村谱新篇

退伍后的他，考取海南选调生，赴海南省白沙黎族自治县，担任南仲村党组织书记助理。驻村期间，他配合挖掘和培养后备干部，圆满完成 2021 年村"两委"换届工作，实现党支部书记与村委会主任"一肩挑"。他以"能力提升建设年"活动为契机，动员村"两委"干部、后备干部、党员以及致富带头人等重点培养人群报名大专、中专，促进其专业文化和履职能力得到有效提升，夯实乡村事业发展的智力基础。他配合乡村振兴工作队在全村开展防返贫排查工作，有效防止九类重点人员返贫致贫风险。他积极对接相关部门，高标准高质量推进"百镇千村"建设，打造星级美丽乡村，推动实施乡村旅游品牌创建工作，持续完善美丽乡村和生态菜园建设。他大力推进农村裸露土地专项整治，完成 500 平方米裸露土地绿化，进一步美化人居环境。他多元化发展农村产业，扶持壮大村级集体经济，2021 年年底实现村级集体经济收益 7.33 万元，带动村民生产致富。驻村期满后，他依然投入农村基层党建、乡村振兴工作，以抓党建促乡村振兴为抓手，组织"两委"干部参加 6 期综合能力提升专题培训班，提高履职能力，持续规范 19 个村（社区）党建制度化建设，督促驻村第一书记、乡村振兴工作队组织农民务工就业 437 人次，为劳务输出提供坚强组织保障。他充分发挥村党组织书记在乡村振兴的"领头羊"和驻村第一书记"生力军"作用，组织开展特色化大比武，激励乡村振兴干部担当作为。2022 年 11 月，在白沙黎族自治县"2021 年度巩固拓展脱贫攻坚成果同乡村振兴有效衔接"工作中，被评为"先进个人"。

二、抗击疫情显担当

疫情防控期间，他奔走在抗疫一线，深入农户强化做好疫情防控政策的宣传工作，尤其是对有困难的群众提供细心的服务、真心的关怀、精心的引导，巩固抗疫中的心理防线。他发动党员干部带头投入疫情防控阻击战，形成全民战疫的强大合力。他积

极参加核酸样本转运工作，在全县的统筹下，深入乡镇转运样本 2000 余管，3 次深入疫区为支援儋州抗击疫情志愿者配送防疫物资及生活用品，送去组织关心和家人温暖。他积极号召全县驻村第一书记、乡村振兴工作队按照省委、县委关于疫情防控工作要求，全面参与疫情防控工作，筑牢疫情防控防线，坚决守护好人民群众的生命安全，引导并发动人民群众外出务工，增加农户收入，守牢防返贫防线，做到防住疫情、稳住经济。2022 年 9 月，他获海南省白沙黎族自治县"新冠肺炎疫情防控最美志愿者"称号。

三、深入一线解民忧

他将为人民服务、令群众满意作为工作的出发点和落脚点，制订系列举措整顿软弱涣散基层党组织。他认真落实"三会一课"制度，召开社区党员大会 3 次，书记上党课 3 次，支部大会 12 次，研究选定后备干部 8 名，优化年龄、学历等结构，建强班子队伍，把好管理"方向盘"，建立健全社区党支部书记接待群众来访及"两委"干部成员走访群众和办理答复制度。2021 年 4 月，他获县级"嘉奖"一次。负责乡村振兴工作队以来，他坚持以"十抓十好"为目标，积极倡导驻村第一书记、乡村振兴工作队充分发挥专业优势，提高服务群众的主动性和工作能力。他创新"八抓"工作法推进农村人居环境整治，使农村环境向干净整洁转变，提升群众获得感。他全面推动基层服务型党组织建设，不断指导完善乡村治理体系，提升乡村治理水平，开启智慧治理新模式，线上解决群众身边的操心事、烦心事、揪心事，解决联系服务群众"最后一公里"的问题。

坚守边远地区　扎根基层教育

——海南师范大学杜亚春

杜亚春，本科学历，教育学学士，现任澄迈县中兴中心学校教研室副主任，她是小学数学一级教师，海南省第四届中小学教坛新秀，海南省小学数学骨干教师，一名坚守偏远乡村地区教育事业的优秀教师。

她是甘肃天水人，2013 年 7 月从海南师范大学毕业后，父母希望她能在离家近一点的地方工作，但是为了支持海南农村基础教育，她毅然投身海南省西部乡村，扎根基层，一干就是十年。2013 年 9 月，她以优异的成绩通过海南省特岗教师竞聘如愿走上岗位。刚刚踏足澄迈这片教育热土，她就被分配到乡镇小学任教。她坚信是金子总会发光，扎根乡村基层教育，一转眼就是十年。她在澄迈乡村教育这片田园里勤奋耕耘、积极探索、潜心钻研，全身心扑在小学教育的专业发展上。她在偏远的乡镇中脱颖而出，撰写的多篇教育教学论文先后获得国家级二等奖、省级一等奖、县级一等奖等。她参与的课堂教学评比分别荣获省级优课、县级一等奖等，并受邀参加省、县级课堂教学展示课，多次获评"优秀教师""优秀班主任""优秀指导教师"等荣誉称号。

一、坚守边远地区，阻断贫困代际

2013 年 9 月，怀着青春和热血，带着对教育事业的满腔激情，她开始了自己的职业生涯。作为一名坚守农村教学一线的数学教师，她坚持为党为国育英才，坚持用爱教书、用心育人的原则，用赤诚之爱呵护学生，孩子们都非常喜欢她。澄迈县中兴镇地处澄迈县偏远地区，经济欠发达，群众外出务工多。该校学生也多为留守儿童，孩子们上学迟到、旷课、辍学时有发生。作为一名农村教师，她饱尝到了作为农村教师的苦与乐，班里学生有相当一部分是留守儿童，有的学生父母离异，由爷爷奶奶抚养，然而爷爷奶奶溺爱孩子，或者是有心无力管教孩子，导致这些孩子好的行为习惯难以养成。她就暗暗下定决心："要想阻断经济困难家庭的代际贫困，就要让孩子尽量能够读书。一定要确保每一个农村孩子都有读书的机会。"

她所带的 2019 届学生中，有个男孩家庭经济困难，该生父母亲常年在外地打工，孩子从小跟随爷爷一起生活。从四年级至六年级，该生经常找各种借口不到学校上课，厌学情绪显著。了解情况后，杜老师经常到该生的家里去做家访，从生活和学习上帮助这个孩子。真诚和关爱对孩子来说就是最好的良药，慢慢地，该生从愿意回校上课到积极进取，并且顺利毕业。她所带的班有一个女生，父母离异，父亲又长期在外地打工，她跟随爷爷奶奶生活。这个女生性格孤僻，不与老师和同学们交流，成绩很不好。针对这种情况杜老师与她的父母电话交流、沟通，希望父母能给孩子经常打电话关心一下生活，让她感受到家的温暖。杜老师总是刻意接近这个孩子，给她讲道理，使她融入了集体，树立学习的信心，并抽空给她补习功课。

在偏远的农村地区，每个孩子都是一个家庭的希望，能帮助一个学生去一个好的中学，很可能就改变了一个家庭的命运。十年间，杜老师以校为家，已陆续培养 30 多名学生走向更高的学府深造……每当收到孩子们的录取通知书时，她就倍有成就感，这也是一位老师最好的价值体现。

二、坚持学习更新，引领传导正能量

杜老师虽然身处偏远农村教学，但却丝毫没有放松对自己的要求。她常常说，自己要和学生同学习共成长，每天坚持读书。她积极参与线上线下的各种培训活动，坚持从一而终做好一件事，努力提升自己的专业能力和理论水平，实践于课堂教学之中，并引领带动着身边同事一起参与进来，不仅提高了自己，更提升了学校的整体教育教学水平。她积极参与各种论文评比活动，2 撰写的多篇教育教学论文多次获奖。她也积极参与各项教育教学课堂评比活动，2016 年 9 月在海南省小学数学学术年会上，上了示范课，获得好评。近十年来累计获得各级各类县级、省级荣誉证书 33 项。

作为一名乡村教育工作者，她坚信只要辛勤耕耘，挥洒汗水，一定能成为一名优秀的人民教师，让桃李香满天下，为农村振兴做更大的贡献。

让群众有"医"靠
做健康"守门人"

——海南医学院冯恒昇

冯恒昇扎根农村，服务基层，工作能力突出，得到广泛认可。作为经过"5＋3"住院医师规范化培训的全科医生，在学成归来后毅然奔赴陵水黎族自治县隆广中心卫生院，给当地卫生院注入新鲜血液，成为辖区医疗和公卫的主力军，帮助群众解决看病就医方面的问题，荣获第七届海南省"百姓身边好医护"大型公益活动"十佳好医护"奖，被提名"海南省我最喜欢的基层医务人员"。

疫情面前，逆行而上；扶危治病，医者担当。疫情防控期间，身为党支部副书记、副院长的冯恒昇，坚持冲锋在前、日夜奋战，始终坚守抗疫一线。他用实际行动展现共产党员创先争优的风采，发扬医务工作者义不容辞的精神。

他热衷医学科普和无偿献血等公益事业，多次参加医学科普比赛。他还热心无偿献血等公益事业，累计献血总量达 7600 毫升。他积极参与应急救护培训工作，在海南省红十字会开展的应急救护培训班中担任教师，培养数量众多的救护员，荣获海南省红十字应急救护培训优秀志愿者称号。冯恒昇累计共获得国家级奖项 6 项，获得省市级奖项 19 项，获得院校级奖项 15 项。

消毒清创，麻醉缝合，包扎纱布……在陵水黎族自治县隆广中心卫生院的处置室里，全科医生冯恒昇正在为一位骑车摔伤致右足大量出血的村民处理伤口，细致娴熟的医疗操作让该患者得到及时救治。

"阿姨，您回去后注意保持伤口干燥清洁，按时过来换药，两个星期后再过来拆线。"冯恒昇用方言向患者悉心叮嘱注意事项，这样的工作场景是冯恒昇在隆广中心卫生院的工作常态，从内科常规诊疗到外科清创缝合，每件大事小情都时刻牵动着冯恒昇的心。

"为基层百姓提供直接全面的基本医疗和公共卫生服务，让他们看病、治病更加便利，是乡镇卫生院的功能，也是我们全科医生的优势。"在基层医疗机构经历了全科历练的冯恒昇，对全科事业有了更深刻的理解。

冯恒昇在大学毕业后进行了为期 3 年的全科专业规范化培训，学成归来后回到了自己的定向医院。规培经历让这位年轻的全科医生认识到，标准化和规范化的诊疗才能为患者带来长远益处。

在日常门诊工作中，冯恒昇发现卫生院所接诊的患者以老年人居多，他们的就医观念较为陈旧。"许多患者看病追求即时效果，不愿意口服用药，而是直接要求输液治疗。"为了改变这种不科学的观念，提升诊疗效果和就医群众的健康意识，冯恒昇每次都会耐心细致地和患者解释诊疗方案，进行科学的引导，科普健康知识。

在他看来，全科医生不仅要关注"病"，更要关注"人"。随着人口老龄化趋势，慢性病的治疗仅靠大医院医疗系统是远远不够的，而乡镇全科医生在高血压、糖尿病等慢性病随访和管理上具备很大的优势，这是冯恒昇的工作体会，更是他日常的工作内容。

在卫生院接诊的众多患者中，50多岁的村民陈某引起冯恒昇的注意，在县城医院检查出血糖指标过高，但由于家庭的原因，患者不愿意住院治疗，而是选择回到卫生院进行康复治疗。冯恒昇接诊后，详细询问患者的病情，了解患者的饮食、运动、心理等情况，进行全面细致的检查，为该患者详细分析了造成血糖高的原因，并从饮食、运动、用药等多方面进行持续指导。在后续的检查中，陈某的血糖指标趋于正常，让陈某由衷地给这位全科医生竖起了大拇指。

"在这种情况下，基层全科医生能够为患者提供更全面的照护，实现小病不出镇。"冯恒昇身体力行诠释着全科医生在基层医疗机构发挥的重大作用，也让分级诊疗制度真正在基层落地生根。

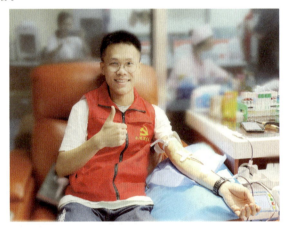

为了当好群众健康"守门人"，冯恒昇在工作中不断加强业务能力，苦练临床技能，并积极备赛，以赛促学，经常利用业余时间苦练临床基本功，内科体格检查、外科操作技术、护理基本技能，这些都是作为全科医生必须掌握的看家本领。冯恒昇在技能操作方面不断追求进步，曾受邀给海南医学院技能中心录制临床技能教学示范视频，并积极参加临床技能操作比赛，多次获得奖项。

冯恒昇和同事也成为全镇各个乡村的家庭签约医生，不仅为居民建立居民健康档案，还定时下乡开展健康管理和健康宣教等服务。

在周围人眼中，冯恒昇不仅是名全科医生，还是名"全能医生"。在工作之余，他还经常参加演讲、朗诵、征文等比赛，并斩获优异成绩。他还利用业余时间开设医学科普视频号，传播医学知识，普及健康常识，真正做到医者仁心。作为全科医生，冯恒昇将青春留给乡村，让群众有"医"靠，做健康"守门人"。

七年无悔三沙梦
南海园丁报国情

——琼台师范学院吴泉穗

黎家姑娘吴泉穗坚守三沙支教岗位，用青春谱写了祖国的教育乐章，以奉献彰显了新时代好青年的责任担当。

一、以"一滴水"的精神驻守三沙

吴泉穗是一名海南黎族姑娘，海的故事、山的情怀是她成长中的精神给养，而家乡偏僻落后的现实又让她从小就树立了成为一名人民教师，用教育奉献家乡的梦想。2017 年 8 月，刚刚从琼台师范学院毕业的她得知学校号召优秀应届毕业生前往三沙市永兴学校支教的消息时，她没有犹豫，第一时间报名，经过重重选拔，如愿成为一名支教老师。这一待，便是七年时光。

三沙市永兴学校坐落在永兴岛上，这里椰风海韵、风光旖旎，却也有着"高温、高湿、高盐"的艰苦条件，刚来永兴学校的吴泉穗就面临着环境不适应的"生活关"，吃饭没胃口、夜里常失眠、头发大把掉是她初登岛时的景象，而远离繁华的孤寂和与家人长时间分离，也成为她要克服的"思想关"。同期来的同事中，不少选择了退却，每当这时她便想起在校时老师讲的习近平总书记的故事，并以此激励自己克服困难。环境不适应，她便用老一辈革命家精神鼓舞自己；生活单调，便不断地读书学习来充实精神世界；思念亲人时，便开展家访，在居民的淳朴真诚中感受家的温暖。就这样，在日复一日的自我激励中，这个黎家姑娘用坚韧不拔的精神克服了困难。两千多个日夜的坚守、年均三百余天的驻岛、年均 20 余次家访、孩子们的健康快乐成长，一起织就了她的支教梦。她说，我愿意做三沙的一滴水。

二、以"一颗心"的情怀教书育人

每一个来到三沙的人在感受祖国壮美海疆的同时，看到最多的便是"爱国爱岛、乐守天涯"的壮志豪情，吴泉穗牢固树立培育接班人的初心使命，以"办好人民满意教育"为根本遵循，以"爱的教育"为育人理念，以"海洋文化"为特色支撑，在一线幼教岗位上，扎实开展工作，用"爱"温暖了孩子，用"情"照亮了孩子的人生，赢得了孩子和家长的一致认可。

三沙因地处偏远，面临着教育资源分散、学生流动性强的教学困难，吴泉穗和学校幼儿园部老师不仅按照学校"应收尽收"要求，平等对待每一个入园孩子，用关爱为驻岛孩子构建了成长乐园，同时扎根三沙大地办教育，化被动为主动，充分挖掘海洋特色，积极探索构建了海洋特色文化园本教育。贝壳装点的教室、纸箱建造"船型阅读角"、以海洋为范本的园本教材不断创设起来。作为学校团支部书记，她在"党团队一体化建设"的思路指引下，和学校老师一起创设了"三沙小水手"德育体系，并与驻岛部队、政府机关合作开设了海洋生态保护、海洋生物知识、爱国主义教育、南海历史文化等特色爱国主义课程，培养孩子爱祖国、爱海洋、爱三沙的家国情怀，用蓝色的海洋梦点亮了孩子成长道路。她说"捧出一颗心，倾注满腔情"是所有支教教师的共同信念，我愿意把自己这颗心献给三沙的孩子，用爱浇灌出育人之花。

三、以"一生情"的信念服务基层

在教学中，吴泉穗是认真负责的老师，在教学外，她发挥专业特长，积极开展社会服务，用实际行动和学校老师们一起画出永兴岛靓丽的青春风景线。

她是很多孩子的第二个妈妈，永兴岛上工作繁忙，不少家长常常加班到很晚，吴泉穗主动为加班的家长看护孩子，让家长安心工作；她是渔嫂们的舞蹈老师，因自幼喜欢舞蹈，拥有舞蹈功底，她利用课余时间义务教三沙渔嫂们跳广场舞，丰富渔嫂们的业余生活；她是学校图书管理员，设计开展了"书香三沙、书香校园、书香家庭"活动，并连续六年组织开展"爱祖国、爱三沙、爱阅读"幼儿讲故事比赛，将学校打造为暖心式亲子阅读空间。她还是一名驻岛民兵，不仅主动参加民兵训练，更组织孩子们为部队官兵唱儿歌、画幅画等活动，帮助孩子树立拥军情怀。她说"一日三沙人，一生三沙情"是全部三沙人的共同心声，来到三沙是我一生无悔的选择，我将继续将满腔热情奉献给三沙，奉献给这些守护祖国南海的最可爱的人。

七载悠悠岁月，一生无悔选择。吴泉穗一直珍藏的礼物是八封来自孩子家长的感谢信，这是她不断坚守的动力。在三沙奉献青春的赞歌中，也点缀着收获的华章，"海南省三区支教优秀支教教师""海南省优秀教师""海南省优秀共青团干部""海南省高校大学生就业创业典型人物"等荣誉见证了她一路走来的成绩。"小我融入大我，青春献给祖国"，今天的吴泉穗依然坚守在三沙永兴学校一线教学岗位，继续用奉献和担当续写着她的"三沙育人梦"。

远赴基层为人民
不忘初心感党恩

——海南软件职业技术学院封则旭

2020 年 9 月，封则旭按照组织的安排再一次回到基层岗位任职。任职前，许多同事和朋友与他打趣道："你个白白嫩嫩的年轻小伙，远赴基层任职怕是要吃不少苦头啊。"封则旭讪笑说道："革命一块砖，哪里需要哪里搬，总得有人去党和人民需要的地方，我想试试。"现如今，封则旭皮肤变黑了，头发也稍稍见白，看起来越发成熟稳重。当地老百姓私下都叫他"眼镜黑"，这大概也是对他在基层工作认可的一个贴切反映吧。

一、稳扎稳打，打赢脱贫攻坚收官战

在 2020 年脱贫攻坚收官之际，封则旭作为新兴镇新兴社区脱贫攻坚中队长兼包点领导，带领新兴社区全村建档立卡贫困户全部顺利脱贫退出，并在 2020 年脱贫攻坚村级大比武中带领社区取得"优胜村"称号。期间，组织村"两委"干部及驻村工作队开展贫困户遍访工作，走访全村贫困户了解和掌握情况，发动 237 名贫困劳动力外出务工就业，发展 49 名贫困户参与本村公益性岗位就业工作。他通过壮大村集体产业项目，带动脱贫户 12 户 12 人，年收益 11.1 万元，建设金椰子种植基地、油茶种植基地、水稻产业及水芹种植，充分扩大村集体收入途径和稳定村集体收入来源。他组织落实发放特惠性补助 14.26 万元、雨露计划补助 2.25 万元，帮扶学生 88 人。他牵头开展 30 种大病建档立卡脱贫户患者排查和登记造册，为社区 511 名脱贫户患者、14 名监测对象患者以及 53 名低保户患者进行家庭医生签约。

二、闻令而动，大力织牢疫情防控网

2022 年作为新兴镇分管疫情防控工作的领导，封则旭牵头组织全镇各级干部、群众对疫情展开了有力的防控。他率先在本县开展了疫情防控全员核酸检测演练和发现病例实时演练，为预防疫情奠定了基础。海南疫情期间，封则旭牵头发动 60 多名企业家捐赠防疫物资，号召教师及志愿者、热心居民加入疫情防控队伍，共组建信息采集员队伍 258 人，核酸采样队伍 64 人，宣传发动队伍 146 人，青年志愿者 508 人，健康服务点值守员 465 人广泛参与疫情防控工作。他组织培训镇村两级采样员 287 人，信息采集员 202 人，并为疫情防控贡献突出的 42 名优秀学生志愿者代表进行表彰，向各学校直邮感谢信 130 封。他组织卫生院熬制"大锅汤"，每天免费提供群众饮用，同时成立 13 支健康包保团队，精准重点服务人群，开展"关爱行动"，向全镇居民发放健康爱心包8616份，受众约2.3万人。

三、稳步推进，聚焦核心抓好各项惠民工程

任基层副职领导期间，封则旭始终将各项惠民工程作为首要政治任务来抓，不断提升群众的幸福感、获得感，牵头推进18个基础设施建设项目落地，涉及8个村（居）委会，新增脱贫村道路硬化4375千米，新增脱贫村村巷硬化6500平方米，新增脱贫村排水沟4512米，新增脱贫村挡土墙1419米，受益建档立卡贫困人口1983人。围绕美丽乡村及其他项目要求，他结合各村群众意愿，打造美丽乡村建设，累计完成路面加宽2570米，新建挡土墙146米，新增凉亭休闲点1处，人居环境整治文化广场1处。同时，他结合县镇两级发展目标，围绕以沙田武术文化、下屯军事文化、博文海瑞文化三个核心，开展"党建＋旅游＋特色"乡村旅游项目。

四、强化阵地，着力筑牢武装工作堡垒

任职武装部部长期间，封则旭始终围绕不断强化军事训练，提高民兵队伍的整体素质为目标，编建基干民兵分队两支50人，普通民兵700人。通过积极推动基干民兵分队训练和会操，在2022年全县组织的比武中，基干民兵单项比赛取得一个第二、一个第三的好成绩。在拥军优属工作上，他能够不落一户、不漏一人，牵头落实重点节日慰问和关怀退役军人及优抚对象52人次，发放慰问金2.72万元，同时打造退役军人服务站，在有限的资金和条件下，新兴镇退役军人服务站升级改造完成并通过省退役军人事务厅的站点遴选，荣获"2022年度海南省标杆型退役军人服务站"称号，广受退役军人好评。

封则旭虽然任乡镇基层副职领导年限较短，但在工作上积极肯干，一心为民，红心向党，充分地展现了新时代年轻干部的活力和向心力，能在较短的时间内与基层干部、群众打成一片，为群众解忧愁、破难题，真正把基层的各项事业发展当成个人的奋斗目标。

铁心向党　忠诚戍边

——三亚航空旅游职业学院孟广源

孟广源，中共党员，1997 年 3 月出生，毕业于三亚航空旅游职业学院，2018 年 9 月从学校应征参军入伍，现服役于中国人民解放军某部队。入伍以来，他充分发挥大学生士兵的思想优势，坚定看齐追随，在平凡的岗位上践行新时代革命军人的神圣使命。他多次参加比武竞赛，执行各类军事演训任务、应急抢险救灾和疫情防控任务。他听从指挥、甘于奉献，完成任务出色，先后被表彰为优秀士兵、优秀共青团员、"四有"优秀士兵，荣获个人嘉奖 2 次，荣立个人三等功 1 次、集体三等功 2 次、集体二等功 1 次。

一、正值青春年华，用信念支撑梦想

孟广源的青春有校服，也有军装，无论是大学校园，还是军营，都让他的青春绽放不一样的光彩。2016 年 9 月，自幼就怀着对红色三亚无比向往与崇敬的孟广源来到了海南岛这片具有光荣革命传统的红色沃土，步入了大学的校门。大学的生活是他梦开始的地方，他没有选择默默无闻、平平淡淡，而是自律勤奋、志存高远。在校期间，他兼任学校体育部副部长，协助学院领导负责教育管理工作，他充分发挥自身体育专业特长，主动建言献策，积极谋划组织各类文体活动，在自身岗位上发光发热，是老师眼中得力的"左膀右臂"，同学身边全能的"榜样力量"。日常学习生活中，他积极上进、刻苦努力、勤工俭学，认真学好每一门课程，努力钻研专业技能，全面提高自身专业知识和技能特长，各门专业课程成绩均名列前茅，曾在 2016 年和 2017 年连续两年学院组织的专业技能大赛中荣获"个人优秀奖"，并在 2017 年和 2018 年连续两年荣获了"国家励志奖学金"。

大一时，孟广源积极响应国家号召，在全国征兵网上报名应征入伍，参加体检时因身体原因未能通过体检，他心里满是失落，但这样并没有破灭他的迷彩梦，经过一年的身体调节，大二的夏天，他再次参加报名，并顺利通过体检，他带着家人的殷切期望，辞别同学朋友，穿上梦寐以求的军装。大学毕业前，他和所有同学一样，也有着比天更高远的梦想、比海更宽广的抱负，面对抉择，他也曾犹豫过、踌躇过，但最终还是毅然选择了携笔从戎，用坚定的信念去支撑自己一生的梦想！

二、奉献边疆一线，用奋斗诠释忠诚

初入军营，作为单位唯一一名大学生士兵，孟广源有些骄傲，他以深厚的理论知

识和专业特长，引来身边战友羡慕的眼光。但随着新训生活的开始，想象中的那份光荣与自豪却无影无踪，扑面而来的是快节奏的生活和高强度的训练，身体的疲惫和班长的批评让他陷入了困境。回想报名参军时的那份激情，他明白军营是个大熔炉，更是一所特殊的学校，在这所学校里学习的是军人的担当和责任，在学校里能够取得优异成绩在军队也能练就过硬本领，有了坚实的思想根基，各种困境也就迎刃而解，"一不怕苦，二不怕死""掉皮掉肉不掉队"别人喊在嘴上，他落实在行动上。

改革强军的加速推进使孟广源把提高打赢本领当作首要责任，以强烈的使命感向着胜利一次次发起突击。入伍以来，他牢记初心使命，矢志打赢，苦练军事技能，努力提高军事素质，从一名普通战士成长为一名优秀的技能型骨干。训练场上，孟广源是敢打敢拼的训练尖子，特别是作为一名党员，更是处处以身作则，模范带头，叫响"看我的、跟我上"口号，带领大家投入火热的训练中；工作中，他处处想在前，事事干在前，积极为连队全面建设出谋划策；生活中，他是体贴细心的好大哥，想方设法为战友们排忧解难，用实际行动践行着对党和部队建设事业的无限忠诚！

三、建功边疆一线，用生命续写荣光

他扎根祖国边境，传承红色基因，奉献边疆，服务边疆，无怨无悔。付出总有回报，耕耘就有收获，为备战上级比武竞赛，经过一年多摸爬滚打的他，综合素质特别是军事素质大幅提升，成为单位保障专业的"训练尖兵"，并连续三年代表单位参加上级比武竞赛，以优异的成绩回报单位，同时也展现出自身过硬的军事本领，受到各级领导的高度评价。2020年，他以高度的政治责任感和顽强毅力，坚守在抗疫执勤工作岗位，每天加班加点，担负起核查信息、动态管理、人员隔离、片区消毒等工作，并深入宣传疫情防控知识，连续战斗在疫情防控第一线，年底荣立了军旅生涯第一个三等功。

孟广源还兼任文职岗位一职，繁忙的身影无处不在，对于他来说，每时每刻都是工作的时间，就连睡觉也会被响起的电话惊醒，吃几口饭就会被紧急的电话召回，无论是双休日还是节假日，在大家的欢声笑语中，他一个人还在默默地工作，在电脑前埋头苦干，编写计划、筹备方案……熄灯后他的房间依然灯火通明，熬夜加班已成常态，他在平凡的岗位上，书写着自己的青春华章！

　　孟广源是习近平强军思想哺育成长起来的"四有"优秀士兵，是强军兴军大潮中涌现出来的基层战士典型。入伍以来，他坚持把强军报国作为人生追求，在平凡岗位上干出了一流业绩，立起了践行强军目标的时代标杆，他扎根边疆一线践行忠诚担当，爱军精武托举神圣使命。

重庆市

磨炼绣花本领
当好高校毕业生基层就业引路人
——重庆城市管理职业学院教师郑添华

郑添华，社会学教授，国家一级职业指导师、创业咨询师、社会工作师，重庆市高校就业创业专家库成员，现已从事就业指导工作 20 年。在长期的就业工作实践中，郑添华结合自己的基层驻村工作经历，在基层就业工作中，认真学习借鉴和践行打赢脱贫攻坚战的宝贵经验。他通过课程引路、实践铸魂、服务圆梦、科研蓄能等一系列措施和做法，加强对毕业生的职业生涯规划与就业指导，积极引导、鼓励毕业生面向基层、面向西部就业，形成了一套行之有效的工作方法与理论体系。近年来，重庆城市管理职业学院毕业生毕业去向落实率一直位居重庆市高职院校前列，到基层就业的毕业生比例稳步上升。

一、课程引路——引导在校生在基层岗位中探索

郑添华高度重视通过职业生涯规划和就业指导课程引导毕业生到基层就业。一是强化就业引导。学校将引导毕业生正确看待自己、面向基层就业列为相关课程的重要章节，并通过邀请基层就业典型开展主题讲座、分享沙龙等，强化毕业生思想观念教育，引导毕业生探索基层就业的广阔职业发展空间。二是充实课程资源。驻村归来后，郑添华结合自己的基层工作经历，积极开展基层就业创业相关课程的研发与建设，先后开设和录制了"大学生在乡创业课程""大学生基层就业"等选修课和微课。其中，"大学生在乡创业课程"得到了重庆市乡村振兴局有关领导和专家的充分肯定，郑添华也被邀请加入乡村振兴局主导的乡村产业系列教材和课程的开发、编写队伍，进一步充实大学生基层就业课程资源。

二、实践铸魂——指导大学生在基层体验中提升

郑添华注重通过搭建实践平台、实施相关项目，为大学生提供亲身参与基层治理的实践机会。一是坚持思想引领。在引导毕业生基层就业问题上，郑添华一直坚持将思想引领放在首位，让大学生在基层实践中认识国情、民情。2022 年，他带领老师和同学们深入乡村振兴和基层治理一线，对师生进行全方位的思想政治教育。在他的鼓动下，学校 135 名教师、3285 名学生通过线上线下相结合的方式对接农户 1835 户，合作社 119 个，签约项目 121 个，涉及金额 2167 万元。二是夯实现有渠道。他注重与团委、马克思主义学院等部门的协调，夯实三下乡社会实践、新时代文明实践中心等渠

道，通过让学生实际当一天村干部、做一天文明劝导员等，引导学生通过亲身体验，感受基层就业岗位的日常生活，并组织大学生与当地工作人员座谈。三是强化岗位锻炼。他积极联系和开拓基层岗位为毕业生提供实践锻炼机会，直接输送 25 人参加西部志愿者等基层就业项目，向乡村振兴帮扶点定向派遣 8 名大学生。2022 年 8 月，他向市委宣传部、市文明办提出资政报告，建议吸纳高校毕业生到新时代文明实践中心见习就业，得到有关领导的重视和批示。

三、服务圆梦——助力毕业生在基层经历中收获

郑添华注重通过强化就业服务为毕业生基层就业保驾护航。一是提供精准服务。他主持开设了就业咨询热线和工作室，主动询问和回访基层就业毕业生，为每个基层就业大学生单独建立档案，时刻关注他们的生活与成长。他尤其注意将习近平思想运用于就业服务之中，为到基层就业的毕业生举行出征仪式、开展强化培训，帮助他们尽快适应基层生活；利用自己创业培训讲师资质，为符合条件的毕业生开展针对性创业培训，指导返乡大学生孵化成立了 17 家专业合作社；利用自己的企业人力资源管理师资质，指导毕业生帮助本村村民追讨拖欠工资，得到了同学们的肯定。二是链接当地资源。他注重对基层就业毕业生的回访与鼓励，并结合家访制度带领辅导员实地走访毕业生基层就业地点，在了解毕业生生活工作情况的同时，主动跟当地领导沟通汇报，积极为基层就业毕业生链接当地资源。他还积极协调新闻媒体对基层就业的毕业生进行宣传报道，借助新闻媒体的力量，为毕业生的职业发展提供助力。三是塑造先进典型。他尤其注意发掘和发现毕业生的先进事迹和亮点，单独为他们制订职业成长规划，帮助他们提炼先进事迹，总结典型做法，引导他们向当地先进学习，从乡镇基层做起，逐步成长为在全市甚至全国有影响力的先进人物代表。近年来，重庆城市管理职业学院毕业生到基层就业比例稳步提升，涌现出了一批市级以上基层就业创业典型代表。

四、科研蓄能——带领团队在基层研究中成长

郑添华高度重视队伍建设,尤其注重通过科研项目聚合辅导员等就业指导一线工作人员,聚焦高校毕业生基层就业,在基层就业的科学研究中促进毕业生就业指导队伍的接续成长。郑添华多次主持基层就业相关课题,带领科研团队对基层社区人才队伍建设、公益慈善人才队伍建设进行深入研究,并提出了相应的可行性建议。同时,他积极参与教育部的各项科研任务,从全国层面进一步深入了解高校毕业生基层就业现状,带领团队对当前毕业生"慢"就业现象进行了持续关注,并采取了相应措施,取得了一定的成效。

万家灯火　逐梦有我

——重庆大学吴冕之

吴冕之，中共党员，硕士，2013 年毕业于重庆大学。他长期从事电气高压试验工作，曾担任贵阳供电局高压试验高级作业员、高压电气试验二班班长、修文县供电局副总经理等职务，他扎根基层变电站，坚守一线岗位，长期进行夜间、野外作业。吴冕之在基层工作期间，工作能力突出，成果显著，得到单位和群众广泛认可，荣获全国青年岗位能手、贵州省劳动模范、贵州省五一劳动奖章、贵州省技术能手、南方电网公司"十大杰出青年、贵州电网公司"十大杰出青年"、贵州电网公司青年岗位能手、贵阳供电局"明星员工"、优秀共产党员等称号。2019 年 1 月被贵州电网公司破格聘任为公司一级助理技能专家。

吴冕之出生于贵州毕节，小时候，他便感受到家乡的贫困落后，交通不便、电力保障缺失，晚上经常断电。在那时，他便梦想着长大后当一名电力工人，为万家灯火通明贡献力量。2013 年硕士毕业后，吴冕之毅然决定回到贵州，扎根基层，建设家乡，开始自己的逐梦之路。

一、敬业精业，勤奋踏实，荣获南网"十大杰出青年"

作为一名高压试验工作者，经常面临超负荷的现场工作，夜间、野外作业是常态，与油、水打交道，和苦累当伙伴。工作量大，任务重，他不断自我加压，迅速把理论知识与实际操作相结合。2016 年，他连续参加贵阳供电局、贵州电网公司、贵州省总工会举办的三次高压岗位技能竞赛，获"三连冠"。

2018 年，吴冕之面对管辖老旧变电站多、设备参差不齐、新技术新标准尚需磨合等难题，白天带领班员早出晚归，晚上回到班组继续做好审核试验报告、制订培训方案等具体工作。在他的带领下，班组规章制度逐渐完善、人员技能水平不断提升，在圆满完成各项工作计划之余，班组申报职工创新项目 10 余项，培养项目负责人 5 名，有力保障了贵阳地区电网安全稳定运行。

到县供电局担任分管领导后，他全力服务贵州"四化"建设和乡村振兴事业，完成50 余座变电站调试和数百个农网台区新增改造工作。每次地方开展招商引资工作时，他都带队勘察电力线路，制订供电方案，以实际行动为当地实体经济发展提供坚强的电力保障。2019 年，吴冕之被评选为南方电网公司"十大杰出青年"。

二、善于思考，勇于创新，成为创客"智多星"

吴冕之主动投身技术创新工作，将工作中的技术难题和实际操作痛点作为主要攻坚方向，带领青年员工先后负责并完成了 10 余个职工创新项目，其中 6 个项目先后荣获国家、省级以及网省公司创新成果表彰。吴冕之还积极投身创新成果理论研究，先后有 10 余篇论文发表在国家、省及网公司相关技术论坛和杂志。

2019 年，吴冕之被破格聘任为贵州电网公司一级助理技能专家，并获贵州电网公司"创客"荣誉，用新技术武装电网、强大电网，这是他的梦想，也是他的行动指南。

三、不忘初心、牢记使命，做一名合格党员

吴冕之始终以一名共产党员的标准要求自己。参加工作至今，他一直兼任党小组组长和支部委员，他在思想上始终以习近平新时代中国特色社会主义思想武装自己，在党内工作中先人一步、任劳任怨。他常常处理完现场试验，回班组完成每日计划管理工作后，又投身党支部的各种学习教育活动准备当中，从收党费到整理各种学习材料，从发展党员到主持相关政治学习。吴冕之虽然年轻，但通过自己的行动得到了支部的一致肯定，也得到了贵阳供电局党委的高度评价。2016 年，他所在的集体受到了南网公司的通报表扬，他当选为中共贵州电网公司贵阳供电局第一次代表大会代表。2019 年，他当选为贵阳供电局职工代表大会代表以及贵州电网公司职工代表大会代表。

吴冕之勇于拼搏，不断超越，是值得学习的杰出基层工作者。

矢志基层甘奉献
向阳而行映初心

—— 西南政法大学余弦

余弦，中共党员，重庆万州人，西南政法大学民商法学院 2019 届毕业，硕士研究生，西南政法大学第 17 届研究生支教团成员，重庆市优秀学生干部，2019 年度重庆市优秀毕业研究生，2020 年重庆市基层就业优秀大学生，全国第三届"闪亮的日子——青春该有的模样"大学生就业创业人物，现为中共云阳县委宣传部理教科科长、三级主任科员。作为一名基层选调生，他毕业后选择扎根西部、奉献基层，在平凡中用青年人的热忱践行初心、担当使命。

一、笃意基层，找寻初心

2015 年的夏天，他作为西南政法大学第 17 届研究生支教团成员，在开展教学与公益活动中厚植了对大山的热爱。2019 年，面对诸多选择，他决定投身基层，到广阔的基层找寻初心。2019 年 8 月，他到重庆市云阳县委组织部报到，自主选岗后来到南溪镇任职。基层服务期满后，他被推荐至县委宣传部工作。云阳山水便是新的起点，他在巍峨的大山里、扶贫一线上，穿梭在田间地头，游走于吊山院坝，潜下心来找寻他想要的那个"答案"。

二、服务基层，足履实地

(一)俯下身来，干好业务工作

他认为基层工作是听取群众的呼声，是把群众利益放在首位。面对陌生的领域，他迅速转变角色，适应新的工作环境，结合热点问题进行学习，始终能做到与群众耐心、细心沟通，摆正交谈态度，努力将问题解决在首问中。他以实干开创工作新局，协助构建"理响云阳"工作体系，打造干部群众身边的学习"宝库"；创新基层列席旁听制度，构建以"中心组学习为龙头"的大学习格局；牵头打造的全县首支理论微宣讲队伍获评全市理论宣讲先进集体，带领团队斩获"学习强国"学习平台知识竞赛市级总决赛一等奖。

(二)沉下心来，迎战脱贫攻坚

2020 年，他被组织任命为深度贫困村村支书助理，兼任富家村驻村干部。云阳县是 2018 年摘帽的贫困县，按照要求，县内所有贫困户在 2020 年 8 月将接受国家普查。他要求自己对村内贫困户、低保户、五保户的情况，做到户户有底数；村内产业发展、作物种植、道路铺设，件件积极参与；村内院坝、梯田耕道、吊山河道，处处都走过；矛盾调处、简化法理、对话协商，满含热情不怕繁琐。有人提出"我子女没有能力，我也干不动，生活没保障"，他认真分析老人家庭状况，积极与村干部交流，运用"情、理、法"三步原则，让其子女继续履行赡养义务，取得良好效果。再如，有的连片贫困户聚集地，因吃水问题发生矛盾，他与村支书争取政策支持采购储水罐，把吃水问题解决在初期。

(三)放下恐惧，投身疫情防控

疫情把 2020 年的冬季变得有些寒冷和漫长，但他却很"暖"。"我是基层公务员，更是一名党员！我必须同他们一道参与防疫工作！"不顾家人的担忧，他主动加入一线抗疫队伍。他带领村内排查小组 2 天内完成近 1000 人次排查工作，积极发动村组人员，动态搜集返乡人员信息。他主动承担宣传、录音广播工作，不分昼夜录制音频供全镇所有村(社区)播放，实地走访撰写抗疫闪光点。2022 年年底，他转战阵地，以一名青年党员志愿者的身份去到人口密集的城区社区，协助社区工作者做好检疫排查、服务留观人员、监督交通要道等工作。

三、立足基层，提升自我

他顶着信仰求索基层，战场从学校变为基层的田间地头，群众、同事即为导师，帮助他不断提升自我，完善自我。他创新工作思路，推动党的创新理论"飞入寻常百姓家"，深入学习宣传贯彻习近平新时代中国特色社会主义思想，结合云阳实际首创基层宣传宣讲品牌，构筑了立体理论传播矩阵，获得社会各界的广泛认可。未来仍将继续，他始终认为，只有在基层不断磨砺，求真务实、真抓实干，拉下脸、沉下心、累出汗，才是提升自我的方法。

千帆历尽载荣光
荣光背后刻坚守

——重庆理工大学刘宗良

2016 年毕业之际，刘宗良积极响应党和国家号召，不计个人得失，毅然到西藏参加基层工作。刘宗良克服生活困难，坚定理想信念，服从组织安排，密切联系群众，发扬老西藏精神，竭尽个人专长，长期致力于基层建设，凭着一腔热血，有效服务治边稳藏工作大局，用实际行动，彰显了新时代高校毕业生的使命担当和为民情怀。

一、千帆历尽载荣光

"参加工作第一天就工作到凌晨 2 点，当时编写党建工作手册。"刘宗良偶尔会提及这一瞬间，"这边工作基础差、底子薄，希望打下一些基础，有助于组织部工作顺利推进……只想着这既是自己的责任，也是自己的追求。"高寒缺氧的气候，他却毫不在意，一心一意投入工作，其实这正是他的风格——爱学习、会思考、肯钻研、敢担当、有情怀。

2016 年 11 月，他经过反复修改和测试，创建了党建工作网址，搭建了网络平台，用于发布日常信息；2017 年 7 月，他发挥个人技能，设计制作了第一面组织工作文化墙；2017 年 12 月，他率先完成昌都市公务员信息更新采集和干部统计工作；2018 年 4月、7 月，他积极响应习近平总书记有关重要指示精神，在《重庆日报》发表评论文章；2018 年 11 月，针对干部权益保障的短板，他研习政策，突出"政治激励、待遇保障、人文关怀"等内容，起草制定了《关心关爱干部职工实施办法》；2020 年 8 月，他创新干部选拔方法，牵头实施干部自荐、实名推荐、组织推荐工作，为选拔优秀干部人才拓宽了渠道；2021 年 7 月，他独立命题、起草试卷，组织开展正科级后备干部综合能力测验，实施竞争上岗考试，建立后备干部库，加大人才储备，为县委选拔干部 200 余人；2022 年 4 月，他提出加强和改进作风建设的有效路径，撰写调研报告，为当地加强作风建设提供了重要参考；2022 年 6 月，他聚焦干部管理，补齐制度短板，形成了《关于优化改进县委办公室工作的思考和建议》，同年 12 月，他制定了《设岗定责方案》，为破解管理难题贡献了才智；2023 年 1 月，为推动县委办支部学习制度化建设，他牵头制订了《支部学习管理办法（试行）》，打造了全县支部学习的样板。在藏工作以来，他积极发挥业务能手和参谋助手作用，工作实绩获得了领导同事和干部群众的普遍认可。

二、荣光背后刻坚守

成绩与光荣背后，是刘宗良及其家人数年如一日地默默坚守和付出。

当妻子询问其在藏工作状况时，他总是报喜不报忧，说"感觉还好"。习惯性地把艰苦经历留给自己，把积极乐观献给家人。

他曾告诉妻子："西藏的空气清新。牦牛，踱步在广阔的草原，气定神闲，每当你抬头，就能与天空亲密对话。"

妻子放心不下，总想去看他。2017 年 10 月，她乘坐航班从重庆飞往昌都，希望能与丈夫短暂团聚。

他的妻子坦言："当地气候寒冷干燥，我想喝水，于是他带着铁锤来到井旁，一锤锤敲下碎冰，再用水桶提上楼，我没想到的是，他们用水如此不便，没有自来水。"

"因不适应高原气候，那天深夜我发起高烧，意识趋于模糊，他握着我的双手，眼泪簌簌而落，23 岁的大男孩，还是因担心我不争气地哭了。第二天一大早，他将我送往机场，飞回了重庆，这就是我第一次去看他的情形。"

"他心态很好，总那么乐观，常与我分享那边的经历。比如，有一次，组织为民办实事活动，他帮助群众收割青稞，给我发了一些照片，我也替他开心。"

多年来，妻子始终理解并支持刘宗良的工作。她说："最初的我，是迷茫而悲伤的，而如今的我，却着实为刘宗良感到高兴。"

妻子眼中的刘宗良，常常加班到深夜，但他缺氧不缺精神，这就是他引以为傲的老西藏精神。这些年，刘宗良确实是这样做的，而且他做到了！

希望田野上的"美丽天使"

——长江师范学院石君

石君，土家族，重庆石柱人，出生于 1990 年 8 月，2013 年 7 月参加工作，大学本科学历，中共党员，现任石柱土家族自治县沿溪镇农服中心主任、民政办负责人。

几年来，她坚守岗位，付出真情，倾注真心，成为全镇脱贫攻坚工作的"磨心"，发挥脱贫攻坚规划引导协调督导作用。她深入村组，不畏艰难，了解脱贫攻坚的实际问题，宣传讲解党和国家扶贫政策，引领贫困户脱贫致富。她被县委县政府授予"2016年度结对帮扶奉献奖""优秀共产党员""基层服务保障贡献奖""重庆市最美基层高校毕业生"等荣誉称号。

一、不忘初心抓扶贫

2015 年，石君参加县扶贫办举办的业务培训会，便与扶贫工作结下不解之缘。在镇扶贫办，石君和其他同志一道，从基层基础规范化建设到示范村创建，从脱贫户产业规划到脱贫成效"回头看"，从中期评估到县级三方验收，从长效产业发展到资产收益模式推广，从动态调整到贫困县退出专项评估验收，从"万企帮万村"到电商扶贫，从档案整理到"两不愁三保障"排查，石君被村民称为"扶贫专家"。

石君把贫困户当成自己的亲人，每次下乡，都会收集村情民意，时时刻刻将贫困群众放在心上。她与 3 名留守儿童结对，关注留守儿童心理健康问题，呼吁社会爱心人士资助山区。她自掏腰包，累计为 120 余名留守老人、50 余名留守儿童提供过冬物资。她以实际行动践行志愿者精神，代表了一个"90 后"的时代担当。

陡岩村的崔某不是石君的帮扶对象，但却是她最牵挂的对象。崔某现年 10 岁，父母离异，一直由爷爷奶奶抚养，可爷爷奶奶都是肢体二级残疾人。几年来，石君坚持每周为崔某辅导功课，临时的"四点半课堂"开到了办公室，并以"临时家长"的身份加入班级群，学习上大大小小的事儿，学校老师都会和石君沟通交流，如今崔某已经从那个不会计算加减法的孩子转变为受老师表扬的爱学习的孩子。

二、扶贫助学传爱心

2015 年，各级扶贫政策越来越多，石君为了让更多的贫困群众知晓并享受政策，她找准台账，打电话提醒贫困户按时到政府来申请。起初，她也会被贫困户当成骗子，但是她始终坚持宣传，消除误解，并借助 QQ、微信朋友圈宣传扶贫领域惠民政策。

2016 年 10 月的一天，刚考上大学的坡口村贫困户子女张某，给石君发了一条短

信："姐，你给我开的贫困证明学校不认可，助学金申请不了，怎么办啊?"随后，她立即联系了张某，问清楚了情况。可是时间紧迫加之是中秋节，石君立即放弃休假，赶回单位，帮张某填写表格资料，并联系石柱的朋友帮忙到县扶贫办盖章，终于在三天内将张某所需的证明资料寄出，帮助张某成功申请到了特等助学金。

跟张某一样，还有不少的贫困户子女，都因享受不了教育资助来求助于石君。他们都是在石君的帮助下，成功争取到了教育资助资金。

三、想方设法助增收

在"互联网＋"盛行时代，石君在业余时间积极摸索、努力学习电子商务知识，线上线下帮助 10 余个贫困户销售蜂蜜、佛手、马铃薯、土鸡蛋等农特产品，助力贫困户脱贫增收。

第一次认识张仁华，要从他来政府申请小额贷款说起。张仁华文化程度较低，不知从何下手，石君便主动帮他填写申请。日后，石君便成了张仁华家的常客，经常到他家中了解实际困难。如今张仁华的蜂场已初具规模，产量也逐渐增大，石君的朋友圈开始了"卖蜂经"，帮助他销售蜂蜜，产品远销西安、成都、深圳等地。

四、无怨无悔守山村

石君 2013 年 6 月于长江师范学院毕业后，积极响应国家号召，参加了大学生志愿服务西部计划，一干就是十年。尤其是在扶贫办，她把工作当成事业干，在脱贫攻坚、基层党建、电商发展、旅游宣传等领域都活跃着她的身影。

她矮小的个子却发出巨大的能量，亮堂的额头，满面红光，皮肤黝黑，昂首挺胸地走在乡村振兴道路上。

一种种致富增收方式就是巩固精准脱贫的坚固基石，一行行数据就是确保群众不返贫、真脱贫的有力见证，一名"90 后"基层扶贫干部的情怀，在彰显扶贫大爱的同时，为大山深处的乡村振兴建设注入了新生力量。

扎根边疆的重科人

——重庆科技大学（原重庆科技学院）李随虎

李随虎，男，汉族，1991 年 4 月生人，重庆科技大学（原重庆科技学院）测控技术与仪器专业 2015 届毕业生，现任新疆维吾尔自治区和田地区墨玉县雅瓦乡副乡长、综治办副主任、巴格齐村第一书记，自 2018 年来连续四次获得年度考核"优秀"，2019 年 7 月获墨玉县优秀共产党员、墨玉县芒来乡优秀党务工作者。

2016 年 12 月，他到新疆和田地区工作，一直奋斗在基层第一线，无私奉献、不怕吃苦，在最艰苦的工作岗位上不断磨砺品格、锤炼意志。"到祖国最需要的地方去"，这是毕业时他暗自许下的诺言。"南疆地区的环境十分艰苦，风沙漫天的景象超出了我的想象，但是我希望自己像胡杨一样，不畏风沙，牢牢扎根在这里，用自己的努力为祖国的边疆建设奉献青春，这也是一种幸福。"他这样鼓励自己。

2017 年，他积极投身政法维稳队伍，打击三股势力，为打赢"三仗一战"作出了自己的贡献。工作任务繁重，他就加班加点，每天工作 14 小时以上，全年坚守在岗位上，日复一日，和村干部们逐一分析风险隐患，形成材料，为领导决策部署提供了可靠依据，为实现社会稳定和长治久安打下了坚实基础。

2020 年，他主动担当，到未脱贫的贫困村担任支部书记，带领全村 281 户 1202 人全面完成了脱贫攻坚任务。在所有人都是少数民族的村担任支部书记，首先需要解决语言的问题，他利用工作之余，与懂汉语的少数民族干部结对互助，很快学会了简单的日常交流用语。他到村以后，通过入户走访，迅速了解贫困户的情况和全村产业发展情况，利用脱贫帮扶政策，建成 9 座蘑菇棚，带动 8 户农民增加收入；推动本村蛋盘厂扩大规模，帮助本村 9 人稳定就业；推动创业巴扎全面运营，引进服装厂，实现 30 多人就业；帮助村民自建的醋厂健康运营，稳定就业 9 人；利用村民有纺织技术的优势，扩大纺织规模，新建一个织布厂，解决 5 人就业；借助县里发展多胎羊养殖机会，动员村民扩大养殖规模；鼓励劳动力参加技能学习，外出就业，提高收入，新增外出就业 50 余人，人均增收 3000 余元。通过他一的努力，逐步形成了以产业发展促进农民内生动力、以外出就业拓宽收入渠道的良好局面，为全村实现脱贫摘帽打下了坚实基础，确保了全村如期脱贫。

2020 年 7 月，新疆疫情发生后，他带领群众迅速将村里小学和幼儿园改建成隔离点，自己担任隔离点负责人，在乡党委的统一领导下，严格落实各项防疫措施，他穿上防护服深入隔离区，为隔离人员提供服务保障。隔离教室不够用，他带领所有工作人员在马路边上搭帐篷住了一个多月。他们出色完成任务，受到上级领导和群众的肯定。

2021 年 1 月，他开始担任雅瓦乡副乡长、综治办副主任。因驻村工作需要，根据党委安排，他到巴格齐村担任第一书记。巴格齐村条件十分艰苦，风沙天气是家常便饭，严重的时候只能看见漫天黄沙。就是在这样的环境中，他坚持到村工作，带领全村 395 户 1596 人，扩大产业规模，现有牛存栏 1200 余头，羊存栏 5300 余只，鸽子 5500 羽，骆驼 60 峰，形成规模养殖户 8 家；推动种植业高质发展，在传统种植基础上，大力倡导蔬菜种植，工作队出钱，帮助 40 户农户建设 40 余座蔬菜拱棚，带动农民积极性；推动劳动力外出就业创收，目前有务工人员 274 人。2022 年，农民人均收入 13500 元，增长 7.69％。为持续巩固社会稳定

成果，他排查安全隐患，与群众结对子、认亲戚，解决群众诉求，实现了社会大局稳定，全村呈现欣欣向荣的景象。2022 年 9 月，疫情袭来，他带领全村 22 名干部分成 4 组将全村划分为 4 个网格。为减少交叉感染，他和干部都住在农民家的空闲房屋里，自己搭锅做饭。由于在村人口达 1004 人，需上门为群众做好生活保障，购置生活用品慰问困难群众，解决紧急问题，他都冲在第一线，干在第一线，为打赢疫情防控阻击战贡献了自己的力量。

无论是农民家里，还是乡村路上，无论是棚圈里，还是田地上，都留下了他坚实的脚印。他用年年如一日的辛勤付出践行着当初许下的诺言，扎根边疆，奉献青春，为实现中华民族伟大复兴的中国梦而不懈奋斗！

一个年轻人的"节电梦"

——重庆大学杨剑南

　　杨剑南，重庆大学 2016 级经管学院应用经济学硕士，现任重庆伏特猫科技有限公司董事长。

　　杨剑南很早便开始了对用电市场的观察，经过摸索和学习，发现大部分企业缩减成本的方式集中在办公管理、财务避税、缩减人员等方面，但几乎没有企业想过如何管控公司的用电情况，甚至包括很多事业单位都普遍存在用电消耗过大的问题。另外，由于电气的专业性，若企业在此方面出现问题，也很难寻求到帮助。

　　带着共同的创业梦想，杨剑南与其他几名同学组建了"伏特猫"。未来每个用电客户都会需要一只电力"猫"，帮助他们计算去哪买电最便宜、谁的电力服务最好，真正让每个企业用电无忧。"伏特猫"的初心是让廉价、优质的服务飞入寻常百姓家。

　　公司先后获得全国大学生"小平科技创新团队"、中国国际"互联网＋"大学生创业大赛全国金奖、"创青春"中国青年创新创业大赛（数字经济专项）全国金奖、全国优秀创业创新项目、全国智能制造（中国制造 2025）创新创业大赛全国第二名、渝创渝新综合服务类一等奖。

　　在服务众多企业之后，杨剑南发现中国工业用户数据是一座"沉默的金矿"，很多企业的能耗数据相对孤立，未能很好地进行结合用于提高生产效率。"伏特猫"通过大数据分析算法和人工智能机器学习，对采集数据进行分析和处理，结合行业的生产工艺，得出最优的控制策略，直接反馈控制，切实为企业提升效能，节能降耗。

　　公司与三峡电能、国家电网综合能源服务有限公司等能源巨头展开深度合作，累计为客户节省电费千万元，为国家节能减排和国民生产贡献了自己的一份力量。

　　"伏特猫"是一个非常包容和开放的团队，不设门槛，不限专业，不限年龄，只需要有共同的价值观和美好的愿景。"因为只有树立信心，可以帮助更多的人，相信这个项目可以改变世界，成员们才能够为了这个愿景一直不离不弃，才能够相互学习和成长，并一路前行。"如今从"伏特猫"走出了一个又一个团队。

　　正是这样的理念造就了"伏特猫"。之前在前途未明的情况下，大家依旧为团队而不懈努力，并且不断壮大。可能很多人不能理解这种做法，但是杨剑南却认为，这正是共同价值观的体现，是团队凝聚力的象征。成员们来到"伏特猫"，并不是因为金钱和名声，而是这个团队确实能够提升自我，能够真正地为解决社会问题而努力。

　　如今，这支团队已经服务了数千家企业，遍布重庆、湖北、安徽、江苏、浙江、北京、四川、广东、黑龙江、辽宁等地区，通过互联网的渠道更加快捷地为更多企业提供无忧的用电服务，这一项目也在首届渝创渝新大赛综合服务类中获得冠军。杨剑南在比赛中说："希望实现一个小目标，就是在接下来一年帮助企业节省电费 5 个亿。"

就读重庆大学时，杨剑南曾被推选为重庆市学生联合会驻会主席候选人，参加中央团校学习；先后担任重庆大学经管学院学生会主席、重庆大学数学建模协会会长，曾获得全国大学生数学建模竞赛全国二等奖。他的公司入选重庆市"专精特新"中小企业、重庆市年度节能服务公司、重庆市智能制造服务商资源池、重庆市工业互联网试点示范项目。

酸中带甜的创业动科人

——西南大学彭雨

跃"农门"的大学生返乡创业意味着什么？"农"字号专业在哪里更有用武之地？脱贫攻坚能自己"造血"吗？农村怎样实现中国式现代化？从字面回答这一连串的问题，已经是五味杂陈；但要用青春实践来告诉世人，那一定是在全面建设社会主义现代化国家的火热实践中绽放的"绚丽之花"。西南大学动物科学技术学院 2010 级本科学生彭雨"酸中带甜的创业动科人"事迹就是千千万万"绚丽之花"中的一朵。

2014 年的四川省德阳市中江县富兴镇辉山村 9 组，是中国农村中一个极其普通的基层贫困村庄。然而，就是在这样一个普通的贫困村庄，一个通过奋斗拼搏跃出"农门"的大学毕业生却毅然回到这里，开始了一段"传奇"的返乡创业之旅——这就是彭雨回到乡村创业的真实故事。彭雨的农场诞生了，伴随农场诞生的诸多"好奇"也接踵而至。2015 年起，《成都商报》、四川新闻网、四川卫视、人民网等全国各大媒体纷纷前来关注这个返乡大学生创业的"趣事"。时间来到了 2017 年 11 月，彭雨带着 3 年多创业的酸甜苦辣，荣登中央电视台 CCTV-7 栏目，分享了他这一路酸中带甜的创业历程。

顶着巨大压力返乡创业的彭雨，很快利用所学专业实现了自己家庭从贫困到小康的转变，但周围父老乡亲依然贫困的状况深深地刺痛了彭雨的心。他跟团队积极响应党和国家精准扶贫的号召，勇敢承担社会责任，更好地带动父老乡亲脱贫致富。2015 年，彭雨在四川省中江县注册成立了公司。经过探索，他找到了公司加农户的模式，联合周边贫困户、养殖散户，为其提供优质鸡苗、全程养殖技术以及销售渠道，先后为中江县富兴镇 200 余户贫困家庭实现增收致富。公司不断完善农场设施，目前已经实现种养结合、农产品冷链仓储物流、乡村旅游、民宿体验等三产结合，并成功举办春游"摄影节"、夏凉"抓鱼节"、秋收"采摘节"、冬货"年货采购节"等活动，2020 年农场园区接待体验者近 10 万人次。

脱贫后的农村要持续发展，必须能够自己"造血"，走出一条有特色的发展道路。2020 年开始，彭雨通过 5 年的技术积累和革新以及农业销售渠道的探索，成功拥有了自己的专利技术和整套农业发展经营思路，通过自媒体平台招募合作伙伴，助力乡村振兴以及农业农村现代化，为全国新农人提供技术、营销模式支持，打造出爱苜智慧共享农场。在该平台上，消费者共享健康的生态食品以及幸福的生活方式，合作伙伴可以共享专利技术和销售思路以及经营渠道，致力中国传统农业产业升级、品质升级、产业技术升级，建立生鲜农产品品牌门店＋互联网的农场直达家庭的新模式。

彭雨作为四川省中江县人大代表、德阳市人大代表，一直在思考、反映和践行农

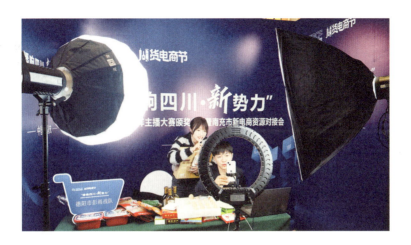

业农村农民的现代化，带领爱首智慧共享农场，坚定走中国式现代化道路。2021 年，农场全力开放免费扶持合作伙伴模式，以资金、技术、品牌、运营管理等方式在全国县级以上城市扩张加盟合作伙伴。

彭雨不忘初心，引领健康食品的发展，缔造更高的价值，将健康带给千家万户，让每一个人都能享受农业带来的幸福生活。

以普通人之智谱写十年创业路
——重庆邮电大学姜军

姜军，中共党员，硕士研究生，毕业于重庆邮电大学，是重庆"小二郎"文化传媒有限公司创始人及 CEO，担任全国双创协会理事成员、重庆市青联新闻出版与新媒体界别副主任、市青促会副会长、共青团重庆市大学生创客协会会长、重庆师范大学创业实训特聘导师、西南大学创新创业特聘导师、重庆工业职业技术学院双创导师，重庆邮电大学创新创业协会副会长。

一、勤学善思则明，明辨笃行而立

姜军于 2012 年本科毕业于重庆邮电大学信息安全专业，一毕业即投入创业事业中，他牢固树立勤于学习、善于学习、终身学习的理念，将勤学善思作为加强自身修养及履职尽责的重要途径，在创业过程中汲取各方面知识。他面对失败不断反思，总结经验，力求做到完美，并进入重庆邮电大学经济管理学院研读管理科学与工程硕士，提升自身能力素质，力求成为管理业务内行人。

二、艰难方显勇毅，磨炼始得玉成

2012 年，刚从学校出来的他就投入了创业事业。创业初期，人员、资金、管理经验的欠缺使其在创业过程中面临重重困难，但姜军从不放弃，一步一步摸索，成功创立了自己的品牌。在此过程中姜军意识到管理的重要性，于是开启了研读管理科学与工程硕士之路，系统性学习企业管理经验，为日后的创业事业筑基。

2014 年，由于创业事业经济效益不好，为了积累更多资金，姜军拾起本科专业知识，通过自身努力进入腾讯科技有限公司成为一名信息安全工程师，但这并没有熄灭姜军的创业热情，在腾讯工作的这段时间，姜军完成本职工作之余，从各方面汲取腾讯内部管理流程等经验，为将来的"小二郎"传媒标准服务流程提供了范本。

2015 年 1 月，姜军正式注册成立重庆"小二郎"文化传媒有限公司，在前面几年的实践与学习中，他重新思考了公司的市场定位，从最开始的水果电商转型为文化传媒公司。从零开始，这是一个艰难的决定，但是姜军带领团队坚持了下来，刚开始没人相信水果电商可以做好文化传媒工作，他就去参加各种招标，拿下了中国移动的广告片和腾讯的微电影项目，此后姜军的创业之路走上了正轨，"小二郎"文化逐步发展起来，目前已经开设四大业务板块，涵盖共计 7 类 50 余项产品服务，为企业提供全生命周期内容制作解决方案。

公司团队从最初的 3 人到如今的 80 余人，创业过程中团队稳定就业率超过 90％，从公司培训出来的 80％专业人才投身创业事业，至今累计带动就业 500 余人，为当地就业创业工作作出突出贡献；"小二郎"文化经济效益良好，创业至今累计实现经济产值上亿元，同时按章程依法纳税，2020 年被评定为"A 级纳税人"，有效带动上下游产业发展。

三、不忘初心使命，创造社会价值

"人就要不断为社会创造价值"是姜军一直以来的初心，扶贫就业，传播中华文化的信念，扎根在姜军心中。2019 年，姜军带领团队与市青联委员筹集 15 万元，组织扶贫工作组到酉阳土家族苗族自治县车田乡，开展"青力扶贫，联创梦想"扶贫活动；带领团队拍摄制作微电影，引导人们关注留守儿童，该微电影获得 2020 年"讲好中国故事"创意传播大赛重庆分站人物纪实类一等奖；与省市级公益组织合作落地"残疾人云剪辑"计划，推动残疾人就业发展；和北京联合国教科文非物质文化遗产推广办公室合作，将非遗文化编入课程，走进北京中小学课堂；深入苏州、武夷山、湖北恩施等地进行考察，用专业能力帮助非遗传承人设计包装非遗产品；姜军希望最后能将大众目光吸引至重庆，让更多人通过"小二郎"的镜头感受重庆山水人文。

此外，姜军带领"小二郎"与几十所高校开启"中国大学生创作人生态圈"计划，在各大高校开设校内工作室，通过"小二郎"的影响为大学生接商单，让有想法的大学生尽快进入实践阶段，助力他们的创业事业。

姜军带领团队一路摸爬打滚，从未忘记最开始的那一段征程，他已经成为当代大学生和青年创业者的榜样。

追逐人生梦想　汇聚助残爱心

—— 重庆科创职业学院彭军

彭军，中共党员，重庆残之梦商贸有限公司创始人、总经理，重庆市巫山县肢体残疾人协会秘书长，荣获第八届中国国际"互联网＋"大学生创新创业大赛重庆赛区"金奖"。他 2018 年被评为"年度感动永川人物"、第六期"最美巴渝·感动重庆"月度人物；2019 年荣获重庆市"精神文明建设先进个人""自立自强先进个人"；2022 年 5 月荣获巫山县"全县扶残助残先进个人"等荣誉称号。彭军的励志事迹和创业经历，先后被中央电视台、《人民日报》、新华网等主流媒体报道。

一、直面人生，逆风飞扬

1992 年 5 月，彭军出生于重庆市巫山县的一个偏远小山村。6 岁那年，一次意外，他胳膊高位截肢，导致生活和学习举步维艰。他在经历短暂的彷徨和迷茫后，结束流浪生活，返回校园，刻苦学习，坚持练习生活技能。2015 年，23 岁的彭军考入巫山中学。他在学习之余，到当地农产品公司学习售卖农副产品，帮助果农填写订单，清理账目、策划巫山农特产品脆李销售。在兼职过程中，他深深地感受到残障人士生活工作的艰辛，感受到农副产品销售的不易，感受到农村经济发展的困境。帮助家人改变境况，帮助家乡改变现状，帮助更多像他一样的残障人士自力更生的念头日趋强烈。

二、修炼技能，追逐梦想

2018 年 9 月，彭军满怀对生活的热爱和对知识的渴望，迈进大学校园——重庆科创职业学院。他坚信，知识改变命运，技能成就人生。这个无手男孩，努力向阳生长，向下扎根，执着地舞动青春，追逐人生梦想。学校创新创业教育的启迪，创新创业科技园里穿梭奔忙的追梦人，点燃了他的创业激情。他刻苦钻研企业管理、软件技术、市场营销专业知识和新媒体技术，组建创业项目团队，开展农产品直播带货。同时，他参加各类创新创业培训、创业大赛和创业沙龙，不断提升创新创业素养，分享励志故事，不断成就大写的自己。

三、创业启航，越挫越勇

彭军积极响应"互联网 ＋ 现代农业"政策，乘乡村振兴之东风，创办残之梦商贸有限公司。2021 年 3 月，彭军携公司回到家乡——重庆市巫山县，收购、销售巫山脆李、巫山恋橙、巫山杂糖、巫山腊肉等农副特产。然而，由于市场经验欠缺，公司业绩徘

徊不前。虽然创业艰辛，但他并未放弃，而是越挫越勇，不断汲取教训，总结经验。他说："年轻就是资本，不怕失败。失败一次，经验丰富了一次，总有一次会成功。"

四、精准定位，创新模式

2021年6月，彭军将家乡有创业梦想的残疾人联合起来，打造"巫山残疾人综合服务平台"，致力促进残疾人就业、增加残疾人收入。同时，公司聘用残障人士等就业困难群体，收购、销售巫山脆李、巫山腊肉等农副产品，"为残疾朋友解决创业难、农产品销售难的问题。开发残疾人就业岗位、带动残疾人共谋发展，实现残疾人的自我价值。"这个逆境中一路走来的无手青年，正努力汇聚起一股磅礴的助残力量。

彭军积极探索创新巫山脆李"生产＋技改＋收购＋销售"模式，携手当地脆李种植好手，承包土地，钻研技术，改良品种。公司直接带动残障人士等就业困难群体26人，人均年收入增加2万余元。同时，他积极参加各级各类创新创业大赛，进一步提升创业能力、拓展客户群体。先后与重庆市多个参赛团队合作，签署了9个销售传统工艺、生态腊肉等地方特色产品项目。下一步，他和团队将以新媒体营运技术为核心，持续加大投入，打造"抖音＋快手＋微店＋社区团购"的线上线下销售矩阵和"超市＋学校＋采摘"的线上线下销售矩阵。

五、传递爱心，服务家乡

2023年2月，彭军作为巫山县残疾人联合会第六次代表大会的残疾人代表，被选为肢体残疾人协会的秘书长。在2023年重庆市肢体残疾人协会工作会上，积极为保障残疾人高质量就业创业建言献策。彭军说："我要将有限生命活得有意义，也想把有意义的事情传递给更多人。我就是想在农村创造一番事业，能够帮助巫山周边的农民、留守老人，带动当地经济的发展。相信更多的大学生投入乡村建设后，农村、农业就会发展得更好。"在当地政府和社会各界支持下，他和团队积极宣传乡村文化，树立巫山农特产品牌，为农产品、乡村旅游增值赋能，促进一二三产业融合发展。

近年来，彭军身残志坚的励志事迹和扎根基层的创业经历被中央电视台、央视网、人民网和新华网等全国主流媒体宣传报道。

雪域边关八千里
国门卫士践初心

——重庆师范大学钟悦祺

一、从小怀揣军旅梦，献身国防终无悔

2015 年，钟悦祺毕业于重庆师范大学体育与健康科学学院体育教育专业，从小他就一直希望自己能做些有意义的事情，为自己、为家庭、为国家贡献自己的一份力量。

考入大学后，他深入学习了习近平总书记视察重庆师范大学时的讲话精神，严格要求自己，积极向党组织靠拢，塑造正确的人生观、世界观和价值观，甘于奉献、乐于助人，在同学中成为带头的模范。凭着对军旅生活的向往，他刻苦钻研，勤奋好学，打下坚实的文化基础，多次获得校级奖学金，还被评为了重庆师范大学"优秀学生干部"。在毕业求职时，他积极响应习近平总书记的号召，决定到基层去，到西部去，到祖国最需要的地方去。正是思想上的成熟，他最终携笔从戎，献身国防，建功立业。

二、藏滇两地戍边行，父子两代家国情

1983 年，钟悦祺的父亲钟德云被云南西双版纳武警支队征召入伍，驻地环境恶劣，条件艰苦，钟德云却甘之如饴，一直干到退伍。1992 年 1 月，钟悦祺出生，此时钟德云已退役数年，但他军人的言行举止深深刻在骨子里，也被钟悦祺看在眼里。深受父亲从军经历的影响，钟悦祺对军营充满向往。大学毕业前，他就关注部队招录应届毕业生的消息。"卫国戍边，这是每一个热血男儿的梦想，更是一份光荣的责任。"毕业之际他接到原西藏公安边防总队的录取通知后，义无反顾地选择了从军之路，成为一名

优秀的国门卫士。

三、粉身碎骨浑不怕，戍边责任担在肩

初到西藏，第一关面临的就是适应高原环境，钟悦祺刚分到边防检查站不久，就突发静脉曲张，经医务室检查得知，钟悦祺在广州参加新警培训期间已经因为高强度训练患过静脉曲张，并进行手术治疗，此时医生建议他停止一切训练。但是，他并未当"逃兵"，为赶上参加年底的实战化考核两次前往内地医院进行手术治疗，术后两周，为赶上训练进度，他更加努力。实战化考核如期而至，钟悦祺所有考核科目达标，荣获通令嘉奖。同时，他在 2020 年全警实战大练兵比武中表现优异，被国家移民管理局评为"标兵个人"。

经过了适应期，钟悦祺在部队的大熔炉中渐入佳境，时常将一些体育院校的科学训练方法介绍给战友提高训练效果，把自己擅长的武术技巧进行分享，丰富训练内容的同时，也提高了大家的训练积极性。他作为政工干部，组织起草《党委理论学习中心组学习计划》《典型培树计划》《新闻宣传工作计划》等，不折不扣地落实好各项重点工作，为全站稳步发展提供了坚实的制度保障。他从一日生活制度、训练执勤、内务管理、警营文化等方面入手，立足现有条件，积极筹备各类文体活动 20 余次，为广大战友们营造了良好的工作生活氛围。他在大学期间曾任体育学院学生会宣传部部长，参加工作后，他笔耕不辍，在各级主流媒体上累计刊发新闻稿件 700 余篇。他曾掷地有声地说："我从不奢望自己笔下出现一级英模或一等功臣，因为那很可能意味着牺牲和永别。我更盼望战友平安，永远和我们在一起！"

四、脱下戎装换警服，守家卫国葆初心

2018 年，原公安边防部队正式宣布集体退役命令，由现役军人转改为移民管理警察，钟悦祺脱下军装，穿上警服，为维护口岸安全稳定和地方经济发展默默付出。驻守国门边境以来，他荣获"卫国戍边"铜制奖章和个人嘉奖 3 次。

2022 年 8 月，西藏拉萨暴发疫情，作为一名中共党员，同时也是比武队带队干部，钟悦祺和队员一起踊跃报名参加西藏出入境边防检查总站抗疫党员突击队。他始终战斗在抗疫一线，每天工作结束后，还会仔细对队员的防护物资进行清点检查。他总是说，人是我带出来的，我就要对他们负责，保证战友们安全支援拉萨，平安返回！有时候实在太累了，他就在物资堆边找个角落休息一会，就这样连续奋战了 122 天，他们圆满完成了抗疫工作任务。

雪域高原的环境没有磨灭钟悦祺保卫祖国的决心，他以坚毅顽强的信念克服困难，只为国门无恙，边境秩序井然。在未来的工作、生活中，钟悦祺将以百倍的信心和万分的努力去迎接更大的挑战！

四川省

以平实之心做实做细就业指导服务

——宜宾学院教师夏高发

夏高发，中共党员，硕士研究生，副教授，毕业于四川大学哲学系，自 2001 年参加工作以来，一直在宜宾学院基层一线从事就业指导服务工作，曾获评四川省普通高校就业工作先进个人、优秀共产党员。2022 年 6 月 8 日，习近平总书记来宜宾学院视察时，他曾当面向习近平总书记汇报了毕业生的就业情况。

一、立场坚定，政治素养好

他扎根基层一线从事就业工作 20 余年，政治立场坚定。他认真学习贯彻习近平新时代中国特色社会主义思想和党的二十大精神，增强"四个意识"，坚定"四个自信"、做到"两个维护"，坚决贯彻执行党的路线方针政策和省委决策部署，保持平实之心，做实做细就业指导服务。

二、善于钻研，业务能力强

教学能力过硬。夏高发长期从事"大学生职业发展与就业指导""创业基础"等课程教学，听课人数累计 1.3 万人，获得教学比赛奖项 7 项。他主讲的"创新创业创青春"在线课程选修人数 6 万余人，入选全国首批一流本科课程。2020 年，他应邀为四川省教育厅录制"大学生就业权益保护"专题就业指导网课。2023 年，他为教育部录制"互联网＋就业指导"公益直播课，收看人次超过 260 万。

理论功底深厚。他获得了职业指导师、职业生涯规划师、全球生涯规划师、创业培训讲师等 15 项专业资格认证。他编著《创新创业创青春》等教材。他在期刊发表就业和思想政治教育论文 17 篇，多篇文章被 CSSCI 全文收录。

管理服务到位。他创造性提出了"场景化"就业指导模式，利用就业课程、产教融合、科研平台、赛事活动、招聘宣讲"五个阵地"开展就业育人活动，教育部对此进行了专题介绍。他整合校内外专家资源，组建了"导航名师"就业创业专家团，为学生提供简历修改、岗位推荐、创业咨询等。他常态化组织辅导员和学生走进企业实地探访，引导学生客观看待个人条件和社会需求，从实际出发选择职业和工作岗位。他积极推进访企拓岗促就业活动，多次到新疆、贵州、云南、浙江、广东、福建等地区开拓就业市场。他建立了重点群体毕业生信息台账，进行个体咨询帮扶 3000 余人次。2022 年他给毕业生生源地人社部门发协作函 117 件，并深入困难学生家庭开展家访，合力做

好毕业生签约落实工作。

三、面向基层，服务效果好

他工作中任劳任怨，做工作接地气，深得同学们的信任。他甘当学生扎根基层建功立业的引路人，在引导高校毕业生赴基层就业方面工作成效显著。通过他的宣传动员和引导，学校毕业生通过西部计划、三支一扶、特岗计划、新疆内招生等基层就业项目就业的数量增长明显，学生在各行业基层岗位取得了突出的工作业绩。近三年，学校通过国家基层就业项目和地方基层就业项目就业149人。他所指导的学生在脱贫攻坚、乡村振兴中接续奋斗，有扎根大山勇当乡村振兴"领头雁"的全国劳动模范、全国三八红旗手、中国青年五四奖章、全国脱贫攻坚贡献奖等一项项荣誉的获得者，也有在其他基层岗位的默默耕耘者。近年来，在国家双创的号召下，他积极开展创业培训和咨询，累计培训有创业意愿的在校大学生、离校未就业毕业生、新型农民6000余人，手把手指导学生成功创办小微企业106家并对其进行持续跟踪指导和服务。他还积极参加就业创业领域的社会活动，被相关主管部门和行业聘为成渝双城经济圈高校就业创业双百导师、川渝大学生职业指导百名专家、全国生涯规划专家、退役军人创业指导专家等，多次应邀担任省级就业创业相关赛事评审。

四、为人师表，大局意识强

他为人师表，坚持"四有"好老师标准，深入落实立德树人根本任务，坚持就业育人理念，用心用情做好就业指导服务，认真对待关心每一位学生，精准了解学生的兴趣、能力和价值观，引导学生自觉践行社会主义核心价值观，树立正确的择业观和就业观。他切实维护毕业生就业大局稳定，把毕业生就业工作作为重中之重，积极推进"就业—招生—培养"联动。他慰问看望扎根边疆的毕业生，实地了解他们的工作环境、待遇、用人单位对毕业生和学校的评价和建议等；也曾深入残疾学生家庭，了解其家庭状况及求职意愿，积极协调当地人社部门，共同拟定就业帮扶方案。他认真落实党风廉政建设要求，遵纪守法、严格自律，师德考核多次获得优秀等次。

坚守高校就业指导一线
助力基层就业梦想绽放

——西南石油大学教师张亦驰

张亦弛长期工作在基层就业指导一线，工作以来，为学校保持 90％以上就业率、65％基层就业率发挥重要作用。

一、深耕一线，以耐心搭建基层就业指导基础平台

西南石油大学地处西部，每年超过 60％的毕业生在西部地区就业，超过 65％学生选择基层就业。

"张老师，有个问题可以请教您吗?"这是张亦弛老师手机收到最多的消息。从辅导员到专职就业指导教师，他始终在一线深耕，用耐心、专业的指导支持学生成长。从远赴新疆担任大学生村官将青春色彩留在彩色边疆的小杨，到留在军营将军旅梦与强军梦深深融合的小强，再到四川男孩离乡远赴南海用实际行动为能源强国贡献力量的小周……一次又一次的辅导打开了学生走向基层就业的职业成长之门。他通过专题讲座、个体咨询、团体辅导、线上微咨询等形式，为学生提供就业指导服务。他年均指导超 5000 人次，累计支持超 2000 名学生走向基层岗位，指导学生参加就业类竞赛，获得省级奖励 6 项。他将辅导案例整理为网络专栏，浏览量超 100 万人次。

他不断探索就业指导课程教学新模式，就业指导课程教师满意度常年排名第一，先后获得四川省大学生职业发展与就业指导课程教学大赛一等奖；四川省高校教师创新教学大赛二等奖；四川省高校教师创新教学大赛学术创新奖、教学组织创新奖、教学活动创新奖；获批四川省就业创业金课 1 项。

二、组建团队，以专业完善基层就业指导育人体系

他发现个人的力量始终是单薄的，于是开始组建基层就业指导团队，指导、支持团队教师参加各级比赛，共获得省级奖励 16 项。

作为学校"梦溪"职业生涯发展咨询工作室联合创始人，他组织团队教师共同开发测评资源，提升个体指导技能，面向全校学生开展各类职业发展与就业指导咨询辅导服务。张亦弛与团队专注基层就业，精准开发能源企业基层岗位、公共服务基层岗位、"三支一扶"、"西部计划"等专题项目，为支持学生赴基层就业搭建了重要指导平台，就业指导满意度超 95％。

完善职业发展与就业指导课程体系是影响更多学生，实现全程化、精准化泛在学

习场域的重要基础。张亦弛的教师团队立足就业育人，聚焦学生职业发展全过程，从国家需要、社会需求、个人发展等角度，深度融合能源企业基层岗位、公共服务基层岗位、参军入伍等多元化发展路径，构建以学生为中心的四年一贯式职业发展与就业指导课程方案。

张亦弛致力将优质课程体系分享给广大有就业需求的学生，他配合教育部制作"互联网＋就业指导"直播课2期，参与主讲课程"求职面试实战指导"。他录制就业指导课程被官方平台转发，受邀录制就业指导课程，推送给全省毕业生。

三、积极影响，以情怀点亮更多学生职业发展之路

张亦弛努力推进职业发展与就业指导各类资源的共建共享，支持更多西部地区甚至全国的学生的职业生涯发展。

2020年，四川省教育厅、重庆市教育工委牵头成立"成渝地区双城经济圈高校就业创业联盟"，张亦弛作为主要成员参与"生涯教育分盟"的组建工作。作为牵头单位执行负责人，他积极开展工作，面向川渝两地高校，组织专题论坛、师资培训、学生辅导项目，联合知名高校专家、行业头部企业专家，累计服务超100000人次，孵化基层就业育人精品项目20余项。

作为西南石油大学基地的执行负责人，他不断加强"全国高校毕业生就业能力培训基地"建设，累计面向5市12校提供就业能力培训，面向参训学员提供公益咨询及精准指导服务，提供基层就业等各类专题训练营资源，累计服务1300余人，参训学员整体就业率高于本省同类高校平均水平，培训项目育人成效显著。

他作为主讲教师参与四川大学等20余所高校师资培训，参与四川、内蒙古、云南等各地教育部门、人社部门组织的就业指导论坛等活动。他希望通过业务交流、师资培训等形式，实现资源共享，为更多学生照亮职业生涯发展之路。

在未来，他将继续坚守一线，用实际行动，助力更多学生扎根基层，实现高质量就业，为国家人才培养贡献力量。

从军报国青年铸忠诚
戈壁沙漠巾帼洒热血
——电子科技大学张砚秋

张砚秋，2019 年 6 月硕士毕业于电子科技大学通信抗干扰全国重点实验室，她牢记青年党员的初心使命，携笔从军，献身国防。她秉承光荣使命，扎根新疆大漠深处，为某新型装备定型作出重要贡献，荣获部队嘉奖，连续两年考评优秀。

一、二进马兰，有志女青年情系边疆国防

2016 年 9 月，张砚秋保研到电子科技大学通信抗干扰全国重点实验室攻读硕士学位，师从方舒副教授。初到实验室，张砚秋也曾"水土不服"，从一开始的自信满满，到中途一段时间的意志消沉，导致学习科研进度缓慢。方老师看在眼里，急在心里，多次与她谈心谈话，帮助她走出困境并出色地完成学业。张砚秋谈到"自己的从军选择与方老师温润如雨的关心和鼓励创新的思想不无关系"。

2018 年，张砚秋很快找到了专业匹配、待遇丰厚的工作。2019 年 6 月，张砚秋响应党的号召，参军入伍，加入大漠深处的国防基地。初入基地，她身体严重不适，还有骆驼刺、戈壁滩以及漫卷黄沙带来的寂寥。但这些都丝毫没有影响她的初心、决心。

2020 年，张砚秋所属单位调整，技术人员调迁，张砚秋也是内迁成员之一。从戈壁荒漠到繁华都市，工作生活条件得到很大改善。2022 年 3 月，张砚秋得知基地急需补充技术人员，主动申请再进戈壁。她非常了解大漠的艰苦，但更清楚自己强国强军的使命。

二、决战大漠，巾帼红颜展现坚毅顽强

张砚秋在进入军营前对部队的印象都停留在影视作品里，6 个月的锻炼，让她从一名青年大学生，蜕变为纪律严明、品格坚强、忠诚担当的军人。她始终以一名优秀军人的标准严格要求自己，"流血流汗不流泪、掉皮掉肉不掉队"。大漠的自然环境恶劣，给科研带来的挑战也超出了她的想象。在基地试验场，白天地表气温最高 60℃，昼夜温差 40℃，进方舱、住板房、战风沙、斗寒暑，每天满身黄沙和汗水。风吹日晒调试装备，通宵达旦监控目标，从协调引导到特情处置，张砚秋都能精准执行落实到位。她先后保障 10 余次各型外场任务顺利完成，其中多次担任测控系统的总体负责人。在任务前期负责测控系统仿真、测控链路对接、编写方案、制定策略，探索并实现了外场有限条件下的"低成本"系统级仿真；任务中期负责现场指挥与协调、轮流值班，随

时准备应对突发情况；任务后期负责数据分析、测控系统总结。张砚秋经受住了外场任务的考验，在实际工作中大显身手，获得领导同事高度赞扬。在某重大专项中，她负责某新型装备的现场验收，参与和监督验收测试全流程，没有一丝马虎和懈怠，最终该装备顺利通过验收。丹心照大漠，血汗写艰辛，张砚秋用顽强毅力扎根沙漠，拼搏奋斗，练就过硬本领。

三、科研攻关，实干创新彰显使命担当

张砚秋主要从事测控相关工作，先后参与 8 个装备建设项目，其中包括多个重大专项，"十四五"项目和"十三五"项目，负责技术研究项目 2 项，发明专利 4 项，软件著作权 2 篇，参与编写教材 1 部，编写正式文件 40 余篇，开展多项技术研究，并参与某信息处理软件研制。工作中的张砚秋，开拓创新，连续两年考评优秀，工作第三年就被表彰为有灵魂、有本事、有血性、有品德的"四有"优秀军官。

在强军建设的征程上，张砚秋将自己的人生理想和祖国的国防事业紧密结合在一起，充分展现了一位青年党员的使命与担当，展现了一位青年科技工作者的高尚情操。张砚秋立志投身国防，为强军事业奉献青春，在党和人民需要的地方绽放绚丽之花！

扎根世界高城　只为格桑花开

——四川师范大学田学兵

田学兵，1996 年 4 月出生，中共预备党员，2017 年 6 月毕业于四川师范大学外国语学院，现为甘孜藏族自治州理塘县第二中学行政办副主任、英语教师。大四期间，他曾主动申请奔赴甘孜藏族自治州理塘县顶岗支教一年。毕业后，他重返高原，扎根理塘，从事他最向往的民族地区英语教学事业。他带着同为教师的妻子和年幼的儿子，克服高寒缺氧、气候干燥、语言不通等重重困难，积极投身精准扶贫和乡村振兴，走村入户深入贫困家庭二十余次，建立贫困家庭学生台账 180 余份，所带学生无一人辍学，升学率达 100%。2022 年 7 月，他被理塘县委、县政府授予"十佳人民教师"荣誉称号，同年 9 月，再获理塘县"优秀教师"荣誉称号。

一、饮水思源，结缘雪域

2013 年，田学兵来到四川师范大学。在校期间，他常怀一颗感恩之心，希望能将自己得到的国家及学校的关爱反哺社会。他曾担任学院纪检部部长，乐于为集体和同学服务，多次参加各类志愿服务活动。大四期间，他怀揣服务群众、奉献基层、实现价值的梦想，主动报名参加甘孜藏族自治州理塘县顶岗支教，积极投身脱贫攻坚战。初上高原的他时常眼睛疼、流鼻血、爬几步楼梯就喘不过气，但他咬牙坚持并担任了 50 名藏族学生的英语老师，不仅为他们传授了语言知识，还以自身经历帮助学生拓宽眼界。这段弥足珍贵的支教经历成为他人生的另一个起点。

二、扎根高原，播撒希望

面临毕业工作分配，他主动放弃了在家乡工作的机会，毫不犹豫地再次选择了这座高原县城，担任英语老师。2017 年 9 月，他来到君坝乡工作。恰逢同事休产假，他便成为乡里唯一的一名英语教师。初来乍到的他并不清楚将面临怎样的困境，他的住所十分简单，不足十平方米的房间里几块木板就搭成了一张床，一根斜跨房间的铁丝连成了晾衣架，几件衣服便成了窗帘。恶劣的自然环境和简陋的住宿条件并没有难倒他，而与这些困难相比，他面对的最大挑战就是与当地人交流。在学校里，绝大多数老师和学生都是藏族同胞，很多都不会说汉语。在相当长一段时间里，他只能通过表情与手势猜测同事和学生的说话内容。就是在这样的情况下，他毅然承担了全校初中三个年级的英语教学。他深受学生喜爱，只要他出现在操场上，学生就会自发围在他身边阅读英语。他深切感受到了高原孩子们对知识的渴望，对外面世界的向往，他毫无保留地把自己的周末时间都用在了辅导学生身上。

三、爱生如子，铸就师魂

2018 年，田学兵来到了理塘县第二中学。仅有一年工作经历的他，前后分别担任了 2018 级 1 班和 3 班班主任并兼任英语教师。三年间，他坚持早上 6 点起床到教室检查学生早读情况；午饭后便回到教室照顾学生午休；下午晚自习前还要到班级监督学生自习。他十分关心学生身体健康状况，任 3 班班主任时，有学生突发疾病，一时又联系不上家长。担心耽误了学生病情，他便带上班干部将学生直接送往县医院救治。在后来与家长交流中，他得知这个学生时常进医院，医生始终无法给出准确诊断，家长也束手无策。他便苦口婆心劝说家长，让把孩子带到成都进行诊断与治疗。他做到了把班上的每个学生当成自己的孩子，曾经在一学期内往返医院与学生家中 20 多次。

四、恪守职责，永葆初心

六年多来，田学兵把自己的大部分的日常时间都花在了学生身上。由于身处藏族自治州，部分少数民族学生家长不会说普通话，他便耐心请教藏文教师，请他们帮忙翻译，还常常用自己微薄的工资为学生购置学习和生活用品；学生有厌学情绪时，他适时谈心，成功帮助多名藏族学生重新回到校园；有的学生患有先天性疾病，时常在课堂上、寝室里晕倒，他总能马上赶到现场，亲自将学生送到医院。

在他的坚守和努力下，所带班级没有一个学生辍学，升学率为 100％。

让青春之花在祖国边陲
帕米尔高原绚丽绽放
——成都中医药大学李文娟

李文娟，成都中医药大学 2015 届优秀毕业生，现任新疆克州阿克陶县布伦口乡党委书记、四级调研员，党的二十大代表，是一心为民的优秀基层党员干部，"帕米尔高原上的娃娃书记"。她带领布伦口乡党委扎实开展工作，让牧民过上幸福美好的生活，2019 年实现全乡脱贫。李文娟多次受到习近平总书记亲切接见，先后获得"新疆维吾尔自治区民族团结先进个人""自治区青年岗位能手（标兵）"等荣誉称号。2022 年 8 月，李文娟带领的布伦口乡党委被评为全国"人民满意的公务员集体"。

2015 年，李文娟从成都中医药大学护理学院毕业，品学兼优、能力出众的她原本可以留在大都市工作，但她积极响应中央组织部的号召，自愿扎根新疆，服务新疆，投身到祖国边疆的建设中。她坚持党建引领，建强支部筑牢堡垒，发挥作用凝聚民心，用真情实意让牧民安心、安身、乐业，用实干精神让党旗在雪域高原高高飘扬，用实际行动诠释对党和人民的忠诚。她说："作为成都中医药大学毕业生，我的青春正解就是守好家国与边关，作为基层党员干部，要带领乡亲们过上更加幸福美好的生活。"

一、发挥示范表率作用，工作始终聚焦群众热点难点

李文娟紧紧围绕新疆工作总目标，紧跟自治区党委、克州党委、阿克陶县委安排部署，紧贴基层实情、紧盯民生热点履职尽责。饮水难曾是布伦口乡的历史性难题，为了彻底解决这个问题，她多次带着乡党政班子成员实地调研，提出解决问题的建议和方案，迎难而上，积极与相关单位协调，带头实干，垫细沙、填稻草、搭木板、包薄膜……和大家冒冰寒酷暑铺设输水管道，在党员干部的示范带动下，广大牧民群众自发拿被褥、取毛毡、端热水、送食物，共同投入战斗，历时 3 年，77.38 千米的输水管道铺设完成，全乡群众终于喝上了放心水。

李文娟所在的乡地处边境一线，她带头维护边境稳定，提升各族群众的安全感。她每日来回于各村开展详细调研，提出打造边境红旗党建示范带，构建"党建＋边防＋群众"工作新格局，确保边境一线"一个进不来，一个出不去"。2019 年，正值边防建设重要时期，她带领党员、边防干部和护边员穿梭在高寒边境线，克服高寒缺氧、物资匮乏等艰苦条件，昼夜不停巡逻巡查，日夜不歇架设防护网，顺利完成了边境铁丝网架设任务，提升了群众安全感，为促进新疆边境稳定作出了应有的贡献。

二、坚持一切为了人民，真心实意为群众办好事实事

李文娟坚持深入基层一线、边境一线，走村入户听民意、摸实情，回应群众关切关注，解决群众的困难。村民麦合图木因高原反应严重导致突发心脏病，情况危急，她及时给麦合图木进行心肺复苏，并将其送到县人民医院，挽救了麦合图木的生命，她之后又筹集 26 万元建立了边防医疗卫生服务站，为护边员生命健康保驾护航。了解到牧民麦麦提扎依尔的儿子被确诊为白血病后，李文娟立即发动党员干部、各族群众带头捐款、献血，共筹集 29.4 万元，并介绍麦麦提扎依尔到景区就业，彻底解决了他的后顾之忧。2021 年 7 月，正值旅游旺季，也是自然灾害高发季节，前往乡里的游客络绎不绝。她接到 314 国道突发泥石流的险情后，迅速组织 50 余名党员干部赶赴现场排除险情，疏散滞留游客和车辆，发动群众送水、送食物，通过近 6 小时的努力，顺利让 500 余名游客安全返程。一个个暖心举动，一幕幕感人场景，让所有滞留游客无不感慨动容，纷纷赞扬党的坚强领导，党员干部和群众的热情帮助，树立了新疆的良好形象。

三、始终牢记党员身份，全力抓好各族群众增收致富

她立足基层工作和党员干部职责，创新提出"党支部＋企业产业＋合作社＋群众"发展思路，2022 年全乡旅游业和畜牧业年总产值 1.14 亿元，人均可支配收入 15878.75 元，同比增长 11.92％，提升了人民群众的获得感、幸福感、安全感。

她坚守为民"初心"，使新时代基层工作更加贴民生、顺民意、赢民心。实施乡村振兴以来，为了进一步提高牧民布麦热穆·图努克家的收入，李文娟积极开展上门服务，引导他们一家转变思想，做好放牧的同时，积极安排夫妻两人去阿克陶县参加创业技能培训班，在喀拉库勒湖景区发展旅游业，布麦热穆·图努克一家在党的领导下日子越过越好，他们一家的致富史，带动了同村 180 余名群众旅游创业，过上了幸福的好日子。

李文娟扎根基层，献身边疆，砥砺前行的精神得到了群众的高度认可以及党和政府的充分肯定，中央电视台、人民网、中新网、光明网、《新京报》等主流媒体多次宣传报道她的光荣事迹。2022 年，习近平总书记在新疆考察调研时，李文娟作为各族各

界代表、基层党员干部，见到了习近平总书记。李文娟作为"人民满意的公务员集体"布伦口乡党委代表参加表彰大会，受到习近平总书记亲切接见并合影，感到无比光荣，备受鼓舞。这份沉甸甸的荣誉，是习近平总书记对新疆各族人民心连心的厚爱，是在党的领导，组织的关心培养下获得的。作为党的二十大代表，李文娟决心将党的二十大精神进一步学习好、宣传好、贯彻好、落实好，在扎根基层、守边护疆中取得新成绩。

李文娟深知能取得今天的荣誉，是学校的培养教育给了她扎根基层的钥匙，是认真践行"厚德、博学、精思、笃行"校训的收获。成都中医药大学党委书记刘毅鼓励并肯定道："心怀梦想，心存坚守，心有感恩，心系苍生的育人理念在李文娟身上得到完美诠释，李文娟扎根基层、献身边疆的报国情怀，让我们为之感到骄傲和自豪。"

海拔 4000 米的温度

——内江师范学院任敏

毕业后，她连续在海拔 4000 米以上的"生命禁区"工作，她是涉藏地区农牧民群众眼中的书记，是青少年口中的姐姐，是农牧民夜校里的"书记老师"，经受了各种复杂工作考验，干出了工作成绩，得到了群众认可。她就是毕业于内江师范学院的任敏。

一、"语时俱进"的任书记

每天到村办公室咨询政策，通过电话申请各种资助的农牧民群众很多，许多村民不会汉语，她要了解他们的所想、所需，以包村干部的翻译完成自己的工作不是长远之计，每每看到进门的农牧民群众她都恨不得以各种方式和他们搭上话。到村开展工作就要"语时俱进"，在值班巡逻、外出考察学习休息时，她会拿出藏文基础教材和笔记本向村主任学习藏语，请乡上会双语的干部帮忙把"家里面有人在吗?""把户口簿拿过来看一看""挖虫草挣了多少钱"等入户走访常用语翻译成藏语，用汉文进行读音标注，用微信语音进行录音保存。通过不断地学习和积累她从初来时不会讲一句藏语到现在可以用藏语与村民进行沟通交流，拉近了与村民的距离。

二、"背包书记"成了知村情、熟民情的"活字典"

她在下汝村背着自己的双肩包一干就是好几年，这里的村民亲切地给她起了个名字——"背包书记"。她的背包里面装着工作笔记、文件材料、贫困户的信息资料、便民联系卡、雨伞、水杯、眼镜盒、零食糖果、藏文教材和笔记本。她的背包里面随时带着自己设计制作的便民联系卡，下汝村搬迁户村民可以随时向她咨询上级党委政府的各项方针、政策、法律法规。她的背包里随时装有各种零食糖果，入户遇到年幼的小孩她会从包里面取出零食糖果进行分发，对能用礼貌用语和她进行问好交流、会唱儿歌、会背古诗、会简单算数、讲卫生的小孩，她会现场用糖果进行奖励，从点滴中培养孩子良好的习惯。她的包里背了多年的贫困户信息资料边角已经起毛，她时时将资料带在身边，入户走访发现信息变化随时进行更新，她已经更新村民信息资料累计500 余条。结束每天的工作后，她会对群众反映的问题进行归纳汇总，并用红笔进行标注，明确答复和解决问题的时限，让群众关心的事情，事事有回应。驻村开展工作以来，她累计入户走访 2000 余人次，解答法律、教育、脱贫攻坚政策 1521 人次，她已经"驻"进了下汝村村民的心里。

三、村民富了口袋富脑袋

同舟共济助脱贫。她为困难群众发放物资；出资 7000 余元为下汝村幼儿园学生购置过冬校服；在帮扶单位及爱心人事处筹集爱心文具及衣物等价值 20000 余元；借助本乡景区平台发起"高城驿站"明信片义卖活动，打造定制风景明信片，所得收益 1000余元全部用于资助本乡贫困学生、五保户及残疾人等弱势群体。扬长避短聚合力。她以改革创新为动力，转变思想观念，调整产业结构，千方百计增加群众收入。利用为每户贫困户修建的 1 个小型蔬菜棚，帮助贫困户每年减少 2500 多元生活支出。用活农牧民夜校平台。她多渠道为"农牧民夜校"配齐、配强、配精师资，为每名老师颁发聘书，为夜校学员设计制作农牧民夜校学员校牌，探索"菜单式"夜校教学方法，由她主办的农牧民夜校被评为了农牧民夜校示范校。

四、情系文化教育的"书记老师"

因为毕业于师范学院，对教育工作有着特殊的感情，她率先在涉藏地区贫困村开办起了汉、藏、英三语幼儿园，她每周会给孩子们上一节英语课，让孩子们接触新鲜事物，能看到一个更广阔的世界。她率先在贫困村开办文学沙龙，内容涉及好文分享、好诗鉴赏、好文分析、好电影推荐等。为了让村民多了解党的方针政策、社会时事、生活常识，她每天会收集摘选主流媒体特别是甘孜州内重要新闻和脱贫故事读给村民听。

她还担任了产品设计师，开发了"蒲公英茶""又见高原青稞茶"等扶贫产品；从事推销员，售卖自己设计的明信片；兼职过普法员，把青少年法律竞赛搬进了牧区的帐篷……

职业教育增值赋能
藏区学子出彩人生
——四川三河职业学院多吉加

甘孜州石渠县位于青藏高原东南缘的川、青、藏三省区接合部，高原和广袤的大草原养育了藏族青年多吉加，成就了他宽阔的胸襟。

一、来自藏区的特困学生

多吉加年少时，父母亲相继病逝，在甘孜州雪域援助协会的帮助下他完成学业，要求进步、感恩家乡、感恩社会的想法在他心中逐渐产生。2013 年，他高中毕业考入四川三河职业学院建筑工程管理专业，同年 12 月他光荣地加入了中国共产党。

当他来到学校报名，学费成为他入学的"拦路虎"，当他准备返回家乡时，又是甘孜州雪域援助协会的及时帮助，使他实现了求学的梦想。学校学院了解到他的困难后，及时给予多吉加奖助学金的资助。

二、人才成长的沃土良壤

由于学习基础较差，多吉加来到学院后，在同一起跑线同学中，没有受到歧视。学校作为一所民办高职院校，学校农村生源占 90％以上，贫困生占 60％以上，民族学生占 30％以上，呈现了农村学生多、贫困学生多、民族学生多的"三多"特点，学校践行平民教育、平等教育、平生教育的"三平教育"，被上级机关相关领导评价为"学校办学有尺度，有温度，有深度"。在这里，多吉加每天感受到的是热情和快乐，他相信只要不断努力，便会有所收获，他在新的集体中愉快地成长。

进步和感恩成了多吉加的代名词，肯干和热忱在他身上得到了完美的融合，阳光和活力在他身上得到了充分的展现。他可以为了制止同学冲突被同学误伤绝不还手；他可以为了班级和同学一天从教学楼的一楼到五楼上下十几次。2014 年他被选为学校"学生会副主席"。

他积极地投身学习，参加各种竞赛，获得学校征文比赛第一名、建筑工程系 CAD 技能竞赛二等奖、优秀志愿者、优秀团员、优秀团干部、三好学生、学校"优秀大学毕业生"等荣誉。

三年的学习生活，使他人生观、价值观逐步形成，知识丰富了他，技能改变了他，思想武装了他，他感到在学院学习的每一天，都过得很充实。

三、基层服务的出彩人生

"到西部去、到基层去、到祖国最需要的地方去"的号召让多吉加热血沸腾。2016年 8 月，常怀感恩之心的多吉加报名参加西部计划，通过了选拔。

按照西部计划派遣"一般不安排志愿者在原籍所在县服务"的原则，表现和成绩优异的多吉加初步被分配到了绵阳市，多吉加主动向老师和项目办提出了申请："我在童年不幸失去了家人，是石渠县淳朴的牧民和领导给予了我关怀，他们不是亲人却胜似亲人，为我注入了源源不断的勇气和前进的动力。羊有跪乳之情，鸦有反哺之义。我想尽我的微薄之力，回馈我的家乡父老。"项目办领导被打动，他重新回到了生他养他的甘孜州石渠县。

多吉加发挥"藏汉双语"特长，成为甘孜州双语宣讲员，向老百姓宣传惠民政策，用自身成长经历告诉牧民群众"听党话、感党恩、跟党走"。

他心中装着牧民，无论上班还是下乡，无论是在牧民定居点、虫草采挖点、远牧点……他就是一个流动的便民窗口，牧民办户口、报医保、找单位等都找他。

他为了帮助辍学儿童重返校园，加入了公益组织，为贫困儿童送去衣服，陪伴留守儿童过周末，孩子都称呼他为"多妈妈"。

2016 年 9 月，他参与了甘孜州人民医院医疗卫生队，在全县 23 个乡（镇、场）全面筛查包虫病的工作。他每天起早贪黑、废寝忘食为牧民群众讲解防治包虫病知识，协助医护人员把 407 个包虫病患者送到医院住院治疗，又和医疗队的同志们一起长途跋涉护送 22 名先天性心脏病患儿到成都华西医院接受救治，利用微信朋友圈为一名重病患者募集到资助款 7 万余元。他通过自己的努力和同志们一起，筹集到了价值 280 万余元的物资及 62 万元的现金，帮助了 108 名贫困大学生继续学习。

多吉加获得了四川省优秀西部计划志愿者、甘孜州优秀志愿者、石渠县优秀团干部等荣誉称号。2019 年，他被表彰为"闪亮的日子——青春该有的模样"大学生就业创业典型人物，同年被表彰为"第十二届中国青年志愿者优秀个人"。

多吉加作为特困的藏族孤儿学生通过职业教育，人生活出了精彩，他受邀返校向师生汇报了他的工作经历和成长进步。多吉加"学习、感恩、进步、向上"的这根标杆，便伫立在了三河职业学院同学们的心头。

到塔里木"兴油报国"

——西南石油大学潘磊

潘磊，四川西昌人，中共党员，西南石油大学油气储运专业 2015 届毕业生，本科毕业后赴塔里木油田工作至今，现任中国石油塔里木油田公司油气运销事业部轮南油气储运中心管道队副队长。

参加工作以来，他秉承"为祖国加油，为民族争气"的精神，坚定"为石油而生，为石油而息"的"兴油报国"理想信念，毕业后扎根一线，在基层平凡的工作岗位上作出了不平凡的成绩。他工作以来曾获以下荣誉或奖励："2021 年轮南油气储运中心先进工作者""2021 年塔里木油田隐患排查能手""2021 年油气运销部 QHSE 先进个人""2019 年轮南油气储运中心最美巡护人""2018 年管道运行部先进个人""2021 年塔里木油田提质增效合理化建议三等奖""2021 年油气运销部'银点子'三等奖""油气运销部创新创效二等奖"。

一、以梦为马，奔赴边疆，践行信仰守初心

2011 年，他来到了西南石油大学，听到了铁人王进喜的故事，感受到了石油精神与文化，他憧憬着以后成为一名石油工人。大学四年，学校让他认识到石油为何被称为"工业的血液"，它不仅是重要的化石燃料，还是重要的化工原料，更是关乎国家安全的战略资源。临近毕业时，他想起被老师们时常提起的那个名字"塔里木盆地"，作为国内勘探潜力最大的盆地，这里也是众多石油工程师实现梦想的舞台，他把"只有荒凉的沙漠、没有荒凉的人生"作为自己的人生信仰。毕业时，他毅然选择远赴边疆，深深扎根于塔克拉玛干大沙漠中的塔里木油田，践行自己"为祖国加油，为民族争气"的誓言。

二、扎根基层，坚持不懈，攻关克难显担当

赴塔里木油田以来，他扎根基层，主要从事管道运行及管道完整性管理工作。他管理 19 条，共计 1300 多千米的油气管线，管道跨越 4 个县，辐射 2 万平方千米，每年开展车辆巡检达 46 万千米，巡检盲区徒步 640 千米。他守护着西气东输上游主力干线的安全，保障着下游西安、上海等地 4 亿多居民的生产生活用气。由他牵头编制完成的管道一线一案管理方案，使得各条管线的管理更加有据可依。他扎实推进管道完整性管理，开展"空间＋时间"的多维管道完整性管理工作，创新管道运行管理模式，形成"四位一体"的成熟管道腐蚀防护管理体系。他加速完成了管道队所辖油气管道第一

轮全面检验和内检测工作，预知性修复了 1000 余处管道减薄点，完成 5 条输油管道腐蚀严重管段的换管作业，减少了近千处的管道失效事件发生，节约了 3000 万元管道抢修资金。其中哈得轻质油管道换管作业期间，他攻坚啃硬，在沙漠中连续作战 72 小时直到完成任务。他及时发现并整改轮台输气站存在的严重隐患，保障了输气站下游 7 家用户的生产用气及周边居民生活用气，因此被评为 2021 年塔里木油田隐患排查能手。

三、敢于开拓，勇于创新，凝心聚力保安全

他经过不懈努力，于 2019 年成功创建塔里木油田青年安全示范岗。依托青年安全示范岗，他带领众人创新思路方法，解决了管道阀室阴保电流流失问题，并将此方法推广至兄弟单位。针对失效点管道外腐蚀等系列难题，他组织维抢修中心多次开展现场技术分析，一举解决了此类严重腐蚀缺陷点的修复难题。为做好管道保护宣传工作，他与当地政府、派出所等建立沟通联络机制，每年组织开展近 30 次管道保护宣传活动，群众宣讲覆盖面 3100 人，发放宣传资料 1200 册。他积极与水管站建立联络机制，提前掌握上游水情，对即将到来的洪水进行引流、分流。通过修整水道、开挖简易引流口等措施，保障了天然气的安全平稳外输，为西气东输主管线安全平稳运行提供了有力保障。他说："看到党员前辈们冲锋在急难险重第一线，我就立誓一定要成为他们中的一员，为保障国家能源安全尽绵薄之力。"

四、组织肯定，思想洗礼，坚定信念再出发

2023 年 1 月 18 日，他迎来了人生中最重要的时刻，作为西气东输第一站基层员工代表和习近平总书记视频连线，他感到无比的光荣、激动和自豪。总书记温情的问候伴随着冬日的暖阳，让他和同事们倍感温暖。他总是在工作中想起总书记的殷殷嘱托。他感到了沉甸甸的责任，体悟到工作的重要价值，无悔于自己的选择，为能保障国家能源安全尽绵薄之力感到骄傲。这段特殊的经历也将贯穿他整个职业生涯，引领着他在基层的工作岗位上继续勇毅前行。他谈道："不是我把青春献给了塔里木，而是塔里木点亮了我的青春。我会牢记总书记的嘱托，传承好石油精神，一代接着一代干，保障能源安全，守护万家温暖。"

广阔新疆天地　青年奋发作为

——四川大学邓红梅

邓红梅，四川三台人，汉族，中共党员。2019年6月毕业于四川大学国际关系学院边疆政治学专业，同年8月，进入克州阿克陶县塔尔塔吉克民族乡工作，现为乡四级主任科员、党建办公室副主任。

一、初心如磐赴远方

她主动申请分配到阿克陶县，在塔尔塔吉克民族乡开始了她的基层干部生活。作为新任干部，她用最快的速度与最佳的工作状态迅速完成了一名学生向合格基层干部的转变，仅一年时间她的工作笔记与会议记录就写满了9本，各项能力也得到了提升，这时她知道，是时候接受群众的考核了。

二、迎难而上接挑战

2021年伊始，她主动申请到村任职，组织考虑她作为女性又尚未成家，本打算安排她到条件相对好的农区村，但她主动到发展滞后的牧区村——阿勒玛勒克村担任支部书记。阿勒玛勒克村是阿克陶县的牧区村，与乡政府驻地相距遥远，乘车要10小时左右才能抵达。

初到村里任职，工作仅一周，她便迎来了第一个挑战。党员大会上，一名党员突然"发难"：为何自己家2017年未被认定成贫困户，导致他少享受许多优惠政策。她立即反应过来这是一次"试探"，遂逐一讲解了贫困户认定程序，指出其中至少3个程序都需要农户签字同意，且经过多次公示，当时无人有异议。她还当场对所有参会人员进行了宣传。

三、齐心协力谋发展

此前阿勒玛勒克村集体经济收入一直是全乡倒数，2020年村集体经济收入仅有12万元，扣除必要开支后，再想做事，经济上已捉襟见肘。无处"节流"，她便积极谋划"开源"：申请壮大村集体经济项目，仅西门塔尔架子牛项目每年分红收入就达18.432万元；清理村内闲置场地，租赁给在村施工的施工队，在给予租金优惠的同时，请他们为村里做一些实事好事，在完成村内改造的同时，节省近10万元支出。她卸任前，村集体经济已稳步突破30万元大关，为村内公共事业开展夯实了基础。

她时刻紧盯农牧民人均纯收入低的问题。为了彻底改变农牧民的生活状态，真正在家门口吃上"旅游饭"，她主动联系相关行业部门与旅游协会，借助援疆省市资金补助，对"牧家乐"开展全面提升，在民宿改造、餐饮培训、服务流程、国语培训、政策解释方面下功夫。农牧民从刚开始的"单打独斗"找游客，转变为标准化集群化的"牧家乐"民宿群，让游客"愿意来、能沟通、住得下、吃得惯"。实现改造户在每年旅游旺季增收 3～5 万元，生意好的甚至达

10 万元。2022 年年底，据保守测算，全村人均纯收入超过 13000 元。在她任期内，阿勒玛勒克村成功获评"自治区乡村旅游示范村""国家级乡村旅游名村"。

四、披荆斩棘解民难

随着经济发展，基层治理中的新问题层出不穷。依斯巴依老人的难题更是跨越十几年头，其妻 2011 年去世，但因当时未及时办理手续，致使抚恤金等一直未落实。她深知这件事情难度巨大，更有人劝她这不是村里能解决的，她反驳："村民是我们的村民，诉求也是向我们反映的，如果我们不去努力就放弃帮助他，怎么对得起群众信任！"此后一年内，她多次奔走于相关部门，但都以年月久远、资料无法补办等原因无功而返，但她始终不敢懈怠，仍不断寻求破解之法。终于，2022 年抚恤金得以解决。凭着坚韧的工作风格，她荣获塔尔塔吉克民族乡 2021 年度、2022 年度"先进党务工作者"，2023 年因连续三年考核优秀，县委表彰其"三等功"。

五、百炼成钢渡苦难

在村两年，她常因工作繁重，在山上一待就是两三个月，甚至在疫情防控期间近半年没有下过山。因为长期熬夜加班、饮食不规律，患上了脂肪肝、肝囊肿等疾病。对她而言，身体上的病痛尚可忍受，但远在四川家中的老人常令她牵肠挂肚。2021 年 9 月她接到家中急电，外祖父突然摔倒，未到医院已撒手人寰，而她只能匆匆赶回家中送老人最后一程。

六、冲云破雾得蜕变

2022 年年底，她卸任支部书记一职，群众纷纷打听她哪天离开，邀请她到自己家再做一次客，为了不造成其他影响，纵然万般不舍，她还是故意说错时间准备提前离开。即便这样，还是有不少农牧民听到消息，纷纷赶来送别，拿着家里种的核桃、杏仁等，直往她车里面塞，她望着这些亲切又朴实的面孔，忍不住泪如雨下。但她最后还是托人悄悄地把东西退了回去，实在退不掉的也兑换成等额现金返了回去。

以身许国，何事不可为？以身许国，何事不敢为？她坚信，只有脚踏实地、真心为民，才无愧于母校师长的培养教诲，才对得起自己胸前的党徽。

立志改善贫困家乡
基层医疗条件的口腔专业高材生
——西南医科大学吴悠

吴悠是凉山彝族自治州第二人民医院口腔科主治医师。自 2016 年从西南医科大学硕士研究生毕业后，吴悠一直坚守在基层民族贫困地区口腔医疗一线。在这个平凡的岗位上，她真正做到了以患者为中心，在为患者解除病患、提高生活质量的同时，展现了一名共产党员"全心全意为人民服务"的初心和使命，也展示了一名好医生的风采。

一、抉择：义无反顾回乡，立志基层建业

"我的家乡口腔医疗条件还很落后，我想回去，为家乡人民做点事情。"2016 年，即将研究生毕业的吴悠，在面临留校还是回到家乡的抉择时这样说。吴悠的家乡在凉山彝族自治州，与省内其他地区相比，医疗资源短板十分明显。每年寒暑假回家，吴悠都能深刻感受到家乡医疗资源短缺给当地群众带来的不便。2016 年 7 月，她到凉山州第二人民医院口腔科报到。当时科室硬件条件简陋，口腔医疗技术也相对落后，对于一些当时已经普及的技术，科室一律没有开展。作为一名牙体牙髓病专业毕业的研究生，吴悠率先在科室带领大家开展了机扩根管预备、热牙胶充填、树脂美学修复、嵌体贴面修复等技术学习，使得科室整体医疗技术水平得到了大幅提高。

二、钻研：首创医疗技术，造福家乡百姓

"吴医生，我之前的牙医说这颗牙齿要在显微镜下面治疗，给我推荐了您，说只有您才能治我这颗牙。"在凉山州第二人民医院口腔科工作的时间里，吴悠经常会遇到外院医生转诊或患者经人推荐慕名前来就诊的情况。刚到科室时，科室并没有牙科显微镜，凉山州内也没有医生开展此项技术，当医生遇到患者牙根管治疗难度较大时，往往会建议患者转诊到成都上级医院进行治疗，有的患者嫌麻烦，索性选择了简单处理或者直接拔牙。2017 年，在四川大学华西口腔医院对三州地区的对口支援帮扶下，在科室主任、医院领导的支持下，科室购入了 5 台牙科显微镜和配备了 CBCT。

自此，吴悠在科室逐步开展起了疑难根管的治疗，让许多患者可以在本地得到治疗，大大提高了患者的就医体验。2019 年，吴悠主动申请到四川大学华西口腔医院牙体牙髓病科进修学习，学成后回到医院，又在当地逐步开展了显微根尖手术，为家乡百姓带来更多的便利和最新最尖端的技术。在平时的诊疗中，吴悠总会认真了解患者病情和要求，仔细检查患者的口腔情况，耐心地为患者解释说明。最终为患者作出最适合的、相对费用较低、对患者创伤最小的诊疗方案。遇到害怕进行牙科治疗的患者，她总是能用幽默的言语为患者解除恐惧心理。对于反应较慢、接受能力相对较差的老年人，吴悠能够不急不躁，悉心讲解诱导，直到获得患者的有效配合。耐心、精心、细心的工作作风让吴悠在患者中树立了良好的口碑。很多患者在找她看过病后还会把自己的亲朋好友介绍过来。有远道而来的患者找到她，她就放弃休息为患者加班。吴悠总说："病人大老远地来一趟不容易，我晚吃一会儿饭，少休息一会儿，他们就不用再折腾一趟。"简单的一句话折射出了一位共产党员的党性原则、一位医生的医者仁心。吴悠平均每年接诊患者 930 余人次，其中解决疑难根管病例年均 60 余例，完成显微根尖手术共计 20 余台，手术成功率达到 90％以上，连续四年获得了"优秀共产党员"的荣誉称号。

三、奉献：投身公卫事业，守护人民健康

有一种奉献，叫作无私；有一种付出，叫作忠诚；有一种行动，叫作坚守！

作为一名临床一线的医务工作者，吴悠深知一线防控工作的重要性。2019 年，疫情暴发，她在每日的诊疗、消毒、治疗工作中不敢懈怠，和同事们严防死守，一个细节都不能放过。2021 年，国家全面开展疫苗接种工作，她积极参加医院组织的疫苗接种保障任务，多次深入各个乡镇开展工作。防护服、隔离衣等一般人穿上一小时就会汗流浃背，她和同事们一穿就是半天或一整天，有时连三餐都来不及吃，每个人都在挑战自己的生理极限。2022 年 10 月，普格县发生疫情，急需全州各级医疗机构医护人员支援。疫情就是命令，当接到支援普格的通知后，吴悠没有犹豫："好，我这就出发！"甚至连行李都来不及收拾，她已经坐上了去往普格县支援的大巴。在普格县，每天上午要爬到半山腰上，常常顶着凛冽的寒风或小雨，和队友一起完成数百人的核酸采样。任务完成后，还要忍受往返 4 个多小时的晕车不适，但她和同事们都咬牙坚持着，经过一周的连续作战，终于顺利、安全完成了支援普格任务。

百折不摧 踔厉奋发

—— 宜宾职业技术学院王龙奎

王龙奎，1975年2月生，宜宾市江安县人，中共党员，肢体残二级，2018年6月毕业于宜宾职业技术学院经贸管理学院财务管理专业，现任宜宾龙奎兴中科技有限公司董事长。

2018年8月，他被评选为"四川省最励志的十大自强典型"之一，受到省委、省政府领导的亲切接见。

2019年5月16日，他作为"全国自强模范"代表，参加第六届全国自强模范暨先进工作者代表表彰大会，在北京人民大会堂受到习近平总书记等党和国家领导人的亲切接见。

一、遭遇不幸，坚韧前行

王龙奎出生在宜宾一个偏僻的小山村，1991年初中毕业，年仅16岁的他因家庭贫困不得不外出打工，在建筑工地干活。1995年11月不幸从高空坠落，此次事故造成他胸12处、腰1处粉碎性骨折，水平横断，高位截瘫、大小便失禁。从此他只能长期躺卧病床，这一躺就是17年。

2008年，在他生命垂危时，决定捐献遗体；2009年，办理了眼角膜和器官捐献登记。通过14次大型手术治疗，2012年，王龙奎终于能够拄着拐杖站起来了！他坚信知识才能改变未来的命运，38岁的他，重回高中学习。经过刻苦学习，他于2015年6月考入宜宾职业技术学院。

2018年5月，他被四川省一家公司聘用，从事会计工作。因专业过硬、工作认真、成绩突出，他的工资从实习期的600元很快涨到3800元。

二、自立自强，脱贫奔小康

2018年10月，王龙奎开启了创业之路，残疾人创业意味着要比普通人付出更多的汗水甚至泪水。他每天围绕工作业务辗转，为多签订一份合同，一家家上门洽谈，然而因为多数单位没有电梯，他只能坐着轮椅、拄着拐杖上门洽谈。他的臀部、根骨发炎疼痛肿胀，他只能晚上输液治疗。他说，他常把一生看作一天，把一天看作一生，抓紧每分每秒。

他秉承诚信为本的经营之道，坚持服务至上、透明价位、谦和忠厚，赢得了顾客青睐，他的事业也越来越红火。在此期间，他也学习积累了许多创业经验，2018年成

功摘掉"建档立卡贫困户"的帽子。

2019 年 5 月，他受习近平总书记接见后回宜宾，宜宾市委、市政府领导酌情考虑到他的身体因素，安排他到国企从事会计工作，他在感恩感谢后婉拒。因为他想通过自主创业，解决 14 次大型手术的医疗债务。

2019 年 11 月，他开启了创业之路的新篇章。在宜宾市委、市政府等部门的关心和多方协调下，他注册了宜宾龙奎兴中科技有限公司，任法人代表，经营基础软件开发、基础软件服务；销售金融设备、机具，智能安防系统及产品等。公司有 9 名员工，其中残疾人 2 名。为了打开市场，他每天主动上门拜访客户，虽然是董事长，但他挂着拐杖和员工们一起上门，尽管有时候会吃"闭门羹"，但他不灰心，许多单位被他的勤奋感动，表示了和他们合作的意向。公司 2022 年营业额 1000 余万元，向国家上缴税收 7 万多元。

三、回馈社会，关注特殊群体

生活虽然越来越好，但他从未忘记感恩，从未停止关怀和帮助他人。公司章程规定，利润的 5% 拿出来作为残疾人基金，帮助更多的残疾人，公司已累计捐款捐物价值 42000 余元。从 2018 年 10 月起，他资助两名困难高中生每月生活费 800 元，他们已顺利考上大学。

2019 年 4 月，他任宜宾市江安县残联肢体残疾协会主席、就业服务所副所长，他认真开展基层残疾人工作，积极帮助残疾人就业创业。他参与江安县人社局、江安县残联开展的残疾大学生及残疾人就业招聘活动 9 次，让 4 名残疾大学生顺利进厂就业。

2022 年 9 月，他注册成立了四川瑞仁人力资源服务有限公司宜宾分公司，担任总经理。公司主营劳务派遣、劳务外包、残疾人就业服务、招聘代理、用工风险预防等。现已招收安置 12 名残疾人就近就业，为企业招聘用工服务，并协助 3 名残疾人大学生到政府单位就业。

对于未来，王龙奎充满信心。王龙奎说："我们生活在这样的国家、社会、时代，我们是幸运的，也是幸福的。从党中央、国务院到地方各级党委、政府以及社会各界都对我们残疾朋友，格外关心、格外关注，我坚信我的创业路会越走越宽广，可以帮助到更多像我一样的残疾大学生就业创业。"

一心向党、心系群众、
传递正能量

——中国民用航空飞行学院古丽扎·艾尼扎尔

古丽扎·艾尼扎尔，女，塔吉克族，中共党员，1992年1月出生，2014年7月毕业于中国民用航空飞行学院，2015年1月通过公务员考试参加工作，2015年1月至2023年2月任新疆喀什地区塔什库尔干塔吉克自治县提孜那甫乡干部。2023年3月，任新疆喀什地区塔什库尔干塔吉克自治县文化体育广播电视和旅游局副局长。

大学毕业她想留在大城市工作，但她父亲说"如果人人都留在大城市那么边疆贫困地区谁来建设？"于是她毫不犹豫回到了高原。对在外求学11年的她而言回高原工作是考验和挑战。2015年至今她一直工作在基层，她与各族干部把"缺氧不缺精神、艰苦不怕吃苦、海拔高工作标准更高"的塔什库尔干精神发挥到极致，全心全意为人民服务。

一、用人格的魅力去感染人，争做宣传工作的先锋

古丽扎在提孜那甫乡工作期间从事过基层多个部门的工作：党政党建、宣传思想、精神文明、意识形态、民族团结、统战、教育、扶贫、妇联、团委、疫情防控等。她是党的教育惠民政策的受益者，是2007届第一批疆内初中班学生，2011届内地新疆高中班学生，随后考上中国民用航空飞行学院成为首位塔吉克族民航学子。她用"培育之恩·终生不忘"这八个字作为成长的精神动力，她为了给群众宣传党的惠民政策从村一级到乡、县、地区、自治区的巡回宣讲465场、受教育群众达205620人。她在工作中发挥能讲会讲的优势，以民族团结、爱国守边、各类惠民政策等题目进行宣讲。为了讲好基层故事、传递正能量，他撰写故事讲述时代楷模拉齐尼·巴依卡一家三代爱国守边的经历，被新疆维吾尔自治区党委宣传部选为优秀故事登上自治区级网络平台。她撰写讲述上海女企业家援疆的故事，被喀什地委宣传部选为优秀宣讲材料登上《喀什日报》。她两次在自治区级宣讲大赛中分别获一等奖、二等奖。

二、不断走访，越走越亲

2018年，她全身心地投入提孜那甫乡脱贫攻坚工作，每当走访入户时她与同事们帮困难家庭干农活；走访慰问困难群众；带动农牧民群众脱贫致富奔小康。从帮助农户打扫卫生、拉草、修理羊圈、规划庭院到种植高原特色经济作物，她一年四季都跟群众在一起。疫情防控期间，她与基层一线的同事们投身疫情防控工作，为了保证农牧民群众的正常生活，她夜以继日地运送各种生活物资到老百姓家中，手机24小时开

机，不管多晚只要农牧民群众需要，她就会随叫随到。

2018 年 12 月，她因胸椎疾病不得不去新疆乌鲁木齐做手术。手术很成功，但是她要半年卧床和不断地康复治疗。手术在她胸椎上打了 20 根钉子的内固定，虽然医生要求她长期待在平原氧气充足的地方康复，但是古丽扎依然带着满腔热血回到高原。她回忆"当时身体没有完全恢复，也不适应内固定，因每天工作劳累感觉要撑不住了，胸椎连带着内固定让我感到揪心的痛，那些因疼痛无法入睡的夜晚我又何尝不想大声哭出来？但是每当看到这里因我们努力工作而发生的一些变化，我又会觉得一切辛苦都值得"。为了打赢边疆民族贫困地区脱贫攻坚战，为了初心、责任和使命她继续扎根基层无怨无悔。

2022 年，在兰干村驻村期间，她投身乡村振兴工作，全力推进该村厕所革命，为农牧民办好事办实事，让群众在全面推进乡村振兴中有更多获得感、幸福感、安全感。她带头移风易俗，宣传和弘扬文明新风尚，为新时代女性树立了榜样。她每月带动各村妇女开展"三新三改""人居环境整治"活动，充分发挥了妇女在改善农村人居环境中的作用。

三、心系困难群众，甘做扶贫帮困的践行者

古丽扎的结对帮扶户居来提·发克尔夏是聋哑人，2016 年以来她坚持每月去其家中走访，送去慰问品，给他们家购买液化气灶、冰箱、衣柜等，使居来提一家人的生活更加便利。她与户主居来提用手语交流，与其一家同学习、吃饭、劳动，结下了很深厚的友谊。居来提的女儿经常说，长大要成为古丽扎姐姐那样温柔、乐于助人的人。

古丽扎说："我就是内初班、内高班教育惠民政策的见证者，更是这些年边疆民族贫困地区全面打赢脱贫攻坚战的践行者。如今在我挚爱的这片热土上，各族人民浸润着党的雨露恩泽，续写着民族团结、政通人和、爱党爱国、繁荣富强的新篇章。我会一直把职责当成使命、把乡亲们当成亲人，用全部的热情和坚韧的干劲建设家乡、守护家园！"

青春在拼搏中绽放
奉献在奋斗中闪光

——四川职业技术学院庄永春

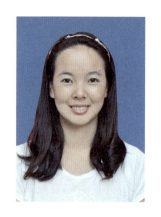

庄永春，中共党员，四川职业技术学院 2012 级数学教育专业毕业生，曾被评为"四川省优秀毕业生"。参加工作以后，她在平凡的岗位上作出了不平凡的成绩，先后获"凉山州优秀教师""学前学普先进个人"等荣誉称号，其就业创业事迹于 2017 年教育部组织开展的"闪亮的日子——青春该有的模样"大学生就业创业人物事迹征集活动中入选全国典型事迹，充分展示了当代大学生扎根基层不畏苦，自强奋斗敢攀岩的时代风貌。

一、艰难抉择，只为实现初心梦想

庄永春出生于凉山彝族自治州的盐源县，那里地处大凉山，自然条件恶劣，农村的教学条件差，家乡的孩子上学困难，严重影响了民族地区经济社会发展。为了改变家乡教育教学现状，庄永春大学毕业时，毅然要回到大山，要教书育人。她的父母极力反对，亲朋好友也劝说她，但她说自己就是要回来教书，她觉得教书育人是一件有益有趣的事情。怀着初心，她参加了省教育厅组织的"特岗教师"招聘，同年 8 月选岗到一所偏远小学，开启了她的初心之旅、梦想之路。

二、呕心沥血，点燃学生对真善美的无限向往

初到盐源县甘塘乡钟山小学，她便担任班主任工作。她发现班上学生大多数是彝族孩子，他们中的大多数不但学习基础差，有的甚至连普通话都听不懂，更不会说，而且学习习惯也不好。面对这种情况，最开始她也有过退缩，但最终初心战胜了灰心，她坚持教书育人宗旨，关心爱护学生，热情帮助学生。她所在的学校虽然离家不远，她也想经常回家看看，陪陪父母。但是，为了孩子们，她决定在学校住下来，与学生同吃同住同生活，与学生打成一片，经常跟学生谈心，用自己的亲身经历，跟他们讲"知识改变命运"的道理，鼓励他们为做一个有用的人而努力读书。她通过耐心细致的思想工作，点燃学生对知识的热情，对真善美的向往，学生的学习积极性、主动性被调动起来了，学习热情高涨，班风变好了，学风变浓了，她所带班级成为学区示范班。

三、"学前学普"，面对挑战不退缩

2018 年 8 月，因"学前学会普通话"工作需要，庄永春被借调到盐源县"学前学会普

通话"领导小组办公室工作。办公室工作的主要内容是起草文件，学习信息管理平台操作，并绘制简单易懂的操作手册，在容易出错的地方贴"爱心提醒"……而她面对这些陌生的工作，也记不清曾委屈地偷偷哭过多少次。她开始怀疑当初的选择是否正确？该不该继续坚持下去？可她知道这项工作的重大意义，她也知道路是自己选择的，她必须咬牙坚持，重新打起精神，理清思路，不会就学，边做边学。为了如期完成信息管理平台建设工作，她和 30 个乡镇、252 个村（社区）的乡镇、村组干部打成一团，最终她出色地完成了"学前学会普通话"工作任务，2021 年 10 月，被评为凉山州"学前学会普通话"行动优秀个人。

四、志愿扶贫，历经艰辛结硕果

2021 年 10 月，她参加了中国扶贫志愿服务促进会在四川省凉山彝族自治州西昌市召开的"学前学会普通话"行动试点总结评估座谈会，她第一次直面国家领导，明白了扶贫工作任重道远。会议结束后，她担任了盐源县"学普办"负责人，感到肩上的工作担子更重了，责任更大了，角色也有了较大的变化，从"听指挥"变为"指挥"别人。尽管很多具体的事情她都曾经独立完成过，不过，要做好"学普办"的工作，她心里还是有些没底。但是她很快明白了既然接受了这份工作，只能向前，绝不能退缩。于是她从手边的事做起，和办公室的另外 2 名成员一起，承担起曾经 7 个人担负的工作，高质量完成领导交办的各项任务，还完成了盐源县村级幼教点辅导员招聘/考核考试系统的建立，帮助盐源县城南幼儿园成功申创"凉山州示范幼儿园""四川省示范幼儿园"。

她扎根山区，立足三尺讲台，在未来的日子里，她将在平凡的工作岗位上，不断地完善自我，以春蚕的精神，蜡烛的品格，为祖国的未来，尽自己的一份力量与责任，做学生"为人""为事""为学"的示范者。

扎根彝区践初心
倾情付出担使命

——西南财经大学徐亚雄

徐亚雄，四川乐山人，西南财经大学 2017 级硕士研究生。他积极响应党中央号召，紧跟时代步伐，扎根彝区、苦干实干，从市级机关到党的最基层组织再到乡镇，一步一个脚印、一点一滴浇灌，在脱贫攻坚和乡村振兴的主战场展现青年担当、贡献青年力量。

一、流淌在小凉山彝村的岁月，倾情浇灌"翠柏花香"

主动请缨，从"三门干部"蜕变成"泥腿子"。他选调到乐山市纪委监委机关后，积极响应党中央的号召，主动请缨赴定点帮扶的马边彝族自治县劳动乡柏香村任驻村第一书记。三年多的驻村时间，他跑遍了柏香村的村村寨寨，踏遍了柏香村的山山水水，小到邻里纠纷调解大到产业发展项目落地，在翻越一座又一座"夹金山"的过程中，逐步从稚嫩青年蜕变成新时代"三农"青年。

守正创新，在解决村民急难愁盼问题中摸索新路径。驻村期间，他积极探索推进党建引领制度化，建立试行《村组干部兼职村集体经济报酬制度》《柏香村党员示范引领专项基金使用办法》，协调资金 14.25 万元成立马边县首支党员示范引领专项基金，让年轻党员干部干在产业上、练在产业上、长在产业上，截至 2021 年，全村集体经济规模突破 300 万元，年收益 15 万元。他探索推进便民服务集约化，收集整理村民办事常用证件信息 2000 余条，建立马边县首个"心连心"数据库，落实专人管理。

以教为魂，始终围绕人的全面发展精准开展帮扶。他协调北京大学等高校学生 48 人到村连续 3 年开展暑期夏令营活动，参营留守儿童 180 人次。他协调资金 40 万元成立马边县首支村级教育奖励基金，先后分类分级奖励资助学生、教师 120 人次，柏香村 3 年累计走出大学生 17 人。经过共同努力，柏香村高质量退出贫困村序列，先后被评为首批市级乡村振兴示范村、市级文明村、全省旅游扶贫示范村，柏香村驻村工作队被授予全国 12.8 万个贫困村、25.5 万个驻村工作队中的"全国青年文明号"。

二、他乡成故乡的新征程，接续奋斗"彝茶飘香"

扎根彝乡，在埋头实干中继续做边城新时代的"三农人"。脱贫攻坚结束后，他主动放弃回市级机关工作的机会，继续扎根马边。他到莜坝镇工作后，持续发扬脱贫攻坚的好传统好作风，主动走下去摸清家底，第一时间跑遍全镇 10 个村、72 个组，在全

县率先高质量完成全镇国土空间总体规划。从脱贫攻坚转换到乡村振兴赛道，变的是工作内容，不变的是为民初心。

抢抓园区，在乡村振兴中牢牢牵住农民增收的"牛鼻子"。他以现代农业园区建设为统领，探索构建"十百千万"产业格局，先后争取资金 2824 万元，建成县级现代农业园区 3 个，培育市级现代农业园区 1 个，积极争创 2022 年市级乡村振兴示范镇和全国卫生乡镇。他探索"资金换资源，资源变资产，资产扩引产，引产增资产"的集体经济发展模式，整合各村闲置资金约 800 万元跨村推动彝茶基地等 3 个重点项目落地，成功推动村集体经济转型成现代农业技术的示范引领者、核心资源的拥有者、招商引资的先决者、致富增收平台的搭建者。

治理探索，在改进提升现代治理能力水平中厚植为民情怀。他率先探索农村生活污水有偿处理机制，充分发挥村规民约集体约束作用，整合资金约 300 万元，新建微动力污水处理设施 5 处，着力解决小凉山彝区"小、散、乱、杂"的生活污水处置和养殖面源污染问题，持续提升村民幸福感和获得感。他整合资金约 200 万元，推进解决古街危房排除、便民停车场建设、场镇公厕改造等群众关切的民生问题。

三、急难险重的一线不断磨砺"磐石初心"

冲锋在前，在坚定不移动态清零中守护一方平安。面对疫情，他提前结束休假返村投身疫情防控，全覆盖排查村民 634 户，分区域、分等级做好居家隔离。为降低交叉感染风险，他和村医主动承担 17 名武汉返村人员疫情防控和保障工作，并顺利完成疑似病例应急处置。面对疫情，他迅速组织全员核酸检测 19628 人次，配合流调专班果断处置密接和次密人员，全力打好打赢疫情防控阻击战。

勇毅前行，在果断出击处置险情中维护一方稳定。前路再远莫忘记，一点初心为谁来。彝区地质条件差，山高坡陡，极易发生地质灾害，驻村期间他成功处置 5 次重大险情，连夜冒雨及时转移安置村民 162 人次，最大限度降低群众财产损失。面对特大洪灾，他勇毅前行、迎难而上，第一时间组织党员干部进行群众转移避险安置工作，灾后迅速组织志愿者开展生产自救，及时援助受灾深重的兄弟村，坚决守住"零伤亡"底线。

从脱贫攻坚到乡村振兴，徐亚雄始终坚定不移听党话、跟党走，怀抱梦想又脚踏实地，敢想敢为又善作善成，有理想、敢担当、能吃苦、肯奋斗，扎根基层、无私奉献，用实实在在的工作成效让青春在全面建设社会主义现代化国家的乐山实践中绽放绚丽之花。

热爱教育入小学
不忘初心赴乡村

——西南科技大学吉彦霖

2008 年，汶川地震时，吉彦霖就读于西南科技大学。她的家乡在江油，也是受灾区。一到暑假，她就立马回到家乡，在活动板房内为停课的孩子们上课。"是上课也是陪伴，用这样的过程去帮助他们疗愈吧。"她为孩子们的纯真而感动，心里埋下了从事教育工作的种子。2011 年，她大学毕业，作为省优秀毕业生留校当辅导员，并读了研究生。2016 年，研究生毕业，她放弃留校的机会，听从内心召唤，参加教师招考，成为一名小学教师。

面对繁杂的工作，她从未动摇自己的理想。她积极学习信息化新知识，一心扑在孩子们身上，先后获得全国创新作文优秀指导教师、绵阳市小学语文教师素质展评一等奖、涪城区优秀班主任、涪城区优秀党员等荣誉。

热爱是她向前的动力，专业是她成长的基石。2019 年，绵阳涪城面向全社会公开招考校长。她考上了，被分配到台达阳光小学。涪城区将她选派到台达阳光小学担任校长。

四川省绵阳市涪城区杨家镇，2008 年，这里是汶川地震的灾区；2021 年，这里被评为 2020 年度四川省乡村振兴先进乡镇。台达阳光小学近 600 名学生承载着全镇家庭的未来。2020 年，33 岁的她来到这里，成为一名年轻的校长。

成为"桥梁"，以城带乡。来到杨家小学后，"85 后"的她很快和学校老师"打成一片"。她发现这里年轻教师很多，教研氛围很好，但年轻教师没有师傅传帮带，教材"吃"得不透，课程"磨"得不够，因此教学水平提高较慢。

缺乏名师引领是制约台达阳光小学这类农村学校发展的重要原因。发现问题后，她提出了自己的破局之策：积极对接城区名校资源。台达阳光小学隶属绵阳实验小学教育集团。她推动两校深度融合，一同开展教研活动、共享培训平台，每周邀请绵阳市实验小学教学顾问、特级教师黎琼去台达阳光小学和青年教师面对面交流、解疑答惑。

她还推动台达阳光小学的年轻教师们以集中培训、跟岗培训等方式到实验小学锻炼，不但能听骨干教师示范课，还有导师手把手指导。台达阳光小学也是绵阳市促进教育高质量发展和教育公平的一个典型案例。让群众在家门口就能"上好学"，优秀校长就是盘活农村教育资源"存量"的人，也是将优质资源引入农村的"桥梁"和"纽带"。

农村学校的发展也能助力城市教育质量提升。台达阳光小学作为涪城区民生工程

"智慧教育示范区建设项目"的乡村样板校，整体硬件水平全面升级，实现了万兆校园网和无线网络全覆盖，12 个教学班全部配备了智慧黑板，还建设了一间网络教室和一个移动校园数字电视台。

她身先士卒，自己先磨好课，再带领全校教师一起努力。现在，学校的智慧课堂已经常态化应用。后台数据显示，教师活跃度达到 91％。在智慧课堂的应用上，她对年轻教师和中年教师一视同仁，鼓励中年教师去学习和展示自己。"一开始，他们可能有心理门槛，但跨过去就好了。"由几位中年教师打磨的 5 节优质课例，在区级智慧课堂公开展示观摩活动上直播。

德育为先，五育并举。农村小学面临的另一个问题是"没有校园文化"。她认为，教育不仅是要传授知识，更重要的是教会学生如何做人。她组织构建了校园"葵"文化，涵养学子"向阳品格"。

她为全校 560 名学生建设个性化学生成长档案，生成个性化成长报告。教师、保洁阿姨、门卫叔叔都是"阳光葵娃"评价员，家长也能时时看到孩子的表现，德育评价不再只是期末的几句评语。对每一个孩子，她总愿意多一把衡量的尺子。她发现，令很多老师头疼的"调皮大王"在体育方面却很有天赋，于是主动引导他朝这个方向努力，最终这个孩子被城里的中学以特长生身份录取。

"我还是一个很重视仪式感的人。"她牵头组织开学启蒙礼和各种传统节日仪式。另外，学校还开设了足球、排球、扎染、绘画、非洲鼓、播音等十余个社团——乡村教育也能坚持五育并举。

她利用信息技术提升教学质量，德育优先培养"阳光葵娃"，大大改变了乡村学校的面貌。从高等教育到基础教育，从城区到乡村，她像是当前年轻人职业之路上的"逆行者"。许多人对她的选择很是不解，她却十分坦然："教育是平等的，我希望能够把我的一些学识、经验带到这片土地上，让这里的孩子也能够享受到优质的教育。"

师生共同参与校园文化建设，营造了生机勃勃、和谐美好的校园氛围。台达阳光小学"乡镇名校"的名片越来越响亮，她的教育事迹先后被《人民日报》、新华社等多家媒体报道，得到社会各界的关注与好评！而对于她来说，生源的回流、师生的成长就是最好的成绩单。

立远志 赴高原 促发展

——西华师范大学范钦敏

为了更好地实现自身价值，范钦敏远赴雪域高原，在过去 6 年时间里，坚守初心使命，在每个平凡的岗位上力争做到"务实求实践，探索求发展"，不负青春韶华，牢记习近平总书记对青年人的殷殷嘱托。

一、"西迁精神"，闪光青春

范钦敏，男，中共党员，四川乐山人，他放弃留在家乡工作的机会，于 2017 年 12 月告别家乡，远赴西南边陲。"志当存高远，行当积跬步"是激励他发扬爱国主义，胸怀大局，艰苦奋斗的人生座右铭。在工作中他不放过任何一个学习的机会，以踏实苦干的敬业精神和无私奉献的公仆情怀赢得组织和群众的一致认可，在 2019—2021 年连续三年获得公务员年度考核优秀，2021 年荣获公务员年度考核三等功，获 2022 年拉萨市应对疫情工作领导小组办公室颁发的荣誉证书和 2022 年拉萨市城关区娘热街道党工委颁发的优秀党务工作者荣誉证书。2021 年 7 月，习近平总书记在西藏考察时，他作为优秀大学生村官代表，受到总书记亲切接见。

二、立足岗位，主动作为

范钦敏 2018 年通过西藏自治区人才引进计划进入拉萨市城关区市场监管局城东分局(原工商行政管理局)。工作期间，他服从组织安排，秉承"一块砖"原则，先后在城关区市场监管局城东分局登记科、非公党建办公室、城关区区委办疫情领导小组办公室、娘热街道慈松塘社区等多岗历练，立志成为全方位人才。他主动担当作为，迎难而上，为所在单位排忧解难。他在登记科受理企业、个体户工商户登记、变更、注销、迁移年均业务量达 6000 余件，2020 年 7 月，为保障城关区东郊广场如期开业，他独自一人在 10 个工作日内完成了广场 400 余户个体户的登记注册工作；因本单位人员变动，非公党建工作搁置，他主动担当作为，白天干登记注册业务，晚上加班至深夜整理非公党建材料，理清思路，建立台账，制订下一步工作计划，将非公党建工作推向正常轨道；2020 年，他自愿借调前往城关区疫情办开展了长达三个月无轮休疫情防控工作，始终坚持岗位，毫不懈怠，时刻把责任记于心，把担当扛在肩，力求雕刻出更完美的自己。

三、抗疫当先，冲锋在前

面对西藏突发疫情，他积极响应城关区党委、政府、驻村办号召，第一时间和慈松塘社区全体工作人员共同奋战在抗疫一线，连续在抗疫一线坚守了 122 天，没有一天休息，充分发扬了党员的先锋模范作用。他负责社区全员核酸检测工作的组织安排，医护人员、志愿者的协调调配及接送工作。期间组织规范开展社区全民核酸检测 90 余轮次，调配核酸采样医护人员、志愿者 8000 余人次，组织为居民群众免费开展核酸采样 130 万人次。由于医护人员紧缺，他主动请缨，担任核酸采集信息录入员，夜以继日地挨家挨户上门核酸采样。每天早上他赶赴各小区安排开展采样工作，一干就是 10 多个小时。他以缩减睡眠换来的时间协助社区完成爱心蔬菜包、爱心月饼、爱心牛奶、药品等物资分发任务，一包包、一袋袋爱心蔬菜、爱心月饼、爱心牛奶、药品等源源不断、保质保量、按时按点配送到居民群众家门前，让居民群众时时刻刻感受到党和政府的关心关怀。9 月 10 日，中秋

佳节，下午三点在完成核酸检测后，他拖着疲惫的身体，和大家继续到社区为 5000 余户居民分装月饼 16000 余份，将 2000 余箱牛奶卸车完毕已是次日凌晨 2 点。9 月 27 日晚上 10 点，他忙碌一天，刚刚吃完晚饭，还没来得及休息，便继续加入到爱心大米的卸车任务中，30 余吨大米卸车完毕已是凌晨 3 点，人人都是大汗淋漓、气喘吁吁。他说："已然选择，风雨兼程。既立鸿鹄志，应做奋斗者。"他胸怀大局，无私奉献的工作态度与能力得到居民群众的赞扬与认可。

四、坚定思想，开拓进取

2021 年 5 月，他怀着"为民办实事，做奋斗青年"的热血前往娘热街道慈松塘社区开启他为期两年的大学生村官、驻村工作。驻村期间，他认真履职、任劳任怨，不断增强本领，为社区群众办实事，内心无比富足。他充分发挥派驻单位市场监管局的职能优势，主动联合社区广泛深入基层开展食品安全普法宣传，常态化协助社区居委会开展疫情防控、督促落实"四联四包"工作、开展背街小巷整治等工作。他协助社区居委会完成了社区居委会办公场所的改造工程、城北安居苑小区大门及路面整修改造工程、地质花园小区中心花园改造工程、园林小区及康缘小区路灯和车辆闸门安装项目、园林小区和拉萨院子小区 U 型护栏安装项目、娘热北路非机动车停车线和标志设置项目。他圆满地完成任务，得到了组织的肯定和信任，同事和群众的支持与好评。他既要做实干家，也要当探索者。他不断用先进的理论武装头脑，结合所在村居的实际情况以发展的眼光分析问题、解决问题。驻村期间他撰写了两篇综合情况报告《2021 年关于娘热街道慈松塘社区的综合情况报告》《2022 年关于娘热街道慈松塘社区的综合情况

报告》；两篇专题调研报告《关于社区网格化管理与社区治理的思考》《关于提升社区公共卫生应急能力的思考》，将基层情况与国情调研有效衔接，积极探索新形势下基层管理的路子。

如今的范钦敏正以更加饱满的热情、扎实的工作作风、丰富的基层经历，奋力拼搏，继续书写灿烂的人生篇章。

小龙虾大梦想

——四川农业大学杨海

　　杨海，中共党员，宜宾归园田居农业有限公司董事长，宜宾市南溪区小龙侠家庭农场负责人，宜宾市南溪区特种水产养殖协会会长，南溪区农村青年致富带头人，全国乡村振兴先锋。

　　2014 年毕业后，他选择回乡创业，致力新型水产养殖技术推广。由于家乡水产养殖产业落后，他利用自己在学校所学知识大胆创新，通过反复摸索和实践，结合川南地区的气候和土壤特点，创造了川南地区可复制可推广的"反季节错峰上市稻虾综合种养"模式，不仅提高农民种粮积极性和粮食产量，而且将稻田经济价值提高 3～5 倍，从亩产值 1500 元提高到 5000～8000 元。为了让这创新核心技术最大限度帮助返乡创业者和老百姓增收致富，他总结形成了"公司＋学校＋农场＋协会＋农户"五位一体的产业发展格局，先后带动 50 余名返乡创业青年参与稻虾养殖，推动宜宾稻虾产业成为全省的先进示范产业区。

　　在 2020—2022 年充满机遇和挑战的特殊时期，公司全体员工发扬"南溪铁军"的创业精神，充分发挥"五位一体"产业战略优势，凭借"反季节错峰上市"创新模式，让南溪稻虾产业不受疫情影响，实现弯道超车，逆势增长，帮助南溪及周边地区 1200 多位农户增收致富。为此，杨海荣获 2016 年"宜宾创翼"青年创新创业大赛冠军，2017 年被评为南溪"拔尖人才"，2018 年荣获宜宾首届乡土人才创新创业大赛一等奖，2019 年荣获宜宾市"优秀农民工"称号和"四川返乡下乡创业创新领军人才"荣誉称号，2020 年荣获"四川省劳动模范""四川省返乡下乡创业明星""宜宾市农民工创新创业标兵"，2021 年荣获宜宾市"优秀共产党员""四川省农村致富带头人"，2022 年荣获"全国乡村振兴青年先锋"称号。2023 年 1 月他当选四川省人大代表。

逐梦大凉山　实干绽风采

——四川电力职业技术学院华超

　　华超，1993 年 7 月出生，本科学历，中共党员，工程师，高级技师，现任四川凉山水洛河电力开发有限公司运维部主任助理兼机械专工、四川省第十二次党代会代表。

　　2015 年 7 月，他从四川电力职业技术学院毕业后就到四川凉山水洛河电力开发有限公司工作，一直坚守在大凉山电力生产一线，立足岗位、开拓创新、担当奉献，为公司电力生产、能源保供、提质增效作出了突出的贡献。他担任班长期间带领班组先后获得中国华电集团有限公司"标杆班组"、四川省"工人先锋号"等荣誉，个人先后获得中国华电集团公司技术能手、四川省五一劳动奖章、中国华电集团有限公司青年五四奖章等荣誉，发表技术论文 6 篇，获得国家专利 8 项，5 项科技创新成果获得华电四川公司表彰。

一、精雕细琢，争做岗位技术能手

　　机械检修是水电站公认的又脏又累的专业，2015 年 7 月，与他同批次进厂的大学生员工大多都选择从事电气专业，而他却毅然选择了从事机械专业，并立志在机械专业干出点名堂。他琢磨图纸、学习标准、研究技术方案，抓住每一次检修、技改、消缺机会跟着师傅边学边干，短短几年时间，他就熟练掌握了水电机组检修的关键技术，并自创了"CAD 图解导轴承瓦隙分配法""镜板弹性变形严重与轴线质量差叠加因素下的盘车方法"等多项绝活，大大提高了水电机组检修的精度和效率。他发表技术论文 6 篇，其中 1 篇获中国电机工程学会 2018 年电力建设论文评审"三等奖"，1 篇获第五届电力科技管理论坛论文评选二等奖。

　　2016 年 9 月，年仅 23 岁的他就在中国华电集团公司第 26 届技能大赛（水电检修）上斩获个人赛二等奖、团体赛二等奖，被授予中国华电集团公司技术能手称号，成为当时中国华电集团公司最年轻的技术能手。

二、勇于奉献，助力电站顺利投产

　　2018 年是固滴电站投产的关键一年，华超主动请缨到条件最艰苦的固滴电站从事生产准备工作，一年里他不怕苦累、不计得失，主动放弃轮休机会，全年扎根在固滴电站建设现场 301 天，扎实开展图纸资料收集、规程制度编写、设备跟踪调试、缺陷整改监督、生产人员培训等筹备工作，期间与安装单位一同整改设计不合理、安装不规范、安全不达标等问题 100 余项，高质量的生产筹备，助力固滴电站圆满实现了"一年三投"目标。2021 年，华超再次请缨到投产在即的博瓦电站从事生产筹备工作，全年驻扎电站现场 270 天，任劳任怨，高标准、严要求完成了各项生产筹备工作，助力公司在 2021 年圆满完成了博瓦电站"一年三投"目标。他苦干实干的工作作风、丰硕的工作业绩，赢得了大家的广泛认可，也多次被评为公司及上级公司先进个人，更是在 2019 年获得四川省五一劳动奖章。

三、精益管理，当好班组"领头雁"

华超担任班长期间，不断加强班组建设和管理，将定置化管理、资料规范化管理、检修标准化管理、安全精益化管理、员工培训实效化等理念贯穿班组各项管理中，不断改善班组作业环境，提高工作效率，提升员工素养，强化安全责任意识，使得班组建设和管理水平上了新的台阶，管辖设备状态良好，生产现场整洁有序，员工精神面貌良好。同时他打造了"每月一场技能赛"提升班组技能，在班组内部积极开展各类技能比武，通过以赛促学、以赛促训方式提升班组员工技能技术水平，取得了显著的成绩，班组员工在公司及上级公司各类技能比武中获奖，他担任班长期间班组共有 6 名员工通过竞聘走上班组长岗位，为公司人才培养作出了积极的贡献。近年来，他带领班组先后获得华电四川公司安全生产先进班组、四川省工人先锋号等荣誉，并成功创建了中国华电集团有限公司首个"标杆班组"。

四、开拓创新，助力公司提质增效

华超在工作中善于思考、勇于创新，擅长通过技术改造、采用新工艺来解决生产技术难题。2020 年，他通过在旋转油盆上加装梳齿密封环和优化毕托管进油角度，成功解决了固滴电站机组水导油盆严重甩油的问题，该项目实施成果获四川公司 2020 年度青年创新创效成果三等奖。2021 年，他通过优化接力器推拉杆、连板尺寸，成功解决了固滴电站机组接力器活塞杆、推拉杆频繁断裂的问题，较改造前每年可为公司增加发电量 331.2 万千瓦时，增加发电效益 72.86 万元，该课题成果获华电四川公司第五届精益化管理改善成果二等奖。2022 年，他自主设计制作的旋转油盆辅助挡水装置，成功解决了固滴电站机组水导旋转油盆严重进水的难题，每年可为公司增发电量 993.6 万千瓦时，增加经济收入 202.39 万元，该项目成功获华电四川公司"青年创新"创新成果二等奖。他通过创新创效、精益化管理累计为公司增创效益近 400 万元。他还自主改造、设计、制作检修专用工具 10 余个，有效提高了检修工作效率，其中 8 项获得国家实用新型专利。

2019 年，在公司全员参与增收节支、创新创效的热潮下，他凭借前几年积累的技术和"初生牛犊不怕虎"的胆识，带领班组大胆创新，揽下宁朗电站机组首次自主检修任务，期间克服技术力量薄弱、经验不足、疑难杂症多等重重困难，高质量完成了公司首次自主检修任务，打破了公司机组检修必须"外包"的模式。至今，他已作为检修负责人带领队伍高质量完成流域电站机组自主检修 16 台每次，累计为公司节约检修费用约 600 万元，为公司提质增效作出了积极的贡献。

"钻技术、有担当、敢作为、勇创新"在同事眼里华超就是这样一个人。他逆风奔跑、砥砺前行，正用奋斗的脚步奉献在清洁能源生产战线上，并立志努力为国家实现"碳达峰、碳中和"目标贡献青春力量。

初心如磐勇担当
笃行致远践使命
——四川文理学院李克浪

　　李克浪 2015 年大学毕业之后，积极响应党中央号召，来到祖国西北南疆偏远的乡镇工作，主要从事分管经济发展、乡村振兴、脱贫攻坚和旅游发展等工作。他任职于阿图什市格达良乡扶贫办时，确定格达良乡建档立卡贫困户 2016 户 10960 人，督促项目建设资金 2258.16 万元落地见效，落实小额贷款 720 户 2290.2 万元，为打赢脱贫攻坚战奠定了有效基础。他到松他克乡任职后，督促项目建设资金 11432.89 万元落地见效，指导完成 40859 人医疗保险参保，收缴医保资金 882 万元，完成 17970 人养老保险参保，收缴养老保险资金 170.8 万元，实现了全乡符合条件人员的养老和医疗保险首次全面覆盖。他连续三年参与疫情防控工作，坚守一线，全力做好群众生产生活保障工作、扶贫产业运转工作，确保全镇 45000 余人疫情期间正常生活。他任职文旅局后，促进全市文旅融合发展，结合乡村振兴大力发展乡村旅游，打造国家 3A 级旅游景区 1 个，该景区在 2023 年完成国家 4A 级旅游景区创建。

空手夺白刃　丹心铸忠诚

——四川警察学院罗慧琳

罗慧琳，1995 年 3 月出生，预备党员，大学本科学历，现任沐川县公安局沐溪派出所副所长。从警以来，她真情服务群众，先后荣获全国公安机关成绩突出青年民警、乐山市三八红旗手和乐山市第三届向上向善好青年等荣誉。

一、空手夺刀，"铿锵玫瑰"勇护民

2021 年 11 月 19 日晚，乐山市沐川县沐源路虎栖桥。"有人拿刀砍人啦！"一声惨叫打破了小县城的宁静。两男一女在路上扭打，其中一人手持菜刀，群众四散躲避。

"我是警察，把刀放下！"怒吼声中，刚结束工作准备回家休息的罗慧琳，不顾自己手上没有任何保护装备，逆人流而上，大吼着冲上前，一把抓住男子手里的菜刀。

紧张的空气，让时间流逝都变得缓慢了起来。至今，罗慧琳还记得那一刻男子脸上狰狞的表情。"有话好好说，不要做傻事！"死死抓住菜刀的罗慧琳不顾被对方伤害的巨大危险，用缓和的语气试图安抚男子。趁男子瞬间的犹豫，罗慧琳猛地发力，夺过菜刀用尽全身力气将刀压在路面。随后，她和闻讯赶到的特巡警一起，救下了被袭击女子。

事后，亲朋好友和同事问她，"那人手里可拿着刀呢，你就不怕吗？"罗慧琳斩钉截铁地回答："不怕，我是警察怕啥！当群众有需要时，警察就要挺身而出。"

罗慧琳空手夺刀救下群众的事迹被新闻媒体争相报道。更多的人知道了这位勇敢的女警，还有媒体和爱心企业为她颁发了"天天正能量"特别奖，奖金 1 万元。收到奖金后，罗慧琳第一时间找到沐川县公安局党委，主动要求将这笔奖金捐赠给对口帮扶的武圣乡困难群众。

"头顶的警徽，是我的标配，是它给了我不怕危险、不畏繁难的勇气和力量。大家的赞誉，是激励我继续为人民服务的动力。"这名年轻女警是这样说的，也是这样做的。

二、遍访辖区，"背包警务"办实事

2017 年 9 月，罗慧琳参加公安工作后便扎根在乡镇派出所，担任户籍民警，每天要面对大量前来办理证照的群众。罗慧琳始终保持着笑脸，把热情服务做到极致。

辖区留守儿童和空巢老人多，到派出所办理证照不太方便。罗慧琳就走出户籍室，背上装备来到老人家里，把办公地点设到群众家里。从老旧小区到偏远山村，她用双脚丈量了辖区每一个角落，为群众解决户籍难题 70 余次，为偏远山村群众送证上门

200 余次。

2020 年 7 月，罗慧琳得知沐川县富新镇筒车村贫困户罗某某，家中还有两个正在上小学的孩子。为了让两个孩子感受到社会的关怀温暖，罗慧琳和同事一起收集了干净衣服，购买了爱心物资、文具用品等，送到罗某某家中，鼓励孩子"认真学习，将来做一个对社会有用的人"。

近年来，随着社会经济发展，不少农民工来到沐川县沐溪镇参与道路建设。为了维护农民工的合法权益，罗慧琳到工地开展走访调查，参与矛盾纠纷排查调解，维护标段正常的施工秩序。不论是酷暑还是严寒，只要农民工有需要，她都第一时间赶到现场，切实做到"有警必出、有案必查、违法必究、黑恶必除"。2020 年年底，仁沐新高速路项目顺利完工，她累计帮助协调民工内部纠纷 60 余起、劳资纠纷 30 余起、征地拆迁纠纷 15 余起，为道路的顺利施工、农民工安心工作提供了强有力的保障。

点滴温暖最是动人，罗慧琳的贴心服务换来了辖区群众的高度赞扬，有群众专门打电话到派出所，指明感谢"罗警官"，还有群众写了表扬信，要求派出所表扬热情为民服务的罗慧琳。

三、热血青春，"多面女警"践初心

2021 年 6 月，罗慧琳从户籍民警转到内勤岗位上，她的办公桌上有一摞笔记本和一本日历，她会把每天的日常工作和未来的工作安排都记录在上面。密密麻麻上千条工作记录，见证了派出所琐碎的工作：组织生活会总结、提醒民警交材料、整理派出所档案……在她的合理安排下，上到待人接物、拟定工作方案，下到维修马桶、换灯修锁，整个派出所的工作都处理得井井有条。

如今的沐溪派出所，收发文登记清楚，卷册台账归档及时，文件档案整理有序，上级工作部署及时上传下达……这些离不开罗慧琳的努力。她推进档案室管理规范化，全年清理档案装卷 300 余卷，规范细致精准管理固定资产，为派出所的顺畅运行保驾护航。

派出所的同事们也感受到罗慧琳带来的便利。民警手机里经常会收到罗慧琳关于工作的温馨提示："明天十点的会议别忘了""材料该交了"……虽然工作繁琐复杂，但罗慧琳在内勤岗位上脚踏实地成长，圆满完成各项工作任务，被同事们夸奖为派出所的"大管家"。

2022 年 11 月 17 日，罗慧琳担任沐溪派出所副所长职务。职务变了，不变的是为民守护的初心。铁肩担道义、双拳为忠诚，她还是那个面对危险逆流前行的女警。短短一个多月时间，她就参与接处警 200 余起，参与 20 余起行政案件办理，查处吸毒人员 10 余人。从一名户籍民警到内勤民警再到案侦民警，罗慧琳将继续扎根基层挥洒青春热血……

贵州省

龙文山下晒脊梁
思雅河畔种梦想

——贵州师范大学教师张晶晶

张晶晶 2011 年 7 月从吉林大学硕士研究生毕业后，担任贵州师范大学经济与管理学院专职辅导员。工作以来，她始终坚守"服务学生、奉献基层、实现价值"的初心，在平凡的岗位上干不平凡的事业，获得领导、同事和学生的一致好评，先后获得优秀共青团干部、贵州省第六届辅导员素质能力大赛三等奖、第十届全国大学生电子商务"创新、创意及创业"挑战赛贵州赛区省级选拔赛优秀指导老师、贵州师范大学"十佳辅导员"等荣誉称号。

一、扎实工作促就业

大学生就业是高校人才培养质量的一个重要衡量标准，也关系着大学生背后千千万万的家庭。担任辅导员以来，张晶晶不断总结学生就业经验，精准推荐岗位，着力培养就业服务团队。每学期开学就是她最忙碌的时候，从发掘学生兴趣爱好、培养学生特长、确定学生发展方向到学生考证考研、实习实践、签订三方协议等一系列工作，一桩桩一件件，她既要坚持尊重学生的基本原则，又要解读国家就业创业的政策；既要调节家长学生之间的观念冲突，又要顾及学生的长远发展；既要鼓励毕业生赴国家最需要的地方，又要照顾以生为本的特殊情形。

2011 级学生王玉琪来自吉林，很少参与集体活动，经常在寝室打游戏，对未来缺乏规划。张晶晶从学生父亲及本人口中了解到，他最喜欢的也是最崇拜的人是他的爷爷，并且爷爷是一名退伍军人。有了这个"突破口"，张晶晶多次与王玉琪谈心，与家长谈话，鼓励他确立学习目标，做好学习计划。大学毕业后，王玉琪应征入伍，如今已成长为一名士官。

毕业季，她带领班级党员、班干部组建"就业互助小组"，每组 10 名学生左右，先抓党员班干部就业，再管组内成员就业。就业学生帮扶未就业学生，简历修改、模拟面试、就业意愿、资源链接、认知矫正、家校互动……全班全年级拧成一股绳，在学生的接续努力下，就业率提高了，班级凝聚力提高了。

作为一名共产党员，作为一名高校教师，作为一名专职辅导员，只有甘为人梯，方能托举他人，只有甘为杵石，方能造福后世。她先后服务了 2011 级、2015 级、2019 级共 1081 名学生，2011 级、2015 级学生年终就业率均达到 90% 以上，其中基层就业率均达到 40% 以上。

二、开设课程谈就业

她励志扎根基层，满腔热血地为学生办实事，豪情满怀地走上工作岗位，迎面而来的是每一位学生及学生背后真实而复杂的家庭情况，了解学生情况，全力以赴帮助他们解决实际困难成了她日常的工作。与学生相处时间久了，她发现大部分学生从高中进入大学后，对大学学习和职业发展缺乏规划，对大学毕业之后的就业更是一头雾水。

因此，她开设了"大学生自我规划与发展"公选课，并自费考取了全球职业测评师资格证。她从零开始，翻阅书籍学理论、谈心谈话访学情，将学生的学业规划与职业规划相结合，将职业生活规划教育与就业指导相结合，提升大学生职业生涯规划意识，重新认识个人价值与社会价值的关系。2019年，学校招就处开设校本课程"大学生职业生涯规划与就业指导"，她积极加入团队，参与该课程的开发、设计，并成为该课程的授课讲师。2021年，作为第二参与人参与建设贵州师范大学2021年校级一流本科课程："大学生职业生涯规划与就业指导"。

三、创新创业助就业

党的十八大以来，党中央高度重视大学生创新创业工作。张晶晶所在的学院也成为贵州师范大学创新创业教育的排头兵。张晶晶积极请教学院专家，带领学生参加比赛，白天做完学院的本职工作，晚上常常要做方案写文稿奋战到半夜，繁重的工作常使她身心疲惫，但冷静下来想想当初选择辅导员的初心与使命，想想参加创新创业教育对大学生就业创业的帮助，顿感欣慰。

近年来，她主持厅级课题2项，校级课题5项，参加校级课题3项；带领学生团队参加各类创新创业比赛，获省厅级奖项2项、校级奖项8项；作为指导老师指导学生申报大学生创新创业训练项目国家级1项、省级1项、校级2项。其中国家级大学生创新创业训练项目就是学院退伍大学生毕业后，投身家乡建设，依托家乡的自然环境，将家乡酒文化与退伍军人创业就业相结合，打造退役军人就业创业产品展销平台的基层就业典型。该项目不仅带动军创产品的销售，助力乡村振兴，而且提供就业岗位，帮扶退役军人就业，得到了贵州省退役军人就业创业孵化基地的合作推广。

她担任过学院团委书记、学生党支部书记、工会委员、学校"宏志计划"培训导师、学院"创新创业沙龙"指导老师……不变的是专业辅导员的岗位。她的学生一批又一批地走上工作岗位，其中近50名学生入选西部计划扎根基层，21名学生应征入伍，近20名学生自主创业。在组织的培养下，张晶晶扎根基层，将个人小小的梦想充分融入民族复兴的伟大洪流中，为培养德智体美劳全面发展的社会主义接班人做了一些具体而微小的工作。这条路，她将坚定而执着地走下去。

踏实的基层就业"引路人"

——黔西南民族职业技术学院教师秦露

秦露 2010 年到黔西南民族职业技术学院工作以来，一直从事教学、班主任兼辅导员一线工作，近 6 年担任招生就业干事，具体负责招生、就业、征兵、专升本等相关就业创业工作。她政治过硬，业务能力强，有很强的组织管理和协调能力，除班主任和教育教学工作能力强外，所承担的就业干事工作和班级就业指导工作也做得非常扎实。她服从安排扎根校园基层，爱岗敬业、积极进取、任劳任怨、服务意识强，多年来在毕业生就业创业一线工作中取得了突出的成绩。

一、政治素养过硬，用心学，技能强

她始终把政治理论学习和业务学习摆在首位，不断用理论武装头脑，指导工作。一是积极参加政治理论学习，通过自学和集中学习的方式深入学习党的二十大精神，紧密团结在以习近平同志为核心的党中央周围，把思想和行动统一到中央、省委和学院党委的安排部署上来，以过硬的政治素质推动高质量就业工作。二是认真学习推广国家最新大学生就业政策等，不断提升自身业务水平，以过硬的业务技能实现毕业生高质量就业。

二、工作业绩突出，用心干，业务强

就业工作涉及毕业生的切身利益，涉及千家万户和社会的稳定，任务艰巨、责任重大。秦露面对压力从不找组织和领导诉苦，面对工作困难从不推诿扯皮，特别是作为教育部毕业生就业布点监测单位的学院，秦露花尽了心思、不辞劳苦，结合实际不断在就业工作中开拓创新，学生就业难的问题迎刃而解，确保了毕业生就业率始终没有下滑，保持在 94％以上，名列学院就业率最高。同时，毕业生专业对口就业率始终保持在 85％以上，毕业生工作第一年平均月工资达 4500 元以上。她所带领的 126 名毕业班同学在工程专业工作岗位上受到一致好评，毕业生从事建筑工程施工、建筑室内设计、建筑测量、资料员等动手能力强的工作，她的学生不论是理论能力还是专业操作能力都受到相关行业单位领导和同事的认可。对精准扶贫同学的"一对一"帮扶责任到人管理模式，保障了就业签约率、稳定率。

三、做好学生就业的贴心人、引路人

一是当好毕业生就业的指导员。秦露坚持白天完成教务安排的专业课教学任务，

周末汇编国家和省里最新就业政策，走访历届优秀毕业生代表建立数据库，然后利用晚自习和周末时间召集学生开宣讲会、办专题辅导班，宣讲国家和省最新就业政策，邀请历届优秀毕业生到场分享就业经验，邀请院系领导和招生就业处有关同志到会场、班级开展就业指导，就业指导有力、有方，深受毕业生一致好评。

二是当好毕业生就业的勤务员。她组织行业企业到校开展招聘会；组织学生参加各类线上线下招聘会；用好就业云平台招聘服务网站，积极了解就业信息，并及时发布给毕业生；认真开展就业信息填报和就业数据核查归档工作。完成2019级、2020级、2021级、2019届、2020届、2021届、2022届、2023届中、高职毕业生就业信息统计、贵州省系统就业信息填报和就业数据核查归档工作，4年审核发布了3863条就业招聘信息，组

织线上线下促就业招聘会共计864场次，提供发布实习生、毕业生就业岗位4262个；认真开展应征入伍、专升本、创新创业等工作。近6年来，应征入伍学生每年都在20人以上。专升本人数逐年上升。她所指导的17级建工(1)班5名毕业生(其中2名精准扶贫同学)申请到了学院为期一年的创新创业训练项目，后来5个人自己开了公司，公司年净收入200万元以上。

三是当好困难毕业生的贴心人。突如其来的疫情，打乱了正常的生活和工作节奏，也给毕业生就业增添了诸多压力。有的毕业生就业观偏离，在家等高收入和环境好的单位来要；有的在家等疫情过后再去找单位；有个别学生埋怨父母没有好的资源给他找好单位；还有个别学生没有就业，干脆把责任推给政府和学校。针对这部分学生，秦露反复与班主任商量工作思路，组建就业帮扶工作组，帮助毕业生择业就业，精准施策，一人一策，耐心做学生工作，帮学生找合适的岗位，最终让学生全部稳定就业，成功指导学生从"厌就业"到"乐就业"。

一分耕耘一分收获。毕业生就业工作，她承担的班主任工作、教育教学工作等均取得了可喜的成绩，得到了贵州省教育厅、黔西南州委州政府和学院的充分肯定，真正实现了让组织放心，让学生和家长满意，用实际行动维护了社会的稳定，也为学院推动高质量发展作出了积极的贡献！

弘扬伟大脱贫攻坚精神
争当新时代的"孺子牛"
——贵州大学高安勤

高安勤，彝族，1991 年 11 月生，2012 年 10 月入党，贵州黔西市人，六盘水市农业农村局种植业发展中心副主任（高级农艺师）。2017 年他研究生毕业，积极响应号召，主动请缨到国家级开发扶贫重点县六盘水市水城区陡箐镇石头寨村担任驻村第一书记（兼驻村工作队长）。他利用专业特长，用"三农"干部赤子之心把论文写在贵州大地上，表现出了新时代高校毕业生"无私奉献、吃苦耐劳"的优良品质。在脱贫攻坚战场上，他忠于职守、勤奋工作，带领村民完善基础设施、发展脱贫产业，工作成绩突出，2021 年被授予"脱贫攻坚先进个人"称号；2021 年被贵州省总工会等四部门评为贵州省"最美劳动者"；2020 年被全国科技助力精准扶贫工程领导小组办公室授予"全国科技助力精准扶贫 2019 年度先进个人""2016 年以来全国科技助力精准扶贫工作先进个人"称号；2022 年被聘为春晖·乡村振兴智库专家、特色田园乡村·乡村振兴集成示范点产业指导员；2023 年 1 月，当选贵州省第十四届人民代表大会代表。

一、找准穷根，强弱项补短板

高安勤把"人民群众对美好生活的向往，就是我们的奋斗目标"作为践行共产党员初心使命的人生信条。石头寨村要想脱贫致富，必须找准穷根，补齐发展短板。他积极向上对接，跑遍三级行业部门，帮助石头寨村新增"组组通"公路 8 条，实现了 7 个村民组全覆盖，保障了农产品的外运；新增建设城乡一体化供水管网 42 千米，实现了 7 个村民组全覆盖，新建库容 9 万立方米的凉水井山塘，解决了季节性缺水阻碍种植养殖发展的问题；新增变压器 8 台，全村变压器增加到 12 台，解决了群众生产生活用电难的问题；全村 2017—2018 年实施危房改造 71 户，实施透风漏雨整治 259 户，完成住房安全鉴定 454 户，实施易地扶贫搬迁 87 户 405 人，确保了户户有安全住房；新建人居环境污水治理设施一套，有效解决了石头寨组的粪污治理难题；新增 4G 基站 4 个，"户户通"宽带入户实现全覆盖；建成了 250 平方米卫生室，方便了群众就医，解决了看病难的问题。

二、技术（就业）培训，智志双扶转观念增动力

扶贫先扶志，扶贫必扶智。高安勤依托新时代农民讲习所、妇女夜校、就业"创业"培训班等"三所"讲习阵地，通过"请进来"方式，邀请专家组进村"把脉问诊"，寻病

根，开药方，组织了多期以项目为基础的农民培训。2019 年，村合作社与贵州省中国科学院天然产物化学重点实验室杨小生团队联合申报贵州省"14＋2"科技成果转化项目，创新利用刺梨果渣生产食用菌菌棒，获得成功。通过系列技术（就业）培训，激活了群众内生动力。2017—2020 年，高安勤共组织开展刺梨、食用菌、畜禽养殖等系列农业技术培训 13 期，培训农户（贫困户）657 人。

三、心连心、动真情，村民上访"自己人"

2019 年 6 月的一天，市信访局来了 6 位石头寨村村民，他们要求向上级反映问题，当村民们把诉求表达完之后，负责接访的同志才明白，这是一次不同寻常的"上访"。

原来，石头寨村村民听说已经成为他们心目中"自己人"的高安勤要回市里的单位上班了，村民们着急起来，他们商量决定联名要求组织上让高书记继续留下来，帮助他们发展产业。于是，他们推选了王辽兰等 6 位村民代表带着 200 多村民签名的"申请"自费来到市里，就是要想尽一切办法留住高安勤。善良朴实的村民到了市区，一时也不知道此事应该找哪个部门，他们就商量着去信访局反映，所以就有了那一次不同寻常的"上访"。

市农业农村局的领导在得知石头寨村有村民代表来"上访"，着实吓了一跳，难道高安勤作为第一书记哪方面的工作没做好引起了村民的不满？当得知实情后，市农业农村局党组进行了认真的研究，并报请上级有关部门批准，同意高安勤继续留任石头寨村第一书记。

对于能否带领村民高质量打好脱贫攻坚战，高安勤心里并没有十足的把握，但他始终记得习近平总书记的殷切嘱托，在他第 2 个任期里，他不断在工作上加码，正是他和同事们的努力，给石头寨村留下了脱贫底气。

2020 年，他成功构建了以刺梨为主导，小麦、面条加工、鲜食玉米、食用菌、生态养殖为支撑的"1＋5"产业扶贫体系，产业总产值达突破 3000 万元。"1＋5"产业扶贫体系的建立，实现了贫困户的带动和利益联结全覆盖，完善了"益贫带贫"机制。首创"乌蒙凤鸡"借还模式经验做法推广到了黔南州等地，为省内其他贫困地区贡献了智慧。

不忘初心、牢记使命。在乡村振兴的道路上，高安勤积极发挥自身优势，积极指导原深度贫困村夯实产业基础。目前，他已帮助都格镇垭口村协调 100 万元创业贴息贷款，撬动社会资本投入 30 万元，发展肉牛养殖 60 余头；为陡箐镇冷坝村等引种 20 亩高产羊肚菌示范种植，促成原贫困村与科研单位、农业公司签订党建帮扶协议，下一步他将通过党建引领的方式，助力乡村振兴。

牢记总书记嘱托
做新时代奋斗者

—— 贵州民族大学彭艺

彭艺，1984 年 7 月出生于贵州省黔西市新仁苗族乡化屋村，贵州民族大学美术学院民族民间美术专业硕士，国家一级陶瓷技师（陶瓷装饰），中国工艺美术学会青年工作委员会成员，国家级非遗项目苗绣市级传承人。

她从小跟随老师杨琼学习歪梳苗支系苗绣、蜡染、苗族服饰制作及服饰纹样的研究。她思想政治素养强，讲政治、顾大局，坚持社会主义先进文化发展方向，一心扎根农村，身体力行，示范带领村民一同勤劳致富，是新时代农村致富带头能人的代表，对推动本地本区域经济社会和文化发展作出了积极贡献。

2019 年 10 月，她成立了公司，签约"绣娘"30 余名，其中建档立卡户 32 人，"绣娘"人均月收入 1800～4500 元不等。

2020 年 6 月，贵州省民宗委、省文联为公司颁发"贵州省少数民族传统手工艺传习所"称号。

2021 年 1 月，毕节市文化广电旅游局为公司颁发"毕节市非遗扶贫就业工坊"称号；2021 年公司多次参加省、市非遗中心的苗绣推广活动，获得贵州省"乡村振兴巾帼行动"示范企业、"贵州省少数民族传统手工艺传习所"、"毕节市非遗扶贫就业工坊"、西部方言区"苗绣研究基地"等荣誉；12 月，彭艺被评为国家级非遗项目苗绣市级传承人。

2023 年 2 月，2021 年"中国非遗年度人物"在北京中国工艺美术馆（中国非遗馆）举行授牌仪式，本次活动共评选出 2021 年度中国非遗人物 10 人，2021 年度中国非遗人物提名奖 20 人，彭艺荣获提名奖。

一、传承苗绣技艺，弘扬民族、传统文化

彭艺发挥带头作用，言传身教，在苗绣、蜡染技能上作出表率作用。她经常利用课余时间把徒弟们聚在一起研究新的苗绣、蜡染技法，交流思想和感悟，并在生活中关心帮助他们。她工作中注重发挥各自和整体的优势，形成苗绣、蜡染研发的合力，比干劲、比技法创新、比传承奉献水平，树立良好的传承人形象，采用压担子、鼓励和鞭策的方式，相互促进、共同进步，帮助年轻传承人群迅速成长。同时，彭艺也注重发挥自己的引领和示范作用，不仅帮助徒弟分析苗绣、蜡染技法，需要时自己就给徒弟们做示范，促进她们苗绣、蜡染业务能力的不断提高。

二、巾帼致富带头人，为产业扶贫作贡献

她将民族文化与时尚接轨，更好地发展民族传统工艺，让民族文化走进千家万户，创造出符合现代审美的工艺品。2018 年，彭艺毕业后回到家乡，开办了公司，带领乡亲共同创业。2019 年至 2021 年，她带领妇女从事刺绣蜡染工艺，让"绣娘"们实现在家门口就业，带动了 30 多户苗族贫困户实现每人每月增收 1500 元至 3000 元，并与化屋村扶贫车间合作，共同加工生产蜡染制品，带动更多村民就业。

三、牢记总书记嘱托，做新时代奋斗者

2021 年 2 月 3 日，习近平总书记到贵州考察，来到新仁苗族乡化屋村慰问苗族同胞，彭艺为总书记介绍了苗绣、蜡染技艺以及苗绣如何带动群众脱贫，总书记听后对大家说："传统的也是时尚的，你们一针一线绣出来，何其精彩！"

2021 年 6 月，在市委、市政府的大力支持下，彭艺建立了工作室，带领贫困户在家门口就业，培训 500 余人，签约 50 余名贫困户"绣娘"。8 月，彭艺在毕节职业技术学院担任苗绣传承人群的授课教师。随着苗绣产品销路越来越广，"绣娘"们的"指尖技艺"变成了"指尖经济"，化屋苗绣车间实现销售额 160 万元，吸引了许多年轻绣娘加入这份家门口就业的工作。

2022 年 11 月 13 日，彭艺作为非遗传承人在北京展览馆"奋进新时代"主题成就展非遗展区现场展示非遗技艺，其精湛的苗绣技艺让现场观众连连称赞。

彭艺作为苗族非遗文化传承人，在传承苗族传统特色手工技艺基础上，谋求多元跨界、融合创新，将特色民族手工业与乡村旅游结合，带领乡亲们共同致富，把苗绣发扬光大，成为助力乡村振兴的重要产业。

扎根边疆　不负韶华
转折之城盛开的格桑花
——遵义医科大学张仕燕

张仕燕，女，中共党员，贵州遵义人，2018 年毕业于遵义医科大学，同年来到西藏阿里地区人民医院工作。她始终牢记"明德笃学、求是致用"的校训，将在学校所学的知识实践到工作中，以严谨、钻研的学科理念，以认真、负责的工作态度，以坚定、无悔的理想信念，以精湛的专业能力，扎根祖国边疆，成为科室骨干职工，为当地人民的身体健康作出了自己的贡献。

一、思想坚定、甘于奉献

"你为什么会选择去西藏，去阿里地区？"这曾经是家人、老师、同学经常问她的一个问题。西藏阿里地区，位于中国西南边陲、西藏自治区西部，阿里地区高寒缺氧、地广人稀、条件艰苦。去阿里，曾经的她也很犹豫，但她思想坚定，就如她在面试上的回答："因为我是一名共产党员，我接受的教育就是要为民服务，以前，我曾想毕业后去当一名大学生村官，但是后来我认为应该到更需要我的地方去。"她说服家人、朋友登上了飞往阿里的飞机，她不负母校的谆谆教诲，带着母校的殷切希望，奋斗在祖国的边疆大地。

二、刻苦钻研、得到认可

到岗后，她迅速转变角色，从学生转变为医务工作者。为了更好地服务当地患者，她还积极主动地向当地干部、职工请教，利用业余时间学习藏语、了解当地的风俗习惯，努力提升自己的业务能力和专业知识。工作中她积极主动，生活中乐观向上，获得了医院同志们的一致好评和认可，入职一年便成为门诊西药房的负责人，在支部委员的选举当中，她成功当选中共阿里地区人民医院委员会第二党支部宣传委员，同年还取得了药师资格证。

经过实践与钻研，她现在工作起来更加专业、从容，处理问题更加得心应手，在科室主任和援藏老师的带领下，业务板块工作有条不紊，不论是药品质量、处方合格率、药品账物相符率，还是特殊药品的管理，都井井有条，她的工作能力在单位年轻人中名列前茅。因业务能力突出，她先后获得"阿里地区人民医院操作能手""阿里地区人民医院先进工作者""中共阿里地区人民医院委员会 2021 年度优秀共产党员""中共阿里地区人民医院委员会 2022 年度优秀共产党员"等荣誉。

三、必胜信念、战胜疫情

2019 年年底，疫情突发。收到医院通知全员返岗，让正在贵州老家休假的她匆忙上路，最终回到了岗位。2022 年 8 月，阿里地区突发疫情，作为非临床医务工作者的她，本可以不用去疫情防控一线，但是作为一名党员，此时不上，更待何时，党员就应该要去一线，就要有战胜一切的必胜信念。她主动请缨，前去抗疫一线，采核酸、搬防控物资，只要她能干的，都积极干，从不推托。其中有两个月的时间，虽然她与爱人在同一个地方，但就是那一千米的距离也终日不得相见。她因工作表现突出，被评为"优秀共产党员"。

四、不忘初心、展望未来

现在的阿里地区人民医院，已经从她初入职时的二级甲等医院升为了三级医院，年服务患者总人次从 2018 年的 69671 人次提升到 2022 年的 180724 人次。而她也已经是一位经验丰富的医务工作者了。五年之期将满，又到了要作出选择的时候，她可以选择离开这里，带着五年的基层工作经验去其他地方工作。但她不忘初心，决定继续坚守，继续沿着之前选择的路走下去。

比起其他地方，甚至是自己的老家遵义，阿里是艰苦的，也是更能体现生命价值的地方。前辈们用生命打通了进藏的路，理应有人将这路越拓越宽。阿里能有今天的发展，离不开一代又一代阿里人的努力，一代又一代奉献者的坚守，才让这个祖国的边陲之地得以日渐强盛。

她不愿做那自由翱翔的燕子，偏要做那在雪域高原常开不败的格桑花。

时刻牢记发挥党员先锋模范作用

——黔南民族师范学院方进

他自 2015 年进入贵州芭田生态工程有限公司以来，一直从事化学选矿、硝酸磷肥、硝酸铵钙、聚磷酸铵营养母粒、磷酸、磷酸铁、复合肥等生产相关工艺技术研发工作，较好完成了公司安排的工作任务。

一、思想政治方面

他思想端正，有坚定的政治方向，不断提高自身的思想政治觉悟。他关心社会时事，树立和落实科学发展观，培养高尚的道德品质。自 2015 年成为一名中国共产党党员至今，他始终严格要求自己，积极参加政治活动，自觉学习政治理论，于 2020 年入选中共贵州芭田生态工程有限公司党支部宣传委员，负责党建资料管理，如"三会一课"资料汇编、党员信息建档等。他协助党支部书记开展发展党员工作、组织支部党员参加活动等。他现担任中共贵州芭田生态工程有限公司联合党支部副书记，积极组织开展主题党日活动、落实"三会一课"、"两学一做"、组建青年突击队，思想上行动上始终和党中央保持一致，工作上一直敬业、奉献、吃苦耐劳、积极主动、勤于思考，始终把理论与实际相结合，在工作中起到良好的模范带头作用。

二、专业学习方面

他自进入贵州芭田生态工程有限公司以来，参加安全教育培训，学习双加法硝酸生产装置、冷冻法硝酸磷肥生产装置、硝酸铵钙生产装置、高塔复合肥生产装置等工艺流程，了解公司的辅助车间：机电仪车间、水处理车间、包装车间、锅炉车间等。工作伊始，他在硝酸车间学习生产设备的工艺原理及双加法生产硝酸优势，并把理论与生产现场相结合，且运用于实践中，通过不断努力，提高自己岗位技能。后来被人事部调到技术中心，在此期间，学习创新管理和新产品、新工艺、新技术的开发。他一直从事化学选矿、硝酸磷肥等生产相关工艺技术研发工作，在领导的悉心指导和自己的不懈努力，现在能够熟练进行专业工作。几年来，他先后获得全国农化服务优秀论文二等奖 2 项、一等奖 1 项，开发新产品 5 个、技术标准 11 个、发明授权专利 4 件、实用新型授权专利 15 件、发明受理专利 54 件、实用新型受理专利 2 件、获中国氮肥工业协会科学技术奖一等奖 1 项、科学技术成果鉴定证书 2 项、成果登记证书 1 项、核心期刊发表科技论文 11 篇。他带领团队参与国家"十三五"重点研发计划项目子课题 1 项、中央引导地方科技发展专项 1 项、省科技支撑计划项目 1 项、省科技成果转化项目 1 项、主持黔南州工业攻关项目 1 项。

三、工作能力方面

他自参加工作以来，一直发扬吃苦耐劳的精神，增强开拓创新的意识。他敢于尝试，把新知识、新技术、新理念融入研发试验过程中，最终提出最优的解决方案。他时刻以党员标准严格要求自己，不断发挥党员先锋模范作用，带领徒弟、新入职员工和研发团队奋战在磷矿煅烧、浸取、酸解、冷冻结晶、中和等研发试验现场，在聚合硝酸磷肥、硝酸钙镁肥产品开发等公司重点性创新项目中作出突出贡献。他不计个人得失，无私共享自己的科研成果，为公司争资争项，主动帮助实验室的同事开展项目复盘、科研论证、实验交流等。

他深刻认识到在今后工作中应积极进取、努力学习、与时俱进，不断提高自己的业务水平，开发新技术、新产品、新工艺，降低投资，减少生产成本；不断加强理论学习，拓展知识领域；潜心研究技术领域的发展趋势，吸收丰富的理论知识，提高本专业解决实际问题的能力。他积极参加对外交流活动，在对外交流的过程中获取新方法、新思路，在工作中不断总结，吸收消化先进的技术与理论，转化在实际工作中，提高工作效率，为企业的发展壮大作出自己应有的贡献。

满腔热血洒基层
服务"三农"赤子心
——华南农业大学杨恩兰

杨恩兰，苗族，1991 年 5 月生，硕士研究生，中共党员，现任六盘水市水城区农业农村局植保站站长。2013 年 11 月她加入中国共产党，2016 年 6 月毕业于华南农业大学，2016 年 11 月通过人才引进到水城区植保站工作，一直在基层一线从事植物保护工作。

杨恩兰自参加工作以来，主要负责六盘水市水城区辖区内主要农作物病虫草鼠害监测预报及综合防治、植物检疫、农药科学安全使用等业务工作。在工作中，她兢兢业业、任劳任怨、勤恳好学、一丝不苟，刻苦钻研植保知识，一直以"心系群众、为民造福"的公仆情怀，植根于水城这片热土求索奉献，确保农作物安全。2020 年，她荣获第三届全国农业行业职业技能大赛六盘水市选拔赛第一名、第三届全国农业行业职业技能大赛贵州省选拔赛一等奖、第三届全国农业行业职业技能大赛二等奖并被授予"全国农业技术能手""贵州省五一劳动奖章""贵州省技术能手"等荣誉称号。2021 年，她荣获"六盘水市道德模范""六盘水市文明家庭""凉都榜样·身边好人"等称号，2022 年荣获贵州省"最美乡村振兴家庭"称号。2021 年 11 月，她当选为六盘水市第八次党代会党代表，2023 年 1 月，当选为第十四届全国人民代表大会代表。

一、学成不忘桑梓地　回乡反哺促"三农"

2016 年研究生毕业时，她放弃了留在一线城市发展的机会，毅然选择回到家乡从事基层工作，对于这份工作，她可以将所学知识为民造福，守护他们的财产，这份成就和喜悦，让她在服务"三农"的路上，走得更远。

杨恩兰视植保为己任，心无旁骛、废寝忘食，坚持"今日事今日毕"理念，高质量完成各项工作任务。长期以来，她凭借坚定的品格、渊博的学识、敬业的精神，成为了一学就懂、一点就通、立说立行、奋发进取的青年农技骨干，赢得了同事的钦佩和领导的好评。身边的朋友经常问她为什么当初不留在广州或继续深造，却选择回到基层。她总是淡淡一笑，说道："我热爱农业、热爱农村、热爱农民，我希望能用自己所学知识为家乡做点贡献，为群众排忧解难。"踏上植保工作路，将汗水挥洒于田间地头，贡献无悔青春，是她不忘初心、不负韶华的执着选择。

二、百尺竿头思进取　策马扬鞭自奋蹄

杨恩兰始终牢记自己是一名共产党员、农业专业技术人员，深知农作物病虫草鼠

害是她的研究对象，保护农作物健康安全是她的责任。

每次下地，她都会本着问题潜下心来研究，就算在"不同生境，病虫形态特征必有不同，识别难度大"的困难面前，她也坚持"咬定青山不放松"的韧劲去分析地质结构、土壤元素、气候原因、农作物生长习性、管护方式方法等。不管晴天雨天、节假双休，她总是往返各农作物基地，用所学的知识和理论践行在行动中研究解决农作物病虫草鼠害的防治方法。

为进一步提高专业技能，她抓住各种培训和学术交流机会，边学习边实践，不断巩固和拓展农技专业知识，更新知识层级，提升业务技能。她先后多次到贵州大学、南京农业大学、贵州省农区鼠害绿色防控技术应用人才基地等参加业务学习。

2018年11月至2019年11月，她在贵州大学昆虫所郅军锐教授的指导下，圆满完成了访学研修学习计划。2020年，为了检测自己的专业技术能力，她报名参加了第三届全国农业行业职业技能大赛，并取得优异的成绩。

比赛给了她极大鼓舞，更加激励她努力学习、刻苦钻研、提高本领，将植保专业技术不断普惠"三农"、服务"三农"。

三、满腔热血洒基层　服务"三农"赤子心

"我家种植的猕猴桃不知什么原因，这几天叶子全部干枯了，家里收入主要靠这几亩猕猴桃，请植保站尽快帮帮我们。"

2017年8月14日早晨，贫困户雷勇致电植保植检站。知悉情况后，杨恩兰立即组织人员前往雷勇的猕猴桃基地，顶着烈日实地勘查猕猴桃发病情况，现场采样，加班加点查阅资料，通过显微镜鉴定、咨询专家，最后找到了病因，立即购买有关农药进行杀虫。完成这些工作，已经是深夜，在回电给雷勇得知无法购买到相关药物时，她顾不上休息，连夜将药亲自送到农户手中，希望能早点用药挽回损失。半个月后，雷勇家的猕猴桃没有受到影响，来电感谢杨恩兰，并邀请杨恩兰前往他家品尝猕猴桃。

2021年4月15日，阿戛镇的陆永壹称自家种植的核桃发生虫害，这些核桃树是他家的主要经济来源，在得知情况后，杨恩兰详细询问核桃发病情况，经过认真分析给陆永壹配齐了免费治疗药物，并耐心指导用法及用量，为陆永壹解决难题。

小麦锈病分条锈病、叶锈病和秆锈病3种。其中条锈病是小麦锈病中危害最重的，具有暴发性、流行性的特点。2023年1月19日，杨恩兰组织植保技术员在小麦主要种

植乡镇普查后发现锈病开始发生，当天回到办公室加班熬夜写信报并及时发布、采购应急药剂并通知各乡（镇、街道）立即开展防治工作，尽可能降低农作物经济损失。

为了农作物病虫草鼠害防治，她无怨无悔往返田间地头与实验室之间，只为摸清常见病虫草鼠的发生规律、繁殖规律、危害规律。人家问她："熟知那么多病虫草鼠害及其防治方法，有什么经验？农业工作如此艰辛，是什么支持着你前进？"她回答："第一个就是无比热爱，第二个就是持之以恒，第三个就是精益求精；做基层工作不是得到一点成绩、一个职称就不干了，不管有多少成绩，仍须坚持干下去，争取早日成为一名合格的、优秀的植物医生，做一个爱农懂农的农业专业技术人员。"

主动担当有作为
不负韶华赴基层

—— 贵阳人文科技学院车程

车程，贵州黔西人，2017年7月加入中国共产党，贵阳人文科技学院（原贵州民族大学人文科技学院）2018年汉语言文学专业本科毕业生，现就职于贵州省黔西市洪水镇洪水小学。她是中共黔西市洪水小学党支部宣传委员、少先队辅导员、班主任、语文教师。

一、坚定理想信念，扎根基层服务教育

她热爱中国共产党，热爱祖国，热爱人民，在思想上行动上始终同以习近平同志为核心的党中央保持高度一致，坚定理想信念，践行党的宗旨，忠诚党的少年儿童事业，积极主动担当党的少年儿童思想政治工作者的责任，有着过硬的政治素质。她忠诚、干净、担当的做人做事风格深受学校、同事、学生、家长的一致好评。2019年，她在毕节市特岗教师招考中顺利通过笔试面试，在面对服务基层教育事业和省会城市自身发展空间更大的人生选择上，她放弃在城市的发展机会，从容选择扎根基层，服务乡村教育。2019年8月，她获得黔西县2019年"特岗教师"岗前培训"优秀学员"荣誉称号；2023年3月被聘为黔西市洪水镇中小学（幼儿园）第二届教学名师培养对象、骨干教师评选小组成员。

二、注重文化建设，引领学生思想工作

她热爱少年儿童，自工作以来，凭所学知识，积极主动了解少年儿童生活、思想实际，竭诚服务少先队员身心健康成长，不断创新教育少年儿童的方式方法，是少先队员喜爱的亲密朋友和指导者。她坚持用爱浇灌祖国的花朵，坚持用心倾听少年儿童的开心事或烦心事，坚持做少年儿童身心健康发展的引路人，坚持以耐心引导少年儿童，并坚信时光不语，用爱浇灌，静待花开。2022年8月，她获"毕节市最美少先队辅导员"荣誉称号；2022年12月，被聘为黔西市"红领巾巡讲团"讲师；2022年6月，获黔西市洪水镇第一届校园文化艺术节小学低年级组"经典诵读"大赛优秀指导奖；2022年6月，获黔西市洪水镇第一届校园文化艺术节小学高年级组"经典诵读"大赛优秀指导奖。

三、树立良好榜样，诠释师德师风内涵

她模范践行社会主义核心价值观，严格遵守各项法律法规，带头引领良好社会风

尚，在争做"四有"好老师方面起到较好的带动作用。她努力提升自身能力水平，坚持不懈、一丝不苟，紧跟时代步伐。她通过阅读书籍、丰富阅历，提高自身专业素养和道德水平，努力成长为乡村振兴发展所需人才。生活中，她勤俭节约，任劳任怨，对人真诚，人际关系和谐融洽，处处以一名合格的、优秀的人民教师的标准来规范自我，主动担当，砥砺前行。她工作中以身作则，为少先队员做表率，是少先队员的好导师、好榜样。

她不断创新提高自身本领，有扎实的工作能力。在学校积极组织开展"争做新时代好队员""红领巾心向党""请党放心，强国有我"等主题实践活动。在推动本学校、本乡镇少先队改革工作中表现突出，在开展校内外实践活动中，队员学有所获、劳有所得，并获得队员、教师、家长一致认可。她用心参考教材，虚心向有经验的教师及兄弟学校的同行讨教经验。在教学中，她认真钻研新大纲、吃透教材，用心开拓教学思路，把先进的教学理论、科学的教学方法及先进教学手段灵活运用于课堂教学中，努力培养学生的合作交流、自主探究、勇于创新的精神。她严格遵守学校的各项规章制度，不迟到、不早退、有事主动请假。她尊敬领导、团结同事。她以"清清楚楚做人，干干净净做事"为座右铭。2019年10月，她获得洪水镇教育系统"不忘初心、牢记使命"演讲比赛二等奖；2020年5月，主讲洪水镇2020年春季学期"师德师风周"专题培训示范课；2021年3月，获得黔西县2019—2020学年度学校安全教育与管理工作"先进个人"荣誉称号；2021年6月，获得洪水镇教育系统"党永远在我心中"主题演讲比赛一等奖；2021年8月，获得黔西市洪水镇"红心向党"主题演讲比赛一等奖；2021年12月，获得黔西市2021年中小学"基础教育精品课"录像课小学语文学科一等奖；2022年10月，在毕节市劳动教育优质课例评选中荣获一等奖。

车程爱岗敬业、甘于奉献，做事不求回报，以阳光向上的姿态迎接新的挑战。

平凡岗位上追求卓越

——贵州工业职业技术学院帅宗军

帅宗军，1996 年出生，毕业于贵州工业职业技术学院，2014 年应征入伍，2016 年退役参加工作，他在平凡岗位践行工匠精神。入职贵州吉利发动机有限公司以来，他从最普通的操作岗位做起，精益求精，努力进取。2020 年以来，他先后参加吉利集团工匠文化节机器人编程大赛，获得"季军""亚军"；在贵阳市首届退伍军人职业技能大赛中，斩获电工组"三等奖"，并获得"贵阳市技术能手""筑城工匠"称号和吉利动力总成系统"十大工匠"称号；在贵阳基地元动力项目中获得"提案能手""四级提案明星"称号。

一、立心铸魂，热爱生活，做新时代的忠诚爱国者

在全新的经济环境和时代背景下，"90 后""00 后"选择加入制造业，在工作中实践着大国工匠精神，成为新时代的有为青年。求学时期，帅宗军积极参加校内外各项公益活动，热心帮助同学。他听党话、感党恩、跟党走，得知国家号召毅然选择应征入伍，服役期间始终保持学习，努力提升自身素质，锻炼过硬作风，为今后生活、工作打下了坚实的基础。

二、坚持不懈，精雕细琢，在平凡岗位上追求卓越

参加工作后，他始终加强学习，虚心向前辈专家请教，认真钻研业务本领，不放过点滴细节，做到干一行、爱一行、专一行、精一行。2020 年，装配线生产进入高产期，但是有三个工位涂胶合格率一直偏低，合格率长期保持 63.2%，严重影响发动机生产效率与产能。凭着对工作的热爱和执着，他夜以继日、耐心细致地寻找各种资源，最终通过优化涂胶轨迹出胶速度、调整相机拍照逻辑，使用涂胶拍照一体化方式，成功地将装配线涂胶合格率从 63.2% 提升至 99.5%，大幅度提高了产品合格率，节省二次返修材料成本费、人工费约 50 万元，为工厂的产品质量、生产保障等保驾护航，得到领导、客户一致认可。

2021 年，他作为青年技术骨干，牵头主导对 STN30、STN2020 工位降本增效改造，其中负责 STN30 整体搬迁与曲轴线下线工位合并，调整产线布局，减少操作人员两名，降低人力成本 16 万元每年。另外将 STN2020 工位整体旋转 180°，与 STN2030 工位合并，优化操作人员一名，并降低节拍 8 秒，每日提高产能 33 台，全年可提升产能 650 多台，为企业增加效益 300 多万元。

三、团结合作，互助创新，书写新时代新青年"工匠精神"

他为人热情，团结友善，敢打"硬"仗，不怕挑战。2022 年，公司产线 BHE15 项目升级改造，他主动请缨，与团队奋斗，一起完成了 32 个手动工位自主改造，8 个自动/半自动工位改造，并对等离子、打标机、机器人、读码器等设备自主安装调试；参与 STN10 工位方案确认并对装配线所有机器人岗位给予技术支持与帮助，为公司节约 300 多万元的项目改造费用。他积极参加公司元动力活动，与同事们对 STN340 行架进行改造，消除行架掉落风险，对 STN280 工位进行整体改造与优化。他协助解决漏油、加热管故障等疑难杂症，积极参与了产线升级的 14 个工位的自主改造，个人技能得到快速提升，有力地保证了装配线的正常生产。

当前，智能制造已经成为国内制造业转型发展的必然趋势。制造业对于复合型人才的需求越来越大，智能化人才既要熟悉制造业生产工艺，又要了解数字化、智能化知识。作为一名退役军人，帅宗军勇敢加入传统行业，为传统行业的转型发展注入了新鲜血液。

他是一个坚守信仰和工匠精神的人，诚如他所信奉的工匠精神是培养一种对工作精益求精、精雕细琢、不断创新的态度，它更应该是一种生命态度和人生价值的呈现过程。在维修现场，他对自己严格要求，严把质量关。对于设备出现异常情况，他不满足于解决当前的问题，而是"刨根问底"分析透彻，认真做好事故预想和危险点分析。他正用年轻人独有的创新意识、创新思维，在生产线上用热情和激情点燃青春，努力认真工作，持续为公司的发展和中国汽车事业作出应有的贡献。

不忘初心战贫困
易地搬迁注真情

——铜仁职业技术学院罗焕楠

　　罗焕楠，苗族，1995年1月出生，贵州思南县人，大学文化，中共党员，2016年9月参加工作。2016年9月他毕业于铜仁职业技术学院，曾任铜仁市万山区丹都街道跨区县易地扶贫搬迁旺家社区党总支书记，现任丹都街道党工委委员、组织委员、宣传委员、统战委员。

一、做好党建引领的示范者

　　为发挥好基层党组织的战斗堡垒作用和党员的先锋模范作用，筑牢党的执政根基，罗焕楠强化党建引领示范力，着力打造一支敢管、会管、能管的"三管"社区干部队伍。他在旺家社区探索推行"124"网格化管理工作模式，创新探索出了一种易地搬迁安置型社区的综合治理模式，制订"两长四员制"组织架构，以党组织为核心示范引领，明确社区党员干部为网格长，并为每栋楼配备一名党小组长和楼栋长，下设就业协管员、民警服务员、矛盾调处员、物业服务员，有效实现旺家社区网格化综合管理全覆盖，架起党群"连心桥"，提升了支部服务群众的能力，实现了"人在网中走，事在格中办"，妥善化解处理群众纠纷1200余起，代办群众事项4300余件。为加强群众精神文明建设，丰富群众业余文化生活，罗焕楠还牵头创办了旺家夜校，组织支部每星期开展一次"党员讲党课"活动，制订政策学习主题让社区党员轮流讲解并探讨，提升党员学习运用政策的能力。支部先后主持召开各类大小党员群众会议100多场次，发放易地搬迁后续政策资料8000余份，及时让群众掌握易地扶贫搬迁的相关政策。为方便群众办事，加强"一站式"服务大厅窗口建设，他积极协调就业、教育等部门抽调工作人员入驻旺家社区便民中心办公，同时增设迁出县相关服务窗口，将支部和便民中心深度结合，创新推行社区联席会商机制，有效统筹社区工青妇组织、自治组织、社会组织、企业、居民等不同层级的力量，合力解决群众在就业、就学、就医等方面遇到的困难，形成"合力解围"的工作模式。

二、做好搬迁群众的知心人

　　旺家社区安置了来自铜仁市困难群众4232户18379人，搬迁安置规模为铜仁市之最，群众后续保障服务工作任务十分繁重，群众脱贫致富的重担压在了罗焕南的肩膀上。面对搬迁后续的诸多问题，罗焕楠没有退缩，他用初心践行使命，用行动诠释忠

诚，时刻做到将总书记的关怀传递给搬迁群众，把党中央的政策宣传到搬迁群众家里，把青春挥洒在脱贫攻坚的主战场。他坚持带领社区干部每天开展入户走访，对待每一位群众，他都会认真记录、耐心倾听，了解他们的所想、所求、所盼，能解决的问题刻不容缓立即办结，不能解决的及时给群众说明原因并做好登记，努力实现把搬迁群众的问题解决在社区、矛盾化解在社区、感情融洽在社区。为帮助搬迁群众尽快融入城市生活，熟悉城市生活变化，罗焕楠开动脑筋、集思广益，创新开展了带领搬迁群众进一次菜市场、坐一次公交车、过一次红绿灯、坐一次电梯、上一堂感恩课、走进一次铜仁体验生活等"六个一"新居体验活动，帮助群众尽快融入城市生活，此举得到搬迁群众一致好评，并作为后续服务经验典型在全区及全市推广。

三、做好脱贫致富的助推器

为让搬迁群众实现上班顾家两不误，在他的奔波努力下，旺家社区建起了扶贫微工厂产业园，引进入驻七家企业，多渠道开发就近就业岗位，安置群众就业 2200 余人，务工人员人均月收入可达 2600 元，实现了家门口就业。旺家花园"小区建工厂，农民变工人"的实践探索得到贵州省委副书记、省长的肯定性批示。同时，对外招商引资注册 500 万元，成功打造一个集物业管理、家政服务、劳务输出等服务业为主的社区集体经济旺家物业有限公司，有效帮助 80 余名半劳力、弱劳力、残疾人实现稳定就业，实现稳定增收，真正让搬迁群众实现"楼上安居、楼下乐业"的美好愿望。另外，罗焕楠还积极鼓励群众多渠道就业，针对困难群众实行专人帮扶，帮助困难群众对接就业培训和就业管理。他在旺家社区组织开展就业培训 21 个班次，涉及制衣、制鞋、水电工、家政、厨师、刺绣等，培训 1600 余人，向东部地区城市等地输出务工人员3500 余人。

四、做疫情防控的守护者

2020 年大年三十，正当人们沉浸在喜气洋洋的春节氛围中时，罗焕楠接到了回社区开展疫情防控工作的指令，他放下手中碗筷，告别家人，第一时间赶赴旺家社区。当天晚上，他召集社区干部和部分返回社区的楼栋长商讨疫情防控工作，并按街道工作提示设立了监测卡点，并带头值守疫情防控第一班岗。疫情防控期间，罗焕楠就像一只永不停歇的陀螺，不分白天、黑夜连轴转，坚持白天入户排查统计，宣传疫情防控工作，晚上到监测卡点值守，很多时候凌晨两三点钟还在卡点和办公室之间穿梭。看着他忙碌的身影，领导和同事常常劝说他要注意休息、保重身体，而他却只是摇摇头，拖着疲惫的身躯继续投入到紧张忙碌的工作当中，近两个月的时间，罗焕楠没有离开过岗位一天。"我是一名党员，我必须顶上。"他在笔记本上这样写道，他用自己行动诠释了共产党员的先锋本色。

作为一名共产党员和高校毕业生基层就业的代表，罗焕楠始终不忘初心、牢记使命，用坚守诠释一名新时代党员干部的责任与担当。正是这样的坚守和付出，让他在2019年被评为全市脱贫攻坚优秀共产党员；2020年被评为全省脱贫攻坚优秀基层党组织书记；2020年被评为全国脱贫攻坚先进个人。

一句"让我来！"彰显当代青年的责任担当和家国情怀

——黔南民族医学高等专科学校杜富佳

杜富佳，中共党员，贵州省湄潭县人，2015 年 6 月，毕业于黔南民族医学高等专科学校，2015 年 11 月至 2016 年 3 月在贵州省独山县中医院工作，2016 年 6 月至今，在贵州省湄潭县人民医院工作，现为湄潭县人民医院团委副书记（护师），2021 年 5 月被选派到湄潭县抄乐镇沙塘村驻村，任第一书记。

杜富佳参加工作以来，兢兢业业、任劳任怨，干一行爱一行，在平凡的工作岗位上，刻苦钻研、扎实工作、无私奉献。她先后获得"全国抗击新冠肺炎疫情先进个人""全国杰出护理工作者""抗击新冠肺炎疫情全国三八红旗手""全国向上向善好青年、敬业奉献好人""第六批全国岗位学雷锋标兵""全国优秀共青团干部"'中国好医生、中国好护士'抗疫特别人物""2020 年度'基层理论宣讲先进个人'"等荣誉称号。

一、不忘初心逆行抗疫，援鄂一线"让我来"

在武汉疫情暴发后，杜富佳顾不上和家人团聚，就连夜回到工作岗位。疫情就是命令，疫情就是召唤，她以"让我来"的担当精神，主动请战到武汉去工作。

2020 年 2 月，杜富佳作为贵州第八批援鄂医疗队队员驰援武汉，在武汉大学人民医院东院八病区工作的几十天里，她不畏惧、不退缩，同时间赛跑，与病魔较量，在做好记录病情、护理患者、抽血化验、采集咽拭子标本、抚慰患者情绪等工作的同时，积极宣讲在以习近平总书记为核心的党中央的坚强领导下，全国人民团结一心众志成城抗击疫情的伟大精神，鼓励患者克服困难，坚强生活信心，用实际行动谱写了新时代的奉献之歌。

二、牢记使命带民致富，乡村振兴"让我来"

作为一名从农村走出来的基层党员，杜富佳对农村有特殊的感情，对农民有难以割舍的情怀，时刻牢记第一书记作为乡村振兴"领头雁"的光荣使命，把乡村振兴和党的建设结合起来，坚持扑下身子，同村广大干部、群众一道，从细处着眼，从小处着手，通过抓班子、带队伍、兴产业、促发展，扎根基层，用实际行动践行第一书记的光荣使命。

（一）搞好调研，当村发展的明白人

初到抄乐镇沙塘村，杜富佳把掌握村情作为驻村工作的第一要务，主动向挂村领导、"寨管家"、镇级指导员和村干部讨教，在农户庭院、田间地头与老党员、退休的老支书、致富能手、脱贫户进行面对面交流，征询他们对沙塘村发展的建设意见、发展思路。认真梳理群众反映的情况后，她召开不同层次、不同年龄、不同职业分类座谈会，将村情民意摸清吃透，掌握了村经济社会发展整体现状，针对性地制订了沙塘村乡村振兴的工作规划。

（二）因地制宜搞产业，新媒体为民拓销路

沙塘村是典型的偏远村，自然条件较差，交通不便、耕地少、山地多，劳动力少，但通过走访调研，杜富佳发现，沙塘村山川秀丽、生态良好、空气清新、土壤肥沃、富含矿物质，这里种植出的茶叶、烟叶，品质优良，"湄潭翠芽""湄江翠片""遵义红"茶叶享誉全国。

她同驻村工作队员及村"两委"干部研究决定，发挥沙塘村优势，对农户进行指导培训，充分发挥内生动力，努力搞好各类养殖、种植产业的稳步发展，建设高标准生态茶园基地，围绕茶产业深挖细作，引进先进的种植技术和加工技术，提高茶叶质量。2021年11月，引进企业与村股份经济合作社成立合资公司，以党建引领，通过"公司＋股份经济合作社＋农户"模式，共同打造高标准生态茶叶基地，实现沙塘村茶叶品牌溢价，将茶产业培育成为沙塘村致富奔小康的幸福绿叶。

为做好茶叶销售，杜富佳通过直播的方式推介销售沙塘村的茶叶，"我为沙塘村茶叶代言"短视频得到广大网友的点赞，目前销售额已超150万元，彻底改变了村里只卖茶青的局面，也提升了驻村工作队用新媒体助力乡村振兴的信心和决心。

她积极对接东西部协作资源，争取到珠海援建养牛场一个，养牛场总投资300万元，建成后确保肉牛年出栏100头以上，可带动脱贫户11户45人，为增收打下坚实基础。

（三）改观村容村貌，精神文化换新颜

杜富佳积极推动乡风文明建设，倡导喜事简办、厚养薄葬，杜绝了低俗婚闹不良行为，加强农家书屋建设，促进农村物质文明建设和精神文明和谐并进，为构建农村和谐社会打好文化基础。她邀请北京理工大学珠海学院蒋梦博士任沙塘村名誉村主任，在沙塘村设立了"蒋梦博士心理工作室"，关注和辅导沙塘村空巢老人和留守未成年人的心理健康问题。下一步，她将在各村民小组安装垃圾箱、路灯，进一步完善沙塘村

的基础设施。

　　杜富佳在基层卫生工作岗位上，任劳任怨，始终以病人为中心，用自己的爱心、细心、责任心和娴熟的护理技术、良好的服务态度为病人提供优质的护理服务；在驻村扶贫工作中，积极入户走访、了解民意、征求意见，主动借鉴经验，捕捉政策契机，创新实践，推进了驻村工作有序开展，为乡村振兴发展贡献自己最大的力量。

一片叶，一辈子，一生情

——安顺职业技术学院袁兴凯

　　袁兴凯，2015 年毕业于安顺职业技术学院茶叶生产加工专业。他自小在茶乡长大，一个山美水美的地方——"朵贝村"。他的茶之旅就从这里开始。

一、逆流而上，与茶结缘

　　2009 年 9 月，他报读"安顺职业技术学院茶叶加工专业"，成为一名茶叶专业中职学生。这一年是他人生的转折，他进校后学习刻苦努力，勤于思考，他的表现得到全体老师们的认可，并在 2012 年中职毕业后又继续选择考取本校高职茶叶生产加工专业。在校的三年，他反思在中职期间的不足，为提高自己、磨炼自己，主动参加校内外的各类培训，有闲暇时间，就到茶厂去学技术、技能，因为他明白，要提高自己必须多实践。

二、不骄不躁，感恩奋进

　　2015 年 7 月毕业后，他就直接来到了普定长青茶业有限公司工作。虽然茶厂的工作很辛苦，白天收茶青，晚上仅能休息 3～5 小时，因为要提前发火烧锅，厂里的师傅起来后立马就开始生产。当时，茶企用电控制的很少，大部分都是烧煤或烧柴，他先从发火烧锅学起，再学习如何"杀青"，直至作出成品茶。

三、轻装上阵，再创新绩

　　功夫不负有心人，付出的努力得到了回报。他在 2017 年 5 月获"贵州省瀑布毛峰杯第四届手工制茶技能大赛一等奖"；同年 12 月获"贵州省制茶能手"称号；2018 年 6 月获"贵州省五一劳动奖章"；2019 年获"贵州省技术能手"称号；2021 年 9 月获贵州省"黔茶工匠"称号；2023 年 1 月成为贵州省人民代表大会代表。同时在领办企业后企业参加行业比赛获国家级奖项 5 项，其中一等奖 2 项，二等奖 1 项；省级奖项一等奖 2 项，二等奖 4 项。

四、锲而不舍，砥砺前行

　　他为把茶做得更好，刻苦钻研、攻坚克难。他深深地爱着自己的岗位，把全部心血注入其中，在岗位上不断学习、不断改进、不断提高，使自己脱颖而出，在事业上创造成绩。制茶虽然听起来看起来简单，实际上非常考验人的耐心、定力和不怕辛劳的精神。

不忘初心，回报社会。2020 年，疫情袭来，他毅然报名成为家乡志愿者，并把家中的茶叶全部打包送到当地政府，由政府统筹安排给需要的群众。

五、带动群众，致富大家

每年二月、三月，就是制春茶的时间，他在领办企业后，制茶的原料都要从农户手里收集并给予相应的报酬，同时每天也要请 10 多个工人进行加工，给农户带来了大量收益。

六、端正心态，脚踏实地

作为一名劳模，他既有"老黄牛"般的朴实无华、勤勤恳恳的态度，俯首甘为孺子牛，又有"拓荒牛"的闯劲，在工作中精益求精、改革创新，多尝试用新办法解决问题，多走别人未走过的道路，只有这样，才能实现"弯道超车"，才会作出更好的成绩。

茶，一片小小的树叶，却深藏了很多奥秘与故事，他说："今后的制茶故事，会更用心地谱写，我要将这片叶子做成家乡的名片。"

"90后"大学生美女猪倌
乡村振兴致富带头人

——贵州工商职业学院杨光珍

　　"未来我希望把公司打造成集产、销、供为一体的循环生态农业示范基地，并为全国各地大学毕业生以及农转返留的有志之士搭建一个信息互通、交流共进、合作共赢的创就业平台，实现康养、农旅、研学、体验等一系列的田园生活。"这是"90后"苗族女大学生、乡村振兴巾帼基地带头人——杨光珍的创业梦想，她用青春在贵州省麻江县的大山深处谱写了"90后"大学生带领乡里乡邻养猪致富的不平凡故事。

一、逐梦家乡脱贫，点燃创业初心

　　1996年出生在麻江县大山深处的苗族姑娘杨光珍，由于小时候曾目睹爷爷饱受病痛折磨，儿时她的理想是长大后要当一名救死扶伤的医护人员。2015年，杨光珍顺利考入贵州工商职业学院，就读临床护理专业，一只脚踏入了理想的大门。在读期间，杨光珍进入医院临床实习，实习期间她成长很快，医院同事对她很认可和尊重，让她感受到自己开始适应了城市的生活，在她的努力下经济收入也逐渐增加，她很满意自己的工作状态。但是，每当休假回家时，她的心里总是沉甸甸的，因为2017年的麻江县还未脱贫，是贵州省重点贫困县，她发现老家的家人以及乡亲们仍然过着贫困的生活，她不能眼睁睁看着家乡人还生活在贫困中。作为走出大山的大学生，她认为自己有责任为家乡贡献一份力量，于是她的志向逐渐有了改变，想通过自己的双手带领乡亲们脱贫致富的念头越来越强烈。偶然的机会她了解到家乡拓雅山庄养殖的特色黑毛猪和其他猪种不同，黑毛猪体型健壮、毛色油亮、营养价值高，是本地的优良品种，而这么好的环境和绿色的生态养殖技术在贵州大山深处却少有人知晓，她心里涌现一个念头，为家乡打造一个地方特色生态黑毛猪养殖场，并立志将麻江县的黑毛猪推广到全国各地。

　　2018年毕业后，杨光珍背起行囊，挥别母校，毅然回到黔东南州麻江县，应聘了拓雅山庄的工作，从一名养猪学徒、杂工开始做起。"打猪草、扫猪舍、喂猪食"，什么工作离猪最近，她就积极做什么，"吃苦耐劳、刻苦好学"八个字在杨光珍身上得到最好的诠释，她利用专业知识进一步了解养殖技术，尤其是在黑毛猪繁殖技术上很有心得。这位"90后"大学生的创业扶贫志向及行动感动了拓雅山庄负责人，无偿将技术倾囊相授，鼓励这位"90后"大学生立志扶贫。

二、不畏艰辛坎坷，坚守创业理想

杨光珍敢想、敢说、敢做，从不掩饰创业扶贫的想法，在众多爱心人士的扶持和帮助下，于 2019 年 7 月创办了贵州三珍牧业有限公司、贵州三珍有机农场。创办公司只是迈出了扶贫路上的第一步，而创业资金、社会阅历、企业管理等都成为创业长征路的"雪山""草地"，压力之大，让许多的亲朋好友不看好、不理解，纷纷劝她返回医院工作。

"没有人可以让你输，除非你不想赢。"杨光珍总是这样激励自己和共同创业的伙伴。

没有资金，他们白天拉建筑材料动手盖猪舍，锄地、挑粪、施肥、种植喂养黑毛猪所需的草料；晚上共同研习养殖技术，调配"青饲料"，整理公司发展的资料。用尽每一分力气、绞尽每一丝脑力，践行着创业扶贫梦。

没有营销经验，他们就分工协作，利用自媒体模式拍摄黑毛猪养殖过程的短视频推广黑猪产品，并通过互联网思维开展线上营销，让生态养殖不再"神秘"，做到可看、可听、可品尝。

没有企业管理经验，她就向母校求助，向企业管理前辈虚心请教，边学边实践，做到活学活用，逐渐探索出贵州三珍牧业有限公司的管理模式，并与当地乡村振兴部门取得联系，将公司发展与地方扶贫经济紧密结合，逐渐成为当地创业扶贫的"生力军"。

三、深耕脱贫致富，树立创业典范

杨光珍创业扶贫初心坚韧不拔，感动了身边的亲朋好友，吸引了更多有志青年加入团队，赢得了麻江县妇联、残联、乡村振兴部门等政府机构和地方商会、巾帼创业者协会等组织的大力支持，它们纷纷伸以援手，既帮他们缓解公司资金运转压力，又给予政策、销路的帮扶，让公司取得阶段性的发展成效。

(一)绿色生态循环养殖模式初具规模

一方面，自产自用的饲养草料实现规模化生产，充分满足黑毛猪养殖所需青饲料，同时养殖黑毛猪产生的粪便通过生物发酵转换成有机肥料进行草料施肥，形成循环养殖系统；另一方面，随着绿色生态循环养殖技术的逐渐成熟，养殖规模和黑毛猪销量逐步适应性扩大，做到规模化和高品质的有效平衡，开始了西南地区新一二线城市的中大型肉类代销分销公司的合作。

（二）立体化体验式农场初具雏形

随着绿色生态养殖技术的成熟和市场生态农产品的需求衍生，公司开展土鸡、土鸭、果蔬产品及农产品深加工的项目，同时，三珍牧业也逐步衍生出生态体验式农业和预约定制农产品等，这也促进三珍牧业从单一的生态养殖逐步转型建设立体化新型农场，并得到了政府和社会的关注及支持。

（三）乡村振兴巾帼基地初见成效

杨光珍抢抓发展机遇，在创业扶贫路上取得阶段性成效，通过探索引进职教人才服务于新型生态农业的创办、管理、技术、运营全过程，逐渐实现从生产、再加工、冷链、直销、体验式消费等全维农业经济模式，年成品猪出栏头数从 100 头发展至 1000 头，年产值达到 200 余万元，实现公司内部 20 余人稳定就业，带动周边农户 40 余人生产创收，促进每年临时用工 2000 余人次。基于杨光珍创业扶贫的成效，个人及公司先后被授予贵州省"乡村振兴青年先锋"、贵州省黔东南州"乡村振兴巾帼基地"、贵州省黔东南州麻江县"残疾人乡村振兴产业示范基地、阳光助残转股分红示范点"等。

杨光珍作为一位"90 后"立志创业扶贫的大学生女猪倌，将自己的青春"种在"贵州麻江大山中，谱写了平凡大学生闪亮的青春模样，先后当选麻江县工商联合会第十届会员、麻江县第十届政协委员等。杨光珍一直用实际行动书写着当代青年扶贫人的感人事迹，用自己的事迹感染着更多的有志青年投身乡村振兴事业。正如她在微信朋友圈中写道：这些梦想的出现一定都是始于初心、忠于人民，即便是布满荆棘的艰辛之路，也会陌上花开。

不辱时代使命　彰显青年担当

——贵州财经大学斯恩泽

斯恩泽，1989 年 7 月生，中共党员，贵州省安顺市平坝区夏云镇党委副书记、镇长。2021 年先后获得"全省优秀共产党员""全市优秀共产党员"称号。他以风雨无阻的奋发姿态，真心为民，用雷厉风行的作风、勇于担当的气魄，凸显青年干部的朝气。

一、勇挑重担，攻坚克难"拔钉子"

斯恩泽不会因工作遇到矛盾、存在障碍而打"退堂鼓"。2021 年，夏云工业园区重点项目落地，征收企业项目用地是块难啃的"硬骨头"。斯恩泽到夏云镇工作后，梳理阻碍征拆工作的症结，他从攻克"钉子户"入手，带领工作人员与农户讲政策、问民需，动之以情、晓之以理地做动员工作，谈了十来次，僵持十多天，吃了 80 多次"闭门羹"后采用"迂回"战术，排查征拆户亲戚关系，请其亲朋好友给征拆户分析得失，完成了历时三年经历 3 个征地工作组都没有完成的 500 余亩土地的征地拆迁任务。2022 年，他按照"一个项目、一名领导、一套人马、一名责任人、一抓到底"的工作机制，推动完成重大项目征地 241.5 亩。他主动走访企业，引导附近居民就近务工，积极协助夏云工业园区做好企业服务工作，推进优质企业提质增效，全年工业增加值完成约亿元，同比增长 9%。

雷厉风行、迎难而上是斯恩泽的工作风格。面对城镇建设时留下的很多复杂问题，他奋勇担当，敢于较真碰硬，紧盯关键问题，依托现行法规，对涉及的建设项目逐一梳理，重新核实，清理虚假报价资金 600 余万元。面对企业主托人说情打招呼，他坚守底线，不被利益诱惑，及时协调上级部门完善手续，不到一年时间解决了多年未解决的廉租房、生态移民房项目等 9 个历史遗留问题。

二、心系群众，践行使命"筑铜墙"

他勇于为民担当，为群众做好事、解难事。2022 年 9 月，面对突如其来的疫情，在浙江参与招商引资考察的他，匆忙赶了回来，冲在一线，调度 3 轮全员核酸检测，组织 450 余名志愿者参与"群防群控"。在人手紧缺的情况下，他奔走村寨走访排查，参加值班值守等防疫工作，连续 50 多个昼夜的奋战，全力保护了群众生命健康安全，全镇未出现一例感染病例。

他把群众当亲人。2021 年，毛栗园村遭遇水灾，得知有人被困于水淹区时，不会游泳的他，不顾自己安危，将受阻滞留在家的刘进权、刘国祥 2 位瘫痪在床的老年人背到安全地带。在抗洪抢险一线，他带领党员群众，迅速成立抗洪抢险"突击队"，组建转移群众、物资保障、安置群众 3 个工作组，凝聚起守护家园的磅礴力量，构筑起战胜洪魔的"铜墙铁壁"。

三、奋不顾身，病房再当"指挥部"

不甘落后，奋勇当先是他的一贯作风。2021 年 4 月 24 日，他实地察看产业结构调整时，在莲藕田不慎摔了一跤，由于上次手术未痊愈，造成膝关节游离体需做手术，二进医院的他，又把病房当成自己的办公室，规划着全镇的产业结构调整。他深知，四月正是农民下种的好时机，他担心错过播种季节，不顾医生嘱托，手术后第三天，急匆匆地架着双拐，奔赴村里的田间地头。在他忘我工作和执着努力下，采用"反租倒包"方式，通过"合作社＋致富带头人＋农户"经营模式，建设莲藕种植基地 1000 亩、柠檬种植基地 700 亩、高标准蔬菜种植基地 2000 亩、红缨子高粱种植基地 1000 亩，辐射带动产业调整 6000 亩，拓宽了农民的致富道路。

2022 年 12 月初，全镇 110 名干部职工中 92 人因感染疫情出现不同程度阳性症状并请假就诊，斯恩泽检测阳性后一直坚持不离岗，连续的咳嗽让他连一句完整的话都要分几次说完，为不影响春节前农民工工资发放，他电话指挥，保障了"乌长高速"征地款拨付按时到账。之后，他脱贫攻坚期间所患的支气管炎又严重了。一刻未曾放松工作的他，躺在病床上，总是放心不下"乌长高速"项目进程，生怕一个环节"断档"拖后腿，才在医院治疗两天的他，又匆匆回到镇里，亲自指导"乌长高速"房屋征拆工作。

四、敢闯敢试，创新思维"谋实招"

他极富创新思维，善用创新打破固有思维定式，敢闯敢试是他的个性特征。抓住全省 100 个示范小城镇建设机遇，他主持组建夏云云城投资公司，成立企业党支部，发挥投资公司运营平台作用，推进规范化管理，实施河流整治项目，完善市政管网、道路硬化，美化城镇面貌。他采用市场运作模式，规划停车位 1000 余个，推进产业发展，实现镇区农贸市场、夜市街、停车位等有效资源实体化经营，年创收近百万元，助推产城融合发展。他投入 200 余万元新建平水社区群众文化广场，实施小山村、夏云高速沿线景观整治，修复镇区和平水社区破损路面。他采取走访了解、优化服务等方式，吸引人口来夏云置业就业，贵安第一城沿线商铺陆续开业，镇区人口不断增加，城镇化率达到 73％。他根据群众的意愿，因地制宜发展蔬菜、水稻、莲藕、高粱等产业，小河湾村机械化示范种植水稻 300 亩，带动农户种植 1000 亩；江西村旱地西洋菜远销广东；小山村莲藕接连获得大丰收；叶坪村高粱获丰收。

在新时代新征程上，斯恩泽时刻牢记为民初心，勤恳踏实、吃苦耐劳、敢闯敢干、勇往直前，不负青春年华，不辱党赋予的使命担当。

云南省

扎根就业教育二十五载
潜心护航学生成长成才

——昆明理工大学教师洪云

洪云现任昆明理工大学就业指导中心副主任，1999 年开始从事就业工作。她始终坚持以习近平新时代中国特色社会主义思想为指导，贯彻落实习近平总书记有关教育的重要论述。她牢记初心使命，坚持将"为党育才、为国育人"和"以学生为中心"相统一，潜心研究，深耕就业指导工作，为云南省基层就业工作作出突出贡献的同时，在就业教育领域取得了显著成效。

一、围绕立德树人根本任务，通过就业教育帮助学生"立大志、明大德、成大才、担大任"，坚定学生基层就业的信心和决心

就业教育的核心是做学生的工作，是帮学生树立正确的人生观、世界观和价值观。面对学校 5 万余人的学生规模，洪云深知就业工作要善于抓住主要矛盾，竭尽全力去了解学生，用心去换心，从而有力推动主观能动性较强的学生，带动其他更多同学，发挥朋辈辅导的重要作用。她深入辅导过 2 万多名同学，辐射影响 20 万毕业生。

她组织开展"基层梦想讲述大赛""我的基层就业故事"等富有影响力的生涯规划与就业指导活动 28 次，编写就业案例 280 余个，直接指导和促成 5000 多名同学到基层就业。其中有带着技术回乡养鸡从而带动家乡 120 人就业的创业典型；有自主研发错峰上市柑橘栽培技术，从而带领乡亲们致富的硕士研究生；有自愿到偏远地区做基层公务员而荣获全国"最美基层高校毕业生"的同学。这些案例极大地发挥了朋辈辅导的作用，深刻改变了学生们对于基层就业的看法，让他们看见基层辽阔的发展空间，从而坚定学生到基层就业的信心和决心。

二、坚持问题导向，以就业教育为龙头，以专业教育为依托，将就业教育融入专业教育，融入全过程育人体系

扎根基层就业工作的经验使洪云能够深刻把握传统就业工作中存在的专业教育和就业教育"两张皮"的现象。因此，她启发学生将所学专业和国家发展重大战略相融合，构建"行业中心论"的方法论。首先，她引导学生持续关注国家重大发展战略以及围绕重大战略的重点领域和新兴行业，从而发现就业机会。比如引导学生关注养老行业、单身经济等新消费的需求，这些服务行业的工作机会也大量分布在基层，也是学生们就业的市场。其次，她促发学生思考自己所学专业可以怎样服务于国家发展，形成问

题意识，带着问题去学习专业知识。最终形成"专业学习助力就业教育，就业教育反哺专业学习"的良性循环。最后，通过"就业胜任力模型化、就业岗位图谱化"的方式为学校 80 个专业开发就业胜任力模型，绘制 80 个专业所对应的 120 余个热门岗位的能力图谱，使专业教育聚焦具体的能力提升和素质培养，为专业教育和就业教育提供可供操作的方法和构建有效的实施路径。

最终，就业教育和专业学习就如"鸟之两翼"，持续推动学生学习的针对性和实效性。鉴于此，在连续 7 年毕业生就业质量调查报告中，昆明理工大学的生涯规划与就业指导教育有效度均超过 94%，比全国同类学校平均水平高 8 个百分点。

三、坚持系统观念，构建"课程＋实践活动＋个体咨询" 的全方位就业教育体系，为云南省就业教育打造样板示范

针对青年学生认知能力碎片化、信息更新快的特征，如何提高就业教育的针对性、时效性和创新性，构建一个既能"立刻帮助"，又能"影响深远"的本土化就业教育指导体系就成为洪云一直以来进行课程研发的核心。

她带队开发了 1 门生涯规划课程，连续两年获得"国家精品在线开放课程"和"国家级一流本科课程"。在此基础上，她进一步开发了一门生涯规划混合课程和一门就业指导在线课程，均获得"省级一流本科课程"，课程获得 120 万人次的选课量，选课人数远超全国同类课程；组建就业能力训练营，并以此为平台开展就业实践活动，共开展 256 期活动，其中以基层就业为导向，开展 100 余期活动，形成一套"体验为主、分享互助、共同成长"的实践模式，将学生学习到的理论快速转化为找工作的技能。此外，她解决学生的个性化问题开展"一对一"咨询，累计开展"一对一"咨询 22000 小时，其主持的咨询工作室被认定为"全国高校职业生涯咨询特色工作室"。

四、坚持发挥"头雁效应"，不断做好理论研究和 师资队伍建设工作

洪云真正做到了将个人对工作的热爱转化为持续进步的动力，致力职业生涯规划理论和就业教育的本土化研究，积极开展调查研究，抓住一切机会与各行各业的人士进行交流，寻找就业指导的真问题。她为此完成累计 200 个小时的访谈和调研，形成

基层就业典型案例 60 余个，撰写相关文章 16 篇，出版专著 1 部，教材 2 本，累计共 44 万字。

作为云南省职业生涯指导专家库专家，她积极参与云南省就业教育师资队伍的培训。共为全国 20 多所高校做过师资培训，培训教师超过 5000 余人，培养了一支"政治素质强、专业技能精、工作情怀深"的就业教育工作队伍。

就业教育是一项工作，更是一项事业，需要更多像洪云一样的人，敢于扎根基层，久久为功。

扎根基层担使命
甘做就业引路人

——云南农业大学教师张东艳

　　张东艳，1973 年 8 月生，云南腾冲市人，中共党员，现任云南农业大学就业与创新创业指导服务中心主任。她从事高校大学生职业生涯发展规划及就业创业相关工作 20 余年，长期致力职业生涯发展规划、就业指导、创新创业相关工作研究。

　　她善于思考，勤于学习，敢于创新，在工作中提炼出具有特色的"滴灌式"就业创业教育模式，从小处入手，在全程化和精准化上下功夫，用"滴水穿石"的方法对学生产生潜移默化的影响；打造出"立体式"就业创业品牌活动，结合学校专业特点和云南高原特色农业的发展，推出"乡村创业大赛""创新创业实战大赛""赢在校园·对话职场""云农夜话"等系列品牌活动，着力提升学生的就业创业技能和水平；探索出"个性化"的"三个一百"重点帮扶模式，结合学生个性化的需求，给予重点关注、重点服务和重点推荐。她始终把工作重心放在"提高人才培养质量"和"毕业生就业创业竞争力"上，每年对 2000 余家用人单位和 5000 余名毕业生进行走访调研，提高就业指导的针对性和实效性；牢固树立大思政格局，用心用情用力做好历届毕业生的就业指导服务，勤恳务实、奋勉向上，宣传毕业生在基层就业创业的先进典型事例，引导学生树立"行行可建功、处处能立业"的就业观职业观，通过组织形式多样的就业创业形势政策宣讲、主题班会、校友交流等活动，全方位、多角度、不间断做深做实相关政策宣传和解读，确保毕业生应知尽知。

　　她热爱本职工作，工作态度好，业务能力强，能积极主动承担工作，树立为教学、科研、学生服务的思想。她先后主持完成教育部重点课题 2 项，云南省高校毕业生就业创业重点课题 1 项，云南农业大学就业创业研究重点课题 3 项，云南农业大学教育教学改革研究项目 1 项，参与完成了国家自然科学基金地区科学基金项目、云南省教育厅重点课题等 20 多个项目的研究。她获专利 1 项，公开发表学术论文 16 篇，主编教材 2 部、副主编教材 1 部和 3 部专著，参编教材、专著各 2 部。

　　工作多年来，她先后被教育部聘为全国高校就业创业指导教师培训特聘专家，是人力资源和社会保障部全国青年就业创业指导专家、国家林草局院校创新创业教材建设专家库专家、国家高级职业指导师、国家质量技术监督检验行业高级考评员、全球职业生涯规划师、人社部"中国创翼"创业创新大赛评审委员会委员、教育部中国国际"互联网＋"大学生创新创业大赛国赛评委、职业生涯规划师、高校生涯导师、全国创业培训课程讲师、PTT 国际专业讲师、云南省就业创业指导专家师资库成员、云南省职业生涯指导专家库专家、云南省创业导师、云南省退役军人事务厅就业创业导师、云南省科技厅双创导师、云南省"互联网＋"大学生创新创业大赛评审专家、云南省创新创业师资教学技能大赛决赛评委、云南省"省级创业孵化示范基地"及"创业园区升级计划"评审专家、云南省"大学生职业素养提升"课程讲师等。她所分管的学校就业创业工作荣获国务院"全国就业先进工作单位"，学校就业创业平台先后荣获国家级创新创业教育实践基地、国家级众创空间、国家级星创天地、云南省大学生创业示范园省级双创示范基地、高校毕业生创业培训示范基地等称号。学生参与就业与创新创业类大赛成果丰硕，在国家级、省级及各大行业各类就业与创新创业等赛事中荣获金、银、铜及优秀组织奖 300 余项，她辅导的就业与创新创业项目在多项国家级、省级及行业类就业与创新创业大赛中荣获奖项 20 余项。

她先后荣获全国星级职业指导师和首席职业指导师（云南省唯一）、全国教育科学规划教育部重点课题优秀科研工作者、云南省就业创业奖、云南省就业创业先进工作者、全省高校毕业生就业创业先进工作者、云南省普通大中专学校毕业生就业先进工作者、云南省"互联网＋"大学生创新创业大赛优秀创新创业导师、云南农业大学就业创业工作先进个人、云南农业大学本科教学工作审核评估评价工作先进个人等荣誉。她主持建设的"职业生涯与发展规划"和"就业指导"必修课程荣获云南省教育厅"云南省高校职业发展与就业指导示范课程"和"云南省就业创业金课"。

乡村振兴路上的忠实践行者

——云南大学何永群

　　何永群，1987 年出生于云南省迪庆藏族自治州，是一名返乡创业的研究生。何永群上高中时，父亲在一次车祸中致残，原本幸福的家庭变成了贫困户。当同龄人还在无忧无虑的时候，她已经开始考虑如何减轻家庭的负担，如何改变贫穷的命运。2006 年，何永群考上大学，她边上学边打工，并在昆明创办了培训学校。2013 年，她考上云南大学的研究生。读研期间，父亲曾突发癫痫险些离世，为了照顾残疾的父亲，在导师的建议下，她萌生了回乡创业的想法。

　　2014 年，何永群拿出自己先前打工创业的积蓄，又申请了 10 万元大学生创业担保贷款，还向亲朋好友借了一些钱，在大山里找地修路，平场建舍，购种育苗，开始了豪猪养殖的创业之路。信心满满的何永群在创业初期遭受了重重困难，但她积极应对，逐步破解了水源、人力、场地等一个个难题，让豪猪养殖场步入正轨。从此，她也被大家戏称为"豪猪妹妹"。

　　几年来，何永群不断学习改进养殖技术，开发各类豪猪加工产品，拓展销售市场，推动豪猪养殖向规模化、多样化发展。同时，创业渐入佳境的她没有忘记回报社会、回馈家乡，她积极响应政府精准扶贫、就业扶贫的号召，先后与 15 个乡镇建立了豪猪生态养殖和良种供应合作关系，培训并带动 1465 户建档立卡贫困户、3400 余人通过养殖豪猪实现了脱贫增收。何永群通过销售仔猪、提供技术、回收成猪的方式，带领农户们一起打拼，逐步形成了"政府＋公司＋党建＋合作社＋农户"经营模式，将豪猪养殖发展成当地的脱贫产业，并先后成立分公司，将这一扶贫模式复制推广。同时，她还积极探索生态种植和乡村旅游开发等扶贫途径，推进当地生态农业的产业化发展，实现脱贫致富目标。

　　2019 年 9 月，何永群被国务院授予"全国民族团结进步模范个人"称号，2019 年 11 月，又被团中央和农业农村部授予"全国农村青年致富带头人"荣誉称号。

　　2020 年，豪猪作为野生动物被列入禁止养殖与交易名单，面对突如其来的变化和困难，何永群毅然选择创业转型。2021 年，在各级党委和政府的关心支持下，何永群通过云南省委组织部"万名人才兴万村"人才项目，被选派到昆明市呈贡区吴家营街道万溪冲社区，创办了大中小学生校外劳动教育实践基地。她带领 15 名大学生扎根基层，盘活闲置土地资源 200 亩，带动 200 多名村民就业增收，为村集体创收近 200 万元。

　　创业是非常艰难的，尤其是在农村创业，然而面对各种挑战和风险，何永群却多

　　了一份勇气，这份勇气来自早期的创业经历和奋斗经验，来自带领村民过上幸福生活的郑重承诺，更来自党和国家政策的持续保障以及社会各界人士的大力支持。创业之路虽艰辛，但是她一直铭记带领村民增收致富的使命。从一名硕士研究生，到培训学校老师，到豪猪养殖大户，再到大中小学生校外劳动教育实践项目负责人，她不断转变自己的人生角色，但从未改变带领村民增收致富的初衷。如今的何永群，依然奋斗在乡村振兴的路上，坚守信念，为乡村振兴贡献着自己的智慧和力量！

让乡亲们都能过上好日子

——昆明理工大学和倩如

和倩如把扶贫当家事，把村民当家人，不负青春扎根乡村一线，用自己的专业知识赋能乡村，通过解决基层群众贴心事架起通往乡亲们心坎上的"连心桥"，发展脱贫致富产业鼓起乡亲们的"钱袋子"，帮扶易地搬迁群众盖起稳得住的"心房子"，以青春之力书写新时代新青年新担当。

一、用心用情进村入户"办小事"

作为大学生村官，和倩如从走村入户开始熟悉工作。她跟着村干部和驻村工作队，一家家走，一户户访，问大家的困难，寻大家的需求，解大家的难题，她活跃的身影成了村民眼中的一道风景。

特困户、残疾户、辍学户、孤寡老人……困难群体的需求千差万别。她讲解政策、动员务工，有时还会遭受冷眼甚至被误解。

为了更好地与村民沟通，她学习当地方言，了解民俗村况，漫步田间问诉求，走门串户吃百家饭。有时为了劝返辍学学生，她更是翻山越岭、不辞辛苦。村里最远的小组，村民的房屋多修建在坡度超过 60 度的斜坡上，家访时汽车上不去，只能下车徒步前行，最远的一次她翻了三个山头。磨破脚、摔跟头…这些更是家常便饭，可每当看到孩子重新坐在明亮的教室中，她总感觉一切付出都是值得的。

哪里有需要，哪里就有她的身影，她始终秉持着这样的初心，脚踏实地为群众办事。驻村以来，她采集了贫困户信息 419 余户，动员外出务工、易地扶贫搬迁、讲解扶贫政策 1000 余次、申请材料 820 余件；她积极走访特困户、残疾户、辍学户、孤寡老人等困难群体 500 余次；她立足当地的传统经济林果，积极协助贫困户对接高校技术专家进行种植养殖行业、乡村旅游、产业发展等咨询及技术服务 986 户。她成为大家都愿意信任和亲近的"小和"。

二、创新方式搭建村民"致富桥"

脱贫攻坚，关键在产业，她和村干部不断探索适合村庄发展的路子。

"种菌子比玉米赚钱多。"参加大学生村官产业培训，为她开拓了新思路，她结合村庄自然特点和优势瞄上了羊肚菌和竹荪菌种植。但种菌是个细致活，需要三分种七分管。通过日复一日、不分昼夜悉心呵护，终于遍地一朵朵灰白色"小伞"悄悄冒出了头。

村民看到后纷纷联系和倩如想加入合作社。她将所学技术整理成文字交给农户，

还组织建档立卡户来基地学习。最终，和倩如带动羊肚菌种植 33 亩，带动建档立卡户 46 户参与种植，培养了 8 名技术人员。

除了菌子，村里还有很多山货。她常常看到村民把山货背到山下的集市卖，运气好时早早收摊，运气不好无人问津、倒贴路费。她为了帮助乡亲们解决问题，尝试着用网络直播帮村民销售大山里的土特产。

通过一点一滴的努力和尝试，村里的农副产品受到了消费者的"追捧"，和倩如不仅让羊肚菌等山货走出了大山，还为村里带来了新的销售模式。

村民们尝到了产业发展带来的甜头，更看到了网络直播带来的效益，纷纷要求加入电商销售队伍。她开始义务进行电商培训，已培训超 3000 余人次。2019 年，乡亲们通过电商销售特产获利 80 多万元，村里的樱桃种植户因为游客采摘平均增收 1000 多元。

在和倩如的努力带动下，乡亲们逐步搭建起通向大市场的"致富桥"，乡村旅游、农村电商等新业态为村庄的发展注入新动能。

三、联动多方倾注公益"办好事"

学生时代的和倩如就是一名青年志愿者，从一名普通志愿者成长为青年志愿者协会会长到"志愿者标兵"，在大学 5 年间，她共牵头组织学生志愿者团队近 8000 人次，对孤寡老人、聋哑儿童、留守儿童、失地农民等群体进行实地走访和"一对一"志愿帮扶服务。

不仅如此，她协同队友积极通过互联网参与乡村公益事业，完成爱心众筹校园广播设备安装、对接社会爱心人士捐助爱心物资、爱心募集因病致贫学生医疗费、爱心募集资金救助一线扶贫干部、募集农家书屋图书……8 年间爱心募集捐赠等价值共达 180 万元。

四、主动请缨充当搬迁群众"贴心人"

2020 年，脱贫攻坚进入冲刺阶段，她主动请缨到安置点工作。

因为有在农村一线丰富的工作经验，到了搬迁安置点后她依然成为群众的"贴心人"，充当搬迁群众的政策宣讲员、融入城市生活的引导员，还是心理压力疏导员、矛盾纠纷调解员，更是内生动力督导员、就业创业联络员……她和同事们像一团火一样把党的惠民政策传递到群众的心里。

小到"换灯泡""疏通马桶"，大到社区管理、感恩教育、文化体系建设的方方面面。她积极为安置点儿童募集爱心资金，建设社区"暖心公益课堂"；开办直播间，从爱国教育到政策普及，定期进行双语主题直播……她将全部心血倾注在安置社区的居民身上。

一件件的惠民实事，老百姓有了实实在在的获得感，和倩如的工作得到了各级党委政府的认可。荣誉接踵而至，而她只是希望让乡亲们都能过上好日子！

扑下身子做产业
沉下心来建乡村

——云南农业大学张可

张可，中共党员，1987 年 5 月生于陕西汉中市，全日制茶学研究生、农业推广硕士，副教授级高级农艺师、高级茶艺师、汉中市第六届人大代表、南郑区第十八届人大常委会委员、人大代表，现任汉中市南郑区农产品质量安全监测检验中心主任。

2015 年 3 月，毕业于云南农业大学的他，放弃了留在大城市工作的机会，回到家乡，作为汉中市首届高层次紧缺人才进入汉中市南郑区农业农村局，从事茶叶技术推广工作。走上工作岗位 2 个月后，他主动申请到福成镇佛头山村任第一书记，一年后，被组织任命到法镇沙坝村任第一书记兼工作队长。七年驻村工作刚刚结束，他依然按照组织的安排克服困难，作为苏陕交流挂职干部，被组织安排到江苏省南通市如东县市综合检验检测中心任副主任岗位，挂职 1 年。

一、望闻问切找穷根，瞄准市场兴产业

七年第一书记的磨砺，他学会了怎样为村"两委"献计献策，怎样及时调停农户的纠纷，怎样因村施策拓宽致富路，怎样通过产业型庭院经济提升人居环境。他积极带领驻村工作队挨家挨户走访摸底，通过调查研究，他找到了村子脱贫致富的途径：产业是治本之策。那么如何能走出一条增收致富之路呢？通过反复地探索研究，他与村委会最终确立了全村发展长效特色产业茶叶、猕猴桃，短期发展中药材、养殖业和劳务收入的产业规划。同时提出了产业发展需要依靠企业推动带动贫困户长期增收、稳定脱贫的致富途径。

二、心怀深情对事业

张可没有忘记从小家境贫寒，父亲肢体残疾，母亲大字不识，是乡亲们的帮助，让他家迈过了一个又一个的坎；更是老师让他打着欠条上学，通过国家奖助学金完成了学业。他也没有忘记入党时的誓言，秉持着对农民和农村的深厚感情，做起事来也格外认真。

沙坝村党建促脱贫进入关键时刻，正当张可准备大干一场时，身体却亮起了红灯，胆结石和肾结石交替发作，疼得他坐也不是、睡也不是。但憋着一股子劲的他选择了克服自身困难，带领村"两委"，组织四支力量全力抓好脱贫攻坚工作。

三、千方百计引企业，共同帮扶齐发展

张可所学专业让他到了沙坝村后有了发挥特长的舞台。他充分发挥了自身茶学专业的优势，与村"两委"班子交流提出了"引进新型经营主体带动产业扶贫"的想法，只要找到机会他就锲而不舍地跟企业家讲沙坝村的自然优势、区上的扶持政策，特别是驻村队伍的技术人才优势。

通过他的努力，沙坝村陆续成功引入了五家企业，投资近 1000 万元，建成无性系良种茶苗繁育扶贫示范园、沙坝村黑毛茶产业扶贫示范园、猕猴桃产业扶贫示范园、大闸蟹养殖基地、标准化茶叶加工厂，至此沙坝村形成了"四大产业五大扶贫基地"的产业规模。同时为全村新增就业岗位 90 多个，绑定贫困户 80 余户，辐射带动全镇乃至全区 800 户茶农的产业化发展。使全村良种茶园面积达到 1400 亩，猕猴桃、桃树面积达 160 亩，实现户均 2 亩茶，人均 10 棵果树，推进了全村农村集体产权改革，壮大了村集体经济。2018 年实现了整村脱贫退出。

张可本人作为汉中市唯一一个产业扶贫经验代表进入全省产业扶贫先进事迹报告团在省市县各级巡回宣讲 30 余次。他的个人事迹先后在"学习强国"、中央电视台、《当代陕西》、陕西卫视、《汉中日报》等媒体报道。他获邀参加第 26、27 届杨凌农高会陕西省驻村第一书记成果展，推介展示茶叶、猕猴桃、大闸蟹扶贫产品，先后被评为汉中市脱贫攻坚先进个人、陕西省助力脱贫攻坚竞赛先进个人、全国农业农村系统先进个人、全国最美基层高校毕业生等。

张可从一个刚出校门的学生，成长为一名合格的第一书记、党政领导干部，他在基层将无悔地坚定前行，在精准脱贫的路上、乡村振兴产业兴旺发展的路上不忘初心，继续前进。

心系乡亲　扎根乡村
忘我工作　无私奉献

——昆明医科大学张玉东

张玉东，男，汉族，1993 年 8 月出生，大学本科，中共党员，2017 年 7 月毕业于昆明医科大学，2017 年 7 月入职大理白族自治州南涧彝族自治县拥翠乡卫生院，2017 年 9 月至 2020 年 8 月在昆明医科大学第一附属医院完成住院医师规范化培训，2020 年 9 月回院工作，现任拥翠乡卫生院党支部书记、副院长。张玉东心系家乡，艰苦奋斗，在患者救治、疫情防控、健康普及等急难险重工作中充分发挥党员先锋模范作用，先后获得"南涧县优秀共产党员""南涧县最美医生"等荣誉，用实际行动践行着"扎根乡村、服务乡民、忘我工作、无私奉献"的初心使命。

一、情系乡村，立志行医

南涧县曾是一个山区贫困县，属国家级贫困县、云南省 76 个重点扶持县和滇西边境山区连片特困地区县之一，自然基础薄弱，医疗资源匮乏。张玉东出生在贫困的农村家庭，从小目睹父老乡亲们因病致贫。高考后，他毫不犹豫地报考了昆明医科大学农村订单定向免费医学生国家项目，立志毕业回乡保障父老乡亲的健康，帮助他们摆脱世代贫困的命运。

在南涧县民警和茶厂的帮助下，他入学后决心成长为一名"有理想、有道德、有本领、有担当"的医学生。作为年级助理和班级学习委员，他常常吃苦在前，带头为广大同学做好事、办实事，逐渐在服务同学的过程中坚定理想信念和医者初心，获得校级优秀共青团员等荣誉，光荣地加入了中国共产党。

毕业后，为使父老乡亲们尽快脱贫致富，早日过上幸福小康生活，他毫不犹豫地自愿选择前往地处偏远山区的拥翠乡卫生院工作，守住基层群众生命健康第一线。

二、扎根乡村，义无反顾

他刚走上工作岗位时，拥翠乡卫生院条件落后，科室配置不齐全，医疗设备陈旧落后，医护床位配比严重不足，无法开展外科手术；卫生院职工宿舍年久失修，职工只能借住在乡中学宿舍。

面对艰苦的工作环境和生活条件，他并没有退缩，决心让青春在党和人民最需要的地方绽放绚丽之花。他不惧风雨、勇挑重担，坚守"小病不出村，大病不出乡"的基层全科医生行医初心，长期吃住在医院，为群众健康尽心尽力尽责，见证了一名共产党员对党和人民的无限忠诚。在他的带领下，医院先后开展了心电图、DR、外科缝合等医疗服务，诊疗服务患者达 12858 人次；在他的努力下，经过多方协调，卫生院建立了顺畅的患者三级转诊机制，使患者在第一时间得到更好的救治，为父老乡亲们铺就健康幸福之路。为报答父老乡亲的养育之恩，他每日挑灯夜战，再次考取了昆明医科大学在职攻读硕士研究生。

三、守护边境，忠诚担当

疫情就是命令，防控就是责任。2021 年春节，德宏州陇川县疫情严峻，他闻令而动，自愿加入南涧县民兵应急营，第一时间奔赴陇川县疫情防控一线。

到达当日，他临危不惧、冲锋在前，与当地执勤人员一起采集卡点内的外来人员、车辆信息，以实际行动守护着祖国的南大门，保障人民生命健康安全。面对疫情，他以身作则，经常给"战友"们普及健康防护知识，发现有民兵身体不适，第一时间救治，全方位提供健康指导；遇到思想有所松懈的民兵，他会帮助说服教育；在其他民兵处于困难时刻，他会伸出温暖援手，一起共克时艰。他与民兵们坚守了 60 多个日夜，直至任务结束。

在这场没有硝烟的战斗中，他和许多同事用实际行动彰显了"救死扶伤"的初心，圆满完成抗击疫情的任务，向党和人民交出一份合格的答卷。

四、坚守初心，党徽闪耀

一名党员，一面旗帜，一个支部，一座堡垒。不论白天黑夜，不论春夏秋冬，父老乡亲们的病痛是他最挂心的。作为拥翠乡卫生院的党支部书记，他常常早出晚归，带领卫生院的党员同志们克服山高、谷深、坡陡的艰难险阻，用真心、真情、真爱诠释"党和人民信赖的好医生"的大爱精神。

入职以来，他和他的团队走遍全乡，挨家挨户为老人们提供健康体检、疫苗接种等服务，服务达 5482人次。每到一个村子，他都会身体力行，用心用情指导村卫生室的建设，帮助村医们提高医疗水平，用最通俗易懂的语言与患者交流病情，真正做到视病人如亲人。正是通过这些暖心的上门服务和基层医务工作者的点滴付出，父老乡亲们才能真真正正得到实惠，真切感受到党的关怀和温暖。

回顾这几年的历程，他说："我只是无数基层医务工作者里平凡的一员，在平凡的岗位上默默坚守着医者仁心，在实现中华民族伟大复兴的中国梦中努力践行着一个共产党员的初心和使命。"如今，他走上拥翠乡卫生院的领导岗位，再次肩负起家乡乡村振兴的重任。他定会不辱使命，用青春书写出最美华章。

扎根雪山峡谷　绽放青春芳华

——云南民族大学杨章初姆

杨章初姆，藏族，1991 年 1 月出生，中共党员，2014 年 7 月毕业于云南民族大学，2014 年 9 月至 2017 年 10 月，担任东旺乡上游村大学生村官；2017 年 10 月至 2018 年 2 月，任东旺乡上游村崩巴支部第一书记；2018 年 3 月至 2021 年 12 月任香格里拉市东旺乡新联村总支书记；2022 年 1 月至今任香格里拉市东旺乡人民政府副乡长。2019 年她被提名为迪庆州脱贫攻坚优秀驻村工作队员；2020 年被授予为云南省全省脱贫攻坚奖"扶贫好村官"称号；2021 年 2 月被提名为全国"优秀党务工作者"；2021 年 5 月被授予云南省"五一劳动奖章"。

基层是青年干部发挥指挥才干的广阔天地，也是青年干部锻炼学习的"大熔炉"。只有爱一行，才能干好一行；只有爱基层，才能扎根基层、奉献基层。自 2015 年精准扶贫工作开展以来，她作为扶贫工作队员一直冲锋在脱贫攻坚第一线。在基层，杨章初姆亲身体验着各项政策在东旺乡落地生根，感受家乡翻天覆地的变化。

一、立志扎根基层，在农村广阔的世界中汲取营养

杨章初姆自任村官以来，把农村当作展示青春的舞台，一心为民服务，在村干部这个平凡的岗位上，积极参与脱贫攻坚、征地拆迁、换届选举等工作。自脱贫攻坚工作开展以来，她全程参与了东旺乡上游村精准识别、帮扶措施制定、建档立卡"回头看"、贫困户动态管理等扶贫工作。作为家乡脱贫攻坚工作者，看着贫困户脱贫是她最大的梦想，因此她在工作时一丝不苟、任劳任怨，扎实掌握相关政策、积极传达给农户，为实现农户脱贫摘帽打好基础。杨章初姆会藏语，和村民语言沟通无障碍，她的性格又开朗，在村期间村民遇到任何困难她都热心帮助，只要有村民来找她，她从不推脱，马上帮助解决，自己解决不了的也会积极对接相关部门。

除了工作，在日常生活中她也热心服务群众，当时上游村村民交话费要去乡政府，许多妇女、老人因不识字，手机上又不会操作，所以都到村委会请杨章初姆帮他们交话费，村民来村卫生室就诊或医生去农户家出诊时，她作为贴身"翻译官"跟随服务，上游村的群众都说自从村里来了村官，我们办事就方便多了，村民都亲切地叫她"杨村"。

二、勇往直前，到最艰苦的一线去

2017 年，杨章初姆考上乡镇公务员，组织安排她到东旺乡上游村崩巴支部任第一书记，她二话没说，第二天就到崩巴村民小组任职，当时的崩巴村民小组，党员平均

年龄 60 岁。任职后，她发现在崩巴村民小组开展党建工作比较吃力，为了改变这种状况，她积极和村里老总支书记、老支部书记等请教工作方法，虚心听取党员、群众的意见建议，每周进行交心谈心，了解他们诉求，加强国家政策宣传、感恩教育，给他们讲先进人物事迹，增强他们的自信心，同时积极向上级反映存在的困难、问题，和党建指导员一同调研如何带动村民谋发展。她跑遍崩巴山山水水、田间地头，对崩巴全村需要建设项目进行梳理上报指挥部；在申请项目的同时推广发展产业的理念，曾多次深入崩巴村农户家庭做思想工作，实行了以支部党员牵头，积极引导全村农户发展羊肚菌种植产业的思路。为了更好地引导农户种植，她向上级反映并请菌苗公司从选址、搭棚、挖沟、菌苗、营养袋等步骤上对农户进行培训，以保证严格按照环节完成种植。2017 年，崩巴村民推广种植羊肚菌 46 亩，带动全村 29 户，增收 276000 元。正是当年羊肚菌种植成功，农户增收明显，通过发展产业增加经济收入的观念进一步得到了当地群众的认可。

三、抓好党建、发展产业，实实在在服务基层

东旺乡雪山林立、沟壑纵深，土地贫瘠，曾是"边、远、穷"的代名词。家乡贫困一直是压在杨章初姆心里的一块大石头，她想方设法改变当地的贫困现状，国家的脱贫攻坚战略，让她看到了希望。

2018 年 3 月，东旺人民政府派杨章初姆到新联村任总支书记。当时的新联村被评为"软弱涣散党总支"，她清楚地记得任职前组织委员阿争和向巴副书记找她谈话时的嘱托：希望你"抓好新联村的党建、发展好新联村产业，弘扬好新联村的文化"。让她深刻认识到脱贫攻坚战略中，党建是基础，产业是关键！任总支书记以来她积极规范新联村党建工作，完成 4 个村民小组支部换届工作，定期组织支委班子召开会议，专题研究党建工作，推行"四议两公开"工作法，2019 年顺利摘掉新联村"软弱涣散党总支"的帽子，党建工作得到明显提升。同时，她积极发展新联村产业，指导本土企业、合作社积极发展新联村羊肚菌、东旺藏鸡、藜麦、油橄榄、青刺果等产业，目前新联村羊肚菌、东旺藏鸡、藜麦产业已初具规模，农户增收明显。

四、在平凡的基层岗位上，洒下自己青春的热血

2022 年起，杨章初姆担任东旺乡副乡长一职，分管民政、残联、医保、计生、档案等工作，一如既往地活跃在农村工作的一线。杨章初姆说，基层是丰富阅历、积累经验、增强能力、磨炼意志的良好场所，是最能同广大人民群众联系在一起，倾听群众心声的地方，村级工作经历，是她人生中最宝贵的财富。年轻的干部更要有过硬的本领，吃苦耐劳的品质，始终保持为民情怀，尽心竭力为人民办好事、办实事，才能真正做到真担当、真负责、有底气！

新时代，赋予新使命。杨章初姆也将和所有基层干部一样继续不忘初心，砥砺前行，为乡村振兴、为人民群众更美好的生活凝聚青春力量，绽放青春芳华。

苦在当下　赢在未来

——云南财经大学熊开龙

熊开龙，1993 年 5 月出生，2014 年 5 月加入中国共产党，红河州屏边县和平镇红星村人。熊开龙大学期间得到当地政府的资助，2016 年 7 月从云南财经大学工程管理专业毕业后放弃在大城市发展的机会，回到了家乡和平镇，2016 年 7 月被和平镇人民政府聘请为项目技术人员。熊开龙运用自己的专业特长，扎实推动易地扶贫搬迁、村民小组活动场所建设管理、村组道路硬化等工作。2020 年，熊开龙成功当选红星村党总支副书记，2021 年 1 月，在村"两委"换届选举中，他又以高票当选为红星村党总支书记、村委会主任。任村党总支书记以来，熊开龙积极贯彻落实上级的安排部署，深入村寨调查研究，听取群众的意见，找准工作的切入点，因地制宜地引导群众大力发展产业，为红星村的发展奉献力量。

一、使命在头顶，担当尽责抓学习

他积极发挥领头雁作用，团结带领村"两委"干部，廉洁奉公，奋力拼搏，较好地完成年初镇党委、政府确定的任务目标，为红星村经济发展、社会稳定作出了应有的努力。2020 年，他作为基层党建工作人员到上海交通大学参加云南省屏边县学习习近平新时代中国特色社会主义思想专题培训班，2021 参加全省换届后村（社区）党组织书记培训示范班，他学习归来后积极召开村"两委"会议，将自己所学到的、所看到的与大家分享，将好的经验引入管理中。吃透政策，在工作当中才不会迷失方向，每次收到上级部门文件，他及时召开村"两委"会议传达文件精神，让每位村干部都了解政策、吃透政策，一个人懂政策那不叫懂，大家懂才是真的懂，只有这样，政策才会真正地落实到每一位村民的头上。

二、责任在肩上，编紧织密防控网格

2022 年年初，为切实筑牢疫情防控屏障，和平镇召开疫情防控紧急会议设立红星村委会疫情防控卡点，熊开龙主动请缨，带领红星村全体党员干部轮流到红星村委会卡点承担起"外防输入"的值守任务。在卡点执勤期间他始终坚持不漏一人、不漏一车原则，做好卡点排查工作。他带领志愿服务队坚守疫情防控卡点 80 余天，共盘查车辆 216 辆，组织全员核酸检测 890 人。他凭着对党的无限忠诚，用生命筑起了一道保护人民群众的屏障。

三、认真履行基层党建"第一责任人"职责

党员教育线上线下齐抓。线上对外出务工党员进行管理，建立微信平台，对外出务工党员思想动态进行跟踪了解，要求党员定期汇报；线下积极开展三会一课、主题党日等活动，不搞形式主义，切切实实开展好活动，提高党员的党性修养。党员发展把好质量关、程序关。他坚持发展党员"十六字"方针，严格执行党员发展五大项 25 个步骤程序，他积极发展年轻党员，为红星村党支部注入新力量。党建工作台账有序归档。他认真履行基层党建"第一责任人"职责，党建工作规范，有计划、有总结，压实支部书记的责任，持续深入推进"两学一做"学习教育常态化制度化，认真开展"三会一课"、主题党日、"党员积分管理"等党内政治生活；建立党建台账，确保各项活动记录规范完整、不缺不漏。按照党支部规范化建设工作要求，他一个人负责辖区内党支部台账资料，按时完成上级交代的任务。

四、服务群众在心中，勇当先锋"卒"

红星村是屏边县贫困地区之一，村集体经济薄弱，熊开龙担任党总支书记以来，积极出谋划策，与州县两级挂联部门沟通，打造一村一品，2022 年通过售卖红星村土特产（老猪脚、土鸡蛋），实现红星村村集体经济收入 8 万余元，突破村集体经济自营收入为零的局面。产业发展不成规模、基础设施不完善是红星村的短板，为此熊开龙绞尽脑汁，紧盯产业兴旺，红星村 2022 年开挖第一条产业配套设施道路，他积极协调项目资金，全村亮化工作实现全面覆盖。

"只要有需要，我就肯定在"。这是红星村党总支书记熊开龙对村民的承诺。

不负韶华驻基层
以身许党守初心

——西南林业大学邓成志

邓成志，中共党员，1993 年 8 月生，云南宣威市人，2017 年 6 月毕业于西南林业大学，获农学学士学位，2017 年 8 月，通过昭通市优秀紧缺专业技术人才引进到巧家县林业和草原局工作。

他担任驻村第一书记、扶贫工作队长等职务，驻村五年有余，长期扎根基层，主要从事脱贫攻坚、乡村振兴、林业产业发展等工作。他是一名优秀的致贫原因分析员、帮扶措施策划员、扶贫信息传递员、惠民政策宣传员、产业发展规划员。自我国 2015 年开展脱贫攻坚和乡村振兴工作至今，邓成志是巧家县目前派驻时间最长的驻村第一书记，由于工作能力突出，成绩显著，他得到单位领导和同事的高度评价，得到广大人民群众的一致认可。

邓成志作为一名党员，始终铭记全心全意为人民服务的宗旨，时刻以一名优秀党员的标准要求自己。在平时的工作和生活中，他积极学习政治理论知识，学习党的基本路线方针政策，不断提高理论和思想水平，提高政治敏锐性和鉴别能力，政治立场坚定，信念坚定。

在脱贫攻坚这个伟大的时代背景下，邓成志有幸成为一名扶贫干部。他于 2017 年 11 月至 2021 年 5 月被派驻至云南省昭通市巧家县药山镇团堡村驻村扶贫，担任驻村第一书记和扶贫工作队长。

结对帮扶到村户，扶贫映现好干部。在脱贫攻坚期间，全国各地都涌现出一批又一批扶贫济困的好同志，在林业工作者中，也不缺少这样的好干部。邓成志作为一名刚毕业的大学生，不怕吃苦，积极投身扶贫工作的最前线，与老百姓同吃同住同劳动，想民所想、忧民所忧。在工作中，他严于律己、廉洁自律、以身作则、处事公正，严格遵守各项规章制度。在生活中，他遵循自己的座右铭："礼相遇，诚相待，德服人"，他关心群众，善于倾听群众的意见和要求，热心帮助群众解决实际困难。

驻村干部千寨奔，不舍四季百家蹲。邓成志总是奔走于村间邻舍，深入各村民小组和贫困户家中，进行认真、细致的摸底调研，成为一名合格的致贫原因分析员、帮扶措施策划员，团堡村的每一寸土地都留下了他的足迹。通过深入调查研究，掌握第一手资料，他对本村基本情况、经济发展现状、道路状况、群众脱贫愿望和扶贫开发规划等有了深刻的认识。

山重水复扶贫路，惠民政策晓家户。团堡村辖 17 个村民小组，属于高寒山区，很多村民小组是土路和山路，邓成志不畏艰险，做好扶贫信息的传递员、惠民政策的宣传员，他到群众家中宣传国家的惠民政策，争取让每一位村民都成为一名懂政策的"好干部"！

扶贫先扶志，治穷先治愚。为了解决群众内生动力不足，改变贫困户"等、靠、要"等落后的思想，邓成志带领着村干部和工作队员到团堡村每个村民小组开展"三讲三评"工作，通过多次的引领和交流，提高群众的思想认识，同时，让老百姓体会到党的温暖。

力拔穷根摘贫帽，建党百年奔小康。邓成志积极协调行业部门，从实际情况出发申请项目，经过三年多的不懈努力，团堡村面貌焕然一新，综合条件得到了改善，扶贫成效显著，乡村道路得到硬化，家家户户灯火通明，家庭医生签约到户，活动场所众多，农户们住进了安全的新房子，水龙头安装到了家门口，医疗就学有保障，人均收入稳增长，产业的春风能吹走贫穷的帽子，丰收的号角响彻团堡村的每一个角落。

在脱贫攻坚工作中，邓成志积累了丰富的农村工作经验，掌握了高效的工作方法，对村庄规划有独到的见解，对产业发展有明确的思路，由于他优异的综合表现，于2020年12月被认定为"云南省科技特派员"。

脱贫攻坚战役取得阶段性胜利以后，巩固拓展脱贫成果有效衔接乡村振兴工作如期而至，邓成志展现出了广大党员迎难而上、无私奉献的伟大精神，他向单位申请继续驻村开展乡村振兴工作，2021年5月至今，他被派驻至巧家县玉屏街道咪吐村开展乡村振兴工作，担任驻村第一书记和工作队队长，他正朝着"产业兴旺、生态宜居、乡风文明、治理有效、生活富裕"的目标不断前行。

24岁大学毕业时的邓成志，和大多数同龄人一样喜欢大城市，但他选择了高寒山区；同样喜欢干净宽敞的马路，但他选择了乡间泥泞的土路；同样喜欢光鲜亮丽的着装，但他选择了五彩缤纷的迷彩服；同样喜欢赏热闹繁华的城市夜景，但他选择了观农户的万家灯火；同样喜欢满街飘香的串串烧烤，但他选择了火塘里的红薯和土豆。

脱贫攻坚和乡村振兴，邓成志仍然在路上，用真心、动真情，真扶贫、扶真贫，真抓实干、埋头苦干。当问到邓成志对基层工作的理解时，他说道："为了明天的自豪，今天，我们必须加倍努力！"

禁毒戍边战将　热血洒给南疆

——云南警官学院武承鹏

　　武承鹏工作所在的派出所位于一个边境乡镇，毗邻"金三角"，与缅甸山水相连，无天然屏障。特殊的地理位置和历史原因，使当地群众深受毒品危害。武承鹏，拉祜族，1992 年 12 月出生，2015 年 9 月入警，中共党员，现任派出所禁毒中队中队长。武承鹏到所报到的第一天起，就与禁毒工作结下了"不解之缘"。工作以来，武承鹏侦办毒品案件 236 起，缴获毒品 318 公斤，收戒吸毒人员 1415 人，将 220 名毒贩送上了法庭，为守护边境安宁贡献了他的力量。

一、边境缉毒，战将威名扬

　　李某系糯各村一名退役军人，后因沾染毒品，走上了以贩养吸的犯罪道路，迅速成为臭名昭著的毒贩。为抓捕嚣张跋扈的李某，武承鹏制定"剪翼"战术，先后将李某三名"小兵"抓获。根据 3 名"小兵"供述，李某反侦察意识强，贩毒老巢建在自家咖啡地窝棚。通过蹲守，武承鹏发现咖啡地易守难攻，山上能清晰观察山下人员活动。武承鹏意识到抓李某常规办法不行，他决定化装成收购咖啡商人靠近李某，伺机抓捕。武承鹏和另外 3 名战友找来一辆农用车，换上陈旧迷彩服向李某家的咖啡地驶去。因道路不通山顶，武承鹏和战友在山下下车后假装边看咖啡长势，边向山顶走去。可就在离窝棚 30 米的地方，李某布置的"哨兵"发现了他们。"哨兵"大喊："你们不像寨子里的人，来这里干什么？"武承鹏不慌不忙边走边回答："老乡，你家咖啡长势很好，能承包吗？""哨兵"意识到"来者不善"，转身冲进身后窝棚。李某带领 2 名手持大砍刀的汉子冲出窝棚，朝着武承鹏一行迎面而来。情急中，武承鹏拔出手枪大吼："警察，不许动。"另外两名"小兵"看见武承鹏有枪，吓得丢下刀往山下逃窜，其他队员瞬间追上去将其牢牢控制。现场剩下了武承鹏和李某两人，武承鹏怒斥："放下砍刀，你逃不掉了。"由于李某刚吸完毒品，精神亢奋，哪里肯放下砍刀，武承鹏鸣枪警告，李某被枪声惊到，将大砍刀狠狠砸向武承鹏，转身往山下逃。大砍刀重重地砸在武承鹏脚上，一阵剧痛传遍全身。武承鹏来不及查看伤势，忍着剧痛，朝李某追去，正当李某准备跳下一个高坎时，武承鹏飞扑上去，死死抓住李某滚下高坎，李某见逃跑无望，放弃了抵抗。随后，武承鹏在李某的身上查获毒品 57.25 克。李某归案后，武承鹏深挖彻查，收戒李某"小兵"15 名。

二、智慧治毒，边境保安宁

武承鹏常说："治理毒品问题，不能单打大宗毒品案，对于本地来说，零星贩毒的存在才是最大现实危害。"武承鹏始终能清醒认识辖区毒情，用"智"治理毒品问题，是他的又一强项。他率先总结提出了"严打高压穷追猛打，打点、破面、追上线""以人为本形成合力，宣教、巩固、促转化"的"两大步、六举措"打零收戒工作法。

严打高压穷追猛打，打点、破面、追上线。面对境外毒品生产加工势头不减，镇内零星贩毒分子与境外毒贩勾结走私贩卖毒品问题，武承鹏和战友坚持严打。一是突出打点，即打"吸贩毒"窝点。他抓住零星贩毒分子以贩养吸、有固定"吸贩毒"窝点特点，突出打点，加大辖区城乡接合部和山地窝棚的排查力度，对发现的可疑"吸贩毒"窝点，发现一个、打掉一个。二是强力破面，即收戒窝点周边面上吸毒人员。每一个"吸贩毒"窝点周边都有大量吸毒人员，武承鹏精准分析这一特点，每收戒一名吸毒人员，必深挖背后"吸附"的吸毒人员。三是追击上线，即追击吸毒人员和零星贩毒分子上家。一个吸毒人员背后必有一个"零贩"，一个"零贩"背后必有一个上家，"两个必有"是武承鹏禁毒实践的指导"思想"，该思想在指导斩断吸贩毒分子之间的利益链条上屡试不爽。

以人为本形成合力，宣教、巩固、促转化。武承鹏说："珍爱生命、拒绝毒品，认识是第一位。治理毒品问题，不能全靠'打'，让涉毒人员回归家庭，回归社会，不累犯，不复吸，需要每一个禁毒民警深入思考。"武承鹏坚持以人为本，通过"宣教、巩固、促转化"，有效减少吸毒群体，压缩毒品消费，倒逼毒品退出。一是强化禁毒宣传教育，坚持构建全覆盖毒品预防教育体系，注重社会"面"大宣传，通过多方式、多节点、多时段开展禁毒宣传。他坚持从娃娃抓起，每年定期到校园开展禁毒专题教育，在边境村寨摆放悬挂禁毒展板标语、发放禁毒宣传资料。二是提高巩固率。他紧紧依靠党委政府，发展壮大由村小组干部、治安积极分子组成的禁毒专干队伍，定期组织禁毒培训，提高发现基层潜在吸毒人员的能力。三是促转化。他坚持促进吸毒群体转化，帮助戒毒人员树立自信，回归家庭，做到不歧视、不孤立、不放任，尊重戒毒人员诉求，推动"帮助有毒瘾者戒毒"成为辖区社会共识。四是帮助戒毒人员就业创收，回归社会。他推行吸毒人员"感化教育、康复身体、生产就业、脱贫创收"动态管理。2016年以来，武承鹏联合政府部门、基层党组织等积极帮助戒毒人员就业，近百名吸毒人员成功戒除毒瘾，有的开起了饭店、有的经营烧烤摊、有的出门打工赚钱，有的还成了禁毒志愿者。

扎根边疆　不负青春韶华

——昆明学院刘廷龙

　　刘廷龙，1996 年 6 月生，中共党员，昆明学院 2019 届毕业生，现就职于新疆喀什地区莎车县永安管理委员会，一级科员。

　　热爱学习，敢于拼搏，积极向党组织靠拢。他大一时便向党组织递交了入党申请书，通过层层考察，成为了一名光荣的中国共产党党员，前后担任学院学生第二党支部组织委员、支部副书记，组织策划了 30 余次支部社团社会实践活动；校外学以致用、发挥专业优势、组建创业团队，带领 12 名同校同学创办创业团队，承接了 6 家企业宣传片拍摄制作任务，在 2019 年毕业季拍摄了 30 余个班级的班级创意毕业照，从前期拍摄到图像视频剪辑处理，再到后期的相册印刷排版，实现了全套承办。他带领创业团队成员利用专业技能赚取生活费，减轻家庭负担，并积累了一定的社会经验，得到了师生的一致认可。他刻苦学习，连续三年专业成绩排名院系第一，并先后获得各种省级、校级荣誉。

　　积极上进、思路开阔，专业技能过硬，奉献意识强。毕业后，他积极响应国家号召，选择来到南疆基层工作，参与了 2020 年脱贫攻坚收官之战，连续 15 个月奋战在脱贫攻坚主战场，服务群众最前沿，面对每天 16 个小时以上的高压工作毫无怨言，积极向所在乡镇党委班子献策，多条建议得到采纳。2020 年，3050 户建档立卡贫困户实现了脱贫摘帽，期间他练就了吃苦耐劳的良好品质。在乡村振兴开篇之年，他利用所学专业，为乡镇产业发展谋划发展思路，拍摄宣传视频，多渠道进行宣传推广，吸引了大量游客前来旅游观光，购买骆驼奶等特色产品，带动了群众持续增收，在全疆内扩大了知名度，骆驼奶销量增加了 3 万余元。在群众就业方面，他积极谋划并拍摄了莎车县易地搬迁安置点就业典型视频，在全管委会，上万余名当地群众中播放推广，极大地增强了当地群众的就业积极性，大力促进了当地群众就业，就业宣传视频被县扶贫办打造成为典型先进事迹，在全县推广，播放量达 100 万次以上。在乡村振兴工作中，他结合自身专业为当地旅游发展谋划了多条思路，打造了 5 条旅游路线和两个摄

影观光基地，有效利用了当地环境资源。在群众工作方面，他结合"学党史、悟思想、办实事、开新局"号召，深入村民家中开展国家惠民政策宣讲活动，为村民拍摄"全家福""笑脸墙"，大力宣传近年来易地搬迁带来的翻天覆地的变化，动员群众开展以果树为主的房前屋后绿化，协调解决帮扶户生产生活上的困难，进一步促进群众向党组织靠拢。2020年、2021年他作为新疆喀什地区面向其他省份招录高校毕业生宣传片负责人，其作品在全国各大高校进行展播，鼓励了全国各地1200余人踊跃报名来到喀什基层工作。因表现突出，2021年他被喀什地委组织部选派到云南参与招录工作，举办了20余场高校宣讲会，他宣讲自己服务新疆基层的心路历程，带动了母校20余人报名志愿服务新疆。2021年下半年，他被组织推荐为2021年新疆喀什地区面向其他省份招录高校毕业生培训班辅导员。作为60余名全国高校毕业生的辅导员，进行为期三个月的带班辅导培训，他带领相关专业学生设计了内招生徽标，将内招生打造成了一个响亮品牌，得到了组织较高认可。

吃苦耐劳，使命感强，积极投身疫情防控一线。2022年10月，他主动留守办公室，积极参与疫情防控工作，作为全县疫情防控干部抽调调配组、干部关心关爱组成员，他承担了急难险重的紧急中心工作，在办公室吃住近60天，共为30余个隔离点位、社区抽调3000余人次干部，同时做好隔离点工作人员储备，电话核实近1000人情况，储备了120余名干部作为后备力量，为各隔离点位正常运转打下坚实基础。同时，他做好干部困难诉求化解，主动打电话收集核实工作人员生活、工作困难诉求，建立莎车县隔离点干部困难诉求台账，积极联系药店、社区、医院、商店，协调解决工作人员用药、保暖等困难诉求等，累计收集化解120余条困难诉求。

雪域高原上绽放着汉族"格桑花"

——玉溪师范学院杨曌

杨曌，中共党员，1995年1月出生，云南玉溪市人。2017年，她大学毕业后志愿到西藏任教，至今在拉萨市当雄县公塘乡中心小学担任小学语文教师。杨曌用心用情用爱陪伴98名孩子从懵懂幼童长成六年级学生；她深刻领会新时代西藏基础教育的核心要求，课堂内外弘扬中华优秀传统文化，大力推广普及国家通用语言文字，为促进民族交往交流交融贡献教育力量；她潜心钻研业务，筑梦乐教善教"燃灯"的脚步不停歇，育人成效明显，曾获西藏当雄县"优秀教师"等荣誉。

一、追随党的脚步，雪域高原上燃烧火红青春

到西藏任教以来，杨曌始终对标"四有"好老师，心中装着国家和民族，肩上扛着责任开展工作。从师范生到教师，她不断学习、努力提升，积极向党组织靠拢，希望成为教育战线先锋队中的一员。2020年6月，她光荣加入中国共产党；2022年10月，作为当雄县教育工作者代表参与拍摄《我是党员》节目；同年12月，任所在小学校党支部的组织委员。

西藏是边疆民族地区，铸牢中华民族共同体意识是做好西藏教育工作的长远之策和固本之举。杨曌深知身上的责任与使命，拧紧思想信念总开关，将之内化于心、外化于行：从教孩子们讲好普通话、写好规范汉字入手，引导学生牢固树立正确的"五观"，让中华民族共同体意识根植心灵深处；将习近平新时代中国特色社会主义思想、社会主义核心价值观教育融入孩子们的学习生活方方面面，夯实他们健康成长的思想根基，让共产主义信念成为孩子们的自觉追求，"强国有我请党放心"的声音始终响彻在高原上。

二、一线教学不断探索，践行教书育人初心使命

杨曌任教的公塘乡中心小学位于西藏中部当雄县，该县是一个纯牧业县，是拉萨市位置偏远、条件艰苦的地区。

公塘小学是一所寄宿制学校，招收的孩子大多来自牧民家庭。杨曌一入职就带了2个一年级班级，共98名学生。这些6～7岁的孩子，有77人住校，他们年龄小、自理能力差。任教第一个月，杨曌忍着高海拔带来的身体不适，把所有时间和精力投入在和孩子们沟通、了解孩子们的需求上，与他们同吃同住同劳动，还给女孩子扎辫子。

杨曌关心关爱孩子，积极参与控辍保学，她所教班级没有一个学生因为季节变化

家里牧区转场而退学。

杨塈所教 98 名孩子，有 97 名藏族和 1 名回族学生。他们大多数来自牧民家庭，几乎不会讲普通话，刚入校时师生间日常交流困难。杨塈积极学习藏语，想尽一切办法和孩子们沟通，很快就破除了语言障碍，融入当地生活，进入工作状态。作为教师，杨塈始终坚持铸牢中华民族共同体意识的核心目标，把爱国主义精神培养贯穿教育教学的全过程。她注意深入挖掘身边的思政资源，用习近平新时代中国特色社会主义思想培根铸魂，把爱我中华的种子埋入孩子们的心灵深处。

杨塈潜心思考、不断学习，努力提升业务素养，不断增强培育时代新人的本领。她深入研究新课标，努力做到准确领会课程的育人目标，理解所教学科的育人价值，聚焦课堂教学主渠道，不断探索，引导孩子们从自身实际出发，在已有知识能力的基础上，通过实践获取、理解和运用新知识，在实践中建构、巩固、发展新能力，努力成为全面发展的社会主义建设者和接班人。

三、实干结出硕果，点亮雪域高原的灿烂星辰

工作在西藏乡村小学的杨塈，越来越理解"师范"二字的含义：学高为师，身正为范。作为一名共产党员，她处处创先争优，成长为学校的骨干教师。她先后获多项荣誉：西藏自治区中小学教师课件制作大赛小学组优秀奖；拉萨市小学教学质量监测评卷工作优秀评卷员；拉萨市中小学（幼儿园）教师"优秀论文"三等奖；县级"一师一优课"。2019 年 9 月，杨塈获当雄县县级"优秀教师"荣誉。

杨塈最骄傲的是孩子们成长进步了：自己一手从"a、o、e"开始教的孩子六年级了，他们从不会说汉语、不会写汉字，到现在能规范使用国家通用语言文字，对中华优秀传统文化产生了较浓厚的兴趣和认同。孩子们乐学、勤学、好学，语文成绩不断提高。学校常规教学考试，2 个班级成绩常居榜首；在拉萨市统考排名中，1 人进入前 50 名、1 人进入前 100 名。

杨塈始终牢记立德树人根本任务，发扬老西藏精神，踏实工作，不断拼搏，为雪域高原教育事业发展贡献青春力量！

以青春之我　逐华夏之阳

——红河学院杨荟

　　杨荟，云南泸西县人，1996 年 8 月出生，中共党员，本科学历，2019 年 7 月毕业于云南省红河学院，2019 年 8 月参加工作，2021 年 1 月至 2023 年 2 月担任伽师县和夏阿瓦提镇阔什托玛村党支部书记，2023 年 2 月至今任伽师县和夏阿瓦提镇综治中心干部。

　　毕业时，恰逢新疆招录组到校宣讲"到祖国和人民最需要的地方去，扎根基层，用青春的汗水绽放绚丽之花"，为更好地服务人民，践行共产党人的初心使命，她毅然报名，于 2019 年 8 月踏入广袤的新疆大地，来到了喀什。

　　岗前培训结束后，她分配至伽师县和夏阿瓦提镇。2020 年 3 月，因脱贫攻坚任务繁重，她下沉至该镇深度贫困村，入户与村民深入交谈，了解每户家庭的现状及面临的困难。她用真挚热情的工作态度赢得村民的信任与感谢，她慢慢成了村民口中的"小古丽"。

　　"能够为村民解决困难，看着村民露出的笑容，我很有成就感。"为更好地服务群众，帮助更多的村民。2021 年 1 月，她主动向镇党委提出担任村党支部书记的申请。

　　自她担任阔什托玛村党支部书记以来，共吸收预备党员 22 人，选优配强村"两委"班子 7 人，培养后备干部 4 人。同时，她充分利用资源，组织学习培训 90 余次，开展"我为群众办实事"实践活动 170 余次，办实事 200 余件，解决困难诉求 140 余件，化解矛盾纠纷 60 余件。

　　授人以鱼不如授人以渔。她深知产业兴才能村振兴，为有效促进村民增收，她深入调研，掌握每块耕地情况，组织开展农业技术培训 20 余次，带领村民定植 313 亩8300 余棵杏李，补植补造 157 亩 2000 余棵桃树，果树提质增效 190 余亩，村民人均增收近 2000 元。

　　2021 年 2 月某天，村民哈斯亚提在地里劳作时突然晕倒，她得到消息后第一时间赶到地里查看情况，并联系卫生院安排救护车送其就医。她和妇联主席一起将哈斯亚提搀扶回家等候救护车，并安抚其年迈的父母。

　　2021 年 3 月的一天夜里，村民库尔班的儿子夜里高烧，村民联系村干部寻求帮助，干部立即向杨荟作了汇报。她知道后，马不停蹄带着体温计赶到村民家中，帮助测量体温，确定孩子高烧 38.6 度后，立刻联系卫生院救护车，并陪在他们身边等待救护车到来。事后，杨荟将体温计赠予村民并教会他们使用。

　　2021 年 7 月 13 日，村民托合提家的二儿子吾麦尔因交通事故去世。这天恰好是杨

荟连续工作三个月的第一个休息日，她得知消息后迅速赶回村里，组织村干部、党员到托合提家里帮忙，用实际行动帮助和安慰两位老人。她对两位老人说："以后我就是你们的女儿，有什么困难尽管来找我，我一定尽力帮你们解决。"

她不只是说说而已，而是用实际行动去做。她帮助村民采摘，销售西梅、甜瓜、西瓜，打扫庭院环境卫生……这样的事数不胜数。她已将"为村民服务"刻在骨子里！

她是小学生们口中严厉的杨老师，是为大学生们排忧解难的知心姐姐，是村民头疼发热时的临时医生，是托合提家的女儿，是活跃在田间地头整理林带、美化村容村貌的村民……不论大事小事，只要村民需要，她都在。

2022年，杨荟作为村党支部书记，化身"全能兵"投入疫情防控各项工作，用强有力的防疫措施和温暖的爱心之举，为阔什托玛村群众筑起安全防线。她带头走村入户宣传防疫知识，提醒群众少出行、不聚集、出门戴口罩；带头开展网格化排查，登记外来人员信息；号召全村群众参与防疫抗疫，组织动员50余名志愿者投身疫情防控，切实保障辖区居家隔离人员和行动不便的老弱病残人员的日常生活所需；为保障疫情期间农作物销售，她积极联系西梅收购商，4天时间将50吨西梅全部采摘销售出去，创收50余万元。

她曾说："从一名大学生到村党支部书记，不管身份发生怎样的变化，我始终牢记自己是一名共产党员。我深知只有将个人的发展融入国家的发展中，才能不负韶华、不负这个伟大的时代。"她认为当代大学生要有家国情怀。青年不仅肩上有草长莺飞和清风明月，心中更有满腔热忱和一片丹心，盛世里有可为，青春里大有可为。

正如习近平总书记所说，"青年时代，选择吃苦也就选择了收获，选择奉献也就选择了高尚。青年时期多经历一点摔打、挫折、考验，有利于走好一生的路"。杨荟正是以此为志向，向下扎根，向上生长，以青春之我，创造青春之国家。为此，她选择到祖国最需要的地方去，在平凡的岗位上做着力所能及的事，发挥着应有的作用，带动村里大学生走出去、引进来，带动村民接受新思想、迎接新挑战，一步一步过上幸福美好的生活，用青春谱写出一首奉献祖国的歌！

奋发进取强素质
扎根基层育新人

——文山学院朱翠娟

朱翠娟 2015 年毕业于文山学院小学教育专业。她来自云南省宣威市的一个贫困农村家庭，父母都是残疾人。2009 年，父亲在打工的采石场从 10 多米高的石堆上摔下，此后丧失劳动力，整个家庭只能依靠低保勉强过日子。

她深知父母不易，大学期间参加校内外勤工助学岗 8 份，除了负担自己的生活费外，还给武汉上大学和老家上高中的弟弟寄生活费。她刻苦学习、顽强拼搏、成绩优异，积极参加班级活动，多次荣获优秀团学干部与优秀班干部的称号，2012 年光荣加入中国共产党，2015 年荣获"第十届云南省高校大学生年度人物提名奖"称号。她在工作中任劳任怨，出色完成学校的各项工作，当好校长助手。

一、热爱教育，用爱陪伴学生成长

朱翠娟关心班上每一个学生的身心健康和学习，关注学生品格教育，她的生活并不富裕，但她一直用自己的微薄之力去帮助有需要的学生，为留守学生送毛毯、衣物、学习用品，为突发灾难事故的家庭送现金。她努力寻找学生身上的闪光点，不偏爱、不歧视任何学生，鼓励学生在课堂上展示自我。

二、以身作则，关注学生的发展

她对学生严慈相济，做学生的良师益友，平等对待每一个学生。朱翠娟不放弃任何一个学生，关注学生学习过程，培养学生兴趣，她的休息时间大多用来辅导学生作业，帮助学生查缺补漏。在班主任岗位上，她细心察觉学生思想动态，加强与家长沟通交流，下晚自习一个人驾车到学生家中做控辍保学家访工作，班上学生零辍学，班级被评为文山州、文山市先进班集体。

三、努力钻研业务，提升综合素养

她积极参加线上和线下组织的各项培训，把学到的理论知识内化到实践中，思考中求创新，创新中求实效。她深入课堂指导教学工作，每学年听课 50 多节，指导教师参加课堂教学竞赛，多次荣获一、二等奖。她创新基层工作方法，组织开展教育教学活动，严格落实学校教学常规管理，并带领骨干教师探索课堂教学改革模式，"分层＋互助"教学法在全校推广应用。

四、一分耕耘，一分收获

在学校领导、全校教师的大力支持和帮忙下，她获得多项荣誉。

（一）校级获奖

她在从事基层教学工作以来累计获校级教学竞赛奖、期末复习计划奖、教学技能大赛奖、培优计划奖、学业水平命题竞赛奖、青蓝结对教学竞赛辅导教师奖、教学成绩突出奖、优秀教师奖等 16 项。

（二）镇级表彰

（1）2016 年 9 月她被追栗街镇人民政府评为优秀教师。

（2）2018 年 9 月她被追栗街镇人民政府评为优秀教师。

（3）2019 年 9 月她被追栗街镇人民政府评为优秀班主任。

（4）2019 学年她被追栗街镇人民政府评为优秀教师。

（三）学区获奖

（1）2022 年 3 月她荣获文山市第二学区通识大备课八年级数学组一等奖。

（2）2022 年 9 月她荣获文山市第二学区数学学科教学成绩一等奖。

（四）市级表彰及获奖

（1）2015 年 10 月她参加课堂教学竞赛，荣获文山市初中数学组二等奖。

（2）2016 年 10 月"一师一优课，一课一名师"课例竞赛，她荣获文山市三等奖。

（3）2017 年 9 月她被文山市人民政府评为优秀班主任。

（4）2018 年 10 月她参加教师教学基本功竞赛，荣获文山市初中数学组三等奖。

（5）2019 年 2 月她参加学业水平测试命题竞赛，荣获文山市初中数学组三等奖。

（6）2019 年 4 月她被文山市教育工委评选为优秀共产党员。

（7）2020 年 9 月她被文山市委教育工委，文山市教育体育局评为优秀教师。

（8）2020 年 11 月她被九年级中考数学平均分在乡镇学校排名第一名，荣获一等奖。

（9）2021 年 3 月她被文山市委教育工委评为优秀共产党员。

（10）2021 年 7 月她被中共文山市委教育工委评为优秀共产党员。

（11）2021 年 9 月她参与学生课题荣获三等奖。

（12）2021 年 9 月她被文山市人民政府评为优秀班主任。

（13）2022 年 4 月她被文山市委教育工委评为优秀共产党员。

（五）州级表彰

2022 年 11 月她荣获"文山州骨干教师"荣誉称号。

（六）省级获奖

（1）2017 年 3 月她的论文荣获云南省教育科研论文一等奖。

(2)2017年5月她的论文荣获云南经济日报社教育导刊三等奖。

(3)2017年5月她的教学设计荣获云南经济日报社教育导刊二等奖。

(4)2019年3月度她的论文荣获云南省教育科研三等奖。

(5)2020年、2021年她的论文分别荣获云南省教育科研三等奖。

(6)2021年她的论文荣获云南省教育科研一等奖。

(7)2022年她的论文荣获云南省教育科研二等奖。

(8)2022年她的论文荣获中华和谐教育科研论文一等奖。

(七)课题研究

"分层＋互助"教学法在农村初中课堂教学中的应用研究。

(八)国家级获奖

2021年9月她入选乡村优秀青年教师培养奖励计划。

朱翠娟从教以来，坚决维护和贯彻党的教育方针，坚持立德树人，做到爱国守法、爱岗敬业、关爱学生、教书育人、为人师表、终身学习。她扎根基层，倾尽全力为边疆民族地区基础教育的发展作出应有的贡献。她兢兢业业的工作态度和刻苦奋斗的工作作风得到了广大学生、家长和同事的一致认可和好评。

坚守初心阻击疫情
维护边境口岸安定

——普洱学院黄鹏

黄鹏，中共党员，1996年6月出生于云南楚雄市，2018年6月毕业于普洱学院体育学院，入选全国第五届"闪亮的日子——青春该有的模样"大学生就业创业人物。他于2018年6月参军入伍成为一名军人，同年12月，退出现役随集体转改为人民警察，现任勐康出入境边防检查站民警，因工作成绩突出，连续四年被评为优秀公务员并获嘉奖；2020年3月，被云南边检总站评为"边检文明使者"；2020年12月，被云南省委省政府评为"云南省抗击新冠肺炎疫情先进个人"；2021年12月因工作表现突出记三等功一次；2022年，被勐康出入境边防检查站评为"优秀共产党员"。

一、坚守初心阻击疫情，维护边境口岸安定

勐康出入境边防检查站勐啊分站位于云南省普洱市孟连县勐马镇勐阿村。从2018年入警以来，黄鹏就一直和战友们坚守在这里，见证口岸的发展变化。工作以来，他坚持以"对党忠诚、服务人民、执法公正、纪律严明"总要求为指导，以"忠诚为民、担当奉献、专业文明、公正廉洁"移民管理警察职业精神为指引，不断提高自己的思想觉悟与政治站位，用汗水筑牢边境防线。曾参与破获多起毒品、走私案件。因工作成绩突出，他连续四年被评为优秀公务员并获得嘉奖。

二、敢于担当记使命，铸牢防线阻疫情

勐啊口岸处在疫情防控防输入最前沿，因此他的主要工作职责包括：维护口岸（通道）出入境边防检查工作秩序，对出入境人员、交通工具及其携带载运的行李物品、货物等进行检查与监督。2020年年初，疫情突发，危难关头，全国上下全力应战，打响了疫情防控人民战争、总体战、阻击战。面对疫情输入的传播风险，全体民警坚持守土有责、守土负责、守土尽责，冲锋陷阵、逆行而上，在各自的岗位上默默坚守，持续保持一级勤务状态，奔向没有硝烟的战场。黄鹏及勐啊口岸的民警们，坚守在抗疫执勤一线，舍小家、为大家，以"眼勤、手勤、腿勤、脑不停"的工作态度，突出的工作能力，优质的服务态度受到了出入境旅客的一致好评。

三、行走刀尖守边境，淬炼忠诚显本色

2020年6月15日下午，黄鹏带队负责对入境货车例行检查。"你好，请下车接受

边防检查。"当车辆行驶至入境检查通道，黄鹏接过货车司机出入境证件进行核查，观察到该名司机神情略显慌张，眼神总是瞟向准备检查车底的民警。这时，便觉得这辆车很可疑。在对车辆进行全面检查后，却并未发现异常。就在准备放行车辆时，货车司机的神情再次引起黄鹏的警觉，车辆有问题。他果断叫停车辆，再次对车底进行了细致检查。最终，从货车底部的夹层中查获冰毒 7.5 千克。

四、织密边境防控网络，确保边疆和谐稳定

在做好国门口岸坚守的同时，勐啊分站还要对口岸通道两翼的边境线，不间断地开展巡逻踏查，预防境外人员偷渡入境。2020 年 12 月 5 日，黄鹏负责带队对实验站执勤点开展边境管控任务，凌晨 2 点，正是人人熟睡的时间，巡逻完回到执勤点帐篷，刚端起一碗热气腾腾的泡面准备加餐时，对讲机里突然传来紧急的呼叫，"河里有人，已经上岸，B 组注意"。黄鹏立即放下手中的泡面，带着组员火速冲向界河，当场抓获 2 名偷渡入境的违法人员。"你们有没有同伙?"当两名偷渡入境的违法人员听到询问后，低下了头，保持沉默，黄鹏当即作出判断，他们的同伙应该已经偷渡上岸了。"A 组留守，B 组跟我来!"朝着对讲机喊话完毕后，民警对附近的树林进行搜查。"警察，别动!"一声呐喊划破宁静的夜，最终抓获偷渡者同伙 1 名，共抓获 3 名违法入境人员。疫情之下，执勤人员始终没有忘记自己肩负的责任，依旧认真组织巡逻人员对便道、小道开展全方位的巡逻防控，担负起做好新时代强边固防工作的重大政治责任，履行好"为国守门、为国把关"职责任务，为防范境外疫情输入发挥了重要作用。

五、赓续红色血脉，铸魂英雄国门

黄鹏先后参加"战疫先锋队""党员突击队"，坚守"党员先锋岗"，推动党员民警主动亮身份、践使命、作表率。他始终牢记"守土有责、守土负责、守土尽责"铮铮誓言，不仅带头做表率，还教育引导身边民警树立意识。"守土尽责"在他身上体现得淋漓尽致。黄鹏以"界碑在身前，责任在肩上，祖国在身后，人民在心中"的使命担当，带头贯彻落实各项工作机制，积极主动参与一线执勤，通过
和战友们的共同努力，全面筑牢防止毒品走私入境的第一道防线，始终用自己的实际行动践行着"扎根边疆、守卫边关、恪尽职守、为民服务"的理想信念，展现了一名基层移民警察的高尚精神和无限情怀。

人民是我们党执政的最大底气，忠诚践行以人民为中心的发展思想，积极回应人民群众的新期待，维护口岸边境安全稳定，促进边境地区经济发展是他作为一名移民管理警察的初心使命。

把创业梦想写在云岭大地上

——云南工商学院杨志国

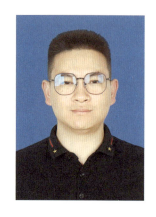

2014年，杨志国怀揣梦想，考入云南工商学院，开启了他的大学生活。从创办校园学生兼职平台到学校众创空间，再到业界领军，杨志国用三年时间，将只有几名员工的小微企业，发展成为西南地区年营业额达2亿元的智能交通服务商，并资助100余名贫困大学生完成学业……他把责任与担当书写在云岭大地上，展现了新时代优秀大学生扎根基层，建功立业的良好精神风貌。

一、创业教育，激发无限可能

走进大学校门的杨志国，在很多老师眼里，是一个不"安分守己"的学生，由于家庭困难，节假日总能看到他"倒腾"小生意。时任校长李孝轩得知后，把他吸纳进学校众创空间，这里开设的"创新创业"课程深深吸引了他。学校还为他提供了办公场地，安排创业导师，支持他参加全国大学生创业实训营，帮他打开了思路，坚定了创业的信心。在学校的辅导和支持下，2015年5月，还是大二的杨志国，就与几位校友注册成立了公司，整合了校园周边农场、旅游景点等文旅资源，解决了当地大学生短途旅行的需求，从此他开启了扎根基层的创业之路。

2018年，大学毕业的杨志国，已经站在创业的新起点。公司订单量暴增，随即引发了平台建设、运营成本管控等一系列难题，业务一度陷入不得不收缩的困境。在母校资源支持和创业导师的指导下，杨志国敏锐地抓住了共享经济新机遇，转型创立了云交通服务平台，注册成立了新公司，致力构建景区、高校、县域、社区四级网络，三四线城市一体联动的智慧交通大数据平台，有效解决了县域交通难题。

"数字经济新形态下的不均衡性，带来不容忽视的负面效应——城乡之间出现了巨大的数字鸿沟。"杨志国接受媒体采访时说，"实现乡村振兴，就是要为乡村提供普惠性的数字产品和数字服务，共享数字经济红利。"正是基于这样的理念，杨志国始终扎根基层，服务基层，在基层发展壮大。

二、扎根基层，诚信创造辉煌

"选择创业领域的过程，其实是审视时代需求的一个过程，时代发展有它自身的规律，需要做的就是去聆听，去顺势而为。"杨志国谈及创业初衷，"我对成功的定义并不是简单的'财富'，我能做的就是服务基层发展，让企业发展成为员工的一份事业。"杨志国也是这么做的，他把每一个员工当作合作伙伴，在遇到困难时力所能及提供帮助，连续多年没有员工离职。

目前，公司已布局云南曲靖、红河、玉溪、保山、大理、临沧等县域，并延伸到贵州、四川、重庆、河南、湖北、甘肃、江西、广东等省区市，电单车已完成超 30000 台的投放，用户数据量超 400 余万人，市场全平台营业额达 2 亿元，项目市场盈利情况远超预期。

杨志国和他的团队坚守初心，始终致力解决基层普遍需求与问题，为广大市民提供了低碳环保的出行方式，让绿色出行成为城市一道靓丽的风景线，在共享经济中走出了一条科技创新的新路子。

三、坚守责任，书写大爱情怀

创新引领创业，创业带动就业。大学生是富有创新精神，创业勇气和最需要机会的群体。杨志国凭借自己开发的智慧物联平台，为广大在校师生提供了更高效、环保的校园短途便捷出行服务。同时，依托企业资源，与高校建立了校企融合发展新机制，通过创业体验等载体平台，激发学生创业激情，校企合作培养创业型人才，实现了企业平台支撑、校园人才输出的双赢局面。

新业态带动新就业，伴随着新业布局，公司为全国多个县域越来越多年轻人提供了就业机会，提供了平台运营、调度、维修、电维、库管等一系列就业岗位。近两年，杨志国持续强化公司精细化管理，人车比在行业中处于领先，同行业每 100 辆电单车配备的运维人员不止 1 人，一些城市配备 2 人以上。目前，公司在全国为 400 余人提供了就业岗位。

因为共享电单车线下运维等属于劳动密集型行业，对学历、技能等方面要求不高，可以精准吸纳大量困难群体就业，增加他们的收入。对此，公司坚持在当地聘用运维人员，特别是优先聘用就业困难人员。

作为新型互联网企业，杨志国不仅致力为用户带来最好的出行体验，还坚守社会责任，资助家庭困难学生。2019 年 3 月，杨志国在母校云南工商学院设立了助学金，累计资助 100 余名困难大学生完成学业，千方百计帮助他们就业。

杨志国扎根基层、创新创业、扶贫助困的事迹，得到社会广泛认可，先后获"云南省优秀共青团员"、"第十一届云南省大学生年度人物提名奖"、昆明市青年联合会第十届委员会委员、"寻访 2017 年大学生创业英雄活动"创业英雄百强等荣誉。

弘扬工匠精神
到企业基层贡献力量

——昆明工业职业技术学院王加富

王加富，中共党员，1991 年 6 月出生，云南昭通市人，于 2010 年 9 月至 2013 年 7 月就读于昆明工业职业技术学院冶金技术专业，期间担任过班长、院学生会干事和部长。学校就读期间，他光荣地加入中国共产党，2012 年 7 月至 2013 年 9 月在昆钢新区炼钢厂顶岗实习；2013 年 9 月至 2014 年 6 月隶属于昆钢新区炼钢厂劳务派遣工人；于 2014 年 6 月被昆钢公司择优录用，成为昆钢公司的一名正式工人，同年 11 月成为了一名转炉炼钢炉长，获得转炉炼钢二级技师证。他参加全国第三届有色金属高等职业院校学术技能竞赛转炉冶炼项目，荣获二等奖。

他是一个不善言表的大男孩，却总是爱笑，在学校学习时，总有他在冶炼实训室训练的身影，也有生产实习时协助师傅在铁水前挥汗如雨的画面，他的心里总有一个声音：勤奋学习，到企业基层工作，成为一名有用的技能型人才。近年来，随着党和国家对职业教育和弘扬工匠精神的重视，树立技能人才典型，拓展企业新型学徒制试点，现代学徒制试点，构建劳动者终身职业培训体系，促进产教融合等一系列政策和行动应运而生，促使一大批优秀人才脱颖而出，在社会上形成了支持技能人才的良好局面。未来，机遇与挑战并存。王加富相信"劳动光荣、技能宝贵、创造伟大"的理念必将在他们这一代青年中继续传承。

作为一名青年党员，他始终保持坚定的政治立场，爱岗敬业、谦虚好学。他把工职院的校训"学以致用，德优技高"牢记在心，将学到的知识加以运用，先后在多个工作岗位学习钻研，掌握了转炉炼钢的所有岗位技能，高质量完成工作后还在转炉冶炼岗位上不断摸索经验，弘扬工匠精神，总结出一套有效的冶炼操作控制方法。先后参与 HRB500E、HRB400E 等系列产品的研发，为稳定的生产提供技术支撑。多年来，他和小队其他人员无安全事故发生。自 2014 年 9 月开炉以来，炉龄已由开始的 3700 炉次提升至 20000 炉次。工作期间，他积极参加各类赛事，不断提升综合素养，并取得了一定成绩。

王加富的经历，是一个高职青年学生的奋斗史，是一个青年听从党和国家的号召到企业基层，始终如一坚持做一件事，大力弘扬技能强国的事迹。

王加富在云南省教育厅、昆钢公司和学校的关心关怀下，始终坚定理想信念，热爱党，热爱国家，保持党员的先进性，多次参与安宁市文明城市和卫生城市创建工作，多次主动无偿献血，并于 2018 年 6 月作为云南省参会代表全程参加在北京召开的中国共产主义青年团第十八次全国代表大会，他表示，过去这样，今天这样，未来也是一样，一定继续发扬和传承好中国精神，做有坚定理想信念，敢担当、能吃苦、肯奋斗的新时代好青年，为社会和企业作出应有的贡献！

西藏自治区

用心用情做好就业服务
助力毕业生梦想启航

——西藏职业技术学院教师庄小四

庄小四，1983 年 10 月出生，西藏职业技术学院建筑工程学院专任教师，同时兼任学院就业创业干事，从事基层就业服务工作。他扎根西藏教育事业，克服家庭困难、高原反应等，坚守立德树人、教育扶贫的理想信念，在基层就业服务工作中主动作为、勇挑重担、开拓创新、用心用情做就业，逐渐成长为学生眼里的好老师，基层就业一线老师口中的好同事。

在思想政治方面，他始终坚持以习近平新时代中国特色社会主义思想为指导，深入贯彻落实党的教育方针，落实习近平总书记关于高校毕业生就业有关的重要讲话精神，始终坚持为党育人、为国育才，牢固树立"四个意识"，坚定"四个自信"，坚定拥护"两个确立"，坚决做到"两个维护"，以高标准、严要求扎实服务基层就业，确保学院实现更高质量、更充分就业。

在教育教学工作中，他爱岗敬业、勇于担当，凭着自己的赤诚与执着先后担任 4 届班主任，累计授课 1874 学时，逐步成长为业务骨干，他所带学生学习成绩、创新能力均有所提升。

在就业工作中，他始终坚持就业就是最大民生工程，发扬"硬着头皮、晒破脸皮、磨破嘴皮"的"三皮"精神，树立"就业一人、帮扶一家、关怀一生"的"三一"信念，跑市场、拓岗位，不断推行"实习＋就业""校企合作促就业"等就业模式。连续几年学院毕业生就业率一直保持在 90％以上，就业质量逐年提高，2022 年市场化就业率达到 86.09％，专业对口率达到 47.39％，国企央企就业率达到 16.08％，就业绩效考核连续三年名列全校前茅，他曾获得全校"优秀就业指导教师"等荣誉称号。

就业工作作为民生工程，关系到学生未来发展，他用情用心地关注每一个学生，经常与毕业生谈心谈话，倾听学生困惑，化解求职迷茫，关注每个毕业生在求职前、求职中和求职后的成长历程，做到学生离校服务不断线。

他注重学生求职技能与专业技能的锻炼，组织学生到各大企业进行实习，让他们更好地了解企业运作和管理，并提高专业技能。为了提高毕业生的就业竞争力，在上级领导的帮助协调下，他积极同自治区住房城乡建设执业注册中心、自治区住房城乡岗位培训中心、自治区水利厅等建筑行业主管部门针对建筑工程学院毕业生开展建筑行业岗位技能培训，确保学生离校前拥有多项技能证书，累计组织 722 名毕业生参加自治区建筑领域施工现场管理人员培训、437 名学生参加自治区水利水电施工现场管理人员培训、329 名学生参加自治区水利水电专职安全员培训、179 名学生参加二级建造师培训，此项工作让企业、学生、政府满意，得到了社会的高度认可和赞扬。

为了推行校企合作促就业，他负责组织成立了西藏建筑职业教育集团，为快速推动西藏现代建筑业职业教育规模化、集约化、科学化的办学进程提供高素质技术技能专业人才支撑。同时与西藏建筑协会、西藏自治区地理信息产业协会，连续 3 年开展"行业春风行动"招聘会，2022 年参会用人单位共 95 家，提供岗位 926 个，进场人数 510 人，学生投递简历 640 份，现场达成就业意向 205 人。

不忘初心，行稳致远。庄小四不忘初心、牢记使命，满腔热血，埋头苦干，从一名普通基层就业老师做起，用坚实的行动践行理想信念和使命担当，用心用情服务学生，用汗水点亮数以千计毕业生的希望之光。如今，他将继续以只争朝夕的劲头，奋战在祖国和人民最需要的地方，奋力谱写教育强国的壮丽篇章。

闪电的点滴　青春该有的样子

—— 西藏大学索朗央啦

索朗央啦，1997 年 7 月生人，日喀则市江孜县人，2019 年 7 月毕业于西藏大学艺术学院音乐学专业，现任拉萨市当雄县公塘乡中心小学教师。

在就读大学期间，她品学兼优、为人谦虚，曾任全国学生联合会驻会执行主席、西藏大学学生会主席、艺术学院学生分会主席等职。她自参加工作以来，始终坚决以习近平新时代中国特色社会主义思想为指导，坚决捍卫"两个确立"、增强"四个意识"、坚定"四个自信"、做到"两个维护"，坚定共产主义远大理想和中国特色社会主义共同理想，牢记西藏工作的着眼点和着力点，坚定贯彻习近平总书记关于西藏工作的重要指示和新时代党的治藏方略，着力为党的基层教育事业贡献不竭力量。

一、坚定理想信念，立志成长成才

就读大学期间她努力成长、提高素质、提升能力，练就过硬的专业素质。通过个人不懈努力奋斗，经组织培养，她在大学期间得到了很多学习和锻炼的机会，经过层层考核选拔，她被任命为西藏大学学生会主席。她始终认为学生会是学校和学生相互联系的纽带，时刻牢记"全心全意为同学服务"的宗旨，服务广大同学。她经常与各二级学院分会成员进行交流，了解各学院相关活动的开展情况、存在的问题并竭尽全力给予最大帮助。担任学生干部后，她与其他学生干部经历了磨合、整合、配合的阶段，最终形成了氛围良好的工作团队，在工作中展现出与众不同的风采，为学校学生会作出自己应有的贡献。

因工作表现突出，她作为优秀学生干部代表，于 2015 年在西藏自治区成立 50 周年庆祝大会上，作为西藏大学学生代表接受全国政协主席的亲切接见；2016 年，团中央书记处书记、全国青联副主席在西藏大学调研时，她又作为学生代表参加了"交流·交友·交心"座谈会；2017 年 8 月至 2018 年 8 月她在共青团中央委员会驻会工作一年；2019 年 3 月，作为大学生代表在团区委组织的座谈会上发言。她经过自身努力，通过层层选拔最终入选中华全国学生联合会驻会执行主席。

二、抓住成长平台，练就过硬本领

驻会工作期间，她始终注重锤炼作风，严于律己，虚心学习，全年无一次迟到、早退，在重大活动和应对突发事件中，主动放弃休息时间，积极应对，各方面表现得到了驻会领导的肯定和赞扬。驻会期间做到了尊重领导、团结同事，待人真诚、乐于助人。

经过驻会工作的锻炼，她在政治上更加成熟，理论修养、政策水平、业务能力、工作作风等方面有了提高，为将来更好地成长进步奠定了更加坚实的基础。

三、立足三尺讲台，谱写青春之歌

2019 年 8 月，她考录到了拉萨市当雄县公塘乡中心小学。她虚心向老教师学习，积极参加教研活动和学校各项文体活动。作为新教师，青春是她的资本，自信是她的个性，拼搏是她的誓言。工作中她发扬苦干精神，不断探究教学与班级管理方法，并且虚心向经验丰富的教师请教，常听课、多学习，发现和弥补自己的不足和短板，不断地提高和完善自己。在日常工作、生活中她持续加强自身的专业素养以及实际教研能力，以理想信念为炬，点亮教育路上的星星之火，做到思想自觉、行动自觉，努力成为新时代合格的"四有"好老师，争做新时代的"大先生"。

她教授多门课程并担任班主任一职，先后参加了学校和县里的各级各类赛课比赛，在县级赛课活动中获得音乐学科组一等奖；2022 年 6 月，在自治区教育厅主办的国培计划（2021）——小学音乐骨干教师能力提升培训班学习中被评为优秀学员；2020 年获得西藏大学第一届"共荣雪域兴中华，榜样青年引发展"基层就业领航人物称号。同时，她主动请缨，在校内组建了鼓号队，担任学校少年宫舞蹈队及合唱队指导老师。2019 年，她带合唱队赴北京参加中国教育电视台节目并获得金奖，个人获得最佳指导老师称号，任职学校也被评为全国美育教育示范基地；2020 年 5 月，她组织合唱队学生拍摄央视"六一"特别节目。2022 年 6 月，她指导的学生在当雄县教育系统"喜迎党的二十大"校园之星首届校园文化艺术月小学组独唱大赛中，荣获二等奖。2023 年，她原创舞蹈作品《捡牛粪》由校舞蹈队学生在拉萨市"红旗飘飘·童心向党"文艺演出中表演，她获得优秀指导老师称号。

时光荏苒，她已经从一名大学生成长为一名思想政治素质过硬、沟通协调能力较强、学习与工作齐头并进的青年。面对取得的成绩，她始终说成绩属于学校、属于和我并肩作战的老师，我只是做了自己应做的。未来路更长，挑战更大，只有勤勤恳恳、兢兢业业、任劳任怨、力争取得更大的成绩，才是自己应尽的责任。

对于在乡村小学任教的她，有人说：每天这样劳碌奔波太辛苦了！她说："像我一样辛勤付出的农村教师还有许许多多，他们始终默默坚守自己的岗位。"她坚信：只要有付出，就会有收获。只要坚持，就会成功！她愿将青春和年华奉献给乡村教育事业！作为一名教师，她将在教育这块田园里，勤奋耕耘，努力前行……

奋斗的青春　无悔的岁月

—— 西藏民族大学才旺加参

才旺加参工作以来，始终立足个人工作岗位实际，在其位谋其政，扎实推进脱贫攻坚工作，获得了群众的一致好评。

一、深学笃行，苦练内功，扎紧扎牢思想理论根基

才旺加参始终把加强学习作为做好工作、完善自我的前提和基础，坚持把学习当作一种生活态度、一种工作责任和一种精神追求，挤时间学、丰富形式学、创新方式学。他坚持学习习近平总书记的系列讲话精神，深入领会其精神实质和深刻内涵，自觉在政治上、思想上和行动上始终同党中央保持高度一致，增强了自己对工作的原则性、系统性和预见性，提升了认识问题、分析问题、解决问题的能力。同时，他注重向周围领导和同事学习，学习领导善于把握大局的谋略、勤政务实的作风和清正廉洁的品格，学习同事真抓实干的工作作风和任劳任怨的工作态度。通过不懈地学习，个人的思想政治素质、党性修养以及业务能力有了较大提高。

二、扎根基层，为民务实，以扶为本，以育为质

才旺加参自 2013 年 8 月参加工作以来，先后在噶尔县左左乡上左左村担任了大学生村官、第一书记、驻村工作队队长等职务，虽然在乡里担任副乡长兼人武部长职务，可由于工作性质等原因，才旺加参经常坚守在村上，为上左左村的农牧民群众作出贡献。上任之初，上左左村贫困户人均收入 1789 元，到 2018 年时贫困户人均收入已达 9963.6 元。在上左左村工作期间，他发展集体经济、教育、产业，完善村里的各项基础设施设备，才旺加参努力为上左左村争取到了钢架桥、转场路、水渠、绵羊育肥、牦牛育肥、合作社周转资金等各类项目，总资金 1200 余万元，其中安排贫困户劳务创收 175 万元。这给思想守旧、一直放牧的群众做了一个很好的示范，以实际的收入让村民有了明显的思想观念转变，为之后上左左村牧业改革之路奠定了坚实的基础。

才旺加参既是党的政策的宣传者，也是上左左村幼儿园的老师，既是乡村医生，也是村里的兽医，更是村里的扶贫第一书记。身为第一书记，才旺加参每一滴汗水都沁入泥土化作芬芳，每一次热情都得到村民微笑的回应，每一次付出都彰显着自己的责任与担当。

三、为全县巩固提升工作作出应有的贡献

2019 年 4 月，在组织的安排下才旺加参担任县乡村振兴局（原扶贫办）副局长，竭尽所能，做好扶贫各项工作，发挥党员的先进模范作用。

在县乡村振兴局期间，才旺加参负责项目工作，察民情、体民意，经常入户调研了解各乡镇、各村居群众的迫切需要和困难，确保噶尔县扶贫项目建设能满足群众真实需求。统筹整合项目做到年初有方案、年中有调整方案、年底有补充方案，完成了项目前期手续、建设期间验收、竣工财评等各项工作，每个项目都做到了县、乡、村三级及噶尔县人民政府网公示公开，每个项目都录入到扶贫系统项目库中，完成了四年项目的绩效评价目标工作。他完善了 2016 年至 2020 年项目库录入情况，并把 2013 年至 2015 年项目录入扶贫系统项目库中，完成了噶尔县"十三五"统筹整合资金评估工作。在负责项目科期间，才旺加参为群众争取务工机会，确保当地群众有劳务创收。他积极与当地老百姓沟通，确保项目落地有效，运行便捷，按照项目建设流程，确保前期资料完整，手续齐全，同时跟县上其他项目负责单位积极沟通衔接，做到后续验收合格。

在调查研究方面，才旺加参紧紧围绕全县大局和中心工作，抓住县委、县政府决策的重大问题和关注点，用三分之一的工作时间，有目的、有计划、有组织地深入基层、深入群众、深入项目点开展调查研究，共收集群众所需，符合扶贫项目清单项目 128 个，目前已建设 83 个项目，未建设的项目已列入噶尔县"十四五"乡村振兴规划项目申报表中，向上级部门申报了噶尔县"十四五"乡村振兴规划项目 110528.8208 万元，确保乡村振兴与脱贫攻坚有效衔接。

作为县乡村振兴局副局长，才旺加参能当好单位的副职，为单位工作排忧解难，经常深入噶尔县各乡镇群众当中，入户了解民情，宣传各项扶贫政策，调研并及时解决贫困户反映的问题，同步督导各乡镇村居扶贫工作开展情况。

才旺加参无私奉献，忠实履行党赋予的职责，充分体现了一名共产党员应有的精神风貌和品质。在建设社会主义新农村的征程上，他甘愿奉献，挥洒汗水，努力实现着自己的人生价值和奋斗目标。

当一个孩子想当"孩子王"

——拉萨师范高等专科学校王甜甜

一、教育是相互的 这是一场"孩子王"与孩子们的相互成全

王甜甜老师的人比她的名字还要甜。这名"95 后"教师，在昌都市江达县岩比乡任教，她是小学唯一的汉族教师，也是年纪最小的教师。刚入学的学生听不懂汉语，她就手舞足蹈地讲起了语文课；碰到留守儿童内向寡言，她就把逗乐他们当作每天的目标。同事们说她像孩子们一样幼稚，而学生说她像姐姐一样温柔。对王甜甜和她的学生们来说，这是一场"孩子王"与孩子之间的相互成全。

二、需要手舞足蹈的语文课

9 月第一个星期三，在西藏昌都市江达县岩比乡小学，二年级晚自习是语文老师王甜甜上的。在西藏，小学秋季开学的时间都很早，到了 9 月初，王甜甜的语文课本已经讲到了第二单元的第一课。配套的语文练习册姗姗来迟，前一天晚上才被送到学校，到了当天的晚自习，带着孩子们做习题赶进度就成了王甜甜上课的重点。

好在孩子们已经不会像一年前那样，对这位学校里唯一的汉族老师所讲的话一知半解了。那时候学生们刚入学，有的还听不懂普通话，急得王甜甜在讲台上用起了最原始的表达方式——靠肢体动作，对着那些一脸疑惑的孩子，她甚至需要手舞足蹈，哪怕只是为了表达"你叫什么名字"这样简单的意思，也需要用手比画，辅以缓慢的语速，还要在面部呈现出"疑问状"的表情。

王甜甜回想起这段经历，倒是觉得很难为情，又很好笑，"有时候讲课的内容需要通过肢体表演来完成，我当时想，孩子们看我应该就像看戏一样。"

在孩子们最初的印象里，这个个头不高的老师虽然有一张带着几分稚嫩的娃娃脸，可陌生的气息，加上初见面时从她细细的眉眼里透露出的严肃，还是让大家觉得王甜甜"好凶"。然而王甜甜一时的无措，似乎又能打破沟通上的小小屏障——意识到这位看上去很严厉的老师也需要帮忙，有汉语基础稍好的学生主动当翻译，当这一届的孩子步入二年级后，汉语已经难不倒绝大多数的学生了。

王甜甜一直致力乡村儿童的发展，她积极申请对接各种公益资源，也一直在坚持为学生学好语文、普通话做着一些事情。她所对接的公益组织给孩子们打开了一扇通往外界的大门。

王甜甜觉得自己在当语文老师的时候，也像是孩子们的常识老师，需要随时随地

地为他们科普，带他们触及从未见识过的世界。

三、到这里 需先踏过原始和荒芜

王甜甜初到岩比乡小学时，哭了一路。没什么特别的原因，王甜甜说就是落差感太大了。

王甜甜的家乡在甘肃天水市张家川县，2019 年王甜甜从拉萨师范高等专科学校毕业后，参加了西藏自治区的公招考试，跟着一张派遣证直接来到了昌都市江达县岩比乡。

从昌都市到江达县的这一段距离不算太远，但客车却走了 6 小时。在川藏公路北线，国道两侧景色壮阔但也原始，云雾在山腰间腾起。王甜甜沿着国道一路向东，漫长的时间让客车窗外的光景一点点击溃了王甜甜的心理防线，"有的路段太难走了，那些山也都是光秃秃的。来之前我想过这里的样子，但是实际上这个地方比我想象中更贫穷。"如何判断贫穷？王甜甜说一路上目之所及，荒无人烟。

赤列旺修是岩比乡小学的副校长，他还记得这位年轻老师初来乍到时的不适应，"去年以前，我们这里用电很困难，而且信号也不好。乡镇很小，直到现在交通也不是很便利，老师们大多数时间是待在学校里，因为没有车子嘛。"对于青年教师而言，与其说不适应贫穷，不如说是不适应孤独。赤列旺修说这是每一位来这里的青年教师都需要经历的阶段，"对于甜甜老师来说，这个阶段可能还会因为她最初不懂藏语的关系，而更难适应。"

四、当一个孩子成为"孩子王"

生于 1996 年的王甜甜是家里的小女儿，也是岩比乡中心小学年纪最小的老师。

寄宿制的乡村小学，孩子需要陪伴，除了批改作业和吃饭睡觉的时间，她就全天和学生们待在一起；碰到单亲家庭的留守儿童讷言内向，她把每天都将他逗笑一次作为一个目标；一下课孩子们围着她想做游戏，她就和学生们一起比赛蹦高，在操场上翻跟头，互相教对方几首汉语或藏语歌。

事实上，全校有 238 名孩子，连同事们都觉得王甜甜是学校里的第 239 个"小朋友"。副校长赤列旺修也觉得这位年轻的教师带着孩子般的心性，他谈及甜甜老师很幼稚，却也说这并不是件坏事，"青年教师上课对比老教师会更加灵活，课堂上她非常细心，也很认真，课下孩子们追着她，像个孩子王似的，也能看出学生们非常喜欢她。"

很多稚嫩和纯真在成人的视角下，难免会觉得幼稚。而在孩子们心里，却会因她感受到无限的温柔。平常学生们追着追着就走到了王甜甜的宿舍，王甜甜会顺手给孩子们做饭吃，"他们有的第一次来，一进门就会夸我，说'老师你家好好''你家好香啊'。"孩子们完全放松，会跟王甜甜分享自己家里的日常。

五、教育是相互的，治愈也是

"幸运有家人的爱护，也幸运于梦想成真，当上了老师。我觉得我父母还是挺懂我的，一直支持我做的选择。后来，再来到这里遇到这一帮孩子，我们一起生活、一起成长。"王甜甜说，感觉自己也在被孩子们治愈，之前那些经历，好的、坏的，都被全部抛诸脑后。

在这里，她觉得教育是相互的。她说自己和孩子在相互学习、相互进步，就像她教孩子们汉字，孩子们教她藏语、当她的小翻译，而那些被她爱护着的柔软、稚嫩的心灵们，也转化为千百种开朗、淳朴的笑脸，同样慰藉着她。

用青春年华实现创业梦想
促就业增收

——西藏职业技术学院洛桑达庆

洛桑达庆的公司成立后先后获得"全国农村创业园区（基地）"、自治区就业创业工作先进集体、自治区级众创空间、自治区中小企业示范平台、自治区级创业孵化基地、2021年山南市首批就业见习基地等称号，公司另设帕哲设计策划院、帕哲商学院、帕哲创业服务中心、帕哲农科技术研究中心、山南创新创业实践研究中心，同时孵化128家企业，带动固定就业600余人，其中大学生就业42人，临时就业1200余人，帮助4家企业申请融资产业扶贫贷款共计1117万元。

公司先后开展了十余次跨区交流会，100余次任"导师行"辅导服务，开展多次创业培训班，涉及2000余人次、80余次线上双创载体员工培训，为山南市农牧民群众开展技术培训92次涉及8000余人次，开展两期基层农技干部指导性培训涉及200人次，个人开展20余次创业指导、创业培训涉及1200余人次。参与政策宣讲10余次，涉及村庄17个。

为加快农产品市场体系建设，进一步搞活山南市农产品流通，发展与实现消费者需求相适应的新型业态和营销方式、真正发挥市场在农村经济结构调整中的作用，促进传统农业向现代农特产品转型升级，同时为入驻企业解决产品难销，产品滞销的问题，从2021年9月公司开业到2022年销售额达到1000余万元，2022年虽然受疫情影响但销售额也达到了500多万元，同时为山南市小型企业解决销售难的问题。

公司对小微初创企业一直实行免租、免水电费的服务，除入驻时收取2000元的押金以外，不收任何费用。

公司典型孵化案例。

1. 西藏山南加查县洛林乡达拉药材种植有限责任公司

该公司是由农民合作社逐步发展而来，主要从事野生藏药材的培育和人工种植。公司从企业所需的技术层面出发，多次邀请西藏农牧学院、自治区农科院、林芝农牧学院专家组到入驻企业基地进行实地指导。该公司承担的"野生藏当归人工繁育技术研究项目"通过山南市科技局的审核。相应的技术成果和培育结果受到了领导的一致好评。

截至2019年10月，该公司销售额已达到350万元，实现利润150万元，为贫困户和农牧民提供岗位12个。

2. 加查县安绕镇达堆村吉祥利民木碗加工农民专业合作社

该合作社于 2016 年 12 月由团队的核心成员七人集资 150 万元共同建设成立。其合作社主要经营木碗及藏式卡垫的加工与销售。自成立以来，合作社成功培养木碗加工制作技术人员共 42 人，先后带动建档立卡贫困户 5 户 11 人，为就业贫困群众年增收 2 万元。2019 年在帕哲众创空间的帮助下合作社成功对接加查县"十三五"产业扶贫扶持资金 107 万元，该公司已吸纳 11 名建档立卡贫困户。

3. 西藏山南市加查共康产业发展有限责任公司

该公司成立于 2018 年 1 月是一家村集体公司，公司由共康村党委统一管理经营，公司下设 4 个互助组分别为：经果林种植与加工销售互助组、农产品加工与销售互助组、农机推广与服务互助组、劳务输出互助组。公司把全村 574 个劳力按一技之长全部分配到各互助组当中，能够实现公司和群众双赢的效果。2019 年在帕哲众创空间的帮助下成功对接加查县"十三五"产业扶贫扶持资金 500 万元。该公司已吸收 1000 余名建档立卡贫困户，平均年增收达 1000 余元。

4. 西藏山南加查达布传统文化产业发展有限责任公司

该公司成立于 2014 年，公司履行扶贫责任，通过发展木碗产业自觉带动贫困户增收脱贫，积极探索"公司＋合作社＋贫困户"精准扶贫模式，带动了大批本地贫困户脱贫，为政府分忧，为当地经济社会发展作出了贡献，2019 年在帕哲众创空间的帮助下成功对接加查县"十三五"产业扶贫扶持资金 400 万元，加查县惹米产业园区 20 亩厂房建设用地。截至 2019 年 12 月，公司已带动 45 名建档立卡贫困户，为贫困户平均增收 2000 余元。

洛桑达庆同时任国家 SYB 创业培训讲师、西藏合创文化发展有限公司创始人、山南帕哲众创空间联合创始人、西藏极市商场创始人、帕哲商学院执行院长、加查县青年创业联盟负责人和山南首届青年创新创业论坛总策划。

博学为农　精业兴藏

——西藏农牧学院扎西平措

扎西平措来自西藏那曲市，自幼在牧区长大，深知家中牛羊对于家庭的重要性，但父母对牛羊的疾病束手无策，只能求助当地兽医站，当兽医凭借一针药剂将牛羊病治好时，他被现代化畜牧养殖的科学与技术所震撼。他自此便决心要学习畜牧知识，用所学的专业知识改变家乡的传统畜牧业，推进当地的科学化养殖带动当地经济发展，进而改变家乡的落后现状。

扎西平措在西藏农牧学院毕业后回到家乡，发现在牛羊的养殖过程中存在着多种弊端，例如，草场的过度利用，种群繁育结构不合理等。此时正值"十三五"规划时期，援藏畜牧业被多次提及，扎西平措便制定了自己的规划，决定回乡发展畜牧业，用实际行动改变家乡。他用科学理论与当地牧民畜牧经验良性结合，凭借在学校中各项比赛的历练，当地政府的多项扶持，扎西平措很快取得了一定的成绩。扎西平措于2021年获得"农业农村部推介第五批全国农村创业创新优秀带头人典型案例"荣誉，他是西藏自治区青年联合会第九届委员，其团队多次获得相关赛事大奖。

扎西平措创业至今，已累计带动一百多户农牧家庭致富。通过家庭合作养殖模式，集约化养殖等方式。对不同品种牦牛制订不同的饲料配比，再由公司定期派专业人员去合作家庭进行牦牛的疫病检测，为牧民进行科学性、技术性的指导，降低了牧民的饲养风险。通过该家庭合作养殖模式已直接带动57户农牧家庭增收，以销售、临时工、技术指导等方式间接带动近百位农牧民致富。

旦增一家就是典型代表。如今，旦增一家人都来到公司家庭牧场打工，成了饲养员，每人每月固定工资4000元，包吃住，干得好还有绩效奖励。"现在工作稳定了，再也不用折腾了，有了更多的时间可以和家人在一起了，我们的心终于踏实了。"旦增笑着说。

扎西平措热爱自己的家乡，从高校毕业后，前往内地发展，见识过内地大城市的繁华，但他想到家乡仍处于贫困落后的状态，决心回到家乡创业，用自己的方式带动家乡发展。

扎西平措深知家乡的发展离不开经济支持，依托羌塘草原得天独厚的自然风貌与自身的专业知识，他决定开展畜牧业带动家乡发展。在技术专利与政府的支持下，他通过集约化养殖初步获得收益并与政府开展多项项目合作。在有了一定的资金基础后，他同母校（西藏农牧学院）展开校企合作，由高校为公司提供技术支持，共同开展牦牛家庭合作养殖项目。以牧民增收为目标的前提下，项目很快取得成绩，实现了牧民收

益最大化，帮助牧民致富，确保牧民不会返贫。

在此基础上，公司将为牧民开展各项公益性讲座，其中包括对财务的初步分析、各项商业法律的普及和税务等方面的专业讲解，将逐步提高牧民管理经验与管理能力。其中最重要的是公司将与政府合作开展卫生健康与新时代思想观念的专题讲座，如包虫病等人畜共患病的危害与防治；宣传男女平等、文化知识学习的重要性、维护国家统一、民族团结的思想讲座。真正意义上提高了藏北群众的生活质量，改变了家乡风貌。2022 年 5 月，公司在那曲市尼玛县开展"男女平等"公益讲座活动。2022 年 4 月，在西藏尼玛县初级中学，公司开展"认识艾滋病"的专题讲座。2022 年 8 月，在西藏那曲市尼玛县生态牧场，公司开展"乡村振兴，畜牧先行"剪羊毛专项技能比赛活动。公司将与政府合作进行草场维护，藏北是一个以畜牧为主的地区，针对藏北草场土地荒漠化愈发严重，公司贯彻落实"绿水青山就是金山银山"的发展理念，每年会将项目所得 15% 收益用于与政府合作，进行草场保护和土地荒漠化的治理，从而达到对草场的循环利用，扩大养殖规模，实现可持续的、良性的健康发展。

公司将与牧民共同开展特色旅游农家乐项目，牧民通过公司的专业讲座培训，已具备一定的管理能力，在公司资金的支持下开展该项目，服务牧民，改变家乡面貌，推进社会主义现代化发展在西藏的进程。作为西藏大学生，他在学习与生活的过程中，了解到藏族畜牧行业的发展前景与行业弊端，秉持着"博学为农，精业兴藏"的想法，学以致用，用专业知识为西藏畜牧业作出自己的一点贡献。

陕西省

扎根基层　以专业的力量
孕育国家未来的希望

——陕西科技大学教师赵钢

就业是民生改善的"温度计"、社会稳定的"压舱石"，也是经济发展的"晴雨表"，做好高校就业工作的价值和意义不言而喻。作为一名从事就业工作十几年的二级学院党委副书记，赵钢考虑更多的是如何带领他的团队驾驭各项就业方针政策，在实战中提升业务能力帮助更多的学生实现就业梦想。经过多年的摸爬滚打，他探索出就业育人有真招、就业工作有实招、生涯规划有妙招、开拓市场有奇招的"四位一体"全员、全过程、全方位的就业工作体系。近三年，毕业生整体的就业率、升学率稳居全校前三，就业工作考核连续位列全校第一。

一、培根铸魂、立德树人，就业育人有真招

就业工作不是只有就业率，更重要的是培养出符合国家、社会需要的德智体美劳全面发展的社会主义建设者和接班人，为此就业育人理念是赵钢开展工作的出发点。赵钢实施"崇德计划"，开设主题公开课，把好就业"思想关"，开讲"青春献给党"就业专题党课、团课，帮助学生树立正确的成长观，引导毕业生把"小我融入大我"，唱响报效祖国主旋律；实施"笃行计划"，组建毅力训练营，夯实就业"认知关"。赵钢组织服务西部计划、支援边疆建设宣讲报告会等，讲政策、送培训，提升艰苦奋斗行动力；实施"至诚计划"，挖掘典型领路人，擎起就业"导向关"。赵钢邀请知名校友开展基层就业分享会、走访第一书记调研活动，发挥典型带动作用，营造导向基层就业浓厚氛围。近年来，毕业生奔赴边疆地区 10 余人、西部地区就业占比 60％、基层就业占比57％，涌现出扎根新疆和田的孙可榜、西藏阿里的刘智勇等优秀毕业生。

二、统筹兼顾、精准施策，就业工作有实招

就业工作是一个系统工程，需要运用科学化、系统化的全员、全过程、全方位研究思维统筹兼顾、精准施策、长远布局。在长期的实践中赵钢总结出摸清底数、形成合围、借力打力、烘托氛围的就业工作"四部曲"。摸清底数是前提，属于就业前置范畴，赵钢的做法是将学生的职业理想、性格特点、兴趣爱好、学业成绩、家庭条件、个人能力立体画像，找出优势也找出弱点，便于对症下药；形成合围是重点，就是将影响就业工作的各种力量凝聚起来，学校就业中心有指导、学院配套有政策、学业导师有共识、心理导师有指引、党员干部有榜样、亲朋好友有协助，便于齐头并进；借

力打力是关键，找出学生痛点后精准施策，借助学校各职能部门政策，抓住时机调动求职积极性，便于重点突破；烘托氛围是推力，分析国家就业形势，掌握毕业生的从众心理，用朋辈教育作出示范效应，营造良性就业氛围。近年来毕业生升学率逐年上升接近 35%、平均就业率保持 92%。

三、遵循规律、以理服人，生涯规划有妙招

"种瓜得瓜种豆得豆"，没有植入职业生涯理念、没有培养求职技能，就业工作难有成效。要教育引导好毕业生，就必须遵循学生成长规律、思想政治教育规律，客观理性开展工作。赵钢所带领的就业团队 100% 具有全球职业规划师身份，80% 具有国家心理咨询师资格，专业化的实力使得团队可以将职业生涯规划课在四个年级同时开展，而且具有规范性和逻辑性，获得了陕西省首届职业生涯课程大赛二等奖；通过关注全国高校毕业班辅导员平台加强信息交流、推广"陕西省大学生就业管理服务系统"抓取数据，掌握资讯和建立数据库，使得教育引导学生更具说服力。在长期实践中，团队总结出职业选择递减法，用理科思维处理复杂问题；梳理出大众心理引领法，让学生在职业抉择上认清形势；总结出个性指导突破法，因人而异力求实效。在不断摸索中，团队也提炼出围点打援、循循善诱法；借助外力、因势利导法等妙招，在全校得以推广。

四、整合资源、依托平台，市场开拓有奇招

就业质量的提升离不开优质用人单位的吸引，通盘布局开拓就业市场并加以合理利用是赵钢的主要方法。首先借助校友资源先谈实习基地和科研合作，让学生了解单位；其次按照专业围绕产业链上下游来寻找市场资源，形成群聚效应，让学生走近单位；最后借助多年掌握的大量企业资源人脉，紧握市场主动权，让企业之间形成竞争态势，让学生选择单位。在沟通中构建新的语境宏观叙事，增强情感认同会有意想不到的效果。近年来，赵钢协助学校就业指导中心年均召开专场招聘会 50 余场；签订就业基地 80 余家；精准推送就业信息年均 500 余条；借助教育部"24365 网络招聘平台"实现学生就业 800 余人。

多少日夜他与毕业生促膝长谈、与用人单位充分沟通；无数篇"致家长一封信""大

四纠结症的思考"等网文推送，让赵钢深知就业工作只有不断反思总结提升，形成长效机制，才能方得始终。赵钢坚信，有就业工作思路大格局，系统推进，工作才能有条不紊；有健全的规章制度作保障，激发潜能，工作才能有的放矢；有积极健康的就业氛围营造，身临其境，工作才能事半功倍；有科学规范的工作指南，明确职责，工作才能传承延续；有对学生的全身心投入，知根知底，工作才能稳中求进。

深耕基层育人工作
坚守一线服务学生

——西安外国语大学辅导员刘青清

作为高校辅导员，刘青清坚持把就业育人作为立德树人的具体体现，当好基层就业的"宣传员"、帮助学生的"服务员"、就业工作的"组织员"，用心用情做好学生就业创业工作，在教育引导学生基层就业方面成效显著，成功指导 140 多名学生基层就业、应征入伍、自主创业。

一、当好基层政策的"宣传员"

2018 年，刘青清刚担任辅导员，对就业政策还不太熟悉。当时正值毕业季，许多学生来办公室咨询就业创业政策，于是她就开始主动学习上级文件精神和就业政策，为学生答疑解惑。立身百行，以学为基，她始终把理论学习和坚定理想信念摆在首要位置，不断提高自身就业工作水平，她相信扎实的工作技能是做好学生就业服务的前提，以赛促学提升能力，获得学校辅导员素质能力大赛优秀成绩，获得思政微课大赛优秀奖。她不断增强理论素养，公开发表 3 篇思政论文，参与校级就业教改和思政项目 2 项。

她坚持用好政策引导，邀请就业中心老师、校友、退伍学生、用人单位开展政策宣讲会、就业创业和入伍分享会、实习实践说明会等 80 余场，让学生对就业、创业、落户等方面政策能充分了解，帮助 38 名学生申报求职创业补贴。顺利完成学院奖助学金评选、发放，教育引导学生以就业回报国家。用好榜样力量，在学生赶赴基层就业后，她以他们为典型做好就业宣传工作，每年组织在官微推送优秀毕业生、基层就业等"榜样力量"推文 20 余篇。所带学生优秀毕业生评选获学院历史性突破，2 名学生获省级优秀毕业生，1 名学生获省级优秀毕业生干部。用好课程引导。她连续 4 年为 600多名学生讲授就业指导课程超 500 学时，通过课程思政助力就业育人工作。每年组织就业思政课和专题就业讲座 20 余次，引导学生面向小微企业、走向基层、走向西部，教育学生将个人职业规划与国家发展和民族复兴结合起来。

二、当好帮助学生的"服务员"

围绕"就业难"等问题，她用好各类新媒体平台，提升智慧就业水平，确保就业工作"云在线"。2022 届毕业生就业工作是在疫情期间开展完成的，她作为辅导员克服重重困难，2021 年冬在校与学生同吃同住 43 天，并坚持 24 小时电话、微信、QQ 云在

线为学生提供就业服务和指导，建立就业台账沟通机制，并定期按专业将台账发送给毕业论文指导教师和各教研室，调动专业教师共同帮助学生顺利毕业就业。疫情期间，她仍然能够随时随地为学生提供就业服务。2022 年，她腿伤住院期间，仍然每天在年级群和班级群推送就业信息不少于 20 条，随时为学生解答相关问题，及时提醒毕业生关注各平台的招聘信息。她每年开展就业防诈骗、疫情防控等安全教育班会或年级大会 40 余次，帮助学生平安就业。同时她一对一做好特殊学生的就业帮扶工作，每周至少点对点向每人提供 3 条针对性招聘信息，确保特殊学生百分百就业。

疫情防控期间，她始终坚持在一线服务学生，住校陪伴学生时间超过 200 天。她日常关心关爱学生，做好学生就业后勤工作，帮助学生心理释压。她担任学校公寓楼党小组成员，每天线上线下服务近 500 名学生，带领党员志愿者每天深入学生公寓服务，组织学生参加"以艺抗疫，长安常安"海报比赛等，积极宣传抗疫志愿典型，为疫情防控和复工复学贡献了自己的力量。

三、当好就业工作的"组织员"

面对复杂的就业形势和学生求稳的心态，刘青清在就业工作中埋头苦干不放松。一是向"上"着眼，谋划工作有思路。她坚持问题导向和系统思维，建立院—专业—年级—班级的四级联动就业帮扶机制和四年分阶段指导机制，利用新生家长会、开学典礼等方式加强家校联动，从学生入校到毕业，做好全过程就业思政工作。作为学院就业工作专干，组织开展各年级大会、主题班团会、实践周讲座等 60 余次，从而引导学生树立正确的价值观、择业观和事业观。开展就业意向调查和就业数据分析，以便系统化指导学院就业工作。二是向"下"扎根，落实工作有韧劲。她以有温度的日常工作和谈心谈话为学生培根铸魂、启智润心。她组织优秀学生建功立业分享会，帮助 36 名学生成功创业，组织西部计划面试培训会，实现学院西部计划学生零突破。疫情期间，匹配合适就业岗位就更加困难。为了帮毕业生寻找更多就业机会，她能迎难而上，近四年积极联系用人单位 300 余家，组织学院线下专场双选会 68 场，线上招聘会 21 场，组织校企合作洽谈会 45 场，学院访企拓岗 56 家企业，加强校企间联系，匹配合适的就业意向学生群体，及时给毕业生提供可靠、有效、高质、对口的就业信息，切实提高就业工作的有效性和时效性。学院基层就业学生数量在全校名列前茅。

今后，她将继续坚守一线辅导员岗位，从加强理想信念、改变价值理念、增强道德观念、提升职业素养、锤炼专业技能等方面发力，坚持以学生成长成才为己任，强化就业育人，助力更多学生奔赴西部、赶赴基层，在祖国最需要的地方奉献青春，培养更多有理想、敢担当、能吃苦、肯奋斗的新时代好青年。

扎根西部基层的"黑博士"

——西安交通大学林舒进

林舒进，广东陆丰人，西安交通大学管理学院 2019 届博士毕业生，在校期间曾获得 2018 年度陕西省岗位学雷锋标兵、"第十四届大学生年度人物"提名奖等荣誉。他在脱贫攻坚工作中表现出色，受到国务院副总理和陕西省委书记的亲切接见，并作为西安交大西迁新传人在人民大会堂汇报了自己的扶贫经历。2019 年博士毕业后，林舒进选择扎根西部基层，成为一名广西定向选调生来到玉林市工作。在广西，他主动请缨到最艰苦的基层一线工作，先后到博白县那卜镇担任石茅村驻村第一书记、石茅村党组织书记助理，那卜镇党委副书记、镇长等职务。林舒进坚持勤恳做事、踏实做人的原则，为当地一线的乡村振兴和产业发展作出了突出贡献。

一、主动作为，开拓当地乡村振兴新局面

林舒进在石茅村担任第一书记期间，尽管面临缺乏资金和经验的窘境，他仍然主动尝试，从零起步开始探索乡村振兴试点建设。他靠着仅有的 1.5 万元第一书记帮扶经费，带头组织村民、村干部一起上阵搬砖动土，经费不够就向社会募捐、经验不足就四处去学习。最终他们仅用了 7 万余元就完成村屯主路风貌提升，打造出了石岭胫屯乡村振兴试点，当时这是在别人眼里看来不可能做到的事。同时，他依托当地文化传统挖掘村民的家风家训和制订村规民约，推行好家风上墙，丰富村级文化生活，助推文明乡风建设。他组织成立村屯党支部和乡村振兴理事会，落实村民责任，推行简化易行的积分超市制度，推动了党建引领和村民自治，最终探索出了一条适合普通农村的低成本、强带动、可复制的乡村振兴方案，为周边乡镇提供乡村振兴可借鉴的模板。

担任镇长期间，他又进一步组织乡贤募捐 314.2 万元，筹集专项建设资金 90 余万元，全面攻坚推进建设 14 个乡村振兴示范屯，其中双竹村黎屋屯等 4 个屯建成党建精品示范屯。石茅村"积分超市"制度和文明家风评选经验也得到市县领导的认可和媒体的广泛宣传，新屋屯围绕清廉家风建设、送家风上门等活动，塑造文明乡风氛围。在他的带领下，那卜镇的乡村振兴建设由"形"的阶段，转入到"实"和"魂"的建设阶段。他的工作开创了当地乡村振兴的局面，工作成效得到领导的认可。2020 年 12 月，博白县组织全县各镇到当地举办现场会。

二、因地制宜，推动当地产业发展新高度

那卜镇是博白县最小的乡镇，属于老虎头水库库区移民地区，当地地少林多，加之饮用水源保护地和用地指标等一系列客观条件的限制，产业发展非常艰难。林舒进下定决心改变当地产业落后的局面。他在当地以"三变改革"为切入点，成功流转耕地600多亩、流转林地1500多亩，盘活闲置集体资产3000多平方米、盘活闲置扶贫车间2间、改造村民闲置猪场及用地为车间4处，为后续产业发展蓄力赋能。为了带动就业，他因地制宜开展"微招商"行动，针对微型加工企业加大招商引资力度。用一年时间，他成功引进10家微型加工厂和农业合作社，培育服务业企业1家。针对当地独特的林地和气候条件，林舒进在当地推广菠萝蜜产业，通过推动企业主导、乡贤助力、农户合作的种植模式，从无到有培育了三个菠萝蜜种植基地，带动30多户农户种植菠萝蜜，种植规模将近1000亩。他还围绕菠萝蜜育苗、种植、加工、冷链物流、尾料利用等环节打通产业链条，打造菠萝蜜全产业链。同时，他也积极壮大金花茶、沉香种植，新培育优质稻、花卉、食用菌等特色种植产业，形成当地"四强多精"的特色产业布局。依托老虎头水库沿岸产业和自然景观优势，林舒进积极谋划和推进老虎头现代观光农业产业集群建设，初步形成以金花茶基地、茅坪坡菠萝蜜基地为代表的占地5000多亩的老虎头水库沿线观光农业产业带；初步建成集康养、观光、农业一体的农业产业，奠定那卜镇观光农业发展基础。2021年6月，那卜镇佳永金花茶种植专业合作社也获得农业农村部颁发的"国家农民合作社示范社"。

三、攻坚克难，推进乡镇治理稳步前进

那卜镇曾经历历史罕见的13场强降雨袭击和疫情等超预期因素的冲击，在县委县政府和镇党委的领导下，林舒进组织全镇干部，实施科学有效的措施，以最短时间、最小代价，成功应对多轮强降雨和疫情的冲击，最大程度保护了人民生命财产安全，实现全镇零事故、零感染的成绩。此外，在他们努力下那卜镇水境整治工作也取得突破性成效，跃河流域历史性地消除劣五类水质，稳定达到三类水质。在全镇干部努力下，那卜镇的社会治安形势稳中向好，人民群众安全感上升至99.16%，达历史新高。

林舒进在基层一线工作表现出色，为此他曾先后被评为全国"2020—2021年度大学

生就业创业年度新闻人物"、自治区"学习身边榜样"月榜人物、玉林市优秀脱贫攻坚（乡村振兴）工作队员、玉林市交通运输工作突出贡献个人、玉林市组织部"嘉奖"奖励、博白县履职先锋先进个人、博白县"美丽博白"乡村建设先进个人等。以林舒进扎根基层故事拍摄的党员教育片《扎根》获得广西壮族自治区党员教育"八桂先锋"典型事迹片一等奖。

青春无悔白鹤滩

——西安理工大学张丹萍

"世上有朵美丽的花，那是青春吐芳华。"何谓芳华？

当张丹萍思考这个问题的时候，这些年经历的一幕幕场景如电影般在脑海中放映——烈日灼烤下的工地上，她胆战心惊地绑扎炸药；狭窄闷热的施工洞中，她穿着雨靴、打着手电筒艰难前行；与岩石做伴、与星空对望的深夜里，她忍受着；曲折颠簸的山路、荒凉险峻的大山、画不完的图纸、写不完的报告……集结成这10年最深刻的记忆。

2014年7月，毕业于西安理工大学的西安姑娘张丹萍，拖着简单的行囊来到白鹤滩水电站。10年的时光，她见证着白鹤滩从一片荒滩到水电站拔地而起，白鹤滩见证着她从一个青涩的大学生成长为一名优秀的建设者。

"这就是我的青春绽放的芳华。"张丹萍说。

一、到祖国需要的地方，做一名建设者

2014年，张丹萍被水电七局录取，分配到白鹤滩水电站项目——我国实施"西电东送"的国家重大工程，也是世界上在建规模最大、技术难度最高的水电工程。

去，还是不去？上大学时，张丹萍都舍不得离开家而选择了本地的大学，这下要远赴外地工作，她多少有些犹豫。

2014年，习近平总书记给河北保定学院西部支教毕业生群体代表回信给了她坚定的信心。好儿女志在四方，有志者奋斗无悔。她决心用实际行动践行西安理工"祖国、荣誉、责任"的校训。她的内心点燃了一把火，收拾好行李，和家人告别，到祖国最需要的地方去建功立业。

盘山公路一圈又一圈，延伸到大山深处，那里没有城市的繁华。还没适应山里生活的张丹萍便快速走上工作岗位，初到白鹤滩的她被分到了土建三队，从事左岸进水口爆破开挖工作。

7月的白鹤滩温度达到一年中的顶峰，工作面毫无遮挡地暴露在骄阳之下。张丹萍和新来的大学生一起，在老队长带领下从学习绑扎炸药开始，很快融入工程建设中。在上手两天后，她和新来的同事们的皮肤就由红转黑，衣服蹭一下火辣辣地疼。看着镜子里的自己，张丹萍却觉得，这才是建设者的样子！

每当爆破声响起，张丹萍还有些许激动——这个影响深远的超级工程，自己在为此奠基。

"与大国重器一同成长，这是我的幸运。"她在工作日志扉页上写下这句话。

二、同去的 30 多名伙伴相继离开，她坚持了下来

豪情壮志易有，平凡坚守难得，对一个女孩子来说，更是如此。

7 月刚去，8 月就遇上了地震，张丹萍被吓坏了，想起自己所在区域地震频发，她感受到强烈的恐惧。工地偏远荒凉，营地到最近的镇上没有公共交通，去镇上购置生活用品，来回要花 60 元钱打车。大多数时候，张丹萍和小伙伴们都待在营地，

当年和她一起到白鹤滩工作的毕业生有 37 人，其中 5 名女生。10 年里，由于各种原因，当年一起来的小伙伴们都离开了，最后只剩她一人仍然坚守在项目部。

要离开吗？张丹萍不是没有考虑过这个问题，尤其是在结婚生子以后。生孩子后第一次带着宝宝去工地，张丹萍看着雏形已现的水电站，她觉得，这也是她的"孩子"啊！这些年来，她看着水电站一点点崛起，马上就要建成投产，这时候离开，她不甘心，也不忍心！

于是，张丹萍和爱人做了一个决定，带着婆婆和宝宝一起，把家安在工地上。就这样，虽然每次路上来回依然避免不了晕车，但在家人的陪伴下，"小白鹤"健康快乐地长大了，从学说话起，便天天喊着"挖掘机""大吊车"。

张丹萍认为，作为建设者的后代，这份童年经历对孩子来说是弥足珍贵的。有时候走在城市中，看着万家灯火，她会骄傲地告诉孩子："你看，这是爸爸妈妈和叔叔阿姨们点亮的！"

三、深度参与技术攻坚，贡献自己最大价值

在经过一番历练后，因工作需要，张丹萍被调去技术部，接受新的挑战。每次开现场技术会，各部门、厂队及施工队伍提出现场技术难题时，说的是四川方言。张丹萍听得云里雾里，但她没有"摸鱼"，用手机录下会议内容，晚上反复听，请教同事，直到完全听懂大家的发言。

项目部的女同事大多从事资料员的工作，不用跑工地、写方案、画图、加班，但张丹萍偏偏对做专职技术员跃跃欲试，领导被她的执着精神打动了，批准了她的请求。她十分开心，因为在西理工所学的专业知识终于有了用武之地，自己也能为工程建设贡献更多的力量。

白鹤滩地下洞室群规模大、地质条件复杂、围岩变形问题突出。张丹萍及其所在的工作室团队经过反复研究和摸索，创新采用"保护层双预裂薄层平挖"施工工法和"薄层保护开挖、支护快速跟进、精细控制爆破、全程监测指导"为核心的围岩变形控制措

施，攻克了世界最大地下厂房开挖变形稳定控制难题，节约厂房直线工期 6 个月，节省直接施工成本 1209 万元，形成工期效益 6600 万元，产生提前发电效益约 28 亿元。在岩锚梁浇筑阶段，首创研制出岩锚梁钢筋安装台车和单侧式混凝土浇筑钢模台车，实现了大跨度高边墙岩锚梁的优质高效机械化施工。

多年来，张丹萍始终在工程一线研究问题、解决难题，完成专利申报 19 项，授权专利 12 项；编写施工工法 2 项；深度参与研究工程科技项目 8 项，取得省部级科技奖 4 项。

2021 年 6 月，习近平总书记致信祝贺金沙江白鹤滩水电站首批机组投产发电。次年 12 月，白鹤滩水电站 16 台机组全部投产发电，"白鹤亮翅"，使命终成！

"有志者奋斗无悔"，毕业那年的夏天，张丹萍心中燃起的火焰一直熊熊燃烧，照亮了她的奋斗之路，支撑着她扎根深山、忍受寂寞、捱过艰辛。大国重器的落成，是给青春最好的奖章。

用心点亮山区孩子希望之光

——陕西师范大学李楠

李楠，1996 年 4 月出生，中共党员，2017 年毕业于陕西师范大学，现为商洛市镇安县镇安中学教师。工作中，他政治坚定、作风优良、品质卓越、能力突出，他用真心赢得学生的爱戴，用态度赢得同事的好评，用成绩赢得家长的高度赞扬。任教以来，先后获 2019 年中央电教馆全国中小学校本德育课程一等奖、人气奖，2019 年陕西省物理学科竞赛优秀指导教师、2021 年商洛市"岗位学雷锋标兵"、2021 年商洛市第一季度"商洛好人"、2022 年陕西省"岗位学雷锋标兵"、2022 年商洛市优秀班主任、2022 年商洛市"青年思想引领工作先进个人"等荣誉称号，多次被镇安中学评选为"优秀班主任""优秀教师""优秀指导员"。其事迹曾被"学习强国"、《商洛日报》等媒体报道。

"是党员们拆下肋骨当火把照耀前路，民族先烈们抛头颅洒热血奋斗不息，才有了新中国。同样，建设美好的家乡需要我们努力奉献、不懈奋斗。家乡曾养育了我们，我们也应帮家乡摆脱贫困。"作为一名新时代青年，他始终不忘习近平总书记对青年的嘱托，用实际行动践行有理想、敢担当、能吃苦、肯奋斗要求，以赤诚之心、奉献之心、仁爱之心投身基础教育事业，立志成为学生为学、为事、为人的大先生。作为山区一线教师，他用奉献点亮大山深处莘莘学子的希望。

一、不忘初心，他是山区孩子的"登山梯"

"扶诸生立志，助万家立身，不为自己安身立命谋职谋路"是李楠坚持的信念。镇安中学是他的母校，他一直记挂母校物理学科师资短缺，大学毕业后，放弃西安名校的工作机会，毅然选择回到家乡，回到自己的母校任教。刚回家乡时，李楠主动承担起超负荷量的工作。在担任班主任、完成五个班的教学任务的同时，李楠还负责学校政教处、信息中心和校团委的工作。2020 年，镇安中学搬迁整合，学校师资流失，亲友都劝他寻求个人发展，但他多次放弃到县直机关的机会，凭着从教的坚定信念，默默坚守在学校一线教师的岗位上，立志助力家乡的孩子跨越大山走向希望。在他的影响下，家国情怀的种子深埋在乡村孩子的心灵深处，每个孩子都将"帮助家乡摆脱贫困，而非摆脱贫困的家乡"作为自己的奋斗志向。大山里的孩子们在他的指引和激励下，励志求学、奋发读书，为践履"走出大山，是为了反哺大山"的约定而接力奔跑。

二、牢记使命，他是思政教育的"先锋兵"

身为学校团委书记，李楠高度重视学生思想政治教育工作。在学校，他建立共青团团校,定期开设团课讲座,注重培养团员青年的爱国情怀和社会责任。在组织学生开展植树护林、社区服务等志愿活动中,他始终以身作则、冲在一线。2022 年 8 月,镇安县疫情防控最紧张的时期,他主动报名担任防疫志愿者,为镇安县打赢防疫阻击战作出突出贡献,被评为县级优秀防疫志愿者。李楠在工作中巧施隐性思想政治教育,亲自设计班徽班牌、文创名片,每一笔每一画都倾注了他对学生的殷切期望和谆谆教导,并把个人社交账号作为思政育人的第二平台,让思想政治教育更具针对性、感染性和吸引力。他将思政育人工作贯穿学生德智体美劳培养的全过程,通过创设一系列丰富多彩的团学文化活动,培养学生劳动创造能力、提高学生审美鉴赏能力、增强学生体育运动能力,让山里的孩子们享受素质教育的阳光。

三、别具匠心,他是课程改革的"出头椽"

在网络科技不发达的山区,李楠引进母校陕西师范大学思乐德(SSD—SLD)先进课堂理念,依托母校和导师的教研团队,深入推进课程改革和课堂教学创新。他以"学生中心""课堂学习"和"成长导向"为指导思想,重视激发学生学习兴趣、培养学生思维能力、提升学生综合素养。他利用课余时间研究技术,学习使用新兴科技产品,将最新的技术用以辅助物理教学,将复杂抽象的现象理论可视化,极大降低了物理学习的门槛。李楠努力克服硬件条件不足的困难,就地取材、自制教具,完成演示实验,通过妙趣横生的实验设计打通学科隔阂,加深学生对学科知识的理解,增强学生解决实际问题的能力。在李楠的指导下,学校人才培养质量大幅提升。学校 2 名学生获得科技创新大赛国家级奖励、5 名学生获得省级一、二等奖、6 名学生获得市级一等奖。他主持修建的集成电路实验室,于 2022 年由共青团中央挂牌为"小平科技创新实验室"。

四、师德耀光,他是指引方向的"北极星"

从站上讲台的第一天起,李楠从未因个人原因耽误过学生的课。假期他在学校无偿为留校学生"开小灶",课间、晚自习后他总在为学生答疑解惑,工作到校内熄灯也是常态。李楠关爱每一位学生,他曾挽救 5 名心理危机学生,经常陪护生病学生、为留守学生准备礼物、向困难学生提供经济资助。几年来,他已通过多种方式捐出 4 万余元。他还积极参与学校心理课程、生涯发展课程的开发与实施,尽其所能帮助更多学生少走弯路,为山里的孩子撑起一片蓝天。

李楠曾为学生寄言"山海不可平,而心可越,既已提笔为刃,便当浴血奋战,移山填海"。近年来,他收到学生写给他的书信,其中一封这样写道:"假如人生不曾相遇,我不会相信有一种人一见面就觉得温馨。您把光亮照向我们,从此人间的前路被点亮。老师啊,感谢您如此精彩耀眼,做我们平凡岁月里的日月星辰。"

面对学生们的爱戴,他咧着嘴笑开了花:"能被你们喜欢,是我的荣幸。"这就是李楠，甘做教育的一片绿叶，用自己的付出成就了花果的美丽和甜蜜。他在三尺讲台上，以青年之自信、青年之担当、青年之作为，生动诠释了"西部红烛两代师表"精神，树立了公费师范生"下得去、留得住、干得好"的典范！

甘巴拉山巅上的坚守

——西安电子科技大学赵家璀

赵家璀,中共党员,1993 年 7 月出生,西安电子科技大学 2015 届毕业生。现任空军某部甘巴拉英雄雷达站上尉政治指导员。

一、携笔从戎不忘报国初心

作为一名国防生,他始终牢记学校的优良传统,携笔从戎报效国家。自入学以来,他认真学习专业知识,强化自身军事素质。毕业前夕,他各项综合成绩排名前五,本可以选择一些驻地条件较好的内地单位发展,但他自愿向驻校选培办提交入藏志愿书,并于同年 6 月分配至空军某部甘巴拉英雄雷达站。2018 年 9 月,他因工作突出被提升为甘巴拉英雄雷达站政治指导员。他在甘巴拉英雄雷达站战斗了 7 年半,扎根基层,驻守雪域边疆,用"厚德、求真、砺学、笃行"的校训结合"甘巴拉精神"带领全站官兵不断奋进、勇攀高峰,爬冰卧雪斗严寒,秉着"缺氧不缺精神,奉献更要贡献"的实际行动不断践行强军兴军的宏伟目标。

他时刻铭记一个国家、一支军队要发展、要强大,关键要有一种开拓创新、锐意进取、敢为人先、奋发有为的意志品质和精神状态。而甘巴拉英雄站发展至今,就是靠"甘愿吃苦、默默奉献、恪尽职守、顽强拼搏"精神品质所支撑,依靠自身顽强意志、砥砺奋斗发挥榜样作用。他不断教育引导所带官兵们不管在什么时候,碰到什么困难,都始终保持积极向上的进取精神和蓬勃朝气,带出了一支永不退缩、永不畏难、永不懈怠、永不放弃的思想政治硬、战斗能力强、综合素质高的标杆连队。

二、坚守高原不负卫国使命

甘巴拉英雄雷达站驻地自然环境十分恶劣,工作生活条件十分艰苦。但赵家璀从未犹豫和退缩,他所在的连队 1993 年被空军党委授予"甘巴拉模范雷达连"荣誉称号,1994 年被中央军委授予"甘巴拉英雄雷达站"荣誉称号,秉承享誉全军的甘巴拉精神,他终年与雪山为伴,常年以阵地为家,甘愿用青春、热血乃至生命守卫这份荣耀,甘愿吃苦、默默奉献、恪尽职守、顽强拼搏!

他在担任连队主官期间,单位受到了中央军委、西藏自治区、战区空军等各级表彰 20 余次,2019 年单位被评为空军英模单位,连队连续 29 年被评为先进基层单位。赵家璀被评为部队级"优秀基层干部",荣获嘉奖一次(不予公开),荣立三等功一次,先后接受新华社、中央电视台、中国军网、《解放军报》等媒体采访 10 余次,先进事迹被中央电视台、《解放军报》报道。

三、热血青春践行强军誓言

他几年如一日扎根甘巴拉，是忠诚和热爱，是雪域高原激励着他、引导着他，在边不言苦，在岗不言败。

当他确定分配到甘巴拉英雄雷达站时，给父母亲的第一封家书中写道："亲爱的爸爸妈妈，我很荣幸成为光荣的英雄雷达站的一员。西藏虽然环境艰苦，但是这里的天很蓝。我要誓死捍卫祖国的蓝天。请你们不要担心，因为我现在是一名光荣的人民解放军战士！我必须担起这份责任。我的身后是祖国。我愿意流尽我的最后一滴血。"

在基层，指导员就相当于官兵的家长，掌握官兵思想动态，解决矛盾困难是本职工作。他能做到对所属人员各项资料"一口清"，积极帮助每一名官兵规划部队生活。在担任指导员期间共有 20 余名战士因工作表现突出荣立三等功；4 名战士成功考学提干；20 余名官兵加入中国共产党，他成功走进了官兵的心里，更是成为战士无话不谈的知心大哥。

作为一名政工干部，他没有忘记自身任务使命，牢记提升战斗力才是能打胜仗的唯一标准。训练场上总能看到他活跃的身影。面对新形势、新挑战，他冲锋在前，带领攻坚小组攻坚克难，学理论、强基础、重实践。"我们驻地虽远，紧跟思想不能远；条件虽苦，卫国戍边不叫苦；氧气虽缺，打仗精神不能缺。"在雪山之巅，在他的建设和带领下，甘巴拉雷达站不单单是精神高地，更是提升战斗力的强训基地。

面对织密雪域天网的新使命任务，"甘巴拉精神"已经成为高原雷达兵精神的集合，所有接力前行、接棒奋进、燃烧热血青春的高原雷达兵们都在不断赋予"甘巴拉精神"新的时代内涵，每个时代有每个时代不同的使命，每个时代的"甘巴拉精神"也会有每个时代的烙印。一代人有一代人的责任，一代人有一代人的担当，作为甘巴拉雷达站党支部书记、"甘巴拉精神"的扛旗人，他带头喊出"奉献更要贡献，胜任更要突破！"。他团结支部班子成员，带领连队走下雪山，走出高原，积极探索适合新时代甘巴拉雷达站发展模式，磨砺胜战本领，用实际行动不断赋予"甘巴拉精神"新的时代内涵。

在习近平总书记强军思想的指引下，他信念如磐、脚步铿锵，他志在边关写春秋、愿为祖国守冷月！

争做敢担当　有责任善作为的青年干部

——长安大学杨琪

杨琪，1996年3月生，陕西榆林市人，2018年8月参加工作，2014年7月加入中国共产党。她2018年毕业于长安大学，本科学历，现任榆林市横山区赵石畔镇党委委员、宣传委员。

党的二十大报告指出："广大青年要坚定不移听党话、跟党走，怀抱梦想又脚踏实地，敢想敢为又善作善成，立志做有理想、敢担当、能吃苦、肯奋斗的新时代好青年，让青春在全面建设社会主义现代化国家的火热实践中绽放绚丽之花。"作为一名年轻干部，杨琪始终坚守初心、脚踏实地、志存高远、勇敢追求，在基层实践中见世面、壮筋骨、长才干。

她注重理论学习，坚定政治立场，始终做到信念过硬，坚持把深入学习贯彻习近平总书记新时代中国特色社会主义思想作为首要的、长期的政治任务和解决问题、推动工作的"发动机"，通过学党章、学报告、学讲话、读原著、学原文、悟原理，提升政治理论素养和政策水平。她主动践行扎根基层、服务农村的思想，深入基层一线、走进群众家中，开展走访调研活动，在实践中不断巩固、检验和提高学习效果，努力提高自己的理论水平和工作能力。同时，她坚持向领导、同事学习，学习他们的工作经验和工作方法，坚持向群众学习，学习群众的思考方式；广泛阅读，不断增强文化素养。

她立足岗位实际，理清工作思路，切实履行岗位职责，自觉践行新发展理念和区委区政府、镇党委政府安排部署，明确发展目标定位。面对上级下达的众多任务，她能将工作主次有序、合理安排，如期高质量完成。担任镇长助理期间，她全面负责横山区雷龙湾镇沙峁村党建工作，立足村情实际，积极总结经验，以党建引领为发力点，形成了"12345"工作法，充分发挥村党支部的战斗堡垒作用。2019年，沙峁村被市委组织部授予"五星级党组织"、2020年被横山区委授予"农村先进基层党组织"。她积极推动沙峁村王圪堵水库库底清理工作，以主题教育为契机，积极推行党支部带动骨干党员、骨干党员带动党小组、党小组带动全体村民的"三带动"工作机制，全面推动王圪堵水库库底清理工作，全村拆除水库库底850多间原住房屋，清理苗木1108亩、大树9万多株。

她注重锤炼本领，敢于尝试创新，始终保持积极上进的工作态度，工作中创新进取、苦干实干，发扬求真务实，真抓实干的作风。她担任副镇长期间，包抓横山区赵石畔镇水掌村，负责村内综合事务，扎实开展防返贫监测及后评估各项工作，全方位开展调研，形成乡村振兴五年规划。她充分调研摸底，组织离任村干部建立"红心庭院"，打造基层党建品牌，调动离任村干部在基层综合治理中的积极性，带领支部、党员深入开展"我为群众办实事"实践活动，和陕西省人民医院驻村工作队为 7 名大病患者公益募捐 2.8 万元。抗旱期间，她为解决杨窑则组 200 多亩宽幅梯田灌溉问题，多方筹措开展抗旱自救，打机井 2 眼，配齐配套设施，扩大土豆、香谷等作物灌溉面积，改种白菜 20 余亩。在镇党委政府的大力支持下，水掌村支部全力以赴配合争取黄蒿界煤矿项目，多方合力啃下征地第一块"硬骨头"，多次召开"红心庭院"会议、小组会议，逐户逐人解说政策，统一思想认识，了解地界纠纷历史渊源，化解各类矛盾纠纷，征地 840 亩，为水掌村全面推进乡村振兴工作开好局，起好步。

她不忘初心，深入群众开展服务，展现巾帼风采。在工作中，她经常深入农户家中，与群众拉家常、问实情、讲政策、解难题。只要有老百姓找她办事，她总是耐心细致地为老百姓讲解相关政策，不懂的就先请教领导同事和村干部，谁家的蜂蜜卖不出去、谁家门前的路断了、谁家和邻居闹矛盾、谁家的补偿款还没发到位、哪位老人的疫苗还没打……她都了如指掌。她深知受教育的意义，为了督促鼓励未成年人，多次入户走访慰问少年儿童，深入摸排侵害妇女权益事件，联系派出所进行专业核查、血样比对，事无巨细，她都一一落实，不打折扣。2022 年年末，她严抓水掌村疫情防控工作，核酸采样、疫苗接种、信息摸排、隔离管控，她都亲力亲为。村里老年人多，对管控的政策不理解、不支持，她总是耐心细致地讲解疫情影响和当前政策，舒缓老年人的焦虑与不安。有一次，村里黄蒿界煤矿核酸采样出现了异常，她带着两名驻村女干部立即赶赴现场，封控路口，配合镇卫生院进行后续工作。夜晚返回途中，因走错分岔路口，从悬崖边一条狭窄的土路开车摸黑走进了沟滩里，走投无路，三人只能从悬崖边土路原路返回，半小时的路最终走了两小时。

青春逢盛世，奋进正当时，她将继续在基层沃土上深耕本色，在基层阳光下晒就底色。

用青春唱响核工业之歌

——西北工业大学曾康

曾康，中共预备党员，2015 年 7 月毕业于西北工业大学。他毕业后毅然选择了位于陕西省汉中市洋县谢村镇的中核陕西铀浓缩有限公司，在西部艰苦偏远地区县以下核工业生产一线一干就是 9 年，为核工业奉献着青春，现为公司电气工程师/技师。入职以来，曾康先后获"陕西省技术能手""陕西省劳动模范""陕西国防工匠""陕西省国防科技工业竞赛标兵""陕西国防科技工业系统优秀共青团员""陕西国防科技工业青年岗位能手"等荣誉称号。

一、岗位精耕细作，成就不凡业绩

曾康始终保持谦虚谨慎的工作态度，求真务实的工作作风，长期服务于生产一线从事公司四条核品生产线的供电监测系统、UPS 系统、中频供电系统的故障检修和维护工作及所辖范围内的科研技改工作，在平凡的岗位上取得了优异的工作成绩。

近年来，曾康作为电气专业主要负责人主持电气设备的大修、科研项目、更新改造，完成各类设备大修 50 余次。其中，在公司 1C 系统 180 型变频器控制器的国产化项目中，带领团队全面分析、熟练掌握了外方变频器的原理、检修方法和维护手段，通过加装国产化控制器的方式，彻底解决了外方备件不足、故障率较高、故障修复周期长等一系列影响生产线安全稳定运行的突出问题。2021 年，他承接中核集团铀浓缩培训基地防人因实训中心的建设工作，作为防人因实训基地电气部分的负责人，冲锋在前、谋划在先，合理调配人力资源、全面把控工程节点，顺利推进各功能区的电气设计、安装、调试，圆满完成了各实训室的建设工作，保障了陕西省技能人才及中核集团铀浓缩行业培训的需求。

二、立足生产一线，练就过硬本领

曾康掌握了公司多套供电监测系统的原理，熟练承接各项维护检修工作。日常工作中，他善于发现，乐于积累，面对 2018 年刚投运的生产线信息系统部分点位无法监测、各类系统不定期报错等通信异常问题，他通过对相关事务和现象进行连续观察，逐条归类分析，长时间与机器"对话"、与厂商沟通，发现了很多以前没有发现的安全隐患和错误的检修方法，提出了新的检修思路，解决了工程投运以来一直存在但是没有解决的问题。作为班组里的年轻骨干人员，他总结日常各型号中频电源的检修工作经验，不定期撰写典型的故障分析报告，提出变频器等设备设计中可以改进的地方。

这些文字性材料既是宝贵的检修经验，又是可以供从业人员学习参考的教育资源。

三、深挖自身潜力，致力降本增效

万事开头难，只要肯登攀。随着公司某型号变频器故障频次增多、备品备件的消耗加大，可用的备件数量越来越少，有的型号甚至没有备件等问题日益凸显，曾康再次接受重任，带领电力电子维修攻关团队展开变频器备件的修复工作。面对进口设备与国产设备的原理差异较大、资料有限等现状，团队成员通过消化吸收在弄懂弄通变频器原理图的基础上，进一步明确维修的总体思路，夜以继日地钻研尝试。就这样，曾康和他的团队从对变频器单元箱的一无所知，到逐步理解、掌握其原理，再到第一个单元箱——脉冲控制单元箱修复完成，汗水与泪水交织在工程现场，喜悦与激动传递到公司每个角落。2020 年至2021 年，他和团队成员共修复 30 余个外方变频器的单元箱，解决了变频器备件极度匮乏的问题，为公司节省了备件采购费用近 300 万元，原定公司年度重点任务停止实施，减少项目投入费用 1100 万元。

基于对进口变频器的维修积累的宝贵知识和经验，他和电力电子设备维修攻关团队又开始了变频器过激功能的研究。通过技术创新、方法创新，使全部进口变频器都实现了过激。这项工作的成功使得单台变频器每年可节省电 10%，为中核陕铀的降本增效作出实质贡献。

四、厚积薄发，从追赶者到领跑者

曾康在工作和生活中严于律己，刻苦学习，致力自我技术技能水平的提升，不断增加知识储备。为了更好地学习掌握各类元器件和设备，他自购了许多二手设备和元件进行练习来提高动手能力。长久付出终获认可，2020 年 9 月，曾康参加陕西省职业技能大赛电工（二类）比赛取得了第一名的好成绩，并被授予"陕西省技术能手"荣誉称号。

入职以来，曾康锲而不舍地钻研、默默无闻地奉献，始终奋斗在生产第一线，用青春为我国核工业事业添砖加瓦，奏响了核工业之歌。

扎根基层担使命
为民服务践初心

——西北农林科技大学尹鹏先

尹鹏先,1990年6月出生,博士研究生,2014年6月加入中国共产党,2018年毕业于西北农林科技大学,现任陕西省汉中市留坝县副县长(挂职)、火烧店镇党委书记。作为一名在基层工作的党员干部,他以扎实的作风、勤恳的态度、务实的举措严格要求自己,以实际行动践行为民服务的初心。

一、退去"书生气",做扎根基层的实践者

他毕业后放弃深造及在高校工作的机会,积极响应号召,以选调生身份主动申请到留坝县工作,在二十余年的求学生涯中,农村存在在他的记忆里、新闻上、理论中,可当山区县的一个个农村真实地展现在他眼前时,他才发现农村竟然与想象中存在这么大的差异,"种什么养什么怎么卖,技术谁来指导,怎么抱团发展,资金从哪来,模式怎样选择?"这些都是摆在他眼前的切实问题。

尹鹏先决定要真正拜群众为师,要沉下去、沉到底,为此,他与农户一块苦、一块干,吃住都在村里。起初农户不愿与他交流真心,时间久了发现他是实实在在愿意为村上百姓做实事的,开始无话不谈。也正是在这种密切而亲近的接触中,他开始慢慢了解并熟悉农村工作。产业发展要因地制宜,如何充分利用家中的资源和劳动力,选择最适宜的产业也变成他精打细算的一项本事。他现在常说:"脚下有多少泥土,心中才能沉淀多少真情。"正是这种认真和谦虚的学习态度,让这位"博士村支书"迅速完成了由学生向基层干部的蜕变。

二、初心不变,做群众满意的贴心人

在担任村支部书记期间,他借助临近春节,大量村民返乡的时机,开展了拍摄"最美全家福"活动,冲印装裱后送给村民。这一活动受到村民的一致好评,也迅速拉近了他与群众的距离,活动还受到省市县各级媒体的报道,陕西《新闻联播》在大年初一的晚上,对该活动进行了全面报道。

乡村振兴,产业兴旺是前提。一个村发展得好与坏,首先要看有没有好的产业。在熟悉村情后尹鹏先发现村民收入的主要来源是外出务工,村内还没有具有一定规模的高质量的产业。结合县主导产业发展实际,他决定在本村发展香菇产业,并对板栗林、橡子林进行低产改造。在他的带领下,该村扶贫社用时不到一个月就建起了能产

20 万筒以上规模的香菇生产基地，并在一个半月的时间内组织村民生产出 23 万筒袋料香菇菌筒，村产业绿色崛起的大幕成功拉开。同时，作为拥有林学背景的博士研究生，他很快发现村上以板栗为主导的特色经济林发展潜力巨大，仅一个月的时间，该村即完成了 2000 余亩板栗林，5000 余亩橡子林的低产改造工作。在他的带领下，各项事业都处于蒸蒸日上的发展之中，他们率先在全县试点完成农村集体产权制度改革，"厕所革命"全面完成，农村基础设施发生天翻地覆的变化，一个基础薄弱的村也在短短数年时间转变为"乡村振兴示范村"。

三、奋力拼搏，争当社会发展的排头兵

在担任留坝县发改局局长期间，恰逢"十三五"收官之年，县发改局负责起草留坝县"十四五"规划编制工作方案，他亲自带队开展前期调研，与相关部门单位进行座谈交流，他始终坚持问题导向，用敏锐性、前瞻性、全局性的思维与编制团队共同分析研究，确保规划编制符合留坝县实际，指引未来发展，最终高标准高质量地编制好了全县"十四五"规划，为全县未来五年经济社会发展指明了方向、规划了蓝图。他争取了一批大项目、好项目落地留坝县，争取资金 3.03 亿元，其中到位地方政府专项债券资金 2.09 亿元。2020 年，主要经济指标扭负转正，部分主要经济指标位居全市前列。

担任镇党委书记以来，他以"走在前列，干在实处，为建设秦岭最美小镇"为目标，坚持"见第一都争、见红旗都扛"的导向，团结一致，带领全镇干群奋勇拼搏，全镇经济得到快速发展，一批批重点项目建设有序推动，按照"未来乡村·以村民为主体的乡村建设"思路，先后建成稻花香主题公园、月亮河谷民宿、秦岭"三农"书院、秦岭乡村酒店等，火烧店两个民宿集群成为乡村旅游响亮的名片。在他的带领下火烧店镇先后获全县目标责任考核"两连优"、全国乡村旅游重点镇、全国 2022 年雪鹿奖乡建年度榜样名单、陕西省人民满意的公务员集体、陕西省生活垃圾治理示范镇、乡村振兴示范镇等多项荣誉。尹鹏先个人先后被评为"汉中市脱贫攻坚先进个人""汉中市人才工作先进个人""留坝县脱贫攻坚优秀共产党员"。

扎根基层、心系群众，尹鹏先已蜕变为这片热土的"当家人"，在平凡岗位上创造了不平凡的业绩，这里的山山水水留下了他坚实的脚印。他始终牢记"群众利益无小事"，以实干为笔、以担当为墨、用自己的汗水和智慧书写了一份份满意的答卷，用实际行动践行了基层选调生的初心和使命，彰显了人民公仆的本色。

让青春之花在雪域高原纵情绽放

——西安文理学院吴琼

人生有很多选择，不同的选择也会成就不一样的人生。时值毕业，途经人生岔路口，可以选择继续深造，可以选择去发达城市发展，也可以选择到最艰苦的地方去拼搏，重要的是，不畏选择，不否定自我，选择一条属于自己的人生道路，并坚定地走下去。

吴琼，1994年10月出生，毕业于陕西西安文理学院，2017年7月，通过专招来到西藏阿里地区革吉县，现任革吉县就业服务中心副主任。

西藏阿里地区在稳步发展的同时，对人才的需求也是巨大的，面向内地招录，刚刚毕业，时值人生岔路口的吴琼毅然选择来到雪域高原工作。怀揣着理想与抱负，一路走来，有挫折也有收获，有误解也有认可，有孤独与寂寞的煎熬，也有实现目标的满足与喜悦。这些经历，都已沉淀为她实现理想道路上的宝贵财富。

她说，穷荒始得静天骄。西藏阿里地区，一个非常古老而又年轻的地方。听说只有见过了大山大水，才会有高山般的胸襟，才会有海纳百川的气度，但看惯了这里一望无际的空旷中那一抹"人间气息"，吴琼感觉走在追寻梦想道路上的自己，不再畏惧，不再彷徨。

刚参加工作时，家里没有自来水，电也是时有时无，这对她是一个不小的挑战，尤其是突如其来的落差感，让吴琼很不适应，甚至萌生了退却的念头。可当她看到常年生活在当地的人们脸上洋溢着的笑容时，那一刻她打消了退却的念头。是啊，他们工作时间更长，面临的问题更多，长久以来就是在这样的工作环境下坚守着，但他们却未曾抱怨过，一直兢兢业业坚守着自己的岗位，为基层建设奉献了自己的青春。面对他们的平凡而伟大，她摆正了自己的位置，与领导、同事的相处变得更加融洽，工作不再令她感到枯燥和繁重，生活也变得充实，仿佛是经历了一个自我沉淀的历程。

她说，她会因虚度年华而悔恨，因碌碌无为而羞愧。基层是维护社会稳定的重要基础。基层干部大多特别辛苦，每名基层干部普遍兼顾几项工作，每天有干不完的事，加班加点是常态化，遇到特殊时期，甚至通宵达旦，连节假日是难以休息。如果要赶写材料则更加辛苦，工作强度很大，有时连饭都来不及吃。

压力固然很大，但吴琼一直坚信，如果贪图安逸，便不会选择西藏，困难和挫折吓不倒她。

吴琼始终以乐观好学、勤奋顽强的精神履行好岗位职责，无论是就业工作、党建工作还是文字材料写作又或者下乡督导，她总是任劳任怨、勤勤恳恳，一桩桩琐事、杂事，都能身体力行，不推诿、不扯皮、不拖拉，为群众办好实事。除了干好本职工作，她始终秉持着"哪里需要就去哪里"的信念，在 2022 年西藏阿里地区疫情暴发时，自愿报名参加疫情防控核酸检测机动组志愿服务工作，与医护人员一道奋战在抗击疫情一线，以实际行动践行一名共产党员的初心和使命。因工作成绩突出，她先后被评为"西藏自治区就业创业工作先进工作者""优秀公务员"等称号。

她说，不管面对怎样的困难，都不会畏惧，因为这是她自己所选择的青春。面对着西藏基层的工作环境，收获也是巨大的。首先，基层的工作锻炼了她的能力。她在工作中总结出一套属于自己的工作方法，综合能力在无形之中得到提升，真正意义上在工作中做到事半功倍。其次，基层的工作磨砺了她的意志。从最初的忙碌、迷茫、盲目的状态，到如今坚定不移扎根西藏的信念，变化来自在基层工作压力下的成长与锻炼。另外，她还收获了难能可贵的情谊。她与几位民族同志结下了深厚的友谊，让她在充分感受民族朋友热情的同时，更加热爱这片土地。

陌生工作环境给她带来新的挑战的同时，也让她保持对知识的获取和能力的锻炼，因为只有这样，才能面对基层复杂的工作环境，顺利地完成各项工作。在基层工作，不仅要努力学习和掌握基层工作方法，还要虚心向基层的领导、同事和各族群众学习，脚踏实地工作。就这样，吴琼一步一步从一名刚毕业的大学生成长为优秀的基层工作者。

她说，要常怀一颗感恩之心，不负众望，砥砺前行。她的身上背负了太多的青睐与希冀，母校的栽培、父母的期望、领导的关怀，这些都是伴她一路前行的强大动力。基层的工作，考验了毅力，磨砺了意志，沉淀了个性。她总是说很庆幸自己所作出的选择，这不仅为人生添上了浓重的一笔，更为人生勾勒出一幅波澜壮阔的山水画。

成长无捷径可以走，经风雨、见世面才能壮筋骨、长才干。多年来，吴琼始终做着一件件平凡的事情，在摸爬滚打中增长才干，在历练中积累经验，受到大家的一致好评。这就是青春之花在雪域高原纵情绽放的样子。

青春之花在新疆扎根绽放

——陕西国防工业职业技术学院王帆

王帆，1996 年 6 生，陕西宝鸡市人，中共党员，2019 年 7 月毕业于陕西国防工业职业技术学院。自 2019 年 8 月参加工作以来，他从和田县塔瓦库勒乡巴克墩村小学，到喀什市阿瓦提乡中学，在 2022 年 7 月，以志愿者的身份，调任和田县水利局饮水安全服务中心办公室工作，同时也从一名西部计划志愿者成长为一名和田县党员干部。他时刻保持着刻苦、敬业、奉献的态度，始终坚信在新疆可以实现自己奉献一生的理想。2022 年 5 月，王帆所在的新疆和田县塔瓦库勒乡巴克墩村小学西部计划志愿者接力支教服务队荣获第 26 届"中国青年五四奖章"。在多年工作和生活中，他获得领导、同事和群众的一致好评。

一、扎根基层，做一名优秀教师

从 2019 年 8 月开始，王帆担任巴克墩村小学数学教师和团支部书记。在工作上，他一直秉承着任劳任怨、踏踏实实地做好每一件事，认认真真地教好每一个学生、上好每一节课。生活上，他乐于助人、亲近学生，给学生买学习用品、给学生理发、陪学生过生日等。在他和 35 名西部计划志愿者的团结协作和共同努力下，巴克墩孩子们的文化课平均分提高了 30 多分。孩子们的校园生活更丰富了，笑容也更灿烂了。在 2019—2020 年支教工作中，他被评为"优秀支教老师"和"优秀班主任"。

2020 年教师节，新疆和田县塔瓦库勒乡巴克墩村村委会热闹非凡。村里的乡亲们围坐在百姓大舞台旁，脸上绽放着灿烂的笑容，他们正在为王帆所在的巴克墩村小学志愿者老师们举办庆祝教师节活动。百姓大舞台上，村民和学生代表给全体支教老师送上了锦旗和荣誉证书，表达他们对老师们辛勤付出的感激之情。在台下，还有一位始终开心得合不拢嘴的老乡阿巴·阿尤甫，因为今年他的女儿苏比努尔·阿巴考入疆内初中班，这是阿巴一家的骄傲，也是巴克墩小学的骄傲，更是巴克墩村的骄傲。经过志愿支教团队三年的努力，苏比努尔和海尼克孜顺利考入内初班，终于实现了巴克墩小学学生被内初班录取的历史性突破。

二、青春闪耀"巴克墩"

王帆所在的支教服务队荣获 2022 年第 26 届"中国青年五四奖章"。王帆受到中央电视台的采访，服务新疆的先进事迹被中央电视台《新闻联播》报道，受到广泛关注。他呼吁能有更多的学弟学妹积极了解西部计划，参加西部计划，到西部去奉献自己的

青春，到祖国最需要的地方去扎根边疆！

支教服务队现有 42 人，其中共青团员 26 人，中共党员 12 人，35 周岁以下青年人数占 92.8%，曾荣获"第十三届中国青年志愿者优秀组织奖""新疆维吾尔自治区脱贫攻坚先进集体""自治区学雷锋活动示范点""自治区新时代文明实践志愿者服务项目大赛银奖"等。

三、不忘初心，坚守新疆

2020 年 7 月，西部计划第一年服务期快要结束的时候，是留疆继续服务，还是回老家重新找工作，王帆犹豫了，经过思想斗争，最后他决定，还是继续留在巴克墩小学继续支教，继续带他的孩子们。因为他已经深深爱上了新疆这片热土和志愿服务这份事业。在这里，他感受到了新疆群众的温暖，实现了自己人生的价值，无悔于青春。王帆继续留在巴克墩村小学支教第二年，担任 3 年级 1 班的数学教师和班主任工作，带的还是他以前教过的学生，当孩子们知道他继续留在巴克墩小学任教时，他们特别开心。

2021 年 7 月，王帆的第二年服务期即将结束。这次，他继续选择了第三年的西部计划。他想多了解和田，想多走走，选择了去距离巴克墩村小学 30 公里的一个中学支教，担任了 7 年级 9 班和 10 班的语文教师。来到中学以后，他也挂念着巴克墩小学的学生。

王帆想长期留在和田，服务和田。这样他就可以一直看到他带过的学生，看到他们考上内初班、考上大学，这样他就心满意足了。

在西部计划服务三年时间结束后，上级组织找他谈话，了解情况以后，对他工作认真刻苦、做事负责，给予了充分的肯定。最终，王帆以志愿者的身份，调入和田县水利局农村饮水安全服务中心，负责全县饮水安全，继续志愿服务工作。

班公湖畔倔强的小草

——西安工程大学李毅

李毅，1995年6月出生，汉族，大学文化，中共党员，2018年毕业于西安工程大学，是一名有理想、敢担当、能吃苦、肯奋斗的新时代青年。毕业后，李毅毫不犹豫地选择去西藏阿里地区工作。

李毅用汗水书写青春，用奋斗报效祖国，在雪域高原上，李毅始终坚守着那份初心，不论是在哪个工作岗位，都始终坚持用行动回馈社会、回报党和国家。

一、坚定理想信念，扎根西藏阿里

在阿里地区工作，要耐得住寂寞、熬得住孤独、忍得住艰辛，要克服孤独与寂寞，每天"两点一线"的工作，面对琐碎而又忙碌的工作。生活条件艰苦，一进入冬季便是用电荒、吃水难，很多人为了接一桶水而四处寻找水源，为了给手机充电跑遍整个县城，部分地区一封山更是长达半年之久。在如此艰苦的环境下，很多同志萌生了退意，但李毅意志坚定，决定在阿里地区生根发芽，为阿里地区的发展贡献自己的一份绵薄之力。

二、学习孔繁森精神，坚守党性砥砺前行

西藏阿里地区曾是"新中国成立以来感动中国人物"之一的孔繁森奋斗过的地方，他在雪域高原奋斗，为西藏的经济发展、民族团结和人民生活的改善，殚精竭虑，忘我工作，谱写了一曲震撼人心的奉献之歌。李毅来到阿里，通过各种方式认真学习孔繁森精神，他表示在工作中要时刻发扬敢为人先的创新精神、实干精神、爱岗敬业的奉献精神、齐心协力的团队精神，为当地的发展振兴努力奋斗。

三、不忘初心使命，认真履职尽责

李毅始终保持谦虚谨慎、诚恳待人的工作态度，遇到不懂的地方主动向领导和同事请教、进行沟通，能够做到从大局出发、从小处入手，坚持心系群众，从我做起，从力所能及的工作做起。他常说"能有幸经历并亲自参与脱贫攻坚这项光荣而艰巨的事业，是我人生中的最大幸事"，在脱贫攻坚工作中，李毅始终保持乐观的心态，积极面对工作及生活中所遇到的各种困难和挑战。他每次下乡都坚持深入牧业点，走进农牧民家中，与群众促膝长谈，了解他们的生产生活状况、致贫原因，想群众之所想、急群众之所急、解群众之所难，积极向群众宣讲党和国家的惠农惠民政策，引导农民群

众摒弃"靠着墙根晒太阳、等着别人送小康"的懒惰思维，逐步树立起"勤劳致富光荣，懒惰致贫可耻的"的观念。

在2020年"扶贫日"期间，由李毅负责策划、协助组织的日土县"扶贫日"活动，不仅向外界展示了日土县脱贫攻坚工作开展以来发生的历史性变化，而且还组织农牧民对牛羊肉等扶贫产品进行销售，据不完全统计，仅"扶贫日"当天的销售额就超过10万余元，有效带动了农牧民群众的生产积极性。

四、坚持为民服务，推动乡村振兴

在乡村振兴工作中，他积极发扬"为民服务孺子牛、创新发展拓荒牛、艰苦奋斗老黄牛"精神，协助单位领导和同事下乡开展项目前期调研，前往上级部门申报审批乡村振兴领域"十四五"规划项目。在他与单位领导和同事的共同努力下，2021年，日土县乡村振兴领域共统筹整合财政涉农资金1.8178亿元，推动16个项目落地实施，为全面推动日土县巩固拓展脱贫攻坚成果同乡村振兴有效衔接作出了贡献。

他还积极参与防返贫动态监测与帮扶工作，负责起草了《日土县2021年脱贫攻坚成效模拟入户评估方案》，深入农牧区开展摸底排查，针对因病、因自然灾害、因突发重大意外事故等引发的刚性支出明显增加或收入明显缩减的群体，以及劳动力未实现充分就业导致收入下降或目前无稳定的就业岗位收入来源等情形的家庭，及时纳入防返贫监测对象，帮助其稳定脱贫。

作为综合办公室的骨干人员，经常看见他一个人默默地坐在办公桌前认真地撰写各类工作汇报、实施方案、工作总结等材料，长期以来，"白＋黑""5＋2"已成为李毅的日常。

五、发扬志愿精神，参与疫情防控

2022年疫情期间，作为一名共产党员，李毅更是冲在第一线，在疫情发生后的第一时间主动申请到最危险的地方开展疫情防控工作，在加油站、交通卡点等重要点位连续执勤60余天，是单位里在疫情防工作中参与最多、执勤时间最长的几名干部之一。

6年多时间里，李毅时刻保持着勤学、敬业、律己的态度，坚信在平凡的岗位上能干出不平凡的事业，他始终坚持把个人利益放在党和人民的利益之后，只要工作需要，无论是在什么时候，他都会义无反顾地投入到具体工作当中。他先后获得了西藏自治区"全区脱贫攻坚先进个人"、2021年优秀公务员、2022年优秀公务员等荣誉。他说荣誉是前进的动力，他将继续扎根阿里为民服务。

青春之花绽放高原

——西安石油大学李一蕾

远离家乡、扎根高原，她义无反顾；从关中平原来到世界屋脊，她已经度过了 3000 多个日日夜夜；"在高原，躺着也是奉献"，有人曾这样诠释，她却秉承"与其苦熬浪费生命，不如绽放燃烧青春"的信念，让所到之处盛开青春之花……

她就是全国劳动模范获得者，毕业于西安石油大学，现任职中国石油西藏销售公司员工李一蕾。

一、走，到祖国最需要的地方去

2014 年青年节前夕，李一蕾在网上看到习近平总书记对青年人的寄语：让青春之花绽放在祖国最需要的地方，在实现中国梦的伟大实践中书写别样精彩的人生。

她萌发了这样的想法：到边疆去，到祖国最需要的地方去！

"你一个女孩，为什么放弃西安工作的机会，偏要跑到高寒缺氧的西藏去？"大学毕业，当她提出想去西藏工作的想法时，遭到父母和亲友的一致反对。

"年轻人就应该去艰苦的地方锻炼自己。我向往西藏，我想做一个对社会有用的人。"她的坚持最终获得了父母的支持。

2014 年 7 月，她背上行囊，离开故土，来到雪域高原。刚开始，她被分配到日喀则分公司，成为中心加油站的一名加油员，一把加油枪、一身"石油黄"，一天 24 小时，提枪、加油、挂枪……这是李一蕾当时的工作写照。

不到一年时间，李一蕾凭借日常扎实的功底，在自治区全区职业技能大赛中，取得加油站操作员一等奖，荣获自治区"技术能手"称号。

加油站的工作，成为她生命中难以忘却的经历，她感受到了同事之间的热心帮助，也感受到了在藏工作者的辛苦。在担任基层党建群团岗时，她深入推动党的建设在基层落地扎根，所在分公司党建考核年年位列西藏公司第一名；在担任分公司团委书记期间，她建立青年志愿服务者队伍，常态化开展公益活动，得到团市委肯定；在以后的工作中，她始终将帮助别人、为祖国边疆做贡献、讲好雪域石油故事作为人生信条。

二、讲，雪域石油人的故事

2015 年 4 月 25 日，尼泊尔发生 8.1 级大地震，与尼泊尔毗邻的樟木镇、聂拉木镇等地受灾严重。

"我年轻，我是党员，我申请前往震区。"入职不久的她，第一时间向组织申请前往震区开展帮扶、采访工作。

半个多月的时间里，她顾不上路途遥远和数次余震的危险，深入震区，拍下了一张张石油人服务顾客、抢险救灾的生动画面，挖掘出一个个催人泪下的感人事迹……

2019 年 8 月，李一蕾接到一个特别的任务——用 13 天时间拍摄纪录片。拍摄纪录片，这在中国石油西藏销售公司历史上还是第一次。"事再难，也要去干！做事情不能自己先设障碍。"李一蕾一咬牙，带着拍摄组出发了。10 天时间内，他们行程近万公里，每天只休息三四个小时。在农牧区她自掏腰包为当地儿童购买文具和糖果，还为当地残疾老人捐款。

他们拍摄的纪录片，在新华社客户端的浏览量突破 100 万，在社会各界获得巨大反响。

她先后 3 次只身前往那曲市双湖县采访，经过她前期大量的宣传，2021 年 4 月，双湖加油站登上央视《新闻联播》。多年来，她在人民网、新华网、《西藏日报》和系统内报刊投稿百余篇，获得过"中国石油集团公司宣传思想文化工作优秀工作者"称号，其参与报道的《守护生命禁区的"灯塔"》一文获得第八届"国企好新闻"文字类二等奖，是当年中国石油集团公司文字类获奖最高奖项。在 2022 年陕西省教育厅举办的建功立业报告会上，她讲述的高原石油人故事感动了许多人，激励着广大青年扎根边疆、建功立业。

三、爱，有一分热就发一分光

"奋斗祖国边疆，挺起最坚挺的脊梁；挑起重担的，是那仍显稚嫩的肩膀；瘦弱的身材里，蕴含着青春的力量。"这是李一蕾一次讲述中获得的评语。工作期间，她的脚步遍布西藏每一个地市，无论是地震、雪灾还是脱贫攻坚、乡村振兴，只要有需要就有她的身影，她说："我想让更多的人了解到还有这样一批人，他们愿意舍弃城市的繁华选择一条艰难但光荣的道路——扎根高原、建藏兴藏。"

多年来，李一蕾扎根雪域高原，怀抱梦想又脚踏实地，敢想敢为又善作善成，从一名加油员成长为全国劳模，身体力行践行着"请党放心强国有我"的号召，让青春在全面建设社会主义现代化国家的火热实践中绽放出绚丽之花。

甘肃省

寸积铢累　乐者不辍

——西北民族大学教师刘燕华

刘燕华，耕耘教坛三十七载，矢志不渝育人才。为学校 23 个学院 71 个专业实施就业服务 20 年，受益学生近 50000 人。

一、以课程、讲座为抓手，唤醒大学毕业生就业潜力

（一）开拓就业指导课程讲授内容，深入拓展课程教育手段

一是她开甘肃省职业生涯教育先河，2003 年首次在全校开设"职业选择技巧"选修课，讲授 4 年覆盖学生人数 1000 人。2009 年制定了"学校职业生涯"和"就业指导"两门课程大纲和教学实施方案。二是她探索大思政视域下的大学生就业指导的方式、方法和手段，开展全校思政教育与就业课堂的融合研讨 12 次，修订教学大纲 6 次。她精选使用网络正式开放系统 3 套，开发课程视频 10 余部，研发新颖的寓教于乐的生涯探索工具 5 套。她引导学生使用好第二课堂，课内与课外指导相结合，拟定访谈提纲，指导学生校外调查访谈 70000 人次。三是云端服务离校未就业毕业生、重点群体，她通过远程讲授服务，为重点群体和未就业毕业生持续开展在线帮扶 1000 人次，开展在线大学生困难群体就业、研究生就业讲座 50 场次。四是她邀请校外人士举办社会需求讲座、职业指导讲座。五是她主持举办了全校范围内的 4 届职业生涯实践体验周活动。六是她参与推进"宏志助航计划"，根据学生现实优化授课方案，以课堂教学、朋辈交流、参观实践和素质拓展等多种方式丰富培训形式，提升培训实效。七是她承担"就业指导""职业生涯规划"课程 500 学时，建成"职业生涯规划"校级精品课程。八是她组织开展新生入校后的职业生涯唤醒教育，为新生发放职业规划指导手册 12000 余册。她结合各学院专业特点，为新生详细讲解专业概况、师资力量、教学资源与利用、科研、课程安排、学习方法以及专业发展趋势、职业规划与就业状况等。

（二）着力就业课程体系建设，落实精准化就业指导制度

她参与主持了甘肃省第一部就业指导自编教材，达到了连续 5 年的使用率。她参加了教育部编写就业指导教材的工作，教材达到了连续三年的使用率。她建设网络课程体系，全程化提升就业素养，依托省级就业能力提升重点项目，开发网络课程 3 类 12 部。

二、以就业训练、实训为保障，提升大学生就业竞争力

(一)通过基层就业训练，引导大学生基层就业

开展 10 年的基层就业训练。她以暑期"三下乡"活动为抓手，引导大学生走向基层，通过三下乡体验基层工作的平凡和伟大，实地感受和学习基层工作的责任和担当。10 年来学生在接受此项活动训练后已有 1000 余人选择服务基层。

(二)多元化培养学生就业能力，促动学生参赛的主动性积极性

一是邀请校友进课堂，实现"社会＋学校"的协同育人功能，积极建立校外导师库，聘请专家 200 余人。她每年指导学生参加创新创业大赛，指导学生创新创业立项 150 余项。二是通过就业服务周、就业服务月活动，提升就业技能。三是了解入校新生的职业生涯决策，有目标开展团体辅导活动。她举办"就业素养训练营"团体辅导系列活动 50 场次。

(三)承担学生各类项目指导，促创新创业与就业

她以科研课题为载体，坚持社会实践与增强团队意识相结合、与专业学习相结合、与服务社会相结合、与就业创业相结合的育人模式，带领大学生走出校门、深入民族地区、深入实际，开展社会调查、志愿服务、公益活动、服务社会等实践活动 50 次，完成对本科生和研究生 300 余人的创新创业项目指导。

三、以"教育者先受教育"为宗旨，完善师资的专业化建设

她开展就业指导和职业生涯规划的集体备课活动 30 余次，共服务全校教师 1170 余人次。学校建有 141 人的就业指导和职业生涯规划师资团队和 300 余人的专业教师、行政干部和辅导员就业指导团队，做到了言传身教带队伍，把脉定向引入行。她制订各学院任课教师考取职业指导师资格证计划。全校共有 200 余人次参加了大学生职业生涯发展和规划的培训，目前已有 35 人获得了"全球职业规划师"的认证资格，10 人获得了国家人力资源和社会保障部颁发的国家二级职业指导师资格证书，提升了全校就业指导师资素质，使全校学生受益。

四、以学生社团为辅助，以少带多促就业

她指导学生社团——就业促进会开展学生就业服务工作；指导《就业视窗》报的编

辑 100 期，对就业工作联络人进行每月一次的团体辅导，覆盖人数达到 2000 人。她依托就业促进会组织开展了 7 届职业生涯规划大赛，7 届模拟面试大赛，10 届求职简历大赛，覆盖人数达到 10000 人。

五、以个体辅导和咨询为手段，精准服务毕业生

她设置咨询室，聘任校内外全球职业规划师 10 名，面向全校学生提供"一对一"的个性化咨询服务。她对在校生和离校未就业学生开展就业咨询 6000 人次，平均 1 年开展就业决策和职业发展咨询达到 600 人次，本人咨询帮扶 400 余人成功考取了选调生，100 人读取了博士学位。

六、以就业研究为示范，引领精准就业指导

她主持和参与省部级就业创业、创新课题 10 项，个人科研成果转化为学生创新创业项目 10 项，撰写就业专著和教材 4 部，获得奖励 10 余项。

扎根祖国大西北
建功国家核事业

——兰州大学刘昇平

　　刘昇平，中共党员，兰州大学核科学与技术学院放射化学专业研究生，他热爱核科技工业，热爱大西北，受学校和老师的潜移默化，钱三强、朱光亚、邓稼先、王承书等核工业前辈的事迹深深铭刻在他心底，成了他永远学习和追随的楷模，"我愿意一辈子做核工业人、我愿意做一辈子核工业人、我愿意到祖国需要的地方去"的种子在他心中生根发芽。

　　西北是我国核工业的重要基地，甘肃是核工业大省，在核工业产业链和能源保障方面发挥着重要的作用，对核工业的热爱和建设家乡的愿望使他毕业时选择了坐落于东川镇东河湾村的中核兰州铀浓缩有限公司。

　　自参加工作以来，他积极从事铀浓缩生产运行和工程项目建设工作，产学结合，把所学知识运用到生产实际，又注重在生产工程中总结提炼理论知识，为铀浓缩生产和工程项目建设增添了力量。

一、做核安全的守护者，为铀浓缩生产提供保障

　　核安全是核工业人的生命线，作为核安全人员，他肩负着辐射测量、职业卫生监测、辐射环境监测、核安全与核应急等工作，负责解决岗位技术培训、技能练兵与提升、技术标准编制、科研技改和生产运行的问题。他获公司科技进步二等奖1次，获公司科技进步三等奖5次，编制核行业标准一份，企业标准20份，操作卡40份，技术考试题1000多道。他带头落实安全工作无小事的理念，从小事做起、从身边的事做起，一点一滴筑牢安全基石，由于他的努力，班组安全工作获得单位肯定，被评为中国原子能公司"安全先进班组"、中核兰州铀浓缩有限公司"安全先进班组"，一项安全成果被评为中国原子能公司三等奖。

二、投身工程项目建设，助力生产能力做大做优

　　他在完成生产任务的同时，还向上级争取，积极参与公司重大工程、重点项目建设，几年来参加了国内第一座铀浓缩设施退役工程、国内第一条千吨级铀浓缩生产线建设和专项设计、安装调试工作、公司核应急工程等重大重点工程项目，想方设法解决人员缺、任务重、时间紧等各类问题，高质量完成从方案设计、方法建立、研究试验、现场实验、现场施工检测、结果分析评价等全过程的培训、技术、质量、安全和

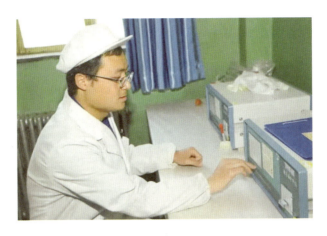

综合管理。×××专项工作实施两年来，每个区段、每次监测他都要提前一天现场踩点，做好设备、用电、布点的准备，模拟工作过程将各个环节、细节考虑周全，争取在模拟过程中发现考虑不周密和不足的地方，在次日工作开展前将这些发现以及解决的方法告知监测人员和团队。工作当中，他总是和监测人员在一起，除了业务工作，他时刻关注着工程的进度和变化，适时调整采样点、设备摆放位置和参数，并提醒监测人员工作环境、安全因素的变化及注意事项。由于他的努力，×××专项工作辐射监测项目实现了无安全事件发生，监测质量和监测时效性双优的运行记录，为提高专用设备性能、提升主工艺运行效率作出了青年人员应有的贡献，因表现优异，所在团队被授予"全国质量优秀班组"称号。

三、做强核报国的践行者，助力公司高质量发展

取得 CNAS 中国合格评定国家认可委员会实验室认可证书和 CMA 检测机构资质认定证书是实验室高质量发展的内在要求，现场辐射监测班的认可项目数量比例在车间所有班组中数一数二。任务重、难度大、事件紧迫，在班组一筹莫展之际，他主动承担了难度最大的两个项目，并根据项目特点与岗位人员特长的匹配程度安排其他项目，组织人员培训、项目现场练兵、认可报告编制等。一番努力赢得了专家组的好评，所承担的项目顺利通过了 CNAS 国家实验室认可。

作为分室质量监督员和质量内审员，他负责分室质量运行体系的监督与纠正提升。借助 CNAS 的质量品牌，分室及班组负责了"××××稀土项目"，开创了车间创收增效的第一个项目，迈出了提质增效的第一步。人员的工作质量、创收能力不断提升，以岗位和班组的质量和效益提升支撑公司高质量发展。

他的良好表现被同事们看在眼里、记在心里，并受到上级的肯定与鼓励，被授予甘肃省技术标兵、甘肃省"五一劳动奖章"、中核集团"青年岗位能手"、兰铀公司"优秀党小组长"、中核集团"岗位能手"、中核集团"十大杰出青年"等各级表彰。"这些奖项是对昨天工作的肯定，既是一份荣誉又是对明天工作的一份责任和鞭策，"面对如火如荼进行的国家重点工程，他说，"加油，强核报国有我，明天，我要做更好的自己！"

从技能大赛磨砺出的
"全国技术能手"

——兰州石化职业技术大学郭振

　　郭振，1993年11月出生，甘肃天水市人，中共党员，泉州市第三层次人才，中化泉州石化质检中心化工区域技能工作室负责人，高级技师。2013年毕业于兰州石化职业技术大学，现就职中化石化销售有限公司质量管理岗位。

　　在校期间，郭振曾代表学校参加2012年"全国职业院校技能大赛"工业分析与检验赛项，获得团体三等奖。他在备赛和参赛过程中，收获了很多提升自我、不断进步的方式方法，积累了很多分析解决实际问题的思维技巧。这些所感所悟，一直指引他学习和成长。工作后，他多次在全国石化行业、中化集团公司和福建省举办的各类技能大赛中获得优异成绩。作为工作10年的青工，郭振荣誉满身：2016年5月，荣获"中化集团职业技能大赛"化学分析工竞赛第一名；2016年8月，荣获中化泉州石化有限公司"最美炼化青年"称号；2016年10月，荣获"第八届全国石油和化工行业职业技能大赛"团体二等奖，并获得"全国石油和化工行业优秀技能人才"称号；2016年11月，荣获"中国梦劳动美"福建省化学检验工职业技能竞赛团体三等奖，个人第七名；2016年12月，荣获福建省"最美青工"称号；2017年被评为"福建省青年岗位能手"；2017年，荣获"中央企业技术能手"称号；2017年6月，荣获中化集团"第七届安全生产职业技能竞赛"化学检验项目第一名；2017年，荣获中化泉州石化首次检修"二等功"；2018年，荣获"第十届全国石油和化工行业职业技能大赛"团体一等奖，个人第二名，并获得"全国石油和化工行业技术能手"以及"全国技术能手"称号；2018年，荣获中化泉州石化有限公司"优秀个人"称号；2021年，荣获"中央企业优秀共青团员"称号。

　　2012年，郭振来到泉州石化顶岗实习，当时还未开工，质检中心所有人员聚集在临建C区进行理论培训。经过一轮又一轮的培训及考核，成绩优秀的他被选中进入技术含量最高的精密仪器岗，从事光谱检测工作，从此与检验领域最"高大上"的设备：原子吸收、电感耦合等离子发射光谱仪打上了交道。面对新机遇，他努力掌握新技术，以不断超越自我的进取精神，很快就成为光谱检测的小能手，建立了ICP、原子吸收仪的铁、镍、钠、钒等多条金属曲线，曲线相关系数均大于0.9999，准确性相当高。原子吸收采用的溶剂为四氢呋喃，储存时容易变成过氧化物，高度易燃，且具有刺激和麻醉作用，能引起肝、肾损害。他通过请教专家，查阅文献，进行比对试验等方法，最后改用无危害的乙醇代替了四氢呋喃做溶剂。对于PPD级含量、易受干扰的金属检测，他采用加标回收、优化样品前处理等方法，大大提高了石脑油中铜铅砷、汽油中铅铁锰含量的检测准确性。

聚丙烯中微量金属检测专用的 X 荧光光谱仪到位后，郭振负责方法和曲线的建立。污水中的金属种类复杂，含量差异大，检测干扰因素多，他积极配合环保监测进行不同方法间的比对，给工艺处理提供了最准确的质量数据。

虽然取得了成绩，得到了认可，但他并不满足现状，继续学习新知识。作为 Lims 系统关键用户，他参与方法建立，静态数据维护。通过不懈努力，对细节要求最为严格的试剂配制岗、对质量把控要求最为谨慎的航煤岗，对精度要求最为准确的色谱岗均被他轻松拿下。根据工作需要，2018 年，他努力取得厦门理工大学的电气工程及自动化专业本科证书。

2016 年，集团举行"中化集团第六届职业技能竞赛"，质检中心于 4 月进行内部选拔赛。郭振利用休息时间加强理论与实操的训练，快速提升能力，经过层层选拔，取得了代表泉州石化参加集团技能大赛的机会。为了在大赛中取得好成绩，部门领导高度重视，制定了周密的训练计划，并派出久经沙场的老师傅为选手们授课，答疑解惑，传授竞赛经验。每周一次理论考试，一次实操纠错，对发现的问题进行详细讲解。在这种紧张的节奏中，他放弃了所有的休息时间，吃在公司，住在公司。每天练兵需要消耗大量的标准溶液，因为只有他取得了试剂配制岗的顶岗资格，每天几十升的标准溶液配制工作落到了他的身上。大赛组委会下发正式的评分标准后，郭振又带领所有选手，针对评分标准中的每一个扣分项进行研讨，并在训练过程中相互提醒。经过近两个月的强化训练，质检中心 6 名选手代表泉州石化参加"中化集团职业技能大赛"化学检验工技能比武，取得了囊括前 5 名的好成绩，郭振也不负众望，取得了个人"第一名"的优异成绩。

之所以能取得如此多的成绩，得益于他严格要求自己，不断学习，对技术精益求精，取人之长补己之短，与时俱进，不断创新；得益于母校"锲镂金石、修身诚化"的校训激励。在成绩和荣誉的光环下，他没有骄傲和自满，依旧执着地追求着理想，醉心于自己所热爱的检测工作，继续拓展新的知识领域，以不断进取的精神，诠释着新时代技能人才的真正内涵。

扎根藏区高原　耕耘三尺讲台

——兰州城市学院周宝琳

周宝琳，生于1994年9月，现为甘肃省甘南藏族自治州碌曲县中学教师，碌曲县优秀教师，碌曲县骨干教师。自2015年6月于兰州城市学院毕业后，他一心投身于教育事业，来到碌曲县任教，这里高寒缺氧，空气稀薄，他不惧艰苦，一干就是8年多，秉承着高原上"艰苦不怕吃苦，缺氧不缺精神"的信念，在高原上奉献着自己的青春。

一、锤炼思想、提高境界

他兢兢业业、勤勤恳恳、任劳任怨、严于律己、不计得失、甘于奉献，积极主动完成各项工作，将教书育人的理念铭记心头，将教育强国的责任扛在肩头，将言传身教的行动付诸手头。在教学技能提升中，他能虚心求教、积极培训、认真钻研、苦练本领；在德育教育中，总是严于律己，宽以待人，结合言传与身教为学生树立榜样，做到"春风化雨，润物无声"。在教学实践中，他紧跟党的教育路线，贯彻党的教育方针，钻研教学技能，大胆创新实践，提升业务素养。他以培养有理想、有道德、有纪律、有文化的社会主义事业接班人为己任，志存高远、爱岗敬业、乐于奉献，自觉履行教书育人的神圣职责。

二、立德树人、以爱育人

没有爱就没有教育。平时，他始终坚持多一点耐心、多一点爱心、多一点理解、多一些鼓励，始终坚持使优秀学生变得卓越、用优秀的班集体去影响人、用良好的环境去育人。由于所带班级中独生子女居多，他平时除了关注孩子们的学习，更关心他们的生活。无论是班内学生突发状况的急送医院，还是对因家庭原因产生自卑心理的学生心理疏导，不论是学生突遇困难的慷慨解囊，还是对于学生打架后的温情处理，抑或是办公室、操场等地方的谈心谈话，无不流露着他对学生的爱。他同学生促膝谈心，解决学生生活上、思想上的困难，同学生同甘共苦。他对学生严而有度，用爱与学生沟通。学生们都认为他是值得依赖的教师、亲密的好朋友、值得尊敬的长者。学生们都喜欢上他的课，即便出于工作原因校方调换他所带班级也会因为学生的请愿而终止。

三、踏实工作、积少成多

脚踏实地、尽心尽责是他一贯的态度。几年来，他认认真真上好每一节课，争取

不让一个学生掉队。虽然学生的智力水平千差万别，但他相信只要努力了，便会让每一个学生学到应该学到的知识。他在工作中认真分析不同学生的特点，针对不同的班级采用不同的方法授课，在教学中注重和学生的情感交流，把学生的发展作为工作的重点，尊重学生、爱护学生，把学习变成快乐的情感体验。备课时，他精心设计环节，努力钻研教材，上网查阅资料，了解学生特点，做了大量的课前准备工作，做到备教材、备学生、备资源，结合课堂实际运用课件配合教学。课堂上他给学生畅所欲言的时间和空间，让学生做课堂的主人，而他则做好学生的学习合作伙伴，学习效果事半功倍。教育学生上，他注重培优扶差的工作，对于后进生，总是给予特殊的照顾，在课堂上多提问、多巡视、多辅导，对他们的点滴进步给予表扬；课后经常找他们谈心、交朋友，树立起他们的信心和激发他们学习的兴趣，做到"春风化雨，润物无声"。他每带一轮学生，所教学科的成绩在高考中都会有新的提升，屡次得到学校和上级教育部门的肯定，在 2019 年和 2020 年连续两年分别被评为校级和县级优秀教师，并且在 2021 年被确定为碌曲县中小学骨干教师，他也是全县骨干教师中年龄最小的一个。

四、钻研业务、更新理念

作为一名一线数学教师，他积极改进和完善数学教学方法，注重多方位培养学生的能力，努力提高全体学生各方面的素质。他开动脑筋、钻研业务，虚心向同行请教。他勤于学习，精于业务，乐于奉献。教书时间越长，他越感觉自己的知识匮乏，学习自然成为头等大事，所以他总是利用工作之余，多方搜集材料，更新教育理念，了解课改的新动向。多年来，他持之以恒地主动学习课改理论，掌握新课标的基本精神，阅读素质教育和新课程改革的理论书籍，使自己的教育理念始终走在时代的前列，更好地服务于教育教学工作。

在教育教学改革中，他勇于探索，大胆创新，积极探究新的教学方法，努力减轻学生学习负担，提高学习效率。在教学中，他实行"主体参与型"教学模式，鼓励学生大胆质疑、平等讨论，课堂气氛活跃，真正落实了学生的主体地位。他多次参加各级课堂评优活动，均获不同等级奖励，先后在甘南州普通高中数学学科"同课异构"教学竞赛中和"一师一优课 一课一名师"活动中获得全州优质课二等奖。多年来，他积极参加培训，反思教学得失，撰写心得体会，并将自己在教育理论方面的观点、看法、理解以论文的形式发表，理论水平有了很大提高。

丹心化作春雨洒，赢得桃李满园香。在前行的路上，他一如既往，对事业痴心、对学生爱心、对工作热心，兢兢业业、无私奉献，履行着教书育人的神圣职责。

新时代新担当　新青年新作为

——甘肃有色冶金职业技术学院陆金铭

陆金铭，1994 年 9 月出生，中共党员，2015 年 7 月毕业于甘肃有色冶金职业技术学院，2015 年 8 月参加工作，2017 年 6 月加入中国共产党，现任金昌市金川区宁远堡镇山湾村党支部副书记，2021 年 7 月被选为中共宁远堡镇第十六次代表大会代表。他先后荣获中共金川区宁远堡镇委员会 2018 年度"优秀党务工作者"、金川区宁远堡镇人民政府 2020 年度"优秀村干部"、金川区人民武装部 2020 年民兵应急力量军事训练"先进个人"、金川区宁远堡镇人民政府 2021 年度"武装工作先进个人"等称号。

一、建强基层党支部，凝聚合力促振兴

基层是党的执政之基，力量之源，是服务群众的最前沿。基层工作千头万绪，如何服务群众是基层干部所要面临的现实问题。任村党支部副书记以来，陆金铭把加强村级党组织建设作为自己的第一职责，坚持党建引领带动，发挥党员作用。他认真学习习近平新时代中国特色社会主义思想，认真落实基层组织建设年活动、"三会一课"、组织生活会、民主评议党员等制度，进一步督促党员强化主体意识，提升素质能力，发挥先锋模范作用。他积极学习党和国家在农村的各项惠民政策，为村"两委"决策和群众致富建言献策；在全村推广使用"学习强国"和甘肃党建等学习平台，推动党支部建设标准化和信息化深度融合。他以"第一次示范，第二次辅导，第三次独立落实"的指导方式，手把手督促指导各党小组组长熟练掌握党务工作，党组织战斗堡垒作用和班子凝聚力明显增强，党员示范带动作用凸显。同时他组织开展"德润生日会""好婆媳、好妯娌"互夸表彰、孝善基金捐赠仪式、送医送药下乡等新时代文明实践活动，引导村民群众见贤思齐、崇德向善，自觉践行社会主义核心价值观，推动形成乡村文明新风尚。他常态化走访村内各类群体，问需问计于民，解决党支部建设难点堵点问题，村内各项事业蓬勃发展。近年来，山湾村先后荣获金昌市文明村"和"宁远堡镇乡村振兴先进集体"，作为新时代的党员干部，陆金铭时刻牢记"为人民服务"的宗旨，在基层广阔的舞台上，破除私心杂念、经受风险考验，以一往无前的姿态走好新时代为民服务之路。

二、兴产业谋发展，发展壮大集体产业经济

基层工作点多面广，面对新形势新任务，他查阅资料、向多方求教，谋划思考山湾村致富之路。结合村集体产业链短缺、项目支撑不足，村民缺乏致富技能等实际情

况，陆金铭立足本村资源条件，坚持产业、就业并进，明确"强组织、建产业、促振兴"的发展思路，抓住党支部领办合作社这一契机，开启了集体增收、村民致富的乡村振兴新征程。他探索打造以"山湾跑羊"为品牌，集"跑羊生产加工、餐饮驿站、戈壁文旅"为一体的全羊产业链。在他的奔走协调下，"一村一品"示范村建设项目落地实施，建成集标准化加工车间、产业研学中心、展销中心及餐饮驿站为一体的"山湾跑羊"乡村振兴产业园。同时他建立了电商服务点，让"山湾跑羊"搭上了直播带货的快车，自打造"山湾跑羊"以来，线上线下年销售额达 270 余万元 。同时，他还立足于山湾村芨芨草多的自然优势，依托合作社打造山湾村"金扫帚"品牌，购买了扫帚加工设备，目前扫帚已进行加工、生产、销售，助力群众多元增收致富。结合农户实际，陆金铭积极争取产业到户项目，为全村 14 户建档立卡户争取并发放种羊 29 只，为 21 户建档立卡户争取并发放鸡苗 420 只，为全村 40 户建档立卡户落实玉米、肉羊、肉牛、家禽等农业保险政策，落实养殖保险羊 41 只，蛋鸡 1052 只，种植小麦 269 亩，有效降低农业种植养殖风险。他在机遇面前主动出击，在困难面前迎难而上，下硬功夫、实功夫解决好群众最关心、最直接的现实问题，始终牢记业绩都是干出来的，真干才能出真业绩，只有把群众关心的事办好、办实、办到位，才能真正成长为群众信得过、靠得住的知心人。

三、用足迹丈量初心，用实绩为民解困

"脚下的泥土有多厚，群众和我们的感情就有多深。"工作多年，陆金铭的足迹遍布村里的每一个角落，用实际行动将初心使命镌刻在山湾村这方热土，陆金铭多方奔走，联系实施生活污水收集处理项目，惠及农户 138 户；落实危房改造政策，新建农宅 44 户，安装道牙 4000 米，粉刷集中居住区墙面 4000 平方米，绿化换土 1750 立方米，栽种绿化苗木 3860 株；争取并完成 48 盏路灯的架设；为 G570 沿线农户争取到每户 2 万元补助用于节能抗震改造和整体风貌改造提升。他逐门逐户动员，实施"一户一策"的做法，对改造农宅进行除险加固、节能保温、屋面防水、整体风貌改造，改造老旧农宅 29 座，发动民营企业及帮扶单位先后为山湾村捐赠 1.85 万元；协调市人民医院为村民开展送医、送药、送健康义诊活动 10 余次；联系帮扶单位常态化开展人居环境卫生清洁活动 40 余次，让村子旧貌换新颜。青春因磨砺而出彩，人生因奋斗而升华，作为新时代的青年党员干部，陆金铭时刻以一个共产党员的使命感与责任感严格要求自己，全心全意为群众排忧解难，为乡亲们做好事、办实事，得到广大干部、群众的认可和好评。

创业人生　精彩一生

——甘肃工业职业技术学院赵树广

　　赵树广 2015 年组建了自己的电商创业团队，加入了在校团队组建的天水睿翼电商服务有限公司，组建的创新项目团队服务于天水汇桥电子商务，共同完成了天水市"我为亲人送樱桃"活动的策划及产业链统筹，保证了天水大樱桃销售渠道畅通，当季农户的大樱桃销售一空。

　　这次成功让他留在天水创业的信念更加强烈，坚定了做本地果蔬生鲜特产供应链平台的信心。他为人激情饱满、吃苦耐劳深得团队信任，大家一致推举他为团队负责人。学校邀请多个产业导师对项目适合的渠道和企业项目进行了多次赋能衔接。

　　2017 年 7 月毕业后，赵树广完成了成果转化合作，成为天水汇桥商务有限公司的法人代表，公司主要以推广天水知名农副产品为目标，形成了线上推广、销售、接单，线下组织货源、零售、批发为一体的新型 O2O 模式。公司销售的主要农产品有花牛苹果、秦州大樱桃、秦安蜜桃、甘泉核桃、元龙花椒，并逐步引进优质农产品品种，公司采取"公司＋基地＋互联网"模式，确保产品的绿色、健康、无公害，做到"从果园到消费者"一站式的"垂直电商"。

　　他深入到麦积区贫困乡村，了解农特产品及贫困户的生活情况。在此基础上，公司与建行善融商城合作，针对琥珀、新阳、渭南、五龙等乡镇的贫困村贫困户农产品，在善融商城进行销售，并将 1% 的销售收入直接返现给签订合同的贫困户，这样既解决了农产品销售难的问题，又保证了贫困户增产增收。据初步估算，仅樱桃、苹果两种果品销售给贫困户带来可观收入，公司优先收购、商城直接给贫困户返利，这样贫困户每人多收益 1310 元。为了切实解决贫困户留守妇女就业难的问题，公司先后建造100 多个反季冬暖棚，使农村留守妇女在蔬菜基地干活，既能照顾家中老人和孩子，又在蔬菜基地务工获得收入，做到了离家不离村。据不完全统计，先后 4000 多人在基地务工，其中建档立卡户 420 户。公司与院校合作，有一批研究员、教授作为技术后援，利用这一优势，对琥珀、五龙、新阳、渭南等地 1480 人首先进行培训，帮助他们先后开设网店 39 家，维护原有网店 43 家，手把手地教精准扶贫户从手机上将自己的农产品销往全国。

　　2018 年，公司广拓渠道，在兰州、北京、河北、深圳等地年销售家乡农特产品800 多吨，据估算给贫困村贫困户带来 640 多万元的收益。同时，公司对贫困村贫困户免费检测土壤、配方施肥，累计收购产品 1480 吨，累计总销售额超千万元。本地办卡消费的付费会员 30615 人，2023 年项目已经达成和部队、学校、机关单位等 15 家企事

业单位签订合作供应协议。

　　"宝剑锋从磨砺出，梅花香自苦寒来。"艰苦创业让梦离他更近，诚实守信感染了更多的人，爱心奉献让社会充满温暖。赵树广坚信，每个中国人，都享有人生出彩的机会，都享有梦想成真的机会，都享有同祖国和时代一起成长与进步的机会。"有梦想，有机会，有奋斗，一切美好的东西都能够创造出来。"赵树广在用自己的实际行动实现着一个中国人的梦。

让青春之花绽放在
祖国最需要的地方

—— 西北师范大学李鹏翔

李鹏翔，1992 年 8 月生，2015 年 11 月入党，2017 年 7 月毕业于西北师范大学，2017 年 7 月参加工作，现为巴楚县阿纳库勒乡四级主任科员、结然塔拉村党支部书记。2017 年，在"到西部去，到基层去，到祖国需要的地方去"的号召下，他来到新疆喀什地区巴楚县阿纳库勒乡工作。2021 年 7 月在中国共产党成立百年之际，他被新疆维吾尔自治区党委授予"优秀共产党员"荣誉称号。

一、怀揣梦想、不忘初心，努力争当群众的贴心人

担任村党支部书记以来，他一直致力组织建设，积极发展年轻党员，为全村党组织注入新的活力，不断促进党组织的发展和壮大。他以讲党课、党员大会、党团活动为载体，加强对党员的教育和培训，不断增强党员党性修养，提高为民服务意识。近年来他共发展党员 15 名，党员队伍不断壮大，为民服务能力进一步提高，为美丽乡村振兴奠定了组织基础。他坚持党建引领，扎实做好"3＋1"工作，为全村党员设岗定责，助力乡村振兴。全村除卧病在床党员外，其余 58 名党员参加帮扶一般户，确保户户有人包，家家有人管，争当群众的贴心人。

二、抗击疫情、踔厉前行，推动农村高质量发展

疫情发生后，他始终把人民生命安全放在第一位，始终绷紧疫情防控这根弦不放松，守住门、管住人，扎实做好群众服务保障工作，严格按照防控要求开展好疫情防控各项工作，做到全员核酸零漏检，疫苗接种应接尽接。他严格按照上级工作要求，对困难群众进行包联走访，每日安排干部对群众困难诉求进行收集化解。他把"保就业，促民生"作为工作目标，建立就业监测实名制台账，对因工作不稳定或个人原因造成的失业问题及时掌握并帮助重新寻找工作岗位，及时落实再就业。疫情期间，他为全村存在困难的 62 户农户发放大米、面粉，以时时放心不下的责任感牢牢守住民生底线。2023 年，他带领本村致富种植能手建成农业专业种植合作社 2 个，利用"党员＋"模式，承包本村 129 户群众 2500 亩高标准农田种植地，不仅大大提高了种植效率，还带动本村 75 人就业，同时把多平整出来的土地纳入村集体管理，壮大了村集体经济。他按照"稳粮、优棉、强果、兴牧、增菜、做特色"的工作思路，种植小麦并复播玉米 1300 亩，按照"一主两辅"品种种植棉花 1.7 万亩、特色林果红枣 102 亩，根据本村畜

牧存栏情况，进行科学化养殖和防疫，出栏 2000 只羊、200 头牛、20 万只鸡、6000 羽鸽子。为发展"一村一品"的油葵种植，他带领村"两委"班子成员，耐心地向村民宣讲油葵种植优势和前景，建成油葵种植、加工、销售全产业链。他动员党员群众建成小拱棚，邀请种植能手现身说法，让村民们亲身感受发展庭院经济的好处，目前全村建成小拱棚 346 座，大大提高了农民收入。

三、全民参与、双向承接，群众安全幸福指数不断攀升

为做好综治维稳工作，村里以"党员＋双联户长"队伍带头成立了治安巡逻队，建立"两站两员"定点巡逻岗和电动车流动巡逻岗，治安环境明显改善。针对全村在外务工人员多的情况，他安排专人加强与外出务工人员的沟通与联系，与流出地加强承接服务管理，及时掌握他们在外工作生活情况，力所能及帮助他们解决困难。他积极发挥村级人民调解员职责，成功调处矛盾纠纷 32 起，没有发生上访和集体上访事件，群众安全幸福指数不断攀升。

四、凝聚共识、以点带面，人居环境整治赋能乡村振兴

为更好巩固脱贫攻坚成果，结然塔拉村进行全域人居环境整治，突出生态宜居，建设美丽乡村。他整合各类资金在公共领域发力，以村民大会的形式将保护生态环境写进村规民约。他广泛动员干部群众，拆除有碍村容村貌闲旧房屋，带领群众改建卫生厕所，进一步提升居住生活环境。他全面开展院内院外"六件事"和"三清一改"工作，在村里进行大范围的垃圾清理、河道清理、水沟淤泥清理、路石清理等工作，做到辖区无成片垃圾、淤泥和路障。他号召群众每日开展环境卫生"半小时"工程，对群众日常开展情况进行周点评、月总结，突出奖励导向，环境卫生

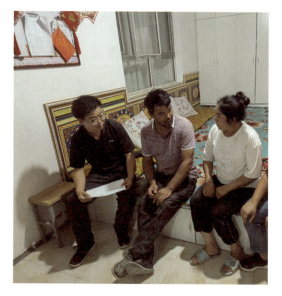

与积分超市兑换挂钩，持之以恒抓人居环境，为建设生态宜居的美丽乡村赋能。

五、扎根基层、心系群众，在新时代乡村大地上努力前行

为帮助群众稳定增收，他帮助农户发展养殖业，主动联系信用社办理贷款，解决资金短缺问题。他看到某个群众家停水了，走访的时候看到某个店铺的灭火器要更换，路过小队的马路时看到某家的棉花该打药除草了……这些看似平常的小事，都时时牵动着他的心。作为新时代的村支书，他把深入群众、解决群众的实际困难问题，听取群众的意见，积极为村民办实事作为工作目标，把群众满意不满意、答应不答应作为检验工作成效的标准。他说，只有把青春梦融入中国梦，把青春奋斗融入时代洪流，才能更好地为党和国家事业发展贡献智慧和力量。

最美逆行者

——甘肃农业大学裴伟强

2015 年大学毕业他响应中组部号召，参加内地高校毕业生招录到新疆南疆基层工作，积极践行共产主义理想，到祖国最需要的地方去，奔波在乡村群众间，奋战在基层一线里。他对待工作积极认真、勤勤恳恳，对待群众贴心关怀、亲如一家，对待生活积极乐观、活泼开朗，为守护南疆社会稳定、民族团结、民生改善、经济发展默默奉献着自己的力量，经历党组织多次重要任务考验，在基层工作中成绩突出，是一名忠诚、优秀的共产党员。

一、脱贫攻坚的排头兵

裴伟强自工作以来一直奋战在脱贫攻坚一线，直至全面打赢脱贫攻坚战。他经历 2 个乡镇扶贫副乡（镇）长职务，到 2 个深度贫困村任第一书记，1 个深度贫困村任党工委书记，在工作任期内累计带领 7 个贫困村摘帽、2370 户 9064 人贫困人口脱贫奔小康。2016 年，他任莎车县白什坎特镇副镇长，分管扶贫工作，带领全乡 2 个贫困村脱贫退出，763 户 2779 人贫困人口脱贫；2017 年，兼任白什坎特镇托万巴格托格拉克村第一书记全力推进该村扶贫工作，全力推进本村富民安居工程，当年建设富民安全房 109 套，截止年末全村富民安居完成率达 90% 以上，基本解决本村安全住房问题，同时他分管白什坎特镇扶贫工作，带领完成全镇 3193 户贫困户进行扶贫数据再复核工作，确保了全镇扶贫数据精准。2018 年 2 月，他到巴格阿瓦提乡继续负责脱贫攻坚工作，他全力推进"一户一策"精准扶贫策略，带领全乡干部奋力完成 265 户 1070 人高质量脱贫，2019 年带领全乡 655 户 2744 人脱贫，4 个贫困村整体脱贫。因长期奋战在脱贫攻坚一线，他积劳成疾，2020 年年初住院治疗，在住院期间依然坚持脱贫事业，积极主动请缨出战到最贫困村任第一书记，2020 年到巴格阿瓦提村任第一书记、工作队长。此村为 2020 年国务院扶贫办挂牌督战村，他动员全村力量向最难啃的"硬骨头"冲击，顺利完成本村 75 户贫困户高质量脱贫退出和 10 户脱贫监测户、28 户边缘户巩固提升，接受了县、地、自治区逐级验收，圆满完成脱贫攻坚任务，实现脱贫攻坚战全面胜利。

二、抗击疫情的指战员

2021 年裴伟强又扛起疫情防控重任，开始负责疫情防控工作，在分管任期内守住疫情防控底线，全面落实上级精准疫情防控政策，全面推进疫苗接种，实现愿接尽接、应接尽接，全区人群疫苗接种达 97.3%，60 岁以上人群接种达 99.6%，全面建立免疫

屏障。他全面落实自治区提出的八大监测预警机制，做到不漏一人，全面纳入预警平台，做到疫情风险精准监测，疫情可溯源，风险可管控。他全面落实统筹疫情防控和经济社会发展，最大限度方便群众出行，最大限度保障营业环境，落实规范核酸采送流程。他积极开展疫情防控演练，做到疫情防控体系健全。他应用大数据技术落实精准防控、精准隔离，切断社会面传播风险。2022 年 12 月，疫情防控政策再次优化后，社会面逐步放开，辖区群众顺利度过感染高峰，辖区群众无重症、无死亡。

三、民族团结的好模范

裴伟强全面落实党的民族政策，"以铸牢中华民族共同体意识"为主线，全面开展民族团结工作。他与贫困群众交朋友、结亲戚，开展民族团结一家亲及民族团结联谊活动，经常到结亲户家走访，解决结亲户生产生活困难，建立了深厚友谊。布佐拉·卡斯木家是他的结亲户，也是贫困户，家里一个女人独自抚养 4 个未成年孩子，家里有 5 亩地，家庭收入全部来自种地收入和低保，家里还有小孩要照顾，布佐拉·卡斯木无法外出务工。这样的情况下，家庭增收困难，布佐拉·卡斯木很茫然，当时正好村里申报流动超市扶贫项目，想让布佐拉·卡斯木按照"一户一策"申报该项目，这样照顾孩子、种地、卖货三不误，可以增加家庭收入，在和布佐拉·卡斯木商量时，布佐拉·卡斯木表示自己以前没有做过生意，怕自己不会卖货或者卖不出去，再加上自己没有钱，也没有办法进货，觉得自己干不了。通过谈心，裴伟强答应帮她进货，并垫付进货款，等她挣钱了再还，就这样多次沟通他终于做通了布佐拉的思想工作，布佐拉·卡斯木申请了流动超市，开始串巷卖货，这样下来每月能挣 1500 到 2500 元，也不耽误其他事，布佐拉开始对生活有了信心，后又通过扶贫小额贴息贷款买了母牛，通过养殖母牛，贷款也还清了，牛也养起来了，日子越过越红火。随着不断互相鼓励帮助，他和布佐拉·卡斯木家的关系越来越好，孩子们都喜欢和他玩，孩子们只要一放假，就来找他们的裴叔叔，大女儿今年也要大学毕业了，她说，她也想考基层公务员，也想和裴叔叔一样，为人民服务，帮助那些需要帮助的人……就这样，他通过民族团结结亲帮扶近 30 户贫困户，让他们重拾信心、幸福生活，通过民族团结联谊活动孩子们认识了一位不同民族的裴叔叔，让他们倍感温暖和开心。

不忘教育初心　牢记育人使命

——河西学院胡钰莹

她，扎根农村，任劳任怨，不计得失，默默奉献；她，以校为家，乐善好施，爱生如子，锐意进取；她，坚守任教，满腔热情，甘于清贫，无怨无悔。她，就是在农村教育战线上摸爬滚打的乡村教师——胡钰莹。

胡钰莹 1996 年生于甘肃省白银市景泰县五佛乡泰和村一个普通农村家庭，2014 年 7 月以优秀的成绩考入了甘肃省河西学院，上学期间因学习成绩优异每年都获得学校的助学奖金。2018 年 6 月，22 岁的她以优异的成绩从河西学院毕业，由于刻苦努力，她毕业时她的专业教师希望她能留校工作，但她婉言谢绝了，毅然回到自己家乡的学校——五佛乡金坪小学工作。景泰县五佛乡是全市重点扶持的贫困乡镇之一，金坪村又是全乡贫困村中的贫困村，年轻的她初次来到这里，面对繁重的工作，艰苦的环境、微薄的收入，感觉到了前所未有的无助，但是，面对山村孩子们淳朴的笑脸，渴望的眼睛，她最终坚定地留下来，并用更多的爱温暖着孩子们。在执教的这 6 年里，她没有干过所谓的惊天动地的大事，但在平时工作与生活中，她所做的那一桩桩、一件件平凡小事却感人肺腑。

一、政治坚定，作风扎实

作为一名教师，她深知学习是终身的事，只有不断学习才能在思想上与时俱进、在业务上高人一筹，才能做一名合格的教师。在教学工作中，她忠实于党的教育事业，平时注意学习党的各项时事方针、政策，关心国家大事，并运用学到的政治理论指导自己的工作实践。在讲台上，她认真执行党的教育路线、方针、政策，严格按照党的教育政策教书育人、为人师表，全心全意做好教书育人工作。无论在什么岗位，她都以高度的责任感和事业心将全部的热情投入到工作中去，以培养有理想、有道德、有纪律、有文化的社会主义事业接班人为己任，志存高远、爱岗敬业、乐于奉献，自觉履行教书育人的神圣职责。

二、扎根基层教育，爱生胜爱子

五佛乡金坪村地处深山中，村民居住分散。孩子们上学路途遥远，而且羊肠小道崎岖，每遇雨雪泥泞不堪。而最让人揪心的是学校离村户较远，整个金坪村的孩子上学都要寄宿。学校四个老师中，胡老师最年轻，住宿学生的管理、教育、生活主要都落在了她一个人的肩上。学生年龄小，生活不能自理，胡老师心甘情愿地成为孩子们的保姆，每天帮助孩子们穿衣服、叠被、洗脸、梳头、扫地、缝补衣裳、生火、打水、做饭……每当别人进入梦乡酣睡的时候，胡老师房间的灯还亮着。每天晚上她都要起床查夜，悄悄地看孩子们的被子盖严实了没有，孩子们生病了没有，还要陪着爱尿床的孩子去上厕所。春去秋来，雷打不动。除了照顾孩子们的生活外，胡老师还要把学习落后的学生领到办公室里，给她们谈心、补课、辅导作业……不是亲人胜似亲人，不是母亲胜似母亲。胡老师把无限的爱与关心送给了她的学生。她像一根红烛，给学生的心灵带来了温暖和光明；她如一朵莲花，把美丽和馨香送给了周围的人；她似一场甘霖，滋润校园里的棵棵幼苗。她没有只字的豪言壮语和旦旦誓言，有的只是淳朴的、善良的、美丽的情怀。

因常年干旱，大批青壮年村民外出务工，孩子随父母转学，学校生源短缺，2019年8月，学校停办。学区决定调胡老师到五佛乡泰和小学任教，几个村里的留守老人得知这一消息后，来到学校，有送鸡蛋的、有送烫面油饼的……个个泪流满面，舍不得胡老师走。

三、恪尽职守，爱业胜爱命

胡老师忠诚党的教育事业，工作一丝不苟，6年来一直工作在教学第一线，先后担任班主任工作，少先队大队辅导员、政教主任、教务主任。"要做就做好，不做就拉倒"成了她的口头禅。她不管做什么事都要做到尽善尽美。她在金坪小学担任教务主任期间，全县要进行校园艺术展演活动，学校让胡老师负责编排，她为了不影响学生上课，就利用晚上和周末加班加点地干，设计队形、编排动作……校园内外，不知留下了她多少脚印和汗水。一分付出，一分收获，就在这一年，金坪小学被评为县级"校园艺术展演"活动一等奖，受到上级的表彰奖励，县城个别学校纷纷请胡老师利用周末时间给本校师生进行辅导。

在教学中，胡老师根据每个学生的特点，用启发式的教学法，引导学生养成良好的学习习惯，调动学生学习的积极性。为了和家长、学生建立良好的关系，她花了不少心思。她经常家访，鼓励家长在放学后督促孩子看书、学习；她还经常拿出自己微薄的工资购置了小礼物，激励学生，调动学生学习的积极性。她不仅注重引导学生掌握知识，更注重学生学习能力的培养，调动学生的学习积极性和主动性。课前，她围绕课改理念，认真钻研教材，准确把握知识要点，制订科学、合理的教学计划和目标；课堂中，她把各种教学方法与学生实际情况有机地结合起来，通过绘声绘色、深入浅出、生动有趣的讲解，让有限的课堂教学时间充分发挥效益，整个课堂充满乐趣；课余时间，她主动找同事探讨方法，及时总结教学经验。她还经常和学生一起做游戏，校园里总是回荡着她和孩子们爽朗的笑声。付出总有回报，每次期末考试，她的学生成绩都在全学区名列前茅。

四、愿做春蚕，爱校胜爱家

2019 年 8 月，胡老师被学区调至泰和小学工作，担任德育主任，她以更大的热情坚守岗位，以身作则，全心全意扑到工作中，抓管理、抓质量。她深深体会到德育主任是学校安全的第一责任人、教书育人的第一责任人，她把学校当成自己的家一样来爱护。多年来，学校绿化始终是令人头疼的问题。刚成活的树苗，经冬天第二年成活的寥寥无几。胡老师想尽一切办法来解决。她积极和村委会协调，将水渠铺到校园，雇来推土机，召集老师和家长，平整林地、花园……一棵棵松柏、槐树，一株株月季种植了起来。初冬，她又找来纤维袋套在每棵树、每株花上，抵御严寒和大风。无数个周末，无数个夜晚，她在校园里忙碌着……功夫不负有心人，今天，这些树苗在她和全体师生的呵护下，正在茁壮成长，校园面貌得到了很大的改观。正因为胡老师把学校当成了自己的家精心管理、细心呵护，教学环境得到很大改善，师生能安心学习，学习氛围也十分浓厚。

有付出就有回报，近年来，学校教育教学成绩明显提升，受到了学生、家长和上级领导的赞誉，社会的好评。面对成绩和荣誉，胡老师不骄不躁。她经常说："作为一名教师，我深知教书育人的重要性，认真备课，给学生上好每一堂课。我要凭着良心做事，自己再苦再累也不怕。为了这里的孩子，我会一直坚守下去。"

作为一名普通的乡村教师，她从走上讲台的那天起，就把从事教育事业当作终身职业，从没动摇对教育事业的信念，没有减少对学生的爱，没有削弱对知识的渴求，将一批又一批的孩子送出了校门。她守望着农村的教育梦，永远是农村教育的耕种人，以无怨无悔的付出和求真务实的作风为农村教育奉献自己的力量，让生命之树永远常青在这片希望的田野上。

不忘初心扎根基层
健康助力乡村振兴

——临夏现代职业学院王发文

王发文，1996 年 4 月出生，自 2018 年 7 月毕业于临夏现代职业学院后，一直扎根于甘肃省临夏回族自治州东乡县基层乡镇医疗机构，从事医疗保健工作。在东乡县基层乡镇工作期间，他任劳任怨，得到了村民和乡政府的一致好评。

一、不忘初心跟党走，坚定信念感党恩

他坚决拥护中国共产党的领导，热爱基层医疗事业，政治素质强，道德品质高。作为扎根甘肃省基层地区的医疗工作人员，他时刻不忘党的恩情，认真学习党的二十大精神和习近平总书记系列讲话精神，不断学习以加强自身的道德品质修养，使自身思想政治素质不断提高。他时刻牢记自己救死扶伤的使命，在日常工作中发挥模范带头作用，政治立场坚定。

二、扎根基层医疗工作，奉献无悔青春

2018 年 7 月至 2020 年 1 月，他在东乡县河滩镇从事口腔医疗相关工作，顺利完成口腔常见疾病的诊断与治疗，期间接诊病人 314 人次，在解除患者口腔疾病痛苦的同时，还耐心细致地讲解口腔保健预防方面的知识，获得了患者的一致好评。在诊所工作的这段时间，他看到很多基层来看牙的群众因为牙都快掉光了吃不了东西才来补牙，在基层群众的认知中牙医只会拔牙、补牙，口腔保健知识非常匮乏。他看到许多患者因为缺乏口腔预防保健知识而错过了最佳的治疗时机，最后只能采取拔牙方案常常懊恼不已，在诊所工作的这一年多时间里，他为就诊患者讲解口腔保健知识，宣传预防大于治疗，对待病人热情且有耐心。

面对东乡县各乡镇艰苦的医疗环境，他毅然决定扎根基层卫生行业。于 2020 年 2 月至今在东乡县关卜乡卫生院工作，一腔热血投入到东乡县乡村一线的卫生健康事业当中，一心一意为辖区群众健康服务，走家串户，换药拆线，成为了一名优秀的基层医疗工作者。面对关卜乡很多的独居老人与留守儿童，他为行动不便的患病老人检查身体，量血压、测血糖。面对很多老人因为不识字乱服药或者不服药的问题，他就对患者耐心地进行指导，让他们合理用药。遇到有些群众因外伤行动不便，他便到群众家中为群众换药拆线，送药上门；遇到有的群众说："吃不起药了，这个病吃的药贵得很！"他便耐心给群众讲解医保相关政策，让患者都能及时就医及服药，不再对费用有

顾虑。他在关卜乡的三年工作中获得了辖区内群众的一致好评和同事们的充分认可，先后荣获"东乡县新冠疫情防控工作中表现突出先进个人"称号和中共关卜乡委员会、关卜乡人民政府颁发的"优秀工作者"称号。特别是在 2022 年 7 月至 2022 年 11 月代理关卜乡卫生院院长时期，王发文不惧困难挑战，在抗疫期间每天凌晨四点多起床为返乡群众进行核酸检测工作做准备，下午还要继续调度管理医院大小事宜，领取疫情防控物资等，人们每天看到的都是他忙碌的背影和匆匆的脚步，他晚上还要给同事们准备采样物资，同时依据县疫情防控办下发的次日采样方案做好人员、车辆等筹备工作，如此繁琐和高强度的工作，他硬是在岗位上坚持了五个多月。10 月中旬的东乡县气候开始干冷，早晨五点多气温已降至零下，在如此艰难的情况下王发文依旧在岗，不敢有丝毫懈怠地为返乡人员进行核酸采样，因为长时间的采样动作，加之长期面临低温的工作环境，他的手开始发肿，他也没有丝毫的埋怨和退缩。11 月 14 日早上，王发文像往常一般进行核酸采样工作，在路上因路面结冰，他的车不慎打滑失去控制一下子栽进两米多深的排水沟中，所幸的是车上人员没有受伤，就是这种情况他也没有耽误当天的核酸采样工作，为保证顺利完成当天采样任务，确保早出采样结果，他赶紧联系村干部从周围群众家借了辆摩托车，他骑上了摩托车又开始了一天的采样工作。

作为在艰苦地区的医疗工作者，虽然任务繁重，工作环境恶劣，但是他秉承着对医疗工作高度负责的精神，不管做哪一项工作，都兢兢业业、不畏艰难、力求完美，真正发挥了当代大学生的先锋模范作用，在业务上做到了精益求精和不畏艰苦，深受广大群众的信任和好评，赢得了基层群众患者的信赖和尊重。

青海省

汇聚青年力量　诠释青春担当

—— 青海交通职业技术学院教师米延晶

米延晶，1993 年 1 月出生，中共党员，2015 年 8 月至 2020 年 12 月在青海交通职业技术学院担任专职思想政治辅导员，2020 年 12 月担任信息工程学院学管干事兼辅导员，2020 年兼任信息工程学院党总支学生支部宣传委员。她曾任共青团青海省第十四届委员会委员，学院"青春引航"生涯规划辅导员工作室负责人。自参加工作以来，她一直担任基层辅导员，凭着对教育事业的强烈责任感，把自己的愿望和抱负全部倾注在她所热爱的教育事业上。她担任辅导员工作以来，服务和指导就业学生数千名，成为名副其实的就业工作排头兵。

一、言传身教，立德于行

她政治意识强，思想上进，政治上始终同党中央保持高度一致。她始终牢记基层就业工作的职责，积极宣传国家、社会、学校的就业政策、就业信息、就业程序等。她用自己的一言一行去影响学生成长，以自身最佳的思想境界、精神状态和行为表现，积极地教育学生，解决学生求职过程中的困惑。她在 2022 年学院联防联控工作中担任"疫情防控志愿者"，助力学校打赢疫情防控攻坚战。

二、矢志不渝，砥砺前行

她是一名尽责的教师，两千多个日日夜夜，对于一个一直坚持在学生管理工作一线的辅导员来说并不是一段短暂的时间。辅导员工作，见证了她和学生浓厚的感情。她始终把能够成为一名创新型教师作为自己的奋斗目标，努力提高科研水平，积极参加科研任务，参与《班级团体辅导对高职新生心理健康及适应性的影响研究》的课题研究，单独发表一篇论文。同时，她珍惜参加骨干辅导员和各类名师培训学习的机会，虚心学习，在教育教学工作中及时反思，理论联系实际，做好学生工作。为提升学生就业率，她在每年毕业季，针对毕业生和顶岗实习学生进行就业指导专题培训，进行人生观、价值观、择业观、职业道德教育，有针对性地指导学生求职技巧、撰写求职简历，并提供耐心周到的服务。

三、求实创新，锐意进取

她相信辅导员工作只有在从事基层工作的基础上，对学生管理进行研究，才能促进学生更好成长。教学无止境，研究学生亦无止境，才会达到"不用扬鞭自奋蹄"的目标。她凭着自己的勤奋和智慧，帮助学生实现一个又一个新的目标，不断创造新的业绩。她组织学院开展《班级团支部工作手册》的撰写，明确了班级团支部的工作职责和目标，规范了我院团员发展的流程。她带头成立了"信息工程学院党史宣讲团"，开展党史宣讲 20 余次，依托省团委及校团委就业帮扶政策为学生寻求就业机会百余人次，所带学生参与基层服务岗位 20 余人。

四、孜孜不倦，永争一流

多年基层辅导员的经验，使她深感教育乃立国之本。她潜心研究学生教育，积极做好本职工作，争创一流佳绩，在带领学生就业的途中，她不辞辛苦地培训，指导学生参加职业生涯规划和就业实践大赛。她多次参加就业指导培训，长期授课"大学生就业创业"课程，为做好学生的就业创业指导工作奠定了基础。她积极研究学院学生的择业观和就业观，通过多方努力，邀请资深老师和学长学姐对学生进行升学、就业以及创业指导。就业指导工作让她总结出了符合本地区学生的就业指导经验，她所带的班级就业率一直遥遥领先。

五、助力学生，成长成才

作为学院"青春引航"生涯规划辅导员工作室的负责人，她将继续以工作室为基础，构建"四个一"建设模式，即搭建一个平台、形成一套生涯咨询案例集、培育一支优秀队伍、引领一批优秀大学生。为全院学生提供专业的大学生涯规划、职业生涯规划、就业能力提升、求职技巧训练等方面的咨询和服务，以实现学生的思想引航、生涯引航、就业引航，做学生阳光健康成长的守护者。

她指导和帮助学生就业 1000 余人，专升本学生 200 余人，应征入伍学生 100 余人，参与基层服务岗位学生 20 余人。她更关注特殊学生群体就业问题，积极为建档立卡和低保等家庭困难学生寻求就业帮扶，指导残疾学生自主创业，凭着勇敢无畏的精神，勇于创新的工作作风，继续她的就业指导之路。

作为一名基层辅导员，要出色地完成传道、授业、解惑的任务，尤其是要持久地对学生进行就业指导工作，必须有扎实的功底。她从踏上工作岗位的第一天开始，不断地学习，严格地要求自己，凭借优秀的专业素养，荣获多项荣誉。她先后获得省"高校辅导员职业能力大赛"三等奖；所带班级获全省高校共青团 2018 年"活力团支部"；获全省"职业院校技能大赛"中等职业学校班主任能力大赛二等奖；指导学生参加"互联网＋"创新创业大赛荣获省赛一等奖；指导学生参加校职业生涯规划和就业实践大赛，获二等奖 3 项，并推荐参加省级比赛；先后获 2020 年、2022 年学校优秀共产党员，2021 年度个人业绩考核优秀。

青春因磨砺而出彩
人生因奋斗而升华

——青海大学昆仑学院石磊

石磊、满族、中共党员，1992 年 1 月出生于青海省海北藏族自治州海晏县一个具有红色革命传统的家庭，他 2016 年 6 月毕业于青海大学昆仑学院经济学专业。同年他响应团中央的号召：到西部去、到基层去、到祖国最需要的地方，参加了大学生志愿服务西部计划工作，就职于共青团青海省委，2014 年 12 月至今任青海省青年志愿者协会、常务理事，2016 年至今任青海省青联委员，省青联社会组织及海外归国人员界别秘书长，2021 年 6 月至今任共青团西宁市城东区委书记，同时也是郭明义爱心团队青海青情援助分队发起人、大队长，全面负责团队的日常志愿者管理和项目的有序开展。

一、立志于本，不忘初心，紧跟老一辈高原意志寻找"奉献精神"

石磊在青海大学昆仑学院学习期间，深受大学老师的熏陶，深知大学生的历史使命和责任重担，积极向党组织靠拢，成为了一名共产党员，并通过自主学习不断提高思想素质。2012 年入校的他，通过媒体了解到"当代雷锋"郭明义及其爱心团队的感人事迹后，产生了在青海建立郭明义爱心团队的想法，弘扬志愿精神，去帮助更多的人。于是他在不耽误学习的情况下，通过各种方式最终联系到了郭明义，将建立爱心团队的请求和意愿告诉了郭明义，并得到了郭明义本人及其团队的赞许。2013 年在共青团青海省委、青海省青年志愿者协会的领导和大力支持下成立了"郭明义爱心团队青海青情援助分队"。2015 年 4 月，由"当代雷锋"郭明义、时任省委常委、副省长王晓在青海省委党校学术报告厅亲自授旗，在石磊感染下团队吸纳了学校、社会等爱心志愿者 400 余名。

从 2013 年至今，团队在石磊带领下，响应国家号召积极投身脱贫攻坚战，对接帮扶贫困户 20 户、贫困学生 23 名，其中 8 名学生在石磊和广大志愿者的帮助下从小学上到大学，石磊以他个人名义资助贫困学生学费各 5000 元，共计 40000 元；解决贫困户再就业 6 户 13 人，每户平均增加年收入 43200 元。同时，他还积极动员、发挥资源优势，跑企业拉赞助，为青海省海东市互助县、循化县、化隆县，海北藏族自治州门源县 8 所基层困难学校（包括特校）募资捐赠课桌、取暖炉、电子琴、教学用材、书包等物资，共计 70000 元。

2021 至今，为了切实帮助农牧地区产业发展，提升乡村治理水平和乡村文明程度，发挥志愿服务积极作用，助推乡村振兴志愿服务活动，团队还联合应急救援、环境保护、社会组织、劳动模范、青联委员等组织成立了郭明义爱心团队青海乡村振兴分队，通过直播带货、特产销售、东西部协作，开展活动 7 次，累计帮助农牧民增加收入 18 万元。

从 2020 年至今，本着"尊重学生意愿、听取家长建议、详细数据分析、稳中求进填报"的原则，为减轻困难职工和农牧区青年学子填报高考志愿的压力，使广大需要帮助的学子能够顺利进入心仪大学，石磊主动寻找、多方联系，自掏腰包帮困难职工和农牧区青年学子订酒店，全过程不收取一分钱，无偿帮助全省 37 名农牧区高考学子填报高考志愿，最终 37 名学子无一滑档全部被成功录取。

二、众志成城、抗击疫情，让志愿者精神在防控一线的寒风中挺立

2020 年的大年初三，他临危请命，主动奔赴一线，他说"身为'90 后'的共产党员、身为青年志愿者，就要响应国家号召，敢于奔赴防疫一线"，石磊主动请缨，积极申请，与团队志愿者跟其他工作人员一同，在疾病控制中心的统一安排下，驻守在西宁市平安西高速路口的收费站，与公安民警、医护人员共同开始了 24 小时不间断地对往来车辆及司乘人员的检查登记及体温测量工作。与此同时，石磊还兼职疾控中心转运组工作，负责在火车站、疾控中心两地转运发热病人及与确诊患者有密切接触的人。

由于队伍临时组建，很多事项程序起初还没有统一和规范，人员和物资也不够充足，石磊为了确保不漏掉任何一个疑似病毒携带者，他主动坚持待在一线，24 小时换一班岗，因为担心下一班值守换班的人员不知道监测工作和消杀工作的程序和要领，他硬生生在岗位上曾连续坚持工作近 80 多小时，每次休息时间加起来不足 6 小时。

冬天的高原，夜间气温低，测温枪常常失灵，石磊只能用已经冻僵的双手紧紧握住体温计，用身体的余热去捂热，其他工作人员在感慨感动的同时，也纷纷效仿起来，就是这样一个 20 多岁的大男孩，在高速路口的监测工作中主动挑起了大梁，让与他一起在抗击疫情最前线的同志们都感到非常的安心和踏实。

为了让监测点工作人员能够抵抗冬日的严寒，同时身为爱心团队负责人的他，自掏腰包，发动团队成立了 4 人组成的抗击疫情流动物资供给车，车上悬挂志愿者旗帜，石磊的父母每天亲自熬制几大桶红枣姜糖茶与志愿者一同带一些应急的速食送往平安西、小峡口、海东、火车站等检查站，一杯杯红枣姜糖茶给这些监测点的工作人员心里注入了一股股暖流，同时，也更加坚定了他们防疫驻守的决心和勇气。

截至 2020 年 5 月，石磊共计在一线工作 47 天，与团队志愿者石明杰共计在平安西高速检查站检查往来车辆 6500 余辆，并对 14000 余名司乘人员进行登记及体温测量，

其中，石磊负责转运发热病人及与确诊患者有密切接触的人共计 20 人。与此同时，在石磊发动及组织下，团队 4 人 20 天内为西宁、海东共五处检查站熬制红枣姜糖茶 45 桶，送去应急的速食饼干 72 包、桶装方便面 60 余包、水果五筐。自疫情发生以来，团队还分别给 4 个乡镇及社区送去消毒液 6 桶、医用酒精 135 瓶、医用手套 2500 双，总里程数 3650 公里，石磊个人累计出资 16500 余元。

2021 年 10 月，疫情来袭。石磊凭借着经验，再次带领志愿者志愿服务 25 天，派出志愿者 9 名、车 3 辆，每天吃在酒店、住在酒店、工作在疾控。通过负压式救护车共计转运密切接触者 41 人，转运医护人员 90 次 189 人，运送核酸样本 58 次，入户对密接和次密接以及中高风险来青人员核酸采样 414 人，石磊个人累计出资 6200 元。

2022 年 4 月至 5 月，疫情发生，郭明义爱心团队青海青情援助分队主动承担急难险重工作，第一时间组建临时党（团）员工人抗疫先锋队，抽调团队有医护经验志愿者 18 人、汽车 3 辆，工作在疾控，住在闭环酒店。截至 5 月 22 日 18 时，团队 4 至 5 月共计在城东区、城中区、城北区、城西区转运核酸检测样本 438 箱（122474 人次），转运密切接触者核酸样本 5 份（已确诊阳性），收取登记核酸样本 4 箱，帮群众排忧解难 4 次，给全市 26 家单位（组织）送爱心粽子 1250 个，重点场所消杀 5300 平方米，石磊个人交纳特殊党费 1000 元，累计出资 7600 元。

2022 年 10 月 21 日，疫情复发，石磊带领志愿者再次奔赴抗疫一线，截止到 12 月 5 日石磊共计在抗疫一线工作 43 天，转运阳性确诊病例 315 例（以上确诊病例已转运指定方舱医院），转运密切接触者 9 人，解决群众急难愁盼问题 16 件，转运核酸样本 1610 箱，采集密切接触者核酸样本 7717 人，他累计出资 17500 元。

三、同舟共济、抗震救灾，用心行动帮助地震灾区人民共渡难关

2021 年 5 月 22 日凌晨，青海果洛州玛多县发生 7.4 级地震，石磊得知后，第一时间与果洛州政府联系确认物资需求，并获得进入灾区批准，同时上报中共中央候补委员、全国总工会副主席、"当代雷锋"郭明义，郭明义第一时间安排部署团队物资筹备事宜，于 22 日 17 点紧急协调 6 辆车（其中 3 辆物资车）购买运输毛毯、褥子、被子、取暖炉等价值 3 万余元紧急物资赶往震中地。果洛州玛多县发生地震 15 小时内，石磊和团队完成了救灾物资的筹集、运输和交接全部工作，往返路程共计 1000 公里。石磊和团队志愿者在高海拔地震灾区的两天一夜时间里共休息 4 小时，并主动协助地方救灾人员，开展物资卸运、分配、车辆引导等工作。

四、喜迎二十大、保护三江源，用实际行动贡献生态环保青年力量

2021 年 10 月 11 日至 13 日，郭明义率队来青海调研。在调研过程中，郭明义乘车仔细观察沿途山水变化，详细了解生态环保工作，并对身边随行同志感叹青海在这几年生态环保和植树造林方面取得了令人瞩目的成就，他当即要求青海郭明义爱心团队要响应总书记号召，牢固树立和践行"绿水青山就是金山银山"和"山水林田湖草生命共同体"理念，落实好省委省政府生态环保的战略部署，传播绿色发展理念，汇聚志愿服务力量，美化绿化大美青海。石磊和团队开展"保护三江源　保护中华水塔"——"郭明义爱心团队公益林"植树活动，并于 2022 年 5 月在西宁市城北区吧浪山绿化区共完成

人工造林绿化总面积 95 亩，种植青海云杉 3045 株、油松 1142 株、山杏 1713 株、海棠 1269 株、暴马丁香 1269 株，共计金额 500000 元，石磊个人捐款 40000 元。

五、扎根高原、奉献社会、不辱使命的郭明义爱心团队青海青情援助分队

郭明义爱心团队青海青情援助分队成立至今，在石磊带领下，团队共参加高考服务、生态保护、植树造林、阳光助残、捐资助学、扶贫助困、关爱留守儿童、无偿献血、抗震救灾、抗击疫情、社会(村)治理等志愿活动 156 次，受助人员共 3.9 万人次，累计资金 113 万元，其中石磊个人累计出资近 17 万元，被中央和省市媒体报道 47 次，收到群众赠送锦旗 4 面，团队荣获国家、省市奖项 15 项。石磊先后获全国国家、省市级荣誉 20 余项。

这就是他，立志向郭明义同志学习、为人民服务奉献自己的"90 后"，用"立志于本、服务人民，扎根青藏、奉献青春"这 16 个字来不断激励自己的当代青年。

搏击商海　勇立潮头

——青海民族大学任景龙

任景龙，中共党员，青海民族大学计算机学院计算机科学与技术（软件工程方向）专业 2015 级本科生，现任青海千寻信息科技有限公司 CEO 兼党支部书记。他入选 2022 年度青海省"昆仑英才·高端创新创业人才"培养拔尖人才，高级数字化工程师、网络安全管理师、创业指导师，SYB 创业导师。

一、与党同行，荣耀绽放

从山西来到青海求学，他始终牢记要积极向党组织靠拢，争取成为一名光荣的共产党员。2015 年 9 月入学后，他便向学院党支部提交了入党申请书，经过党组织的考验，最终于 2018 年 11 月成功加入党组织，成为了一名光荣的共产党员。他高校毕业自主创业，始终不忘向党组织靠拢，2020 年 4 月，收到同意成立中共青海千寻信息科技有限公司支部委员会的批复，同月经过选举被推荐为党支部书记，经过三年的发展，现有正式中共党员 6 名，入党积极分子 2 名。

二、星星之火，可以燎原

"荣誉和成果"源于热爱与坚持。在校期间，他担任计算机学院学生会纪检部部长、IT 实践社副社长、创新实践协会常务副主席等，先后获院级优秀学生干部、校级社团优秀干部、校级优秀会员、校级创新创业之星、中国大学生自强之星等荣誉，参加创新创业类学科竞赛共获国家级奖项 9 项，省部级奖项 14 项，校级奖项若干。

充实的团学工作经历培养了他在人员管理和活动组织方面的能力，丰富的创新创业竞赛培养了他处理事情的创新思维和实践能力。2017 年，结合自身发展，在高校创新创业政策的扶持下他创立了青海千寻信息科技有限公司，开始走上了自主创业之路。

三、知行合一，实践耕耘

青海千寻信息科技有限公司主营业务包括互联网、物联网下产品的研发、销售、运营与服务。同时公司也积极响应"加强社会主义精神文明建设"的号召，大力发展"互联网＋民族文化"产业，发掘中国民族文化中的经济价值，将经济价值转化为市场动力，既传播了民族文化，又实现了经济利益的增长。

2021 年，青海千寻信息科技有限公司被认定为青海省科技型企业，2022 年评选为国家软件企业、国家科技型企业、国家高新技术企业。公司发展过程中，他不忘"产学研"结合，成立了青海民族大学计算机学院实训基地、研究生工作站。他联合青海民族大学共同成功申报省市级以上重点科研项目 2 项，完成青海省科学技术成果登记 1 项，发表论文 4 篇，培养实习生 22 名。

四、反哺社会，播撒阳光

在任景龙引导下的青海千寻信息科技有限公司，连续三年营收增长率超过 20％以上，提供就业岗位 20 余个。硕果累累的成绩离不开高校和政府的大力扶持，在前行的路上，他时刻怀着感恩的心。2020 年 11 月，他以青海千寻信息科技有限公司为主体向上海陈佩秋基金会捐赠唐卡一幅，获拍 6.5 万元，款项全部用于助残助困事业。2023 年，他参加蓝天救援队，赴青海海北州刚察县中小学进行紧急救援培训工作。2019—2023 年，他也多次赴青海省州县进行创业能力提升、计算机基础操作能力提升培训，学以致用，让更多的人精神"富起来"。

他时刻牢记把青春握在自己手中，不要停下追逐的脚步，青春就要去创造、去拼搏。越努力，越幸运。没有人注定平凡，每个人都是一颗明星，在人生的夜空中绽放最美丽的光芒。

创业的青春之花
在青藏高原绚烂绽放

—— 青海大学马祯

马祯，回族，青海大学 2013 级生态环境工程学院优秀毕业生，在校期间创立各类学生社团，其中聚变舞团社团尤为突出，曾多次代表青海大学参加各类型比赛和展演。2017 年毕业后，他跨专业创业，从一个理工科生转跨到文化艺术行业，成立了青海聚念文化传媒有限公司。公司成立至今，为社会培养、输送艺术人才 300 余人，解决就业 400 余人。他热心公益事业，长期从事公益助学，进大山进乡村为孩子们普及艺术知识，提升农村孩子艺术素养，受益农村孩子达 500 余人。

一、反哺母校，分享经验

为感谢母校青海大学的栽培及辅导员李小安老师多年对他跨专业创业想法的支持与肯定，马祯每学期 4 次进校园为学弟学妹分享其创新创业的经历，累计讲座场次达 20 余场，引领和助力 14 位学弟学妹在专业内创业以及跨专业创业，并用自己的理念和资源助他们取得了一定的创业成绩。

二、初心如磐，履职尽责

他本着不忘初心的理念，服务于各个行业。公司拥有专业的组织、策划、执行服务团队，以及整体项目的运作能力。于建党 100 周年之际，他带领团队策划筹备并执行青海省西宁市四区的文艺文化展演活动近 80 场；2017—2022 年他带领团队参与历届环湖国际自行车赛开幕式、青海省运动会、美食节、青洽会等展演，多次受到省领导一致好评；2017 年、2020 年及 2022 年他再次带领团队参与青海省春节联欢晚会的策划与展演。

三、薪火相传，青蓝续接

马祯于 2022 年成立城西区体育舞蹈协会，并于同年担任城西区体育舞蹈协会会长，他在多年的文化文艺体育舞蹈事业中沉淀积累，在家乡的文化文艺发展和建设方面贡献了自己的青春力量！在成立体育舞蹈协会后，马祯迅速地整合了体育舞蹈相关资源，开设了少儿、成人舞蹈师资培训课程，将师资分配到各个机构进行教学培训。他身体力行将体育舞蹈带进学校，带进青少年的第二课堂，希望用自己的所学所想所知所获启迪青少年，为家乡的文化文艺体育舞蹈事业培养可持续性人才，真正做到了薪火相传、青蓝续接。

四、公益宣传，服务群众

马祯于市中心商圈内开办了占地 3000 余平方米的健身舞蹈机构，为市民及青少年创建了提高身体素质和提升生活质量的便利场所。同时他还拍摄和制作了多个"运动有益"的公益宣传片，为广大市民普及了运动强体的健康理念。

马祯紧跟时代步伐，带领团队迅速学习并研究短视频运营机制及内容创作，在抖音、快手等线上平台通过自编自导的舞蹈推广和宣传大美青海，短短一个月收获粉丝 20 余万人，最高播放量达到 1700 万，被抖音官方授予"年度最佳短视频创作者"的称号。随后，马祯带领团

队在高原法律服务中心成立了融媒体中心，通过线上短视频及直播进行公益普法，为老百姓解决了许多法律问题，并携手高原法律服务中心为老百姓提供了相应的公益法律援助。

路虽远，行则将至；事虽难，做则必成！相信马祯会继续秉承创业者"敢吃苦、能吃苦、不畏难、勇挑战"的精神，以梦为马、踔厉奋发、笃行实干，奋力谱写更辉煌的青春创业篇章，让创业青春之花在青藏高原绚烂绽放！

"黑青稞王"

——青海师范大学拉东才索南

一、死里逃生，抱着感恩心返乡创业

2010 年，青海玉树发生 7.1 级特大地震。正在读高二的拉东才索南从地震的废墟中幸存了下来。面对身边倒塌的房屋和骤然逝去的生命，天降的灾难没有击垮年少的拉东才索南，反而让他更加勇毅坚强，对生命的意义有了更加深刻的认识和感悟。

一方有难，八方支援，在党中央和全国各族同胞的帮助下，经过艰苦重建，曾经的玉树浴火重生。拉东才索南也在政府和乡亲们的帮扶下完成了高中学业，并考上了自己心仪的大学。毕业后，他怀揣梦想，毅然地返乡创业，成了村里的第一个大学生创业者。

大学里的深造，使走出大山的拉东才索南开阔了眼界，增长了见识，心里也多了一份牵挂。"我们这儿青山绿水，宝贝多着呢，可乡亲们的腰包却一直鼓不起来。我能做些什么呢?"他的家乡玉树州囊谦县是 1984 年国务院公布的首批国家级贫困县，在他看来，政府的帮扶力度很大，家乡也不缺好的资源，缺的是能带头创业致富的人。学到真本事，并让乡亲们过上更好的日子，便成了拉东才索南悄悄埋在心里的梦想。

2016 年毕业后，家里人希望拉东才索南能够找到一份安稳的工作。在他的家乡，上了大学就等于捧上了"金饭碗"，但拉东才索南却不走寻常路，带着大学时瞒着家人偷偷创业而辛苦攒下来的本钱，执意回到家乡创业，遭到了家人的反对，拉东才索南却向他们宣告："看着吧，我要让乡亲们都能捧上'金饭碗'。"

二、迎难而上，山地里走出个黑青稞王

回到家乡以后做什么？这是让拉东才索南考虑了很久的事情。"开弓没有回头箭，创业开始之前没有瞄准方向是不行的。"一天，正在发愁的拉东才索南忽然看到眼前一片稀疏的黑青稞，如梦初醒般来了灵感，创业的路不就在这黑青稞地里吗。

拉东才索南的家乡是黑青稞的重要产地，黑青稞具有调节血糖，降低胆固醇等功效，这意味着优质青稞将有望成为"身价"更高的麦类作物。但一直以来，黑青稞种植难、产量低、产业化落后、经济效益不好，这一难题也是当地老百姓的一块心病，大家种植黑青稞的意愿弱。

拉东才索南为自己勾画了创业蓝图，一是种出优质高产的黑青稞，二是实现黑青稞的精深加工，走产业化之路。说干就干，他找来了儿时的几个伙伴，从此开始在黑

青稞地里摸爬滚打，每天从头到脚一身泥。可是黑青稞的种植不是一件容易的事，好的种子哪里来？好的技术哪里来？怎么调动农户种植黑青稞的积极性？创业之初，他就深刻体会到创业的艰难，这些问题如果不解决，想进一步制出好的黑青稞产品，简直就是天方夜谭。

相信科学，依靠科学是拉东才索南的第一选择，在青海省农科院的帮助下，他突破了育种育苗、土壤改良、抗倒伏、病虫害防治、产品精深加工、市场开拓等各个环节的一系列难题。如今，拉东才索南创建的卓根玛公司已经拥有 1500 亩的一级黑青稞种植基地，并初步实现了从田间管理到精深加工的产业化布局，黑青稞糌粑、黑青稞酒等产品深受藏族人民欢迎。其中，主打产品黑青稞酒通过古法工艺和现代技术相结合，解决了黑青稞出酒率低、品质不稳定的难题。目前，卓根玛公司实现营收已超一千万元，并带动当地 200 余户农牧民致富，其中，建档立卡贫困户脱贫 44 户，人均增收 6500 元。同时，他还热心帮助大学生就业，解决了 14 名应届毕业生的就业问题，拉东才索南也成为当地远近闻名的"黑青稞王"。未来三年，他和团队将扎根于五省藏区市场，努力成为黑青稞产业化的引领者。

三、追梦不止，发挥头雁效应引领创业新时尚

拉东才索南表示，他创业并不仅仅是为了让自己和乡亲们的腰包鼓起来，更是想通过创业传递一种为了梦想而奋斗拼搏的精神。这几年，他把辛苦挣来的钱拿出来很大一部分，前后搭建了囊谦众创空间、囊谦青年创业联合会等平台。创客空间也在吸引越来越多的年轻人回乡创业，带动乡亲们致富。拉东才索南雄心勃勃，在当地先后培育孵化出 20 余家发展势头良好的

企业，2019 年，他创立的囊谦众创空间获评青海省省级众创空间。同时，拉东才索南还是囊谦青年创业联合会的党支部书记。2022 年，他成立了退役军人创新创业孵化基地、囊谦县创新创业基地，为弘扬创新创业文化、带动当地青年创业就业、促进地区经济发展作出了突出贡献。

2020 年，在第六届中国国际"互联网＋"大学生创新创业大赛总决赛上，拉东才索南和他的团队参赛的项目"雪域高原黑珍珠——优质高产黑青稞种植及产业化"项目斩获金奖。他的事迹被"学习强国"、《光明日报》、人民网、中国教育新闻网、《中国青年日报》、中国新华网、《青海日报》等多家媒体报道宣传。

高原上最热血的"枫桥经验"践行者

——青海警官职业学院周则加

　　周则加，藏族，1997 年 8 月出生，青海省贵南县人，2019 年毕业于青海警官职业学校双语治安管理专业，同年 9 月被达日县公安局录用，现为达日县公安局满掌派出所副所长。

一、不忘初心、牢记使命，高原"枫桥经验"的先行者

　　周则加所在的满掌派出所于 2020 年 2 月被青海省公安厅命名为首批"枫桥式公安派出所"，2020 年 4 月获得全州疫情防控工作集体三等功，并在 2022 年 10 月被青海省评为"人民满意的公务员集体"。基层派出所的优秀离不开民警辅警的共同努力，其中也有着周则加的默默付出。

　　2019 年参加工作以来，周则加不忘初心、牢记使命，日夜守护着满掌乡这片土地，为群众的生命财产安全、长江流域的生态资源安全奉献着自己的青春。他用自己的双脚丈量着辖区每一寸土地，以实际行动践行着"新时代枫桥经验"，他熟悉辖区的一草一木，群众基础非常扎实，乡里群众有困难都愿意找他帮忙解决。2022 年 9 月，辖区查干村一社旦某家的冬季草场上经常出现同村南某家的牛吃草的情况，旦某与南某多次沟通无果后，旦某在南某回家的必经之路上拉起了网围栏，双方互不让步越吵越激动，村干部协调多日无果，只能求助于派出所。周则加了解了事情原委后，在双方当事人的意愿下周则加耐心细致地为双方做思想工作，正因为他扎实的群众基础，很快双方和解让步，两家关系重修旧好。村干部都说："只要周则加出面没什么事是解决不了的。"

　　自满掌派出所创立"一站式综合服务站"以来，周则加始终不忘践行为民服务的初心，每时每刻将群众的事情放在心上。为了更好地服务群众，作为户籍员，周则加采取"假日办、黑白办"等多种方式优化窗口办证服务，得到了群众的一致好评。但怎样做才能进一步为群众做好事、办实事、解难事，这是周则加常常思考的问题。本着让群众能少跑就少跑的理念，周则加利用驻村时间帮助辖区牧民提供"上门办证 送证上门"等服务。布东村是满掌辖区的一个村落，与满掌乡政府所在地距离大概有 60 多公里，且牧民住户分散，多数住在深沟里，交通极为不便。布东一社却吉奶奶是孤寡老人且年事已高，周则加听到却吉奶奶的身份证不慎丢失需补办时，二话不说骑着摩托车到却吉奶奶家中上门采集照片为她补办身份证，并在办好身份证时又第一时间将身

份证亲自送到她手里。

二、长江支流岷江源头洛尔多段山脉的守护者

洛尔多段河是岷江的源头，岷江又是长江的支流，对于保护长江流域生态资源来说，洛尔多段河的保护工作是重中之重。面对复杂严峻的生态保护形势，周则加不惧困难主动请缨，负责洛尔多段河的十年禁捕行动。每月 13 号、26 号，不管风吹雨打，他总会早早起床去厨房准备将近 8 个人吃的馒头和榨菜，带着民辅警深入各主流域开展长江禁捕专项行动。由于满掌乡辖区面积较广，河流分布较散，每次早晨下乡去开展十年禁捕相关的工作，晚上才能回来，这份在别人眼里觉得辛苦的工作，他却始终充满着热情。

面对基层条件艰苦、民辅警国家政策不熟悉、法律法规基础知识淡薄等困难，他以身作则，积极组织派出所民辅警学习工作中常用的法律法规知识，认真贯彻习近平总书记有关指示批示精神和省公安厅、州公安局、县局党委关于长江禁捕相关工作安排部署，强化自身，通过"1＋1＋1＋N"的工作模式，带领辅警、村警、"哈达义警"联防队深入辖区，多次开展以"十年禁捕 共护长江""守护母亲河长江 保一江清水向东流""同饮一江水 共护长江水"为主题的宣传讲解工作，为长江生态资源保护工作增添了一份战果。

三、严于律己、满载荣誉的带头者

周则加参加工作以来，时刻把"立警为公、执法为民"的思想贯穿自己的一言一行，始终以提高政治业务素质、执法水平、警务实战技能为目标，积极投身法治满掌、平安满掌建设，用实际行动成为达日公安队伍中一颗冉冉升起的新星。2022 年 3 月周则加被长江禁捕退捕工作专班评为"全国长江禁渔执法监管先进个人"；2022 年 1 月被果洛州公安局评为"全州公安机关成绩突出个人"；2022 年 4 月被达日县委组织部评为"优秀公务员"。这些荣誉背后无不倾注着周则加的智慧、艰辛以及对工作的满腔热血，无不折射出周则加对党对人民，对公安事业忠贞不渝的初心与使命。

面对荣誉，周则加以更饱满的热情、更坚定的工作态度、更扎实的工作作风投入为民服务的工作中，在平凡的岗位上持续践行着"为人民服务"的誓言，用实际行动成为高原上最热血的"枫桥经验"践行者。

宁夏回族自治区

牢记使命践行承诺　关爱学生成长成才　苦干实干树优推优助力学生基层就业

——北方民族大学教师谭奥严

谭奥严，满族，1985年1月生，中共党员，2008年3月至2014年3月先后担任北方民族大学预科教育学院和音乐舞蹈学院思想政治辅导员工作，同时兼任班主任，协助学院党委做好学生思想政治教育工作和就业指导与服务工作。2014年3月，他调到就业指导中心工作，现任北方民族大学学生处就业指导中心副主任一职。他曾荣获北方民族大学2012年度"优秀辅导员"称号，2014年度获北方民族大学校庆工作先进个人称号，2015、2021年度获北方民族大学"先进个人"称号，因工作表现出色，2017年荣获"自治区就业创业先进个人"称号，为宁夏回族自治区就业指导专家库成员。

一、牢记初心使命，立足岗位职责，用心用情做好就业指导工作

长期以来，谭奥严深入贯彻党的教育方针，用习近平新时代中国特色社会主义思想铸魂育人，把立德树人作为自己的第一责任，自觉担负、自觉实践为党育人、为国育才的光荣使命。冲在服务师生的第一线，他始终牢记习近平总书记视察宁夏重要讲话精神，坚守岗位、辛劳付出、贡献力量，让每一名学生建立起对未来的憧憬与信心。他深入教研一线、调整课程培养方案、优化课程设置，更引入基层就业政策、树立典型案例，引领广大青年学子树立走进基层、扎根基层、服务基层的远大志向，把家国情怀深深地培植到了每个毕业生与祖国发展息息相关的中国梦里。

就业工作是学校教育教学的重要观测点，体现学校办学质量。作为一名负责就业指导与服务工作的教育工作者，他了解就业对于学生的重要性，明确工作职责。工作中，他注重宣传国家、自治区的就业方针政策，启发学生的职业梦想，帮助学生做好职业生涯规划，提升学生就业能力，同时要能疏导毕业生在就业过程中遇到的心理压力，帮助学生解决求职中的实际困难。他调研毕业生就业情况，编撰《北方民族大学社会需求与培养质量年度报告》《北方民族大学毕业生就业质量年度报告》，及时反馈学校在人才培养中的优势和不足，反推教育教学工作。

二、心系边疆基层，开展就业教育，选送优秀毕业生赴基层建功立业

他在工作中不断开拓就业指导工作的好方法和新思路，先后参加全国高校辅导员培训、就业指导培训、全球职业规划师培训和就业胜任力培训等业务提升学习，为做好学生的就业指导工作奠定了基础。他曾以第一参与者研究宁夏哲学社会科学（教育

学）规划青年课题：新常态下宁夏普通高校大学生就业问题与对策研究。他重视就业工作中的每一个环节，开展丰富的就业指导帮助学生拓展就业知识，常年从事"大学生职业生涯规划"课和"就业指导"课的教学，帮助学生正确认识自己，准确定位，从而树立正确的就业观。他组织申报"就业育人"项目，推动"产学研"合作协同育人，组织"职场论道·校友大讲堂"活动，让校友们以自己的人生经历和深切感受，向在校学生传递合理的规划人生的重要性以及初入职场的注意事项。他广泛组织征集就业创业典型人物案例，用事实讲好优秀毕业生的青春奋斗故事，发挥好榜样教育和朋辈教育在就业指导过程中的积极作用，指导的毕业生张青波、罗威入选教育部"闪亮的日子——青

春该有的模样"就业创业典型人物。多年来，通过这些工作，学校"特岗教师""三支一扶""参军入伍""西部计划"就业学生人数为 3230 余人。

2015 年以来，他积极贯彻落实中央新疆、西藏会议精神，每年选送优秀毕业生赴新疆克州、阿克苏和巴州，西藏那曲、林芝等地基层工作，鼓励他们在服务边疆社会发展、经济建设的目标中奉献青春，经过多年锤炼，他们已成为当地"留得下、用得上、靠得住"的优秀人才。9 年共计选送毕业生 239 人，占全区高校赴边疆毕业生的51%，涌现出陈邹凤等一批先进工作者。同时，他关心关怀在宁夏基层就业学生发展，培养出秦文博、马兰等全国基层就业典型人物。为表彰毕业生扎根基层、奉献自我的高尚情怀，他牵头制定了《北方民族大学毕业生就业奖励办法》，对毕业生予以奖励。

三、开拓就业市场，组织实践活动，助推毕业生高质量充分就业

他根据学校外地生源占比大、中西部地区生源多和贫困毕业生多的总体情况，创新性开展"城市定制班"工作，推动毕业生在经济发达的县域地区"零等待"就业。多年来他不断开拓区内外就业市场，共与区内外 52 家地方单位签订合作协议，设立驻校工作站，与 3000 余家招聘单位形成良好合作关系。他通过每年两次大型招聘会、地区专场招聘会、企业专场招聘会搭建平台，推荐毕业生。他积极搭建信息化工作平台，通过就业网站、微信公众号、QQ 群等，及时向毕业生发布招聘信息，同时将有明确就业意向地的学生简历通过工作站、校友会等多渠道进行推介，全方位立体化助推学生就业。他以"宏志助航"基地为依托，开展重点群体毕业生求职技能提升教育。他每年组织职业生涯规划大赛、模拟公务员大赛、简历大赛等赛事，鼓励更多的学生积极参与，以赛代练，加强学生的职业生涯规划意识和学生就业竞争力的培养训练，增加学生的就业实力，其指导学生参加西北五省区就创业大赛，荣获一等奖，他被授予"优秀指导教师"荣誉称号。

只争朝夕，不负韶华。他将以习近平新时代中国特色社会主义思想为指导，开拓进取，在本职岗位上交出一份满意的答卷。

"90后"青年坚持志愿十余载用微光塑造光明

——宁夏大学杨小明

　　杨小明，中共党员，现任宁夏自治区团委志愿者工作部副部长（兼职）、中国青年志愿者协会理事、中共灵武市委宣传部科员、微光义工志愿者服务总队队长等职务。他自幼家境贫寒，从小参与志愿服务，至今个人服务时间将近15300小时。大学时他创建微光义工志愿者服务总队，工作后几乎将日常休息时间都奉献给志愿服务事业。自2011年创立微光以来，他招募志愿者超过7.2万人，累计开展活动超过1.42万次，参与志愿者43万人次，志愿服务时间近90万小时，为社会各界弱势人群对接善款和物资价值超过310万元。个人事迹被《人民日报》、新华社、《光明日报》等百余家主流媒体报道。他先后荣获第二届"全国向上向善好青年"、第十一届"中国青年志愿者优秀个人"奖，被中宣部推荐为优秀的青年典型"出彩'90后'"、中国好人、全国最美青春故事、全国正能量志愿者、自治区道德模范、自治区"青年五四奖章"、银川市劳动模范、最美银川人等。

　　强化思想引领。从2012年11月开始，他便树立了以志愿服务为引领，培育人生价值观的目标，组织微光志愿者开展"大手拉小手 微爱伴你走"志愿服务活动，与外来务工人员子女集中的37所小学建立了长期的志愿服务关系，共开展活动2000余次，累计服务学生数万人。同时，针对部分学生周末"无人陪无人管"情况，他又发起了"微光义工支教"活动，现已有38个固定支教点，每周开展活动，长期帮扶学生1000余人。2013年起，每个假期他都会发起"一对一助学"活动，家访困难学生200余户，实现"一对一助学"150余人。2013年3月，微光发起"再续剩余的温暖 关爱身边老人"活动，对区内38家老年公寓和21家社区的孤寡、空巢、三无老人进行常态化服务。2014年起，每年寒暑假微光都会引导在区外上学的宁夏籍学子在家乡开展志愿服务活动，前后吸引230多所省外高校参与，为青少年发展提供思想力量、精神支撑和文化引领。

　　强化服务意识。2015年他大学毕业后，抱着对志愿服务的向往他毅然选择成为一名西部计划志愿者，在银川市志愿者协会做了三年专职志愿者，具体负责全市青年志愿者工作。他连续三年负责了银川市春运暖冬行动志愿服务、爱心送考和银川共青团系统"三五"学雷锋、"12.5"国际志愿者日、助残月、敬老月等系列志愿服务活动。他组织8000余名青年志愿者为第九届中国花卉博览会、智慧城市全球峰会、中国文化馆年会、银川国际马拉松等50余项大型活动提供志愿服务。他连续三年组织实施银川市

青年志愿服务项目大赛和选树全市优秀青年志愿者，管理和运营银川市志愿者网，对网站发布活动审核、时长认证和实地督查检查。他发起"为爱行走，助力公益"活动，组织10000余名青年志愿者参与，进一步宣传了公益理念和对接了更多的爱心资源。他发起成立银川市禁毒志愿者服务总队、银川市文明礼让斑马线志愿服务队、银川市共享单车志愿服务队等志愿服务组织。

强化责任意识。2018年，他经过宁夏地方公务员招考到灵武市市场监督管理局工作，现调任至灵武市委负责宣传工作。他先后负责灵武市新闻宣传、新闻出版和"扫黄打非"、影视管理、理论宣讲和文化文艺等工作，协调中央、自治区、银川市主流媒体刊发灵武市重点、亮点工作稿件2500余篇，出色完成了中国共产党成立100周年、党史学校教育、县乡两级换届等重大主题、重要工作的舆论引导工作。他建立灵武市"扫黄打非"工作信息报送制度、联席会议制度、案件报送制度，在2020年全区"扫黄打非"工作年度考核，取得全区22个县（市）区排名第一的好成绩。2021年，他制作的长枣宝宝"扫黄打非"版表情包被全国"扫黄打非"办认可推广宣传。他负责灵武市党的二十大精神、习近平总书记视察宁夏重要讲话指示批示精神、自治区第十三次党代会精神等重大主题的宣讲活动，组织各类宣讲活动600多场次、受众5万余人。他创新探索将"幸福灵武"新时代文明实践专线开进劳务市场、乡村集市、农业设施温棚，打出"宣讲＋红歌、理论＋技术"组合拳，真正让党的创新理论"飞入寻常百姓家"。

强化奉献意识。2020年1月，疫情暴发，他积极响应党委、政府号召，在县区团委的支持下第一时间发动微光志愿者，组建22个县（市）区微光防疫志愿者小分队，在全区22个县（市）区开展卡口、社区、火车站出入人员登记、测温、外来人员劝返、防护知识宣传、入户排查、物资发放、卫生清洁、小区公共区域楼道消毒消杀、隔离户一对一服务、核酸检测等工作。他组织动员志愿者积极献血，补充血液库存，为社会福利机构、孤寡老人、困难家庭捐赠防疫物资。除了线下开展服务工作以外，他组织志愿者积极配合公安等相关部门统计人员信息、数据资料，网上帮扶一线工作人员和家庭困难子女进行课业辅导。他积极发布或转发官方媒体有关疫情消息、防疫知识和官方辟谣信息，累计转发1300余条，累计浏览阅读人次超过400万次。微光累计招募防疫志愿者4500余名，志愿服务时间超过57000小时。微光被自治区党委、政府授予

"全区抗击新冠肺炎疫情先进集体"荣誉称号。

下一步，他将继续发挥志愿服务引领社会发展的积极作用，为乡村振兴、四个示范市建设贡献个人力量，无论面临多大的困难，他都会用笑容面对，用一颗最纯真、最真诚的心召唤身边的每一个人参与志愿服务，为实现"全民义工，人人志愿"美好愿景奋斗终身。

勇担使命承诺践诺
苦干实干报效祖国

——北方民族大学陈邹凤

陈邹凤，1990 年 11 月生，中共党员，重庆潼南人，2015 年 7 月参加工作，现任乌恰县吉根乡党委书记。她怀着一颗赤子之心，满腔热情奔赴南疆基层；她坚守着一份报国誓言，忠诚守护西陲边境。入疆参加工作以来，陈邹凤以实际行动诠释了新时代青年的使命和担当，先后成为自治区、自治州和乌恰县党代表，更获"自治区优秀共产党员""自治区先进工作者""自治区人民满意的公务员"等荣誉称号。

一、深入基层，做群众的贴心人

2017 年 9 月，吉根乡新来了一位主持工作的"90"后女乡党委副书记，这让大家感到诧异——吉根乡海拔高、条件差，这样一个内地来的女娃娃能不能待得住？

但她用实践证明——她不仅待得住，而且一待就是五年多，还干出了让群众开口称赞的好成绩。初到吉根，陈邹凤便第一时间掌握乡里的情况。她时常带着一个小本本，遇到群众就到他们家里坐一坐，聊聊家庭情况、乡村发展，听到意见建议便如获至宝地记下，很快便摸透了全乡 700 多户牧民情况。心里有了底，也就有了盘算，她随即召集乡、村领导班子，为每一户制订相应的发展计划。为改变乡里牧民世代放牧的局面，她以党员为突破点，奔波在各村农牧民夜校，渐渐地群众习惯了这个皮肤黝黑的"女娃娃"，也逐渐转变了思想。在她的带领和群众的支持下，乡里建起了首个农贸市场，不仅方便群众生活，还为群众提供了一个增加收入的平台。几年来，不仅贫困户脱了贫，许多家庭还买了小汽车，乡里百姓提起她，无不伸出大拇指，说一句"亚克西"。

群众是基石，服务好群众是工作基础。"人民楷模"布茹玛汗·毛勒朵大妈看到陈邹凤的工作热情，逢人就说："别看我们这个女书记年纪小，但是有想法、有干劲！她远离家乡来到这里，为我们解决了很多急难问题，我们把她当成自己的丫头。"几年来，吉根乡焕然一新，水、电、网等实现全覆盖，村文化室、卫生室等基础设施不断完善，"五通七有"全部达标，农牧民生活越来越好。

二、巡边踏查，做边境的守护者

吉根乡自然条件艰苦，守边任务艰巨。但她不惧艰难，无论阴晴雨雪，都坚持每半个月巡查一遍通外山口和河口。

在一次巡边过程中，陈邹凤发现一处铁丝网被大雪压塌，便立即开始维修，倒刺划破了她的左手大拇指，随即血流如注，但她咬牙坚持，进行简单的包扎后，继续前进巡边。陈邹凤坦然地说："我们的干部和护边员，有些受的伤比我更重，他们都不怕，我更不能怕，我们要一起守护边疆！"

在吉根乡，每一个牧民都是一个哨兵，每一个毡房都是流动哨所。为了守边固防，她经常组织"党政军警兵民"联合巡边踏查。同时，她坚持抓好护边员队伍建设，以"支部建在护边线上"为契机，建立1个护边员党总支、4个护边员党支部，"西极护边第一党支部"党建品牌被打造起来，成为克州地区的党建示范点，党的旗帜在祖国边境一线高高飘扬。

三、统筹谋划，做发展的引路人

作为一个边境牧业乡，吉根乡一直面临着产业单一的发展难题。她带领全体干部、群众积极探索产业新模式，走出了一条独具特色的发展道路。

位于祖国西部的吉根乡，其独特的地理位置成为发展旅游产业的靓丽名片。她瞅准时机，打造了"西极塔""西部第一村"等地标性景点，吸引了众多国内外游客慕名而来，独具民族特色的牧家乐、民宿和民俗商店也应运而生，旅游产业初具规模。同时，在陈邹凤的积极引导下，以吾提库尔·莫兰为代表的养殖大户牵头创办了4个农民专业合作社，全乡畜牧业集约化水平得到进一步提升，更多的年轻劳动力从养殖业中解放出来。为进一步拓宽农牧民增收渠道，丰富产业发展模式，她带领全乡探索出一条种植高原青稞的道路，使吉根乡逐渐破解了产业单一的困局，从一个主要依靠畜牧业的偏远牧业乡、贫困乡，逐步转变为依托边境口岸优势、旅游业蓬勃发展、畜牧业集约化发展、种植业逐渐成形的新型乡镇。

2022年年末，吉根乡生产总值达2918.18万元，较2017年增长38.18%；农牧民人均纯收入达到13894.7元，较2017年增长127.4%，群众脸上洋溢着幸福的笑容，对未来充满希望。

千里之行，始于足下。陈邹凤挥洒着辛勤的汗水，一步一个脚印，始终坚持为群众解疑难、谋福祉。如今，她依然坚守在基层一线，践行着不负青春、扎根边疆的铮铮誓言，也影响着越来越多的党员干部和有志青年向基层流动，汇聚起如钢铁长城般坚固的磅礴力量！

知行合一驻基层
带动致富兴乡村
——宁夏大学江力

江力，男，汉族，1990 年 5 月 24 日出生，中共党员，园艺专业硕士。他在校期间一直担任班长一职，组建了创新团队，先后获得第八届"挑战杯"全区大学生科技作品特等奖，第十三届"挑战杯"全区大学生科技作品三等奖，第四届"挑战杯"大学生创业计划二等奖，第二届"互联网＋"大学生创新创业大赛二等奖，首届西北四省大学生就业创业大赛区赛金奖、省赛三等奖。他曾多次参加自治区重点研发项目，获得科技成果登记两项，申请国家专利 15 项。不管是在校期间还是在工作岗位，他始终保持广泛学习不停歇，始终坚持躬行实践不止步，始终追求知行合一无止境，以勤学笃行点燃青春之火。

一、宝剑锋从磨砺出，梅花香自苦寒来

在大学时，他认识到大学生的职业发展应该重点突出，更要全面均衡，理论与实践应当有机结合。大一刚过半，他就选择了加入创新实验室，组建了创新团队，发挥自己的创新思维、动手能力，多次获得大学生创新创业大赛奖项，积极参加科研项目，锻炼科研能力和组织协调能力。正是他这样不断创新进取、脚踏实地、抓铁有痕地培养自己的科研创新精神，获得了保送宁夏大学园艺专业硕士名额，这给他提供了更好的科研平台，让他的专业知识和科研创新能力得到了提升，他时常勉励自己"没有最好，只有更好"。

二、用拼搏奉献事业，在笃行中追求卓越

2017 年研究生毕业后，他在一家农业科技公司从事现代农业技术开发与装备研发、设施设计与建造、农业种植技术服务等工作，担任公司项目部、技术部门经理，总经理助理，也正是他的专业能力和自身素养成了身边同事学习的榜样，同时也得到了领导的认可和支持，工作期间多次与各大高校、科研院所密切合作，共同发展设施农业，为现代农业的发展添砖加瓦。

2018 年在得知家乡有较好的创业平台和支农政策后，他决定放弃高薪工作回乡创业。经过半年的探索经营，他的产品得到当地市场的认可和支持，同时带动周边农户发展特色种植，丰富当地农产品市场。他带动周边农户 50 余户，解决就业 30 余人。正是他对设施农业的热爱和执着，2018 年被宁夏大学农学院选为校外创业兼职讲师，

2019 年被选为乡村振兴优秀代表，2021 年当选为科技特派员。敢"折腾"，善"折腾"，这是创业最初的冲动。大学生既然选择了自主创业这条路，前方不管是遍地鲜花，还是一路荆棘，都要坚持下去，因为年轻不怕失败，"折腾"总会有所收获。

三、农村是一片广阔的天地，年轻干部大有可为

他时常说："我是一名共产党员、更是一名'学农、爱农、从农'的新型职业农民，现在的农村缺少像我们这样有专业知识、有创新能力的年轻人，要实现农村脱贫不返贫，实现乡村振兴，就需要我们去担当，去奉献，自己富了不算富，带动一方百姓富了才算真正的富。" 2020 年是基层换届选举之年，为了能让村里集体经济收入增加，农民收入增多，他放弃了自己的事业，投身到基层，成功入选为党支部副书记，他相信基层注入了新鲜血液之后，会越来越有精神，越来越有生机。在他当选为副支部书记的那一刻，心情既激动又惆怅，等不及将一腔热血挥洒在他热爱的家乡，满身技能施展在这片辽阔的土地上，但又惆怅经济收入低的薄弱村何时能致富。带着诸多忧虑，他依旧不忘初心，立志带动一方百姓共同致富。

2021 年，在镇党委的大力发展和支持下，为了实现效益最大化，真正实现"资源整合、产业联合、收入共享"的目标，他联合了 12 个行政村成立了产业联盟党委，他任党委副书记，希望能让他的专业知识和实践能力，在现有资源和平台上充分发挥，让每个村每年都能分到红利。

为了充分发挥大学生村官的先进作用，更好地服务农村，促进农村经济转型发展，进一步增加村集体和农民收入，他带头创立合作社，手把手地教村民种植和管理技术，不定期地开展学习培训，提高村民的文化程度和种植水平。同时他还主动联系各级单位对薄弱村进行帮扶、联系周边企业形成村企联建，带动发展、带动创收。他相信，只要肯俯下身子去学习去钻研，就能在乡村有所作为，带动村集体收入稳步向前，让农民走上致富路。

展望乡村芳草路，无边花柳正含春。在村官的这条路上他心怀希望，积极进取，以科学发展为统领，以新农村建设为目标，以为民谋利益为根本。以朝气、勇气、灵气，凭信心、决心、恒心，走好每一步，无论前方有何险阻，他会一如既往地鼓起勇气，做一个奔跑中的求学者，向前处、向远处、向高处，向阳而进，逆风而翔！

扎根基层沃土　绽放青春微光

——宁夏大学王为

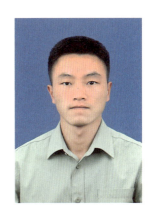

一、此行应多羡，初心尽不违

他是走出贵州大山的孩子，大学期间休学入伍，服役期间，他干一行爱一行精一行，训练"龙虎榜"上总有他的一席之地。参军半年，经过层层选拔，作为列兵的他被友邻单位借调参加全军跨区基地化军事演习，因表现突出被评为"践行强军目标先进个人"。第二年，面对炮兵指挥出现专业断层的困境，他主动放弃考学的机会，三个月淬炼出一支尖刀队伍，彰显军人的热血、无畏与忠诚，被授予"决死勇士"荣誉称号。

服役期满，他婉拒部队的留队邀请，复学为自己"补电蓄能"。面对因执行任务而超期服役导致学习脱节、跟不上进度的窘境，他化压力为动力，逆风而行、追赶超越，通过白天上课、晚上自学，啃书本、看论文，遇惑寻师，付出得到回报，先后获评国家励志奖学金 1 次、校级优秀学生干部 1 次、校级奖学金 2 次。

二、扎根基层沃土，绽放一缕微光

大四上学期，他先后考取了广东、宁夏的选调生，思索再三以后，决定放弃广东选调生的机会，选择了宁夏这片沃土。

工作后，他把异乡当故乡。选调生入职后要到村上锻炼 2 年，组织安排他到郝家桥镇泾灵南村任村书记助理，主要负责党建和脱贫攻坚工作。泾灵南村是自治区"十二五"规划的移民村，由于地处沙漠边缘，气候条件恶劣，搬迁之初，群众的生活比较困难。但南村人在哪里安家，就在哪里扎根，无惧风险、直面困难，把日子过得越来越红火的奋斗精神，让他真正意识到，幸福是奋斗出来的，作为年轻干部，只有静下心来、沉下身子，多接几次烫手山芋、多当几回热锅上的蚂蚁，在村队一线体验农村工作的繁杂，感受村队干部的不易，剖析群众诉求的根源，找准基层工作的定位，才能不断成长进步，并用自己的所见所思所学，回馈这片沃土。

2020 年受疫情影响，宁夏西红柿价格高涨，高峰时一度达到了 5 元每公斤，泾灵村部分西红柿种植户尝到了甜头，其他农户"嗅"到了商机。第二年大家一拥而上，大面积种植西红柿。结果 2021 年宁夏西红柿市场严重饱和，加上群众缺少专业指导，西红柿品质良莠不齐，价格降到冰点，很多种植户辛苦忙碌半年，最后勉强回本，严重打击了农户的种植积极性。通过这件事，他发现村民的市场敏锐性和种植技术有所欠缺，导致农产品种植偏离了市场需求，加上自主种植缺少统一标准，导致农产品输出被动,自由发展必将难以做大成势,吃亏受苦的只能是农户。与此同时,泾灵村周边的企业,具有先进的种植技术以及成熟的销售网络,每年按照东部发达地区的农产品需求,提前一年签订农业订单,通过精准种植,专业化护理,农产品质量高,不愁没有销路。但限于企业的人力、温室数量等客观条件限制,导致产能不足,订单供不应求。农户和企业各自面临的短板,合在一处,正好形成互补。

2021年,在灵武市委的指导下,他们整合泾灵南北村2个村党支部和3个驻村非公党支部成立了银川市首个村级党委—泾灵村党委,他当选为党委委员、组织委员。村党委成立的初衷,就是破解泾灵南北村农户和企业发展短板,整合优势、规避劣势,形成发展合力。在大家的共同努力下,一条"党委引领、村支牵头、非公参与、群众受益"的村企协作发展思路从理论变为现实,企业结合订单需求,向群众释放农业订单,并提供全程的免费技术指导,群众按照订单合同要求以及企业的指导进行标准化种植,农产品成熟后由企业进行保价收购。经过一年尝试,1亩地能够给群众增加2万元左右的收入。经过不断总结,一个以支部为中心,搭建村企、村农两个利益链条,实现"村企农"三方受益的"一中心两链条三受益"特色发展模式初现雏形,为泾灵村巩固拓展脱贫攻坚成果同乡村振兴有效衔接进行了有益探索。

三、机关无小事,责任见初心

到村锻炼期满,他离开村上返回机关,并分配到市纪委监委办公室工作。办公室属于各种工作同时空叠加、抵近式推进的典型业务口,"老兵"姑且脚不沾地,加上之前没有接触过纪检监察业务工作,又是"新人",他最大的感受就是更忙了。为了尽快转变角色,每天下班后他在办公室研究文件、政策和文稿起草。经过几个月的苦干和勤学,他完成了角色转变,已经主笔起草了130余篇综合材料。2022年9月,灵武市纪委监委获评"全国纪检监察系统先进集体"后,他开始主持纪委办公室工作。

他一直朝着"一专多能"的方向努力,组织安排他到审查调查专案组轮岗淬火,全程参与办理了某涉嫌违纪违法案件。他抓住一切机会虚心学习,亲身经历了与"贪腐分子"的心理攻防,现场体会谈话突破技巧,学习捕捉证言漏洞,在笔记本上画下密密麻麻的案情分析导图,从刚开始进入留置区后的不知所措,到独立带队进入谈话区接触谈话对象,开启了从新兵向精兵的转变。

他始终相信,只要心中装着理想、肩上担着责任,脚下沾满泥土,就一定能朝着"让农民碗里的黑疙瘩变成白馍馍"的方向砥砺前行,为奋力谱写建设先行区和社会主义现代化美丽新宁夏作出青春贡献。

回乡创业助振兴
奋斗只为青春梦
——宁夏职业技术学院张治飞

张治飞，1995 年 3 月出生，中共党员，大专学历，宁夏同心县双月养殖家庭农场农场主，宁夏河上坡农牧开发有限公司总经理。2017 年，毕业于宁夏职业技术学院畜牧兽医专业，回到家乡同心县预旺镇南塬村自主创业。张治飞拼搏不止，用自己的无私付出，服务国家乡村振兴战略，用一己之力，发挥职业教育优势，带动当地产业发展，助力乡亲脱贫致富，追逐青春奋斗梦想。近几年，张治飞多次获得政府嘉奖：2017 年 9 月，获得农业部、中组部农村实用人才带头人证书；2018 年 5 月，获"创青春"全区大学生创业大赛二等奖；2018 年 7 月，获"中国创翼"创新创业大赛三等奖；2018 年 8 月，获吴忠市"创业之星"荣誉称号；2019 年 4 月，获吴忠市优秀共青团员荣誉称号；2020 年 9 月，被聘请为宁夏职业技术学院生命科技学院兼职教师；2020 年 11 月，获大学生创新创业全国铜奖；2021 年 6 月，被评为吴忠市优秀共产党员；2022 年 2 月，当选为共青团吴忠市第五次代表大会代表。

一、敢闯会创，坚定意志创事业

刚刚毕业返回家乡，张治飞并没有多少社会经验，但他依然抱定"只要肯付出，就会有收获"的信念，开启创业发展之路。

在创业之初，张治飞选择了与自己专业息息相关的养殖业。通过网购鸡苗开启了创业之路，结果出师不利，首次创业以被骗而告终，但他不甘失败，继续探索。他深知自己的根在农村，创业的希望也在农村。通过仔细琢磨、耐心研究，最终选定养殖营养价值高、享有"动物人参"美誉的珍珠鸡，张治飞因此成为宁夏规模化养殖珍珠鸡第一人。

这是一个崭新的项目，发展前途广阔，市场潜力巨大。他探索并坚持运用"三听两进两出"原则：每天早晨让鸡群听半小时的新闻资讯后，从棚圈放出去，让鸡群到山上、到苜蓿地里去吃草；中午赶回来的鸡群，在养殖场里听流行音乐，饮水、休息；下午再将鸡群赶到山上活动、觅食；太阳落山后，将鸡群赶回棚圈饮水，听着轻音乐进入梦乡。

在村民们看来，这样的养殖方法就是瞎折腾。可是对于张治飞来说，这样的方法只有好处没有坏处，听音乐不但让鸡群减少环境应激，还会让小鸡健康苗壮成长，等到出栏后，鸡肉产品的营养价值会更高。

作为家庭农场的负责人,张治飞既要做管理,又要搞养殖,还要抓销售。尤其是在销售季节,他碰过不少钉子,给餐厅老板推荐产品时,遭遇不少挫折,常常被人生硬地推出门去。但功夫不负有心人,凭借顽强不屈的毅力,无可匹敌的优秀产品,张治飞最终让他的珍珠鸡走进了大城市。

短短一年时间,张治飞的养殖场利润已经突破 20 万元。自 2019 年 4 月起,在张治飞的带领下,农场先后与广西几家公司等达成合作意向,引进大型肉鸡苗近 10 万羽,创收 34 万元。

二、回报家乡,乡村振兴有作为

张治飞创业成功并走上了富裕之路,但他并没有满足。他看到身边的群众有很多还没有脱贫,有些农户的生活比较困难,特别是儿女上学、老人有病时,经常愁眉苦脸。

南塬村是当地的贫困村,是当地脱贫攻坚的"主阵地"。这里气候干旱、土地贫瘠,自然资源严重不足,农民群众缺少致富的门路,再加上没有致富领头人,很多农民的致富仅仅是一个梦想而已。

作为一名共产党员,张治飞不忘初心,严格履行党员义务,在创业致富的同时,积极担当起引领和帮扶责任。他希望尽自己最大的努力,带领村民创出一条共同富裕的道路。

张治飞担负起 9 户建档立卡户、1 户低保户的帮扶责任。他制订了精准引领措施,指导他们搞好蛋鸡和肉鸡养殖,免费给这些家庭提供技术支持,后期提供回收服务。在他的耐心指导下,这些贫困户有了强劲的创业激情,一门心思搞养殖,千方百计学技术。最终,实现年均增收 12250 元的目标,曾经的贫困户开始昂首挺胸、扬眉吐气了。

张治飞不怕挫折勇于创业的事迹传遍四方,他乐于助人无私奉献的高尚精神赢得高度赞扬。

三、服务社会,一片丹心献农村

张治飞是一个永不满足的人,既然认准了一条道,就要加倍努力往前走,不达成

自己的梦想，决不停下探索的脚步。同时，他也希望用自己更多的尝试和努力，为当地农民树立致富榜样，让所有群众都能实现致富的梦想。

在张治飞的不断努力下，宁夏河上坡农牧开发有限公司的农产品由单一走向多元化，从初加工走向深加工。公司为巩固脱贫攻坚成果，作出了积极的贡献，先后吸纳 30 名村民，让他们在家门口实现就业。

在带领村民发家致富的同时，张治飞还积极参与公益与教育事业，把关爱儿童成长作为一项重要职责，他曾经为贫困山区的学校捐赠冬衣，带领留守儿童重走长征路等。他的爱心，赢得了人们的广泛赞誉。

疫情期间，他主动请缨，在同心县预旺镇南塬村路口防疫卡点执勤，同时利用自媒体，大力宣传疫情防控知识，作为小微企业主，他向社会捐赠医用口罩、生活用品等共计 5 万余元。

"让农村更美，让农民更富，这是我的青春梦想。"张治飞说，在今后的工作中，一定会积极探索、不断创新，持续提升产品质量，维护好品牌知名度，带动更多农民，共同走上建设美丽乡村的发展道路。

扎根基层一线　书写责任担当

—— 宁夏医科大学李昊昊

李昊昊，男，汉族，1994 年 12 月出生，2018 年毕业于宁夏医科大学口腔医学专业，现任彭阳县新集乡卫生院口腔医生。曾荣获 2019 年度"银川市优秀共青团员"称号；2022 年 5 月被共青团中央授予"全国优秀共青团员"称号。2018 年 8 月至 2021 年 7 月，他参加大学生志愿服务西部计划活动，服务于贺兰县洪广镇欣荣卫生院，三年服务期间考核等次均为优秀，他专业而又细致的工作得到了同事和患者的一致赞扬。2020 年，疫情暴发之际，他放弃了与家人团聚的机会，独自驾车从老家回到单位，主动请缨，奋战在抗疫第一线，连续三个月在抗疫的小帐篷里顶着凛冽的寒风做核酸、测体温，践行了新时代医务工作人员的责任与担当。2021 年 10 月，他在银川市抗疫工作岗位上服从医院的指挥，连续作战，在负责望远镇次密接核酸检测的岗位上尽心尽力，应检尽检，为该镇的防控工作作出了贡献。2022 年 9 月，他通过事业单位公开招聘到彭阳县新集乡卫生院，继续贡献他的青春力量。

一、坚定理想信念，勇于砥砺奋斗

李昊昊出生于一个普通家庭，从小便怀揣着医者仁心的梦想。在大学期间，他刻苦学习专业知识，积极参加各类实践活动，努力提升自己的综合素质。毕业后，面对城市的繁华，他毫不犹豫地选择了到基层去。他深知，基层是广大人民群众最需要医疗服务的地方，也是青年医生锻炼成长的重要舞台。因此，他积极响应国家号召，参加了大学生志愿服务西部计划，来到了贺兰县洪广镇欣荣卫生院。基于乡镇卫生院紧缺口腔医生，医院的口腔科几乎处于有病无医的状态，他主动请缨，积极主动承担起了口腔科的诊疗工作。在这里，他面对的是艰苦的工作环境和复杂的医疗条件，但他从未退缩过。他用自己的专业知识为当地百姓提供口腔医疗服务，用实际行动诠释着医者仁心的真谛。

在基层医院工作的日子里，李昊昊始终保持着坚定的理想信念和昂扬的斗志。他深知，作为一名医生，不仅要有扎实的医学知识，更要有高尚的医德医风。因此，他时刻以患者为中心，以高度的责任心和使命感投入到工作中去。他不怕脏、不怕累，经常加班加点为患者诊治疾病；他对待患者热情周到、耐心细致，赢得了患者的信任和尊重。在他的努力下，欣荣卫生院的口腔科逐渐成为了当地百姓信赖的科室。他收治牙体疾病患者的人数达到了 2000 余人，收治缺牙修复患者人数达到 600 余人，牙槽外科疾病患者人数 800 余人。这些数字的背后，是他无数个日夜的努力和付出。

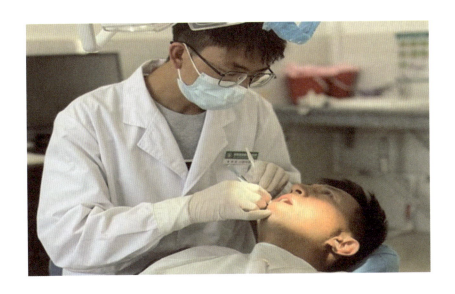

二、练就过硬本领，勇攀技术高峰

在基层医院，每个人都是身兼数职，李昊昊便是其中的佼佼者。他不仅是一位出色的口腔科医生，还兼任医院辖区内 200 多人的家庭医生，用实际行动践行着医者仁心的信念。每周，李昊昊都需要为特定人群进行两到三次的上门随访。无论是刮风下雨，还是严寒酷暑，他都始终坚守在岗位上，为居民们提供及时、专业的医疗服务。他的身影，成为了基层医院里一道温暖的风景线。

最令李昊昊感动的是，有一位全口无牙的老爷爷，由于家境贫寒，一直未能及时镶牙，吃饭成了最大的困难。在得知欣荣卫生院能提供经济实惠的镶牙服务后，老人抱着试一试的态度前来咨询。李昊昊详细检查了老人的口腔状况，为他制订了一个适合的修复方案。经过一周的精心准备和细致耐心的工作，最终为老人成功镶上了牙齿。看着老人露出欣慰的笑容，李昊昊心中充满了成就感。为此老人特地制作了锦旗，以表示对他的感谢。这一面锦旗，是老人对李昊昊的感激与认可，更是对他工作的激励与鞭策。

在西部计划服务结束后，李昊昊继续坚定自己的理想，应聘成为永宁县望远镇卫生院的口腔科医生。在这半年的时间里，他根据患者的病情，制订合适的治疗方案，尽自己最大的努力为患者提供更好的医疗服务。同时，李昊昊也从未忘记学习。他深知，医学是一个不断发展的学科，只有不断学习、不断进步，才能跟上时代的步伐。因此，他利用晚上的时间充电学习，不断更新自己的理论知识库，提升自己的专业技能。2022 年 8 月，李昊昊怀揣着服务基层的梦想再次出发，他毅然选择下沉到基层，通过事业单位招聘考试，从银川回到了自己的家乡宁南地区，开启了新的征程。他发现乡镇农村的口腔医疗能力依旧比较薄弱，乡镇卫生院医疗体系仍不完善，有些专业性较强的科室建设较为落后。刚来到新集乡卫生院的时候，医院还没有成立口腔科，这对医院的发展和百姓的就医十分不利，设立口腔科就成了他最关心的事。当地卫健局也十分支持医院的发展，通过多次协商和沟通，他直接参与口腔科的设备采购和诊室施工。功夫不负有心人，通过大家的努力，2022 年 3 月，新集乡卫生院口腔科正式开诊，病人也闻讯而来，实现了村民在家门口就能看牙。"每个人的追求不一样，我喜欢和群众打交道，他们也需要我。虽然换了岗位，但职责没变，服务基层群众的心态没变。"他说，随着乡村振兴战略的实施，乡镇卫生院的作用越来越重要，医疗资源配置势必要越来越均衡。李昊昊说，作为一名基层医疗工作者，自己未来的目标仍是持续精进，把看牙这件事干好，服务更多群众。

三、担当时代责任，彰显青春本色

李昊昊，一位年轻有为的医务工作者，用自己的实际行动诠释了新时代青年的责任与担当。他不仅在医疗技术上追求卓越，更在社会责任面前挺身而出，展现了青春的本色。2018 年，贺兰团委考虑到李昊昊是刚毕业的大学生，有着充沛的精力与热情，便将"欣荣村红领巾成长课堂"孩子们的辅导工作交给了他。这不仅仅是一项任务，更是一份沉甸甸的责任。每天下午四点半到六点半，李昊昊化身为孩子们的良师益友，耐心细致地批改作业，答疑解惑。他的身影，成为孩子们放学后最期待的风景线。在孩子们眼中，他不仅是医术高超的李大夫，更是知识渊博的李老师。这样的双重身份，让李昊昊感到十分荣幸。他深知，作为一个有志青年，应该尽自己所能去回馈社会，去帮助那些需要帮助的人。这份责任感，成为他不断前行的动力。

李昊昊深知，作为一名医务工作者和一名青年志愿者，他还有很长的路要走。在未来的工作生活中，他将继续以新时代青年的责任担当为指引，以救死扶伤的精神，认真对待每一位患者，服务好基层百姓。他将以更加饱满的热情和更加坚定的信念，为家乡的建设添砖加瓦，为实现中华民族伟大复兴的中国梦贡献自己的力量。

新疆维吾尔自治区

坚守扎根就创事业初心
致力于大学生增值赋能

—— 新疆农业职业技术学院教师李瑞星

李瑞星，1979 年出生，现任新疆农业职业技术学院招生就业党支部书记、招生就业办公室主任，负责创新创业学院。李瑞星热爱就业创业事业，始终为党育人，为国育才，坚守就业创业工作战线 19 年，做学生成长的引路人。她受聘为全国高校就业创业指导教师培训特聘专家、全国首批农业创业培训全国共享师资。她担任中国国际"互联网＋"、中华职业教育、全国技工院校、全国退役军人创新创业大赛国赛评委。她受聘自治区高校就业创业工作督导评估专家、自治区创新方法应用与推广专家、自治区退役军人就业创业导师，自治区职业院校教师"精彩一课"大赛评委。

一、优化就业育人功能，厚植大学生爱国情怀

（一）全面贯彻党的教育方针，主持建成全国党建工作样板支部

她落实就业优先政策，致力推动学院把毕业生就业作为重中之重，健全就业创业联动机制，提升整体就业指导服务管理能力水平。她坚持"思想政治"与"就业创业"结合，引导毕业生把个人的理想追求融入党和国家事业之中，把理想信念引领贯穿就业创业教育全过程。她立足农业，牢固树立爱农强农意识，积极引导学生走基层成才之路，引导大学生敢于在艰苦环境中经风雨见世面，在兴疆固边的实践中升华本领。学院每年有 70％毕业生在基层就业，其中到农林牧等行业就业的毕业生比例达到 30％，为服务新疆脱贫攻坚、乡村振兴战略提供人才支撑。

（二）多措并举稳就业

她主持获批全国高校毕业生就业能力培训基地、入选全国普通高校毕业生就业创业工作典型案例，获评"自治区就业评估优秀学校"，自治区就业工作先进集体。她健全就业管理机制，制定《关于做好职业发展与就业指导工作实施方案》《创新创业教育改革实施方案》和《关于加强贫困家庭毕业生就业帮扶工作实施方案》等，近三年毕业去向落实率保持在 95％以上。她建立全员化的就业服务体系，建立"学院统筹面＋分院自主开拓点"的市场开拓新模式，牵头奔赴南疆各地州开展调研，实现生源地在南疆的毕业生 70％以上在家门口基层就业。开展"宏志助航计划"，联合三所院校培训 1300 人，培训师资 78 人。她实施精准帮扶，向每个就业困难的毕业生推荐至少 3 个就业岗位，持续提供就业指导、简历制作等专项指导服务，举办专场招聘会助力参训毕业生在基层就业。

二、推动创新创业改革发展，打造新疆创新创业高地

（一）完善引领机制

学院两次在中国"互联网＋"大学生创新创业大赛中荣获"高校先进集体奖"（两年均为全国职业院校中唯一获此殊荣的院校），率先在全疆成立创新创业学院。针对毕业生在基层创业比例在 6％ 以上的现状，她建立完善创新创业孵化制度，提供创新创业平台，孵化创新创业项目。她为创新创业学生提供咨询服务、技术支持、产学研合作帮助，提供指导教师、学生团队、创业空间、孵化资金。2017—2022 年，学院在中国"互联网＋"大学生创新创业大赛国赛上获银奖 8 项，铜奖 15 项，区赛上获金奖 25 项。学院荣获全国及自治区优秀组织奖。近三年累计有 99 名同学因获区赛金奖以上好成绩免试升本，《中国教育报》《新疆日报》、新疆电视台、昌吉电视台多次报道学院就业创业工作。

（二）以创新带动创业，以创业带动就业

她主持获批国家级众创空间，深化产教融合，推进校企协同，瞄准产业关键核心技术发展，培育创新型、复合型、应用型新型人才。她打造"我可"国家级众创空间，成为一个有广度、宽度、厚度、温度的开放共享众创空间，关注创业者的成长、关注企业的发展。她构建了政企合作层面、学院层面、分院层面和学生社团层面"四级"实践训练平台。她与昌吉州创新创业指导中心合作促进在校生项目孵化，与昌吉州团委、人社局青创联协会合作加速历届毕业生企业成长，与启迪之星合作支持科技企业孵化，与新道科技、全国高校投盟共建创投基金中心，打造开放共享众创空间，关注创业者的成长、关注企业的发展。她每年开展创业培训 800 人，年孵化项目 50 个，开展沙龙活动 25 次以上。她积极组织创业培训、直播带货培训，每年有上千名学生参加培训，助力脱贫攻坚战，打造新疆农特产品知名度，助力贫困县域农特优品销售。

三、以学习者为中心，致力高校大学生就业创业教学改革

（一）丰富教学内容和形式

她荣获全国信息化教学大赛二等奖，3 篇论文获全国"大学生就业创业优秀论文征文评比"二等奖，主持建成自治区精品课程。形成了以课程为基础，以职业测评和职业咨询为辅助，以大赛为抓手的多方位、多层次、多元化职业生涯发展体系。大一开设"大学生职业生涯规划发展"必修课，大二、大三开设"就业指导"和"职业素养提升"课

程。她开展职业生涯规划大赛、模拟求职、职业体验等活动,增强大学生职业认知和职业能力。课程组织校、企人员共同参与,通过调研、研讨、论证等过程,在课程中培养学生爱农强农意识,围绕服务新疆"稳粮、优棉、促畜、强果、兴农"特色,开发农业院校本土化路径,实现"三位一体"优化课程教学内容,加强教学法研究,提高教学质量,引导毕业生在基层成长成才。

(二)创新学分互认"2.5+0.5"人才培养模式

她主持建立全疆首个以高校为载体的创新方法推广应用工作站。2017 年实施创新学分互认"2.5+0.5"创新创业实践人才培养模式,将第六学期预就业实习与创业项目培训孵化进行学分置换,构建及实践创新创业教育生态。她提供与新疆创翼时代航空科技有限公司合作的"无人机植保创业项目"和服务自治区农村电商发展的"农村电商创业项目",为大学生在基层就业增值赋能。她与新疆科技人才中心共建"创新方法培训推广应用院校工作站",为自治区高校创新创业教育提供了师资保障,开展培训 6 期,培养创新师资 540 人。她致力面向自治区高校推广"TRIZ 创新思维与创新方法"课程,培养在基层创业大学生有敢闯会创的精神和创业技能,主编出版教材一本,发表论文 6 篇。

李瑞星致力传播就业创业种子,坚守扎根就业创业事业的初心,为大学生增值赋能,用心用情用力做好大学生基层就业创业服务,长期为新疆高校教师、大学生、退役军人、科技工作者、农业经理人、农场主提供创新方法、创业指导、职业生涯、职业素养等指导,为数十万名大学生基层就业创业开展咨询、培训与跟踪服务。她为新疆人社厅"职在新疆"做全疆高校首场直播讲座,为中国青年创业就业基金会——中国青年就业大讲堂做讲座。

用心用情　全力以赴
助力毕业生更充分更高质量就业

——新疆农业大学教师谢军

　　谢军作为新疆农业大学就业指导中心负责人，始终坚持以学生为根本，以育人为中心，以市场需求为导向，着力开拓就业渠道，拓展就业岗位，精准就业指导服务，广开就业工作思路，站在毕业生就业工作的最前沿，贯彻落实党中央、国务院及自治区关于"稳就业""保就业"的决策部署，坚持把就业工作实效贯穿始终，强有力地推动了我校就业工作的高质量发展。

一、把就业作为立德树人的重要环节，着力提升就业育人实效

　　一是将就业育人贯穿教育教学全过程。自负责就业工作以来，谢军多次主持就业指导课程体系改革，进一步优化课程设计方案，参与编写了教育部学生服务与素质发展中心组织的全国高校就业创业特色教材，把就业指导课程贯穿学生在校的全年级段，授课学生达 1000 余人次。

　　二是强举措赋能师资队伍建设。谢军始终坚持把高水平师资队伍作为支撑就业工作发展的第一资源，先后邀请北森生涯研究院、北京仁能达工作室为全校 200 余名就业指导教师、辅导员、班主任等开展为期 60 个学时培训，遴选 34 人的就业指导专职授课教师团队，已覆盖培训学生 1.5 万人次。

　　三是以就业市场需求为导向，推动实施"点单式"就业技能培训。他组织开展"新疆农业大学求职工作坊"活动，先后邀请国际礼仪培训师、自治区立法咨询专家、企业人力资源高管等校内外知名专家团队开展专项技能培训，助力 500 余名毕业生求职就业。

二、着力拓宽就业领域，促进毕业生多渠道就业

　　一是搭建双向选择平台，推动智慧云就业信息化建设。谢军深刻把握住新形势下做好就业工作的新要求，充分发挥"互联网＋就业"模式，先后 3 次参与校园云就业平台建设论证，主导建立起集"信息、服务、统计、管理"多维度的就业系统化平台，目前已有 1500 余家单位入驻，提供就业岗位 3 万余个。

　　二是积极引导毕业生基层就业。谢军作为就业工作负责人，统筹组织 18 名就业指导教师赴 141 个毕业班级开展就业主题"云班会"——基层就业政策大宣讲活动，围绕乡村振兴战略，引导毕业生到基层建功立业，把个人理想追求融入国家建设的新征程。近来年，他本人开展基层政策宣讲覆盖学生 2000 余人次，宣讲班级基层就业

率 27.40%。

三是持续推进升学就业的有效衔接。为进一步提升毕业生在未来就业市场的竞争力，谢军坚持把升学作为就业的重要举措，举办经验交流会，分享会等开展升学政策讲解，把政策宣传、招生录取与升学就业的形式有效衔接。谢军自负责就业工作以来，本校升学率稳步提升，同比增加 2%。

四是持续推进创业带动就业。分管创新创业学院期间，他积极向上争取政策支持，向下加大投入力度，支持创业团队项目落地实施，成功孵化"驰霄博骏""玉融无忧"等项目创业成功，带动就业 20 余人；担任大学生创新创业导师，指导大学生创新创业训练计划项目 8 项，指导"互联网＋"大学生创新创业大赛项目获国家银奖 1 项、铜奖 1 项、自治区金奖 1 项、银奖 2 项、铜奖 1 项。个人荣获自治区"互利网＋"创新创业大赛先进工作者和优秀指导教师。

三、强化服务保障，优化就业指导服务水平

一是进一步完善就业精准帮扶工作体系。他牵头制定了"1＋2＋1"就业帮扶机制，即有 1 名学院领导、1 名班主任、1 名专业教师和 1 名辅导员帮助就业困难毕业生，通过多种渠道、多种方式搭建校内外资源信息对接服务，深入挖掘就业岗位信息，向用人单位精准推荐就业困难群体毕业生求职信息，精准推荐就业岗位，指导培养就业技能，帮助实现就业，近三年累计帮助就业困难毕业生申报就业补贴 170 万元。

二是主持设立"毕业生就业政策服务站"。他抢抓毕业求职关键期，组织开通就业专线 21 条，加强毕业生就业精准指导和个性化服务，提供签约指导、派遣、调整就业、"三支一扶"、西部计划等精细化政策咨询服务。

三是提升学生的就业能力。他主导开设大学生创业课程覆盖 18 个学院，3000 余名学生；组织制定"星火计划"就业指导服务团体及个人测评计划，制定精准帮扶方案；在毕业班级开设 24 个学时的就业引导性培训，进一步强化学生职业素质能力提升，覆盖学生 9000 余人次。

四是开展"企业高管进校园""基层就业分享会"活动。近三年来，他积极开展校地对接、校企合作，邀请人社局长进校开展政策宣讲，邀请企业高管进校开展技能培训，邀请基层就业优秀校友进校园开展就业故事分享，累计达 23 场次，参与学生达 13000

余人次。

四、推进就业统计规范化，持续落实就业监测督促

一是建立毕业生动态跟踪服务工作机制。他参与就业质量追踪调研团队，先后 5 次主持修订就业质量状况统计指标和内容，全方位了解就业情况反馈，牵头制定《离校毕业生就业工作方案》，坚持"离校不托管，毕业不断线"的原则，持续做好离校未就业毕业生岗位推送不断线、指导培训不断线、重点帮扶不断线、接续服务不断线的指导服务。

二是建立毕业去向落实情况监测机制。他持续坚持毕业生去向落实情况周监测，毕业去向落实情况直通到班级，以真抓实干的态度帮助毕业生求职择业。

近年来，学校连续四年作为全国 100 所毕业生就业状况布点监测高校之一，谢军带领学校全体就业工作战线同仁，牢记初心使命，坚持用情用心用力做好就业工作，下一步，他还将继续砥砺前行，进一步推动毕业生更充分更高质量就业。2022 年，新疆农业大学被评为自治区级创新创业学院建设单位。

投身煤海筑信念
扎根边疆担使命

——新疆工程学院辛亚雄

"只有荒凉的沙漠，没有荒凉的人生！"新疆工程学院毕业生辛亚雄因此更受鼓舞，更加明确肩上的责任和就业方向，他一毕业就扎根新疆一座煤矿，一干就是四年，他坚定理想信念，心怀"能源安全国之大者"，积极为国家能源安全扛起了青年担当。

2017年11月，他加入中国共产党，2019年入职新疆天山矿业公司，先后任公司掘进二区实习技术员、生产技术部技术主管等职。入职以来，他始终扎根煤炭开采一线，艰苦奋斗、敢为善为，自觉履行岗位职责，先后荣获全国"全煤行业优秀共青团员"、中国煤炭教育协会"煤炭行业建功立业优秀毕业生"等荣誉，用实际行动践行了"90后"青年党员对党忠诚的铮铮誓言，为广大青年树起了正确的风向标。

他对党忠诚、立场坚定，以爱国之心践行使命担当。一名党员就是一面旗帜，他始终践行习近平总书记对青年作出的重要指示，发扬胡杨精神，扎根边疆担使命，始终满怀对党的忠诚和热爱，坚持用习近平新时代中国特色社会主义思想武装头脑，积极参与"不忘初心、牢记使命"党史学习教育、党的二十大精神宣讲等活动，围绕理想信念、党性修养、道德品行等方面，主动从百年党史、百年徐矿的奋斗历程中传承红色基因，砥砺政治品格，不断锤炼党性修养，坚定党员初心使命，永葆党员的先进性和纯洁性。

他坚守奋斗、无私奉献，以事业之心诠释先锋模范。作为一名一线生产技术人员，他深知"安全生产就是煤炭企业的生命线"，始终坚持"安全至上、生命至上"理念，每个采煤、掘进工作面他必到现场，对各类不安全因素反复摸排，上井后大量查阅资料，保证每项技术措施科学编制，所在矿井已连续实现了6个年度安全生产。他舍小家顾大家，曾连续270天没休假、连续3年没回老家。为兼顾好工作与家庭的关系，他索性将"家"安在矿区。为缓解煤炭供应紧张情况，他自发动员组建了一支青年突击队，在企业生产组织最艰难、疫情防控最吃紧时冲锋在一线，在井下盯现场、查隐患，全力以赴战疫情、抓供给、保民生。公司累计生产煤炭约2300万吨，其中电煤供应近1500万吨，为南疆四地州经济发展和社会稳定作出了积极贡献。

他心系母校、主动作为，以感恩之心回馈教育之情。新疆工程学院"艰苦奋斗、扎根边疆、自强不息、甘于奉献"的胡杨精神，一直以来都是激励他拼搏进取、艰苦奋斗的不竭动力。为回馈母校，他积极联系所在企业与学校合作，连续两年为母校1000余名毕业生开展就业讲座，成功推荐15名毕业生到所在单位就业，搭起了校企合作的发

展平台，目前 15 人均在企业担任主要技术管理工作，得到公司领导的高度认可。他时常与毕业生交流，勉励他们扎根基层、提升本领，努力在国家煤炭事业建设一线中实现个人价值。生活中，他尽自己最大能力，协调公司改善大学毕业生住宿条件、提高福利待遇，使他们尽快融入企业"家"文化，将更多的精力投入安全生产中。在无数个"辛亚雄们"的砥砺奋斗中，所在公司先后获得国家"特级安全高效矿井"、"国家首批智能化示范煤矿"、中国煤炭工业协会"思想政治工作先进单位"等荣誉，为国家能源安全和绿色低碳发展作出了重要贡献。未来他还想引荐更多优秀毕业生到该企业工作，为高校毕业生更好就业和企业招才纳贤贡献力量。

他奋发有为、勇争一流，以进取之心实现改革创新。他严格带头执行各项规章制度，与同事们想在一起、干在一起，每月下井 20 次以上，带班期间井下步行达 12 千米以上，重点工程、关键环节紧盯不放。刚到单位时，年龄大一点的职工都心疼他说，"你也就是刚二十出头的小伙子，不必这么辛苦，学历高，有专业，升职加薪那都是水到渠成"，他却说我不认真干，心里不踏实。他不仅自己在工作中一丝不苟，还培养了 5 名优秀机电维护工、6 名掘进机司机、10 名独当一面的迎头支护工。他积极投身矿井科研项目，先后参与公司创新项目和区队小改小革 20 余项，获个人专利 2 项，创效 300 余万元。

在祖国最需要的边疆，在艰苦且平凡的煤炭行业，辛亚雄以忠诚诠释担当、以坚守书写情怀、以奋斗成就梦想，以"走在前""干在前"的奋勇姿态和"挑大梁"的行动自觉，奋力在开发建设祖国边疆和国家能源安全保障工作中贡献青年力量，书写奋斗篇章！

志当存高远　无愧梦少年

——克拉玛依职业技术学院雷捷

雷捷，中共党员，2017年6月毕业于克拉玛依职业技术学院，现任新疆中泰纺织集团库尔勒纤维公司质检中心副主任级工程师。

从初出茅庐的一张白纸，到如今中泰集团的"生力军"，雷捷以勤勉不忘奋斗初心，怀揣着满腔热血，抱着锻炼自身，收获成长的愿景，以"海绵精神"汲取知识和养分，沉淀自身，在工作岗位的泥土上磨砺成长，绽放青春芳华。

一、笃信勇毅、思想先行

入学以来，雷捷在思想上积极要求进步，树立了正确的世界观、人生观和价值观，他认真学习党的基本理论知识，时刻关注国家大事、时事政治，坚定"四个自信"，树立"四个意识"，做到"两个维护"，以习近平新时代中国特色社会主义思想为引领，努力学习政治理论知识，提高自身政治素质，培养高尚道德品质。在生活中他能够以身作则，以诚待人，积极与他人交流学习，取长补短，共同进步。

二、探赜索隐、砥志研思

在专业学习上，热爱石化专业的他，积极投入各门基础课和专业课的学习中，端正学习态度，明确学习目标，注重理论实践，积极参加技能大赛。每年技能大赛备赛期间，学院方晓玲、于平两位专业老师都会悉心指导雷捷进行专业实操技能练习，备赛冲刺阶段为了不打扰室友休息，雷捷就会住在实训楼，每天在实训楼和食堂之间两点一线，专注于技能训练。通过训练、复盘、改进、再训练、再复盘，苦心钻研，周而复始，专业实操技能得到了全面提升。

在学院老师的悉心培养和个人的刻苦努力下，他先后荣获学院奖学金、国家励志奖学金、2015年第十届全国高职高专"发明杯"大学生创新创业大赛发明制作类一等奖、2016年自治区技能大赛工业分析与检验赛项一等奖、2016年全国技能大赛工业分析与检验赛项二等奖（个人成绩为全国第十一名）、2017年自治区技能大赛工业分析与检验赛项一等奖、2017年全国技能大赛工业分析与检验赛项二等奖。在校期间他积极参加校内外各项活动，曾担任克拉玛依职业技术学院学生社团科技协会会长、学生社团化工技能博弈协会会长，这些活动不仅增强了他的专业技能，也提高了他的团队协作能力和组织能力，为今后的工作打下坚实基础。

雷捷的大学生活有艰辛和苦楚，但更多的是汗水和欢笑，他不断挖掘着自己的潜

能，始终坚信"宝剑锋从磨砺出，梅花香自苦寒来"，他不断充实、完善自己，用青春描绘着梦想，用努力和拼搏续写着人生的华美篇章。

三、恪尽职守、研精覃思

2017 年 6 月毕业后，雷捷进入新疆中泰集团工作，经过不懈努力现成为新疆中泰纺织集团库尔勒纤维公司质检中心副主任级工程师。

刚开始工作时，雷捷也时常发怵，虽然在学校系统地学习了质量检测专业知识，但面对实际工作还是摸不到头绪，为了尽快适应岗位工作，他继续发扬在校刻苦学习、虚心请教精神，常常泡在实验室、车间，向师傅学、同事学、书本学，坚持做到常思考、常请教、常汇报，作为单位新人，全单位都是他的前辈，他多学多问，不断积累经验，增长本领，仅用两个月时间就基本适应岗位工作要求。雷捷认为相较于大多数人，他并不聪明，他更多的是那一份执着！别人眼里的"差不多"，在他这儿是锲而不舍追求完美。在工作中，出现迷茫、焦虑时，他没有退却，而是认真思考、理清思路、再踏征程。为尽快提高技能，工作之余的时间，雷捷几乎全部用来钻研业务，依靠在校学习打下的扎实理论基础，将理论和实践深度融合紧跟专业动态，快速找到解决实际问题的方法。工作以来先后通过了化学检验高级工技能等级鉴定、质量检验工程师、化工分析助理工程师职称评审，以突出的业务能力组织并参与了十余项技术攻关，以刻苦的钻研态度、熟练的专业素养、丰富的业务经验成为质检中心的青年骨干。

"做事首先不是为得到利去做的，而是当作事业做到无人能及的水平，如此反而更容易有成果"，这是班主任胡静老师写在雷捷成绩单里面的一句寄语。2015 年，在班主任胡静老师的帮助下学院科技协会成立，雷捷担任会长，联合其他专业同学一起开展模型创作、小发明、小技改等创新工作，并于当年带领团队获得全国"发明杯"大学生创新创业大赛（高职组）发明与制作类一等奖。正是这句话、这段经历塑造了其独立思考能力和团队协作能力，毕业后的近五年时间里，雷捷刻苦钻研、奋力进取。他改进萃取法检测纤维中含油率的方法，将检测误差从 0.1% 降低至 0.03%；进行硫酸锰和氯化钴的降聚速率对比实验，模拟原液生产条件，实验得出硫酸锰的加入量，指导公司工艺变更；解决原煤检测中外水检测的水平衡问题，结合当地气候环境，试验找出外水平衡的最佳时间，提高原煤检测准确性。2018 年，他获得中国石油和化学工业联合会"全国石油化工行业优秀人才"荣誉称号，2021年，获得中国纺织工业联合会"全国纺织行业技术能手"荣誉称号，2022年，获得中国共产主义青年团新疆维吾尔自治区委员会"自治区青年岗位能手"荣誉称号。

作为公司质检中心的副主任级工程师，雷捷深知自己肩负的责任和重担，在做好专业技术带头人的同时，利用在校期间社团活动经验，成立宣传窗口——"质检之声"，开设成长实验室，策划拍摄话剧《绣红旗》《七一我想对党说》、MV《我和我的祖国》等作品，创新助力企业文化建设进步。

"广大青年既是追梦者，也是圆梦人。追梦需要激情和理想，圆梦需要奋斗和奉献。"雷捷始终牢记克拉玛依职业技术学院"厚德，崇能，唯实，求新"的校训，用严谨勤奋的态度对待每一项工作。在未来工作中，他将继续脚踏实地，砥砺奋进，牢记初心使命，锤炼扎实作风。坚持学习，提高自身素质；立足长远，展望未来发展。用奋斗谱写韶华，力争做一名温暖有担当的毕业生，用善学善思的敬业精神和精益求精的执着态度引领广大青年在新时代立新志、建新功，为实现中华民族伟大复兴的中国梦贡献自己的青春力量。

绽放青春光彩　践行青春使命

—— 新疆天山职业技术大学熊洁莲

一、服务家乡，绽放青春光彩

熊洁莲，2013 年 8 月进入新疆天山职业技术大学人文艺术学院服装设计专业学习，在校期间，政治思想坚定、学习成绩优异。身为学生干部，她用无限的热情支配有限的时间，做到学习、工作两不误，担任班级学习委员获国家励志奖学金，2 次荣获国家、自治区助学金，3 次荣获"优秀班干部""优秀学生会干部"，是学校民族团结模范。她在选择专业时就立志要用所学的专业知识、专业技能为家乡服务。2016 年毕业时，她放弃在大城市发展的机会，回到家乡自己曾经实习的服装公司，她以公司为家，把时间和精力都投入到专业技能提升上，磨炼意志，淬炼本领，刻苦钻研，敢于创新。她创新出一套运用在本地企业的新工人培训方案和流水化生产管理模式，为社会培养了许多服装设计人才和技术工人，为地方经济建设作出积极贡献。

二、深入基层，大胆创新，践行青春使命

青春是用来奋斗的，在奋斗中攻坚克难，在奋斗中追赶超越。熊洁莲深入基层一线从事生产管理和培训，时刻不忘服务家乡的使命，在一线实践中总结经验，大胆创新，克服重重困难，在生产和管理中结合专业知识，创新了一套快速有效的新员工技能培训方案。新工人培训方案极大缩短了培训时间，将原来的 90 天培训时间缩短到 12 天，经过 12 天的培训就会让毫无技术的新工人成为合格的产业工人。这项创新，让新工人迅速掌握生产技能，这是管理的技术性革新，不仅提高了生产效率，而且确保了产品品质，更重要的是有效节省企业产业工人的培训成本，同时为新工人早日进入生产工作岗位，缩至近六分之一的时间。作为生产带头人，熊洁莲勇于大胆创新，突破固有思维模式，贯彻新发展理念，推进企业改革创新方案，为公司高质量发展贡献自己的力量。

熊洁莲工作业务能力强，干事有魄力，在公司实习期间就受到领导认可，同事夸赞，工作不久就担任生产厂长。她深感责任重大，使命光荣，严把产品质量关，精益求精，维持工艺稳定。她坚持工艺一日一查，严格落实考核的同时，时刻关注岗位工艺细节的变化。"我们不能等工艺出现问题才着手解决，要把工作做到前头，重心前移，把问题消除在萌芽状态，变被动为主动。"经她手交付到客户手中的产品均受到客户的一致好评。她满怀热情地投身工作中，不怕苦不怕累，从不计较个人得失，全心

全意为员工服务，在生产管理一线，她奋发进取，大胆创新。2018 年，她因出色的表现，成为一名中国共产党党员，她用奋斗的青春，践行着党员的初心和"90 后"青年的使命。特别是在疫情期间，公司作为伊犁州服装行业代表企业被定为医疗被服定点供应商。熊洁莲主动担负起社会责任，加班加点生产防疫物资。在特殊时期，作为生产厂长的她连夜带人加班加点整改修正，与时间赛跑，在短短几天的时间里快速研发出两套工艺模板，迅速投入生产，不仅在第一天就实现目标产量，且合格率达到 98%。在确保完成上级交代的生产任务同时，公司决定扩大生产规模和生产范围以满足市场需求，新增口罩、防护服等项目。熊洁莲首先将生产工艺进行逐一分析、研究，从而改善工艺，又将每日产量提升 50%，使公司生产

的防疫物资完成定点医院供应的同时，极大地满足市场需求，对稳定防疫物资的物价起到了决定性的作用。2021 年 4 月，她荣获伊犁州"劳动模范"称号，2021 年 6 月，荣获伊犁州"优秀共产党员"称号。

三、服务家乡，助力少数民族提升就业力

熊洁莲始终将个人奋斗与党的号召、使命联系在一起，勇敢而坚定地担当起社会责任，政治上坚信党、热爱党、追随党，业务上充分利用个人的专业知识和本领投身社会主义事业的建设中。"回到家乡就是想为家乡做点事，我是一名共产党员，能为家乡服务是我的光荣。"她这么想也是这么做的。公司的员工大部分是少数民族同志，他们学习先进技术的愿望强烈。作为生产厂长，熊洁莲一直将提升员工的整体素质放在首要位置，加大对员工进行各方面先进技术的培训，她亲自制订详细的培训计划，使培训工作做到了有计划、有步骤，确保培训合格率。在促进就业创业方面，她为社会培养服装技术能手，使他们即使离开车间也能利用自己的技能就业。作为一名年轻的共产党员，熊洁莲始终认为她有义务、有责任把民族团结做好，在公司的少数民族员工占到 95% 的情况下，她带头作出表率与他们融洽相处，关心爱护公司员工，无任何冲突或是红脸的事情发生。

多年来，荣誉的背后是无数个日日夜夜鏖战的艰辛，光环之下，亦有不为人知的默默努力，如切如磋，她在工作中一骑绝尘的魅力，用不俗的成绩彰显了自身的雄厚实力；如琢如磨，她用更多一分的投入，更久一点的耐心在工作上收获了方得始终的初心。作为扎根基层就业中出色的代表之一，2022 年 4 月，她荣获新疆维吾尔自治区"开发建设新疆奖章"，2022 年 4 月，她所带领的团队技术部一组荣获"自治区工人先锋号"。熊洁莲的事迹打动了许多人，也影响了许多人，她用质朴无华的行动激励无数学子的热血追求！

用行动书写无悔青春

——新疆艺术学院陈永波

陈永波，1994 年 3 月出生于上海市浦东区，2018 年毕业于新疆艺术学院舞蹈学院，在校期间表现优异，2016 年 11 月加入中国共产党，2018 年考取新疆维吾尔自治区选调生，现任阿克苏地区柯坪县玉尔其乡党委委员、组织委员。陈永波在平凡中坚守着岗位，为安全稳定、脱贫攻坚、文化润疆在南疆一线书写不悔青春，把个人的理想追求融入党和国家事业之中。

一、到祖国最需要的地方去，上海—乌鲁木齐—柯坪

"什么是青春，什么是奋斗？""什么是生命的意义与价值？"他毅然选择放下都市的繁华，光荣地成为一名南疆选调生，至今仍服务于新疆阿克苏地区柯坪县基层乡政府。

在新疆艺术学院期间，陈永波担任过学生会主席，荣获励志奖学金，也多次参加国家级、省级大型综合演艺活动。临近毕业，陈永波对自己的人生有了新的认识，怀揣着服务群众、奉献基层、实现人生价值的时代梦想，积极响应自治区"到西部去、到基层去、到祖国最需要的地方去"的时代号召。义无反顾报名参加了"新疆维吾尔自治区选调生"。

工作以来，在组织的不断培养下，在各级领导、同事的关心和帮助下，他已完成从学生到基层领导干部的蜕变。工作中，他始终秉持"能吃苦、善创新、敢担当、乐奉献"的要求，顺利完成各项任务，得到了领导、同事的一致好评。将青春绽放在祖国最需要的地方，这是总书记的嘱托，也是陈永波的使命。

二、学以致用，到祖国最需要的地方建功立业

文化润疆是新时代党的治疆方略的重要组成部分，是聚焦新疆工作总目标、推动新疆长治久安的根本性、基础性、长远性的一项重要工作。柯坪县历史悠久，早在新石器时期就有人类居住，是古丝绸之路的重要驿站，陈永波去基层前就已经深入学习过柯坪的历史文化。到柯坪工作后，他利用工作之余，深入柯坪县各乡镇，撰写了翔实的调研笔记，挖掘柯坪县的历史文化资源，邀请 10 余位疆内知名艺术家和国内著名历史学家到柯坪开展地域文化调研，他把柯坪的事当作自己家的事，准备好"文化润疆"的内容供给，培育新疆长治久安精神根脉。

新疆要将旅游业打造成经济高质量发展的朝阳产业、各族群众增收致富的惠民产业和展示新疆团结稳定、和谐幸福、生态良好的明星产业。陈永波刚好也在分管旅游

工作，他抢抓机遇，深挖旅游消费潜力，以务实管用的举措、实实在在的行动，加快推进柯坪县旅游业高质量发展，全力推动成功完成全县第一个国家 3A 级景区、第一个自治区级乡村旅游重点村、第一个四星级农家乐创建，打破了柯坪县没有文旅品牌的瓶颈，变"潜力"为"动力"，不断推动柯坪县旅游业高质量发展新局面。

陈永波到基层工作后，深刻认识到农村基层党组织是联系群众、服务群众的最前沿，是贯彻落实党的路线方针政策和各项工作任务的战斗堡垒。他在工作时不断提升能力，和百姓有了更深的联系，也逐渐掌握了开展新农村工作的思路和方法。

陈永波开展工作的主要抓手就是聚焦"五个好"党支部创建工作，做好基层党建工作就要抓好基层党组织建设，通过精准部署、建章立制、跟踪问效，确保创建工作有方向、有方法、有成效。2022 年他成功创建"五个好"党支部 1 个、"四个好"党支部 2 个、"三个好"党支部 4 个，使"五个好"党支部成为党建引领基层治理工作体系的有效抓手。

群众越是困难，陈永波作为党员干部越要贴上去、靠上去。他聚焦人民群众所需所盼，积极为他们办实事解难题，通过入户走访、看实情、讲政策，帮助 100 多名群众解决收入问题；多途径解决农民工工资拖欠问题，涉及 50 余人 120 万余元；完成了分包的 1 户贫困户脱贫工作。他还深入推动"支部＋企业＋农户"和"支部＋合作社＋农户"发展模式，助力辖区 7 个村实现村集体经济和村民经济双增收。

三、广阔天地，大有可为，带着师弟师妹一起干

在陈永波的感染下，新疆艺术学院 2019 届山东籍毕业生张正、2020 届河北籍毕业生唐帅已先后赴阿克苏基层开展工作，和陈永波战斗在一起。

一名党员就是一面旗帜，一个支部就是一座堡垒，陈永波深知大学生党员在基层发挥的重要作用，选优配强 9 名其他省份高校毕业生、留疆战士到村任职，帮带培养后备干部 42 名，发展农村党员 38 名，选优用强 3 名党建工作指导员。他还高度重视对学弟学妹的指导帮助，每年毕业季，都会抽出时间，结合自身经历为学弟学妹开展就业经验分享，以自身所感、所悟、所想、所获，引导学弟学妹前往基层、服务基层，在他的影响下，学校多名毕业生积极报考自治区选调生，立志前往基层、服务基层、贡献基层。

在一次就业经验分享会上，有学弟问他是否后悔过自己的选择，他说："看到自己在基层帮助过的农民生活一天天变得更好，脸上的笑容变得越来越灿烂的时候，自己付出的一切都值。"在分享会接近尾声的时候，他发自肺腑地对学校领导和老师们说："感谢母校的培养，在新疆艺术学院学习生活的日子里，自己的专业得到了长足的发

展，同时，老师们通过就业指导课、主题班会、课后谈心等多种方式，积极教育引导我们要响应党的号召，谨记总书记的殷殷嘱托，到祖国最需要的地方磨炼意志、增长本领、报效祖国，正是有了这些教育和鼓励，才有了我这个坚定的选择。"

基层工作这条路任重而道远，陈永波将保持谦虚谨慎的工作状态，继续撸起袖子、俯下身子，深入一线，牢牢掌握第一手资料，真正把百姓的操心事、烦心事、揪心事办好、办实、办细，用智用行提升干事创业成效，不断提升百姓幸福指数，做一名让党放心、让人民满意的高素质专业化基层干部。

扎根南疆十载
做不可或缺的"螺丝钉"
——乌鲁木齐职业大学韩丽梅

　　韩丽梅，中共党员，1991 年 12 月出生，2013 年 6 月毕业于乌鲁木齐职业大学师范学院，同年 8 月参加大学生志愿服务西部计划服务于新疆克州阿图什市计划生育委员会，2014 年 12 月参加自治区面向社会公开招录公务员考试，成为一名南疆基层公务员，现任克州乌恰县托云乡党政党建办主任（四级主任科员）。

　　2013 年毕业时，伴随着"到西部去、到基层去、到祖国最需要的地方去"的激昂旋律，韩丽梅牢记恩师的嘱托和母校的殷切希望，投入到建设南疆的潮流中，在南疆基层一线做好志愿服务的同时，不断提高个人综合素养，先后荣获各项称号，暨 2013—2014 年度"大学生志愿服务西部计划地方项目优秀志愿者"，2016 年、2017 年连续两年被自治区党委、自治区人民政府评为"访惠聚"驻村先进工作者，2018 年被克州党委组织部评为"优秀公务员"，2020—2022 年连续三年考核优秀授予三等功荣誉称号。

一、服务基层，第二故乡

　　大学刚毕业时，怀着"用一年不长的时间，做一件终生难忘的事"的初衷，她报名参加了西部计划服务新疆项目，踏上了前往南疆志愿服务的列车。根据工作安排，她被分配到克州阿图什市计划生育委员会开展志愿服务工作。初来乍到的她了解到当地农牧民群众对现代婚育观念认识有偏差时，主动请缨负责宣传教育工作，组织全市各乡镇计生干部教育培训 8 场次，同时积极承担计生宣传、人口普查、创文整治等工作，在三八妇女节、"7·11"世界人口日等重要节点，完成了宣传板报设计、公示栏制作等任务，提高了当地群众对婚育新风的认知。她在志愿服务期间，免费发放物资，服务群众 1000 余人次，她的手机里存满了组织活动开展、下乡宣讲时的照片。回想志愿服务的点点滴滴，从初到岗位时的迷茫，到如今工作得游刃有余，她获益良多，选择了这条道路，她庆幸遇到了许多给予自己帮助的领导和同事，也很庆幸在这片热土上收获的成长，也更加坚定了扎根基层、扎根南疆的决心。

二、因为值得，所以坚持

　　作为一名共产党员，一名志愿者，扎根基层服务群众是她内心深处的选择。2014 年 12 月，她参加了自治区公务员考试，顺利通过笔试、面试后被分配至自然环境相对恶劣的托云乡，她没有抱怨、没有苦恼，因为她懂得越是艰苦的地方越需要有活力、

有拼劲的年轻人。2015 年 6 月刚到乡里，她便顶上了秘书岗，从最初的摸索，对每一个汇报材料折腾到凌晨三四点，到慢慢对各类文字材料得心应手。由于政治立场坚定、文字功底扎实，2016 年 3 月，她经乌恰县委组织部推荐至克州"访惠聚"驻村工作领导小组办公室工作，由基层步入机关，实现了人生中第一次角色的转变，在读好基层工作的"无字之书"，再读机关工作的"有字之书"时，她始终牢记"变的是职位，不变的是责任"。在各级领导的积极指导下比学赶超，认真研读党报党刊、跟进各类文件会议精神，努力学习时事政策，承担了办公室信息宣传以及大部分的文稿的起草工作。在她不断的努力和同事们积极配合下，办公室信息采用率逐步升高，多次受到自治区党委和州委领导肯定。通过工作实践、学习感悟、综合协调、文字撰写等多方面锻炼，她的各项能力得到了大幅提升，3 年来先后负责筹备总结表彰、动员培训等大型工作会议 20 余场次，撰写各类材料、信息简报 300 余篇，多篇被自治区及各类媒体采用，并牵头整理编制了《克州"访惠聚"驻村工作信息汇编》。"很开心能带来一些改变，让自己的努力有价值，因为值得，所以坚持。"在年度表彰大会上发表感言时她深情地说。她经过州县两级机关单位的锻炼和学习，对于机关工作逐渐得心应手。为了更好地沉淀自己，2019 年 6 月她再一次主动要求返回乡镇工作。

三、甘愿奉献，收获感动

乡镇基层工作，没有什么惊天动地的大事，有的只是一步一步地坚守和执着。党的十九届四中全会召开以来，党中央对推进国家治理体系和治理能力现代化提出新的要求，新形势下，基层乡村工作显得尤为重要，作为一名在南疆基层乡镇工作的干部，作为一名共产党员，她始终牢记党的宗旨，时刻想着多为群众解难题做实事。为了更好地服务群众，她沉下心、扑下身，经常不分昼夜和同事下乡入户、走村串巷了解群众诉求，配合完成维护稳定、脱贫攻坚、乡村振兴、疫情防控、防震减灾等具体工作，高质量完成每一项工作任务，不辜负群众的期盼，不辜负总书记对年轻干部的殷殷嘱托，真正成为一名服务群众的基层"勤务员"。

"年轻人，现在多吃苦，以后才能少吃苦"，初到托云乡，乡党委书记杨振文说的一番话成为她迷茫时工作的动力。在最忙碌的时候，她曾同时兼任党政党建办主任、宣传干事、党建干事等多项职务。由于工作任务繁而杂，她创新办公室工作机制，按照轻重缓急对任务进行排序，每完成一项便做一标记和规划。她先后参与了"两学一做"、"不忘初心、牢记使命"、党史学习教育、喜迎党的二十大等多项工作活动，多次完成区州县迎检任务，做好综合协调、材料撰写、后勤保障等各项工作，为全乡的发展作出贡献，赢得了全乡干部、群众的一致好评。

作为一名扎根西部、扎根南疆的西部计划志愿者、党的青年干部，韩丽梅以党的二十大胜利召开作为新的起点，在建设西部的火热实践中团结各族人民群众，时刻铭记"励志、笃学、强技、尚行"的校训，以实际行动践行"奉献、友爱、互助、进步"的志愿精神。当一颗"螺丝钉"默默无闻，虽然细小却不可或缺，她会在建设西部的岗位上继续发光发热，为祖国西部建设贡献全部力量。

真心为民办实事
真情服务赢民心

——新疆师范大学肖宇平

肖宇平，1992 年 5 月出生，中共党员，2018 年 6 月毕业于新疆师范大学，2018 届自治区选调生，同时他还是一名退伍军人，现任岳普湖县巴依阿瓦提乡乔喀村党支部书记。作为乡村振兴的"领头雁"，他充分发挥党支部领导核心作用，秉持军人保家卫国的责任意识，发挥选调生的特长优势，想群众所想，急群众所急，解群众之所困，狠抓乡村振兴各项工作落实，带领乔喀村朝着"产业兴旺、乡风文明、治理有效、生活富裕"目标迈出坚实步伐，用奋斗书写乡村振兴美丽画卷。

一、用真情赢民心，激发群众内生力

乔喀村村民长期以来以养殖骆驼为生，但是零散养殖骆驼产奶量低、经济效益差，为打破传统零散养殖模式，他主动深入村民家中，嘘寒问暖拉家常，了解村民家庭成员及收入情况，并带领村"两委"班子先后与村民代表召开座谈会 10 余场次，与村民共寻致富良策。他通过实地反复调研发现乔喀村拥有良好的区位优势，积极引导村民调整产业结构，大力发展骆驼养殖等特色产业，为发展乡村振兴提供产业保障。

二、谋良策出实招，铺筑产业兴村新路径

2022 年 5 月他带领村民成立了沙漠骆驼双效村民专业合作社，采取"视频学习＋现场培训＋示范户"的方式，将视频学习和实地指导培训相结合，并邀请技术人员"点对点"指导和"面对面"培训，培养出了一批村民示范户。经过几个月的发展，骆驼养殖规模不断扩大，共有骆驼 150 余峰，养殖农户 25 户，现已总投入 250 余万元，解决稳岗就业 45 人。产业已初具规模，在旅游旺季通过骆驼载人每峰骆驼每天收入可达 60～100 元，依托达瓦昆景区旅游观光旺季月收入 10 万元左右。合作社打破了传统零散养殖无规模、无技术、无品牌、无市场的模式，充分调动了老百姓养殖骆驼的积极性，2023 年，合作社收入达到 100 万元，户均增收 5 万元，切实为老百姓发展骆驼养殖带来了红利。面对党的二十大报告中释放的新政策新机遇，他信心十足地说："我们要抓住新机遇，持续创新发展模式，要在产业扶持、政策引导、技术服务、销路对接等方面给予村民最大的支持。"肖宇平计划全面打造骆驼旅游观光、驼肉加工、驼奶集中供应全产业链条，让发展骆驼养殖成为村民增收致富的"加速器"。

三、抓党建促和谐，描绘美丽乡村新画面

　　为提升党建阵地建设水平，他在加强村级阵地标准化建设和常态使用的基础上下功夫，以建设规范、布置规范、使用规范"三个规范"为抓手，建立健全村级阵地"建管用"工作机制，拓展村级阵地凝聚党员、服务群众、参与治理等功能。一是注重统一标准，突出布置规范。他以村级阵地规范化布置为抓手，对现有办公场所资源进行整合，划分业务受理、群众接待、学习教育、党员活动、党史党建展示5大区域，合理布置"一支部三中心"办公区域，对原村民服务中心升级改造为党群服务中心，将岗位职责，管理办法等制度上墙。规范"三务"公开，将村规民约、惠民补贴等进行了公开，有效提高了群众的知晓率和参与率。为了改善村委会及院内环境问题，他积极融入"红色""金色"党建文化元素，村阵地面貌焕然一新，方便农民党员扎实开展党内政治生活，提高党员群众的归属感、获得感和幸福感。二是坚持资源共享，突出服务完善。村级党组织切实做到资源共享，改变服务方式，做到环境优美、设施齐全、功能完善，配套设施集约利用，最大限度发挥阵地整体效益，在党员教育中心，定期组织村干部进行学习，跟着干、照着干，切实提高工作能力；依托村民服务中心打造"四史"教育基地，定期组织党员干部群众谈感受、谈变化，引导党员群众增强"五个认同"。用好"农牧民夜校教育阵地"，每周开办1到2期农牧民夜校，组织各族群众学政策、学文化、学习国家通用文字、学习技能，切实把村级阵地打造成为组织、宣传、凝聚和服务群众的中心。三是提升整体功能，突出使用规范。建立完善村阵地使用、资产管理、卫生保洁等制度，乡党委采取专项督查、定期检查、不定期抽查等方式，进一步规范阵地的使用管理，依托村阵地升级改造，着力打造"四室两中心"（法律咨询室、矛盾调解室、图书室、村务监督室、党员活动中心、便民服务中心）。通过举办周一"三结合"、周五党团活动、农牧民夜校培训等系列活动，使村阵地成为群众听宣讲、解纠纷、搞活动的重要场所，阵地的使用率显著提升，党组织的凝聚力、号召力持续增强。

　　肖宇平用一颗赤诚之心诠释了一名共产党员的初心和使命，用实际行动践行着对党的庄严承诺！在他的带动引领下，村"两委"找到了引领发展的方向，村民看到致富的希望，为乔喀村巩固脱贫成果打下了坚实的基础，为乔喀村开启新时代乡村振兴建设起好步、开好局，为建设美丽、富裕、和谐、团结的乡村奉献力量。

砥砺初心展本色
基层一线显担当

——新疆农业大学寇钰琼

寇钰琼始终坚持以习近平新时代中国特色社会主义思想为指导，聚焦新疆工作总目标，认真落实自治区党委的各项工作部署，自 2017 年选调至新疆喀什地区参加工作以来，先后在岳普湖县阿洪鲁库木乡稳定办、扶贫办任职，2020 年任当地胡杨村党支部书记，按照地委、县委、乡党委的工作安排，在建强基层党组织、落实惠民政策、推进脱贫攻坚和乡村振兴的有效衔接等工作上，展现了新时代基层干部的初心使命和责任担当。

一、扎根基层践初心，筑牢支部战斗堡垒

为加强基层党组织建设，寇钰琼始终坚持鲜明的政治立场，始终牢记组织嘱托，在思想上和行动上与党委、政府保持高度一致，认真贯彻执行各项重大决策部署。2020 年，他以高度的政治责任感，以坚定的理想信念，以对党的赤诚忠心，坚持聚焦党建工作主体，认真履行抓党建工作第一责任，做足做好做细做实各项"规定动作"，着力改善胡杨村党支部基础设施条件，通过整合村集体资金改造完成党史馆、党建文化宣传墙、心理疏导室、图书室、健身房在内的各项活动阵地，打牢夯实了基层党支部的基础，是新时代基层党组织建设的生动实践。因工作成绩突出，他被岳普湖县授予"落实 2020 年度'1＋3'先进个人"荣誉称号。

二、开拓创新勇作为，勇挑乡村振兴重担

实施乡村振兴战略以来，寇钰琼紧盯全村产业发展目标，根据县委产业结构调整，依托财政项目资金，牵头组织了红枣提质增效工程，通过加强红枣树疏密修枝改造、科学施肥等管理措施，让红枣种植户都成为懂技术的"专家能手"，带动了农户增收致富，在实施乡村振兴战略中走在最前列。2021 年，他带领村"两委"开展乡村振兴人居环境整治工作，通过"点、线、面"层层递进，"一、二、三"步步落实的工作做法，按照"村里村外不见垃圾、房前屋后见缝插绿、厕所污水一并治理、清洁家园人人出力"的一体化原则和"五美六有十八件"的要求，深入推进改灶、改炕、改圈、改厕"四改"工作，全面清理废物堆、垃圾堆、柴草堆、粪土堆"四堆"问题，彻底整治脏乎乎、油乎乎、臭乎乎、黑乎乎"四乎"现象，推进沙发、床、餐桌等"三新"入户工作，入户率达到 95％以上，有力改善了全村人居环境面貌；在推进精神文明建设上，建成新时代

文明实践站，按照有阵地、有机构、有平台、有制度、有方案、有活动、有成效的要求，打造常驻群众身边的志愿服务队伍，围绕"讲、树、帮、乐、行"等形式开展活动，实现人人都是文明传承者，全力打造农村群众的精神家园，乡村振兴工作取得了实效。县委连续2次组织全县领导干部在村召开红枣管理现场会和人居环境整治现场会。2021年，因工作业绩优秀，他被

中共新疆维吾尔自治区委员会授予自治区"脱贫攻坚先进个人"荣誉称号。

三、心系群众办实事，甘当为民服务孺子牛

他始终秉持"群众利益无小事，民生问题大如天"的理念，坚持群众路线，既有安排也有跟踪问效。他善于把办理群众诉求作为知民情、听民声、解民忧、聚民心的重要举措，积极打造"石榴籽服务站"，完善便民服务事项，健全便民服务流程。他始终坚持实事求是，以雷厉风行的工作作风，以言必行、行必果的工作态度，聚焦产业发展的主线，坚持不懈抓落实，带领村党员干部群众在沙漠种植金银花730亩，有效改善胡杨村生态环境，助力农民产业增收。2022年，在担任乡党委委员期间，他带着对村民的真挚感情，先后多次走访下辖村组，深入群众了解困难诉求，用心用情用力解决群众急难愁盼问题，以实际行动把"信任"写进了群众的心坎里，是群众心中的"放心书记"。因工作成绩显著，他连续三年考核优秀，被授予个人"三等功"荣誉。

作为一名青年，他展现出不畏难、不怕难、迎难而上的精神风貌，始终坚守在基层一线，在基层的土地上书写着不一样的热血青春；作为一名党员，他把青春奋斗融入党和人民事业中，践行着全心全意为人民服务的初心使命，始终牢记着习近平总书记的殷切嘱托，到基层和人民中去建功立业，让青春之花绽放在祖国最需要的地方，在实现中国梦的伟大实践中书写别样精彩的人生，不负时代，不负韶华，不负党和人民的殷切期望。

巩固脱贫成果与
乡村振兴有效衔接

——伊犁师范大学曹中南

曹中南，1992 年 10 月出生，山东单县人，中共党员，2017 年毕业于伊犁师范大学，同年 11 月以选调生的身份到喀什地区泽普县波斯喀木乡任职。2018 年 9 月，他担任波斯喀木乡阿热恰喀村党支部书记；2021 年担任波斯喀木乡副乡长一职分管乡村振兴、项目工程、富民安居、就业、民族团结创建等工作。作为乡村振兴的"领头雁"，他充分发挥乡政府领导核心作用，想群众所想、急群众所急、解群众之所困，始终坚持方向不偏、重心不移、力度不减、标准不降，带领全乡村民脱贫致富，迎难而上、扎实工作，全面打造环境美丽、农民富裕、产业兴旺、品质提升的美丽乡村。2021 年，曹中南分管脱贫工作时，尤库日喀勒格热克村被党中央、国务院授予"全国脱贫攻坚先进集体"荣誉称号；2021 年 5 月，曹中南分管民族团结工作时，该乡荣获"喀什地区民族团结进步模范集体"荣誉称号。2021 年，曹中南荣获"泽普县民族团结先进个人"荣誉称号，2022 年荣获自治区"访惠聚"驻村工作先进个人荣誉称号。

人生有多少路口，就会有多少选择，一个人的初心和使命决定他的选择。曾在学校荣获优秀学生干部、获得三年国家励志奖学金的他，在人民群众身陷穷困、需要帮扶的时候，毕业之际毅然选择考录选调生，放弃回山东的机会，选择扎根边疆到基层，为祖国的发展，贡献自己的青春和力量。他喜欢入户走访、了解民情，对本乡所有贫困户的家庭实际情况均能做到"情况清、底子明、了如指掌"。他穿着朴素，言行举止透露着好相处的性格，他时而蹲在地头看庄稼的长势，时而进入棚圈了解牛羊育肥情况，时而坐在群众家的板床上啃着馕和群众唠家常。在他身边发生了很多感人事迹，他特别关心关爱孤寡老人，始终牵挂弱势群体。帕塔木汗·阿西木是村里的聋哑老人，全靠低保和养老金生活，他每次到老人家里送慰问品，老人总是跑过来和曹中南握手，并向曹中南竖大拇指热情招待他进屋。"我家很穷，母亲患病，孩子小，我没有就业渠道，曹书记就把我安排到村里做保安，一边可以照顾家，一边可以就业，我太感谢他了。"村民艾斯卡·吾斯曼满眼泪水地讲。"我患有食道癌，每月花销 900 元吃药，曹书记帮我申请救助资金和低保，解决了我平时用药的钱，他是一名好书记。"8 村 1 组村民伊玛目尼亚孜·买买提经常感动地说。这些感人的好事曹中南做了很多。他把贫困户当自己的亲人，针对贫困户的困难需求，及时到户了解并帮助解决，得到当地群众的一致好评。

"给钱给物，不如建个好支部。"作为副乡长又兼任村党支部书记，曹中南深知基层党组织是推进精准脱贫、维护社会稳定、带领农民致富的战斗堡垒，是带领群众脱贫的主心骨。他充分发挥自己熟悉基层组织工作的优势，从实际出发，坚持加强组织领导，强化责任落实，组建乡村振兴办公室。开展脱贫攻坚以来，他始终战斗在脱贫攻坚一线，工作期间完成了全乡 995 户 3725 人脱贫，新建富民安居房 430 套，新建改厕下水管网 1690 户，拆除危房土墙 310 座，安装路灯 600 余盏，解决老弱病残 473 户 965 人低保补助，慰问贫困人口折合资金 62 万元，成立"支部＋合作社＋农户"合作社 3 个，成立乡物业公司 1 个，每年处理垃圾污水 2.5 万吨，提升了生活水平，美化了人居环境，带领群众走上了幸福小康路。

全乡村集体经济落后，主导产业薄弱，群众增收困难。面对这样的现状，他带领村"两委"班子在深入学习中转变思路，结合脱贫攻坚政策的大力支持，围绕盘活集体资产、农村土地、林地、劳动力等资源要素，激活发展潜能，转移劳动力就业 863 人，种植核桃 3235 亩、苹果树 1502 亩、特色马铃薯 7000 亩，建设农业大棚 852 座，特色鸽子养殖 1.2 万羽，育肥羊 3000 只，林下土鸡养殖 2.5 万只，推行土地流转 1502 亩，实现股权量化分红 75.15 万元，人均收入由原来的不到 5000 元增长到 14010 元。村民腰包鼓起来，日子美起来。同时他多方争取，积极协调，争取项目资金 3350 余万元，包括煤改电项目 1570 户涉及 565.2 万元，庭院整治改造提升项目 2230 户 892 万元，援疆商业街建设项目 600 万元，示范村下水管网项目 300 万元，克拉玛依白碱滩援泽资金 100 万元，上海闵行区援泽资金 80 万元，林下养殖项目 78.68 万元，雨露计划 101 人 30.3 万元，小额信贷 307 户 290.06 万元，乡村临时公益性岗位补助 38 人 11.4 万元。看着乡亲们的日子一天天好起来，他说再苦再累都值了。

他用一颗赤诚之心诠释了一名共产党员的初心和使命，用实际行动践行着对党的庄严承诺。多年的基层工作得到了群众的广泛认可，他已经和村民心心相通，成为了村民的知心人。在他的努力和带动引领下，群众找到了发展的方向，村民看到了致富的希望。

扎根基层沃土　绽放最美芳华

——新疆农业职业技术学院
麦麦提玉苏普·麦麦提

习近平总书记在参加十四届全国人大一次会议江苏代表团审议时强调，"农业强国是社会主义现代化强国的根基，推进农业现代化是实现高质量发展的必然要求"。新疆农业职业技术学院 2020 届优秀毕业生麦麦提玉苏普·麦麦提，正是秉持"强国必先强农，农强方能国强"的家国情怀，满腔热血带动家乡干出了不平凡的事业。

一、志向远大，用实际行动践行使命

立身百行，以学为基。麦麦提玉苏普·麦麦提作为一名从小在南疆贫困乡村长大的孩子，他从中学时代就立志学好本领，长大以后建设家乡。2017 年 9 月，他报考了新疆农业职业技术学院园艺技术专业。他深知只有掌握过硬的技术技能才能帮助自己的家乡脱贫致富。在校期间，他在掌握专业课知识技能的同时广泛涉猎网络营销等知识。2018 年，他结合南疆的实际情况，创立了英吉沙县沙枣农民专业合作社，学业和事业齐头并进，并于 2020 年荣获"2020 届优秀毕业生"称号。毕业之后他回到了家乡，只为实现儿时建设家乡的梦想。

回到家乡后，麦麦提玉苏普·麦麦提改良色买提杏品种、改进杏果深加工技术、研发精深加工产品的一系列举措吸引了当地政府及农户的注意。麦麦提玉苏普·麦麦提积极地收购农户的杏果，帮助他们及时销售，成功带领合作社实现了农产品质量和产量的大幅提升，提高了当地农产品的附加值。他的努力得到了当地政府和农民的广泛认可，也吸引了更多的年轻人加入增收致富的队伍，通过技术指导、开拓市场、打造品牌、网络营销等方式，带动当地千余农户增产增收，为农户们脱贫坚定了信心。

二、立足乡土，用创新推动当地产业发展

英吉沙县自然条件比较差，山地、戈壁、荒漠连片，人多地少，当地经济结构较为单一，二产、三产发展基础薄弱，农民的科技文化素质较低，经济发展面临很大压力。

麦麦提玉苏普·麦麦提了解到由于缺乏成熟的技术和品牌，导致当地的农产品质量不稳定、产量低、价格低。为改变现状，他利用所学技术，结合合作社打下的基础，发挥专业优势，于 2020 年 12 月创立新疆仁财国际贸易有限公司。相继开拓了温州、西安、厦门等市场，将英吉沙色买提杏、杏干、巴旦木、沙枣等系列农产品销售到全国各地。

为实现公司的快速发展壮大，麦麦提玉苏普·麦麦提通过母校专家团队的技术支持，先后与农业职业技术学院、新疆设施农业研究所、新疆农科院合作成立"新疆特色果树新技术研究中心"，培育出优质种苗，精钻果干加工技术，在该技术上获得发明专利1项，实用新型专利10余项。他繁育开发色买提杏新品种并进行试验推广，为当地农民免费提供技能培训、采用"线上＋线下"双融合销售模式，解决了当地"好物难销"的问题，持续推动当地产业发展。

麦麦提不断带领学院学生开展创业项目实践，共获得国家级奖项5项（其中一等奖1项，二等奖1项，三等奖3项），自治区级一等奖4项。

三、引领示范，热心公益事业

合作社现有社员近500人，在英吉沙县建有色买提杏新品种繁育、生产、加工产业基地600亩，辐射带动1500亩色买提杏标准化种植，常年为客户提供色买提杏代理收购、储藏、出口加工、超市供应、高档礼品果加工销售、化肥果袋供应等服务。目前，与乌鲁木齐、昌吉、北京、上海、深圳等多家超市建立了长期合作关系，年产值达4000万元，2020—2022年度合作社和公司年均收入1440余万元，共盈利450余万元，在地区同行业中居领先地位。2020年12月，麦麦提成立的合作社被评为喀什地区示范合作社，并先后荣获"2020年脱贫攻坚扶贫先进单位""2022年度优秀农村合作经济组织"等称号。

合作社的发展壮大，不仅帮助了当地的种植户，也带动了周边村庄的发展。许多村民加入了合作社，通过学习技术和管理经验，人均收入明显提高。麦麦提作为一名共产党员，时刻践行为人民服务的宗旨，积极投身公益事业，组织免费技能培训400余人次；2021年为50余户生活困难群众捐款达3万余元；资助本乡7名贫困大学生1.7万元，帮助他们完成学业。麦麦提干事创业、带动群众就业增收的事迹被光明网、天山网、《新疆日报》报道。

当初那个立志要带领家乡百姓增收致富的学生，如今已成为一名有担当、有本领的新时代青年。去基层工作是他在大学学习时就深植的信念，能将工作的起点定位在基层，用自己的力量影响带动更多家乡人民增收致富，为美丽乡村建设添砖加瓦，他感到十分骄傲和自豪。

我们相信，会有更多像麦麦提玉苏普·麦麦提一样的优秀毕业生投身基层一线，在基层广阔的天地中书写无悔青春。

把青春奋斗融入伟大事业

——新疆医科大学蒋博峰

去最边远的地区，用脚步丈量祖国大地；到最艰苦的基层，用真情服务人民大众。扎根一线的蒋博峰正是秉持着这样的信念，用自己的无悔青春，在祖国最需要的地方努力工作。

一、走向田间地头，成为群众"贴心人"

走出象牙塔的蒋博峰，在经历新疆干部学院选调生基础技能培训后直奔一线，扎根乌鲁木齐县托里乡羊圈沟村，从一名大学生转变成村民的"贴心人"。在村期间，他始终牢记"青春奉献基层"的初心，用脚步丈量村里的每一片土地，倾听村民的呼声。他走遍了羊圈沟村牧区的春、夏、秋、冬草场，连破"骑马关、语言关、暴雨关"三关。面对四面环山、道路不平的窘境，他到村里第一件事就是和哈萨克老乡学习骑马，因为"不会骑马的哈萨克村委会主任一定不是个好主任"。为了方便交流，他还主动向群众学习哈萨克语，巧妙地总结了"三个要"，"学习俚语要向群众学、学习语法要向书本学、学习词句要向书记学"，在学中干、在干中学，他迅速完成了身份的转变。两年来，他深入全村 354 户牧民家中了解群众需求，宣讲党的最新政策，积极组织"民族团结一家亲"活动，久而久之，他还有了自己的哈萨克名字，和村民成为"你中有我，我中有你"的一家人。村民的鼓励是他前进的动力，2019 年 7 月，村里暴雨，他毫不犹豫冲锋在前，第一时间发现险情并拉响警报，迅速组织转移群众 50 余人，保障了群众的生命安全。工作中，他用实绩践行"乡村振兴战略"，将村里的集体草场进行公开招租，村集体经济从 5 万元增长至 10 余万元，集体经济翻倍增长；为引导辖区牧民转变产业结构，走高质量、可持续发展之路，他还组织村社区党员牧民代表参观现代科技牧场，为一线牧民开辟了新的经济来源，惠及群众 200 余人。

二、发挥医学特长，助力健康乡村建设

俗话说：没有全民健康，就没有全民小康。蒋博峰充分利用预防医学专业背景，为村民开展系列健康讲座 10 余场，提高村民健康管理意识；定期到哈萨克"亲戚"家给 80 多岁的老爷爷测量血压，建立健康管理档案。2020 年 1 月，疫情暴发后，他凭借专业知识，敏锐地意识到此次公共卫生事件的严重性，立即停止休假，第一时间返回工作岗位，参与村疫情防控工作。他始终牢记"疫情就是命令，防控就是责任"，科学防疫是他的本分，回到乡政府后他主动承担乡防疫工作，带领大家学习法律法规，制定

防控工作方案、应急预案，为村（社区）干部及志愿者进行体温测量、环境消杀、流行病学调查等防疫技术培训，筑牢了全乡疫情防线。为了提升基层一线服务能力，他结合一线工作实际，大胆创新，建构了党建＋防疫、党建＋维稳、党建＋高质量安全发展工作模式，得到了村镇两级认可，周围的同事都打心底佩服这位"大学生村官"。

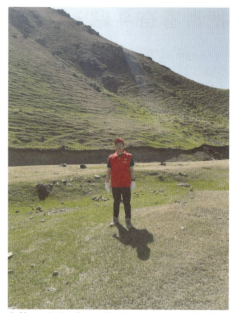

三、强化校地合作，"学长"搭建桥梁纽带

母校邀请他分享基层工作心得，与毕业生交流思想、鼓励他们勇于到基层实践奋斗、服务人民。在分享过程中，蒋博峰用自己近些年的工作实践向学弟学妹们展现了乡村一线工作的意义，在他的感召下，10余名学子奔赴基层一线，成为服务基层、服务人民的中坚力量。同时他还积极与母校沟通联系，搭建地方政府与高校合作桥梁，从2021年开始建立了托里乡与新疆医科大学公共卫生学院合作育人项目，连续两年他都会代表乌鲁木齐县托里乡政府邀请新疆医科大学公共卫生学院师生和附属医院专家来到托里乡开展社会实践活动，学校专家到山区牧场为牧民群众提供义诊服务，开展健康宣讲，学弟学妹深入田间地头，用自己的实际行动为乡村振兴贡献力量，社会实践活动取得圆满成功，被"人民网"等主流媒体报道。

当代青年，生逢盛世，肩负重任，蒋博峰把青春奋斗融入乡村振兴、健康中国战略等党和人民的伟大事业中，彰显了当代青年的责任与担当，谱写着新时代的绚丽篇章。

新疆生产建设兵团

教育戍边　用心传承

——石河子大学教师张继珍

　　张继珍，中共党员，1974年出生，1996年7月参加工作，经济学硕士，现任石河子大学党委学生工作部（学生处）副部（处）长。从事学生工作以来，她兢兢业业地投身于教育事业，在她和团队的努力下，学校获得"全国普通高校毕业生就业工作先进集体"、西北四省区求职大赛优秀组织奖等荣誉称号，并获批"全国高校毕业生就业能力培训基地"（首批），她牵头撰写引导毕业生留疆就业的报告得到兵团领导批示和相关部门采纳。学校基层就业工作成效显著，毕业生留疆热情高涨，毕业生每年留疆人数保持在3300人以上，2022年疆外生源留疆已超过1400人。她通过不断强化教育引导，留疆毕业生中赴南疆建功立业的高层次、高质量人才不断增加。

一、注重思想引领，潜心钻研，做基层就业的"研究者"

　　张继珍是兵团第二代建设者，始终以教育戍边为己任，为兵团的教育事业发展奉献着青春，陪伴着一批批青年学子投身兴疆固边的事业。她从入口谋出口，紧紧围绕国家战略需求和基层社会发展需要，积极推动落实学校专业结构调整，加大理工农医师范专业招生规模，着力提升人才培养质量，持续推进就业与招生培养联动。她通过"课内＋课外"的体验式教育培养，不断强化学生对新疆、兵团的认知，对兵团精神的认同和传承。作为"大学生职业发展与就业指导"课程负责人，她坚守三尺讲台，与学生面对面交流，持续推进课程改革，从混合式教学向"1＋X＋N"课程群模式转变，实现本科生全覆盖，年受众学生近2万人，课程入选兵团首批一流本科课程，荣获大学教学成果二等奖。她组织开展基层就业服务月活动，成立大学"就业指导专家宣讲团"，带领成员主动宣传新疆、兵团就业政策，讲好基层就业故事，团队平均每年做30场讲座，受众学生近5000人次。

二、用心搭建平台，深耕细作，做基层就业的"对接者"

　　张继珍作为建设基层就业市场的排头兵，为进一步拓宽基层就业渠道，总是奔波在路上，用脚步丈量着新疆大地，每年带领团队邀请600余家基层单位来校开展招聘活动。招聘现场她重点关注基层单位，在了解人才需求和发展前景的基础上，推荐有意向且符合条件的毕业生。双选会现场还经常能看到学生簇拥着她，聚精会神地听她讲每年基层调研的亲眼所见和亲身经历。一次她在南疆调研时，听到校友反馈的实际困难，便及时向有关部门反馈，提出解决建议，校友们在感受到学校的关怀后，都露

出了幸福的笑容。她牢记习近平总书记的指示，积极鼓励学生把视线投向国家发展的航程，在开拓基层就业市场时总是不忘邀请基层校友和人社部门领导进校园开展活动，选树一批基层就业典型，引导一批又一批新时代青年把个人理想融入党和国家事业中。

三、倡导制度育人，强基固本，做基层就业的"保障者"

张继珍在基层就业工作中，坚持"一切为了学生，为了学生的一切"的工作宗旨和"扶上马、送一程、关爱一生"的工作理念，不断健全基层就业制度保障。在她的积极推动下，学校印发了《石河子大学关于进一步引导和鼓励毕业生基层就业的实施意见》，细化完善了基层就业的引导体系和奖励标准，不断鼓励毕业生面向基层就业，她和团队在每年回访中听到最多的一句话就是"谢谢老师，感谢学校！"。有一次她在回访 2021届农机专业的一个女生时，对方激动说道："老师，真的很谢谢你们，毕业时学校帮助我找到了心仪的工作，因为这份工作也帮助我们家成功脱贫，现在我要用所学知识来建设我的第二故乡，我一定会在岗位上发挥光热，争取早日让母校以我为荣。"这只是10 年中近 900 名留在新疆基层就业代表的缩影，他们心存感激地扎根在新疆、兵团的土地上，尽情地绽放着青春之花，贡献着石大力量。

四、用心精准服务，情交融成，做基层就业的"导航者"

张继珍用家国情怀感染学生，用科学理论武装学生，用初心使命感召学生，她深知："做基层就业工作，不仅要了解学生，更要用情将工作做到心里，要爱生心切，更要为之谋深远……"她知行合一，大家都下班了，她的办公室还亮着灯。她组织创建了大学生职业发展咨询室，并带领咨询师为学生提供"一对一"个性化咨询，每年咨询量超 500 人。她记得特别清楚，曾有一个学生来到办公室找到她，表示目前对于未来很迷茫，于是她就邀请这位同学做办公室助理，通过日常生活慢慢地帮助他，一步步地领着他挖掘自身优势、合理调整目标，随着时间的推移这位同学的目标越来越清晰，最后以优异的成绩被选调到和田地区。

作为一名边疆的基层就业工作者，她始终怀着对学生的爱，用真诚的关怀温暖着学生，用饱满的热情感染着学生，用进取的态度引导着学生，正是这种师者的力量，激励一批又一批的青年学子选择到祖国最需要的地方去，共同为祖国屯垦戍边的育人事业，书写出教育戍边的篇章！

"90 后"硕士王松：
担当在基层，成长在一线

—— 石河子大学王松

王松，1990 年出生，2016 年 8 月参加工作，2017 年 6 月加入中国共产党，硕士研究生学历，现任 183 团四连党支部副书记、连长。他是 2018 年年度师市优秀基干民兵；2019 年度师市优秀基干民兵；2020 年度师市优秀基干民兵；2021 年度师市优秀共产党员。王松投身基层连队建设工作，立足本职，爱岗敬业，无私奉献。

一、毅然放弃研究所工作，投身基层连队建设

2016 年，王松硕士毕业之际，得知家乡北屯团场招聘基层工作人员，放弃导师推荐的研究所工作，义无反顾地投身基层连队建设中，将先进的专业知识、生产技术带到基层，就地扎根。王松工作扎实，热心为职工群众服务，把全部心思投入连队建设和发展工作中，将对党的忠诚化成无私奉献。他以高度的责任感和强烈的事业心，兢兢业业、恪尽职守、辛勤工作，出色地完成了上级党组织交付的各项任务，为 183 团四连党支部的各项工作作出了积极贡献。

二、坚定理想信念，树立党员先锋形象

他坚持同以习近平同志为核心的党中央保持高度一致，严格遵守各项政治纪律和政治规矩，不断提高政治觉悟和政治能力，把对党忠诚、为党分忧、为党尽职、为民造福作为政治担当，永葆中国共产党人政治本色。在日常生活和平时工作中，他时时处处用党员的标准严格衡量、约束自己，不断增强共产党员观念，加强党性修养，努力提升综合素质和业务能力，发挥着一名共产党员应有的先锋模范作用，积极完成各项任务。在党支部设立的"党员技术先锋队"中，王松利用自身所学专业，每天到设施大棚提供技术指导，并向师市相关部门咨询、学习，帮助职工进行品种改良。职工宋德中说："我种植 30 座设施大棚，年收入达 30 余万元，这都和党支部的帮助离不开，尤其是连长王松，每天和我们在大棚里一待就是一个多小时，帮我们做技术指导，有了他的帮助，相信我们的收成会一年比一年好。"

三、勤于学习钻研，努力提升工作水平

王松深知，作为新时期的基层工作者，首先就要具备良好的政治业务素质和政策理论水平。他不断认真学习党的基本知识，学习习近平新时代中国特色社会主义思想

和党的二十大精神。通过持续和深入的理论学习，他的政治理论水平和思想政治觉悟得到很大提高，由此更加坚定了对共产主义的信念信仰，牢记和践行全心全意为人民服务的宗旨。在完成日常工作之余，王松多行走在田间地头，向职工群众宣传党的重要会议精神以及惠民政策的相关内容，解决职工生产生活中的困难。职工康小丽表示："我的丈夫 2020 年突发脑溢血，目前仍然瘫痪在床，连长王松经常带着连队的'两委'来看望我们，并且为我们家申请了临时救助，缓解了我们家的困难。"

四、身体力行、以身作则，开创连队工作新局面

王松积极为职工群众办实事，是职工群众的贴心人，职工遇到难事喜欢找他倾诉、解决。他平日里总会在田间地头走访，和职工交流，连队谁家作物长得好，谁的管理能力强，他心里都有数。2022 年受疫情影响，四连设施大棚职工蔬菜滞销，为解决农产品滞销问题，王松带头为职工群众跑市场、做宣传、拓销路，最终为职工销售出 150 吨蔬菜，切实为职工解决了生产生活的大问题。

2021 年 3 月，四连新型水产养殖虾项目，初期工作就遇到众多困难，许多职工面对陌生的产业及各种不确定因素，不敢迈出第一步。为打消职工群众的顾虑，王松找到郭之亮等心存顾虑的职工，对他们做思想工作，他说："前期投入钱我出，你们只负责学管理、学经验，亏损算我的，挣钱算你们的。"就这样经过大家共同的努力，两个多月后，每棚产虾 200 公斤，为职工增收 3 万元左右，虾养殖的第一步取得了很好的成果，这为四连生产工作开创了新的局面，也为新型产业发展起了一个好头。

五、爱岗敬业、执着追求，一丝不苟地做好各项工作

自参加工作以来，王松将自己的责任、热情、智慧和心血奉献于党务工作中，表现出强烈的事业心和高度的政治责任感。他恪守职业道德，心胸宽阔、为人谦和、待人热情。在他的心中，不分分内分外，只要群众需要，他就会克服一切困难做到，平时加班是常事。他对于日常职工管理、解决职工困难、维护职工利益等工作，总是不厌其烦、有条不紊地按原则及时办理，付出了大量心血和汗水。多年来，他不计个人名利与得失，用耐心、平和的心境，热情、友善的态度，真诚、细致的工作赢得了广大职工群众的信赖和上级党组织的信任，树立了良好的党员干部形象。

在平凡的岗位中，王松以不为名利的品质、全心全意为人民服务的态度、客观公道的处事原则、耐心细致的工作作风、持之以恒的奉献精神，将满腔热情投入工作中，推动四连各项工作不断发展。

扎根基层带领连队职工增收致富
——兵团兴新职业技术学院张森

张森，1995 年出生于河南商丘，共青团员，十四师昆玉市 224 团八连职工，高级工，高级农业职业经理人，第十四师昆玉市 224 团电子商务协会团支部书记、会长，昆玉市昆园镇疆里枣园种植养殖专业合作社理事长，第十四师昆玉市工商联（总商会）第五届政协委员，第十四师昆玉市团委第三届委员，第十四师青年创业培训基地项目负责人，塔里木大学社会实践基地项目负责人，兵团青年创业就业基地项目负责人，兵团妇女居家创业项目负责人。他 2017 年—2019 年连续三年参加中国国际环塔拉力赛，并获得中国国际环塔拉力赛"优秀志愿者"荣誉称号，新疆生产建设兵团兴新职业技术学院"学生会优秀工作者"荣誉称号。

一、政治合格，作风优良，永葆青春不褪色

立身百行，以学为基。张森面对不断调整的角色和分工，牢固树立勤于学习、善于学习、终身学习的理念，始终把勤学善思作为加强身心修养和履职尽责的重要途径。一是紧跟上级精神学懂。他始终把政治理论学习摆在首要位置，坚持集中学习和自主学习相结合，全面系统学习党史、党的十九大、二十大及历次全会精神，坚持以习近平新时代中国特色社会主义思想为指引，深入贯彻落实党的教育方针，始终坚持为党育人、为国育才，牢固树立"四个意识"，坚定"四个自信"，坚定拥护"两个确立"，坚决做到"两个维护"。做到学而信、信而用、用而行，做政治上的明白人。二是紧盯业务知识学精。他紧紧围绕职责分工，重点学习了支部管理条例、农业科学专业知识等相关知识，不断更新知识结构，努力提升自身履职能力，做业务上的内行人。三是紧贴就业实际出发落实就业工作。

二、服务一线、工作突出，兢兢业业履职尽责不松劲

2019 年从新疆兵团兴新职业技术学院毕业后，张森回到新疆和田昆玉市 224 团，雷厉风行的他立即牵头成立了昆玉市昆园镇疆里枣园种植养殖专业合作社，建立了自己的品牌"果源昆玉"。基于大学期间对电商平台和模式的探索，合作社的各项工作很快就步入正轨。自此，张森也正式成为红枣产业的继承人。"其实在昆玉做电商优势很大，首先昆玉市是原产地，货源很充足，而且家家户户都有地，都是自己种植，对产品是绝对有信心的，对于质量方面也更好把控。咱们电商协会本来就是扶持本地枣农的，这在第一现场也能更好地帮扶到大家。但是物流、产品深加工和储存是弱点。"经

过 2 年的历练，张森对电商协会以及本地行业的情况分析得头头是道。

"团场职工对于电商这个模式的积极性还是很高的，因为电商算是二次创业，能给本地的职工带来收入，而且电商和直播这种新的模式投入低，产出和回报都很高，只是团场职工们思想还是比较传统，需要时间去疏导他们真正接受这个模式。""有自信，能坚持"，在张森看来，这是连队职工加入电商直播二次创业的核心关键词。他也将"有自信，能坚持"在工作中做到了极致：每年 7—12 月农闲时，开设免费的电商培训班，组织分享培训电商产品拍摄、平台运营、账号搭建、平台机制、视频制作的专业知识。他还免费为愿意尝试电商模式的职工充当运营助理，鼓励那些中途想放弃的职工。在张森的引导下，224 团"短视频创业三人组"正式成立。

三、坚守边疆、回报边疆，做真正的守边先锋

虽然电商人在常人眼中是全年无休的高强度工种，商品管理、平台运营、物流系统、售后服务、数据分析，每一个环节都十分劳心伤神，但张森不仅能将工作和生活很好地平衡，还把业余生活过得五光十色。

工作之余，在沙漠里驾车驰骋是他最爱的放松方式；在全国各地学习和交流，不断把先进的电商模式和数字化理念引进协会。拓展多元化产业，无论是文化传媒还是实体百货，张森都能游刃有余地驾驭。

对于未来的规划，张森也十分清楚。他表示：搭建以新疆农特产品为核心的供应链，打通上下游企业壁垒，更好地回报这片他热爱的土地。他给自己定下了一年销售红枣一个亿的目标，"未来，我希望能通过电商协会带领大家一同致富。"

四、严于律己、率先垂范，始终保持清正廉洁不褪色

正人者必先正己，律人者必先律己。张森始终坚持守纪在前，自觉坚守思想道德防线、廉洁从政底线、国法业规红线，堂堂正正做人、干干净净干事。他始终牢记"两个务必"，时刻提醒自己，不论是在做任何事情、在任何情况下，都要做到谦虚谨慎，戒骄戒躁，勤俭节约，艰苦奋斗。在生活中，他注重提高自身修养，努力做到生活正派、情趣健康。他严格遵守中央和兵团、学院关于廉政建设的各项规定，强化自律意识，做到自重、自省、自警、自励。

默默扎根南疆基层大地的
一棵胡杨

——塔里木大学范晓康

范晓康，中共党员，2016 年 6 月毕业于塔里木大学应用化学专业。大学期间，他曾担任学生会主席、班长，曾荣获塔里木大学"优秀学生""优秀学生干部""优秀毕业生"等称号。大学期间，他便坚定留在祖国西部地区的决心，2016 年 8 月，通过自治区选拔成为一名选调生，选择留在了南疆、留在了基层、留在了祖国最需要的地方。他目前工作于伽师县基层，先后在伽师县夏普吐勒镇、克孜勒苏乡、玉代克力克乡、和夏阿瓦提镇等乡镇工作，曾历任多个村党支部书记，现担任伽师县和夏阿瓦提镇党委副书记。

回想基层经历，范晓康感慨万千地表示，从毛头小子成长为一名党员领导干部，无不源于塔里木大学"自强不息、求真务实"校训的激励和胡杨精神的培育，让作为胡杨学子的他坚信留在基层是正确的，在基层努力是值得的，为人民服务是幸福的。

一、脱贫攻坚工作的奋斗者

范晓康投身于脱贫攻坚一线，先后担任多个村党支部书记，以苦干实干、舍小家顾大家、无私奉献的精神为打赢脱贫攻坚战不懈努力。在他担任伽师县夏普吐勒镇其纳艾日克村党支部书记之际，正值脱贫攻坚吹响集结号之时。全村共有贫困户 114 户268 人，为谋求脱贫致富之路，他凭借伽师县发展新梅特色林果业的优势，带领村民培育种植新梅苗圃 200 亩，通过向技术人员学、向农民学、向书本学等方式不断提升自身农业种植管理技术，通过两年努力 200 亩新梅苗圃亩产值达 16000 元。为解决新梅品质差收入低的问题，他通过网络观看视频、请教专家、实地操作等方式学习新梅修剪、打药等技术，手把手教村民如何科学管理，通过一年努力，总产值相比 2019 年的10.8 万元增加至 65 万元，全村人均年收入同比上年增长 2428 元，取得了脱贫攻坚战全面胜利，他也被农民亲切地称为"小巴郎子书记"。

二、坚定理想的奉行者

为了更好地为群众排忧解难，范晓康认识到学习维吾尔语的重要性和紧迫性。范晓康利用一切能利用的机会和时间，向村民学、向 APP 软件学、向书本学，在他的坚持下，仅用一年多时间能达到与村民基本交流的水平。范晓康牢记自己是农民的孩子，认为大学生想干好基层工作，必须要从做一名农民开始。他通过两年时间就学会了种

植小麦、棉花、玉米等技术，也知道了影响产量的原因。为了更加全面科学地为基层服务，范晓康利用晚上时间努力学习，考取了塔里木大学农村发展硕士研究生，将理论与实践更好地结合，以自己为例将论文写在南疆的大地上。

三、一心为民的服务者

范晓康每天深入群众，办公于田间地头，带领村干部和志愿者在炎热的夏日帮助农户收麦子，在秋收时节连夜帮助农民收玉米，他被跳蚤咬后满身红肿，挠的流血甚至结痂，就是这样每天与群众同吃同住同劳动，农民也愿意主动打开"话匣子"，遇到有趣的事情和农民一起开怀大笑，张家长李家短的矛盾和困难诉求也能第一时间掌握，也更清楚群众在什么时间段需要干什么，有什么困难，怎么尽快解决等。群众把范晓康视为自己的孩子，小孩子也亲切地称其为"小康阿卡"。

四、民族团结的践行者

身为民族地区的一名党员领导干部，范晓康深知自己的使命与担当，也深切感受到乡亲们的淳朴和善良，以身作则坚决杜绝任何损害民族团结的事情发生。他利用语言优势，通过入户走访等机会，对群众开展中华民族共同体意识的宣讲，累计达115场次，覆盖群众达2.1万人次，与群众结对认亲交朋友达55户。他践行党员的初心使命，讲好新疆故事，做一名民族团结的践行者。他记得因工作调动未来得及和群众道别，村里的党员和群众一行十几人，历经3个小时两次转车，带着土鸡蛋、大公鸡、芝麻馕、自家棉花制作的棉被等来看望他时的感动。

范晓康始终铭记胡杨青年的身份，践行胡杨青年的责任，用青春助力脱贫攻坚胜利后，在基层的工作岗位上继续发扬艰苦奋斗、自强不息的精神，依然坚守基层为巩固脱贫攻坚成果与乡村振兴有效衔接而持续奋斗。基层的甜要用心品味，同人民一起奋斗的青春才会亮丽，踏实做好每一件事，用自己的双脚去丈量与群众的距离，用脚上的泥土重量去衡量自己在群众心中的分量，甘愿默默做一棵胡杨扎根于伽师基层，不断为提高群众的幸福感贡献着自己的力量。